国家出版基金项目
NATIONAL PUBLICATION FOUNDATION

中華博物通考

總主編 張述錚

禽鳥卷

本卷主編
吳秉鈞 余志敏

上海交通大學出版社

圖書在版編目（CIP）數據

中華博物通考. 禽鳥卷 / 張述錚總主編；吳秉鈞，
余志敏本卷主編.—上海：上海交通大學出版社, 2024.1
ISBN 978-7-313-29831-7

Ⅰ.①中… Ⅱ.①張… ②吳… ③余… Ⅲ.①百科全
書—中國—現代②鳥類—中國 Ⅳ.①Z227②Q959.7

中國國家版本館CIP數據核字(2023)第237832號

特約編審：胡名正
責任編輯：車義偉
裝幀設計：姜　明

中華博物通考・禽鳥卷

總　主　編：張述錚
本卷主編：吳秉鈞　余志敏
出版發行：上海交通大學出版社　　　　地　　址：上海市番禺路951號
郵政編碼：200030　　　　　　　　　　電　　話：021-64071208
印　　製：蘇州市越洋印刷有限公司　　經　　銷：全國新華書店
開　　本：890mm×1240mm　1／16　　印　　張：40.75
字　　數：862千字
版　　次：2024年1月第1版　　　　　　印　　次：2024年1月第1次印刷
書　　號：ISBN 978-7-313-29831-7
定　　價：468.00元

《中華博物通考》編纂委員會

名譽主任： 匡亞明

主　任（按姓氏筆畫排序）：王春法　　張述錚

副主任： 和　龑　韓建民　顧　鋒　張　建　丁鵬勃

委　員（按姓氏筆畫排序）：

丁鵬勃	丁艷玲	王　勇	王元秀	王午戍	王立華	王青梅	王春法
王素芳	王栩寧	王緒周	文啓明	孔令宜	石　磊	石永士	白建新
匡亞明	任長海	李　淳	李西寧	李延年	李紅霞	李峻嶺	吳秉鈞
余志敏	沈江海	宋　毅	武善雲	林　彬	和　龑	周玉山	胡　真
侯仰軍	俞　陽	馬　巖	耿天勤	華文達	徐建林	徐傳武	高毅清
高樹海	郭砥柱	唐桂艷	陳俊强	陳益民	陳萬青	陳聖安	黃笑山
盛岱仁	婁安良	崔淑雯	康戰燕	張　越	張　標	張小平	張太龍
張在德	張述錚	張維軍	張學鋒	董　巍	焦秋生	謝冰冰	楊秀英
賈秀麗	賈貴榮	路廣正	趙卜慧	趙宗來	趙連賞	鄭小寧	劉世敏
劉更生	劉景耀	賴賢宗	韓建民	韓品玉	鍾嘉奎	顧　鋒	

《中華博物通考》總主編

張述錚

《中華博物通考》副總主編

韓品玉　　陳益民　　俞　陽　　賴賢宗

《中華博物通考》編務主任

康戰燕　　盛岱仁

《中華博物通考》學術顧問

（按姓氏筆畫排序）

王　方	王　釗	王子舟	王文章	王志强	仇正偉	孔慶典	石雲里
田藝瓊	白庚勝	朱孟庭	任德山	衣保中	祁德樹	杜澤遜	李　平
李行健	李克讓	李德龍	李樹喜	李曉光	吳海清	佟春燕	余曉艷
邱永君	宋大川	苟天林	郝振省	施克燦	姜　鵬	姜曉敏	祝逸雯
祝壽臣	馬玉梅	馬建勛	桂曉風	夏興有	晁岱雙	晏可佳	徐傳武
高　峰	高莉芬	陳　煜	陳茂仁	孫　機	孫　曉	孫明泉	陶曉華
黃金東	黃群雅	黃壽成	黃燕生	曹宏舉	曹彥生	常光明	常壽德
張志民	張希清	張維慎	張慶捷	張樹相	張聯榮	程方平	鈕衛星
馮　峰	馮維康	楊　凱	楊存昌	楊志明	楊華山	賈秀娟	趙志軍
趙連賞	趙榮光	趙興波	蔡先金	鄭欣淼	寧　强	熊遠明	劉　静
劉文豐	劉建美	劉建國	劉洪海	劉華傑	劉國威	潛　偉	霍宏偉
魏明孔	聶震寧	蘇子敬	嚴　耕	羅　青	羅雨林	釋界空	釋圓持
鐵付德							

《中華博物通考·禽鳥卷》編纂委員會

導　論

——縱論中華博物學的沉淪與重建

引　言

　　在中國當代，西方博物學影響至巨，自鴉片戰爭以來，屈指已歷百載。何謂"西方博物學"？"西方博物學"是以研究動植物、礦物等自然物爲主體的學科，但不包含社會領域的社會生活，至 19 世紀後期已完成學術使命，成爲一種保護大自然的公益活動，但國人却一直承襲至今。中華久有自家的博物學，已久被忘却，無人問津，這一狀況實是令人不安。前日偶見《故宫裏的博物學》問世，精裝三册，喜出望外，以爲我中華博物學終得重生，展卷之後始知，該書是依據清乾隆時期皇室的藏書《清宫獸譜》《清宫鳥譜》《清宫海錯圖》（"海錯"多指海中錯雜的魚鱉蝦蟹之類）繪製而成，其中一些并非實有，乃是神話傳説之物。其内容提要稱"是專爲孩子打造的中華文化通識讀本"，而對博物院内琳琅滿目的海量藏品則隻字未提。這就是説，博物院雖有海量藏品，却與故宫裏的博物學毫不相干，或曰并不屬於博物學的研究範圍。此書的編纂者是我國的著名專家，未料我國這些著名專家所認定的博物學仍是西方的博物學。此書得以《故宫裏的博物學》的名義出版，又證我國的出版界對於此一命題的認同，竟然不知我中華久有自家的博物學。此書如若改稱《故宫裏的皇室動物圖譜》，則名正言順，十分精彩，不失爲一部别具情趣的兒童讀物，但原書名却無意間形成一種誤導，孩子們可能會據此認定：唯有鳥獸蟲魚之類才是中華文化中的大學問，故而稱之爲“博物學”，最終會在其幼小心靈裏留下西方博物學的深深印記。

何以出現這般狀况？因爲許多國人對於傳統的中華博物及中華博物學，實在是太過陌生！那麼，何謂“博物”？本文指稱的“博物”，是指隸屬或關涉我中華文化的一切可見或可感知之物體物品。何謂“中華博物學”？“中華博物學”的研究主體是除却自然界諸物之外，更關涉了中國社會的各個方面各個領域，進而關涉了我中華民族的生息繁衍，關涉了作爲文明古國的盛衰起落，足可爲當代或後世提供必要的藉鑒，是我國獨有、無可替代的學術體系。故而重建中華博物學，具有歷史的、現實的多方面實用價值。我中華博物學起源久遠，至遲已有兩千年歷史，祗是初始没有“博物學”之名而已。時至明代，始見“博物之學”一詞。如明楊士奇《東里續集》卷一八評述宋陸佃《埤雅》曰：“此書於博物之學蓋有助焉。”此一“博物之學”，可視爲“中華博物學”的最早稱謂。又，《四庫全書總目提要》卷一三六評清陳元龍《格致鏡原》曰：“〔此書〕分三十類：曰乾象，曰坤輿，曰身體，曰冠服，曰宫室，曰飲食，曰布帛，曰舟車，曰朝制，曰珍寶，曰文具，曰武備，曰禮器，曰樂器，曰耕織器物，曰日用器物，曰居處器物，曰香奩器物，曰燕賞器物，曰玩戲器物，曰穀，曰蔬，曰木，曰草，曰花，曰果，曰鳥，曰獸，曰水族，曰昆蟲，皆博物之學。”此即古籍述及的“中華博物學”最爲明確、最爲全面的定義。重建的博物學於“身體”之外，另增《函籍》《珍奇》《科技》等，可以更全面地融匯古今。在擴展了傳統博物學天地之外，又致力於探索浩浩博物的淵源、流變，以及同物異名與同名異物的研究，致力於物、名之間的生衍關係的考辨。“博物學”本無須冠以“中華”或“中國”字樣，在當代爲區別於西方的“博物學”，遂定名爲“中華博物學”，或曰“中華古典博物學”。“中華博物學”，國人本當最爲熟悉，事實却是大出所料，近世此學已成了過眼雲烟，少有問津者，西方博物學反而風靡於中國。何以形成如此狀况？何以如此本末倒置？這就不能不從噩夢般的中國近代史談起。

一、喪權辱國尋自保，走投無路求西化

清王朝自鴉片戰争喪權辱國之後，面對列强的進逼，毫無氣節，連連退讓，其後又遭

甲午戰爭之慘敗，走投無路，於是由所謂“師夷之長技”，轉而向日本求取西化的捷徑，以便苟延殘喘。日本自 19 世紀始，城鄉不斷發生市民、農民暴動，國內一片混亂。1854年 3 月，又在美國鐵艦火炮脅迫之下，簽訂《神奈川條約》。四年後再度被迫與美國簽訂通商條約。繼此以往，荷、俄、英、法，相繼入侵，條約不斷，同百年前的中國一樣，徹底淪爲半封建半殖民地社會，當權的幕府聲威喪盡。1868 年 1 月，天皇睦仁（即明治天皇）下達《王政復古大號令》，廢除幕府制度，但值得注意的是仍然堅守“大和精神”，并未全部廢除自家原有傳統。同年 10 月，改元明治，此後的一系列變革措施，即稱之爲“明治維新”。維新之後，否定了“近習華夏”，衝決了“東亞文化圈”，上自天皇，下至黎民，勁力同心，在“富國强兵、置産興業”的前提之下，遠法泰西，大力引入嶄新的科學技術，從而迅速崛起，廢除了與列强的一切不平等條約，成爲令人矚目的世界强國之一。可見“明治維新”之前，日本內憂外患的遭遇，與當時的中國非常相似。在此民族存亡的關鍵時刻，中國維新派代表人物不失時機，遠渡東洋，以日本爲鏡鑒，在引進其先進科技的同時，也引進了日本人按照英文natural history 的語意翻譯成的漢語“博物學”，雖并不準確，但因出於頂禮膜拜，已無暇顧及。況且，自甲午戰爭至民國前期，日源語詞已成爲漢語外來語詞庫中的魁首，遠超英法俄諸語，且無任何外來語痕迹，最難識別。如“民主”“科學”“法律”“政府”“美感”“浪漫”“藝術界”“思想界”“無神論”“現代化”等，不勝枚舉。國人曾試圖自創新詞，但敗多勝少，祇能望洋興嘆。究其原因，并非民智的高下，也并非語種的優劣，實則是國力强弱的較量，國强則國威，國威則必擁有强勢文化，而强勢文化勢必涌入弱國，面對强勢文化，弱國豈有話語權？西方的“博物學”進入中國，遒勁而又自然。

那麼，西方博物學源於何時何地？又經歷了怎樣的發展變化？答曰：西方博物學發端於古希臘亞里士多德（公元前 384—前 322）《動物志》之類著述，又經古羅馬老普林尼（公元 23—79）的《自然史》，輾轉傳至歐洲各國。其所謂博物除却動植物外，更有天文、地理、人體諸類。這是西方的文化背景與知識譜系，西人習以爲常，喜聞樂見。在歐洲文藝復興和美洲地理大發現之後，見到別樣的動物、植物以及礦物，博物學得到長足發展。至 19 世紀前半期，博物學形成了動物學、植物學和礦物學三大體系，達於鼎盛。至 19 世紀後期，動物學、植物學獨立出來，成爲生物學，礦物學則擴展爲地質學，博物學已被架空。至 20 世紀，博物學已不再屬於什麼科學研究，而完全變成一種生態與環境探索，以供民衆休閑安居的社會活動。其時，除却發端於亞里士多德的"博物學"之外，也有後起的"文化博物學"（Cultural Museology），這是一門非主流的綜合性學科，旨在研究人類一切文化遺産，試圖展示并解釋歷史的傳承與發展，但在題材視野、表達主旨等方面與中華傳統博物學仍甚有差异。面對此類非主流論説，當年的譯者或視而不見，或有意摒弃，其志在振興我中華。

在尋求救國的路途中，仁人志士們目睹了西方先進文化，身感心受，嚮往久之。"試航東西洋一游，見彼之物質文明，莊嚴燦爛，而回首宗邦，黯然無色，已足明興衰存亡之由，長此以往，何堪設想？"（吴冰心《博物學雜誌》發刊詞，1914 年 1 月，第 1～4 頁），此時仁人志士們滿腔熱血，一心救國。但如何救國，却茫茫然，如墮五里霧中。這一救國之路從表象上觀察似乎一切皆以日本爲鏡鑒，實則迥别於"明治維新"之路，未能把握"富國强兵、置産興業"之首要方嚮，而當年的執政者却祇顧個人權勢的得失，亦無此遠大志嚮。仁人志士們雖振臂疾呼，含泪呐喊，祇飄摇於上層精英之間，因一度失去民族自信、文化自信，而不知所措，矛頭直指孔子及千載儒學，進而直指傳統文化。五四運動前夜，北京大學著名教授錢玄同即正告國人"欲驅除一般人之幼稚的野蠻的頑固的思想"，就必須要"廢孔學"，必須要"廢漢文"（錢玄同《中國今後的文字問題》，載 1918 年 4 月 15 日《新青年》第 4 卷第 4 號）。翌年，五四運動爆發，仁人志士們高舉"德謨克拉西"（民主）、"賽因斯"（科學）兩面大旗，掀起反帝反封建的狂濤巨瀾，成爲中國近現代史上的偉大里程碑，中國人民自此視野大開。這兩面大旗指明了國家强弱成敗的方嚮。但與此同時，仁人志士們又毫不猶豫，全力以赴，要堅决"打倒孔家店"。於是，孔子及其儒家學説成了國弱民窮的替罪羊！接踵而至的就是對於漢字及其代表的漢文化的徹底否定。偉大革命思想家魯迅也一直抨擊傳統觀念、傳統體制，1936 年 10 月，在他逝世前夕《病中答救亡情報訪員》一文中，竟然斷言："漢字不滅，中國必亡！"而新文化運動的主要人物之一胡適更是語出驚人："我們必須承認我們自己百事不如人，不但物質機械上不如人，不但政治制度不如人，并且道德不如人，知識不如人，文學不如人，音樂不如人，藝術不如人，身體不如人。"中華民族是"又愚又懶的民族"，是"一分像人，九分像鬼的不長進民族"（胡適《介紹我自己的思想》，1930 年 12 月亞東圖書館初版《胡適文選》自序）。這是五四運動前後一代精英們的實見實感，本意在於革故鼎新，但這些通盤否定傳統文化的主張，不啻是在緊要歷史關頭的一次群情失控，是中國文化史中的一次失智！在這樣的歷史背景、這樣的歷史氣勢之下，接受西方"博物學"就成了必然，有誰會顧及古老的傳統博物學？

在引進西方博物學之後，國人紛予效法，試圖建立所謂中華自家的博物學，於是圍繞植物學、動物學兩大方面遍搜古今，窮盡群書，着眼於有關動植物之類典籍的縱橫搜求，但這并非我中華的博物全貌，也并非我中華博物學，況且在中華古典博物學中，也罕見西方礦物學之類著作，可見，試圖以西方的博物學體系，另建中華古典博物學，實在是削足適履、邯鄲學步。自1902年始，晚清推行學制改革，先後頒布了"壬寅學制""癸卯學制"。1905年，根據《奏定學堂章程》，已將西方博物學納入中學的課程設置。其課程分爲植物、動物、礦物、人體生理學四種，分四年講授。1912年中華民國成立後，江浙等地出現過博物學會和期刊，稍後武昌高等師範學校設立了博物學系，出版過《博物學雜誌》，主要研究動物學、植物學及人體生理學，隨後又將博物學系改稱生物學系，《博物學雜誌》也相應改稱《生物學雜誌》，重走了西方的老路。北京高等師範學校也有類似經歷，甚爲盲目而混亂。至30年代，發現西方博物學自20世紀始，已轉型爲生態與環境探索，國人因再無興趣，對西方博物學的大規模推廣、學習在中國遂告停止，但因影响至深，其餘風猶存。

二、中華典籍浩如海，博物古學何處覓？

應當指出，中國古代典籍所載之草木、鳥獸、蟲魚之類，亦有別於西方，除却其自身屬性特徵外，又常常被人格化，或表親近，或加贊賞，體現了另一種精神情愫。如動物龜、鶴，寓意長壽（其後，龜又派生了貶義）；豺、狼、烏鴉、猫頭鷹，或表殘忍，或表不祥；其他如十二生肖，亦各有象徵，各有寓意。而那些無血肉、無情感的植物，同樣也被賦予人文色彩。如漢班固《白虎通·崩薨》載："《春秋含文嘉》曰：天子墳高三仞，樹以松；諸侯半之，樹以柏；大夫八尺，樹以欒；士四尺，樹以槐；庶人無墳，樹以楊、柳。"足見在我國古老的典制禮俗中，松、柏、欒、槐、楊、柳，已被賦予了不同的屬性，被分爲五等，楊、柳最爲低賤；就連如何埋葬也分爲五等，嚴於區別，從墳高三仞到無墳，成爲天子到庶人的埋葬標志。實則墳墓分爲等級，早在公元前3300年至公元前2300年的良渚古城遺址已經發現。這些浩浩博物，廣泛涉及了古老民族和古老國度的典制與禮俗，我國學人也難盡知，西方的博物學又當如何表述？

可見西方博物學絕難取代中華古典博物學，中華古典博物學的研究範圍，遠超西方博物學，或可說中華古典博物學大可包容西方博物學。如今，這一命題漸引起國內一些有識之士、專家學者的關注。那麼，中華古典博物學究竟發端於何時何地？有無相對成型的體系？如何重建？答曰：若就人類辨物創器而言，上古即已有之，環宇盡同。若僅就我中華文獻記載而言，有的學者認爲當發端於《周易》，因爲"易道廣大，無所不包"（《四庫全書總目提要》卷九），或認爲發端於《書·禹貢》，因爲此書廣載九州山河、人民與物產。《周易》《禹貢》當然可以視爲中華博物學的源頭。而作爲中華博物學體系的領衒專著，則普遍認爲始於晋代張華《博物志》。而論者則認爲，中華博物學成爲一門相對獨立的學科體系，當始於秦漢間唐蒙的《博物記》，此書南北朝以來屢見引用，張華《博物志》不過是續作而已。對此，前人久有論述。如《四庫全書總目提要》卷一四二曰："劉昭《續漢志》注《律曆志》引《博物記》一條，《輿服志》引《博物記》一条，《五行志》引《博物記》二條，《郡國志》引《博物記》二十九條……今觀裴松之《三國志》注（《魏志·太祖紀》《文帝紀》《吳志·孫賁傳》等）引《博物志》四條，又於《魏志·涼茂傳》中引《博物記》一條，灼然二書，更無疑義。"再如宋周密《齊東野語·野婆》曰："《後漢·郡國志》引《博物記》曰：'日南出野女，群行不見夫，其狀皛且白，裸袒無衣襦。'得非此乎？《博物記》當是秦漢間古書，張茂先（張華，字茂先）蓋取其名而爲《志》也。"再如明楊慎《丹鉛總錄》卷一一："漢有《博物記》，非張華《博物志》也，周公謹云不知誰著。考《後漢書》注，始知《博物記》爲唐蒙作。"如前所述，此書南北朝典籍中多有引用，如僅在南朝梁劉昭《續漢志》注中，《博物記》之名即先後出現了三十三次之多。據有關古籍記載，其内包括了律曆、五行、郡國、山川、人物、輿服、禮俗等，盡皆實有所指，無一虛幻。故在明代有關前代典籍分類中，已將唐蒙《博物記》與三國魏張揖《古今字詁》、晋呂靜《韻集》、南朝梁阮孝緒《古今文詁》、唐顏元孫《干祿字書》、宋洪适《隸釋》等字書、韵書并列（見明顧起元《說略》卷一五），足見其學術地位之高，而張華《博物志》則未被録入。

至西晋已還，佛道二教廣泛流傳，神仙方士之説大興，於是張華又衍《博物記》爲《博物志》，其書内容劇增，自卷一至卷六，記載山川地理、歷史人物、草木蟲魚，這些當是紀要考訂之屬，合乎本文指稱的名副其實的博物學系統。此外，又力仿《山海經》的體例，旨在記載异物、妙境、奇人、靈怪，以及殊俗、瑣聞等，諸多素材語式，亦幾與《山海經》盡同，若"羽民國，民有翼，飛不遠……去九嶷四萬三千里"云云，并非"浩博實物"，已近於"志怪"小説。張華自序稱其書旨在"博物之士覽而鑒焉"，張序指稱的"博物之士"，義同前引《左傳》之"博物君子"，其"博物"是指"博通諸種事物"，虛虛實實，紛紛紜紜，無所不包。此類記述，正合世風，因而《博物志》大行其道，《博物記》則漸被冷落，南北朝之後已失傳，其殘章斷簡偶見於他書，可輯佚者甚微。後世輾轉相引，又常與《博物志》混同。《博物志》至宋代亦失傳，今本十卷爲采摭佚文、剽掇他書而成，真僞雜糅，亦非原作。其後又有唐人林登《續博物志》十卷，緊接《博物志》之後，更拓其虛幻内容，以記神异故事爲主，多是叙述性文字，其條目篇幅較長，宋代之後也已亡佚。再後宋人李石又有同名《續博物志》十卷，其自序稱："次第仿華書，一事續一事。"實則并不盡然，華書首設"地理"，李書改增爲"天象"，其他内容，間有與華書重複者，所續多是後世雜籍，宋世逸聞。此書雖有舛亂附會之弊，仍不失爲一部難得的繼補之作。李書之後，又有明人游潛《博物志補》三卷，仍係補張華之《志》，旨趣體例略如李石之《續志》，但頗散漫，時補時闕，猥雜冗濫。李、游一續一補，盡皆因仍張《志》，繼其子遺。以上諸書之所謂"博物"，一脉相承，注重珍稀之物而外，多以臚列奇事异聞爲主旨，同"浩博實物"的考釋頗有差异。游潛稍後，明董斯張之《廣博物志》五十卷問世，始一改舊例，設有二十二類，下列子目一百六十七種，所載博物始於上古，達於隋末，不再因仍張《志》而爲之續補，已是擴而廣之，另闢山林，重在追溯事物起源，其中包括職官、人倫、高逸、方技、典制，等等。其後，清人陳逢衡著有《續博物志疏證》十卷、《續博物志補遺》一卷，對李石《續志》逐條研究探索，并又加入新增條目，成爲最系統、最深入的《續》説。其後，徐壽基又著有《續廣博物志》十六卷，繼董《志》餘緒，於隋代之後，逐一相繼，直至明清，頗似李石之續張華。但《廣志》《續廣志》之類，仍非以專考釋"浩博實物"爲主旨。我國第一部以"博物"命名而研究實物的專著，當爲明末谷應泰之《博物要覽》。該書十六卷，惜所涉亦不過碑版、書畫、銅器、窯器、瑪瑙、珊瑚、珠玉、奇石等玩賞之器物，皆係作者隨所見聞，摭録成帙；所列未廣，其中碑版書畫，尤爲簡陋，難稱浩博，其影響遠不及前述諸《志》，但所創之寫實體例，則非同尋常。而最具權威者，當是明末黄道周所著《博物典彙》，該書共二十卷，所涉博物，始自遠古，達於當朝，上自天文地理，下至草木蟲魚，盡予囊括，并以其所在時代最新的觀點、視野，對歷代博物著述進行了彙總研究。如卷一關於"天文"之考釋，下設"渾天""七曜"，"七曜"下又設"日""月""五星"，再後又有"經星圖""緯星圖""二十八宿"。又如卷七關於"后妃"，下設"宮闈內外之分""宮闈預政之誡"，緊隨其後的即教育"儲貳"之法，等等，甚爲周嚴。

以上諸書就是以"博物"命名的博物學專著。在晚清之前，代代相繼，發展有序，并時有新的建樹。

與這些博物學專著相并行，相匹配，另有以"事"或"事物"命名，旨在探索事物起源的博物學專著。初始之作爲北魏劉懋《物祖》十五卷，稍後有隋謝昊《物始》十卷，是對《物祖》的一次重大補正。《物始》之後，有唐劉孝孫等《事始》三卷，又有五代馮鑑《續事始》十卷，是對《事始》的全面擴展與開拓。《續事始》之後，另有宋高承《事物紀原》十卷，此書分五十五個類目，上自"天地生植"，中經"樂舞聲歌""輿駕羽衛""冠冕首飾""酒醴飲食"，直至"草木花果""蟲魚禽獸"，較《物祖》《物始》尤爲完備，遂成博物學的百代經典。接踵而來者有明王三聘《古今事物考》八卷，效法《紀原》之體，自古至今，上至天文地理，下至昆蟲草木，中有朝制禮儀、民生器用、宮室舟車，力求完備，較之他書尤得要領，類居目列，條理分明，重在古今考釋，一事一物，莫不求源溯始，考核精審。此書載録服飾資料尤爲豐富，如卷一有上古禮制之種種服式，非常全面，卷六所載後世之巾冠、衣、佩、帶、襪、履舄、僧衣、頭飾、妝飾、軍服等百餘種，考證多引原書原文，確然有據，甚爲難得。就全書而言，略顯單薄。明徐炬又有《古今事物原始》三十卷，此書仿高承《紀原》之體，又參《事物考》之章法，以考釋制度器物爲主，古今上下，盡考其淵源，更有所得，凡日月星辰、山川草木，亦必確究其淵源流變，但此與天地共生之浩浩博物，四百餘年前的一介書生，豈可臆測而妄斷？爲此而輾轉援引，頗顯紛亂。且鳥獸花草之起首，或加偶語一聯，或加律詩二句，而後逐一闡釋，實乃蛇足。其書雖有此瑕疵，卻不掩大成。與王、徐同代的還有羅頎《物原》二卷（《四庫》本作一卷），羅氏以《紀原》不能黜妄崇真，故更訂爲十八門，列二百九十三條，條條錘實。如，刻漏、雨傘、鋦子（用於連合破裂器物的兩腳釘）、酒、豆腐之類的由來，多有創見。惜違《紀原》明記出典之體，又背《事物考》之道，凡有考釋，則溷集衆説爲一。如，烏孫公主作琵琶，張華作苔紙，皆茫然不知所本。不過章法雖有差失，未臻完美，但其功業甚巨，《物原》成爲一部研究記述我國先民發明創造的專著。時至清代，陳元龍又撰

《格致鏡原》一百卷。何謂"格致鏡原"？意即格物致知，以求其本原。此書的子目多達一千七百餘種，明代以前天地間萬事萬物盡予羅致，一事一物，必究其原委，詳其名號，廣博而精審，終成中華古典博物學的巔峰之作。

以上兩大系列專著，自秦漢以來，連續兩千載，一脉相承，這并非十三經、二十六史之類的敕編敕修，無人號令，無人支持，完全出自一種無形的力量，出自文化大國、中華文脉自惜自愛的傳承精神，從而構成浩大的博物學體系。在我國學術研究史中，在我國圖書編纂史中，乃至於世界文化史中，當屬大纛獨立，舉世無雙！本當如江河之奔，生生不息，終因清廷喪權辱國、全盤西化而戛然中斷。

三、博物古學歷磨難，科技起落何可悲！

回顧我國漫長的文化史可知，中華博物學是在傳統的"重道輕器"等陳腐觀念桎梏下，以強大的民族自覺精神、民族意志爲推動力，砥礪前行，千載相繼，方成獨立體系，因而愈加難得，愈加可貴。

"重道輕器"觀念是如何出現的？何謂"道器"？兩者究竟是何關係？《周易·繫辭上》曰："形而上者謂之道，形而下者謂之器。"何謂"道"？所謂道乃"先天地生"，無形無象、無聲無色、無始無終、無可名狀，爲"萬物之所然也，萬理之所稽也"（見《韓非子·解老》），是指形成宇宙萬物之本原，是形成一切事理的依據與根由。何謂"器"？器即宇宙間實有的萬物，包括一切科技發明，至巨至大，至細至微，充斥天地間，而盡皆不虛，或有實物可見，或有形體可指。器即博物，博物即器。"道器關係"本是一種有形無形、可見與不可見的生衍關係，并無高下之分，但在傳統文化中却另有解釋。如《周禮·考工記序》曰："坐而論道，謂之王公；作而行之，謂之士大夫；審曲面埶，以飭五材，以辨民器，謂之百工。"又曰："智者創物，巧者述之，守之世，謂之百工。百工之事，皆聖人之作也。"此文突顯了"道"對於"器"的指導與規範地位。"坐而論道"，可以無所不論，民生、朝政、國運、天下事，當然亦在所論之中。"道"實則是指整體人世間的一種法則、一種定律，或説是我古老的中華民族所創造的另一種學説。所謂"論道者"，古代通常理解爲"王公"或"聖人"，實則是代指一代哲人。《考工記序》却將論道與製器兩者截然分開，明確地予以區別，貶低萬衆的創造力，旨在維護專制統治，從而確定人們的身份地位。坐而論道者貴爲王公，親身製器者屬末流之百工（"審曲面埶，以飭五材、以辨民器"，謂觀察金、木、皮、玉、土之曲直、性狀，據以製造民人所需之器物）。《考工記序》所記雖名爲"考工"，實則是周代禮制、官制之反映，對芸芸衆生而言，這種等級關係之誘惑力超乎尋常，絕難抵禦，先民樂於遵從，樂於接受，故而崇敬王公，崇敬聖人，百代不休。因而在中國古代，科學技術大受其創。

"重道輕器"的陳腐觀念，在中國古代影響廣遠，"器"必須在"道"的限定之下進行，不得隨意製作，不得超常發揮，"道"漸演化爲統治者實施專政的得力手段。"坐而論道"，似乎奧妙無盡。魏晉時期，藉儒入道，張揚"玄之又玄"，乃至於魏晉人不解魏晉文章，本朝人爲本朝人作注，史稱"玄學"。兩宋由論道轉而談理，一代理學宗師應運而生，闡理思辨，超乎想象，就連虛幻縹緲的天宮，亦可談得妙理聯翩，後世道家竟繪出著名的《天宮圖》來。事越千載，五四運動時期，那些新文化運動主將們聯手痛搗"孔家店"，却不攻玄理，"論道""崇道""樂道""惜道"，滾滾而來，遂成千古"道"統，已經背離《易》《老》的本義。出於這樣的觀念，如何會看重"形而下"的博物與博物學？

那麼，古代先民又是如何看待與博物學密切相關的科學技術？《書・泰誓下》載，殷紂王曾作"奇技淫巧，以悦婦人"，爲百代不齒，萬世唾罵。何謂"奇技淫巧"？唐人孔穎達釋之曰："奇技謂奇異技能，淫巧謂過度工巧……技據人身，巧指器物。"所謂"奇技淫巧"，今大底可釋爲超常的創造發明，或可直釋爲科學技術。論者認爲，"百代不齒，萬世唾罵"者并不在於"奇技淫巧"這一超常的創造發明，而在於紂王奢靡無度，用以取悦婦人的種種罪孽。至於紂王是否奢靡無度，"以悦婦人"，今學界另有考證。紂王當時之所以能稱雄天下，正是由於其科技的先進，軍事的強大，其失敗在於大拓疆土，窮兵黷武，導致内外哀怨，決戰之際又遭際叛亂。所謂"以悦婦人"之妲己，祇是戰敗國的一種"貢品"而已，對於年過半百的老人并無多大"媚力"。關於殷商及妲己的史料，最早見於戰國時期成書的《國語・晋語一》，前後僅有二十七字，并無"酒池肉林""炮烙之刑"之類記載，後世史書所謂紂王對妲己的種種寵愛，實是一種演繹，意在宣揚"紅顔禍水"之説（此説最早亦源於前書。"紅顔禍水"，實當稱之爲"紅顔薄命"）。在中國古代推崇"紅顔禍水"論，進而排斥"奇技淫巧"，從而否定了科技的力量，否定了科技強弱與國家強弱的關係。時至周代，對於這種"奇技淫巧"，已有明確的法律限定："作淫聲、異服、奇技、奇器以疑衆，殺！"（見《禮記・王制》）這也就是説，要杜絕一切新奇的創造發明，連同歌聲、服飾也不得超乎常規，否則即犯殺罪！此文自漢代始，多有注疏，今擇其一二，以見其要。"淫聲"者，如春秋戰國時鄭、衛常有男女私會，謳歌相引，被斥爲淫靡之聲；"奇技"者，如年輕的公輸班曾"請以機窆"，即以起重機落葬棺木，因違反當時人力牽挽的埋葬禮節，被視爲不恭。一言以蔽之，凡有違禮制的新奇科技、新奇藝術，皆被視爲疑惑民衆，必判以重罪。這就是所謂"維護禮制"，其要害就是維護統治者的統治地位，故而衣食住行所需器物的質材及數量，無不在尊卑貴賤的等級制約之中。如規定平民不得衣錦綉，不得鼎食，商人、藝人不得乘車馬，就連權貴們娛樂時選定舞蹈的行列亦不可違制，違制即意味着不軌，意味着僭越。杜絕"奇技淫巧"，始自商周，直至明清而未衰。我國著名的四大發明，千載流傳，未料却如同國寶大熊猫一樣，竟由後世西方科學家代爲發現，實在可悲！四大發明、大熊猫之類，或因史籍隱冷，疏於查閱，或因地處山野，難以發現，姑可不論，但其他很多非常具體的發明創造，雖有群書連續記載，也常被無視，或竟予扼殺。如漢代即有超常的"女布"，因出自未嫁少女之手而得名（見《後漢書·王符傳》），南北朝時已久負盛名，稱"女子布"（見南朝宋盛弘之《荆州記》）。宋代又稱"女兒布"，被贊爲"布帛之品……其尤細者也"（見宋羅濬《寶慶四明志·郡志四》）。其後歷代製作，不斷創新，及至明清終於出現空前的妙品"女兒葛"。"女兒葛"爲細葛布的一種，其物纖細如蟬翼紗，又如傳説中的"蛟女絹"，僅重三四兩，捲其一端，整匹女兒葛便可出入筆管之中，精美絕倫，明代弘治之後曾發現於四川鄰水縣，但却被斷然禁止。明皇甫録《下陴記談》卷上："女兒葛，出鄰水縣，極纖細，必五越月而後成，不減所謂蟬紗、魚子纈之類，蓋十縑之力也。予以爲淫巧，下令禁止，無敢作者。"對此美妙的"女兒葛"，時任順慶府知府的皇甫録，并没給予必要的支持、鼓勵，反而謹遵古訓，以杜絕"奇技淫巧"爲己任，堅決下達禁令，并引以爲榮。皇甫録乃弘治九年（1496）進士，爲官清正，面對"奇技淫巧"也如此"果斷"！此後清代康熙年間，"女兒葛"再現於廣東增城縣一帶，其具體情狀，清屈大均《廣東新語·貨語·葛布》中有翔實描述，但其遭遇同樣可悲，今"女兒葛"終於銷聲匿迹。在中國古代，類似的遭遇，又何止"女兒葛"？杜絕"奇技淫巧"之風，一脈相承，何可悲也。

　　但縱觀我華夏全部歷史可知，一些所謂的"奇技淫巧"之類，雖屢遭統治者的禁弃，實則是禁而難止，況統治者自身對禁令也時或難以遵從，歷代帝王皇室之衣食住行，幾乎無一不恣意追求舒適美好，爲了貪圖享樂，就不得不重視科技，就不得不啓用科技。如

"被中香爐"（爐内置有炭火、香料，可隨意旋轉以取暖，香氣縷縷不絶。發明於漢代）、"長信宮燈"（燈内裝有虹管，可防空氣污染。亦發明於漢代）的誕生，即明證。歷代王朝所禁絶的多是認定可能危及社稷之類的"奇技淫巧"，并未禁止那些有利於民生的重大發明，也没有壓抑摧殘黎民百姓的靈智（歷史中偶有以愚民爲國策者，祇是偶或所見的特例而已）。帝王們爲維護其統治地位，以求長治久安，在"重道輕器"的同時，也極重天文、曆算、農桑、醫藥等領域的研究，凡善於治國的當權者，爲謀求其國勢得以强盛，則必定大力倡導科技，《後漢書·和熹鄧皇后紀》所載即爲顯例。和熹皇后鄧綏（公元81—121），深諳治國之道，兼通天文、算數。永元十四年（102），漢和帝死後，東漢面臨種種滅頂之灾，鄧綏先後擁立漢殤帝和漢安帝，以"女君"之名親政長達十六年，克服了有史以來最嚴重的十年天灾，剿滅海盜，平定西羌，收服嶺南三十六個民族，將九真郡外的蠻夷夜郎等納入版圖，恢復東漢對西域的羈縻，征服南匈奴、鮮卑、烏桓等，平息了内憂外患，使危機四伏的東漢王朝轉危爲安。正是在這期間，鄧綏大力發展科技，勉勵蔡倫改進造紙術，任用張衡研製渾天儀、地動儀等儀器，并製造了中尚方弩機，這一可以連續發射的弩機，其射程與命中率令時人驚嘆，成爲當時世界上最具殺傷力的先進武器（此外，鄧綏又破除男女授受不親的陳腐觀念，創辦了史上最早的男女同校學堂，并通過支持文字校正與字詞研究，推動了世界第一部字典《説文解字》問世）。這就爲傳統的博物研究提供了巨大的空間，因而先後出現了今人所謂的"四大發明"之類。實際上何止是"四大發明"？天文、曆算等領域的發明創造，可略而不論。鄧綏之前，魯班曾"請以機窆"的起重機，出現於春秋時期，早於西方七百餘年。徐州東洞山西漢墓出土的青銅透光鏡，歐洲和日本人稱其爲"魔鏡"，當一束光綫照射鏡面而投影在墻壁上時，墻上的光亮圈内就出現了銅鏡背面的美麗圖案和吉祥銘文。這一"透光鏡"比日本"魔鏡"早出現一千六百餘年，而歐洲的學者直到19世紀纔開始發現，大爲驚奇，經全力研究，得出自由曲面光學效應理論，將其廣泛運用於宇宙探索中。今日，國人已能够恢復這一失傳兩千餘載的原始工藝，千古瑰寶終得重放異彩！鄧綏之後，又創造了"噴水魚洗"，亦甚奇妙，令人大開眼界。東漢已有"雙魚洗"之名（見明梅鼎祚《東漢文紀》卷三二引《雙魚洗銘》），未知當時是否可以噴水。"噴水魚洗"形似現今的臉盆。盆内多刻雙魚或四魚，盆的上沿兩側有一對提耳，提耳的設置，不祇是爲了便於提動，同時又具有另外一個功用，即當手掌撫摩時，盆内還能噴射出兩尺高的水柱，水面形成一片浪花，同時會發出樂曲般的聲響，十分神奇。今可確知，"噴水魚洗"興起於唐宋之間（見宋王明清《揮塵前録》卷三、宋何薳《春渚紀聞》卷九），當是皇家或貴族所用盥洗用具。魚洗能够噴水，其道理何在？美國、日本的物理學家曾用各種現代科學儀器反復檢測查看，試圖找出其導熱、傳感及噴射發音的構造原理，雖經全力研究，但仍難得以完整的解釋，也難以再現其效果。面對中國古代科技創造的這一奇迹，現代科學遭遇了空前挑戰，祇能"望盆興嘆"。

中華民族，中華博物學，就是在這樣複雜多變的背景之下跌宕起伏，生存發展，在晚清之前，兩千餘年來，從未停止前進的步伐，這又成爲中華民族的民族性與中華博物學的一大特點。

四、西化流弊何時休，誰解古老博物學？

自晚清以還，中華博物學沉淪百年之久，本當早已復蘇，時至今日，幸逢盛世，正益修典，又何以總是步履維艱？豈料經由西學東漸之後，在我國國内一些學人認定科學決定一切，無與倫比，日積月纍，漸漸形成了一種偏激觀念——"唯科學主義"，即以所謂是否合於科學，來判定萬事萬物的是非曲直，科學擁有了絶對的話語權。"唯科學主義"通常表現爲三種態度：一、否認物質之外的非物質。凡難以認知的物質，則稱之爲"暗物質"。這一"暗"字用得非常巧妙，"暗"，難見也！於是"暗物質"取代了"非物質"；二、否認科學之外的其他發現。凡是遇到無從解釋的難題，面對別家探索的結論，一律斥爲"僞科學"。三、否認科學範圍以外的其他一切生産力，唯有科學可以帶動社會發展，萬事萬物必須以科學爲推手。

何謂"科學"？中國古代本有一種認識論的命題，稱之爲"格致"，意謂"格物致知"，指深究事物原理以求得知識，從而認識各種客觀現象，掌握其變化規律。這種哲學我國先秦諸子久已有之，雖已歷千載百代，但却未得應有的重視，終被西方科學所取代。自16世紀始，歐洲由於文藝復興，挣脱了天主教會的長期禁錮，轉向於對大自然的實用性的探索，其代表作即哥白尼的"日心説"與伽利略天文望遠鏡的發明，同時出現牛頓的力學，這是西方的第一次科技革命。這一時期已有"科學"其實，尚無後世"科學"之名，起始定名爲英語science一詞，源於拉丁文，本意謂人世間的各種學問，隸屬於古希臘的哲學思想，是一種對於宇宙間萬事萬物的生衍關係的一種想象、一種臆解，原本無甚稀奇，此時已反響於歐洲，得以廣泛流傳。至 18 世紀，新興的資産階級取得政權，爲推行資本主義，又大力發展科學，西方科學已處於世界領先地位。時至 19 世紀 60 年代後期及 20 世紀初，歐洲發生了以電力、化學及鋼鐵爲新興産業的第二次科技革命，英語 science 一詞迅速擴展於北美和亞洲。日本明治維新時期，赴歐留學的日本學者將 science 譯成"科學"，學界認爲是藉用了中國科舉制度中"分科之學"的"科學"一詞，如同將英文 natural history 的語意翻譯成漢語"博物學"一樣，也并不準確，中國的變法派訪日時，對之頂禮膜拜，欣然接受，自家固有的"格致"一詞，如同國學中的其他語詞一樣被弃而不用，"科學"一詞因得以廣泛流傳。"科學"當如何定義？今日之"科學"包括了自然科學、社會科學、思維科學以及交叉科學。除却嚴謹的形式邏輯系統之外，本是一種具體的以實踐爲手段的實證之學。實踐與實證的結果，日積月累，就形成了人類關於自然、社會和思維的認知體系，成爲人類評斷事物是非真僞的依據。但科學不可能將浩渺無盡的宇宙及宇宙間的萬事萬物盡皆予以實踐、實證，能够實踐、實證者甚微，因而科學總是在不斷地探索，不斷地補正，不斷地自我完善之中，其所能研究的領域與功能實在有限。當代科學可以在指甲似的晶片上，一次性地裝載五百億電晶體，可以將重達六噸以上的太空船射向太空，并按照既定指令進行各種探索，但却不能造出一粒原始的細胞來，因爲這原始細胞結構的複雜神秘，所藴含的奇妙智慧，人類雖竭盡全力，却至今無法破解。細胞來自何處？是如何形成的？科學完全失去了話語權！造不出一粒原始的細胞，造一片樹葉尤無可能，造一棵大樹更是幻想，遑論萬千物種，足證"科學"并非萬能的唯一學問。况且，"暗物質"之外，至少在中國哲學體系中尚有"非物質"。何謂"非物質"？"非物質"是與"物質"相對而言，區別於"暗物質"的另一種存在，正如前文所述，它"無形無象、無聲無色、無始無終、無可名狀"，在中國古代稱之爲"道"。"道"可以不遵循因果關係，可以無中生有，爲"萬物之所然也，萬理之所稽也"，可以解釋萬物的由來，可以解釋宇宙的形成。今以天體學的的視野略加分析，亦可見"唯科學主義"的是非。人類賴以生存的地球，其直徑約爲 12 742 公里，是太陽系中的第三顆小行星。太陽系的直徑約爲 2 光年，太陽是銀河系中數千億恒星之一，銀河系的直徑約爲 10 萬光年，包括 1 千億至 4 千億顆恒星，而宇宙中有一千至兩千億銀河系，宇宙有 930 億光年。一光年約等於 9.46 萬億公里。地球在宇宙中衹是一粒微塵，如此渺小的地球人能創造出破解一切的偉大科學，那是癡人説夢！中華先賢面對諸多奥妙，面對諸多不可思議的現象，提出這一"無可名狀"之"道"，當然并非憑空想象，自有其觀測與推理的依據，這顯然不同於源自西方的科學，或曰是西方科學所包容不了的。先賢提出的"無可名狀"的"道"，已超越物質的範圍，或曰"道"絕非"暗物質"所能替代的。這一"無可名狀"的"道"，在當今的別樣的時空維度中已得到初步驗證（在這非物質的維度中滿富玄機）。論者提出這一古老學説，旨在證明"唯科學主義"排斥其他一切學説，過分張揚，不足稱道，絕無否定或輕忽科學之意。百年前西學東漸，尤其是西方科學的傳入，乃是我中華民族思維與實踐領域的空前創獲，是實踐與思維領域的一座嶄新的燈塔，如今已是家喻户曉，人人稱贊，任誰也不會否認科學的偉大，但却不能與偏激的"唯科學主義"混同。後世"科學"一詞，又常常與"技術"連稱爲"科學技術"，簡稱"科技"。何謂"技術"？"技術"一詞來源於希臘文"techs"，通常指個人的技能或技藝，是人類利用現有實物形成新事物，或改變原有事物屬性、功能的方法，或可簡言之曰發明創造。科學技術不同於科學，也不同於技術，也不是科學與技術的簡單相加。科學技術是科學與技術的有機結合體系，既是人類認識世界和改造世界的成果或產物，又是人類認識世界和改造世界最有力的工具或手段，兩者實難分割。某些技術本身可能衹是一種技法，而高深技術的背後則必定是科學。

出於上述"唯科學主義"偏激觀念，重建中華博物學就遭致了質疑或否定，如有學者認爲，中國古代衹有技術而没有科學，哪有什麼中華博物學？中華博物學被看作"前科學時代的粗糙的知識和技能的雜燴"，是一種"非科學性思考"，没有什麼科學價值，當然也就没有重建的必要，因爲西方博物學久已存在，無可替代。中國古代當真"衹有技術而没有科學"麼？前文已論及"科學"與"技術"很難分割，在中國古代不衹有"技術"，同樣也有"科學"。回眸世界之歷史長河，僅就中西方的興替發展脉絡略作比較，就可以看到以下史實：當我中華處於夏禹已劃定九州、建有天下之際，西方社會多處於尚未開化的蠻荒歲月；當我中華已處於春秋戰國鋼鐵文化興起之際，整個西方尚處於引進古羅馬文明的青銅器時代；當我宋代以百萬册的印數印刷書籍之際，中世紀的西方仍然憑藉修士們成年纍月在羊皮卷上抄寫複製；著名的火藥、指南針等其他重大發明姑且不論，單就中國歷朝歷代任何一件發明創造而言，之於西方社會也毫不遜色，直至清代中葉，中國的科技一直處於世界領先地位。英國科學家李約瑟主編的七卷巨著《中國科學技術史》，即認爲西方古代科學技術85%以上皆源於中國。這是西方人自發的没有任何背景、没有任何色彩的論斷，甚爲客觀，迄今未見异議。此外又有學者指出，中華傳統博物學不衹擁有科技，又超越了科技的範疇，它是"關於物象（外部事物）以及人與物的關係的整體認知、研究範式與心智體驗的集合"，"這種傳統根本無法用科學去理解和統攝"，中華古典博物學"給我們提供的'非科學性思考'，恰恰是它的價值所在"（余欣《中國博物學傳統的重建》，載《中國圖書評論》，2013 年第 10 期，第 45 ～ 53 頁）。這無疑是對"唯科學主義"最有力的批駁！是的，本書極重"科技"研究，又不拘泥於"科技"，同樣重視"非科學性思考"。

中華古典博物學的研究主體是"博物"，是"博物史"，通過對"博物""博物史"的探索，而展現的是人，是人的生存、生活的具體狀況，是人的直觀發展史。中華傳統博物學構成了物我同類、天人合一的博大的獨立知識體系，是理解和詮釋世界的另一視野，這種視野中的諸多"非科學性思考"的博物，科學無法全面解讀，但却是真真切切的客觀存在。所謂傳統博物學是"前科學時代的粗糙的知識和技能的雜燴"，是"非科學性思考"的評價，甚是武斷，祇不過是一種不自覺的"唯科學主義"觀念而已。另將"科學"與"技術"分割開來，強調什麽"科學"與否，這一提法本身就不太"科學"。對此，本書前文已論及，無須複述。我國作爲一個古老國度，在其漫長的生衍過程中，理所當然地包容了"粗糙的知識和技能"。這一狀況世界所有古國盡有經歷，并非中國獨有。"粗糙的知識"的表述似乎也并不恰當，"知識"可有高下深淺之分，未聞有粗糙細緻之別。這所謂"粗糙"，大約是指"成熟"與否，實際上中華傳統博物學所涉之"知識和技能"，并非那麽"粗糙"，常常是合於"科學"的，有些則是非常的"科學"。英國科學家李約瑟等認定古代中國涌現了諸多"黑科技"。何謂"黑科技"？這是當前國際間盛行的術語，即意想不到的超越科技之科技，可見學界也是將"科學"與"技術"連體而稱，而并非稱"黑科學"。認定中國古代"祇有技術而没有科學"，傳統博物學是"前科學時代的粗糙的知識和技能的雜燴"之說，頗有些"粗糙"，準確地說頗有些膚淺！這位學者將傳統博物學統稱爲"前科學時代"的產物，亦是一種妄斷，也頗有些隨心所欲！何謂"前科學時代"？"前科學時代"是指形成科學之前人們僅憑五官而形成的一種感知，這種感知在原始社會時有所見，但也并非全部如此，如鑽木取火、天氣預測、曆法的訂立、灸砭的運用等，皆超越了一般的感知，已經形成了各自相對獨立的科學。看來這位學者并不怎麽瞭解中國古代科技史，并不太瞭解自家的傳統文化，實屬自誤而誤人。

中華博物學的形成及發展歷程，與西方顯然不同。西方博物學萌生於上古哲人的學説，其後則以自然科學爲研究主體，遍及整個歐洲，全面進入國民的生活領域。在這樣的文化背景之下，西方日益强大，直接影響和推動了社會的發展，因而步入世界前列。我中華悠悠數千載，所涉博物，形形色色，浩浩蕩蕩，逐漸形成了中華獨有的博物學體系，但面臨的背景却非常複雜，與西方比較是另一番天地，那就是貫穿數千載的"重道輕器"觀念與排斥"奇技淫巧"之國風，這一觀念、這一國風，其表現形式就是重文輕理，且愈演愈烈。如中國久遠的科舉制度，應試士子們本可"上談禮樂祖姬孔，下議制度輕儵玄"（見明高啓《送貢士會試京師》詩），縱論古今國事，是非得失，而朝廷則可藉此擇取英才，因而國家得以强盛。時至明代後期，舉國推行的科舉制度竟然定型爲千篇一律的八股文，泯滅了朝廷取才之道，一代宗師顧炎武稱八股之禍勝似"焚書坑儒"（見《日知錄·擬題》）。清代後期爲維護其獨裁統治，手段尤爲專橫强硬，又向以"天朝"自居，哪裏會重視什麼西方的"科學技術"？"科學技術"的落伍最終導致文明古國一敗塗地，這也就是"李約瑟難題"的答案！"科學"之所以成爲"科學"，是因爲其出自實踐、實證，實踐、實證是科學的生命。實踐、實證又必須以物質爲基礎，這正與我中華博物學以浩浩博物爲研究主體相合！但中華博物學，或曰博物研究，始終被置於正統的國學之外，這一觀念與國風，極大地制約了中華博物學的發展。制約的結果如何？可以毫不誇張地説，直接阻礙了中國古代社會的歷史進程。

五、中華博物知多少，皓首難解千古謎

中華博物如繁星麗天，難以勝計，其中有諸多別樣博物，可稱之爲"黑科技"者，令人百思不得其解。如八十餘年前四川廣漢西北發現的三星堆古蜀文化遺址，距今約四千八百年至三千年左右，所在範圍非常遼闊，遠超典籍記載的成都平原一帶，此後不斷探索，不斷有新的發現，成爲20世紀人類最偉大的考古發現之一。該遺址內三種不同面貌而又連續發展的三期考古學文化，以規模壯闊的商代古城和高度發達的青銅文明爲代表的二期文化最具特點。二期文化中青銅器具占據主導地位，極爲神奇。衆多的青銅人頭象、青銅面具，千姿百態。還有舉世罕見的青銅神樹，該樹有八棵，最高者近4米，共分三層，樹枝上栖息有九隻神鳥，應是我國古籍所載"九日居下枝"的體現；斷裂的頂部，當有"一日居上枝"的另一神鳥，寓意九隻之外，另一隻正在高空當班。青銅樹三層

九鳥，與《山海經·海外東經》中所載"扶桑""若木""九日居下枝，一日居上枝"正同。上古時代，先民認爲天上的太陽是由飛鳥所背負，可知九隻神鳥即代表了九個太陽。其《南經》又曰："有木，其狀如牛，引之有皮，若纓、黄蛇。其葉如羅，其實如欒，其木若藍，其名曰建木。"何謂"建木"？先民認爲"建木"具有通天本能，傳説中伏羲、黄帝等盡皆憑藉"建木"來往神界與人間。由《山海經》的記載可知，這神奇物又來源於傳統文化，大量青銅文化明顯地受到夏商文明、長江中游文明及陝南文明的影響。那些金器、玉器等禮器更鮮明地展現出華夏中土固有的民族色彩。如此浩大盛壯，如此神奇，這一古蜀國究竟是怎樣形成的？又是怎樣突然消失的？詩人李白在《蜀道難》中曾有絕代一問："蠶叢及魚鳬，開國何茫然？"意謂蠶叢與魚鳬兩位先帝，是在什麼時代開創了古蜀國？何以如此茫茫然令人難解？今論者續其問曰："開國何茫然，失國又何年？開失兩難知，千古一謎團。"三星堆的發掘并非全貌，僅占遺址總面積的千分之一左右，只是古蜀文化的小小一角而已，更有浩瀚的未知數，國人面臨的將是另一個陌生的驚人世界。中華民族襟懷如海，廣納百川，中外文化相容并包，故而博大精深。這些百思不得其解的神奇之物，向無答案，確屬於所謂"非科學性思考"，當代專家學者亦爲之拍案。"唯科學主義"面臨這些"黑科技"的挑戰，當然也絕難詮釋。以下再就已見出土，或久已傳世之實物爲例。上世紀80年代，臨潼始皇陵西側出土了兩乘銅車馬，其物距今已有兩千二百餘年，造型之豪華精美，被譽爲世界"青銅之冠"，姑且不論。兩輛車的車傘，厚度僅0.1～0.4厘米，一號車古稱"立車"或"戎車"，傘面爲1.12平方米，二號車傘面爲2.23平方米，而且皆用渾鑄法一次性鑄出，整體呈穹隆形，均勻而輕薄，這一鑄法迄今亦是絕技，無法超越。而更絕的是一號立車的大傘，看似遮風擋雨所用，實則充滿玄機，此傘的傘座和手柄皆爲自鎖式封閉結構，既可以鎖死，又可以打開，同時可以靈活旋轉180度，隨太陽的方位變化而變化，亦可取下插入野外，遮烈日，擋風雨，賞心隨意。令人尤爲稱奇的是，打開傘柄處的雙環插銷，傘柄與傘蓋可各獨立，傘柄就成了一把尖鋭的矛，傘蓋就成了盾，可攻可守。這一0.1～0.4厘米厚的盾，其抗擊力又遠勝今人的製造技術，令今人望塵莫及，故國際友人贊之爲罕見的"黑科技"。此外分存於西安與鎮江東西兩方的北宋石刻《禹迹圖》，尤爲奇異。此圖參閲了唐賈耽《海內華夷圖》，并非單純地反映宋代行政區劃及華夷之間的關係，而是上溯至《禹貢》中的山川、河流、州郡分布，下至北宋當世，已將經典與現實融爲一體。此圖長方約1平方米，宋朝行政區劃即達三百八十個之多，五個大湖，七十座山峰，更有蜿蜒數千里的長江、黃河等江川八十餘條；不祇是中原的地域，尚有與之接壤的大理、吐蕃、西夏、遼等區域，這些區域的山野江河亦有精準的繪製。作爲北宋時代的製圖人，即使能够遍踏域内、域外，也絕難僅憑一己的目力俯瞰全景。此圖由五千一百一十個小方格組成，每一小方格皆爲一百平方公里，所有城市、山野江河的大小距離，盡包容在這些格子裏，全部可以明確無誤地測算出來，其比例尺與今世幾無差異。如此細密精準，必須具有衛星定位之類的高科技纔能繪製出來，九百年前的宋人是憑藉什麽儀器完成的？此一《禹迹圖》較之秦陵銅車馬，更超乎想象，詭異神奇，故而英國學者李約瑟評之爲“世界上最神秘、最杰出的地圖”，美國國家圖書館將一幅 19 世紀據西安圖打製的拓本作爲館藏珍品。中國古代“黑科技”，又何止臨潼銅車馬與《禹迹圖》？

除却上述文獻記載與出土及傳世之物外，另一些則是實見於中華大地的奇特自然景觀，這些百思不得其解的神奇之物，散處天南海北，自古迄今，向無答案，亦屬於所謂“非科學性思考”，當代專家學者亦爲之拍案。“唯科學主義”面臨這些“黑科技”的挑戰，當然也絕難詮釋。我中華大地這些神奇之物，在當世尤應引起重視，國人必須迎接“超科技時代”的到來。如“應潮井”，地處南京市東紫金山南麓定林寺前。此井雖遠在深山之間，却與五公里外的長江江潮相應，江水漲則井水升，江水退則井水降，同處其他諸井皆無此現象。唐宋以來，已有典籍記載，如《江南通志·輿地志·江寧府》引唐段成式《酉陽雜俎》：“蔣山有應潮井，在半山之間，俗傳云與江潮相應，嘗有破船朽板自井中出。”《景定建康志·山川志三·井泉》：“應潮井在蔣山頭陡寺山頂第一峰佛殿後。《蔣山塔記》云：‘梁大同元年，後閣舍人石興造山峰佛殿，殿後有一井，其泉與江潮盈縮增減相應。’”何以如此，自發現以來，已歷千載，迄今無解。以上的奇特之物，多有記載，名揚天下，而另一些奇物，却久遭冷落，默默無聞。如“靈通石”，亦稱“神石”“報警石”，俗稱“豬叫石”。該石位於太行大峽谷林縣境内高家臺輝伏巖村。石體方正，紫紅色，裸露於地面約 4 立方米，高寬各 3 米，厚 2 米，象是一頭體積龐大的臥豬，且能發聲如豬叫。傳聞每逢大事（包括自然灾害、重大變革等）來臨之前，常常“鳴叫”不止，大事大叫數十天，小事則小叫數日，聲音忽高忽低，一次可叫百餘聲，百米之内清晰可聞。但其叫聲祇能現場聆聽，不可錄音。何以如此怪異？同樣不得而知！中華博物浩浩洋洋，漫漫無涯，可謂無奇不有，作爲博物之學，亦必全力探究，這也正是中華博物學承担的使命。

六、中華博物學的研究範圍與狀況，新建學科的指嚮與體式如何？

中國當代尚未建立博物學會，也沒有相應的報刊，人們熟知的則是博物院館，而博物院館的職責在於收藏、研究并展出傳世的博物，面對日月星辰、萬物繁衍以及先民生息起居等數千年的古籍記載（包括失傳之物），豈能勝任？中華博物全方位研究的歷史使命衹能由新興的博物學承擔。古老中華，悠悠五千載，博物浩茫，疑難連篇，實難解讀，而新興的博物學却不容迴避，必須做出回答。

本書指稱的博物，包括那些自然物，但并不限於對其形體、屬性的研究，體現了博物古學固有的格致觀念，且常常懷有濃厚的人文情結，可謂奧妙無窮，這又迥別於西方博物學。

如"天宇"，當做何解釋？在中國傳統文化中是與"宇宙"并存的稱謂，重在強調可見的天體和所有星際空間。前已述及，天體直徑可達930億光年以上，實際上可能遠超想象。這就出現了絕世難題：究竟何謂天體？天體何來？戰國詩人屈原在其《天問》篇中，曾連連問天："上下未形，何由考之？""馮翼惟象，何以識之？""明明闇闇，惟時何爲？"千古之問，何人何時可以作答？天宇研究在古代即甚冷僻，被稱爲"絕學"。中國是天宇觀測探索最爲細密的文明古國之一，天象觀測歷史也最爲悠遠，殷墟甲骨、《書》《易》諸經，盡有記載，而歷代正史又設有天文、曆律之類專志，皇家設有司天監之類專職機構，憑此"觀天象、測天意"，以決國策。於是，天文之學遂成諸學之首。天宇研究的主體是天空中的各種現象，這些現象又以各種星體的位置、明暗、形狀等的變化爲主，稱之爲星象。星象極其繁複，難以辨識。於是，在天空位置相對穩定的恒星就成爲必要的定位標志。在人們目力所及的範圍内，恒星數以千計，簡單命名仍不便查找和定位，我華夏先民又將天空劃分爲若干層級的區域，將漫天看似雜亂無章的恒星位置相近者予以組合并命名，這些組合的星群稱之爲星宿。古人視天上諸星如人間職官，有大小、尊卑之分，故又稱星官，因而就有了三垣二十八宿，成爲古天宇學最重要理論依據，這一理論西方天文學絕難取代。

再如古代類書中指稱的"蟲豸"，當代辭書亦少有確解。何謂"蟲豸"？舉凡當今動物學中的昆蟲綱、蛛形綱、多足綱，以及爬行動物中的綫形動物、扁形動物、環節動物、軟體動物中形體微小者，皆爲蟲豸之屬。蟲豸形雖微小，然其生存之久、種類之繁、分布之廣、形態之多、數量之巨，從生物、生態、應用、文化等角度，其意義和價值都大异於其他各類動物，或説是其他各類動物所不能比擬的。蟲豸之屬，既能飛於空，亦能游於水，既能潛於土，亦能藏於山，形態萬千，且各具靈性，情趣互异，故古代典籍遍見記叙，不僅常載於詩文，且多見筆記、小説中。先民又常憑藉其築穴或搬遷之類活動，以預測氣象變化或靈异別端，同樣展現了一幅具體生動的蟲文化畫卷，既有學術價值，又充滿趣味性。自《詩》始，就出現了咏蟲詩，其後歷代從蝶舞蟬鳴、蟻行蛇爬中得到靈感者代不乏人，或以蟲言志，或以蟲抒懷，或以蟲爲比，或以蟲爲興，甚至直以蟲名入於詞牌、曲牌，如僅蝴蝶就有 “蝴蝶兒” “玉蝴蝶” “粉蝶兒” “蝶戀花” “撲蝴蝶” “撲粉蝶” 等名類。唐歐陽詢《藝文類聚》收集有關蟬、蠅、蚊、蝶、螢、叩頭蟲、蛾、蜂、蟋蟀、尺蠖、螳、蝗等蟲類的詩、賦、贊等數量浩繁，後世仿其體例者甚多，如《事物紀原》《五雜俎》《淵鑑類函》《古今圖書集成·禽蟲典》等，洋洋大觀。不僅詩詞歌賦，在成語、俗語中，言及蟲豸者，亦不可勝數，如莊周夢蝶、蠑首蛾眉、金蟬脱殼、螳螂捕蟬、螳臂當車、蚍蜉撼樹、作繭自縛、飛蛾撲火（詞牌名爲 “撲燈蛾”）等；不僅見諸歷代詩文，今世辭章以蟲爲喻者，仍沿襲不衰，如以蝸喻居、以蝶喻舞、以蟬翼喻輕薄、以蛇蠍喻狠毒等，比比皆是，不勝枚舉。

本博物學所指稱博物又包括了人類社會生活的各方面、領域，自史前達於清末民初，有的則可直達近現代，至巨至微，錯綜複雜。而對於某一具體實物，必須從其初始形態、初始用途的探討入手，而後追逐其發展演變過程，這樣纔能有縱橫全面的認定，從而作出相應的結論，這正是新興博物學的使命之一。今僅就我中華民族時有關涉者予以考釋。今日，國人對於古代社會生活實在太過陌生，現當代權威工具書所收錄的諸多重要的常見詞目，常常不知其由來，遭致誤導。如 “祭壇” 一詞，《漢語大詞典·示部》釋文曰：

> 祭壇：供祭禮或宗教祈禱用的臺。劉大傑《中國文學發展史》第一章三：“無論藝術哲學都得屈服於宗教意識之下，在祭壇下面得着其發展生命了。”艾青《吹號者》詩：“今日的原野呵，已用展向無限去的暗緑的苗草，給我們布置成莊嚴的祭壇了。”亦指上壇祭祀。侯寶林《改行》：“趕上皇上齋戒忌辰，或是皇上出來祭壇，你都得歇工（下略）。”

以上引用的三個書證全部是現代漢語，檢索此條的讀者可能會認定 “祭壇” 乃無淵源的新興詞，與古漢語無關。豈不知《晉書·禮志下》《舊唐書·禮儀志三》《明史·崔亮傳》

諸書皆有"祭壇"一詞，又皆爲正史，并不冷僻。《漢語大詞典》爲證實"祭壇"一詞的存在，廣予網羅，頗費思索，連同侯寶林的相聲也用作重要書證。侯氏雖被贊爲現代語言大師，但此處的"祭壇"，并非"供祭禮或宗教祈禱用的臺"，"祭"與"壇"爲動賓語結構，并非名詞，不足爲據。還應指出，"祭壇"作爲人們祭祀或祈禱所用實體的臺，早在史前即已出現，初始之時不過是壘土爲臺罷了。

此外，直接關涉華夏文化傳播形式的諸多博物更是大异於西方。如"文具"初稱"書具"，其稱漢代大儒鄭玄在《禮記·曲禮上》注中已見行用。千載之後，宋人陶穀《清異錄·文用》中始用"文具"一詞。文具泛指用於書寫繪畫的案頭用具及與之相應的輔助用具。國人憑藉這些文具，創造了最具特色的筆墨文化、筆墨藝術，憑藉這些文具得以描述華夏五千載的燦爛歷史。中華傳統文具究有多少？國人最爲熟悉的莫過於"文房四寶"，實際又何止"文房四寶"？另有十八種文房用具，定名爲"十八學士"，宋代林洪曾仿唐韓愈《毛穎傳》作《文房職方圖贊》（簡稱《文房圖贊》，即逐一作圖爲之贊）。實際上遠超十八種，如筆筒、筆插、筆搌、筆洗、墨水匣、墨床、水注、水承、水牌、硯滴、硯屏、印盒、帖架、鎮紙、裁刀、鉛槧、算袋、照袋、書床、筆擱、高閣，等等，已達三十種之多。

"文房四寶""十八學士"之類中華獨具的傳統文化，今國人熟知者已不甚多，西方博物又何從涉及？何可包容？

七、新興博物學的表述特點，其古今考辨的啓迪價值

當代新興博物學所展現的是中華博物本身的生衍變化以及其同物异名、同名异物等，其主旨之一在於探尋我古老的中華民族的真實歷史面貌，温故知新，從而更加熱爱我们偉大的中華文明。

偉大的中華民族，在歷史上產生过許多杰出的思想觀念，比如，我中華民族風行百代的正統觀念是"君爲輕，民爲本，社稷次之"（見《孟子·盡心下》），這就是強调人民高於君王，高於社稷（猶"國家"），人民高於一切！古老的中華正統對人民如此愛護，如此尊崇，在當今世界也堪稱難得。縱觀朝代更迭的全部歷史可知，每朝每代總有其興起及消亡的過程，有盛必有衰。在這部《通考》中，常有實例可證，如有關商代都城"商邑"的

記載，就頗具代表性。試看，《詩·商頌·殷武》："商邑翼翼，四方之極。"鄭玄箋："極，中也。商邑之禮俗翼翼然……乃四方之中正也。"孔穎達疏："言商王之都邑翼翼然，皆能禮讓恭敬，誠可法則，乃爲四方之中正也。"《詩》文謂商都富饒繁華，禮俗興盛，足可爲全國各地的學習楷模。"禮俗"在上古的地位如何？《周禮·天官·大宰》曰："以八則治都鄙：一曰祭祀，以馭其神……六曰禮俗，以馭其民。"這是説周代統治者以禮俗馭其民，如同以祭祀馭鬼神一樣，未敢輕忽怠慢，禮俗之地位絕不可等閑視之。古訓曰："倉廩實而知禮節，衣食足而知榮辱。"（見《史記·管晏列傳》）此處的"禮節"是禮俗的核心内容，可見禮俗源於"倉廩實"。"倉廩實"展現的是國富民強，而國富民強，必重禮俗，禮俗展現了國家的面貌。早在三千年前的商代，已如此重視禮俗。"商邑翼翼"所反映的是上古時期商都全盛時期的繁華昌明，其後歷代亦多有可以稱道的興盛時期，如"漢武盛世""文景盛世"、唐"貞觀盛世""開元盛世"、宋"嘉祐盛世"、明"永宣盛世"、清"康乾盛世"等，其中更有"夜不閉户，路不拾遺"的佳話。盛世總是多於亂世，或曰溫飽時代總是多於飢寒歲月。唐代興盛時期，君臣上下已萌生了甚爲隨和的禮儀狀態，不喜三拜九叩之制，宋元還出現了"衣食父母"之類敬詞（見宋祝穆《古今事物類聚别集》卷二〇、元關漢卿《竇娥冤》第二折），這正體現了"王者以民爲天，民以食爲天"（見《漢書·酈食其傳》）的傳統觀念。中國歷史上的黎民百姓并非一直生活在水深火熱之中，在漫長的歲月中也常有溫飽寧静的生活，因而涌現了諸多忠心報國的詩詞。如"但使龍城飛將在，不教胡馬度陰山"（唐王昌齡《出塞二首》之一）；"忘身辭鳳闕，報國取龍庭"（王維《送趙都督赴代州得青字》）；"僵卧孤村不自哀，尚思爲國戍輪臺"（宋陸游《十一月四日風雨大作》）；"奇謀報國，可憐無用，塵昏白羽"（宋朱敦儒《水龍吟·放船千里凌波去》）。

久已沉淪的傳統博物學今得重建，可藉以知曉我中華兒女擁有的是何樣偉大而可愛的祖國！偉大而可愛的祖國，江山壯麗，蘭心大智，光前裕後，莘莘學子尤當珍惜，尤當自豪！回眸古典博物學的沉淪又可確知，鴉片戰爭給中華民族帶來的是空前的傷害，不祇是漢唐氣度蕩然無存，國勢極度衰微，最爲可怕的是傷害了民族自信，爲害甚烈。傷害了民族自信，則必會輕視或否定傳統文化，百代信守的忠義觀念、仁義之道，必消失殆盡，代之而來的則是少廉寡恥，爾虞我詐，以崇洋媚外爲榮，這一狀況久有持續，對青少年的影響尤甚，怎不令人痛心！時至當代，正全力弘揚中華優秀傳統文化，全力推行科技創新，踔厲奮發，重振國風，這又怎不令人慶幸！

　　新興博物學在展現中華博物本身的生衍變化進而展現古代真切的社會生活之外，又展現了一種獨具中華風采的文化體系。如常見語詞"揚州瘦馬"，其來歷如何？祇因元馬致遠《天淨沙‧秋思》中有"西風古道瘦馬"之句。自2008年山西呂梁市興縣康寧鎮紅峪村發現元代壁畫墓以來，其中的一首《西江月》小令："瘦藤高樹昏鴉，小橋流水人家，古道西風瘦馬，夕陽西下，已獨不在天涯。"在學界引發了關於《天淨沙‧秋思》的爭論熱議。由《西江月》小令聯想元代的另一版本："瘦藤老樹昏鴉，遠山流水人家，古道西風瘦馬，夕陽西下，斷腸人去天涯。"於是有學人又認爲此一"瘦馬"當指"揚州藝妓"，意謂形單影隻的青樓女子思念遠赴天涯的情郎——"斷腸人"，但這小令中的"瘦馬"之前，何以要冠以"古道西風"四字？則不得而知。通行本狀寫天涯游子的冷落淒凉情景，堪稱千古絕唱，無可置疑。那麼何以稱藝妓爲"瘦馬"？"瘦馬"一詞，初見於唐白居易《有感》詩三首之二："莫養瘦馬駒，莫教小妓女。後事在目前，不信君看取。馬肥快行走，妓長能歌舞。三年五年間，已聞換一主。"金董解元《西廂記諸宮調》中的《仙呂‧賞花時》又載："落日平林噪晚鴉，風袖翩翩吹瘦馬。"此處的"瘦馬"無疑確指藝妓。稱妓女爲人人可騎的馬，後世又稱之爲"馬子"，是一種侮辱性的比擬。何以稱"瘦"？在中國古代常以"瘦"爲美，"瘦"本指腰肢纖細，故漢民歌曰："楚王好細腰，宮中多餓死。""細腰"强調的是苗條美麗。"好細腰"之舉，在南方尤甚，揚州的西湖所以稱之爲"瘦西湖"，不祇是因其狹長緊連京杭大運河，實則是因湖邊楊柳依依，芳草萋萋，又有荷花池、釣魚臺、五亭、二十四橋，美不勝收，較之杭州西湖有一種別樣的美麗。國人何以推崇揚州？《禹貢》劃定九州之中就有揚州，今之揚州已有兩千五百餘年的歷史。其主城區位於長江下游北岸，可追溯至公元前486年。春秋時期，吳王夫差在此開鑿了世界最早的運河——邗溝，建立邗城，孕育了唯一與邗溝同齡的運河城；因水網密布，氣候温潤，公元前319年，楚懷王熊槐在此建立廣陵城（今揚州仍沿稱"廣陵"），遂成爲中華歷史名城之一。此後歷經魏晋等朝代多次重修，至隋文帝開皇九年（589），廣陵改稱揚州。揚州除却政治地位顯赫之外，又是美女輩出之地，歷史上曾有漢趙飛燕、唐上官婉兒及南唐風流帝王李煜先後兩任皇后周薔、周薇，號稱"四大美女"。隋煬帝楊廣又在此開鑿大運河，貫通至京都洛陽旁連涿郡，藉此運河三下揚州，尋歡作樂。時至唐代，揚州更是江河交匯，四海通達，成爲全國性的交通要衝，故有"故人西辭黃鶴樓，煙花三月下揚州。孤帆遠影碧空盡，唯見長江天際流”的著名詩篇（唐李白《黃鶴樓送孟浩然之廣陵》，今之揚州已遠離長江）。揚州在唐代是除却長安之外的最爲繁華的大都會，商旅雲聚，青樓大興，成爲文壇才士、豪門公子醉生夢死之地。唐王建《夜看揚州市》詩贊曰：“夜市千燈照碧雲，高樓紅袖客紛紛。”詩人杜牧《遣懷》更有名作：“落魄江湖載酒行，楚腰纖細掌中輕。十年一覺揚州夢，贏得青樓薄幸名。”此“楚腰纖細掌中輕”之用典，即直涉楚靈王好細腰與趙飛燕的所謂“掌中舞”兩事。杜牧憑藉豪放而婉約的詩作，贏得百世贊頌，此詩實是一種自嘲、以書懷才不遇之作，却曾遭致史家“放浪薄情”的詬病。大唐之揚州，確是令人嚮往，令人心醉，故而詩人張祐有“人生只合揚州死”（見其所作《縱游淮南》）之感嘆。元代再度大修的京杭大運河弃洛陽直達北京，揚州之地位愈加顯赫。總之，世界這一最古最長的大運河歷代修建，始終離不開揚州。時至明清，揚州經濟依然十分繁盛，仍是達官貴人喜於擇居之地，兩淮鹽商亦集聚於此，富甲一方，由此振興了園林業、餐飲業，娛樂中的色情業也應運而生，養“瘦馬”就是其中的一種，一些投機者低價買進窮苦人家的美麗苗條幼女，令其學習言行禮儀、歌舞繪畫及其他媚人技能技巧，而後以高價賣至青樓或權貴豪門，大發其財。除却“揚州瘦馬”之外，又催生了著名的“揚州八怪”，文化藝術色彩愈加分明。

“揚州瘦馬”本是一種當被摒弃的陋習，不足爲訓，但這一陋習所反映出的却是關聯揚州的一種別樣的文化，反映了揚州古今社會的經濟發展與變化，這當然也是西方博物學替代不了的。

結　語

綜上所述可知，中華博物學是學術研究中的另一方天地，無可替代，必須重建，且勢在必行。如何重建？如何展現我中華博物獨有的神貌？答曰：中華博物絶非僅指博物館的收藏物，必須是全方位的，無論是宮廷裏，無論是山野間，無論是人工物，無論是天然品，無論是社會中，無論是自然界裏，皆應廣予收錄考釋。考釋的主旨，乃探索我中華浩浩博物的淵源、流變。此一博物學甚重“物”的形體、屬性及其淵源流變，同時又關注其得名由來，重視兩者間的生衍關係。通常而言（非通常情況當作別論），在人類社會中有其物必當有其名，有其名亦必有其物。此外，更有同物異名，或同名异物之別。探究"物"本體的淵源流變并釐清名物關係，這就是中國古典博物學的使命，這也正是最爲嚴密的格物致知，也正是最爲嚴肅的科學體系。但中國古典博物學，又必須體現《博物記》以還的國學傳統，必須體現博大的天人視野及民胞物與情懷，有助於我中華的再度振起，乃至於世界的安寧和諧。而那些神怪虛無之物，則不得納入新的博物學中，衹能作爲附錄以備考。如何具體裁定，如何通盤布局，并非易事，遠超想象。因我中華民族是喜愛并嚮往神話的古老民族，又常常憑藉豐富的想象對某種博物作出判斷與解讀，判斷與解讀的結果，除却導致無稽的荒誕之外，又時或引發別樣的思考，常出乎人們的所料，具有別樣的價值。如水族中的"比目魚"，亦稱"王餘魚""兩鮃""拖沙魚""鞋底魚""板魚""箬葉"，俗稱"偏口魚"，爲鰈形目魚類之古稱。成魚身體扁平而闊，兩眼移於頭的另一端，習慣於側臥，朝上的一面有顏色鮮明的眼睛，朝下一面似無眼睛，先民誤以爲衹有一眼，必須相互比并而行。此一判斷與解讀，始自漢代《爾雅・釋地》："東方有比目魚焉，不比不行。"郭璞注："狀似牛脾……一眼，兩片相合乃得行。今水中所在有之，江東又稱爲王餘魚。"事過千載，直至明代李時珍《本草綱目》問世，盡皆認定比目魚僅有一隻眼，出行必須各藉他魚另一眼（見《本草綱目・鱗四・比目魚》）。傳統詩文中用比目魚以比喻形影不離的情侶或好友，先民爭相傳頌，百代不休，直至1917年徐珂的《清稗類鈔》問世，始知比目魚兩眼皆可用，不必兩兩并游（《清稗類鈔・動物篇》）。古人憑藉想象，又認爲尚有與比目魚相對應的"比翼鳥"，見於《爾雅・釋地》："南方有比翼鳥焉，不比不飛。"這一"比翼鳥"，僅一目一翼，須雌雄并翼飛行，如同比目魚一樣，亦用以比喻形影不離的情侶或好友。"比目魚""比翼鳥"之類虛幻者外，後世又派生了所謂"連理枝"，著名詩作有唐白居易《長恨歌》曰："在天願爲比翼鳥，在地願爲連理枝。"何謂"連理枝"？"連理枝"是指自然界中罕見的偶然形成的枝和幹連爲一體的樹木。"連理枝"之外，又出現了"并蒂蓮"之類。"并蒂蓮"亦稱"并頭蓮""合歡蓮"等，是指一莖生兩花，花各有蒂，蒂在花莖上連在一起的蓮花。這種"連理枝""并蒂蓮"，難以納入下述的世界通行的階元系統，也難依照林奈創立的雙名命名法命名，但却又是一種不可忽視的實物，是大自然所形成的另一種奇妙的實物。此一"并蒂蓮"如同"比目魚""連理枝"一樣，亦用以喻情侶或好友，同樣廣見於傳統詩文。歲月悠悠，始於遠古，達於近世，先民對於我中華博物的無限想象以及與之并行的細密觀察探索，令人嘆爲觀止，凡天地生靈、袞袞萬物，無所不及，超乎想象，從而構成了一幅文明古國的壯闊燦爛畫卷。

　　這當是歷經百年沉淪、今得復蘇的我國傳統的博物學，這當是重建的嶄新的全方位的中華博物學。

　　中華博物學除却遵循發揚傳統的名物學、訓詁學、考據學及近世的考古學之外，也廣泛汲取了當代天文、地理、生物、礦物、農學、醫學、藥學諸學的既有成就，其中動植物的本名依照世界通行的階元系統，分爲界、門、綱、目、科、屬、種七類。又依照瑞典卡爾·馮·林奈（瑞文Carl von Linné）創立的雙名命名法命名。“連理枝”“并蒂蓮”“比目魚”“比翼鳥”之屬旁及龍、鳳、麒麟、貔貅等傳説之物，則作爲附録，劃歸相應的動物或植物卷中。這樣的研究章法，這樣的分類與標注，避免了傳統分類及形狀描述的訛誤或不確定性，即可與國際接軌。綜合古今中外，論者認爲《中華博物通考》的研究主體，可劃歸三十六大類，依次排列如下：

　　《天宇》《氣象》《地輿》《木果》《穀蔬》《花卉》《獸畜》《禽鳥》《水族》《蟲豸》《國法》《朝制》《武備》《教育》《禮俗》《宗教》《農耕》《漁獵》《紡織》《醫藥》《科技》《冠服》《香奩》《飲食》《居處》《城關》《交通》《日用》《資産》《珍奇》《貨幣》《巧藝》《雕繪》《樂舞》《文具》《函籍》。

　　存史啓智，以文育人，乃我中華千載國風。新時代習近平總書記甚重民族自信、文化自信，極力倡導“舊邦新命”，明確指出要“盛世修文”，怎不令人振奮，令人鼓舞！今日，我輩老少三代前後聯手、辛苦三十餘載、三千餘萬言的皇皇巨著——《中華博物通考》欣幸面世，并得到國家出版基金資助。這就昭示了沉淪百載的中華傳統博物學終得復蘇，這就是重建的全新中華博物學。“舊邦新命”“盛世修文”，重建博物學，旨在賡續中華文脈，發揚優秀傳統文化，汲取生生不息的精神力量，再現偉大民族的深邃智慧，展我生平志，圓我强國夢！

張述錚

乙丑夾仲首書於山東師範大學映月亭
甲辰南吕增補於歷下龍泉山莊東籬齋

總　説

——漫議重建中華博物學的歷史意義與現實價值

緣　起

《中華博物通考》（下稱《通考》）是一部通代史論性的華夏物態文化專著，係"九五""十五""十四五"國家重點出版物專項規劃項目，并得到 2020 年度國家出版基金資助。全書共三十六卷，另有附録一卷，其中有許多卷又分上下或上中下，計有五十餘册，逾三千萬字。《通考》的編纂，擬稿於 1990 年夏，展開於 1992 年春，迄今已歷三十餘載，初始定名爲《中華博物源流大典》，原分三十二門類（即三十二卷）。此後，歷經斟酌修補，終成今日規模。三十餘載矣，清苦繁難，步履維艱，而大江南北，海峽兩岸，衆多學人，三代相繼，千里聯手，任勞任怨，無一退縮，何也？因本書關涉了古老國度學術發展的重大命題，足可爲當今社會所藉鑒，作者們深知自家承擔的是何樣的重任，未敢輕忽，未敢怠慢。

何謂中華物態文化？中華物態文化的研究主體就是中華浩博實物。其歷史若何？就文字記載而言，中華物態文化史應上溯於傳說中的三皇五帝時期，隸屬於原始社會。"三皇五帝"究竟爲何人，我國史家多有不同見解，大抵有三說：一曰"人間君主說"，"三皇"分別指天皇、地皇、人皇，"五帝"分別指炎帝烈山氏、黄帝有熊氏、顓頊高陽氏、帝堯陶唐氏和帝舜有虞氏；二曰“開創天下説”，三皇分別指有巢氏、燧人氏、伏羲氏，“五帝”分別指炎帝烈山氏、黄帝有熊氏、顓頊高陽氏、帝堯陶唐氏和帝舜有虞氏；三曰“道治德化説”，認爲“三皇以道治，五帝以德治”，“三皇”是遠古三位有道的君主，分別指太昊伏羲氏、炎帝神農氏及黄帝軒轅氏，五帝則是少昊金天氏、顓頊高陽氏、帝嚳高辛氏、帝堯陶唐氏和帝舜有虞氏。有關三皇五帝的組合方式，典籍記載亦不盡相同，大抵有四種，在此不予臚列。“三皇五帝”所處時間如何劃定，學界通常認爲有巢、燧人、伏羲屬於舊石器時代，有巢、燧人爲早期，伏羲爲晚期，其餘皆屬新石器時代，炎帝、黄帝、少昊、顓頊等大致同時，屬仰韶文化後期和龍山文化早期。“三皇五帝”後期，已萌生并逐步邁進文明史時代。

　　中華文明史，國際上通常認定爲三千七百年（主要以文字的誕生與城邑的出現等爲標志），國人則認定爲逾五千年，今又有九千年乃至萬年之説。後者可以上溯至新石器時代，如隸屬裴李崗文化的河南省舞陽縣賈湖村出土了上千粒碳化稻米，約有九千年歷史，是世界最早的栽培粳稻種子。經鑒定其中百分之八十以上不同於野生稻，近似現代栽培稻種，可證其時已孕育了農耕文化。其中發現的含有稻米、山楂、葡萄、蜂蜜的古啤酒也有九千年以上的歷史，可證其時已掌握了釀造術。賈湖又先後出土了幾十支骨笛，也有七千八百年至九千年的歷史，其中保存最爲完整者，可奏出六聲音階的樂曲，反映了九千年前，中華民族已具有相當高度的生産力與創造力、具有相當高度的文化藝術水準與審美情趣。有美酒品嘗，有音樂欣賞，彼時已知今人所稱道的“享受生活”，當非原始人所能爲。賈湖遺址的發現并非偶然，近來上山文化晚期浙江義烏橋頭遺址，除却出土了古啤酒之外，又發現諸多彩陶，彩陶上還繪有伏羲氏族所創立的八卦圖紋飾，故而國人認爲這一時期中華文明已開始形成，至少連續了九千載。中華文明的久遠，當爲世界四大文明古國之首，徹底否定了中華文明西來之説。九千載之説雖非定論，却已引起舉世關注。此外，江西省上饒市萬年縣大源鄉仙人洞遺址發現的古陶器則産生於一萬九千至兩萬年前，又遠超前述的出土物的製作時間。雖有部分學界人士認爲仙人洞遺址隸屬於舊石器遺址，并未進入文明時代，但其也足可證中華博物史的久遠。

一、何謂“博物”與《中華博物通考》？《通考》的要義與章法何在？

何謂“博物”？“博物”一詞，首見於《左傳·昭公元年》：“晋侯聞子産之言，曰：‘博物君子也。’”其他典籍也時有記載，如《漢書·楚元王傳贊》：“自孔子後，綴文之士衆也，唯孟軻、孫況、董仲舒、司馬遷、劉向、揚雄此數公者，皆博物洽聞，通達古今。”《周書·蘇綽傳》：“太祖與公卿往昆明池觀魚，行至城西漢故倉地，顧問左右莫有知者。或曰：‘蘇綽博物多通，請問之。’”以上“博物”指博通諸種事物，一般釋爲“知識淵博”。此外，《三國志·魏書·國淵傳》：“《二京賦》博物之書也，世人忽略，少有其師可求。”唐釋玄奘《大唐西域記·摩臘婆國》：“昔此邑中有婆邏門，生知博物，學冠時彦，内外典籍，究極幽微，曆數玄文，若視諸掌。”明王禕《司馬相如解客難》：“借曰多識博物，賦頌所託，勸百而風一。”這些典籍所載之“博物”，即可釋爲今義之“浩博實物”。這一浩博實物，任一博物館盡皆無法全部收藏。本《通考》指稱的“博物”既可以是天然的，也可以是人工的；既可以是静態的，也可以是動態的；既可以是斷代的，也可以是歷時的，是古今并存，巨細俱備，時空縱橫，浩浩蕩蕩，但必須是我中華獨有，或是中土化的。研究這浩蕩博物的淵源流變以及同物异名或同名异物之著述即《博物通考》，而爲與西方博物學相區别，故稱之爲《中華博物通考》。

在中國古代久有《皇覽》《北堂書鈔》等類書、《儒學警語》《四庫全書》等叢書以及《爾雅》《説文》等辭書，所涉甚廣，却皆非傳統博物典籍。本書草創之際，唯有《中國學術百科全書》《中華百科全書》《中國大百科全書》之類風行於世，這類百科全書亦皆非博物學專著。專題博物學著作甚爲罕見，僅有今人印嘉祥《物源百科辭書》，俞松年、毛大倫《生活名物史話》，抒鳴、鋭鏵《世界萬物之由來》等幾種，多者收詞約三千條，少者僅一百八十餘款，或洋洋灑灑，或鳳毛麟角，各有千秋，難能可貴。《物源百科辭書》譽稱“我國第一部物源工具書”（見該書序），此書中外兼蓄，虚實并存，堪稱廣博，惜略顯雜蕪。本《通考》則另闢蹊徑，别有建樹，可稱之爲當代第一部“中華古典博物學”。

《通考》甚重對先賢靈智的追踪與考釋。中華民族是滿富慧心的偉大民族，極善觀察探索，即使一些不足挂齒的微末之物也未忽視，且載於典籍，十分翔實生動。如對常見的鳥類飛行方式即有以下描述：鳥學飛曰翎，頻頻試飛曰習，振翅高飛曰翥，向上直飛曰翀，張翼扶摇上飛曰羿，鳥舒緩而飛、不高不疾曰翖、曰翂，快速飛行曰猤，水上飛行曰㮶，高飛曰翰，輕飛曰翩，振羽飛行曰翻，等等，不一而足。如此細密的觀察探隱，堪稱世界之最，令人嘆服！而關於禽鳥分類學，在中國古代也有獨到見解。明代李時珍所著《本草綱目》已建立了階梯生態分類系統，將禽鳥劃分爲水禽、原禽、林禽、山禽等生態類別，具有劃時代意義。這一生態分類法較瑞典生物學家林奈的《自然系統》（第十版）中的分類要早一百六十餘年，充分展示了我國古代鳥類分類學的輝煌成就，駁正了中國傳統生物學一貫陳腐落後的舊有觀念。此外，那些目力難及、浩瀚的天體，也盡在先民的觀察探索之中，如關於南天極附近的星象，遠在漢代即有記載。漢武帝元鼎六年（公元前 111），滅南越國，置日南九郡事，《漢書》及顏注、酈道元《水經注》有關“日南”的定名中皆有詳述，而西方於 15 世紀始有發現，晚中國一千四百餘年。再如，關於太陽黑子，在我國漢代亦有記載，《漢書·五行志》載：“日黑居仄，大如彈丸。”其後《晉書·天文志中》亦載：“日中有黑子、黑氣、黑雲。”而西方於 17 世紀始有發現，晚於中國一千六百餘年。惜自清朝入關之後，對於中原民族，對於漢民族長期排斥壓抑，致使靈智難展，尤其是中後期以來的專制國策，遭致國弱民窮，導致久有的科技一蹶不振，於是在列强的視野下，中華民族變成了一個愚昧的“劣等”民族。受此影響，一些居留國外或留學國外的學人，亦曾自卑自弃，本書《導論》曾引胡適的評語：中華民族是“又愚又懶的民族”，是“一分像人，九分像鬼的不長進民族”（見胡適《介紹我自己的思想》，1930年 12 月亞東圖書館初版《胡適文選》自序》）。本《通考》有關民族靈智的追踪考索，巨細無遺，成爲另一大特點。

　　《通考》遵從以下學術體系：宗法樸學，不尚空論，既重典籍記載，亦重實物（包括傳世與出土文物）考察，除却既有博物類專著自身外，今將博物研究所涉文獻歸納爲十大系統：一曰史志系統，即史書中與紀傳體并列，所設相對獨立的諸志。如《禮樂志》《刑法志》《藝文志》《輿服志》等，頗便檢用。二曰政書類書系統。重在掌握典制的沿革，廣求佚書异文。三曰考證系統。如《古今注》《中華古今注》《敬齋古今黈》等，其書數量無多，見重實物，頗重考辨。四曰博古系統。如《刀劍録》《過眼雲煙録》《水雲録》《墨林快事》等，這些可視爲博物研究散在的子書，各有側重，雖常具玩賞性，却足資藉鑒。五曰本草系統。其書草木蟲魚、水土金石，羅致廣博，雖爲藥用，已似百科全書。六曰注疏系統。爲古代典籍的詮釋與發揮。如《易》王弼注、《詩》毛亨傳、《史記》裴駰集解、《老子》魏源本義、《楚辭》王夫之通釋、《三國志》裴松之注、《水經》酈道元注、《世說新語》

劉孝標注等。七曰雅學系統、許學系統，或直稱之爲訓詁系統，其主體就是名物研究，後世稱爲“名物學”。八曰异名辨析系統。已成爲名物學的獨立體系。如《事物异名》《事物异名録》等，旨在同物异名辨析。九曰説部系統。包括了古代筆記、小説、話本、雜劇之類被正統學者輕視的讀物，這是正統文化之外，隱逸文化、民間文化的淵藪，一些世俗的衣、食、住、行之類日常器物，多藉此得見生動描述。十曰文物考古系統，這是博物研究中至爲重要的最具震撼力的另一方天地，因爲這是以歷代實物遺存爲依據的，足可印證文獻的真僞、糾正其失誤，多有創獲。

二、《通考》内容究如何，今世當作何解讀？

《通考》内容極爲豐富，所涉範圍極廣，古今上下，時空縱横，實難詳盡論説，今略予概括，主要可分兩大方面，一爲自然諸物，二爲社科諸物，兹逐一分述如下：

（一）自然諸物：包括了天地生殖及人力之外的一切實體、實物，浩博無涯，可謂應有盡有。

如“太陽”“月亮”，在我中華凡是太空中的發光體（包括反射光體）皆被稱爲“星”，因此漢語在吸納現代天文學時，承襲了這一習慣，將“太陽”這類自身發光的等離子物體命名爲恒星。《天宇卷》研究的主體就是天空中的各種星象。星象就是指各種星體的位置、明暗、形狀等的變化。星象極其繁複，難以辨識。於是，在天空中位置相對穩定的恒星就成爲必要的定位標志。在人們目力所及的範圍内，恒星數以千計，先民將漫天看似雜亂無章的恒星位置相近者予以組合并命名，這些組合的星群稱之爲星宿，因而就有了三垣二十八宿之説。在远古難以對宇宙進行深入探索的時代，先民未能建立起完整的天體概念，也不知彼此的運動關係，僅憑藉直感認知，將所見的最强發光體——“太陽”本能地給予更多的關注，作出不同於西方的別樣解釋。視太陽爲天神，太陽的出没也被演繹成天神駕車巡游，而夸父追日、后羿射日等典故，則承載了諸多遠古信息。先民依據太陽的陰陽屬性、形體形象、光熱情况、時序變化、神話傳説及俗稱俗語等特點，賦予了諸多別名和异稱，其數量達一百九十餘種，如“陽精”“丙火”“赤輪”“扶桑”“東君”“摩泥珠”等，可見先民對太陽是何等的尊崇。對人們習見的“月亮”，《天宇卷》同樣考釋了其异名別稱及其得名由來。今知月亮异名別稱竟達二百二十餘種，較之“太陽”所收尤爲宏富。如

"太陰""玉鏡""嬋娟""姮娥""顧兔""桂影""玉蟾蜍""清凉宫"，等等。而關於"月亮"的所見所想，所涉傳聞佳話，連綿不絕，超乎所料。掩卷沉思，無盡感慨！中華民族是一個明潔温婉、追求自由、嚮往和平、極具夢想的偉大民族。愛月、咏月、賞月、拜月，深情綿綿，與月亮別有一番不解之緣！饒有趣味者，爲東君太陽神驅使六龍馭車的羲和，如同爲太陰元君駕車的望舒一樣，竟也是一位女子，可見先民對於女性的信賴與尊崇。何以如此？是母系社會的遺風流韵麽？不得而知！足證《通考》探討"博物"的意義并不衹在"博物"自身，而是關乎"博物"所承載的傳統文化。

再如古代出現的"雪""雹"之類，國人多認定與今世無多大差异，實則不然。《氣象卷》收有"天山雪""陰山雪""燕山雪""嵩山雪""塞北雪""南秦雪""秦淮雪""廬山雪""嶺南雪""犬吠雪"(偏遠的南方之雪。因犬見而驚吠，故稱)，等等，這些雪域不衹在長城内外，又達於大江南北，可謂遍及全國各地，令人眼界大開。這些雪域的出現，又并非遠古間事，所見文字記載盡在南北朝之後，而"嶺南雪"竟見於明清時期，致使今人難以置信。若就人們對雪的愛惡而言，有"瑞雪""喜雪""灾雪""惡雪"；若就雪的屬性而言，有"乾雪""濕雪""霧雪""雷雪"；若就降雪時間長短而言，有"連旬雪""連二旬雪""連三旬雪""連四旬雪"；若就雪的危害而言，有"致人凍死雪""致人相食雪"等，不一而足。此外，雪另有色彩之别，本卷收有"紅雪""綠雪""褐雪""黑雪"諸文，何以出現紅、綠、褐、黑等顏色？這是由於大地上各類各色耐寒的藻類植物被捲入高空，與雪片相遇，從而形成不同色彩。對此，先民已有細微觀察，生動描述，但未究其成因。1892年冬，意大利曾有漫天黑雪飄落，經國際氣象學家研究測定，此一現象乃是高空中億萬針尖樣小蟲，在飛翔時與雪片粘連所致。這與藻類植物被捲入高空，導致顏色的變幻同理。或問，今世何以不見彩色之雪？因往昔大地之藻類及針尖樣小蟲，由於生態環境的破壞而消失殆盡。就氣象學而言，古代出現彩雪，是正常中的不正常，現代衹有白雪，則是不正常中的正常。本卷中有關雹的考釋，同樣頗具情趣，十分精彩。依雹的顏色有"白色雹""赤色雹""黑色雹""赤黑色雹"，依形狀有"杵狀雹""馬頭狀雹""車輪狀雹""有柄多角雹"，依長度有"長徑尺雹""長尺八雹"，依重量有"重四五斤雹""重十餘斤雹"，依危害則有"傷禾折木雹""擊殺鳥雀雹""擊殺獐鹿雹""擊死牛馬雹""壞屋殺人雹"等，這些記載并非出自戲曲小説，而是全部源於史書或方志，時間地點十分明確，毋庸置疑。古今氣象何以如此不同？何以如此反常？衹嘆中國古代的科研體系多注重對現象的觀察，而不求其成因，衹是將以上現象置於史志之中，予以記載而已。本《通考》對中華"博物"的考辨，不衹是展現了大自然的原貌、大自然的古今變幻，而且也提供了社會的更迭興替和民生的禍福起落等諸多耐人尋味的思考。

另如，《水族卷》中收有棘皮動物"海參"，其物在當代國人心目中，是難得的美味佳餚和滋補珍品。《水族卷》還原其本真面貌，明確指出海參爲海洋動物中的棘皮動物門，海參綱之統稱，而後依據古代典籍，考證其物及得名由來：三國吳沈瑩《臨海水土異物志》："土肉，正黑，如小兒臂大，中有腹，無口目……炙食。"其時貶稱"土肉"，衹是"炙食"而已。既貶稱爲"土"，又止用於燒烤而食，此即其初始的"身份""地位"，實是無足稱道。直至明代謝肇淛《五雜俎·物部一》中，始見較高評價，并稱其爲"海參"："海參，遼東海濱有之，一名海男子。其狀如男子勢然，淡菜之對也。其性溫補，足敵人參，故名海參。""男子勢"，舊注曰"男根"，因海參形如男性生殖器，俗名"海男子"，正與形如女性生殖器的淡菜（又稱"海牝""東海夫人"，即厚殼貽貝）相對應。此一形似"男根"之物，何以又被重視起來？國人對食療養生素有"以形補形"的觀念，如"芹菜象筋骼，吃了骨頭硬；核桃象大腦，吃了思維靈"之類，而因海參似男根，故認定其有補腎壯陽的功能，這就是"足敵人參"的主要根據之一。謝氏在贊其"足敵人參"的同時，又特別標示了其不雅的綽號"海男子"，則又從另一側面反映了明代對於海參仍非那麼珍視，故而在其當代權威的醫典《本草綱目》中未予記載。"海參"在清朝的國宴"滿漢全席"中始露頭角，漸得青睞。本卷作者在還其本真面貌的過程中，又十分自然地釐清了海參自三國之後的異名別稱。如，"土肉""海男子"之後，又有"蚜""沙噀""戚車""龜魚""刺參""光參""海鼠""海瓜""海瓜皮""白參""牛腎""水參""春皮""伏皮"諸稱，"蚜"字之外，其他十三個異名別稱，古今辭書無一收錄，唯一收錄的"蚜"字，又含混不清。而"海參"喻稱"海瓜"，則爲英文 sea cucumber 的中文義譯，較中文之喻稱"海男子"似有異曲同工之妙，又可證西人對海參也并不那麼重視。

全書三十六卷，卷卷不同。本書設有《珍奇卷》，別具研究價值。如"孕子石"，發現於江蘇省溧陽市蘇溪地區。此石呈灰黃色，質地堅硬，其外表平凡無奇，但當人們把石頭敲開時，裏面會滾出許多圓形石彈子，直徑 21 厘米左右，和母石相較，顏色稍淺，但成分一致。因石中另包小石，好似母石生下的子石，故稱"孕子石"。這種"石頭孕子"史志無載，首次發現，地質學家們同樣百思而不得其解，衹能"望石興嘆"。再如"預報天旱井”，位於廣西全州縣内，每年大旱來臨前二十天，水井會流出渾水，長達兩天之久，附近村民見狀，便知大旱將臨，便提前做好抗旱準備。此外，該井每二十四小時漲潮六次，每次約漲五十分鐘，水量約增加兩倍。此井如同“孕子石”一樣，史志無載，首次發現，對此井的奇特現象有關專家同樣百思不得其解，也衹能“望井興嘆”。

　　（二）社科諸物：自然物外，中華博物中的社科諸物漫布於社會生活之中，其形成發展、古今變化，尤爲多彩，展現了一種别樣的國情特徵和民族靈智。

　　如《國法卷》，何謂“國法”？國法係指國家之法紀、法規。國法其詞作爲漢語語詞起源甚爲久遠，先秦典籍《周禮·秋官·朝士》中即已出現，“國法”之“法”字作“灋”，其文曰：“凡民同貨財者，令以國灋行之，犯令者刑罰之。”同書《地官·泉府》中又有另詞“國服”，其文曰：“凡民之貸者，與其有司辨而授之，以國服爲之息。”此“國服”言民間貿易必須服從國法，故稱“國服”。作爲語詞，“國法”“國服”互爲匹配。國法爲人而設，國服隨法而施，有其法必有其服，有法無服，則法罔立，有服無法，舉世罔聞。今“國法”一詞存而未改，“國服”則罕見使用。就世界範圍而言，中國的國法自成體系，具有國體特色與民族精神，故西方學者稱之爲“中華法系”或“東方法系”。本《國法卷》即以“中華法系”爲中心論題，全面考釋，以現其固有特色與精神。中華法系如同世界諸文明古國法系一樣，源於宗教，興於禮俗，而最終成爲法律，遂具有指令性、强制性。中華法系一經形成，即迥异於西方，因其從不以“永恒不變的人人平等的行爲準則”自詡，也没有立法依據的總體理論闡釋，而是明確標示法律應維護帝王及權貴的利益。在中國古代，從没出現過如古希臘或古羅馬的所謂絶對公正的“自然法”，毋須在“自然法”指導下制定“實在法”。中國古代的全部法律皆爲正在施行的“實在法”，但却有不可撼動的權威理論——“君權天授”説支撐。“天”，在先民心目中是無可比擬的最神秘、最巨大的力量。“天”，莊重而仁慈，嚴厲而公正，無所不察，無所不能。上自聖賢哲人，下至黎民百姓，少有不“敬天意”、不“畏天命”者，帝王既稱“天子”，且設有皇皇國法，條文森然，何人敢於反叛？天下黔首，非處垂死之地，絶不揭竿而起，妄與“天”鬥！故而在中國古代，帝王擁有最高立法權與司法權，享有無盡的威嚴與尊貴。今知西周時又强化了宗族關係，即血緣關係。血緣關係又分爲近親、遠親、异姓之親等。血緣關係成爲一切社會關係的核心，由血緣關係擴而廣之，又有師生、朋友及當體恤的其他人等關係。由血緣關係又進而强化了尊卑關係，即君臣關係、臣民關係，這些關係較之血緣關係更爲細密，爲此而設有"八辟"之法，規定帝王之親朋、故舊、近臣等八種人，可以享有減免刑罰之特權。漢代改稱"八議"，三國魏正式載入法典。其後，歷代常有沿襲。這一血緣關係在我國可謂根深蒂固，直至今世而未衰。爲維護這尊卑關係，西周之法典又設有《九刑》，以"不忠"爲首罪。另有《八刑》以"不孝"爲首罪。"忠"，指忠君，"孝"指孝敬父母，兩者難以分割。《九刑》《八刑》雖爲時過境遷之古法，但其倡導的"忠孝"，已成爲中華民族的一種處世觀念，一種道德規範。作爲個人若輕忽"忠孝"，則必極端自私，害及民衆；作爲執政者若輕忽"忠孝"，則必妄行無忌，危及國家。今世早已摒弃愚忠愚孝之舉，但仍然繼承并發揚了"忠孝"的傳統。"忠"不再是"忠君"，而是忠於祖國，忠於人民，或是忠於信守的理想；"孝"謂善事父母，直承百代，迄今不衰。"忠孝"是人們發自心底的感恩之情，唯知感恩，始有報恩，人間纔有真情往還，纔有心靈交融。佛家箴言警語曰"上報四重恩，下濟三途苦"（見《大乘本生心地觀經》），"四重恩"指父母恩、師長恩、國土恩、衆生恩（衆生包括動植物等一切生靈）。我國傳統忠孝文化中又融入了佛家的這一經典旨意，可謂相得益彰。"忠孝"乃我文明古國屹立不敗的根基，絕不可視之爲"封建觀念"。縱觀我中華信史可知，舉凡國家昌盛時代，必是忠孝振興歲月，古今如一，堪稱鐵律。國家可敬又可愛，所激起的正是人們的家國情懷！"忠孝"這一處世觀念，這一道德規範，直涉人際關係，直涉國家命運，成爲我中華獨有、舉世無雙的文化傳統。

　　中國之國法，并非僅靠威懾之力，更有"禮治"之宣導，而關乎禮治的宣導今人常常忽略。前已述及中華法系如同世界諸文明古國法系一樣，源於宗教，興於禮俗，由禮俗演進爲禮治，禮治早於刑法之前已經萌生。自商周始，《湯刑》《吕刑》（按，《湯刑》《吕刑》之"刑"當釋爲"法"）相繼問世，尤重"禮治"，何謂"禮治"？"禮治"指遵守禮儀道德與社會規範，破除"禮不下庶人"的舊制，將仁義禮智信作爲基本的行爲規範，《孟子·公孫丑上》曰："辭讓之心，禮之端也。""辭讓"指謙和之道，尊重他人，由"禮讓"而漸發展爲"禮制"。至西周時，"禮治"已成定制。這一立法思想備受推崇。夏商以來，三千餘載，王朝更替，如同百戲，雖脚色各异，却多高揚禮制之大旗，以期社會和諧，民生安樂。不瞭解中國之禮治，也就難以瞭解中華法制史，就難以瞭解中國文化史。此後"禮治"配以"刑治"，相輔相成，久行不衰。"禮刑相輔"何以行使？答曰：升平之世，統治者無不强調禮制之作用，藉此以示仁政；若逢亂世，則用重典，施酷刑（下將述及），軟硬兩手交替使用。這就組成了一張巨大的不可錯亂、不可逾越的法律之網，這就是中華民族百代信守的國家法制的核心，這就是中華民族有史以來建國治國之道。這一"禮刑相輔"的治國之道，迴別與西方，爲我中華所獨有，在漫長而多樣的世界法制史中居於前沿地位。

在我古老國度中，國家既已形成，於是又具有了不同尋常的歷史意義與價值觀。自先秦以來，"國家"一詞意味着莊嚴與信賴。在國人心目中，"國"與"家"難以分割，直與身家性命連爲一體，故"報效國家"爲中華民族的最高志節，而"國破家亡"則爲全民族的最大不幸。三十年前本人曾是《漢語大詞典》主要執筆者之一，撰寫"國家"條文時，已注意了先民曾把皇帝直稱爲"國家"。如《東觀漢紀・祭遵傳》："國家知將軍不易，亦不遺力。"《晋書・陶侃傳》："國家年小，不出胸懷。"稱皇帝爲"國家"，以皇帝爲國家的代表或國家的象徵，較之稱皇帝爲天子，更具親切感，更具號召力。中國歷史上的一些明君仁主也多以維護國家法制爲最高宗旨，秦皇、漢武皆曾憑藉堅定地立法與執法而國勢強盛，得以稱雄天下，這對始於西周的"八辟"之法，無疑是一大突破。本書《國法卷》第一章概論論及隋唐五代立法思想時，有以下論述：據《隋書・王誼傳》及文帝相關諸子傳載，文帝楊堅少時同王誼爲摯友，長而將第五女嫁王誼之子，相處極歡，後王誼被控"大逆不道，罪當死"，文帝遂下詔"禁暴除惡"，"賜死於家"。《隋書・文四子傳》又載，文帝三子秦王楊俊，少而英武，曾總管四十四州軍事，頗有令名，文帝甚爲愛惜，獎勵有加。後楊俊漸奢侈，違制度，出錢求息，窮治宮室，文帝免其官。左武衛將軍劉升、重臣楊素，先後力諫曰："秦王非有他過，但費官物、營廨舍而已。"文帝答曰："法不可違！"劉、楊又先後諫曰："秦王之過，不應至此，願陛下詳之。"文帝答曰："我是五兒之父，若如公意，何不別制天子兒律？"文帝四子、五子皆因違法，被廢爲庶民，文帝處置毫不猶豫，毫不留情。隋文帝身爲人君，以萬乘之尊，率先力行，實踐了"王子犯法，與民同罪"的古訓。在位期間，創建"開皇之治"，人丁大增，百業昌盛，國人視文帝爲真龍天子，少數民族則尊稱其爲聖人可汗。《國法卷》主編對歷史上身爲人君的這種舉措，有"忍割親朋私情，立法爲公"的簡要評論。這一評論對於中國這種以宗族故交爲關係網的大國而論，正是切中要害。此後，唐太宗李世民、玄宗李隆基、憲宗李純等君王皆有類似之舉，終成輝煌盛世。時至明代，面對一片混亂腐敗的吏治，明太祖朱元璋更設有"炮烙""剝皮"之類酷刑嚴法，懲治的貪官污吏達十五萬之衆，即便自家的親朋故舊，也毫不留情。如進士出身的駙馬，朱元璋的愛婿歐陽倫只因販茶違法，就直接判以死刑，儘管安慶公主及儲君朱允炆苦苦哀求，也絶不饒恕。據《明史·循吏傳序》載：“〔官吏〕一時受令畏法，潔己愛民，以當上指……民人安樂、吏治澄清者百餘年。”其時，士子們甘願謀求他職，而不敢輕率爲官，而諸多官員却學會了種田或捕魚，呈現了古今難得一見的別樣的政治生態。明太祖的這類嚴酷法令雖是過當，却勝於放縱，故而明朝一度成爲世界經濟大國、經濟强國。中國歷史上的諸多建國之名君仁主，執法雖未若隋文帝之果决，未若明太祖之嚴酷，但無一不重視國家安危。這些建國名君仁主“上以社稷爲重，下以蒼生在念”（見《舊唐書·桓彦範傳》），故而贏得臣民的擁戴。今之世人多以爲帝王之所以成爲帝王，盡皆爲皇室一己之私利，祇貪圖自家的享榮華富貴而已，實則并非盡皆如此。歷代君王既已建國，亦必全力保國，并垂範後世，以求長治久安。品讀本書《國法卷》，可藉以瞭解我國固有的國情狀況，瞭解我國歷史中的明君仁主如何治理國家，其方策何在，今世仍有藉鑒價值。縱觀我國漫長的歷史進程，有的連續數代，稱爲盛世；有的衰而復起，稱爲中興；有的則二世而亡，如曇花一現。一切取决於先主與後主是否一脉相繼，一切取决於執法是否穩定。要而言之：嚴守國法，則國家興盛，嚴守國法，則社會祥和，此乃舉世不二之又一鐵律。

　　《國法卷》雖以國法爲研究主體，却力求超越法律研究自身，力求探索法律背後的正反驅動力量，其旨義更加廣遠。因而本卷又區別於常見的法律專著。

　　另如《巧藝卷》，在《通考》全書中未占多大分量，但在日常社會生活中却有無可替代的獨特地位，藉此大可飽覽先民的生活境遇和精神世界。何謂“巧藝”？古代文獻中無此定義。所謂“巧藝”，專指巧智與技藝性的娛樂及各種健身活動，同時展現了與之相應的家國關係。中華民族的“巧藝”別具特色，所涉内容十分廣泛，除却一般游戲活動外，又包涵了棋類、牌類、養生、武術、四季休閑、宴飲娛樂、動物馴化等等。細閱本卷所載，常爲古人之智巧所折服。如西漢東方朔“射覆”之奇妙，今已成千古佳話。據《漢書·東方朔傳》載，漢武帝嘗覆守宫（即壁虎）於杯盂之下，令衆方士百般揣度，各顯其能，并無一言中的者，而東方朔却可輕易解密，有如神算，令滿座驚呼。何謂“射覆”？“射覆”爲古代猜測覆物的游戲。射，揣度；覆，覆蓋。“射覆”之戲，至明清始衰，其間頗多高手。這些高手似乎出於特異功能，是古人勝於今人麽？當作何解釋？學界認爲這些高手多善《易》學，故而超乎常人，但今世精於《易》學者并非罕見，却未見有如東方朔者，何也？難以作答，且可不論，但古代對動物的馴化，又何以特別精彩，令今人嘆服？

著名的唐代象舞、馬舞，久負盛名，這些大動物似通人性，故可不論，而那些似乎笨拙的小動物，如"烏龜疊塔""蛤蟆説法"之類的馴養，也常常勝過今人，足可展現先民的巧智，"'疊塔''説法'，固教習之功，但其質性蠢蠢，非他禽鳥可比，誠難矣哉！"（見明陶宗儀《輟耕録・禽戲》）古人終將蠢蠢之蟲馴化得如此聰明可愛，藉此可見古人之扎實沉着，心智之專一，少有後世浮躁之風。目前，國人甚喜馴養，寵物遍地，却未見馴出如同上述的"疊塔"之烏龜與"説法"之蛤蟆，今之馬戲或雜技團體，爲現代專業機構，也未見絕技面世。

《巧藝卷》的條目詮釋，大有建樹，絕不因襲他人成説，明確關聯了具體事物形成的歷史淵源與社會背景。如"踏青"，《漢語大詞典》引用了唐代的書證，并稱其爲"清明節前後，郊野游覽的習俗"。本卷則明確指出，"踏青"是由遠古的"春戲"演變而來。西周時曾爲禮制。漢代已有"人日郊外踏青"之俗，同時指出"踏青"還有"游春"的別稱。《漢語大詞典》與本卷的釋文内容差異如此之大，實出常人之所料。何謂"春戲"？所有辭書皆未收録。本卷有翔實考證，兹録如下：

> 春戲：古代民間春季娛樂活動。以繁衍後代和期盼農作物豐收爲目的的男女歡會活動。始於原始社會末期，西周時仍很流行。《周禮・地官・司徒》："中春之月，令會男女。於是時也，奔者不禁。若無故而不用令者，罰之。司男女之無夫家者而會之。"《墨子・明鬼篇》："燕之有祖，當齊之社稷。宋之有桑林，楚之雲夢也，此男女之所屬而觀也。"《詩・鄭風・溱洧》："溱與洧，瀏其清矣。士與女，殷其盈矣。女曰：'觀乎？'士曰：'既且。''且往觀乎！洧之外，洵訏且樂。'維士與女，伊其將謔，贈之以芍藥。"《楚辭・九歌・少司命》："秋蘭兮麋蕪，羅生兮堂下。綠葉兮素枝，芳菲菲兮襲予。夫人兮自有美子，蓀何以兮愁苦？"戰國以後逐漸演變爲單純的春游活動"踏青"。

《巧藝卷》精心地援引了以上經典，可證在中國上古時期男女歡會非常自然，而且是具有相當規模的群體性活動。此舉在中國遠古時代已有所見，青海大通縣上孫家寨出土的舞蹈紋彩陶盆，已展現了男女携手共舞的親密生動場景，那是馬家窰文化的代表，距今已有五千年歷史，但必須明確，這并非蒙昧時期的亂性之舉。這是一種男女交往的公開宣示。前述《周禮・地官・司徒》曰："中春之月，令會男女……司男女無夫之家者而會之。"其要點是"男女無夫之家者"。這是明確的法律規定，故而作者的篇首語曰："以繁衍後代和期盼農作物豐收爲目的。”這就撥正了後世對於中國古代奴隷社會或封建社會有關男女關係的一些偏頗見解，可證本卷之“巧藝”非同一般的娛樂，所展現的是中華先民多方位的生活狀態。

三、博物研究遭質疑，古老科技又誰知？

《通考》所涉博物盡有所據，無一虚指，如繁星麗天，構成了浩大的博物學體系，千載一脉，本當生生不息，如瀑布之直下，但却似大河之九曲，時有峽谷，時有險灘，終因清廷喪權辱國、全盤西化而戛然中斷，故而迥异於西方。由於西方科技的巨大影響，致使一些學人缺少文化自信，多認爲中國古老的博物學，無甚價值。豈知我中華民族從不乏才俊、精英，從不乏偉大的發明，很多祇是不知其名而已。如《淮南子·泰族訓》：“欲知遠近而不能，教之以金目則快射。”漢代高誘注曰：“金目，深目。所以望遠近射準也。”何謂“金目”？據高注可知，就是深目。“深目”之“深”，謂深遠也（又説稱“金目”爲黄金之目，用以喻其貴重，恐非是）。“金目”當是現代望遠鏡或眼鏡之類的始祖。“金目”其物，在古代萬千典籍中僅見於《淮南子》一書，别無他載。因屬古代統治者杜絶的“奇技淫巧”，又甚難製作，故此物宫廷不傳，民間絶踪，遂成奇品。上世紀 80 年代，揚州邗江縣東漢廣陵王劉荆墓中出土一枚凸透鏡，此鏡之鏡片直徑 1.3 厘米，鑲嵌在用黄金精製而成的小圓環内，視物可放大四五倍，此鏡至遲亦有兩千餘年的歷史。廣陵墓之外，安徽亳州曹操宗族墓等處，亦有出土。是否就是“金目”已難考證。作爲眼鏡其物，發展到宋代，始有明確的文字記載，其時稱之爲“靉靆”（見明方以智《通雅·器用·雜用諸器》引宋趙希鵠《洞天清録》）。今日學者皆將眼鏡視爲西方舶來品，一説來自阿拉伯，又説來自英國，如猜謎語，不一而足；西方的眼鏡實則是由中國傳入的，如若説是西方自家發明，也晚於中國千年之久。

“金目”其物的出現絶非偶然，《墨子》中的《經下》《經説下》已有關於光的直綫傳播、反射、折射、小孔成象、凹凸透鏡成象等連續的科學論述，這一原理的提出，必當有各式透體器物，如鏡片之類爲實驗依據，這類器物的名稱曰何今已不得而知，但製造出金目一類望遠物，是情理之中的必然結果。據上述《經下》《經説下》記載可知，早在戰國時期，先賢已有光學研究的成就，與後世西方光學原理盡同。在中國漫長的古代日常生活中，隨時可見新奇的創造發明，這類創造發明所展現的正是中國獨有的科學。《導論》中所述"被中香爐""長信宮燈"之外，更有"博山爐"（一種形似傳説中神山"博山"的香爐，當香料在爐内點燃時，烟霧通過鏤空的山體宛然飄出，形成群山蒙蒙、衆獸浮動的奇妙景象，約發明於漢代）、"走馬燈"（一種竹木扎成的傳統佳節所用風車狀燈具，外貼人馬等圖案，藉燈内點燃蠟燭的熱力引發空氣對流，輪軸上的人馬圖案隨之旋轉，投身於燈屏上，形成人馬不斷追逐、物换景移的壯觀情景，約發明於隋唐時期）之類。古老中華何止是"四大發明"？此外，約七千年前，在天灾人禍、形勢多變的時代背景之下，先民爲預測未來，指導行爲方嚮，始創有易學，形成於商周之際，今列爲十三經之首，稱爲《周易》，這是今世的科學不能完全解釋的另一門"科學"，其功用不斷地爲當世諸多領域所驗證，在我華夏、乃至歐美，研究者甚衆，本《通考》對此雖有涉及，而未立專論。

那麽，在近現代，國人又是如何對待古代的"奇技奇器"的呢？著名的古代"四大發明"，今已家喻户曉，婦幼皆知，但却如同可愛的國寶大熊猫一樣，乃是西方學者代爲發現。我仁人志士，爲唤醒"東方睡獅"，藉此"四大發明"，竭力張揚，以振奮民族精神。這"四大發明"影響非凡，但在中國傳統文化中亦無重要地位，其中"火藥"見載於唐孫思邈《丹經》，"指南針""印刷術"同見載於宋沈括《夢溪筆談》，皆非要籍鴻篇，唯造紙術見於正史，全文亦僅七十一字，緊要文字祇有可憐的四十三字（見《後漢書·宦者傳·蔡倫》）。而這"四大發明"中有兩大發明，不知爲何人所爲。

在古老中國的歷史長河中，更有另一種科學技術，當今學界稱之爲"黑科技"（意謂超越當今之科技，出於人類的想象之外。按，稱之爲"超科技"，似更易理解，更準確），那就是現代科學技術望塵莫及、無法破解的那些千古之謎。如徐州市龜山西漢楚襄王墓北壁的西邊牆上，非常清晰地顯示一真人大小的影子，酷似一位老者，身着漢服，峨冠博帶，面東而立，作揖手迎客之狀。人們稱其爲"楚王迎賓圖"。最初考古人員發掘清理棺室時，并無壁影。自從設立了旅游區正式開放後，壁影纔逐漸地顯現出來，仿佛是楚王的魂魄顯靈，親自出來歡迎來此參觀的游人一樣。楚襄王名劉注，是西漢第六代楚王，死後葬於此。劉注墓還有五謎，今擇其三：一、工程精度之謎。龜山漢墓南甬道長55.665米，北甬道長爲55.784米，沿中綫開鑿，最大偏差僅爲5毫米，精度達1/10000；兩甬道相距19米，夾角20秒，誤差爲1/16000，其平行度誤差之小，大約需要從徐州一直延伸到西安纔能使兩甬道相交。按當時的技術水準，這樣的墓道是何人如何修建的？二、崖洞墓開鑿之謎。龜山漢墓爲典型的崖洞墓，其墓室和墓道總面積達到 700 多平方米，容積達 2600 多立方米，幾乎掏空了整個山體。勘察發現，劉注墓原棺室的室頂正對着龜山的最高處，劉注府庫中的擎天石柱也正位於南北甬道的中軸綫上。龜山漢墓的工程人員是利用什麽樣的勘探技術掌握龜山的山體石質和結構？三、防盜塞石之謎。南甬道由 26 塊塞石堵塞，分上下兩層，每塊重達六至七噸，兩層塞石接縫非常嚴密，一枚硬幣也難以塞入。漢墓的甬道處於龜山的半山腰，當時生産力低下，人們是用什麽方法把這些龐大的塞石運來并嵌進甬道的？今皆不得而知。

斷言“中國古代衹有技術而没有科學”者，對中國歷史的瞭解實在是太過膚淺，并不瞭解在中國古代不衹有科技，而且竟然有超越科學技術的“黑科技”。

四、當世灾難甚可懼，人間正道何處覓？

在《通考》的編纂過程中，常遇到的重要命題，那就是以上論及的“科技”。今之“科技”，在中國上古曾被混稱爲“奇技奇器”，直至清廷覆亡，迄未得到應有的重視，導致國勢衰微，外寇侵略，民不聊生。這正是西方視之爲愚昧落後，敢於長驅直入，爲所欲爲的原因。因而一個國家、一個民族，要立於不敗之地，必須擁有自家的科技！世人當如何評定“科技”？如何面對“科技”？本書《導論》已有“道器論”，今《總説》以此“道器論”爲據，就現代人類面臨的種種危機，論釋如下：

何謂“道器”？所謂“道”是指形成宇宙萬物之原本，是形成一切事理的依據與根由。何謂“器”？“器”即宇宙間實有的萬物，包括一切科技，一切發明，至巨至大，至細至微，充斥天地間，而盡皆不虚。科技衍生於器，驗證於器，多以器爲載體，是推進或毀壞人類社會的一種無窮力量，故而又必須在人間正道的制約之下。此即本書道器并重之緣由，或可視爲天下之通理也。英國自 18 世紀第一次工業革命以來，其科學技術得以高速而全方位地發展，引起西方乃至全世界的密切關注與重視，影響廣遠。這一時期，英帝國統治者睥睨全球，居高臨下，自我膨脹，發表了“生存競爭，勝者執政”等一系列宏論；托馬斯·馬爾薩斯的《人口論》亦應時而起，其核心理論是：“貧富强弱，難以避免。承認現實，存在即合理。”甚而提出“必須控制人口的大量增長，而戰争、饑荒、瘟疫是最後抑制人口增長的必要手段”（這一理論在以儒學爲主體的傳統文化中被視爲離經叛道，滅絕人性，而在清廷走投無路全面西化之後，國人亦有崇信者，直至 20 年代初猶見其餘緒）。在這樣的時代背景下，查爾斯·達爾文所著《物種起源》得以衝破基督教的束縛，順利出版，暢行無阻。該書除卻大量引用我國典籍《齊民要術》《天工開物》與《本草綱目》之外，還鄭重表明受到馬爾薩斯《人口論》的啓示和影響。《物種起源》的問世，形成了著名的進化理論："物競天擇、優勝劣汰，弱肉強食，適者生存。"（近世對其學說已有諸多評論，此略）進化學說在人們的社會生活中留下了深刻的印迹，在世界範圍内引起巨大反響，當時英國及其他列强利用了自然界"生存法則"的進化理論，將其推行於對外擴張的殖民戰争中，打破了世界原有生態格局，在巨大的聲威之下，暢行無阻，遍及天下。縱觀人類的發展史，尤其是近世以來的發展史可知，科技的高下決定了國家的强弱，以强凌弱，已成定勢，在高科技强國的聲威之下，無盡的搜羅，無盡的采伐，無盡的探測實驗（包括核試驗），自然資源和自然環境漸遭破壞，各種弊端漸次顯露。時至 20 世紀中後期，以原子能、電子電腦、信息技術、空間技術等發明和應用爲標志、第三次科技革命的到來，學界稱之爲"科技革命的紅燈時刻"，其勢如風馳電掣，所向披靡，人類社會發生了翻天覆地的變化，時至 21 世紀，又凸顯了另一災難，即瘟疫肆虐，病毒猖獗，危及整個人類。這一系列禍患緣何而生？天災之外，罪魁爲人。何也？世間萬種生靈，習性歸一，盡皆順從於大自然，但求自身生息而已，别無他求，而作爲"萬物之靈"的人類，在茹毛飲血，跨越耕獵時代之後，却欲壑難填，毫無節制！爲追求享樂、滿足一己之貪婪，塗炭萬種生靈，任你山中野外，任你江面海底，任你晝藏夜出，任你天飛地走，皆得作我盤中佳餚。閑暇之日，又喜魚竿獵槍，目睹异類掙扎慘死，以爲暢快，以爲樂趣，若爲一己之喜慶，更可"磨刀霍霍向猪羊"，視之爲正常！"萬物之靈"的人類，永無休止，地表搜刮之外，還有地下的搜索挖掘，如世界著名的南非姆波尼格金礦，雖其開采僅起始於百年前，憑藉當代最先進的科技，挖掘深度已超 4000 米（我國的招遠金礦，北宋真宗年間已進行開采，至今深度不過 2000 米左右），現有 370 千米軌道，用以運送巨大的設備與成噸重的礦石，而每次開采都必須用兩千多公斤的炸藥爆破，可謂地動山摇！金礦之外，又有銀礦、鐵礦、銅礦、煤礦、水晶礦（如墨西哥的奈咯水晶洞，俗稱"神仙水晶礦"，其中一根重達 50 噸，挖出者一夜暴富），種種礦藏數以萬計。此外尚有對石油、純净水，乃至無形的天然氣等的無盡索取，山林破壞，大地沙化，水污染、大氣污染、核污染，地球已是百孔千瘡，而挖掘索取，仍未甘休，愈演愈烈，故今之地球信息科學已經發現地球性能的變异以及由此帶來可怕的全球性灾難。今日世界，各國執政者憑仗高科技，多是從一國、一族或一己之私利出發，或結邦，或聯盟，争强鬥勝，互不相顧，國際關係日趨惡化，人類時刻面臨可怕的威脅，面臨毀滅性的核戰争。凡此種種，怎不令人憂慮，令人悲痛？故而有學者宣稱："科技確實偉大，也確實可怕。一旦失控，後患無窮。"又稱："人類擁有了科技，必警惕成爲科技的奴隸。"此語并非危言聳聽，應是當世的警鐘，因爲人類面對强大的科技，常常難以自控，這是科技發展必然的結果。而作爲"萬物之靈"的人類，具有高智慧，能够擁有高科技，確乎超越了萬物，居於萬物主宰的地位，而執政者一旦擁有失控的權力，肆意孤行，其最終結局必將是自戕自毀，必將與萬物同歸於盡。一言以蔽之，毀滅世界的罪魁禍首是人類自己，而并非他類。

面對這多變的現實與可怕的未來，面對這全球性的灾難，中外科學家作了不懈努力，而收效甚微。1988 年 1 月，七十五位諾貝爾獲獎者及世界著名學者齊聚巴黎，探討了 21 世紀科學的發展與人類面臨的種種難題，提出了應對方略。在隆重的新聞發布會上，瑞典物理學家漢内斯・阿爾文發表了鄭重的演説："如果人類要在 21 世紀生存下去，必須回頭到兩千五百年前去汲取孔子的智慧。"（見 1988 年 1 月 24 日澳大利亞《堪培拉時報》原文——《諾貝爾獎獲得者説要汲取孔子的智慧》）這是何等驚人的預見，又是何等嚴正的警示！這七十五位諾貝爾獲獎者没有一位是我華夏同胞，他們對孔子的認知與崇敬，非常客觀，非常深刻，超乎我們的想象。這種高屋建瓴式的睿智呼籲，振聾發聵，可惜并没有警醒世人，也没有引起足够多的各國領導人的重視。

人類爲了自救，不能不從人類自身發展史中尋求答案。在人類發展史中，不乏偉大的聖人，孔子是少有的没有被神化、起於底層的聖人（今有稱其爲"草根聖人"者），他生於春秋末期，幼年失父，家境貧寒，又正值天下分裂，戰亂不斷，在這樣的不幸世道裏，孔子及其弟子大力宣導"克己復禮"，這是人類歷史上最切實際的空前壯舉。何謂"禮"？《説文・示部》曰："禮，履也。所以事神致福也。"禮本來是上古祭祀鬼神和先祖的儀式。史稱文、武、成王、周公據禮"以設制度"，此即"周禮"。"周禮"的内容極爲廣泛，舉凡國家的政治、經濟、軍事、行政、法律、宗教、教育、倫理、習俗、行爲規範，以及吉、凶、軍、賓、嘉五類禮儀制度，均被納入禮的範疇。周禮在當時社會中的地位與指導作用，《禮記・曲禮》中有明確記載："分争辯訟，非禮不决；君臣上下、父子兄弟，非禮不定；宦學事師，非禮不親；班朝治軍、涖官行法，非禮威嚴不行。"當然也維護了"君臣朝廷尊卑貴賤之序，下及黎庶車輿衣服宮室飲食嫁娶喪祭之分"（見《史記・禮書》），這符合於那個時代的階級統治背景。孔子提出"克己復禮"，期望世人克服一己之私欲，以應有的禮儀禮節規範自己的言行，建立一個理想的中庸和諧社會，這已跨越了歷史局限。孔子的核心思想是"敬天愛人"，何謂"敬天"？孔子強調"巍巍乎唯天爲大"（見《論語・泰伯》），又曰："天何言哉？四時行焉，百物生焉，天何言哉！"（見《論語・陽貨》）孔子所言之"天"，并非指主宰人類命運的上蒼或上帝，并非是孔子的迷信，因"子不語怪力亂神"（見《論語・述而》）。孔子認爲四季變化、百物生長，皆有自己的運行規律，人類應謹慎遵從，應當敬畏，不得違背。孔子指稱的"天"，實則指他所認知的宇宙。此即孔子的天人觀、宇宙觀。"巍巍乎唯天爲大"，在此昊天之下，人是何樣的微弱，面臨小小的細菌、病毒，即可淒淒然成片倒下。何謂"愛人"？孔子推行"仁義之道"，何謂"仁"？子曰："仁者，愛人！"（《論語・顏淵》）即人人相親、相愛。又曰："己所不欲，勿施於人。"意即重正義，絕不損人利己。何謂"義"？"義"指公正的道理、正直的行爲。子曰："不義而富且貴，於我如浮雲。"（見《論語・述而》）這就是孔子的道德觀與道德規範，當作爲今世處理人與自然、人與社會的規範與行動指南。其弟子又提出"親親而仁民，仁民而愛物"（見《孟子・盡心上》），漢代大儒又有"天人之際，合而爲一"的主張（董仲舒在《春秋繁露・深察名號》中，爲維護皇權的需要而建立了皇權天授的觀念），這種主張已遠遠超越了維護皇權的需要，成爲了一種可貴的哲理。時至宋代，大儒張載再度發揚孟子"親親而仁民，仁民而愛物"的襟怀，又有"民吾同胞，物吾與也"（見其所著《西銘》）之名言箴語，即將天下所有的人皆當作同胞，世間萬物盡視爲同類，最終形成了著名的另一宏大的儒學系統，其主旨則是"天人合一"論。何謂"天人合一"？"天人合一"有兩層意義：一曰天人一致，天是一大宇宙，人則如同一小宇宙，也就是說人類同天體各有獨立而相似之處；二是天人相應，這是說人與天體在本質上是相通的，是相互相連的。因此，一切人事應順乎自然規律，從而達到人與自然的和諧。達到人與自然的和諧統一，當作爲今世處理人與自然、人與社會的明確規範與行動指南。這是真正的"人間正道"，唯有遵循這一"人間正道"，人際關係纔能融洽，社會纔能和諧，天下纔能太平。

古老中國在形成"孔子智慧"之前，早已重視人與自然的關係。約在七千年前，我中華先祖已能夠通過對於蟲鳥之類的物候觀察，熟練地確定天氣、季節的變幻，相當完美地適應了生產、生活、繁衍發展的需求，這一遠古的測算應變之舉，處於世界領先地位。約四千年前，夏禹之時，已建有令今人嚮往的廣袤的綠野濕地。如《書·禹貢》即記載了"雷夏""大野""彭蠡""震澤""菏澤""孟豬""豬野""雲夢"諸澤的形成及其利用情况，如其中指出："淮海惟揚州，彭蠡既豬（瀦），陽鳥攸居；三江既入，震澤底定。篠簜既敷，厥草惟夭，厥木惟喬……厥貢惟金三品，瑶琨篠簜，齒革羽毛，惟木。"這是説揚州有彭蠡、震澤兩方綠野濕地，適合於鴻雁類禽鳥居住，適合於篠竹（箭竹）、簜竹（大竹）生長，青草繁茂，樹木高大，向君主進貢物品有金銀銅等三品，又有瑶琨美玉、箭竹、大竹以及象齒皮革與孔雀、翡翠等禽鳥羽毛。所謂"大禹治水"，并非衹是被動的抗災自救，實則是大治山川，廣理田野，調整人與大自然的關係，使之相得益彰。《逸周書·大聚解》又載，夏禹之時"且以并農力，執成男女之功，夫然則有生不失其宜，萬物不失其性，人不失其事，天不失其時……放此爲人，此謂正德"，此即所謂夏禹"劃定九州"之功業所在。其中"放此爲人，此謂正德"的論定，已蘊含了後世儒家初始的"天人合一"的觀念。西周初期，已設定掌管國土資源的官職"虞衡"，掌山澤者謂"虞"，掌川林者稱"衡"（見《周禮·天官·太宰》及賈疏）。後世民衆，繼往開來，對於保護生態環境，保護大自然，采取了各種措施，又設有專司觀察氣象、觀察環境的機構，并有方士之類的"巫祝史與望氣者"，多管道、多方位進行探測研究，從而防患於未然。《墨子·號令篇》（一説此篇非墨子所作，乃是研究墨學者取以益其書）曰："巫祝史與望氣者，必以善言告民，以請（讀爲'情'）上報守（一説即太守），上守獨知其請（情）。無［巫］與望氣，妄爲不善言，驚恐民，斷弗赦。"這裏明確地指出，由"巫祝史與望氣者"負責預告各種災情，但不得驚恐民衆，否則即處以重刑，絶不饒恕。愛惜生態，保護自然，這是何樣的遠見卓識，這又是何樣的撫民情懷！

　　是的，自夏禹以來，先民對於大自然、對於與蒼生，有一種別樣的愛惜、保護之舉措，防範措施非常細密，非常全面而嚴厲。《逸周書·大聚解》有以下記載：夏禹時期設定禁令，大力保護山林、川澤，春季不准帶斧頭上山砍伐初生的林木；夏季不准用漁網撈取幼小的魚鱉，此即世界最早的環境保護法。《韓非子·内儲説上》又載：殷商時期，在街道上揚弃垃圾，必斬斷其手。西周時又有更爲具體規定：如，何時可以狩獵，何時禁止狩獵，何樣的動物可以獵殺，何樣的動物禁止獵殺；何時可以捕魚，何時禁止捕魚，何樣的魚可以捕取，何樣的魚禁止捕取，皆有明文規定，甚而連網眼的大小也依季節不同而嚴予區別。并特別强調：不准搗毀鳥巢，不准殺死剛學飛的幼鳥和剛出生的幼獸。春耕季節不准大興土木。《禮記·月令》又載："毋變天之道，毋絶地之理，毋亂人之紀。"這一"毋變""毋絶""毋亂"之結語，更是展現了後世儒家宣導并嚮往的"天人合一"説。至春秋戰國之際，法律法規的範圍更加全面，特別嚴厲。這一時期已經注意到有關礦山的開發利用，若發現了藏有金銀銅鐵的礦山，立即封禁，"有動封山者，罪死而不赦。有犯令者，左足入，左足斷，右足入，右足斷"（見《管子·地數》）。古人認爲輕罪重罰，最易執行，也最見成效，勝過重罪重罰。這些古老的嚴厲法令，雖是殘酷，實際却是一聲斷喝，讓人止步於犯罪之前，因而犯罪者甚微。這就最大限度地保護了大自然，同時也最大限度地保護了人類自己。而早在西周建立前夕，又曾頒布了令人欽敬的《伐崇令》："文王欲伐崇，先宣言曰……令毋殺人，毋壞室，毋填井，毋伐樹木，毋動六畜，有不如令者，死無赦！崇人聞之，因請降。"（見漢劉向《説苑·指武》）這是指在殘酷的血火較量中，對於敵方人民、財産及生靈的愛惜與保護。我中華上古時期這一《伐崇令》，是世界戰爭史中的奇迹，是人類應永恒遵守的法則！當今世界日趨文明，闊步前進，而戰爭却日趨野蠻，屠殺對方不擇手段，實是可怖可悲！我華夏先祖所展現的這些大智慧、大慈悲，爲後世留下了賴以繁衍生息的楚山漢水，留下了令人神往的華夏聖地，我國遂成爲幸存至今、世界唯一的文明古國。

五、筆墨革命難預料？卅載成書又何易？

《通考》選題因國内罕見，無所藉鑒，期望成爲經典性的學術專著，難度之大，出乎想象，初創伊始，即邀前輩學者南京大學老校長匡亞明先生主其事。這期間微信尚未興起，寧濟千里，諸多不便，盛岱仁、康戰燕伉儷滿腔熱情，聯絡於匡老與筆者之間，得到先生的熱情鼓勵與全力支持，每逢疑難，必親予答復，但表示難做具體工作，在經濟方面也難以爲力。因爲先生於擔任國家古籍整理領導小組組長之外，又全面主持南京大學中國思想家研究中心的工作，正在編纂《中國思想家評傳》，百卷書稿須親自逐一審定，難堪重任。筆者初赴南大之日，老人家親自接待，就餐時當場現金付款，没有讓服務員公款記賬，筆者深受感動，終生難以忘懷。此後在匡老激勵之下，筆者全力以赴，進而邀得數百作者并肩携手，全面合作，并納入國家"九五"重點出版規劃中。1996 年 12 月，匡老驟然病逝，筆者悲痛不已，孤身隻影，砥礪前行，本書再度確定爲國家"十五"重點出版規劃項目，并將初名更爲今名。那時，作者們盡皆恪守傳統著述方式，憑藏書以考釋，藉筆墨以達志。盛暑寒冬，孜孜矻矻，無敢逸豫。爲尋一詞，急切切，一目十行，翻盡千頁而難得；爲求善本，又常千里奔波，因限定手抄，不得複印，纍日難歸！諸君任勞任怨，潛心典籍，閱書，運筆，晝夜伏案，恂恂然若千年古儒。至上世紀末，一些年輕作者已擁有個人電腦，各種信息，數以億計，中文要籍，一覽無餘，天下藏書，"千頃齋""萬卷樓"之屬，皆可盡納其中，無須跋涉遠求。搜集檢索，衹需"指點"，瞬息可得；形成文章，亦衹需"指點"，頃刻可就。在這世紀之交，面臨書寫載體的轉換，老一輩學人步入了一個陌生的电腦世界，遭遇了空前的挑戰。當代作家余秋雨在其名篇《筆墨祭》中有如下陳述："五四新文化運動就遇到過一場載體的轉換，即以白話文代替文言文；這場轉換還有一種更本源性的物質基礎，即以'鋼筆文化'代替'毛筆文化'。"由"毛筆文化"向"鋼筆文化"的轉換，經歷了漫長的數千載，而今日再由"鋼筆文化"向"電腦文化"轉換，却僅僅是二十年左右，其所彰顯的是科學技術的力量、"奇技奇器"的力量。作家所謂的"筆墨"，係指毛筆與烟膠之墨，《筆墨祭》衹在祭五四運動之前的"毛筆文化"。今日當將毛筆文化與鋼筆文化并祭，乃最徹底的"筆墨祭"。面對這世紀性的"筆耕文化"向"電腦文化"的轉換，面對這徹底的"筆墨祭"，老一輩學人沒有觀望，沒有退縮，同青年作者一道，毅然決然，全力以赴，終於跟上了時代的步伐！筆者爲我老一輩學人驕傲！回眸曩日，步履維艱，隨同筆墨轉型，書稿也隨之經歷了大修改、大增補，其繁雜艱辛，實難言喻。天地逆旅，百代過客，如夢如幻，三十餘年來，那些老一輩學人全部白了頭，却無暇"含飴弄孫"，又在指導後代參與其事。那些"知天命"之年的碩博生導師們皆已年過花甲，却偏喜"舞文弄墨"，又在尋覓指導下一代弟子同步前進。如此前啓後追，無怨無悔，這是何樣的襟懷？憶昔乾嘉學派，人才輩出，時有"高郵王父子，棲霞郝夫婦"投入之佳話，今《通考》團隊，於父子合作、夫婦合作之外，更有舉家投入者，四方學人，全力以赴。但蒼天無情，繼匡老之後，另有幾位同仁亦撒手人寰。上海那位《天宇卷》主編年富力強，却在貧病交加、孩子的驚呼聲中，英年早逝。筆者的另一位老友爲追求舊稿的完美，於深夜手握鼠標闃然永訣，此前他的夫人曾勸其好好休息，答說"我没有那麼多時間"！可謂鞠躬盡瘁，死而後已，這又是何樣的壯志，思之怎能不令人心酸！這就是我的同仁，令我驕傲的同仁！

自 2012 年之後，因面臨多種意外的形勢變化，筆者連同本書回歸原所在單位山東師

範大學，于是增加了第一位副總主編——文學院副院長、古籍整理研究所所長韓品玉，解
決了編務與財力方面的諸多困難，改變了多年來的孤苦狀況。時至 2017 年春，爲盡快出
版、選定新的出版社，又增加了天津人民出版社總編輯、南開大學客座教授陳益民，中國
職工教育研究院常務副院長、全國職工教育首席專家俞陽，臺北大學人文學院東西哲學與
詮釋學研究中心主任賴賢宗教授三位爲副總主編，於是形成了現今的編纂委員會。

　　在全書編纂過程中，編纂委員會和學術顧問，以及分卷正副主編、主要作者所在單位
計有：中國國家博物館、中國國家圖書館、中央文史研究館、中國佛教圖書文物館、全國
總工會、中聯口述歷史研究中心、河北省文物與古建築保護研究院、河北省文物考古研究
院、河北閱讀傳媒有限責任公司、北京大學、浙江大學、南京大學、南京師範大學、東北
師範大學、鄭州大學、河北大學、河北師範大學、河北醫科大學、廈門大學、佛山大學、
山東大學、中國海洋大學、山東師範大學、曲阜師範大學、山東中醫藥大學、濟南大學、
山東財經大學、山東體育學院、山東藝術學院、山東工藝美術學院、山東省社會科學院、
山東博物館、山東省圖書館、山東省自然資源廳、山東省林業保護和發展服務中心、濟南
市園林和林業綠化局、濟南市神通寺、聊城市護國隆興寺、臺北大學、臺灣成功大學、臺
灣大同大學、臺北中國文化大學、臺灣中華倫理教育學會，以及澳大利亞國立伊迪斯科文
大學等，在此表示由衷的謝忱！

　　本書出版方——上海交通大學領導以及上海交通大學出版社領導，高瞻遠矚，認定
《通考》的編纂出版，不祇是可推動古籍整理、考古研究的成果轉化，在傳承歷史智慧，
弘揚中華文明，增強民族凝聚力和認同感，彰顯民族文化自信等各個方面具有重要意義。
出版方在組織京滬兩地專家學者審校文字的同時，又付出時間精力，投入了相當的資金，
增補了不少插圖，這些插圖多來自古籍，如《考工記解》《考工記圖解》《考工記圖說》《考
古圖》《續考古圖》《西清古鑑》《西清續鑑》《毛詩名物圖說》《河工器具圖說》等等，藉
此亦可見出版方打造《通考》這一精品工程的決心。而山東師範大學各級領導同樣十分重
視，社科處高景海處長一再告知筆者："需要辦什麼事情，儘管吩咐。"諸多問題常迎刃
而解，可謂足智善斷。筆者所屬文學院孫書文院長更親行親爲，給予了全面支持，多方關
懷，令筆者備感親切，深受鼓舞，壯心未老，必酬千里之志。此前，著名出版家和龔先生
早已對本書作出權威鑒定，并建議由三十二卷改爲三十六卷。本書在學術界漂游了三十餘
載終得面世，并引起學界的關注。今有國人贊之曰：《通考》是中華優秀傳統文化創造性

轉化、創新性發展的優异成果，是一部具有極高人文價值的通代史論性的華夏物態文化專著，凝聚了中華民族的深層記憶，積澱了民族精神和傳統文化的精髓。又有國際友人贊之曰：《通考》如同古老中國一樣，是世界唯一一部記述連續數千載生機盎然的人類生活史。國內外的評論祇是就本書的總體面貌而言，但細予探究，缺憾甚爲明顯，因本書起步於三十餘年前，三十餘年以來，學術界有諸多新的研究成果未得汲取，田野考古又多有新的發現，國內外的各類典藏空前豐富，且檢索方式空前便捷，而本書作者年齡與身體狀況又各自不同，多已是古稀之年，或已作古，或已難執筆，交稿又有先後之別，故而三十六卷未能統一步伐與時俱進，所涉名物，其語源、釋文難能確切，一些舊有地名或相關數據，亦未及修改，而有些同物异名又未及增補。這就不能不有所抱憾，實難稱完美！以上，就是本書編纂團隊的基本面貌，也是本書學術成就的得失狀況。

　　筆者無盡感慨，卅載一瞬渾似夢，襟懷未展，鬢髮盡斑，萬端心緒何曾了？長卷浩浩，古奧繁難，有幾多知音翻閱？何處求慰藉？人道是紅袖祇揾英雄泪！歲月無情，韶光易逝，幾位分卷主編未見班師，已倏而永別，何人知曉老夫悲苦心情？今藉本書的面世，聊以告慰匡老前輩暨謝世的同仁在天之靈！

張述錚

丙子中呂初稿於山東師範大學映月亭
甲辰南呂增補於歷下龍泉山莊東籬齋

凡　例

一、本書係通代史性的中華物態文化學術專著，旨在對構成中華博物的名物進行考釋。全書三十六卷，另有附録一卷。各卷之基本體例：第一章爲概論，其後據内容設章，章下分節，爲研究考釋文字，其下分列考釋詞目。

二、本書所涉博物，分兩種類型：一曰"同物异名"，二曰"同名异物"。前者如"女牆"，隨從而來者有"女垣""女堞""女陴""城堞""城雉""陴堞"等，盡皆爲"女牆"的同物异名；後者如"衽"，其右上分别角標有阿拉伯數字，分别作"衽¹"（指衣襟）、"衽²"（指衣服胸前交領部分）、"衽³"（指衣服兩旁掩裳際處）、"衽⁴"（指衣袖）、"衽⁵"（指下裳）等，皆爲"衽"的同名异物。

三、各卷詞目分主條、次條、附條三種。次條、附條的詞頭字型較主條小，并用【　】括起。主條對其得名由來、産生年代、形制體貌、歷史演進做全面考釋，然後列舉古代文獻或實物爲證，并對疑難加以考辨，或列舉諸家之説；次條往往僅用作簡要交代，補主條不足，申説相佐；附條一般祇用作説明，格式如即"××"、同"××"、通"××"、"××"之單稱、"××"之省稱，等等。

四、各卷名物，或見諸文獻記載，或見諸傳世實物，循名責實，依物稽名，於其本稱、别稱、單稱、省稱，務求詳備，代稱、雅稱、謔稱、俗稱、譯稱，旁搜博采。因中華博物的形成、演化有自身規律，實難做人爲的斷代分割。如"朝制"之類名物，隨同帝王的興起而興起，隨同帝王的消亡而消亡，因而其下限達於辛亥革命；"禮俗"之類名物起源於上古，其流緒直達今世；而"冠服"之類名物，有的則起源甚晚，如"中山裝"之類。故各卷收詞時限一般上起史前，下迄清末民初，有的則可達現當代。

五、各卷考釋條目中的文獻書證一般以時代先後爲序；關乎名物之最早的書證，或揭示其淵源成因之書證，尤爲本書所重，必多方鈎索羅致；二十五史除却《史記》《漢書》外，其他諸史皆非同朝人編纂，其書證行用時間則以書名所標時代爲準；引書以古籍爲主，探其語源，逐其流變，間或有近現代書證爲後起之語源者，亦予扼要采用。所引典籍文獻名按學術界的傳統標法。如《詩》不作《詩經》，《書》不作《尚書》，《説文》不作《説文解字》等；若作者自家行文爲了强調或區别於他書，亦可稱《詩經》《尚書》《説文解字》等。文獻卷次用中文小寫數字：不用"千""百""十"，如卷三三一，不作卷三百三十一；"十"作〇，如卷四〇，不作卷四十。

六、本書使用繁體字。根據 1992 年 7 月 7 日新聞出版署、國家語言文字工作委員會發布的《出版物漢字使用規定》第七條第三款、2001 年 1 月 1 日施行的《中華人民共和國通用語言文字法》第二章第十七條第五款之規定，本書作爲大量引徵古籍文獻的考釋性學術專著，既重視博物的源流演變，又重視對同物異名、同名異物的考辨，故所有考釋條目之詞頭及文獻引文，保留典籍原有用字，包括異體字，除明顯錯别字（必要時括注正字訂誤）之外，一仍其舊。其中作者自家釋文，則用正體，不用異體，但關涉次條、附條等異體字詞頭等，仍予保留。繁體字、異體字的確定，以《規範字與繁體字、異體字對照表》（國發〔2013〕23 號附件一）及《通用規範漢字字典》爲依據。

七、行文叙述中的數字一律采用漢字小寫，但標示公元紀年及現代度量衡單位時，用阿拉伯數字。如"三十六計"，不作"36 計"；"36 米"，不作"三十六米"。

八、各卷對所收考釋詞條設音序索引，附於卷末，以便檢索。

目　録

序　言

　　《中華博物通考》（下稱《通考》）是一部通代史論性的華夏物態文化專著，係"十四五"國家重點出版物出版專項規劃項目，并得到 2020 年度國家出版基金資助。全書共三十六卷，另有附錄一卷，達三千萬字，《禽鳥卷》即其中的一卷。

　　何謂"禽鳥"？《爾雅·釋鳥》云："二足而羽謂之禽，四足而毛謂之獸。"鄭樵注："禽棲木，故其羽似葉木，獸宿艸，故其毛似艸莽。"《説文·鳥部》："鳥，長尾禽總名也。"段玉裁注："短尾名佳，長尾名鳥，析言則然，渾言則不別也。"據段注可知，析言有長尾、短尾兩類，渾言之則無區別，長尾、短尾，皆可稱鳥。《爾雅》所釋甚爲簡明。"二足而羽"爲其最鮮明特徵，此即所謂"禽鳥"。"禽鳥"一詞，首見於漢揚雄《太玄經》卷二："次四，畢格禽鳥之貞。測曰：畢格禽正法位也。"范望注："畢，罔也。西方之宿畢取象焉。羅畢取鳥，不破卵覆巢，故爲正也。以道取之，故法位正也。"此即禽鳥的定名，又可見先民對於禽鳥的利用與愛護。由於先民同禽鳥時常密切接觸，我國古代禽鳥的异名極其繁多，常以禽、鳥、佳、雀、羽、翮、弋相稱，并依類相從，演化出禽鳥、鳥禽、鳥弋、鳥雀、飛禽、飛鳥、飛翮、飛羽、羽蟲、羽族、羽類、羽群、羽徒、羽客、羽毛、羽翮等多種名類。因本卷盡有詳釋，此處不複舉證。

　　禽鳥與人類的生活息息相關，伴隨人類走過了漫長的歲月，可稱之爲人類不可或缺的另類夥伴。禽鳥可食，可藥，可衣，可飾，可役，可賞，可玩，可入詩，可入畫。考釋我中華浩浩博物，禽鳥獨占一方絢麗天地。

　　禽鳥有二足，可行走、跳躍、奔跑；禽鳥被羽而有翼，又極善飛翔（鴕鳥等羽翼退化不能飛行當作別論）；還有一些脚足生蹼，可潛水游泳。多數禽鳥性警懼人，動則迅疾，静則高遠，捕之不易，觀察甚難。古人缺乏現代生物分類科學，又無觀察設備，故而，古代鳥類記述并不完備。加之，許多同類禽鳥形態、大小、羽毛、鳴聲往往相近，又常隨年齡、季節多有變化，頗難分辨。而另一些則幼鳥與成鳥，或雌鳥與雄鳥，體形肥瘦、羽色深淺，殊有差異，因而禽鳥之記述時見錯訛。又加古文或奥，或簡，徒增考證難度。誠如前人所云："夫鳥獸草木之類，特爲難窮，其形之相似者，雖山澤之人，朝夕從事，有不能別。其名之相亂者，雖博物君子，習於風雅，有不能周。"（宋羅願《爾雅翼·釋鳥》）所幸本卷作者多爲博學之士，諸君放眼於考古發掘、岩畫壁畫以及浩博古籍，從先民觀察研究禽鳥的既有成果入手，對禽鳥的名義，禽鳥的種類，禽鳥的生殖，禽鳥的家養馴化、開發利用，禽鳥的危害以及古代禽鳥分類學、物候學等，進行了全面而系統的考辨，并按現代禽鳥生態分類學，將禽鳥分爲走禽、游禽、涉禽、鳩鴿、鶉雞、猛禽、攀禽、鳴禽等八大類，共一百四十一種。其中走禽類一種，游禽類二十三種，涉禽類二十一種，鳩鴿類六種，鶉雞類十三種，猛禽類三十種，攀禽類十種，鳴禽類三十七種，周嚴而詳備。序者認爲，本卷無論是古代禽鳥群體考察，還是禽鳥種類辨析，均達到了一定的高度，具有很高的學術水準與實用價值。

　　我國禽鳥的種類記述，其上限最早可追溯到舊石器時代，各地考古發掘及大量岩畫皆爲實證。見諸文字記載最早的當屬殷墟甲骨文，記述了數十種動物，其中也包括了禽鳥。典籍記載最早者，一般認爲首推《詩》，記述禽鳥四十二種；秦漢時期成書的《山海經》記述禽鳥多達百種。可見先秦時對禽鳥的研究已非常細緻，非常廣泛。秦漢以降，《爾雅》首先爲禽鳥作出定義，并且記述了禽鳥九十五種；《神農本草經》首次將禽鳥記入藥典；漢代揚雄《方言》、許慎《説文》，晋郭義恭《廣志》、崔豹《古今注》、張華《博物志》，南朝梁顧野王《玉篇》，唐歐陽詢《藝文類聚》、徐堅《初學記》、段成式《酉陽雜俎》、段公路《北户録》、劉存《事始》、劉恂《嶺表録異》，宋李昉《太平御覽》《文苑英華》、司馬光《類篇》、陸佃《埤雅》、羅願《爾雅翼》、丁度《集韻》、陳彭年《廣韻》、李石《續博物志》、高承《事物紀原》、祝穆《事文類聚》、范成大《桂海虞衡志》、周去非《嶺外代答》、謝維新《古今合璧事類備要》，明代羅頎《物原》、王三聘《古今事物考》、彭大翼《山堂肆考》、俞安期《唐類函》、王圻等《三才圖會》、董斯張《廣博物志》，清蔣廷錫

《古今圖書集成》、陳元龍《格致鏡原》、張英等《淵鑑類函》、林意誠《事類統編》等，均有多種禽鳥的記述。本卷考釋文中無不涉獵，并於概論中擇其要者做了摘述，足見作者諸君古文獻功底之深厚。

關於禽鳥分類學，本卷考論亦頗見功力，在總結了先民對名物分類的一般原則後，着重考釋了先秦時“五行説”禽鳥分類系統、《爾雅》生物進化分類系統及李時珍《本草綱目》梯級生態分類系統。後者將禽鳥劃分爲水禽、原禽、林禽、山禽等生態類別，具有劃時代意義。這一生態分類法較瑞典生物學家林奈的《自然系統》（第十版）中記述的分類要早一百六十餘年，充分展示了我國古代鳥類分類學的輝煌成就。

本卷又從禽鳥的生殖年齡、生殖方式、求偶匹配、築巢産卵、孵化育雛、換羽遷飛諸方面，進行了多方位考論。《莊子·知北游》：“萬物以形相生，故九竅者胎生，八竅者卵生。”成玄英疏：“人、獸九竅而胎生，禽、魚八竅而卵生。”此説雖非科學嚴謹，但略可知先秦時人們已經注意并知悉禽鳥的繁殖方式，時至明代，又進一步闡述了鳥類的生殖器構造及産卵繁殖過程：“凡鳥之卵生者，莫不繫著於脊……脊繫卵處，下生一腸，上口連屬於繫卵。卵既長足而産，則入於此腸，俗謂之花腸也。下口乃並於糞腸，以通於後竅出焉，卵之殼皆於當日始能堅。”（明王逵《蠡海集·庶物類》）本卷作者充分注意了古人這一接近解剖學與生理學的研究成果，敏鋭地翔實引述，并予以重点評述：“此處所説的花腸即禽鳥之卵巢與産卵道，而後竅則爲鳥類之泄殖腔。這一論述與現代禽鳥解剖學構造極其相似。幾百年前先民能做如此細緻的觀察和論述，實是難能可貴的事。”這一評述，實乃專家之筆。

關於禽鳥的運動、遷徙、食性、領域、爭鬥、鳴叫諸番習性，常人多習而不察，然在我國古代却有鋭目善察之士，并有詳細記述。如禽鳥的行走：“郤（脚）近翠（膵）者能步，郤（脚）近莆（脯）者能擲。”（宋羅願《爾雅翼·釋鳥》）這是説禽鳥足近臀部（膵），則利於行走（鵝、鶩等即屬此類）；而位於胸脯處則便於跳躍（麻雀、喜鵲等即屬此類）。先民還觀察到鳥之伏立與脚之長短有關：“短脚多伏，長脚多立。”（明蔣德璟《藋經·性俎》）《爾雅·釋鳥》還記述過禽鳥的三種飛翔方式：“鵲、鴝醜，其飛也翪；鳶、烏醜，其飛也翔；鷹、隼醜，其飛也翬。”此處“醜”作“類”解，這是説有些鳥如鵲（喜鵲）、鴝（伯勞）之類是竦翅上下飛動（翪）；鳶、烏類禽鳥是展翅盤旋飛行（翔）；而鷹、隼之類則是振翼疾飛（翬）。有些禽鳥可遠飛，如雁、鳧之類，而雉雞之類則不能遠飛。如《埤雅·釋鳥》：“雉飛若矢，一往而墮。雉，雞類也，不能遠飛。”先民還觀察到：“鳧、鴈醜，其足蹼，其踵企。烏、鵲醜，其掌縮。”（《爾雅·釋鳥》）醜，猶“類”。這裏“踵”即脚跟，“企”有直立義。這句是説鳧雁之類，足生脚蹼，飛行時脚跟伸直；而烏鴉及鵲類足無脚蹼，飛行時其脚屈曲縮於腹下。禽鳥飛翔，千姿百態，古人察之甚詳。如小鳥學飛曰翰（hán），頻頻試飛曰習，張翼扶摇上飛謂之羿，衝高而飛曰翍（tà），向上直飛曰翀（chōng），從高向下飛曰翃（háng）、翃（háng）、翓（háng），從下而向上飛曰翓（xié），鳥舒緩而飛，不高不疾曰翐（zhì）、曰翂（fēn），快速飛行曰翜（shà），振翅高飛曰翥（zhù），水上飛行曰翏（lù），群飛曰翵（chí），快飛曰翽，高飛曰翰，輕飛曰翾（xuān），振羽飛行曰翻，等等，不一而足。如此細微的觀察并命名，如此細微的考證與描述，今人亦當望而興嘆。

禽鳥依據取食不同，通常可分爲食肉與食植物兩大類。食肉類又分爲食肉鳥、食魚鳥、食蟲鳥，食植物鳥亦有多種情況，有的食葉，有的食花，有的食果。食肉鳥主要包括隼形目、鴞形目的各種禽鳥，捕食的食物有獸畜、禽鳥、昆蟲及爬行兩棲類動物。古籍中的諸多生動的故事或傳説，虛實雜糅，難以盡信，但却可藉以瞭解先民的環境意識與生態情趣。如《穆天子傳》卷二：“春山百獸之所聚也，飛鳥之所棲也……爰有白鳥青鵰，執犬羊，食豕鹿。”晋郭璞《倉頡解詁》：“鶚，金喙鳥也，見則天下兵。能擊殺麞（獐）鹿。”宋彭乘《墨客揮犀》卷二：“鼓山有老僧……曾登靈源洞，見一禽自海上至，身大如牛，翼廣二丈餘，下村疃間低飛掠食，俄攫二大殺羊，復望海而去，識者云是虎鷹，能捉捕虎豹。”有些猛禽如鷲、禿鷲等專嗜尸肉，如《太平御覽》卷九二六引《林邑國記》：“西南遠界有靈鷲鳥，能知吉凶，覘人將死，食尸肉盡乃去，家人取骨燒爲灰，投之漲海。”以上引述虛實并存，或曰虛多實少。以下記載却多是事實。如，唐劉恂《嶺表録異》卷中曰：“北方梟鳴，人以爲怪，共惡之。南中晝夜飛鳴，與烏鵲無異。桂林人羅取生鬻之，家家養使捕鼠，以爲勝狸。”又，食魚鳥常取食魚、蝦、蚌、蟹等水族動物，至遲漢代已見飼養。漢楊孚《異物志》即有“鸕鷀能没於深水取魚而食之”的記述。《爾雅翼·釋鳥》有多處記述食魚鳥的習性：“鷺，禿鶖也……必資魚肉菽麥稻粱之養。”“鶄，水鳥，今之鶄鶄……水盡魚見，乃共食之。”“雎鳩，鶚類，今江東呼之爲鶚。好在江渚山邊食魚，故《詩》云‘關關雎鳩，在河之洲’也。”家養禽鳥的食性多因飼養目的不同而各有差異，本卷作者對“棧鵝易肥法”（俗稱之“填鴨”）做了考證，以期今人知其緣始。至於鵪鶉、黄頭、畫眉等籠養觀賞鳥的食性，本卷亦皆有論述。今人對禽鳥的食性，多已熟知，不再舉證。但却不能不提及與之相關，人所共知的"螳螂捕蟬，黄雀在後"的典故。作者由此聯想到自然界各種生物間食與被食形成了"食物鏈"，這種"食物鏈"關係遵從"優勝劣汰，適者生存"的法則，這是一種自然規律，也是生態系統内調整各種生物間關係最有力的杠杆。一個古代典故被作者認定爲生態系統教程，既肯定先民豐富的生態學知識和博大精深的哲學思想，又體現了作者的思辨水準。

本卷作者又特别闡釋了禽鳥的生存領域與相應的争鬥行爲，且以經典爲據，十分生動傳神。這些領域包括營巢領域、活動領域、取食領域。三國魏曹植《鷂賦》序曰："鷂之爲禽猛氣，其鬥，終無勝負，期於必死。"賦云："美遐圻之偉鳥，生太行之崟阻……降居檀（擅）澤，高處保岑。游不同嶺，棲必異林。若有翩雄駭逝，孤雌驚翔，則長鳴挑敵，鼓翼專場。"這裏描述了一隻取得争鬥勝利之雄鷂（褐馬鷄）飛揚跋扈的神態，先"降居檀（擅）澤，高處保岑"，占領了一片疆域，然後經鬥取勝，又"長鳴挑敵，鼓翼專場"，終於獲得新的領地。晋潘岳《射雉賦》："涉青林以游覽兮，樂羽族之群飛……厲耿介之專心兮，多雄艷之娇姿；巡丘陵以經略兮，畫墳衍而分畿。"一隻雉鳥具有强烈的占有欲，常炫耀其俊艷雄姿，巡視高低場地，劃分出要占領的區域。禽鳥的争鬥正是因爲争奪領域、食物，或者是爲了生殖而進行的。《禽經》早有"鴛鶯，野則義，豢則搏"的説法。先民很早也發現了禽鳥之争鬥特性，并於二千多年前已開始鬥鳥。如《莊子·説劍》有"此庶人之劍無異於鬥鷄"之説。《列子·黄帝》更有"紀渻子爲周宣王養鬥鷄"之記載。《世説新語·忿狷》亦記述"桓南郡小兒時與諸從兄弟各養鵝共鬥"之事。鬥鷄成了古代統治者及士大夫的一種消遣玩樂方式，後來又發展出鬥鵝、鬥鴨、鬥鵪鶉、鬥黄頭等等。還創造了"狸脂塗鷄""芥鷄"多般方法以助玩幸。唐韓愈、孟郊《鬥鷄聯句》描寫鬥鷄極爲精彩："大鷄昂然來，小鷄竦而待。峥嵘顛盛氣，洗刷凝鮮彩。高行若矜豪，側睨如伺殆。精光目相射，劍戟心獨在，既取冠爲胄，復以距爲鐓。天時得清寒，地利挾爽塏。磔毛各噤瘁，怒癭争碨磊。俄膺忽爾低，植立瞥而改。腷膊戰聲喧，繽翻落羽㿓。中休事未決，小挫勢益倍。"中國之鬥禽詩文，自先秦以還，連綿不絶，代有記叙。

作者筆下又展現了禽鳥鳴叫的一整套學問。《禽經》曰："鷇將生，子呼母應；雛既生，母呼子應。"由此可知鳴叫是禽鳥與生俱來的本能。宋王桝《補禽經説》進一步闡述了禽鳥鳴叫傳達的信息："鶯以喜囀，烏以悲啼，鳶以飢鳴，鶴以潔唳，梟以凶叫，鷗以愁嘯。"這表明先民觀察到禽鳥會因爲喜悦、悲愁、憤怒、驚恐、痛楚、孤獨等而發出鳴叫，鳴叫之目的是呼喚同類、聯絡同伴、遷飛、招引异性、尋覓食物、恫嚇敵人、歡呼勝利（争鬥之後往往如此）。總之，禽鳥是以鳴聲傳遞各種各樣的信息。先民對於禽鳥的各種鳴叫聲音頗善區别：輕叫曰啾，低語曰喃，群鳴曰噪，長鳴曰嘯，孤鳴曰吟，呻吟曰咿，歡吟曰呷，喧嘩曰囔，朝鳴曰嘲，夜鳴曰呝，婉轉鳴叫曰囀，雌雄相應鳴叫曰和鳴，等等（見宋陸佃《埤雅・釋鳥》）。而對不同禽鳥之鳴叫，人們不僅耳熟能詳，還能用不同的語詞予以描述，極其形象逼真。如雀鳴唧唧，烏鳴啞啞，鷄鳴喔喔，鵲鳴喳喳，鴻雁嗷嗷，水鳥嘎嘎，等等。禽鳥之鳴叫除隨種類不同而异外，還隨一年四季之季節節律而改變，正所謂“以鳥鳴春，以雷鳴夏，以蟲鳴秋，以風鳴冬”（唐韓愈《送孟東野序》），道出了先民善於觀察及其從容樂觀的生活態度。

禽鳥的家養馴化是人類文明的重要標志，考古證實，我國家養禽鳥大約始於新石器時代早期，至西周時我國已有了專司養殖禽鳥的機構。《周禮・天官・大宰》：“大宰之職，掌建邦之六典，以佐王治邦國……以九職任萬民：一曰三農，生九穀；二曰園圃，毓草木；三曰虞衡，作山澤之材；四曰藪牧，養蕃鳥獸；五曰百工，飭化八材；六曰商賈，阜通貨賄；七曰嬪婦，化治絲枲；八曰臣妾，聚斂疏材；九曰閑民，無常職，轉移執事。”賈公彦疏：“此九者皆是民之職業，故曰萬民也……‘四曰藪牧，養蕃鳥獸’者，謂在藪牧之民事業，使之長養蕃滋飛鳥走獸而已。”《天官・庖人》又云“庖人”之職是：“掌共六畜、六獸、六禽，辨其名物。”鄭玄注引鄭司農曰：“六禽，鴈、鶉、鷃、雉、鳩、鴿。”關於禽鳥的開發利用，如禽鳥的食、醫、衣、役、飾、賞、玩諸般用途，本卷均有涉獵。禽鳥的危害常人多有不知或者不甚介意，本卷作者亦有明確記叙，以供讀者參考。對於禽鳥的寄生與共生現象，如世人疑惑難解的“鳥鼠同穴”之類，作者亦做了詳細考證論述，確認了這是一個無可辯駁的客觀事實。

禽鳥的物候學觀察，是我國先民又一精彩的杰作。“物候”指生物之生命周期現象（如植物之發芽、開花、結實，候鳥之遷徙，某些動物之冬眠等）與節候的對應關係。一切生物其生長、發育、遷移、蟄伏、生殖、衰老、死亡等無不受生存環境條件、季節節律的制約與影響。中國是物候學發展較早的國家之一。相傳在“三皇五帝”時代，先民已掌握了一年四季之差别（見《書・堯典》）。先秦時期已有了節氣的劃分。如《左傳・僖公五年》：“凡分、至、啓、閉，必書雲物，爲備故也。”依杜預注，分、至、啓、閉的含義是：“分，春、秋分也；至，冬、夏至也；啓，立春、立夏；閉，立秋、立冬。雲物，氣色、災變也……素察妖祥逆爲之備。”又《昭公十七年》詳述了“分、至、啓、閉”各時段禽鳥的活動節律。被視爲夏代曆書的《夏小正》，其中便有諸多生物（含動物、植物）十二月令之物候記錄，其中關涉禽鳥之物候記述，如“正月啓蟄。鴈北鄉。雉震呴……鷹則爲鳩。……二月往耰黍……來降燕乃睇”等等。清郝懿行《燕子春秋》逐月記述了燕子之物候活動，詳盡、完整，是古代研究禽鳥物候學之佼佼者。有關禽鳥的遷徙緣由、目的、途徑及搭飛形式等，本卷皆有精到考釋，不再詳述。

本卷第二章重點闡釋了八類“習見禽鳥”，均爲古籍中可見記載者；除此之外，本卷還專列第三章，考察珍稀、瀕危及三有禽鳥，甚爲周嚴而全面。那些尚未被國家確定爲重點保護野生動物的珍貴而稀有的禽鳥，作者亦十分關注，定名爲“珍稀禽鳥”，列爲第三章第一節，收錄四十四種；而將《中國瀕危動物紅皮書·鳥類》已收錄，同時又被列入《國家重點保護野生動物名錄》的那些禽鳥稱爲“瀕危禽鳥”，列爲第二節，共收三百〇五種。第三節考察“三有禽鳥”，是指“有益的或有經濟、科學研究價值的禽鳥”。依據《中華人民共和國野生動物保護法》第一章第二條規定“本法規定保護的野生動物，是指珍貴、瀕危的陸生、水生野生動物和有重要生態、科學、社會價值的陸生野生動物”，2000年8月1日原國家林業局以第七號令發布了《國家保護的有益的或者有重要經濟、科學研究價值的陸生野生動物名錄》（俗稱“三有名錄”），本卷收錄二百四十六種。本卷除去列爲重點考釋的種類外，對與此類相關的禽鳥亦做了簡要介紹，關涉的種類力求涵蓋我國現存的全部禽鳥。在考釋上述禽鳥中，對各類禽鳥目前的生存狀況、致危原因、禽鳥與人類的關係、保護措施均有論述，內容翔實、準確、可靠，耗盡作者一生心血。客觀而論，本卷具有相當的實踐指導價值。

除却大量習見禽鳥及珍稀、瀕危、三有禽鳥外，人們在日常生活中又時聞鯤鵬、鸞鳳、精衛、比翼等各種鳥名，閱讀古籍時又常見吉祥鳥、佛現鳥、耆婆鳥，還有音聲鳥、惜春鳥、蜜母鳥、楚魂鳥等稱謂，但多屬虛實并舉，有無莫辨。爲增廣見聞，探賾索隱，本卷另闢“附錄”一章，下設“神話傳説鳥”“宗教傳説鳥”“名實難定鳥”三節，對於典籍中的三類鳥名，逐一做出了明確而饒有情趣的闡釋。爲增强禽鳥的生態研究，本卷又在附錄中增加了第四節“鳥體形態結構與巢穴”，以便讀者有更具體、深入的了解。另一類禽鳥生存於遠古，其活體雖不存世，但却是我神州大地上曾經生存過的珍貴物種資源，而且有些與現生鳥類有着密切的親緣關係，對於研究鳥類起源、進化與分類等有極其重要意義，這就是所謂“化石鳥”。這些化石鳥在所有動物化石中最豐富，最具代表性，故特於本卷附錄中收錄少量已發掘者，作爲第五節，以供讀者參閱。

《禽鳥卷》是集體合作的結晶，曲阜師範大學闞景忠、孫永選、唐雪凝諸君完成游禽、涉禽部分，全部闡釋，頗見功力；濟南大學王元秀君完成走禽、鳩鴿、鶉雞、攀禽部分，其中論及走禽在中國古代原曾廣布各地，今所見者多爲域外引進，這一歷史演變的論析，尤爲精彩；餘者猛禽、鳴禽，珍稀、瀕危及“三有”禽鳥等，則由原山東省林業廳吳秉鈞、余志敏、孔憲鳳、湯天明、吳衛、邢曉輝、吳岩、王歡、東瑩、喬顯娟、趙燕、趙怡康諸君完成。全卷最後由主編吳秉鈞先生統審，并多有補正。其中的一些考釋，除却居於生命學的角度之外，又有哲人、史家的目光與氣度。如“鳴禽考”一節，在全面介紹了雀形目禽鳥後，重點考釋了古代典籍記述過的三十七種鳴禽，并對鳴禽發聲器官構造、鳴叫特點、籠飼馴養、觀玩方法等亦做出精彩的描述。本卷主編特別贊賞宋歐陽修《畫眉鳥》詩所云：“百囀千聲隨意移，山花紅紫樹高低。始知鎖向金籠聽，不及林間自在啼。”贊賞其“無山不綠，有水皆清，四時花香，萬壑鳥鳴”的襟懷與理念，把“天人合一，人鳥共處”，視爲鳴禽觀賞的最高境界。這與我國近年大力倡導的生態保護觀正相符合。吳先生在珍稀、瀕危禽鳥部分，分別考論了我國自古至今，野生動物保護的思想理念、組織機構、職官設置、保護措施等，内中諸多資料，此前鮮爲人知。

《禽鳥卷》所論并非祇是“禽鳥”自身，藉此禽鳥又從側面展現了中華民族生息、勞作及愛惡、嚮往，閱讀此卷，必當受益良多，視野大開。而就本書作者的治學態度與治學方法而言，或可爲讀者提供一些藉鑒。

吳先生與其夫人余志敏在本《通考》中同時出任了《木果》《禽鳥》兩卷主編，歷時三十餘載，燃膏繼晷，任勞任怨。今二君皆已年过古稀，交稿既久，又几度修改，其對學術精益求精的追求，令人敬佩。余志敏爲先生當年北京林學院的同窗摯友，二君的爲人處世與治學態度，筆者在《木果卷》中已做過必要的評介，可供讀者諸君鑒閱，在此不再複述。

今全卷已完璧，得藉此文以示祝賀，并略表愧疚之情，是以爲序。

張述錚

太歲閼逢敦牂大吕中浣於山東師範大學映月亭初稿
太歲重光赤奮若陬下浣於歷下龍泉山莊東籬齋定稿

第一章 概　論

第一節　禽鳥名義考

禽鳥是指動物門鳥綱的各種動物。它們屬脊椎動物，大多胸骨發達，中間隆起成龍骨突，前肢成翼，後肢直立，可以行走；卵生；體温恒定；口内無齒；全身被羽，多數體輕善翔，僅少數種類兩翼退化，不能飛行（如鴕鳥）。

鳥類營養豐富，可提供大量的肉、蛋食品，是人類祖先最早的食物之一；鳥類可提供羽毛與羽絨，以供製衣、裝飾及作爲輕工原料；鳥類可提供優質肥料或爲役用以供農林業生產；一些鳥類尚可入藥，用以療疾；諸多禽鳥或羽色艷麗悦目，或鳴聲婉轉悦耳，或形體特異，身姿優美而供觀賞；還有些禽鳥身懷絶技，或善打鬥，或能表演，或能競翔，可愉悦人們的心情，給生活帶來樂趣。許多禽鳥爲蟲、鼠之天敵，或嗜食尸肉，對防蟲、滅鼠、清潔環境、維持大自然的生態平衡具有重要意義。因此，鳥類是人類的朋友，與我們的生活息息相關。

禽爲鳥類最早的統稱之一。“禽”屬象形、形聲字。禽，甲文作 🐦 鐵一三四 、🐦 後下一·四。金文作 🐦 禽簋。篆文作 禽《説文》。“禽”字上從今，取今聲，下從厹，似獸足踩地之形，本義作"走獸總名"解。如《説文·厹部》:"禽,走獸總名。从厹,象形,今聲。"顯然,禽最初乃百獸之通稱。如《周易·井》:"井泥不食,舊井无禽。"高亨注:"禽,獸也。"《戰國策·趙策》:"虎將即禽,禽不知虎之即己也。"鮑彪注:"禽,走獸總名。"《漢書·蒯通傳》:"野禽殫,走犬亨(烹)。""禽"後又爲鳥與獸之總名。如《白虎通·田獵》:"禽者何? 鳥獸之總名。"再如漢應瑒《西狩賦》:"驚飈四駭,衝禽驚溢,騁獸塞野,飛鳥蔽日。"此處禽與獸、鳥并出,禽當指鳥獸之總和。又如《三國志·魏書·華佗傳》:"吾有一術,名五禽之戲,一曰虎,二曰鹿,三曰熊,四曰猨,五曰鳥。"此處虎、鹿、熊、猨、鳥并出,合稱"五禽",由此可知禽即獸鳥之統稱。鳥與獸雖均爲動物,然究竟還有較大差別,正如《爾雅·釋鳥》所云:"二足而羽謂之禽,四足而毛謂之獸。"至遲此時始將禽作爲鳥類動物之專稱。如漢傅毅《洛都賦》:"搜幽林以集禽,激通川以御獸。"唐李白《古風五十九首》之六:"代馬不思越,越禽不戀燕。"唐宋之問《謁禹廟》詩:"猿嘯有時答,禽言常自呼。"此處之禽專指鳥類已十分明顯。此稱沿稱於後世,如本卷所言之涉禽、游禽、鳴禽、猛禽、攀禽之禽,俱爲其沿稱。禽亦作"离""禽""禽",此皆禽之古字。如《類篇·厹部》:"禽,离。走獸總名。一説二足而羽謂之禽。"《字彙補·内部》:"禽,與'禽'同。"《梁相孔耽神祠碑》:"救窮禽之厄。"此禽亦爲古禽字。除此之外,禽古亦作"禽"漢《張遷碑》、"禽"漢《校官碑》、"禽"隋《韓祐墓志》、"禽"《篇海》。

鳥,亦飛禽之總名。如《玉篇·鳥部》:"鳥,飛禽總名也。"鳥,甲文作 𤝻甲 2904 𤠮乙 6664。金文作 𤟌子作弄鳥,篆文作 𩾾《説文》。似鳥之側視形象:上象其頭;居中四橫斜出者,第一筆象頸羽,二三筆象翼,四筆象尾;左下象其足。鳥爲飛禽總名,十分妥恰。此稱先秦時期已行用,并沿稱至今。《詩·小雅·伐木》:"伐木丁丁,鳥鳴嚶嚶。"《左傳·哀公十一年》:"鳥則擇木,木豈能擇鳥?"《論語·泰伯》:"曾子言曰:鳥之將死,其鳴也哀。"《韓詩外傳》卷二:"獸窮則齧,鳥窮則啄,人窮則詐。"漢枚乘《七發》:"飛鳥聞之,翕翼而不能去。"清李漁《閑情偶寄·頤養部》:"花鳥二物,造物生之以媚人者也。"鳥亦作"𪅀"。如《字彙補·鳥部》:"𪅀,《漢碑》鳥字。"

"隹",亦爲禽鳥之總名。隹,甲文作 𨾴乙 660 𨾴甲 963。金文作 𨾴戍嗣鼎 𨾴召簋。篆文作 𨾴《説文》。上象鳥頭,中象鳥身,本義作"鳥之短尾總名"解。如《説文·隹部》:"隹,鳥之短尾總名也。"王筠句讀:"謂凡短尾者,通名爲隹。"卜辭中,隹字約二百字形。先秦時早已行用。隹又單指一鳥,雔則爲雙鳥,雥與雦、雥,雥則表群鳥(見《説文》《玉篇》

《龍龕手鑑·隹部》）。

鳥、隹通言皆謂禽鳥，先秦時常無分別，故卜辭中隹、鳥不分，隹字多作鳥形。至漢代始有人將隹謂短尾鳥，而以鳥名長尾禽（如《説文》）。後世亦有沿用此説者（如《玉篇》等）。然考鳥尾之長者莫過於雉、鷄（雞）等，字并從隹；尾之短者莫如鶴、鷺、鳧、鴻等，其字均從鳥。由此可知，長尾、短尾之强分未必合適，所以後人漸將此説淡忘，而多用鳥字稱謂禽鳥。據饒炯稱，隹、鳥古時皆爲禽鳥總名，而隹爲古文，鳥爲後起，從隹之字多可從鳥，漢後多以鳥代隹爲禽鳥之總名。此説或是。

禽與鳥皆爲鳥之總名，又常複合爲“禽鳥”，通稱所有的鳥類。此稱至少在晋代已行用。晋左思《魏都賦》：“揮惟庸蜀與鴝鵲同窠，句吴與黿鼉同穴。一自以爲禽鳥，一自以爲魚鼈。”唐杜甫《遣興五首》詩之三：“仰看雲中雁，禽鳥亦有行。”意即看空中飛雁成行，可知鳥類亦有德行。又如宋歐陽修《醉翁亭記》：“樹林陰翳，鳴聲上下，游人去而禽鳥樂也。”《儒林外史》第八回：“看見兩岸桑陰稠密，禽鳥飛鳴，不到半里多路，便是小港，裏邊撑出船來，賣些菱藕。”《鏡花緣》第一回：“那些隨來的童兒也都變出各色禽鳥。”此處之禽鳥蓋指所有的鳥類，爲鳥類之總名。此稱亦沿稱至今，本卷名曰“禽鳥卷”，亦即“鳥卷”，其考論的内容包括所有的鳥類。“鳥禽”亦指鳥類。如《藝文類聚》卷六三引晋孫楚《登樓賦》：“黎民布野，商旅充衢。杞柳綢繆，芙蓉吐芳。俯依青川，仰翳朱楊。體象濛汜，幽若扶桑。白日爲之晝昏，鳥禽爲之頡頏。”宋蘇舜欽《滯舟》詩：“曾無鳥禽樂，虚在人曹中。”明康海《對山集》卷九：《和六甥石室納凉二首（録一首）》：“老境百慮息，所好在山林。況此洞室閟，塵氛安可侵。開簾見芳碧，迤邐聞鳥禽。因之感宿好，笑歌梁甫吟。”“鳥弋”亦指禽鳥。南朝陳張正見《浦狹村煙度》詩：“收光暗鳥弋，分火照漁船。”“禽族”亦爲禽鳥之泛稱。如《鏡花緣》第一回：“那穿紅袍的總司天下禽族，乃百鳥之主，名百鳥大仙。”

雀，本作“依人小鳥”解（見《説文·隹部》），亦禽鳥之通稱。此稱先秦時已行用。《文選·宋玉〈高唐賦〉》：“越香掩掩，衆雀嗷嗷。雌雄相失，哀鳴相號。”李善注：“雀，鳥之通稱。”唐杜甫《東屯月夜》詩：“數驚聞雀噪，暫睡想猿蹄。”“鳥雀”，亦稱“雀鳥”，皆泛指各種禽鳥，爲鳥之泛稱，尤指小鳥。此稱亦始見於先秦時期。如《左傳·文公十八年》：“見無禮於其君者，誅之，如鷹鸇之逐鳥雀也。”漢王符《潛夫論·浮侈》：“唯無心之人，群豎小子，接而持之，妄彈鳥雀，百發不得一，而反中面目，此最無用而有害也。”

元錢惟善《至元六年庚辰十有二月庚辰朔己亥大雨雪戊申復雨雪》詩："虎狼憑威肆貪虐，雀鳥凍死何哀傷。"《授時通考·各種種法·水稻》："又，凡穀種生秧後，防雀鳥聚食，立標飄揚鷹俑，則雀可驅矣。"《紅樓夢》第三回："兩邊穿山游廊厢房，掛着各色鸚鵡、畫眉等雀鳥。"

　　禽鳥被羽，故古人常以"羽"代稱禽鳥。如《周禮·冬官·梓人》："天下之大獸五：脂者、膏者、臝者、羽者、鱗者。"鄭玄注："羽，鳥屬。"宋丁羲叟《漁家傲》詞："無計去，月明腸斷雙棲羽。"清范咸等《重修臺灣府志·物產·羽之屬》："鳥獸：鳶、鴿、鶴、鶬鴰、雉……以上羽之屬。"上述之"羽"皆代稱鳥類。"羽類"意爲被羽之類，亦用以指稱鳥類。北齊劉晝《劉子·傷讒》："鳥之曲喙銳距者，羽類畏之；獸之方喙鉤爪者，毛群畏之。""羽族"意指具羽一族，亦爲禽鳥之代稱。漢禰衡《鸚鵡賦》："羽族之可貴，願先生爲之賦。"《文選·左思〈蜀都賦〉》："鷹犬倏眒，罻羅絡幕。毛群陸離，羽族紛泊。"李善注："羽族，鳥也。"宋羅願《爾雅翼·釋鳥二》："今鶡之毛能落衆羽，然其鷙烈足以服羽族，此類之可推者。""羽群"意爲被羽之類群，亦泛稱禽鳥，此稱漢代已見行用。漢馬融《廣成頌》："散毛族，梏羽群。"三國魏曹植《七啓》："野無毛類，林無羽群。""羽徒""羽客"亦禽鳥之代稱。如北魏楊衒之《洛陽伽藍記·城東·正始寺》："羽徒紛泊，色雜蒼黃。綠頭紫頰，好翠連芳。白鷺生於異縣，丹足出自他鄉。"唐黃滔《狎鷗賦》："斯則別號羽客，參爲水仙。"唐李商隱《燕臺詩四首》之一："蜜房羽客類芳心，冶葉倡條遍相識。""羽毛"，本作鳥獸毛解，因禽鳥被羽毛，故常用以代稱禽鳥。如漢禰衡《鸚鵡賦》："雖同族於羽毛，固殊智而異心。"唐孟球《和主司王起》詩："誰料羽毛方出谷，許教齊和九皋鳴。""翮"本義作鳥羽之莖解，亦指鳥翅，"羽翮"則泛稱禽鳥類動物。如《史記·樂書》："羽翮奮，角觡生。"張守節正義："羽翮，鳥也。"晉左思《魏都賦》："羽翮頡頏，鱗介浮沈。栖者擇木，雊者擇音。"唐元稹《有鳥二十章》之一："似鷹指爪唯攫肉，戾天羽翮徒翰飛。"以上"羽翮"盡指禽鳥。蟲，古爲動物總名。如《集韻·平東》："蟲……李陽冰曰：裸毛羽鱗介之總稱。""羽蟲"字義爲生羽之動物，亦爲禽鳥之代稱之一。《孔子家語·執轡》："羽蟲三百有六十，而鳳爲之長。"漢董仲舒《春秋繁露·五行順逆》："恩及於火，則火順人而甘露降；恩及羽蟲，則飛鳥大爲，黃鵠出見，鳳凰翔。"隋盧思道《孤鴻賦》："惟此孤鴻，擅奇羽蟲。"以上羽蟲皆指鳥類，顯而易見。

　　禽鳥之類多善飛翔，因此，古人以爲最善飛者莫過於禽鳥，因此"飛"亦常代稱禽鳥。如《黄帝内經·素問·五常政大論》：“其主飛蠹蛆雉。”王冰注：“飛，羽蟲也。”《文選·揚雄〈羽獵賦〉》：“獵蒙蘢，轔輕飛。”李善注：“輕飛，輕獸飛禽也。”與飛相關聯，尚有“飛禽”“飛鳥”之稱，原意指會飛之禽鳥，亦用以指稱禽鳥類。如戰國楚宋玉《高唐賦》：“卒愕異物，不知所出……狀似走獸，或象飛禽。譎詭奇偉，不可究陳。”《禮記·曲禮上》：“鸚鵡能言，不離飛鳥；猩猩能言，不離禽獸；今人而無禮，雖能言，不亦禽獸之心乎？”《吕氏春秋·功名》：“水泉深則魚鱉歸之，樹木盛則飛鳥歸之。”漢枚乘《七發》：“客曰：鍾岱之牡，齒至之車；前似飛鳥，後類距虛。”“飛羽”本指禽鳥之羽，亦常用以代稱禽鳥。如《文選·班固〈西都賦〉》：“爾乃盛娛游之壯觀，奮泰武乎上囿……毛群内闐，飛羽上覆。接翼側足，集禁林而屯聚。”吕向注：“飛羽，鳥類。”明劉基《石末公再賦元夕見寄用韻酬之》：“聽盡殘鐘成不寐，那無飛羽入玄間。”“飛翮”亦常用以代稱禽鳥。《文選·曹植〈七啓〉》：“素水盈沼，叢木成林。飛翮凌高，鱗甲隱深。”張銑注：“飛翮，鳥也。”清曹寅《坐弘濟石壁下及暮而去》詩：“露坐聞遥鐘，冥心寄飛翮。”以上飛翮皆指禽鳥。

“弋”本作“橜”解（見《説文·弋部》），即俗稱之木椿，亦代指禽鳥。此稱先秦時期已行用。《晏子春秋·内篇雜下》：“晏子相景公，食脱粟之食，炙三弋、五卵、苔菜耳矣。”吴則虞集釋引孫星衍云：“言炙食三禽。”《大戴禮記·夏小正》：“十有二月鳴弋。弋也者，禽也。”此稱亦沿稱於後世。如唐陸龜蒙《江墅言懷》詩：“汀洲藏晚弋，籬落露寒春。”

第二節　禽鳥之種類與特徵

禽鳥爲脊椎動物之一類，屬於鳥綱。鳥綱動物其共同特點是身體均衡，左右對稱，體近紡錘狀，由頭、頸、軀幹、尾、腿足等部組成；被羽；前肢成翼，後肢爲脚，直立，具爪；以肺呼吸，肺連氣囊，伸展於内臟各器官之間及骨骼、皮下；心臟具完備的左右心房與心室，體温恒定（42℃左右）；直腸、生殖管及輸尿管開口於一處，形成泄殖腔；卵生，卵外殼堅硬；多數可營飛行生活。然而，不同的禽鳥有不同的特徵，依據它們的形態構造可分爲古鳥亞綱與今鳥亞綱。古鳥亞綱爲原始鳥類，人們熟悉的始祖鳥即屬此綱之古鳥目禽鳥，這類古鳥悉具牙齒，指端有爪，掌骨分離，而無鈎狀突，無龍骨突及尾棕骨。今不存世，均已成化石。今鳥亞綱則大都無齒，鈎狀骨及龍骨突發達，掌骨并合，多數無爪，并具尾棕骨。

今鳥亞綱又分爲齒顎總目（化石）、古顎總目、楔翼總目及今顎總目等四個總目。

各總目又可按形態特徵，分成不同的目。其中我國分布有潛鳥目、鸊鷉目、鸌形目、鵜形目、雁形目、鷗形目、鴴形目、鸛形目、鶴形目、鴿形目、雞形目、隼形目、鴞形目、鸚形目、鵑形目、鴷形目、咬鵑目、夜鷹目、佛法僧目、雨燕目、雀形目等二十一目。我們知道，自然界中禽鳥的種群數量、分布、生息發展，均與周圍的環境條件密切相關，由於長期適應的結果，形成了不同的生態類群。各個生態類群的禽鳥有不同的特徵，我國習慣上依此劃分爲走禽目、游禽目、涉禽目、鳩鴿目、鶉雞目、猛禽目、攀禽目及鳴禽目等八个生態類群目（詳見《我國禽鳥生態分類系統與形態分類系統分類表》）。爲論述方便起見，本卷按照生態分類系統，將"習見禽鳥説"分八節逐一考釋。

我國禽鳥生態分類系統與形態分類系統分類表

禽鳥生態分類系統	禽鳥形態分類系統	附　注
走禽目 Cursores	鴕形目 Struthioniformes	走禽目我國曾分布鴕鳥一種，後滅絶。今見者均爲外域引入。
游禽目 Natatores	潛鳥目 Gaviiformes 鸊鷉目 Podicipediformes 鸌形目 Procellariiformes 鵜形目 Pelecaniformes 雁形目 Anseriformes 鷗形目 Lariformes	
涉禽目 Grallatores	鴴形目 Charadriiformes 鸛形目 Ciconiiformes 鶴形目 Gruiformes	
鳩鴿目 Columbidae	鴿形目 Columbiformes	
鶉雞目 Gallinaci	雞形目 Galliformes	
猛禽目 Raptatores	隼形目 Falconiformes 鴞形目 Strigiformes	
攀禽目 Scansores	鸚形目 Psittaciformes 鵑形目 Cuculiformes 鴷形目 Piciformes 咬鵑目 Trogoniformes 夜鷹目 Caprimulgiformes 佛法僧目 Coraciiformes 雨燕目 Apodiformes	雨燕目曾列入鳴禽目，後歸入攀禽目，僅有少數種類仍列鳴禽目。
鳴禽目 Passeres	雀形目 Passeriformes	

　　走禽，特指善於行走而不能飛翔的鳥類。這些禽鳥翼小而退化，脚長而强大，胸無龍骨突，善奔而不能飛翔。它們包括古顎（或曰平胸）總目之鴕形目、美洲鴕目、鶴鴕目、無翼目、鵠形目的各種禽鳥。人們熟悉的鴕鳥即屬鴕形目，遠古時代曾廣布於我國中原及其以北各地，後絕迹。今日人工飼養的鴕鳥均爲引進者，原產於非洲（詳本卷《習見禽鳥説·走禽考》）。美洲鴕目之美洲鴕，分布於南美洲巴西之北部與東部；鶴鴕目之鶴鴕，見於印度尼西亞西蘭島；鴯鶓產於大洋洲，我國均無分布。無翼目之無翼鳥產於新西蘭，鵠形目之鵠分布於南美洲中、北部地區，均不見於我國。

　　游禽，又名水禽，是指巧於游水而拙於行走的一些禽鳥。這些禽鳥脚短而具蹼，翼强大或退化，嘴平而闊，尾脂腺被翈，以取食水生生物爲主。游禽包括潛鳥目、鸊鷉目、鸌形目、鵜形目及雁形目之各種禽鳥。潛鳥目鳥類嘴强直側扁，先端尖，翅較體稍小，呈尖形。大都生活於水中，善泳，能潛水，潛水深可 2 ～ 10 米，偶達 75 米，歷時可達八分鐘。其兩脚位於腹部後方，登陸時靠胸部與地面接觸，以助兩脚匍匐行走，行走時間極短，超過一分鐘後，復入水中潛游。潛鳥翅雖然尖小，但飛行力却極强，可在水面、陸地長距離飛行。潛鳥性遷徙。繁殖於北方，營巢於海岸附近之湖泊間無樹偏僻地上。越冬時，多獨行。以魚類爲主食，兼食甲殼類及軟體動物。主要分布於歐亞及北美洲的北部，冬遷可至我國東北部及沿海一帶，有時可南達臺灣。全世界僅一科一屬五種，我國分布四種，即紅喉潛鳥、白嘴潛鳥、黑喉潛鳥及太平洋潛鳥。鸊鷉目之“鸊鷉”本義作“野鳧，其小而好没水中者，南楚之外謂之鸊鷉”解（見《方言》），故鸊鷉目鳥類爲形體類鴨而善潛水之游禽。嘴直而側扁有尖，翅短而不善飛翔，無尾或僅存小量短絨羽。兩脚近臀。跗蹠側扁，適於潛水。體羽短而密，饒具抗濕性。鸊鷉類多栖息於淡水湖泊、沼澤之植物叢中，幾乎終生生於水中，常集群栖住。善潛水覓食，一般可潛 1 ～ 4 米。主要取食水生昆蟲、甲殼動物、軟體動物、小魚及小草等。本目僅一科，共二十一種，除南北兩極地區外，各地廣有分布。我國分布五種，多見於東部沿海各省。鸌形目之“鸌”本義作“水鳥”解（見《廣韻》），乃生海島以捕魚蟲爲食之水鳥。故鸌形目鳥類體形多似海鷗，嘴强大而具鈎，上嘴由幾枚被細溝隔開的角質片所覆蓋，鼻孔閉合而呈管狀。翅發達、大型、尖長，善飛行。鸌形目爲海洋性鳥類，飛翔力極强，一次能飛數百里，亦常隨波逐浪，或在海面上飛掠而過，并可於飛翔中邊飛邊在水面層捕食。主要取食魚、烏鰂、蝦及其他海洋動物。此類禽鳥善於在孤島地面或岩壁上營巢繁殖。鸌形目有四科，我國分布信天翁、鸌、海燕三科九種及六個亞種。分別是短尾信天翁、黑脚信天翁，暴風鸌，白額鸌、曳尾鸌、灰鸌，鈎嘴圓尾鸌、白腹圓尾鸌、燕鸌，白腰叉尾海燕、黑叉尾海燕等。鵜形目之"鵜"本指"鵜鴣"，亦作"鵜胡"，義爲"污澤"（見《説文》）。又指頜下胡特大，性喜浸水中而捕魚之鳥。鵜形目禽鳥亦爲海洋性鳥類，最大特徵是所有種類均具全蹼足，後趾轉向前方而與内趾相連，四趾間均由極發達之蹼聯結。嘴具喉囊。眼先常裸出，尾圓或尖長。常結群在海島或沿海高峻崖石間營巢繁殖。主要取食魚、蝦及軟體動物爲生。全球共六科，我國分布五科十五種。雁形目鳥類爲大型水禽，體形似鴨，大都頭大，嘴扁，先端具嘴甲，兩側邊緣除嘴甲外均具櫛狀突。翅較長，適於長途快速飛翔，次級飛羽缺第五枚，絨羽發達。脚短而着生於軀體較後部。前三趾間有蹼膜或半蹼，後趾短，着生位置較他趾高。常栖息於各種水域，偶亦居於沿岸地帶。多善泳。食物多樣，繁殖期以動物性食物爲主，遷徙與越冬時常以植物爲食。本目有二科一百五十五種，我國僅分布鴨科四十六種及二十一亞種。天鵝、鴻雁及各種鴨類爲其主要種類。鷗形目之"鷗"從鳥，區聲，本作"水鴞"解（見《説文》）。乃喙略長前端微曲以捕魚而食之水鳥。又，"區"爲"漚"之省文，"漚"有"浮漚"（水面上泡沫）義，鷗浮江海中，軟漾如漚，故名。鷗形目禽鳥多具此特徵。體色較單純，色澤淺淡。嘴細而側扁，翼尖長，第五枚次級飛羽缺，尾形或短圓或長而呈叉狀。脚短，前趾間具蹼，中趾最長，而後趾短小。鷗類我國分布四科三十七種。

　　涉禽是指常在淺水中涉行的禽鳥。這類禽鳥嘴直細，頸、脚與趾特長，蹼不發達，不善游泳。翼强大，可飛翔。最善在淺水中涉行覓食。亦具遷徙性。常以魚類、甲殼動物、軟體動物等爲食。此類禽鳥包括鴴形目、鸛形目、鶴形目之各種鳥類。"鴴"本義作"荒鳥"解（見《玉篇》）。乃荒遠地區之鳥。鴴形目爲中、小型水域鳥類。脚長。頸下部裸出，後趾小型或退化，前三趾間有蹼或無。翅尖長，第一枚初級飛羽退化，短而狹小，掩於覆羽之下。三級飛羽特長。尾多圓形。主要栖息於濱海、湖畔、河漫灘及沼澤濕地，常在地上營巢。多以甲殼類、軟體類動物及昆蟲爲食。本目共十六科八十四屬三百四十一種，我國分布十三科四十五屬一百十九種及三十八亞種。鸛形目爲中、大型涉禽。雌雄鳥形體相似。嘴扁直，有的呈圓錐狀或匙狀。眼先裸出。頸長細，下部裸出。翅長或短闊。尾短，呈平尾狀。脚長而强壯。前三趾基部具蹼，後趾與前三趾同高。常栖息於水邊淺水處及沼澤地；營巢於樹上。主要取食魚、蛙、昆蟲等動物。鸛形目有六科四十八屬一百十七種，我國分布鷺科、鸛科、䴉科等三科十八屬三十種。"鶴"本作似鵠而長喙之水鳥解（見《説文解字句讀》）。亦善鳴之水鳥名。又以隹音鵻，以隹出門（垌）以會高至之意，因作"高至"解，故鶴亦爲能高飛之鳥。鶴形目禽鳥體形大小不一，一般頸與脚較長，脛常裸露無羽，或僅脛下部裸出，具四趾，後趾退化或闕如而呈三趾；趾間無蹼，或僅趾緣具皺褶或瓣蹼。多數栖息於沼澤、草原及草地。營巢於蘆葦沼澤或水域岸畔。主要取食各種昆蟲、魚類等動物，亦取食植物葉、芽、果實及種子。本目有十二科一百九十種。我國分布四科三十四種。

鳩鴿是指鴿形目的各種禽鳥。鴿從鳥，合聲，本義作"鳩屬"解（見清朱駿聲《説文通訓定聲》）。乃體形似鳩而大之鳥，故從鳥。又，合有兩相并意，鴿爲雌雄兩兩相配而易合，故從合聲。此類禽鳥爲小型鳥類。頭小，頸粗，嘴短而側扁稍厚，先端微彎曲。翅尖長或稍圓。脚短健，趾無蹼。後趾與前趾在同一平面上，有的缺後趾；有些趾被羽。尾脂腺裸出或退化。有些嗉囊發達。多栖息於森林、平原、荒漠地帶。常成對或集群活動。營巢於岩穴、樹枝間，亦可於草叢中營巢，主要取食植物果實與種子。本類有二科四十三屬三百十七種，我國分布二科十屬三十四種。

鶉雞類是指雞形目的各種鳥類。古代又稱"原禽"（見明李時珍《本草綱目·禽二·雞》）。鶉雞類禽鳥一般嘴短健，上嘴稍長微曲，適於啄食。兩翅短圓。尾較發達。脚強健，雄鳥蹠蹠一般有距。脚四趾，三趾向前，一趾向後，適於奔走。雌雄异色，雄鳥較艷麗。體羽具副羽，尾脂腺發達，并覆羽毛。嗉囊較大，砂囊肌肉發達，強而有力。多爲陸栖，部分樹栖。常生活於森林、草地與灌叢，營巢於地面。多爲留鳥。主要取食植物芽、葉、種子、果實及昆蟲。鶉雞類共三科一百八十種，我國分布二科六十三種。主要有各種松雞與雉類。

猛禽是性情凶悍強鷙，以攫食動物爲生之鳥類。包括隼形目及鴞形目各種禽鳥。猛禽多生山野，故又稱"山禽"（見《本草綱目》）。隼形目鳥類體形大小不一，嘴強壯，上頜略長，先端下彎成鈎狀。脚強有力，具四趾，趾端具銳爪。翅強健，極善飛翔或翱翔。多栖息於高山、田野、森林、荒原、河湖、沼澤、濱海、島嶼等地。主要取食鼠類、野兔、蛙、蜥蜴、昆蟲等動物，有些嗜食尸肉。隼形目共五科二百八十九種，我國分布二科六十一種。鴞字從鳥，號聲。本指鴟鴞而言，鴟鴞作"鸋鴂"解（見《説文》）。鴞亦同梟，又名鵩、鴟，指貪惡之鳥（見《詩·陳風·墓門》"有鴞萃止"毛傳）。鴞形目禽鳥多取此義，即俗稱之猫頭鷹類禽鳥。此類禽鳥大多具臉盤，頭形寬大。目大而圓，兩目向前，其周之羽毛排列如面盤狀。頭之二側還具明顯耳簇羽，突起於頭上，面形極其似猫，故此得名猫頭鷹。主要栖息於森林中。多數爲夜行性，白晝匿伏於樹穴、岩洞或稠密枝葉間，夜晚出行。多以鼠類、昆蟲爲食，亦取食蜥蜴、蛇、小鳥、魚類。全世界有二科一百三十四種，我國分布二科二十七種，遍布於全國各地。

攀禽是善於攀木而生的一些禽類。此類禽鳥嘴强直或粗重，脚短健，兩趾向前，兩趾向後，極適合攀緣樹木。因此類禽鳥多生林中，故又名"林禽"。屬於攀禽的鳥類主要包括鸚形目、鵑形目、鴷形目、咬鵑目、夜鷹目、佛法僧目之各種禽鳥。"鸚"本指"鸚鵡"而言，本義爲"能言鳥"（見《說文》）。乃善學人言之鳥。又以嬰本作"女子頸飾"解，故有美艷奪目之意；鸚鴞即鸚鵡，以五色者爲多，羽色美艷，每奪人目，故從嬰聲。鸚形目禽鳥多類似鸚鵡，體形大小不一，雌雄差异不大，羽色多艷麗。嘴强大而鈎曲，基部具蠟膜。翼略尖形，第五次級飛羽缺。尾長短不一，通常有尾羽十二枚。脚對趾型，二前二後。鸚形目禽鳥舌多肉質而柔軟，鳴聲不美，但善能模擬人語，常被稱爲"能言鳥""言鳥"。"鵑"本作"杜鵑鳥"解（見《廣韻》），係指鳴聲淒厲的攀禽，故從昌。昌爲涓之省文，本作"小流"解，有小流不斷作響之意。杜鵑常徹夜啼鳴不止，故名。鵑形目鳥類多取此義。此類禽鳥多爲中小型鳥，體態多瘦長，雌雄羽色大都相似，嘴適中而粗，微下曲，翼形長或短圓，第五次級飛羽存。凸尾或圓尾，尾羽八至十枚。脚短，四趾弱，呈對趾型。善於攀樹活動。此類禽鳥大都不自營巢，常將卵產於他鳥巢中，由他鳥代孵、喂養。鵑形目我國分布杜鵑科十七種。"鴷"本作"啄木"解（見《廣韻》），鴷鳥即俗謂"啄木鳥"，鴷形目乃善於啄木之鳥類。列有"分解"義（見《說文》），啄木鳥常以如錐之嘴解剖樹皮，啄食枝幹中的蠹蟲，故名。此類禽鳥多爲小型鳥類。雌雄羽色相似。嘴直强而呈錐狀或稍下曲，適於鑿木。脚短而强，趾短，呈對趾型，跗跖上緣多被羽，僅下部裸出；爪銳利，適於攀木。多栖息於林內。舌長而伸縮自如，善於鈎取樹幹中之蠹蟲。多營巢於樹洞中。主要取食昆蟲。鴷形目共七科三百七十五種。我國分布二科十四屬三十七種。咬鵑目禽鳥雌雄相似，羽密而柔，色殊鮮麗。嘴短而寬，先端稍曲。翼短而有力。脚短弱，具異趾足：一、二趾向前，三、四趾向後，跗跖被羽。本目我國分布一科二種，即咬鵑科橙胸咬鵑及紅頭咬鵑。夜鷹目爲夜行性攀禽。這些攀禽晝伏夜出，故得此名。雌雄體相似。嘴短而弱，基部寬闊，口角處粗生嘴鬚。翼狹長或短圓，初級飛羽十枚，被羽柔軟，飛行時幾無聲息。跗跖短，被羽或裸出，三趾向前，一趾向後；向前之趾具微蹼或稍合并，中趾較長；中爪具櫛緣。夜鷹目共五科一百一十種。我國分布二科三屬八種。佛法僧目多爲中小型鳥類。雌雄鳥羽色略同，體健壯。嘴長而强或細而彎曲。翼長闊，尾短或適中。脚短小，常態或向前三趾基部愈合爲并趾型，極善攀木。多栖息於林緣、疏林、水邊、農田、曠野等地，常樹栖營巢於空洞中。主要取食昆蟲、魚、蝦及植物果實、種子等。本目共十科四十四屬二百〇四種。我國分布七科十四屬二十五種。雨燕目我國未見有分布。

　　鳴禽專指鳴聲婉轉悦耳的禽鳥。鳥口吐聲爲鳴，鳴本作"鳥聲"解。鳴禽嘴外形不一，粗短或細長。脚短細，三趾向前，一趾向後。翼中型。極善囀鳴，且巧於營巢。依鄭作新《中國經濟動物志·鳥類》，鳴禽目包括雨燕目與雀形目禽鳥，故又稱作"燕雀目"。雨燕目多爲小型鳥類，包括雨燕與蜂鳥形態各异的兩類禽鳥。此類禽鳥雌雄相似。嘴短扁而稍曲，基部寬闊或纖細如針；翼狹尖，次級飛羽少而短，適於快速飛行和在空中懸停。脚短而强，跗跖大都被羽，四趾均向前，或側後趾能向前轉動，多在空中生活。常集群飛翔、捕食。主要取食昆蟲（雨燕）、花蜜（蜂鳥）。本目共三科一百三十四屬四百二十八種。我國分布二科五屬十種。雀形目爲鳥綱中種類最多的一類。"雀"本作"依人小鳥"解（見《説文》）。乃指常栖止家居附近，不甚避人而善鳴囀之小鳥。雀形目鳥類體形大小與形態不一，一般爲小型或中型鳥類。羽色變化很大。多數種類初級飛羽十枚，其中第一枚多退化，很短或完全退化。脚細弱，無蹼，前後趾同在一平面上。多栖息於樹上或地栖。大多善跳，善鳴，并巧於營巢。主要取食昆蟲，亦食植物果實、種子。本目爲鳥類進化之最高等類群，在鳥類進化史上亦較其他鳥類晚出。雀形目亦種類最多的一目，總數達六千餘種，約占鳥類總數之半數以上。我國分布三十一科六百餘種。這裏要説明的是，今人通常祇將雀形目歸入鳴禽，而將雨燕目劃歸攀禽類，本卷便依此予以分類考釋。

　　除去以上所述各種禽鳥外，我國大地尚存有許多化石鳥類。這些鳥類之活體雖不存世，但却是我國歷史上曾經生存過的珍貴物種資源，且有些與現生鳥類有着密切的親緣關係，對於研究鳥類起源、進化與分類等有極其重要的意義。詳見本卷附録第五節"化石鳥"文。

第三節　中國古代禽鳥觀察研究史

　　我們生活的地球於四十六億年前已經形成，大約在四十億年前地球上出現了原始生物。到了太古代（從地球形成到距今二十五億年前），地球上出現了藻類及海洋無脊椎動物，古生代之寒武紀（距今約四五億年前），生物界發生了巨大的變化：地球上出現了最早的陸生植物，與此同時，魚類、兩栖類與陸生脊椎動物亦相繼出現。這時生物的結構由簡到繁，由低等向高等發展，數量亦發生了突飛猛進的增長，這種變化被人們稱爲"生物大爆炸"。自此之後，陸地上的裸子植物繁衍昌盛了數億年。到了中生代（距今約二億五千萬年前到六千五百萬年），被子植物出現并大量發展，逐漸取代了裸子植物的地位。而動物界中的巨大恐龍漸漸消亡絕迹，隨之出現了哺乳類及靈長類動物。本卷所考論的禽鳥也在此時期（中生代侏羅紀）內出現，它們是從一種古爬行動物進化而來的。作爲一個極其活躍的物種，禽鳥在地球上至少存活了一億四千萬年。

　　新生代晚期地球上出現了古猿，隨後誕生了人類（距今至少二三百萬年，一説四五百萬年）。人類初興，"同與禽獸居，族與萬物並"（《莊子・馬蹄》），"食草木之實，鳥獸之肉，飲其血，茹其毛"（《禮記・禮運》），與鳥類結下了不解之緣。人類早期對禽鳥之認識，已無從稽考，但新石器時代以來，先民對禽鳥的認識，今人尚可從諸多遺迹中看到。如考古學研究發現，在山西襄汾陶寺、湖北天門石家河、雲南元謀大墩都曾發掘出土五六千年前的陶雞（雞形陶器），陝西華縣太平莊亦曾發掘出土陶鶚，廟底溝還出土有陶鶚鼎。另外，不少新石器時代遺址，如河北武安磁山、河南新鄭裴李崗、安陽後岡，山東滕州北辛、泰安大汶口、濰坊魯家口等先民居住地遺址中，也都曾出土有雞骨，説明距今四五千年前之新石器時代先民已經極其熟悉并利用雞、鶚類禽鳥。

　　岩畫是遠古人類特有的文化現象。從世界範圍看，有文字記錄的人類文明史至多不過五六千年，而鑿刻或塗繪於岩石之岩畫，有些却歷經了上萬年乃至數萬年的風雨。據調查，早在舊石器時代晚期就出現了洞穴岩畫與雕刻藝術品。至新石器時代中晚期，岩畫逐漸發展到草原地區，形成獨具特色的草原文化。據不完全統計，我國有十九個省、市、自治區及香港、澳門諸地發現有一百三十七處岩畫群（見《中國國家地理》2001年第10期）。這些岩畫構圖精美，內容豐富，栩栩如生，反映了人類早期的生存環境與社會生活狀况，是人類發展史上極其難得的圖像資料。我國的岩畫群主要分布於東北、西北及東南沿海各地，如黑龍江的海林、阿城，遼寧的朝陽，内蒙古的額爾古納左旗、扎魯特旗、巴林右旗、克仁克騰旗、鑲黃旗、蘇尼特左旗、察哈爾右翼後旗、達爾罕茂明安聯合旗、固陽、烏拉特中旗、磴口、烏海、阿拉善左旗、額濟納旗，山西的陵川、吉縣，寧夏的石嘴山、賀蘭、青銅峽、中寧、中衛，甘肅的靖遠、嘉峪關、肅北，青海的剛察、天峻、都蘭、德令哈、格爾木郭勒、通天河，新疆的哈密、木壘、奇臺、吉木薩爾、阜康、米東、呼圖壁、瑪納斯、青河、富蘊、阿勒泰、布爾津、哈巴河、吉木乃、額敏、裕民、托里、温泉、霍城、尼勒克、鞏留、特克斯、昭蘇、托克遜、尉犁、温宿、巴楚、皮山、和田、且末、若羌，西藏的日土、那曲加林山、當雄，雲南的碧江、永德、彌勒、丘北、麻栗坡、西疇、滄源、耿馬、元江，四川的珙縣、昭覺，重慶的綦江、巴南，貴州的開陽、丹寨、長順與關嶺、六枝，廣西的天等、大新、憑祥、寧明、龍州、崇左、扶綏，廣東的珠海，福建的華安、南靖、東山，浙江仙居，江蘇的連雲港、灌雲，臺灣的高雄，香港的大浪灣以及澳門等地。

　　位於甘肅西部河西走廊的祁連山、馬鬃山與黑山，是河西走廊岩畫最集中的地區，横貫武威、張掖、酒泉、敦煌諸地，全長 1000 多千米。古絲綢之路便由此而通向西域、中亞及歐洲。這裏山脉連綿，層巒叠嶂，水量豐沛，土地肥沃，森林密布，北方早期人類廣布於此。新石器時代中、晚期的馬家窑、馬廠、四壩、沙井等文化便發祥在這裏。春秋戰國時期之烏孫、月氏、塞種、羌、匈奴等民族也聚集於此地，牧獵耕耘，繁衍生息，創造了璀璨的民族文化。祁連山、馬鬃山、黑山千溝萬壑中數以千計的岩畫藝術群，便是他們留下的不朽之作。

　　祁連山之岩畫多分布於海拔 2500 ～ 3000 米的肅北蒙古族自治縣之山坳深谷中，尤以別蓋鄉大黑溝最爲集中。東西走向之山谷長約 500 米，兩側岩畫多達三十四組，約二百幅圖像。岩畫主要反映了當地先民的狩獵活動，亦繪有許多野牛、北山羊、梅花鹿、駱駝、虎、象以及禽鳥，還有用於狩獵之獵鷹及獵犬等動物。

　　馬鬃山位於安西、玉門北部的馬鬃山區，亦屬肅北縣管轄，其北部與蒙古國接壤。馬鬃山有岩畫點計七處，其中以公婆泉西北 80 千米之山德爾較爲集中。其岩畫內容稍异於祁連山，主要以單一動物爲主，百餘幅岩畫多爲野牛、駱駝、梅花鹿、大角鹿、北山羊、狐狸、狼等野獸以及家食動物牛、羊、馬、驢等。黑山岩畫群位於嘉峪關市北 10 千米之黑山境內，以四道鼓心溝最爲集中，共計三十組岩畫，動物有野牛、虎、梅花鹿、野駱鴕、大角羊、狗、蛇等及鳥類。再如內蒙古西部陰山、狼山地區數以萬計的岩畫，最早的可追溯到新石器時代初期，可辨認的動物多達三十餘種，其中鴕鳥、鷹等亦爲人類早期對禽鳥種類的形象記錄。其他地區之岩畫，此處不再詳述。岩畫的創作年代大體分爲早、中、晚三個時期。早期的岩畫以磨製爲主，即用堅硬的石質工具在岩壁上磨擦刻畫出各種圖像，一般圖像邊緣模糊，形象粗獷、古拙。有些岩畫出現應用弓箭、弩機狩獵的圖像，標志着已進入青銅器時代，顯著晚於早期的岩畫。還有些岩畫，如黑山岩畫是以銳器在岩壁上鑿刻出很深的陰刻綫圖，刻綫甚至深達 2 ~ 3 毫米，圖像精美，綫條流暢，這很可能是秦漢之際或以後，應用鐵器創造而成的，其時間要更晚一些。值得注意的是，不論岩畫創作年代早晚，大都是當時先民生活、生產活動的真實記錄。那些描繪采獵活動與各種動物的圖畫，無疑可以視爲先民早期的采獵圖譜。多種禽鳥或作爲采獵工具、助手，或作爲獵捕對象，都已被先民形象地鎸刻在岩壁上，永久地記入人類發展史册中。

　　隨着社會經濟的不斷發展，先民對禽鳥之觀察認識日漸豐富。本節僅就新石器時代後，我國先民對鳥類之記述加以考釋。

一、關於禽鳥種類的記述

　　禽鳥及其他動物是先民不可或缺的生活資源。已經發掘出土的許多先民遺址、遺物如石板、石壁、獸骨中，往往可見畫有各種動物的圖像或用泥土、石、玉等塑雕的仿生器具與工藝品。如上述陶雞、陶鶚、陶鶚鼎等，可能是記述禽鳥種類的較早的作品。另外，商朝二十三代王武丁（約前 1250—前 1192 年在位），其配偶婦好墓中發掘有凰、鶴、鷹、鴞、鸚鵡、鴿、鸕鷀、燕、鵝、鴨等雕塑形象，這些也是對禽鳥形象的早期描述。

　　中國鳥類最早記述於文字者，首推殷商時期的甲骨文（20 世紀初葉，在河南安陽商代殷墟發掘出土）。公元前 16 世紀至前 11 世紀遺存下來的數十萬片帶有刻辭的甲骨，經近九十年的研究，整理出四千多個不同形體符號與文字，現已辨識確認者有千餘字。這些文字被稱爲甲骨文，它記述了殷商時期各種大事活動，是研究商代社會生產與先民生活最爲真實可靠的文字資料。其中僅記載當時漁獵、畜牧等生產活動的文字就多達一百三十餘種，內中包含各類動物種類有數十種，這些無疑是先民對動物學認識的較原始的記錄。此中除包括夒（母猴，𤣥甲二三三六）、兔（𠔉前九一八）、犬（𤜵前七·三·七）、狼（𤢒前六·四八·四）等多種動物外，尚有諸多記述禽鳥的文字，如鷣（雞，山雞，　前六·三六·二）、雀（　京津二一三四，　甲一七九）、萑（老鵵，猫頭鷹，　京津二一三四，　甲一七九）、雇（音 hù，鳩類，　佚五二四）、雚（同"鸛"，　佚二九二，　甲一八五〇）、隹（鴻雁，　前二·九·六，　後上九·一二）、鳳（極樂鳥類，　掇二·一五八，　京津五一八，　後上一四·八）、鶵（幼鳥，　乙一〇五二，　乙一〇五二）、鳴（　前五·四六·六，　京津四〇一二）、隻（鳥一隻，　前四·四七·六，　甲三九三九）、集（群鳥集於樹上，　粹一五九一，　前五·三七·七）等等。由此可知我國先民早已有了豐富的鳥學知識，人們不僅在生産生活中熟悉這些禽鳥，還將其區分爲不同的種類，再將那些最熟悉的禽鳥創成象形、形聲、會意之文字、符號加以記載描述。如雞，甲文"雞"作　掇·259 形，爲象形字，高冠修尾，象雞形。有的甲文作　人 2018 形，似以繩繫鳥爪馴養飛禽之意。雉，甲文雉作　乙 8751 形，乃上　（鳥）下　（矢，箭），又　佚 5 示左矢右鳥，像以繩繫矢而射之意。後用爲雉類禽鳥（如山雞）的字形。

　　《詩》是我國第一部詩歌總集。它搜集了自周初至春秋中葉五六百年間我國奴隸制時代的樂歌，現存詩歌三百〇五篇，分風、雅、頌三部分。其中《頌》爲較原始的舞曲祭歌；《雅》爲西周之土樂；《風》則分爲二南（《周南》《召南》）及十三國風，大多爲當時的民間歌謠。《詩》作爲古代樂歌，集中反映了當時社會發展與勞動人民的生活狀況，其中不乏以各種動物起興，因物言志，以物喻理的内容。據統計，《詩》中記載動物多達一百〇八種，其中哺乳動物類二十七種，禽鳥類四十二種，兩栖類七種，魚類四種，多足類三種，昆蟲類二十一種，軟體類一種。此中禽鳥數列第一位。如《周南·關雎》"關關雎鳩，在河之洲"之雎鳩（鶚，一名魚鷹）；《周南·葛覃》"黄鳥于飛"之黄鳥（黄雀）；《召南·鵲巢》"維鵲有巢，維鳩居之"之鵲（喜鵲）、鳩（布穀鳥類）；《召南·行露》"誰謂雀無角？何以穿我屋"之雀（麻雀）；《邶風·燕燕》之燕燕（燕子，亦稱元鳥、玄鳥）；《邶風·雄雉》"雄雉于飛"之雉（山雞）；《邶風·匏有苦葉》"有瀰濟盈，有鷕雉鳴"之雉（山雞）；《邶風·北風》"莫黑匪烏"之烏（烏鴉）；《鄘風·鶉之奔奔》"鶉之奔奔，鵲之彊彊"之鶉（鵪鶉）、鵲（喜鵲）；《衛風·碩人》"翟茀以朝"之翟（山雞）；《衛風·氓》"于嗟鳩兮"之鳩（斑鳩）；《王風·君子于役》"雞棲于塒"之雞（雞）；《王風·兔爰》"雉離于羅"之雉（山雞）；《鄭風·大叔于田》"兩驂鴈行"之鴈（雁）；《鄭風·女曰雞鳴》"女曰雞鳴"之雞，"弋鳧與鴈"之鳧（即鳬，野鴨）、鴈（大雁）；《鄭風·風雨》"風雨凄凄，雞鳴喈喈"之雞；《齊風·雞鳴》"雞既鳴矣"之雞；《魏風·伐檀》"不狩不獵，胡瞻爾庭有縣鶉兮"

之鶉（鵪鶉）；《唐風·鴇羽》"肅肅鴇羽"之鴇（鴇，似雁而大）；《秦風·黃鳥》"交交黃鳥"之黃鳥（黃雀）；《秦風·晨風》"鴥彼晨風"之晨風（即鸇、鷂，一說雉屬，又名天雞）；《陳風·宛丘》"無冬無夏，值其鷺羽"之鷺（鷺鷥或曰白鷺）；《陳風·墓門》"墓門有梅，有鴞萃止"之鴞（通"梟"，即貓頭鷹）；《陳風·防有鵲巢》"防有鵲巢，邛有旨苕"之鵲（喜鵲）；《曹風·候人》"維鵜在梁，不濡其翼"之鵜（鵜鶘）；《曹風·鳲鳩》"鳲鳩在桑，其子七兮"之鳲鳩（布穀鳥）；《豳風·七月》"春日載陽，有鳴倉庚"之倉庚（黃鸝），"七月鳴鵙，八月載績"之鵙（伯勞）；《豳風·鴟鴞》"鴟鴞鴟鴞，既取我子，無毀我室"之鴟鴞（貓頭鷹）；《豳風·東山》"鸛鳴于垤，婦嘆于室"之鸛（鸛類），"倉庚于飛，熠燿其羽"之倉庚（黃鸝、黃鶯）；《豳風·九罭》"鴻飛遵渚，公歸無所，於女信處"之鴻（鴻鵠）；《小雅·四牡》"翩翩者鵻，載飛載下"之鵻（祝鳩）；《小雅·出車》"倉庚喈喈，采蘩祁祁"之倉庚；《小雅·南有嘉魚》"翩翩者鵻，烝然來思"之鵻（鵓鴣）；《小雅·采芑》"鴥彼飛隼，其飛戾天"之隼（鷂、鷹之類猛禽）；《小雅·鴻鴈》"鴻鴈于飛，肅肅其羽"之鴻鴈；《小雅·沔水》"鴥彼飛隼，載飛載止"之隼（又名鷂，指小隼，游隼，燕隼等）；《小雅·鶴鳴》"鶴鳴于九皋，聲聞于野"之鶴；《小雅·黃鳥》"黃鳥黃鳥，無集于穀，無啄我粟"之黃鳥（黃雀）；《小雅·斯干》"如鳥斯革，如翬斯飛"之翬（錦雉）；《小雅·正月》"瞻烏爰止，于誰之屋"之烏（烏鴉）；《小雅·小宛》"宛彼鳴鳩，翰飛戾天"之鳴鳩（小鳩，又名鶻鳩、鶻鵃），"題彼脊令，載飛載鳴"之脊令（鶺鴒），"交交桑扈，率場啄粟"之桑扈（蠟嘴雀）；《小雅·小弁》"弁彼鸒斯，歸飛提提"之鸒（烏鴉），"雉之朝雊，尚求其雌"之雉（雄雉）；《小雅·四月》"匪鶉匪鳶，翰飛戾天"之鶉（又作"鶡""鷻"，即雕）、鳶（鷂鷹）；《小雅·桑扈》"交交桑扈，有鶯其羽"之桑扈；《小雅·鴛鴦》"鴛鴦于飛，畢之羅之"之鴛鴦；《小雅·車舝》"依彼平林，有集維鷮"之鷮（尾錦）；《小雅·白華》"有鶖在梁，有鶴在林"之鶖、鶴，"鴛鴦在梁，戢其左翼"之鴛鴦；《小雅·縣蠻》"縣蠻黃鳥，止于丘阿"之黃鳥；《大雅·大明》"維師尚父，時維鷹揚"之鷹；《大雅·旱麓》"鳶飛戾天，魚躍于淵"之鳶；《大雅·靈臺》"麀鹿濯濯，白鳥翯翯"之白鳥（白鷺或白鶴）；《大雅·鳧鷖》"鳧鷖在涇，公尸來燕來寧"之鳧（野鴨，亦稱野鶩）、鷖（鷗，一名水鴞，或即紅嘴鷗）；《大雅·卷阿》"鳳皇于飛，翽翽其羽"之鳳皇（即鳳凰，傳說中的靈鳥，雄鳳雌凰，一說爲極樂鳥或雉類）；《大雅·瞻卬》"懿厥哲婦，爲梟爲鴟"之梟（貓頭鷹）、鴟（鷂鷹）；《周頌·振鷺》"振鷺于飛，于彼西雝"之鷺（白鷺）；《周頌·小毖》"肇允彼桃蟲，拚飛維鳥”之桃蟲（鷦鷯）；《魯頌·有駜》“振振鷺，鷺于飛”之鷺；《魯頌·泮水》“翩彼飛鴞，集于泮林”之鴞；《商頌·玄鳥》“天命玄鳥，降而生商”之玄鳥（燕子，一說即鳳凰）。

上述《詩》中記載的禽鳥，有些經前人考證已確定爲今世之特定種，如《周南·關雎》之雎鳩即今之鶚，亦曰魚鷹；《周南·葛覃》之黃鳥即今黑枕黃鸝；《召南·鵲巢》之鵲即今之喜鵲，鳩即今之大杜鵑；《召南·行露》之雀即今之麻雀；《邶風·燕燕》之燕燕即今之白腰雨燕及針尾雨燕；《邶風·雄雉》之雉即野雉，或以爲即今之環頸雉；《邶風·北風》之烏即烏鴉類之禿鼻烏鴉；《鄘風·鶉之奔奔》之鶉即鵪鶉；《鄭風·女曰雞鳴》之鳧爲野鴨之統稱，亦常指綠頭鴨；《唐風·鴇羽》之鴇即指大鴇之類；《陳風·墓門》之鴞即今之耳鴞；《曹風·候人》之鵜爲鵜鶘之省稱，特指白鵜鶘與斑嘴鵜鶘；《豳風·七月》之鵙，即俗謂曰伯勞者；《豳風·鴟鴞》之鴟鴞，即今之紅角鴞；《小雅·小弁》之鸒即大嘴烏鴉；《小雅·鴛鴦》之鴛鴦即今之鴛鴦；《小雅·四月》之鳶即今之鳶；《小雅·車舝》之鷮即今之白冠長尾雉；《大雅·瞻卬》之梟即雕鴞；《周頌·小毖》之桃蟲即今之鷦鷯。

《禽經》是一部鳥學專著，舊題周師曠撰，晋張華注。該書卷首語云：“子野曰：鳥之屬三百六十，鳳爲之長，故始於此。”指出已識別之禽鳥達數百種之多。該書雖未全部收錄，但人們所熟知者多達數十種，如凰、慈烏、竊玄（雕）、鴆、鶡、鸇（晨風）、鸚、王鴡（魚鷹）、白鷺、鷹、雉、鸇、翟、鸐雉、鷩雉、鷸雉、海雉、山鷄、避株（吐綬鳥）、翡翠、錦鷄、戴勝、布穀、鴣䳘、倉鶊、鶯黃、鷄、鴛鴦、玄鳥、雁、鶴、鵲、鴗鷝、鴗周、鵪鴇、鵰、鷗、鸂、鳶、鵜鶘、鴷（啄木鳥）、鳩、鶬、梟、鵰（白鵰）、題鴂（伯勞）、澤雉、鸕鷀、怪鵬（鵂鶹）、鴛鴦、水鷖（野鴨）、鸚鵡、鴶鵴、扶老（禿鷲）、鴟鴞（鵂鶹）、鴻、鷺、鸒、鶪雀、鳩雞、梟、鷯、舒雁、鵝等。此書成書年代雖多疑問，内中亦混雜許多神話傳説，但客觀上却反映了先民對禽鳥的認識已積纍了極其豐富的經驗。

隨着社會進步與經濟的不斷發展，先民對鳥類的觀察和認識亦不斷地豐富，并通過竹簡、木牘予以記載描述，流傳於當時，相沿於後世。其中最有代表性的當屬《爾雅》與《山海經》等典籍。

《爾雅》是訓經之作，亦屬我國目前所知最古老的百科全書。《爾雅·釋鳥》爲禽鳥作出明確的定義：“二足而羽謂之禽。”將禽鳥特徵一言以概括，并與其他動物截然劃分開來。據初步統計，《爾雅》所記動物計二百九十九種，其中僅禽鳥類就多達九十五種，約占該書動物總數之32%。如隹其，鳺鴀；鶌鳩，鶻鵃；鳲鳩，鴶鵴；鷑鳩，鵧鷑；鵖鴔，王鵙；鶨，䳒鳺；鷂，鵅軌；䳘，天狗；鷚，天鸙；鵱鷜，鵝；鶬，麋鴰；鴮，烏鸔（鸔）；舒鴈，鵝；舒鳧，鶩；鳽，鵁鶄；輿，鵛鶿；鶭，鶚鸅；鷮，天雞；鷽，山鵲；鸛，負雀；鶹，齒艾；鶨，鵙老；鳸，鴳；桑鳸，竊脂；鳭鷯，剖葦；桃蟲，鷦，其雌鴱；鶠，鳳，其雌皇；鷆鴒，雝渠；鸒斯，鵯鶋；燕，白脰烏；鴽，鴾母；密肌，繫英；巂周；燕燕，鳦；鴟鴞，鸋鴂；狂，茅鴟；怪鴟，梟鴟；鶅，劉疾；爰居，雜縣；春鳸，鳻鶞；夏鳸，竊玄；秋鳸，竊藍；冬鳸，竊黄；桑鳸，竊脂；棘鳸，竊丹；鵖鴔，戴鵀；鶭，澤虞；鶩，鶅；鷏，鶉，其雄鶛，牝痺；鸍，沈鳧；鴢，頭鵁；鵽鳩，寇雉；萑，老鵵；鵁，鶁鳥；狂，瘳鳥；皇，黄鳥；翠鷸；鸀，山烏；晨風，鸇；鸉，白鷢；寇雉，泆泆；鶠，蟁母；鶝，須贏；倉庚，商庚；鴩，餔敊；鷹，鶆鳩；鶼鶼，比翼；鵹黄，楚雀；鴷，斲木；鷩，鶅鶋；鸕，諸雉；鷺，舂鉏；鷂雉，鷸雉；鳪雉，鷩雉；秩秩，海雉；鸐，山雉；韓雉，鵫雉；等等。其中有些禽鳥經歷代學者考證已確定爲今存之禽鳥種類，如《釋鳥》"鶌鳩、鶻鵃"之鶌鳩，又名鶻鵃，即今之灰斑鳩；"鳲鳩，鴶鵴"之鳲鳩，又名鴶鵴，即今之布穀鳥；"鷑鳩，鵧鷑"之鷑鳩即今之鴉鵑類，或即黑捲尾；"鵖鳩，王鵙"之鵖鳩即今之鶚；"鶨，䳒鳺"之鶨即今之鵂鶹；"鷂，鵅軌"，即今之鷂類；"鷚，天鸙"之鷚即今之天鷚或雲雀；"鵱鷜，鵝"之鵱鷜指鵝、野鵝或鴻雁；"鶬，麋鴰"之鶬即今之白枕鶴或麥雞；"舒鴈，鵝"之舒鴈即今山東微山湖一帶所謂家鵝；"舒鳧，鶩"之舒鳧即今之鴨、家鴨（亦泛稱野鴨）；"鳽，鵁鶄"之鳽或作"鳽"，即今之鵁鶄、葦鳽、黑鳽、麻鳽；"輿，鵛鶿"之輿可能爲鷸類，鵛鶿即大嘴烏鴉；"鶭，鶚鸅"之鶭即鵜鶘；"鷮，天雞"之鷮即錦雞或白鷳；"鷽，山鵲"當指藍鵲、喜鵲或樹鵲；"鸛，負雀"之鸛即今之雀鷹；"鶨，鵙老"，又名痴鳥、老等，即今之蒼鷺；"鳸，鴳"，即今之山鶉；"桑鳸，竊脂"，即今之蠟嘴雀之類的禽鳥；"鳭鷯，剖葦"之鳭鷯因好剖葦皮取食其中之蟲，故名剖葦，此即今之鷦鷯，或指葦鶯；"桃蟲，鷦，其雌鴱"之桃蟲，其雌名鷦、鴱，即鷦鷯的四川亞種；"鷆鴒，雝渠"之鷆鴒依《古今圖書集成》當即鶺鴒，雝渠即鶺鴒，指水雉之類；"鸒斯，鵯鶋"之鸒斯，江東呼爲鵯烏，即今之大嘴烏鴉；"鴽，鴾母"，即鵪鶉；"密肌，繫英"，即英雞或石雞；"巂周"，係指鵑類，如杜鵑或金鵑；"燕燕，鳦"，即針尾雨燕或白腰雨燕；"鴟鴞，鸋鴂"之鴟鴞若作"鸋鴂"解，當指今之大杜鵑，若依郭璞注則指鴟類，即鴞形目鴟鴞科之鳥類；"狂，茅鴟"之茅鴟即今之毛脚魚鴞或黄脚漁鴞，怪鴟即今之斑頭鵂鶹或花頭鵂鶹，梟鴟或即林鴞、角鴞之類；"爰居，雜縣"之爰居亦作"鷄鶋"，雜縣即雜懸，是一種海鳥，一說即禿鶖；"春鳸，鳻鶞"之春鳸又名鳻鶞，是一種旅鳥，爲農桑候鳥，即普通秧鷄；"夏鳸，竊玄"之夏鳸即鵲鴝；"秋鳸，竊藍"之秋鳸即藍歌鴝；"冬鳸，竊黃"之冬鳸即小蝗鶯；"桑鳸，竊脂"之桑鳸即蠟嘴；"棘鳸，竊丹"之棘鳸即北紅尾鴝；"行鳸，唶唶"之行鳸，其鳴唶唶，即今之星頭啄木鳥；"宵鳸，嘖嘖"之宵鳸亦屬候鳥，即紅尾歌鴝；"鵖鴔，戴鵀"之鵖鴔又名戴鵀，即今之戴勝；"鷋，澤虞"之鷋同"鳭""魴"，即今之骨頂鷄；"鷺，鶿"之鷺與"鷀"通，即今之鸕鷀；"鵜，鵽，其雄鶛，牝庳"，此鵜似指鶹；"鸍，沈鳧"之鸍泛指野鴨或特指綠頭鴨；"鸄，頭鵁"之鸄即頭鵁，或曰角鷄，即斑頭鸕鷀；"鷄鳩，寇雉"之鷄鳩或即沙鷄、毛腿沙鷄；"萑，老鵵"之萑即今之長耳鴞；"鵽，鵱鷜"之鵽似爲白鵜鶘；"狂，夢鳥"之狂亦作"鵟"，即鵟類；"皇，黃鳥"之皇又名黃鳥，即今之黃鸝，或云黃雀；"翠鷸"係指翠鳥，或指鷸類；"晨風，鸇"之晨風又作"鷐風"，即鸇，爲今之鵟或隼；"鷞，白鷹"之鷞似鷹而尾白，即今之白尾鷂或白尾海雕；"寇雉，泆泆"之寇雉即今之毛腿沙鷄；"鷏，蟁母"之鷏是指蚊母鳥，即夜鷹；"鷣，須贏"之鷣又名須贏，即今之雀鷹；"倉庚，商庚"之倉庚又名商庚，或即黑枕黃鸝；"鴩，餔敊"，指今之大鴇；"鷹，鷂鳩"之鷹當指蒼鷹；"鶼鶼，比翼"之鶼鶼，又名比翼鳥，即今之青頭潛鴨，或云即紅頭潛鴨；"鵹黃，楚雀"之鵹黃，即黃鸝；"鴷，斲木"之鴷本作"啄木"解（見《廣韻》），故鴷指各種啄木鳥；"鷿，鵳鶋"之鷿即白頭鵯，又名白鵖或白唐；"鷺，舂鉏"之鷺即小白鷺；"鷮雉"即今之長尾雉，"鷩雉"即紅腹錦鷄；"秩秩，海雉"之秩秩又名海雉，似今之藍鷳；"鸐雉，鶅雉"之鸐、鶅似指白鷳之雄鳥；"鵙，伯勞"之鵙即今伯勞；等等。

《山海經》是我國最早的地學專書之一，亦爲較早的博物典籍，於山、海、川、陸、人、物諸多方面均有珍貴記述。歷代學者對此書雖存爭議，甚至以爲"耳目所及，百不一真"（《四庫提要·子部·小説家類》），然而就其所列舉之動植物而言，此論似過武斷。如《山海經》中記述生存於我國之大型動物二百九十一種，其中化石類三種，螺蚌類十種，蟹類二種，昆蟲四種，魚類四十種，兩棲爬行類二十五種，禽鳥一百種，獸畜類一百○七種。所述各種動物，經考證，其中不乏古代曾有，而今尚存世者。如此種種，書中所記絶非"百不一真"。該書所記各種鳥類古有今存者如《南山經》基山之鷄即今之原鷄，鶹鵂即今之白腹錦鷄。青邱山之鳩即斑鳩之類；灌灌亦曰萑，即鸛；鴛鴦即今之鴛鴦。鹿吳山之雕即今之雕類。禱過山之瞿如或即普通鸕鷀。丹穴山之鳳皇，又作“鳳凰”，是以雉類爲原型的神話中鳥。令邱山的顒，亦作“鶚”，其狀如梟，人面四目有耳，即今之黃嘴角鴞。《西山經》松果山有螐渠，其狀如山雞，黑身赤足，即今之黑水雞。小華山之赤鷩即今所謂紅腹錦雞。符禺山之鴖，其狀如翠鳥而赤喙，即今翠鳥科之冠魚狗。英山之肥遺鳥，其狀如鶉，黃身而赤喙，當爲今世雉科之竹雞。瀚次山之橐𪃟，其狀如梟，人面而一足，或以爲即短耳鴞。南山之尸鳩，亦作“鳲鳩”，即鳩鴿科之鳩類，如斑鳩，或即布穀鳥類。天帝山之𪇳，其狀如鶉，黑紋赤翁（頭下羽毛），即赤腹鷹。嶓冢山之白翰即白鷴。黃山之嬰鷯，青羽赤喙，人舌能言，即今之緋胸鸚鵡。女床山之翟，或作“鸐”，即雌性長尾雉；鸞鳥即今之虹雉類，如綠尾虹雉。鹿臺山之鳧徯，狀如雄雞而人面，其名自叫，即今之赤膀鴨。萊山之羅羅鳥，“是食人鳥”，當爲黑兀鷲或禿鷲等。鍾山之鶬即今之天鵝。昆侖山之欽原，其狀如蜂，可能是蜂鳥科的蜂鳥之類。玉山之勝遇，其狀如鸐而食魚，見則大水（水災），或即今之翡翠。章莪山之畢方，又作“鷝鴋”，其狀如鶴，赤紋青質的喙，即今之赤頭鶴。三危山之鴟，其狀如鶆，即今之褐林鴞等。翼望山之鵸鵌，其狀如烏而善笑，即紅尾鴝、地鴉等。上申山之當扈，其狀如雉，即今之鴕鳥。盂山之白雉，即白色雉，如環頭雉之白色變種。《北山經》蔓聯山之白䳋，即鸐䳍、葦鳽之類。單張山之白鵺，似是今之雪雉。灌題山之竦斯，狀如雌雉，見人便躍，即今之石雞。北嚻山之鴽鵑爲今之領鵂鶹。梁渠山之囂即梟、鴟，即領角鴞、小鴞等。太行山之鷾，其狀如鵲，白身、赤尾，可能是今白喉紅尾鴝。馬成山之鶌鶋，可能是今之珠頸斑鳩。小侯山之鴣鵰或即鸜鵒。饒山之鴖即鵂鶹。《東山經》盧其山之鵹鶘即鵜鶘。碙山之絜鈎如鳧而鼠尾，善於登木，即今之啄木鳥。《中山經》輝諸山之鷸，似雉而大，青色，有毛，勇健善鬥，即今之鸐馬雞。青要山之鴢，其狀如鳧，青身，朱目，赤尾，即今之斑頭鸕鷀。薄山之𪇆鳥，狀如梟，即長耳鴞。厹山之鴒鸚，如山雞而尾長，赤身而青喙，大約當是血雉，或即鵮鶈。女几山之白鷱，似雉而長尾，此即雄性白冠長尾雉。復州山之跂踵鳥，狀如鴞，一足而彘尾，即鬼鴞。支離山之嬰勺，其狀如鵲，白身、赤目、赤喙，其尾如勺，即今之勺雞。菫理山之青耕，如鵲，青身、白喙、白目、白尾，即今之灰喜鵲。又原山、衡山之鸜鵒即八哥。丑陽山之鴕䳩即地鴉。《海外西經》結匈國之滅蒙鳥，其鳥青，赤尾，似今之棕尾鵟。女戚國之鸞鳥，人面，居山上，色青，即今之領鵂鶹指名亞種。鸇鳥即猛鵰。《海內西經》貃國之孟鳥，其鳥紋赤、黃、青，即大鵟。《大荒西經》丈夫國弇州山之鳴鳥即白眼鵟鷹，玄丹山之青鴍即鵲鷹或斑頭鵂鶹等，黄鶩即黄爪隼。互人國之鸀鳥即山鴉。《大荒北經》附禺山之琅鳥即黄鶯或相思鳥、金絲雀。《海内經》孔鳥即孔雀，特指緑孔雀；蛇山之翳鳥，可能是今之鷗類的紅嘴鷗。除此之外，《山海經》還記述了諸多圖騰鳥與神話傳説中鳥，如鳳凰、三青鳥、精衛鳥等。當然，上述考證或有不確之處，今列出以供參考、討論。

《説文》爲漢代許慎所撰，是一部以六書理論系統地分析字形、解釋字義的字書。該書總結歸納了商周以來之社會生活與科學知識，共收九千三百五十（一説九千四百三十）個篆字。依類相從，分别注釋，共列於五百四十部中。關涉動物學之部首有人、犬、牛、羊、虍、羽、蟲、豕、豸、貝、隹、馬、魚、鳥、鹿、黽、鼠、燕、龍、龜等部，總計達一千三百〇二字，含動物種類計九百二十五種。其中僅列於隹、鳥二部者，分别收三十九及一百一十六字，共含禽鳥種類約百種。隹部隹（短尾鳥之總名）、雅（鷽、卑居）、雒（鵋鵙）、閵（今閵，《玉篇》作“含閵”）、巂（燕）、旌（旌鳥）、雀（小鳥）、雉、雗（雗鸑）、雉（有十四種，即盧諸雉、鷸雉、蔔雉、鷩雉、海雉、山雉、韓雉、卓雉、翬、摇、弓、鷂、鳪、鷄）、離（離黄、倉庚）、雕（鷻）、雁（雁鳥，爽鳩）、鷹、鴟（鷂鷹）、雓（鴟）、鴴（鶺鴒）、雝（雝渠，一名精列，即鶺鴒）、雊（雊鳥，即句喙鳥）、雁（雁鳥）、雗（雗黄，一曰楚雀），虘（虘鳥）、翟、雇（農桑候鳥，有九雇，即春雇、夏雇、秋雇、冬雇、棘雇、行雇、宵雇、桑雇、老雇）、雜（雜屬）、雄（雄屬）、萑（鴟屬）、雚（雚爵）、舊（鵂鶹）等。此外，尚有與禽鳥相關之字，如截、雃、雄、雌、翟、隽、隓、魋、奞、奪、奮、蒦等。鳥部所含禽鳥則有鳳、鸞、鷟（鳳屬）、鷟（鷟鷟）、鷫、鷞（鷫鷞、鷞）、鷞（鷫鷞）、鳩（鶻鵃）、鷗（鷗鳩、鶻鵃）、鵻（祝鳩）、鶻（“鶻鵃”之省稱）、鵃（“鶻鵃”之省稱）、鳲（鳲，即尸鳩）、鴿（鴿屬，本義作“鳩屬”）、鴠（渴鴠，夜鳴求旦之鳥）、鶪（伯勞）、鷚（天蘥，或作“天鸙”，即雲雀類）、鷽（卑居，或作“鵯鶋”，大嘴烏鴉類）、鷽（雗鷽，山鵲、喜鵲之類）、鷲（雕類）、鴞（鴟鴞，亦或鷄鳩）、鳩（鷄鳩，大杜鵑類）、鵜、鴋（澤虞，池鷺之類）、鸛（鸛鳥）、鶨（鶨鳥）、鴂（鋪豉，即大鴇類）、鶤（鷄、大鷄、鶴類、鳳之别名）、鴂（鴂鳥）、鳶（作“鴠”，鳶鳥）、鷦（鷦鷯，即桃蟲，今名鷦鷯）、鷯、鷗（鷗離）、鸛、鵋（欺老，或曰鵋老，蒼鷺）、鴋（水鳥，似鳧）、鴳（鴟，冠魚狗），鶟（刀鶟，剖葦，即鷦鶟）、鷗（鳳）、鵑（瞑鵑，小青雀，竊脂）、鵜（烏鸔）、鸔（烏鸔）、鶴、鷺（白鷺）、鵠（黄鵠，即天鵝）、鴻（鵠）、鶖（同“鶩”，秃鶖，秃鶩，即秃鸛）、鴛（鴛鴦）、鴦（鴛鴦）、鵽（鵽鳩，毛脚沙鷄）、鵱（鵱鴓，野鵝、鴻雁）、鴚（鴚鵝，天鵝）、鵝（鴚鵝）、鴈（雁，鵝）、鶩（舒鳧，野鴨）、鷖（鳧屬）、鵁（鳧屬）、鸊（鸊，鳧）、鸀（鸀屬之通稱）、鷸（知天將雨鳥，亦翡翠類）、鷫（鷫鷞）、鷞（鷫鷞）、鸕（鸕鷀）、鷀（鸕鷀）、鶿（鷀）、鴟（鴟鵂，戴勝）、鵖（鴟鵖）、鴇（大鴇）、鴇（鴇）、䳬（鵻䳬，鶺鴒）、鷗（水鴞，鷗屬）、鴓（鴓鳥，似鳧）、鸕（鸕鳥，鳧屬）、鶂（同"鷊"，水鳥，或鷹類）、鵜（鵜胡，鵜鶘）、鴗（天狗，魚虎），鶴（麋鶴，灰鶴）、鮫（鮫）、鳶（同"鳶"，鴟鳶）、鶄（鴟鶄）、鸋（鸋鴂）、鴂（即鸋，鸋鴂）、鷲（雕屬，鶚，或曰鳶）、鷗（鷗）、鷂（雀鷹）、鷹（白鷹，白鷳子）、鶚（王鴡，魚鷹）、鷭（鷭專，冨蹂，鸛屬）、鷦（鷦風，鷂，雀鷹）、鸃（同"鸃"）、鸇（鸇鳳）、鴝（鴝鵒，八哥）、鵒（鴝鵒）、鷩（赤雉，錦雞），鵔（鵔鸃，即鷩）、鸃（鵔鸃）、雗（雉屬）、鷩（似雉）、鳺（鳺雀，鷂）、鸚（鸚鵡，鸚鵡）、鵡（鸚鵡）、鷩（長尾雉）、鷷（野雉）、鷭（本作"肥鷄"解，又曰山鷄、天鷄）、鴟（雇，老雇，鴟雀）等。另外，尚有散見於鳥部之鳥（鵲醜，烏鴉類）；羽部之翰（天鷄）、翟（山雉，畏尾野鷄）、翡翠、鷖（鳳類）、翬（錦鷄）；燕部之燕燕（雨燕）等。這是有文字記載以來漢語文字之總匯，也是記述禽鳥種類最全的典籍。此後的諸多典籍與文字注釋，大多以此爲據，再加以增廣補苴。

　　除此之外，如漢揚雄《方言》、劉熙《釋名》，晉郭義恭《廣志》、崔豹《古今注》、張華《博物志》，南朝梁顧野王《玉篇》，唐歐陽詢等《藝文類聚》、徐堅《初學記》、段成式《酉陽雜俎》、段公路《北户錄》、劉存《事始》、劉恂《嶺表錄異》，宋李昉等《太平御覽》《文苑英華》、陸佃《埤雅》、羅願《爾雅翼》、司馬光《類篇》、丁度等《集韻》、陳彭年等《廣韻》、李石《續博物志》、高承《事物紀原》、祝穆《事文類聚》、范成大《桂海虞衡志》、周去非《嶺外代答》、謝維新《古今合璧事類備要》，明代羅頎《物原》、王三聘《古今事物考》、彭大翼《山堂肆考》、俞安期《唐類函》、王圻等《三才圖會》、董斯張《廣博物志》，清張英等《淵鑑類函》、蔣廷錫《古今圖書集成》、陳元龍《格致鏡原》、林意誠《事類統編》等，均有多種禽鳥種類的記述。而有些在内容上也較前書有所增廣，如《玉篇》僅鳥部便含四百二十字，涉及禽鳥種類多達數百種，較《説文》增廣一倍以上。《爾雅翼》所述内容亦較《爾雅》更翔實。各時期的《本草》學，如《神農本草經》以及三國魏吳普《吳氏本草》，南朝梁陶弘景《名醫別錄》《本草經集注》，唐陳藏器《本草拾遺》、孟詵《食療本草》、蘇敬《新修本草》，宋蘇頌《本草圖經》、唐慎微《證類本草》，明李時珍《本草綱目》，清趙學敏《本草綱目拾遺》等，亦有諸多禽鳥記述。

特別值得一提的是《本草綱目》。這是一部劃時代的醫學巨著，被譽爲“東方醫學巨典”，“是編取《神農》以下諸家本草，薈粹成書，複者芟之，闕者補之，訛者糾之……舊有者一千五百一十八種，時珍所補者又三百七十四種。搜羅群籍，貫串百氏，自謂歲歷三十，書采八百餘家，稿凡三易然後告成”（《四庫提要·子部·醫家類二》）。該書動物藥類分蟲、鱗、介、禽、獸、人等六部。禽部又依生態類型與生活環境分爲水禽、原禽、林禽、山禽諸類。水禽類含鶴（丹頂鶴）、鸛（白鸛）、鶬鷄（白枕鶴）、陽鳥（黑鸛）、鵚鶖（禿鸛）、鸑鷟（斑犀鳥）、鵜鶘、鵝、雁（鴻雁）、鵠（大天鵝）、鴇（大鴇）、鶩（家鴨）、鳧（野鴨，綠頭鴨）、鸊鷉（小鸊鷉）、鴛鴦、鸂鶒（鳳頭潛鴨或秋沙鴨）、鳽鶄（池鷺）、鷺（白鷺）、鷗（紅嘴鷗）、鵁鶄（大白鷺）、鸕鶿（普通鸕鶿）、魚狗（翠鳥）、蚊母鳥（普通夜鷹）；原禽類包括鷄（原鷄）、雉（雉鷄）、鸐雉（山鷄，即長尾雉）、鷩雉（紅腹錦鷄）、鶡鷄、白鷴、鷓鴣、竹鷄、英鷄、秧鷄、鶉、鷃（黃脚三趾鶉或鵪鶉）、鷸（紅脚鷸）、鴿、突厥雀（毛腿沙鷄）、雀（麻雀）、蒿雀（灰頭鵐）、巧婦鳥（鷦鷯）、燕（家燕）、石燕（沙燕）；林禽類含斑鳩（珠頸斑鳩）、青鶹（厚嘴青鳩）、鳲鳩（大杜鵑）、桑鳸（蠟嘴）、伯勞、鸜鵒（八哥）、百舌（烏鶇）、練鵲（壽帶）、鶯（黑枕黃鸝）、啄木鳥（綠啄木鳥）、慈烏（寒鴉）、烏鴉（大嘴烏鴉）、鵲（喜鵲）、山鵲（紅嘴山鵲）、鶻嘲（紅翅綠鳩）、杜鵑（四聲杜鵑）、鸚鵡（緋胸鸚鵡）；山禽類有孔雀（綠孔雀）、鴕鳥、鷹（雀鷹）、雕（金雕）、鶚、鴟（鳶）、鴟鵂（紅角鴞）、鴞（雕鴞）、鬼車鳥（雕鴞）。

禽鳥之類與農作物及其他生物之生息繁衍一樣，無不與各種自然環境密切聯繫，受自然環境因素之制約。隨着地球運轉、地質變遷，自然界的各種因素也在不斷發生變化，諸如地質變更、氣候异常、生物興衰等。這些自然條件的變化必然帶動各種生物變異，類型與物種的變化，使“適者生存，優勝劣汰”。在此過程中，人類注意“歲取其變者以爲新”（宋劉蒙《劉氏菊譜》），年年保存新變异，形成新品種。我國先民經數千年動物馴養，爲發現、保留、選擇新變异，培育新品種做了大量工作，家化禽類中的新品種也層出不窮，見諸文字記載者有各時期之《農書》及有關禽鳥之專著。如北魏賈思勰《齊民要術·養鷄》便記述了名鷄品種近十個，它們分別是蜀鷄、陽溝巨鵃鷄、胡髯、五指、金骹、反翅及吳中長鳴鷄等。

鴿是先民極其喜愛的禽鳥之一，中國古代養鴿歷史悠久。公元前 100 年，在四川、浙江等地已開始野鴿的馴養家化，當時已有越鴿、蜀鴿之分。隨着時間的推移，人們從養鴿食肉，逐步發展到養鴿用於觀賞、傳信、競翔等。選育出不同品種，進而又因羽色、生態、性能不同，培育出了不同品系。明彭大翼《山堂肆考》記有鴿品二十餘種。清蒲松齡《聊齋志異·鴿異》中曾記載鴿品種："鴿類甚繁：晉有坤星，魯有鶴秀，黔有腋蝶，梁有翻跳，越有諸尖，皆異種也。又有靴頭、點子、大白、黑石、夫婦雀、花狗眼之類……"清張萬鍾《鴿經》，對歷代養鴿作了系統總結，該書分論鴿、花色、飛放、翻跳、典故、賦詩等數章論述，以爲鴿爲陽鳥，鳩屬，性喜合。《埤雅》云："鴿喜合，凡鳥皆雄乘雌，唯此鳥雌乘雄。"鴿雌雄不離，飛鳴相依，有唱隨之意，觀之興人鐘鼓琴瑟之想。作者在論述了鴿之羽毛、眼、嘴、腳、鳳頭及飛、鳴、宿、食、產地、沐浴、作巢、療治後，又論及鴿之種類，以爲鴿之種類最繁，總分花色、飛放、翻跳三類，各類又分多種，如花色中有鳳尾齊、巫山積雪、金井玉欄杆、亮翅、坤星、尖、十二玉欄杆、玉帶圍、平分春色、鶴秀、靴頭、雕尾、點子、大白、皂子、蘆花白、石夫石婦、臥陽溝、鵲花、紫腋蝶、套玉環、狗眼、射宮、丁香、麒麟斑、韃靼、賽鳴、金眼白、鸚鵡白等；飛放類則有皂子、銀灰串子、雨點斑、紫葫蘆、信鴿、夜游等；翻是指鴿飛入空中如輪翻動，善翻者有鳳頭白、鳳頭皂、毛腳紫、蓮花白、沙眼銀灰、毛腳白、土合諸品。

鵪鶉是雞形目體形較小之禽鳥，性溫順，易飼養。我國亦於兩千多年前開始家養馴化，不僅用以食用，進補健身，還可取其性馴而善鬥，久與人習，或弄諸掌上，或納諸囊中，任其自然，以成韵致，亦可用來打鬥以供人觀賞。譬如唐代游戲文化勃興，鬥鵪鶉便是高人雅士喜好的游戲。相傳唐玄宗時，西涼人曾進獻鵪鶉以供觀賞，此戲相沿於後世。元代民間樂曲中就有《鬥鵪鶉》曲牌，廣泛流傳於散曲、清唱及北雜劇中。清人程石鄰撰《鵪鶉譜》一卷，分原始、相法、合相名目、不鬥劣相、雜名目、養飼各法（養法、洗法、飼法、把法、鬥法、調法、籠法、雜法）、養鬥宜忌諸章，而於合相名目中記述丹山凰、五色鸞、赤絨豹、錦毛虎、生鐵牛、無敵將軍、獅子裘、錦絨球、銀海紫金梁、赤背雕、青背雕、金背雕、朱頂鶴、金抹額、銀抹額、赤項鷹、白項鷹、金項鷹、青面獸、彩重眉、連珠箭、左連珠、右連珠、連珠頂、連球項、玉鈴鐺、花鈴鐺、左右插花、白龍尾、青龍尾、擁白旄、金跨、銀跨、入銀滴珠、白玉柱、雙猿攫、孤鷹攫、十八奇、十四指、綠耳猱、雌雄雁、龜背、玉啄等品。清金文錦撰《鵪鶉論》一卷，亦記鵪鶉四十五品，分別是丹鳳頭、蟒蛇頭、絨纓兒、七寸紫、玉鈴鐺、鐵鵲子、皂雕、獨翎雕、滿天星、癩白頭、紫游圈、白翎雕、玉緣環、品毛棋腳、金鶯兒、千聲子、三奇、白燕子、金鵬鴿、白鴿兒、珍珠鴿兒、金彈子、海東青、毒火球、紫駝峰、赤虎頭、三品、三异、三圓、三尖、雙聲子、小金鈎、皂甜、紫滴珠、蘆花白、竹節青、紫燕頭、新月環、雙環兒、左右披翎、左右插花、紫袍玉帶、青耳紅腮、黃眉紫嗉、烏頭皂背等。

雀形目鶲科之棕頭鴉雀，古稱黃頭、黃騰，亦極善搏鬥之禽鳥。清金文錦撰《黃頭志》將黃頭依頭、臉、嘴、眼式、眼色、嗉、頸、胸、背、翅、脚、尾、掌、後剥、毛、聲、色、身、形、掮、鬥法等之不同劃分爲多樣。如以色樣而論，最爲常見品種爲青雀、粉青、艾葉青、灰青、鐵綫青、竹根青、黃鴿、淡黃、赤鳳、淡紅、黑雕、檢椶毛、白鶴、白青、蘆花白、彩鸞、五寸紫、淡紫、荔枝毛、白眉、雙鈎、蓑衣毛、猴頭、蟒蛇頭、鰽魚頭、玉頂、糠皮毛、銀項圈、五長、五短等。

畫眉是我國特有的鳴禽，廣布於長江以南各地，自古便因善鳴好鬥、多才多藝被家養籠飼。金文錦曾爲畫眉作譜，贊曰："惟兹畫眉者，身小如鶯，不名公子；眉橫似黛，竊比佳人。非彩筆之輕描，何須京兆；喜新詩之特倡，已遇歐陽。既百囀而千音，作聲於山曉春明之候；亦雷奔而電合，對壘於花陰竹霭之場。"并記述當時所熟知之色樣品種二十八種：青毛、白肩、粉青、茶青、黑青、紫毛、鐵綫青、黃毛、滿架葡萄、千鍾粟、萬點金、青紅毛、檢椶毛、淡紫、葫蘆形、梭子形、紅毛、鴨兒形、蝦蟆形、虎形、純白、純黑、雙鈎、背劍、五長、五短、品毛、五花。另附下品二種——嫩青、嫩黃，於打鬥最爲不濟。

誠然，我國古代對禽鳥之觀察研究做了大量工作，但大都較零星分散，亦不十分科學、系統。對我國這樣一個鳥類大國而言，真正之普查與記載是近現代之事。特別是鴉片戰爭之後，中國長時期的閉關鎖國局面被打破，一些外國學者以各種名義或藉口插手我國動物資源調查和研究。甲午戰爭以後，資本主義列强進一步瓜分中國，隨意劃定"勢力範圍"，侵吞我國的自然資源，更加快了來華"考察""采集"的步伐。他們成立了各種研究機構，并采集多種標本。這些資料雖多數掌握於外國人手中，但客觀上促進了科學技術之普及發展。辛亥革命後我國培育了一批本國的生物學專業人才，成立了一些學術團體，如前中央研究院南京國立自然博物館、北京静生生物調查所、國立北平動物研究所等，開展了相應的調查研究工作，鳥學研究纔逐步掌握於國人手中。一些學者相繼對我國鳥類開展了調查研究，其中較有代表性者如壽振黃（在福建、山東、四川、浙江、河北、青島）、任國榮（在兩廣、貴州、雲南）、李象元（在華北）、陸鼎恒（對鶴類）、章德齡（在南京）、常麟定（在廣西、河南、安徽）、鄭作新（在福建）、傅桐生（在河南）、霍仁東（在廣東）。他們先後開展了調查研究工作，并發表了相關的報告、論文。其中，最爲突出的是鄭作新於 1947 年中國科學社論文專刊發表了 *Checklist of the Chinese Birds*（《中國鳥類名録》），内列全國鳥類三百三十八屬，一千〇八十七種，另九百一十二亞種，共一千九百九十九種與亞種。這部專著標志着我國學者對全國性鳥類的考察研究達到了新的高度，并開創了新的征程。中華人民共和國成立後，鳥類研究工作取得前所未有的成就，據調查，截至 1999 年，已知的全國鳥類種數達一千二百四十四種（另附九百四十四個亞種），分别隸屬於二十一目、八十科。此數超過整個歐洲、北美和澳大利亞。我國成爲世界上擁有鳥類種數最多的國家之一。目前，我國鳥學研究工作正在扎扎實實地進行中。

二、關於禽鳥分類學的研究

我們生存的地球，由各種事物構成，先民將其總名爲“萬物”，省稱“物”。如《詩・大雅・烝民》：“天生烝民，有物有則。”《禮記・中庸》：“誠者，物之終始，不誠無物。”鄭玄注：“物，萬物也。”“物”又可分爲“有生”與“無生”（見《列子・天瑞》《荀子・王制》等）。所謂“有生”是指有生命之物，大約相當於今人所稱之生物。“生物”這一概念亦始見於先秦典籍，如《禮記・樂記》：“土敝則草木不長，水煩則魚鱉不大，氣衰則生物不遂。”生物通常包括人們所熟悉的動物、植物、微生物及人，他們共同組成了生物界。

動物爲生物界之一大類，它們區别於植物及微生物，包括原生動物、海綿動物、腔腸動物、扁形動物、綫形動物、環節動物、軟體動物、節肢動物、棘皮動物及脊椎動物等，已知者大約有一百多萬種，遍布於世界各地。本卷所考論之禽鳥即是動物界脊椎動物門鳥綱之動物。

生物界之分類在我國可謂源遠流長。中國開化極早，生物學知識得之最先，其淵源雖不可詳考，然至商周已燦然可觀。那時，先民已將動物劃分爲毛物、羽物、鱗物、介物、贏物等類；植物界分爲草物、膏物、核物、莢物、叢物數種（見《周禮》《詩》等），這不啻爲後世生物分類學之濫觴。秦漢而後，儒學漸成顯學，特别是漢武帝提出“罷黜百家，獨尊儒術”後，學儒之風一統天下，使生物分類學漸衰，未能循其原來軌迹發展，然而先民對動物分類學仍不乏可點之筆，今就以下數端略加論述。

（一）動物分類學之理論基礎

動物廣泛存在於自然界，人類之生產、生活與動物關係十分密切。如前所述，自然界動物種類、數量極其繁多，先民在實踐中對動物知識之認識不斷豐富，識別、分辨動物之能力逐漸提高。先民首先發現"天地者，生之本也；先祖者，類之本也"（《荀子·禮論》），生物種類是自然產物，并各有其祖源。而各種生物與其他萬物一樣存在异與同之對立現象，這種自然規律，是客觀事實，也是生物分類學的物質基礎，人們要辨識紛繁的生物種類，必須按"方以類聚，物以群分"之法則（《周易·繫辭上》），將其分成不同的類群，然後再"各從其類"（《周易·乾》），"以類族辨物"（《周易·同人》），即以群體之异同而加以區別。這是先民對生物進行分類的基本思想。

生物分類學基本的理論，也在先秦時初步形成，如《老子》第一章："無名，天地之始；有名，萬物之母。"意思是沒有名稱，是天地之開端，有名稱乃是區別萬物之根本。認識事物首先應對其分類定名。《荀子》是一部著名哲學著作，闡述了許多哲學思想，有些則以動植物爲例加以闡釋，如"草木疇生，禽獸群焉，物各從其類也"（《荀子·勸學》）。這就是"物各從其類"的分類學觀點。荀子還對萬物分類首列"有生"與"無生"兩類，有生者再分"草木""禽獸""人"；還指出有生、無生皆有氣等等，譬如"水火有氣而無生，草木有生而無知，禽獸有知而無義。人有氣、有生、有知亦且有義，故最爲天下貴也"（《荀子·王制》）。《荀子·正名》篇至少從五個方面闡釋了事物（包括生物）分類的基本理論。其一，是説萬物（包括動、植物）普遍存在同、异現象，這是自然規律，也是客觀事實，可用人們的"天官"（覺器）感知而加以識別、鑒定。其二，是人們識別、鑒定事物後而命名，"同則同之，异則异之"，同實同名，异實异名，將萬物中相同者劃爲一類，給以同名，而對不同者劃爲异類，命以异名。其三，事物分類的基本原理是利用事物之共性，然後"推而共之，共則有共"，又利用事物之特殊性（別），"推而別之，別則有別"。其四，關於分類命名的基本規則，"名無固宜"，"名無固實"，約定俗成，按一定規則商量確定即爲適宜。事物名稱可爲單字或兩個以上的字，單名與兼名（複名）則隨足與不足而立，即"單足以喻則單，單不足以喻則兼"。其五，是要辨識事物之多樣性，識別事物之形狀與本質差別。形异而同質便是一類，形同异質則是兩類，若僅是外形有所改變，本質并無大异的仍是同一種類。

荀子關於分類的觀點，在古代產生過極大的影響，至少被儒家奉爲至理而加以推行，所以在學術界産生了深遠的影響，直到 20 世紀仍然爲我國學術界所推崇。著名動物分類學家、進化論權威陳世驤，曾在其著作中肯定自然萬物普遍存在异同的對立現象是自然規律，是客觀事實，是分類學的物質基礎與理論根據。著名動物分類學家高耀亭亦肯定《荀子》所闡述的觀點應是我國動物分類學的哲理基礎。郭郛等則在《中國古代動物學史》中重申了這些觀點，足見《荀子》分類學的理論價值與實踐意義。

（二）我國古代動物學分類系統之發展

如前所述，我國動物種類最早記述於文字者當屬殷商時期的甲骨文，今人能辨識之動物名稱約有四十餘種，内中雖有"禽獸"二字，但并非分類意義上的禽與獸兩類動物之名。《詩》中歌咏涉及的動物多達百餘種，這些動物多因詩歌比興之需，因物言心，以物喻志而被吟頌，亦無分類之意。祇有反映周代故實之《三禮》及春秋諸子著述始有動物學之分類。而被譽爲我國古代最早的百科全書之《爾雅》，纔明確地將動物分類系統正式確定，并將系統分類由低級到高級加以排序，如《釋蟲》《釋魚》《釋鳥》《釋獸》《釋畜》。

1.先秦"五行説"與動物分類系統

"五行説"是我國古代一種早期哲學思想，是先秦思想家們繼"陰陽説""八卦説"之後用以解釋自然現象和社會發展的理論基礎。在當時，思想家們對"五行説"已普遍予以接受。譬如，子大叔要求"因地之性，生其六氣，用其五行"（《左傳・昭公二十五年》），子罕强調"天生五材（五行），民並用之，廢一不可"（《左傳・襄公二十七年》），展禽（柳下惠）肯定"地之五行，所以生殖也"（《國語・魯語上》），等等。這些説法都表明先民已經承認五行是構成世界的五種基本物質，是解釋宇宙萬物之起源與變化的基本理論。推而廣之，人們認爲氣有五味——酸、甜、苦、辣、鹹五種味道（見《孫子・勢》及《禮記・禮運》鄭玄注），音有五聲——宫、商、角、徵、羽五音（見《書・益稷》《周禮・秋官・小司寇》），色有五色——青、赤、白、黑、黄（見《書・益稷》孫星衍疏），臭（音 xiù，即氣味）有五臭——羶、焦、香、腥、朽，位有五方——東、西、南、北、中（見《禮記・王制》），地有五土——山林、川澤、丘陵、水邊平地、低窪地（見《孔子家語・相魯》），農有五穀——麻、黍、稷、麥、豆（見《周禮・天官・疾醫》等），時有五辰——春、夏、秋、冬、四時（見《書・皋陶謨》），祭有五牲——牛、羊、猪、犬、鷄（見《左傳・昭公十一年》），此外，尚有人之"五秀"、兵之"五兵"、祀之"五神"等。"五行説"雖然有濃厚的經驗論色彩，但它强調事物的整體性、系統性、對應性和互補性，滲透到了經濟、文化、生活之各個方面，也影響到了古代的生物學分類研究。古人以爲"天有五行，水、火、金、木、土，分時化育，以成萬物"（《孔子家語·五帝》）。萬物均與五行相關聯，"同得陰陽五行之氣以成形也"（清厲鶚《東城雜記·備萬齋》）。

　　《管子·幼官》及《幼官圖》是最早應用五行説進行生物分類的典籍之一，它將五時、五方、五色、五味、五音等與五獸相對應，提出了春季—東方—青色—酸味—角聲—羽獸，夏季—南方—赤色—苦味—羽聲—毛獸，秋季—西方—白色—辛味—商聲—介蟲（獸），冬季—北方—黑色—鹹味—徵聲—鱗獸，四時—中方—黃色—甘味—宮聲—倮獸的分類學的命題。該書以"獸"爲動物總名，將動物（獸）分爲羽、毛、介、鱗、倮五大類。《管子》上述五行對應的動物分類，對後世，特別是對《月令》類典籍產生了深遠的影響。譬如，《禮記·月令》便有孟春（正月）、仲春（二月）、季春（三月）"其蟲鱗，其音角"，"其味酸，其臭羶"；孟夏（四月）、仲夏（五月）、季夏（六月）"其蟲羽，其音徵"，"其味苦，其臭焦"；長夏（指季夏）"中央土"，"其蟲倮，其音宮"，"其味甘，其臭香"；孟秋（七月）、仲秋（八月）、季秋（九月）"其蟲毛，其音商"，"其味辛，其臭腥"；孟冬（十月）、仲冬（十一月）、季冬（十二月）"其蟲介，其音羽"，"其味鹹，其臭朽"。《禮記·月令》亦以"蟲"爲動物總名，將動物（蟲）分爲鱗、羽、倮、毛、介五類，并與五音、五味、五臭相對應。《呂氏春秋》亦大致如此。如孟春、仲春、季春，"其蟲鱗，其音角……其味酸，其臭羶"；孟夏、仲夏、季夏，"其蟲羽，其音徵……其味苦，其臭焦"；孟秋、仲秋、季秋，"其蟲毛，其音商……其味辛，其臭腥"；孟冬、仲冬、季冬，"其蟲介，其音羽……其味鹹，其臭朽"。漢劉安撰《淮南子》，其《時則訓》篇闡述了四時寒暑，十二月常法亦有類似的動物學分類方法，如："孟春之月，招摇指寅，昏參中，旦尾中，其位東方，其日甲乙，盛德在木，其蟲鱗，其音角，律中太蔟，其數八，其味酸，其臭羶"（仲春、季春大致亦如是，此處"招摇"係星名，即北斗之第七星摇光，不同季節所指不同）；"孟夏之月，招摇指巳，昏翼中，旦婺女中，其位南方，其日丙丁，盛德在火，其蟲羽，其音徵，律中仲呂，其數七，其味苦，其臭焦"（仲夏之月大致如此）；"季夏之月，招摇指未，昏心中，旦奎中，其位中央，其日戊己，盛德在土，其蟲羸，其音宮，律中百鐘，其數五，其味甘，其臭香"；"孟秋之月，招摇指申，昏斗中，旦畢中，其位西方，其日庚辛，盛德在金，其蟲毛，其音商，律中夷則，其數九，其味辛，其臭腥"（仲秋、季秋大致如此）；"孟冬之月，招摇指亥，昏危中，旦七星中，其位北方，其日壬癸，盛德在水，其蟲介，其音羽，律中應鐘，其數六，其味鹹，其臭腐”（仲冬、季冬亦大致如是）。此中以“蟲”爲動物總名，分別以鱗、羽、毛、臝（同“倮”）、介爲動物之五大類，并將五行、五時、五位、五音、五臭與五蟲相對應。顯然，這是以“五行説”爲指導的分類系統。它體現了事物之間的系統性、對應性、整體關聯性，有其獨特的意義。但是應該看到上述系統中的五大類動物間并無明顯的進化關係，還不是真正的、科學的分類，我們將其列出是因爲它是動物分類歷史上曾經出現的一種分類系統，代表了當時動物分類學發展的一個階段和水準。

這裏應該指出的是，《周禮》也應用“五行説”對動物進行過分類，其《冬官·梓人》先將動物分成“大獸”與“小蟲”兩類，又將“大獸”劃成五類：“天下之大獸五：脂者、膏者、臝者、羽者、鱗者。”而將“小蟲”分成若干類。其《地官·大司徒》則明確地將五土（亦稱“五地”）與五獸相配進行分類：“以土會之灋（法），辨五地之物生：一曰山林，其動物宜毛物，其植物宜皂物，其民毛而方；二曰川澤，其動物宜鱗物，其植物宜膏物，其民黑而津；三曰丘陵，其動物宜羽物，其植物宜覈物，其民專而長；四曰墳衍，其動物宜介物，其植物宜莢物，其民皙而瘠；五曰原隰，其動物宜臝物，其植物宜叢物，其民豐肉而庳。”依漢鄭玄注，其“毛物”係指貂、狐、貒、貉等被毛之物，“鱗物”指魚龍之屬，“羽物”即翟雉之屬，“介物”指龜鱉之類，“臝物”指虎豹貔貙之類。《周禮》以“動物”爲總名，以“物”爲類，介紹了生態系之五種地貌適宜的五類動物，這可以認爲是以生態系統作指標的分類系統。早在兩千多年前能提出這樣的分類系統是極其難能可貴的。

2.《爾雅》生物進化的分類系統

“五行説”分類系統，雖然考慮到生物與環境等多種因素的關聯和生物與環境的整體性關係，但這種分類卻沒有注意到動物由簡到繁，由低等到高等的進化。

《爾雅》是我國古代最早的解經著作，正如邢昺所云：“夫《爾雅》者，先儒授教之術，後進索隱之方，誠傳注之濫觴，爲經籍之樞要者也。”同時，《爾雅》也是我國最早的百科全書，書中不僅記述了三百種以上的動物，而且在動物學分類上也有重大發展。它一改過去各類動物分類界限含混不清之弊端，而將動物由簡單到複雜，由低級到高級加以分類排列。應該説，這纔是真正意義上的動物分類。

《爾雅》記述動物共五篇，分別是《釋蟲》《釋魚》《釋鳥》《釋獸》《釋畜》，將動物由低級到高級系統地分爲蟲、魚、鳥、獸四大類，而將人類家化畜養的動物單列屬《釋畜》，其目的無疑是强調這些畜養動物在人類生活中的重要地位，也反映了當時經濟、社會的發展——人類已由采獵文明邁向農耕文明，生産力已有了較大的發展。

《爾雅·釋蟲》記述動物七十一種，其中昆蟲凡六十種，餘者分别是蚯蚓、蛭類、多足類與蜘蛛類，另附兩栖類一種。由前文可以看出，除"蝃，蟆（蛙類）"外，皆爲無脊椎動物，可以説此處之"蟲"當是以昆蟲爲主之無脊椎動物之總名。

《釋魚》列動物四十八種，其中魚類二十四種，另有水生哺乳類（鱀，即白鰭豚）、龜鱉類、蛇類、兩栖類、軟體類、螺蚌類、貝類、蟹類、蛭。上述皆爲水生無脊椎動物與低級脊椎動物。故此處之"魚"當是所謂"冷血動物"類之總稱。

《釋鳥》將鳥類定義爲"二足而羽謂之禽"，還記述禽鳥類九十五種，且有不同雌之種及其地方亞種。雖然内中混有能够飛行的哺乳類動物蝙蝠及鼯鼠，但此處之"鳥"無疑是純粹的禽鳥類總稱。

《釋獸》首先爲獸定義："四足而毛謂之獸。"并記述獸類計四十八種，基本上屬於大型哺乳類動物。此篇之"獸"乃是中國古代哺乳類動物之總名。

《釋畜》記述了我國先民早期家養馴化之"六畜"及其品種。在動物分類系統中雖無特别意義，但它反映了先民對動物畜養的重視及當時畜牧業的發展。

《爾雅》蟲、魚、鳥、獸四大類分類系統及《管子》《月令》鱗、毛、羽、介、倮五大類分類系統對後代學者之動物分類有較大的影響，流傳亦廣，且達於唐宋時期。

不難看出，《爾雅》之動物分類尚不完美，各類間相互混雜現象時有出現，還需要進一步改進提高。

3.《本草綱目》之梯級生態分類系統

該書收藥物凡一千八百九十二種，含動物藥四百〇九種，分爲蟲、介、鱗、禽、獸、人六部，各部復分數類，類下列種，形成三級或四級梯級分類系統。如蟲部下列卵生、化生、濕生三類，共記載蟲類藥物一百〇六種；鱗部下列龍（鰐類）、蛇、魚、無鱗魚四類，共記載動物九十四種；介部下列鱉、蚌蛤二類，記載介類動物四十六種；禽部依生態環境、地貌類型分水禽、原禽、林禽、山禽四類，記載禽鳥類動物七十六種；獸部列畜（家養動物）、獸（野生動物）、鼠、寓（寄寓林木山野）、怪（怪异之物）五類，共載獸類六十六種；人部僅列人一種。顯然《本草綱目》的動物分類系統是依動物進化情況，從低級到高級，由簡單到複雜，從小型到大型分類排列，形成比較完備科學的分類系統，可以説達到了前所未有的水準，成爲明清兩代動物分類系統的主流。

類書是專供尋檢所用之圖書。此類圖書我國古代所存極多，正如宋謝維新云："類書之編何所防乎。自《爾雅》載蟲魚之名，陸氏疏草木之辨，沿而下之，至於《白孔六帖》出，而類書備矣，雖然猶未備也。兩坊書市以類書名者尚矣，曰《事物紀原》，曰《藝文類聚》，最後則《錦綉萬花谷》《事文類聚》出焉，何汗牛充棟之多也!"（《古今合璧事類備要》原序）。類書之内容多采輯僻書，或以類分，或以字分。以類分之類書，著名者有唐歐陽詢等《藝文類聚》，宋李昉等《太平御覽》、謝維新《古今合璧事類備要》，清張英等《淵鑑類函》、陳元龍《格致鏡原》等。各種類書中動物之分類系統不盡一致。如《太平御覽》之動物分類列獸部、羽族部、鱗介部、蟲豸部數類。《古今合璧事類備要》則將動物分列爲五靈、飛禽、走獸、畜産、水族、蟲豸等六門。《淵鑑類函》動物分類爲鳥部、獸部、鱗介部及蟲豸部。《格致鏡原》則將動物分爲鳥類、獸類、水族類及昆蟲類等。上述分類系統大同小异，各有所長，今附此，以供參考。

（三）我國古代禽鳥的分類

禽鳥屬動物界脊椎動物門鳥綱動物。在我國，《爾雅·釋鳥》首先將其定義爲"二足而羽謂之禽"，并以此爲標準，將禽鳥從動物界動物中分出。舊題周師曠《禽經》有"風翔則風，雨舞則雨；霜蜚則霜，露鷫則露；林鳥朝嘲，水鳥夜哢；山鳥岩棲，原鳥地處"，將禽鳥劃分成風禽（鳶類）、露禽（鶴類）、林鳥、水鳥、山鳥、原鳥諸類。然自秦漢以迄唐宋，禽鳥之分類并未以此爲據。譬如，宋羅願《爾雅翼·釋鳥》，雖將禽鳥歸類列爲五節，然既未參照《禽經》，又無多少科學依據。直到明代李時珍在《本草綱目》中始將禽鳥依形態特徵、生活習性及其所處生態環境、地貌類型，并參照《禽經》所列類別分爲四類，即水禽、原禽、林禽、山禽。恰如《本草綱目·禽部》所云："李時珍曰：二足而羽曰禽。師曠《禽經》云：羽蟲三百六十，毛協四時，色合五方。山禽岩棲，原鳥地處。林鳥朝嘲，水鳥夜哢。山禽咮短而尾修，水禽咮長而尾促。其交也，或以尾膪，或以睛睨，或以聲音，或合异類。其生也，或以翼孚（孵）卵，或以同氣變，或以异類化，或變入無情。噫!物理萬殊若此，學者其可不致知乎……於是集其可供庖藥及毒惡當知者，爲禽部。凡七十七種，分爲四類：曰水，曰原，曰林，曰山。"由此奠定了我國鳥類生態分類學的基礎。

水禽，即水鳥，是在水面或水邊栖息，從水中捕食的鳥類。喜生水中，能泳，咮長而尾短，善於夜啵。鶴、鸛、鶬鷄、陽鳥、鶀鶩、鷚鷜、鶺鵜、鵝、雁、鵠、鴇、鷖、鳧、鸊鷉、鴛鴦、鸕鶿、鸂鶒、鷺、鷗、鸐鳿、鶒鶒、魚狗、蚊母鳥等即屬此類。

　　原禽，又稱原鳥，本指雉類禽鳥，此處特言栖於原野之禽鳥。多地處，陸行，以翼孵卵。鷄、雉、鷩雉、鷩雉、鶡鷄、白鷳、鷓鴣、竹鷄、英鷄、秧鷄、鶉、鷃、鴽、鴿、突厥雀、雀、蒿雀、巧婦鳥、燕、石燕、寒號蟲屬此類。

　　林禽，即林生禽鳥。多樹栖林生，善於攀樹、朝嘲。斑鳩、青鶲、鴡鳩、桑鳸、伯勞、鸜鴝、百舌、練鵲、鶯、啄木鳥、慈烏、烏鴉、鵲、山鵲、鶌鵴、杜鵑、鸚鵡等即屬此類。

　　山禽，生於山地之鳥。多岩栖，咮短而尾長，多數善飛翔。鳳凰、孔雀、鴕鳥（禽，不善飛）、鷹、雕、鶚、鵰、鴟鵂、鴞、鳩、姑獲鳥、治鳥、鬼車鳥等即屬此類。

　　我國古代鳥類分類學研究有着輝煌的歷史，李時珍之禽鳥生態分類系統，較瑞典生物學家林奈的《自然系統》（第十版）還要早一百六十餘年，而二人所列分類系統差異并不很大。遺憾的是中國自17世紀後科學技術處於停滯不前的狀態，於是慢慢加大了與西方的差距，直到20世紀初，“新文化運動”以後，隨着“西學東漸”的推進，我國生物學接受了西方先進理論和科學知識，纔有了較大發展，禽鳥的分類研究逐步跟上先進國家。關於禽鳥的現代分類概況已於本章第二節做了概述，此處不再重複。

三、關於禽鳥生殖的觀察

　　生物之生殖歷來爲先民所重視。“天地之大德曰生”（《周易·繫辭下》），生化萬物被視爲自然界最宏大的功業，認爲“生生之謂易”（《周易·繫辭上》），把萬物之生生不息、繁衍不絕，目爲自然規律，是天經地義的大道理。先民還創造了諸多學說用以解釋生物之生養繁殖，并對生殖的觀察、研究也做了大量工作。本節擬從以下諸端予以考證。

　　（一）禽鳥的繁殖方式

　　雌雄交配產生後代爲兩性繁殖（有性繁殖）。動物產生後代的方式也是兩性交合。但有些爲卵生，有些是胎生，我國先民早在先秦時期便已觀察到此種現象。如《莊子·知北游》：“萬物以形相生，故九竅者胎生，八竅者卵生。”成玄英疏：“人、獸九竅而胎生，禽、魚八竅而卵生。”所謂九竅即九孔，人、獸有耳、目、口、鼻七竅及前陰（尿道、女陰）、後陰（肛門）二孔，共九個孔道，故獸畜與人皆爲胎生。而禽鳥之類陽竅與人、獸相同，而陰竅僅一孔（生殖孔與排泄孔合二爲一，形成泄殖腔，由此處排卵生殖），故曰八竅，所以鳥以卵生殖。春秋時期，人們發現胎生與卵生與其取食方法有關。如《孔子家語·執轡》："齕吞者八竅而卵生。"王肅注："八竅，鳥屬。"齕，音 hé，本作"齧"解，意即咬嚼（見《説文·齒部》）。此處作"吞"解（見清王夫之《宋論·徽宗三》），或作"頷"解（見《農政全書》石聲漢校注）。"齕吞者八竅而卵生"是説禽鳥等非咬嚼取食之動物有八竅而卵生。《禮記·樂記》更進一步指出："羽者嫗伏，毛者孕鬻（育）。"意思是飛鳥之屬，是靠母體孵卵而生子，畜獸類動物則以氣（在體内）孕育而生子。明王逵《蠡海集·庶物類》從解剖學與生理學角度闡述了鳥類的生殖器構造及生殖過程："凡鳥之卵生者，莫不繫著於脊……脊繫卵處，下生一腸，上口連屬於繫卵。卵既長足而產，則入於此腸，俗謂之花腸也。下口乃並於糞腸，以通於後竅出焉，卵之殼皆於當日始能堅。"此處所説的花腸即禽鳥之卵巢與產卵道，而後竅則爲鳥類之泄殖腔。這一論述與現代禽鳥解剖學構造極其相似。幾百年前先民能做如此細緻的觀察和論述，實是難能可貴的事。

（二）禽鳥之生殖年齡與季節

我國先民早在數千年前已對人與動物之生殖年齡有清晰的瞭解。如《黄帝内經·素問·上古天真論》："女子七歲腎氣盛，齒更髪長，二七而天癸至任脉通，太衝脉盛，月事以時下，故有子。"這是説女人至十四歲月經來潮，能夠排卵生育。獸畜之類則是以"齒齡"計年，以確定其年齡與生殖年齡。

禽鳥之類的性成熟年齡不盡一致。小型禽鳥大都一年左右已經性成熟，中型鳥類大約一至二年性成熟，大型禽鳥則需三年或三年以上纔達性成熟。小型猛禽一至二年性成熟，大型種如雕、海雕、禿鷲等四至五年性成熟。進入生殖期後纔能交配、產卵、孵化、繁育後代。以隼形目猛禽爲例，多數猛禽壽命長達十五至二十五年，大型猛禽如金雕等壽命可達五十年。

禽鳥之生殖季節或孵卵的季節是比較固定的。《埤雅·釋鳥》引徐鍇曰："鳥之孚卵，皆如其期，不失信也。"多數禽鳥於春夏繁殖。仍以猛禽爲例，禿鷲一至三月營巢產卵，小型種類四至六月始營巢產卵。許多禽鳥達到性成熟時，表現爲兩性異形，如個體大小、羽色、鳴叫以及其他一些特殊變化，如皮膚突起（肉冠、肉垂）與角質突起（距等），還有些則在發情期雄鳥發生相互爭鬥等。比如我們最常見到的鷄就是典型代表，公鷄肉冠及肉垂大而紅色，母雞則較小或無。再有角雉類如紅腹角雉，面部裸皮暗藍色，每到繁殖期便生藍色肉角及艷麗肉裾，以吸引雌雉。孔雀性成熟後，每至發情期雄鳥尾羽開展，還舞之蹈之，以吸引雌鳥。多數角雉在四至六月交配，雄鳥生出肉角，肉裾亦變得艷麗异常。海鸕鷀繁殖期頭頂及後頭各具羽冠。吐綬雞生殖期綬帶變大變紅："綬雞生而反哺，亦名孝雉。每至春夏之交，景氣和暖，頷下出綬帶，方尺餘，紅碧鮮然，頭有翠角雙立，良久悉斂。"（清陳元龍《格致鏡原》卷七七引《鳥獸續考》）。鶺鴒繁殖期雄鳥常常"竦其羽相爭鬥"。

（三）禽鳥之求偶與匹配

禽鳥匹配之類型多種多樣，基本可分爲單配型與多配型。

單配者以鴛鴦比較典型，其雄名鴛，其雌曰鴦。《詩·小雅·鴛鴦》："鴛鴦于飛，畢之羅之……鴛鴦在梁，戢其左翼。"毛傳："鴛鴦，匹鳥。"鄭玄箋："匹鳥，言其止則相耦（偶），飛則爲雙，性馴耦（偶）也。"雌雄鴛鴦生殖季節相伴而生，雙栖雙飛，不離不散，被稱爲匹鳥。晋崔豹《古今注》："鴛鴦，水鳥，鳧類也，雌雄未嘗相離，人得其一，則一思而至死，故曰疋（匹）鳥。"則進一步指出匹鳥的特點。顯然鴛鴦屬於單匹類型。雁亦屬單匹型。宋韋居安《梅磵詩話·雁》："元裕之……赴試并州，道逢捕雁者，獲一雁殺之矣，其脱網者悲鳴不能去，竟自投於地而死。"明李時珍《本草綱目·禽一·雁》："雁有四德：寒則自北而南，止於衡陽，熱則自南而北，歸於雁門，其信也；飛則有序而前鳴後和，其禮也；失偶不再配，其節也；夜則群宿而一奴巡警，晝則銜蘆以避繒繳，其智也。"進一步指明雁鳥爲終生單配。《詩·周南·關雎》"關關雎鳩，在河之洲。窈窕淑女，君子好逑"之雎鳩亦有此性。如《本草綱目·禽四·鶚》："雄雌相得，鷙而有別，交則雙翔，別則異處。"張超《誚青衣賦》："感彼關雎，性不雙侶。"雎鳩即魚鷹，又名鶚，亦爲單配型。

多配型禽鳥中，麻雀最爲典型。《埤雅·釋鳥》："雀，固（生）物之淫者也。"又引《禽經》曰："雀交不一，雉交不再。"《格物總論》亦有"四時有子"之説法，可見麻雀屬多配類型。鴿常合群而飛，亦屬多配類型。李時珍《本草綱目·禽二·鴿》："鴿性淫而易合，故名。"鳩鴿之其他鳥類亦多群居夥行，相互匹配，皆爲多配型。鴇亦多配型禽鳥，《格致鏡原》卷七九引《庶物異名疏》："陸佃云：〔鴇〕性最淫，逢鳥則與之交，其字書七十鳥爲鴇，爲其多鳥相交之故也。今俗呼娼母曰老鴇，曰鴇兒，取此。"

禽鳥之求偶方式亦各不相同。舊題周師曠《禽經》："鶴以聲交而孕，鵲以音感而孕，白鷁相眡而孕，鶬鶊睛交而孕。"這是説雄鶴鳴上風，向下風之雌鳥求愛；雄鵲則上下飛鳴以交；白鷁則雌雄對視相求；鶬鶊目不轉睛對視而求偶。《爾雅翼・釋鳥》："鴛鴦……如張平子《思玄賦》云：'鳴鶴交頸，雎鳩相和。'其《歸田賦》曰：'王雎鼓翼，鶬鶊哀鳴，交頸頡頏，關關嚶嚶。'……是鳴鶴、王雎、鶬鶊與雉皆交頸，唯此鳥尤甚。"可見王雎、鶬鶊、雉類，皆交頸求偶，而以鴛鴦最甚。唐段成式《酉陽雜俎續集・支動》稱："鸜鵒交時，以足相勾，促鳴鼓翼如鬭狀，往往墮地。"是説八哥相交時，以爪相勾，這在鳥類中尚屬少見。《埤雅・釋鳥》："凡鳥皆雄乘雌，唯此鳥（雀）雌乘雄。"看來麻雀不僅"性淫多交"，而且常常是雌鳥先發情然後引誘雄鳥相交。

（四）築巢

　　春季來臨，禽鳥進入繁殖期，每對禽鳥都會忙於選擇并占領一定的地盤，以爲活動、取食、生殖的巢區。在占領巢區，選擇配偶後，便着手築巢安家。多數禽鳥要趕在陰雨之前將巢築好。《詩・豳風・鴟鴞》："迨天之未陰雨，徹彼桑土，綢繆牖户。"宋范處義《詩補傳》卷一五稱："桑土，桑根也；綢繆，纏綿也。鳥之營巢必於未陰雨之時，剥取桑根，纏綿巢之户牖，而後巢可成也。"築巢時，多數禽鳥由雌鳥獨自築巢，亦有一些爲雌雄協作築巢，如家燕即如此。鳥巢以安全、隱蔽，利於禽鳥喂雛爲準，一般幾天即可完成。修築鳥巢的材料與方法多種多樣，最常見的材料爲樹枝、樹葉、雜草、纖維、羽毛、泥土等。根據鳥巢位置可分爲地面巢、水面巢、洞穴巢、建築物巢與編織巢。鷄、鶴、雁、鴨、鷗、鷸諸類及鳴禽之百靈、雲雀、柳鶯、翠鳥等常在地面土壤上築巢，如翠鳥又名魚狗，即以土爲穴。《本草綱目・禽一・魚狗》集解引唐陳藏器曰："此即翠鳥也。穴土爲窠。"有些則以地面土坑爲巢，或在土坑中墊些樹葉爲巢；還有的以地面雜草編成鳥巢。小鸊鷉、紅骨頂、白骨頂、董鷄等，則在水面上把水草彎折成盤狀浮巢，可隨水面升降浮動。沙燕等常在岸邊崖壁挖洞爲巢。啄木鳥鑿樹洞爲巢。山雀、戴勝、鴛鴦可利用天然樹洞爲巢，鶬鶊亦如此。《本草綱目・禽一・鶬鶊》集解引陳藏器曰："《博物志》云：鶬鶊巢於高樹，生子穴中。"人們最爲熟悉的家燕、金腰燕則常在建築物房檐下銜泥作巢。還有許多禽鳥如斑鳩、烏鴉、鷺等，在樹上用樹枝搭巢。巢的形狀亦五花八門、多種多樣，如碗狀、杯狀、球狀、瓶狀、袋狀等。禽鳥之中比較奇特的鳥巢是金絲燕巢，它是用鳥之唾液與海藻混合後築成的，鳥可居於巢内，人們往往采其巢作爲補品食用，這就是山珍名品"燕窩"。禽鳥之中，還有一些不善營巢，而將鳥卵寄於其他鳥巢中孵化，如鴞及杜鵑等。還有些禽鳥根本無巢，隨樹而栖，如鷿鷈，《本草綱目·禽二·鷿鷈》："夜栖以木葉蔽身。"

（五）產卵、孵化與育雛

禽鳥築巢之後，即開始產卵并進行孵化。禽鳥卵之形狀、顏色多種多樣，如啄木鳥、貓頭鷹、翠鳥等爲球形，金眶鴴、燕鷗及一些海鳥爲陀螺形，但大多數爲橢圓形。多數禽鳥之卵有不同的斑紋，如點斑、環斑、條紋等；其顏色常隨環境而變化形成保護色，以免敵害發現。如雀鷹營巢於草叢、沼澤、灌叢等近地處，卵白色或淺綠色；白頭鷉營巢於淺水濕地，卵青色或青白色；大䴉營巢於峭壁垂岩平臺處，卵多土黃色，并具紅褐色粗斑；鷹雕築巢於樹上，卵白色，具紅斑；獵隼營巢於岩壁裂縫或洞穴中，卵乳白色或淡褐色，具黑色或銹色斑點；紅尾歌鴝在天然洞穴及啄木鳥舊巢内築巢產卵，卵淡藍色并具褐斑；蘆鶯築巢於低矮灌叢中，卵淡棕紅色具褐色綢紋。

禽鳥每窩產卵數目亦各不相同，一般體形較小的產卵較多，而體形大者通常產卵較少。如小型鳴禽一般產卵四至六枚，鳩鴿類每產二卵，鷹隼之類通常二至六枚。產卵最多者是經家養馴化的鷄、鴨等家禽，產卵可多達數十枚，而野鴨亦可產一二十枚。企鵝產卵數量較少，且固定，僅一二枚。禽鳥產卵的時間大多在清晨。

禽鳥之孵卵亦有不同，雄鳥羽色特別鮮艷者多由羽色較暗之雌鳥孵卵，兩性羽色差別不大的鳥類兩性皆可孵卵。孵卵時鳥體與卵接觸，靠親鳥體温使卵孵化。小型鳥一般十三至十五天，中型鳥三至四周，即可孵化；體形大的禽鳥，卵也大，孵化時間要長些。正如《禽經》所云："鷇將生，子呼母應。"出孵前，幼鳥在殼中已會鳴叫，母鳥可與之相應，此類情況家鷄孵卵時經常見到。

禽鳥之雛鳥可分早成雛與晚成雛。早成雛在孵出時已充分發育，眼已睜開，腿脚有力，全身已被豐羽，出孵後即可隨親鳥啄食。多數走禽與游禽如鶉、鷄、鶴、雁、鴨等都屬此類。晚成雛出殼時尚未充分發育，眼尚未睜開，全身光裸，不會行走，需親鳥喂養，并滯留巢中，完成發育過程。雀形目及攀禽、猛禽大多屬於此類。唐白居易《燕詩示劉叟》所描寫的正是家燕繁殖過程，特別着意描述了禽鳥的哺雛辛勞與專注，以物喻人，聲情并茂，十分動人："梁上有雙燕，翩翩雄與雌。銜泥兩椽間，一巢生四兒。四兒日夜長，索食聲孜孜。青蟲不易捕，黃口無飽期。觜爪雖欲敝，心力不知疲。須臾十來往，猶恐巢中飢。辛勤三十日，母瘦雛漸肥。喃喃教言語，一一刷毛衣。一旦羽翼成，引上庭樹枝。舉翅不回顧，隨風四散飛。雌雄空中鳴，聲盡呼不歸。却入空巢裏，啁啾終夜悲。燕燕爾勿悲，爾當返自思。思爾爲雛日，高飛背母時。當時父母念，今日爾應知。"尚有一些禽鳥爲保護幼禽安全使之健康生長，煞費"苦心"，着意呵護。如鷹類有如下舉動，宋蔡卞《毛詩名物解·釋鳥》："鷹，鷙鳥也，一名鶼鳩……舊説凡鷙鳥雛生而有慧，出殼之後即於巢外放條，大鷹恐其墜及爲日所曝熱喝致損，乃取帶葉枝插其巢畔，防其外墮及作陰凉也。欲驗雛之大小，以所插枝葉爲候，若一日、二日其葉微萎尚帶青色，至六日、七日其葉草微黄，十日後枯瘁，此時雛大可取。"這進一步驗證了親鳥護雛的現象，又證實了荀子所謂"水火有氣而無生，草木有生而無知（生謂滋長，知謂性識），禽獸有知而無義，人有氣有生有知亦且有義，故最爲天下貴也（亦且者，言其中亦有無義者也）"的命題（《荀子·王制》）。

（六）換羽與遷飛

鳥類經過匹配、築巢、産卵、孵化與育雛等繁殖過程後，營養、體力大量消耗，羽毛磨損、斷折以致脱落較嚴重，特別是親鳥與卵接觸部位還因羽毛脱落形成孵卵斑，使親鳥更顯得蒼老、憔悴。在長期適應過程中，禽鳥養成了換羽的習性。即幼鳥離巢飛走後，親鳥將舊羽脱去，更換成新的羽毛。換羽過程有一定順序，緩慢地對稱進行，免得因不對稱而喪失飛翔能力。換羽期恰是禽鳥體力較差，羽翼欠豐之際，故常處於隱蔽狀態。一俟換羽完成，便恢復其原來的生活狀態。

遷飛是鳥類的習性，於"禽鳥的運動方式"中有較詳細的論述，這裏要着重指出的是遷飛對一些禽鳥來講是其生殖現象的重要過程。比如一些在北方繁殖的鳥類，到了秋天要帶幼鳥到南方越冬，春天再返回北方産卵育雛，開始下一個生殖過程。因此，遷飛成了鳥類生殖過程必需的環節，至於禽鳥遷飛的時間、路徑等詳見本節"禽鳥之生活習性觀察"之"禽鳥之遷徙"。

四、禽鳥之生活習性觀察

（一）禽鳥的運動方式

《爾雅·釋鳥》："二足而羽謂之禽。"禽鳥有二足，自然可以行走，行走便是禽鳥的主要運動方式。禽鳥行走與足之特性有關。宋羅願《爾雅翼·釋鳥·鵝》引《禽經》："邵（脚）近翠（膵）者能步，邵（脚）近莆（脯）者能擲。"明李時珍《本草綱目·禽一·鶩》

亦引《禽經》：“脚近脾者能步。”脾，可作“鳥尾上肉”解（見《玉篇·肉部》），此處則作“臀”解（如《廣雅·釋親》“脾，臀也”）。鳥類雙足位於身體下方，支撐全身重量，雙足若靠近臀部（脾），則利於行走，鵝、鶩之類即此。而位於胸脯處則宜於擲（便於跳躍），麻雀等屬此類型。先民還觀察到鳥之伏立與脚之長短有關。明蔣德璟《蔄（鶴）經·性俎》：“短脚多伏，長脚多立。蔄夜棲亦立。”但脚若過分靠後，以致與尾相連，則因脚弱而偏後，登陸後不能直立，狀若坐地。古人以爲其不能行走。如明李時珍《本草綱目·禽一·鸊鷉》集解引唐陳藏器曰：“鸊鷉，水鳥也。大如鳩，鴨脚連尾，不能陸行，常在水中。”意思是説，鸊鷉是水鳥，大如鳩類，其脚過於靠後而與尾相連，不便於陸地活動，最適於水中生活。

　　禽鳥被羽而有翼，故又善飛翔（走禽類鴕鳥翼退化不能飛行）。飛翔是禽鳥另一主要運動方式。禽鳥之飛翔亦有諸多方式。《爾雅·釋鳥》便記述過三種飛翔：“鵲、鶪醜，其飛也翪；鳶、烏醜，其飛也翔；鷹、隼醜，其飛也翬。”此處“醜”作“類”解，這是説有些鳥如鵲（喜鵲）、鶪（伯勞）之類是竦翅上下飛動（翪），鳶、烏類禽鳥是展翅盤旋滑翔飛行（翔），而鷹、隼之類則是振翼疾飛（翬）。有些禽鳥可遠飛，如雁、鳧之類；而雉鷄之類則不能遠飛。《埤雅·釋鳥》：“雉飛若矢，一往而墮。雉，鷄類也，不能遠飛。”李時珍《本草綱目·禽二·雉》釋名引宋寇宗奭曰：“雉飛若矢，一往而墮，故字從矢。”其實，禽鳥飛翔有千姿百態，古人察之甚詳。小鳥習飛曰翰（音hán），頻頻試飛曰習，張翼扶搖上飛謂之羿（見《説文》段玉裁注），衝高而飛曰翌（音tà），向上直飛曰翀（音chōng），鳥從高向下飛曰翃、昕、鴻，而向上飛曰頡（音xié）。如《集韻·平唐》：“鳥飛上曰頡，下曰翃，或作‘昕’‘鴻’，通作‘頏’。”鳥舒遲而飛，不高不疾曰翐（音zhì）、曰翂（音fēn），如《莊子·山木》：“東海有鳥焉，名曰意怠，其爲鳥也，翂翂翐翐，而似無能。”陸德明釋文：“司馬云：‘翂翂翐翐，舒遲貌。一云：飛不高貌。’”快速飛行曰翜（音shà）（見《爾雅·釋詁下》及《説文·羽部》），振翅高飛曰翥（音zhù）。如漢張衡《西京賦》：“鳳騫翥於甍標，咸遡風而欲翔。”鳥突飛襲擊曰翪（zhǎn），《玉篇·羽部》：“翪，莊善切。鳥鷙擊勢也。”鳥於水上飛行曰翏（音lù）（見《廣韻·入屋》），鳥群飛曰翨（音chí），快飛曰翩，高飛曰翰，輕飛曰翲（音xuān），振羽飛行曰翻，等等。

　　禽鳥飛行時其足的狀態秦漢前人們亦有觀察。《爾雅·釋鳥》：“鳧（通‘鳧’），鴈醜。其足蹼，其踦企。烏，鵲醜。其掌縮。”踦即脚跟，企有立意，此句是説鳧雁之類，足生脚蹼，飛行時脚跟伸直；而烏鴉及鵲類飛行時其脚屈曲縮於腹下。這表明先民已觀察到有蹼之鳥飛行時伸直脚，而無蹼或蹼不甚明顯的鳥類飛行時并不伸直腿脚，而將脚屈曲收於腹下。

再者，一些禽鳥之起飛與下落其姿勢不盡相同，先民對此亦有觀察。譬如，鷺起飛時徑起直飛；而從飛翔至下落，并不是直接下落着地，而是先飛近水面數尺，沿水面盤旋回翔後下落。此過程《埤雅·釋鳥》述之甚詳："又其翔集，必舞而後下……今鷺之集，每至水面數尺，則必低回、少盤，其勢與飛之時徑起特異，蓋其天性舞而後下。"一些禽鳥善於在高空乘風（藉上空風力）布翅滑翔，鳶即如此。晋葛洪《抱朴子·雜應》："師言，鳶飛轉高，則但直舒兩翅，了不復扇搖之而自進者，漸乘剄炁故也。"此處"剄"同"剛"，"炁"即古"氣"字，"剄炁"即剛氣，這裏是指鳶可利用高空氣流伸展雙翅以翱翔。

禽鳥之類，除了行走、飛行之外，還有一些極善游泳。如鸕鷀即是此類。《爾雅·釋鳥》："鷀，鴢鸂。"郭璞注："〔鷀，〕今之鸕鷀也。好群飛，沈水食魚，故名。"同是水鳥，但習性可能有較大差別，如鸕鷀善於潛水。《爾雅翼·釋鳥》："鷀，水鳥。色深黑，鈎喙，善没水中逐魚。亦名盧鷀。"再如《本草綱目·禽一·鸕鷀》亦云："亦如鴉，而長喙微曲，善没水取魚。"而鷗類則喜浮於水面，《埤雅·釋鳥》："鳧好没，鷖好浮。"鳧即野鴨，善没水中潛行；鷖即鷗類，常浮水面。李時珍《本草綱目·禽一·鷗》進一步説明："鷗者浮水上，輕漾如漚也。"還有一些禽鳥亦喜水，但不游水，衹是在淺水處涉行，稱之爲涉禽，如鷺即是此類。《埤雅·釋鳥》："鷺，一名舂鋤，步於淺水，好自低昂，故曰舂鋤也。"這是描寫白鷺涉行於淺水覓食的情形，時而低頭啄食，時而抬頭注視敵害。長頸高足之禽鳥大都有這些特徵。

（二）禽鳥之遷徙

遷徙是鳥類依季節不同而變更栖居地區的一種習性。在不同的季節裏，禽鳥在營巢地區與越冬地區之間進行移居，許多禽鳥具有這種習性。依據鳥類之遷徙與否常將鳥類分爲留鳥、候鳥、旅鳥與迷鳥。

所謂留鳥是指終年栖居於繁殖地區而不遷徙之禽鳥，如鴉、山雀、鴿類。有些禽鳥如啄木鳥、山斑鳩、長尾藍雀等，常夏居山林，冬栖平原，并不遠行，亦屬留鳥。候鳥是指那些隨不同季節而在巢居地與越冬地之間往返遷徙的鳥類。對某一地區而言，夏季遷至本地繁殖，秋季飛往南方暖地越冬，翌春返回原地的鳥類爲夏候鳥，如常見之家燕、白鷺、杜鵑等。夏季在北方繁殖，秋季遷來越冬之禽鳥稱冬候鳥，雁、鴨、鶴即屬此類。夏季在北方繁殖，冬季在南方越冬，衹在南北往來遷徙中途經本地者稱爲旅鳥，如鷸、沙錐、鶺類等。由於狂風或其他氣候條件影響，偶爾飄離正常棲居地而到他地的禽鳥稱爲迷鳥。

　　禽鳥是陸地生態系統之組成成分，要不斷地從外界環境獲得食物（營養）與能量，於是便與棲息環境發生緊密聯繫。而我國是跨寒溫帶、溫帶、暖溫帶、亞熱帶及熱帶五個氣候帶的國家，大部分地區具有明顯的四季。北方，冬季長而寒冷，氣溫低，食物少，一些禽鳥被迫遷徙到溫暖多食的南方；南方，夏季長而炎熱，某些禽鳥不宜生長繁殖，而要避暑北遷。於是形成了按季節遷徙的習性。我國先民早就發現了鳥類遷飛與季節有關。《五經鈎沈》："天霜，樹落葉，而鴻雁南飛。"（見明陳耀文《天中記》卷三）這講的是夏候鳥。天冷霜降，樹葉下落時鴻雁向南遷徙。晋左思《蜀都賦》："其中則有鴻儔鵠侣，鸞鷺鵁鶄。晨鳬旦至，候鴈銜蘆。木落南翔，冰泮北徂。"亦指出雁之遷徙與季節、自然環境有密切之關係，此處之"泮"依《玉篇·水部》云："泮，散也，破也。""冰泮"即冰消之意。意思是秋天天凉，樹木落葉時，雁向南方暖地遷飛；而至翌春，天氣轉暖，冰消雪融，雁則由南方飛回北方。

　　先民還認爲，禽鳥遷飛之原因是氣溫變化、寒暑轉換。《詩·小雅·鴻鴈》："鴻鴈于飛，肅肅其羽。"鄭玄箋："鴻鴈知辟陰陽寒暑。"孔穎達疏："大曰鴻，小曰鴈也。知避陰陽寒暑者，春則避陽暑而北，秋則避陰寒而南。"鳥類知避陽暑與陰寒，故而又隨太陽移動而遷徙，如《書·禹貢》："淮、海惟揚州。彭蠡既豬，陽鳥攸居。"孔傳："隨陽之鳥，鴻鴈之屬，冬月所居於此澤（彭蠡澤）。"孔穎達疏："此鳥南北與日進退，隨陽之鳥，故稱陽鳥。冬月所居於此彭蠡之澤也。"漢焦贛《易林》亦肯定了禽鳥隨太陽轉移而遷飛的特性："鴻雁南飛，隨陽休息。"漢王充同樣肯定雁之遷飛是爲了避寒或避暑，如《論衡·偶會》："鴈鵠集於會稽，去避碣石之寒……春雨適作，避熱北去，復之碣石。"漢張衡《鴻賦》："南寓衡陽，避祁寒也。"祁作"大"解，鴻寓衡陽是爲了躲避北方大寒。再如唐韓愈《鳴雁》詩："嗷嗷鳴雁鳴且飛，窮秋南去春北歸。去寒就暖識所依（一作'處'），天長地闊棲息稀。風霜酸苦稻粱微，毛羽摧落身不肥。"唐黃滔《鴈》詩："楚岸花晴塞柳衰，年年南北去來期。江城日暮見飛處，旅館月明聞過時。萬里風霜休更恨，滿川烟草且須疑。洞庭雲水瀟湘雨，好把寒更一一知。"明李時珍《本草綱目·禽一·鴈》集解引寇宗奭曰"鴈熱則即北，寒則即南，以就和氣"，皆說雁之遷徙與寒暑相關。

　　還有人認爲候鳥之遷飛與季節風向有關，雁類即如此。這可能與順風飛翔可藉風力以節省體能有關。《淮南子·修務訓》："夫鴈順風，以愛氣力；銜蘆而翔，以備矰弋。"晋崔豹《古今注·鳥獸》亦稱："鴈自河北渡江南，瘦瘠能高飛，不畏繒繳。江南沃饒，每至還河北，體肥不能高飛，恐爲虞人所獲，嘗銜蘆長數寸以防繒繳焉。"明謝廷贊《維園鉛摘》："予考雁從風而飛，春夏南風故北飛，秋冬朔風故南飛。"

　　禽鳥遷飛之具體時間與節令有關。先民對此亦有詳細考察與記載。《左傳·昭公十七年》："我高祖少暤摯之立也，鳳鳥適至，故紀於鳥，爲鳥師而鳥名。鳳鳥氏，歷正也；玄鳥氏，司分者也；伯趙氏，司至者也；青鳥氏，司啓者也；丹鳥氏，司閉者也。"此段文字是昭公十七年（前525），郯國君主郯子赴魯國會見魯國君主昭公時，介紹其先祖少暤（一作"少昊"）以鳥名官的建國故事。"鳳鳥"即鳳凰，知天時，故爲歷正，即專司曆數，以正天時之官。"玄鳥"即燕子，春分飛來，秋分飛去，故做司分之官。"伯趙"即伯勞，夏至始鳴，冬至乃止，故做司至之官。"青鳥"即鶬鴰，立春鳴，立夏止，故做司啓之官。"丹鳥"即錦鷄，立秋至，立冬去，故爲司閉之官。上述五官掌管一年四季之天時，鳳凰爲其總管官。這雖然是一個神話故事的歷史化，不免帶有許多神秘色彩，但故事中關於禽鳥"分、至、啓、閉"的觀察仍有研究價值。由此可以看到某些禽鳥之遷飛確實與農時節氣有密切關係。如常見之燕子大約於春分時節飛回古郯國（今山東郯城）及中原地區，而於秋分遷往南方；伯勞則於夏至飛來，冬至飛去。青鳥，如鳳頭麥鷄，夏季在東北各地繁殖，冬天至南方越冬，春秋季節遷徙中途經魯、豫諸地，成對或小群飛移鳴叫（謂之啓）。錦鷄（丹鳥）則於立秋來，而於立冬去。可見鳥類的遷飛與節氣有着密切關係。值得注意的是《左傳》中所說的遷飛與季節關係，是以山東南部（古郯國）之物候爲依據的，由於南北各地差异及古今氣候之變化，候鳥遷飛未必準循"分、至、啓、閉"之節律，很可能是在一定的時段、區間變動，但其大致是相對穩定的。譬如一些北方猛禽，遷飛之時間極爲穩定，先民多年觀察能確切地知道其越冬的具體時間。如唐段成式《酉陽雜俎·肉攫部》："取鷹法，七月二十日爲上時，内地者多，塞外者殊少；八月上旬爲次時，八月下旬爲下時，塞外鷹畢至矣。"鷹依時遷飛，届時張網捕獲，必有所得。

　　禽鳥遷飛之路徑，總體上說遍及全國各地，但具體到個別的種類則是相對穩定地遵循一定的路徑。如鴻雁之類，常北居碣石（今河北昌黎境），南寓衡陽（湖南）一帶。《淮南子》有"東歸碣石"之說，張衡《鴻賦》有"南寓衡陽"之句，王充《論衡·偶會》又有

“鶂鸛集於會稽，去避碣石之寒”。可見禽鳥之遷飛大都循從比較熟悉的路徑。但是不同的年份，不同的群體，有可能因遷徙條件變化而改變其路徑及目的地。當然不同的種類其遷徙路徑是各不相同的。

不同鳥類遷飛有其各自特徵。如雁類遷徙往往成行，此習先民早已熟知。《詩·鄭風·大叔于田》：“兩驂鴈行。”孔穎達疏：“兩驂與服馬，如鴈之行相次序也。”驂爲駕車時位於兩邊之馬，意思是説驂馬跑起來十分整齊而後於轅馬，前後依次而進，好像大雁飛行成行一樣。晋羊祜有《雁賦》專寫雁飛成行，奮力飛行以達目的地：“鳴則相和，行則接武。前不絶貫，後不越序。齊力不期而並至，同趣不要而自聚。”雁飛不僅成行，還往往排成八字或人字形隊列。宋蘇軾《物類相感志》卷八：“雁奴，陽鳥也……飛作人字在天。”古人對雁飛成行頗加讚賞，早就有“下大夫相見以雁”“兄之齒雁行”之言，比喻要效仿雁之排行論序。唐代詩人杜甫還將雁飛成行，視之如人具有高尚德行，其《遣興五首》詩之三云：“仰看雲中雁，禽鳥亦有行。”

至於其他禽鳥之遷飛，或成群成陣，或成雙成侶，不盡一致。如雨燕科之雨尾燕“常雙飛來去”。《南史·張景仁傳》：“霸城王整之姊……住户有鵲巢，常雙飛來去。”至於鷹隼之類猛禽，大多數爲候鳥，有些往往在同一時間内結群遷飛，飛行時不鳴不叫，衆多猛禽沿同一路綫同時進發，仰天觀之，蔚爲壯觀。

（三）禽鳥之食性

所謂食性，是指動物取食食料的習性。禽鳥是脊椎動物中極其活躍的種類，它們運動量大，新陳代謝旺盛，因此食量特別大，食性也特別雜。在長期生存適應過程中，不同的禽鳥形成了各自不同的食性特徵。一般地講，禽鳥依食物種類可分爲食肉類與食植物類兩大類，而食肉類禽鳥又因其取食食物不同分爲食肉鳥、食魚鳥、食蟲鳥等。應當指出的是，這種分類是人們按照禽鳥食性主要特徵劃分的，但自然界中鳥類之食性并無嚴格的界限，有些鳥以食肉爲主，但亦取食植物，而多數食植物禽鳥都可捕食昆蟲等動物性食物。

食肉鳥，以隼形目、鴞形目禽鳥爲主，它們捕食的食物有獸畜、禽鳥及爬行、兩栖動物。其中一些大型猛禽尚可攫食虎、豹、獐、鹿等野獸及牛羊類家畜。《格致鏡原》卷七九曾引多種文獻介紹食肉鳥的特性。如引晋郭璞《倉頡解詁》：“鶚，金喙鳥也，見則天下兵。能擊殺麏（獐）鹿。”宋彭乘《墨客揮犀》卷二：“鼓山有老僧，云數十年前曾登靈源洞，見一禽自海上至，身大如牛，翼廣二丈餘，下村瞳間低飛掠食，俄攫二大殺羊，復望海而去，識者云是虎鷹，能捉捕虎豹。"《穆天子傳》卷二："春山百獸之所聚也，飛鳥之所棲也……爰有白鳥青鵰，執犬羊，食豕鹿。"郭璞注："今之鵰亦能食獐鹿。"明謝肇淛《五雜俎·物部一》亦云："虎鷹能擒虎豹……今北方鷲鳥如鵰者，亦能搏麞鹿食之。鷲則彌大，能攫牛虎矣。"《南史》亦有"鷲鳥，波斯土山中有之，噉羊，爲土人患"之記載。唐李華《鵰執狐記》："鳥擊豐狐於中野。"有些猛禽如鷲、禿鷲等專嗜尸肉，如《説郛》卷六一引《林邑記》："西南遠界有靈鷲，能知吉凶，覘人將死，食尸肉盡乃去，家人取骨燒爲灰，投之於水。"還有些猛禽亦食小型鳥類，如舊題周師曠《禽經》："鷠曰鸇。"晉張華注："晨風也。向風搖翅，其回迅疾。狀類鷂，色青，搏燕雀食之。《左傳》云：'若鷹鸇之逐鳥雀。'"《格致鏡原》卷七九引《明一統志》云："北山夷産海青鳥，小而捷，能擒天鵝。"又引《鳥獸續考》云："鶻有二種……海東青與金眼鴉鶻皆能以小擊大，食天鵝、鷲鴇之屬；鴉鶻食鴻、鴈、鵲、鴉、鷗、鷺之屬；兔鶻食狸兔等獸。"又引《庶物異名疏》："鴇，一名鴻豹，謂鴇能食鴻也。"《埤雅·釋鳥》："鶻拳堅處大如彈丸，俯擊鳩鴿食之。"鷗鴟之類則以鼠類爲主要食物。唐劉恂《嶺表録異》卷中："北方梟鳴，人以爲怪，共惡之。南中晝夜飛鳴，與鳥鵲無異，桂林人羅取生鬻之，家家養使捕鼠，以爲勝狸。"明李時珍《本草綱目·禽四·鴞》［集解］引陳藏器曰："鴞即梟也……此鳥盛午不見物，夜則飛行，常入人家捕鼠食。"還有一些猛禽則專能食蛇等爬蟲。《爾雅翼·釋鳥》："鷲尤好啗蛇。"《格致鏡原》卷八一引《物類相感志》："《廣志》曰：鳩似鷹而大，如鴉，毛紫黑色……食蝮蛇及橡栗蛇。"又引《七修類稿》："鳩，毒鳥也……遇蛇則鳴，聲邦邦然，啄蛇食之。"

古人以"攫搏"描述猛禽捕食動物，頗爲貼切。攫爲會意字，從手，矍聲，本義作"手把"解（見《通俗文》）。乃以手取持之意。用以形容猛禽取食，則作"以爪抓取"解。搏亦有捕捉攫取之意。《史記·李斯列傳》："是故韓子曰：布帛尋常，庸人不釋；鑠金百鎰，盜跖不搏者。"司馬貞索隱："搏猶攫也，取也。凡鳥翼擊物必轉足取攫，故人取物亦云搏也。"由此可知猛禽取食是以爪抓取，并輔助以翼搏擊，然後用嘴撕扯吞食。所以食肉之鳥嘴強勁而彎曲呈鈎狀，腳粗壯而被厚鱗，翼強大而有力。故《格物總論》概括其特點："鷹，鷲鳥。金眼、鈎嘴、鐵爪、劍翮、善攖（即'攫'）搏，軍中多養之。"（見《格致鏡原》卷七九）食肉鳥類多數是白晝覓食，夜間休息，而鷗鴟類則多晝伏夜出，常於夜晚捕食。因此它們目大向前，且瞳孔大，易於光綫進入，視網膜感光性視杆細胞發達，極易感受微光以適應夜行生活。

　　食魚鳥多栖息於水域，它們主要捕食魚、蝦、蚌、蟹等水族動物。《格致鏡原》卷八〇引漢楊孚《異物志》："鸕鷀能没於深水取魚而食之。"《爾雅翼·釋鳥》有多處記述食魚鳥的習性："鷖，禿鶖也……必資魚肉菽麥稻粱之養。""鵜，水鳥，今之鵜鶘……水盡魚見，乃共食之。""雎鳩，鵰類，今江東呼之爲鶚。好在江渚山邊食魚，故《詩》云'關關雎鳩，在河之洲'也。"明李時珍《本草綱目》亦有多處描述鳥之食魚習性："〔鸕鷀〕長喙微曲，善没水取魚"（《禽一·鸕鷀》）。"〔鶚〕能翱翔水上捕魚食，江表人呼爲食魚鷹"（《禽四·鶚》）。"《嶺南異物志》言：吐蚊鳥，大如青鶄，大嘴食魚"（《禽一·蚊母鳥》）。鷺爲水鳥，常涉行淺水，"欲取魚則弭之"（《禽一·鷺》）。食魚鳥還能食蚌，"鷸蚌相持"之典故即是極好證明。《戰國策·燕策二》："蚌方出曝，而鷸啄其肉，蚌合而拑其喙。鷸曰：'今日不雨，明日不雨，即有死蚌。'蚌亦謂鷸曰：'今日不出，明日不出，即有死鷸。'兩者不肯相舍，漁者得而并禽（擒）之。"食魚之鳥獵食方法紛雜，嘴、脚之構造也有很大差异。潜鳥、鷿鷈、鸕鷀、秋沙鴨等潜水捕魚鳥類，其嘴側扁，上嘴喙有鋸齒，嘴尖彎而呈鈎狀，便於咬住黏滑的魚體。鷺類嘴尖直，便於立在淺水中啄魚而食。鷗類翼强，可長時間在水面上空飛翔，發現水中有魚，便可急速從低空衝入水中，用嘴銜住獵物，然後出水飛向空中食之。鶚則常用脚捕魚，其趾幾乎等長，且於趾下生有角質小刺，以便很好抓住黏滑魚體。翠鳥則大都停息在突出於水面之樹枝、植物莖秆等物體上，見魚兒游來，立即展翅飛下，直投入水，銜魚起飛，回歸原處，然後食之。

　　食蟲鳥類主要捕食各種昆蟲。明李時珍《本草綱目》有多處禽鳥食蟲的記載，如"諺云：'家有竹雞啼，白蟻化爲泥。'蓋好食蟻也"（《禽二·竹雞》）。又鳽鷈爲鷦鷯之一種，嗜食葦蠹，《爾雅》謂之剖葦，似雀而青灰斑色，長尾，好食葦蠹，亦鷦類也"（《禽二·巧婦鳥》）。啄木鳥是昆蟲之天敵，專食蛀入樹木枝幹的蛀蟲。舊題周師曠《禽經》："鴷志在木。"晋張華注："鳥巢木中，嘴如錐，長數寸。常斷樹食蠹蟲，喙振木，蟲皆動也。"《爾雅·釋鳥》："鴷，斲木。"晋郭璞注："口如錐，長數寸，常斲樹食蟲，因名。"宋羅願《爾雅翼》亦有如此之記述："鴷，斲木。口如錐，長數寸，常斲枯木，取其蠹，故以名云……此鳥啄端有鈎，嘗見其啄啄不止……蓋平時得蟲，則以鈎取之。"啄木鳥主要取食蛀入樹木枝幹內部的隱蔽性害蟲，如鞘翅目天牛科、吉丁蟲科的各種昆蟲及鱗翅目木蠹蛾類害蟲。食蟲鳥類的嘴變异較大，燕、雨燕、夜鷹等之嘴裂較深，口腔寬闊，適於在空中張口兜捕飛蟲。山雀及鶯科鳥類，多在林中捕食，嘴如鑷子，可啄食林中細小昆蟲。伯勞、黄鵙、杜鵑等，常捕食較大昆蟲，其嘴大都粗大。而啄木鳥適應啄木取蟲之方式，嘴强似鑿。食蟲鳥類中，有專食性類型，如蜂鷹、蜂虎等特别喜食蜂類，而綠啄木鳥則專食螞蟻，等等。

食植物鳥類數量極多，取食植物之種類亦頗複雜。有些嗜食植物種子、果實等。如唐段公路《北户録》卷一：“廣之南新勤春十州呼爲南道，多鸚鵡，翠衿丹觜（嘴），巧解人言，有鳴曲子如喉轉（囀）者，但小不及於隴右，每飛則數千百頭。食木葉榕實。”明李時珍《本草綱目·禽三·練鵲》集解引掌禹錫曰：“練鵲似鴝鵒而小，黑褐色。食槐子（籽）者佳。”《格致鏡原》卷七八《鸚鵡》引《珍珠船》曰：“南人養鸚鵡發瘴噤戰，以徐柑飼之則愈，不然必死。”《爾雅翼·釋鳥》：“雀，小佳，依人以居，其小者黃口，貪食易捕……蓋雀者啄粟之鳥。”正如《禽經》所云：“穀食短味。”食植物之鳥，嘴多粗短，有的呈圓錐狀，腸胃發達，有些盲腸亦很發達。啄食花粉之鳥嘴較小，舌可捲成小管；松鴉之類還有儲藏食物之習性，常將松子、柞實埋於苔蘚之下。雖然食植物鳥以植物爲主要食物，但完全食植之鳥是没有的。它們在夏季，特别是在育雛期，大都捕食昆蟲以增加營養。

人工飼養之家禽與觀賞鳥，其食性受人的干預較大，并受地域及經濟條件的影響。北魏賈思勰《齊民要術·養鵝鴨》：“鵝唯食五穀、稗子及草、菜，不食生蟲。”雌鴨催卵時，“純取雌鴨，無令雜雄，足其粟豆，常令肥飽，一鴨便生百卵”。明鄺璠《便民圖纂》卷一三：“棧鵝易肥法：稻子或小米、大麥不計，煮熟。先用磚蓋成小屋，放鵝在内，勿令轉側。門中木棒簽定，祇令出頭吃食，日喂三四次，夜多與食，勿令住口，如此五日必肥。”（此即俗稱之“填鴨”）由此看來，家禽之主要食物是五穀之類。至於“五穀”有不同説法，但多數是指稻、麥、粱、粟、豆。

觀賞類禽鳥之食物則因種類不同有極大差别。清金文錦《鶴鶉論》介紹了鶴鶉之主要食物及飼養方法：“食以紅穀、黃穀爲主，間食以青菜，牛肉亦可。”“每日食半嗉，即用手把之，待食歸胸腔，方可納之囊中。”《黃頭志》對黃頭之飼養則另有别法：“畫眉鬥騷，黃頭鬥膘，必養得膘足方可鬥。如肚皮上毛分開，即膘足矣……將粳米粉五合、鷄蛋黃四五個放竹筒内，用箸子不住攪拌，以均匀爲度，再用猪油炒好喂之。”“新黃頭不會吃粉者，先將粟穀灑粉上，誘之吃粉，待吃粉之後用蝦，用蝦之後用肉。”平時還用蠶蛹粉、紅脚花背壁蟢（一種蜘蛛）飼喂，以激起其鬥志。七月換羽則以稻苞蟲、竹苞蟲、竹蜂蟲、蒼耳窠、螳螂子、米蟲等喂飼。金文錦在《畫眉譜》中開列的食譜有鴨蛋黃、粳米、黃牛脊肉、羊腦、蠶蛹粉、蚱蜢、蟹肉、鰻粉、栗子、核桃等。

這裏特別要提出的是，我國先民早在兩千多年前就發現了生物取食的諸多有趣現象，其中最值稱道的是"螳螂捕蟬，黃雀在後"的故事。莊周將此吸納到他的哲學著作《莊子·山木》之中："莊周游乎雕陵之樊，睹一異鵲自南方來者，翼廣七尺，目大運寸，感周之顙而集於栗林。莊周曰：'此何鳥哉？翼殷不逝，目大不睹。'蹇裳躩步，執彈而留之。睹一蟬，方得美蔭而忘其身；螳蜋（螂）執翳而搏之，見得而忘其形；異鵲從而利之，見利而忘其真。莊周怵然曰：'噫！物固相累，二類相召也！'捐彈而反走，虞人逐而誶之。"先哲以螳螂捕蟬，黃雀在後，告誡人們做人處事不能衹顧眼前利益而忽略後患。漢劉向《說苑·正諫》又對此做了發揮："吳王欲伐荆。告其左右曰：'敢有諫者死。'舍人有少孺子者，欲諫不敢，則懷丸操彈游於後園，露沾其衣，如是者三旦。吳王曰：'子來！何苦沾衣如此？'對曰：'園中有樹，其上有蟬，蟬高居悲鳴飲露，不知螳螂在其後也；螳螂委身曲附欲取蟬，而不知黃雀在傍也；黃雀延頸欲啄螳螂，而不知彈丸在其下也。此三者皆務欲得其前利而不顧其後之有患也。'吳王曰：'善哉！'乃罷其兵。"《韓非外傳》亦載有此事，是講楚莊王將興師伐晋，孫叔敖以此作比喻加以諫止。我們除去上述哲學說教内容，可以清楚地看到，自然界中存在蟬食樹木，螳螂攝蟬，黃雀啄螳螂，而人又彈雀這種連鎖關係。這就是今人所稱之"食物鏈"。先民還進一步闡明生物之間的食與被食是靠各自體力、智力相互制約的。《列子·說符》："齊田氏祖於庭，食客千人，中坐有獻魚、鴈者，田氏視之，乃嘆曰：天之於民厚矣，殖五穀，生魚鳥，以爲之用。衆客和之如響。鮑氏之子，年十二，預於次，進曰：不如君言，天地萬物，與我並生類也。類无貴賤，徒以小大智力而相制，迭相食，非相爲而生之；人取可食者而食之，豈天本爲人生之？且蚊蚋嘬膚，虎狼食肉，非天本爲蚊蚋生人、虎狼生肉者哉。"生物種類并無貴賤之分，一類取食他類而又爲另類所食，憑的是各自的體魄、力量與智力之大小、高下，相互制約。正所謂"優勝劣汰，適者生存"，這是一種自然規律。

生物群落與其相互聯繫的生存環境構成了一個複合體，現代人稱之爲生態系統。這個系統具有複雜的結構和功能，各種生物通過自身的新陳代謝，使群居在一起的各種生物之間及生物體與環境之間發生緊密的聯繫，形成物質循環與能量流動。食物鏈是物種之間通過互相攝食而形成的鏈鎖關係。比如綠色植物通過光合作用將空氣中的二氧化碳和從土壤中吸收的水分合成有機物質，并將太陽輻射能轉化成化學能固定在有機質中。綠色植物被稱爲第一性生産者或初級生産者；綠色植物形成的有機質與能量，又會被其他生物，如昆蟲或別的食草動物攝食，形成昆蟲或其他食草動物的有機體，這些食草動物被稱爲初級消費者或第二性生産者；第二性生産者（食草動物）又可能被食肉動物取食，形成新的有機體，這些食肉動物被稱爲次級消費者或第三性生産者；這些食肉動物還可能被人或其他食肉動物攝食……直到最後，所有的生物體最終都會衰老死亡，而被微生物分解，又變成二氧化碳與水歸還於大氣與土壤，并將能量隨之釋放，完成了物質的循環與能量流動。這種甲生物被乙生物攝食，丙生物又將乙生物攝食的關係，如同鏈鎖一樣環環相扣，被稱爲“食物鏈”。食物鏈關係是自然界紛繁生物間相互聯繫的最基本關係，也是生態系統内調整各種生物間關係最有力的杠杆。食物鏈關係是現代人總結而成的，但像螳螂捕蟬這樣的食物鏈關係，早在二千多年前我國先民便已發現并對其加以總結，還吸納入哲學著作中用以教育後人，這是極其難能可貴的。

（四）禽鳥之領域與爭鬥行爲

禽鳥大多有領域行爲，即各自保持一定活動範圍的行爲。禽鳥的領域又分爲營巢領域、活動領域、取食領域。鶡即褐馬鷄（ *Crossoptilon mantchuricum* ），便具領域行爲。三國魏曹植《鶡賦》序曰：“鶡之爲禽猛氣，其鬥，終無勝負，期於必死。”賦云：“美遐圻之偉鳥，生太行之崇阻……降居檀（擅）澤，高處保岑。游不同嶺，棲必異林。若有翻雄駿逝，孤雌驚翔，則長鳴挑敵，鼓翼專場。”這裏描述了一隻取得爭鬥勝利之雄鶡飛揚跋扈的神態，先“降居檀（擅）澤，高處保岑”，占領了一片疆域，然後經鬥取勝，又“長鳴挑敵，鼓翼專場”，獲得新的領地。晋潘岳《射雉賦》：“涉青林以游覽兮，樂羽族之群飛……屬耿介之專心兮，矜雄艷之姱姿；巡丘陵以經略兮，晝壃衍而分畿。”此處“經略”爲籌劃意，“畿”作疆域邊際解，是説雉鳥有强烈的占有欲，常炫耀其俊艷雄姿，巡視高低場地，劃分出它們要占領的領域。宋羅願將潘岳之描述更加形象化，《爾雅翼・釋鳥》：“澤雉十步一啄，百步一飲，因地之壃衍以爲疆界，分而護之，不相侵越。一界之内，要以一雄爲主，餘者雖衆莫敢鳴。”宋陸佃亦曰：“雉死（性）耿介，妒壃護疆善鬥，雖飛不越分界。”這是説雉以地上高低不同的目標作界，標示自己的疆域，各自守護，不相侵擾，而一域之内唯有一隻雄雉爲主要占領者，餘皆服從之。翠鳥亦有此領域行爲。《埤雅・釋鳥》：“俗説翡翠各據溪曲以居，以自藏匿，猶雉之分畿，雖飛不越分域也。”翡翠以捕魚爲食，又在岸邊營巢，所以據溪曲以爲居，占領較大地盤以滿足營巢、活動及取食需要。即便是體小身弱的鳴禽也有力圖獨霸一方的領域行爲。如清陳均《畫眉筆談》:"雄者最善鳴,雌者否。性尤嗜鬪,居山中必獨踞一地,不使他雄或過,過即力鬪。"至於家禽,雖馴化多年,却依然保持着這一多年形成的習性。如《爾雅翼·釋鳥》:"〔鵝〕性絕警,每更必鳴,可以警盜。"此鵝雖係家養,但仍保留其祖先的特性,所以鳴者,是恐他人入侵自己的領域,并非是爲主人報警,而是防備他人靠近騷擾,這也是一種保護領域的行爲。其他的鳥類,特別是猛禽類亦皆具領域行爲。

禽鳥之争鬪亦往往是因爲争奪領域、食物或者是爲了生殖而進行的。《禽經》早有"鵞鶉,野則義,豢則搏"的説法。先民很早也發現了禽鳥之争鬪特性,并於二千多年前已開始鬪鳥取樂。

如《莊子·説劍》有"此庶人之劍無異於鬪雞"之説。《列子·黃帝》更有"紀渻子爲周宣王養鬪雞"之記載。《世説新語·忿狷》亦記述"桓南郡小兒時與諸從兄弟各養鵝共鬪"之事。鬪雞成了古代統治者及士大夫的一種消遣玩樂方式。人們鬪雞時還往往用狸之脂膏塗於雞頭,以使對方畏怯,從而戰勝對方。如三國魏曹植《鬪雞篇》:"長鳴入青雲,扇翼獨翱翔。願蒙狸膏助,常得擅此場。"唐韓愈、孟郊《鬪雞聯句》描寫鬪雞亦極爲精彩:"大雞昂然來,小雞竦而待。崢嶸顛盛氣,洗刷凝鮮彩。高行若矜豪,側睨如伺殆。精光目相射,劍戟心獨在,既取冠爲胄,復以距爲鐓。天時得清寒,地利挾爽塏。磔毛各噤瘁,怒瘿争磈磊。俄膺忽爾低,植立瞥而改。脰膊戰聲喧,繽翻落羽皠。中休事未决,小挫勢益倍。"《左傳·昭公二十五年》還有"季氏介(芥)其雞"的方法。杜預注"擣芥子播其羽也,或曰以膠沙播之爲芥雞",即以芥子(*Brassica junacea*)粉之特殊氣味欲勝對方。此法相沿於後世。南朝梁劉孝威《鬪雞篇》詩,其中提到以芥粉塗雞相鬪事:"丹雞翠翼張,妒敵復專場。翅中含芥粉,距外耀金芒。"鬪雞之風沿於後世,隨處可見。如宋梅堯臣《宛陵集》卷五:"《晚泊觀鬪雞》:'舟子抱雞來,雄雄峙高岸。側行初取勢,俯啄示無憚。先鳴氣益振,奮擊心非惬。勇頸毛逆張,怒目眥裂肝。血流何所争,死鬪欲充玩。應當激猛毅,豈獨專晨旦。勝酒人自私,粒食誰爾唤。緬懷彼興魏,傍睨當衰漢。徒然驅國衆,曾靡救時難。群雄自苦戰,九錫邀平亂。寶玉歸大奸,干戈托奇算。從來小資大,聊用一長嘆。"兩雞相争,旅者觀鬪,激烈場面躍然紙上。古代鬪鴨亦成風習,自然就會出現專供飼養鬪鴨的機構與設施。三國時,東吳建昌侯孫慮曾作鬪鴨欄,陸遜曾力勸毀之。宋蕭常《續後漢書·吳載記十》:"時建昌侯慮於堂前作鬪鴨欄,頗施小巧,遜正色曰：君侯宜勤覽經典以自益，用此何爲？盧即毀之。”《湖廣通志·古迹志·臨湘縣》亦記有此事：“鬥鴨欄在縣東北十五里，按舊志引吳建昌侯孫盧作鬥鴨欄事，應在今武昌縣，此傅會也。”先民還發現褐馬雞最善爭鬥。如晉郭璞《鶡贊》：“鶡之爲鳥，同群相爲。儔類被侵，雖死不避。”這是説鶡鳥成群，同栖一地，如果有越境來犯者，必赴死相助，與之爭鬥。《爾雅翼·釋鳥》亦云：“〔鶡〕性尤相黨，其同類有被侵者，輒往赴救之。其鬥大抵一死乃止，曹植賦所謂‘雙戰隻僵’者也。”《本草綱目·禽二·鶡雞》：“〔集解〕時珍曰：……性愛其黨，有被侵者，直往赴鬥，雖死猶不置。”雉亦善鬥，特別是同類之間常常死鬥，李白《雉朝飛》“啄食飲泉勇氣滿，爭雄鬥死繡頸斷”就是描寫雉類同類相爭的激烈戰鬥場面，直鬥得繡頸折斷。竹雞亦屬同類相鬥之鳥類。《本草綱目·禽二·竹雞》：“〔集解〕時珍曰：竹雞生江南，川、廣處處有之，多居竹林。形比鷓鴣差小，褐色多斑，赤文。其性好啼，見其儔必鬥。捕者以媒誘其鬥，因而網之。”

　　禽鳥生殖搏鬥是其一大特點。《爾雅翼·釋鳥》：“鶉性雖淳，然特好鬥。”鶉之鬥主要是雄性相鬥，鬥是爲了獲得交配權，是生殖之需要。已經生殖之禽鳥爲保護幼鳥往往不惜付出生命代價與危害幼鳥的敵人做殊死搏鬥，如《文子·上德》：“乳犬之噬虎，伏雞之搏狸，恩之所加，不量其力。”這是説哺乳時的犬可以與虎爭鬥，孵化後育雛之母雞，敢於奮起與來犯之狸爭鬥，這種親禽護幼的行爲是超常的舉動。《易林》也記述過“十雌百雛，常與母俱。抱雞搏虎，誰敢害者”的事，説的是雌雞護雛，群起搏虎，其力量是不可忽視的。

　　禽鳥之爭鬥并非一定要“打鬥”直到頭破血流，有時還常表現爲鳴叫、換羽等方式。鳴叫既是激勵爭鬥的號角，也是炫耀勝利的凱歌。雄雞爭鬥之前大多先咯咯鳴叫，而爭鬥獲勝者則往往鳴叫不止。正如《尸子》卷下曰：“戰如鬥雞，勝者先鳴。”《埤雅·釋鳥》：“〔孔雀〕性頗妒忌，自矜其尾。雖馴養已久，遇婦人、童子服錦彩者，必逐而啄之。每欲山棲，先擇置尾之地。”孔雀對人尚且妒之若此，同儔相爭更不在話下。許多禽鳥如紅腹角雉（ *Tragopan temminckii* ），繁殖期雄鳥生藍色肉角與艷麗的肉裾，以吸引雌性角雉的注意，亦是向同性角雉發起的挑戰。凡此種種，不一而足。

　　（五）禽鳥之鳴叫

　　《禽經》曰：“鷇將生，子呼母應；雛既生，母呼子應。”晉張華注：“鳥伏（孵）卵將成，子鳴於鷇，母應之；鳥既雛，母呼則子應之。”“鷇”音kòu，作“待母哺食之幼鳥或鳥子、鷄雛”解，或曰未生毛羽之幼鳥。意思是説鳥子或鷄雛孵化後期尚未出殼時，在卵殼內呼叫，母鳥可在殼外應之；而當幼鳥出殼之後，母鳥呼之而子鳥相應。這說明一個道理，即鳴叫是禽鳥與生俱來的本能。

先民對禽鳥因何鳴叫亦有極深刻的認識。《周易·乾》："同聲相應，同氣相求……各從其類。"先民以爲動物界同類之間以聲相應，以氣相求，是動物之本能。可以說聲音是禽鳥與同類聯絡、溝通信息的方式，是情感交流的手段。宋王柞《補禽經説》進一步闡述了禽鳥鳴叫傳達的信息："鶯以喜囀，烏以悲啼，鳶以飢鳴，鶴（一本作'鴰'）以潔唉，梟以凶叫，鷗以愁嘯。"明人陳繼儒《珍珠船》亦載有此説。這表明先民觀察到禽鳥之鳴叫與其感情、情緒有關，禽鳥可能會因爲喜悦、悲愁、憤怒、驚恐、痛楚、孤獨等而發出鳴聲，鳴叫之目的是呼喚同類、聯絡同伴、招引异性、尋覓食物、恫嚇敵人、歡呼勝利（争鬥之後往往如此）等。總之，禽鳥是以鳴聲爲載體，傳遞各種各樣的信息，比如取食、遷飛、求偶、示警、歡慶等。

禽鳥的鳴叫各式各樣，先民將輕叫曰啾，低語曰喃，群鳴曰噪，長鳴曰嘯，孤鳴曰吟，呻吟曰咿，歡吟曰哢、喧嘩曰嘡，朝鳴曰嘲，夜鳴曰哦，婉轉鳴叫曰囀，雌雄相應鳴叫曰和鳴，等等。人們對禽鳥鳴叫耳熟能詳，還用不同的詞彙形容各種禽鳥之鳴叫，極其形象逼真，如雀鳴喞喞，烏鳴啞啞，鷄鳴喔喔，鵲鳴喳喳，鴻雁嗷嗷，水鳥嘎嘎，等等。人們還發現，儘管其鳴聲多樣，但其鳴叫之基調基本不變，如《淮南子·原道訓》所云："故夫鳥之啞啞，鵲之喳喳，豈嘗爲寒暑燥濕變其聲哉！"所以人們往往聞其鳴聲便知其鳥。先民通常將禽鳥鳴叫分成三類：一是啼鳴，音節短促，不甚悦耳，如伯勞等；二是鳴聲婉轉，悦耳動聽，人們稱其爲"歌禽"，如黃鸝、烏鶇、畫眉等；三是巧於模仿，善學人言者，如鸚鵡、八哥等，被稱爲"能言鳥"。

禽鳥之鳴叫除隨種類不同而异外，還隨一年四季之季節節律而改變，正所謂"以鳥鳴春，以蟲鳴秋"。這種變化早在二千多年前已爲先民所熟知。《呂氏春秋》載有"仲春之月（二月）……蒼庚（黃鸝）鳴"，"季春之月（三月）……鳴鳩（斑鳩）拂其羽"，"仲夏之月（五月）……鵙（伯勞）始鳴，反舌（烏鶇）無聲"。《史記·曆書》："昔自在古，歷建正作於孟春，於時冰泮發蟄，百草奮興，秭鴂先滜。"司馬貞索隱："謂子鴂鳥春氣發動，則先出野澤而鳴也。"《後漢書·襄楷傳》曰："布穀鳴於孟夏。"民間還傳有"題鳩鳴而草衰，澤雉啼而麥齊"之説（見《禽經》）。這些都説明禽鳥之鳴叫隨季節變化的規律，可能與其取食、遷飛、求偶及領域行爲有密切關係。不僅如此，禽鳥之鳴叫還與晝夜變化有關，人們常說"雞司晨，犬守夜"，是說雄雞每至清晨於高處鳴叫報曉，從不誤時。如《尸子》卷下："使星司夜，月司時，猶使雞司晨也。"唐李咸用《早雞》詩"錦翅朱冠驚四鄰，稻粱恩重職司晨"便是說的這個意思。先民從實踐中認識到，禽之鳴叫是天性與物理使然，是遺傳特性，是一種自然規律。明周琦《東溪日談錄·物理談》："雞司晨，犬司夜，皆自然之理也，豈人所命哉？物有物之性也。"所以禽鳥鳴叫是自然選擇的必然結果。明胡廣輯《性理大全書》卷二九："河東侯氏曰：萬物資始於天，天所賦與者爲命。命，天之所命也，物受命於天者爲性。性，物之自有也。草木之不齊，飛走之異稟，然而動者動，植者植，天機自完，豈非性乎。馬之性健而健，牛之性順而順，犬吠盜，雞司晨，不待教而知之，豈非率性乎。"儘管其將禽鳥鳴叫說成是天命，但也不得不承認"馬之性健而健，牛之性順而順，犬吠盜，雞司晨，不待教而知之，豈非率性乎"。

禽鳥鳴聲特別爲人們所喜歡和鍾愛。《藝文類聚》卷三一引晋張華《答何劭》詩："屬耳聽鳴禽，流目玩鯈魚。從容養餘日，取樂於桑榆。"元刁震享《偶題西藍》詩："雲幢霧幄翠陰濃，静廕西藍百畝宮。冷透窗軒松竹影，香生池沼芰荷風。鳴禽隔葉數聲巧，流水穿莎一徑通。安得世間清净福，拂衣來作住菴翁。"明吳之鯨《武林梵志·北山分脈》引僧明殊《過白衲》詩："衲僧深隱處，麋鹿自成群。曲徑依山轉，鳴禽隔竹聞。澗飛晴日雨，嵐散霽時雲。坐久不知去，長歌逗夕曛。"《日下舊聞考·京畿》引《御製隆福寺行宮六景》詩："愛聽鳴禽聲迥别，每看過鹿友相同。"《國朝宮史》卷一四引《御製暮春瀛臺泛舟（丁卯）》詩："緑柳絲絲暎畫船，沿洄如坐鏡中天。杏桃破蕚鋪春色，鳧雁乘波没曉烟。錦纜牙檣喤綺靡，湖光雲影得安便。棹歌底借黄頭發，夾岸鳴禽勝管絃。"有些被豢養以爲觀賞的禽鳥，在長期玩賞中，人們總結了許多飼養經驗與訓練其鳴叫的方法；一些文人墨客還在賞鳥過程中以物喻理，藉物言志，創作了無數詩詞歌賦，形成了獨具特色的鳥文化。詳見本卷《習見禽鳥説·鳴禽考》。

（六）禽鳥之寄生現象與"鳥鼠同穴"

寄生是指一種生物生活在另一種生物的體內或體表，并從寄主處取得營養維持其生活的一種生存方式。蟣虱寄生於人體表面、蛔蟲寄生於消化道是人所共知的，禽鳥之寄生現象亦早爲先民所熟知。

《詩·召南·鵲巢》："維鵲有巢，維鳩居之。"鵲即喜鵲，鳩即杜鵑鳥，譯成今文是"喜鵲築起巢，杜鵑進來居住"。這就是俗話説的"鵲巢鳩居"。不僅如此，"維鵲有巢，維鳩方之"。杜鵑不僅强占了鵲巢,而且出入自由,來來去去。甚至"維鵲有巢,維鳩盈之",杜鵑還擠滿了鵲巢。這是兩千多年前人們觀察到的杜鵑幼鳥寄生他鳥巢的生活習性。之所以如此,古人解釋説:"鵲善爲巢,其巢最爲完固。鳩性拙不能爲巢,或有居鵲之成巢者。"(見宋朱熹《詩集傳》)。唐杜甫將此現象描述得更爲詳盡具體,其《杜鵑》詩曰:"西川有杜鵑,東川無杜鵑……我昔游錦城,結廬錦水邊。有竹一頃餘,喬木上參天。杜鵑暮春至,哀哀叫其間。我見常再拜,重是古帝魂。生子百鳥巢,百鳥不敢嗔。仍爲餧其子,禮若奉至尊……"杜鵑産卵於"百鳥巢",百鳥不嗔不怪,還將杜鵑幼鳥精心喂養。對這種寄生(寄養)現象,杜甫還在《杜鵑行》中進一步描述:"寄巢生子不自啄,群鳥至今與哺雛。"宋羅願《爾雅翼·釋鳥》亦有類似描述:"子嶲……其産子於百鳥之巢,鳥或從而哺之。"明李時珍《本草綱目·禽三·杜鵑》亦云:"惟食蟲蠹,不能爲巢,居他巢生子。"明梁寅《詩演義·國風·周南》更解釋道:"鵲爲巢,知太歲所在,故背太歲向太乙,巢取木杪之枝,不取其墮地者,故謂之乾鵲。鳩性拙,不能爲巢,有居鵲巢中者,如鵓鳩是也。"

杜鵑之寄生現象古人多是"定性"或説是籠統地描述,直到20世紀我國動物學家對此纔有確切的觀察與描述。壽振黃觀察到杜鵑寄主主要有大葦鶯(*Acrocephalus arundinaceus*)與灰喜鵲(*Cyanopica cyana*)等。傅桐生等還觀察到杜鵑先將卵産於地上,然後用嘴將卵銜入灰脚柳鶯(*Phylloscopus tenellipes*)等小鳥巢中。鄭作新觀察到杜鵑屬中的鷹鵑(*Cuculus sparverioides*)、四聲杜鵑(*C. micropterus*)、大杜鵑(*C. canorus*)、中杜鵑(*C. saturatus*)、小杜鵑(*C. poliocephalus*)、栗斑杜鵑(*C. sonneratii*)、八聲杜鵑(*C. merulinus*)及金鵑(*Chalcites ssp.*)、烏鵑(*Surniculus lugubris*)、噪鵑(*Eudynamys scolopacea*)等具有卵寄孵型寄生現象。人們還觀察到寄生卵之顏色常隨寄主卵的顏色而改變,唯卵形與大小仍保持其本種的特點。

牛背鷺(*Bubulcus ibis*)又名黃頭鷺,是一種涉禽,分布於陝西、四川、西藏及南方各省。也是一種寄生性禽鳥,平時停息於牛背之上,專嗜食牛背上的虱子,所以得名牛背鷺。

如前已述,鴉形目許多種類多不自營巢,往往借巢産卵,從某種意義上説也是一種寄生現象。

"鳥鼠同穴"是鳥與鼠類同穴共居的現象。先秦時人們已熟知此事,并將鳥鼠同穴處命名爲"鳥鼠同穴山"。如《書·禹貢》:"導渭自鳥鼠同穴。"孔傳:"鳥鼠共爲雌雄,同穴

鳥鼠同穴圖
（清蔣廷錫《古今圖書集成·禽蟲典》）

處此山，遂名山曰鳥鼠，渭水出焉。”秦漢時人們已分辨出同穴而居的鳥、鼠種類與名稱，并認定這是一種天然習性。如《爾雅·釋鳥》：“鳥鼠同穴。其鳥爲鵌，其鼠爲鼵。”郭璞注：“鼵如人家鼠而短尾，鵌似鵽而小，黃黑色。穴入地三四尺，鼠在内，鳥在外。今在隴西首陽縣鳥鼠同穴山中。”邢昺疏：“李巡云：鵌、鼵，鳥、鼠之名，共處一穴，天性然也。”《山海經·西山經》亦云：“又西二百二十里，曰鳥鼠同穴之山。其上多白虎、白玉。渭水出焉。”嗣後，有多種典籍曾記載過鳥鼠同穴現象。如《宋書·吐谷渾傳》描述過青海沙州“雀鼠同穴”事：“屈真川有鹽池甘谷嶺北有雀鼠同穴。或在山嶺，或在平地。雀色白，鼠色黃。地生黃紫花草便有雀鼠穴。”唐李吉甫《元和郡縣圖志》記載唐元和間，甘肅渭源發現鳥鼠同穴，稱鳥色青，如家雀，鼠色黃，如家鼠。此後歷代文獻多有類似之記載。如宋曾公亮等《武經總要前集·邊防·玉門關》：“〔鳥鼠同穴山〕渭水出於山中，有鳥如家雀，色小白；鼠小黃而無尾，同穴。”明陶宗儀《説郛》卷六一下引段國《沙州記》：“鳥鼠同穴山，鳥如家雀，色小白。鼠小黃而無尾，凡同穴地皆肥沃，壤盡軟熟如人耕，多生黃花、紫草。”明顧起元《説略》卷三〇：“今鳥鼠同穴山，在渭源縣二十里，俗呼爲青雀山。實有鳥與鼠同處於穴。又甘肅永昌衛山中亦有此異，鳥則灰白色，夷名本周兒；鼠則如郭璞所云夷名苦术兀兒。”明人岳正《蒙泉雜言》記述甘肅莊浪地區人們見到鳥鼠同穴出入，彼此親近，其鳥似雀稍大，頂有毛角，其鼠唇缺如兔而蓬尾似鼬。焦竑《焦氏筆乘續集·鳥鼠同穴》引《甘肅志》：“凉州之地有兀兒鼠者，形狀似鼠，尾若贅疣。有鳥曰本周兒者，形似雀，色灰白，常與兀兒鼠同穴而處，所謂‘鳥鼠同穴’也。”清張鵬翮《奉使俄羅斯日記》記載有蒙古鳥鼠同穴之事。方觀承《從軍雜記》，亦記蒙古境内有鳥鼠同穴，鳥如長頸雀，鼠黃色。午間，鼠守穴口，鳥立鼠背。而徐松在新疆伊犁賽里木曾親睹鳥鼠同穴現象，其所撰《西域水道記》中云：“賽里木淖爾東岸有鳥鼠同穴者。鼠如常鼠，鳥長尾綠身如鵲而小。黎明，鳥先飛翔，鼠蹲穴口顧望，漸走平地。鳥來集鼠背，張翼以噪，鼠往返馳而鳥不墜，良久乃已。是即《爾雅》鵌、鼵。”

　　鳥鼠同穴歷來不全爲人所承認，有質疑詰難者屢見不鮮。宋代學者程大昌、蔡沈便以爲鳥鼠同穴是“怪誕不經”之事。我國著名動物學家陳楨於 1955 年、1958 年曾就此問題做過專門研究，他引證了二十多篇國內外學者之考察論著，認爲鳥鼠同穴是客觀事實，反駁了程大昌、蔡沈之說。證如，俄國人 ПреВаЛвскИЙ，1887 年來華考察，在西藏、青海、甘肅先後觀察到鳥鼠同穴現象，他在報告中稱，見之於青、藏“鳥鼠同穴”之鳥爲棕頸雪雀（*Montifringilla ruficollis*）、棕背雪雀（*M. blanfordi*），鼠爲拉達克鼠兔（*Ochotona ladacensis*），二者同穴而居。而在甘肅所見者乃黑喉雪雀（*M. davidiana*）與黃鼠（*Citellus dauricus*）同穴而居。1914 年 A. C. Sowexby 在內蒙古鄂爾多斯所見之鳥鼠同穴，同穴鳥是沙鵰（*Oenanthe isabellina*），同穴鼠亦爲黃鼠（*Citellus dauricus*）。據此，由彭萬程刊刻了新的“鳥鼠同穴”圖，“鳥鼠同穴”現象得到了學術界與世人的公認。

　　中華人民共和國成立後，我國學者亦先後觀察到鳥鼠同穴現象。如 1959 年鳥類學家錢燕文與獸類學家張潔在新疆天山南麓巴音布魯克見到角百靈（*Eremophila alpestris*）與長尾黃鼠（*Citellus undulatus*）同穴，在天山東部之查汗努爾達坂曾見到穗鵰（*Oenanthe oenanthe*）與阿爾泰旱獺（*Marmota bobak baibacina*）同穴。動物學家沈孝宙、林永烈、王宗禕在青藏高原針對鳥鼠同穴現象進行了十三個月的連續觀察，結果發現鳥類實際是在鼠類之弃穴中生活。比如他們發現地山雀（*Parus humilis*）及棕頸雪雀營巢於蒙古鼠兔（*O. dauurica*）之弃穴中，而白腰雪雀（*M. taczanowskii*）、棕背雪雀、赭紅尾鴝（*Phoenicurns ochruros*）營巢於鼠兔弃穴內。他們還觀察到，當鼠兔接近雪雀栖息之穴口，或因躲避敵害而誤入鳥穴時，鳥類會立即將其逐離洞穴。

　　總之，鳥鼠同穴是發生在中國北部與西部地區的鳥鼠共生的特殊現象。人們記錄到的同穴鳥約有八九種，鼠類則以黃鼠、旱獺、鼠兔爲主。在非繁殖季節，鳥鼠同居一穴之不同部位，利用同一洞口出入。在洞外活動時，偶過敵害，鳥、鼠往往鳴叫，互相示警，躲避危害，體現了不同物種間之互助作用。每當繁殖季節，鳥類利用鼠類之弃穴營巢，或用鼠洞之一部分堵口營巢，或趕走原居鼠類，奪而居之。

五、禽鳥之物候

物候是指生物之生命周期現象（如植物之發芽、開花、結實，候鳥之遷徙，某些動物之冬眠等）與節候的關係。一切生物其生長、發育、遷移、蟄伏、生殖、衰老、死亡等無不與生存環境條件、季節節律相關聯，具有一定的相關性。

中國是物候學發展較早的國家之一。相傳在三皇五帝時代，人們已掌握了一年四季之分別（見《書・堯典》）。夏商時期可能已有了節氣的劃分。如《左傳・僖公五年》：“凡分、至、啓、閉，必書雲物，爲備故也。”依杜預注，“分、至、啓、閉”的含義是：“分，春、秋分也；至，冬、夏至也；啓，立春、立夏；閉，立秋、立冬。雲物，氣色、灾變也。……素察妖祥逆爲之備。”孔穎達進一步説明了“分、至、啓、閉”之劃分：“一年分爲四時，時皆九十餘日，春之半、秋之半晝夜長短等，晝夜中分百刻，故春秋之半稱春秋分也；冬之半、夏之半晝夜長短極，極訓爲至，故冬夏之半稱冬夏至也。四時之氣寒暑不同，春夏生物，秋冬殺物，生物則當啓，殺物則當閉，故立春、立夏爲啓，立秋、立冬爲閉。”《左傳》之意是説，凡在春分、秋分、夏至、冬至、立春、立夏、立秋、立冬，要記載天象、氣象及生物活動，以備生活、生產參考。《左傳・昭公十七年》還講到郯子之先祖少暭以鳥類爲圖騰，命玄鳥（燕子）爲司“分”之官，伯趙（伯勞）爲司“至”之官，青鳥（麥鷄）爲司“啓”之官，丹鳥（錦鷄）爲司“閉”之官，鳳鳥（鳳凰）爲其總管“歷正”。之所以以鳥名官，是因爲這些禽鳥“信而有徵”。燕子春分至而秋分去，故以玄鳥稱管理春分、秋分之物候記錄官；稱爲伯趙官（伯勞官）的管理夏至、冬至的物候記錄；而以叫作青鳥、丹鳥之二官管理立春、立夏及立秋、立冬之物候記載。這説明在新石器時代晚期（三皇五帝時期）已有了動物物候的觀察，至少是春秋時期我國已正式確切地有了八個節氣與其指示動物物候的正式記錄。

夏、商、周三代，我國已經有了月令物候記錄。如《夏小正》常被視爲夏代之曆書（可能係後人據夏代流傳下來的資料整理而成），其中便有諸多生物（含動物、植物）十二月令之物候記錄。今以《玉海》本《夏小正》爲樣本，將關涉禽鳥之物候摘録并簡釋附後以供讀者參考。原文是：“正月啓蟄。鴈北鄉。雉震呴。魚陟負冰。農緯厥耒。初歲祭耒。始用畼。囿有見韭。時有俊風。寒日滌凍塗。田鼠出。農率均田。獺祭魚。鷹則爲鳩。農及雪澤。初服於公田。采芸。鞠則見。初昏參中。斗柄縣在下。柳稊。梅杏杝桃則華。緹

縞。鶏桴粥。二月往穮黍。禫。初俊羔助厥母粥。綏多女士。丁亥，萬用入學。祭鮪。榮
堇。采蘩。昆小蟲抵蚳。來降燕乃睇。剥鱓。有鳴倉庚。榮芸。時有見。稊始收。三月，
參則伏。攝桑。委楊。羍羊。穀則鳴。頒冰。采識。妾子始蠶。執養宮事。祈麥實。越有
小旱。田鼠化爲鴽。拂桐芭。鳴鳩。四月，昴則見。初昏南門正。鳴札。囿有見杏。鳴
蜮。王萯莠。取荼。莠幽。越有大旱。執陟攻駒。五月，參則見。浮游有殷。鳩則鳴。時
有養日。乃瓜。良蜩鳴。匽之興五日翕。望乃伏。啓灌藍蓼。鳩爲鷹。唐蜩鳴。初昏大火
中。種黍菽糜。煮梅。蓄蘭。頒馬。六月，初昏。斗柄正在上。煮桃。鷹始摯。七月，莠
藋葦。狸子肇肆。湟潦生苹。爽死。苹莠。漢案戶。寒蟬鳴。初昏。織女正東鄉。時有霖
雨。灌荼。斗柄縣在下則旦。八月，剥瓜。元校。剥棗。栗零。丹鳥羞白鳥。辰則伏。鹿
人從。鴽爲鼠。參中則旦。九月。内火。遰鴻鴈。主夫出火。陟元鳥蟄。熊羆貃貉鼳鼬則
穴。榮鞠樹麥。王始裘。辰繋於日。雀入於海爲蛤。十月豺祭獸。初昏。南門見。黑鳥
浴。時有養夜。元雉入於淮爲蜃。織女正北鄉則旦。十有一月，王狩。陳筋革。嗇人不
從。隕麋角。十有二月鳴弋。元駒賁。納卵蒜。虞人入梁。隕麋角。"

現將文中關涉禽鳥物候之文句大意摘録淺釋如下：

正月（孟春），已至立春，天氣下降，地氣上騰，天地和同，草木萌動，雁向北遷飛，
返回故地；雷未發，雄雉先鼓翼而鳴（求偶）；此時，園圃内韭菜發芽，田鼠開始出没，
鷹類向北遷飛，鳩鳥（布穀鳥）由他處飛來在此地活動；隨着天氣漸暖，梅、杏、山桃花
次第綻放，家鷄便開始孵卵、育雛。

二月（仲春），始雨水，桃花繁，日夜分，雷乃發，電始鳴，蟄蟲咸動，燕子飛回
舊地并尋找築巢場所；倉庚（黃鸝）開始鳴叫。

三月（季春），虹始見，萍始生，天有小旱，鴽（鵪鶉）向北遷徙進入田鼠活動領
域；此時桐花拂拂，鳩鳥（布穀鳥）飛來此地，不停鳴叫。

五月（仲夏），天漸熱，浮游（蜉蝣）衆，杜鵑鳴；不久杜鵑南飛，鷹隨之遷來。

六月（季夏），土潤溽暑，大雨時行，山桃熟，幼鷹始習飛翔、訓練攫食本領。

八月（仲秋），盲風（疾風）至，日夜分，農民開始畜瓜、收棗，鴽（鵪鶉）由北向
南遷徙飛走，田鼠又遷回山野。

九月（季秋），天漸寒，霜始降，菊花黃，種麥忙，鴻雁南徙，家燕過江避寒霜；"雀
入於海爲蛤"，意思是雀鳥南飛依然少見，而海蛤遍地。

十月（孟冬），立冬至，水始冰，黑鳥（慈烏）群飛，忽高忽下，起伏之狀如浴於水中；"雉（一作'雀'）入於淮（一作'海'）爲蜃（一作'蛤'）"是說雉（或雀）飛入淮（或海）隨即變成蜃（或蛤）。其實，雉或雀不可能變成蜃（或蛤），而是每至孟冬，雉（或雀）便要南飛至江淮一帶，恰在此時，蜃（或蛤）大量出現。

十二月（季冬），月窮於紀，歲且更始，天大寒，冰正盛，此時"鳴弋"。弋即鳶，意思是季冬之際，鳶鳥飛且鳴。

不難看出，《夏小正》記述了一年四季各月之中，鳥類隨氣候變化而出現的各種規律性活動。早在夏代出現如此科學、準確、翔實的鳥類物候學記載，真乃世所罕見。《禮記》《吕氏春秋》《淮南子》亦有類似之動物月令、物候，各書所記内容大同小异，今以《禮記·月令》爲例，將與禽鳥相關者摘録於後，可見一斑：一月（孟春之月），"東風解凍，蟄蟲始振……鴻鴈來"；二月（仲春之月），"始雨水，桃始華，倉庚鳴，鷹化爲鳩"，"是月也，玄鳥至"；三月（季春之月），"桐始華，田鼠化爲鴽"，"鳴鳩拂其羽，戴勝降于桑"；五月（仲夏之月），"小暑至，螳蜋生，鵙始鳴，反舌無聲"；六月（季夏之月），"温風始至……鷹乃學習"，若"行冬令，則風寒不時，鷹隼蚤鷙"；七月（孟秋之月），"凉風至，白露降……鷹乃祭鳥"；八月（仲秋之月），"盲風至，鴻鴈來，玄鳥歸，群鳥養羞"；九月（季秋之月），"鴻鴈來賓，爵入大水爲蛤"；十月（孟冬之月），"水始冰，地始凍，雉入大水爲蜃"；十一月（仲冬之月），"冰益壯，地始坼，鶡旦不鳴"；十二月（季冬之月），"鴈北鄉，鵲始巢，雉雊雞乳"。

漢唐以來，雖也有不少著述言及禽鳥之物候，但真正專門論述禽鳥物候的著作并不多。清郝懿行《燕子春秋》逐月記述了燕子之物候活動，詳盡、完整，是古代研究禽鳥物候學之佼佼者。因篇幅所限，本文不再引述。

第四節　禽鳥之家養馴化

人類的發展經歷了漫長的歷史過程。人類初興，先民"同與禽獸居，族與萬物並"（《莊子·馬蹄》），過着"穴居而野處"（《周易·繫辭下》）的生活；他們"食草木之實，鳥獸之肉，飲其血，茹其毛"（《禮記·禮運》），過着游獵漂泊的生活。在長期的漁獵生活中，先民創造了人類史上第一個文明——采獵文明。隨着人口的增加，社會也在不斷地發展。當采獵收穫無法滿足人們生活需要時，人們開始探索新的生存道路。經歷了若干萬年的摸索，至新石器時代，人們開始把野生植物人工種植，將禽獸進行家化馴養，出現了耕稼與畜養萌芽。又經歷了漫長的歲月纔逐漸有了所謂原始"農業生產"，即包括天然植物的采集與農作物種植、野生動物的捕獵與牲畜飼養及水生生物之捕撈與養殖、木果采集與栽培等在內的生產活動，社會進入了"農業文明"。禽鳥就是在人類由采獵文明向農業文明邁進的歷史轉折時期被家養馴化的，所以禽鳥的家化也標志着人類社會文明、進步與發展，成爲人類文明的重要組成部分。

人類揖別了古猿，雙脚直立，昂首行走，學會了用雙手操持粗糙的工具與同伴合力勞動。人們群居夥行，利用有限的"公有生產資料"進行集體采獵。大家互助合作，共同分享勞動成果。經過若干萬年之歷程，人們在勞動中改進了工具，石器"發明"了，弓箭"研製"成功，特別是弓箭的完善，大大提高了狩獵的水準與效益。在長期實踐中，先民發現會有獵得幼獸或受傷較輕的禽獸而一時又食用不完的情況，他們將這些幼獸及傷獸留在身邊或帶回居住地，暫時不殺死食用。這樣，經過千萬次捕獲與暫留飼養的摸索，在與這些動物接觸中逐漸瞭解了一些禽獸的生活習性、繁殖方法及其他有關知識，慢慢積纍了將其飼養并加以馴化的經驗，從而認識到有些可供食用的野生動物，如牛、馬、羊以及豬、狗等，通過圈養、籠飼、牽放等手段，是可以馴化并可隨時宰殺食用的，因此也就可以不必爲捕不到野獸而擔心沒有食物食用。由此慢慢形成了動物之畜養，開始建立起原始畜牧業。

研究表明，采獵文明的地域分布發展，直接依賴於生物圈的第一生產力，即植被的分布、生長與産量。如前已述，地球自誕生至今，經歷了無數次地質與氣候變遷，自第四紀冰川之後，地球上的自然植被奠定了與今日基本相似的面貌。我國植被從東到西分布着森林、草原、荒漠三個區域；東南半壁由北向南依次分布着寒溫帶、溫帶、暖溫帶、亞熱帶與熱帶等五個植物帶，各區域內分布着源自第四紀冰川劫後餘生的各種植被以及與其相適應的森林動物。（見吳徵鎰《中國植被》）這些地區中最適合漁獵活動的是那些氣候溫和、水源充足、土質肥厚的稀樹草原及半乾旱丘陵地帶（丘陵及河谷階地），這樣的地區最宜多種生物生長，也最適合於人類的采獵活動。黃河中下游兩岸地帶（今河南、山西、陝西、甘肅、青海彩陶文化遺迹分布區）、東部沿海地區（以山東半島黑陶文化遺迹爲基本區域，向北至東北及遼東半島，向南至江蘇、浙江、江西、廣東、臺灣）及長城以北地區（從吉林、黑龍江向西經內蒙古東部直至新疆一帶），便是石器時代狩獵文明的最爲適宜的地區。從目前掌握的資料看，可以肯定地說，我國動物之畜養活動的確發軔於上述地區。

我國古代有"六畜"之說，六畜者即馬、牛、羊、鷄、犬、豬，是我國家化最早且一直在飼養的動物。其中家養最早的可能是犬。比如東北吉林榆樹周家油坊等地層中曾發掘出土舊石器時代晚期的哺乳類動物化石，其中就有犬（*Canis lupus familiaris*）的頭骨"半化石"。這表明，東北地區早在舊石器時代晚期已開始將犬家養馴化。進行野犬家養馴化的，可能是中國東北之通古斯人。隨後是東北松花江地區對牛、馬進行家化飼養。羊（綿羊、山羊）大約是在公元前 8600 至前 8000 年在黃河上游及內蒙古草原等地被家化。豬最早家養馴化是在更新世之後，廣西桂林甑皮岩新石器文化遺址中便有家化豬的骨骼，豬的家化大約是在公元前 7000 年左右。鷄之家化是"六畜"之中較晚的，但却是禽鳥中家化最早的。據考古學研究，河南新鄭裴李崗，河北磁山，陝西西安半坡、寶鷄北首嶺等遺址，都出土過家鷄骨骼。此外在山西襄汾陶寺、湖北天門石家河、雲南元謀大墩還出土了陶鷄。這些都說明鷄的家化大約是在公元前 5500 年，距今至少也有七千五百餘年了。這可以說是中國禽鳥家化之濫觴。嗣後，人們嘗試過多種禽鳥之家養馴化，但由於鳥類善於飛翔，多數馴化極難成功。禽鳥家化馴養見諸文字記載的確切文獻，最早者可能是《周禮·天官·大宰》，該書在記述大宰職能時說："大宰之職，掌建邦之六典，以佐王治邦國……以九職任萬民：一曰三農，生九穀；二曰園圃，毓草木；三曰虞衡，作山澤之材；四曰藪牧，養蕃鳥獸；五曰百工，飭化八材；六曰商賈，阜通貨賄；七曰嬪婦，化治絲枲；八曰臣妾，聚斂疏材；九曰閑民，無常職，轉移執事。"賈公彥疏："釋曰：此九者皆是民之職業，故曰萬民也……'四曰藪牧，養蕃鳥獸'者，謂在藪牧之民事業，使之長養蕃滋飛鳥走獸而已。"又《周禮·天官·庖人》云庖人之職是："掌共（供）六畜、六獸、六禽，辨其名物。"鄭玄注引鄭司農曰："六禽，鴈、鶉、鷃、雉、鳩、鴿。"可見，早在周代前鷄已被馴養，并被列入六畜之列，而其他六禽，亦或在周代前後業已家養、馴化。現將一些已被馴化者列於下表，供讀者參考。

中國家化禽類年表

動物名稱	大約家化年代	家化地域
鷄	公元前 5500	黃河中下游
鵝	公元前 1600	山東
鴨	公元前 1600	山東、河南
鷹	公元前 200	河南
鸚鵡	公元前 120	廣東
鴿	公元前 100	四川、浙江
雉	公元前 100	陝西
斑鳩	公元前 250	河南
白冠長尾雉	公元 400	河南
孔雀	公元 300—800	廣東、廣西
雁	公元 700	浙江
白鷴	公元 750	浙江
鷓鴣	公元 800	湖南
畫眉	公元 1000	河南、四川
山鶉	公元 1100	浙江
鵪鶉	公元 1100	河南
鷯哥	公元 1100	廣西
角雉	公元 1200	四川
白腰文燕（金絲雀）	公元 1700	廣東
鶴	公元前 660—公元 1750	北京、河南

資料來源：郭郛等《中國古代動物學史》

　　值得注意的是，由於去古甚遠，資料不足，禽鳥之家養馴化的確切時期已無法確指。一些文獻中的禽鳥家養年代不過是專家們依據考古學、古生物發掘的歷史遺存推斷確定的。顯然，人類對禽鳥家養在前，遺迹存留在後（發掘則更晚）。某些文獻所列時間，肯定晚於家養的真正起始時間。況且很可能家養者多，而成功者少，遺存與遺址又被發掘者更少。

因此，人類家化禽鳥的真實情况極難以文字説清楚，以上所述僅是我國禽鳥家養馴化的大致概况。至於具体到個别種類禽鳥之家化則又有很大差别。因篇幅所限，此不贅述。

第五節　禽鳥之開發利用

禽鳥是重要的生物資源，與人類的生活息息相關，對人類的經濟建設、社會發展具有重要意義。我國先民很早就注意鳥類資源的開發，并積纍了豐富的經驗。《荀子・富國》曰："萬物同宇而異體，無宜而有用。"萬物同生於一個宇宙空間，都可以爲人類所利用。又云："可以相食養者不可勝數也。夫天地之生萬物也固有餘，足以食人矣。麻葛、繭絲，鳥獸之羽毛、齒革也固有餘，足以衣人矣。"禽鳥之類不僅可食，其羽毛亦可爲人之衣，其用途極其廣泛。

一、禽鳥之直接利用

（一）食用

禽鳥直接爲人類所食用，是其最大的用途。

在人類穴居野處，靠采獵爲生的時期，禽類是人類可能獵得的最富營養的食品之一。先民撿食鳥卵，獵食鳥肉，應是最好的享受。我國發掘的史前時期多處遺址中大都有鳥骨遺存，足以證明先民對鳥肉之喜愛。我國各地發現的岩畫，如甘肅河西走廊之祁連山、馬鬃山、黑山與内蒙古陰山、狼山地區的岩畫，上面都繪有多種動物，這些岩畫動物既是現實動物的寫真，也是當時先民食物來源圖譜，其中便有鴕鳥及鷹等禽鳥，可見先民食用禽鳥的歷史幾乎與先民存在的歷史一樣久遠。商周時期，雖然耕稼已有很大發展，但食禽之習依然如故，特别是在饗賓待客中，出於禮儀需要，往往大排禽宴，以供賓客享用。如《周禮・秋官・掌客》："掌客，掌四方賓客之牢禮餼獻，飲食之等數與其政治……凡諸侯之禮：上公五積……乘禽日九十雙……侯伯四積……乘禽日七十雙……凡介行人宰史，皆有殯饔餼……乘禽日五十雙……"《禮記・聘義》："主國待客，出入三積……乘禽日五雙。"所食之禽類，則爲雉、雁等（見《周禮》鄭玄注）。

隨着經濟發展與社會進步，人們的食性不斷發生變化，但食用禽鳥之習一直沿於後世。禽類之肉、翅、爪、肝、腸及卵等皆可食用，且可烹製成各種食品，如鴛鴦炙（見宋林洪《山家清供》）；滷雞、雞松、粉雞、蒸雞、爐焙雞、煮老雞、讓鴨、封鵝、白燒鵝、嘉興馬疃潑黃雀（見清顧仲《養小錄》），以及今時最負盛名之北京烤鴨、南京鹽水鴨、四川樟茶鴨及德州扒雞、滑縣道口燒雞、宿州符離集燒雞等。

歷史上人們食用的家養禽類以雞、鴨、鵝最多，偶爾亦食用養殖鵪、鴿等；野生禽鳥則首推野鴨、雉雞、鳩鴿等。最著名的獵用禽類有鷿鷈類，如小鷿鷈（*Tachybaptus ruficollis*）、鳳頭鷿鷈（*Podiceps cristatus*）及黑頸鷿鷈（*P. nigricollis*）。鴨雁類，如綠頭鴨（*Anas platyrhynchos*）、針尾鴨（*A. acuta*）、綠翅鴨（*A. crecca*）、赤麻鴨（*Tadorna ferruginea*），此外還有赤頸鴨（*A. penelope*）、白眉鴨（*A. querquedula*）、花臉鴨（*A. formosa*）、斑嘴鴨（*A. poecilorhyncha*）、普通秋沙鴨（*Mergus merganser*）；雁類中常見的有豆雁（*Anser fabalis*）、灰雁（*A. anser*）、鴻雁（*A. cygnoides*）。骨頂類，如骨頂雞（*Fulica atra*）。鷺類，如蒼鷺（*Ardea cinerea*）、大白鷺（*Egretta alba*）、中白鷺（*E. intermedia*）、牛背鷺（*Bubulcus ibis*）。鷸類，如白腰杓鷸（*Numenius arquata*）、扇尾沙錐（*Gallinago gallinago*）、針尾沙錐（*G. stenura*）、大沙錐（*G. megala*）。鴴類，最常見的是金鴴（*Pluvialis fulva*）、金眶鴴（*Charadrius dubius*）、鳳頭麥雞（*Vanellus vanellus*）。雉雞類為國內最重要的狩獵鳥，最常見者如雉雞（*Phasianus colchicus*）、石雞（*Alectoris chukar*）、中華鷓鴣（*Francolinus pintadeanus*）、花尾榛雞（*Tetrastes bonasia*）、鵪鶉（*Coturnix coturnix*）、勺雞（*Pucrasia macrolopha*）。鳩鴿類如珠頸斑鳩（*Streptopelia chinensis*）、岩鴿（*Columba rupestris*）。雀類如灰鶺鴒（*Motacilla cinerea*）、黃胸鵐（*Emberiza aureola*）、鐵爪鵐（*Calcarius lapponicus*）等。

除禽肉可食之外，雨燕之巢亦可供食用，此即上等珍品"燕窩"，一般是由金絲燕用其唾液與海藻製成。我國雲南等地雨燕亦產燕窩，但雜質較多，不如國外金絲燕窩質量好。

當今社會面臨人口、資源、環境與可持續發展的多種挑戰，協調好人口、資源、環境與發展的關係已成當務之急。國家提出科學發展觀，在我國建設和諧社會，其中人與自然的和諧是極其重要的內容。全國人民積極響應國家的號召，踴躍投身和諧社會建設之中，愛護禽鳥、保護鳥類正在成為人們的自覺行動。多種禽鳥已列入國家重點保護野生動物名錄，獵殺這些禽鳥將構成犯罪，業已引起各方面注意。

（二）藥用

在原始社會，人類爲了生存而覓食，在覓食過程中發現服食某些植物、動物、礦物會中毒不適，甚而致人死亡；有些食物無毒而味美，可以果腹；還有些既可飽腹又能緩解某些疾病；有些味雖不佳，或苦或澀，但食之却能治療疾病。經過一代代探索、驗證、總結，人類終於發明了中醫藥學及食療學。

《神農本草經》成書於秦漢時期，爲中國目前已知最早的藥書。該書是此前歷代醫藥之總結，記述藥物凡三百六十五種，内含禽鳥藥物有三味，即上品之丹雄鷄、雁肪，中品之燕屎（《本草綱目》云四種，内含天鼠屎，天鼠又名伏翼，即蝙蝠，非禽類）。《本經》以下，歷代醫家之本草學著作多有禽鳥藥物之應用。如南朝宋雷斅《雷公炮炙論》有"鷄子""雀蘇"等禽藥。南朝梁陶弘景《名醫別録》有鵝、鸛、鶖、鸕鷀、雉、雀、雁、孔雀、鷹、鴟、鶴等。唐陳藏器《本草拾遺》收禽藥多種，分别是：陽鳥、鷛鷛、鸂鶒、鸀瑪、魚狗、翡翠、蚊母鳥、鸄雉、鶡鷄、竹鷄、英鷄、鸄、鷯、突厥雀、蒿雀、巧婦鳥、青鶴、鳲鳩、百舌、杜鵑、鳳凰、鴕鳥、鷗鶄、鴞、姑獲鳥。孟詵《食療本草》收禽藥十四種，即鷄、鵝、野鴨、白鴨、鸂鵡、雁、雀、山鷄、野鷄、鶉、鴟、鷓鴣肉、慈鴉、鴛鴦等。宋掌禹錫等《嘉祐本草》收鶴、鵜鶘、鴛鴦、鸂鶒、鶉、鴿、斑鳩、啄木鳥、練鵲、慈烏、烏鴉、鶡嘲等。至明代李時珍撰《本草綱目》，廣收禽類藥物於其書，書曰："天産作陽，羽類則陽中之陽，大抵多養陽。於是集其可供庖藥及毒惡當知者，爲禽部。凡七十七種，分爲四類：曰水，曰原，曰林，曰山。"七十七種禽鳥前文已作考證（詳見本章第三節），此處不再重述。

禽鳥作藥用自古流傳於世，民間亦多有驗方。如鳶腦可醫五痔、痔瘻、頭風眩等症，頗有效果；麻雀腦塗凍瘡，極其見效；麻雀醫治小兒百日咳，亦有較好的療效。除此之外，鷄蛋尚可供生産疫苗，亦有很大用途。

（三）羽之應用

禽鳥被羽，羽下生絨，皆具很高的利用價值。雁、鴨之絨羽質輕而富有彈性，柔軟多孔，保温性能極好，是冬季衣、褥、被、墊、枕之優良填充料。我國自古就應用羽絨絮被、衣以保温禦寒。唐段公路《北户録》卷二："邕之南，有酋豪多熟鵝毛爲被，如稻畦衲之，其温軟不下綿絮也。"崔龜圖注："毛取頂上及腹下嫩毛蒸治之。一云甚宜小兒，愚記陳藏器云，鵝毛主小兒驚癎疾掣者，蓋爲此也。"唐劉恂《嶺表録異》卷上亦記有此事："南道之酋豪，多選鵝之細毛，夾以布帛絮而爲被，復縱橫衲之，其温柔不下於挾纊也，俗云：鵝毛柔煖而性冷，偏宜覆嬰兒辟驚癇也。"宋羅願《爾雅翼·釋鳥》亦轉録此事："邕之南，多熟鵝毛爲被。取項腹軟毛，蒸治之如稻畦納之。其温軟不下綿纊，且宜小兒衣中云。"足見人們十分喜愛鵝絨被。此外，禽鳥羽毛艷麗多彩，尚有其他多種用途，可製諸多飾物。如羽毛可以織衣，《史記·孝武本紀》："於是天子又刻玉印曰'天道將軍'，使使衣羽衣，夜立白茅上。"《漢書·郊祀志上》："五利將軍亦衣羽衣。"顏師古注："羽衣，以鳥羽爲衣，取其神仙飛翔之意也。"鳥羽還可爲"羽帔"，唐許渾《聞釋子栖玄欲奉道因寄》詩："欲求真訣戀禪扃，羽帔方袍盡有情。"羽毛亦用以製道士之"羽裳"。明何景明《七述》詩之六："左驂雙龍右兩螭，羽裳翩翻垂白蜺。"還用以製"羽氅"。清魏源《白岳東岩》詩："山匪仙不靈，過靈山反俗。有似羽氅客，忽享廊廟綯。"古人還以鳥羽飾帳，名爲"羽帳"。南朝宋鮑照《擬行路難十九首》之一："奉君金巵之美酒，瑇瑁玉匣之雕琴，七綵芙蓉之羽帳，九華蒲萄之錦衾。"羽飾之帽稱"羽帽"。清富察敦崇《燕京歲時記·耍猴兒》："耍猴兒者，木箱之内藏有羽帽烏紗，猴手自啓箱，戴而坐之，儼如官之排衙。"用鷄、鴨、山鷄、雀雉之毛製筆，爲我國古代一大發明，亦爲書寫漢字的特殊工具。唐段公路《北户録》卷二："番禺諸郡如隴右，多以青羊毫爲筆。昭州擇鷄毛爲筆，其三覆鋒，亦有圓如錐，方如鑿，可抄寫細字者。昔溪源有鴨毛筆，以山鷄毛、雀雉毛間之，五色可愛。"此技至今尚有沿用。古人尚有以鳥羽飾車者，見《文選·張衡〈東京賦〉》、晋葛洪《神仙傳·王遠》。以鳥羽飾旗稱"羽旄""羽旗"，見《墨子·非攻中》及《墨子·旗幟》。以羽製箭稱爲"羽箭"。鳥羽還可製扇，見陸機《羽扇賦》。羽毛亦用以製酒器，如"羽觚""羽觴""羽爵"等。翡翠爲翠鳥科翡翠屬禽鳥之通稱。此類禽鳥羽色鮮麗可愛，常用作飾物，如製羽帳，名"翠帳""翠幃"；用製被則稱"翠羽被""翠衾"（見《左傳·昭公十二年》及杜預注）。以翠羽飾裘名"翠雲裘""翠裘"，飾車名"翠蓋""翠輅""翠輦"，飾旗曰"翠旗""翠旄"。翟是一種長尾鷄，此鷄之羽亦多用以飾物。古代貴婦用翟羽飾衣曰"翟衣""翟褘"；以翟羽飾車曰"翟茀""翟輅""翟蔽"。總之古人極其喜好以鳥羽作飾物。特別是在清代，羽飾成了官級品位之象徵。如《清朝野史大觀》卷三："清朝侍衛皆於冠上帶孔雀翎，以目暈之多寡，爲品之等級。武臣提督及總兵官亦有賜者，後文臣督撫亦或蒙賜，得之者以爲榮。"

今人除某些少數民族仍沿飾羽之習外，多不再飾羽，而於房屋裝修中往往有以羽毛裝飾房間者，以示返樸、自然、華貴。亦有以羽爲原料製成工藝品如羽毛畫等，陳列於工藝品商店供觀賞、選購。同時，羽毛製品還作爲藝術品行銷海外，等等。

（四）禽鳥之役用

禽鳥爲人役用，主要是指馴養蒼鷹、雀鷹、雕等猛禽用於狩獵雁、鴨、雉、兔，畜養鸕鷀、鵜鶘之類用於捕魚，訓練家鴿用於傳書通信等。這些前文已作介紹，此處不再贅述。

鴟鴞之類爲夜行性禽鳥，其貌醜陋，鳴聲怪戾，又以鼠蛇爲食，人多惡之，古人以其爲不孝鳥、不祥鳥。但其捕鼠能力極强，尤其家鼠類夜出危害，而鴞類亦夜行覓食，恰爲其天敵，滅鼠極有價值。養鴞捕鼠是南方古人之創舉。唐劉恂《嶺表録異》卷中："北方梟鳴，人以爲怪，共惡之。南中晝夜飛鳴，與烏鵲無異。桂林人羅取生鬻之，家家養使捕鼠，以爲勝狸。"這對於保護農林業生産，減少糧食無謂消耗，控制由鼠類傳染的疾病等，具有重要意義。

（五）觀賞

禽鳥種類繁多，千姿百態，或以形美，或以色艷，或以聲囀，或以言巧。技高者，可銜珠接物；善鬥者，負死相争……都具有極高觀賞價值。觀賞鳥也因此而分爲數類：姿、色俱美者如孔雀、壽帶鳥、戴勝、翠鳥、鴻雁、海鷗、天鵝、鷺等，善鳴者如芙蓉鳥（金絲雀）、烏鶲、綉眼鳥、相思鳥、珍珠鳥、點頦鳥、藍歌鴝、柳鶯、白頭鵯、紅嘴藍雀，能言鳥如八哥、鷯哥、烏鴉，善鬥者如鵪鶉、鵲鴝、棕頭鴉雀，技藝鳥如黃雀、金翅雀、虎皮鸚鵡、太平鳥、大山雀、蠟嘴雀、紅交嘴雀、白腰文鳥，競翔鳥如鴿子，黃頭、鵪鶉、鷄等打鬥亦頗具觀賞價值。

我國地域遼闊，生態環境千差萬別，禽鳥分布亦極廣泛。觀賞鳥類可分爲家庭觀賞鳥與庭園觀賞鳥。家庭觀賞多用籠飼，稱爲籠鳥；庭園觀賞多爲園飼。宜因條件制宜，科學飼養。我國古代積纍了極其豐富的經驗，明蔣德璟《雚經》，清張萬鍾《鴿經》、程石鄰《鵪鶉譜》、金文錦《鵪鶉論》《黃頭志》《畫眉譜》以及浮丘公《相鶴經》等，都是先民觀賞、飼養禽類的寶貴經驗總結。

（六）禽鳥糞肥

禽鳥之糞便是極好的肥料，其産量高，營養元素完全，尤以磷元素最多，是經濟價值極高的有機肥料。以鷄爲例，每年每隻可産鮮糞 25 ～ 30 千克。鮮糞含有機質 22.5%、氮素 1.63%、速效磷 1.54%、速效鉀 0.85%，是肥力極高的肥料。海鳥類因其食物種類多變，營養元素丰富，且其食物中以魚類爲主，故其糞含氮、磷較多，是極好的肥料，特別是我國多數耕地大多缺磷，施用鳥糞作肥料對改良土壤、提高地力有一定意義。

二、鳥類的間接利用

幾乎所有的禽鳥都取食昆蟲，鳥類是農林害蟲之天敵。史書曾多處記載禽鳥滅蝗之事。如《南史·鄱陽忠烈王恢傳》："長史范洪冑有田一頃，將秋遇蝗，〔王〕修躬至田所，深自咎責，功曹史琅邪王廉勸修捕之。修曰：此由刺史無德所致，捕之何補？言卒，忽有飛鳥千群蔽日而至，瞬息之間食蟲遂盡而去。"《舊唐書·五行志》："〔開元〕二十五年，貝州蝗食苗，有白鳥數萬，群飛食蝗，一夕而盡。明年榆林關有蚼蚼食苗，群雀來食，數日而盡。天寶三載貴州紫蟲食苗，時有赤鳥群飛自東北來食之。"此外，尚有多種飛鳥食蟲之記載。如《酉陽雜俎·廣動植》："天寶二年，平盧有紫蟲食禾苗，時東北有赤頭鳥群飛食之。開元二十三年，榆關有蚼蚼蟲延入平州界，亦有群雀食之。"姚之駰《元明事類鈔·飛鳥門·鷹》："《玉堂綱鑑》：元至元時，武陟縣禾將熟，有蝗自東來，縣令張寬仰天祝曰：'寧殺縣尹，無傷百姓。'俄有黑鷹群飛啄食之。"現代研究表明，一些留鳥，終年留居某地，如綠啄木鳥、斑啄木鳥、山雀等，夏季遷來的有杜鵑、家燕、捲尾、黃鸝等，還有些遷飛中旅經我國之禽鳥，如各種鶯類及鶲類，這些禽鳥大多嗜食農林害蟲。有人觀察到，一隻燕子，一個夏季能吃掉五十萬至一百萬隻蚊蠅與蚜蟲。鳥類的殺蟲效果是極其可觀的。近年來，山東、安徽等地人工飼養灰喜鵲（*Cyanopica cyana*）用以防治松毛蟲、大袋蛾等農林害蟲，收到極其良好的效果。

猛禽，特別是鴞類大多專以鼠類爲食，有人曾在一萬九千塊猫頭鷹食物殘塊中發現四千六百餘隻哺乳動物殘骸，幾乎全部是鼠類囓齒動物。還有人在三百六十隻鴞的胃内找到一千三百多隻鼠尸。這表明食肉類猛禽對於消滅鼠害具有重要意義。很多禽鳥如兀鷹、禿鷲、猫頭鷹及海鷗、烏鴉等極嗜食腐肉，對於消滅病獸、清理環境具有特殊意義，所以常被稱爲"自然界的清道夫"和"大自然的衛士"（以上數據俱見鄭光美等《愛鳥知識手册》，北京師範大學出版社 1983 年版）。

有些禽鳥是植物花粉的傳播者，這對於植物之傳粉授精、繁衍、發展具有重要意義。還有些食植物禽鳥，對傳播種子、擴大繁衍亦有不可估量的作用。

綜上所述，禽鳥之間接作用不可小視。有人估計，它的間接作用甚至超過其直接作用。人類應該關愛我們的鳥類朋友，愛護并保護它們的生存環境，促進它們的健康發展。

第六節　禽鳥的危害

無須諱言，禽鳥對於人類除去上述益處之外，也有一定的害處：有時會給人類經濟活動帶來許多麻煩，造成一定的經濟損失；有時污染人類的生存環境，給人們的正常生活增添許多不便；有些禽鳥甚至會傳染疾病，危及人類生命與健康。這些，也是人類必須正確認識和認真對待的。

一些禽鳥如鳩鴿、鸚鵡、鴉類、椋鳥與雀科中的其他一些種類，常被稱爲"食穀鳥"，這些禽鳥數量多、分布廣、食量大，對農作物危害最重，以至引起國際生物學規劃組織（IBP）高度重視，他們專門成立了"食穀鳥工作組"，組織各國專家研究有關食穀鳥的生活習性、對農作物的危害以及規避危害應當采取的措施等。麻雀是世界性的食穀鳥，每年給農作物造成的損失難以估計。據報道，美國 1970 年因鳥害使農業損失 600 萬蒲式耳玉米，相當於總産量的 0.2%，鳥害之巨可見一斑（鄭光美等《愛鳥知識手册》）。我國古代鳥害記載亦可隨處見到。《南史·顧歡傳》："顧歡，字景怡，一字玄平，吳興鹽官人也。家世寒賤，父祖並爲農夫。歡獨好學，年六七歲知推六甲。家貧，父使田中驅雀，歡作《黃雀賦》而歸，雀食稻過半，父怒欲撻之，見賦乃止。"

多數禽鳥都是雜食性動物，不僅食穀而且食蟲。我們知道，昆蟲之中有許多是農林害蟲，但也有許多是農林益蟲。禽鳥食蟲時不分益蟲或害蟲，許多益蟲被食，給農林業生產帶來危害。"螳螂捕蟬，黃雀在後"這樣的典故，就説明禽鳥捕食益蟲，這是大家都熟悉的故事。益蟲捕食害蟲，保護農林業生產，却難免被禽鳥無辜殺害，此類情況屢見不鮮。

我國是養蠶最早的國家，早在數千年前先民已學會栽桑養蠶。繅絲織錦，是先民的又一偉大貢獻。先民養蠶時，時常遇到禽鳥食蠶之事，禽鳥食蠶危害蠶農，會影響絲織業發展。如《佩文韻府·去害》："荀子：'棄其耆老，收其後世，人屬所利，飛鳥所害。'注：耆老，謂蠶蛾；後世，謂蠶種；害，蠶被鳥食也。"室外放養的桑蠶，遭受禽鳥啄食在古代是極其普遍的現象。

許多食肉鳥還會對漁業、家畜、家禽造成危害。《淵鑑類函》卷四二七引《埤雅》曰："魚虎，即翡翠之小者，一名魚師。"又引《本草綱目》曰："魚狗處處水涯有之，大如燕，喙尖而長，足紅而短，背毛翠色帶碧，翅毛黑色揚青，可飾女人首物，亦翡翠之類……狗、虎、師皆獸之噬物者，此鳥害魚，故得此類命名。"宋彭乘《墨客揮犀》卷二："鼓山有老僧，云數十年前曾登靈源洞，見一禽自海上至，身大如牛，翼廣二丈餘。下村疃間低飛掠食，俄攫二大羖羊，復望海而去。識者云是虎鷹，能捉捕虎豹。"羖，是一種黑色公羊。此禽碩大凶猛，可攫公羊，因此稱爲虎鷹。據《梁書·諸夷傳·波斯國》載："西去城十五里有土山，山非過高，其勢連接甚遠，中有鷲鳥噉羊，土人極以爲患。"《南史》《新唐書》《通志》等都有類似記載。此說雖源於波斯，但"鷲鳥噉羊"古人深信不疑。清南懷仁《坤輿圖說·利未亞州》："有鳥名亞既剌，乃百鳥之王。羽毛黃黑色，高二三尺，首有冠，鈎喙如鷹隼。飛極高，巢於峻山石穴。生子令視日，目不瞬者乃留，壽最長久，老者脫毛復生新羽，性鷙猛，能攫羊、鹿。""亞既剌"當爲亞基拉或雅基辣，爲拉丁文"Aquila"之音譯名，是鷹鳥之一種，此鳥凶悍，能攫羊、鹿等。凡此種種，禽鳥攫獸無疑會給畜牧業造成危害。

隨着城市建設和交通發展，鳥類有時也會給其帶來一些不利影響。譬如，城市鳥類糞便給市區衛生帶來麻煩；一些禽鳥鳴叫產生噪聲，影響人們的學習和休憩。更爲嚴重的是，闖入飛機場上空的禽鳥，會造成航行意外事故的發生。驅除機場飛鳥是一項極耗資又十分麻煩的工作。

近年來世界各國一些地區發現"禽流感"疫情。"禽流感"是由H5N1病毒感染所致，這種病毒變異後可在人體引起病變，甚至致人死亡，引起全世界各國政府和科學界的廣泛關注，人們正在想方設法對抗"禽流感"給人類造成的危害。除此之外，還有少數禽鳥，例如家鴿、家鷄、鸚鵡、環頸雉、麻雀等體內，曾篩查出能在人、禽、畜間傳染的流行病，如腦炎、鸚鵡熱、馬睡眠病等。這無疑會給人類的生命與健康帶來威脅。

值得注意的是，鳥類的危害雖然有時是極其嚴重的，但其危害往往僅限於少數鳥類和個別地區，而且這些危害多在一定季節發生。人類可以通過多種途徑加以防範和規避，把鳥類的危害降低到最低限度，這方面我國已然取得較大進展，爲人類做出了重要貢獻。今後，隨着經濟社會發展及科學技術進步，人類會管理好我們的地球家園，鳥類的有益用途會得到進一步開發，而它的危害必將得到最大克制，人類的這一願望一定能夠實現。

　　綜上所述，禽鳥是極爲珍貴的生物資源，具有多種功能，與中華民族的生息繁衍有密切的關係，伴隨中華民族走過了漫長的道路。

　　早在采獵文明時期，鳥類是人類采獵的主要對象之一，它們豐富的營養，養育了早期的先民。農業文明産生後，它們中有些仍然作爲美味佳肴豐富着人們的生活。此外，鳥羽裝飾美化着人們的生活，鳥糞是農業的上好肥料。鳥類是人們狩獵之得力工具之一，鳥類還是鼠類及農林害蟲的天敵，日夜守護着農林作物免受蟲鼠之危害，特別是一些食腐性鳥類，能及時清理掉死亡以致變腐的動物尸體，被譽爲“大自然的衛士”“自然界的清道夫”。鳥類是人類的無可替代的“天然良友”。當今世界，人類由於無節制地開發資源、發展生産、盲目追求經濟的高速增長，已使自身的發展受到種種限制，也給子孫後代的發展造成了障礙。人們經過反復思考、認真反思，終於明白人類要想繼續生存下去，必須協調好人口、資源、環境的關係，控制人口的無限膨脹，合理利用資源，保護好生存環境，堅持走可持續發展道路，既滿足當代人的需要，又不損害子孫後代滿足其需要能力的發展。這已成爲全世界各國共同的選擇，也將是人類經濟與社會發展永恒的主題。保持生物多樣性是實施可持續發展戰略的重要措施。善待鳥類，保護其生存發展，是全人類的共同責任。

　　我國是鳥類最多的國家之一，鳥類資源極其豐富。本卷將分兩部分考論：一是古代典籍曾經記述過的鳥類，稱之爲“習見禽鳥説”，共分八節，按鳥類生態學分類次序依次是走禽考、游禽考、涉禽考、鳩鴿考、鶉雞考、猛禽考、攀禽考與鳴禽考。凡上起先秦，下迄清末，見於文字記載的鳥類儘可能收於文中。需要説明的是，鄭作新《中國經濟動物志·鳥類》將雨燕目列入鳴禽，與雀形目合稱燕雀目，按今時習慣，雨燕目歸入攀禽目，本卷亦如此歸類。故鳴禽類僅含雀形目一類。另外，我國珍禽數量極大，國家爲保護這些珍稀瀕危物種於1998年出版了《中國瀕危動物紅皮書·鳥類》，同年頒布了《國家重點保護野生動物名録》。本卷將其列爲獨立的一章加以考釋。我們限定，凡列入《國家重點保護野生動物名録》之鳥類均視作瀕危鳥類予以考釋，而將已經列入《中國瀕危動物紅皮書》但尚未被國家確定爲重點保護野生動物的那些禽鳥，視爲珍禽予以考釋。兩者如果古代已有記載者，我們將其置於“習見禽鳥説”加以考釋，但在釋文中説明爲珍禽、瀕危禽鳥，而於“珍稀瀕危禽鳥説”中不再詳述。依據《中華人民共和國野生動物保護法》第一章第二條規定“本法規定保護的野生動物，是指珍貴、瀕危的陸生、水生野生動物和有重要生態、科學、社會價值的陸生野生動物”及1992年3月1日起施行的《中華人民共和國陸生野生動物保護實施條例》第一章第二條規定"本條例所稱陸生野生動物，是指依法受保護的珍貴、瀕危、有益的和有重要經濟、科學研究價值的陸生野生動物"，原國家林業局於 2000 年發布了國家林業局令——《國家保護的有益的或者有重要經濟、科學研究價值的陸生野生動物名録》，即"三有名録"。本卷亦將其列入考釋範圍，歸入"珍稀瀕危禽鳥説"中。其中如果古代已有記載者，我們將其置於"習見禽鳥説"加以考釋，但在釋文中説明此鳥屬於珍稀、瀕危或三有禽鳥，而於"珍稀瀕危禽鳥説"中不再詳述。除此之外，本卷另設"附録"一章，含神話傳説鳥、宗教傳説鳥、名實難定鳥、鳥體形態結構與巢穴、化石鳥等五節。

所有禽鳥在考釋時，一般均采用其古代或現代通用名稱爲主條目名稱，介紹其屬類（如走禽、游禽等）、形態學分類、拉丁學名、簡單形態特徵、習性、分布、用途，然後重點考證其名稱之淵源流變，列出相關書證以及需要説明或考辨的内容。凡主條目内容過於龐雜者，另設次條予以補充并列出必要書證，其所附名稱列爲該次條之附條跟隨其後。

古籍之中泛稱頗多，往往泛指某一類禽鳥而言，如鷹、隼、鴉、燕等，因其并不確指具體種類，必要時僅在"考"文中稍作説明，一般不收爲主條目考證。已經家化馴養之禽鳥，其品種極爲龐雜（如家雞品種極多），倘有必要僅在相關條目中擇其要者列舉説明，餘均不單列考證。

古人云："夫鳥獸草木之類，特爲難窮，其形之相似者，雖山澤之人，朝夕從事，有不能別。其名之相亂者，雖博物君子，習於風雅，有不能周。"況乎，禽鳥有翅能翔，諸多禽鳥動則迅疾，静則高遠，捕之不易，觀察亦難。加之，許多同類禽鳥體形、大小、羽毛、鳴聲往往相近，又常隨年齡、季節多有變化。而另一些則因幼鳥與成鳥、雌鳥與雄鳥體形大小、羽色常有較大差别，古人記述時錯訛之處時常發生。加之記述文字古奥、過簡，給今人之考證增加不少難度。本卷考證之間，還藉鑒了諸多前輩專家的研究成果，鑒於篇幅所限，有些未能注明資料出處與專家姓名，在此僅致衷心謝意并敬請予以諒解。

第二章　習見禽鳥說

第一節　走禽考

一、走禽名義訓

走禽是鳥類現代生態學分類名稱，特指那些翼小而退化，脚長而强大，不能飛翔，適於陸地生活，極善奔走的禽鳥。這類禽鳥胸骨扁平，不具龍骨突，鎖骨退化或完全消失；羽毛均勻，被覆全身，缺少分化，蓬鬆下垂；足具二趾與肉墊，强而有力。

我國古代典籍亦有"走禽"之名，但其含義與今日不盡相同。如唐歐陽詢等《藝文類聚》卷一一引漢賈誼曰："神農以爲走禽難以久養民，乃求可食之物，嘗百草，察實鹹苦之味，教民食穀。"此處之"走禽"并非指今時所説的鴕類走禽，而是指所有的走獸與飛禽。意思是狩獵文明時期，先民僅靠獵獲的走獸、飛禽往往不足以果腹，爲了生存計，必須尋求新的食物來源。於是神農嘗百草、辨性味，教導人們采集、食用穀物，用以充飢。顯然這裏的"走禽"是泛指可供食用的各類動物，并非特指翼小脚强善於陸地奔走的走禽（如鴕鳥等）。

　　本文所謂走禽，依鄭作新《中國經濟動物志·鳥類》，是指鳥類依生態特徵的分類系統中的特殊類群。它們包括古顎總目（Palaeognathae）之鴕形目（Struthioniformes）、美洲鴕目（Rheiformes）、鶴鴕目（Casuariiformes）、無翼目（Apterygiformes）及鵙形目（Tinamiformes）的各種禽鳥。這些禽類按生態學分類統稱走禽目（Cursores）。

　　走禽目的各類禽鳥中，美洲鴕目、鵙形目主要分布於南美洲，鶴鴕目則分布於大洋洲與印度尼西亞諸島嶼，無翼目僅見於新西蘭。祇有鴕形目之鳥類曾分布於我國北部地區，但在歷史上，由於地理環境與氣候變遷，大約在新石器時代中期已在我國絕迹（郭郛等《中國古代動物學史》）。今時人們所見之走禽主要是引自外域之鴕形目的非洲鴕鳥。

二、先民對走禽的認識

　　我們今天所見之走禽主要是鴕鳥。這些鴕鳥均引自國外。但是這并不意味着我國不曾是走禽分布的國家。鳥類卵化石研究表明，更新世（距今二百五十八萬年前到一萬年前），我國北方曾生存有安氏鴕鳥（*Struthio anderssoni*），中上新世（距今三百六十萬年前到二百五十八萬年前）曾有蒙古鴕鳥（*S. mongolicus*）生存，下上新世（距今二百五十八萬年前到一百八十六萬年前）則有維氏鴕鳥（*S. wimani*）生存。此外，應該尚有許多鴕類化石未被發掘出土。這些都説明，鴕類走禽曾廣布於我華夏神州，并爲我先民所熟悉。

　　先民認識走禽，最初始於狩獵活動。鴕鳥體大肉豐，不能飛翔，易於獵獲，自然是狩獵的重要對象之一。所以先民對其認識最早，也最熟悉。記録這些狩獵活動最早的資料當是分布於各地原始時代的岩畫，如内蒙古陰山岩畫。這些岩畫最早者見於新石器時代初期，最晚者則達於近代。岩畫中可分辨的動物多達三十餘種，其中便有七隻鴕鳥的圖像（據蓋山林《陰山岩畫》）。這無疑説明鴕鳥曾生活在陰山地區，且先民對其極爲熟悉，所以纔創造了最原始的走禽藝術形象。走禽類禽鳥見於文字記載者可追溯到漢代。當時稱鴕鳥爲“大雀”“大爵”，因其體態較一般禽鳥爲大而得名。後世又因其形如橐駝，名之爲“鴕鳥”。如《漢書·西域傳下》：“自是之後，明珠、文甲、通犀、翠羽之珍盈於後宫，蒲梢、龍文、魚目、汗血之馬充於黄門，鉅象、師子、猛犬、大雀之群食於外囿。”《後漢書·和帝紀》：“〔永元十三年〕冬十一月，安息國遣使獻師子及條枝大爵。”唐李賢注：“《西域傳》曰：‘安息國居和犢城，去洛陽二萬五千里。條枝國臨西海，出師子、大雀。’郭義恭《廣志》曰：大爵頸及身、膺、蹄都似橐駝，舉頸高八九尺，張翅丈餘。食大麥。其卵如甕。即今之駝鳥也。”（按，“駝鳥”即鴕鳥）條枝國爲古西域國名，約在今伊拉克境內。由此可知，我國原產之鴕鳥在新石器時代中期消失後，漢代又經伊朗高原古安息國自今阿拉伯地區的伊拉克引入。後世所記述之走禽鴕鳥大多屬於此條枝大爵，即今稱非洲鴕鳥（ *Struthio camelus* ）。自此之後，又有自三佛齊國（南洋古國，見明鄭曉《吾學編》）、古阿丹國引入者（見明費信《星槎勝覽後集·阿丹國》）。現今，我國除引入的非洲鴕鳥外，尚有鴯鶓（ *Dromiceius novae hollandiae* ，亦稱澳洲鴕鳥）、食火鷄（ *Casuarius casuarius* ）等多種鴕類走禽。

鴕類走禽在我國消失過早，人們對走禽的認識遠不如其他禽類，如鳴禽、游禽、猛禽等。儘管如此，還是有些典籍記述了這一過早逝去的鳥類。譬如鴕類走禽除畜養供食用、觀賞外，尚可入藥用以醫病。如唐陳藏器云：“〔鴕鳥〕屎，氣味無毒，人誤吞鐵石入腹，食之立消。”明李時珍《本草綱目·禽四》對此亦有相似介紹。

我華夏大地走禽類禽鳥，是否僅有鴕形目鳥類生存過，而鴕形目中是否生存過安氏鴕鳥、維氏鴕鳥以外的其他鴕鳥？由於目前未有新的發掘出土，所以尚不得而知。這有待於人們不斷地研究發掘。

三、走禽種類與特徵

走禽屬於平胸總目（又稱古顎總目），全世界現存四目。一、鴕形目（Struthioniformes），現存一種，即非洲鴕鳥（ *Struthio camelus* ），是現代最大型的禽鳥，在新生代第三紀時，曾廣泛分布於歐亞大陸，現代僅分布於非洲與阿拉伯半島。二、美洲鴕目或鶆䴈目（Rheiformes），本目代表爲美洲鴕鳥或鶆䴈（ *Rhea americana* ），體形較非洲鴕鳥小，體高達 1.2 米，後肢有三趾均向前，翼雖然也退化，但較非洲鴕鳥發達，一雄多雌，但孵卵僅由雄鳥擔任，分布於南美洲草原地帶。三、鶴鴕目或食火鷄目（Casuariiformes），本目包括食火鷄與鴯鶓二屬，體形較大，後肢有三趾均向前，翼退化，內趾具一銳爪，作爲强而有力的進攻武器，可將狗，甚至人置於死地，分布於大洋洲、新幾內亞和其附近的島嶼上。四、無翼目（Apterygiformes），本目包括較小的平胸鳥類，體形大小與大型鷄相近，爲不能飛的地栖鳥類，翼完全退化，僅產於新西蘭。

　　現存於我國鴕的種類均爲國外引進，且飼養於各大公園，如非洲鴕鳥、鴯鶓、食火鷄等。非洲鴕鳥、美洲鴕鳥和鴯鶓都屬於鳥綱，鴕形目，但屬於不同亞目和科。

　　鴕鳥是世界上現存鳥類中最大、最重的一種，雌雄兩性差异明顯。雄鳥個體較大，站立時高達 2.1 ～ 2.75 米，體重 120 ～ 150 千克。雌鳥略小，身高 1.75 ～ 1.9 米，不會飛翔。外觀長頸、長腿、身體龐大，頭顯得格外小。非洲鴕鳥有四個亞種：指名亞種（亦稱北非鴕鳥，*S. c. camelus*）、南非亞種（*S. c. australis*）、馬塞亞種（*S. c. massaicus*）、索馬里亞種（亦稱藍頸駝鳥，*S. c. molybdophane*s）。通常意義上人們所説的非洲鴕鳥不是一個亞種，而是一個變種，它是由東非鴕鳥、南非鴕鳥和一種已經滅絶的紅頸鴕鳥（*S. c. syriacus*，即叙利亞鴕鳥）混血而成。在新生代第三紀，非洲鴕鳥曾廣泛分布於歐亞大陸，我國華北和華南多處發現非洲鴕鳥蛋化石，在我國著名的 “北京人” 活動地區——北京周口店，不僅發現過非洲鴕鳥卵化石，還發現過非洲鴕鳥的腿骨化石，而且古代典籍中皆已有記載。

四、走禽與人類文明

　　鴕鳥是一雄多雌相匹的動物，自然孵化卵，白天雌鴕鳥孵卵，晚上雄鴕鳥孵卵，雌、雄鴕鳥還負責雛鴕鳥的撫育。鴕鳥一生繁殖時間很長，據資料記載，可持續繁殖四十二年，壽命可長達八十一歲。

　　由於鴕鳥感到危險時，常把頭鑽進沙裏，自以爲平安，因此，有鴕鳥藏腦袋的傳説，人們稱之爲 “鴕鳥政策”。秦牧《長街燈語·一九七九年的晨鐘》：“祇有正視疾病纔能醫治疾病，祇有承認癰疽纔能割除癰疽。用紙來包火，或者采取鴕鳥政策是没有好處的。” 對於 “鴕鳥政策” 的含義有兩種解釋：第一種含義係指不敢正視現實的政策，這純粹是誤解鴕鳥的特性而作比喻；第二種含義是合群或叫聯合政策，它是以鴕鳥的攝食習性而作的比喻。當鴕鳥單獨覓食活動時，就有較大的危險性，因爲它低頭進食時，就無法警惕四周，而它抬頭環顧四周時，却又無法攝食。於是聰明的鴕鳥就采取了兩者兼顧的辦法，即合群或者説聯合進食。成群的鴕鳥在一起覓食時，時而這隻鴕鳥在食草之餘，抬起頭來瞭望四周，時而那隻又抬起頭來眺望一下。一般雄鳥比雌鳥抬頭的時間長些。它們中每隻鳥抬頭的間隔時間是不規則的。這樣雖然每隻鳥抬頭次數比單獨活動時要少，但在群體中，此起彼伏，總是會有鴕鳥在抬頭。於是獅子等食肉動物要想乘所有鳥低頭之機進行偷襲，幾乎是不可能的。鴕鳥的這種習性是長期生存適應的結果，這恰好證明自然界適者生存的法則。由於鴕鳥羽翼退化，不能飛行，遇有强敵攻擊，除靠强脚迅奔逃避外，還應有敏鋭的觀察力，防患於未然，因此，群居夥行，互助警戒，便成了它們禦敵、生存必不可少的方式。

鴕鳥

習見走禽名。鴕形目，鴕科，〔非洲〕鴕鳥（*Struthio camelus* Linnaeus）。爲地球上現存最大之鳥類。成鳥體高約 2.5 米，體重大者達 150 千克。後肢甚粗大，足具二趾。頭小，眼大，頸長。羽毛蓬鬆，不具翮羽。雄鳥羽多爲黑色，翼羽與尾羽白色，頸肉紅色而具棕色絨羽；雌鳥羽毛污灰色。胸骨龍骨突不發達。適於沙漠荒原生活，善走而不能飛，奔跑速度每小時可達 60 千米，爲快馬所不及，一步可達 8 米。食性雜，主食草、葉、種子、果實，亦食昆蟲、小鳥、蜥蜴及小型哺乳類動物。群居。卵大，乳白色，重約 1 千克，爲鳥蛋中最大者，卵殼甚堅硬，可承受住一個人的重量。鴕鳥在繁殖季節爲一雌多雄，雌鳥在沙地掘穴，每穴産卵多達二三十枚，孵化期爲六周；雄鳥夜間孵卵，白天則由雌鳥輪換。雛鳥爲早成鳥，三年達性成熟，壽命約三十年（最高壽命可達八十餘年）。經馴養可取羽毛及肉。

我國古代曾有分布，後絶迹。秦漢後亦曾從西域引入。漢代有人工飼養，始稱“大雀”“大爵”。至遲晋代已稱“駝鳥”（即“鴕鳥”），後世沿稱。《漢書·西域傳下》：“孝武之世，圖制匈奴……自是之後，明珠、文甲、通犀、翠羽之珍盈於後宫，蒲梢、龍文、魚目、汗血之馬充於黄門，鉅象、師子、猛犬、大雀之群食於外囿。”《後漢書·和帝紀》：“〔永元十三年〕冬十一月，安息國遣使獻師子及條枝大爵。”唐李賢注引《西域傳》：“條枝國臨西海，出師子、大雀。郭義恭《廣志》曰：大爵頸及身、膺、蹄都似橐駝，舉頸高八九尺，張翅丈餘。食大麥。其卵如甕。即今之駝鳥也。”《通典·吐火羅》：“大唐初，屬西突厥，高宗永徽初遣使獻大鳥，高七尺。其色玄，足如駝，鼓翅而行，日三百里，能噉鐵，夷俗謂爲駝鳥。”宋唐慎微《證類本草·禽部三·駝鳥矢》：“駝鳥矢，無毒。主人中鐵刀入肉，食之立銷。鳥如駝，生西夷。好食鐵。”《太平御覽》卷九二二引《廣志》：“安息大雀，鴈身，蹄似橐駝，色蒼，舉頭高八九尺，張翅丈餘。”宋代亦稱“骨托禽”。明代亦稱“食火鷄”“駝蹄鷄”“火鷄”。明李時珍《本草綱目·禽四·駝鳥》：“〔釋名〕駝蹄鷄、食火鷄、骨托禽。”又引宋彭乘《墨客揮犀》：“骨托禽出河州，狀如鵰，高三尺餘，其名自呼，能食鐵石。”又引明鄭曉《吾學編》：“洪武初，三佛齊國貢火鷄，大於鶴，長三四尺，頸、足亦似鶴，鋭嘴，軟紅冠，毛色如青羊，足二趾，利爪能傷人腹致死，食火炭。”

【大雀】

即鴕鳥。此稱漢代已行用。見該文。

【大爵】

即鴕鳥。此稱漢代已行用。見該文。

【鴕鳥】

　　即鴕鳥。此稱晋代已行用。見該文。

【骨托禽】

　　即鴕鳥。此稱宋代已行用。見該文。

【食火鷄】

　　即鴕鳥。此稱明代已行用。見該文。

【鴕蹄鷄】

　　即鴕鳥。此稱明代已行用。見該文。

【火鷄】

　　即鴕鳥。此稱明代已行用。見該文。

【駱駝鳥】

　　即鴕鳥。此稱清代已行用。清南懷仁《坤輿圖説》卷下：“南亞墨利加州，駱駝鳥，禽中最大者，形如鷲，其首高如乘馬之人，走時張翼狀如棚，行疾如馬，或謂其腹甚熱，能化生鐵。”清王士禎《居易録》卷二六：“南亞墨利加州有駱駝鳥，形如鷲，首高如人乘馬，行則張其翼，疾如馬，其腹熱，能鎔鐵。”見本卷《習見禽鳥説·走禽考》“鴕鳥”文。

第二節　游禽考

一、游禽名義訓

　　游禽是禽鳥中能游善潛的一個類群，如大雁、天鵝、野鴨、鴛鴦、海鷗、鵜鶘、魚鷹、鸕鷀等。它們大都性情温順，與人類的關係極其密切。日常生活中所見的鵝、鴨，都是由野生游禽家化而來的。魚鷹自古也被人們飼養，用以捕魚，成爲水區人們用以捕魚的特有禽類。

　　游禽之所以稱“游禽”，就是因其善於游水。“游”的初文作“斿”，本指古時旌旗上的一種垂飾（一説是人舉旗游行）。字形從㐨從子，爲人舉旗之狀。商承祚《殷墟文字》云：“從子執旗，全爲象形。從水者，後來所加，於是變象形爲形聲矣。”可知“游”乃是分化字。漢字中本從“斿”分化出兩個字，在水中游泳加“水”作“游”（古時亦用“游”表旌旗上的垂飾義與游歷義），加“辶”分化出“遊”，表達在陸上游歷的含義（漢字簡化又將“遊”義合并到“游”中）。“游禽”之“游”是在水中游泳義。《漢語大字典》（縮印本）釋“游”爲“在水中浮或潛行”。游禽既能在水中潛行又能在水面浮行，故稱。考之萬物，善游水者頗多，但善浮於水面游者，爲數并不多。魚類善游，但其游潛於水中；亦有善游的獸類，如水獺、水貂、海豹、海獅、海象等，但其游也是潛於水中。萬物之中能輕浮於水面自由自在游者，除一些浮游昆蟲之外，唯游禽而已。可見游禽乃是極有特點的一種禽類。"游禽"一稱，中國古時已行用。《三國志·蜀書·郤正傳》："游禽逝不爲之勩，浮鮪臻不爲之殷。"由於游禽生活於水域或者水域邊緣，自古人們也把游禽與涉禽等統稱爲"水禽""水鳥"等。"水禽"一稱漢代已行用，并沿用至今。漢馬融《廣成頌》："水禽：鴻鵠、鴛鴦、鷗、鷖……乃安斯寢，戢翻其涯。"清王士禎《池北偶談·談藝三·摘句圖》："果落跳松鼠，萍開過水禽。"碧野《月亮湖》："小船離水禽越來越近了，這時我纔看出是成千上萬的雪鵝和白鴨。""水鳥"一稱，漢代也已行用，并沿用至今。《漢書·五行志中之下》："劉向以爲水鳥色青，青祥也。"唐姚合《送崔約下第歸揚州》詩："日晚山花當馬落，天陰水鳥傍船飛。"孫犁《白洋淀紀事·蘆花蕩》："到這樣深夜，葦塘裏纔有水鳥飛動和唱歌的聲音。"

蓋爲事物命名，或據其聲音，或據其形狀，或據其特性等。據音者如"猫"，因其叫聲"喵喵"，故命其名爲"猫"；據形狀者如"猫頭鷹"，因其如鷹而生猫狀頭，故稱"猫頭鷹"；據特性者如"魚鷹"，因其善捕魚，故稱"魚鷹"。游禽的命名，亦不外乎此類。游禽中較常見的是雁、鵝、鴨、鷗等，其名或與其鳴叫聲有關，或與其特性有關。雁從古至今統稱"雁"，亦作"鴈"。"雁"之稱當來源於其鳴聲。鄭作新等《中國動物志·鳥綱·雁形目》中所描述的斑頭雁的叫聲爲"hang—hang—"，據郭錫良《漢字古音手册》（北京大學出版社1986年版），"雁"上古爲疑母元部字，音［ŋean］，這一讀音恰與雁類的叫聲相似。"雁"一稱先秦時期已行用。《荀子·富國》："然後飛鳥鳧雁若烟海，然後昆蟲萬物生其間。"古亦稱雁爲"鴻"，此稱當亦源於雁類的叫聲。據郭錫良《漢字古音手册》，"鴻"古爲匣母東部字，音［ɣoŋ］，讀音也與雁類的叫聲相似。此稱先秦時期已行用。《周易·漸》："鴻漸于干。小子厲，有言无咎。"虞翻注："鴻，大鴈也。"古籍中所見雁類的其他名稱，大都據其特性而命名。雁的別稱很多，散見於歷代典籍中的有十幾種。因其春分北來，秋分南遷，隨陽而動，定時不移，故稱"陽鳥""候鴈""信禽"等。諸稱行用於先秦至近古時。《書·禹貢》："彭蠡既豬，陽鳥攸居。"唐孔穎達疏："鴻鴈之屬，九月而南，正月而北，……此鳥南北與日進退，隨陽之鳥，故稱陽鳥。"《呂氏春秋·孟春》："候鴈北。"漢高誘注："候時之鴈，從彭蠡來，北過，至北極之沙漠也。"元郝經《鴈媒》詩："信禽法天運，斷不爲炎凉。"又因其警惕性强、紀律嚴明、會設崗以警戒和飛行時行陣整齊等，故又稱"智禽""書空匠"等。前者行用於中古時期，後者見用於近古時期。晋葛洪《抱朴子·詰鮑》:"蜂蠆挾毒以衛身,智禽銜蘆以扞網。"明李時珍《本草綱目·禽一·鴈》:"夜則群宿而一奴巡警,晝則銜蘆以避矰繳,其智也。"《辭源》"書空"條:"雁在空中成列而飛,其行如字,故稱書空。"宋趙師俠《菩薩蠻·春陵迎陽亭》詞:"殘角起江城,書空征雁橫。"

雁中的鴻雁,家化而成鵝。我國自古至今都稱這種家禽爲"鵝"。亦作"鵞""䳘"。因天鵝類游禽與家鵝形似,故亦用"鵝"來爲天鵝類游禽命名,如"大天鵝""小天鵝""疣鼻天鵝"等。"鵝"之稱當因其鳴聲而得,"鵝"字的讀音至今還與家鵝的鳴叫聲接近。明李時珍《本草綱目·禽一·鵝》中也説"鵝鳴自呼"。先秦時期已用此稱指家鵝,并沿用至今。《孟子·滕文公下》:"他日,其母殺是䳘也,與之食之。"先秦時期也稱鵝爲"鴈"。《周禮·天官·食醫》:"凡會膳食之宜,……羊宜黍,豕宜稷,犬宜粱,鴈宜麥。"《説文》將"鴈"與"雁"分作兩字,前者指鵝,後者指雁。《説文·鳥部》:"鴈,䳘也。"然文獻中常混用無別。"鴈"與"雁"音同,因家鵝由鴻雁家化而來,其鳴聲與雁類相同或相似,故此稱亦當因鵝的鳴聲而得。因鵝常發出"yi—yi—"的叫聲,特別是幼鵝更是如此鳴叫,故古時又稱鵝爲"䳘䳘"。《孟子·滕文公下》:"他日,其母殺是䳘也,與之食之。其兄自外至,曰:'是䳘䳘之肉也。'"家鵝的其他名稱,多因其特性而得。因其行步舒緩,故稱"舒鴈";因其爲家禽,又稱"家鴈"。"舒鴈"一稱秦漢時期已行用,"家鴈"一稱亦見用於近古時期。《爾雅·釋鳥》:"舒鴈,鵝。"清郝懿行義疏:"謂之舒者,以其行步舒遲也。"明李時珍《本草綱目·禽一·鵝》:"家鴈、舒鴈。時珍曰:……江東謂之舒鴈,似鴈而舒遲也。"天鵝古時稱"鵠",或稱"鴻鵠"。這一名稱也當是因其鳴叫聲音而得。鄭作新等《中國動物志·鳥綱·雁形目》中所描述的大天鵝的叫聲是"ho—ho—"與"huok"。據郭錫良《漢字古音手册》,"鵠"上古爲匣母覺部字,音[ɤəuk],這恰與天鵝的叫聲相似。"鵠""鴻鵠"之稱先秦時期已行用。《莊子·天運》:"夫鵠不日浴而白,烏不日黔而黑。"《孟子·告子上》:"一人雖聽之,一心以爲有鴻鵠將至,思援弓繳而射之。"天鵝的其他名稱多源於其性狀。因其形體似鵝又可高翔入雲,故稱"天鵝"。此稱唐代已行用,并沿用至今。唐李商隱《鏡檻》詩:"撥弦驚火鳳,交扇拂天鵝。"因其色白而似鵝,故又稱"白鵝"。此稱宋時已見行用。宋洪邁《夷堅乙志·董成二郎》:"月下見一白鵝,其大比常一倍,從砌間飛入房中。"

鴨類游禽的通用泛稱是"鴨",此稱也來自鴨類的叫聲。明李時珍《本草綱目·禽一·鶩》：“《禽經》云：‘鴨鳴呷呷。’其名自呼。”用“鴨”稱鴨類游禽當始於魏晋時期，并沿用至今。《三國志·吳書·陸遜傳》：“時建昌侯慮於堂前作鬪鴨欄，頗施小巧。”鴨亦分家鴨、野鴨兩類，家鴨是由野鴨家化而來。古時稱野鴨爲“鳧”，稱家鴨爲“鶩”。野鴨稱“鳧”，考之古音，亦當來源於野鴨的鳴叫聲。據郭錫良《漢字古音手册》，“鳧”上古爲並母魚部字，音［bǐwa］，這一讀音與鴨的叫聲近似。“鳧”之稱上古時已行用。亦作“鳬”。《詩·鄭風·女曰雞鳴》：“將翱將翔，弋鳧與鴈。”《廣韻·平虞》：“鳧，野鴨。”“鶩”一稱當由“鳧”聲轉而來，二字今音尚近，古音亦當相近（“鶩”上古爲明母侯部字，音［mǐwo］，與“鳧”聲母同爲唇音，韵爲旁轉關係）。鳧家化之後已不能飛行，其行步舒緩，故古人又稱“舒鳧”，或作“舒鳬”。明李時珍《本草綱目·禽一·鶩》：“鳧能高飛，而鴨舒緩不能飛，故曰‘舒鳧’。”緩讀之爲“舒鳧”，急讀合音則爲“鶩”。《説文·鳥部》：“鶩，舒鳧也。”“鶩”與“舒鳧”之稱上古時期均已行用。《左傳·襄公二十八年》：“公膳日雙雞，饔人竊更之以鶩。”唐孔穎達疏引舍人曰：“鳧，野名也；鶩，家名也。”《爾雅·釋鳥》：“舒鳧，鶩。”後世“鳧（鳧）”“鶩”亦常混用，家與野不别。如《禽經》：“水鶩澤則群，擾則逐。”張華注：“鶩，野鴨也。”《晏子春秋·外篇上八》：“景公賞賜及後宮，文綉被臺榭，菽粟食鳧鴈。”吳則虞集釋：“王引之云：鳧，鴨也；鴈，鵝也。此云菽粟食鳧鴈，下云君之鳧鴈，食以菽粟，則鳧鴈乃家畜，非野鳥也。”鴨科中的鴛鴦，其“鴛鴦”之名義難明。“鴛鴦”爲雙聲字，或與此禽雌雄親近不分有關。明李時珍《本草綱目·禽一·鴛鴦》：“鴛鴦終日並游，有宛在水中央之意也。或曰雄鳴曰鴛，雌鳴曰鴦。”多方考之，難下確論。然此稱先秦時期已行用，并沿用至今。如《詩·小雅·鴛鴦》：“鴛鴦于飛，畢之羅之。”鴛鴦的其他名稱，多因其特性而得。因其雌雄晝夜不分離，故稱“匹鳥”“並禽”。“匹鳥”一稱漢代已行用。《詩·小雅·鴛鴦》：“鴛鴦于飛，畢之羅之。”毛傳：“鴛鴦，匹鳥。”“並禽”一稱見用於中古時期。宋張先《天仙子》詞：“沙上並禽池上暝，雲破月來花弄影。”

　　鷗類游禽的古今統稱均爲“鷗”。“鷗”之稱前人以爲源自其性狀，因其能浮於水上，輕漾如漚（漚，水泡），故名。如此“鷗”則源自“漚”，後更其義符而作“鷗”。然細考之，“鷗”之名與其鳴聲也不無關係，“鷗”的讀音與鷗類鳥的叫聲很接近。鷗類鳥的鳴聲，其洪亮者如“ao”，其低沉者如“ou”。“鷗”之稱秦漢時期已行用。亦作“鷗”。《山海經·海外東經》：“玄股之國，在其北，其爲人，衣魚食鷗。”《列子·黃帝》：“海上之人，有好漚鳥者，每旦之海上，從漚鳥游。”鷗最早也稱“鷖”，據説此稱因其鳴聲而得，多行用於先秦兩漢時期。《詩·大雅·鳧鷖》：“鳧鷖在沙，公尸來燕來宜。”鷗的其他名稱一般源於其特性。如因鷗的叫聲極像鴉類（如笑鷗，即紅嘴鷗），故又稱“水鴞”。此稱漢代已行用，《説文·鳥部》：“鷗，水鴞也。”

還有一些常見的游禽名，如鵜鶘、鸕鷀、信天翁、鸊鷉等。鵜鶘是一種大型游禽，亦稱“犁鶘”“洿澤”“淘河”等。“犁鶘”一稱當源於其自鳴之聲，“鵜鶘”當由“犁鶘”轉語而來。明李時珍《本草綱目·禽一·鵜鶘》：“案，《山海經》云：沙水多犁鶘，其名自呼。後人轉爲鵜鶘耳。”此稱先秦時期已行用。《莊子·外物》：“魚不畏網，而畏鵜鶘。”“洿澤”“淘河”等稱當因其習性而得。諸稱中古時期已行用。《爾雅·釋鳥》：“鵜，鴮鸅。”晋郭璞注：“今之鵜鶘也，好群飛，沈水食魚，故名洿澤，俗呼之爲淘河。”（按，洿，把……挖掘成水坑，在“洿澤”中的含義應是挖坑使水沉掉。“鴮鸅”當是由“洿澤”轉語而來）《詩·曹風·候人》：“維鵜在梁。”唐孔穎達疏引陸璣云：“鵜，水鳥。……若小澤中有魚，便群共杼水，滿其胡而棄之，令水竭盡，魚在陸地，乃共食之，故曰淘河。”與鵜鶘同類而較小的游禽是鸕鷀，亦稱“魚鷹”“摸魚公”等，諸稱皆因此禽的性狀而得。因其體羽爲黑色，故稱“鸕鷀”，或單稱“鸕”“鷀”等。明李時珍《本草綱目·禽一·鸕鷀》：“案，韻書‘盧’與‘兹’並黑也，此鳥色深黑，故名。”此稱漢代已行用。“鸕”亦作“鱸”。《説文·鳥部》：“鱸，鱸鷀也。”因其善捕魚，故稱“魚鷹”“摸魚公”等。此二稱唐以後見行用。宋韓琦《榮歸觀蓮戲成》詩：“紅苞密障魚鷹坐，綠蓋低容水馬游。”清厲荃《事物異名録·禽鳥部下》：“鸕鷀，一名摸魚公。”另一類大型游禽是信天翁，亦稱“信天緣”“信天公”等。其名源自其特性。前人多以爲此鳥覓食不主動，多賴天意，凝立水際俟魚過而捕（一説拾取魚鷹得而復墜之魚），故以“信天”稱之。諸稱中古時期方行用。如宋洪邁《容齋隨筆·瀛莫間二禽》：“其一類鵠，色正蒼而喙長，凝立水際不動，魚過其下則取之，終日無魚，亦不易地，名曰‘信天緣’。”宋王應麟《困學紀聞·評詩》：“水禽有名信天公者。”明彭大翼《山堂肆考》卷二三七：“滇中有鳥，名信天翁。其鳥食魚而不能捕，候魚鷹所得偶墜者，拾食之，因名。”然考之今人之作，并無“覓食不主動”之説。或以爲此鳥極善飛翔，很少登陸，或翱翔於天空，或輕浮於海面，總之在海、空中信游，故稱。鸊鷉是一種善於潛水的游禽，或單稱“鷉”，亦稱“須鸁”。“鸊鷉”一稱源自其鳴叫聲，鄭作新等《中國動物志·鳥綱·鸊鷉目》中所描述的此鳥叫聲爲“bibbib”，與“鸊鷉”一詞的發音幾乎相同。“須鸁”一稱的命名之因待考。此二稱秦漢時期皆已行用。《爾雅·釋鳥》：

"鷉，須鸁。"郭璞注："鷉，鶻鷉。似鳧而小。"《後漢書·馬融傳》："鶩鴈鶻鷉。"鶻鷉的其他名稱，當因其性狀而得。因其善潛水避害，故稱"水鴞"；因其形體小巧，故稱"鷿鷉"；因其性機敏，見人則入水下藏匿，故稱"刁鴨"；因其體內多油脂，故稱"油鴨"等。諸稱近古時期已行用。明李時珍《本草綱目·禽一·鶻鷉》："須鸁、水鴞、鷿鷉、刁鴨、油鴨。時珍曰：……鴞、刁、零丁，皆狀其小也。油，言其肥也。"訓"鴞""刁"爲小，恐非。"鴞"或通"㸷"，鑽入之義。"刁"當爲狡猾。鷿鷉，即"零丁"的轉語詞，當爲孤獨義。諸稱應與此禽善潛水、機敏、常單獨活動等特性有關。

二、游禽觀察研究史

國人對游禽的認識是很早的事情。可以想象，在原始的狩獵年代，游禽應是人們主要的狩獵對象之一。也正是在這種捕獵與被捕獵的過程中，人們一步步加深了對游禽的認識。當捕獵的游禽在食用之後有所剩餘時，人們便開始飼養捕獲的仍活的游禽，於是便有了家鵝與家鴨。我國飼養鵝鴨的歷史很長。考古工作者曾在河南殷墟發掘了一座殷代古墓，從中出土了一個造型十分生動的玉石鵝雕像。如果不是鴻雁已家化爲鵝，且養鵝又十分普遍，人們是雕琢不出這麼精美的鵝造像的。自有書籍記載以來，游禽被廣泛記載於各種古籍之中。我國最早的詩歌總集《詩》，其中就有不少關於游禽的描寫，甚至有幾篇詩歌就是用游禽的名字命名的，如《小雅·鴻鴈》《小雅·鴛鴦》《大雅·鳧鷖》等。從古籍的記載中也可以看出，到了春秋戰國時期，人們飼養鵝鴨之類的游禽，已形成很大規模。《周禮·天官·大宰》云："以九職任萬民：一曰三農……四曰藪牧，養蕃鳥獸。"當時國家已設置叫"藪牧"的官員，來專門負責禽畜的飼養，鵝鴨之類的游禽必在當時所飼養的禽類之中。漢劉向《新序·刺奢》："鄒穆公有令，食鳬鴈必以粃，無得以粟。"由於養的鵝鴨之類的家禽太多，爲了節約糧食，先秦時期鄭國不得不下令禁止用糧食喂養鵝鴨，祇能用粃穀。

先秦兩漢時期，人們不僅能够大規模飼養鵝鴨之類的家禽，而且通過年復一年的觀察，發現了大雁之類的候鳥與季節的關係。《禮記·月令》云："孟春之月……東風解凍，蟄蟲始振，魚上冰，獺祭魚，鴻鴈來。"人們已經知曉，大雁之類的候鳥隨節候而遷徙。通過觀察與研究，先秦兩漢時期，人們還進一步發現雁類游禽有不同的類別。《詩·小雅·鴻鴈》："鴻鴈于飛，肅肅其羽。"毛傳："大曰鴻，小曰鴈。"我國古代的辭書多是據義分類的，"釋鳥"（解釋鳥類的詞語）是其必有的内容。解釋鳥類的名詞，當然離不開對各種鳥類的研究。秦漢時期成書的我國最早的詞典《爾雅》，其中的"釋鳥"部分就是我國早期研究禽鳥的珍貴資料。《爾雅·釋鳥》所記載的大量禽鳥中，有許多游禽，如"舒鴈""舒鳬""鷯鶉""鵁鶄"等。《爾雅》之後，雅學類書籍都繼承了《爾雅》的傳統，幾乎都要對游禽作深入研究。由於游禽與人類的生産、生活息息相關，秦漢時期的人不僅廣泛研究各種游禽，而且注意宣傳、傳授游禽方面的知識。漢史游《急就篇》中有"鳳爵鴻鵠鴈鶩雉"的句子。《急就篇》爲蒙童識字課本，可見當時已把游禽知識作爲向兒童普及的知識之一了。到中古時期，我國人民對游禽的認識已經相當深刻。北魏賈思勰所著的《齊民要術》一書，在記述飼養鵝鴨的部分中，對鵝鴨的飼養從選種、孵化到喂養、管理等，都進行了詳細論述。

到了明清時期，人們對游禽的認識與研究更加深入。明李時珍在《本草綱目》中，研究了大量的禽鳥，考其形體，述其習性，記其功用，等等。其中有許多都是游禽，如雁、鵠、鶩、鳬、鵝、鴛鴦等。《本草綱目》一書對游禽的研究是空前的，也極爲細緻，如《本草綱目·禽一·鵠》中引《飲膳正要》對天鵝的研究，就十分詳細。其文云："天鵝有四等：大金頭鵝，似鴈而長項，入食爲上，美於鴈；小金頭鵝，形差小；花鵝，色花；一種不能鳴鵝，飛則翔響，其肉微腥，並不及大金頭鵝。"

進入現代以後，隨着科學意識的增强，對生物學研究的深入，人們對游禽的研究走上了更加科學的軌道，研究也更加詳盡。

三、游禽特性與種類

游禽一般近水而居，共同的特性是善於浮水與潛水。其别於其他禽類的明顯特徵有二：一是趾間有蹼，游水時以利劃水，有具全蹼者，有生半蹼者，也有僅前三趾間有蹼者；二是尾脂腺一般都比較發達，以利潤澤體羽，防止水濕羽毛。據學者研究，游禽共有六大類，各類在習性上均有差异。

第一，雁形目。雁形目爲中、大型禽類，最大的是大天鵝，體重可達 10 千克左右，最小的是棉鳬，體重僅 300 克左右。此類游禽頭呈橢圓形，較大。嘴大都扁平狀，較長，端部有嘴甲，兩側生有櫛狀突。頸較長，多呈"Z"狀，有的種類頸特别曲而長。尾與足較短，後趾小而不踏地，前趾間有蹼，善游能潛，個別種類尾稍長。翼長短不一，善於飛翔。體羽多雌雄异色，雄者比雌者艷麗，且體形略大。雁形目大都是候鳥，秋季南遷，春季北歸，栖息於多種水域及其邊緣。大都雜食性，有的以食草爲主，兼食動物性食物，有的以動物性食物爲主，兼食植物性食物。人們所説的大雁是雁形目的典型代表，遷飛時有老雁領頭，行列整齊，其行陣常呈“一”字形或“人”字形。喜群居，常數百隻結伴栖息於水草豐美處，主要以植物的芽、莖、葉、籽等爲食。成群覓食或栖息時，必有警戒之雁，如有危險，警戒雁便發出鳴聲，群雁隨之起飛，直到危險過去，雁群纔落地覓食或栖息。天鵝是雁形目中的珍品。其形似雁，但頸曲而長，羽毛多爲白色，形色更加美麗。鴨類是雁形目中形體較小的一類，種類繁多，似雁而小，尾短足矮，前趾間有蹼。鴛鴦也是鴨科游禽，形體比鴨小，雌雄終生不分離，雄者羽色華美艷麗，爲鴨類中最美者，雌者羽色遜於雄者。

　　我國的雁形目有雁亞科、鴨亞科兩個亞科，其中雁亞科共四屬十三種，鴨亞科共十九屬四十六種。它們是雁亞科黑雁屬的黑雁（*Branta bernicla*）、紅胸黑雁（*B. ruficollis*），雁屬的鴻雁（*Anser cygnoides*）、豆雁（*A. fabalis*）、白額雁（*A. albifrons*）、小白額雁（*A. erythropus*）、灰雁（*A. anser*）、斑頭雁（*A. indicus*）、雪雁（*A. caerulescens*），天鵝屬的小天鵝（*Cygnus columbianus*）、大天鵝（*C. cygnus*）、疣鼻天鵝（*C. olor*），樹鴨屬的〔栗〕樹鴨（*Dendrocygna javanica*）；鴨亞科麻鴨屬的赤麻鴨（*Tadorna ferruginea*）、翹鼻麻鴨（*T. tadorna*），埃及雁屬的埃及雁（*Alopochen aegyptiaca*），河鴨屬的針尾鴨（*Anas acuta*）、綠翅鴨（*A. crecca*）、花臉鴨（*A. formosa*）、羅紋鴨（*A. falcata*）、綠頭鴨（*A. platyrhynchos*）、斑嘴鴨（*A. poecilorhyncha*）、赤膀鴨（*A. strepera*）、赤頸鴨（*A. penelope*）、白眉鴨（*A. querquedula*）、琵嘴鴨（*A. clypeata*），狹嘴潛鴨屬的赤嘴潛鴨（*Netta rufina*），潛鴨屬的紅頭潛鴨（*Aythya ferina*）、白眼潛鴨（*A. nyroca*）、青頭潛鴨（*A. baeri*）、鳳頭潛鴨（*A. fuligula*）、斑背潛鴨（*A. marila*），鴛鴦屬的鴛鴦（*Aix galericulata*），棉鳧屬的棉鳧（*Nettapus coromandelianus*），瘤鴨屬的瘤鴨（*Sarkidiornis melanotos*），小絨鴨屬的小絨鴨（*Polysticta stelleri*），海番鴨屬的黑海番鴨（*Melanitta nigra*）、斑臉海番鴨（*M. fusca*），醜鴨屬的醜鴨（*Histrionicus histrionicus*），長尾鴨屬的長尾鴨（*Clangula hyemalis*），鵲鴨屬的鵲鴨（*Bucephala clangula*），秋沙鴨屬的斑頭秋沙鴨（*Mergus albellus*）、中華秋沙鴨（*M. squamatus*）、紅胸秋沙鴨（*M. serrator*）、普通秋沙鴨（*M. merganser*），硬尾鴨屬的白頭硬尾鴨（*Oxyura leucocephala*），等等。

第二，鷗形目。鷗形目是游禽中一個較大的種群。鷗形目鳥體形比雁形目要小，外觀上也與雁形目有極其明顯的差別。嘴細而側扁，翼尖而長，尾亦較長，善飛翔，且飛姿輕捷。足短，後趾小，中趾長，前趾間有蹼，能游泳。體羽多爲灰白色，間有黑、灰色羽，雌雄羽色相似。鷗形目游禽頗常見，特別是在沿海地區，可經常見到它們的身影。鷗形目的種類也很多，廣泛分布於我國沿海及内陸的湖泊、河川地區。喜群居，食性雜，以水中的魚、蝦、蟹、螺爲食，也捕食水生昆蟲，有的也捕食鼠類及陸地昆蟲。

鷗形目種類繁多，見於我國的主要有鷗屬的黑尾鷗（*Larus crassirostris*）、海鷗（*L. canus*）、銀鷗（*L. argentatus*）、灰背鷗（*L. schistisagus*）、紅嘴鷗（*L. ridibundus*）、黑嘴鷗（*L. saundersi*）等，浮鷗屬的鬚浮鷗（*Chlidonias hybrida*）、白翅浮鷗（*Ch. leucopterus*）等，噪鷗屬的鷗嘴噪鷗（*Gelochelidon nilotica*），巨鷗屬的紅嘴巨鷗（*Hydroprogne caspia*），燕鷗屬的普通燕鷗（*Sterna hirundo*）、白額燕鷗（*S. albifrons*），等等。

第三，鵜形目。鵜形目多爲大型海洋性鳥類，其形態、習性都頗具特色。一般嘴較大，嘴的下部多具喉囊，能潛入水中捕魚。四趾向前，四趾之間皆有發達的蹼。雌雄羽色相同。多生活於熱帶或亞熱帶沿海以及湖泊、河汉之中，喜群居，常結群在海島或沿海的高崖上栖息，以魚、蝦以及軟體水生動物爲食。鵜形目的代表是鵜鶘，體形較大，體長可達 2 米，體重可達 12 千克。翼大，能飛善游，飛姿悠逸。嘴亦頗大，尖端彎曲，嘴下的喉囊伸達嘴的全長，可以儲存捕得的魚蝦。分布於我國的鵜鶘爲白色體羽，有少數黑色羽毛，多生活於長江流域及其以南的地區，常集體驅趕捕食魚類。另一種常見的鵜形目禽鳥是鸕鷀，俗稱“魚鷹”。形似烏鴉而大，黑色羽，有綠色光澤。嘴扁而長，暗黑色，上嘴的尖端有鈎，頷下有小型喉囊。善潛水捕魚，其喉囊可存放捕得之魚，漁人常馴養用以捕魚。

國内鵜形目見有五科十五種。它們是熱帶鳥科（鸏科）的紅嘴熱帶鳥（*Phaethon aethereus*）、紅尾熱帶鳥（*Ph. rubricauda*）、白尾熱帶鳥（*Ph. lepturus*），鵜鶘科的白鵜鶘（*Pelecanus onocrotalus*）、斑嘴鵜鶘（*P. philippensis*），鰹鳥科的紅腳鰹鳥（*Sula sula*）、褐鰹鳥（*S. leucogaster*），鸕鷀科的普通鸕鷀（*Phalacrocorax cdrbo*）、斑頭鸕鷀（*Ph. capillatus*）、海鸕鷀（*Ph. pelagicus*）、紅臉鸕鷀（*Ph. urile*）、黑頸鸕鷀（*Ph. niger*），軍艦鳥科的小軍艦鳥（*Fregata minor*）、白斑軍艦鳥（*F. ariel*）、白腹軍艦鳥（*F. andrewsi*）。

第四，鸊鷉目。鸊鷉目游禽亦頗具特色。體形略似鴨，但比鴨小。翼與尾都很短小，尾僅生絨羽，不善飛翔，但善潛水。嘴細而長，側扁，善捕食水中的小魚及昆蟲等。足短，且生於體之後部，跗跖側扁，後趾位高而小，前趾間有瓣狀蹼，爪鋒銳。體羽短而稠密，多呈暗黃褐色，翼羽呈灰褐色，頸與前胸淺赤褐色。眼、嘴之間有一狹形的裸出部，有的具羽冠或綹領。雌雄羽色相同。此鳥冬栖於溪中，夏隱於湖沼植物叢間繁殖，常成群游於水面，稍受驚動即迅速潛入水底。雌鳥常把雛鳥馱在背上，受驚嚇時，則將雛鳥夾在翅膀之下潛入水中。鸊鷉目共計二十一種，國內見有五種，但分布區域較廣。它們是小鸊鷉屬的小鸊鷉（ *Tachybaptus ruficollis* ），鸊鷉屬的角鸊鷉（ *Podiceps auritus* ）、黑頸鸊鷉（ *P. nigricollis* ）、鳳頭鸊鷉（ *P. cristatus* ）、赤頸鸊鷉（ *P. grisegena* ）。

第五，鸌形目。鸌形目爲大型海上游禽。體大，嘴由多數角質片組成，前端曲而銳。翼尖而長，善飛翔，凸尾或方尾。後趾很小，或無後趾，前趾間有蹼。鼻特殊，呈管狀位於嘴的兩側。羽色雌雄相同。生活於海邊，能游泳與潛水，以魚類與軟體動物爲食。鸌形目游禽以信天翁最爲著名，其體長可達 1 米以上。主要分布於北太平洋，冬季常見於我國東北及沿海一帶，性凶猛。鸌形目國內見有三科六屬十二種。它們是信天翁屬的短尾信天翁（ *Diomedea albatrus* ）、黑脚信天翁（ *D. nigripes* ），暴風鸌屬的暴風鸌（ *Fulmarus glacialis* ），剪水鸌屬的白額鸌（ *Puffinus leucomelas* ）、灰鸌（ *P. griseus* ）、曳尾鸌（ *P. pacifica* ）、短尾鸌（ *P. tenuirostris* ），圓尾鸌屬的白額圓尾鸌（ *Pterodroma hypoleuca* ）、鈎嘴圓尾鸌（ *P. rostrata* ），純褐鸌屬的純褐鸌（ *Bulweria bulwerii* ），叉尾海燕屬的白腰叉尾海燕（ *Oceanodroma leucorhoa* ）、黑叉尾海燕（ *O. monorhis* ）。

第六，潛鳥目。爲我國稀有游禽。形似鴨，但嘴直而尖，翼短小，尾短而硬，頸較粗長。足位於身體後部，跗跖側扁，前趾間有蹼，後趾幾乎與其他各趾平置。雌雄無羽色之別。此鳥在北極圈附近繁殖，冬季南遷至地中海、裏海、北美南部沿海和我國沿海等地。不善陸行，極善潛水，常潛入水中，僅將嘴與兩眼露出水面。此鳥共有一科一屬五種，我國見有四種，數量稀少。它們是紅喉潛鳥（ *Gavia stellata* ）、黑喉潛鳥（ *G. arctica* ）、太平洋潛鳥（ *G. pacifica* ）、白嘴潛鳥（ *G. immer* ）。

四、游禽文化考

游禽與人類的關係極其密切，有些游禽已人工飼養馴化爲家禽，成爲重要的經濟禽類，如鵝、鴨等。由於與人類的關係密切，因此許多游禽不僅有其生物學的内涵，而且有十分豐富的文化意義。雁秋日南飛，預示寒冬將至；春日北歸，又帶來春的信息。歷史上文人歌雁咏雁，形成了豐富燦爛的"雁文化"。在我國歷史上，秋日南歸的大雁，始終是詩人咏嘆歸思離愁的特有景觀。三國魏曹丕《燕歌行》中就咏道："秋風蕭瑟天氣凉，草木搖落露爲霜，群燕辭歸鴈南翔。念君客游思斷腸，慊慊思歸戀故鄉，君何淹留寄他方？"唐王勃《滕王閣序》中也寫道："漁舟唱晚，響窮彭蠡之濱；雁陣驚寒，聲斷衡陽之浦。"據《漢書·蘇武傳》記載，蘇武出使匈奴，被强行扣留十九年之久。後匈奴與漢的關係緩和，漢要求匈奴歸還蘇武等人，匈奴詐稱蘇武已死，漢使者便"言天子射上林中，得雁，足有繫帛書，言武等在某澤中"（見《漢書·蘇武傳》），迫使匈奴歸還了蘇武等人，於是在中國文化中便有了"鴻雁傳書"的典故。鴻雁能傳書，在文人的想象中，也許雁歸之所正是行人遠行之處，也衹有雁兒纔能捎去滿腹的離情別緒，於是藉蘇武"雁足傳書"的佳話，雁便成了"信"的代名詞。如晋傅咸《紙賦》："鱗鴻附便，援筆飛書。"唐李白《送友人游梅湖》詩："暫行新林浦，定醉金陵月。莫惜一雁書，音塵坐胡越。"元王實甫《西厢記》三本一折："自别顏範，鴻稀鱗絶，悲愴不勝。"

　　鴛鴦是人們頗爲喜愛的游禽，這不僅是因爲它羽毛色彩艷麗，更是因爲它常成雙成對，結伴生活，因而鴛鴦便成了夫妻恩愛白頭偕老的象徵，游禽文化中又有了另一域斑斕的景觀。自古以來的文人墨客，都喜歡用鴛鴦來比喻恩愛夫妻，喜歡用鴛鴦來咏嘆夫妻之情。如漢司馬相如《琴歌》二首之一："室邇人遐毒我腸，何緣交頸爲鴛鴦。"唐温庭筠《南歌子》詞："不如從嫁與，作鴛鴦。"鮑昌《庚子風雲》第二部第九章："要是咱倆遠遠飛出去，做一對野地鴛鴦，以後也不好回來見我的娘親了。"人們還把恩愛夫妻稱爲"鴛侶"，如宋周邦彦《尉遲杯》詞："有何人念我無聊，夢魂凝想鴛侶。"人們還用"鴛衾""鴛被"等指夫妻共寢的被子。如唐錢起《錢考功集·長信怨》詩："鴛衾久别難爲夢，鳳管遥聞更起愁。"唐駱賓王《從軍中行路難》詩："雁門迢遞尺書稀，鴛被相思雙帶緩。"擴而大之，不僅恩愛夫妻似鴛鴦，衹要是成雙成對的事物都有似鴛鴦，所以自古以來人們就用"鴛鴦"來喻指成雙成對的事物，如"鴛鴦瓦""鴛鴦劍""鴛鴦花""鴛鴦燈""鴛鴦火鍋"等。"鴛鴦瓦"即成對的瓦，如唐白居易《長恨歌》："鴛鴦瓦冷霜華重，翡翠衾寒誰與共？""鴛鴦劍"即分爲雌雄兩股的寶劍，如清曹雪芹《紅樓夢》第六六回："三姐從那邊來了，一手捧着鴛鴦劍，一手捧着一卷册子。""鴛鴦花"即石楠花，因其成對而生，故有此稱，如唐孟郊《和宣州錢判官使院廳前石楠樹》詩："鴛鴦花數重，翡翠葉四鋪。""鴛鴦燈"是指一組兩盞并懸的燈。如《水滸傳》第七二回："轉入中門，見掛着一碗鴛鴦燈。""鴛鴦火鍋"是一種川式火鍋，以麻辣爲主要特點，因其鍋内有一隔層，將火鍋分爲左右兩個區域，故稱。

　　鴨、鵝與人類的關係就更加密切了。傳統上，鴨、鵝是除鷄之外的兩大家禽。人們常用"鷄鴨鵝狗"與"鍋碗瓢盆"來形容平凡而又充滿人情味兒的農家生活。鵝、鴨也的確爲人類貢獻了許許多多：鵝、鴨的卵是人們日常的美食，有腌製的鹹鵝蛋與鹹鴨蛋，還有用特殊工藝製成的松花蛋；鵝、鴨的肉也是人們餐桌上的美味，南京的板鴨、鹽水鴨，北京的烤鴨，南方的燒鵝仔，都是肴中佳品；鵝、鴨的羽絨，保溫性能極好，是防寒衣物的優質填充材料。由於鵝、鴨與人的生活關係密切，因此人們也特别喜歡這兩種家禽。許多文人歌鴨咏鵝，留下不少佳句。如宋蘇軾《惠崇春江晚景》詩之一："竹外桃花三兩枝，春江水暖鴨先知。"宋范成大《晚春田園雜興十二絶》之十二："小童一棹舟如葉，獨自編欄鴨陣歸。"鴨頭的綠色十分鮮艷，故文人又經常用"鴨頭綠"來形容大自然中的綠色。如唐李白《襄陽歌》："遥看漢水鴨頭綠，恰似葡萄初醱醅。"鵝的形象似乎比鴨更加美麗，所以我國歷史上不乏愛鵝之人。初唐四杰之一的駱賓王，相傳他七歲時所作的《咏鵝》，就是一首極美的寫鵝詩，詩中咏道："鵝、鵝、鵝，曲項向天歌。白毛浮綠水，紅掌撥清波。"而"書聖"王羲之愛鵝，更是流傳千古的佳話。據宋高承《事物紀原·蟲魚禽獸》所記："晋右將軍王羲之好鵝。在會稽山陰，道士養群鵝，羲之每就玩之。道士曰：'爲寫《黃庭經》，當以相贈。'羲之欣然，寫畢，籠鵝而去。"故後世也稱鵝爲"右軍"。人們也把王羲之爲换鵝所寫的經文稱爲"鵝經"，如元盧大雅《舟中寄張外史》詩："輸與仙都老居士，一簾山雨聽鵝經。"人們又把王羲之當年養鵝的池子稱爲"鵝池"，如清查慎行《歸宗寺次潁濱先生舊韻》："鵝池細合簾泉派，鷺水涼分茗碗供。"據説王羲之當年養鵝的鵝池，在今浙江紹興戒珠寺前。

　　另外兩種具有較豐富文化内涵的游禽是鷗與鵝。海鷗翔、浮於水面，自由自在，是隱士和不得志文人退身追求的境界，所以古人常用"鷗閑""鷗波""鷗伴"等喻指隱居生活。如宋余靖《留題澄虚亭》詩："魚戲應同樂，鷗閑亦自來。"宋陸游《雜興》詩："得意鷗波外，忘歸雁浦邊。"明袁宗道《將抵都門》詩："祇合尋鷗伴，誰令入鷺行。"古人還用"鷗心""鷗情""鷗夢"等喻指退隱者悠然自得的心境。如元倪瓚《劉君元暉八月十四日邀余玩月快雪齋中命余詩因賦》："古人與我不並世，鶴思鷗情迴愁絶。"明袁宏道《歲暮書懷得風字》之一："樹影溪紋路，鷗心鶴貌翁。"清龔自珍《己亥雜詩》之二一四："男兒解讀韓愈詩，女兒好讀姜夔詞。一家倘許圓鷗夢，晝課男兒夜女兒。"鵜的文化意義則多爲貶義。《詩·曹風·候人》："維鵜在梁，不濡其翼。"鄭玄箋："鵜在梁，當濡其翼。而不濡者，非其常也。以喻小人在朝，亦非其常。"故人們常用"鵜翼""維鵜""鵜梁"等指在位而不稱其職。如宋司馬光《奉和濟川代書三十韻寄諸同舍》："鵜翼顔何厚，錐囊意未攄。"宋王禹偁《謫居感事》："蚊力山難負，鵜梁翼易滋。"古人還常用"鵜翼之刺""鵜翼之譏"等指微末的議論。如唐劉禹錫《謝春衣表》："在身不稱，恐招鵜翼之譏；居位無功，叨受鶴紋之賜。"唐李靖《乞解職表》："畫一之譽，無紀明時。維鵜之譏，日聞朝聽。"

　　游禽與人的生産、生活關係極密切，它們大多性情温順，與人類爲善。可是人們對它們的大肆捕獵，已使許多游禽瀕臨滅絶，如鴻雁、紅胸黑雁、大天鵝、小天鵝、疣鼻天鵝、鴛鴦、遺鷗等等。以前，每當春秋兩季，生活在中原地區的人們常能看到成隊的大雁從空中飛過，也常能看到成群的大雁降落在田間、河畔休息，現在却很難看到這種景象了。如今，我國已將許多游禽列爲保護禽類，如遺鷗被列爲國家一級保護動物，大天鵝、小天鵝、疣鼻天鵝、紅胸黑雁、鴛鴦等已被列爲國家二級保護動物。

信天翁

　　習見游禽名。鸌形目，信天翁科，短尾信天翁（*Diomedea albatrus* Pallas）。大型游禽。屬世界性大型海鳥。體長近 1 米，全身白色。頭小，嘴淡赤栗色，强而且鈎。鼻管短，位近嘴基。頭頂、枕沾橙黄色。翅、肩、尾灰褐色，内側翼上覆羽白色。原遍布於我國沿海一帶，爲旅鳥或越冬鳥，近年僅見於臺灣沿海。偶亦見於山東半島沿海地帶。極善飛翔，可長時間隨海浪漂翔，亦可在海面上悠然浮游以休息或睡眠。主要取食海洋魚類或軟體動物。

　　此稱宋代已行用。亦稱"信天公""信天緣"。舊傳此鳥常呆立不動，魚過方取，信其自然，故名。宋王應麟《困學紀聞·評詩》："水禽有名信天公者。"宋洪邁《容齋隨筆·瀛莫間二禽》："其一類鶘，色正蒼而喙長，凝立水際不動，魚過其下則取之，終日無魚，亦不易地，名曰'信天緣'。"宋樓鑰《書張武子詩集後》："或謂君不爲歲晚計，君曰：'水禽有名信天翁者，食魚而不能捕，兀立沙上，俟他禽偶墜魚於前，乃拾之，然未聞有餓死者。'其夷澹雅謔類此。"明楊慎《丹鉛總録·鳥獸類》："信天翁，鳥名……蘭廷瑞詩云：'荷錢荇帶緑江空，唼鯉含鯊淺草中。波上魚鷹貪未飽，何曾餓死信天翁。'"清梁章鉅《浪迹叢談·喜雪唱和詩》："喜雨未幾旋喜雪，長年惟學信天翁。"

　　信天翁科有二屬十四種，我國域内僅見一屬二種。除短尾信天翁外，尚有黑脚信天翁（*D. nigripes*），其體略小於短尾信天翁，體灰褐不白，嘴灰黑色，并以脚黑而得名，臺灣海峽終年可見。因海洋污染，以致野外種群數量極少，現狀不詳。被列爲國家一級重點保護野生動物。今亦稱"海燕"。

【信天公】

即信天翁。此稱宋代已行用。見該文。

【信天緣】

即信天翁。此稱宋代已行用。見該文。

【短尾信天翁】

信天翁之一種。此稱行用於近現代。見該文。

【黑脚信天翁】

信天翁之一種。此稱行用於近現代。見該文。

【海燕】

即信天翁。此稱行用於近現代。見該文。

鸊鷉

習見游禽名。鸊鷉目，鸊鷉科，小鸊鷉（ *Tachybaptus ruficollis* Pallas）。小型游禽。體長 25~32 厘米。上體及兩脅黑色，頭黑色，嘴基具乳黃色斑；眼先、頦、上喉黑色，下喉、頸側棕栗色。翼、尾黑褐色，前胸灰褐，下體餘部白色。我國主要分布於西北、西南、東北各地。善泳，亦善潛水。常栖息於多蘆葦、水草之水域及江、河、湖泊中。單獨或成對覓食，冬季往往結成小群活動。主要取食魚蝦類水生生物。

秦漢時期始稱"鸊鷉""須贏"，亦省稱"鸊""鷉"。"鸊"亦作"鷿"。"鷉"亦作"鷈""鷿"。《爾雅·釋鳥》："鷉，須贏。" 晋郭璞注："鷉，鸊鷉，似鳧而

鸊鷉
（明李時珍《本草綱目》）

小，膏中瑩刀。"唐陸德明釋文："'鷈'字或作'鷉'。"《説文·鳥部》："鷉，鸊鷉也。"《後漢書·馬融傳》："水禽鴻鵠，鴛鴦鷗鷖，鶬鴰鸊鷉，鷺鴈鷿鷉，乃安斯寢，戢翮其涯。"五代以迄元明時期亦稱"水鴗""鷿鳲""刁鴨""油鴨"。明李時珍《本草綱目·禽一·鸊鷉》："〔釋名〕須贏、水鴗、鷿鳲、刁鴨、油鴨。時珍曰：鸊鷉、須贏，並未詳。鴗、刁、零丁，皆狀其小也。油，言其肥也。"鄭作新等《中國動物志·鳥綱·鸊鷉目》："小鸊鷉，別名：鸊鷉、水鴗、刁鴨、油鴨（本草）、水葫蘆、水鸊、水攢、小子鑽、油葫蘆（以上均南名），王八鴨子（北名）。"

油鴨
（明刊《食物本草》）

鸊鷉目僅一科五屬約二十一種。我國除鸊鷉外，尚有鸊鷉屬之角鸊鷉（ *Podiceps auritus* ）、黑頸鸊鷉（ *P. nigricollis* ）、鳳頭鸊鷉（ *P. cristatus* ）及赤頸鸊鷉（ *P. grisegena* ）等四種。小鸊鷉屬約十個亞種，我國見有三種，即普通亞

油葫蘆
（清余省等《鳥譜》）

種（*T. r.poggei*）、新疆亞種（*T. r. capensis*）、臺灣亞種（*T. r. philippensis*）。小鷿鷈今亦俗稱"油葫蘆""王八鴨子"。

【鷈】

"鷿鷈"之省稱。此稱秦漢時期已行用。見該文。

【須鸁】

即鷿鷈。此稱秦漢時期已行用。見該文。

【鷉】

"鷿鷈"之省稱。此稱漢代已行用。見該文。

【鷈】

"鷿鷈"之省稱。此稱漢代已行用。見該文。

【鷿】

"鷿鷈"之省稱。此稱漢代已行用。見該文。

【鷿】

"鷿鷈"之省稱。此稱漢代已行用。見該文。

【水鷏】

即鷿鷈。名見元忽思慧《飲膳正要》。此稱元明時期已行用。見該文。

【鸊鷉】

即鷿鷈。名見元吳瑞《日用本草》。此稱元明時期已行用。見該文。

【刁鴨】

即鷿鷈。名見後蜀韓保昇等《蜀本草》。此稱五代時期已行用。見該文。

【油鴨】

即鷿鷈。此稱明代已行用。見該文。

【小鷿鷈】

鷿鷈之一種。此稱行用於近現代。見該文。

【油葫蘆】

"鷿鷈"之俗稱。多指小鷿鷈。此稱多行用於今南方各地。見該文。

【王八鴨子】

"鷿鷈"之俗稱。多指小鷿鷈。此稱多行用於今北方各地。見該文。

【水葫蘆】

即鷿鷈。此稱明代已行用。清厲荃《事物異名錄·禽鳥部下·水葫蘆》引明盧和《食物本草》："刁鴨，俗呼水葫蘆，似野鴨而小，蒼白文，多脂味美。"參見本卷《習見禽鳥說·游禽考》"鷿鷈"文。

鵜鶘

習見游禽名。鵜形目，鵜鶘科，白鵜鶘（*Pelecanus onocrotalus* Linnaeus）。大型游禽。體形大，體長 130～200 厘米。羽灰白色。枕羽延長成冠狀。喙大而長，下部有皮質囊，能脹縮，可以存食物。腿腳藍灰色，短而有力，四趾間有蹼。我國主要分布於青海、新疆等地區，多於歐洲東南地區繁殖，而於亞洲西南及非洲越冬。善於游泳，喜群居。常活動於湖泊河汊，捕食魚類。捕食時常成群排成半圓形隊伍，扇動大翅膀拍打水面，發出巨大聲響，把魚從深水裏趕出來，用大嘴兜食。或盤旋於水面上空，發現獵物即俯衝入水。夜間栖息於茂林高樹。在樹上或堤岸營巢孵卵。

鵜鶘具有一定的藥用價值，《本草綱目》有較詳細記載。此稱先秦時期已行用。亦單稱"鵜"。亦稱"犁鶘""犁塗""鴮鶘""污澤""洿澤""鶘鶇"等。《詩·曹風·候人》："維鵜在梁，不濡其翼。"《莊子·外物》："魚不畏網，而畏鵜鶘。"《爾雅·釋

鵜
（〔日〕岡元鳳《毛詩品物圖考》）

鳥》：“鵜，鴮鸅。”晉郭璞注：“今之鵜鶘也。好群飛，沈水食魚，故名洿澤，俗呼之爲淘河。”清郝懿行義疏：“《説文》：‘鵜胡，污澤也。鵜或从弟。’《詩·候人》傳：‘鵜，污澤鳥也。’鄭注《表記》云：‘污澤善居泥水之中。’《淮南·齊俗篇》云：‘鵜鶘飲水數斗而不足。’《魏志·王朗傳》云：‘黃初中，鵜鶘集靈芝池。’按，鵜鶘又名鴛鴣。《東山經》云：‘沙水，其中多鴛鴣，其狀如鴛鴦，而人足。其鳴自訆。’郭注：‘今鵜鶘足頗有似人脚形狀也。’《詩》疏引舍人曰：‘鵜，一名污澤。’陸機（璣）疏云：‘鵜，水鳥，形如鴞而極大，喙長尺餘，直而廣，口中正赤，頷下胡大如數斗囊。若小澤中有魚，便群共抒水，滿其胡而棄之。令水竭盡，魚在陸地，乃共食之。故曰淘河。’按，淘河即鵜鶘，聲之轉。”明李時珍《本草綱目·禽一·鵜鶘》：“〔釋名〕犁鶘、鴮鸅、逃河、淘鵝……案，《山海經》云：沙水多犁鶘，其名自呼。後人轉爲鵜鶘耳。又吳諺云：夏至前來，謂之犁鶘，言主水也；夏至後來，謂之犁塗，言主旱也。陸機（璣）云：遇水澤即以胡盛水，戽涸取魚食，故曰鴮鸅，曰淘河。”

鄭作新等《中國動物志·鳥綱·鵜形目》：“白鵜鶘，別名：犁鶘、鴮鸅、逃河、淘鵝（《本草綱目》）、塘鵝、淘河。”見於我國的鵜鶘有白鵜鶘（*Pelecanus onocrotalus*）和斑嘴鵜鶘（*P. philippensis*）。因種群數量不多，均已被列入《國家重點保護野生動物名録》，爲國家二級保護動物。鵜鶘之各種古名稱，古代當爲鵜鶘科鳥類之統稱，當然亦指斑嘴鵜鶘等。此不重述。又，謝宗萬《本草綱目藥物彩色圖鑒》認爲《本草綱目》之藥用鵜鶘是指斑嘴鵜鶘，文曰：“〔原動物〕斑嘴鵜鶘*Pelecanus philippensis* Gmelin（鵜鶘科）……根據李時珍所寫動物的體色看，則是斑嘴鵜鶘。”今附供考。

【鵜】

“鵜鶘”之單稱。此稱爲鵜鶘的最古名稱，先秦時期已行用。見該文。

【鴮鸅】

即鵜鶘。此稱秦漢時期已行用。見該文。

【洿澤】

即鵜鶘。此稱晉代已行用。見該文。

【污澤】

即鵜鶘。此稱《毛詩故訓傳》已見，漢初已行用。見該文。

【鴛鴣】

即鵜鶘。此稱先秦時期已行用。《山海經·東山經》：“又南三百里，曰盧其之山。無草木，多沙石。沙水出焉，南流注於涔水。其中多鴛鴣，其狀如鴛鴦，而人足。其名自訆，見則其國多土功。”晉郭璞注：“今鵜胡。足頗有似人脚形狀也。”見該文。

【犁鶘】

即鵜鶘。此稱先秦時期已行用。見該文。

【犁塗】

即犁鶘。此稱明代已行用。見該文。

【鵜胡】

同“鵜鶘”。此體漢代已行用。《説文·鳥部》：“鵜，鵜胡，污澤也。……鵜，鵜或从弟。”清段玉裁注：“《釋鳥》：‘鵜，鴮鸅。’毛傳：‘鵜，洿澤鳥也。’按，今《爾雅》多俗字。《毛詩》作‘洿澤’，是也。鄭注《表記》云：‘鵜，鵜胡，污澤也。’污澤善居泥水之中，許、鄭皆云鵜胡。《爾雅》《毛詩》不言‘胡’者，此鳥本單呼鶘，以其胡能抒水，故又名鵜胡也。"段玉裁指出，"鶘"《爾雅》作"鷋"，是"鷋"的俗體字。"鶘"則是後起的專用字，本寫作"胡"。參見本卷《習見禽鳥説·游禽考》"鵜鶘"文。

【淘河】

鵜鶘之俗稱。亦稱"逃河""淘鵝"。訛稱"駝鶴"。據説鵜鶘能庌涸小澤捕魚，故名。此稱晋代已行用。唐杜甫《赤霄行》："江中淘河嚇飛燕，銜泥却落羞華屋。"宋高承《事物紀原》卷十："逃河，

淘河
（馬駘《馬駘畫寶》）

鵜鶘也。"傳説此鳥是人逃入河中而變作鳥身的，故名"逃河"。明李時珍《本草綱目·禽一·鵜鶘》："[釋名]犁鶘、鴮鸅、逃河、淘鵝。禹錫曰：昔有人竊肉入河，化爲此鳥，今猶有肉，因名逃河。時珍曰：此俚言也……陸機（璣）云：……俗名淘鵝，因形也。又訛而爲駝鶴。"參見本卷《習見禽鳥説·游禽考》"鵜鶘"文。

【逃河】

即淘河。此稱宋代已行用。見該文。

【淘鵝】

即淘河。因形似鵝（鵞），故名。此稱明代已行用。見該文。

【駝鶴】

即淘河。此稱明代已行用。見該文。

【突黎】

即鵜鶘。古代用反切法注音，"突黎"二字

的切音爲"鵜"，因名。此稱清代已行用。清李慈銘《越縵堂讀書記·雕菰樓叢書》："又言突黎，即《詩》之鵜也。大如鶴，頸有肉囊，可盛數斗，口張則囊見，每日須飼魚數斤。突黎正鵜之緩聲。"參見本卷《習見禽鳥説·游禽考》"鵜鶘"文。

鸕鷀

習見游禽名。鵜形目，鸕鷀科，普通鸕鷀（*Phalacrocorax carbo* Linnaeus）。大型水禽，體通黑色，頭、頸具紫緑色金屬光澤，繁殖期頭、頸及脅間雜生白色羽毛。嘴長，末端呈鈎狀下彎，頜下有小喉囊。廣泛分布於我國華北、華中、華南等各地。常栖息水濱。善潜水捕食魚類，其喉囊可存放捕獲之魚。漁人常馴養用以捕魚，船載之河中或湖面，以繩束其頸，使之不能吞下大魚，驅之下水，得魚則使之吐出。

秦漢時期始稱"鷧""鷋"。漢代始稱"鸕鷀"，亦作"鸕鷧""鱸鷀"。省稱"鸕""鷀"。《爾雅·釋鳥》："鷧，鷋。"晋郭璞注："即鸕鷧也，嘴頭曲如鈎，食魚。"清郝懿行義疏："《説文》：'鱸，鷀也。''鷀，鸕鷀也。'《繫傳》云：'盧鷀即鱸鷧。'《上林賦》注引《倉頡篇》云：

鸕鷀
（明文俶《金石昆蟲草木狀》）

'似鶂而黑。'《馬融傳》注引楊孚《異物志》云：'能没於深水取魚而食之。不生卵，而孕雛於池澤間，既胎，而又吐生，多者生八九，少者生五六，相連而出，若絲緒焉。水鳥而巢高樹之上。'按，今鸕鷀乃卵生也，處處水鄉有之，蜀人畜以捕魚。杜甫詩'家家養烏鬼'，或説即此。今江蘇人謂之水老鴉。"　"鱸"亦作"鶿""鱸"，"鷀"亦作"䲧"。《説文·鳥部》："鱸，鷀也，從鳥，盧聲……䲧，鷀也，從鳥，壹聲。"《集韻·平模》："鱸，䲧，鳥名。《説文》：鱸，鷀也，或作鸕。"　唐王昌齡《萬歲樓》詩："猿狖何曾離暮嶺，鸕鷀空自泛寒洲。"唐杜甫《三絶句》之二："門外鸕鷀久不來，沙頭忽見眼相猜。"唐白居易《代書詩一百韻寄微之》："野秋鳴蟋蟀，沙冷聚鸕鷀。"明李時珍《本草綱目·禽一·鸕鷀》："〔釋名〕鷀、水老鴉。時珍曰：案，韻書'盧'與'兹'並黑也。此鳥色深黑，故名。〔集解〕時珍曰：鸕鷀，處處水鄉有之，似鴉而小，色黑，亦如鴉，而長喙微曲，善没水取魚。日集洲渚，夜巢林木，久則糞毒多令木枯也。南方漁舟往往縻畜數十，令其捕魚。"

本種今稱普通鸕鷀（*Phalacrocorax carbo*）。此外尚有斑頭鸕鷀（*Ph.capillatus*）、海鸕鷀（*Ph. pelagicus*）、紅臉鸕鷀（*Ph. urile*）和黑頸鸕鷀（*Ph. niger*）等。其中海鸕鷀與黑頸鸕鷀，目前野外種群數量稀少，均被列爲國家二級重點保護野生動物。

【鷀】

即鸕鷀。此稱秦漢時期已行用。見該文。

【鷀】

即鸕鷀。此稱秦漢時期已行用。見該文。

【鸕鷀】

同"鸕鷀"。此體晋代已行用。見該文。

【鱸鷀】

同"鸕鷀"。此體漢代已行用。見該文。

【鸕】

"鸕鷀"之省稱。此稱宋代已行用。見該文。

【鷀】

"鸕鷀"之省稱。此稱漢代已行用。見該文。

【䲧】

"鸕鷀"之省稱。此稱漢代已行用。見該文。

【鱸】

"鸕鷀"之省稱。此稱漢代已行用。見該文。

【䲧】

即鸕鷀。此稱漢代已行用。見該文。

【烏鬼】

即鸕鷀。此稱唐代已行用。唐杜甫《戲作俳諧體遣悶二首》詩之一："家家養烏鬼，頓頓食黃魚。"自注："夔人呼鸕鷀爲烏鬼。"明方以智《通雅·動物》："鸕鷀，一名烏鬼。老杜《遣悶詩》：'家家養烏鬼，頓頓食黃魚。'沈存中以爲鸕鷀一名烏鬼。馬永卿駁存中謂'鸕鷀能捕黃魚乎？峽中士夏立夫云，烏鬼，猪也。家養一猪以祭鬼。'智謂存中言捕魚，何必捕黃魚，安知非黃頰魚邪？《冷齋夜話》曰：'川峽路祀烏蠻鬼。'智按，巴東路有烏，就人舟行，必擲肉餉之，不則不吉，其烏鬼乎？王楙引劉禹錫詩有'青鬼'，《碧溪詩話》引元積詩：'病賽烏稱鬼，巫占瓦作龜。'程大昌主鬼。升菴云：'峽中人養雞雛，帶銅錫環獻神，名曰烏鬼。'按，《倉頡篇》'鸕鷀似鴉而黑'，即《爾雅》之'鷀，鷀'，注：'即鸕鷀也。'《爾雅翼》曰：'鸕鷀，峽中號爲烏鬼。'此存中一助也。"參見本卷《習見禽鳥説·游禽考》"鸕鷀"文。

【摸魚公】

"鸕鷀"之俗稱。此稱清代已行用。清厲荃《事物異名録·禽鳥部下》引《事物紺珠》："鸕鷀，一名摸魚公。"《古今圖書集成·禽蟲典》："鸕鷀……俗呼摸魚公。"參見本卷《習見禽鳥説·游禽考》"鸕鷀"文。

【魚鷹】[1]

即鸕鷀。此稱宋代已行用。宋韓琦《榮歸觀蓮戲成》詩："紅苞密障魚鷹坐，緑蓋低容水馬游。"清吳敬梓《儒林外史》第三六回："又走到一個僻静的所在，一船魚鷹在河裏捉魚。"見"鸕鷀"文。

【水老鴉】

"鸕鷀"之俗稱。此稱清代已行用。《説文·鳥部》"鸕"段玉裁注："按，今江蘇人謂之水老鴉，畜以捕魚。"參見本卷《習見禽鳥説·游禽考》"鸕鷀"文。

【烏頭網】

即鸕鷀。鸕鷀羽毛色黑，漁民用來捕魚，其作用等同漁網，故名。此稱宋代已行用。宋陶穀《清異録·禽》："江湖漁郎用鸕鷀者，名烏頭網。"參見本卷《習見禽鳥説·游禽考》"鸕鷀"文。

五色雁

習見游禽名。雁形目，鴨科，紅胸黑雁（*Branta ruficollis* Pallas）。一種形體較小的雁，體長約 55 厘米。嘴、足均爲黑色。雌雄色同，羽色較美。胸部有一大塊栗紅色的羽斑，紅斑的外圍又有一圈白色的羽紋。腹羽及尾下羽爲白色，其他體羽均黑色。此雁夏季繁殖於俄羅斯北部的凍原地區，冬季遷徙到裏海南部與鹹海一帶越冬，飛抵我國越冬的爲迷鳥，洞庭湖地區和廣西南寧等地偶有發現。是典型的極地海洋鳥類，喜鹹水，十分耐寒。夏季多栖息於俄羅斯北部的海灣與河流的入海口等處，冬季活動於越冬地的鹹水湖泊或湖區附近的鹽沼地中。

鴈

（明文俶《金石昆蟲草木狀》）

在我國數量極爲稀少，爲國家二級保護動物。本種與其他雁類從古至今統稱"雁"，亦作"鴈"。漢唐時期稱"五色雁"。明李時珍《本草綱目·禽一·鴈》："鴈狀似鵝，亦有蒼、白二色……又，漢、唐書並載有五色鴈云。"鄭作新等《中國動物志·鳥綱·雁形目》："五色雁可能爲紅胸黑雁（*Branta ruficollis*），但此鳥甚爲罕見，所以也許是指翹鼻麻鴨。"故"五色雁"有可能是指紅胸黑雁。

【雁】[1]

即五色雁。此稱先秦時期已行用。見該文。參見本卷《習見禽鳥説·游禽考》"鴻雁"文。

【鴈】[1]

即五色雁。此稱先秦時期已行用。見該文。參見本卷《習見禽鳥説·游禽考》"鴻雁"文。

【紅胸黑雁】

即五色雁。此稱行用於近現代。見該文。

鴻雁

習見游禽名。雁形目，鴨科，鴻雁（*Anser cygnoides* Linnaeus）。鴻雁體形較大，嘴黑色，比頭長，嘴裂基部有兩條棕褐色顎紋，雄性上嘴基部有一疣狀突；前額有白色細斑帶；體羽由白、灰褐、棕褐等色構成，上體大都淺灰褐色，下體近白色，自頭頂至後頸爲棕褐色；雌性與雄性形、色相似，但較雄性小，嘴基部的疣狀突也不顯著。鴻雁爲候鳥，在國内主要繁殖於東北地區，農曆八月南遷徙至長江中下游及福建、廣東等東南沿海一帶越冬，第二年的二、三月份返回北方繁殖地繁殖。遷徙時，常聚集成群，飛翔中經常排成"一"字形或"人"字形行陣。鴻雁主食各種草本植物，包括陸生植物、水生植物和藻類等，亦取食少量軟體動物。多栖息於水邊，白天在水中或者岸邊休息、游蕩，夜間覓食，清晨又返回栖息地。鴻雁在我國較爲常見，體大多肉，且肉質鮮美，過去爲主要的狩獵禽；其絨羽質地輕柔，保溫性能好，是防寒衣物的優良填充物。

本種與其他雁類從古至今統稱"雁"，亦作"鴈"。《荀子・富國》："然後飛鳥鳧雁若烟海，然後昆蟲萬物生其間。"《禮記・月令》："鴈北鄉，鵲始巢。"三國魏曹丕《燕歌行》："草木摇落露爲霜，群燕辭歸鴈南翔。"唐杜甫《遣興五首》詩之一："朔風飄胡雁，慘澹帶沙礫。""鴻雁"之稱先秦時期已行用，并沿用至今。亦作"鴻鴈"。《詩・小雅・鴻鴈》："鴻鴈于飛，肅肅其羽。"《孟子・梁惠王上》："王立于沼上，顧鴻鴈麋鹿。"《禮記・月令》："獺祭魚，鴻鴈來。"《淮南子・泰族訓》："以食狗馬鴻鴈之費養士。"亦稱"陽鳥"，此稱先秦時期已行用。《書・禹貢》："彭蠡既豬，陽鳥攸居。"孔穎達疏："鴻鴈之屬，九月而南，正月而北，……此鳥南北與日進退，隨陽之鳥，故稱陽鳥。"亦稱"沙雁（鴈）"，此稱南北朝時期已行用。南朝齊謝脁

《高松賦》："星迴窮紀，沙鴈相飛。"

因鴻雁是鵝的祖先，故又稱"原鵝"；現代也把鴻雁與其他雁類統稱爲"大雁"；因其頭部有疣狀突，故今又稱"冠雁"；因其體態有似天鵝，故今又稱"天鵝式大雁"。我國有的地方今又稱"隨鵝"；因其嘴爲黑色、主食草本植物等，故今我國的一些地方又稱鴻雁爲"黑嘴雁""草雁""奇鵝"等。鄭作新等《中國動物志・鳥綱・雁形目》"鴻雁"："別名：原鵝（辭典），大雁、洪雁、冠雁、天鵝式大雁（據祁天錫），隨鵝（湖北洪湖），黑嘴雁、沙雁、草雁、奇鵝（湖北、湖南的洞庭湖）。"在我國，由於多年的獵殺，鴻雁的數量銳減，現已爲國家重點保護野生動物之一。

【雁】[2]

亦爲雁類統稱。此稱先秦時期已行用。見該文。

【鴈】[2]

亦爲雁類統稱。此稱先秦時期已行用。見該文。

【鴻鴈】

同"鴻雁"。此體先秦時期已行用。見該文。

【陽鳥】

即鴻雁。此稱先秦時期已行用。見該文。

【沙雁】[1]

即鴻雁。此稱南北朝時期已行用。見該文。

【原鵝】

即鴻雁。此稱行用於近現代。見該文。

【大雁】[1]

即鴻雁。亦爲雁類統稱。此稱行用於近現代。見該文。

【冠雁】

即鴻雁。此稱行用於近現代。見該文。

【天鵝式大雁】

即鴻雁。此稱行用於近現代。見該文。

【隨鵝】

即鴻雁。此稱行用於近現代。見該文。

【黑嘴雁】

即鴻雁。此稱行用於近現代。見該文。

【草雁】

即鴻雁。此稱行用於近現代。見該文。

【奇鵝】

即鴻雁。此稱行用於近現代。見該文。

【鴚鵝】[1]

即鴻雁。亦指灰雁。此稱秦漢時期已行用。亦稱"野鵝""鴚鵝"。《爾雅·釋鳥》："鴚鵝，鵝。" 清郝懿行義疏："今之野鵝。"明李時珍《本草綱目·禽一·鴈》："鴈狀似鵝，亦有蒼、白二色，今人以白而小者爲鴈，大者爲鴻，蒼者爲野鵝，亦曰鴚鵝。《爾雅》謂之鴚鵝也。"鄭作新等《中國動物志·鳥綱·雁形目》："野鵝當泛指鴻雁（A.cygnoides）和灰雁（A. anser），因這兩種均馴化爲家鵝。"

【野鵝】[1]

即鴚鵝[1]。"鵝"亦作"鵞"。亦指灰雁。此稱明清時期已行用。見該文。

【鴚鵝】[1]

即鴚鵝[1]。"鵝"亦作"鵞"。亦指灰雁。此稱明清時期已行用。見該文。

豆雁

習見游禽名。雁形目，鴨科，豆雁（*Anser fabalis* Latham）。體如家鴨。嘴不如頭長，嘴甲圓形且有尖端，黑褐色，有黃色帶斑；頭與頸棕褐色，喉與胸爲淡棕褐色，上體一般爲灰褐或棕褐色，兩脅有灰褐色橫斑，下體爲污白色，不具斑紋；脚橙黃色，爪黑色。豆雁是我國主要雁類之一，廣泛分布於江河湖泊及海岸地帶。候鳥，大約每年農曆八、九月間陸續從北方遷至我國中、南部越冬，故民間有"八月雁門開"的俗語。第二年清明前後北歸繁殖，在我國的繁殖區僅限於東北北部。豆雁喜群居，且性機敏，組織性强，常數十隻或數百隻結成一群。遷飛時，常由一隻有經驗的老雁領隊，呈"一"字形或"人"字形行陣飛行。栖息時，也常有老雁警衛，一旦發現異常情況，警衛之雁便鳴叫示警，雁群隨即起飛，盤旋於栖息地上空，俟危險過後，纔降落原處。晨醒之後開始結群覓食，覓食時，常有數雁在空中盤旋警衛，以防敵害。白晝則多在沙灘、水上及陸地游蕩或休息。豆雁以植物爲食，喜食小麥、甘薯、蠶豆等作物的嫩葉，亦取食菱角、慈菇及荸薺的塊莖和少量的軟體動物。豆雁原是我國主要的狩獵禽之一，分布廣，身體較大，肉味美；其絨毛細柔，可作爲防寒品的填充物。

本種與其他雁類從古至今統稱"雁"，亦作"鴈"。豆雁古亦稱"鴻"（一說"鴻"爲雁類統稱），此稱先秦時期已行用。《周易·漸》："鴻漸于干。小子厲，有言无咎。"虞翻注："鴻，大雁也。"漢司馬遷《報任安書》："人固有一死，或重於泰山，或輕於鴻毛。"三國魏嵇康《兄秀才公穆入軍贈詩十九首》之一五："目送歸鴻，手揮五弦。"宋蘇軾《和子由澠池懷舊》詩："人生到處知何似，應似飛鴻踏雪泥。"

"豆雁"是其現代生物學名稱；"大雁"是其與其他雁類的現代統稱；因其主要分布於東

半球，故今又稱"東方豆雁"；因西伯利亞是其主要的栖息地之一，故今又稱"西伯利亞豆雁"；又由於豆雁較爲常見，故今又稱"普通大雁"；我國有的地方今也稱之爲"麥鵝"。鄭作新等《中國動物志·鳥綱·雁形目》"豆雁"："別名：大雁（通名），鴻（辭典），東方豆雁、西伯利亞豆雁（祁天錫等，1926—27），普通大雁、麥鵝（西安）。"

豆雁有六個亞種，分布於我國的有四個亞種，即新疆亞種（*A. f. rossicus*）、普通亞種（*A. f. serrirostris*）、陝西亞種（*A. f. johanseni*）和西伯利亞亞種（*A. f. sibiricus*）。

【雁】[3]

即豆雁。此稱先秦時期已行用。見該文。參見本卷《習見禽鳥説·游禽考》"鴻雁"文。

【鴈】[3]

即豆雁。此稱先秦時期已行用。見該文。參見本卷《習見禽鳥説·游禽考》"鴻雁"文。

【鴻】

即豆雁。一説爲雁類統稱。此稱先秦時期已行用。見該文。

【大雁】[2]

即豆雁。此稱行用於近現代。見該文。

【東方豆雁】

即豆雁。此稱行用於近現代。見該文。

【西伯利亞豆雁】

即豆雁。因西伯利亞爲其主要栖息地之一，故稱。見該文。

【普通大雁】

即豆雁。此稱行用於近現代。見該文。

【麥鵝】

即豆雁。此稱行用於近現代。見該文。

灰雁

習見游禽名。雁形目，鴨科，灰雁（*Anser anser* Linnaeus）。灰雁是我國境内的主要雁類之一。雌雄形、色相似，但雌禽形體較小，雄性灰雁體重一般在 3 千克左右。體羽呈灰色基調，色較淡。上體爲灰褐色，羽毛均有棕白色的邊緣；腰部爲灰色，腰側爲白色；翅上有黑褐色飛羽；褐色尾羽，尾上覆羽爲白色；下體爲污白色，并有暗褐色的小塊斑紋；嘴爲肉色，嘴基周圍有狹窄的白紋，爪褐色。我國分布極廣，西北北部、東北的許多地區都是灰雁的繁殖地。在我國的越冬地主要是江蘇、湖南、福建、廣東等。每年夏季來繁殖地繁殖，秋季開始經河北、河南、山東、山西、四川等省，飛往越冬地越冬。灰雁一般近水栖息，如水草叢生的水邊或沼澤地，河灣及河中的沙洲，也到湖泊的深水邊游蕩。一般在遷徙時纔結成大的群體，大群可達千餘隻，甚至幾千隻，平時成對或結成小群活動。主要取食植物的葉和種子，也取食水中的蝦與螺等。過去是我國的主要狩獵禽之一，肉多而鮮美，爲上等野味。其羽絨豐厚，保温性能好，是上等的防寒品填充物。

本種與其他雁類從古至今統稱"雁"，亦作"鴈"。亦與鴻雁并稱爲"鵝鵝""野鵝""駒鵝"等。因其常栖息於沙洲之上，故又稱"沙雁（鴈）"。此稱南朝時已見行用。南朝齊謝朓《高松賦》："星迴窮紀，沙鴈相飛。"宋陸游《新秋》詩："猶勝玉門關外客，卧聽沙雁數歸期。"清朱克生《送子壽往河南》詩："汴水月明沙雁過，薊門霜動夜砧凉。"

"灰雁"是其現代生物學名稱，因其羽色

基調爲灰色而得名；如今人們也將其與其他雁類統稱爲“大雁”；因其腰部爲灰色，故今又稱“灰腰雁”；又因其嘴爲肉紅色，故我國有的地方又稱“紅嘴雁”“黃嘴灰鵝”；也有一些地方稱爲“沙鵝”。鄭作新等《中國動物志·鳥綱·雁形目》“灰雁”：“別名：大雁（北方通名）、沙鵝（内蒙古）、灰腰雁、紅嘴雁（河北）、沙雁（洪湖）、黃嘴灰鵝（福建）。”

【雁】[4]

即灰雁。此稱先秦時期已行用。見該文。參見本卷《習見禽鳥説·游禽考》“鴻雁”文。

【鴈】[4]

即灰雁。此稱先秦時期已行用。見該文。參見本卷《習見禽鳥説·游禽考》“鴻雁”文。

【鵝鸛】[2]

即灰雁。此稱秦漢時期已行用。見該文。參見本卷《習見禽鳥説·游禽考》“鴻雁”文。

【野鵝】[2]

即灰雁。此稱明清時期已行用。見該文。參見本卷《習見禽鳥説·游禽考》“鴻雁”文。

【駒鵝】[2]

即灰雁。此稱明清時期已行用。見該文。參見本卷《習見禽鳥説·游禽考》“鴻雁”文。

【沙雁】[2]

即灰雁。此稱南朝時期已行用。見該文。參見本卷《習見禽鳥説·游禽考》“鴻雁”文。

【大雁】[3]

“灰雁”之俗稱。此稱行用於近現代。見該文。

【灰腰雁】

即灰雁。此稱行用於近現代。見該文。

【紅嘴雁】

即灰雁。此稱行用於近現代。見該文。

【黃嘴灰鵝】

即灰雁。此稱行用於近現代。見該文。

【沙鵝】

即灰雁。此稱行用於近現代。見該文。

雪雁

習見游禽名。雁形目，鴨科，雪雁（*Anser caerulescens* Linnaeus）。雪雁是我國境内的稀有雁種。體形比豆雁略小，通體白色，僅初級飛羽爲黑色。嘴紅色，有黑色邊緣，雌鳥的嘴較雄鳥細小。足呈紅色，爪黑色。雪雁在北極地區以及西伯利亞東北部地區繁殖，於北美以及西伯利亞東部與日本等地越冬。越冬時偶見於我國的一些地區，爲迷鳥。我國缺少對雪雁實際觀察的資料。雪雁與其他雁類一樣，喜群居，據説這是一種機敏而膽小的雁，極善飛行，飛姿有力且穩健，亦善於在陸地上行走。

本種與其他雁類從古至今統稱“雁”，亦作“鴈”。因其體羽爲白色，又稱之爲“白雁（鴈）”。此稱先秦時期已行用。《左傳·哀公七年》：“曹鄙人公孫彊好弋，獲白鴈獻之。”唐

白雁
（清余省等《鳥譜》）

李白《幽州胡馬客歌》："彎弓若轉月，白雁落雲端。"明李時珍《本草綱目·禽一·鴈》："鴈狀似鵝，亦有蒼、白二色，今人以白而小者爲鴈，大者爲鴻，蒼者爲野鵝。"因雪雁飛至我國爲霜降之時，故亦稱"霜信"。此稱中古時期已行用。明陸楫《古今説海·説略六》引宋彭乘《續墨客揮犀》："北方有白鴈，似鴈而小，色白，秋深則來，白鴈至則霜降，河北人謂之霜信。"因其體羽色白如雪，故現代生物學上稱之爲"雪雁"。鄭作新等《中國動物志·鳥綱·雁形目》："白而小者應爲雪雁（A. caerulescens）。"

【雁】[5]

即雪雁。此稱先秦時期已行用，見該文。參見本卷《習見禽鳥説·游禽考》"鴻雁"文。

【鴈】[5]

即雪雁。此稱先秦時期已行用，見該文。參見本卷《習見禽鳥説·游禽考》"鴻雁"文。

【白雁】

即雪雁。此稱先秦時期已行用。見該文。

【霜信】

即雪雁。此稱宋代已行用。見該文。

鵝

習見游禽名。雁形目，鴨科，鵝（Anser domestica）。鵝是雁屬游禽的家化品種，形體似鴨而大，喙扁而闊，前額有突起肉瘤；頸長，尾短，脚大而有蹼，體胸豐滿；羽毛白色或蒼灰色。鵝是我國人民喜歡飼養的家禽之一，分布極廣，華東、華南、華北和東北的廣大地區飼養較多。善游水，性較凶猛，嗜食青草，生長快，耐寒，抗病力强。鵝的家化并非一源。歐洲鵝由灰雁家化而成。我國養鵝的歷史早於歐洲各國，一般認爲，是由鴻雁家化而成。

亦作"鵞""䳘"。此稱源於其自鳴聲，先秦時期已行用，并沿用至今。舊題周師曠《禽經》："鵝腷月。"張華注："伏月卵則向月，取其氣助卵也。"《孟子·滕文公下》："他日，其母殺是䳘也，與之食之。"唐駱賓王《咏鵝》："鵝、鵝、鵝，曲項向天歌。白毛浮緑水，紅掌撥清波。"古時亦稱"鴈""䳘䳘""舒鴈"。"鴈"之稱，先秦時期已行用。《莊子·山木》："夫子出於山舍，於故人之家，故人喜，命豎子殺鴈而烹之。""䳘䳘"本是鵝的叫聲，後用以指鵝，此稱先秦時期已行用。《孟子·滕文公下》："其兄自外至，曰：'是䳘䳘之肉也。'"因鵝步履舒緩，故又稱"舒鴈"，此稱秦漢時期已行用。《爾雅·釋鳥》："舒鴈，鵝。"郝懿行義疏："謂之舒者，以其行步舒遲也。"古代亦稱鵝爲"䳿䳘""鶬䳿"，此稱源於古之方言，漢代已行用。漢揚雄《方言》第八："鴈，自關而東謂之䳿䳘，南楚之外謂之䳘，或謂之鶬䳿。"因做過右軍將軍的王羲之愛鵝，故世人又稱鵝爲"右軍"。宋高承《事物紀原·蟲魚禽獸》："晋右將軍王羲之好鵝。在會稽山陰，道士養群鵝，羲之每就玩之。道士曰：'爲寫《黃庭經》，當以相贈。'羲之欣然，寫

鵝　（馬駘《馬駘畫寶》）

鵝　（明王圻等《三才圖會》）

畢，籠鵝而去。”此稱宋代已行用。宋沈括《夢溪筆談·譏謔》：“吴人多謂梅子爲曹公，以其嘗望梅止渴也。又謂鵝爲右軍。”

【鵞】

同“鵝”。此體先秦時期已行用。見該文。

【䳘】

同“鵝”。此體先秦時期已行用。見該文。

【鴈】[6]

即鵝。此稱先秦時期已行用。見該文。

【䳘䳘】

即鵝。此稱先秦時期已行用。見該文。

【舒鴈】

即鵝。此稱秦漢時期已行用。見該文。

【駒䳘】

即鵝。此稱漢代已行用。見該文。

【鶬駒】

即鵝。此稱漢代已行用。見該文。

【右軍】

即鵝。此稱宋代已行用。見該文。

【兀地奴】

即鵝。鵝由雁類家養馴化後，體肥行緩，呆滯舒遲，故俗稱“兀地奴”。此稱宋代已行用。宋陶穀《清異録·禽》：“世呼鵞爲兀地奴，謂其行步盤跚耳。”參見本卷《習見禽鳥説·游禽考》“鵝”文。

【羲愛】

即鵝。晋王羲之性甚愛鵝，曾有手書《黄庭經》與山陰道士换鵝之傳説。因以“羲愛”爲鵝之雅稱。清翟灝《通俗編·禽魚》：“宋人詩有‘水底右軍方熟眠’句，皆可笑甚也。今人書簡稱鵞曰羲愛，但較愈於右軍耳。”參見本卷《習見禽鳥説·游禽考》“鵝”文。

大天鵝

習見游禽名。雁形目，鴨科，大天鵝（*Cygnus cygnus* Linnaeus）。大型游禽，形似家鵝而大。遍體皆雪白，僅頭部稍帶棕黄色；頸曲而長，常直伸於水面之上；嘴、足均黑色。其區别於其他種類天鵝的主要特徵，是嘴基兩側的黄斑較大，向前沿嘴緣一直延伸於鼻孔之下。在我國，大天鵝繁殖於北部的湖泊與濕地，如呼倫貝爾、鄂爾多斯及天山北部，越冬於華中及東南沿海。大天鵝一般成對活動，常與小天鵝混群覓食、嬉戲，喜歡棲息於多蒲葦的大型湖泊中，水庫、池塘也能見到它們的身影。雛鳥孵出後一直跟隨親鳥，直到遷往越冬地，似乎“家庭”意識很强。南遷季節，多成小群，列“一”字或“人”字形的行陣飛行。大天鵝的主要食物是水生植物的種、莖、葉等，也取食少量軟體動物和水生昆蟲。

古時把大天鵝與其他種類的天鵝統稱“鵠”。“鵠”之稱先秦時期已行用。《莊子·天運》：“夫鵠不日浴而白，烏不日黔而黑。”明李時珍《本草綱目·禽一·鵠》：“鵠大于鴈，羽毛白澤，其翔極高而善步。”因天鵝形似雁而大，古時將大天鵝與其他種類的天鵝亦統稱“鴻鵠”（一説“鴻”指大雁，“鵠”指天鵝）。此稱先秦時期已行用。《管子·戒》：“今夫鴻鵠，春北而秋南，而不失其時。”因天鵝類游禽嘴基部呈黄色，故古時又將大天鵝與其他種類的天鵝統稱“黄鵠”。此稱漢代已行

鵠
（馬駘《馬駘畫寶》）

用。《漢書·昭帝紀》："黃鵠下建章宮太液池中。"　清段玉裁《説文解字注》："鵠，黃鵠也。"因其形體似鵝又可高翔入雲，故又與其他種類的天鵝統稱"天鵝"。此稱唐代（明文儆《金石昆蟲草木狀》）已行用，并沿用至今。唐李商隱《鏡檻》詩："撥弦驚火鳳，交扇拂天鵝。"清朱駿聲《説文通訓定聲》："亦有白者，其翔極高，一名天鵝。"因其色白而似鵝，故又稱"白鵝"。此稱宋代已行用，我國的許多地方至今仍用此稱。宋洪邁《夷堅乙志·董成二郎》："月下見一白鵝，其大比常一倍，從砌間飛入房中。"因大天鵝頭部略有黃色，故又稱"大金頭鵝（鵞）"。此稱明代已行用。明李時珍《本草綱目·禽一·鵠》："案，《飲膳正要》云天鵝有四等：大金頭鵞，似鴈而長項，入食爲上，美於鴈。"

天鵝
（明文儆《金石昆蟲草木狀》）

"大天鵝"是其現代生物學名稱，因其形體大於小天鵝而得名。又因其鳴聲如人之咳，故今又稱"咳聲天鵝"。鄭作新等《中國動物志·鳥綱·雁形目》"大天鵝"："別名：鵠（古通名）、咳聲天鵝、白鵝（河北、內蒙古等地和東南通名）。"大天鵝共有兩個亞種，我國境內僅有指名亞種（*Cygnus cygnus cygnus* Linnaeus），其野外種群數量極其稀少，已列爲國家二級重點保護野生動物。

【鵠】[1]

　　即大天鵝。此稱先秦時期已行用。見該文。

【鴻鵠】[1]

　　即大天鵝。此稱先秦時期已行用。見該文。

【黃鵠】[1]

　　即大天鵝。此稱漢代已行用。見該文。

【天鵝】[1]

　　即大天鵝。此稱唐代已行用。見該文。

【白鵝】[1]

　　即大天鵝。此稱宋代已行用。見該文。

【大金頭鵝】

　　即大天鵝。此稱明代已行用。見該文。

【咳聲天鵝】

　　即大天鵝。此稱行用於近現代。見該文。

小天鵝

習見游禽名。雁形目，鴨科，小天鵝（*Cygnus columbianus* Ord）。體形、羽色極似大天鵝而略小。通體潔白，唯頭頂略泛淡棕黃色；頸修長，可直伸；嘴黑灰色，足黑色。其與大天鵝最明顯的鑒別特徵，是嘴基兩側的黃斑較小，不沿嘴緣延伸至鼻孔之下。小天鵝是國內較常見的天鵝種類，繁殖於歐亞大陸與北美洲極北部，我國長江流域和東南沿海的廣大地區是其理想的越冬地。每年秋季遷來，栖息於多蒲葦的湖泊、水庫和池塘中，第二年春季又返回繁殖地繁殖。小天鵝性活潑，極機警。覓食時，常有一對天鵝警衛，或不斷在覓食場上空盤旋，或伸頸仁立警視四周，稍有動静，便飛離覓食場地，且不會再來覓食。其食物主要是水生植物的根、莖和種子，亦取食少量水生昆蟲和螺類。

本種與其他類的天鵝古代統稱"鵠""鴻鵠""黃鵠"等，亦統稱"天鵝""白鵝"。小天鵝古時亦稱"小金頭鵝（鵞）"，此稱明代已行用。明李時珍《本草綱目·禽一·鵠》："案，《飲膳正要》云天鵝有四等：大金頭鵞，似鴈而長項，入食爲上，美於鴈；小金頭鵞，形差小……""小天鵝"是其現代生物學名稱；因其嘴比大天鵝短些，故今又稱"短嘴天鵝"；我國的一些地方今又稱其爲"食鵝"。鄭作新等《中國動物志·鳥綱·雁形目》"小天鵝"："別名：短嘴天鵝、白鵝、食鵝（南名、華北名）。"小天鵝分三個亞種，我國境内僅見一種，即烏蘇里亞種（ *Cygnus columbianus jankowskii* Alpheraky）。小天鵝爲國家二級重點保護野生動物。

【鵠】[2]

即小天鵝。此稱先秦時期已行用。見該文。參見本卷《習見禽鳥説·游禽考》"大天鵝"文。

【鴻鵠】[2]

即小天鵝。此稱先秦時期已行用。見該文。參見本卷《習見禽鳥説·游禽考》"大天鵝"文。

【黄鵠】[2]

即小天鵝。此稱漢代已行用。見該文。參見本卷《習見禽鳥説·游禽考》"大天鵝"文。

【天鵝】[2]

即小天鵝。此稱唐代已行用。見該文。參見本卷《習見禽鳥説·游禽考》"大天鵝"文。

【白鵝】[2]

即小天鵝。此稱宋代已行用。見該文。參見本卷《習見禽鳥説·游禽考》"大天鵝"文。

【小金頭鵝】

即小天鵝。此稱明代已行用。見該文。

【短嘴天鵝】

即小天鵝。此稱現代行用。見該文。

【食鵝】

即小天鵝。此稱現代行用。見該文。

疣鼻天鵝

習見游禽名。雁形目，鴨科，疣鼻天鵝（ *Cygnus olor* Gmelin）。大型游禽。體形與羽色與大天鵝略同。通體雪白，僅頭頂至枕部微顯淡棕色；足黑色。其區別於大天鵝與小天鵝的主要特徵在嘴部，疣鼻天鵝嘴赤紅，嘴基與嘴緣黑色，嘴甲褐色，前額有一與嘴基相連的黑色疣突。雌鳥與雄鳥形、色相同，但較小，前額的疣突也不明顯。我國既有疣鼻天鵝的繁殖地，又有其越冬地。内蒙古的烏梁素海、甘肅西北部弱水、青海柴達木盆地、新疆中部和北部是其繁殖地，長江中、下游一帶是其越冬地。疣鼻天鵝每年秋季南遷越冬，來年春季北返繁殖。多栖息於水草豐茂的河灣及湖邊，也經常到開闊的湖面上去戲游。性機警，戲游與覓食時常伸直長頸眺望遠處的動静。起飛時要在水面滑行一段距離，然後繞逐漸升空，以適中的速度與優雅的姿態飛行。其食物主要是水生植物的莖、葉與果實等。

本種與其他類别的天鵝古代統稱"鵠""鴻鵠"等，亦統稱"天鵝""白鵝"。因其鳴聲低沉沙啞，故又稱"啞聲天鵝"。明李時珍《本草綱目·禽一·鵠》："案，《飲膳正要》云天鵝有四等：……一種不能鳴鵝，飛則翔響，其肉微腥。並不及大金頭鵝。"鄭作新等《中國動物志·鳥綱·雁形目》引上述《本草綱目》語，并説："不能鳴者當指啞聲天鵝。"因其前額有一黑色疣突，故現代生物學稱其爲"疣鼻天鵝"；因其嘴呈赤紅色，故今又稱"赤嘴天鵝"。鄭作新等《中國動物志·鳥綱·雁形目》"疣鼻天鵝"："別名：啞聲天鵝、赤嘴天鵝、白鵝（華北名）。"疣鼻天鵝形美且種群數量極其稀少，已列爲國家二級重點保護野生動物。

【鵠】[3]

即疣鼻天鵝。此稱先秦時期已行用，見該文。參見本卷《習見禽鳥說·游禽考》"大天鵝"文。

【鴻鵠】[3]

即疣鼻天鵝。此稱先秦時期已行用，見該文。參見本卷《習見禽鳥說·游禽考》"大天鵝"文。

【天鵝】[3]

即疣鼻天鵝。此稱唐代已行用。見該文。參見本卷《習見禽鳥說·游禽考》"大天鵝"文。

【白鵝】[3]

即疣鼻天鵝。此稱宋代已行用。見該文。參見本卷《習見禽鳥說·游禽考》"大天鵝"文。

【啞聲天鵝】

即疣鼻天鵝。此稱行用於近現代。見該文。

【赤嘴天鵝】

即疣鼻天鵝。此稱行用於近現代。見該文。

冠鳧

習見游禽名。雁形目，鴨科，鳳頭潛鴨（*Aythya fuligula* Linnaeus）。雄性頭、頸紫黑色而具金屬光澤。頭後具冠羽，長而下垂。背、上胸黑色。下胸以後白色。翅翼鏡白色。雌性羽色與雄性相似，但黑色部分爲褐色所代替。冠羽較短而無光澤。上背棕褐色，下背至尾上覆羽黑褐色。胸淡褐色，腹灰白色，尾下覆羽白色而有顯著褐斑。我國各地均有分布。可能在我國東北繁殖，在雲南西部以東、山東以南近水地區越冬。善游泳、潛水，雜食性，以軟體動物、小魚蝦等食物爲主，兼食浮萍、水藻等水生植物。栖居於湖泊沼澤。鴨肉可食，鴨毛可作防寒衣物之填充材料。

古人謂之"鳧"，鳧亦鴨屬之泛稱。亦作"鳬"。特指各種河鴨，如羅紋鴨、綠頭鴨、針尾鴨等。"冠鳧"之稱晋代已行用，昔傳爲石首魚變化而成。宋吳曾《能改齋漫録·方物》："余偶讀張勃《吳録》地理志載'吳婁縣有石首魚，至秋化爲冠鳧'，言頭中有石。"宋葉廷珪《海録碎事·鳥獸草木部·水族門》："石首魚，秋至化爲冠鳧，頭中猶有石也。"明李時珍《本草綱目·禽一·鳧》："海中一種冠鳧，頭上有冠，乃石首魚所化也。"鄭作新等《中國動物志·鳥綱·雁形目》："鳧，主要爲鴨屬（*Anas*）。泛指這一屬的許多種河鴨。《綱目》集解：'陸璣《詩疏》云：狀似鴨而小……頭上有冠……'冠鳧可能是鳳頭潛鴨（*Aythya fuligula*）。"此說或是，今附供考。《海録碎事》及《本草綱目》稱冠鳧爲石首魚所化，乃古人之誤傳，宜辨之。

【鳧】[1]

即冠鳧。見該文。

【鳳頭潛鴨】

即冠鳧。今之通稱。此稱行用於近現代。見該文。

羅紋鴨

習見游禽名。雁形目，鴨科，羅紋鴨（*Anas falcata* Georgi）。體形較家鴨略小，雄性頭頂暗栗色，頭及頸兩側、頸冠銅綠色，頭、頸下部白色，前頸近基處有一黑領。上體灰白色，雜以暗褐色波狀細紋。翼鏡墨綠色。三級飛羽長而狀如鐮刀。下體白而具褐斑。雌性較雄性略小，上體黑褐色。有"∪"字形淡棕色斑紋。下體棕白，滿具黑斑。冬時遍布於我國中、南部内陸湖泊、沼澤及河流處。栖息於湖邊、河岸及農田湖泊淺水處。主食植物性食物，如松藻、種子及水生植物。鴨肉可食。雄性羽

羅紋鴨
（清余省等《鳥譜》）

毛可作飾羽。古時統稱"鳧"。亦作"鴄"。因背有羅紋，今通稱"羅紋鴨"。明李時珍《本草綱目·禽一·鳧》："［集解］時珍曰：東南江海湖泊中皆有之……陸機（璣）《詩疏》云：狀似鴨而小，雜青白色，背上有文，短喙長尾。"鄭作新等《中國動物志·鳥綱·雁形目》："鳧，主要爲鴨屬（*Anas*）。泛指這一屬的許多種河鴨。《綱目》集解：'陸璣《詩疏》云：狀似鴨……背上有文……'背上有紋的，主要指羅紋鴨（*A. falcata*）。"此説當是，今附於此。

【鳧】 [2]

即羅紋鴨。見該文。

針尾鴨

習見游禽名。雁形目，鴨科，針尾鴨（*Anas acuta* Linnaeus）。雄性頭頂暗褐色，頸側與下體連成鮮明的白色。後頸及背、脅灰色并雜以淡褐色、白色相間的波狀橫斑。翼鏡銅綠色。正中一對尾羽特別延長。雌性體形較雄性小，上體大都黑褐色，雜以黃白色短斑。下體大都白色，翅上無翼鏡。於我國新疆天山處繁殖。遷徙經新疆、東北、華北諸省。越冬於我國南部、西藏南部及廣東、臺灣等地。栖息於内陸河流、湖泊、草窪等地。性警懼人，翅强

善飛。性雜食，主食植物性食料，兼食淡水螺及昆蟲等。鴨肉細嫩鮮美，鴨羽可作飾羽，亦爲防寒衣物之填充材料。針尾鴨共有三個亞種，我國境内僅見指名亞種。古時統稱"鳧"。亦作"鴄"。明李時珍《本草綱目·禽一·鳧》："［集解］時珍曰：鳧，東南江海湖泊中皆有之……或云食用綠頭者爲上，尾尖者次之。"鄭作新等《中國動物志·鳥綱·雁形目》："鳧，主要爲鴨屬（*Anas*）。泛指這一屬的許多種河鴨。《綱目》集解：'陸璣《詩疏》云：狀似鴨而小……或云食用綠頭者爲上，尾尖者次之。'……尾尖的爲針尾鴨（*A. acuta*）。"此説當是，今從之。

【鳧】 [3]

即針尾鴨。見該文。

綠頭鴨

習見游禽名。雁形目，鴨科，綠頭鴨（*Anas platyrhynchos* Linnaeus）。雄鴨頭、頸輝綠色，故名。爲家鴨之祖先之一。雄者頸基有一白色領環與栗色的胸相隔，頭、頸輝綠色，光彩奪目。上體大都暗灰褐色，下體灰白。翼鏡紫藍色，上下緣有寬闊白邊。腹色淡，密布黑褐細點。尾羽白色，中央兩對黑色，向上捲曲似鈎狀。尾下覆羽絨黑色。雌鴨背部羽色黑褐，雜以淺棕色寬邊。腹面淺棕紅，散布褐色斑點。翼鏡與雄鴨相同。分布較爲廣泛。繁殖於我國東北、新疆西部、西藏南部，少數在内蒙古和河北。冬季遍布於我國中部、南部。在國外，主要繁殖於歐亞大陸的北部以及北美洲西北部。綠頭鴨是河鴨屬中常見的比較大型的野鴨。栖居於水淺而水生植物豐盛的湖泊、池沼，冬季在水庫、江灣、河口等處隨處可見。雜食，以野生植物的種子爲主，其次是水稻粒、

穀物、雜草的芽、莖葉等，亦取食少量軟體動物。其肉味美，爲野味中之上品。羽毛可製絨，飾羽可作裝飾，爲我國主要的狩獵禽。本種分化有六個亞種，國内僅分布指名亞種（*A. p. platyrhynchos*）。

此稱唐代已行用。亦稱"青鴨"。省稱"綠鴨"。唐李賀《屏風曲》："蝶棲石竹銀交關，水凝綠鴨瑠璃錢。"唐張籍《酬白二十二舍人早春曲江見招》詩："紫蒲生濕岸，青鴨戲新波。"宋曾慥《類説·語林》："李遠爲杭州刺史，嗜啖綠頭鴨。貴客經過，無他饋餉，相厚者乃綠頭鴨一對而已。"亦統稱"鳬"。或作"鳧"。鄭作新等《中國動物志·鳥綱·雁形目》："鳬，主要爲鴨屬（*Anas*）。泛指這一屬的許多種河鴨。《綱目》集解：'陸璣《詩疏》云：狀似鴨而小，雜青白色，背上有文，短喙長尾，卑脚紅掌。……或云食用綠頭者爲上，尾尖者次之。……'綠頭的當爲綠頭鴨（*A.platyrhynchos*）……"此説或是，今附供考。

【綠鴨】

"綠頭鴨"之省稱。此稱唐代已行用。見該文。

【青鴨】

即綠頭鴨。此稱唐代已行用。見該文。

【鳬】[4]

即綠頭鴨。見該文。

家鴨

習見游禽名。雁形目，鴨科，家鴨（*Anas domestica* Linnaeus）。中型游禽。體長 50~60 厘米。爲綠頭鴨或斑嘴鴨的家化種。體似綠頭鴨，嘴扁闊，頸長而體肥，翅小尾短，不能飛行。足短，趾間有蹼，善於游水。家鴨有兩類。南方多麻鴨，羽多黑、褐色，公鴨頭部綠黑閃光，頸有白圈，翅有藍綠翼鏡，中央二對尾羽上捲呈鈎狀。母鴨棕黃而具黑斑紋。北方鴨則多純白色（如北京鴨）。鴨爲重要家禽。鴨肉、卵營養豐富，是上好的美味食品。肉、肪、腦、血、舌、膽、肫衣、卵、鴨通（糞便）均可入藥。鴨糞亦爲優質農家肥料。

鶩
（明王圻等《三才圖會》）

我國養鴨歷史悠久，先秦時期家化的野鴨始稱"鶩"。因家化後體肥、行緩，又名"舒鳬"，謂其行動舒遲。《尸子·存疑》："野鴨爲鳬，家鴨爲鶩，不能飛翔，如庶人守耕稼而已。"《爾雅·釋鳥》："舒鳬，鶩。"晋郭璞注："鴨也。"《左傳·襄公二十八年》："公膳日雙雞，饔人竊更之以鶩。"晋杜預注："鶩，徐音木，鴨也。"此稱至遲三國時期已行用。《三國志·吳書·陸遜傳》："時建昌侯慮於堂前作鬥鴨欄，頗施小巧。"漢魏後，我國養鴨有較大發展，并已定向培育方法，肉用育肥，養鴨生卵各有妙法。北魏賈思勰《齊民要術·養鵝鴨》："鴨，靡不食矣。水稗實成時，尤是所便，啖此足得肥充。"明鄺璠《便民圖纂》卷一四："養雌鴨法：每年五月五日，不得放棲，衹乾餵，不得與水，則日日生卵。"鴨是人們生活中不可或缺的家禽，人們對鴨有深入的觀察，也無比喜愛。宋蘇軾《惠崇春江晚景》："竹外桃花三兩枝，春江水暖鴨先知。"是人們知鴨、喜鴨的寫照。

我國養鴨至少已有三千餘年歷史，早在公元前 1600 年前，山東、河南等地已開始養鴨。周代已有專司養鵝、鴨之機構與專職人員。《周禮·天官·大宰》："大宰之職，掌建邦之六典……以九職任萬民：一曰三農，生九穀；二曰園圃，毓草木；三曰虞衡，作山澤之材；四曰藪牧，養蕃鳥獸。"又《夏官·掌畜》："掌畜，掌養鳥而阜蕃教擾之。"漢鄭玄注："阜，猶盛也。蕃，蕃息也。鳥之可養使盛大蕃息者，謂鵝鶩之屬。"時至今日，我國養鴨業已發展成規模生産，南北各地大規模養殖極爲普遍。鴨之品種亦不下數十種。養鴨已成爲鄉村經濟的重要組成部分，也是一些地區農民發家致富行之有效的門路。

【鶩】

即家鴨。此稱先秦時期已行用。見該文。

【舒鳧】

即家鴨。"鳧"通"鳧"。野鴨家化後，體肥行緩，動作舒遲，故名。此稱秦漢時期已行用。見該文。

【鴨兒】

即家鴨。特指小鴨。亦稱"鴨雛""鴨黄"。此稱唐代已行用。唐皇甫松《采蓮子》詞："晚來弄水船頭濕，更脱紅裙裹鴨兒。"白居易《和微之春日投簡陽明洞天五十韻》："産業論蠶蟻，孳生計鴨雛。"剛孵出不久之小鴨，身被淡黄色絨毛，故亦稱作"鴨黄"。元夏文彦《圖繪寶鑑》卷四："魯宗貴，錢唐人，善畫花竹鳥獸。……尤長寫生，雞雛鴨黄，最有生意。"參見本卷《習見禽鳥説·游禽考》"家鴨"文。

【鴨雛】

即鴨兒。此稱唐代已行用。參見本卷《習見禽鳥説·游禽考》"鴨兒"文。

【鴨黄】

即鴨兒。初孵之鴨兒，身被黄色絨毛，因名。此稱元代已行用。參見本卷《習見禽鳥説·游禽考》"鴨兒"文。

【鶩鴄】

即家鴨。省稱"鶩""鴄"。此稱南北朝時期已行用。《玉篇·鳥部》："鶩，鴨也。鴄，鴨也。"亦作"末匹"。《正字通·鳥部》："鴄，鶩也。一名末匹。《廣雅》加鳥旁作鶩鴄。"明李時珍《本草綱目·禽一·鶩》："〔釋名〕鴨、舒鳧、家鳧、鶩鴄。時珍曰：鶩通作木，鶩性質木而無他心，故庶人以爲贄。《曲禮》云：庶人執匹。匹，雙鶩也。匹夫卑末，故《廣雅》謂鴨爲鶩鴄。"參見本卷《習見禽鳥説·游禽考》"家鴨"文。

【鶩】

"鶩鴄"之省稱。此稱南北朝時期已行用。見該文。

【鴄】

"鶩鴄"之省稱。此稱南北朝時期已行用。

【末匹】

同鶩鴄。此體明清時期已行用。見該文。

【鴓】

"鴄"之訛字，即鶩鴄。此體宋代已行用。《集韻·入陌》："鴓，鳥名。《博雅》：'鶩鴓，鴟也。'"清方珏考證："鶩鴓，宋本作鶩鴓，舊本《廣雅·釋鳥》同，王氏（王念孫）據《群經音辨》及《埤雅》改'鴓'爲'鴄'。"《正字通·鳥部》："鴓，鴄字之訛。"

【青頭雞】

即家鴨。南方麻鴨頭多青色，故稱。此稱南北朝時期已行用。《三國志·魏書·齊王紀》："六年……秋九月，大將軍司馬景王將謀廢帝，以聞皇太后。”南朝宋裴松之注引《世說新語》及《魏氏春秋》曰：“文王入，帝方食栗，優人雲午等唱曰：‘青頭雞，青頭雞。’青頭雞者，鴨也。”參見本卷《習見禽鳥説·游禽考》“家鴨”文。

【減脚鵞】

即家鴨。鴨似鵞而足短，故名。此稱宋代已行用。宋陶穀《清異録·禽》：“減脚鵞：御史符昭遠曰：鴨頗類乎鵞，但足短耳，宜謂之減脚鵞。”參見本卷《習見禽鳥説·游禽考》“家鴨”文。

【左軍】

即家鴨。晉王羲之曾爲右軍將軍，人稱王右軍，性甚愛鵞，因以“右軍”代稱鵞。鴨在鵞下，故稱“左軍”。此稱至遲宋代已行用。宋莊綽《雞肋編》卷上：“鄧雍嘗有柬招渠曰：‘今日偶有惠左軍者，已令具麵，幸遇此同享。’初不識左軍爲何物，既食，乃鴨也。問其所名之出，在鵞之下，且淮右皆有此語。”參見本卷《習見禽鳥説·游禽考》“家鴨”文。

秋沙鴨

習見游禽名。雁形目，鴨科，普通秋沙鴨（*Mergus merganser* Linnaeus）。體形爲秋沙鴨中最大者。嘴大而厚。雄性頭黑褐色，枕有粗而短羽冠。上頸與頭同色，有綠色金屬光澤。與背連接的下頸爲白色。上背黑褐色，下背灰褐色，腰與尾上覆羽灰色，尾羽灰褐色。翅上初級飛羽和覆羽暗褐色；次級飛羽外羽片有黑色狹邊；大、中覆羽白色，小覆羽灰而其端白；翅上各羽之白色并成一個白色大翼鏡。下體由胸至尾下覆羽純白色。雌性頭棕褐色。肩羽灰褐色，上體灰色，下體白色。繁殖於我國黑龍江、新疆、青海及西藏南部地區。遠徙越冬在繁殖地以南各地。栖息於淡水中，巢大多營造於岩石絶壁上。主食魚類，對淡水漁業有一定害處。普通秋沙鴨分化爲三個亞種，分布於我國的有兩個亞種：指名亞種（*M. m. merganser*）和中亞亞種（*M. m. comatus*）。

南北朝時期稱“鸂鶒”。南朝宋謝惠連《鸂鶒賦》：“覽水禽之萬類，信莫麗乎鸂鶒。”唐杜甫《卜居》詩：“無數蜻蜓齊上下，一雙鸂鶒對沉浮。”“鸂鶒”亦作“鸂鶒”。《集韻》：“鶒，鸂鶒，水鳥，毛有五色。”亦稱“溪鴨”“紫鴛鴦”。明李時珍《本草綱目·禽一·鸂鶒》：“[釋名]溪鴨，紫鴛鴦。時珍曰：……其形大於鴛鴦，而色多紫，亦好并游，故謂之紫鴛鴦也。”鄭作新等《中國動物志·鳥綱·雁形目》：“鸂鶒，可能是秋沙鴨屬（*Mergus*）中最常見的普通秋沙鴨（*M.merganser*）。《綱目》提到此鳥游於溪中，……形大於鴛鴦，而色多紫。從其體形、羽色及習性，可鑒定爲秋沙鴨。”按，謝宗萬《本草綱目藥物彩色圖鑒》認爲《本草綱目》所云之“鸂鶒”當即鳳頭潛鴨（*Aythya fuligula*）。今附供考。

【鸂鶒】

即秋沙鴨。此稱南北朝時期已行用。見該文。

【鸂鶒】

即秋沙鴨。此稱宋代已行用。見該文。

【溪鴨】

即秋沙鴨。此稱明代已行用。見該文。

【紫鴛鴦】

即秋沙鴨。此稱明代已行用。見該文。

【西客】

即秋沙鴨。此稱宋代已行用。明彭大翼

《山堂肆考》卷二三七：“《談苑》：‘宋李昉畜五禽，以鵰爲閑客，鷺爲雪客，鶴爲仙客，孔雀爲南客，鸂鶒爲西客。’”參見本卷《習見禽鳥説·游禽考》“秋沙鴨”文。

鴛鴦

習見游禽名。雁形目，鴨科，鴛鴦（*Aix galericulata* Linnaeus）。中型鴨類，小於綠頭鴨，大於綠翅鴨。雌雄异色。雄鳥羽色華美絢麗，額與頭頂中央羽呈翠綠色，并具金屬光澤。枕部銅赤色，與後頸的暗紫、暗綠色長羽組成冠羽，頭側白色眉紋延伸至頸項。頸側領羽細長如矛，呈輝栗色。頦、喉、頰等幾純栗色。

鴛鴦
（明文俶《金石昆蟲草木狀》）

背、腰暗褐色，并具銅綠色金屬光澤。肩部兩側有白紋兩條，翼上有栗黃色扇形飾羽一雙，直立如帆，非常醒目。嘴鮮紅，眼棕色，外有黃白色環。腹毛潔白如雪。雌鳥體羽以灰褐色爲主，眼周、眼後一條白色縱紋，頂、頸兩側淺灰褐色，無冠羽和帆狀直立羽。腹部純白，翅表青碧色。分布於亞洲東部，我國居多。於東北北部、内蒙古繁殖，東南各省越冬，少數在臺灣、雲南、貴州等地作留鳥。栖息於湖泊及山地的河谷、溪流、水塘、池沼等處，春秋遷徙季節常與其他野鴨混群活動。性喜群居。五月中下旬進入繁殖期，常雌雄成對活動。築巢於樹洞中。每窩產卵七至十二枚，淡綠黃色。孵卵開始後，雄鳥則離去。性機警，飛行力强，善於游泳與潛水。主要取食草籽、橡子、玉米、稻穀等。繁殖期以動物性食物爲主，常取食蛙、魚及鞘翅目、膜翅目昆蟲等。鴛鴦羽色鮮艷而具文彩，有很高的觀賞價值，已列爲國家二級重點保護野生動物，并於福建屏南白岩溪建立了中國第一個鴛鴦自然保護區。

此稱先秦時期已行用，并沿稱至今。亦稱“匹鳥”“匹禽”“黃鴨”等。古人常以喻夫妻，并作爲愛情和友誼的象徵。《詩·小雅·鴛鴦》：“鴛鴦于飛，畢之羅之。”毛傳：“鴛鴦，匹鳥。”鄭玄箋：“匹鳥，言其止則相耦（偶），飛則爲雙，性馴耦也。”唐元稹《有鳥》詩之一六：“有鳥有鳥毛羽黃，雄者爲鴛雌者鴦。”五代馬縞《中華古今注·鴛鴦》：“鴛鴦，水鳥，鳧類也。雌雄未嘗相離；人得其一，則其一思而死。故謂之匹鳥也。”宋魏夫人《菩薩蠻》詞：“溪山掩映斜陽裏，樓臺影動鴛鴦起。”元王逢《梧溪集·宮中行樂詞六首》之五：“芍藥爲離草，鴛鴦是匹禽。”明李時珍《本草綱目·禽一·鴛鴦》：“[釋名]黃鴨、匹鳥。時珍曰：鴛鴦終日並游，有宛在水中央之意也。或曰雄鳴曰鴛，雌鳴曰鴦。崔豹《古今注》云：‘鴛鴦雄雌不相離，人獲其一則一相思而死，故謂之匹鳥。’”鄭作新等《中國動物志·鳥綱·雁形目》：“鴛鴦，隸鴛鴦屬（*Aix*）。此屬僅有一種，即鴛鴦（*Aix galericulata*）。”

【匹鳥】

即鴛鴦。此稱漢代已行用。見該文。

【匹禽】

即鴛鴦。此稱元代已行用。見該文。

【黃鴨】

即鴛鴦。此稱明代已行用。見該文。

【文鴛】

即鴛鴦。其羽毛有彩文，絢麗華美，故稱。此稱宋代已行用。宋張先《減字木蘭花》詞：“文鴛綉履，去似楊花塵不起。”明徐霖《綉襦記·父子萍逢》：“論山鷄離披毛羽，配文鴛固難爲對。”《淵鑑類函》卷四二六引明汪廣洋詩：“蘆葉青青水滿塘，文鴛晴臥落花香。”參見本卷《習見禽鳥説·游禽考》“鴛鴦”文。

【並禽】

即鴛鴦。此稱宋代已行用。宋張先《天仙子》詞：“沙上並禽池上暝，雲破月來花弄影。”元吳景奎《擬李長吉十二月樂辭·四月》：“並禽不受雕籠宿，背人飛向荷陰浴。”參見本卷《習見禽鳥説·游禽考》“鴛鴦”文。

【河曲鳥】

即鴛鴦。此稱晋代已行用。晋陸機《擬古·擬東城一何高》詩：“思爲河曲鳥，雙游豐水湄。”宋葉廷珪《海録碎事·鳥獸草木部·鴛鴦門》：“思爲河曲鳥，鴛鴦也。”參見本卷《習見禽鳥説·游禽考》“鴛鴦”文。

【節木鳥】

即鴛鴦。此稱南北朝時期已行用。《事物異名録·禽鳥部下·鴛鴦》引《荆楚記》：“鴛鴦，名節木鳥。”參見本卷《習見禽鳥説·游禽考》“鴛鴦”文。

【婆羅迦隣提】

即鴛鴦。梵語音譯。此稱明代已行用。明李時珍《本草綱目·禽一·鴛鴦》：“[釋名]黃鴨、匹鳥。……《涅槃經》謂之婆羅迦隣提。”清吳任臣《山海經廣注·南山經》：“灌灌……其音如鴛鴦。任臣案：鴛鴦，《古今注》謂之匹鳥。《涅槃經》謂之婆羅迦隣提。”參見本卷《習見禽鳥説·游禽考》“鴛鴦”文。

【鴛】

“鴛鴦”之省稱，亦特指其雄鳥。此稱漢代已行用，并沿稱於後世。《説文·鳥部》：“鴛，鴛鴦也。从鳥，夗聲。……鴦，鴛鴦也。从鳥，央聲。”唐杜甫《朝雨》詩：“風鴛藏近渚，雨燕集深條。”唐元稹《有鳥》詩之一六：“有鳥有鳥毛羽黃，雄者爲鴛雌者鴦。主人併養七十二，羅列雕籠開洞房。”宋張先《一叢花令》詞：“雙鴛池沼水溶溶，南北小橈（一作‘橋’）通。”參見本卷《習見禽鳥説·游禽考》“鴛鴦”文。

【鴦】

“鴛鴦”之省稱。亦特指其雌鳥。此稱漢代已行用。參見本卷《習見禽鳥説·游禽考》“鴛鴦”文。

燕鷗

習見游禽名。鷗形目，鷗科，普通燕鷗（*Sterna hirundo* Linnaeus）。小型游禽，體長約35厘米。嘴、足均褐黑色，爪黑色；從額部至後頸黑色，頰、喉與頸側爲白色；背、肩爲灰色；飛羽顏色由白、黑、灰等色構成；又形尾，中間爲白色尾羽，兩側有灰色或黑灰色尾羽；下體白色。在我國分布極廣，北到東北和內蒙古的東北部，西到四川、西藏，南到雲南、海南島，東至沿海，均有分布。栖息環境多樣，水域、林地、荒漠、沼澤等都可生息，但主要活

鷖
（[日]岡元鳳《毛詩品物圖考》）

動於海邊和内陸河流、湖泊等處，巢建於近水的沙地上或石頭間。常結群在水邊或水域捕食小魚、蝦類和水生昆蟲等。

本種與其他鷗類古時統稱"鷖"，此稱先秦時期已行用。《詩·大雅·鳧鷖》："鳧鷖在涇，公尸來燕來寧。"唐陸德明《經典釋文》引《倉頡解詁》："鷖，鷗也。"鷗類自古至今統稱"鷗"，亦作"鷗"。此稱秦漢時期已行用。《山海經·海外東經》："玄股之國，在其北，其爲人，衣魚食鷗。"唐杜甫《江村》詩："自去自來梁（一作'堂'）上燕，相親相近水中鷗。"因其常浮於水上，輕漾如漚，故又稱"漚鳥"。此稱秦漢時期已行用。《列子·黄帝》："海上之人，有好漚鳥者，每旦之海上，從漚鳥游。"鷗類亦統稱"水鴞"，此稱行用於近古時期。明李時珍《本草綱目·禽一·鷗》："鷖，水鴞。""普通燕鷗"是本種的現代生物學名稱。因善捕食魚類，故今民間的一些地方亦將其與其他鷗類統稱爲"叼魚郎""打魚郎"等。按，謝宗萬《本草綱目藥物彩色圖鑒》認爲此鷗即紅嘴鷗（*Larus ridibundus* Linnaeus）。此附供考。

鷗
（馬駘《馬駘畫寶》）

【鷖】[1]

即燕鷗。此稱先秦時期已行用。見該文。

【鷗】[1]

即燕鷗。此稱晋代已行用。見該文。

【鷗】[1]

即燕鷗。此稱秦漢時期已行用。見該文。

【漚鳥】[1]

即燕鷗。此稱秦漢時期已行用。見該文。

【水鴞】[1]

即燕鷗。此稱近古時期已行用。見該文。

【叼魚郎】[1]

即燕鷗。此稱行用於近現代。見該文。

【打魚郎】[1]

即燕鷗。此稱行用於近現代。見該文。

【普通燕鷗】

即燕鷗。今之通稱。此稱行用於近現代。見該文。

海鷗

習見游禽名。鷗形目，鷗科，海鷗（*Larus canus* Linnaeus）。鷗的一種，背部、翅部的羽毛淺灰色，并有黑色飛羽；頭、頸、腰、尾、胸、腹等均爲白色；嘴黄色，嘴基部沾青緑色；腿與趾黄緑色。海鷗爲候鳥，在我國北部繁殖，常築巢於海中的小島上，冬季遷至南方至菲律賓及非洲北部越冬，遷徙時我國中、東部地區及西南部地區均有分布。栖息環境多樣，但近

海鷗
（清余省等《鳥譜》）

水而居，海邊及江河流域都可見到它們的身影，常三五成群在水中嬉戲或在水邊覓食。以魚、螺和昆蟲爲食，也兼食植物的嫩芽和穀物等。本種與其他鷗類古時統稱“鷖”。自古至今亦統稱“鷗”，亦作“漚”。古又統稱“漚鳥”“水鴞”等。“海鷗”是本種的現代生物學名稱，人們也用此統稱鷗類海鳥。此稱中古時期已行用。南朝宋謝靈運《於南山往北山經湖中瞻眺》詩：“海鷗戲春岸，天雞弄和風。”今民間一些地方也將其與其他鷗類統稱爲“叼魚郎”“打魚郎”等。

【鷖】 [2]

即海鷗。此稱先秦時期已行用。見該文。參見本卷《習見禽鳥説·游禽考》“燕鷗”文。

【鷗】 [2]

即海鷗。此稱晋代已行用。見該文。參見本卷《習見禽鳥説·游禽考》“燕鷗”文。

【漚】 [2]

即海鷗。此稱秦漢時期已行用。見該文。參見本卷《習見禽鳥説·游禽考》“燕鷗”文。

【漚鳥】 [2]

即海鷗。此稱秦漢時期已行用。見該文。參見本卷《習見禽鳥説·游禽考》“燕鷗”文。

【水鴞】 [2]

即海鷗。此稱近古時期已行用。見該文。參見本卷《習見禽鳥説·游禽考》“燕鷗”文。

【叼魚郎】 [2]

即海鷗。此稱行用於近現代。見該文。參見本卷《習見禽鳥説·游禽考》“燕鷗”文。

【打魚郎】 [2]

即海鷗。此稱行用於近現代。見該文。參見本卷《習見禽鳥説·游禽考》“燕鷗”文。

銀鷗

習見游禽名。鷗形目，鷗科，銀鷗（*Larus argentatus* Pontoppidan）。鷗的一種，屬大型鷗類。背部、腰部爲深灰色；飛羽由黑、白、灰三色構成；上體餘部及下體爲白色；嘴黄色，下嘴前端有紅色斑突；腿與趾淡紅色，爪黑色。國內分布極廣泛，東到東北及内蒙古東部，西到四川，南達臺灣、廣東，都有銀鷗分布。栖息環境呈多樣性，大江、大河與湖泊等大型水域是其喜栖地，草原、荒漠等處也有分布。銀鷗爲候鳥，春季北來，秋季南去。喜群居，多成群在水邊與水面嬉戲飛翔。食性雜，喜食魚、水生無脊椎動物、鼠、昆蟲、漿果等，也獵食其他鳥類的卵及雛鳥，甚至吃各種動物的腐肉及漁場的弃物碎屑。本種與其他鷗類古時統稱“鷖”“漚鳥”“水鴞”等。自古至今亦與其他鷗類統稱“鷗”，亦作“漚”。“銀鷗”是其現代生物學名稱，因其體羽大部分爲白色而得名（或疑古時“銀鷗”一詞當泛指鷗類鳥）。此稱唐代已行用。唐李紳《壽陽罷郡日·憶東湖》詩：“菱歌罷唱鷁舟迴，雪鷺銀鷗左右來。”因其善捕魚，故今民間的一些地方亦將其與其他鷗類統稱爲“叼魚郎”等。

【鷖】 [3]

即銀鷗。此稱先秦時期已行用。見該文。參見本卷《習見禽鳥説·游禽考》“燕鷗”文。

【鷗】 [3]

即銀鷗。此稱晋代已行用。見該文。參見本卷《習見禽鳥説·游禽考》“燕鷗”文。

【漚】 [3]

即銀鷗。此稱秦漢時期已行用。見該文。參見本卷《習見禽鳥説·游禽考》“燕鷗”文。

【漚鳥】[3]

　　即銀鷗。此稱秦漢時已行用。見該文。參見本卷《習見禽鳥説·游禽考》"燕鷗"文。

【水鴞】[3]

　　即銀鷗。此稱近古時期已行用。見該文。

參見本卷《習見禽鳥説·游禽考》"燕鷗"文。

【叼魚郎】[3]

　　即銀鷗。此稱行用於近現代。見該文。參見本卷《習見禽鳥説·游禽考》"燕鷗"文。

第三節　涉禽考

一、涉禽名義訓

　　涉禽爲水鳥中的一類，這類鳥常活動於沼澤及其他水面淺水區，在水中涉行覓食，故名。近代人們按鳥類生態學特徵進行分類，"涉禽"爲其中一個類型，被稱爲"涉禽目"，特指形態分類中的鴴形目、鸛形目、鶴形目中的各類禽鳥（見鄭作新等《中國動物志·鳥綱》）。"涉禽"之稱雖不見於早期典籍，但其中諸多種類早爲先民所熟知。涉禽數量衆多，習性不一。不同種類的鳥體形相差也很大。體大者高一米以上，體小者僅高十幾厘米。它們不同於其他水鳥的最顯著特點是腿高喙長，能在淺水中站立行走，活動覓食。主要捕食魚、蝦、貝類和水生昆蟲，有的也食植物莖葉，大型鳥還常捕食甲殼類動物、蛙類和蛇類。

　　見於古書的涉禽名主要有鴴、鷸、鶴、鴇、鸛、鵁、鷺、鶄等。

　　鴴之名稱始行用於南朝時期，見於南朝梁顧野王《玉篇》。又名荒鳥，《玉篇·鳥部》："鴴，荒鳥也。"

　　鷸之名稱行用於先秦時期，多指翠鳥。今動物學上翠鳥和鷸分屬翠鳥科和鷸科，古代可能以鷸爲通稱。《左傳·僖公二十四年》："鄭子華之弟子臧出奔宋，好聚鷸冠。"孔穎達疏："《釋鳥》云：翠，鷸。李巡曰：鷸，一名爲翠，其羽可以爲飾。"《左傳》裏的"鷸冠"指的是用翠鳥羽毛裝飾的帽子。宋羅願《爾雅翼·釋鳥》："鷸，似燕，紺色，生鬱林，蓋今之翠鳥也。……一名翠鷸，……又名紺燕。"今之翠鳥又叫翡翠，屬佛法僧目，體小腿短，羽毛有藍、綠、棕、黃等艷麗色彩。因此，古代常用翠鳥羽毛作飾物。今之鷸爲涉禽，翠鳥不屬於涉禽。清人郝懿行《爾雅義疏》曾作過考證。《爾雅·釋鳥》："翠，鷸。"郭璞注：

“似燕，紺色，生鬱林。”郝懿行義疏：“《説文》：‘翠，青羽雀也，出鬱林。’‘翡，赤羽雀也，出鬱林。’……張揖注《上林賦》云：‘翡翠，大小亦如雀，雄赤曰翡，雌青曰翠。’按，今所見如燕而大。劉逵《吳都賦注》：‘翡翠巢於樹顛生子，夷人稍徙下其巢，子大未飛，便取之。出交趾鬱林郡。’《左〔傳〕》僖〔公〕廿四年疏引樊光云：‘青羽出交州。’李巡曰：‘鷸，一名爲翠，其羽可以爲飾。’按，《山海經》‘孟山有白翡翠’，非此也。又《説文》云：‘鷸，知天將雨鳥也。’引《禮記》曰：‘知天文者冠鷸。’此鷸與翠同名而非同物，舊説便相牽混，亦誤。《漢〔書〕·五行志》注：‘張晏曰，鷸鳥赤足黃文。’則非一物可知。”《説文·鳥部》：“鷸，知天將雨鳥也。”此即今涉禽鷸科鳥類之鷸。鷸常在下雨之前鳴叫，古人以爲能知天時。其名稱由來，明代李時珍認爲源於其鳴叫聲。《本草綱目·禽二·鷸》：“〔陳〕藏器曰：鷸如鶉，色蒼，嘴長，在泥塗間作鷸鷸聲。村民云，田雞所化。亦鶡鶉類也。蘇秦所謂鷸蚌相持者，即此。”鳥蟲動物多有以其鳴叫之聲得名者，其説基本可信。

鶴之名稱先秦時已廣泛行用，早期古書中多見。《詩·小雅·鶴鳴》：“鶴鳴于九皋，聲聞于野。”又：“鶴鳴于九皋，聲聞于天。”《詩·小雅·白華》：“有鶖在梁，有鶴在林。”《周易·中孚》“九二，鳴鶴在陰，其子和之。”《左傳·閔公二年》：“衛懿公好鶴，鶴有乘軒者。”《莊子·駢拇》：“鶴脛雖長，斷之則悲。”

鶴另有十幾種別稱，多爲後代文人所用之雅稱、戲稱。鶴之體態瀟灑，舉動優雅，飄逸若仙，故有“仙鶴”“仙羽”“仙禽”“仙客”“蓬萊羽士”諸稱。古代神話傳説中，仙人常騎鶴往來，故又有“仙驥”“仙馭”之稱。《詩》中有“鶴鳴于九皋”詩句，故後有“九皋禽”“皋禽”“九皋處士”之稱。《左傳》中載衛懿公好鶴故事，故後有“軒鳥”“軒郎”“乘軒鶴”之稱。

鴇之名稱春秋時期已行用，始見於《詩》，沿用於後世至今。字又作“鴀”“鳵”“鳰”“䳍”“鵻”“䳈”，皆“鴇”字之不同寫法，字異而義同。其中“鴀”見於《管子·輕重甲》篇，收録於漢許慎《説文》，“鳵”見於南朝梁顧野王《玉篇》，其他各字宋代《集韻》已收，其出現時代當均在宋代以前。如南朝梁簡文帝《六根懺文》中有“鳰”字，唐代張怗《阿䳍湯》中有“䳍”字。“䳍”又作“䳈”，見於明代字書《正字通》。

鴇又有“鴻豹”“獨豹”“七十鳥”等別稱。“鴻豹”行用於漢代，見於漢代焦贛《易林》，因傳説鴇能食鴻而有此稱。今按：鴇乃雜食性鳥，以食植物莖葉爲主，食鴻之説不可信。“獨豹”之稱行用於唐代，見於《急就篇》顔師古注文。鴇之背有斑紋，似豹，因名獨豹。

"七十鳥"之稱行用於清代，見於厲荃《事物異名録》，蓋拆字爲名，乃文人戲謔之稱。舊説鴇性淫，與多鳥相交，故其字七十鳥爲鴇。此説望文生義，附會虛造。鴇字從鳥，阜聲，非從七從十從鳥。

鸛之名稱始見於先秦時期。《詩·豳風·東山》："鸛鳴于垤，婦嘆于室。"可知此稱春秋時期已行用。宋代又稱"瓦亭仙"。宋陶穀《清異録·禽》："鸛多在殿閣鴟尾及人家屋獸結窠，故或有呼'瓦亭仙'者。"

黑鸛又有"負釜""黑尻""背竈""皂裙"等別稱，因其背、尾都是黑色，下體白色，似背負鍋竈而得名，這些別稱三國時期已行用。三國吳陸璣《毛詩草木鳥獸蟲魚疏·鸛鳴于垤》："鸛，鸛雀也。……一名負釜，一名黑尻，一名背竈，一名皂裙。"後又有"負金""皂帔""皂君"等名稱，多爲民間俗稱。清李元《蠕範·物知》："鸛，……負釜也，負金也，黑尻也，背竈也，皂帔也，皂裙也，皂群也，皂君也，老鸛也。"

古書中的"鷖"又名"澤虞"，見於《爾雅》，此二稱當行用於漢代以前。又名"婟澤鳥""護田鳥"，晋代已行用，見於郭璞《爾雅》注。又名"蝦蟆護"，唐代已行用，見於段成式《酉陽雜俎·廣動植·羽篇》。又有"方目""烏鷖""姑鷖"等名稱，明代已行用，見於李時珍《本草綱目·禽一》。今名稱是"骨頂鷄"。"鷖"字又作"鴙""鳺"，義同。"鴙"見於漢許慎《説文·鳥部》，"鳺"見於南朝梁顧野王《玉篇·鳥部》、唐陸德明《經典釋文·爾雅音義》和宋代韵書《廣韻·平陽》及《集韻·平陽》。"澤虞"又作"鸅鸆"，爲後起專用字，最早見於晋代字書《字林》。

鷺之名稱春秋時期已經廣泛行用，《詩》中凡七見。又名"白鳥""白鷺"，因其羽毛白色而得名。"白鳥"之稱在《詩》中已出現。《詩·大雅·靈臺》："麀鹿濯濯，白鳥翯翯。"此處"白鳥"一稱古無詳確注釋，是否指鷺，待考，漢代稱鷺爲"白鳥"，已有確證。《詩·周頌·振鷺》毛傳："鷺，白鳥也。""白鷺"一稱漢代已行用。漢枚乘《七發》："若白鷺之下翔。"《説文·鳥部》："鷺，白鷺也。"此稱相沿至今。

鷺又名"春鋤"，因鷺之頭頸動作上下如春米、伸縮如鋤地而得名。此稱見於《爾雅·釋鳥》。秦漢時期當已行用。又名"鷺鷥""絲禽""帶絲禽"，因其頭頸和背上有長羽如絲而得名，唐代已行用，見於唐人詩歌。參見"鷺鷥""絲禽""帶絲禽"各條釋文。又名"雪客""雪衣兒"，因其羽毛潔白如雪而得名。此二稱始於宋代。宋郭若虛《圖畫見聞志》卷六及曾慥《類説》卷五三載：宋代文人李昉畜五禽，各以客名之，其中鷺名雪客。

另據清陳元龍《格致鏡原》卷八〇及清厲荃《事物異名録・禽鳥部下・鷺鷥》載，宋代文學家蘇軾稱鷺爲“雪衣兒”。此二稱當爲文人雅士所使用的事物雅稱，不行用於民間。又名“風標公子”“荻塘女子”。“風標公子”源於唐杜牧《晚晴賦》，“荻塘女子”之稱源於南朝宋劉義慶《幽明録》所記一則神話傳説故事。唐代還稱鷺爲“來來”，明代又有別稱“碧繼翁”，均流行不廣。

鸍古稱“鸍目”“旋目”，漢代已見此稱。“鸍”又作“䚣”。《史記・司馬相如列傳》：“皎䴏䚣目。”《漢書・司馬相如傳上》作“交精旋目”。“䚣”亦見於宋代韵書《集韻》，與“鸍”字异義同。《集韻・平删》：“䚣，水鳥名。紅白，深目，目旁毛長。亦書作鸍。”

二、涉禽研究史

中國古代對某些涉禽鳥類已具有較深入細緻的觀察、認識甚至研究。《左傳・閔公二年》載，衛懿公好鶴，以禄位畜養，出入乘軒，後竟因此愛好而亡國。另據書載，宋代文人李昉於家中畜養白鷺。這説明人類早已熟知它的生活習性，加以馴養，以爲寵物。先秦早期文獻中已有鸛、鶴、鷺等涉禽名稱，《詩》中鸛一見，鶴四見，鷺八見。我國考古出土的商周青銅器也發現有鶴、鷺造型或裝飾圖案，形象逼真，圖案精美，説明先民對某些涉禽類鳥的觀察研究相當細緻。秦漢以來對涉禽類禽鳥的研究更加深入。《爾雅》《説文》《玉篇》《釋名》等字典辭書都收釋了一些涉禽名稱。三國吳陸璣《毛詩草木鳥獸蟲魚疏》，唐代歐陽詢等《藝文類聚》，宋代陶穀《清異録》，明代李時珍《本草綱目》，明代王圻、王思義《三才圖會》等書保存了大量有關涉禽的資料。有的還詳細記載了一些涉禽的形貌特點、生活習性甚至藥用價值等，研究水準達到了相當成熟的高度。不過，中國古代對於鳥類的研究都是比較零散的，不成系統，没有生物學意義上的科學分類，更没有鳥類學方面的專著。對鳥類進行現代科學分類并加以系統研究，是當代學者的貢獻，具有劃時代的意義。不少高等學校設立了生物學系，也陸續出版了一些鳥類學研究著作，研究水準遠遠超過前人。例如一些鳥類學、動物學方面的高校教材，其中對於涉禽鳥類都有深入詳細的介紹。研究著作如鄭作新《中國鳥類種和亞種分類名録大全》（科學出版社 1994 年版），華惠倫、殷静雯《中國保護動物》（上海科技教育出版社 1993 年版）等，研究水平達到了新的高度。

三、涉禽的特性和種類考

從現代生物學分類的角度來看，屬於涉禽的鳥共有鴴形目、鶴形目、鸛形目三類。三類鳥的主要區別特徵如下：

鴴形目鳥類體形小，喙、頸、尾都較短，翼小而尖，脚多無後趾，大都群居。鶴鸛類鳥體形大，喙、頸長，翼大善飛，較易與鴴形目分辨開來。鶴形目與鸛形目脚趾不同。鶴形目鳥類多栖息於水草豐茂的開闊沼澤地帶，腿細長，趾長而爪短，蹼不發達，後趾小，高於前三趾。鸛形目鳥類多栖息於高樹，腿稍粗壯，趾長，基部有蹼相連，後趾與前三趾平，可對握抓牢樹枝。

鴴形目又稱鷸形目，主要包括鴴科、燕鴴科、雉鴴科、鷸科、彩鷸科、反嘴鷸科、瓣蹼鷸科、蠣鷸科等，種類繁多，因此，有些國家稱之爲"千鳥目"。見於我國境内的有鴴科鳥十五種，鷸科鳥四十五種，反嘴鷸科鳥三種，瓣蹼鷸科鳥二種。（據鄭作新《中國鳥類種和亞種分類名録大全》）

鴴科爲小型涉禽。翼尖尾短，喙短而直，尖端稍有隆起，羽毛灰、黃或褐色，多雜有黑色或棕色斑紋，脚無後趾。常群居海濱或江、河、湖、溪岸邊，捕食魚類及昆蟲。一般多在地面凹陷處或卵石間營巢，在北方地區繁殖，遷南方越冬。見於我國的有鳳頭麥鷄（*Vanellus vanellus*）、灰頭麥鷄（*V. cinereus*）、肉垂麥鷄（*V. indicus*）、距翅麥鷄（*V. duvaucelii*）、灰斑鴴（*Pluvialis squatarola*）、金鴴（*P. fulva*）、劍鴴（*Charadrius hiaticula*）、長嘴劍鴴（*Ch. placidus*）、金眶鴴（*Ch. dubius*）、環頸鴴（*Ch. alexandriuns*）、蒙古沙鴴（*Ch. mongolus*）、鐵嘴沙鴴（*Ch. leschenaultii*）、紅胸鴴（*Ch. asiaticus*）、東方鴴（*Ch. veredus*）、小嘴鴴（*Ch. morinellus*）等十五種。金眶鴴又叫黑領鴴。環頸鴴又叫白領鴴。

鷸科爲小型涉禽。種類很多，體形大小不一，差异較大。羽毛多灰、褐、黃等平淡色調，有細密斑紋。喙細長，直或稍彎。腿一般較長，趾無蹼，適於在淺水或沼澤地涉行。覓食小魚蝦、蠕蟲、貝類和其他昆蟲，有的也兼食植物莖葉。分布廣泛，在北方地區繁殖，遷南方越冬。見於我國的有小杓鷸（*Numenius minutus*）、中杓鷸（*N. phaeopus*）、白腰杓鷸（*N. arquata*）、大杓鷸（*N. madagascariensis*）、黑尾塍鷸（*Limosa limosa*）、斑尾塍鷸（*L. lapponica*）、鶴鷸（*Tringa erythropus*）、紅脚鷸（*T. totanus*）、澤鷸（*T. stagnatilis*）、青脚鷸（*T. nebularia*）、白腰草鷸（*T. ochropus*）、林鷸（*T. glareola*）、小青脚鷸（*T. guttifer*）、小黃脚鷸（*T. flavipes*）、磯鷸（*T. hypoleucos*）、灰尾漂鷸（*Heteroscelus brevipes*）、漂鷸（*H. incanus*）、翹嘴鷸（*Xenus cinereus*）、翻石鷸（*Arenaria interpres*）、半蹼鷸（*Limnodromus semipalmatus*）、長嘴半蹼鷸（*L. scolopaceus*）、孤沙錐（*Gallinago solitaria*）、澳南沙錐（*G. hardwickii*）、林沙錐（*G. nemoricola*）、針尾沙錐（*G. stenura*）、大沙錐（*G. megala*）、扇尾沙錐（*G. gallinago*）、丘鷸（*Scolopax rusticola*）、姬鷸（*Lymnocryptes minimus*）、紅腹濱鷸（*Calidris canutus*）、大濱鷸（*C. tenuirostris*）、紅頸濱鷸（*C. ruficollis*）、西方濱鷸（*C. mauri*）、長趾濱鷸（*C. subminuta*）、小濱鷸（*C. minuta*）、青脚濱鷸（*C. temminckii*）、斑胸濱鷸（*C. melanotos*）、尖尾濱鷸（*C. acuminata*）、岩濱鷸（*C. ptilocnemis*）、黑腹濱鷸（*C. alpina*）、彎嘴濱鷸（*C. ferruginea*）、三趾鷸（*Crocethia alba*）、勺嘴鷸（*Eurynorhynchus pygmeus*）、闊嘴鷸（*Limicola falcinellus*）、流蘇鷸（*Philomachus pugnax*）等四十五種。

反嘴鷸科體形與鷸科相似，嘴向上彎曲。見於我國的有鷸嘴鷸（*Ibidorhyncha struthersii*）、黑翅長脚鷸（*Himantopus himantopus*）、反嘴鷸（*Recurvirostra avosetta*）三種。

瓣蹼鷸科的主要特點是脚趾有瓣蹼。見於我國的有紅頸瓣蹼鷸（*Phalaropus lobatus*）和灰瓣蹼鷸（*Ph. fulicarius*）兩種。

小杓鷸和小青脚鷸數量稀少，被列入 1988 年公布的《國家重點保護野生動物名錄》，爲國家二級保護動物。

鴴形目各科鳥類生活習性基本相似，差別不大。

鶴形目包括鶴科、鴇科、秧雞科和三趾鶉科。

鶴科爲大型候鳥。頭小頸長，喙直而長，腿細高，翼闊而圓，群居或雙栖。全世界共有十五種鶴，分布於我國的有九種：丹頂鶴（*Grus japonensis*）、白鶴（*G. leucogeranus*）、白頭鶴（*G. monacha*）、白枕鶴（*G. vipio*）、灰鶴（*G. grus*）、黑頸鶴（*G. nigricollis*）、赤頸鶴（*G. antigone*）、沙丘鶴（*G. canadensis*）和蓑羽鶴（*Anthropoides virgo*）。

這些鶴類鳥大都生活在湖泊、沼澤等水面開闊地帶，分布於我國東北、華北地區，遷南方越冬。黑頸鶴是高原鳥類，分布於青藏高原地區，遷雲貴高原越冬。這些鶴由於數量稀少，都被列入 1988 年公布的《國家重點保護野生動物名錄》。丹頂鶴、白鶴、白頭鶴、黑頸鶴、赤頸鶴屬於國家一級重點保護動物，世界瀕危珍禽，受我國政府嚴格保護。其他四種鶴爲國家二級保護動物。

鴇科鳥體形小於鶴。我國境内有小鴇（*Tetrax tetrax*）、大鴇（*Otis tarda*）、波斑鴇（*Chlamydotis macqueeni*）三種，因數量稀少，均被列爲國家一級保護野生動物。小鴇體長約 45 厘米，全身羽毛棕栗色，腹部白色。栖息於草原及半荒漠地區，雜食性。我國僅分布於新疆天山和四川等地。大鴇又叫地鵏、羊鬚鴇，雄鳥體長可達 1 米，翼展可達 2 米，體重 10 ~ 15 千克，是我國最大的禽鳥之一。雌鳥比雁略大，但比雄鳥小得多，體長不足 0.5 米，體重祇有 3.6 千克左右。其共同特徵是頭小，喙、頸、腿比鶴短，背羽有黃褐色和黑色斑紋，腹羽白色。常群栖草原地帶，於地面凹陷處營巢。脚有三趾，善於奔跑，能涉水，不善飛翔。雜食性，以植物鮮嫩莖葉爲主，也吃昆蟲、蛙類，嗜食蝗蟲。在我國主要分布於内蒙古、東北及河北地區的草原地帶，冬遷華北和長江流域附近地區。波斑鴇比小鴇略大，在我國僅見於新疆西部和北部地區。

秧雞科多爲小型涉禽，種類很多，見於我國的有普通秧雞（*Rallus aquaticus*）、藍胸秧雞（*R. striatus*）、紅腿斑秧雞（*Rallina fasciata*）、白喉斑秧雞（*Rallina eurizonoides*）、長脚秧雞（*Crex crex*）、姬田雞（*Porzana parva*）、小田雞（*P. pusilla*）、斑胸田雞（*P. porzana*）、紅胸田雞（*P. fusca*）、斑脅田雞（*P. paykullii*）、棕背田雞（*P. bicolor*）、花田雞（*Coturnicops exquisitus*）、紅脚苦惡鳥（*Amaurornis akool*）、白胸苦惡鳥（*A. phoenicurus*）、董雞（*Gallicrex cinerea*）、黑水雞（*Gallinula chloropus*）、紫水雞（*Porphyrio porphyrio*）、骨頂雞（*Fulica atra*）等十八種。體長一般在 14 ~ 30 厘米以上，頭小，軀幹瘦削，喙、頸、跗跖和前三趾都較長，羽灰褐色，有黑色斑紋。栖息於沼澤或水草叢中，捕食昆蟲。善涉水行走，不善高飛。在我國一般分布於東北和華北地區，遷福建、廣東一帶越冬。長脚秧雞分布於新疆、西藏地區，姬田雞僅見於新疆，棕背田雞分布於西藏、四川、雲南等地，花田雞分布於我國東部地區。這四種鳥由於數量稀少，已被列入 1988 年公布的《國家重點保護野生動物名録》，爲國家二級保護動物。

三趾鶉科鳥類一般缺後趾，尾短，形似鵪鶉，故名。小型候鳥。我國常見的是黃脚三趾鶉（*Turnix tanki*），體長 15 ~ 18 厘米，頭頂黑褐色，頰黃色，背羽有黑、赭、灰三色相雜的斑紋。翅羽淡黃，有黑色斑點。胸部淡紅色，腹部白色。多在沼澤及湖泊水邊活動覓食。夏季在東北、華北、華東、華中地區繁殖，秋遷華南及泰國、越南等地越冬。見於我國的還有林三趾鶉（*T. sylvatica*）和棕三趾鶉（*T. suscitator*）兩種，生活習性大致與黃脚三趾鶉相同。古人常把三趾鶉科的水鳥與鵪鶉混同一類，稱爲"水鵪鶉"，其實，鵪鶉爲雉科，屬雞形目，三趾鶉科則屬鶴形目，生物學分類上相去甚遠。

鸛形目包括鸛科（Ciconiidae）、鷺科（Ardeidae）、䴉科（Threskiornithidae）。

鸛科爲大型候鳥。喙長而直，翼大尾短，善飛翔。常活動於河湖溪流，捕食魚、貝、蛙和蛇類。夜宿高樹，也有的在高大建築物上栖息。見於我國境內的有白鸛（*Ciconia ciconia*）、東方白鸛（*C. boyciana*）、黑鸛（*C. nigra*）、白頭䴉鸛（*Mycteria leucocephala*）、秃鸛（*Leptoptilos javanicus*）五種，其中白頭䴉鸛又稱彩鸛。在北方地區繁殖，遷長江流域及以南地區越冬。白鸛、黑鸛和彩鸛已被列入《國家重點保護野生動物名錄》，前兩種爲國家一級保護動物，彩鸛爲國家二級保護動物。

鷺科爲大型涉禽。一般體大形瘦，腿細長，趾有半蹼，頸長頭小，喙長，直而尖。羽毛白色，或雜有灰、黑、藍、紅色等飾羽。活動於河湖淺水區及沼澤地帶，涉水覓食，捕食魚、貝、蛙類和昆蟲。見於我國的鷺科鳥有二十種：大白鷺（*Egretta alba*）、小白鷺（*E. garzetta*）、蒼鷺（*Ardea cinerea*）、草鷺（*Ardea purpurea*）、池鷺（*Ardeola bacchus*）、夜鷺（*Nycticorax nycticorax*）、綠鷺（*Butorides striatus*）、岩鷺（*Egretta sacra*）、牛背鷺（*Bubulcus ibis*）、黃嘴白鷺（*Egretta eulophotes*）、中白鷺（*E.intermedia*）、栗〔頭〕鳽（*Gorsachius goisagi*）、黑冠鳽（*G. melanolophus*）、海南虎斑鳽（*G. magnificus*）、小葦鳽（*Ixobrychus minutus*）、黃葦鳽（*I. sinensis*）、紫背葦鳽（*I. eurhythmus*）、栗葦鳽（*I. cinnamomeus*）、黑鳽（*Dupetor flavicollis*）、大麻鳽（*Botaurus stellaris*）。其中以白鷺最爲常見，廣泛分布於我國各地。黃嘴白鷺、岩鷺、海南虎斑鳽、小葦鳽由於數量少，1988 年已被列入《國家重點保護野生動物名錄》，爲二級保護動物。古書中的鷺一般指的都是白鷺。蒼鷺古稱"青莊"，池鷺古稱"鳽"，又名"鵁鶄"，篦鷺古稱"漫畫"，另有名稱。不過，古書中也常把䴉稱爲"鷺"，混爲同類。鷺科與䴉科同屬鸛形目，但鷺腿細長，䴉腿粗壯較短，鷺喙扁而直，䴉喙圓而下彎，區別還是比較明顯的。

䴉科爲大型涉禽，體形似鷺而腿粗短，喙長而圓，略下彎，趾爪長。活動於河湖淺水區或沼澤、水田，捕食魚、蛙和水生昆蟲，營巢栖息於高樹。在亞洲北部地區繁殖，旅經華北、華東，遷華南地區越冬。分布於我國的有白䴉（*Threskiornis melanocephalus*）、黑䴉（*Pseudibis papillosa*）、朱䴉（*Nipponia nippon*）、彩䴉（*Plegadis falcinellus*）、白琵鷺（*Platalea leucorodia*）、黑臉琵鷺（*P. minor*）六種。其中白䴉羽毛純白，僅初級飛羽尖端黑色。朱䴉又名朱鷺、紅鶴，是世界瀕危珍禽，在 1960 年第十二屆國際鳥類保護協會年會上被列爲國際保護鳥，在我國僅發現於陝西洋縣，1988 年被列入《國家重點保護野生動物名録》，爲一級保護動物。其他五種鹮科鳥也已被列爲國家二級保護動物。

四、涉禽與人類的關係

涉禽與人類有十分密切的關係。涉禽是地球生物鏈中非常重要的組成部分，它的多樣性是大自然物種多樣性的一個方面。涉禽主要生活在沼澤、濕地，對環境變化非常敏感。沼澤、濕地對人類生存的氣候環境有極其重要的調節作用，被稱爲"地球的肺"。因此，涉禽的狀況是人類生存環境變化的標尺。保護涉禽，就要保護它們賴以生存的沼澤、濕地，也就意味着保護我們人類自身生存的環境，意義重大，并不僅僅是一個保持物種多樣性的問題。可見，涉禽與我們人類的生存其實是息息相關的，我們必須充分重視對涉禽的保護工作。

涉禽與我們的古代語言文化也有密切的關係，一些涉禽類鳥名甚至成了某種思想文化意義的載體。例如：

鷸有一定的思想文化意義。今有成語"鷸蚌相持"，又有"鷸蚌相争，漁人得利""鷸蚌之争""漁人之利"之語，源出《戰國策·燕策二》："趙且伐燕。蘇代爲燕謂惠王曰：'今者臣來，過易水，蚌方出曝，而鷸啄其肉，蚌合而拑其喙。鷸曰：今日不雨，明日不雨，即有死蚌。蚌亦謂鷸曰：今日不出，明日不出，即有死鷸。兩者不肯相舍，漁者得而并禽（擒）之。今趙且伐燕，燕趙久相支，以弊大衆，臣恐强秦之爲漁父也。故願王之熟計之也。'惠王曰：'善。'乃止。"後用來比喻雙方争持不下而使第三者得利。這個故事廣泛流傳，成爲典故，豐富了漢語詞彙和古代思想文化寶庫。

鶴與中國古代語言文化有密切關係。舊説鶴壽命長。《淮南子·説林訓》："鶴壽千歲，以極其游。"後因以"鶴壽""鶴算"爲祝人長壽之詞。鶴羽白，因以"鶴髮"喻老年人之白髮。鶴腿高體瘦，具有非凡的儀態和氣質，因以"鶴骨"喻人骨格清奇或體態清瘦。鶴常常企足延頸而立，因以"鶴立""鶴企"喻人企足站立，以"鶴望"喻人延頸觀望。傳説中仙人多乘鶴，故以"鶴馭""鶴駕"稱神仙道士。又《晋書·陶侃傳》："侃戎政齊肅，凡有虜獲，皆分士卒，身無私焉。後以母憂去職。嘗有二客來吊，不哭而退，化爲雙鶴，冲天而去。時人異之。"後因稱吊喪爲"鶴吊"。《韓非子·十過》："師曠不得已，援琴而鼓。一奏之，有玄鶴二八，道南方來，集於郎門之塊，再奏之而列。三奏之，延頸而鳴，舒翼而舞。音中宮商之聲，聲聞於天。"後因以"鶴舞"形容音樂美妙動聽。"鶴長鳧短""斷鶴續鳧"（見《莊子·駢拇》）、"華亭鶴唳"（見《晋書·陸機傳》）、"風聲鶴唳"（見《晋書·謝玄傳》）、"鶴立雞群"（見《世説新語·容止》）等已成爲成語典故，至今被廣泛運用。

鴇也有語言和思想文化方面的特殊含義。舊説鴇性淫，故常用以稱老妓女或開設妓院的女人。此稱行用不晚於明初。明朱權《丹丘先生論曲》："妓女之老者曰鴇。"清梁章鉅《稱謂録·倡》引《庶物異名疏》："陸佃云：'鴇性最淫，逢鳥則與之交。'今俗呼妓曰鴇兒，呼倡母曰老鴇，取此。"明清小説中常稱妓女爲"鴇兒""鴇妓""鴇姐"，稱開設妓院的女人爲"鴇子""鴇母""鴇婦"。聶紺弩《談鴇母》："鴇，淫鳥，借指妓女。"又："妓老不能操業，多蓄雛妓，而自爲之母，故曰鴇母。"中華人民共和國成立後，采取嚴厲措施取締妓院，鴇母之業及其稱謂已成爲歷史。

鸛對中國古代語言文化也有一定影響。古代軍隊作戰布陣有"鸛陣"之陣名。《左傳·昭公二十一年》："鄭翩願爲鸛，其御願爲鵝。"晋杜預注："鸛、鵝皆陳（陣）名。"按，鵝（雁）排列先後有序，鸛環列。鵝陣當指縱向隊列，鸛陣當指橫向隊列。唐孟郊《寄洺州李大夫》詩："鸛陣常先罷，魚符最晚分。"

鷺對中國古代語言文化也有一定影響。上古時代，人們常用鷺羽作爲舞具或飾物。古代的車子、旗鼓有的以翔鷺圖案爲飾，稱"鷺車""鷺鼓"。鷺飛有序，古代以"鷺序"特指百官班次。元代宋無《翠寒集·上馮集賢》："玉笋曉班聯鷺序，紫檀春殿對龍顏。"鷺常成群飛翔，古人用來比喻波浪。漢枚乘《七發》："衍溢漂疾，波涌而濤起。其始起也，洪淋淋焉，若白鷺之下翔。"後人因以"鷺濤"指波浪。唐駱賓王《夏日游德州贈高四》詩："鷺濤開碧海，鳳彩綴詞林。"福建厦門多鷺，故厦門又有"鷺嶼"之稱。

可以看出，涉禽與我們的生活、語言、文化、思想觀念有非常廣泛而又密切的關係。

蠣鷸

習見涉禽名。鴴形目，蠣鷸科，蠣鷸（*Haematopus ostralegus* Linnaeus）。中型涉禽，體長約 48 厘米，是鴴類中形體較大者。候鳥，夏季在北方繁殖，冬季遷往南方。嘴直而長，且側扁，紅色；足較其他鴴類短，但粗壯，紅色；體羽爲黑、白二色，頭、頸、胸和上體均爲黑色，腹、尾爲白色，尾端爲黑色。在我國主要分布於華北、華東、華南以及新疆、東北東南部等地。性孤僻，常單獨活動，不喜群居。多栖息於海邊、湖邊和沼澤地區，以水邊與水中的甲殼類生物、蠣蟲及軟體動物等爲食。

鷸
（明刊《食物本草》）

　　本種與其他鷸類自古至今統稱“鷸”，此稱先秦時期已行用。《戰國策·燕策二》：“蚌方出曝，而鷸啄其肉，蚌合而拑其喙。”明吳騏《感時書事寄計子山陸孝曾》詩：“每作蛇蟲鬥，深虞鷸蚌亡。”因其多食甲殼類，故現代生物學上稱之爲“蠣鷸”。《漢語大詞典·中卷》（縮印本）“蠣”：“〔蠣鷸〕鳥名。喙和足紅色，頭、頸、上胸和上背羽毛黑色，下背至尾基以及下體皆白色，尾羽其餘部分黑色。”因其多在水邊活動，故今民間的一些地方也將其與其他鷸類統稱爲“水鷄子”。

【鷸】[1]

　　即蠣鷸。此稱先秦時期已行用。見該文。

【水鷄子】

　　即蠣鷸。此稱行用於近現代。見該文。

鷸 [2]

　　習見涉禽名。鴴形目，鷸科，紅脚鷸（*Tringa totanus* Linnaeus）。小型涉禽。體長約28厘米。夏羽頭部及上體灰褐色，頭、頸、胸側密集黑色縱紋。腰、尾上覆羽白色，尾具褐色橫紋。冬羽頭與上體黑色斑消失。我國分布

於內蒙古、甘肅、四川西北部、西藏以西等地（繁殖鳥）；亦見於長江以南各省及海南、臺灣（冬候鳥）。常栖息於海濱、河湖岸畔及沼澤濕地。喜集群活動。主要取食昆蟲、軟體動物、甲殼類及蠣蟲等。

　　我國先民早已熟知此禽天將雨即鳴的特點，《説文·鳥部》：“鷸，知天將雨鳥也。”此稱先秦時期已行用。《戰國策·燕策二》記有“鷸蚌相争而漁人得利”之典故：“趙且伐燕，蘇代爲燕謂惠王曰：‘今者臣來，過易水，蚌方出曝，而鷸啄其肉，蚌合而拑其喙……兩者不肯相舍，漁者得而并禽之。’”宋秦觀《進策·邊防中》：“而天方厭羌，内難屢起，權臣擅事，蚌鷸相持，既狃於永樂之役，常以中國爲易與耳。”明李時珍《本草綱目·禽二·鷸》［集解］引唐陳藏器曰：“鷸如鶉，色蒼，嘴長，在泥塗間作鷸鷸聲，村民云，田鷄所化。亦鷸鶉類也。蘇秦所謂鷸蚌相持者，即此。”章炳麟《原儒》：“鳥知天將雨者曰鷸。”

　　“鷸”本鷸科鳥類之統稱。謝宗萬《本草綱目藥物彩色圖鑒》認爲，《本草綱目》中所記藥用之鷸，即今紅脚鷸。紅脚鷸以其脚橙紅色而得名，最爲常見。此外常見者尚有大杓鷸、白腰杓鷸、丘鷸、針尾沙錐、扇尾沙錐、黑尾塍鷸、姬鷸、大濱鷸、流蘇鷸等。另有小杓鷸（*Numenius minutus*）、細嘴杓鷸（*N. tenuirostris*）及小青脚鷸（*Tringa guttifer*）等，因環境污染及獵捕活動，種群數量鋭減，已被列爲國家一級重點保護野生動物。

　　古代先民所謂鷸者，并非單指鷸科禽鳥，亦將鷸釋爲翠鳥。如《説文·鳥部》：“鷸，知天將雨鳥也。”是以鷸爲鷸科禽鳥。《爾雅·釋鳥》：

"翠，鷸。"郭璞注："似燕，紺色，生鬱林。"
是以鷸爲翠鳥。《爾雅翼·釋鳥》："鷸，韋昭以
爲翠鳥，張晏以爲赤足黃文，以其毛飾冠。顏
師古以謂鷸大鳥，即《戰國策》所謂啄蚌者。"
古人亦將鷸釋爲鶪，《廣雅·釋鳥》："鶪鵙、鷸
子、籠脱，鶪也。"曹憲注："鷸，音述。"即鷸
讀"述"時指鶪。今人宜辨之。

【紅脚鷸】

即鷸[2]。今藥用鷸之通名。此稱行用於近現
代。見該文。

青鶬

習見涉禽名。鸛形目，鷺科，蒼鷺（*Ardea
cinerea* Linnaeus）。大型涉禽，體長可達 100 厘
米。喙與虹膜黃色，跗蹠特長，黃綠色，頭部
白色，唯頸側與枕部飾羽黑色。頸羽灰白色，
前部有二或三條長黑紋，下部有白色矛狀羽毛，
背部與尾部蒼灰色，綴以黑色細長縱斑紋。幼
鳥灰色，飾羽短而少。常活動於河湖水際或沼
澤間，捕食魚蝦、蛙類和昆蟲。

因其常凝立水際如樁，故稱"青樁"。亦
作"青鶬""鶬鵙"。亦稱"鶬"。我國南方稱
"青莊"，北方俗稱"老等"。明謝肇淛《五雜
俎·物部一》："鷹畏青鶬糞，沾其身，則肉爛
毛脱。"王圻等《三才圖會·鳥獸卷》："鶬鵙狀
如鶴，亦水鳥之類。生吳中田野間，其所食亦
魚蟹之類。"宋濂《篇海類編·鳥獸類·鳥部》：
"青鶬，鳥名。" 清李元《蠕範·物知》："鶬
……青莊也，信天緣也。長喙修項，高足禿
尾。不善捕魚，終日凝立，不易其處，魚過則
取之。或俟魚鷹所得而墜者，拾以自食。"

【鶬鵙】

同"青鶬"。此體明代已行用。見該文。

【青鶬】

即青鶬。此稱明初已行用。見該文。

【鶬】

即青鶬。此稱清代已行用。見該文。

【青莊】

即青鶬。此稱清代已行用，并沿稱至今。見
該文。

【老等】

"青鶬"之俗稱。因其捕魚時常凝立水面，
等魚游近捕食之，故民間有此俗稱。此稱行用
於近現代。見該文。

【蒼鷺】

即青鶬。今之通稱。此稱現代行用。見該
文。

鵁鶄

習見涉禽名。鸛形目，鷺科，池鷺（*Ardeola
bacchus* Bonaparte）。中型涉禽。體長 40 ～ 67
厘米。頭、後頸、前胸均栗紅色。頭頂有栗紅
色羽冠。肩被藍黑色
蓑羽，背鼠灰色。身
體餘部白色。脚長，
丹爪。馴養可供觀
賞。肉可供藥用。在
我國主要分布於吉
林、河北、陝西、甘
肅、青海、四川、西
藏以南各地。常栖息
於低山、丘陵地帶的
稻田、池沼、溪流、
湖泊等水濱濕地。喜
群栖，不甚懼人。主
要取食水生動物及各

鵁鶄
（明刊《食物本草》）

種昆蟲。

我國自古就熟知此鳥。此稱先秦時期已行用，并沿稱至今。亦作"鮫鯖"。省稱"鮫""鯖"。亦稱"鳽""鮫鱸""交矑"。舊題周師曠《禽經》："鳽鴡睛交而孕。"晋張華注："狀類鳧而足高，相視而睛不眩轉，孕而生雛。"《爾雅·釋鳥》："鳽，鳽鴡。"郭璞注："似鳧，脚高，毛冠。江東人家養之，以厭火灾。"《說文·鳥部》："鮫，鮫鯖也。從鳥，交聲。一曰鮫鱸也。……鯖，鮫鯖也。"漢枚乘《七發》："鳽鶬鳽鴡，翠鬣紫纓。"唐杜甫《曲江陪鄭八丈南史飲》詩："雀啄江頭黄柳花，鳽鴡鸂鵣滿晴沙。"明代亦稱"交矑""菱鷄"。明李時珍《本草綱目·禽一·鳽鴡》："[釋名] 交矑、菱鷄、鳽……鳽鴡睛交而孕。又曰：旋目，其名鵁，方目其名鳽，交目其名鳽。觀其眸子，而命名之義備矣。《說文》謂之交矑，矑亦目瞳子也。俗呼菱鷄，云多居菱菰中，而脚高似鷄。其說亦通。"謝宗萬《本草綱目藥物彩色圖鑒》云此即池鷺："鳽鴡，[原動物] 池鷺 *Ardeola bacchus* Bonaparte（鷺科）。[品種考證] 鳽鴡始載於《本草拾遺》，《綱目》列入卷四十七禽部水禽類。釋名：交矑（《說文》）、菱鷄、鳽（《爾雅》）……根據李時珍的記述，鳽鴡當爲鷺科動物。按‘翠鬣碧斑’的特徵，將其定爲池鷺較爲合適。"今從其說。池鷺今又俗稱"沙鷺""花窰子"。

鳽
（明王圻等《三才圖會》）

【鮫鯖】

同"鳽鴡"。此體漢代已行用。見該文。

【鳽】

即鳽鴡。字亦通"鵁"。此稱秦漢時期已行用。見該文。

【鮫鱸】

即鳽鴡。義同"交矑"。昔傳以其交睛而孕，故名。此稱漢代已行用。見該文。

【鮫】

即"鳽"，"鳽鴡"之省稱。此稱漢代已行用。見該文。

【鯖】

即"鴡"，"鳽鴡"之省稱。此稱漢代已行用。見該文。

【交矑】

即鳽鴡。此稱明代已行用。見該文。

【菱鷄】

即鳽鴡。因此鳥多居菱菰中而得名。此稱明代已行用。見該文。

【池鷺】

即鳽鴡。今之通稱。此稱行用於近現代。見該文。

【沙鷺】

"鳽鴡"之俗稱。此稱行用於近現代。見該文。

【花窰子】

"鳽鴡"之俗稱。此稱行用於近現代。見該文。

【交精】

即鳽鴡。此稱漢代已行用。《文選·司馬相如〈上林賦〉》："交精旋目，煩鶩庸渠。"李善注引郭璞曰："交精，似鳧而脚高，有毛冠，辟火灾。”見“鵁鶄”文。

【青鵁】[1]

“鵁鶄”之别稱。此稱南北朝時已見行用。南朝梁吴均《酬蕭新浦王洗馬三首》詩之二：“崇蘭白帶飛，青鵁紫纓絡。”唐元稹《江邊四十韻》：“篋餘籠白鶴，枝臏架青鵁。”參見本卷《習見禽鳥説·涉禽考》“鵁鶄”文。亦指猛禽“海東青”，參見本卷《習見禽鳥説·猛禽考》“海東青”文。

鸀瑦

習見涉禽名。鸛形目，鷺科，大白鷺（*Egretta alba* Linnaeus）。大型涉禽。體長可達100厘米左右。體形纖瘦，頸、脚、嘴均較長，通體白色，繁殖期背部有三列蓑羽直達尾部，前頸下部有毛狀胸羽。前頸、背無蓑羽。嘴黑色。眼先藍緑色。冬羽眼先黄色。嘴亦黄色。脛裸出部分肉紅色，跗跖與趾黑色。大白鷺有五個亞種，我國分布兩種。指名亞種（*E.a.alba*）繁殖期分布於黑龍江、新疆等地，遷徙期途經吉林、遼寧、河北等地。普通亞種（*E.a.modestus*）在吉林、河北等地繁殖，遷徙、越冬則在河南、山東、長江下游及東南沿海諸省，主要栖息於低山、丘陵、平原之河流、湖泊、水田、濱海河口及沼澤地帶。常結群活動，有時多達數百隻，與其他鷺類混群活動。主要取食各類昆蟲，亦兼食甲殼類、軟體類動物及小魚、蛙、蜥蜴等。

鸀瑦
（清余省等《鳥譜》）

我國古代對此禽早已熟知。此稱漢代已行用。亦作“鸀鳿”“燭玉”。亦稱“白鶴子”。《史記·司馬相如列傳》：“鴻鵠鷫鴇，駕鵝鸀瑦。”南朝宋裴駰集解引郭璞曰：“鸀鳿，似鴨而大，長頸，赤目，紫紺色也。”唐張守節正義：“鸀瑦，燭玉二音，郭云似鴨而大，長頸，赤目，紫紺色。辟水毒，生子在深谷澗中……江東呼爲燭玉。”南朝梁江淹《學梁王兔園賦》：“水鳥駕鵝，鸀瑦鶬雁。上飛衡陽，下宿沅漢。”唐李白《大獵賦》：“墜鸀瑦於青雲，落鴻雁於紫虚。”唐陸龜蒙《相和歌辭·江南曲》之一：“魚戲蓮葉間，參差隱葉扇，鵁鶄鸀瑦窺，瀲灩無因見。”唐李肇《唐國史補》卷中：“南中山川，有鵂之地，必有犀牛；有沙蝨水弩之處，必有鸀瑦，及生可療之草。”明李時珍《本草綱目·禽一·鸀瑦》：“[集解]時珍曰：案《三輔黄圖》及《事類合璧》，並以今人所呼白鶴子者爲鸀瑦，謂其鳥潔白如玉也。與陳氏（陳藏器）似鴨紫紺之説不同。白鶴子狀白如鷺，長喙高脚，但頭無絲耳。姿標如

白鶴子
（明刊《食物本草》）

鶴，故得鶴名。林棲水食，近水處極多。"按，古人所云鸀鳿"似鴨而大，長頸，赤目，紫紺色"似非此種，唯李時珍所謂"白鶴子狀白如鷺，長喙高脚"者當屬本種。謝宗萬《本草綱目藥物彩色圖鑒》據此認爲古代藥用之鸀鳿即今之"大白鷺"。此説或是。今從之。大白鷺別稱"白鷺鶿""白鷺""白老等"。

【鸀鳿】

同"鸀鳿"。此體南北朝時期已行用。見該文。

【燭玉】

同"鸀鳿"。此體唐代已行用。見該文。

【白鶴子】

即鸀鳿。此稱明代已行用。見該文。

【大白鷺】

即鸀鳿。今之通稱。此稱行用於近現代。見該文。

【白鷺鶿】

即鸀鳿。今之通稱。此稱行用於近現代。見該文。

【白鷺】[1]

即鸀鳿。今之通稱。此稱行用於近現代。見該文。

【白老等】

即鸀鳿。今之通稱。此稱行用於近現代。見該文。

【屬玉】

同"鸀鳿"。此體漢代已行用。《文選·司馬相如〈上林賦〉》："鴻鷫鵠鴇，駕鵝屬玉。"李善注引郭璞曰："屬玉，似鴨而大，長頸赤目，紫紺色者。"唐李宣古《聽蜀道士琴歌》："朝雊飛，雙鶴離，屬玉夜啼獨鷖悲。"宋張孝祥《蝶戀花》詞："漠漠飛來雙屬玉，一片秋光，染就瀟湘綠。"參見本卷《習見禽鳥説·涉禽考》"鸀鳿"文。

【鸑鷟】[1]

即鸀鳿。省稱"鸑""鷟"。此稱漢代已行用。《説文·鳥部》："鸑，鸑鷟……江中有鸑鷟，似鳧而大，赤目。鷟，鸑鷟也。从鳥，族聲。"段玉裁注："此言江中鸑鷟。別是一物，非神鳥。或許所記，或後人所增，不可定也。《上林賦》'屬玉'，《吳都賦》作'鸀鳿'。郭璞曰：屬玉，似鴨而大，長頸，赤目，紫紺色……《玄中記》曰：水弧者，其形蟲也，其氣乃鬼也，鴛鴦、鸑鷟、蟾蜍好食之。合是四説，知鸑鷟即鸀鳿。云似鴨眼赤者，亦正與許合。"明李時珍《本草綱目·禽一·鸀鳿》："[釋名]鸑鷟。時珍曰：鸀鳿名義未詳。案許慎《説文》云：鸑鷟，鳳屬也。又江中有鸑鷟，似鳧而大，赤目。據此則鸀鳿乃鷟鸑聲轉。蓋此鳥有文彩如鳳毛，故得同名耳。"按，鸑鷟有五解：一曰鳳凰（見《禽經》《國語·周語》），二曰紫鳳（見《三輔決録注》《唐書·張鷟傳》），三曰鳳雛（見陸璣《詩疏》），四曰鳳屬之禽鳥（見左思《吳都賦》及五臣注），唯第五解鸑鷟即鸀鳿。宜細辨之。參見本卷《習見禽鳥説·涉禽考》"鸀鳿"文。

【鸑】

"鸑鷟[1]"之省稱。此稱漢代已行用。見該文。

【鷟】

"鸑鷟[1]"之省稱。此稱漢代已行用。見該文。

白鷺[2]

習見涉禽名。鸛形目，鷺科，小白鷺（*Egretta garzetta* Linnaeus）。大型水鳥。體長45~70厘米。全身白色。眼先粉紅色。繁殖期枕部有二枚冠羽，前頸下有矛狀飾羽，背胸披蓑羽。體瘦，腿長。脛與跗跖黑色，趾呈黃綠色。白鷺食性雜，除魚類外，還取食螻蛄、蝗蟲之類昆蟲，有益於農作物生長。肉可入藥，羽爲飾物。在我國主要分布於江南各地（夏候鳥）及西南、臺灣（留鳥）等地。

先秦時期始稱"鷺"。漢代始稱"白鷺"。亦稱"白鳥"。《詩·周頌·振鷺》："振鷺于飛，于彼西雝。"毛傳："鷺，白鳥也。"鄭玄箋："白鳥集于西雝之澤，言所集得其處也。"《說文·鳥部》："鷺，白鷺也。"漢枚乘《七發》："其始起也，洪淋淋焉，若白鷺之下翔。"唐王維《秋雨輞川莊作》詩："漠漠水田飛白鷺，陰陰夏木囀黃鸝。"唐白居易《泛太湖書事寄微之》詩："避旗飛鷺翩翻白，驚鼓跳魚撥剌紅。"明李時珍《本草綱目·禽一·鷺》："［釋名］鷺鷥、絲禽、雪客、春鋤、白鳥。時珍曰：《禽經》云：鸛飛則霜，鷺飛則露，其名以此。步於淺水，好自低昂，如春如鋤之狀，故曰春鋤。陸機（璣）《詩疏》云：青齊之間謂之春鋤，遼東、吳揚皆云白鷺。［集解］時珍曰：鷺，水鳥也。林棲水食，群飛成序。潔白如雪，頸細而長，腳青善翹，高尺餘，解指短尾，喙長三寸。頂

有長毛十數莖，毿毿然如絲，欲取魚則弭之。"謝宗萬《本草綱目藥物彩色圖鑒》："根據李時珍'頂有長毛十數莖'的特徵描述，鷺應是帶有羽冠之白鷺。"

鷺科計六十二種，我國產二十種。除本種外，常見者尚有蒼鷺（*Ardea cinerea*）、池鷺（*Ardeola bacchus*）、牛背鷺（*Bubulcus ibis*）、黃嘴白鷺（*Egretta eulophotes*）、岩鷺（*Egretta sacra*）等，而以白鷺爲最常見。

【鷺】

即白鷺[2]。此稱先秦時期已行用。見該文。

【白鳥】

即白鷺[2]。此稱漢初已行用。見該文。

【春鋤】

即白鷺[2]。此稱秦漢時期已行用。亦作"春鉏"。"鋤"爲"鉏"之後出字。《爾雅·釋鳥》："鷺，春鉏。"郭璞注："白鷺也。頭翅背上皆有長翰毛。"唐皮日休《夏首病愈因招魯望》詩："一聲撥穀桑柘晚，數點春鋤烟雨微。"明王圻等《三才圖會·鳥獸卷》："鷺，一名春鋤。步於淺水，好自低昂，故曰春鋤。"清代《毛詩品物圖考·鳥部》（［日］岡元鳳纂輯）："鷺，步於淺水，好自低昂，如春如鋤之狀，故曰春鋤。"

白鷺
（清余省等《鳥譜》）

鷺
（［日］岡元鳳《毛詩品物圖考》）

參見本卷《習見禽鳥説·涉禽考》“白鷺²”文。

【春鋤】

同“春鉏²”。此體明清時期已行用。見該文。

【絲禽】

即白鷺²。此稱唐代已行用。唐陸龜蒙《丹陽道中寄友生》詩：“錦鯉衝風擲，絲禽掠浪飛。”參見本卷《習見禽鳥説·涉禽考》“白鷺²”文。閱明李時珍《本草綱目·禽一·鷺》。

【帶絲禽】

即白鷺²。鷺頭頂與背上有長毛如絲，故名。此稱唐代已行用。唐張喬《鷺鷥障子》詩：“剪得機中如雪素，畫爲江上帶絲禽。”宋葉廷珪《海録碎事·鳥獸草木部·鷗鷺門》：“帶絲禽，白鷺也。”參見本卷《習見禽鳥説·涉禽考》“白鷺²”文。

【鷺鷥】

“白鷺²”之俗稱。鷺頂、背、胸、肩生有長毛，垂覆如絲，故稱。此稱唐代已行用。唐李紳《姑蘇臺雜句》：“江浦迴看鷗鳥没，碧峰斜見鷺鷥飛。”唐李咸用《題王處士山居》詩：“蜀魄叫迴芳草色，鷺鷥飛破夕陽烟。”參見本卷《習見禽鳥説·涉禽考》“白鷺²”文。

鷺鷥
（馬駘《馬駘畫寶》）

【雪客】

“白鷺²”之雅稱。鷺羽毛潔白如雪，故名。此稱宋代已行用。據傳宋代李昉學詩慕白居易盛名，園林畜五禽，皆以客稱。白鷳曰閑客，鷺鷥曰雪客，鶴曰仙客，孔雀曰南客，鸚鵡曰隴客。後世遂以“雪客”名白鷺。又宋郭若虛《圖畫見聞志·五客圖》：“鷺鷥曰雪客。”亦作“雲客”。明彭大翼《山堂肆考》卷二三七：“《談苑》：宋李昉畜五禽，以鷳爲閑客，鷺爲雲客，鶴爲仙客，孔雀爲南客，鸂鶒爲西客。”清陳元龍《格致鏡原》卷八〇引《詞林海錯》：“宋李昉畜五禽，以鷺爲雲客。”參見本卷《習見禽鳥説·涉禽考》“白鷺²”文。

【雲客】

即雪客。此稱宋代已行用。見該文。

【荻塘女子】

即白鷺²。此稱南朝時期已行用。南朝宋劉義慶《幽明録》卷八：晉建武中，剡縣商人馮法夜宿荻塘，遇一白皙素服玲瓏小巧女子來求搭船，女子偷船上白絹，被馮法逮住，遂化爲一隻白鷺。後因以“荻塘女子”稱鷺。參見本卷《習見禽鳥説·涉禽考》“白鷺²”文。

【雪衣兒】

即白鷺²。鷺的羽毛白如雪衣，因名。《格致鏡原》卷八〇引《事物原始》：“東坡詩稱鷺爲雪衣兒，杜牧賦稱風標公子，《廣記》云荻塘女子。”見該文。

【風標公子】

即白鷺²。鷺頸如瓊鈎，腿如碧管，舉止優雅，風采標致，故名。此稱唐代已行用。唐杜牧《晚晴賦》：“白鷺潛來兮，邈風標之公子。”後因以“風標公子”稱鷺。清陳大章《詩傳名物集覽·鳥·值其鷺羽》："朱傳：鷺，春鉏……杜牧稱風標公子。"清吳錫麒《江孟卿招飲淨香園三首》詩之二："風標公子來何意，添寫白荷花畔秋。"參見本卷《習見禽鳥説·涉禽考》"白鷺[2]"文。

【碧纚翁】

即白鷺[2]。此稱明代已行用。明彭大翼《山堂肆考》卷二一三："鷺鷥……一名春鉏，一名屬玉，一名碧纚翁。"明顧起元《説略》卷二四："《樹萱錄》呼鷺爲碧纚翁。東坡呼鷺爲雪衣兒。"參見本卷《習見禽鳥説·涉禽考》"白鷺[2]"文。

【來來】

即白鷺[2]。此稱唐代已行用。唐李歸唐《失鷺鷥》："惜養來來歲月深，籠開不見意沉吟。也知祇在秋江上，明月蘆花何處尋？"清褚人穫《堅瓠集·廣集三·鳥雙名》："來來即鷺也。"參見本卷《習見禽鳥説·涉禽考》"白鷺[2]"文。

烏鸛

習見涉禽名。鸛形目，鸛科，黑鸛（*Ciconia nigra* Linnaeus）。大型涉禽。體長小於白鸛。上體及頸、胸黑色，具紫色金屬光澤。下體餘部白色。頸長，腿高，尾短圓。翼大而善飛。在我國分布極廣泛，多於北方繁殖，遷於江南各地越冬。常栖息於沼澤、河灘，夜間栖宿於喬木或高大建築物上。主要以魚、貝、蛙、蛇類爲食，亦取食蜥蜴、甲蟲、軟體動物及嚙齒類動物。

先秦時期始與其他鸛類統稱"鸛"，并沿稱至今。下體色白而上體色黑如負釜、背竈或如着帔，故亦稱"負釜""黑尻""背竈""皂裙"。《詩·豳風·東山》："鸛鳴于垤。"毛傳："鸛好水，長鳴而喜也。"鄭玄箋："鸛，水鳥也。將

陰雨則鳴。"孔穎達疏引三國吳陸璣《毛詩草木鳥獸蟲魚疏》："鸛，鸛雀也。似鴻而大，長頸，赤喙，白身，黑尾翅。樹上作巢，大如車輪，卵如三升杯。望見人，按其子令伏，徑舍去。一名負釜，一名黑尻，一名背竈，一名皂裙。又尼（泥）其巢一傍爲池，含水滿之，取魚置池中，稍稍以食其雛。若殺其子，則一村致旱災。"南北朝時期始稱"鸛鳥""烏鸛"。《玉篇·鳥部》："鸛，鸛鳥，鵲屬。"宋代別稱"瓦亭仙"。宋陶穀《清異錄·禽》："鸛多在殿閣鴟尾及人家屋獸結窠，故或有呼'瓦亭仙'者。"明李時珍《本草綱目·禽一·鸛》："〔釋名〕皂君、負釜、黑尻。〔集解〕弘景曰：鸛有兩種，似鵠而巢樹者爲白鸛，黑色曲頸者爲烏鸛。"

見於我國境内的鸛有五種：白鸛（*C.ciconia*）、東方白鸛（*C. boyciana*）、黑鸛（*C.nigra*）、白頭鸚鸛（*Mycteria leucocephala*）、秃鸛（*Leptoptilos javanicus*）。其中白頭鸚鸛又稱"彩鸛"。比較常見的是白鸛和黑鸛。"黑鸛"俗稱"黑老鸛"。已被列爲國家一級重點保護野生動物。按，陸璣疏所云之"鸛"當是鸛類之統稱。其"長頸，赤喙"名"負釜""背竈"者即爲本種；而"白

黑鸛
（清余省等《鳥譜》）

身，黑尾翅”者當指白鸛。參見本卷《習見禽鳥説·涉禽考》“白鸛”文。

【鸒】[1]

即烏鸒。此稱先秦時期已行用。見該文。

【負釜】

即烏鸒。釜，古代炊具，用途相當於現代的鍋，常被燒成黑色。烏鸒上黑下白，好像背負鍋竈，故有此稱。此稱三國時期已行用。見該文。

【黑尻】

即烏鸒。烏鸒尾黑，故稱。此稱三國時期已行用。見該文。

【背竈】

即烏鸒。此稱三國時期已行用。見該文。

【皁裙】

即烏鸒。黑鸒翼尾黑色，故稱。此稱三國時期已行用。見該文。

【鸒鳥】

即烏鸒。此稱南北朝時期已行用。見該文。

【瓦亭仙】

即烏鸒。以其在殿閣屋頂營巢栖息，故稱。此稱宋代已行用。見該文。

【黑鸒】

即烏鸒。今之通稱。此稱行用於近現代。見該文。

【黑老鸹】

“烏鸒”之俗稱。此稱行用於近現代。見該文。

【雃】[1]

同“鸒[1]”。《説文·隹部》：“雃，小爵也。”段玉裁注：“爵，當作‘雀’。雃，今字作‘鸒’。鸒雀乃大鳥，各本作‘小爵’，誤。今

依《太平御覽》正。陸機（璣）疏云‘鸒，鵯雀也’，亦可證。陸云：‘似鴻而大。’《莊子》作‘觀雀’。土部‘埊’下、鳥部‘鳳’下皆作‘鸒’。係俗改。”唐陸德明《經典釋文·毛詩音義·東山》：“鸒，本又作‘雃’。”據此，“鸒”是後起字，“雃”行用在前。參見本卷《習見禽鳥説·涉禽考》“烏鸒”文。

【老鸹】[1]

“烏鸒”之俗稱。《格致鏡原》卷八〇引《戒庵漫筆》：“鸒稱老鸹，鳴曰彈牙。”《説岳全傳》第四五回記有河流名“老鸹河”，可見此稱行用當不晚於宋代。參見本卷《習見禽鳥説·涉禽考》“烏鸒”文。

【皁帔】

即烏鸒。皁，黑色。帔，披在肩背上的服飾。黑鸒上體黑色，下體白色，故稱。名見三國魏張揖《廣雅》。清代亦稱“負金”“皁君”等。清李元《蠕範·物知》：“鸒，……負釜也，負金也，黑尻也，背竈也，皁帔也，皁裙也，皁群也，皁君也，老鸹也。”參見本卷《習見禽鳥説·涉禽考》“烏鸒”文。

【負金】

即皁帔。義同“負釜”。釜爲金屬製造，故有此稱。此稱清代已行用。見該文。

【皁君】

即皁帔。因色黑而得名。此稱清代已行用。見該文。

白鸛

習見涉禽名。鸛形目，鸛科，白鸛（*Ciconia ciconia* Linnaeus）。通體白色。眼周紅色。翼之大覆羽黑褐色，飛羽大部黑色，具銅綠色光澤。前頸下有矛狀飾羽。嘴與脚特長。我國分布於

新疆、黑龍江、西藏（爲夏候鳥），在長江以南越冬；偶見於臺灣（迷鳥）。白鸛體形優雅，性溫易馴，常籠飼以爲觀賞。

先秦時期始稱“鸛”，亦作“雚”。《詩・豳風・東山》：“鸛鳴于垤，婦嘆于室。”《説文・佳部》：“雚，小爵也。”段玉裁注：“爵，當作‘雀’。雚，今字作‘鸛’。鸛雀乃大鳥，各本作‘小爵’，誤。”唐陸德明《經典釋文・毛詩音義・東山》：“鸛，本又作‘雚’。”或以爲“鸛”乃“雚”之後出字，亦當在先秦時期行用。“白鸛”之稱始行用於南北朝時期。明李時珍《本草綱目・禽一・鸛》：“〔集解〕〔陶〕弘景曰：鸛有兩種，似鵠而巢樹者爲白鸛，黑色曲頸者爲烏鸛。今宜用白者。”故謝宗萬《本草綱目藥物彩色圖鑒》將此鸛釋爲“白鸛”。“白鸛”亦作“白雚”。明蔣德璟《雚經・形表》：“陶貞白論雚有兩種，似鵠而巢樹者曰白雚；黑色曲頸者曰烏雚。”

按，陸璣《毛詩草木鳥獸蟲魚疏》：“鸛，鸛雀也。似鴻而大，長頸，赤喙，白身，黑尾翅……”此處之“鸛”乃鸛類之統稱。其“白身，黑尾翅”者當即本種，而“長頸，赤喙”

鸛
（清余省等《鳥譜》）

者應指“烏鸛”。參見本卷《習見禽鳥説・涉禽考》“烏鸛”文。又，白鸛與烏鸛古代統稱“鸛”，且有諸多別名亦相混用，此不重述。本種種群數量極少，幾達瀕危狀態，已被列爲國家一級重點保護野生動物。今亦稱“老鸛”“歐洲白鸛”。

【鸛】[2]

“白鸛”之單稱。此稱先秦時期已行用。見該文。

【雚】[2]

即白鸛。此體先秦時期已行用。見該文。

【老鸛】[2]

“白鸛”之俗稱。此稱行用於近現代。見該文。

【歐洲白鸛】

即白鸛。此稱行用於近現代。見該文。

禿鶖

習見涉禽名。鸛形目，鸛科，禿鶖（*Leptoptilos javanicus* Horsfield）。大型涉禽。體長達 100 厘米。上體金屬黑色，下體白色，頸部裸露，污肉色，散生少許毛羽。我國主要分布於贛、川、滇及海南諸地。常栖息於低海拔之沼澤、湖泊、稻田、低窪濕地。以蛇、蛙等爲主要食物。據《本草綱目》載，其肉、髓、喙、毛皆可入藥。

先秦時期始稱“鶖”。“禿鶖”之稱漢代已行用，亦作“鵚鶖”“禿秋”“禿鶖”。後世亦稱“鶖鶬”“鴜鴰”“鶩鴰”。《詩・小雅・白華》：“有鶖在梁，有鶴在林。”毛傳：“鶖，禿鶖也。”《楚辭・大招》：“鵾鴻群晨，雜鶖鶬只。”漢王逸注：“鶖鶬，鵚鶖也。”《説文・鳥部》：“鶖，禿鶖也。从鳥，尗聲。鶖，鶖或从秋。”段玉裁注：“《小雅》毛傳：'鶖，禿鶖也。'張尚對孫皓曰：'鳥之大者有禿鶖。'《古今注》曰：'扶老，禿秋也。大者頭高八尺。'李時珍説其形甚詳，云'頭項皆無毛'。此其稱禿之故乎？"南朝梁顧野王《玉篇·鳥部》："鶖，鵚鶖也。"明王圻等《三才圖會·鳥獸卷》："鶖，今俗呼禿秋，一名扶老，狀如鶴而大，長頸赤目，其毛辟水毒，頭高八尺，善與人鬥，好啗蛇。"明李時珍《本草綱目·禽一·鵚鶖》："[釋名] 扶老、鶿鸹，俗作鵜鸹。時珍曰：凡鳥至秋毛脱禿。此鳥頭禿如秋毧，又如老人頭童及扶杖之狀，故得諸名。《説文》作禿鶖。"清蒲松齡《日用俗字·禽鳥章》："杜宇可憐長吐血，鵚鶖堪愛在吞蝗。"鄭作新《中國動物志·鳥綱·鸛形目》："明代李時珍在《本草綱目》中對鵚鶖（誤作"鶖"）有更爲詳細的描

禿鶖
（明刊《食物本草》）

鵚鶖
（清余省等《鳥譜》）

述：'鵚鶖，水鳥之大者也。出南方有大湖泊處……'很顯然，此處之鵚鶖即現今之禿鸛。"謝宗萬亦作如此釋義。

按，禿鶖、鵜鶘、爰居，古有相混者。如《漢書·五行志中之下》："昭帝時有鵜鶘，或曰禿鶖。"唐顏師古注："鵜鶘，即污澤也，一名淘河。腹下胡大如數升囊，好群入澤中抒水食魚，因名禿鶖，亦水鳥也。"顏師古將禿鶖與鵜鶘混爲一種水鳥，誤。明李時珍《本草綱目·禽一·鵚鶖》："案，景煥《閒談》云：'海鳥鸏鶔，即今之禿鶖。'其説與環氏《吳紀》所謂'鳥之大者禿鶖，小者鶬鶒'相合。"李時珍將淡水禽鳥禿鶖與海鳥鸏鶔（爰居）相混，亦誤。禿鶖是生物鏈中的重要一環，古書有鶖食蝗蟲之記載，對人類有益。今通稱"禿鸛"。

鶖
（[日] 岡元鳳《毛詩品物圖考》）

【鶖】

"禿鶖"之單稱。此稱先秦時期已行用。見該文。

【鶖鸹】

即禿鶖。此稱見於《楚辭》，戰國時期已行用。見該文。

【禿鶖】

同"禿鶖"。此體見於《説文》，漢代已行用。見該文。

【鵚鶖】

同"禿鶖"。此體漢代已行用。見該文。

【禿秋】

同“禿鶖”。此體晋代已行用。見該文。

【鶬鶄】

即禿鶖。此稱明代已行用。見該文。

【鶬鶄】

即禿鶖。此稱明代已行用。見該文。

【扶老】

即禿鶖。此稱先秦時期已行用。舊題周師曠《禽經》：“扶老强力。”晋崔豹《古今注・鳥獸》：“扶老，禿秋也。狀如鶴而大，大者頭高八尺，善與人鬥，好啖蛇。”宋無名氏《採蘭雜志》：“山中老人以禿鶖頭形刻杖上，謂之扶老，以此鳥能辟蛇也。”宋羅願《爾雅翼・釋鳥》：“鶖，禿鶖也。狀如鶴而大，長頸赤目，其毛辟水毒，丹陽、鄱陽皆有之。……尤好啖蛇。大者頭高八尺，善與人鬥。一名扶老。”

【爰居】

即禿鶖。此稱先秦時期已行用。亦作“鶢鶋”。亦稱“雜縣”。《國語・魯語》：“海鳥曰爰居，止於魯東門之外三日，臧文仲使國人祭之。”《爾雅・釋鳥》：“爰居，雜縣。”晋郭璞注：“《國語》曰：‘海鳥，爰居。’漢元帝時琅邪有大鳥如馬駒，時人謂之爰居。”唐陸德明釋文：“爰，本亦作‘鶢’，音袁；居，本或作‘鶋’。”《文選・左思〈吳都賦〉》：“鶢鶋避風，候鴈造江。”李善注：“鶢鶋，鳥也，似鳳。”唐李白《大鵬賦》：“精衛殷勤於衘木，鶢鶋悲愁乎薦觴。”宋代亦省稱“爰”。《集韻・平元》：“鶢，鶢鶋。鳥名，通作‘爰’。”清代《毛詩品物圖考・鳥部》：“有鶖在梁。傳：鶖，禿鶖也。箋：鶖之性貪惡。禿鶖一名扶老，狀如鶴而大，頭項皆無毛，張翼廣五六尺，舉頭高七八尺，鳥

之大者。《魯語》‘海鳥曰爰居，止於東門之外’是也。”依《毛詩品物圖考》所述特徵及圖像，禿鶖又名爰居，是水禽，即今之禿鸛。參見本卷《習見禽鳥説・涉禽考》“禿鶖”文。

【雜縣】

即爰居。此稱秦漢時期已行用。見該文。

【鶢鶋】

同“爰居”。此體晋代已行用。見該文。

【爰】

“爰居”之省稱。此稱宋代已行用。見該文。

鷁目

習見涉禽名。鸛形目，鷺科，朱鷺（ *Nipponia nippon* Temminck）。中型涉禽，體長約 80 厘米，形似鷺而腿粗短，喙細長而圓，略呈鈎狀下彎，趾爪長而尖利。幼鳥羽毛灰色，成鳥白色中略帶粉紅色，淡雅而美麗。翅、尾羽下側，額、頭和嘴的前端都呈紅色。雄鳥枕部有柳葉狀的長冠羽，向頸部披拂。曾分布於我國東北、華北及魯、皖、浙等地。20 世紀 80 年代，我國境内僅見於陝西洋縣。爲世界瀕危珍禽，國家一級保護動物。近年來在我國政府的嚴格保護下，數量已回升至數千隻，分布地從陝西擴展至河南、浙江等省。此稱漢代已行用。亦作“鸑目”。亦稱“旋目”。《史記・司馬相如列傳》：“鮫鯖鸑目，煩鶩鷛鸓。”司馬貞索隱：“小顔云：‘荆郢間有水鳥，大如鷺而短尾，色紅白，深目，目旁毛皆長而旋，此其是乎？’鸑，音旋。《漢書》亦作旋目。”《集韻・平删》：“鸑，水鳥名。紅白，深目，目旁毛長。亦書作鷁。”明李時珍《本草綱目・禽一・鵁鶄》：“［附録］旋目，水鳥也。生荆郢間。大如鷺而短尾，紅白色，深目，目旁毛皆長而旋。《上林賦》云

'交睛旋目'是矣。"

考我國鷮類禽鳥有六種，唯此朱鷮粉紅、深目、目旁毛長（枕部冠羽）等特徵與鷮目相似，故古人所謂鷮目應指朱鷮。今亦稱"朱鷺""紅鶴"。《漢語大字典·鳥部》："鷮目……我國另有朱鷮，又名朱鷺、紅鶴，疑即古代之鷮目。爲世界上幾乎絕迹的珍禽。"此説或是。鷮科鳥約三十種，我國有多種，除本種外尚有白鷮、黑鷮、彩鷮、白琵鷺、黑臉琵鷺。除彩鷮外，均已列入《中國瀕危動物紅皮書·鳥類》之中，并皆列爲國家一級重點保護野生動物。

【鷼目】

同"鷮目"。此體漢代已行用。見該文。

【旋目】

即鷮目。此稱漢代已行用。見該文。

【朱鷮】

即鷮目。今之通稱。其翼及尾羽略紅，故名。此稱行用於近現代。見該文。

【朱鷺】

即鷮目。其翼及尾羽略紅，形又似鷺，故名。此稱行用於近現代。見該文。

【紅鶴】

即鷮目。其翼及尾羽略紅，形又似鶴，故名。此稱行用於近現代。見該文。

漫畫

習見涉禽名。鸛形目，鷮科，白琵鷺（*Platalea leucorodia* Linnaeus）。體長 76~86 厘米。羽毛白色，夏羽有短羽冠，胸有黃褐斑，黑喙，喙的前端扁平如鏟。活動於河湖淺水邊及泥灘、沼澤地帶，用喙濾取食物。以其不停地在淺水中劃動求食之動作而得名"漫畫"。此稱宋代已行用。宋洪邁《容齋隨筆·五筆三·瀛

莫間二禽》："瀛莫二州之境塘濼之上，有禽二種。……其一類鶩，奔走水上，不閒腐草泥沙，唼唼然必盡索乃已，無一息少休。名曰漫畫。"清李調元《卍齋璅録》卷五："晁以道曰：鵜之屬有曰漫畫者，以嘴畫水求魚，無一息之停。"本種亦稱"琵琶鷺""篦鷺""等盤子"。由於生態環境惡化，數量銳減，已列爲國家二級重點保護野生動物。

【白琵鷺】

即漫畫。今之通稱。此稱行用於近現代。見該文。

【琵琶鷺】

"漫畫"之俗稱。此稱行用於近現代。見該文。

【篦鷺】

"漫畫"之俗稱。此稱行用於近現代。見該文。

【等盤子】

"漫畫"之俗稱。此稱行用於近現代。見該文。

【謾畫】

同"漫畫"。此稱清代已行用。清陳元龍《格致鏡原》卷八一引《鳥獸續考》："瀛之水有鳥曰謾畫，類梟，奔走水上，不閒水腐泥沙，必唼唼然盡索之而後已，無一息少休。"參見本卷《習見禽鳥説·涉禽考》"漫畫"文。

丹頂鶴

習見涉禽名。鶴形目，鶴科，丹頂鶴（*Grus japonensis* Müller）。成鳥體長 100 厘米以上。體羽以白色爲主，次級和三級飛羽黑色。頭頂裸出部分呈鮮紅色，額與眼先微具黑羽；喉、頭、頸大部爲暗褐色。尾羽短、白色，黑

色飛羽呈弓狀覆於其上，故常被誤認爲是黑尾。丹頂鶴雌雄同色。於我國嫩江、松花江和烏蘇里江流域繁殖；長江下游及沿海越冬；在河北、山西和山東等地爲旅鳥，臺灣偶見。常栖息於蘆葦及其他荒草的沼澤地帶，食魚類、水生昆蟲、軟體動物、蝌蚪及水生植物嫩芽和種子等。鶴爲我國特產的珍稀鳥類，已列爲國家一級保護動物。黑龍江扎龍、吉林嚮海、江蘇鹽城有丹頂鶴自然保護區。

先秦時期與其他鶴類統稱"鶴"。後世俗稱"仙鶴""仙禽""胎禽"。《詩・小雅・鶴鳴》："鶴鳴于九皋，聲聞于野。"袁梅譯注："鶴，俗稱'仙鶴'，一種大型涉禽。"唐王勃《還冀州別洛下知己序》："賓鴻逐暖，孤飛萬里之中；仙鶴隨雲，直去千年之後。"明李時珍《本草綱目・禽一・鶴》："〔釋名〕仙禽、胎禽。〔集解〕……時珍曰：鶴大於鵠，長三尺，高三尺餘，喙長四寸，丹頂赤目，赤頰青脚，修頸凋尾，粗膝纖指，白羽黑翎，亦有灰色、蒼色者。"清龔自珍《應天長》詞："山僧許我移茶竈，不用當關仙鶴報。"謝宗萬《本草綱目藥物彩色圖鑒》據李時珍所述"丹頂赤目""白

鶴
（明王圻等《三才圖會》）

羽黑翎"之特徵，確認此處之鶴當即本種。趙正階《中國東北地區珍稀瀕危動物志・鳥綱》："丹頂鶴是著名的觀賞鳥，自古以來就受到人們的喜愛，被譽爲'仙鶴'。"今亦稱"鶬鶏"。

【鶴】

即丹頂鶴。此稱先秦時期已行用。見該文。

【仙鶴】

丹頂鶴等鶴類禽鳥之譽稱。此稱隋唐時期已行用。見該文。

【仙禽】

丹頂鶴等鶴類禽鳥之譽稱。此稱明代已行用。見該文。

【胎禽】

丹頂鶴等鶴之古稱。此稱明代已行用。見該文。

【鶬鶏】

即丹頂鶴。此稱多行用於今北方各地。見該文。

黑頸鶴

習見涉禽名。鶴形目，鶴科，黑頸鶴（*Crus nigricollis* Przevalski）。大型涉禽。其體羽銀灰色至近白色，羽緣沾棕色。眼先與頭頂前方裸露皮膚暗紅色，頭與前頸及飛羽黑色，眼下有一灰白色塊斑。飛羽黑褐色，三級飛羽黑色，延長彎曲呈弓形，羽端分枝成絲狀覆於尾上；尾羽灰黑，嘴淡綠色，脚黑色。雌雄體羽同色。於青海、西藏、甘肅等地繁殖，四川、雲南、貴州越冬。栖息於海拔 2500~5000 米的高原，爲世界上唯一生長、繁殖於高原的鶴。通常生活於湖泊、河灘、沼澤等地，主食綠色植物的根、芽，兼食軟體動物、昆蟲、蛙類、魚類等。四月下旬開始繁殖，築巢於沼澤地帶

地勢較高處之草墩、泥墩上，每窩産卵一至兩枚，淡青色，雜以棕褐色斑點。孵卵期約三十天左右。爲我國特産珍貴禽鳥，已列入國家一級重點保護野生動物。亦稱“西藏鶴”。張詞祖、龐秉璋《中國的鳥》：“清《西藏圖考》述物産引和寧《西藏賦》(1797)‘南山翔鶴’句注：‘前藏東四十里，南山凹多白鶴。’黑頸鶴色白略灰，又稱西藏鶴。”

【西藏鶴】

即黑頸鶴。此稱多行用於近現代。見該文。

白頭鶴

涉禽名。鶴形目，鶴科，白頭鶴(*Grus monacha* Temminck)。大型涉禽。體羽大都爲石板灰色。額部及眼先密生黑色剛毛，頭頂部皮膚裸露，呈朱紅色。喉部、兩頰部及頸上部爲白色，故名。兩翅發達，呈灰黑色。次級及三級飛羽形特長而彎曲呈弓狀，尾羽黑色，嘴黑綠色，腳灰黑色。雌鳥與雄鳥體色相似。於内蒙古、烏蘇里江流域繁殖，長江下游越冬。栖息於河邊泥濘濕地、沼澤地、刈後稻田、堤旁草灘。常一至兩個家族群與灰鶴混群，白天在覓食地，黄昏返回，夜宿灘地。四月份開始繁殖，築巢於沼澤濕地。每年産卵一窩，每窩大多産卵二枚。孵卵期約三十天，主要由雌鳥孵卵。爲雜食性鳥類，嗜食魚、甲殼類、多足類、軟體動物及直翅目、蜻蜓目、鱗翅目昆蟲，兼食小麥、稻穀等。易於馴養繁殖，可供觀賞。目前數量已很稀少，被列爲國家一級重點保護野生動物。

白頭鶴久爲人知。以其身被灰羽始稱“黝鶴”。《太平御覽》卷九一六引《韓子》曰：“師涓鼓新聲，平公問師曠：‘此何聲也？’……師曠不得已援琴一奏，有黝鶴二八從南方來，而集於郊門之扈。”《淵鑑類函》卷四三五：“石曼卿贈詩曰：‘醉狂黝鶴舞，閑卧白驢號。’”張詞祖、龐秉璋《中國的鳥》：“〔白頭鶴〕古名黝(玄、元)鶴。《韓非子》：‘〔師〕曠不得已，援琴一奏，有黝鶴二八，道南方來……’《三才圖會》：‘雷山(有二：在粤，在桂)有元鶴者，粹黑如漆。’宋王特起《喜遷鶯》：‘登山臨水，正桂嶺(在廣西與湖南、廣東接界)瘴開，蘋洲風起。玄鶴高翔，蒼鷹遠擊，白鷺欲飛還止。’古代分布南界達兩廣與湖南。”未詳此説確否，此附供考。

【黝鶴】

即白頭鶴。此稱先秦時期已行用。見該文。

【玄鶴】

即白頭鶴。此稱先秦時期已行用。玄本赤黑之色，後多用以指黑色。古代傳説鶴齡過長則體羽變爲黑色，故名。《韓非子·十過》：“有玄鶴二八，道南方來，集於郎門之塊。”《漢書·司馬相如傳上》：“雙鶴下，玄鶴加。”顔師古注：“玄鶴，黑鶴也。《相鶴經》云鶴壽滿二百六十歲則色純黑。”晉崔豹《古

玄鶴

今注·鳥獸》：“鶴千(明王圻等《三才圖會》)歲則變蒼，又二千歲變黑，所謂玄鶴也。”張詞祖、龐秉璋《中國的鳥》：“〔白頭鶴〕古名黝(玄、元)鶴。”參見本卷《習見禽鳥説·涉禽考》“白頭鶴”文。

白枕鶴

習見涉禽名。鶴形目，鶴科，白枕鶴
（*Grus vipio* Pallas）。大型涉禽。額及兩頰皮膚
裸露爲赤紅色，耳區有一簇黑色羽，頭、枕、
頸爲白色，頸側與前頸下部及下體暗石板灰白
色，上體石板灰色，初級飛羽、次級飛羽黑色，
嘴長呈黃綠色，脚紅色。雌雄體羽同色。於我
國黑龍江、吉林、内蒙古繁殖，長江下游以及
福建、臺灣越冬。栖息於淺灘、沼澤濕地、草
甸、水田中。遷徙時呈二至四隻家族群或十至
三十隻亞成體群至越冬區。晨喚，從湖心夜栖
地飛至湖邊淺水灘地結群覓食。晚集宿地。主
食植物種子、草根、穀物，兼食甲蟲、魚、蝦、
小型軟體動物。四、五月份築巢產卵，巢由枯
水草構成，每窩產卵兩枚，尖卵形，灰綠色，
綴紫褐斑，多而密。雌雄共孵，以雌爲主。孵
卵期約三十天左右。有重要觀賞價值，爲國家
二級重點保護野生動物。

秦漢時期始稱"鶬""麋鴰"。因兩頰赤紅，
亦稱"赤頰鶴"，省稱"赤頰"。《爾雅·釋鳥》：
"鶬，麋鴰。"郭璞注："今呼鶬鴰。"三國吳陸
璣《毛詩草木鳥獸蟲魚疏·鶴鳴于九皋》："鶴
形狀大如鷺，長三尺，脚青黑，高三尺餘，赤
頂赤目，喙長四寸餘，多純白，亦有蒼色。蒼
色者，人謂之赤頰。"張詞祖、龐秉璋《中國的
鳥》："〔白枕鶴〕古稱鶬，赤頰鶴。《爾雅·釋
鳥》：'鶬，麋鴰。'《食物本草》：'鶬鷄狀如鶴大，
而頂無丹，兩頰紅。'《毛詩義疏》：'蒼色者，
今人謂之赤頰。'"今亦稱"紅臉鶴""紅面鶴"。

【鶬】

即白枕鶴。此稱秦漢時期已行用。見該文。

【麋鴰】

即白枕鶴。此稱秦漢時期已行用。見該文。

【赤頰鶴】

即白枕鶴。見該文。

【赤頰】

即白枕鶴。此稱三國時期已行用。見該文。

【紅臉鶴】

即白枕鶴。今之俗稱。見該文。

【紅面鶴】

即白枕鶴。今之俗稱。見該文。

【鶬鷄】

即白枕鶴。亦稱"鶬鴰""鴰鹿""麥鷄""麋
鴰"。此稱至遲明代已行用。明李時珍《本草綱
目·禽一·鶬鷄》："〔釋名〕鶬鴰、麋鴰、鴰鹿、
麥鷄。時珍曰：按羅願云：鶬麋，其色蒼，如
麋也。鴰鹿，其聲也。關西呼曰鴰鹿，山東呼
曰鶬鴰，訛爲錯落，南人呼爲鶬鷄。江人呼爲
麥鷄。〔集解〕〔汪〕穎曰："鶬鷄狀如鶴大，而
頂無丹，兩頰紅。"謝宗萬《本草綱目藥物彩
色圖鑒》："鶬鷄，〔原動物〕白枕鶴 *Grus vipio*
Pallas（鶴科）。〔品種考證〕鶬鷄始載於《食
物本草》……根據汪穎所言'狀如鶴大，頂無
丹，兩頰紅'之特點，則是白枕鶴。李時珍所
言'亦有灰色者'，説得更爲貼切。"故"鶬鷄"
釋爲白枕鶴應無疑問。見"白枕鶴"文。

【鶬鴰】

即鶬鷄。語本《爾雅》。此稱秦漢時期已行
用。見該文。

【麋鴰】

即鶬鷄。語本《爾雅》。此稱秦漢時期已行
用。見該文。

【鴰鹿】

即鶴鶏。此稱宋代關西各地已行用。見該文。

【麥鶏】

即鶴鶏。見該文。

白鶴

習見涉禽名。鶴形目，鶴科，白鶴（*Grus leucogeranus* Pallas）。大型涉禽。體長120～130厘米，通體羽色澤白如雪。頭頂和面部裸露處呈深紅色，喙及足淡紅色。初級飛羽爲黑色。於我國內蒙古、黑龍江等地繁殖，長江中、下游越冬。鄱陽湖自然保護區爲世界上最大的白鶴越冬地。栖開闊灘塗、淺水沼澤中。晨昏漫步灘澤，翻泥挖坑覓食。晚宿大湖淺水灘地。有一二警戒，遇异情，發警報，整群翔天。平時以家族或亞成體集數十隻或數百成群，大風天氣，千隻以上，連汀接渚。以水生植物根莖爲食，兼食少量魚、螺等。五、六月份繁殖，築巢於沼澤中。每巢產卵兩枚，淡灰綠色，綴褐斑，多而密。雌雄輪流孵卵，孵卵期約三十天。白鶴體態優美，鳴聲動聽，舞姿高雅，爲我國特產珍貴名鳥，已列爲國家一級重點保護野生動物。

先秦時期已行用此稱，并沿稱至今。亦稱"遼鶴"。《吳越春秋·闔閭內傳》："金鼎、玉杯、銀樽、珠襦之寶皆以送女，乃舞白鶴於吳市中，令萬民隨而觀之。"《穆天子傳·古文》："仲秋丁巳，天子射鹿于林中，乃飲于孟氏，爰舞白鶴二八，還宿于雀梁。"唐元稹《有鳥》詩之二〇："有鳥有鳥真白鶴，飛上九霄雲漠漠。"張詞祖、龐秉璋《中國的鳥》："白鶴又名遼鶴。《阿彌陀經變文》載：'白野鶴，酈州（一在魯，一在豫）進。輕毛坫雪翅開霜，紅嘴能深練尾長。'元趙文（廬陵人）《八聲甘州》詞有'遼鶴歸來後，城亦全非'句。示古代山東或河南外江西有分布。"廣東省科委農醫處、廣東省昆蟲研究所主編《中國經濟鳥類彩色圖譜》："〔白鶴〕因其羽毛潔白豐潤，姿態優雅，不論是步態或是飛行姿態都非常優美動人，又常翩翩起舞，故自古以來就成爲神話中的角色，被喻爲神仙、隱士的伴侶。又因其壽命有五、六十年，在繪畫中常與松樹在一起，象徵長壽，有'松鶴延年'之說。"中華人民共和國瀕危物種進出口管理辦公室主編《中國珍貴瀕危動物》："〔白鶴〕別名西伯利亞鶴、黑袖鶴。"

【遼鶴】

即白鶴。此稱元代已行用。見該文。

【西伯利亞鶴】

即白鶴。此稱多行用於近現代。見該文。

【黑袖鶴】

即白鶴。此稱多行用於近現代。見該文。

赤頸鶴

習見涉禽名。鶴形目，鶴科，赤頸鶴（*Grus antigone* Linnaeus）。大型涉禽。全長約150厘米。體羽淺灰色。頭、喉及上頸裸出部分呈橘紅色。初級飛羽與初級覆羽爲黑色，內側飛羽白色，延長垂蓋尾部。嘴灰綠色，脚粉紅色。我國分布於雲南省。栖息於沼澤濕地、水田、森林邊緣、多草平原等地。食稻穀及水生植物根、莖，兼食魚類、蛙類。七至十二月繁殖，築巢於沼澤地成團植物叢中。每巢產卵兩枚，綠色或粉紅白色，具褐色與紫色斑點。孵卵期約三十天，雌鳥孵卵，雄鳥守衛，雙親共同照料幼雛。屬我國珍貴禽鳥，已列入國家一級重點保護野生動物。

宋代時稱“灰鶴”，以其體羽色灰暗，故名。宋范成大《桂海虞衡志・志禽》：“灰鶴，大如鶴，通身灰慘色，去頂二寸許毛始丹，及頸之半。亦能鳴舞。”明陶宗儀《説郛》卷六二上：“灰鶴大如鶴，通身灰惨色，去頂二寸許毛始丹，及頸之半。亦能鳴舞。”清吳綺《嶺南風物記》：“灰鶴出廣州府。”張詞祖、龐秉璋《中國的鳥》認爲范文所稱之“灰鶴”即本種：“宋范成大（1126—1193）《桂海禽志》：‘灰鶴，大如鶴，通體灰慘色，去頂二寸許（宋尺二寸約 5.94 cm）毛始丹（實指裸出部），及頸之半，亦能鳴舞。’紅色裸部及頸半之灰色鶴爲赤頸鶴。”

按，本屬中尚有灰鶴（ *G. grus* ），然其體羽色深而無紅頸，與本種殊异，宜辨之。

【灰鶴】[1]

即赤頸鶴。此稱宋代已行用。見該文。

蓑羽鶴

習見涉禽名。鶴形目，鶴科，蓑羽鶴（ *Anthropoides virgo* Linnaeus ）。中型涉禽。爲鶴類中體形最小者。全長 76 厘米左右，通體石板灰色，具白色耳羽、藍色蓑羽。前頸與胸部羽毛黑色，上胸黑羽延長呈披針狀。飛羽、尾羽端部黑色，嘴黃綠色，腹藍灰色，脚青灰色。於我國新疆、内蒙古、黑龍江繁殖，西藏南部越冬。栖息於沼澤、草甸、葦塘等地，覓食於地面或淺水處。以水生植物、昆蟲爲食，兼食魚、蝌蚪、蝦等。善於奔走。五月中旬開始繁殖，築巢於灘地、草甸凹陷處，每巢產卵一至三枚。卵圓形，淡紫色，綴褐斑。孵卵期二十八天至三十天。雌雄輪流孵卵。蓑羽鶴體態嫻雅，文静秀麗，易於馴養繁殖，具有重要的觀賞、飼養價值。爲國家二級重點保護野生動物。張詞祖、龐秉璋《中國的鳥》：“《宋書・五行志》載：‘雍熙四年（987）十月，知潤州（古治在今江蘇鎮江）程文慶獻鶴，頸毛如垂纓。’據述蓑羽鶴古時曾見於江蘇。”中華人民共和國瀕危物種進出口管理辦公室主編《中國珍貴瀕危動物》：“蓑羽鶴性羞怯，不善與其他鶴類合群，每多獨處。其舉止嫻雅、穩重端莊，故又名‘閨秀鶴’。”

【閨秀鶴】

即蓑羽鶴。此稱多行用於現代。見該文。

鷭鶪

習見涉禽名。鶴形目，秧鷄科，黑水鷄（ *Gallinula chloropus* Linnaeus ）。體長約 35 厘米。形略似鷄。頭、頸灰黑色。背、尾、肩羽橄欖褐色。胸腹亦灰黑色，下腹羽端白色。兩脅具較寬白色絲條紋。脚細高，趾長而無蹼。全國大部地區均有分布。常栖息於沼澤或近水灌叢中。喜單獨或成群活動。雜食性，主要取食水生植物嫩芽、根莖以及水生昆蟲、軟體動物等。

此稱宋代已行用。亦省稱“鷭”，或作“雗”。《廣韻・平元》：“鷭，鷭鶪鳥。”《集韻・平元》：“鷭、雗：鷭鶪，鳥名，似鷂。或從隹。”本種今通稱“黑水鷄”，俗稱“紅骨頂”“水老鷄”。高樹藩《中文形音義綜合大字典・鳥部》：“鷭鶪，鳥名，涉禽類。”據此當爲今之黑水鷄。

【鷭】

“鷭鶪”之省稱。此稱宋代已行用。見該文。

【黑水鷄】

即鷭鶪。今之通稱。見該文。

【紅骨頂】

"鸀鷈"之俗稱。今東北各地多行用此稱。見該文。

【水老鴉】

"鸀鷈"之俗稱。此稱行用於現代。見該文。

澤虞

習見涉禽名。鶴形目，秧鷄科，骨頂鷄（ *Fulica atra* Linnaeus ）。形似鷗鷺，體長約 40 厘米，頭、頸深黑色，頭頂有白色角質裸出部分，稱骨頂。背羽暗青灰色。趾有瓣狀蹼膜，脚紅色。善游水，群居，雜食性。常在沼澤、水田及河湖淺水邊活動，捕食小魚蝦及水生昆蟲，亦取食水草嫩葉。常在蘆葦及水草叢間營巢栖息。廣泛分布於我國東北、華北、華東各地，遷長江以南地區越冬。

我國古代對這種鳥有細緻的觀察研究，《本草綱目》還記載了它的藥用價值。此稱秦漢時期始行用。亦稱"鷖"，亦作"鴖""魴"，俗作"紡"。晋代亦稱"姻澤鳥"，俗呼"護田鳥"。明清時期又稱"方目""烏鷄"，閩人訛稱"姑鷄"。《爾雅·釋鳥》："鷖，澤虞。"晋郭璞注："今姻澤鳥，似水鴞，蒼黑色。常在澤中，見人輒鳴唤，不去。有象主守之官，因名云。俗呼爲護田鳥。"清郝懿行義疏："《説文》：'魴，澤虞也。'《釋文》引《字林》作'鶪鸝'。《御覽》九百廿五引'鷖'作'紡'。孫炎注：'鴖鳩，或謂紡。澤虞，其別名也。常在澤中，見人報鳴，不去。有象主守之官，因名之。'按《方言》：'鳳鳩，或謂之鷖鶪。'孫義本此。郭謂别一鳥也。今澤中有此鳥，形狀悉如注説。"《説文·鳥部》："魴，澤虞也。"明李時珍《本草綱目·禽一·鷄鸝》："［附録］方目，一名鴖（音

紡），一名澤虞，俗名護田鳥，西人謂之蝦蟇護。水鳥也。常在田澤中，形似鷗、鷺，蒼黑色，頭有白肉冠，赤足。見人輒鳴唤不去。漁人呼爲烏鷄，閩人訛爲姑鷄。"

【鷖】

即澤虞。此稱秦漢時期已行用。見該文。

【魴】

即澤虞。此體最早見於漢代《説文》。見該文。

【紡】

即澤虞。"鷖"之俗體。此稱多行用於宋代。見該文。

【姻澤鳥】

即澤虞。此稱晋代已行用。見該文。

【護田鳥】

"澤虞"之俗稱。此稱晋代已行用。見該文。

【方目】

即澤虞。此稱明代已行用。見該文。

【烏鷄】

即澤虞。此稱明代已行用。見該文。

【姑鷄】

即澤虞。此稱明代已行用。見該文。

【鴖】

即澤虞。此體最早見於南朝梁顧野王《玉篇》，作爲"鷖"的异體字收録。唐陸德明《經典釋文·爾雅音義下·釋鳥》："鷖，本或作'鴖'。"《集韻·平陽》："鴖，鳥名，澤虞也。"參見本卷《習見禽鳥説·涉禽考》"澤虞"文。

【鶪鸝】

同"澤虞"。此體唐代已行用。唐陸德明《經典釋文·爾雅音義下·釋鳥》："澤虞，《字林》作'鶪鸝'。"《廣韻·上養》："鷖，鶪鸝鳥，蒼

黑色，常在澤中，俗呼爲護澤。"參見本卷《習見禽鳥説·涉禽考》"澤虞"文。

【護澤】

即澤虞。此稱見於《廣韻》，宋代已行用。《廣韻·上養》："鴽，鵋鸅鳥，蒼黑色，常在澤中，俗呼爲護澤。"參見本卷《習見禽鳥説·涉禽考》"鵋鸅"文。

【蝦蟆護】

即澤虞。此稱唐代已行用。唐段成式《酉陽雜俎·廣動植·羽篇》："南山下有鳥，名蝦蟆護，多在田中。頭有冠，色蒼，足赤，形似鷺。"《本草綱目》作"蝦蟇護"，此附。參見本卷《習見禽鳥説·涉禽考》"澤虞"文。

大鴇

習見涉禽名。鶴形目，鴇科，大鴇（*Otis tarda* Linnaeus）。大型草原鳥類，被譽爲"亞洲鴕鳥"。其形體比雁大，頭小，頸稍長，三趾足；頭、頸及前胸爲深灰色，喉部近白色，喉側向外長有細長的纖羽；上體爲淡棕色，并雜有黑色花紋；腹部爲白色；嘴、足、趾皆爲黑灰色，嘴尖與爪近黑色。雌鳥比雄鳥小，喉側無細長纖羽。大鴇是我國稀有禽類，僅分布於東北和華北，且集中在東北西部和華北北部。多成群栖息在山坡、草原或窪地中，繁殖時則成對活動。足力好，多在草叢間或空地上奔走。飛行能力較差，飛行速度慢，飛行距離較短，飛行的高度也很低，且起飛時要急速奔跑上一段距離。其巢簡陋，營於地面凹陷處，鋪少許乾草。卵較大，暗綠色，有褐色斑點。大鴇的食性較雜，鮮嫩的野草是它的主食，亦取食小麥、高粱、玉米等農作物，育雛期間也捕食蝗蟲等昆蟲。

此禽自古統稱"鴇"，亦作"䳂""䳟""䳓""鴘"等。此稱先秦時期已行用。《詩·唐風·鴇羽》："肅肅鴇羽，集于苞栩。"唐杜甫《桔柏渡》詩："急流鴇鷁散，絕岸黿鼉驕。"傳説鴇凶似豹，能食鴻，故大鴇古又稱"鴻豹"。漢焦贛《易林·漸之比》："文山鴻豹，肥腯多脂。"明楊慎《丹鉛雜録·易林》："鴇名鴻豹，以鴇善食鴻，爲鴻之豹，猶言魚鷹也。"因其背部斑紋如豹（一説因"鴇"聲之誤），故古又稱"獨豹"。此稱唐代已行用。唐顏師古《急就篇》卷四注："鴇，大鳥。……今俗呼爲獨豹。豹者，鴇聲之訛耳。""大鴇"是本種的現代生物學名稱。因其不善飛行，故今又稱"地鵏"。因其喉側向外長有細長的絨羽，像山羊的胡鬚，故今又稱"羊鬚鴇"。大鴇的數量已極爲稀少，已被列爲國家一級重點保護野生動物。

【鴻豹】

即大鴇。此稱漢代已行用。亦爲鴇類禽統稱。見該文。

【獨豹】

即大鴇。亦爲鴇類禽統稱。此稱唐代已行用。見該文。

【地鵏】

即大鴇。此稱行用於現代。見該文。

【羊鬚鴇】

即大鴇。此稱行用於現代。見該文。

地鵏
（馬駘《馬駘畫寶》）

第四節　鳩鴿考

一、鳩鴿名義訓

鳩鴿類是鳥類現代生態學分類系統中之一大類，又稱鳩鴿目（Columbidae，見鄭作新《中國經濟動物志·鳥類》）。這類禽鳥嘴短，基部大都柔軟膜質。脚短健，四趾位於同一平面上。善陸栖而翼發達，尾短圓，善飛翔。拙於營巢。但嗉囊發達，能分泌乳狀物用以哺雛。鳩鴿類禽鳥主要包括鳩類、鴿類與沙鷄類，即形態分類中的鴿形目（Columbiformes）禽鳥。

"鳩"爲形聲、會意字。甲骨文、金文，鳩字闕。小篆"鳩"字從鳥，九聲。本義作"五鳩之總名"解（見《説文·鳥部》段玉裁注），乃祝鳩、鴡鳩、鳲鳩、爽鳩、鶻鳩之共名。以其皆爲鳥，故從鳥。又以九爲數之最多者，有多意，而鳩之種類較多，且爲數亦夥，故從九聲。由此可知，鳩乃鳩屬所有禽鳥之總名。一説鳩乃一種喜歡侵占他鳥巢穴的山雀。俗言"鵲巢鳩占"是證。

"鴿"亦形聲、會意字。甲骨文、金文，鴿字闕，小篆"鴿"字從鳥，合聲。本義作"鳩屬"解（見《説文·鳥部》朱駿聲通訓定聲）。乃形態似鳩而大之鳥，故從鳥，又以合有兩相并意，一説鴿爲雌雄兩兩相匹而罕雜交者，故從合聲。一説鴿性淫，易合，且凡鳥雄乘雌，唯鴿雌乘雄，逐月有子，故鴿字從合聲。鴿亦鴿屬禽鳥之統稱。

鳩鴿合稱，泛指鳩鴿類所有的禽鳥，即鴿形目之沙鷄科、鳩鴿科的各種禽鳥。

鳩鴿類禽鳥均爲陸栖。其中，鴿類又名"原鳥"或"原禽"。而鳩類又名"林禽"。如明李時珍《本草綱目·禽部·目録》引周師曠《禽經》云："羽蟲三百六十，毛協四時，色合五方。山禽岩棲，原鳥地處。林鳥朝嘲，水鳥夜咴。"李時珍又云："羽類則陽中之陽，大抵多養陽。於是集其可供庖藥及毒惡當知者，爲禽部。凡七十七種，分爲四類：曰水，曰原，曰林，曰山。"并將鴿列入"原禽"，將鳩類列入"林禽"。這些亦均係古代之生態學分類名稱。

二、鳩鴿類研究史

鳩鴿類禽鳥與人類關係密切，我國先民對此類禽鳥的認識記載於歷代典籍中。但由於鳩鴿類禽鳥善飛翔，人們的目力很難仔細區分，并且缺乏現代分類學知識，故典籍中對本類禽鳥的詳確的形態記載較少，有的將多種鳩鴿禽鳥記述爲一類。如斑鳩爲斑鳩屬禽鳥之統稱，而緑鳩爲緑鳩屬禽鳥之統稱，鴿爲鴿屬禽鳥之統稱。

對鳩鴿類禽鳥的記載，始見於先秦時期。舊題周師曠《禽經》中記載了豐富的禽鳥知識，其中不乏對鳩鴿類的描述，其内容之全，種類之多，是世所罕見的，如記載斑鳩："班鳩辨鵴。"記載沙雞："鳩鶊雌前雄後。"張華注："鶊大如鴿，生關西。"另外《左傳》等亦有本類禽鳥的記載。

秦漢時期，生産力水準較前有所提高，人們對禽鳥亦有新的認識，對禽鳥的記載更爲廣泛。如《爾雅·釋鳥》："鶌鳩，寇雉。"再如《説文·鳥部》："鴿，鳩屬也。"《方言》中亦有豐富的鳥類記載，如記述斑鳩、火斑鳩等。如《方言》第八："鳩……其大者謂之鳻鳩。"另外《急就篇》、漢張衡《南都賦》等亦有本類禽鳥之記載。三國時期典籍中對鳩鴿類亦不乏記載，如三國吳陸璣《毛詩草木鳥獸蟲魚疏·宛彼鳴鳩》中有斑鳩的記載。南北朝時期的《玉篇》記載本類禽鳥斑鳩、火斑鳩、沙雞等。如《玉篇·鳥部》"鶌，鶌鳩，一名寇雉"，指沙雞。唐代人們對鳩鴿類禽鳥的認識更多，其記載亦更廣泛。如《新唐書·突厥傳》："始虜未叛，鳴鵊群飛入塞，吏曰：'所謂突厥雀者，南飛，胡必至。'"此突厥雀即鴿形目之沙雞。另外唐張鷟《朝野僉載》、唐李賀《潞州張大宅病酒遇江使寄上十四兄》詩中均記述沙雞。宋代《集韻》對禽鳥的記載較豐富，其中記載禽鳥火斑鳩、鴿等。如《集韻·平脂》："鶌……鳥名。《方言》：鳩，秦漢之間其小者謂之鶌鳩。或作'鶌''鴭'。"指火斑鳩。又《集韻·平魚》："鴿，鳥名。《説文》：鳩屬。"此書對禽鳥的記載祇是名稱的解釋，無形態特徵的記載。明李時珍《本草綱目》收列入藥禽鳥七十餘種，於"原禽""山禽"二卷中記載斑鳩、緑鳩、火斑鳩、沙雞、鴿等多種鳩鴿類禽鳥，不僅對其名稱有詳細考證，同時對其生活習性、形態特徵、藥用價值、使用方法等均有較詳細的描述，并有很多發明。如《禽三·斑鳩》釋名："其小而無斑者曰隹，曰鵴（音葵），曰荆鳩，曰楚鳩也。"又如《禽二·突厥雀》釋名："鶌鳩，寇雉。"清代李元《蠕範·物名》中記載沙雞，王士禎《居易録》卷上中記載沙雞，等等。鄭作新等《中國動物志·鳥綱·鴿形目》中用現代分類學的方法詳細地描述了鳩鴿類禽鳥之生物學特性、習性、分類、經濟意義等, 把鳩鴿類禽鳥的研究推向了新的高度。

三、鳩鴿類種類、形態特徵

我國現存鴿形目鳥類三十四種, 隸屬於二科十屬。沙雞科（Pteroclididae）鳥類栖息於乾旱裸露沙漠及稍被以矮灌木的荒原地區。它們的脚雖短, 但仍善於行走和奔跑。常集結大群, 數量常達幾千甚至上萬隻。喝水時把嘴浸入水中吸水, 從不仰頭。本科分爲二屬, 毛腿沙雞屬（*Syrrhaptes*）包括二種, 即毛腿沙雞（*Syrrhaptes paradoxus* Pallas, 見"沙雞"文）與西藏毛腿沙雞（*Syrrhaptes tibetanus* Gould）；沙雞屬（*Pterocles*）祇包括一種, 即黑腹沙雞（*Pterocles orientalis* Linnaeus）。

鳩鴿科（Columbidae）鳥類大都樹栖, 僅有少數種類栖於陸地或岩石間, 一般善於飛行, 遷徙性强, 常集群取食, 主要食用植物種子、果實、嫩芽等。喝水時特徵同沙雞科鳥類。嗉囊發達, 有臨時貯存和軟化食物之功效, 在育雛初期還能分泌"鴿乳"飼喂幼鳥。營巢於樹木和灌叢間, 巢簡單, 由枝條編織成粗糙的平盤狀, 形若破篩。本科分八屬。綠鳩屬（*Treron*）包括八種, 即針尾綠鳩（*Treron apicauda*）、楔尾綠鳩（*T. sphenura*）、紅翅綠鳩（*T. sieboldii*）、紅頂綠鳩（*T. formosae*）、黃脚綠鳩（*T. phoenicoptera*）、厚嘴綠鳩（*T. curvirostra*）、灰頭綠鳩（*T. pompadora*）、橙胸綠鳩（*T. bicincta*）, 均屬留鳥。它們因羽色美麗、鳴聲悦耳而可供籠養觀賞, 但它們在中國數量少, 分布不廣, 應加强保護, 避免濫捕濫殺。該類禽鳥因體羽鮮綠或黃綠色, 故統稱爲綠鳩。唐代稱綠鳩爲"提壺"。唐劉禹錫《和蘇郎中尋豐安里舊居寄主客張郎中》詩："池看科斗成文字, 鳥聽提壺憶獻酬。"宋代亦稱"提壺蘆"。宋王質《林泉結契·山友辭·提壺蘆序》："提壺蘆, 身麻斑, 如鷃而小, 觜彎, 聲清重, 初稍緩, 已乃大激烈。"明代亦稱"黃褐侯""青鵻""糠鳩"。《駢雅·釋鳥》："黃褐侯, 綠鳩也。"明李時珍《本草綱目·禽三·青鵻》："[釋名] 黃褐侯。"又："[集解] 時珍曰：鳩有白鳩、綠鳩, 今夏月出一種糠鳩, 微帶紅色, 小而成群, 掌禹錫所謂黃褐侯秋化斑佳, 恐即此也。"

果鳩屬（*Ptilinopus*）在我國祇一種, 即黑頦果鳩（*Ptilinopus leclancheri* Bonaparte）。

皇鳩屬（*Ducula*）在我國祇二種, 即綠皇鳩（*Ducula aenea*）、山皇鳩（*D. badia*）。

　　鴿屬（*Columba*）在我國有十種，即雪鴿（*Columba leuconota*）、岩鴿（*C. rupestris*）、原鴿（*C. livia*）、歐鴿（*C. oenas*）、中亞鴿（*C. eversmanni*）、斑尾林鴿（*C. palumbus*）、點斑林鴿（*C. hodgsonii*）、灰林鴿（*C. pulchricollis*）、紫林鴿（*C. punicea*）、黑林鴿（*C. janthina*）。本屬幾遍布全國，統稱爲鴿，常見種類爲家鴿、岩鴿、原鴿。家鴿之祖先爲原鴿，經馴養又培育成不同品種，用以傳遞書信者爲信鴿，供食用者爲肉用鴿。鴿肉味鮮美，乳鴿品質最佳，卵亦可食。鴿古已有之，秦漢時期多行用此稱，并沿稱於後世。《急就篇》卷四：“鳩鴿鶉鷃中網死。”顔師古注：“鴿似鵋鴟而色青白，其鳴聲鴿鴿，因以名云。”《説文·鳥部》：“鴿，鳩屬也。”段玉裁注：“鳩之可畜於家者，狀全與勃姑同。”五代時期亦稱“鵓鴿”“飛奴”“傳書鴿”。五代花蕊夫人《宮詞》：“安排竹柵與巴籬，養得新生鵓鴿兒。”五代王仁裕《開元天寶遺事·傳書鴿》：“張九齡少年時，家養群鴿，每與親知書信往來，祇以書繫鴿足上，依所教之處飛往投之，九齡目之爲飛奴，時人無不愛訝。”明李時珍《本草綱目·禽二·鴿》：“［釋名］鵓鴿、飛奴。”又：“［集解］時珍曰：處處人家畜之，亦有野鴿，名品雖多，大要毛羽不過青白皂綠鵲斑數色，眼目有大小黄赤綠色而已，亦與鳩爲匹偶。”

　　鵑鳩屬（*Macropygia*）包括三種，即斑尾鵑鳩（*Macropygia unchall*）、小鵑鳩（*M. ruficeps*）、栗褐鵑鳩（*M. phasianella*）。

　　斑鳩屬（*Streptopelia*）在我國有五種，即歐斑鳩（*Streptopelia turtur*）、山斑鳩（*S. orientalis*）、灰斑鳩（*S. decaocto*）、珠頸斑鳩（*S. chinensis*）、棕斑鳩（*S. senegalensis*）。本屬幾遍布全國，統稱爲斑鳩，其肉鮮美，并可入藥，有補腎、明目、益氣之功能。斑鳩先秦時期始稱“班鳩”“鳩”“祝鳩”“豸”。舊題周師曠《禽經》：“班鳩辨鷄。”《左傳·昭公十七年》：“祝鳩氏司徒也……五鳩，鳩民者也。”又《宣公十七年》：“余將老，使郤子逞其志，庶有豸乎！”陸德明釋文：“豸，本又作‘鳩’。”秦漢時期亦稱“鶌鳩”“一宿鳥”。《方言》第八：“鳩……其大者謂之鶌鳩。”郭璞注：“鶌音班。”宋葉廷珪《海録碎事·鳥獸草木部·飛鳥門》：“一宿鳥，《毛詩》傳：‘鳩，一宿之鳥。’箋云：一宿者，一意於所宿之木也。”三國時期亦稱“鵻鳩”。三國吳陸璣《毛詩草木鳥獸蟲魚疏·宛彼鳴鳩》：“鵻鳩，灰色，無綉項，陰則屏逐其匹，晴則呼之。”又：“班鳩，項有綉文斑然。”南北朝時期亦稱“鷁鳩”。省稱“鷁”。《玉篇·鳥部》：“鷁，鳩鳥。”唐代亦稱“鳲”“鳩”。《龍龕手鑑·鳥部》：“鳲，鳩之俗字。”《字補·鳥部》：“鳩，《漢碑》鳩字。”明代亦稱“斑佳”“錦鳩”。明李時珍《本草綱目·禽三·斑鳩》：“［釋名］斑佳、錦鳩、鵓鳩、祝鳩。時珍曰：鳩、鵓其聲也；

斑、錦，其色也；佳者，尾短之名；古者庖人以尸祝登尊俎，謂之祝鳩，此皆鳩之大而有斑者。”

火斑鳩屬（*Oenopopelia*）衹一種，即火斑鳩（*Oenopopelia tranquebarica*）。

金鳩屬（*Chalcophaps*）包括綠背金鳩（*Chalcophaps indica*）。

四、鳩鴿與人類文明

鳩鴿類禽鳥中有些種類與人類關係極爲密切，有些已馴化爲重要的經濟禽類。如鴿，可根據其用途不同分爲信鴿、觀賞鴿、肉用鴿。在世界養鴿史上，埃及早在五千多年前已開始飼養，我國養鴿也有二千五百多年的歷史，清代廣州就有不少人飼養一種“地白”鴿，很像現在的肉用鴿，雖然那時我國就已開始飼養肉用鴿，但并未形成規模生產。1980年後，我國的肉鴿養殖業開始崛起。鴿肉是最理想的食療食補佳品，高蛋白，低脂肪，含十七種氨基酸與十餘種微量元素。我國傳統醫學名著《飲膳正要》《本草綱目》以及《中華養生辭典》中均有對鴿的記載。鴿肉有調心、養血、補氣、養顏、固本、扶正、祛邪等功效，民間早有“一鴿勝九鷄”之説。在悠久的飼養肉用鴿歷史上，產生了許多優良品種，如王鴿、佛山鴿等。

由於鴿的體形優美，安詳從容，性好結群，又善與人相處，因而被推爲和平的象徵，稱其爲“和平鴿”。目前，多被馴養在公園、廣場上，供人觀賞，并點綴大自然。而信鴿具有突出的飛翔能力與回歸性，可供傳遞信息，亦可用來放飛競技。古代文人墨客多有以鴿作題材加以咏唱者，如黃筌《海棠鵓鴿圖》、黃居寶《桃花鵓鴿圖》《竹石金盆戲鴿圖》等，南朝陳徐孝克有“影盡皈依鴿，餐迎守護龍”的詩句，唐韋應物有“還見窗中鴿，日暮繞庭飛”的詩句，白居易有“往有寫經僧，身静心精專。感彼雲外鴿，群飛千翩翩。來添硯中水，去吸岩底泉”的詩句等，均描寫鴿之安詳從容。

鶻嘲

習見鳩鴿名。鴿形目，鳩鴿科，紅翅綠鳩（*Treron sieboldii* Temminck）。體長約 33 厘米。頭、頸淡黃綠色，渲染橙棕色。後頸綠色。背、腰綠灰色。翼上之中小覆羽栗紅色，大覆羽黑而略沾綠色。中央尾羽橄欖綠色。下胸與上胸黃綠色。下腹白色。本種爲留鳥。我國主要分布於秦嶺至長江口以南各地。常栖息於針葉混交林區或其他多林地帶。單獨或結小群活動。其鳴叫頗似嬰啼。主要食物爲漿果、草籽等。

鶻鳩
（馬駘《馬駘畫寶》）

鶻嘲久爲人知，先秦時期稱"鶻鳩"。《左傳·昭公十七年》："鶻鳩氏司事也。"秦漢時期稱"鸓鳩""鶻鵃"。《爾雅·釋鳥》："鸓鳩、鶻鵃。"郭璞注："似山鵲而小，短尾，青黑色，多聲。今江東亦呼爲鶻鵃。"唐代亦稱"阿鵴"，宋代多行用此稱。明代亦稱"鸇鸚"。明李時珍《本草綱目·禽三·鶻嘲》："［釋名］鶻鵃、鶻鳩、鸓鳩、鸇鳩、阿鵴、鸇鸚。時珍曰：其目似鶻，其形似鸇（鸇，山鵲也），其聲啁嘲……故有諸名。阿鵴乃鸇鳩之訛也。……［集解］〔掌〕禹錫曰：鶻嘲，南北總有……

鸓鳩
（明王圻等《三才圖會》）

北人呼爲鸇鸚鳥。《東都賦》云'鶻嘲春鳴'是也。"謝宗萬《本草綱目藥物彩色圖鑒》認爲此藥物鶻嘲即今之紅翅綠鳩。此說或是，今從之。一說《爾雅》之鸓鳩爲今灰斑鳩（*Streptopelia decaocto*），此附供考。紅翅綠鳩有四個亞種，鶻嘲實爲其指名亞種（*T. s. sieboldii*）。

【鶻鳩】

即鶻嘲。此稱先秦時期已行用。見該文。

【鸓鳩】

即鶻嘲。此稱秦漢時期已行用。見該文。

【鶻鵃】

即鶻嘲。此稱秦漢時期已行用。見該文。

【阿鵴】

即鶻嘲。語本《酉陽雜俎》，或云爲"鸇鳩"之訛。此稱唐代已行用。見該文。

【鸇鸚】

即鶻嘲。語本《嘉祐本草》。此稱宋代已行用。見該文。

青鶹

習見鳩鴿名。鴿形目，鳩鴿科，厚嘴綠鳩（*Treron curvirostra* Gmelin）。體長27～28厘米。雄鳥頭部暗灰色，額較淡，枕部濃暗；肩、背暗栗紅色；腰、尾上覆羽橄欖綠色；翅黑色。嘴甲粗厚幾達額部，故此得名。主要分布於雲南、廣西及海南等地。常栖息於丘陵、山地之原始密林、常綠闊葉林、次生灌木叢中。尤以無花果、高山榕等林木生長地爲其最適生長環境。主要取食桑椹等植物果實及草木嫩苗。

此稱唐宋時期已行用。亦稱"黃褐侯""斑佳""糠鳩"。明李時珍《本草綱目·禽三·青鶹》："［釋名］黃褐侯（拾遺）。［集解］〔陳〕藏器曰：黃褐侯，狀如鳩而綠褐色，聲如小兒吹竿。時珍曰：鳩有白鳩、綠鳩，今夏月出一種糠鳩，微帶紅色，小而成群，掌禹錫所謂黃褐侯秋化斑佳，恐即此也。好食桑椹及半夏苗。"謝宗萬《本草綱目藥物彩色圖鑒》將青鶹釋爲厚嘴青鳩，又名"厚嘴綠鳩"。今從其說。按，厚嘴綠鳩在中國有兩個亞種，分別是雲南亞種（*T. c.nipalensis*）與海南亞種（*T. c. hainanus*）。青鶹野外種群不詳。已被列爲國斑、錦，其色也；佳者，尾短之名；古者庖人以尸祝登尊俎，謂之祝鳩，此皆鳩之大而有斑者。”

火斑鳩屬（*Oenopopelia*）衹一種，即火斑鳩（*Oenopopelia tranquebarica*）。

金鳩屬（*Chalcophaps*）包括綠背金鳩（*Chalcophaps indica*）。

四、鳩鴿與人類文明

鳩鴿類禽鳥中有些種類與人類關係極爲密切，有些已馴化爲重要的經濟禽類。如鴿，可根據其用途不同分爲信鴿、觀賞鴿、肉用鴿。在世界養鴿史上，埃及早在五千多年前已開始飼養，我國養鴿也有二千五百多年的歷史，清代廣州就有不少人飼養一種“地白”鴿，很像現在的肉用鴿，雖然那時我國就已開始飼養肉用鴿，但并未形成規模生産。1980年後，我國的肉鴿養殖業開始崛起。鴿肉是最理想的食療食補佳品，高蛋白，低脂肪，含十七種氨基酸與十餘種微量元素。我國傳統醫學名著《飲膳正要》《本草綱目》以及《中華養生辭典》中均有對鴿的記載。鴿肉有調心、養血、補氣、養顔、固本、扶正、祛邪等功效，民間早有“一鴿勝九鷄”之説。在悠久的飼養肉用鴿歷史上，産生了許多優良品種，如王鴿、佛山鴿等。

由於鴿的體形優美，安詳從容，性好結群，又善與人相處，因而被推爲和平的象徵，稱其爲“和平鴿”。目前，多被馴養在公園、廣場上，供人觀賞，并點綴大自然。而信鴿具有突出的飛翔能力與回歸性，可供傳遞信息，亦可用來放飛競技。古代文人墨客多有以鴿作題材加以咏唱者，如黃筌《海棠鵓鴿圖》、黃居寶《桃花鵓鴿圖》《竹石金盆戲鴿圖》等，南朝陳徐孝克有“影盡皈依鴿，餐迎守護龍”的詩句，唐韋應物有“還見窗中鴿，日暮繞庭飛”的詩句，白居易有“往有寫經僧，身静心精專。感彼雲外鴿，群飛千翩翩。來添硯中水，去吸岩底泉”的詩句等，均描寫鴿之安詳從容。

鶻嘲

習見鳩鴿名。鴿形目，鳩鴿科，紅翅綠鳩（*Treron sieboldii* Temminck）。體長約 33 厘米。頭、頸淡黃綠色，渲染橙棕色。後頸綠色。背、腰綠灰色。翼上之中小覆羽栗紅色，大覆羽黑而略沾綠色。中央尾羽橄欖綠色。下胸與上胸黃綠色。下腹白色。本種爲留鳥。我國主要分布於秦嶺至長江口以南各地。常栖息於針葉混交林區或其他多林地帶。單獨或結小群活動。其鳴叫頗似嬰啼。主要食物爲漿果、草籽等。

鶻鳩
（馬駘《馬駘畫寶》）

鶻嘲久爲人知，先秦時期稱"鶻鳩"。《左傳·昭公十七年》："鶻鳩氏司事也。"秦漢時期稱"鷗鳩""鶻鵃"。《爾雅·釋鳥》："鷗鳩、鶻鵃。"郭璞注："似山鵲而小，短尾，青黑色，多聲。今江東亦呼爲鶻鵃。"唐代亦稱"阿鵊"，宋代多行用此稱。明代亦稱"鸏鵯"。明李時珍《本草綱目·禽三·鶻嘲》："［釋名］鶻鵃、鶻鳩、鷗鳩、鷝鳩、阿鵊、鸏鵯。時珍曰：其目似鶻，其形似鷃（鷃，山鵲也），其聲喎嘲……故有諸名。阿鵊乃鷝鳩之訛也。……［集解］［掌］禹錫曰：鶻嘲，南北總有……北人呼爲鸏鵯鳥。《東都賦》云'鶻嘲春鳴'是也。"謝宗萬《本草綱目藥物彩色圖鑒》認爲此藥物鶻嘲即今之紅翅綠鳩。此説或是，今從之。一説《爾雅》之鷗鳩爲今灰斑鳩（ *Streptopelia decaocto* ），此附供考。紅翅綠鳩有四個亞種，鶻嘲實爲其指名亞種（ *T. s. sieboldii* ）。

鷗鳩
（明王圻等《三才圖會》）

【鶻鳩】

即鶻嘲。此稱先秦時期已行用。見該文。

【鷗鳩】

即鶻嘲。此稱秦漢時期已行用。見該文。

【鶻鵃】

即鶻嘲。此稱秦漢時期已行用。見該文。

【阿鵊】

即鶻嘲。語本《酉陽雜俎》，或云爲"鷝鳩"之訛。此稱唐代已行用。見該文。

【鸏鵯】

即鶻嘲。語本《嘉祐本草》。此稱宋代已行用。見該文。

青鶴

習見鳩鴿名。鴿形目，鳩鴿科，厚嘴綠鳩（ *Treron curvirostra* Gmelin）。體長27～28厘米。雄鳥頭部暗灰色，額較淡，枕部濃暗；肩、背暗栗紅色；腰、尾上覆羽橄欖綠色；翅黑色。嘴甲粗厚幾達額部，故此得名。主要分布於雲南、廣西及海南等地。常栖息於丘陵、山地之原始密林、常綠闊葉林、次生灌木叢中。尤以無花果、高山榕等林木生長地爲其最適生長環境。主要取食桑椹等植物果實及草木嫩苗。

此稱唐宋時期已行用。亦稱"黃褐侯""斑佳""糠鳩"。明李時珍《本草綱目·禽三·青鶴》："［釋名］黃褐侯（拾遺）。［集解］［陳］藏器曰：黃褐侯，狀如鳩而綠褐色，聲如小兒吹竿。時珍曰：鳩有白鳩、綠鳩，今夏月出一種糠鳩，微帶紅色，小而成群，掌禹錫所謂黃褐侯秋化斑佳，恐即此也。好食桑椹及半夏苗。"謝宗萬《本草綱目藥物彩色圖鑒》將青鶴釋爲厚嘴青鳩，又名"厚嘴綠鳩"。今從其説。按，厚嘴綠鳩在中國有兩個亞種，分別是雲南亞種（ *T. c.nipalensis* ）與海南亞種（ *T. c. hainanus* ）。青鶴野外種群不詳。已被列爲國家二級重點保護野生動物。

【黄褐侯】

即青鶹。此稱唐代已行用。見該文。

【斑佳】

即青鶹。此稱宋代已行用。見該文。

【糠鳩】

即青鶹。此稱多行用於明代。見該文。

【厚嘴青鳩】

即青鶹。今之通稱。此稱行用於近現代。見該文。

【厚嘴綠鳩】

即青鶹。今之通稱。此稱行用於近現代。見該文。

鴿

習見鳩鴿名。鴿形目，鳩鴿科，原鴿（*Columba livia* Gmelin）。體長約 35 厘米。頭、頸、前胸及上背石板灰色。頸部、上背、前胸具紫色金屬光澤。兩翼次級飛羽有一黑色橫斑。尾羽亦石板灰色，而於末端生有黑色寬橫斑。下體鮮灰色。我國主要分布於内蒙古、新疆、甘肅諸省區。常栖息於峭壁與岩洞中。喜集群活動。主要取食草籽與作物種子。

原鴿是家鴿（*C. l. domestica*）之祖先，是人類家化馴養較早的禽鳥之一。據載，古埃及約在公元前 2000 多年已開始馴養原鴿。我國秦漢時期有馴養，至少在漢代已家化馴養成功。先秦時期已稱"鴿"，并沿稱於後世。《周禮·天官·庖人》："庖人掌共六畜六獸六禽，辨其名物。"鄭玄注："六畜，六牲也。始養之，曰畜，將用之曰牲……六禽，鴈、鶉、鷃、雉、鳩、鴿。"《楚辭·大招》："内鶬鴿鵠，味豺羹只。"王逸注："鴿似鳩而小，青白。"《急就篇》卷四：

"鳩鴿鶉鷃中網死。"顔師古注："鴿似鶉鳩而色青白，其鳴聲鴿鴿，因以名云。"亦稱"飛奴""鵓鴿""迦布德迦"。《開元天寶遺事·傳書鴿》："張九齡少年時，家養群鴿，每與親知書信往來，祇以書繫鴿足上，依所教之處飛往投之，九齡目之爲飛奴。"明李時珍《本草綱目·禽二·鴿》："〔釋名〕鵓鴿（食療）、飛奴。時珍曰：鴿性淫而易合，故名。鵓者，其聲也。張九齡以鴿傳書。目爲飛奴。梵書名迦布德迦。"謝宗萬《本草綱目藥物彩色圖鑒》認爲《本草綱目》藥用之鴿即今之原鴿。今從其説。

鴿
（馬駘《馬駘畫寶》）

按，鴿，亦鳩鴿科鴿類禽鳥之統稱，我國常見者有雪鴿（*C. leuconota*）、岩鴿（*C. rupestris*），另有歐鴿（*C. oenas*）、中亞鴿（*C. eversmanni*）等僅見於新疆、甘肅一帶。又，鴿是人們喜愛的禽鳥，自古畜養者絡繹不絶，或以爲食用，或用以傳書，風雅之士亦用於玩賞放飛，并培育出諸多品種，因羽色、飛放、翻跳之不同，五花八門，多種多樣。清張萬鍾之《鴿經》便記有數十種之多。

【飛奴】

即鴿。古人馴鴿用以傳書，故名。此稱唐代已行用。見該文。

【鵓鴿】

即鴿。李時珍云名見《食療本草》，故此稱唐代已行用。見該文。

【迦布德迦】

即鴿。梵語kapotaka音譯。此稱明代已行用。見該文。

【鴿子】

"鴿"之俗稱。亦鴿類禽鳥之統稱。此稱清代已行用，并沿稱於後世。《二十年目睹之怪現狀》第四二回："到了傍晚時候，我走出房外閑望，祇見一個鴿子站在檐上。"參見本卷《習見禽鳥説・鳩鴿考》"鴿"文。

【插羽佳人】

"鴿"之戲稱。此稱宋代已行用。宋陶穀《清異録・禽》："豪少年尚畜鴿，號半天嬌人。以其蠱惑過於嬌女艷妖，呼爲插羽佳人。"參見本卷《習見禽鳥説・鳩鴿考》"鴿"文。

火斑鳩

習見鳩鴿名。鴿形目，鳩鴿科，火斑鳩（*Oenopopelia tranquebarica* Hermann）。體形較一般斑鳩爲小，翅較長而尾較短。頸基有一道黑色領斑；雄鳥藍灰，上體大都葡萄紅，下體較淺；雌鳥通體大都土褐色，上體較暗。我國分布於華北以南各地，西抵四川西部及西藏南部。常結群活動於開闊田野、村莊附近，主要啄食植物性食物。巢築在叢林中之喬木，或在稀疏之樹林中，隱蔽較好。卵白色，

鳩
（明刊《食物本草》）

橢圓形。

秦漢時期稱"鶏鳩"。《方言》第八："鳩……其大者謂之鳲鳩，其小者謂之䳕鳩，或謂之鶏鳩。"南北朝時期亦稱"鵻""鶏"。《玉篇・鳥部》："鶏，小鳩也……鵻，鳩也。"宋代亦稱"鵻鳩"。《集韻・平脂》："鵻……鵻鳩，或作鶏。"明代亦稱"隹""荆鳩""楚鳩"。明李時珍《本草綱目・禽三・斑鳩》："〔釋名〕時珍曰……其小而無斑者曰隹，曰鵻（音葵），曰荆鳩，曰楚鳩也。"

【鶏鳩】

即火斑鳩。此稱秦漢時期已行用。見該文。

【鵻】

即火斑鳩。此稱南北朝時期已行用。見該文。

【鶏】

即火斑鳩。此稱南北朝時期已行用。見該文。

【鵻鳩】

即火斑鳩。此稱宋代已行用。見該文。

【隹】

即火斑鳩。此稱明代已行用。見該文。

【荆鳩】

即火斑鳩。此稱明代已行用。見該文。

【楚鳩】

即火斑鳩。此稱明代已行用。見該文。

珠頸斑鳩

習見鳩鴿名。鴿形目，鳩鴿科，珠頸斑鳩（*Streptopelia chinensis* Scopoli）。亦稱"珍珠鳩"或"花斑鳩"。體羽大部暗灰褐色而具斑。頸後有黑色羽半圈，且雜以白棕色斑點。外側尾羽黑褐具灰色羽端。多栖於平原，覓食雜草、穀類和其他種子。我國主要分布於東部、南部，西至西藏東部，爲常見的一種留鳥。珠頸斑鳩

古已有之。明李時珍《本草綱目·禽三·斑鳩》：
"〔集解〕……惟項下斑如真珠者，聲大能鳴，
可以作媒引鳩，入藥尤良。"謝宗萬《本草綱目
藥物彩色圖鑒》稱，李時珍入藥所用斑鳩即珠
頸斑鳩，其文曰："'項下斑如真珠者'則指本
種而言。"今從其説。

【珍珠鳩】

即珠頸斑鳩。此稱行用於近現代。見該文。

【花斑鳩】

即珠頸斑鳩。此稱行用於近現代。見該文。

沙鷄

習見鳩鴿名。鴿形目，沙鷄科，毛腿沙鷄
（*Syrrhaptes paradoxus* Pallas）。不定性冬候鳥。
體形大小似家鴿，頭部銹黃色；翅及尾羽尖長。
通體大都砂灰色，背部密布黑色橫斑；腹部有
一大型黑斑。脚短，披羽到趾部，在地上行動
時常呈蹲狀。雌雄相似。繁殖於我國内蒙古、
甘肅西北部、青海、新疆等地，冬栖息於東三
省南部、河北、山東等地。常成群於開闊地帶
覓食，主食植物種子。肉可供食，中央尾羽可
爲飾物。

先秦時期始稱"鷄"，并沿稱於後世。舊題
周師曠《禽經》："鳩鷄雌前雄後。"張華注："鷄

半翅
（清余省等《鳥譜》）

大如鴿，生關西。"秦漢時期亦稱"鷄鳩""寇
雉""鳴鷄"。《爾雅·釋鳥》："鷄鳩，寇雉。"郭
璞注："鷄大如鴿，似雌雉，鼠脚，無後指，岐
尾。爲鳥憨急，群飛，出北方沙漠地。"又：
"寇雉，泆泆"。郭璞注："即鷄鳩也。"漢張衡
《南都賦》："歸雁鳴鷄，黃稻鱅魚，以爲芍藥。"
《玉篇·鳥部》："鷄，鷄鳩，一名寇雉。"唐代亦
稱"鷄雀""突厥雀"。《新唐書·突厥傳》："始
虜未叛，鳴鷄群飛入塞，吏曰：'所謂突厥雀
者，南飛，胡必至。'"唐張鷟《朝野僉載》卷
一："調露之後，有鳥大如鳩，色如烏鵲，飛
若風聲，千萬爲隊，時人謂之鷄雀，亦名突厥
雀。"唐李賀《潞州張大宅病酒遇江使寄上十四
兄》詩："莎老沙雞（鷄）泣，松乾瓦獸殘。"
明李時珍《本草綱目·禽二·突厥雀》："〔釋名〕
鷄鳩、寇雉。……〔集解〕……莊周云：青鷄
愛其子而忘其母。"謝宗萬《本草綱目藥物彩
色圖鑒》認爲此突厥雀即本種。按，據李時珍
所描述之特徵和前述"鼠脚，無後指""憨急，
群飛"的習性，以及出塞北之産地，突厥鳥爲
本種無疑。現今通稱"沙鷄"。今從其説。

【青鷄】

即沙鷄。此稱先秦時期已行用。見該文。

【鷄】

即沙鷄。此稱先秦時期已行用。見該文。

【鷄鳩】

即沙鷄。此稱秦漢時期已行用。見該文。

【寇雉】

即沙鷄。此稱秦漢時期已行用。見該文。

【鳴鷄】

即沙鷄。此稱秦漢時期已行用。見該文。

【鶏雀】

即沙雞。此稱唐代已行用。見該文。

【突厥雀】

即沙雞。此稱唐代已行用。見該文。

【半翅】

即沙雞。此稱明代已行用。明李夢陽《空同集·物理篇》："西方有鳥曰半翅者，亦痴，見人飛不過三五尺，可以杖擊之得也。"清代

亦稱"鐵脚"。清王士禎《居易録》卷一〇："大如鴿，似雌雉，鼠脚，無後指，岐尾，爲鳥憨急群飛，出北方沙漠，盤山多有之，土人呼爲半翅，即沙雞（鷄）也，一名鐵脚。"參見本卷《習見禽鳥説·鳩鴿考》"沙雞"文。

【鐵脚】

即半翅。此稱清代已行用。見該文。

第五節　鶉鷄考

一、鶉鷄名義訓

"鶉"字，甲骨文闕，金文"鶉"從隹從享。小篆"鶉"字從鳥，猶今字。本義作"鵽（䳠）屬"解（見《廣韻·平諄》），乃與鵽同類而略小之短尾鳥，故從鳥。又享爲淳之省文，陸佃《埤雅》云："此鳥性淳愨，不越横草，所遇小草横其前，即旋行避礙……故曰鶉也。"鶉因從享聲。

甲骨文"鷄" 、 形似高冠、修尾之鷄形，具象形、形聲、會意之特徵。金文"鷄"亦如甲文，然却簡化。而小篆"雞"從隹，奚聲，本義作"知時畜也"解（見《説文·隹部》），乃知時之禽，因此先民畜之用以司晨。以其爲禽故從隹，又以奚爲從坐没入官府爲奴之男女，因常受繫縛意，故從奚。

鶉鷄合爲一詞，意即似鶉與鷄類之禽鳥。這類禽鳥或大（如孔雀）或小（如鶴鶉），但其體格結實，脚多健壯，爪鈍而善刨，喙短而堅，上嘴如弓，適於啄食。具發達之嗉囊。翼短圓而不善翔。雌雄大多异色，雄鳥羽色艷麗，頭生肉冠，跗跖後面生有發達的距；雌鳥略小，羽色暗淡，肉冠較小。鶉鷄類禽鳥同屬於鷄形目（Galliformes），其生態分類系統名稱作"鶉鷄目"（Gallinaci）。

鶉類禽鳥體形較小，古人統稱其爲"鶉"，約在漢初始稱"鵪鶉"。《詩·鄘風·鶉之奔

奔》："鶉之奔奔，鵲之彊彊。"毛傳："鶉，音純，鷁鶉鳥。"雞類禽鳥體形較大，主要包括雉、雞。《説文·鳥部》："鳩爲五鳩之總名，猶雉爲十四雉之總名，雇爲九雇之總名也。"又《隹部》："雉，有十四種……"又："雞，知時畜也"。《玉篇·鳥部》："鷄，知時鳥，又作'雞'。"明李時珍《本草綱目·禽二·雞》："雞類甚多，五方所産，大小形色往往亦異。"

二、鶉雞類研究史

　　原始時代，我國先民在生活和生産實踐中，對雞形目禽鳥的認識和對其他動物一樣，對其有益與無益、有害與無害，有了若干認識。自有文字記載以來，從我國古文字便可窺見古人對雞形目禽鳥的瞭解。從殷商時代（距今三千六百餘年）流傳下來的甲骨文，可以看作我國古代先民所記録的一份最古老的"鳥類名録"。如 🐦 即"雞"。師曠在《禽經》中也記載了豐富的禽鳥知識。如稱鶉爲"鷁"，其雄稱"鵲"，其雌稱"痺"，"鷁，鶉，雄鵲牝痺"。又"隨陽，越雉，鷴鴣也"。又"鷳，鷺之潔"。鷳"即指白鷴。又"鶾，毅鳥也，毅不知死"。"鶾""毅鳥"即指褐馬雞。還記述了鷁鶉、雉、白冠長尾雉、紅腹錦雞、孔雀、吐綬雞等，主要描述此類禽鳥之生物學特性和形態特徵。《詩》不僅廣泛地反映西周後期和春秋前期的社會面貌，而且確認鳥類有三十五種，其中有雞形目鳥類如鶉、紅腹錦雞等，對於鳥類名稱，出現一物多名，如雉，一稱"翟"（《邶風·簡兮》《衛風·碩人》），又稱"翬"（《小雅·斯干》）。《禮記》對於鳥類的分類已經有了比較完整的概念，其中涉及雞形目鳥類如雉、鶉、鷁鶉，如《禮記·內則》："雉、兔、鶉、鷁。""鷁"即鷁鶉。另外，《儀禮》《周禮》《大戴禮記》《國語》《楚辭》《莊子》《書》《易經》等均記載過此類禽鳥。

　　秦漢時期，人們對於禽鳥的認識較前代有所提高，并廣泛地收列入各類典籍中。《山海經》內記載禽鳥百餘種，其中自然有鶉雞類。如《山海經·南山經》："〔柜山〕有鳥焉，其狀如鴟而人手，其音如痺，其名曰鴸。""鴸"即鶉。《山海經·西山經》："嶓冢之山……鳥多白翰赤鷩。""白翰"即白鷴，"赤鷩"即紅腹錦雞。《説文》爲我國現存最早的字書，係漢代許慎撰。此書鳥部收一百一十六字，記鳥類達百餘種，鶉雞類禽鳥包括鷁鶉、褐馬雞、紅腹錦雞等，隹部收集本類禽鳥爲鶉、鷁鶉、白鷴、雞、雉等。如："鳌，牟母也。"又："鶾，似雉，出上黨。"又："雞，鷄屬也。"又："雞，知時畜也。"《爾雅》亦記載種類豐富之禽鳥，涉及本類禽鳥主要爲鷁鶉、白鷴、雉、白冠長尾雉等。如《爾雅·釋鳥》：

"鴽，鴾母。"又"鸐，山雉"。"鴽"即鵪鶉，"鸐"即白冠長尾雉。另外，《漢書》《後漢書》《方言》等亦有此類禽鳥記載。《漢書·西域傳》："〔罽賓國〕出封牛、水牛、象、大狗、沐猴、孔爵。""孔爵"即孔雀。三國時期張揖的《廣雅》、晉代崔豹的《古今注》亦有記載，南北朝時期顧野王的《玉篇》僅鳥部就收字四百二十個，記載本類禽鳥主要爲鷓鴣、鵪鶉、白鷳、鷄、雉等。如《玉篇·鳥部》："鷓，鷓鴣鳥，其鳴自呼，常南飛似雉。"明代李時珍《本草綱目》收列入藥禽鳥七十餘種，對其習性、形態特徵、藥用價值等均有較清晰的描述，并進行考證辨別。如鷄，釋名"梵書名鷄曰鳩七吒"。又，集解"古人言鷄能辟邪，則鷄亦靈禽也"。然而，真正系統研究鶉鷄類并用現代科學方法分類者，則當推鄭作新等《中國動物志·鳥綱·鷄形目》，對本類禽鳥進行系統的分析。

三、鶉鷄類特徵、種類

我國鷄形目鳥類十分豐富，約五十六種，隸屬於二科二十六屬，而且大多爲留鳥。

松鷄科（Tetraonidae）鳥類的鼻孔被羽毛掩蓋，跗蹠全部或局部被羽，無距，翅短圓，飛行有力，但不持久。本科在我國有五屬七種。松鷄屬包括黑嘴松鷄（Tetrao parvirostris），黑琴鷄屬包括黑琴鷄（Lyrurus tetrix），雷鳥屬包括柳雷鳥（Lagopus lagopus）、岩雷鳥（L. mutus），鐮翅鷄屬包括鐮翅鷄（Falcipennis falcipennis），榛鷄屬包括花尾榛鷄（Tetrastes bonasia）、斑尾榛鷄（T. sewerzowi）。

雉科（Phasianidae）鳥類頭頂常具羽冠或肉冠，嘴粗短而強，上嘴先端微向下曲，但不具鉤，鼻孔不爲羽毛所掩蓋。本科在我國有二十六屬四十九種。雪鶉屬包括雪鶉（Lerwa lerwa），雪鷄屬包括淡腹雪鷄（Tetraogallus tibetanus）、暗腹雪鷄（T. himalayensis），雉鶉屬包括雉鶉（Tetraophasis obscurus），石鷄屬包括石鷄（Alectoris chukar），鷓鴣屬包括中華鷓鴣（Francolinus pintadeanus），山鶉屬包括灰山鶉（Perdix perdix）、斑翅山鶉（P. dauuricae）、高原山鶉（P. hodgsoniae），鵪鶉屬包括鵪鶉（Coturnix coturnix）、藍胸鶉（C. chinensis），山鷓鴣屬包括環頸山鷓鴣（Arborophila torqueola）、紅胸山鷓鴣（A. mandellii）、綠脚山鷓鴣（A. chloropus）、紅喉山鷓鴣（A. rufogularis）、白頰山鷓鴣（A. atrogularis）、棕腹山鷓鴣（A. javanica）、四川山鷓鴣（A. rufipectus）、白額山鷓鴣（A. gingica）、海南山鷓鴣（A. ardens）、臺灣山鷓鴣（A.

crudigularis），竹鷄屬包括棕胸竹鷄（*Bambusicola fytchii*）、灰胸竹鷄（*B. thoracica*），血雉屬包括血雉（*Ithaginis cruentus*），角雉屬包括黑頭角雉（*Tragopan melanocephalus*）、紅胸角雉（*T. satyra*）、灰腹角雉（*T. blythii*）、紅腹角雉（*T. temminckii*）、黃腹角雉（*T. caboti*），虹雉屬包括棕尾虹雉（*Lophophorus impejanus*）、白尾梢虹雉（*L. sclateri*）、綠尾虹雉（*L. lhuysii*），馬鷄屬包括藏馬鷄（*Crossoptilon crossoptilon*）、藍馬鷄（*C. auritum*）、褐馬鷄（*C. mantchuricum*），鷳屬包括黑鷳（*Lophura leucomelana*）、白鷳（*L. nycthemera*）、藍鷳（*L. swinhoii*），原鷄屬包括〔紅〕原鷄（*Gallus gallus*），勺鷄屬包括勺鷄（*Pucrasia macrolopha*），雉屬包括雉鷄（*Phasianus colchicus*），長尾雉屬包括白冠長尾雉（*Syrmaticus reevesii*）、黑頸長尾雉（*S. humiae*）、白頸長尾雉（*S. ellioti*）、黑長尾雉（*S. mikado*），錦鷄屬包括白腹錦鷄（*Chrysolophus amherstiae*）、紅腹錦鷄（*Ch. pictus*），孔雀雉屬包括灰孔雀雉（*Polyplectron bicalcaratum*），孔雀屬包括綠孔雀（*Pavo muticus*）等。鷄形目鳥類在國内的分布或廣或狹，其中雉鷄的分布最廣，從平原到低山、中山、草原、沙漠以至山林，幾遍全國。鷄形目鳥類中，有十九種主要分布在我國，或在分布上僅限於我國境内，是我國的特産種，如鷴鴣、竹鷄、褐馬鷄、白冠長尾雉、紅腹錦鷄等，而褐馬鷄等屬一級保護動物。本目禽鳥的天敵主要爲食肉獸，如狼、狐等，以及雕等猛禽。黃鼠狼、隼等對雛鷄特別危險。野鼠、烏鴉、喜鵲及蛇等也會攫取鷄類的卵。

四、鶉鷄類禽鳥與人類文明

　　鶉鷄類禽鳥是人類開發利用最早的禽鳥。采獵文明時期，先民捕食鶉鷄，從自然界獲取了富含營養的食品。在不斷總結經驗的基礎上，大約於公元前 5500 年前，人類開始將原鷄（*Gallus gallus*）馴養家化成家鷄，人類從此開始了家禽的飼養。鶉鷄從此也走進了人類文明。

　　我國曾發掘的陶鷄，是按家鷄仿製的藝術品。《詩》講到鷄，以《雞鳴》篇爲最早。東周戰國還設有“雞人”，專司祭祀。將原鷄馴化培育爲家鷄，是我先輩對開闢家禽飼養業的大貢獻。原鷄形態和家鷄近似，但體形較小，栖息於熱帶和亞熱帶的森林中，有時也到林緣及田野中，甚至和家鷄混群覓食，産於我國的雲南、廣西、海南島等地。

　　鷄爲六畜之一，中國人民在飼養家禽的悠久歷史中，培育出許多優良品種。且不同品種、不同顏色、不同大小的雞，又有其特殊稱謂（按，在書寫上，則“鷄”常作“雞”）。如，白色鷄稱“白鷄”，黑色鷄稱“黑鷄”“烏衣婦人”。《山海經·西山經》：“其神祠禮，皆用一白雞祈。”唐張鷟《朝野僉載》卷四：“衛鎬爲縣官，下鄉至里人王幸在家，方假寐，夢一烏衣婦人引十數小兒，着黃衣咸言乞命……鎬方悟，烏衣婦人果烏鷄也。”爲追求肥美，古時已把鷄進行閹割，稱閹鷄爲“綫鷄”。如，宋戴復古《常寧縣訪許介之途中即景》詩：“區別鄰家鴨，群分各綫鷄。”自注：“閹鷄。”因產地不同、大小形態不同，亦有別稱，有“長尾鷄”“長鳴鷄”“石鷄”“矮鷄”等。稱良種鷄爲“九肋黃”，爲肉用鷄，亦稱“九斤黃”。清李聲振《百戲竹枝詞·鬥鷄》：“怪道木鷄都不識，近人只愛九肋黃。”稱肥鷄爲“甘鷄”“翰音”“鶾音”“翰”“鶾”。如《集韻·平寒》：‘鶾，肥雄名，以祀神，通作‘翰’。”稱眼球烏黑的鷄爲“烏眼鷄”“鷔鷄”。如清曹雪芹《紅樓夢》第六一回：“人打樹底下一過，兩眼就像那鷔鷄似的。”稱烏骨鷄爲“烏鷄”“泰和鷄”。稱大鷄爲“魯鷄”“蜀鷄”“鸕鷄”“食鷄”“角鷄”“僸鷄”“蜀”“鸕”。如《莊子·庚桑楚》：“越雞不能伏鵠卵，魯雞固能矣。”稱母鷄爲“牝鷄”“伏鷄”“雌鷄”“慈鵠”“鷄婆”“鷄娘”。如清李調元《通詁·慈鵠篇》：“慈鵠，母雞也。”稱雄鷄爲“司晨”“丹鷄”“戴丹”“雄父”“赤幘”“伺晨鳥”“髩翁”“花冠”“鷄男”“長鳴都尉”“赤鷄”“載丹”“玉鷄”“鷄公”。如《晋書·五行志》：“黃雌雞，莫作雄父啼。”稱雛鷄爲“越鷄”“彘子”“荆鷄”“戴冠郎”“彘雛”“秋侯子”“健”“雉”“鷚”“鷇”“彘”“雛”“鷇”“餘”。如《爾雅·釋畜》：“未成雞，健。”又：“蜀子，雉。”《釋鳥》：“雉之暮子爲鷚。”郝懿行義疏：“雞雉之雛通謂之鷚。”另外還有肉卵兩用的品種，如壽光鷄、狼山鷄、浦東鷄、北京油鷄等。

　　鵪鶉和鶉也是有重要經濟價值的鳥類。散見於歷代典籍中的別稱也很多。鵪鶉之子特稱爲“鳺”。《爾雅·釋鳥》：“鴽子鳺。”“鶉”即今之斑翅山鶉，其雄鳥特稱爲“鶡”，雌鳥特稱爲“痺”，其子特稱爲“鴔”。《爾雅·釋鳥》：“鵪，鶉。其雄鶡牝痺。”又：“鶉子鴔。”

　　鷄形目鳥類與人類的關係極其密切，有些已經人工飼養爲家禽，成爲重要的經濟禽類，而且由於與人類的關係密切，有了鮮明的文化意義。因家鷄是主要的家禽，因此以“鷄犬不安”“鷄犬不寧”比喻混亂不堪，不得安寧。唐柳宗元《捕蛇者說》：“譁然而駭者，雖雞狗不得寧焉。”“鷄犬不留”比喻斬盡殺絕。“鷄犬不驚”形容軍隊紀律嚴明，秋毫無犯。“鷄犬升天”比喻依附於有權勢的家人、親友而得勢。如姚雪垠《李自成》第二卷第二章：“這事一辦成，你就一步登天，你們一家人的日子也馬上苦盡甜來。古話說得好：一人得道，鷄犬升天。"因人們常將鷄毛貼在信上、報上而表示需緊急傳遞，故稱"鷄毛文書""鷄毛信""鷄毛鞭"。因鷄毛極輕，故將無關緊要的小事或毫無價值之物比喻爲"鷄毛蒜皮"。如孫犁《白洋淀紀事·石猴》："他們是爲了報答你的恩情，纔送給你，你倒説是鷄毛蒜皮。"皮膚因受寒冷刺激或受到驚恐使毛孔突然收縮形成顆粒狀，像去掉毛的鷄皮，故稱"鷄皮""鷄皮疙瘩""鷄皮栗子"。因鷄禿尾，故以"鷄衣"形容破舊的衣服。如杜甫《風疾舟中伏枕書懷》有"鷄衣寸寸針"句。

白鷳因其舉止嫻雅，亦爲人們所喜愛。唐代詩人李白，平時好養禽鳥，他在安徽游黄山時，聽説一位胡姓老人家裏養一對白鷳，由家鷄孵化，當時李白見到這對白鷳後，鍾愛不已，老人久聞李白其名，當即送給他，并請賦詩一首，李白大喜，揮筆題詩爲："請以雙白璧，買君雙白鷳。白鷳白如錦，白雪耻容顏。照影玉潭裏，刷毛琪樹間。夜棲寒月静，朝步落花閑。我願得此鳥，玩之坐碧山。胡公能輒贈，籠寄野人還。"它不但記載了詩人的閑情雅致，而且也記載了勞動人民馴養野鳥的歷史。

我國先民不僅鬥犬、鬥牛、鬥羊、鬥鷄、鬥畫眉、鬥促織，亦有鬥鵪鶉之習，以唐代最盛，因此，飼養鵪鶉的歷史悠久。清程石鄰《鵪鶉譜》、金文錦《鵪鶉論》均描述了鵪鶉的飼養方法與鬥鵪鶉之技術。如程石鄰《鵪鶉譜·飼法》："鵪之鬥者争食也，故餵食之法爲最。"金文錦《鵪鶉論》："酣鬥聲最高，毛鬆兩旁，上捌下散，鏖鬥目不旁視，邐翅鈎尾，不疾不徐，此二種鬥法，自能必勝。"

孔雀

習見雉鷄名。鷄形目，雉科，綠孔雀（*Pavo muticus* Linnaeus）。雄鳥體及尾屏長約 2 米。通體輝翠藍綠色，頭頂俱有直立冠羽；頸、上背及胸部等均呈金銅色；羽基爲暗紫藍色；下背與腰翠綠色。尾上覆羽特長呈屏狀，展開時華麗無比。近羽端有眼狀斑。雌鳥無尾屏，背面濃褐色，帶綠輝；餘與雄鳥相似，但羽色不華麗。跗趾角褐色，長而强，兩翅短圓，不善飛行，脚强健，疾走如奔，鳴聲洪亮，粗厲單調，有顫音。夜栖樹上，較固定。二月中旬營巢繁殖。孔雀食性雜，嗜食棠梨、黄泡，亦食稻穀、芽苗、草籽等，又兼取蟋蟀、蚱蜢、小蛾等昆蟲及蛙類、蜥蜴爲食。其肉、血、糞等均可入藥。供觀賞，羽翎可作飾品。孔雀分布於我國雲省西南部、南部西雙版納及東南部。栖居於高原地帶，尤喜靠近溪河沿岸及林中空曠地活動。附近一般有耕地。一雄配多雌，亦同幼鳥結群活動。

此稱先秦時期已行用，并沿稱至今。亦稱

"火離"。《太平御覽》卷九二四引《春秋元命苞》曰："火離爲孔雀。" 漢司馬相如《長門賦》："孔雀集而相存兮，玄猿嘯而長吟。"三國魏楊修《孔雀賦》："魏王園中有孔雀，久在池沼，與衆鳥同列。"晋常璩《華陽國志·南中志》："雲南郡……孔雀常以二月來翔，月餘而去。"南朝陳徐陵《玉臺新咏·古詩爲焦仲卿妻作》："孔雀東南飛，五里一徘徊。"唐段成式《酉陽雜俎·廣動植·羽篇》："孔雀，釋氏書言孔雀因雷聲而孕。"宋謝維新《古今合璧事類備要·飛禽門》："新昌孔雀，鉦棲孔雀，織毛爲裘，以羽飾纛。"明李時珍《本草綱目·禽四·孔雀》："〔集解〕時珍曰：按《南方異物志》云：孔雀，交趾、雷羅諸州甚多。"清厲荃《事物異名録·禽鳥部上·孔雀》："《增益經》：孔雀有九德。"鄭作新等《中國動物志·鳥綱·鷄形目》考證，古之孔雀即今之綠孔雀。本種已列爲國家一級重點保護野生動物。

【火離】

　　即孔雀。此稱先秦時期已行用。見該文。參閱《漢語大詞典·火部》。

【孔】

　　"孔雀"之省稱。此稱先秦時期已行用。并沿稱於後世。漢東方朔《七諫·謬諫》："亂曰：鸞皇孔鳳，日以遠兮。"王逸注："孔，孔雀也。"秦漢時期亦稱"孔爵"。《漢書·西域傳》："〔罽賓國〕出封牛、水牛、象、大狗、沐猴、孔爵、珠璣、珊瑚、虎魄、璧流離，它畜與諸國同。"三國時期亦稱"偉鳥"。三國魏鍾會《孔雀賦》："有炎方之偉鳥，感靈和而來儀。"唐宋時期亦稱"摩由邏""南客"。明李時珍《本草綱目·禽四·孔雀》："〔釋名〕越鳥。時珍曰：

孔，大也，李昉呼爲南客，梵書謂之摩由邏。"參見本卷《習見禽鳥説·鶉鷄考》"孔雀"文。

【孔爵】

　　即孔。此稱秦漢時期已行用。見該文。

【偉鳥】

　　即孔。此稱三國時期已行用。見該文。

【摩由邏】

　　即孔。爲梵書音譯名。此稱唐代已行用。見該文。

【南客】

　　即孔。此稱宋代已行用。見該文。

【鶝】

　　即孔雀。此稱南北朝時期已行用。亦稱"鶝鶝""越鳥"。《玉篇·鳥部》："鶝，音父，鶝鶝，越鳥。"唐代亦稱"越禽"。唐武元衡《韋令公時孔雀》詩："荀令昔居此，故巢留越禽。"宋代亦稱"越父""文禽"，亦作"鶏""鶝"。《集韻·上嘆》："鶝……鳥名。越父也。或作'鶏''鶝'。"清厲荃《事物異名録·禽鳥部上·孔雀》："《格物總論》：孔雀，文禽，廣、益諸州所産。"參見本卷《習見禽鳥説·鶉鷄考》"孔雀"文。

【鶝鶝】

　　即鶝。此稱南北朝時期已行用。見該文。

【越鳥】

　　即鶝。此稱南北朝時期已行用。見該文。

【越禽】[1]

　　即鶝。此稱唐代已行用。見該文。亦爲鷓鴣之別稱。參見本卷《習見禽鳥説·鶉鷄考》"鷓鴣"文。

【文禽】

　　即鶝。此稱宋代已行用。見該文。

【越父】

即鳲。此稱宋代已行用。見該文。

【雄】

同"鳲"。此體宋代已行用。見該文。

【鵨】

同"鳲"。此體宋代已行用。見該文。

英雞

習見鶉雞名。雞形目，雉科，石雞（*Alectoris chukar* Gray）。成鳥體長約 30 厘米。頭、枕部及後頸葡萄紅褐色；額基部深灰色；嘴與足紅色，膜栗褐色。胸前有黑領，兩脅雜以黑色與栗色橫斑。通體棕灰色，翅羽棕褐色，頦部黑色；尾圓，尾下覆羽深棕色。脚、趾珊瑚紅色；爪烏褐色。善翔，飛翔力强而快速，却不持久。四至五月營巢繁殖於草叢或灌叢之石堆中。食性雜，嗜食漿果、種子、嫩枝、昆蟲等。其肉味鮮美，爲我國北部常見狩獵禽。分布於我國新疆、青海、甘肅、東北南部。多栖於低山間乾燥山谷内，以及丘陵岩坡與砂坡上。雄鳥常在凌晨、黄昏時栖止於光裸岩石或其他高處，發出粗厲鳴聲，快速而重複。此稱宋代已行用，并沿稱於後世。先民早已熟悉英雞。秦漢時期

石雞
（清余省等《鳥譜》）

稱"密肌""繫英"。《爾雅·釋鳥》："密肌，繫英。"宋鄭樵注："英雞也。啄啖石英，故謂名焉。"宋唐慎微《證類本草·禽部·英雞》："英雞，味甘，溫，無毒。主益陽道，補虚損，令人肥健。"明李時珍《本草綱目·禽二·英雞》集解引唐陳藏器曰："英雞出澤州有石英處，常食碎石英，狀如雞而雉尾。""雞"同"雞"。據鄭作新等《中國動物志·鳥綱·雞形目》，古之"英雞"即今石雞。

【密肌】

即英雞。此稱秦漢時期已行用。見該文。

【繫英】

即英雞。此稱秦漢時期已行用。見該文。

【石雞】

即英雞。今之通稱。此稱行用於近現代。見該文。

鶅雉

習見鶉雞名。雞形目，雉科，白冠長尾雉（*Syrmaticus reevesii* Gray）。雄鳥體長約 15 厘米，頭頂、頦、喉及頸等均白，眼下有一大型白斑；額、眼先、頰、眉紋、耳羽及後頭均黑，形成環狀。白色頸部下方有一黑領；背部栗黄，各羽具黑色邊緣；尾上覆羽具黑色橫斑，黑斑間爲灰白色。尾羽二十條，中央兩枚最長，并雜以黑栗相間之橫斑，羽緣轉爲棕褐色。翼上覆羽白色，具黑與棕色邊緣。胸與脅羽白色，具黑褐色橫斑與深栗色邊緣。腹部中央及

雉
（明文俶《金石昆蟲草木狀》）

尾下覆羽均爲黑色。雌鳥羽色不如雄鳥羽色華麗，尾亦短。眼紅褐，嘴綠，跗跖與趾角褐。我國主要分布於中部及北部山地，河北北部與西部，山西、陝西南部，湖北、湖南西北隅，貴州北部，河南西部，安徽西部及四川東部等地。鸐雉冬天常集成小群活動，春天分開。通常一雄配一雌。營巢於草叢或灌木叢間。食物以各種果實爲主，有豆類、橡實、野柿子、蘿蔔、蔬菜及百合球莖等。常栖於多林之高山中或兩側均係懸崖陡壁之山谷間。善奔跑。因其羽色華麗，可供觀賞，尾羽可作飾品，其肉可入藥。

先秦時期始稱“夏翟”。秦漢時期亦稱“翟”“鸐”“山雉”。《書·禹貢》：“羽畎夏翟，嶧陽孤桐。”孔傳：“夏翟，翟，雉名。”《爾雅·釋鳥》：“鸐，山雉。”郭璞注：“尾長者。”“鸐雉”之稱晉代已行用，并沿稱於後世。晉張華《博物志》卷四：“鸐雉長毛（一本作‘尾’），雨雪，惜其尾，栖高樹杪，不敢下食，往往餓死。聞魏景初中時人所説。”明代亦稱“鸐雞”“山雞”。明李時珍《本草綱目·禽二·鸐雉》：“［釋名］鸐雞、山雞、山雉。”又：“［集解］時珍曰：山雞有四種，名同物異。似雉而尾長三四尺者，鸐雉也。似鸐而尾長五六尺，能走且鳴者，鷩雉也，俗通呼爲鸐矣。”依鄭作新等《中國動物志·鳥綱·雞形目》考證，古之“鸐雉”即今白冠長尾雉。謝宗萬《本草綱目藥物彩色圖鑒》：“鸐雉，［原動物］長尾雉 *Syrmaticus reevesii* Cray（雉科）。”依其拉丁學名，長尾雉當即白冠長尾雉無疑。本種已列爲國家二級重點保護野生動物。

【夏翟】

即鸐雉。此稱先秦時期已行用。見該文。

【翟】

即鸐雉。此稱秦漢時期已行用。見該文。

【鸐】

即鸐雉。此稱秦漢時期已行用。見該文。

【山雉】

即鸐雉。此稱秦漢時期已行用。見該文。

【鸐雞】

即鸐雉。此稱明代已行用。見該文。

【山雞】 [1]

即鸐雉。此稱明代已行用。見該文。

【白冠長尾雉】

即鸐雉。今之通稱。此稱行用於近現代。見該文。

白鷴

習見鶉雞名。雞形目，雉科，白鷴（*Lophura nycthemera* Linnaeus）。雄鳥頭上羽冠及下體均爲純灰藍黑色；額、頦及下腹等部輝亮較差。上體與兩翅均白，布滿整齊“V”狀黑紋，兩翅較粗壯；尾羽甚長，中央尾羽近純白；外側尾羽黑色或密布黑紋。臉之裸出部赤

白鷴
（清余省等《鳥譜》）

紅，繁殖期生有三個肉垂，一在眼前，一在眼後，另一在喉側。嘴淺角綠色，基部稍暗；脚輝紅色。雌鳥枕冠近黑，上體至尾表面呈橄欖褐；下體棕褐，除下腹中央外，羽幹均白；脚珊瑚紅色。臉與雄鳥同，但無肉垂。常栖於多林山地，尤喜在山林下層之濃密竹叢間活動。白天隱匿不見，晨昏漫游覓食。夜栖樹上。以昆蟲、漿果、種子、嫩葉、草籽及苔蘚等爲食。營巢於灌木叢間之地面凹處。可供觀賞。其肉可食用，亦可入藥。羽毛可供飾用。我國廣布於雲南、浙江、福建、廣東、廣西、四川、貴州等南部各省。

白鷳
（明刊《食物本草》）

因其行止嫻雅，先秦時期始稱"鷳"，并沿稱於後世。此稱漢代始行用，以其上體及兩翼色白而得名。舊題周師曠《禽經》："鷳，鷺之潔。"張華注："鷳，白鷴，似山雞而色白，行止閑暇。"漢班固《西都賦》："招白鷳，下雙鵠。"《西京雜記》卷四："閩越王獻高帝石蜜五斛，蜜燭二百枚，白鷳、黑鷳各一雙。"明李時珍《本草綱目·禽二·白鷳》集解引蘇頌曰："白鷳出江南，雉類也。"由於白鷳種群數量日趨減少，已列爲國家二級重點保護野生動物。

【鷳】

即白鷳。此稱先秦時期已行用。見該文。

【白鷳】

省稱"鷳"，同"白鷴"。亦作"白鷳"。此體南北朝時期已行用。《玉篇·鳥部》："鷳，白鷴也，亦作'鷳'。"南朝宋謝惠連《雪賦》："皓鶴奪鮮，白鷳失素。"參見本卷《習見禽鳥説·鶉鷄考》"白鷴"文。

【白鷴】

同"白鷳"。此體南北朝時期已行用。見該文。

【鷳】

"白鷳"之省稱。此稱南北朝時期已行用。見該文。

【玄素先生】

白鷳之別稱。此稱宋代已行用。宋陶穀《清異録·獸》載武宗《十玩圖》中有"玄素先生"，即指白鷳。參見本卷《習見禽鳥説·鶉鷄考》"白鷴"文。

【閑客】

白鷳之別稱。以其姿態閑暇，故名。此稱宋代已行用。明李時珍《本草綱目·禽二·白鷳》："〔釋名〕白鷳、閑客。時珍曰：按張華云：行止閑暇，故曰鷳。〔宋〕李昉命爲閑客。"參見本卷《習見禽鳥説·鶉鷄考》"白鷴"文。

【白翰】

即白鷳。此稱秦漢時期已行用，亦稱"鷬雉""鷐雉""卓雉"。晋代亦稱"白鵫""白鷴""白雉"。《山海經·西山經》："嶓冢之山……，鳥多白翰、赤鷩。"《爾雅·釋鳥》："鷬雉，鷐雉。"晋郭璞注："今白鵫也。江東呼白鷬，亦名白雉。"《説文·隹部》："雉有十四種，……卓雉。"明代亦作"白鵫"。李時珍《本草綱目·禽二·白鷳》："〔釋名〕白鵫、閑客。時珍曰：……南人呼閑字如寒，則鷳即韓音之轉也，當作‘白韓’。”參見本卷《習見禽鳥説·鷩雞考》“白鷳”文。

【韓雉】

即白翰。此稱秦漢時期已行用。見該文。

【鶾雉】

即白翰。此稱秦漢時期已行用。見該文。

【卓雉】

即白翰。此稱秦漢時期已行用。見該文。

【白鷳】

即白翰。此稱晋代已行用。見該文。

【白雉】

即白翰。此稱晋代已行用。見該文。

【白韓】

即白翰。此稱晋代已行用。見該文。

【白鶾】

即白翰。此稱明代已行用。見該文。

【白鷳】

即白鷳，此稱秦漢時期已行用。亦稱“素雉”。《山海經·北山經》：“又北五十里曰縣雍之山……其鳥多白翟、白鷳。”郭璞注：“即白鷳也。……案，即《説文》之‘卓雉’，《爾雅》字作‘鶾’。”班固《典引》：“昔姬有素雉、朱鳥、玄枵、黃髮之事耳。”李善注：“素雉，白雉也。”參見本卷《習見禽鳥説·鷩雞考》“白鷳”文。

【素雉】

即白鷳。此稱秦漢時期已行用。見該文。

黑鷳

習見鷩雞名。雞形目，雉科，黑鷳（ *Lophura leucomelana* Latham ）。雄鳥頭頂、後頸及兩側均紫黑；頭上具同色直立之羽冠；背

部藍黑，并具紫色光輝；初級飛羽之外翈及羽幹棕褐色，内翈較暗；下背、腰及尾上覆羽深藍，并具寬闊之白色羽端，白端内緣爲藍黑色狹形次端斑；尾與背同色，但紫輝不著；下體黑褐，胸羽爲披針狀，除羽基外，呈白色且沾灰。雌鳥上體紅褐，羽緣淡灰；下體相似，但較淡；各羽中部稍暗，并具較寬之淡色羽緣。臉部赤紅，散布以黑色纖羽；嘴黃褐，基部稍黑；脚與爪均灰或鉛褐色。我國主要分布於喜馬拉雅山脉地區、西藏及雲南西北部。栖於山地、低山及山谷間之箭竹叢及林間草叢中，成對或與幼鳥結群活動。此鳥爲稀有動物，可供觀賞或展覽，其肉可入藥。

此稱至遲晋代已行用。《西京雜記》卷四：“南越王（一本作‘閩越王’）獻高帝石蜜五斛，蜜燭二百枚，白鷳、黑鷳各一雙。”《山堂肆考》卷二一二：“閩越王嘗獻漢高祖白鷳、黑鷳各一，帝大悦，厚賜之。”明代亦稱“鸕雉”。明李時珍《本草綱目·禽二·白鷳》：“蓋雉亦有黑色者，名鸕雉。”本種已列爲國家二級重點保護野生動物。

【鸕雉】

即黑鷳。此稱明代已行用。見該文。

鷩雞

習見鷩雞名。雞形目，雉科，褐馬雞（ *Crossoptilon mantchuricum* Swinhoe ）。雄鳥體長約1米，體羽呈黑褐色。眼周裸出，呈紅色；頦與上喉色白，耳羽白色，并向後延長，形成角狀；下體自前頸以下爲濃棕褐色；翅羽棕褐色，通體被銀白色羽幹紋。尾長，尾羽基部銀白，至末端轉黑而泛紫藍色金屬光。雌鳥稍小，羽色與雄鳥類似。脚上無距。幼鳥通體

純褐色，各羽具棕端，耳羽白色，翅羽與尾均似成鳥；尾短，污褐白色。善奔走，性極機警，常成群活動，飛行緩慢，不久飛。受驚時，亦往山上狂奔，至嶺脊處纔飛起，同時發出粗厲叫聲。我國分布於山西北部、河北北部與西北部山地。多栖於丘陵地區，夜間則宿於松樹或樺樹近端。營巢於灌木叢地面凹陷處。食性雜，以塊莖、細根爲主食，兼食昆蟲以及植物葉、芽、嫩枝。褐馬鷄爲留鳥。歷代封建帝王利用其尾羽激發武將鬥志，同時常將其尾翎運往國外供帽飾用。

秦漢時期始稱"鶡雞"。《後漢書·西南夷傳》："冉駹夷者，武帝所開……又有五角羊、麝香、輕毛、鶡雞、牲牲。"李賢注："郭璞注《山海經》曰：鶡雞似雉而大，青色，有毛角，鬥敵死乃止。"此稱三國時期已行用，并沿稱於後世。魏武帝《鶡雞賦·序》："鶡雞猛氣，其鬥終無負，期於必死。""雞"同"鷄"。明代亦稱"鶡"。明李時珍《本草綱目·禽二·鶡雞》："其羽色黑黃而褐，故曰鶡，青黑色者名曰鶡（音介），性耿介也。"據鄭作新等《中國動物志·鳥綱·鷄形目》，古之鶡雞即現代所謂褐馬鷄。本種已列爲國家一級重點保護野生動物。謝宗萬《本草綱目藥物彩色圖鑒》亦認爲藥用鶡雞即今褐馬鷄。此附。

【鶡雞】

即鶡鷄。此稱秦漢時期已行用。見該文。

【鶡】

即鶡鷄。此稱明代已行用。見該文。

【鶡】

即鶡鷄。此稱先秦時期已行用。并沿稱於後世。亦稱"毅鳥"。舊題周師曠《禽經》："鶡，毅鳥也，毅不知死。"《説文·鳥部》："鶡，似雉，出上黨。"見該文。

【毅鳥】

即鶡。此稱先秦時期已行用。見該文。

【褐馬鷄】

即鶡鷄。今之通稱。此稱行用於近現代。見該文。

竹鷄

習見鶉鷄名。鷄形目，雉科，灰胸竹鷄（*Bambusicola thoracica* Temminck）。成鳥體長約 30 厘米。頸褐灰色；胸部藍灰色，背部有栗色與白色斑；上體大多黃橄欖褐色，翅羽有赤褐色羽幹斑，肩羽白斑尤多，腹部棕色。尾長，呈楔狀。脚、趾褐色；跗跖長而强，較中趾連爪長甚，爪適中，彎度小。善鳴。食性雜，結群。嗜食昆蟲、蠕蟲、大豆、小麥、穀粒等農作物。其肉嫩鮮美，爲我國特有獵用禽。我國西自雲南西部，東至臺灣，北至陝西南部，東至廣東、廣西等地均有分布。多結群栖於山中灌叢、竹林、草叢等地。繁殖時期分散活動，幼雛長大後復又結群。

竹鷄
（明王圻等《三才圖會》）

此鳥似雞，多生竹林，因名。此稱晋代已行用。唐時稱"山菌子"。宋代亦稱"雞頭鶻""泥滑滑"。晋葛洪《肘後備急方》卷七："僕曰：'常好食竹雞。'竹雞多食半夏苗，必是半夏毒。命生薑搗汁，折齒而灌之，活。""雞"同"鷄"。唐章碣《寄友人》詩："竹裏竹雞眠蘚石，溪頭鸂鶒踏金沙。"宋蘇軾《送牛尾狸與徐使君》詩："泥深厭聽雞頭鶻，酒淺欣嘗牛尾狸。"自注："蜀人謂泥滑滑爲雞頭鶻。"宋李石《續博物志》卷二："竹雞，自呼泥滑滑是也。"明代亦稱"田雞"。明李時珍《本草綱目·禽二·竹雞》："[釋名] 山菌子（藏器）、雞頭鶻（《蘇東坡集》）、泥滑滑。"又集解引唐陳藏器曰："山菌子，生江東山林間。狀如小雞，無尾。"《駢雅·釋鳥》："山菌子，田雞也。"今通稱"灰胸竹鷄"。參閱謝宗萬《本草綱目藥物彩色圖鑒·竹雞》文。

【山菌子】

即竹鷄。此稱唐代已行用。見該文。

【雞頭鶻】

即竹鷄。此稱宋代已行用。見該文。

【泥滑滑】

即竹鷄。此稱宋代已行用。見該文。

【田雞】

即竹鷄。此稱明代已行用。見該文。

【灰胸竹鷄】

即竹鷄。今之通稱。此稱行用於近現代。見該文。

錦鷄

習見鶉鷄名。鷄形目，雉科，紅腹錦鷄（*Chrysolophus pictus* Linnaeus）。雄鳥體長約1米，頭上具金黃色絲狀羽冠，覆蓋於後頸；臉、

頦、喉及前頸均爲綉紅色；後頸圍以橙棕色扇狀羽，呈披肩狀，各羽綠色鑲以藍黑細邊；上背濃綠，羽綠絨黑；下背及腰深金黃色，各羽羽支散離如髮，腰側轉深紅；中央尾羽黑褐，布滿桂黃色點斑；外側尾羽桂黃且具黑褐色波狀斜紋；肩羽暗紅；下體自喉以下純深紅色，肛周羽暗橘黃色。雌鳥通體棕褐色。頭與後頸黑褐并雜以淡棕；上背棕并具黑褐色橫斑

錦雞
（明王圻等《三才圖會》）

上體全部棕褐，滿布黑色蟲蠹狀細點；腹純棕黃。眼褐，嘴與脚均爲角黃色。性機警，喜飛奔跳躍行走。夏間常單獨或成對栖息於山間多岩山地、灌叢及密林中。夜栖於松樹之低枝。冬季結群遷至低山或梯田中。常以樹芽、雜草種子爲食，兼取昆蟲及蜘蛛，有時亦啄食麥粒與玉米。錦鷄可供觀賞，亦可入藥，羽可作飾品。主要分布於青海、甘肅、陝西及湖南、四川、廣西、貴州等山區。

此稱先秦時期已行用，并沿稱於後世。亦稱"鷩雉""丹鳥""朱黃""鷩"。舊題周師曠《禽經》："朱黃曰鷩雉……腹有采文曰錦雞。""雞"同"鷄"。《左傳·昭公十七年》："青鳥氏司啓者也，丹鳥氏司閉者也。"杜預注："丹鳥，鷩雉也，以立秋來，立冬去。"《周禮·春官·司服》："享先公饗射則鷩冕。"秦漢時期亦稱"赤鷩""鵔鸃""鷩鳥""鵔""鸃"。《山海經·中山經》："又西三百里曰牡山……鳥多赤鷩。"郭

璞注：“即鷩雉也。”
《漢書·司馬相如傳
上》：“揜翡翠，射
鵕䴊。”顏師古注：
“鵕䴊，鷩鳥也，似
山雞而小。”又《王
莽傳中》：“五威將
乘乾文車，駕坤六
馬，背負鷩鳥之毛，
服飾甚偉。”顏師古注：“鷩鳥，雉屬，即鵕鸃
（鵕䴊）也。”《説文·鳥部》：“鵔，鵔鸃，鷩
也。……鸃，鵔鸃也。”晋代亦稱“山鷩”。《文
選·潘岳〈射雉賦〉》：“山鷩悍害，猋迅已甚。”
李善注引徐爰曰：“鷩雉，似山雞而小，冠背
毛黄。”據鄭作新等《中國動物志·鳥綱·雞形
目》，古之鷩雉即今之紅腹錦雞。本種已列爲國
家二級重點保護野生動物。參閲謝宗萬《本草
綱目藥物彩色圖鑒·鷩雉》文。

鷩雉
（明王圻等《三才圖會》）

【鷩雉】

　　即錦雞。此稱先秦時期已行用。見該文。

【丹鳥】[1]

　　即錦雞。此稱先秦時期已行用。見該文。

【朱黄】

　　即錦雞。此稱先秦時期已行用。見該文。

【鷩】

　　即錦雞。此稱先秦時期已行用。見該文。

【赤鷩】

　　即錦雞。此稱秦漢時期已行用。見該文。

【鵕鸃】

　　即錦雞。此稱秦漢時期已行用。見該文。

【鷩鳥】

　　即錦雞。此稱秦漢時期已行用。見該文。

【鵔】

　　即錦雞。此稱秦漢時期已行用。見該文。

【鸃】

　　即錦雞。此稱秦漢時期已行用。見該文。

【山鷩】

　　即錦雞。此稱晋代已行用。見該文。

【紅腹錦雞】

　　即錦雞。今之通稱。此稱行用於近現代。
見該文。

【山雞】[2]

　　即錦雞。“雞”同“鷄”。此稱先秦時期
已行用。舊題周師曠《禽經》：“首有彩毛曰山
雞。……腹有采文曰錦雞。”秦漢時期亦稱“赤
雉”。《説文·鳥部》：“鷩，赤雉也。”宋代亦稱
“金雞”“錦雉”“九苞奴”“啞瑞”。宋范成大
《桂海虞衡志·志禽》：“錦雞，又名金雞，形如
小雉，湖南北亦有之。”宋陶穀《清異録·禽》：
“《動植廣疏》云：錦雉，一名九苞奴。謂其有
文無德，真鳳凰之奴隸。”又：“〔董天休〕木訥
而衣冠甚麗。一日，有吏人獲錦雉來獻，頓笑
曰：‘此物毛羽燦錯，但鳴不中律呂，亦啞瑞而
已矣。’”明代亦稱“采雞”。明李時珍《本草綱
目·禽二·鷩雉》：“〔釋名〕山雞、錦雞、金雞、
采雞、鵕鸃。”參見本卷《習見禽鳥説·鶉雞
考》“錦雞”文。

【赤雉】

　　即山雞[2]。此稱秦漢時期已行用。見該文。

【金雞】

　　即山雞[2]。此稱宋代已行用。見該文。

【錦雉】

　　即山雞[2]。此稱宋代已行用。見該文。

【九苞奴】

即山雞[2]。此稱宋代已行用。見該文。

【啞瑞】

即山雞[2]。此雞宋代已行用。見該文。

【采雞】

即山雞[2]。此稱明代已行用。見該文。

【丹雉】

即錦雞。此稱清代已行用。《説文·鳥部》："鷩，赤雉也。"段玉裁注引樊光曰："丹雉也。"參見本卷《習見禽鳥説·鷩雞考》"錦雞"文。

【吐綬雞】

即錦雞。此稱宋代已行用。亦稱"真珠雞""孝雉""綬鳥"。宋胡仔《苕溪漁隱叢話》前集卷二〇引張師正《倦游雜録》："真珠雞生夔峽山中……又名吐綬雞，生而反哺，亦名孝雉。"《埤雅·釋鳥》："綬鳥，一名鷊，亦或謂之吐綬。"明代亦稱"真珠""錦帶功曹"。明李時珍《本草綱目·禽二·鷩雉》："〔附録〕吐綬雞。時珍曰：出巴峽及閩廣山中，人多畜玩，大如家雞，小者如鳩鴿，頭頰似雉，羽色多黑，雜以黃白圓點，如真珠斑，項有嗉囊，內藏肉綬……此鳥生亦反哺，行則避草木，故《禽經》謂之避株，……《詩

吐綬雞
（清余省等《鳥譜》）

經》謂之鷊。"明彭大翼《山堂肆考》卷二一二："山雞名鷄鷊，一名錦雞、吐綬鳥，一名真珠。"明張自烈《正字通·鳥部》："綬鳥……俗謂之錦囊，又名錦帶功曹。"參見本卷《習見禽鳥説·鷩雞考》"錦雞"文。

【真珠雞】

即吐綬雞。此稱宋代已行用。見該文。

【孝雉】

即吐綬雞。此稱宋代已行用。見該文。

【綬鳥】

即吐綬雞。此稱宋代已行用。見該文。

【真珠】

即吐綬雞。此稱明代已行用。見該文。

【錦帶功曹】

即吐綬雞。此稱明代已行用。見該文。

【鷊】[1]

即錦雞。此稱先秦時期已行用，亦稱"避株"。《詩·陳風·防有鵲巢》："中唐有甓，邛有旨鷊。"舊題周師曠《禽經》："頸有彩囊曰避株。"晉代亦稱"吐綬鳥""功曹"。晉崔豹《古今注·鳥獸》："吐綬鳥，一名功曹。"唐宋時期亦稱"避株鳥""吐綬""錦囊"。唐段成式《酉陽雜俎·廣動植·羽篇》："魚復縣南山有鳥大如鳩鴿，……丹彩彪炳，形色類綬，因名爲吐綬鳥。"又："〔吐綬鳥〕食必蓄嗉，臆前大如斗，慮觸其嗉，行每遠草木，故一名避株鳥。"唐劉禹錫《吐綬鳥

鷊
（馬駘《馬駘畫寶》）

詞》："越人偶見而奇之，因名吐綬江南知。"《埤雅·釋草》："綬鳥大如鵰鴿，頭頰似雉，有時吐物長數寸，食必蓄嗉，臆前大如斗……《古今注》云：'吐綬鳥，一名功曹。'今俗謂之錦囊。"明李時珍《本草綱目·禽二·鸑雉》："鸑與鷩同名錦雞，鷩文在綬而鸑文在身，以此爲異。"參見本卷《習見禽鳥説·鷩雞考》"錦雞"文。

【避株】

即鷩[1]。此稱先秦時期已行用。見該文。

【吐綬鳥】

即鷩[1]。此稱晋代已行用。見該文。

【功曹】

即鷩[1]。此稱晋代已行用。見該文。

【錦囊】

即鷩[1]。此稱唐宋時期已行用。見該文。

【吐綬】

即鷩[1]。此稱唐宋時期已行用。見該文。

【避株鳥】

即鷩[1]。此稱唐代已行用。見該文。

雉

習見鶉雞名。雞形目，雉科，雉雞（環頸雉）（*Phasianus colchicus* Linnaeus）。雄鳥體長90厘米，羽色華麗。前額與上嘴基部羽毛呈黑色，頭頂青銅褐色，兩側具白眉紋；眼周與頰部皮膚裸出，呈緋紅色。頸黑并有綠色或紫色金屬反光；頸部下方有一白色頸環。上背淡黃，圍以黑條紋，下背及腰淺藍灰色；尾羽黃而帶灰，并有黑色與紅紫色橫斑；腰側叢栗黃色髮狀羽毛。飛羽淺褐，中央黃灰，并具黑色橫斑。胸部栗紫色，兩脅淡黃并綴以黑斑，腹部黑褐，尾下覆羽栗色。眼紅，嘴灰，脚暗紅并有距。雌鳥體形較小，羽色暗淡，大都爲褐與棕黃，并雜以黑斑，尾羽較短，脚無距。雉脚强健，善奔走。雉食性雜，以穀類、昆蟲、野生植物爲主。其肉堅實且肥，口味鮮美，可供食用，亦可入藥。其全身帶羽皮膚或尾羽可作飾品。雉爲留鳥，分布廣泛，除西藏羌塘高原及東南海島外，幾遍及全國。常栖於葦塘、丘陵、草叢之中。

此稱先秦時期已行用，并沿稱至今。亦稱"澤雉"。《周易·旅》："六五：射雉，一矢亡。"《莊子·養生主》："澤雉十步一啄，百步一飲，不蘄畜乎樊中。"秦漢時期亦稱"野雞""樊雞""野雉"。《史記·封禪書》："野雞夜雊。"裴駰集解："如淳曰：野雞，雉也。呂后名雉，故曰野雞。"《漢書·五行志上》："樊雞皆鳴。"顏師古注："雉也。"《西京雜記》卷四："茂陵文固陽本瑯琊人，善馴野雉爲媒，用以射雉。"三國時期亦作"鴙"。《廣雅·釋鳥》："野雞，鴙也。"王念孫疏證："鴙，與'雉'同。"南朝宋劉敬叔《異苑》卷三："司馬軌之，字道援，善射雉。"唐元稹《有鳥》詩之五："有鳥有鳥名野雞，天姿耿介行步齊。主人偏養憐整頓，玉粟充腸瑶樹栖。"明李時珍《本草綱目·禽二·雉》："黃氏《韻會》云：雉理也。雉有文理也。故《尚書》謂之華蟲，《曲禮》謂之疏趾。雉類甚多，亦各以形色爲辨耳。"謝宗萬《本草綱目藥物彩色圖鑒》："雉，[原動物]環頸雉 *Phasianus colchicus* Linnaeus（雉科）……李時珍對雉的雌、雄及卵等均寫得翔實。現今通稱此爲野雞。"

【澤雉】

即雉。此稱先秦時期已行用。見該文。

【野雞】

即雉。此稱漢代已行用。見該文。

【樊雞】

即雉。此稱秦漢時期已行用。見該文。

【野雉】

即雉。此稱秦漢時期已行用。見該文。

【鷄】

同"雉"。此體三國時期已行用。見該文。

【介鳥】

即雉。此稱先秦時期已行用。亦稱"華蟲""山梁""鵯"。《書·益稷》："日月星辰，山龍華蟲。"孔傳："華象草，華蟲，雉也。"《論語·鄉黨》："山梁雌雉，時哉時哉。"舊題周師曠《禽經》曰："雉，介鳥也，亦曰鵯。"晋代亦稱"原禽"。《文選·潘岳〈射雉賦〉》："恐吾游之晏起，慮原禽之罕至。"李善注引徐爰曰："原禽，雉也。雉不處下濕，故曰原禽也。"梵語音譯名"迦頻闍羅"。明李時珍《本草綱目·禽二·雉》釋名引梵書："謂雉曰迦頻闍羅。"參見本卷《習見禽鳥説·鶉鷄考》"雉"文。

【華蟲】

即介鳥。此稱先秦時期已行用。見該文。

【鵯】[1]

即介鳥。此稱先秦時期已行用。見該文。

【原禽】

即介鳥。此稱晋代已行用。見該文。

【迦頻闍羅】

即介鳥。梵語音譯名。此稱明代已行用。見該文。

鵪鶉

習見鵪鶉名。鷄形目，雉科，鵪鶉（*Coturnix coturnix* Linnaeus）。成鳥體長約 20 厘米，體重約 90 克，爲鷄形目中最小之種類。體形酷似鷄雛，頭小而尾秃，翅長而尖。雌雄羽色相近，背面大都黑色，雜以淺黄色羽幹紋，腹面灰白，頰與喉赤褐色，喉部中央常具黑褐色錨狀紋。生活在乾燥而近水之地區，多栖於小山内，亦在雜草叢生之水邊及沼澤邊緣草地上，偶見於稀疏林間空地及開曠草地或農田。常於濕潤草地上挖淺坑爲巢，偶於灌叢下築巢，輔以乾燥細草或其他植物。每巢產九至十枚卵。常在草地或農田覓食，陰天終日躲在荆棘内。主要取食植物性食物，如穀類及雜草種子，夏天亦取食昆蟲及其他無脊椎動物。受追趕時一般不成群起飛，常單個作短距離飛行，然後落下藏於草地内，如繼續追趕，則急速飛逃。雄性好鬥，鳴聲低弱。爲遷徙鳥。夏季在我國東北北部及中部以及河北繁殖，越冬時遍布於我國河北以南各地。肉味美，可食，亦可入藥。卵亦可食，可入藥。鵪鶉亦可飼作籠鳥，供鬥禽用。

鵪鶉
（馬駘《馬駘畫寶》）

先秦時期始稱"鶪雀""鶉"。晋代亦稱"籬鶉"。舊題周師曠《禽經》："鶪雀啁啁，下齊衆庶。"晋張華注："鶉，籬鶉也。"《禮記·内則》："雉、兔、鶉、鷃。"鄭玄注："鷃爲駕也。"南北朝時期亦稱"雌雉""鷃"。《玉篇·隹部》："鷃，雌雉。"明李時珍《本草綱目·禽二·鶉》："〔集解〕時珍曰：鶉，候鳥也，常晨鳴如鷄（一本作‘鷄’），趨民收麥，行者以爲候。”據鄭作新等《中國動物志·鳥綱·鷄形目》，古之“鷄”即今之鵪鶉。按，謝宗萬認爲鷄當爲黄脚三趾鶉，而《本草綱目》之“鷄”應指鵪鶉。此俱附供考。

【鷄】

即鵪鶉。此稱先秦時期已行用。見該文。

【鷄雀】

即鵪鶉。此稱先秦時期已行用。見該文。

【籬鷄】

即鵪鶉。此稱晋代已行用。見該文。

【鷚】

即鵪鶉。此稱南北朝時期已行用。見該文。

【鷚雜】

即鵪鶉。此稱南北朝時期已行用。見該文。

【鴽】

即鵪鶉。此稱先秦時期已行用，并沿稱於後世。亦稱“鷸”。《儀禮·公食大夫禮》：“上大夫庶羞二十，加於下大夫以雉兔鶉鴽。”《大戴禮記·夏小正》：“鴽，鷸也。”秦漢時期亦作“鴽”“鴽”。亦稱“鷸母”“牟母”。《爾雅·釋鳥》：“鴽，鷸母。”晋郭璞注：“鷸也，青州呼鷸母。”《説文·隹部》：“鴽，牟母也。從隹，奴聲。……鴽，鴽。或從鳥。”王筠句讀：“經典、字書、韻書皆作‘鴽’。”南北朝時期亦稱“鷸鶉”“鷸”。《玉篇·鳥部》：“鷸，鷸鶉也。鷸同上。”宋代亦稱“鴽”“鴽”“雊”“鷸鴽”。《集韻·平虞》：“鴽，鴽、雊。鷸鴽，鳥名，鴽也。或作‘鴽’‘雊’。”又《平魚》：“鴽，鴽。鳥名。《説文》：‘牟母也。’或從鳥。”明李時珍《本草綱目·禽二·鶉》：“鶉性醇，竄伏淺草，無常居而有常匹，隨地而安，莊子所謂聖人鶉居是

矣。”謝宗萬《本草綱目藥物彩色圖鑒》認爲此“鷄”即今人所謂鵪鶉，其文曰：“鷄，［原動物］鵪鶉（ *Coturnix coturnix* Linnaeus）。”

【鷸】

即鴽。此稱秦漢時期已行用。見該文。

【鴽】

同“鴽”。此體秦漢時期已行用。後世多引作“雊”。見該文。

【鴽】

同“鴽”。此體秦漢時期已行用。見該文。

【鷸母】

即鴽。此稱秦漢時期已行用。見該文。

【牟母】

即鴽。此稱秦漢時期已行用。見該文。

【鷸】

即鴽。此稱晋代已行用。見該文。

【鷸】

即鴽。此稱南北朝時期已行用。見該文。

【鷸鶉】

即鴽。此稱南北朝時期已行用。見該文。

【鴽】

即鴽。此稱宋代已行用。見該文。

【鴽】

即鴽。此稱宋代已行用。見該文。

【雊】

即鴽。此稱宋代已行用。見該文。

【鷸鴽】

即鴽。此稱宋代已行用。見該文。

鶉[1]

習見鶉鷄名。鷄形目，雉科，斑翅山鶉（ *Perdix dauuricae* Pallas）。成鳥體長約30厘米，體重約300克。頭頂及後頭沙褐色，後頭

及頸側灰藍，自背以下均沙褐色，并布以栗色細斑，飛羽黑褐，頦與喉黃色。上胸藍灰色，下胸棕黃，腹部具一馬蹄形斑塊，腹以下棕白。眼暗褐；脚肉色。遍布於我國北部地區。栖於無林山地，成群活動，通常很少鳴叫，受驚時蹲伏不動。巢常安於近矮樹旁地面上，呈淺窩狀，内覆以稻草或麥秸。以植物種子爲食，亦食甲蟲。肉味鮮美，可入藥。卵亦可食。

鶉
（明王圻等《三才圖會》）

此稱先秦時期已行用，并沿稱至今。亦稱"鶉""鶉雀"。《詩・鄘風・鶉之奔奔》："鶉之奔奔，鵲之彊彊。"舊題周師曠《禽經》："鶉，鶡，雄鶡牝痺。"晋張華注："鶉雀也，鶉也。"一説即《山海經》中所稱之"䳍"。《山海經・南山經》："〔柜山〕有鳥焉，其狀如鴟而人手，其音如痺，其名曰䳍。"係傳説，恐不足爲據。亦稱"鷁鶉"。《説文・佳部》："雐，雖屬也。"清段玉裁注："一曰鶉字，鶉即鷁省。……'惟有縣鶉兮'毛特訓爲小鳥，乃爲鷁鶉也。"明李時珍《本草綱目・禽二・鶉》："鶉性醇，竄伏淺草，無常居而有常匹，隨地而安……鶉大如雞雛，頭細而無尾，毛有斑點，甚肥，雄者足高，雌者足卑，其性畏寒，其在田野，夜則群飛，晝則草伏。人能以聲呼取之。"據鄭作新等《中國動物志・鳥綱・雞形目》，古之鶉即現代之斑翅山鶉。按，鶉（又讀tuán）亦雕之別稱。《詩・小雅・四月》："匪鶉匪鳶，翰飛戾天。"毛

傳："鶉，鵰（雕）也。"此附供考。

【鷁】[1]

即鶉[1]。此稱先秦時期已行用。見該文。

【鷁雀】

即鶉[1]。此稱晋代已行用。見該文。

【鷁】[1]

即鶉[1]。此稱清代已行用。見該文。

【族味】

即鶉[1]。此稱宋代已行用。宋陶穀《清異録・禽》："鶉，捕之者多論網而獲，故雌雄群子同被鼎俎，世人文其名爲族味。"參見本卷《習見禽鳥説・鷁鷁考》"鶉[1]"文。

【丹鶉】

鶉[1]之一種。此稱宋代已行用。宋沈括《夢溪筆談・象數一》："鶉有兩種，有丹鶉，有白鶉。"見該文。

【白鶉】

鶉[1]之一種。此稱宋代已行用。宋沈括《夢溪筆談・象數一》："鶉有兩種，有丹鶉，有白鶉。"見該文。

雞

習見鷁雞名。雞形目，雉科，〔紅〕原雞（*Gallus gallus* Linnaeus）。雄雞體長約60厘米。肉冠不大，呈磚紅色，頭頂暗橘紅色，耳羽簇淺栗色；嘴黑褐色，膜紅褐或橙紅色。臉、頦、喉及前頸裸出部淺紅色。上體紅色，下體褐黑，翅羽短圓，基部黑色，且具輝亮栗紅色羽端。尾大，呈側扁狀，尾羽具綠色金屬光澤。脚長而强，跗跖及趾均鉛褐色以至藍灰色，且具一尖鋭而向上曲長距。雌鳥體形較小。前頭、額濃栗色，此色由耳後下至胸部，形成項領狀，頭頂棕黃色，耳羽簇栗色。上體黑褐色，下體

棕色轉淡，翅羽淺銹褐色，密布黑褐色囊狀細斑。尾羽黑褐色，跗跖無距。性怯人，視、嗅覺均靈敏，飛行力強，但不能久飛。營巢於樹根旁地面。食性雜，嗜食堅果、種子、樹葉、嫩竹笋以及蛾類、白蟻、鱗翅目幼蟲。其肉可入藥。我國分布於雲南、廣西南部及海南等地。多栖於櫟林、竹闊混交林、稀樹灌木叢等地，亦結群活動於田間，啄食穀物。

此稱先秦時期已行用，并沿稱至今。亦作"雞"。《書·牧誓》："牝雞無晨，牝雞之晨，惟家之索。"秦漢時期亦稱"知時畜"。《説文·隹部》："雞，知時畜也。"晉代亦稱"荒雞"。《晉書·祖逖傳》："與司空劉琨俱爲司州主簿，情好綢繆共被同寢中，夜聞荒雞鳴。"南北朝時期亦稱"知時鳥"。《玉篇·鳥部》："鷄，知時鳥，又作'雞'。"明李時珍《本草綱目·禽二·鷄》："[集解]鷄類甚多，五方所產，大小形色往往亦異。"該書一本作"雞"。鄭作新等《中國動物志·鳥綱·鷄形目》稱，古之鷄即現代之所謂原鷄。本種已被列爲國家二級重點保護野生動物。按，謝宗萬《本草綱目藥物彩色圖鑒》

鷄
（明王圻等《三才圖會》）

則認爲此鷄應爲家鷄。其文曰："鷄，*Gallus gallus domesticus* Brisson（雉科）。"此附供考。

【知時畜】

即鷄。此稱秦漢時期已行用。見該文。

【荒雞】

即鷄。此稱晉代已行用。見該文。

【知時鳥】

即鷄。此稱南北朝時期已行用。見該文。

【時夜】

即鷄。此稱先秦時期已行用。《莊子·大宗師》："浸假而化予之左臂以爲雞，予因以求時夜。"又《莊子·齊物論》："見卵而求時夜，見彈而求鴞炙。"陸德明釋文："時夜，司夜，謂雞也。"參見本卷《習見禽鳥説·鶉鷄考》"鷄"文。

【德禽】

即鷄。此稱漢代已行用。《韓詩外傳》卷二："鷄雖有五德，君猶日瀹而食之者，何也？"後因稱鷄爲德禽。參閱宋祝穆撰《古今事文類聚後集·羽蟲部·雞》。參見本卷《習見禽鳥説·鶉鷄考》"鷄"文。一説"德禽"指雁，見明楊慎《丹鉛餘録》卷四。

【靈禽】

即鷄。亦稱"鳩七咤"。此稱明代已行用。明李時珍《本草綱目·禽二·鷄》[釋名]："梵書名鷄曰鳩七咤。"又[集解]："古人言鷄能辟邪，則鷄亦靈禽也。"《淵鑑類函》卷四二五："梵書鷄曰鳩七咤。"參見本卷《習見禽鳥説·鶉鷄考》"鷄"文。

【鳩七咤】

即靈禽。梵語音譯名。此稱明代已行用。見該文。

【燭夜】

即鷄。亦作"爥夜"。此稱晋代已行用。晋崔豹《古今注·鳥獸》:"鷄,一名燭夜。"《爾雅翼·釋鳥》:"崔豹《古今注》:鷄名燭夜。"《駢雅·釋鳥》:"燭夜……鷄也。"參見本卷《習見禽鳥説·鶉鷄考》"鷄"文。

【爥夜】

同"燭夜"。此體明代已行用。見該文。

【窗禽】

即鷄。此稱南北朝時期已行用。南朝宋劉敬叔《異苑》卷三:"晋兗州刺史沛國宋處宗嘗買得一長鳴鷄,愛養甚至,恒籠置窗間。鷄遂作人語,與處宗談論極有言致,終日不輟,處宗由此玄言大進。"後世因稱鷄爲"窗禽"。亦作"窻禽"。元貢師泰《圓修寺雨後書懷》詩:"日移棋局晚,山落酒盃寒。欄蝶穿花濕,窗禽飲硯乾。"明王鏊《次師陳西干草堂韻》:"晏子家居不厭囂,年來市賈識偏饒。窗禽曉下窺書案,門柳時來繫釣橈。"明石珤《新涼曲》:"草蟲似答風樞吟,窗禽不與書燈約。"參見本卷《習見禽鳥説·鶉鷄考》"鷄"文。

【窻禽】

同"窗禽"。此體至遲元代已行用。見該文。

【金禽】

即鷄。此稱隋代已行用。《隋書·禮儀志》:"帝曰:鷄是金禽,亦主巽位。"明德祥《古懷》詩:"思尋海底人,爲乞珊瑚樹。持栽此前庭,慰彼歲將暮。上棲孤金禽,下宿單玉兔。"參見本卷《習見禽鳥説·鶉鷄考》"鷄"文。

【鑽籬菜】

即鷄。僧人謂鷄爲"鑽籬菜"。宋蘇軾《東坡志林》卷八:"僧謂酒爲般若湯,謂魚爲水梭花,鷄爲鑽籬菜。"元唐元《和程仲山失鷄行》:"誰教鵝鴨惱比鄰,爲嫌口吻令人嗔。鑽籬菜僅俗僧飽,詛盟待汝搖其唇。"參見本卷《習見禽鳥説·鶉鷄考》"鷄"文。

【羹本】

"鷄"之戲稱。以鷄爲製羹根本,故名。此稱宋代已行用。宋陶穀《清異録·禽》:"郝輪陳別墅畜鷄數百,外甥丁權伯勸諭輪:'畜一鷄日殺小蟲無數,況損命莫知紀極,豈不寒心?'輪曰:'汝要我破除羹本,雖親而實疏也。'"後世遂以"羹本"謂鷄。參見本卷《習見禽鳥説·鶉鷄考》"鷄"文。

【巽羽】

即鷄。此稱漢代已行用。《周易》巽卦爲鷄,鷄爲羽蟲之屬,故稱。《周易·説卦》:"乾爲馬,坤爲牛,震爲龍,巽爲鷄。"孔穎達疏:"巽主號令,鷄能知時,故爲鷄也。"因以"巽"指鷄。《文選·班固〈幽通賦〉》:"巽羽化於宣宫兮,彌五辟而成灾。"李善注:"曹大家曰:《易》巽卦爲鷄。鷄羽蟲之屬,故言羽也。"十二生肖鷄爲酉,紅頭金距,威風凜凜,猶若將軍,故又名"酉日將軍"。此稱晋代已行用。晋葛洪《抱朴子内篇·登涉》:"〔山中〕酉日稱將軍者,老鷄也。"後人遂有以此稱老鷄者。

【酉日將軍】

即巽羽。此稱晋代已行用。見該文。

【鸊鯷】

即鷄。此稱多行用於漢代。亦稱"割鷄""鷯"。《方言》第八:"鷄,陳楚宋魏之間謂之鸊鯷,桂林之中謂之割鷄,或曰鷯。"

【割鷄】

即鸊鯷。此稱漢代已行用。見該文。

【鷕】

即鷓鴣。此稱漢代已行用。見該文。

【䳕】

即雞。此稱三國時期已行用。《廣雅·釋獸》："䳕，雞也。"參見本卷《習見禽鳥説·鶉雞考》"雞"文。

【䳏】

即雞。此稱宋代已行用。亦稱"鷚""麊""鷚""雗"。《集韻·平侵》："䳏、鷚，漢中呼雞爲䳏，或从鳥。"又《平麻》："麊，雞名。"又《平鍾》："鷚、鷚，《方言》：桂林之中謂雞曰鷚。或从鳥。亦書作'雗'。"參見本卷《習見禽鳥説·鶉雞考》"雞"文。

【鷚】

即䳏。此稱宋代已行用。見該文。

【麊】

即䳏。此稱宋代已行用。見該文。

【鷚】

即䳏。此稱宋代已行用。見該文。

【雗】

即䳏。此稱宋代已行用。見該文。

鷓鴣

習見鶉雞名。雞形目，雉科，中華鷓鴣（*Francolinus pintadeanus* Scopoli）。雄鳥體長約 30 厘米。頭頂黑褐色，兩側綴有栗黃色縱紋，縱紋於額與枕部并連，形成橢圓狀環斑，耳羽白色；頦與喉部白色；翅羽黑褐色，通體被黑白相雜之羽幹紋；背上、胸、腹等部覆有眼狀白斑。尾短，覆羽黑色。足橙黃至紅褐色。雌鳥頭、頦、喉部與雄鳥相似，耳羽淺栗黃色，肩羽有黑色塊斑；上胸黑褐色，并布以淡黃圓形斑點，下胸及腹部淡黃色，雜以黑褐

色橫斑，其餘部分與雄鳥類似。脚强健善走，飛時迅速，但不善久飛，遇驚即飛匿於灌叢深處。營巢於灌木、草叢間。食性雜，嗜食蚱蜢、螞蟻及其他昆蟲，亦食野產果實、種子及植物嫩芽。肉可入藥。我國分布於福建、廣東、廣西、雲南。多栖於灌叢及疏樹山地，有時見其結群覓食，且常立於山巔樹上鳴叫。

鷓鴣
（馬駘《馬駘畫寶》）

此稱晋代已行用，并沿稱至今。晋崔豹《古今注·鳥獸》："鷓鴣，出南方，鳴常自呼，常向日而飛，畏霜露，早晚稀出，有時夜飛。"南北朝時期稱"鷓鴣鳥""鷓"。《玉篇·鳥部》："鷓，鷓鴣鳥，其鳴自呼，常南飛，似雉。"唐代亦稱"南禽"。唐韋莊《鷓鴣》詩："南禽無侶似相依，錦翅雙雙傍馬飛。"宋代亦稱"蠻禽"。宋陸游《東山避暑用轆轤體》詩："輪囷離奇澗松古，鈎輈格磔蠻禽悲。"明李時珍《本草綱目·禽二·鷓鴣》："[集解]鷓鴣性畏霜露，早晚稀出，夜栖以木葉蔽身。"清代亦稱"首南鳥"。清黃景仁《失題》詩："鷓鴣本是號寒蟲，鷓鴣曾呼首南鳥。"

【鷓】

即鷓鴣。此稱南北朝時期已行用。見該文。

【南禽】

即鷓鴣。此稱唐代已行用。見該文。

【蠻禽】

即鷓鴣。此稱宋代已行用。見該文。

【首南鳥】

即鷓鴣。此稱清代已行用。見該文。

【越雉】

即鷓鴣。此稱先秦時期已行用。亦稱“隨陽”“懷南”“逐隱”。舊題周師曠《禽經》：“隨陽（一作‘楊’）、越雉，鷓鴣也。飛必南翥，晋安曰懷南，江左曰逐隱。”晋代亦稱“山鷓”“杜薄州”。《淵鑑類函》卷四二八引《羅浮志》：“遇暖則相對而啼，謂之山鷓。”又引《南越志》：“鷓鴣鳥其鳴自呼杜薄州。”參見本卷《習見禽鳥説·鵪鷄考》“鷓鴣”文。

【隨陽】

即越雉。此稱先秦時期已行用。見該文。

【懷南】

即越雉。此稱先秦時期已行用。見該文。

【逐隱】

即越雉。此稱先秦時期已行用。見該文。

【山鷓】

即越雉。此稱晋代已行用。見該文。

【杜薄州】

即越雉。此稱晋代已行用。見該文。

【越禽】[2]

即鷓鴣。此稱唐代已行用。唐李白《古風五十九首》之六：“代馬不思越，越禽不戀燕。”明代亦稱“槁”。《正字通·鳥部》：“鷓鴣……一名槁，多對啼。”清代亦稱“內史”“花豸”“花廌”。《事物異名録·禽鳥部上》引《採蘭雜志》：“鷓鴣一名內史，一名花豸。又花豸亦作花廌，中書亦名內史。”參見本卷《習見禽鳥説·鵪鷄考》“鷓鴣”文。

【槁】

即越禽[2]。此稱明代已行用。見該文。

【內史】

即越禽[2]。此稱清代已行用。見該文。

【花豸】

即越禽[2]。此稱清代已行用。見該文。

【花廌】

即越禽[2]。此稱清代已行用。見該文。

第六節　猛禽考

本節所考論之猛禽，是指性情凶猛的鳥類。這類禽鳥嘴尖鋭呈鈎狀，脚堅勁，爪鋒利，體壯翼强，極善飛翔，凶悍而猛鷙，以捕食動物或攫取尸肉爲生。

禽鳥種類繁多，食性亦雜。多數禽鳥均可食肉，然而其中一些并不凶悍，如鷺、鸛、鷗、鶴等食魚，鷄、鶉、雀、啄木鳥等食蟲，這些禽鳥并不屬於猛禽。本節所考者主要包括隼形目與鴞形目之各種禽鳥。今僅就以下四端，略予考釋。

一、猛禽名義訓

　　一物之名，多因其特性而得，猛禽亦然，因其性猛強鷙而得名，此稱先秦時期已行用，并沿稱於後世。如《墨子·節用中》："古者聖人爲猛禽狡獸暴人害民，於是教民以兵行，日帶劍。"晋常璩《華陽國志·巴志》："水陸艱難，山有猛禽。"明陳耀文《天中記·蜂》："武帝曰：猛禽在田，荷戈而出，凡人能之；蜂蠆作於懷袖，勇夫爲之驚駭，出於意外故也。(《天中記》卷五七引《晋書》)"金庸《倚天屠龍記》之三："那海東青是生於遼東的一種大鷹，凶狠鷙惡，捕食小獸，是關外著名的猛禽。"禽亦稱"鳥"，故猛禽又稱"猛鳥"。如《周禮·秋官·翨氏》："翨氏掌攻猛鳥，各以其物爲媒而掎之，以時獻其羽翮。"鄭玄注："猛鳥，鷹隼之屬。"孫詒讓正義："健鷙之鳥亦稱猛鳥，以其性健鷙善搏擊，故攻之。"

　　猛禽之中，鷹、隼、鷲、鵰等最爲凶悍，人們認識猛禽，多先自此類禽鳥開始。典籍中亦常用"鷹隼""鷹鷲""鷹鵰"等稱猛禽。如《禮記·月令》："季夏之月……行冬令，則風寒不時，鷹隼蚤鷙，四鄙入保。"《大戴禮記·曾子疾病》："鷹鶽以山爲卑，而曾巢其上。"再如漢劉向《説苑·雜言》："麋鹿成群，虎豹避之；飛鳥成列，鷹鷲不擊。"《文選·宋玉〈高唐賦〉》："雕鶚鷹鵰，飛揚伏竄。"李善注引《説文》曰："鵰，鷲鳥也。"宋葉適《次王道夫舟中韻》三首之二："鳴鳥不聞千仞遠，搏風鷹隼頓能高。"上述之"鷹隼(一作'鶽')""鷹鷲""鷹鵰"等，除分別指鷹、隼、鷲、鵰等能鷙善擊之禽鳥外，亦皆代稱猛禽。

　　"鷙"亦猛禽之古稱。如《説文·鳥部》："鷙，擊殺鳥也。""執"本作"捕罪人"解(《説文·執部》)。鷙，意謂善執服衆鳥，故"鷙"藉以代稱猛禽。鷙即有執服衆鳥之義，故"鷙禽"亦指猛禽。如《淮南子·氾論訓》："爲鷙禽猛獸之害傷人，而無以禁御也。"晋葛洪《抱朴子·博喻》："故鷙禽以奮擊拘縶，言鳥以智慧見籠。"宋王明清《揮塵前録》卷四："北廷川長廣數千里，鷹鵰鵰鶻之所生，多美草，下生花，砂鼠大如兔，鷙禽捕食之。"宋莊綽《雞肋編》卷下："鷙禽來自海東，唯青鶻最嘉，故號海東青。"《續資治通鑑長編·真宗天禧元年》："乙卯，詔北戎每歲以鷙禽爲獻，憫其羈紲，宜悉縱之。"魯迅《朝花夕拾·狗猫鼠》："鷙禽猛獸以較弱的動物爲餌。"以上之"鷙禽"盡指猛禽。鷹、鵰類凶猛禽鳥又稱"鷙鳥"。如《孫子·勢》："鷙鳥之疾，至於毀折者，勢(一作'節')也。"漢桓寬《鹽鐵論·伐功》："蒙公爲秦擊走匈奴，若鷙鳥之追群雀。匈奴勢慴，不敢南面而望十餘年。”漢應瑒《西狩賦》：“時霜淒而淹野，寒風肅而川逝，草木紛而搖蕩，鷙鳥別而高厲。”唐杜甫《醉歌行》：“驊騮作駒已汗血，鷙鳥舉翮連青雲。”《爾雅翼·釋鳥二》：“鴇乃水鳥，不以鷙稱，而鷙鳥爲之落羽，此類之不可推者。”元劉永之《江濱小警胡居敬助教來訪雨中有述》詩：“慈烏低避雨，鷙鳥急衝寒。”上述“鷙鳥”盡指猛禽。“蟲”古爲禽獸之總名，“鷙蟲”亦代稱猛禽、猛獸。如《禮記·儒行》：“鷙蟲攫搏，不程勇者。”鄭玄注：“鷙蟲，猛鳥猛獸也。”孔穎達疏：“蟲是鳥獸通名，故爲猛鳥猛獸云。”鶪是一種迅飛善擊之猛禽，又名晨風，似鷂，常捕食鳩、鴿、燕、雀等。“鷙鶪”亦泛指各種猛禽。如漢焦贛《易林·屯之豐》：“黃鳥悲鳴，愁不見星。困於鷙鶪，使我心驚。”梟本鴞屬類猛禽，“鷙梟”亦用以代稱猛禽，并喻凶悍之人。如清黃六鴻《福惠全書·刑名·拉撴》：“防範惟嚴，則鷙梟獟犬何從而入乎？”猛禽極善擊殺，故又常以“鷙擊”代稱鷹鶪類猛禽。如唐段成式《酉陽雜俎·肉攫部》：“凡鷙擊等，一變爲鴿，二變爲鵃，轉鶻，三變焉正鶻。自此已後，至纍變，皆爲正鶻。”鷹隼之類，性猛善鷙，故亦以“猛鷙”代稱猛禽。《文選·王中〈頭陁寺碑文〉》：“宗法師行絜珪璧，擁錫來游。以爲宅生者緣，業空則緣廢；存軀者惑，理勝則惑亡。遂欲捨百齡於中身，殉肌膚於猛鷙，班荆蔭松者久之。”李周翰注：“猛鷙，鷹也。”漢李尤《七難》：“猛鷙陸嬉，龍鼉水處。”“猛鷙”者，猛禽也。

攫，本義作鳥獸以爪抓取獵物解。如《荀子·哀公》：“顏淵對曰：臣聞之，鳥窮則啄，獸窮則攫，人窮則詐。自古及今，未有窮其下而能無危者也。”又作奪取解，如《莊子·讓王》：“子華子曰：今使天下書銘於君之前，書之言曰：左手攫之則右手廢，右手攫之則左手廢。”猛禽取食往往以爪抓取，以嘴撕扯而食，極其凶猛殘忍，故又將其稱爲“攫鳥”。如《老子》第五十五章：“含德之厚，比於赤子，蜂蠆虺蛇不螫，猛獸不據，攫鳥不搏。”成玄英疏：“攫鳥，鷹鶪類也。”又漢嚴遵《道德指歸論》卷四：“被道含德，與天地同，則蜂蠆蟲蛇，無心施其毒螫，攫鳥猛獸，無意加其攫搏。”“攫鳥”顯指猛禽而言。

猛禽極其凶惡，故常被稱爲“惡鳥”，我國臺灣等地多行用此稱。如清范咸等《重修臺灣府志·物產·鳥獸》：“烏鷙，身黑尾長，較小於鷹，能搏鷹鶪鳶諸惡鳥。”此處之“惡鳥”係指鷹、鶪、鳶類猛禽。

鴟形目猛禽多以“鴟”“梟”“鵂”相稱。其形特異，頭狀似貓，又兼夜行，故俗稱“貓頭鷹”“貓頭鵂”“夜貓子”。如《詩·陳風·墓門》：“墓門有梅，有鴞萃止。”毛傳：“鴞，惡聲之鳥也。”又《大雅·瞻卬》：“懿厥哲婦，爲梟爲鴟。”徐珂《清稗類鈔·動物類·角鴟》："亦名鴟鵂，又稱怪鴟，俗稱猫頭鷹。"《兒女英雄傳》第五回："這老梟，大江以南叫做猫頭鴟，大江以北叫做夜猫子，深山裏面隨處都有。"因其貌醜，鳴聲凄凉，又貪殘暴戾，嗜食尸肉，常被稱作"惡鳥""不祥鳥""不孝鳥"等。此類貶稱多是古人迷信、愚昧、偏見及誤解所致。今人以科學的態度重新認識鴟類猛禽，還其以公正的名分，常稱其爲"大自然的衛士""凈化環境的清道夫"。

二、猛禽觀察研究史

猛禽是鳥綱之特殊種類。據報道，英國曾發現始新世時期的鷹頭化石。美國亦出土有新兀鷹與古鷹化石。秘魯與厄瓜多爾還發掘有更新世時期之美洲鷲、鷹、隼化石。我國亦曾於北京周口店山頂洞發現更新世晚期之鷹骨化石。這些都表明猛禽存世已有頗久的歷史。

禽鳥之類爲先民所熟悉，首先是因其與人類早期之飲食起居相關聯。猛禽攫食小鳥、走獸、爬蟲等，與人争食，可能引起先民的注意，繼而發現猛禽亦可食用，便對其産生更大興趣。隨着人們對猛禽的更多接觸，便發現其諸多習性與廣泛用途，積纍起日益豐富的知識與經驗，并將這些知識、經驗用於自己的生産與生活實踐，這個認識和積纍的過程極其久遠。我國出土的新石器時代仿鷹、隼類猛禽形象的陶器便説明，我國先民對猛禽的認識至少有五千至八千年乃至更長的歷史。再如陝西渭南華州區太平莊曾發掘出陶製鴞，廟底溝出土有陶鴞鼎，其形象生動，栩栩如生，這些無不反映出數千年前先民對猛禽研究之細緻，瞭解之深刻。如若不然，便不可能製造出如此逼真的藝術品供使用與觀賞，這在人類歷史上也極其罕見。甘肅河西走廊祁連山、馬鬃山、黑山及内蒙古陰山、狼山地區的岩畫，始創於新石器初期或更早，其中亦有鷹類圖形，表明先民早已將鷹列入采獵"圖譜"之中。

夏、商、周時期，我國進入奴隸制社會。隨着生産力的發展，先民對生存環境與周圍事物的瞭解更進一步，對猛禽的觀察亦更加仔細，積纍的經驗更爲豐富。據傳爲夏代曆書之《夏小正》其卷上便有"正月……鷹則爲鳩""五月……鳩爲鷹""六月……鷹始摯"等記述。舊題周師曠《禽經》亦有"鷙鳥之善搏者曰鶚""搏則利嘴"等記載。這些是關於猛禽生物學特性和形態特徵的描述。此外，還記述了鶚、鴟、鶻、鵻（奪）、鷸、白鷢（鶪類）、鳶、風（越人謂之風伯）、怪鵬、梟鴟等多種猛禽，其内容之詳、種類之多在當時也是世所罕見。《詩》是我國西周初期至春秋中期之詩歌總集，這些奴隸制時代的樂歌，保留至今的有三百○五首，詩中涉及禽鳥多達四十二種。如《周南·關雎》"關關雎鳩，在河之洲。窈窕淑女，君子好逑"，是以雎鳩"性不雙侶"起興，或以雎鳩求魚、情意專注，比喻男子求女的純潔愛情。其中之雎鳩，即今人所稱之魚鷹（一説即鵜形目之鸕鷀或鷭形目鳥類）。再如《秦風·晨風》："鴥彼晨風，鬱彼北林。""晨"乃"鷐"之省借，"晨風"即猛禽鸇。《陳風·墓門》："墓門有梅，有鴞萃止。"此"鴞"即俗呼之貓頭鷹類猛禽。《豳風·鴟鴞》："鴟鴞鴟鴞，既取我子，無毀我室。""鴟鴞"者，亦俗稱之貓頭鷹之屬，以此比喻奴隸主統治者貪殘暴戾。《小雅·采芑》："鴥彼飛隼，其飛戾天，亦集爰止。"此處之"隼"通常認爲是鶻，亦泛指鷹、雕、鶻類猛禽。《小雅·四月》："匪鶉匪鳶，翰飛戾天。"鶉爲鷻（音tuán）之省借，爲雕之别名，亦屬猛禽。又如《大雅·旱麓》："鳶飛戾天，魚躍于淵。""鳶"即俗稱之老鷹，亦指猛禽。《大雅·瞻卬》："懿厥哲婦，爲梟爲鴟。""梟"同"鴞"，即貓頭鷹，此處之"鴟"係指鷂鷹。這些詩篇反映了周代先民豐富的鳥學知識，他們將鳥之習性引入詩歌創作，尤其是以猛禽的鷙惡比喻奴隸主的貪殘暴戾，既恰當又生動。

　　秦漢以來，我國進入封建社會，社會生產力較此前又有進一步發展，人們對禽鳥的認識又較前代有所提高，并廣泛地收列於各類典籍之中。《山海經》是一部較早的地學著作，該書對各地之山川地理及异物飛走之類頗多描述，記載各種動物計二百九十一種，其中便有禽鳥多達百種。内中自然也有關於猛禽之記載。如《山海經·西山經》："西二百五十里曰白於之山……其獸多炸牛，羬羊；其鳥多鴞。"又："又西三百二十里曰槐江之山……北望諸毗，槐鬼離侖居之，鷹鸇之所宅也。"郭璞注："鸇，亦鴞屬也。"此類記述尚有多處。《爾雅》是最早的解經之作，亦是目前所知我國最早的百科全書。該書記載各種動物多達二百九十九種。其《釋鳥》篇記有禽鳥九十五種，内中便有雎鳩、鴟鴞、狂（茅鴟）、怪鴟、梟鴟、鷺（白鷢）、晨風（鸇）、鷹、隼、鳶等猛禽。漢代許慎撰《説文》爲我國現存最早的字書，此書鳥部收一百一十六字，隹部三十九字，全書共記鳥類多達三百餘種，鴞、鳶、鵰、鶻、鸇、鷣、驚（雕）等猛禽亦在其中。漢黄門令史游撰《急就篇》有"鳳爵鴻鵠鴈鶩雉，鷹鷂鴇鴰翳雕尾。鳩鴿鶉鷃中綱死，鳶鵲鴟梟驚相視"等禽鳥知識，此中亦有鷹、鷂、雕、鳶、鴟、梟等猛禽。可見早在漢代已將習見之猛禽知識納入幼童蒙學教材了。此後，各類典籍均不乏禽鳥及猛禽之記述。猛禽量少，鮮見，且多獨居隱處，鷙惡而懼人。静則高遠，動則迅疾，觀察、識别極爲困難，更兼鷙禽色形差异本就較小，目力很難仔細區分，況又缺乏現代分類學知識，故典籍之中多衹記載種類而少實質内容。特別是夜行性猛禽則更是觀察有欠詳確，以致將不同種之鴞類相混淆，甚至將鴞與晝行性猛禽混爲一談，而且諸多典籍所記者亦常因襲前人，多無創見。如晋郭義恭《廣志》記猛禽數種，大多内容與前人典籍雷同。南朝梁顧野王《玉篇》鳥部收字四百二十個，内中包括猛禽名稱達十數種，亦衹言明"猛禽名"等。《類篇》《廣韻》《集韻》亦多如此。倒是宋代羅願所著《爾雅翼》記載較詳。該書記述五十餘種禽鳥，其中亦有常見於典籍之鷹、雕、隼、鶚、梟等猛禽，其記載遠較前人明晰，如《釋鳥四》："隼，鷙鳥也。古者鳥隼以爲旗，蓋取其鷙。然古今言隼，迺未有的指其物者。"隨即比較了《禽經》《説文》《詩》《淮南子》《爾雅》等歷代典籍所言之"隼"的含義，以供讀者參考。其他諸如雕、鷹、梟、鵰等大都如此，顯然較以往大有進步。明李時珍《本草綱目》收列入藥禽鳥七十餘種，對猛禽的考證辨識亦有不少進步，首先是將猛禽歸爲山禽類，并對鷹、雕、鶚、雀鷹、鴟、鴟、鴟鵂等猛禽之别名亦稱加以考證，如鷹，《禽四·鷹》曰："〔釋名〕鷹以膺擊，故謂之鷹。其頂有毛角，故曰角鷹。其性爽猛，故曰鷞鳩……蓋鷹與鳩同氣禪化，故得稱鳩也……梵書謂之嘶那夜。"此外對鷹的種類、習性、形態特徵等均有較清晰的描寫，至於鷹之藥用價值、使用方法都較前人有所發明。然而，真正系統研究猛禽并用現代科學分類者，則當推鄭作新所撰《中國鳥類名録》（1947），内列全國鳥類三百八十八屬一千〇八十七種，另附九百一十二亞種，共計一千九百九十九種與亞種，這標志着我國鳥學研究進入一個新的時代。1959 年又發表了《中國鳥類分布總表》，内收隼形目鷹、隼二科二十四屬五十六種，鴞形目收草鴞、鴟鴞二科十屬二十三種。許維樞近年出版了《中國猛禽·鷹隼類》專著，對隼形目猛禽進行了全面系統的研究分析，把猛禽研究推向了新的高度。

三、猛禽的特性與種類

猛禽是禽鳥之重要類群。據記載，全世界大約有四百餘種，它們的習性各不相同。

猛禽之共同特點是皆食肉，但其生活習性却存在很大差异。一些猛禽喜白晝活動，被稱爲"晝行性猛禽"，如鷹、隼、雕、鶚等隼形目猛禽多屬於此類。還有一些猛禽極善於夜間行動，被稱爲"夜行性猛禽"，鴞鴟類猛禽均在此列。

晝行性猛禽與夜行性猛禽雖均爲食肉性猛禽，但其形態特徵與内部構造存在較大差异，且親緣關係也不甚密切，實爲兩類不同的禽鳥。現代分類學常將其分爲隼形目和鴞形目兩類禽鳥。隼形目鳥類體形大小不一。大型者如兀鷲，其體重達 8 ~ 12 千克，全長約 120 厘米；小者如小隼，體重 50 克，長僅 16 厘米，與麻雀不相上下，多數雌成鳥大於雄成鳥。隼形目鳥類嘴强壯，上頜嘴緣鋒利并長於下頜，先端向下彎曲呈鉤狀，利於扯食獵物。嘴基部有突出的皮質蠟膜，鼻孔位於蠟膜之上，并裸露，不爲羽毛所覆蓋。眼大，圓錐體集中，視野寬，上眼眶骨突出，既便於白日獵物，又可保護眼睛不受傷害。隼形目鳥類翼强善飛，後趾發達，各趾端有鋭爪呈彎曲狀。多栖息於高山、平原、草原、海岸等開闊地區，極善飛翔，活動範圍廣，可翱翔於藍天，盤旋於雲端，可鼓翼奮飛，亦可展翅滑翔。隼形目猛禽還具有領域行爲，如許多隼形目猛禽均有自己的營巢領域、活動領域及取食領域。大多數還是候鳥，每年秋、春往返於繁殖區與越冬區之間，而熱帶猛禽則在旱季與雨季往返遷飛。隼形目猛禽之壽命大都較長，小型類壽命約爲十五至二十五年，大型隼形目猛禽，如金雕，壽命可長達五十年。其終生白晝活動，以爪捕食各種動物爲生。隼形目鳥類全世界共五科（鷹科、隼科、鶚科、美洲鷲科與蛇鷲科）八十屬二百八十九種。我國僅分布鷹科、隼科二科二十三屬六十一種。

鷹，甲骨文闕。籀文作“”，從鳥，應聲。本作“鷙鳥”解（見《玉篇》），即捕食小鳥、鷄、兔、野鼠等之猛禽，又爲被人畜養馴化可爲役使、以便獵獲之鷙鳥。鷹科禽鳥大多具此特性。其主要特徵是體小型至大型，嘴强健，先端鉤曲，上嘴左右兩側具弧狀突。翅寬闊而强大，善於飛翔。尾羽除虎頭海雕爲十四枚外，餘均十二枚。趾强健粗壯，極有力。趾具鉤曲狀尖爪，極適於攫捕獵物。鶚之外趾能反轉，趾底多刺突。鷹類體羽通常灰褐或暗褐色。鷹科猛禽多栖息於山野、森林、草叢、荒漠、田野、沼澤等地。晝行性，性凶猛，其主要種類有黑翅鳶（*Elanus caeruleus*）、褐冠鵑隼（*Aviceda jerdoni*）、黑冠鵑隼（*A. leuphotes*）、鳳頭蜂鷹（*Pernis ptilorhynchus*）、〔黑〕鳶（*Milvus korschun*）、栗鳶（*Haliastur indus*）、蒼鷹（*Accipiter gentilis*）、褐耳鷹（*A. badius*）、赤腹鷹（*A. soloensis*）、鳳頭鷹（*A. trivirgatus*）、雀鷹（*A. nisus*）、松雀鷹（*A. virgatus*）、棕尾鵟（*Buteo rufinus*）、大鵟（*B. hemilasius*）、普通鵟（*B. buteo*）、毛脚鵟（*B. lagopus*）、白眼鵟鷹（*Butastur teesa*）、灰臉鵟鷹（*B. indicus*）、棕翅鵟鷹（*B. liventer*）、鷹雕（*Spizaetus nipalensis*）、金雕（*Aquila chrysaetos*）、白肩雕（*A. heliaca*）、草原雕（*A. nipalensis*）、烏雕（*A. clanga*）、白腹山雕（*A. fasciata*）、棕腹隼雕（*A. kienerii*）、林雕（*Ictinaetus malayensis*）、白腹海

雕（*Haliaeetus leucogaster*）、玉帶海雕（*H. leucoryphus*）、白尾海雕（*H. albicilla*）、虎頭海雕（*H. pelagicus*）、漁雕（*Icthyophaga humilis*）、黑兀鷲（*Sarcogyps calvus*）、禿鷲（*Aegypius monachus*）、高山兀鷲（*Gyps himalayensis*）、白背兀鷲（*G. bengalensis*）、胡兀鷲（*Gypaetus barbatus*）、白尾鷂（*Circus cyaneus*）、草原鷂（*C. macrourus*）、烏灰鷂（*C. pygargus*）、鵲鷂（*C. melanoleucos*）、白頭鷂（*C. aeruginosus*）、白腹鷂（*C. spilonotus*）、短趾雕（*Circaetus ferox*）、蛇雕（*Spilornis cheela*）、鶚（*Pandion haliaetus*）。

隼，金文作"𰻝（古鈢）"，從隹，從一。前人以爲"隼有爪芒……隹下於爪處加一，示其有芒，與刃字（加一）同意"。小篆作"𰻝"（見《説文》），從隹，丮省（省丮爲一）聲。本義作"鷙鳥"解（見《説文》），乃指飛行迅疾之猛禽。隼科禽鳥多具此特點。它們大都爲小型或中型猛禽。嘴短而强，上嘴先端鈎曲，兩側具單個齒突；髭紋明顯。翅長而尖，次級飛羽及多數初級飛羽内翈具缺刻。尾較長，多圓尾或凸尾。脛較長，跗跖短而不被羽，前緣具網狀鱗；趾長，後趾短而有力，爪鋭而鈎曲。雌鳥常大於雄鳥。多栖息於開闊曠野、耕地、疏林與林緣。少見於稠密森林内。飛行迅速，并常於快速振翅後作暫停滑翔，很少盤旋或翱翔。以取食小鳥、嚙齒類動物與昆蟲爲主。全世界計十屬六十一種，我國有二屬十二種，它們是紅腿小隼（*Microhierax caerulescens*）、白腿小隼（*M. melanoleucos*）、獵隼（*Falco cherrug*）、阿爾泰隼（*F. altaicus*，亦有學者將其作爲獵隼的一個亞種）、矛隼（*F. gyrfalco*）、游隼（*F. peregrinus*）、燕隼（*F. subbuteo*）、猛隼（*F. severus*）、灰背隼（*F. columbarius*）、紅脚隼（*F. vespertinus*）、黃爪隼（*F. naumanni*）、紅隼（*F. tinnunculus*）。

鴞形目係鴟鴞類禽鳥。"鴞"從鳥，號聲。本指鴟鴞而言。又"號"本作"病聲"解。舊傳，鴟鴞之類常築巢於葦莔，風至而莔折巢覆，其子輒死，其卵亦破，鴟鴞因以病聲，故鴞從號聲。鴞形目鳥類形貌特異，有面盤，如猫形。鳴聲淒厲，營夜行生活，又以食肉爲主。此類猛禽體形不盡一致。大者體長幾達 90 厘米（如雕鴞），小者不及 20 厘米（如紅角鴞），雌雄成鳥相似而雌鳥稍大。鴞形目猛禽大多具臉盤，頭形寬大，其中一些種類在頭之兩側具明顯突起之耳簇羽，面形似猫，又兼夜行性，故俗稱作"猫頭鷹"，亦稱"夜猫子"。鴞形目鳥類嘴短强而側扁，先端彎曲呈鈎狀；嘴基具蠟膜，其上少具硬羽，掩蓋鼻孔。雙目大型，位置向前，其周羽毛排列爲面盤狀。瞳孔特大，易於光綫入目，其視網膜感光性視杆細胞發達，更易感受微光，以適應夜行性生活。翅形不一，多爲短翅形。

脚强健有力，常全被羽。其第四趾（外趾）能向前後轉動；爪强銳而彎曲。全身羽毛柔軟輕鬆，無絨羽，羽色大多陰暗，呈各種褐色或灰棕色，并雜以濃暗的縱紋、橫紋或蟲蠹斑等。鴞形目猛禽多栖於樹上，或生活於岩石間及草地上。白晝匿伏於樹洞、岩穴或稠密灌叢中；夜間外出捕食鼠類、小鳥或昆蟲。食物常被囫圇吞下，數小時後，再將未被消化之皮、羽毛、骨塊等混成團丸，從口中吐出。鴞類多不自營巢，常借樹洞、岩穴或其他鳥類廢巢育雛。鴞類偶然有殘食初孵幼雛現象，加之其貌醜，貪殘暴戾而被視爲不祥之惡鳥。鴞形目有二科，一百三十四種，遍布於世界各地。我國亦有此草鴞科、鴟鴞科二科計十三屬二十七種，它們分別是草鴞科的倉鴞（*Tyto alba*）、草鴞（*T. capensis*）、栗鴞（*Phodilus badius*）；鴟鴞科的黃嘴角鴞（*Otus spilocephalus*）、縱紋角鴞（*O. brucei*）、紅角鴞（*O. scops*）、領角鴞（*O. bakkamoena*）、雕鴞（*Bubo bubo*）、林雕鴞（*B. nipalensis*）、烏雕鴞（*B. coromandus*）、毛腿漁鴞（*Ketupa blakistoni*）、褐漁鴞（*K. zeylonensis*）、黃脚漁鴞（*K. flavipes*）、雪鴞（*Nyctea scandiaca*）、猛鴞（*Surnia ulula*）、花頭鵂鶹（*Glaucidium passerinum*）、領鵂鶹（*G. brodiei*）、斑頭鵂鶹（*G. cuculoides*）、鷹鴞（*Ninox scutulata*）、縱紋腹小鴞（*Athene noctua*）、褐林鴞（*Strix leptogrammica*）、灰林鴞（*S. aluco*）、長尾林鴞（*S. uralensis*）、烏林鴞（*S. nebulosa*）、長耳鴞（*Asio otus*）、短耳鴞（*A. flammeus*）、鬼鴞（*Aegolius funereus*）。

　　我國是盛産猛禽的國家，猛禽種類極多，而本節所考僅限於古籍有記載且今尚存世、可確指者，餘者均在相關部分作簡要説明（如在本卷第三章"珍稀禽鳥考""瀕危禽鳥考"及"'三有'禽鳥考"三節内作簡要考論）。

四、猛禽與人類文明

　　猛禽具有較高的經濟價值，在人類生産、生活中占有重要地位。我國有鷹隼類猛禽六十一種，鴞鴟類（猫頭鷹類）二十七種，大都以鼠類及有害昆蟲爲主要食物，這對於消滅農林鼠害、蟲害，保護農林業生産具有重要意義。特别是鴞類（猫頭鷹類）猛禽，專在夜間活動，對殺滅夜間活動的鼠類，有無可代替的作用。還有些猛禽，如兀鷲、禿鷲等專嗜食用尸肉，對消滅傷、殘、病、弱動物個體，清除腐尸，保持環境衛生，預防疫病蔓延，具有特别重要的意義，常被生態學家譽爲"大自然的衛士""净化環境的清道夫"。在人口膨脹、資源危機、環境惡化的今天，猛禽對環境的影響倍受重視，它們在經濟、社會可持續發展中的潛在影響也將越來越爲人們所關注。

猛禽本身還是天然藝術品，許多猛禽可用於觀賞。有些猛禽其羽毛是重要的輕工業與裝飾品原料，具有較高的觀賞與經濟價值。一些猛禽加以馴養，用以狩獵，成爲人類的捕獵工具與助手。還有的猛禽，如鷹等被馴養用於驅逐機場鳥群，以保障航空安全。人類還因鷹、隼之啓迪，創立仿生學，研製出控制飛機與彈道航向、飛機空中停留及穩定的振動陀螺；模擬鷹眼，製造了電子鷹眼，以準確地識別地面目標。

除此之外，猛禽還以一種"鳥文化"對人類文明產生廣泛影響。如前已述，早在數千年前人們已將猛禽形象作爲製陶工藝之樣板，還在早期詩歌中廣泛吟誦猛禽，由此引發無限的想象（如《詩》就記有猛禽三十五種之多）。人們還在實踐中觀察到猛禽雄健善翔，堅韌剛毅，將其視爲威嚴力量、凶猛剽悍的象徵，常以猛禽形象鼓勵人們不畏艱難、勇往直前、戰勝困難，爭取美好生活。比如常以"雄鷹"比喻有抱負、有作爲的英雄人物；以"鷹視"比喻目光敏銳，明察秋毫；以"鷹騰"形容戰士驍勇，行動迅猛；還以"鷹擊長空，鵬程萬里"作爲對友人的美好祝願等。人們還觀察到猛禽强鷙貪殘的特性，而用"鷹視鶚顧"比喻目光銳利、狠戾無比，以"鷹瞵虎（鶚）視"比喻凶狠貪殘、心懷不善，還以"鷹鼻鷂眼"形容奸詐狠毒之貌，用"鷹撮霆擊"比喻氣勢威猛，用"鷹視狼食""鷹擊毛鷙"等比喻凶狠地攫取與嚴酷凶悍，還以"鷹犬"比喻受人驅使，甘爲爪牙之人，等等。總之，猛禽在人們心目中占有重要地位，存在深刻的影響。值得一提的是，鶚類猛禽因貌醜，鳴聲怪异，喜食鼠蛇及尸肉，加之晝伏夜出之生活習性及偶食幼雛現象，常被視爲醜惡、陰毒與不祥之物及貪殘狠戾之象徵，被誤稱爲"惡鳥""不祥鳥""不孝鳥"。還以"鶚音""鶚鳴"喻惡聲，以"鶚張"（鶚展翅）比喻猖狂，以"鶚鳴鼠暴"比喻惡人氣焰囂張，以"鶚鳥生翼"比喻忘恩負義，又以"鶚啼鬼嘯"形容聲音幽怨淒厲，等等。儘管這些詞彙今人還在應用，但是對鶚類的誤解應該消除。我們應以科學的態度看待各種猛禽，將其視爲人類不可或缺的朋友，保護它們的生存，促進它們的繁衍與發展，這不僅是猛禽生存的需要，也是人類自身發展的需要。爲此中華人民共和國國務院於 1988 年 12 月 10 日批准了《國家重點保護野生動物名錄》，已將隼形目與鶚形目所有猛禽列入其中，我們應該采取積極措施，切實貫徹執行有關保護野生動物的法律、法規與規定，開展猛禽資源的調查，掌握資源動態，保護好栖息地環境，幷大力加强宣傳教育，使全體公民認識到保護猛禽等野生動物的重要性，爲猛禽等野生動物的生存、發展創造更好的條件。特別應該指出的是，近年來，非法獵捕、轉售猛禽的活動時有發生，應該采取强力的措施，儘快扼制這種違法犯罪行爲，避免猛禽種群數量急劇下降，使已近瀕危的物種免遭滅絕之灾。

鳶

習見猛禽名。隼形目，鷹科，鳶（*Milvus korschun* Gmelin）。中型猛禽，成鳥體長約 65 厘米。頭、頸棕褐色，前額基部與眼先灰白色，耳羽黑色；嘴黑色；膜暗褐色。上體暗褐色，下體棕褐色，翅羽淡褐色，通體被黑褐色羽幹紋；翼下具大型白斑，飛翔時尤著。尾長，呈雙叉，具黑、褐相間之橫斑。脚、趾黃或黃綠色，爪黑而銳。幼鳥全身栗褐色，頭、頸、胸、腹大多具棕白色羽幹。善翔，翱翔時雙翅平展，翼下白斑及尾雙叉常爲野外識別標志。四至七月營巢繁殖。鳶爲食肉猛禽，視覺敏銳，行動迅速，極善捕獵。嗜食鼠、兔、蛇、蛙、蜥蜴，偶襲家禽及其他禽鳥與腐尸。鳶爲留鳥。其油、膽、嘴、翅骨、臟髓、脚爪均可入藥。善捕鼠，對控制鼠害、維持生態平衡有重要意義。我國各地有分布。多栖於開闊平原、草原、荒原和低山丘陵地帶，亦常見於村鎮、田野及湖泊上空。獨飛或二至三隻小群呈圓狀盤旋飛翔，且飛且鳴，高亢尖唳。

此稱先秦時期已行用，并沿稱至今。

鳶
（馬駘《馬駘畫寶》）

《詩·小雅·四月》：“匪鶉匪鳶，翰飛戾天。”舊題周師曠《禽經》：“鳶不擊而貪。”張華注：“鳶，鴟也。不善搏擊，貪於攫肉也。”三國魏曹植《名都篇》：“餘巧未及展，仰手接飛鳶。”唐劉禹錫《飛鳶操》：“鳶飛杳杳青雲裏，鳶鳴蕭蕭風四起。”宋謝維新《古今合璧事類備要別集·飛禽門》引《白帖》曰：“後魏托跋翰從太宗游，自登東北，有雙鳶飛鳴於上，太宗命左右射之，莫能中，鳶旋飛稍高，翰因而目射之，二箭下雙鳶，太宗嘉之，賜御弓矢以旌之，曰射鳶都尉。”按，“目射之”之“目”，疑當作“自”。人們以爲鳶爲珍祥之物，往往捕而馴養。宋陶穀《清異録·禽》：“吳興羅捕者得一鳶，紫翠色，俊鷙可喜。”人們還觀察到鳶鳴與天氣變化有關。宋李石《續博物志》卷二：“暮鳩鳴即小雨，朝鳶鳴即大風。”

【鴟】[1]

即鳶。鳶鳴聲如鴟，故名。此稱先秦時已行用，沿稱於後世。《詩·大雅·瞻卬》：“懿厥哲婦，爲梟爲鴟。”《莊子·齊物論》：“鴟鴉耆鼠四者，孰知正味。”唐韓愈《祭馬僕射文》：“鳩鳴雀乳，不見梟鴟。”又稱“老鴟”。明李時珍《本草綱目·禽四·鴟》：“〔釋名〕時珍曰：鴟、鳶二字，篆文象形。一云：鴟，其聲也。鳶，攫物如射也。……〔集解〕弘景曰：鴟，即俗呼老鴟者。又有鵰、鶚，並相似而大。時珍曰：

鵄似鷹而稍小，其尾如舵，極善高翔，專捉鷄、雀。"明方孝孺《閑居感懷十七首》之二："群鵄得腐鼠，笑汝長苦饑。"謝宗萬《本草綱目藥物彩色圖鑒》："鵄，[原動物]鳶 *Milvus korschun*(Gmelin)(鷹科)。[品種考證]鵄始載於《名醫別録》，《綱目》列入卷四十九禽部山禽類……按李時珍所述'鵄，似鷹而稍小，其尾如舵，極善高翔，專捉鷄、雀'的特點，可知鵄爲鳶。"此説或是，今從之。參見本卷《習見禽鳥説·猛禽考》"鳶"文。

【老鵄】

即鵄[1]。此稱南北朝時期已行用。見該文。

【鴟】

同"鵄[1]"。此體魏晉時期已行用。亦作"雎""雅""雖"。《玉篇·鳥部》："鴟，鳶屬。鵄，同'鴟'。"《集韻·平脂》："雎、鴟、鵄、雅，鳥名。《説文》：'雖也。'一曰鳶也，或作'鴟''鵄''雅'。"《正字通·佳部》："'雅''鴟'同。"《晉書·涼武昭王李玄盛傳》："穢鵄鳶之籠嚇，欽飛鳳於太清。"《初學記》卷三〇引隋魏彦深《鷹賦》："或似鵄首，赤睛黃足，細骨小肘。"《破魔變文》："身脆項縮，恰似害凍老鴟。"參見本卷《習見禽鳥説·猛禽考》"鳶"文。

【雎】

同"鵄"。此體至遲南北朝時期已行用。見該文。

【雅】

同"鵄"。此體多行用於宋明時期。見該文。

【雖】[1]

同"鵄"。此體漢代已行用。見該文。參閱《説文·佳部》。

【䴏】

同"鳶"。亦作"鳶"。《類篇·鳥部》："鳶，鳶、䴏。"《正字通·鳥部》："䴏，同'鳶'。"清郝懿行《爾雅義疏·釋鳥》："鳶古字本作'弋'……隸變作'鳶'……又變作'䴏'。"知"䴏"本"鳶"之後出字。此體秦漢時期已行用。《漢書·五行志中之下》："成帝河平元年二月庚子，泰山山桑谷有䴏焚其巢。"又《漢書·梅福傳》："夫䴏鵲遭害，則仁鳥增逝。"顔師古注："䴏，鴟也。"《隋書·長孫晟傳》："時有䴏群飛，上曰：'公善彈，爲我取之。'十發俱中，並應丸而落。"唐元稹《生春二十章》之十一："鵲巢移舊歲，䴏羽旋高風。""鳶"與"䴏"音義無別，"䴏"字已少見行用。參見本卷《習見禽鳥説·猛禽考》"鳶"文。

【鳶】

同"䴏"。此體宋代已行用。見該文。

【風伯】[1]

即鳶。亦稱"風禽"。昔傳其飛翔則天起大風，故名。此稱先秦時期已行用。舊題周師曠《禽經》："風翔則風。"張華注："風禽，鳶類。越人謂之風伯。飛翔則天大風。"參見本卷《習見禽鳥説·猛禽考》"鳶"文。

【風禽】

即風伯[1]。此稱先秦時期已行用。見該文。

蒼鷹

習見猛禽名。隼形目，鷹科，蒼鷹(*Accipiter*

gentilis Linnaeus）。中型猛禽，體長 47~60 厘米。頭蒼黑。眉紋白。上體背羽蒼灰色，肩與尾部雜以污白色不規則橫斑，尾羽灰褐色，具四道寬黑褐色橫帶。翼展寬闊，翼下白色，密布黑褐色橫帶。腳、趾黃色或黃綠色，跗蹠前被大型盾狀鱗，爪黑褐色。善翔，翱翔時兩翅平展，微向上伸作直綫飛行，偶亦扇動兩翼作鼓翼飛行。四至七月爲繁殖期。蒼鷹爲肉食猛禽，嗜食鼠、兔及小鳥，捕食時常於隱蔽處突襲追捕獵物，或由高空急速俯衝捕殺獵物。幼鳥可馴爲捕獵鳥。蒼鷹在我國分布極廣，各地均可見到。具遷徙性，遷徙時間分別爲三至四月、十至十一月。

先秦時期始稱"倉鷹"。《戰國策·魏策四》："要離之刺慶忌也，倉鷹擊於殿上。""蒼鷹"之稱魏晋時期已行用，并沿稱至今。北周庾信《寒園即日》詩："蒼鷹斜望雉，白鷺下觀魚。"《文選·張華〈鷦鷯賦〉》："蒼鷹鷲而受繻，鸚鵡慧而入籠。"李善注引李陵詩："有鳥西南飛，熠熠似蒼鷹。"唐岑參《衛節度赤驃馬歌》："騎將獵向南山口，城南狐兔不復有。草頭一點疾如飛，却使蒼鷹翻向後。"唐杜甫《義鶻》詩："陰崖有蒼鷹，養子黑柏顚。"蒼鷹凶猛，可搏野獸，古人常籠養用於捕兔。宋張耒《籠鷹詞》："八月穧黍霜野空，蒼鷹羽齊初出籠。劍翎鈎爪目如電，利吻新淬龍泉鋒。少年臂爾平郊去，草動人呼躍寒兔。辣身下擊霹靂忙，毛逐奔風血濡距。"明詹同《出獵圖》詩："朔風凛凛吹龍沙，年年馬上長爲家。……蒼鷹欻起若飛電，四尺神獒作人立。"明穆文熙《逍遥園賦》："返巨雀於條支，脫蒼鷹於繫紲。"明董夢桂《吐綬賦》："嗟夫，鸚鵡以聰明剪翮，

蒼鷹以猛鷲受繻，孔雀以美羽招映，鳧雁以豐肌致罃。與其致飾而蒙患，不如自全而守拙。"本種分布極廣，亞種分化亦多，然而種群數量極少，已列入《國家重點保護野生動物名録》，屬二級保護動物。蒼鷹有九個亞種，我國分布四種，即黑龍江亞種（*A.g.albidus*）、新疆亞種（*A.g.buteoides*）、普通亞種（*A.g.schvedowi*）、西藏亞種（*A.g.khamensis*）。

【倉鷹】

即蒼鷹。此稱先秦時期已行用。見該文。

鷅

習見猛禽名。隼形目，鷹科，赤腹鷹（*Accipiter soloensis* Horsfield）。小型猛禽。全長 26 ~ 30 厘米。上體及兩翼灰藍色，後頸與肩羽基部白色；中央尾羽灰黑色，末端較暗，外側尾羽暗褐色，具黑褐色橫斑。下體胸腹與兩脅赤棕色。第三枚初級飛羽最長。雄鳥虹膜暗紅色，雌鳥黃色。嘴黑色，下嘴基部淡黃。跗蹠及趾黃色；爪黑褐色。我國主要分布於四川、陝西、湖北、湖南、安徽、江西、江蘇、浙江、福建（留鳥、繁殖鳥）、海南島（冬候鳥），偶見於山東、河北等地。多栖息於林中及山麓平原地帶，亦見於村寨等地。常停息於高大喬木之頂端。主要取食蛙、蜥蜴、大型昆蟲及小鳥。

本種因腹部赤棕色而得名"赤腹鷹"。秦漢時期稱"鷅"，亦作"㯠"。《山海經·西山經》："又西二百二十里曰三危之山……有鳥焉，一首而三身，其狀如鷅，其名曰鴟。"郭璞注："鷅，似鶡，黑文，赤頸。"又《山海經·西山經》："又西三百五十里曰天帝之山……有鳥焉，其狀如鷅，黑文而赤翁，名曰㯠，食之

已痔。"郭璞注："翁，頭下毛（按，一說應爲'頸下毛'）。"《玉篇·鳥部》："鸒，音落。如鵰，黑文，赤首。"《類篇·鳥部》："鸒，鳥名。一曰鷹，赤首曰鸒。"郭郛、李約瑟等《中國古代動物學史》第二章："櫟、鸒（luo），'其狀如鵰，黑文而赤翁（頸下毛），……食之已痔'，《圖贊》：'黑文赤翁，鳥愈隱痔'，赤腹鷹（*Accipiter soloensis*）。"此說或是，今附供考。今俗稱"小鷹""小鷂子""鷂子"。

【櫟】

通"鸒"。此體秦漢時期已行用。見該文。

【赤腹鷹】

即鸒。今之通稱。此稱行用於近現代。見該文。

【小鷹】

鸒之俗稱。此稱行用於近現代。見該文。

【小鷂子】

鸒之俗稱。此稱行用於近現代。見該文。

【鷂子】[1]

鸒之俗稱。此稱行用於近現代。見該文。

鷂 [1]

習見猛禽名。隼形目，鷹科，雀鷹（*Accipiter nisus* Linnaeus）。中型猛禽。體長約40厘米。雄鳥上體鼠灰色或暗灰色，頭頂、枕、後頸較暗，前額微綴棕色，後頸羽基白色，常露於外；背至尾上覆羽暗灰色，尾上羽端綴有白色；尾羽灰褐色，具四至五條褐色橫斑。下體白色。頦與喉部滿布褐色羽幹細紋；胸、腹及兩脅具紅褐色或暗褐色紅橫斑；尾下覆羽亦白色，常綴不明顯淡灰褐色斑紋，翅下覆羽及腋羽俱爲白色或乳白色，并具暗褐色或棕褐色細橫斑；尾羽下面亦有四至五道黑褐色橫帶。雌鳥略大

於雄鳥，上體灰褐色，前額乳白色或綴有淡棕黃色，頭至後頸灰褐色或鼠灰色；背至尾上覆羽灰褐色或褐色，尾上覆羽常具白色羽尖，尾羽及飛羽暗褐色，頭側及臉乳白色，微有淡棕黃色。下體乳白色，頦與喉部具較寬之暗褐色縱紋。胸、腹、兩脅及覆脚羽均具暗褐色橫斑。虹膜橙黃色。嘴暗鉛灰色，先端黑色，基部黃綠色，蠟膜黃或黃綠色。脚與趾橙黃色，爪黑色。五至七月於樹上營巢繁殖。鷂爲食肉猛禽，嗜食雀形目小鳥、昆蟲、鼠類及鴿形目與雞形目鳥類，偶亦捕食野兔、蛇等動物。

"鷂"本義作鷙鳥解，乃捕食小鳥之猛禽名，故從鳥；又䍃音遥，本作瓦器解，因瓦器多暗色，有灰意，與鷂羽色相近，故從䍃聲。或曰䍃爲"遥"字省文，鷂能遥飛，故從䍃聲。此稱先秦時期已行用，亦沿稱於後世。戰國楚宋玉《高唐賦》："雕鶚鷹鷂，飛揚伏竄。"漢焦贛《易林·大有之萃》："雀行求食，出門見鷂，顛蹶上下，幾無所處。"三國魏曹植《野田黃雀行》："不見籬間雀，見鷂自投羅。"我國自古有馴鷂捕獵之習，并命以佳名。如《西京雜記》卷四："茂陵少年李亨，好馳駿狗逐狡獸，

鷂子
（清余省等《鳥譜》）

或以鷹鶻逐雉兔，皆爲之佳名……鶻則有從風鶻、孤飛鶻。"《新唐書·方技傳·杜生》："它日又有亡奴者，生戒持錢五百伺於道，見進鶻使者，可市其一。"古人養鶻已成習俗，上自帝王，下至黎庶，皆有愛好者。鬻鶻、進獻、籠養、驅使狩獵已成時尚，并致勞民傷財，以致不得不停止進獻。宋王溥《唐會要》卷五二："上（唐太宗）嘗得佳鶻，自臂之，望見徵（魏徵）來，匿懷中，徵奏事故久，鶻竟死懷中。"《太平廣記》卷三四三："元和初，上都東市惡少李和子，父名努眼。和子性忍，常偷狗及猫食之，爲坊市之患，常臂鶻立於衢。"《册府元龜·帝王部·却貢獻》："〔元和〕十年九月，敕澤潞及鳳翔天威軍每進鶻子，既傷物性，又勞人力，宜停進。"民間養鶻、狩獵之風始終未曾間斷。明清時期，官宦、閑人更是樂此不疲。明王世貞《企喻歌二首》之一："男兒好橫行，橫行身自樂。那見摩天鶻，結伴尋鳥雀。"清史震林《華陽散稿·記何山逸士》："嗟呼！與魚善而獺忌之，與鳥善而鶻嫉之。"

按，"鶻"亦爲鷹科鶻屬之統稱。鶻類我國常見者有白尾鶻、鵲鶻、白頭鶻等

鶻鷹
（清余省等《鳥譜》）

多種。本種（雀鷹）我國有二亞種，即亞洲亞種（*A.n.nisosimilis*）和喜馬拉雅亞種（*A.n.melaschistos*）。俱爲遷徙鳥，前者繁殖於我國東北及内蒙古等地，越冬於四川、貴州、雲南、廣東、廣西及海南等地；後者主要繁殖或留居於青海東南部、四川北部、西藏南部，而越冬於雲南北部及西部。常栖息於山地森林與林緣地帶；冬季則主要栖於低山丘陵、山麓平原、農田地邊及村舍附近，尤喜於林緣、河谷、采伐迹地、農田附近小片叢林地帶活動。或單獨栖於樹上，或翔於空中，飛翔有力而靈巧，可穿行於樹叢之中。又，本種在我國數量極少，已列入《國家重點保護野生動物名錄》，屬二級保護動物。今亦稱"細胸""朵子"。

【細胸】

"鶻[1]"之俗稱。特指其雄鳥。此稱行用於近現代。見該文。

【朵子】

"鶻[1]"之俗稱。此稱多行用於今南方各地。見該文。

【鶻子】[2]

"鶻[1]"之俗稱。此稱唐代已行用，沿稱至今。唐段成式《酉陽雜俎續集·支諾皋上》："和子驚懼，乃棄鶻子拜祈之。"《樂府詩集·橫吹曲辭五·企喻歌辭一》："鶻子經天飛，群雀兩向波。"宋劉道醇《五代名畫補遺·花竹翎毛門第四》："鍾隱，字晦叔，天台人。少清悟不嬰俗事，好肥遁自處。嘗卜居閑曠結茅室以養恬和之氣，亦好畫花、竹、禽鳥以自娱，凡舉筆寫像必致精絶，時無倫擬者，尤喜畫鶻子、白頭翁、鶻鳥、班鳩，皆有生態。"清郝懿行《爾雅義疏·釋鳥》："今雀鷹小於青肩，大者名鶻子，

皆善捉雀。"參見本卷《習見禽鳥說‧猛禽考》"鷂[1]"文。

【雀豹】

即鷂[1]。此稱唐代已行用。唐韓愈、孟郊《城南聯句》："得雋蠅虎健,相殘雀豹趫。"宋梅堯臣《諭烏》詩："雀豹代雕鶚,搏擊肅秋霜。"朱東潤注:"〔雀豹〕又稱雀鷹,猛禽類,似鷹而小。"參見本卷《習見禽鳥說‧猛禽考》"鷂[1]"文。

【蒼隼】

即鷂[1]。此稱宋代已行用。宋梅堯臣《觀放鷂子》詩："白皙少年子,秋郊臂蒼隼。日暖飢目開,風微雙翅緊。草際鳴鶉鷺,蒿間黃雀竄。下韝誠必獲,得俊還復哂。碎腦此非辜,食肉爾何忍。取樂在須臾,我心良惻憫。"此處之"蒼隼"顯係指鷂。參見本卷《習見禽鳥說‧猛禽考》"鷂[1]"文。

【鷣】

即鷂[1]。亦稱"負雀""鷣鳥"。此稱秦漢時期已行用。《爾雅‧釋鳥》:"鷣,負雀。"郭璞注:"鷣,鷂也。江南呼之為鷣,善捉雀因名云。"郝懿行義疏:"鷣是雀鷹。今雀鷹小於青肩,大者名鷂子。皆善捉雀。"唐李肇《唐國史補》卷中:"鷣鳥千歲為鳩,愈老則愈毒也。"唐元稹《蟲豸詩‧巴蛇序》:"驗方云:攻巨蟒用雄黃烟,被其腦則裂。而鷣鳥能食其小者,巴無是物。"《廣韻‧平侵》:"鷣,鷂之別名。"宋崔公度《感山賦》:"木棲則鵃鷣鷐鸇,水止則鶄翠鳧鸊。殊種詭類,莫可殫名。"參見本卷《習見禽鳥說‧猛禽考》"鷂[1]"文。

【負雀】

即鷣。此稱秦漢時期已行用。見該文。

【鷣鳥】

即鷣。此稱唐宋時期已行用。見該文。

【雀鷹】[1]

"鷂[1]"之通稱。亦稱"雀鷂""鷂鷹"。此稱三國時期已行用。《詩‧小雅‧采芑》:"鴥彼飛隼。"三國吳陸璣疏:"隼,鷂屬也……或謂之雀鷹。"宋梅堯臣《偶書寄蘇子美》詩:"有如秋空鷹,氣壓城雀鷂。"《水滸傳》第四六回:"小二道:'我店裏的雞,却那裏去了?'時遷道:'敢被野猫拖了,黃猩子吃了,鷂鷹撲了去,我却怎地得知!'"《兒女英雄傳》二六回:"要不是我方纔提他是屬馬的,大約直到今日姐姐還不知道他是屬鷂鷹的屬駱駝的呢!"參見本卷《習見禽鳥說‧猛禽考》"鷂[1]"文。

【雀鷂】

即雀鷹[1]。此稱宋明時期已行用。見該文。

【鷂鷹】

即雀鷹[1]。此稱宋明時期已行用。見該文。

鷂

習見猛禽名。隼形目,鷹科,白尾鷂(*Circus cyaneus* Linnaeus)。中型猛禽。體長47厘米,雌鳥稍大,約50厘米。雄鳥上體藍灰,枕及上背沾褐;尾上覆羽白色;中央尾羽灰藍,外側尾羽灰白;初級飛羽黑褐,次級飛羽與翅上覆羽暗灰,羽軸黑褐;頭側灰色;頰、喉及胸淺藍灰色;腹及尾上覆羽白色,覆腿羽灰白色。雌鳥上體大部褐色,羽緣棕黃色;尾上覆羽似雄鳥;下體棕黃雜以暗褐縱紋。虹膜黃色。嘴黑色,基部帶藍;蠟膜黃綠色。腳蠟黃,爪黑色。我國大部地區有分布,在西北、東北及華北北部與四川等地為旅鳥;長江以南各地為旅鳥或冬候鳥,臺灣則為迷鳥。常栖息於開闊草原、沼澤地、農田及濱海等地。多單獨行動。成鳥以鼠類、小鳥爲食，亦食蛙類、昆蟲等。

本種因尾上覆羽白色，今通稱"白尾鷂"。秦漢時期始稱"鷂"。亦稱"白鷢"，省稱"鷢"，明清時期稱"白鷂子""印尾鷹""風鷂子"。《爾雅·釋鳥》："鷂，白鷢。"郭璞注："似鷹，尾上白。"清郝懿行義疏："《説文》以爲王雎，段氏注謂'轉寫之誤'，是也。《廣韻》云：'白鷢善捕鼠。'按，白鷢，即今白鷂子，似雀鷹而大，尾上一點白，因名焉。一名印尾鷹，望淺草間掠地而飛，善捕鳥雀，亦嚮風搖翅，故又名風鷂子。鷹、鷂、鷢，俱聲相轉也。"唐韓愈《送文暢師北游》詩："胡爲不自暇，飄戾逐鸇鷢。僕射領北門，威德壓胡羯。"《警世通言·崔衙内白鷂招妖》："其時四方貢獻不絶：西夏國進月樣琵琶，南越國進玉笛，西涼州進葡萄酒，新羅國進白鷂子。"明周光鎬《黃河賦》："王雎白鷢，鷅鷚鶬鶊。"今亦稱"灰鷹""灰鷂""灰澤鵟"。按，一説"鷂"亦指白尾海雕，俱見郭郛等《中國古代動物學史》第二章。又，白尾鷂食鼠、鳥、蟲、蛙，對維持自然界生態平衡具有重要意義，已被列爲國家二級重點保護動物。

【白鷢】

即鷂。此稱秦漢時期已行用。見該文。

【鷑】

通"鷢"。此體晉代已行用。晉崔豹《古今注·鳥獸》："鷑，白鷢也，似鷹，尾上白。"參見本卷《習見禽鳥説·猛禽考》"鷂"文。

【鷢】

同"鷢"。此體南北朝時期已行用。《玉篇·鳥部》："鷢，鳥名。"《類篇·鳥部》："鷢、

鷢……《爾雅》'鷂，白鷢'，'似鷹，尾上白'，或作鷢。"參見本卷《習見禽鳥説·猛禽考》"鷂"文。

【鷢】

即鷢。此稱唐代前已見行用。見該文。

【白鷂子】

即鷢。因其尾白，故名。此稱明清時期已行用。見該文。

【印尾鷹】

即鷢。此稱明清時期已行用。見該文。

【風鷂子】

即鷢。此稱明清時期已行用。見該文。

【灰鷹】

即鷢。雄鳥上體灰藍，因以得名。此稱行用於近現代。見該文。

【灰鷂】

即鷢。雄鳥上體灰藍，故名。此稱行用於近現代。見該文。

【灰澤鵟】

即鷢。雄鳥色灰，常栖沼澤濕地，故名。此稱行用於近現代。見該文。

【白尾鷂】

即鷢。今之通稱。此稱行用於近現代。見該文。

青鷂

習見猛禽名。隼形目，鷹科，鵲鷂（*Circus melanoleucos* Pennant）。中型猛禽。全長約40厘米。上體及喉、胸黑色，腹及尾下覆羽白色。雌鳥上體暗褐色，下體白色而雜以黑褐色縱紋。雄鳥下體自胸、腹、兩脅與尾下覆羽均純白色。尾上覆羽白色，具灰色斑點。虹膜黃色。嘴黑色，基部帶藍色。跗蹠及趾黃色；爪黑色。我

國主要分布於内蒙古、黑龍江、吉林等地（繁殖鳥）；於江南各地越冬。河北、山東、青海東南部爲旅鳥。多栖息於開闊曠野、河流、沼澤、林緣草地及農田。主要取食昆蟲及小型動物。

本種爲鷂類而形似喜鵲，故通稱“鵲鷂”。古代典籍有“青鴍”，如《山海經·大荒西經》：“〔元（一作‘玄’）丹之山〕有五色之鳥，人面有髮。爰有青鴍、黄鷔。”青鴍本神話傳説中的鳥，郭郛、李約瑟等《中國古代動物學史》以爲此“青鴍”即鵲鷂。該書第二章曰：“青鴍（音文wen）……鵲鷂（Circus melanoleucos）。”未詳其所宗，今録於此供參考。今各地亦俗稱“喜鵲鷹”“喜鵲鷂”“花澤鵟”。鵲鷂種群分布較爲普遍，對保護自然界的生態平衡具有重要意義，已被列爲國家二級重點保護動物。按，一説“青鴍”即斑頭鵂鶹等，又云，此爲傳説中之鳥名。今俱附供考。

【鵲鷂】

即青鴍。今之通稱。此稱行用於近現代。見該文。

【喜鵲鷹】

“青鴍”之俗稱。本種屬鷹類而形色如鵲，故名。此稱多行用於今東北各地。見該文。

【喜鵲鷂】

“青鴍”之俗稱。因其形色如喜鵲而實爲鷂，故名。此稱多行用於今東北各地。見該文。

【花澤鵟】

“青鴍”之俗稱。因其喜生沼澤，故名。此稱多行用於今東北各地。見該文。

鷔

習見猛禽名。隼形目，鷹科，白頭鷂（Circus aeruginosus Linnaeus）。中型猛禽。體長約54厘米。雄鳥上體大都黑褐色，頭、頸、背均白色，次級飛羽與尾羽銀灰色；下體白色，具褐色縱紋。飛行時，翅初級飛羽有黑色横帶，翅下白色，覆羽有褐色横帶。雌鳥頭與頸淡黄色，具褐色縱紋，上體灰褐色，下體棕褐，具暗褐色縱紋。虹膜黄色。嘴黑色，蠟膜黄綠色。脚、趾淡黄色，爪黑色。我國主要分布於新疆西部喀什、阿克蘇、天山及中部庫爾勒、哈密（繁殖鳥），亦見於西藏南部地區。常栖息於河流、湖泊之岸畔及沼澤地帶。多在低空飛翔，兩雄常在空中相鬥，有領域行爲。多取食鼠類、小鳥及蛙、魚、昆蟲。

本種因頭部白色，今通稱“白頭鷂”。秦漢時期始稱“鷔”“鸛鷔”。《爾雅·釋鳥》：“鷔、鸛鷔。”郭璞注：“似烏，蒼白色。”郝懿行義疏：“《酉陽雜俎》云：‘鷔色黄，一變爲青鸏，帶灰色。又曰白唐，唐者，黑色也，謂斑上有黑色。一變爲白鸏。’如《雜俎》説，是鷹屬也。或云，即阿濫堆，未知其審。”《廣韻·平唐》：“鷔，鸛鷔，鳥名，似烏，蒼白色。”唐代亦稱“白唐”。唐段成式《酉陽雜俎·肉攫部》：“白唐，一變爲青鸏，而微帶灰色，鸏轉之後，乃至纍變，横理轉細，臆前微微漸白。”鷔（白頭鷂）能滅鼠，可保護草原，亦能攫殺鳥及魚類，可控制鳥與魚之數量，并促進鳥、魚類群復壯，故已被列爲國家二級重點保護動物。本種有八個亞種，我國僅有指名亞種（C. a. aeruginosus）一種。今亦稱“澤鷂”“澤鵟”“白尾巴根子”。

【鸛鷔】

即鷔。此稱秦漢時期已行用。見該文。

【白唐】

即鷲。此稱唐代已行用。見該文。

【白頭鷂】

即鷲。今之通稱。此稱行用於近現代。見該文。

【澤鷗】

即鷲。因常栖沼澤濕地，故名。此稱現代行用。見該文。

【澤鷲】

即鷲。因常栖沼澤地而得名。此稱現代行用。見該文。

【白尾巴根子】

即鷲。其尾羽白色，故名。此稱現代行用。見該文。

滅蒙鳥

習見猛禽名。隼形目，鷹科，棕尾鵟（ *Buteo rufinus* Cretzschmar）。中型猛禽。全長約 56 厘米。上體棕褐色，除下背與腰以外，各羽均緣以棕色，并具暗褐色羽軸、羽紋。頭頸黃褐色，具褐色軸紋，頭側與耳羽沾白色；翼暗褐色，飛羽基部多爲白色；尾淺棕色，中央尾羽基部近白色；頦、喉部棕色；下體胸部近白色，雜有棕褐色羽軸紋，腹部、尾下覆羽多棕褐色。我國主要分布於新疆西部、西藏南部、甘肅等地。多栖息於荒漠、半荒漠及石礫灘地區，常單獨活動。以嚙齒類、兩棲爬行動物及小型鳥類爲食。

本種因尾部棕褐色而通稱“棕尾鵟”。《山海經·海外南經》傳說海外有結胸國，其人皆結胸。又，《山海經·海外西經》稱該國有鳥名“滅蒙鳥”：“滅蒙鳥，在結匈國北。爲鳥青、赤尾。”又晉張華《博物志》卷八：“結胸國有

滅蒙鳥。”郭郛、李約瑟等《中國古代動物學史》第二章以爲此滅蒙鳥即今之棕尾鵟。其文曰：“滅蒙鳥，‘爲鳥青、赤尾’，棕尾鵟（ *Buteo rufinus*）。”此説未詳確否，今附供考。該種目前種群稀少，以致罕見，已列爲國家二級重點保護動物。今亦稱“大豹”“鴿虎”。

【棕尾鵟】

即滅蒙鳥。今之通用名。此稱行用於近現代。見該文。

【大豹】[1]

即滅蒙鳥。其性猛如豹，故名。此稱行用於近現代。見該文。

【鴿虎】

即滅蒙鳥。今之俗稱。此稱行用於近現代。見該文。

孟鳥

習見猛禽名。隼形目，鷹科，大鵟（ *Buteo hemilasius* Temminck et Schlegel）。大型猛禽。體長約 68 厘米。本種羽色變异很大，可分爲淡色型與深色型（亦有人另劃中間型）。額灰白，頭頂、後頸淺褐，具暗褐色縱紋，上體餘部土褐，尾淺褐，具數道褐色橫斑，飛羽黑褐，初級飛羽具白褐色橫斑；翅上覆羽暗褐，羽緣黃

花豹
（清余省等《鳥譜》）

褐；眼周灰白，耳羽灰褐，羽端暗褐；頰、喉及胸淺栗褐，羽軸黑褐色，下體餘部白色，有疏密不一的栗褐色塊斑。雄鳥體形略小於雌鳥，體色更暗。虹膜黃色。嘴黑褐色，蠟膜黃綠色。腳蠟黃，爪黑色。我國東北、西北、華北以及長江流域、西南、華南均有分布。常栖息山地、裸岩峭壁、草原地帶。冬季亦出没於城市附近。多停息於山丘、樹上或其他突出物上。强鷙，機警，靈敏。主要取食鼠類、野兔、病弱小鳥、蛙等。

相傳古貊國有"孟鳥"。如《山海經·海内西經》："孟鳥（亦鳥名也），在貊國東北，其鳥文赤、黃、青。"孟鳥本傳説中的鳥，郭郛、李約瑟等《中國古代動物學史》以爲此"孟鳥"即今之大鵟。其文曰："孟鳥，'其鳥文赤、黃、青，東鄉（向）'，大鵟（*Buteo hemilasius*）。"未詳確否，今附供考。大鵟數量較多，分布亦較普遍，能消滅鼠等害獸，對維持自然界的生態平衡，具有一定作用。大鵟之翼翎與尾羽可作飾羽，故常遭非法獵捕取羽。另外，近年來農藥應用頗多，亦常導致大鵟二次中毒死亡，使種群數量鋭減。爲保護這一益鳥，已將其列爲國家二級重點保護動物。本種今亦稱"花豹"。

【大鵟】

即孟鳥。今之通用名。此稱行用於近現代。見該文。

【大豹】[2]

即孟鳥。今之俗稱。此稱行用於近現代。見該文。

【花豹】

即孟鳥。今之俗稱。此稱行用於近現代。見該文。

狂鳥

習見猛禽名。隼形目，鷹科，普通鵟（*Buteo buteo* Linnaeus）。中型猛禽。體長約50厘米。羽色變異很大，可分爲黑型與棕型兩種，亦有將其分爲淡型、暗型與中間型三種者。黑型成鳥額、頭頂至上背暗褐，羽端灰白或淡棕褐，下背至尾上覆羽淡褐，尾羽暗褐，有時沾棕，末端黃褐，具四至五道黑褐橫斑，有的則僅有黑褐色次端斑。飛羽黑褐，翅上覆羽羽緣黃褐。頭側淡褐，頰部有暗褐縱紋。頦、喉灰白或淺褐，有時沾棕，具褐色縱紋。下體餘部乳白或黃白色；胸腹具暗黑褐縱紋。覆腿羽有時具棕褐色細橫斑或縱紋。虹膜褐色。嘴黑褐色，蠟膜黃色。脚、趾黃色，爪黑色。我國大部地區有分布。其中新疆爲冬候鳥；東北爲繁殖鳥、旅鳥；青海、四川、河北、河南、山東爲旅鳥；長江以南，西至滇西北及藏南，以至海南爲冬候鳥；臺灣則爲迷鳥。栖息於開闊的山地、草原、農區與村落附近，多單獨行動，冬季往往集成小群，大部在低山地帶活動，飛翔靈活，常作環形翱翔，有時邊飛邊鳴。主要捕食鼠類、小鳥、昆蟲等。

此稱秦漢時期已行用。亦稱"夢鳥"，亦作"瘳鳥"。省稱"狂"，亦作"鵟"。《山海經·大荒西經》："有五彩之鳥，有冠，名曰狂鳥。"郭璞注："《爾雅》云'狂，夢鳥'即此。"《爾雅·釋鳥》："狂，瘳鳥。"郭璞注："狂鳥，五色，有冠，見《山海經》。"郝懿行義疏："狂，俗作鵟。"一説鵟即鳳，如袁珂校注《山海經》："狂，《玉篇》作鵟，疑即鳳凰之屬。"郭郛、李約瑟等《中國古代動物學史》第二章："狂鳥，

‘有五彩之鳥，有冠，名曰狂鳥’……《玉篇》：‘鵟。’普通鵟（*Buteo buteo*）。”此説未詳確否。上述諸説今俱附供考。

　　按，普通鵟數量多，分布普遍，又取食農林業害鼠、害蟲，對維持自然界之生態平衡具有一定作用。已被列爲國家二級重點保護野生動物。又，本種有五個亞種，我國已知有二個亞種，即新疆亞種（*B. b. vulpinus*）及普通亞種（*B. b. japonicus*）。今亦稱“土豹”“普通鵟”。

【狂】[1]

　　“狂鳥”之省稱。此稱秦漢時期已行用。見該文。

【夢鳥】

　　即狂鳥。此稱秦漢時期已行用。見該文。

【㝱鳥】

　　同“夢鳥”。即狂鳥。此體秦漢時期已行用。見該文。

【鵟】[1]

　　通“狂”。此體南北朝時期已行用。見該文。

【土豹】

　　“狂鳥”之俗稱。此稱行用於近現代。見該文。

【普通鵟】

　　即狂鳥。今之通稱。此稱行用於近現代。見該文。

鵟鵟

　　習見猛禽名。隼形目，鷹科，普通鵟普通亞種（*Buteo buteo japonicus* Temminck et Schlegel）。中型猛禽。體長50~52厘米。鳥體與鵟相似。上體褐色；胸、脅有褐色縱紋；尾羽黑褐色，具數條不明顯橫斑；第四枚初級飛羽外翈缺刻。足四趾均具利爪。鵟鵟數量多，各地均有分布。常栖息於開闊山地、草原、農田及村落附近，多於低山地帶活動。飛翔靈活，常作環形翱翔，時而飛且鳴。主要取食農林害鼠、兔類、昆蟲，偶亦捕食禽鳥。對維持生態平衡具一定作用。已被列爲國家二級重點保護野生動物。

鷹

（明王圻等《三才圖會》）

　　本種爲普通鵟之普通亞種（亦作“日本亞種”）。先秦時期始稱“征鳥”。漢代始稱“題肩”“鷹”“擊征”“正”。并沿稱於後世。《禮記·月令》：“〔季冬之月〕征鳥厲疾。”漢鄭玄注：“征鳥，題肩也。齊人謂之擊征，或名曰鷹。”孔穎達疏：“征鳥，謂鷹隼之屬也。”《儀禮·大射》：“設乏西十北十，凡乏用革。”漢鄭玄注：“正者正也，亦鳥名。齊魯之間名題肩爲正。正、鵟皆鳥之捷黠者。”“鵟鵟”魏晋時期始行用，亦作“鵰鵟”。亦稱“雀鷹”“鵟子”“籠脱”“鵟”。《廣雅·釋鳥》：“鵟鵟、鵟子、籠脱，鵟也。”王念孫疏證：“齊人謂之擊征，或謂之題肩，或謂之雀鷹……題肩，與鵟鵟同。”亦稱“鵟”。高樹藩《中文形音義綜合大字典·鳥部》稱：“鵟鵟（*Buteo buteo japonicus*）：鳥名，即鵟，本作題肩；猛禽類。”今從其説，依其所述拉丁學名，確爲普通鵟之普通亞種（亦作“日本亞種”）。

【征鳥】

　　即鵟鵟。因其善翔，故名。此稱先秦時期已行用。見該文。亦泛指出征遠飛之禽鳥。參閲《吕氏春秋·季冬》陳奇猷校釋。

【正】

即鶻鵃。此稱漢代已行用。見該文。

【題肩】

通“鶻鵃”。此體漢代已行用。見該文。

【鷹】[1]

即鶻鵃。亦爲鷹隼類統稱。此稱漢代已行用。見該文。

【擊征】

即鶻鵃。此稱漢代齊人多行用。見該文。

【雀鷹】[2]

即鶻鵃。此稱魏晉時期齊人多行用。見該文。

【鶻子】

即鶻鵃。此稱三國時期已行用。見該文。

【籠脱】

即鶻鵃。此稱三國時期已行用。見該文。

【鷂】[2]

即鶻鵃。此稱三國時期已行用。見該文。

【鴽】[2]

即鶻鵃。今之通稱。此稱現代行用。見該文。

【鶻鵙】

省稱“鶻”。亦稱“鴟”。同“鶻鵃”。此稱宋代已行用。《集韻·平支》：“鶻、鴟，鶻鵙，鵙也。”又《集韻·平齊》：“鶻，鳥名……通作鶻。”參見本卷《習見禽鳥説·猛禽考》“鶻鵙”文。

【鶻】

“鶻鵙”之省稱。此稱宋代已行用。見該文。

【鴟】[2]

即鶻鵙。此稱宋代已行用。見該文。

鶏鳩

習見猛禽名。隼形目，鷹科，灰臉鵟鷹（ *Butastur indicus* Gmelin ）。中型猛禽，體長40餘厘米。雄鳥額灰白色，頭至後枕暗褐色，眼先白色，臉頰與耳羽灰褐色，後頸羽基白色顯露於外。背、肩、腰灰褐色，具黑褐色纖細軸紋，羽緣微棕色。尾羽灰褐色，上覆羽白色，具四道寬闊暗褐色橫紋。胸下白色，具稠密棕褐色橫斑。眼黃色。嘴黑，上嘴先端下彎而遮蓋下嘴，嘴基與蠟膜橙黃色。爪黑色。雌鳥與雄鳥形似而略大。鶏鳩爲遷徙鳥，其繁殖地爲我國東北各地，越冬地爲長江以南地區，最南可達廣東、福建、臺灣等地。繁殖期五至七月，常於山林地帶或沼澤、草甸、林緣樹上營巢孵卵。九至十月成小群遷徙，途經河北、山東再抵越冬地。鶏鳩常單獨活動，飛行輕捷，多於地面徘徊覓食，亦於空中捕食。嗜食松鼠、蛇、蜥蜴、蛙、昆蟲、野兔、狐狸及小鳥等動物。

鶏鳩早已爲我先民所知，此稱先秦時期已行用。亦作“鶏鳩”“來鳩”“爽鳩”。亦稱“鷹”。《爾雅·釋鳥》：“鷹，鶏鳩。”郭璞注：“‘鶏’當爲‘鶏’字之誤耳，《左傳》作‘鶏鳩’是也。”邢昺疏：“鷹，鶏鳩。釋曰：樊光曰來鳩，爽鳩也。”《集韻·上養》：“鶏鳩，鳥名，鷹也，通作‘爽’。”據傳我國東部古稱東夷，曾以鳥爲圖騰，其首領少皞以鳥名官，當時“鶏鳩”與“鶏鳩”通用，此鳥凶猛善鷙，故將專管緝拿盜賊之官稱作“爽鳩”（司寇）。如《左傳·昭公十七年》：“爽鳩氏，司寇也。”杜預注：“爽鳩，鷹也。鷙故爲司寇，主盜賊。”孔穎達疏：“郭璞曰：‘鶏’當爲‘爽’字之誤耳，《左傳》作‘爽鳩’是也。鷹是鷙擊之鳥，司寇主擊盜賊，故爲司寇。"《急就篇》卷四："鷹鶡鴇鴰鷯雕尾。"顏師古注："鷹，一名來鳩，亦曰爽鳩。"晉陸機《齊謳行》："爽鳩苟已徂，吾子安得停。"明李時珍《本草綱目·禽四·鷹》："其性爽猛，故曰鵝鳩。昔少皞氏以鳥名官，有祝鳩、鳲鳩、鶻鳩、睢鳩、鵝鳩五氏。"因其臉頰灰褐色，故今通稱"灰臉鵝鷹"。

本種今存數量極少，已列入《國家重點保護野生動物名録》，屬二級保護動物。

【鵝鳩】

即鵝鳩。鵝爲鵝之訛體。此體先秦時期已行用。見該文。

【來鳩】

通"鵝鳩"。語本《爾雅·釋鳥》邢昺疏引漢樊光語。故此體漢代已行用。參見本卷《習見禽鳥説·猛禽考》"鵝鳩"文。

【爽鳩】

通"鵝鳩"。此體漢代已行用。見該文。

【鷹】[2]

即鵝鳩。此稱秦漢時期已行用。見該文。

【灰臉狂鷹】

即鵝鳩。今之通稱。此稱行用於近現代。見該文。

鵰

習見猛禽名。隼形目，鷹科，金雕（*Aquila chrysaetos* Linnaeus）。大型猛禽，體長近100厘米。成鳥頭頂黑褐色，枕、頸羽尖長，羽基赤褐色，羽端金黄色，具纖細黑褐色羽幹紋。上體暗褐色，肩部較淡，背肩部微綴紫色光澤。羽上覆羽淡褐色，先端近黑褐色，尾羽灰褐色，具不規則暗灰褐色横斑或斑紋，耳羽黑褐色。下體頷喉、前頸黑褐色，羽基白色；胸、腹亦呈黑褐色，羽軸紋較淡，尾下覆羽棕褐色。跗蹠均被纖細赤褐色短羽。幼鳥與成鳥相似，但體色更暗。虹膜栗褐色。嘴端黑色，基部藍褐色或藍灰色。蠟膜與趾均黄色。爪黑色。三至五月營巢繁殖。鵰爲食肉猛禽，常以大型鳥獸爲食，嗜食雉、鶉、鴨、旱獺、野兔、狍、山羊、鼠兔、松鼠、狐等動物，偶亦食尸肉。覓食時，或單獨佇立於懸岩、高樹，静待獵物；或盤旋於高空，搜尋獵物；偶或成群飛翔覓食或掠地於飛行中捕食。突襲時行動敏捷，俯衝有力，常以迅雷不及掩耳之勢，置獵物於死地。鵰爲留鳥。我國主要分布於遼寧、吉林、黑龍江、河北、陝西、甘肅、青海、四川、貴州、雲南、湖北、内蒙古、新疆、西藏等

鵰
（馬駘《馬駘畫寶》）

省區，偶見於江蘇、安徽、福建、廣東等地。常栖息於高山草原、荒漠、河谷、森林地帶，亦翔游於草地、沼澤、河谷、林間空地、林緣等處上空覓食。鳥聲響亮。

鵰早已爲我先民熟知，此稱先秦時期已行用。亦作"鵰"。亦稱"鵰鳥""羌鵰"。《説文·鳥部》："鵰，鵰鳥。黑色，多子。師曠曰：'南方有鳥，名曰羌鵰。黄頭赤目，五色皆備。'从鳥，就聲。"《説苑·雜言》："飛鳥成列，鷹鵰不擊。"晉張華《鷦鷯賦》："彼鷲鶡鶌鴻，孔雀翡翠。"南北朝時期亦作"鷲鳥""鵃"。《南史·夷貊傳下·波斯國》："山非過高，其勢連

接甚遠，中有鷲鳥噉羊，土人極以爲患。"《玉篇·鳥部》："鷲、鵜，二同。鳥名。"明李時珍《本草綱目·禽四·鵰》："〔釋名〕時珍曰：……鵰以周之，鷲以就之。"

按，鷹、鷲亦同類禽鳥之泛稱，此處特指"金雕"。參閲謝宗萬《本草綱目藥物彩色圖鑒·金雕》文。又，金雕在我國目前數量極少而特别珍稀，已列入《國家重點保護野生動物名録》，屬國家一級保護動物。

【鵜】

同"鷲"。此體漢代已行用。見該文。

【鵜鳥】

即鷲。此稱漢代已行用。見該文。

【羌鵜】

即鷲。此稱先秦時期南方已行用。見該文。

【鷲鳥】

即鷲。此稱南北朝時期已行用。見該文。

【鵔】

同"鷲"。此體南北朝時期已行用。見該文。

【金雕】

即鷲。今之通用稱。此稱行用於近現代。見該文。

【鵰】

即鷲。亦作"雕"。此稱先秦時期已行用，沿稱於後世。戰國楚宋玉《高唐賦》："鵰鶚鷹鷂，飛揚伏竄，股戰脅息，安敢妄摯。"《淮南子·原道訓》："鷹鵰搏鷙，昆蟲螫藏。"《史記·李將軍傳》："廣曰：是必射雕者也。"司馬貞索隱："案服虔云：雕，大鷙鳥也，一名鷲，黑色，多子。"唐韋莊《觀浙西府相畋游》詩："帶箭彩禽雲外落，避鵰寒兔月中驚。"遼金時期亦作"鵰"。《龍龕手鑑·鳥部》："鵰，鵰

之俗字。"宋惠崇《幽并道中》詩："雁行沈古戍，鵰影轉寒沙。"明李時珍《本草綱目·禽四·鵰》："〔集解〕時珍曰：鵰似鷹而大，尾長翅短，土黄色，鷙悍多力，盤旋空中，無細不睹。"毛澤東《沁園春·雪》詞："一代天驕，成吉思汗，祗識彎弓射大雕。"按，"鵰"亦雕屬禽類之泛稱。參見本卷《習見禽鳥説·猛禽考》"鷲"文。

【雕】

同"鵰"。此體秦漢時期已行用，沿稱至今。見該文。

【鵰】

同"鵰"。此稱遼金時期已行用。見該文。

【鷻】[2]

即鷲。此稱先秦時期已行用。亦作"鶉""鷻""鵫"。亦稱"揭羅闍"。《詩·小雅·四月》："匪鷻匪鳶，翰飛戾天。"毛傳："鷻，鵰也。"袁梅譯注："鷻：'鶉'之省借，又作'鷻'，音tuán(團)。猛禽類，雕的别名。"《説文·鳥部》："鷻，雕也。从鳥，敦聲。"段玉裁注："《佳部》曰：雕，鷻也。今《小雅·四月》'匪鷻'，'鷻'字或作'鶉'。毛曰：'鶉，雕也。'《佳部》'隼'下曰：'一曰鷻字，鷻者鷻之省。'"《類篇·鳥部》："鶉，鳥名，鵰也。"《集韻·平桓》："鷻、鶉，鳥名。《説文》：'雕也。'引《詩》：'匪鷻匪鳶，'或省。亦書作'鷻'。"明李時珍《本草綱目·禽四·鵰》："〔釋名〕鷲，鷻（《説文》音團）。時珍曰：《禽經》云：鷹以膺之，鶻以猾之，隼以尹之，鵰以周之，鷲以就之，鷻以搏之。皆言其擊搏之異也。梵書謂之揭羅闍。"參見本卷《習見禽鳥説·猛禽考》"鷲"文。

【鶷】 [2]

　　同 "鶪 [2]"。此體漢代已行用。見該文。

【鶪】

　　同 "鶪 [2]"。此體宋代已行用。見該文。

【鷻】

　　同 "鶪 [2]"。此體宋代已行用。見該文。

【揭羅闍】

　　同 "鶪 [2]"。梵語音譯名。此稱明代已行用。見該文。

海東青

　　習見猛禽名。隼形目，鷹科，白尾海雕（*Haliaeetus albicilla* Linnaeus）。大型猛禽。體長 85～96 厘米。上體土褐色；胸與腹部褐色，羽緣淺淡；尾扇形，尾羽白色，尾下覆羽淡棕色。飛行時，雙翼寬廣，平直呈長方形。虹膜黃色。成鳥嘴黃色，幼鳥及亞成鳥體黑色。脚黃色，爪黑色。雌、雄鳥羽色相似，唯雌體稍大。本種於東北地區繁殖，遷徙時旅經東北南部、河北、山東至長江流域，而於青海、甘肅、長江以南沿海及臺灣等地越冬。常栖息於海濱、江河等近水地帶，非繁殖期亦見於山地、草原。平時多單獨活動。飛行較舒緩，往往沿直綫飛行，停息時多在岩石、喬木或地面之上。主要取食魚類、野兔、鼠類及鴨等小型禽鳥。偶亦食動物尸體。

　　海東青經馴養可作獵禽以助狩獵，故遼、金、元、明、清各代俱重此禽。金代特設鷹坊以調養之，其翅、尾可供飾品。因多見於黑龍江下游及附近海島（或曰本出海東），故名 "海東青"。此稱宋代已行用。亦稱 "青鶻"。宋莊綽《雞肋編》卷下："鷙禽來自海東，唯青鶻最嘉，故號 '海東青'。兗守王仲儀龍圖以五枚贈威敏孫公，皆皁頰鴉，不堪搏擊。公作詩戲之曰：'……青鶻獨擊歸林麓，皁頰群飛入網羅。'"《元史·地理志二》："有海蘭府碩達勒達等，各以相統攝焉。"注："有俊禽曰海東青，由海外飛來，至尼魯罕，土人羅之以爲土貢。"明代亦稱 "青鵰"。明李時珍《本草綱目·禽四·鵰》："鵰似鷹而大……青鵰出遼東，最俊者謂之海東青。"清長順、李桂林《吉林通志》亦有此説："海東青，《本草》謂之青鵰，五國城中出海東青。"（五國城即今黑龍江之依蘭）明清時期亦稱 "白鶻"。《格致鏡原》卷七九引《鳥獸續考》："鶻有二種，海東青名白鶻。"清納蘭性德《浣溪沙·小兀喇》詞："樺屋魚衣柳作城，蛟龍鱗動浪花腥。飛揚應逐海東青。"

海東青

（明王圻等《三才圖會》）

　　海東青因尾羽色白，亦稱 "黃嘴雕" "芝麻雕" "白尾雕"。因其對滅鼠、保護環境具重要意義，又因其種群數量下降，已被列爲國家一級重點保護野生動物。

【青鶻】 [2]

　　即海東青。此稱宋代已行用。見該文。池鷺亦名青鶻，參見本卷《習見禽鳥説·涉禽考》"鶬鶬" 文。

【青鵰】

　　即海東青。"鵰" 通 "雕"。此稱明清時期已行用。見該文。

【白鶻】

　　即海東青。此稱明清時期已行用。見該文。

【黄嘴雕】

即海東青。因其成鳥嘴黄，故稱。此稱多行用於今東北各地。見該文。

【芝麻雕】

即海東青。其翅可作飾品，商品名"芝麻翅"，故稱。此稱多行用於今東北各地。見該文。

【白尾雕】

"海東青"之俗稱。因其尾羽色白而得名。此稱行用於近現代。見該文。

【海青】

"海東青"之省稱。此稱元代已見行用。元柯九思《宮詩》之一四："元戎承命獵郊坰，敕賜新羅白海青。"明陶宗儀《輟耕録・續演雅發揮》："白湛淵先生《續演雅十詩發揮》云'海青羽中虎，燕燕能制之。小隙沉大舟，關尹不吾欺'者。海青，俊禽也，而群燕緣撲之即墜。物受於所制者，無小大也。"清揆叙《鷹坊歌》："中有海青最神俊，竦立毛骨森昂藏……憶昔遼代最珍貴，女真貢獻交相望。"參見本卷《習見禽鳥説・猛禽考》"海東青"文。

魼雀

習見猛禽名。隼形目，鷹科，胡兀鷲（*Gypaetus barbatus* Linnaeus）。大型猛禽。體長約130厘米。嘴形大而側扁，先端彎曲成鈎狀。眼周與嘴基部生有較長之黑色剛毛，頦下亦有一簇黑色小剛毛。上體黑色并具銀灰色光澤，羽幹白色。下體乳黄色，上胸具黑色縱紋，形成寬而不完全的胸帶。翅與尾黑色，羽軸白色。虹膜橘紅色。嘴角褐色，先端黑色。跗蹠與趾鉛灰色。爪灰色。我國主要分布於新疆、甘肅、寧夏、西藏等地（留鳥），亦偶見於雲南、四川、湖北、山西、河北、内蒙古、遼寧等地。栖息於海拔2000～4500米之草原、高山地帶。常單獨活動，有時一二十隻小群飛翔，亦常與禿鷲結群活動。除食腐肉外，亦常獵取小型鹿類、羊、旱獺等。

此稱多行用於秦漢時期，亦沿稱於後世。《山海經・東山經》："北號之山，臨於北海……有鳥焉，其狀如雞而白首，鼠足而虎爪，其名曰魼雀。亦食人。"晋郭璞《山海經圖贊・猲狙獸魼雀》："猲狙狡獸，魼雀惡鳥；或狼其體，或虎其爪；安用甲兵，擾之以道。"唐柳宗元《天對》："魼雀峙北號，惟人是食。"清李元《蠕範・物食》："鳥食人者，羅羅魼雀。"魼雀本神話傳説中的怪鳥，郭郛、李約瑟等以爲"魼雀"亦指今之胡兀鷲。《中國古代動物學史》第二章："魼（音qi）雀，'其狀如雞而白首，鼠足而虎爪，……亦食人'，胡兀鷲（*Gypaetus*）……食動物及人尸體，頭無羽毛呈白色。"此説或是，今附供考。

魼雀進食時常有渡鴉相伴，渡鴉取食時往往高聲鳴叫，招致同類及兀鷲等前來分食，魼雀撕扯骨肉，渡鴉撿拾肉屑。當食物缺乏時，亦捕食山羊、雉雞、家畜等。魼雀取食尸肉，對清潔草原、促進草原生態體系的物質循環、能量轉化具有重要意義。由於其數量稀少，加之草原農藥滅鼠，使生存環境惡化，食物受毒藥污染，致其二次中毒死亡，數量鋭减，尤其近二十年來數量急劇减少，以致瀕危，故被列爲國家一級重點保護野生動物。今通稱"胡兀鷲"。亦稱"鬍子雕""大鬍子鷲""髭兀鷹"。

【胡兀鷲】

即魼雀。今之通稱。此稱行用於近現代。見該文。

【鬍子雕】

“魟雀”之俗稱。因其頦下生黑色剛毛如鬚，故名。此稱行用於近現代。見該文。

【大鬍子鷲】

“魟雀”之俗稱。因其頦下生鬚，故名。此稱行用於近現代。見該文。

【髭兀鷹】

“魟雀”之俗稱。因其體類鷹，頦下生鬚，故名。此稱行用於近現代。見該文。

鶚

習見猛禽名。隼形目，鷹科，鶚（*Pandion haliaetus* Linnaeus）。中型猛禽。成鳥體長約60厘米。頭及後頸白色，具黑色縱紋。上體暗褐，上背殊濃，并有白色小斑點，從耳至頸側生黑色縱斑。下體白色，胸部具暗黃色粗紋。飛行時，雙翅狹長，翅下覆羽大都白色。尾呈扇形。虹膜黃色。嘴黑色，蠟膜暗藍色。跗蹠、趾近黃色，外趾能反轉，趾底具棘突；爪黑色。我國主要分布於東北、東南沿海、海南（留鳥），新疆、青海、甘肅、西藏（夏候鳥），內蒙古、華北沿海地區（旅鳥）；亦見於川西及臺灣諸地。多栖息於水域附近，常見於江河、湖泊、水庫、濱海及沼澤濕地等處活動。嗜食各種魚類，亦取食嚙齒類動物。本種自古便被馴養以助漁獵，其骨、嘴等亦可入藥。

先秦時期始稱“雎鳩”。《詩·周南·關雎》：“關關雎鳩，在河之洲。窈窕淑女，君子好逑。”秦漢時期亦作“鵙鳩”，亦稱“王鵙”。魏晉時期始稱“鶚”，并沿稱於後世。《爾雅·釋鳥》：“鵙鳩，王鵙。”晉郭璞注：“雕類，今江東呼之爲鶚，好在江渚山邊食魚。”《漢書·鄒陽傳》：“鷙鳥累百，不如一鶚。”唐李白《夷則格上白鳩拂舞辭》：“鷹鸇鵰鶚，貪而好殺。”王琦注：“鶚尤勇健善搏，乃鷙鳥中之殊特者。”宋曾鞏《一鶚》詩：“嘗聞一鶚今始見，眼駿骨緊精神豪。”明代亦稱“鵙鷄”“下窟鳥”。明李時珍《本草綱目·禽四·鶚》：“〔釋名〕魚鷹、鵙鷄、雎鳩、王雎、沸波、下窟鳥。時珍曰：鶚狀可愕，故謂之鶚。其視雎健，故謂之雎。能入穴取食，故謂之下窟鳥。”

本種全世界有六個亞種，我國產三種，即指名亞種（*P. h. haliaetus*）、東北亞種（*P. h. friedmanni*）及東南亞種（*P. h. mutuus*）。鶚曾廣布於我國南北各地，亦被漁家馴養獵魚，種群數豐富，但最近數十年其數量銳減，已列爲國家二級重點保護動物。

【雎鳩】

即鶚。其視雎健，故名。此稱先秦時期已行用。見該文。

【鵙鳩】

即鶚。此體秦漢時期已行用。見該文。

【王鵙】

即鶚。此稱秦漢時期已行用。見該文。

【鵙鷄】

即鶚。名見於《詩疏》。此稱始行用於三國時，沿稱於明清。見該文。

【下窟鳥】

即鶚。據傳此鳥可入穴取食，故名。此稱明代已行用。見該文。

【魚鷹】[2]

“鶚”之俗稱。因其形似鷹而善捕魚，故名。此稱先秦時期已行用，并沿用至今。亦稱“白鷺”。舊題周師曠《禽經》：“王鵙，鵙鳩，魚鷹也。亦曰白鷺。”宋韓琦《榮歸觀蓮戲成》詩：“紅苞密障魚鷹坐，緑蓋低容水馬游。”
參閱明李時珍《本草綱目·禽四·鶚》、許維
樞《中國猛禽·鷹隼類》。參見本卷《習見禽鳥
説·猛禽考》“鶚”文。

【白鷲】

即魚鷹[2]。此稱先秦時期已行用。見該文。

【金口鶚】

即鶚。亦稱“金喙鳥”。此稱唐代已行用。
《史記·孔子世家》：“故曰《關雎》之亂，以爲
《風》始。”唐張守節正義：“按，王雎金口鶚
也。”《爾雅·釋鳥》：“鶚鳩，王鶚。”清邵晉涵正
義：“《史記》正義云：‘王雎，金口鶚也。’……
今鶚鳥能翱翔水上，捕魚而食，後世謂之魚
鷹。”清厲荃《事物異名録·禽鳥部下·鶚》引
晉郭璞《倉頡解詁》：“鶚，金喙鳥也。”參見本
卷《習見禽鳥説·猛禽考》“鶚”文。

【金喙鳥】

即金口鶚。此稱晉代已行用。見該文。

【沸波】

即鶚。亦稱“沸河”。以其常於水面上捕食
魚類，扇風起波，故名。此稱漢代已行用，達
於宋明時期。《淮南子·説林訓》：“鳥有沸波者，
河伯爲之不潮，畏其誠也。”高誘注：“鳥，大鵰
也。翱翔水上，扇魚令出，沸波攫而食之，故
河伯深藏於淵，畏其精誠爲不見。”宋陸佃《埤
雅·釋鳥》：“今大鵰翱翔水上，扇魚令出，沸波
攫而食之，一名沸河。《淮南子》所謂‘鳥有沸
波者’，即此是也。”明李時珍《本草綱目·禽
四·鶚》：“翱翔水上，扇魚令出，故曰沸波。”
參見本卷《習見禽鳥説·猛禽考》“鶚”文。

【沸河】

即沸波。此稱宋代已行用。見該文。

【大鵰】

即鶚。此稱三國時期已行用，沿稱於唐代。
《詩·小雅·四月》：“匪鶉匪鳶，翰飛戾天。”孔穎
達疏引三國魏孟康《漢書音義》曰：“鶉，大鵰
也。”參見本卷《習見禽鳥説·猛禽考》“鶚”文。

鶻

習見猛禽名。隼形目，隼科，游隼（*Falco
peregrinus* Tunstall）。中小型猛禽。體長約 40
厘米。頭灰黑色，背暗藍灰色。尾羽具數條深
色橫斑。下體白色，上胸具細羽幹紋，下胸至
尾下覆羽斑紋粗著而呈細橫紋。虹膜褐色。嘴
灰藍色，下嘴基部黃色。腳橙黃色；爪黑色。
我國主要分布於東北至華北一帶（旅鳥）及長
江以南至廣東、海南、臺灣等地（冬候鳥）。常
栖息於海拔 600~2300 米的開闊農田、河谷、草
地及山地、丘陵區。多單獨活動，飛行迅疾，
亦可直綫滑翔。性凶猛强鷙，鳴聲尖厲。以鳥
類爲主要食物，可在空中捕獲飛鳥，再到地面
擊殺致死，然後躲到隱蔽處攫食。喜在人迹罕
至之懸崖絶壁岩隙中營巢。

我國先民對鶻類極其熟悉，先秦時期始
稱“隼”。《周易·解》：“公用射隼于高墉之上，
獲之，无不利。”《詩·小雅·沔水》：“鴥彼飛
隼，載飛載止。”秦漢時期始行用此稱。《山海
經·海内西經》：“開明南有樹鳥，六首蛟……
於表池樹木，誦鳥、鶻、視肉。”郭璞注：“《穆
天子傳》曰：‘爰有白鶻、青鵰。’”唐宋後亦
稱“鶻”。唐韋莊《觀獵》詩：“鶻翻錦翅雲中
落，犬帶金鈴草上飛。”明潘問奇《自磁州趨
邯鄲途中即事》詩：“郊寒騰俊鶻，樹老立飢
鴉。”高樹藩《中文形音義綜合大字典·隹部》：
“隼（*Falco peregrinus*），猛禽名，又名鶻。”依

其所述拉丁文學名，知古代所謂"隼"常指今人所稱之游隼。又，郭郛、李約瑟等《中國古代動物學史》認爲《詩·小雅·采芑》"鴥彼飛隼"之"隼"及《山海經·海內西經》"開明南有……鶙"之"鶙"，均指今之游隼。其第二章稱："隼，隼、游隼（*Falco peregrinus leucogenys*）。"又稱："鶙，隼屬（*Falco*），如游隼（*F. peregrinus*）。"據此將"隼"與"鶙"釋爲游隼。

隼
（明王圻等《三才圖會》）

按，"隼"亦猛禽之通稱，如舊題周師曠《禽經》："禽之小而鷙者曰隼。"《文選·潘岳〈秋興賦〉》："野有歸燕，隰有翔隼。"李善注："鷙擊之鳥，通呼曰隼。"又，"隼"亦爲隼科鳥類之通名。如袁梅譯注《詩·小雅·沔水》"鴥彼飛隼"："隼：sǔn（笋）。又名鶙。是一種猛禽。喙、爪皆有利鈎，疾飛善襲。又分'小隼''游隼''燕隼'等。"

游隼分布雖廣，但數量不多，已被列爲國

鶙
（明王圻等《三才圖會》）

家二級重點保護野生動物。本種約有十八個亞種，我國已知有四個亞種，即普通亞種（*F. p. calidus*）、新疆亞種（*F. p. babylonicus*）、指名亞種（*F. p. peregrinus*）及東方亞種（*F. p. japonensis*）。今亦稱"花梨鷹""鴨虎"。

【游隼】

即鶙。今之通稱。見該文。

【隼】

同"鶙"。此稱先秦時期已行用。見該文。

【鶙】

即鶙。此體唐宋時期已行用。見該文。

【花梨鷹】

"鶙"之俗稱。此稱行用於近現代。見該文。

【鴨虎】

"鶙"之俗稱。因常獵食鴨而得名。此稱行用於近現代。見該文。

晨風

習見猛禽名。隼形目，隼科，燕隼（*Falco subbuteo* Linnaeus）。小型猛禽。大小如鴿，體長 30～35 厘米。額基棕白色，頭頂至背黑褐色，羽緣棕黃，後頸具淺棕黃色領斑，腰及尾上具棕黃色橫斑，飛羽黑色，內翈羽具棕黃色橫斑，翅上覆羽暗褐灰色；眉紋、眼先棕白，耳羽黑褐，頰淡黃白，髭紋黑色。下體白而略沾棕黃色，胸、腹、兩脅具粗著黑褐紋，尾下覆羽及覆腿羽銹紅色，偶或雜以黑色羽幹紋。虹膜暗褐色。嘴藍黑色，蠟膜黃綠色。脚

鷐
（明王圻等《三才圖會》）

黃色，爪黑色。我國東北、西北、長江以南大部分地區有分布。常栖息於山地次生林、開闊農田及草原、林區。單獨或成雙活動。飛行迅疾，可作短程滑翔，亦能在高空鼓翅駐留，窺伺地面獵物，一旦發現可攫之物，可迅速俯衝地面，或可於空中追捕獵物。取食後，仍停息於高樹等處。主要以鳥類、蝙蝠、蜥蜴、昆蟲等爲食。

此稱先秦時期已行用。亦作“鷐風”，省稱“鷐”。亦稱“鸇”“鶙”。《詩·秦風·晨風》：“鴥彼晨風，鬱彼北林。”毛傳：“晨風，鸇也。”《左傳·文公十八年》：“見無禮於其君者誅之，如鷹鸇之逐鳥雀也。”孔穎達疏：“又云晨風，鸇。舍人曰：晨風名鷐鸇，摯鳥名。郭璞曰鸇屬也。”《孟子·離婁上》：“爲叢驅爵者，鸇也。”《説文·鳥部》：“鷐，鷐風也。”三國吳陸璣《毛詩草木鳥獸蟲魚疏·鴥彼晨風》：“晨風一名鸇，似鷂，青黃色，燕頷、鈎喙，嚮風搖翅，乃因風飛急疾，擊鳩鴿燕雀食之。”北周庾信《三月三日華林園馬射賦》：“紅陽飛鵲，紫燕晨風。”倪璠注：“晨風，鸇屬。”唐張籍《贈殷山人》詩：“夕陽悲病鶴，霜氣動飢鸇。”《廣韻·平真》：“鷐，鷐風。鸇也。”《集韻·平真》：“鷐，《説文》：‘鷐風也。’……通作‘晨’。”郭郛等認爲《詩·秦風·晨風》之“晨風”即指燕隼類禽鳥。郭郛、李約瑟等《中國古代動物學史》第二章：“晨風，燕隼（ *Falco subbuteo streichi* ）（鸇）等。‘鴥彼晨風’（《國風·晨風》）。”今通稱“燕隼”。俗稱“青條子”“螞蚱鷹”“青尖”。

燕隼爲益害兼有之鳥類，世界自然保護聯盟將其列爲保護與禁止貿易動物，我國亦將其列爲國家二級重點保護野生動物。本種共十一個亞種，我國有兩個亞種，即指名亞種（ *F. s. subbuteo* ）及南方亞種（ *F. s. streichi* ）。晨風特指其南方亞種。

【鸇】

亦作“鸓”“鶙”“鶙”“鶿”。即晨風。亦泛指鷹隼類猛禽。此稱先秦時期已行用。舊題周師曠《禽經》：“鷢曰鸇，奪曰雞。”張華注：“鸇，晨風也。向風搖翅，其回迅疾。狀類雞，色青，搏燕雀食之。”《左傳》云：若鷹鸇之逐鳥雀。”《説文·鳥部》：“鸇，鷐風也……鸓，籀文鸇，從廛。”《玉篇·鳥部》：“鸇，鷂屬。鶙、鶙，二同上。”《類篇·鳥部》：“鸇、鸓、鶙，鳥名。《説文》：‘鷐風也，籀從廛。古作‘鶙’‘鸓’，鷂屬。”見該文。

【鸓】

同“鸇”。此體先秦時期已行用。見該文。

【鶙】

同“鸇”。此體漢代已行用。見該文。

【鶙】

同“鸇”。此體南北朝時期已行用。見該文。

【鶿】

同“鸇”。此體南北朝時期已行用。見該文。

【鶙】[3]

即晨風。亦泛指鷹隼類猛禽。此稱先秦時期已行用。見該文。

【鷐風】

亦作“鶙風”。通“晨風”。此體漢代已行用。見該文。

【鶙風】

同“鷐風”。鶙，“鷐”之异體字。此體南

北朝時期已行用。《玉篇・鳥部》：“鶌，鶌風鳥。”《字彙補・鳥部》：“鶌……與‘鶌’同。”

【鶌】

即晨風。此稱漢代已行用。見該文。

【燕隼】

即晨風。今之通稱。見該文。

【青條子】

即晨風。今之俗稱。見該文。

【螞蚱鷹】

即晨風。今之俗稱。見該文。

【青尖】

即晨風。今之俗稱。見該文。

黄鷔

習見猛禽名。隼形目，隼科，黄爪隼（*Falco naumanni* Fleischer）。小型猛禽。全長 28~33 厘米。雄鳥頭、頸、翅上覆羽灰藍色。背部爲棕黄色；尾羽灰色，具黑色橫斑，羽端黄白色。雌鳥下體乳黄色，具寬縱紋及狹窄縱斑。體略小於雄鳥。虹膜暗褐色。嘴藍灰，尖端黑色。脚、趾黄色，因以得名。我國主要分布於北方之新疆、內蒙古、河北及東北諸省區。常栖息於山區曠野、林緣、河谷疏林地、草地等處。冬季向南遷飛。以捕食蝗蟲、甲蟲、金龜子等昆蟲爲主。

此稱秦漢時期已行用。省稱“鷔”。《山海經・大荒西經》：“〔元（一作‘玄’）丹之山〕爰有青鴍、黄鷔、青鳥、黄鳥，其所集者其國亡。”晋郭璞《江賦》：“其羽族也，則有晨鵠天雞，鸏鷔鷗鴢。”黄鷔原本爲傳説中之凶鳥，郭郛、李約瑟等《中國古代動物學史》認爲“黄鷔”亦指黄爪隼。其第二章稱：“黄鷔（音敖 ao），黄爪隼（*Falco naumanni*）。”今附供考。

本種取食大量害蟲，有益於農林業生産，且野生種群數量較少，已被列爲國家二級重點保護野生動物。

【鷔】

“黄鷔”之省稱。此稱魏晋時期已行用。見該文。

【黄爪隼】

即黄鷔。今之通稱。此稱行用於近現代。見該文。

鶹

習見猛禽名。鴞形目，鴟鴞科，黄嘴角鴞（*Otus spilocephalus* Blyth）。小型鴞類猛禽。體長約 19 厘米。頭頂及後頸淡褐色，具黑斑。後頸有顯著白頸圈。上體餘部均紅褐色。面盤黄褐色，眉斑灰黄白色，盤緣具疏落黑斑。下體爲白色，密布淡褐色蟲蠹狀斑。嘴黄色。跗跖上部被羽。我國主要分布於福建、廣東、廣西、臺灣及海南等地。栖息於海拔 600~2000 米之常綠針、闊葉林中。夜行性。取食大型昆蟲、小鳥、蜥蜴及小嚙齒類動物。

本種因面部類人面，有耳毛，且其鳴又似自號，嘴呈黄色，故名“黄嘴角鴞”。秦漢時始稱“顒”。亦作“鶹”。《山海經・南山經》：“又東四百里曰令丘之山……有鳥焉，其狀如梟，人面四目而有耳，其名曰顒，其鳴自號也，見則天下大旱。”郝懿行義疏：“〔顒〕，《玉篇》《廣韻》並作‘鶹’。”《玉篇・鳥部》：“鶹，鳥似梟，人面四目有耳，見則大旱。”唐宋時亦作“雕”“鶹”。《集韻・平虞》：“鶹、雕、鶹，鳥名。《山海經》：令丘山有鳥，狀如梟，人面四目有耳，名曰鶹，見則天下大旱。或作‘雕’‘鶹’。”亦稱“鶹鳥”。清全祖望《浮山大禹廟山海經塑像詩序》：“有明之季，鵂鳥見於南昌佛寺。”按，鵂本傳説中的鳥，郭郛、李約瑟等《中國古代動物學史》以爲《山海經》中所云之“顒”，是指鴟鴞科之黄嘴角鴞。其第二章曰：“顒、鸆（yu），‘其狀如梟，人面四目而有耳（耳羽）’，黄嘴角鴞（ *Otus spilocephalus* ）。”此説或是，今從之。

目前本種野外種群極稀少，自1960年至1964年，廣東省昆蟲研究所於海南尖峰嶺采得一雄鳥標本後，迄今再未見有報道。顯見數量已極其稀少，現已被列爲國家二級重點保護野生動物。

【黄嘴角鴞】

即鵂。今之通稱。見該文。

【顒】

同“鵂”。此體秦漢時期已行用。見該文。

【雛】

同“鵂”。此體宋代已行用。見該文。

【鵂】

同“鵂”。此體宋代已行用。見該文。

鴟鵂

習見猛禽名。鴞形目，鴟鴞科，紅角鴞（ *Otus scops* Linnaeus ）。小型鴞類猛禽。體長17~22厘米。雌雄羽毛相似，上體灰褐色（亦有棕栗型），布滿纖細的黑色細紋；下體灰白色，被粗著黑色羽幹及纖細黑褐色斑紋。面盤灰褐色，周圍具不明顯的淡棕色翎領；眼先棕白色；耳羽突發達，耳羽延長突出於頭側。虹膜黄色，嘴褐綠色，下嘴先端近黄色。趾棕黄色或肉灰色，爪灰色。我國主要分布於東北各地及内蒙古、河北、山東、山西、河南、陝西、甘肅、安徽等地。常栖息於低山、丘陵和平原地帶之森林中，亦見於林緣及居民點附近之樹林内。夜行性，白天多潛伏於林内，藏匿於枝葉濃密處，不動、不鳴。黄昏後始外出覓食。主要取食昆蟲與鼠類、蜥蜴等。

我國古代對此鳥早有認識，并有較多記載。此稱先秦時期已行用。亦稱“鴟”“老菟”。《莊子·秋水》：“鴟鵂夜撮蚤，察毫末，晝出瞋目而不見丘山，言殊性也。”《淮南子·主術訓》：“鴟夜撮蚤蚊，察分秋毫，晝日顛越，不能見丘山，形性詭也。”漢高誘注：“鴟鵂也，謂之老菟。夜鳴人屋上也。夜則目明，合聚人爪以著其巢中，晝則無所見。”亦稱“怪鴟”“怪鳥”“夜猫”。《爾雅·釋鳥》：“狂，茅鴟、怪鴟。”晋郭璞注：“〔怪鴟〕即鴟鵂也。見《廣雅》。今江東通呼此屬爲怪鳥。”《廣雅·釋鳥》：“鴟鵂，怪鴟。”清王念孫疏證：“怪鴟，頭似猫，而夜飛，今揚州人謂之夜猫。”唐代亦稱“鈎鵒”。宋明時期亦稱“蔖”“老兔”“鵋鶀”“轂轆鷹”“呼哮鷹”“鈎格”“鬼各哥”等。明李時珍《本草綱目·禽四·鴟鵂》：“〔釋名〕角鴟、怪鴟、蔖、老兔（《爾雅》）、鈎鵒、鵋鶀、轂轆鷹、呼哮鷹、夜食鷹。時珍曰：其狀似鴟而有毛角，故曰鴟，曰角。曰蔖，蔖字象鳥頭目有角形也。老兔，象頭目形。鵂、怪，皆不祥也。鈎鵒、轂轆、呼哮，皆其聲似也。蜀人又訛鈎格爲鬼各哥。〔集解〕藏器曰：鈎鵒即《爾雅》鵋鶀也……時珍曰：此物有二種，鴟鵂大如鴟鷹，黄黑斑色，頭目如猫，有毛角兩耳，晝伏夜出，鳴則雌雄相喚，其聲如老人，初若呼，後若笑，所至多不祥。”謝宗萬《本草綱目藥物彩色圖鑒》稱《本草綱目》之“鴟鵂”即指紅角鴞。其文曰：“鴟鵂，〔原動物〕紅角鴞（ *Otus scops*

Linnaeus）（鴟鴞科）。"觀其所述形態及藥物特性，此説頗爲確當。故今從之。紅角鴞亦俗稱"夜猫子""棒槌鳥"。

按，古代鴟鴞與鵂鶹時有混淆，其名稱自然亦有相混者，李時珍云："藏器（陳藏器）所謂訓狐者，乃鴞也；所謂鵂鶹者，乃鴟鴞之小者也。並誤矣。"其實二者體形大小差异不大，唯其是否具突出之耳羽簇爲區别要點：鴟鴞（紅角鴞）耳羽簇顯著，而鵂鶹耳羽簇小或闕如。又，角鴞與耳鴞、雕鴞、漁鴞均具長耳羽簇，先民常相混稱，故"老菟"（或作"老鶩""老兔"）之類的名稱往往通用。今附此供考。參見本卷《習見禽鳥説・猛禽考》"鵂鶹"文、"老鶩"文。

鴟鴞我國有四個亞種，分别是新疆亞種（*O. s. pulchellus*）、東北亞種（*O. s. stictonotus*）、華南亞種（*O. s. malayanus*）及蘭嶼亞種（*O. s. botelensis*）。鴟鴞爲食蟲、鼠之益鳥，對保護生態環境及農林業生産具有重要意義，由於生存環境惡化，野外種群數量明顯下降，已被列爲國家二級重點保護野生動物。

【鴟】[3]

即鴟鴞。亦爲鴞類統稱。此稱先秦時期已行用。見該文。

【老菟】

"鴟鴞"之俗稱。亦作"老鶩""老兔"，因其頭有角似兔耳，故名。此稱秦漢時期已行用。亦可泛指角鴞、耳鴞、雕鴞、漁鴞等具耳羽如角之鴞類。見該文。

【鴟鵂】[1]

即鴟鴞。此稱秦漢時期已行用。見該文。亦指鵂鶹。參見本卷《習見禽鳥説・猛禽考》"鵂鶹"文。

【怪鴟】

"鴟鴞"之俗稱。因其形貌怪异、不祥，故名。此稱秦漢時期已行用。見該文。

【怪鳥】

"鴟鴞"之俗稱。此稱晋代江東各地已行用。

【夜猫】

"鴟鴞"之俗稱。亦爲鴞類統稱。因其頭目似猫且多夜行覓食，故名。此稱明清時期已行用，并沿稱於後世。見該文。

【雚】[3]

即鴟鴞。"雚"字如鳥頭有角，故名。此稱明清時期已行用。見該文。

【老兔】[1]

同"老菟"。即鴟鴞。此體明清時期已行用。見該文。

【鈎鵅】

即鴟鴞。因其鳴聲而得名。此稱唐代已行用。見該文。

【轂轆鷹】

"鴟鴞"之俗稱。因其鳴聲而得名。此稱明代蜀人已行用。見該文。

【呼哮鷹】

"鴟鴞"之俗稱。此稱明代楚地民間已行用。見該文。

【夜食鷹】

"鴟鴞"之俗稱。此鳥晝伏而夜出覓食，故名。此稱明代吴地民間已行用。見該文。

【鈎格】

即鴟鴞。此稱明代蜀人已行用。見該文。

【鬼各哥】

"鈎格"之訛稱。即鴟鴞。此稱明代蜀人已行用。見該文。

【紅角鴞】

即鴟鵂。今之通稱。見該文。

【夜猫子】

"鴟鵂"之俗稱。此稱行用於近現代。見該文。

【棒槌鳥】

"鴟鵂"之俗稱。此稱多行用於今東北各地。見該文。

【角鴟】

即鴟鵂。亦稱"猫頭鷹"。其首若鴟，頭有毛角，故名。此稱唐代已行用，沿稱於後世。《漢書·郊祀志上》："今鳳凰麒麟不至，嘉禾不生，而蓬蒿藜莠茂，鴟梟群翔。"唐顏師古注："鴟，蓋今所謂角鴟也。"徐珂《清稗類鈔·動物類·角鴟》："角鴟，形與梟同，惟耳邊有長毛似角……亦名鴟鵂，又稱怪鴟，俗稱猫頭鷹。"見"鴟鵂"文。

【猫頭鷹】[1]

"角鴟"之俗稱。此稱行用於近現代。見該文。

鸜

習見猛禽名。鴞形目，鴟鴞科，領角鴞（*Otus bakkamoena* Pennant）。小型鴞類猛禽。全長20～27厘米。上體及兩翼大都灰褐色，各羽具黑褐色羽幹紋及蟲蠹狀細斑，并散布棕白色眼斑，這些眼斑在後頸處大且多，形成一不完整的半領圈，故名"領角鴞"。下體灰白，雜以粗著之黑褐色羽幹紋及波狀黑紋。我國主要分布於東北東部，向西南至河北、山西、陝西南部、四川至雲南以東地區；海南及臺灣亦有分布。常栖息於密林及山麓林緣。以昆蟲與鼠類爲食。

此稱秦漢時期已行用。《山海經·北山經》："〔梁渠之山〕有鳥焉，其狀如夸父。四翼一目，犬尾，名曰囂。其音如鵲，食之已腹痛，可以止衕。"郭璞注："或作舉父。"畢沅校："'夸''舉'音相近，即玃父也。""囂"本古代傳説中的鳥，郭郛、李約瑟等《中國古代動物學史》第二章云："囂，梟、鴟等近似，如領角鴞（*Otus bakkamoena*）、小鴞（*Athene*）等。"以爲此"囂"即"梟""鴟"之音訛，當即今之領角鴞或小鴞之類。此亦備説，今附供考。領角鴞嗜食鼠、蟲，有利於農林業生產，且其種群數量較少亦不普遍，已被列爲國家二級重點保護動物。今亦稱"小猫頭鷹"。

【領角鴞】

即囂。今之通稱。此稱現代行用。見該文。

【小猫頭鷹】

即囂。此稱多行用於今東北各地。見該文。

鵰鴞

習見猛禽名。鴞形目，鴟鴞科，雕鴞（*Bubo bubo* Linnaeus）。大型鴞類猛禽，體長65~89厘米，爲我國鴞類中個體最大者。成鳥面盤顯著，淡棕黃色，雜有褐色細斑。眼先與眼前緣密被白色剛毛狀羽，各羽均具黑色端斑；眼上方生一大型黑斑，面之餘部均淡棕白色或栗棕色。耳羽特別發達，顯著突出於頭頂兩側，長可達6～10厘米，外翈黑色，内翈櫻色。通體羽毛大多黃褐色，且具黑色斑點與縱紋。飛羽棕色，具寬闊黑褐色橫斑與褐色斑點。頦、喉白色，胸棕色，具粗著黑褐色羽幹紋。下腹中央幾純棕白色，覆腿羽及尾下覆羽微雜褐色細橫斑；腋羽白色或棕色，具褐色橫斑。虹膜金黃色。嘴黑色。爪鉛黑色而具黑端。常以鼠類爲食，亦捕食野兔、刺猬、蛙、昆蟲及雉鷄與其他鳥類。分布幾遍全國。常栖息於山地森林、平原、荒野、疏林、灌叢，以及裸露高山、峭壁等遠離人群或人迹罕至之偏僻地區。多數晝栖夜行，常縮頸閉目栖於樹上。聽覺甚敏鋭，飛行緩而無聲。

鴟鴞
（［日］岡元鳳《毛詩品物圖考》）

此稱先秦時期已行用。亦作“梟”。亦稱“鴟鴞”。《詩·陳風·墓門》：“墓門有梅，有鴞萃止。”又《大雅·瞻卬》：“懿厥哲婦，爲梟爲鴟。”又《豳風·鴟鴞》：“鴟鴞鴟鴞，既取我子，無毀我室。”後世亦稱“梟鴟”“鵩”“鷄鴞”“訓狐”“山鴞”“魖魂”“幸胡”“逐魂”。《後漢書·朱浮傳》：“棄休令之嘉名，造梟鴟之逆謀。”李賢注：“梟鴟，即鴟梟也。其子適大，還食其母，《説文》云：‘不孝鳥也。’”《文選·賈誼〈鵩鳥賦〉序》：“鵩似鴞，不祥鳥也。”李善注引晋灼《巴蜀異物志》：“有鳥小如鷄，體有文色，土俗因形名之曰鵩。不能遠飛，行不出域。”唐韓愈《射訓狐》詩：“有鳥夜飛名訓狐，矜凶挾狡誇自呼。”宋黄庭堅《演雅》詩：“訓狐啄屋真行怪，蟏蛸報喜太多可。”明李時珍《本草綱目·禽四·鴞》：“［釋名］梟鴟、土梟、山鴞、鷄鴞、鵩、訓狐、流離、魖魂。時珍曰：鴞、梟、訓狐，其聲也。鵩，其色如服色也。俚人訛訓狐爲幸胡者是也……魖魂、流離，言其不祥也。《吴球方》作逐魂。”又：“［集解］時珍曰：鴞、鵩、鵂鶹、梟，皆惡鳥也，説者往往

混注……今通考據，並咨詢野人，則鴞、梟、鵩、訓狐一物也。鵂鶹，一物也……鴞，即今俗所呼幸胡者是也，處處山林時有之。”謝宗萬《本草綱目藥物彩色圖鑒》以爲古人藥用之“鴞”即雕鴞。文曰：“［原動物］雕鴞（*Bubo bubo* Linnaeus）（鴟鴞科）。［品種考證］鴞始載於《本草拾遺》，《綱目》列入卷四十九《禽部·山禽類》。［釋名］：梟鴟、土梟（《爾雅》）、山鴞（晋灼）、鷄鴞（《十六國史》）、鵩（漢書）、訓狐（《本草拾遺》）、流離（《詩經》）、魖魂。”今從其説。

按，“鴞”“梟”亦鴞類之泛稱。“不祥鳥”“不孝鳥”亦對鴞類的誤稱。雕鴞屬我國僅見三種，即林雕鴞（*Bubo nipalensis* Hodgson）、烏雕鴞（*B. coromandus* Latham）及本種。雕鴞已見有四十一個亞種，我國有七個亞種，即北疆亞種（*B. b. yenisseensis*）、東北亞種（*B. b. ussuriensis*）、華南亞種（*B. b. kiautschensis*）、西藏亞種（*B. b. tibetanus*）、天山亞種（*B. b. hemachalana*）、準噶爾亞種（*B. b. auspicabilis*）、塔里木亞種（*B. b.tarimensis*）。鴞常攫食鼠類，故在滅鼠護糧及環境保護中具有重要意義。已列爲國家二級重點保護野生動物。

【梟】

同“鴞”。此稱先秦時期已行用。見該文。

【鴟鴞】

即鴞。此稱先秦時期已行用。見該文。

【梟鴟】

即鴞。此稱漢代已行用。見該文。

【鵩】

即鴞。此稱漢代已行用。見該文。

【鷄鵂】

即鵂。名見《十六國史》。此稱南北朝時期已行用。見該文。

【訓狐】

即鵂。以其鳴聲得稱。此稱唐代已行用。見該文。

【山鵂】

"鵂"之俗稱。此稱晉代已行用。見該文。

【魅魂】

即鵂。此稱明代已行用。見該文。

【幸胡】

即鵂。此稱唐代已行用。見該文。

【逐魂】

即鵂。此稱明代已行用。見該文。

【雕鵂】

即鵂。今之通稱。見該文。此稱行用於近現代。

【恨狐】

"鵂"之俗稱。此稱多行用於今東北各地。參見本卷《習見禽鳥説·猛禽考》"鵂"文。

【橫狐】

"恨狐"之音訛。此稱多行用於今東北各地。參見本卷《習見禽鳥説·猛禽考》"鵂"文。

【流離】

即鵂。此稱先秦時期已行用。《詩·邶風·旄丘》："瑣兮尾兮，流離之子。"毛傳："流離，鳥也。"陸璣疏："流離，梟也，自關而西謂梟爲流離。"清惲敬《鴟鵂

流離
（［日］岡元鳳《毛詩品物圖考》）

説》："鵂如鳩，一名鵬，一名流離是也。"參閲李時珍《本草綱目·禽四·鵂》。參見本卷《習見禽鳥説·猛禽考》"鵂"文。

【土梟】

即鵂。此稱魏晉時期已行用。《爾雅·釋鳥》："狂，茅鴟、怪鴟、梟鴟。"晉郭璞注："梟鴟，土梟。"《爾雅翼·釋鳥》："土梟，穴土以居，故曰土梟。"宋孫光憲《北夢瑣言》卷一七："楷（蘇楷）人才寢陋，兼無才行……河朔人士目蘇楷爲衣冠土梟。"

【土鵂】

即土梟。此稱明清時期已行用。清惲敬《鴟鵂説》："土鵂食母，一名梟鴟是也。"參見本卷《習見禽鳥説·猛禽考》"鵂"文。

【鴟梟】

同"鴟鵂"。此稱三國時期已行用。三國魏曹植《贈白馬王彪》詩："鴟梟鳴衡扼，豺狼當路衢。"參見本卷《習見禽鳥説·猛禽考》"鵂"文。

【唾十三】

"鵂"之貶稱。舊傳以鵂爲惡鳥，見則不祥，向其連唾十三口方可禳災，故以名之。此稱宋代已行用。宋陶穀《清異録·禽》："厭勝章言，梟乃天毒所産，見聞者必罹殃禍，急向梟連唾十三口，然後靜坐存北斗一時許可禳……郡人呼梟曰唾十三。"此稱亦泛指其他鵂類禽鳥。參見本卷《習見禽鳥説·猛禽考》"鵂"文。

茅鴟

習見猛禽名。鴞形目，鴟鵂科，黃脚漁鴞（*Ketupa flavipes* Hodgson）。大型鵂類猛禽。面盤棕褐色，眉斑黃白色。頭、頸、耳羽、上體暗褐色，具黃褐色羽緣。翅上覆羽具黃褐色斑

茅鴟
（清余省等《鳥譜》）

點。尾羽及飛羽具稀疏橫斑。下體黃褐色，胸部具暗褐色縱紋，下部微變細。我國主要分布於四川及甘肅、陝西、安徽、江蘇南部以南各地，臺灣亦有，爲留鳥。常栖息上述水域附近林地。以魚類及其他小型動物爲食物。

此稱秦漢時期已行用。亦作"鵂鴟"。亦稱"狂""鵋鴟""猫兒頭"。《爾雅·釋鳥》："狂，茅鴟。"郭璞注："今鵋鴟也，似鷹而白。"邢昺疏："狂，茅鴟、怪鴟、梟鴟。釋曰：此別鴟類也。茅鴟，一名狂。"郝懿行義疏："茅鴟，即今猫兒頭，其頭似猫，大目，有毛角。"三國時期亦稱"鵋"，亦作"鵋"。《廣雅·釋鳥》："鵂鴟，鵋也。"王念孫疏證："《御覽》引孫炎《爾雅注》云：'茅鴟，大目鵂鴟也。'如孫注則亦怪鴟之屬，但目大爲異耳。"《玉篇·鳥部》："鵂，鵋，鵂鴟。"《集韻·平江》："鵋，鳥名，茅鴟也。似鷹而白，或書作'鵋'。"

鴟類大多具臉盤，雙目向前，其頭似猫，故又俗稱"猫頭鷹"。本種數量稀少，已列爲國家二級重點保護野生動物。按，郭郛等《中國古代動物學史》認爲："茅鴟，毛脚魚鴞（tawny fish owl，*Ketupa flavipes*）。"今附供考。

【鵂鴟】

同"茅鴟"。此稱秦漢時期已行用。見該文。

【狂】[2]

即茅鴟。此稱秦漢時期已行用。見該文。

【鵋鴟】

即茅鴟。此稱魏晋時期已行用。見該文。

【猫兒頭】

即茅鴟。此稱清代已行用。見該文。

【鵋】

即茅鴟。此稱三國時期已行用。見該文。

【鵋】

同"鵋"，即茅鴟。此體宋代已行用。見該文。

【猫頭鷹】[2]

"茅鴟"之俗稱。此稱行用於近現代。見該文。

【鵟】[3]

同"狂[2]"。此稱南北朝時期已行用，并沿稱於後世。《爾雅·釋鳥》："狂，茅鴟。"陸德明釋文："狂，本或作'鵟'。"《玉篇·鳥部》："鵂，鵟，鵂鴟。"《類篇·鳥部》："鵟，鳥名。鴟屬。"按，鵟亦猫頭鷹類動物之泛稱。參見本卷《習見禽鳥説·猛禽考》"茅鴟"文。

鵂鳥

習見猛禽名。鴞形目，鴟鴞科，猛鴞（*Surnia ulula* Linnaeus）。中型鴞類猛禽，體長約40厘米。頭部白色，各羽基部黑褐色，并有兩條黑褐色橫帶；眼上緣無放射狀羽毛，故面盤不甚完整。上體黑褐色，具白色橫斑。下體白色，具黑褐色橫紋。虹膜淡黃色。嘴黃色。爪角褐色，尖端暗褐色。我國主要分布於黑龍江（冬候鳥）、新疆（繁殖鳥）。多栖息於針葉林或針闊葉混交林中，爲畫行性禽鳥，常在白晝活動，飛行迅速，無聲，喜貼近灌叢及草地飛行。以取食昆蟲、鼠類爲主。

本種以飛行迅猛而得名"猛鴞"。秦漢時期始稱"鷾鳥"。《山海經·海外西經》："女祭女戚在其北，居兩水間……鶖鳥、鷾鳥，其色青黃，所經國亡。"郭璞注："此應禍之鳥，即今梟、鵂鶹之類。"晋郭璞《山海經圖贊·鶖鳥鷾鳥》："有鳥青黃，號曰鷾鶖。與妖會合，所集禍（一作'會'）至。類則梟鵂，厥狀難媚。"亦單稱"鷾"。《玉篇·鳥部》："鷾，鳥青黃。"《字彙·鳥部》："鷾，應禍之鳥，即今梟、鵂鶹之類。"鷾本應禍之鳥，亦傳說中的鳥，而郭郛、李約瑟等《中國古代動物學史》以爲"鷾鳥"亦指今之猛鴞。其第二章曰："鷾（zhan）鳥，'其色黃'，猛鴞（*Surnia ulula*）。"所說或是。一說鷾鳥即黃鳥，未詳確否，今俱附供考。另，猛鴞以捕捉昆蟲、鼠類等爲食，對保護農林業生產、維持生態平衡具有重要意義，故已被列爲國家二級重點保護動物。

【猛鴞】

即鷾鳥。今之通稱。此稱行用於近現代。見該文。

【鷾】

"鷾鳥"之單稱。此稱南北朝時期已行用。見該文。

鴛鵂

習見猛禽名。鴞形目，鴟鴞科，領鵂鶹（*Glaucidium brodiei* Burton）。小型鴞類猛禽，體長約16厘米。眉紋、眼先、眼周均白色。其餘頭頸背面與兩側暗褐色，并具棕白色斑點，後頸羽端棕黃或純白，形成半圈領環。上體餘部暗褐色，具棕色橫斑。頷喉均白色，上喉暗褐而有棕色橫斑，形成環帶。下體餘部白色，腹部有粗著棕褐色縱紋。嘴、腳均黃綠色。我國主要分布於甘肅南部、陝西南部、河南、江蘇南部以南各地，在臺灣爲留鳥。多栖息於山區闊葉林及山坡灌叢中。以取食昆蟲爲主。

本種因後頸形成棕黃領圈而通稱"領鵂鶹"。秦漢時始稱"鴛鵂"。沿稱於後世。《山海經·北山經》："〔北囂之山〕有鳥焉，其狀如鳥，人面，名曰鴛鵂。宵飛而畫伏，食之已喝。"晋郭璞《山海經圖贊·鴛鵂》："禦喝之鳥，厥名鴛鵂；昏明是互，畫隱夜覿；物貴應用，安事鸞鵠。"《玉篇·鳥部》："鴛，鳥形人面，名鴛鵂，宵飛畫伏。"鴛鵂本傳說中的异鳥。郭郛、李約瑟等《中國古代動物學史》第二章稱："鴛鵂名稱起因是有盤狀或如帽狀的頭型，它是領鵂鶹（Collared pigmy owlet，*Glaucidium brodiei*）。"鴛鵂，鳥形，人面，且畫伏夜出，郭璞以爲即鵂鶹之屬，郭郛等依其形態及習性釋爲領鵂鶹，此說或是，今附供考。又，領鵂鶹有兩個亞種，即指名亞種（*G. b. brodiei*）及臺灣亞種（*G. b. paradalatum*）。本種對消滅鼠害，保護農林業生產具有重要意義。因其數量稀少，已被列爲國家二級重點保護動物。

【領鵂鶹】

即鴛鵂。今之通稱。見該文。

鶖鳥

習見猛禽名。鴞形目，鴟鴞科，領鵂鶹指名亞種（*Glaucidium brodiei brodiei* Burton）。小型鴞類猛禽，體長約16厘米。眉紋、眼先及眼周均白色，其餘頸背及兩側暗褐色并具棕白色斑點，後頸羽端棕黃或純白，形成半圈領環。

上體餘部暗褐色且具棕色橫斑，尾黑褐色，具棕色橫斑。頦喉均白色，上喉暗褐色而具棕色橫斑，形成環帶。下體餘部白色，胸側與脅同背部，腹側有粗著之棕色縱紋。嘴、脚均黃綠色。我國主要分布於西南、華中、華南各地。多栖息於山區密林中。以捕獵鼠類爲食。

本種因其後頸具棕黃或白色領環而得名。此稱特指領鵂鶹指名亞種。秦漢時稱"鴜鳥"。單稱"鴜"。《山海經·海外西經》："鴜鳥、鶹鳥，其色青黃，所經國亡。在女祭北，鴜鳥人面，居山上。"晋郭璞《山海經圖贊·鴜鳥鶹鳥》："有鳥青黃，號曰鶹鴜。與妖會合，所集禍（一作'會'）至。類則梟鴟，厥狀難媚。"《玉篇·鳥部》："鴜，鳥青黃色，即鵂鶹也。"《廣韻·去至》："鴜，鳥名。似梟，人面，山居。"

昔傳鴜本應禍之鳥（見《山海經·海外西經》郭璞注），郭郛、李約瑟等《中國古代動物學史》認爲其色青者即爲領鵂鶹之指名亞種之類。其第二章曰："鴜（ci）鳥，'鴜鳥人面，居山上，其色青'，'青鳥'，領鵂鶹指名亞種（*Glaucidium brodiei brodiei*）等。"此亦一説，今附供考。

另，領鵂鶹共兩個亞種，我國除本種外，尚有臺灣分布的 *G. b. paradalatum* 亞種。領鵂鶹因其常捕食鼠類及昆蟲，對保護農林業生產、維持生態平衡具有重要意義，故已被列爲國家二級重點保護動物。

【領鵂鶹指名亞種】

即鴜鳥。今之通稱。此稱行用於近現代。見該文。

【鴜】

"鴜鳥"之單稱。此稱南北朝時期已行用。見該文。

鵂鶹

習見猛禽名。鴞形目，鴟鴞科，斑頭鵂鶹（*Glaucidium cuculoides* Vigors）。小型鴞類猛禽，成鳥體長約25厘米，爲鵂鶹屬中最大者。面盤不明顯，無耳羽簇。頭、頸、上體及兩翅暗褐色，密被細狹之棕白色橫斑。眉紋白色，短狹。部分肩羽與大覆羽外翈有大白斑；飛羽黑褐色，外翈綴棕色或棕白色三角形羽緣斑，內翈具同色橫斑。尾羽黑褐色，有六道顯著白橫斑及羽端斑。頦、顎紋白色，喉中部褐色，有黃色橫斑。上喉及上胸白色，下胸具褐色橫斑。腹白色，亦具褐色縱紋。尾下覆羽純白色。跗跖被羽白色而雜以褐斑。幼鳥上體橫紋較少，幾近純褐色，散生少許淡色斑點。虹膜黃色。嘴黃綠色，基部稍暗。爪近黑色。本種多以蝗蟲、甲蟲等各類昆蟲爲食，亦嗜鼠類、小鳥及蛙、蜥蜴等動物。在我國繁殖情況尚未見報道，僅從所產幼鳥略知繁殖期大約在三至六月，通常於樹洞或天然洞穴營巢，每窩產卵三至五枚。本種爲留鳥。我國主要分布於甘肅、陝西、河南、安徽、四川、貴州、雲南、西藏、廣東、廣西、海南及香港等地。常栖息於闊葉林、混交林及林緣灌叢，亦見於農田、村舍附

鵂鶹
（馬駘《馬駘畫寶》）

近之疏林、散生樹木上。晝行性，常於白日覓食，能於空中獵殺小鳥及大型昆蟲，亦能於夜晚覓食、捕獵。

　　秦漢時期單稱"鵂"。"鵂鶹"之稱魏晉時期已行用。《山海經·北山經》："〔饒山〕其鳥多鵂。"晉郭璞注："或曰鵂，鵂鶹也。"《龍龕手鑑·鳥部》："鵂，鵂鶹也。"《太平御覽》卷九二七引《莊子》："鵂鶹夜撮蚤，察毫末。"明王錡《寓圃雜記·鍾馗詩》："飛螢負火明月羞，櫟窠影黑啼鵂鶹。"明代亦稱"車載板""快扛鳥""春哥兒"。明李時珍《本草綱目·禽四·鴟鵂》："一種鵂鶹，大如鴝鵒，毛色如鵂，頭目亦如貓。鳴則後竅應之，其聲連囀，如云'休留休留'，故名曰鵂鶹。江東呼爲車載板，楚人呼爲快扛鳥，蜀人呼爲春哥兒。"清袁枚《九月十一日夜》詩："鵂鶹避燈上樹匿，霜葉驚風走窗入。"此稱特指斑頭鵂鶹。

　　斑頭鵂鶹約有九個亞種，我國分布有四種，即華南亞種（*G. c. whiteleyi*）、滇西亞種（*G. c. rufescens*）、墨脱亞種（*G. c. austerum*）及滇南亞種（*G. c. brugeli*）。按，本種雖分布較廣，但數量較少，已列爲國家二級保護動物。今又通稱"貓王鳥""橫紋小鴞"。又，今以鵂鶹之名入藥用者多用華南亞種或領鵂鶹（*G. brodiei*），此附供考。

【鵂】

　　"鵂鶹"之單稱。此稱秦漢時期已行用。見該文。

【車載板】

　　"鵂鶹"之俗稱。此稱多行用於明代江東各地。見該文。

【快扛鳥】

　　"鵂鶹"之俗稱。此稱多行用於明代楚地民間。見該文。

【春哥兒】

　　"鵂鶹"之俗稱。此稱多行用於明代蜀地。見該文。

【貓王鳥】

　　即鵂鶹。此稱多行用於今南方各地。見該文。

【橫紋小鴞】

　　即鵂鶹。今之通稱。此稱多行用於近現代。見該文。

【斑頭鵂鶹】

　　即鵂鶹。今之通稱。此稱多行用於近現代。見該文。

【鵋䳢】[2]

　　即鵂鶹。亦稱"鵅""鴝鵅"。此稱秦漢時期已行用。省稱"鵋""䳢"，亦作"鵦"。《爾雅·釋鳥》："鵅，鵋䳢。"郭璞注："今江東呼鵂鶹爲鵋䳢，亦謂之鴝鵅。"邢昺疏："釋曰：鵅，一名鵋䳢。郭云今江東呼鵂鶹爲鵋䳢，亦謂之鴝鵅。"《玉篇·鳥部》："䳢，鵋䳢，亦作鵦。"《廣韻·去志》："鵋，鵋䳢。"《集韻·去志》："鵋，鳥名。鵂鶹也。"又《集韻·平之》："鵦、䳢，鳥名。今江東呼鵂鶹爲鵋䳢，或作'鵦'。"明劉基《郁離子·蛇蝎》："吳王夫差與羣臣夜飲，有鵋䳢鳴於庭。王惡，使彈之。"參見本卷《習見禽鳥説·猛禽考》"鵂鶹"文。

【鵋】

　　"鵋䳢[2]"之省稱。此稱宋代已行用。見該文。

【䳢】

　　"鵋䳢[2]"之省稱。此稱南北朝時期已行用。

見該文。

【鵂】

"鴟鵂[2]"之省稱。此稱南北朝時期已行用。
見該文。

【鵂】[1]

即鴟鵂[2]。此稱秦漢時期已行用。見該文。

【鵂鶹】

即鴟鵂[2]。此稱晉代已行用。見該文。

老鶬

習見猛禽名。鴞形目，鴟鴞科，長耳鴞
（*Asio otus* Linnaeus）。中型鴞類猛禽。成鳥體
長 36 ～ 40 厘米。上體棕黃色，雜以黑褐色縱
紋及蟲蠹狀細斑。下體淡黃褐色，胸部雜以黑
褐色粗紋，下腹中央棕白色。面盤黃褐色，眉
羽白色。耳羽簇黑褐色，長約 5 厘米。虹膜橙
紅色，嘴、爪暗鉛色，先端黑色。我國自新疆
至東北各地均有分布（爲留鳥）；甘肅及長江流
域爲冬候鳥；偶亦見於臺灣省（爲旅鳥）。主要
取食齧齒類動物，亦捕食小鳥、哺乳類動物及
昆蟲。

本種耳羽豎如兔耳，因名。此稱秦漢時期已
行用。亦作"老兔"。亦稱"雈""木兔""鵂"。
又其頭形如貓，又名"貓頭鷹""貓兒頭"。今通

木兔
（清余省等《鳥譜》）

稱"長耳鴞"。《爾雅·釋鳥》："雈，老鶬。"郭璞
注："木兔也，似鴟鵂而小，兔頭，有角，毛
腳。夜飛，好食雞。"郝懿行義疏："《廣雅》
云……鶬與兔同。《酉陽雜俎》云：北海有木
兔，似鵂鶹也。"《說文·雈部》："雈，鴟屬……
有毛角。所鳴其民有祋（禍）。"《廣雅·釋鳥》：
"鵩，鴟，老鶬也。"王念孫疏證："謂之老鶬
者，鶬與兔通，兔頭有角，因以名云。"唐段成
式《酉陽雜俎續集·支動》："北海有木兔，類鵂
鶹。"清朱駿聲《說文通訓定聲·乾部》："鵩，
《廣雅·釋鳥》：'鵩，鴟，老鶬也。'按，即《爾
雅》之'雈'，《說文》之'舊'與'雈'，《莊子》
之'鴟鵂'，今之貓頭鷹也。晝伏夜鳴，頭有毛
如角。"郭郛、李約瑟等《中國古代動物學史》
以爲《爾雅》之"雈，老鶬"指今之耳鴞，其
第二章曰："'雈，老鶬'，雈（zhui）、鶬（tu）、
老鶬、耳鴞（Long-eared owl，*Asio otus*）。"依
上述拉丁學名當指長耳鴞。未詳此說確否，今
附供考。

按，長耳鴞屬有五種，我國僅見二種，除
此長耳鴞外，尚有短耳鴞（*A. flammeus*）。另
外，長耳鴞約三個亞種，僅指名亞種（*A. o.
otus*）分布於我國。長耳鴞野外種群數量極其
稀少，已被列爲國家二級重點保護野生動物。
今亦稱"虎鶬""彪木鶬""長耳木兔"。

【雈】

即老鶬。此稱秦漢時期已行用。見該文。

【木兔】

即老鶬。此稱唐代已行用。見該文。

【老兔】[2]

通"老鶬"。此體明清時期已行用。"兔"
字亦作"菟"。因耳羽長如角，故曰老兔。考角

鶚、耳鶚、雕鶚、漁鶚之類多有耳羽如角者，故亦鶚類之泛稱。見該文。

【鵰】

即老鵰。字或作"鵰""鵰"。參閱《玉篇·鳥部》。此稱三國時期已行用。見該文。

【猫頭鷹】[3]

即老鵰。此稱明清時期已行用。見該文。

【長耳鴞】

即老鵰。今之通稱。此稱行用於近現代。見該文。

【虎鵰】

"老鵰"俗稱。此稱多行用於今東北各地。見該文。

【彪木鵰】

"老鵰"俗稱。此稱多行用於今東北各地。見該文。

【長耳木兔】

"老鵰"俗稱。此稱多行用於今東北各地。見該文。

橐𦶎

習見猛禽名。鴞形目，鴟鴞科，短耳鴞（*Asio flammeus* Pontoppidan）。中型鴞類猛禽，體長 33 ~ 37 厘米。略似長耳鴞，唯無長耳。黑色斑雜較疏，尤其下體縱紋既細且無橫支。其面棕黄色，雜以黑褐色羽幹紋；眼周黑色，眼先白色綴以黑羽，頭頂兩側具黑褐色，兩簇耳羽短，不甚明顯。上體大部棕黄色，滿布黑褐色寬羽幹紋，肩羽之縱紋較粗，以栩叉綴以白斑。尾羽亦棕黄色，并雜以黑褐色橫斑。虹膜深金黄色，嘴黑色。爪黑色。我國主要分布於東北地區之西北部（繁殖鳥），冬時南遷幾遍全國各地，最南可達海南，西可至新疆西部。

多栖息於林緣、沼澤地、草甸草地。爲夜行性，偶見於白日活動。常在雜草叢中覓食，食物以鼠類爲主，亦捕食小鳥、蜥蜴、昆蟲等。

本種因耳短而得名"短耳鴞"。秦漢時期始稱"橐𦶎"，并沿稱於後世。亦單稱"𦶎"。《山海經·西山經》："又西七十里曰翰次之山……有鳥焉，其狀如梟，人面而一足，曰橐𦶎，冬見夏蟄，服之不畏雷。"晋郭璞《山海經圖贊·橐𦶎》："有鳥人面，一脚孤立，性與時反，冬出夏蟄；帶其毛羽，迅雷不入。"《集韻·去至》："𦶎，鳥名。"明王思任《季叔房詩序》："筆采翳鳥之毛，墨服橐𦶎之膽。"郭郛、李約瑟等《中國古代動物學史》以爲《山海經》及郭璞圖贊所言之橐𦶎，亦指今之短耳鴞，其文曰："橐𦶎（音肥 fei）……短耳鴞（*Asio flammeus*），南方爲冬候鳥。"今從其説，將橐𦶎釋爲短耳鴞。一説橐𦶎爲神話傳説中之禽鳥，今附供考。本種已列爲國家二級重點保護野生動物。

【短耳鴞】

即橐𦶎。今之通稱。此稱行用於近現代。見該文。

【𦶎】

"橐𦶎"之單稱。此稱宋代已行用。見該文。

跂踵鳥

習見猛禽名。鴞形目，鴟鴞科，鬼鴞（*Aegolius funereus* Linnaeus）。小型鴞類猛禽。全長約 35 厘米。雌雄鳥體色相同。全體褐、白相間。額、頭頂、枕部均土黄色，并具白色圓斑點。面盤白色，周圍有暗色帶，外側羽緣土褐色，各羽緣雜以少量白色小斑點。尾下覆羽白色，具淡褐色軸斑。虹膜淡黄色。嘴淡黃，蠟膜與嘴峰交界明顯。爪黑色。我國主要分布於東北地區之西北部（爲鬼鴞之東北亞種 *A.f.sibiricus*），甘肅西北部及新疆天山亦有分布（留鳥）。多栖息於針葉林及針闊混交林。爲夜行性。主要取食鼠類及昆蟲，兼食小鳥及蛙類。

秦漢時期始稱"跂踵"。昔傳此鳥可致灾。《山海經・中山經》："又西二十里曰復州之山……有鳥焉，其狀如鴞，而一足彘尾，其名曰跂踵，見則其國大疫。"晋郭璞《山海經圖贊・跂踵》："青耕禦疫，跂踵降灾；物之相反，各以氣來。"郭郛等釋譯："喜鵲給人們帶來祥瑞，鬼鴞給人們帶來禍害；爲什麼同是鳥兒就這樣相反，就是因爲它們在不同時節來。"此處

之"跂踵鳥"即鬼鴞，如郭郛、李約瑟等《中國古代動物學史》第二章："跂踵鳥，'其狀如鴞而一足，彘尾'，鬼鴞（*Aegolius*）。"未詳此說確否，今附供考。鬼鴞能除蟲滅鼠，對維持自然界生態平衡具有一定意義，已被列爲國家二級保護動物。

【跂踵】

即跂踵鳥。跂踵本義作踮脚解，此鳥常單足而立，故名。此稱秦漢時期已行用。一説跂踵爲傳説之鳥。見該文。

【鬼鴞】

即跂踵鳥。此稱行用於近現代。見該文。

第七節　攀禽考

一、攀禽名義訓

攀禽是鳥類現代生態學分類名稱。這類禽鳥營樹栖生活，善於攀木活動，故曰攀禽。攀禽的共同特徵爲脚短健，兩趾向前，兩趾向後，爲對趾足，或外趾能向後旋轉，呈半對趾足。本節所考之禽鳥隸屬於六目：鸚形目（Psittaciformes）、鵑形目（Cuculiformes）、夜鷹目（Caprimulgiformes）、雨燕目（Apodiformes）之雨燕科（Apodidae）、佛法僧目（Coraciiformes）、鴷形目（Piciformes）。依鄭作新《中國經濟動物志・鳥類》，它們被統稱作攀禽目（Scansores）。

"攀禽"之名未見於古代典籍，但因攀禽善於緣木而生，故其多數被稱作"林禽"。如《本草綱目・禽三》之"林禽"卷有十七種禽鳥，杜鵑、啄木鳥、鸚鵡等攀禽便列入其中。另有一些如翠鳥、翡翠、夜鷹等攀禽則因多見於山地而名之爲"山禽"，戴勝之類則因地處而名爲"原禽"（俱見明李時珍《本草綱目》）。由於攀禽多營樹栖，且常於林間飛翔，

人之目力很難仔細區分，況又缺乏現代分類學知識，故古代典籍中少見比較詳確的形態記載。有的將多種攀禽記述爲一類，如杜鵑爲寄生性鵑類之統稱，明李時珍《本草綱目·禽三·杜鵑》：“〔釋名〕杜宇、子巂、子規、鶗鴂、催歸（亦作思歸）、怨鳥、周燕、陽雀。”啄木鳥爲啄木鳥科鳥類之統稱，《玉篇·鳥部》：“鴷，斲木也。口如錐，長數寸。”明李時珍《本草綱目·禽三·啄木鳥》：“〔集解〕時珍曰：啄木，小者如雀，大者如鴉……觜如錐，長數寸，舌長於咮。”雨燕爲雨燕科鳥類之統稱，唐韋莊《村居書事》詩：“風鶯移樹囀，雨燕入樓飛。”鸚鵡爲鸚鵡科鳥類之統稱，《禮記·曲禮上》：“嬰母（鸚鵡）能言，不離飛鳥。”另外，亦有夜鷹目之夜鷹、佛法僧目之翠鳥等，它們之間有許多共同特徵，如樹栖，善攀木，故統稱攀禽。

二、攀禽研究史

對攀禽的記載，始見於先秦典籍。舊題周師曠《禽經》載有豐富的禽鳥知識，其中不乏攀禽，如杜鵑、大杜鵑、戴勝、啄木鳥、鸚鵡等。《詩》不僅廣泛地反映了西周前後和春秋前期的社會面貌，而且確認鳥類三十五種，其中有水禽、猛禽、攀禽、鳴禽。如《詩·曹風·鳲鳩》：“鳲鳩在桑，其子七兮。”此處“鳲鳩”指攀禽大杜鵑。

秦漢時期，我國進入封建社會，社會生産力較此前有所提高，人們對禽鳥的認識亦有所提高，而對禽鳥的記載更廣泛。《山海經》是一部較早的地學著作，記載二百九十一種動物的地理分布和形態特徵，其中便有攀禽。如《山海經·西山經》：“獸多猛豹，鳥多尸鳩。”《爾雅》記載各類動物多達二百九十九種，《釋鳥》中記有禽鳥九十五種，其中便有攀禽，如大杜鵑、翠鳥、翡翠、戴勝、啄木鳥、夜鷹等。如《爾雅·釋鳥》：“鴗，天狗。”指翠鳥。又：“鷝，戴鵀。”指戴勝。《說文》是我國現存最早的字書，該書記載鳥類達百餘種，其中有杜鵑、大杜鵑、戴勝、鸚鵡等攀禽。如《說文·鳥部》：“䳅，䳅鶝也。”指戴勝。另外，《漢書》《方言》《文選》等典籍中亦有數處描述攀禽類禽鳥。

此後，各類典籍中均不乏對攀禽的記述。三國時張揖《廣雅》記述攀禽杜鵑、戴勝等。南北朝顧野王《玉篇》記載杜鵑、大杜鵑、戴勝、啄木鳥、鸚鵡等攀禽，如《玉篇·鳥部》：“鶝，䳅鶝，戴鵀，今呼戴勝。”宋代《集韻》《埤雅》《爾雅翼》等亦有多處描述禽鳥，而《爾雅翼》記載較詳，其中記述杜鵑、翠鳥、翡翠、戴勝、啄木鳥、綠啄木鳥、鸚鵡、夜鷹等攀禽。如《爾雅翼·釋鳥》："鴗……又謂之魚狗。"指翠鳥。又："戴鵀,似山鵲而尾短,青色,毛冠俱有文采,如戴花勝,故呼戴鵀。又稱戴勝。"明李時珍《本草綱目》記載七十餘種禽鳥,對其別名進行考證,并描述其形態特徵、生活習性,介紹其藥用價值、使用方法,其中收有杜鵑、大杜鵑、四聲杜鵑、翠鳥、翡翠、戴勝、啄木鳥、綠啄木鳥、夜鷹、鸚鵡、緋胸鸚鵡、長尾鸚鵡等多種攀禽。如《本草綱目·禽三·鳲鳩》:"時珍曰:布穀名多,皆各因其聲似而呼之,如俗呼阿公阿婆,割麥插禾,脫却破褲之類,皆因其鳴時可爲農候故耳。"指四聲杜鵑。清厲荃《事物異名録·禽鳥部》亦較系統地考證了禽鳥的別名。鄭作新等《中國動物志·鳥綱》用現代分類方法系統、詳細地記載了鳥類,使人們對攀禽的認識提到了新的高度。

三、攀禽種類與特徵

攀禽可分爲六大類。

第一,鸚形目(Psittaciformes)。喙堅硬,上嘴鈎曲如猛禽,喙基部具蠟膜,足呈對趾型,第四趾能前後反轉,趾端具利爪,善於攀緣,羽色艷麗,舌多肉質而柔軟,善於模仿人語,常作爲籠鳥飼養,用以觀賞。多營巢於樹洞中,主要以漿果爲食。鸚形目禽鳥在新生代第三紀已出現,現在我國分布約七種,隸屬一科二屬。鸚鵡科(Psittacidae)包括二屬,鸚鵡屬(*Psittacula*)包括紅領綠鸚鵡(*Psittacula krameri*)、緋胸鸚鵡(*P. alexandri*)、大紫胸鸚鵡(*P. derbiana*)、花頭鸚鵡(*P. cyanocephala*)、灰頭鸚鵡(*P. himalayana*)、長尾鸚鵡(*P. longicauda*),短尾鸚鵡屬(*Loriculus*)包括短尾鸚鵡(*Loriculus vernalis*)。古代典籍中對鸚形目已有記載,但古人對鸚形目鳥類觀察欠周,因而記述僅寥寥數語,而且大多側重其能仿人言的技能。此類禽鳥統稱"鸚鵡",此稱先秦時期已行用,并沿稱於後世。亦稱"嬰母""鸚鴟""能言鳥",省稱"鸚""鴟"。《禮記·曲禮上》:"嬰母能言,不離飛鳥。"鄭玄注:"嬰,本或作'鸚'……母,本或作'鵡'。"舊題周師曠《禽經》:"鸚鵡摩背而瘖。"張華注:"鸚鵡出隴西,能言鳥也,人以手撫拭其背,則瘖瘂矣。"《山海經·西山經》:"〔黃山〕有鳥焉,其狀如鴞,青羽赤喙,人舌能言,名曰鸚鴟。"郭璞注:"鸚鴟舌似小兒舌,腳指前後各兩,扶南徼外出五色者,亦有純赤、白者,大如鴈也。"漢禰衡《鸚鵡賦》:"有獻鸚鵡者,舉酒於衡前。"《漢書·武帝紀》:"南越獻馴象、能言鳥。"

顔師古注:"即鸚鵡也。"《説文·鳥部》:"鸚,鸚鵡,能言鳥也。……鵡,鸚鵡也。"晋代亦稱"慧鳥"。《山堂肆考》卷二一三引郭璞《山海經圖贊》:"鸚鵡慧鳥,棲林啄葉,四指中分,行則以嘴。"南北朝時期亦稱"䳇"。《玉篇·鳥部》:"鸚,鸚鵡鳥。鵡,《禮記》曰:鸚鵡,能言,不離飛鳥。䳇,同上。"唐代亦稱"南越鳥""隴禽""隴鳥",稱五色者爲"五色鸚鵡""時樂鳥",稱白色者爲"白鸚鵡""雪衣女""雪衣娘"。唐張祜《鸚鵡》詩:"栖栖南越鳥,色麗思沈淫……無事能言語,人聞悲恨深。"唐吴融《浙東筵上有寄》詩:"隴禽有意猶能説,江月無心也解圓。"唐李商隱《五言述德抒情》詩:"隴鳥悲丹觜,湘蘭怨紫莖。"唐段成式《酉陽雜俎·羽篇》:"玄宗時,有五色鸚鵡能言,上令左右試牽帝衣,鳥輒瞋目叱吒……張燕公有表賀,稱爲時樂鳥。"《太平御覽》卷九二四引《明皇雜録》:"開元中嶺南獻白鸚鵡,養之宮中。歲久,頗聰慧,洞曉言詞,上及貴妃皆呼之雪衣女……上每與貴妃及諸王博戲,上稍不勝,左右呼雪衣娘,必飛入局中,一鼓舞,以亂其行列。"宋代亦稱"乾皋""隴客",稱雌鸚鵡爲"木戾"。《埤雅·釋鳥》:"乾皋斷舌則坐歌,孔雀拍尾則立舞。"宋梅堯臣《和劉原甫白鸚鵡》詩:"雪衣應不妒,隴客幸相饒。"宋蔡絛《鐵圍山叢談》卷六:"〔西甌之地〕有鸚鵡……方域中爾人或得其雛,養視而教諸語言……有喙常黑而不變,此獨雌者,號名木戾。"元代亦稱"鸚哥""翠哥"。元關漢卿《錢大尹智寵謝天香》第一折:"〔油葫蘆〕你道是金籠内鸚哥能念詩,這便是咱家的好比似。"元楊維楨《鐵崖古樂府·六宮戲嬰圖》:"雕籠翠哥手擎出,爲愛解語通心腸。"明代亦稱"乾罦"。明李時珍《本草綱目·禽三·鸚鵡》:"〔釋名〕鸚哥、乾皋。時珍曰:……師曠謂之乾皋,李昉呼爲隴客,梵書謂之臊佗。"明董斯張《廣博物志》卷四四:"乾罦,一名鸚鵡。"

第二,鵑形目(Cuculiformes)。喙稍向下彎曲,具適於攀緣的對趾足,大都不自營巢,而將卵産於其他巢内,受義親哺育。在我國分布十七種,隸屬一科七屬。杜鵑科(Cuculidae)包括七屬,鳳頭鵑屬(*Clamator*)包括紅翅鳳頭鵑(*Clamator coromandus*)、斑翅鳳頭鵑(*C. jacobinus*),杜鵑屬(*Cuculus*)包括鷹鵑(*Cuculus sparverioides*)、棕腹杜鵑(*C. fugax*)、四聲杜鵑(*C. micropterus*)、大杜鵑(*C. canorus*)、中杜鵑(*C. saturatus*)、小杜鵑(*C. poliocephalus*)、栗斑杜鵑(*C. sonneratii*)、八聲杜鵑(*C. merulinus*),金鵑屬(*Chalcites*)包括翠金鵑(*Chalcites maculatus*)、紫金鵑(*Ch. xanthorhynchus*),烏鵑屬(*Surniculus*)包括烏鵑(*Surniculus lugubris*),噪鵑屬

（*Eudynamys*）包括噪鵑（*Eudynamys scolopacea*），地鵑屬（*Phaenicophaeus*）包括綠嘴地鵑（*Phaenicophaeus tristis*），鴉鵑屬（*Centropus*）包括褐翅鴉鵑（*Centropus sinensis*）、小鴉鵑（*C. toulou*）。鵑形目鳥類是消滅農林害蟲的能手，特別嗜食毛蟲，分布幾遍全國。古代對鵑形目鳥類的寄生習性，多有記載，但却没有比較詳確的形態描述，因此，對常見的寄生性鵑類統稱爲杜鵑，先秦時亦稱"子規""巂周""杜宇""鵜鳩""鸐"。舊題周師曠《禽經》："鸐，巂周，子規也，啼必北嚮，江介曰子規，蜀右曰杜宇。"張華注："啼苦則倒懸於樹，自呼曰謝豹。"《楚辭·離騷》："恐鵜鳩之先鳴兮，使夫百草爲之不芳。"王逸注："鵜鳩，一名買鶬。"秦漢時期亦稱"子巂""鶗鴂""鷤鳩""買鶬""姊歸"，省稱"巂"。《説文·隹部》："巂，周燕也。……爲子巂鳥。"漢揚雄《蜀王本紀》："望帝去時，子鴂鳴。故蜀人悲子鴂鳴，而思望帝。"《漢書·揚雄傳上》："徒恐鷤鴂之將鳴兮，顧先百草爲不芳。"顏師古注："鴂，鳩字也。鷤鳩鳥一名買鴋，一名子規，一名杜鵑……'鷤'字或作'鶗'。"《文選·宋玉〈高唐賦〉》："姊歸思婦，垂雞高巢。"李善注："或曰即子規，一名姊歸。"《文選·張衡〈思玄賦〉》："恃己知而華予兮，鶗鳩鳴而不芳。"李善注："《臨海異物志》曰：鶗鳩，一名杜鵑。"三國時期亦稱"鷤鶬"。《廣雅·釋鳥》："鷤鴂，鷤鶬，子鴂也。"晉代亦稱"謝豹""子鵑""望帝"。晉常璩《華陽國志·蜀志》："杜宇稱帝號曰望帝，……禪位於開明帝，升西山隱焉。時適二月，子鵑鳥鳴，故蜀人悲子鵑鳥鳴也。"南北朝時期亦稱"鷤""鶬""鶗""鴂"。《玉篇·鳥部》："鷤，鷤鴂，子巂也，大如布穀也。鴂，鷤鴂也。"又："鶬，子巂也，大如布穀也。"又："鶗，鶗鶬，子巂也。"唐代亦稱"秭歸""催歸""鵜鳩""鷤鴂""杜魄""蜀魄""蜀鳥""思歸樂"。唐柳宗元《柳州山水近治可游者記》："其山多樨多櫧，多篁篔之竹，多橐吾；其鳥多秭歸。"唐韓愈《贈同游》詩："喚起窗全曙，催歸日未西。"唐武元衡《送柳侍御裴起居》詩："望鄉臺上秦人去，學射山中杜魄哀。"唐杜荀鶴《聞子規》詩："楚天空闊月成輪，蜀魄聲聲似告人。"唐雍陶《聞杜鵑二首》之二："蜀客春城聞蜀鳥，思歸聲引未歸心。"唐元稹《思歸樂》詩："山中思歸樂，盡作思歸鳴。"唐杜甫《杜鵑行》："古時杜宇稱望帝，魂作杜鵑何微細。"宋代亦稱"塢鵑""峽禽""子鴂""秭鴂""怨鳥""鵜鴂""周燕"，省稱"塢""杜""鵑""鴂"。《集韻·上姥》："塢，塢鵑，鳥名。通作杜。"《集韻·入洽》："鴂，鳥名，杜鵑也。"宋張炎《祝英臺近·與周草窗話舊》："幾回聽得啼鵑，不如歸去。"《爾雅翼·釋鳥》："《離騷》曰：恐鵜鴂之先鳴兮……"又："亦曰望帝，亦曰杜宇，亦曰杜鵑，亦曰周燕，亦曰買鶬，名異而實同也。"又："子巂，出蜀中，今所在有之……太史公曰：'……百草奮興，秭鳺先滜。'……徐廣爲子雉。"《埤雅·釋鳥》："杜鵑，一名子規，苦啼啼血不止。一名怨鳥，夜啼達旦，血漬草木。"明代亦稱"思歸鳥""陽雀""思歸"。明田藝蘅《留青日札·姊規》："子規，人但知其爲催春歸去之鳥，蓋因其聲曰'歸去了'，故又名思歸鳥。"明李時珍《本草綱目·禽三·杜鵑》："[釋名]杜宇、子雟、子規、鶗鳺、催歸（亦作思歸）、怨鳥、周燕、陽雀。"清代亦稱"田鵑""冤禽"。清厲荃《事物異名録·禽鳥部上·子規》："《臨海異物志》：鷏鳺，一名田鵑。"又："《格物論》：子規一名鶗鳺，一名冤禽。"

第三，夜鷹目（Caprimulgiformes）。爲營樹栖生活的夜行性鳥類。喙短而軟，基部廣闊，嘴鬚發達，翼尖長，具四趾，眼形特大，羽柔軟，飛翔中無聲。本目的典型代表普通夜鷹（*Caprimulgus indicus*）分布於我國東部，俗稱"貼樹皮"，在樹上時，身體的長軸與樹枝平行，故稱。黃昏時活動，在空中飛捕昆蟲爲食，嗜食鱗翅目蛾類和鞘翅目金龜子等害蟲，也大量吃蚊蟲，故又稱"蚊母鳥"，是一種益鳥。

第四，雨燕目（Apodiformes）。喙短，基部寬闊，在飛翔中張口捕取飛蟲，翼尖長，適於疾飛，尾呈叉狀，後肢短，四趾全朝前，故不能在地面上行走，平時集結成群，邊飛邊鳴。我國常見的一科爲雨燕科（Apodidae），本科鳥類統稱爲雨燕，巢以唾液、羽毛或枯草築成。於飛行時捕食昆蟲，對農林有益。分布於我國大部分地區。我國常見種類爲：普通樓燕（*Apus apus*），常集成大群於高空疾飛捕蟲，外形頗似家燕，但四趾朝前；金絲燕（*Collocalia sp.*），繁殖期以唾液腺分泌物營巢，即著名滋補品"燕窩"，能補肺養陰。雨燕古已有之。唐杜甫《朝雨》詩："風鴛藏近渚，雨燕集深條。"唐韋莊《村居書事》詩："風鶯移樹囀，雨燕入樓飛。"

第五，佛法僧目（Coraciiformes）。喙長而強直，或細而曲，脚短，趾爲并趾型，善於攀木，多營巢於空洞中。本目鳥類體形與習性差別很大，係根據某些解剖學特徵而并歸爲一目，有的在水中覓食，如翠鳥、翡翠、戴勝，對其記載散見於歷代典籍中的甚多，如稱雄翡翠爲"翡"，稱雌翡翠爲"翠"。《爾雅翼·釋鳥》引《異物志》："……赤而雄曰翡，青而雌曰翠。"

第六，鴷形目（Piciformes）。嘴強直而呈錐狀，適於啄木，舌長能伸縮自如，舌尖具倒鈎，善於鈎取樹皮下洞中的蛀蟲，腿短而強，足呈對趾型，趾端具銳爪，善於攀木，尾呈楔形，尾羽的羽軸堅硬，有彈性，啄木時，尾羽起着彈性支撐作用。本目鳥類爲著名的森林益鳥，除其所特有的消滅樹皮下面的害蟲的益處外，還可根據其鑿木的痕迹作爲森林"衛生采伐"的指示劑，故稱其爲"森林醫生"。而且啄木鳥在捕捉樹下深處的害蟲時，頭與樹幹幾乎呈90°角，從早到晚不停地敲擊樹幹，却不會因腦震蕩而落地就擒，主要由於其腦有消震結構，人們據此設計出防護帽和防震盔。本目鳥類在新生代第三紀已有分布，現我國有二科，鬚鴷科（Capitonidae）和啄木鳥科（Picidae）。啄木鳥科鳥類統稱"啄木鳥"，分布幾遍全國，不論山區還是平原都可見到。營巢於樹洞中，平時雌雄分居，繁殖季節再另鑿一個新巢，産卵期爲四至五月。在我國分布較廣之種類爲斑啄木鳥（Dendrocopos major）、綠啄木鳥（Picus canus）、棕腹啄木鳥（Dendrocopos hyperythrus）等。先秦時期始稱啄木鳥爲"鴷"，并沿稱於後世。舊題周師曠《禽經》："鴷志在木。"秦漢時期亦稱"斲木"。《爾雅·釋鳥》："鴷，斲木。"郭璞注："口如錐，長數寸，常斲樹食蟲，因名云。"邢昺疏："斲木鳥，一名鴷。"《玉篇·鳥部》："鴷，斲木也。口如錐，長數寸。"唐代亦稱"雷公采藥吏"。宋代亦稱"斲木鳥""啄木""翟"。《集韻·入薛》："鴷，翟，鳥名。"《爾雅翼·釋鳥》："鴷，斲木……此鳥有大有小，有褐有斑，褐者是雌，斑者是雄。"《續博物志》卷六："啄木遇蠹，以觜畫字成符，而蠹自出。"明李時珍《本草綱目·禽三·啄木鳥》："啄木，小者如雀，大者如鴉，面如桃花，喙足皆青色，剛爪利觜，觜如錐，長數寸，舌長於喙，其端有針刺，啄得蠹，以舌鈎出食之。"

四、攀禽與人類文明

攀禽與人類的關係極爲密切，有些已馴化爲重要的觀賞鳥類，如鸚鵡等。由於與人類的關係密切，許多攀禽不僅有其生物學的内涵，而且有了鮮明的文化意義。如"鸚鵡學舌"比喻人云亦云，没有主見。《景德傳燈錄·越州大珠慧海和尚》："僧問：'何故不許誦經，喚作客語？'師曰：'如鸚鵡祇學人言，不得人意。經傳佛意，不得佛意而但誦，是學語人，所以不許。'"杜鵑鳴聲洪亮，有的兩聲一度，有的四聲一度，相當單調，經常久鳴不休，有時徹夜鳴叫，甚至口中流出血來，所謂"杜鵑啼血""杜鵑枝上月三更""鵑血""鵑啼"等，從而可以看出杜鵑的叫聲動人心弦，遂用以形容人的思念之苦、悲怨之深。如清徐吳念《石門蔡貞女辭》："三年鵑血帶啼痕，清操直欲凌冰霜。"杜鵑雖是害蟲的天敵，可它們却不自己營巢，也不孵卵，而把卵産在其他鳥類的巢中，讓其他鳥類代孵和喂養；小杜鵑孵出後，常把養娘所生的卵或雛鳥抛到巢外摔死。唐代詩人杜甫寫過一首

《杜鵑》詩:"生子百鳥巢,百鳥不敢嗔。仍爲餧其子,禮若奉至尊。"另由於其别名爲"鳲鳩""鳩",故以"鳩占鵲巢"比喻强占他人的居處或措置不當者,而以"鳩拙""鳩計拙"比喻笨拙、不善營生。

緑鸚鵡

習見攀禽名。鸚形目,鸚鵡科,長尾鸚鵡(*Psittacula longicauda* Boddaert)。體羽緑中顯藍色,頭頂爲緑色或暗紅色,頭側及後頸紅色,尾甚尖長。雄鳥整體大致緑色,頭頂較暗色,下體淡而略顯黄色,眼先及貫眼紋近藍黑色,頭側及後頸斑玫瑰紅色,頷及下頰黑色;上背蒼黄而沾藍灰色;下背及腰淡藍;翼下覆羽近黄色;中央尾羽藍色而具黄色羽端,側尾羽緑色。雌鳥頭頂暗緑色,覆耳羽後部沾藍色;上頰暗橙紅色,下頰暗緑色;中央尾羽較短。我國主要分布於四川西南部。活動於熱帶雨林的闊葉樹上,晚間集群栖於樹上或竹叢。飛行快速、直翿,以植物種子、漿果、花瓣、花芽等爲食。發快速、反復而帶顫的尖叫聲。二月起在樹洞産卵,一窩二至三枚。我國現存者可能爲籠鳥。

緑鸚鵡古人早已熟悉,此稱明代已行用。明李時珍《本草綱目·禽三·鸚鵡》:"按《字説》云,鸚鵡如嬰兒之學母語,故字從嬰母,亦作'鸚鵡'。"又"[集解]時珍曰:鸚鵡有數種,緑鸚鵡出隴蜀,而滇南交廣近海諸地尤多,大如烏鵲,數百群飛,南人以爲鮓食。"據鄭作新等《中國動物志·鳥綱·鸚形目》,《本草綱目》所謂"緑鸚鵡"即今之長尾鸚鵡。已列爲國家二級重點保護野生動物。

【長尾鸚鵡】

即緑鸚鵡。今之通稱。此稱行用於近現代。見該文。

紅鸚鵡

習見攀禽名。鸚形目,鸚鵡科,緋胸鸚鵡(*Psittacula alexandri* Linnaeus)。體色上緑下紅,額上有黑色帶斑伸至兩眼,翅長18厘米以下,翼下覆羽緑色。活動於海拔并不很高之山麓常緑闊葉林,植食性。善於攀行:嘴脚并用,上下不停。飛行速度快且路綫直,鳴聲粗厲響亮。其羽色艷麗,具珊瑚紅嘴,易馴養。爲理想之籠鳥。

此稱唐代已行用。唐白居易《紅鸚鵡》詩:"安南遠進紅鸚鵡,色似桃花語似人。"明代亦稱"紅鸚鵡"。明李時珍《本草綱目·禽三·鸚鵡》:"[集解]時珍曰:鸚鵡有數種,……紅鸚鵡紫赤色,大亦如之。"據鄭作新等《中國動物志·鳥綱·鸚形目》,"紅鸚鵡"即緋胸鸚鵡。由於野外種群數量急劇下降,已列爲國家二級重點保護野生動物。

【緋胸鸚鵡】

即紅鸚鵡。今之通稱。此稱行用於近現代。見該文。

布穀

習見攀禽名。鵑形目,杜鵑科,大杜鵑(*Cuculus canorus* Linnaeus)。樹栖性鳥類。體長 30 餘厘米。雄鳥上體純暗灰色；兩翼表面暗褐。尾羽沿羽幹兩側及内緣有白色細點，其餘部分黑色。頦、喉、上胸及頭頸兩側淡灰色；下體餘部白色，雜以黑褐色橫斑。雌鳥羽色相似，但上體灰色沾褐，胸呈棕色。雌鳥還有另外色型，其上體及下體前部滿布栗紅、黑褐兩色相間之橫斑。栖於開闊林地。不自營巢，卵產於葦鶯等鳥巢中。嗜食毛蟲。夏時遍布全國。布穀爲森林益鳥。

此稱先秦時期已行用，亦稱“鳲鳩”“鴶鵴”“穫穀”。舊題周師曠《禽經》：“鳲鳩……布穀也，或曰鴶鵴，或曰穫穀。”秦漢時期亦稱“結誥”“擊穀”“雄鳩”。《爾雅·釋鳥》：“鳲鳩，鴶鵴。”郭璞注：“今之布穀也，江東呼爲穫穀。”郝懿行義疏：“布穀轉爲搏穀。”《方言》第八：“布穀自關而東梁楚之間謂之結誥，周魏之間謂之擊穀，自關而西或謂之布穀。”《淮南子·天文訓》：“孟夏之月，以熟穀禾，雄鳩長鳴，爲帝候歲。”高誘注：“雄鳩，布穀也。”三國時期亦稱“桑鳩”。三國吳陸璣《毛詩草木鳥獸蟲魚疏》：“梁宋之間謂布穀爲鴶鵴，一名擊穀，一名桑鳩。”南北朝時期亦稱“鴶”“鵴”。《玉篇·鳥部》：“鴶，鴶鵴，即布穀也。鵴，鴶鵴。”唐代亦稱“撥穀”。唐李白《荊州歌》：“繰絲憶君頭緒多，撥穀飛鳴奈妾何。”蕭士贇補注：“撥穀，布穀也。”明時亦稱“蠶鳥”。明謝肇淛《西吳枚乘》：“吳興以四月爲蠶月……是月也，有鳥飛，其聲曰著山看火，湖民謂之蠶鳥。”明李時珍《本草綱目·禽三·鳲鳩》：“[釋名] 布穀、鴶鵴、穫穀、郭公。”清代亦稱“戴匊”“穀公”“鸋鳺”。岡元鳳《毛詩品物圖考·鳥部》：“戴勝非布穀，《爾雅》疏辨之甚詳。

此云戴匊是也。”清厲荃《事物異名録·禽鳥》：《本草別録》：布穀亦曰穀公。北人名撥穀。”又：《韻府》：鸋鳺，鳥名，布穀也。”

【鴶鵴】

即布穀。此稱先秦時期已行用。見該文。

【穫穀】

即布穀。此稱先秦時期已行用。見該文。

【結誥】

即布穀。此稱秦漢時期已行用。見該文。

【擊穀】

即布穀。此稱秦漢時期已行用。見該文。

【雄鳩】

即布穀。此稱秦漢時期已行用。見該文。

【桑鳩】 [1]

即布穀。此稱三國時期已行用。見該文。

【鴶】

即布穀。此稱南北朝時期已行用。見該文。

【鵴】

即布穀。此稱南北朝時期已行用。見該文。

【撥穀】

即布穀。此稱唐代已行用。見該文。

【蠶鳥】

即布穀。此稱明代已行用。見該文。

【戴匊】

即布穀。此稱多行用於清代。見該文。

【穀公】

即布穀。此稱多行用於清代。見該文。

【鸋鳺】

即布穀。此稱多行用於清代。見該文。

【大杜鵑】

即布穀。今之通稱。此稱行用於近現代。見該文。

【鳲鳩】

即布穀。此稱先秦時期已行用。省稱
"鳩"。《詩·曹風·鳲鳩》："鳲鳩在桑，其子七
兮。"毛傳："鳲鳩，秸鞠也。"舊題周師曠《禽
經》："鳩拙而安。"晋張華注："鳩，鳲鳩也。《方
言》云：蜀謂之拙鳥。不善營巢，取鳥巢居之，
雖拙而安處也。雄呼晴，雌鳴陰。"秦漢時期亦
稱 "拙鳥""秸鞠""鷝""秸鷝"。《説文·鳥部》：
"鷝，秸鷝，尸鳩也。"徐鍇繫傳："鷝，秸鷝，
尸鳩。"段玉裁注："毛傳：尸鳩，秸鞠也。"晋
代亦稱 "鶝鶔"。《山海經·西山經》："獸多猛
豹，鳥多尸鳩。"晋郭璞注："尸鳩，布穀類也，
或曰鶝鶔也。"南北朝時期亦省稱 "鳲"。《玉
篇·鳥部》："鳲，鳲鳩也。"唐代亦稱 "拮掬"。
《漢書·鮑宣傳》："爲天牧養元元。視之當如一，
合《尸鳩》之詩。"唐顔師古注："尸鳩，拮掬
也。"宋代時亦稱 "搏黍"。宋陸佃《埤雅》：
"鳲鳩，秸鞠，一名搏黍。"參見本卷《習見禽
鳥説·攀禽考》"布穀"文。

【鳲】[2]

"鳲鳩"之省稱。此稱先秦時期已行用。
見該文。

【拙鳥】

即鳲鳩。此稱秦漢時期已行用。見該文。

【秸鞠】

即鳲鳩。此稱秦漢時期已行用。見該文。

【鷝】

即鳲鳩。此稱秦漢時期已行用。見該文。

【秸鷝】

即鳲鳩。此稱秦漢時期已行用。見該文。

【鶝鶔】

即鳲鳩。此稱晋代已行用。見該文。

【鳲】

"鳲鳩"之省稱。此稱南北朝時期已行
用。見該文。

【拮掬】

即鳲鳩。此稱唐代已行用。見該文。

【搏黍】

即鳲鳩。此稱宋代已行用。見該文。

【郭公】

即布穀。此稱南北朝時期已行用。亦稱 "鷝
鶲鳥""鷝鶲""鷝""鶲"。《玉篇·鳥部》："鷝，
鷝鶲鳥，今之郭公。鶲，鷝鶲鳥。"《廣韻·上麌》：
"鶲，鷝鶲，鳥名，今云郭公。"參見本卷《習見

鳲鳩
（明王圻等《三才圖會》）

郭公
（馬駘《馬駘畫寶》）

禽鳥説·攀禽考》"布穀"文。

【鵠鸚鳥】

即郭公。此稱南北朝時期已行用。見該文。

【鵠】

即郭公。此稱南北朝時期已行用。見該文。

【鸚】

即郭公。此稱南北朝時期已行用。見該文。

【鵠鸚鸚】

即郭公。此稱多行用於宋代。見該文。

【勃姑】

即布穀。此稱宋代已行用。宋黄庭堅《考試局與孫元忠博士竹間對窗夜聞元忠誦書聲調悲壯戲作竹枝歌三章和之》："勃姑夫婦喜相唤，街頭雪泥即漸乾。"清代亦稱"步姑""卜姑""保姑"。《爾雅·釋鳥》"鳲鳩"清郝懿行義疏："又謂勃姑，又謂步姑。按今揚州人謂之卜姑，東齊及德澮之間謂之保姑。其身灰色，翅尾末俱雜黑色，農人候此鳥鳴，布種其穀矣。"參見本卷《習見禽鳥説·攀禽考》"布穀"文。

【步姑】

即勃姑。此稱清代已行用。見該文。

【卜姑】

即勃姑。此稱清代已行用。見該文。

【保姑】

即勃姑。此稱清代已行用。見該文。

四聲杜鵑

習見攀禽名。鵑形目，杜鵑科，四聲杜鵑（*Cuculus micropterus* Gould）。體長30厘米。雄鳥頭頂與後頸均暗灰色，頭側淡灰。背部及兩翼表面純濃褐色。中央尾羽與背同色，但具一道寬闊之黑色近端橫斑，可與大杜鵑相區別。下體自胸部以次均乳白色，雜以黑色橫斑。雌鳥頭頂稍帶褐色，胸部沾有棕色。栖於山地或平原之森林間枝葉深處，很難看到。鳴聲清亮，四聲一度。主食昆蟲，有益農林。不自營巢，卵常產於葦鶯巢中。分布幾遍全國。

其鳴四聲一度，故稱。明代亦稱"阿公阿婆""割麥割禾""脱却破褲"。明李時珍《本草綱目·禽三·鳲鳩》："布穀名多，皆各因其聲似而呼之，如俗呼阿公阿婆，割麥插禾，脱却破褲之類，皆因其鳴時可爲農候故耳。"今多俗稱"光棍好苦"。

【阿公阿婆】

即四聲杜鵑。此稱明代已行用。見該文。

【割麥插禾】

即四聲杜鵑。此稱明代已行用。見該文。

【脱却破褲】

即四聲杜鵑。此稱明代已行用。見該文。

【光棍好苦】

"四聲杜鵑"之俗稱。此稱行用於近現代。見該文。

蟁母

習見攀禽名。夜鷹目，夜鷹科，普通夜鷹（*Caprimulgus indicus* Latham）。夜行性攀禽。體長近30厘米。鼻呈管狀，嘴鬚發達，嘴形短闊。羽毛柔軟，蓬鬆。羽毛灰褐，并有細波紋。頭及背部暗褐色，有長而大的黑色縱行斑紋及褐色蟲蠹斑。喉側各有一大白斑。腹部羽毛灰褐與黄色橫紋相間。雄鳥尾上有白斑，飛時甚明顯，并有黑褐色橫帶。雌鳥羽色相似，但尾上無白斑，尾羽貫以棕紅色綴黑之橫斑。具四趾，後趾短小。栖於山林間，晝伏夜出，於飛行時捕食蚊蟲。爲益鳥。繁殖季節在三至五月，不營巢，產卵於地上，卵二枚，底色白。分布幾遍全國。

此稱秦漢時期已行用。亦稱"鵑"。晋代稱"蚊母"。《爾雅·釋鳥》："鵑，蟁母。"晋郭璞注："似烏鶌而大，黃白雜文，鳴如鴿聲，今江東呼爲蚊母，俗説此鳥常吐蚊，故以名云。"唐代亦稱"蚊母鳥""吐蚊鳥"。唐李肇《唐國史補》卷下："江東有蚊母鳥，亦謂之吐蚊鳥，夏則夜鳴，吐蚊於叢葦間。"《爾雅翼·釋鳥》："〔蟁母〕鳥大如雞，黑色，生南方池澤茹

蚊母鳥
（馬駘《馬駘畫寶》）

夜鷹
（馬駘《馬駘畫寶》）

蘆中。其聲如人嘔吐，每口中吐出蚊一二升。"明李時珍《本草綱目·禽一·蚊母鳥》："〔集解〕江東有蚊母鳥，塞北有蚊母樹，嶺南有蚉母草，此三物異類而同功也。"按，因其每於薄暮時於蚊蟲聚集處張口食蟲，古誤以爲吐蚊。今通稱"普通夜鷹"，省稱"夜鷹"。

【鵑】

即蟁母。此稱秦漢時期已行用。見該文。

【蚊母】

即蟁母。此稱晋代已行用。見該文。

【蚊母鳥】

即蟁母。此稱唐代已行用。見該文。

【吐蚊鳥】

即蟁母。此稱唐代已行用。見該文。

【普通夜鷹】

即蟁母。今之通稱。此稱行用於近現代。見該文。

【夜鷹】

即蟁母。此稱行用於近現代。見該文。

翡翠

習見攀禽名。佛法僧目，翠鳥科，藍翡翠（*Halcyon pileata* Boddaert）。體長約 30 厘米。頭部與翼内側覆羽絨黑色。頸白色稍沾棕色。自背至尾翼之初級覆羽、次級飛羽爲亮藍色。翼下有一白色帶紋。下體餘部橙棕色。嘴强而直，與足趾均爲珊瑚紅色。常栖於開闊平原與丘陵多樹之沼澤旁，覓食魚、蝦、蟹及昆蟲。營巢於河岸或山洞岩穴中。分布於我國東部、南部。翠羽可供鑲嵌、飾品用。

此稱先秦時期已行用。《楚辭·招魂》："翡翠珠被，爛齊光些。"王逸注："雄曰翡，雌曰翠。"洪興祖補注："翡，赤羽雀；翠，青羽雀。《異物志》云：翠鳥形如燕，赤而雄曰翡，青而雌曰翠。"秦漢時期亦稱"翠""鶝""翠鳥"。

翡翠
（明王圻等《三才圖會》）

其雄鳥稱"翡"，其雌鳥稱"翠"。《爾雅・釋鳥》："翠，鷸。"郭璞注："似燕，紺色，生鬱林。"《漢書・五行志》："鄭子臧好聚鷸冠。"顏師古注引韋昭曰："鷸，翠鳥也。"唐代亦稱"翠鳥"。宋代亦稱"紺燕""翠鷸"。宋羅願《爾雅翼・釋鳥》："鷸，似燕，紺色，生鬱林，蓋今之翠鳥也。……《異物志》曰：'翠鳥形如燕，赤而雄曰翡，青而雌曰翠。'……此鷸一名翠鷸……然又名紺燕。"明李時珍《本草綱目・禽一・魚狗》："〔附錄〕時珍曰：《爾雅》謂之鷸，出交廣南越諸地，飲啄水側，穴居生子，亦巢於木，似魚狗稍大。或云：前身翡，後身翠，如鵝翠、雁翠之義。或云：雄爲翡，其色多赤，雌爲翠，其色多青，彼人亦以肉作腊食之。"按，翡翠亦稱"翠鳥"，與翠碧鳥之翠鳥有別，此形似魚狗而稍大。參見本卷《習見禽鳥説・攀禽考》"翠鳥"文。又，腊音xī，即乾肉。此處指南方將翡翠鳥肉做成肉乾食之。

【翠】[1]

即翡翠。此稱秦漢時期已行用。見該文。

【鷸】[3]

即翡翠。此稱秦漢時期已行用。見該文。

【翠鳥】[1]

即翡翠。此稱唐代已行用。見該文。

【紺燕】

即翡翠。此稱宋代已行用。見該文。

【翠鷸】

即翡翠。此稱宋代已行用。見該文。

翠鳥[2]

習見攀禽名。佛法僧目，翠鳥科，普通翠鳥（*Alcedo atthis* Linnaeus）。體長約15厘米。頭大，體小，嘴强而直。額、枕及肩背等部羽毛，以蒼翠、暗綠色爲主。耳羽棕黃，頰及喉白色。飛羽大部分黑褐色，胸下栗棕色。尾羽甚短。常栖息水邊樹枝或岩石上，伺魚蝦游近水面，突然啄取，有害漁業。卵白色，近圓形；七月上旬雛鳥孵出。翠鳥幾遍布於全國。爲東部、南部常見留鳥。羽毛可爲飾物。

鷸
（明王圻等《三才圖會》）

魚狗
（明文俶《金石昆蟲草木狀》）

先秦時期始稱"翠"。秦漢時期多行用此稱，并沿稱於後世。《楚辭・九歌・東君》："翾飛兮翠曾。"王逸注："身體翾然若飛，似翠鳥之舉也。"又《少司命》："孔蓋兮翠旌，登九天兮撫彗星。"程嘉哲注："翠旌，翠鳥羽毛做的旗旌。"漢蔡邕《翠鳥》詩："翠鳥時來集，振翼修容形。"晉代亦稱"翠禽"。晉郭璞《客傲》："夫攀驪龍之髯，撫翠禽之毛者，而不得絕霞肆，跨天津者，未之前聞也。"唐代亦稱"翠羽""翠碧"。唐顧況《芙蓉樹》詩："文魚翻亂葉，翠羽上危欄。"唐元稹《有鳥》詩之六云："有鳥有鳥群翠碧，毛羽短長心並窄。"宋代亦稱"翠碧鳥""翠奴"。《爾雅翼・釋鳥》："〔鷸〕……今人謂之翠碧鳥，……大者名翠奴。"

【翠】[2]

即翠鳥[2]。此稱先秦時期已行用。見該文。

【翠禽】

即翠鳥[2]。此稱晋代已行用。見該文。

【翠羽】

即翠鳥[2]。此稱唐代已行用。見該文。

【翠碧】

即翠鳥[2]。此稱唐代已行用。見該文。

【翠碧鳥】

即翠鳥[2]。此稱宋代已行用。見該文。

【翠奴】

即翠鳥[2]。此稱宋代已行用。見該文。

【天狗】

即翠鳥[2]。此稱秦漢時期已行用。亦稱“鴗”。晋代亦稱“水狗”。《爾雅·釋鳥》:“鴗，天狗。”晋郭璞注:“小鳥也，青似翠，食魚，江東呼爲水狗。”唐宋時期稱“魚狗”“魚虎”“魚師”。《爾雅翼·釋鳥》:“〔鴗〕又謂之魚狗。”宋周紫芝《竹坡詩話》卷三:“江淮間有水禽號魚虎，翠羽而紅首，顔色可愛。”《埤雅·釋鳥》:“翠鳥……其小者謂之翠碧，一名魚虎，一名魚師。”明李時珍《本草綱目·禽一·魚狗》:“［釋名］鴗、天狗、水狗、魚虎、魚師、翠碧鳥。”又［集解］引陳藏器曰:“此即翠鳥也……大者名翠鳥，小者名魚狗。”參見本卷《習見禽鳥説·攀禽考》“翠鳥[2]”文。

【鴗】

即天狗。此稱秦漢時期已行用。見該文。

【水狗】

即天狗。此稱晋代已行用。見該文。

【魚狗】

即天狗。此稱唐宋時期已行用。見該文。

【魚虎】

即天狗。此稱唐宋時期已行用。見該文。

【魚師】

即天狗。此稱唐宋時期已行用。見該文。

戴勝[1]

習見攀禽名。佛法僧目，戴勝科，戴勝（*Upupa epops* Linnaeus）。體長約30厘米。具棕栗色顯著羽冠，頸、胸等部與羽冠同色而較淡，下背與肩羽色黑褐而雜有棕、白色斑。尾羽黑色，中部亦具白斑。喙細長而彎。尾脂腺能分泌臭液。嗜食昆蟲。我國分布幾遍全國。常栖於潮濕園地郊野。營巢於樹洞土穴。五至六月繁殖，育雛時穢物堆積巢内而不外移，以致臭氣洋溢，故名“臭姑鴣”。

此稱先秦時期已行用，亦稱“戴任”“鶝鴀”“桑鳩”。《禮記·月令》:“季春之月……鳴鳩拂其羽，戴勝降于桑。”《吕氏春秋·季春》:“鳴鳩拂其羽，戴任降于桑。”高誘注:“戴任，戴勝，鴟也。《爾雅》曰鶝鴀。”舊題周師曠《禽經》:“鳸鳩，戴勝。”晋張華注:“《月令》曰:‘戴勝降于桑。’一名桑鳩，仲春鷹所化也。”秦漢時期亦稱“戴鵀”“戴南”“戴鳻”“鵖”，省

戴勝
（清余省等《鳥譜》）

稱“鵀”。《方言》第八：“〔鳲鳩〕自關而東謂之戴鵀，東齊海岱之間謂之戴南，南猶鵀也……或謂之戴鳻，或謂之戴勝。”宋代亦稱“山和尚”“戴紝”。宋王質《林泉結契·山友辭》：“山和尚，身灰褐而長，腦嘴俱黑，聲濁圓，間若誦牟尼號者，旋雜他聲。”《爾雅翼·釋鳥》：“戴鵀，似山鵲而尾短，青色，毛冠俱有文采，如戴花勝，故呼戴鵀。又稱戴勝。……又名戴 南。……又名戴鳻。”宋高似孫《剡録》卷一〇：“戴勝，出舊經。《爾雅》曰：‘戴勝，鵀也。’《春秋考異郵》曰：‘孟夏戴紝降。’《春秋説題辭》曰：‘戴紝出，蠶期起。’”按，《禽經》《方言》以鳴鳩爲戴勝，郭璞則以爲非，李時珍從其説。明李時珍《本草綱目·禽三·鳲鳩》：“《禽經》及《方言》並謂鳴鳩即戴勝，郭璞云非也。”

【戴任】

即戴勝[1]。此稱先秦時期已行用。見該文。

【鸊鳩】

即戴勝[1]。此稱秦漢時期已行用。見該文。

【戴鵀】[1]

即戴勝[1]。此稱秦漢時期已行用。見該文。

【戴南】

即戴勝[1]。此稱先秦時期已行用。見該文。

戴鵀
（明王圻等《三才圖會》）

【戴鳻】

即戴勝[1]。此稱先秦時期已行用。見該文。

【鵖】[4]

即戴勝[1]。此稱先秦時期已行用。見該文。

【鵀】

即戴勝[1]。此稱先秦時期已行用。見該文。

【桑鳩】[2]

即戴勝[1]。此稱晋代已行用。見該文。

【山和尚】[1]

即戴勝[1]。此稱宋代已行用。見該文。

【戴紝】

即戴勝[1]。此稱宋代已行用。見該文。

【鵖鴔】

即戴勝[1]。此稱秦漢時期已行用。亦稱“鵖鴔”“鶝鶔”“鵐”，省稱“鴔”。《爾雅·釋鳥》：“鵖鴔，戴鵀。”郭璞注：“鵀即頭上勝，今亦呼爲戴勝，鵖鴔猶鶝鶔，語聲轉耳。”清郝懿行義疏：“戴鵀即今之樓樓轂，小於鵓鳩，黄白斑文，頭上毛冠如戴華勝，戴勝之名以此。”《説文·鳥部》：“鴔，鴔鵖也。”《方言》第八：“或謂之鶝鶔，燕之東北朝鮮、洌水之間謂之鵐。”三國時期亦稱“鵐鶔”。《廣雅·釋鳥》：“戴鳻、戴紝、鶔鵯、澤虞、鵐鶔……戴勝也。”南北朝時期亦稱“鴔鵖”，省稱“鵖”“鴔”“鶔”。《玉篇·鳥部》：“鵖，鴔鵖，戴鵀，今呼戴勝。”又：“鴔，鴔鵖。”又：“鵐，戴鵀。”又：“鶔，戴勝也。”清代亦稱“樓樓轂”。參見本卷《習見禽鳥説·攀禽考》“戴勝[1]”文。

【鴔鵖】

即鵖鴔。此稱秦漢時期已行用。見該文。

【鶝鶔】

即鵖鴔。此稱秦漢時期已行用。見該文。

【魥】

即鶬鴰。此稱秦漢時期已行用。見該文。

【鶷】

即鶬鴰。此稱秦漢時期已行用。見該文。

【鶷鴰】

即鶬鴰。此稱三國時期已行用。見該文。

【鴰鶬】

即鶬鴰。此稱南北朝時期已行用。見該文。

【鶬】

"鶬鴰"之省稱。此稱南北朝時期已行用。
見該文。

【鴰】

即鶬鴰。此稱南北朝時期已行用。見該文。

【鴰】

"鶬鴰"之省稱。此稱南北朝時期已行用。
見該文。

【樓樓穀】

即鶬鴰。此稱清代已行用。見該文。

鶃鶘

習見攀禽名。佛法僧目,犀鳥科,冠斑犀鳥
(*Anthracoceros coronatus* Boddaert)。中型犀鳥。
體長約 75 厘米。嘴形强大,前額基部至上嘴基
部有一僧帽狀盔突,盔突前端側扁,有一黑色
塊斑,盔突餘部與嘴呈象牙黄色。上體純黑,
除後頸與腰外,均具金屬綠色光澤。翼與尾之
金屬反光更著;翼緣白而雜以黑色,初級飛羽
先端綴闊白斑;尾羽除中央一對外,亦具寬闊
白色先端。主要分布於雲南、廣西等地(爲留
鳥)。常栖息於熱帶、亞熱帶地區森林中,尤適
栖於乾燥樹林之巨木間。食性雜,嗜食榕樹果
實,亦食鞘翅目昆蟲。

我國古代對此鳥早就熟悉。漢代始稱"鶃"。

亦作"鶃"。亦稱"鶃"。《説文·鳥部》:"鶃,
水鳥也。"《廣韻·平東》:"鶃,鶃鶘。鳥也。"
《集韻·平東》:"鶘,鶃鶘。水鳥。黄喙,長
尺餘,南人以爲酒器。"晋代始稱"鶃鶘"。亦
稱"越王鳥""鶃鵬"。宋代亦作"鶃鶘"。《正
字通·鳥部》:"鶃,鶃鶘。水鳥。一名鶴頂……
劉欣期《交州志》云:'鶃鶘即越王鳥。出九
真、交趾。大如孔雀,喙長尺餘,南人以爲飲
器。'"唐段成式《酉陽雜俎·廣動植·羽篇》:
"鶃鵬,喙大,而句長一尺,赤黄色,受二升。
南人以爲酒杯也。"《太平御覽》卷九二八引晋
劉欣期《交州記》:"鶃鶘,黄喙二尺餘,南人
以爲酒爵。"又引《南越志》:"鶃鶘,一名越王
鳥。"明李時珍《本草綱目·禽一·鶃鶘》:"[釋
名]越王鳥、鶴頂、鶃鵬。[集解]時珍曰:案
劉欣期《交州志》云:鶃鶘即越王鳥,水鳥也。
出九真、交趾。"謝宗萬《本草綱目藥物彩色圖
鑒》認爲古藥用鶃鶘即今斑犀鳥。今通稱"冠
斑犀鳥"。

按,犀鳥類屬佛法僧目禽鳥。生態學分類爲
攀禽目,并非水鳥。又,自 20 世紀 60 年代後,
雲南、廣西等地熱帶雨林、季雨林大量被伐,使
鶃鶘之生栖環境被破壞,種群數量鋭減,以致瀕
危。已被列入國家二級重點保護野生動物。

【鶃】

即鶃鶘。此稱漢代已行用。見該文。

【鶃】

即鶃鶘。此體宋代已行用。見該文。

【鶘】

即鶃鶘。此稱宋代已行用。見該文。

【鶃鶘】

同"鶃鶘"。此體晋代已行用。見該文。

【鷘鵬】

即鶆鶆。此稱唐代已行用。見該文。

【越王鳥】

即鶆鶆。此稱晉代已行用。見該文。

【斑犀鳥】

即鶆鶆。今之通稱。此稱行用於近現代。見該文。

【冠斑犀鳥】

即鶆鶆。今之通稱。此稱行用於近現代。見該文。

【鶆鵬】

即鶆鶆。此稱明代已行用。《集韻·上養》：“鶆，鳥名。”《正字通·鳥部》：“鶆，鶆鵬，鶆鶆別名。”又引竺真《羅浮山疏》：“鶆鶆不食魚，止啖木葉，糞似薰陸香，入藥治雜瘡，又名鶆鵬。”參見本卷《習見禽鳥說·攀禽考》“鶆鶆”文。

【鶴頂】

即鶆鶆。明楊慎《丹鉛總録·鳥獸類》：“劉欣期《益州記》：鶆鶆，水鳥。黃喙長尺餘，南人以爲酒器，蓋即今之鶴頂也。”明李時珍《本草綱目·禽一·鶿鶇》：“〔釋名〕越王鳥、鶴頂、鶆鵬。”參見本卷《習見禽鳥說·攀禽考》“鶆鶆”文。

山啄木

習見攀禽名。鴷形目，啄木鳥科，黑枕緑啄木鳥（*Picus canus* Gmelin）。體長約 22 厘米，通體主要爲暗綠色，無羽冠，雄鳥額至頭頂前半部鮮紅。眼先與顴紋黑色。頭頸餘部暗灰色。下背淡綠黃色。腰及尾上覆羽綠黃色。尾羽羽幹堅硬，呈黑褐色；中央尾羽綠灰；外側尾羽爲純褐色，橫斑不明顯。翼上覆羽與背幾相同色，飛羽大都暗褐。下體概灰而不具縱紋。雌鳥額至頭頂均爲灰色，綴以黑色縱斑。多在樹枝或樹幹上覓蟲爲食。我國分布幾遍全國。留鳥。夏季栖於山地密林，冬季遷栖於丘陵平原次生叢林。巢築於樹洞裏，每産卵二至四枚，卵爲純白色。

山啄木久爲人知，亦稱“啄木”。唐元稹《有鳥》詩之八：“有鳥有鳥名啄木，木中求食常不足。”宋代始稱“山啄木”。《爾雅翼·釋鳥》：“〔斲木〕又有青黑者，大如鵲，頭上有紅毛如鶴頂，生山中，土人呼爲山啄木。”明代亦稱“火老鴉”。明李時珍《本草綱目·禽三·啄木鳥》：“山啄木頭上有赤毛，野人呼爲火老鴉，能食火炭。”清代亦稱“火鷄”“火鴉”“山斲木”。清李元《蠕範·物制》：“火鴉，火雞也，山斲木也。大如鴉，青黑色，頭有紅毛，似鶴頂堆砂，毛毿毿下垂。”謝宗萬《本草綱目藥物彩色圖鑒》認爲山啄木即此綠啄木鳥，今通稱“黑枕綠啄木鳥”。俗稱“綠啄木鳥”。一說山啄木爲吐綬鷄別名。參閱《漢語大詞典·火部》“火鴉”文。

【啄木】

即山啄木。亦泛稱所有啄木鳥。此稱唐代已行用。見該文。

山啄木
（清余省等《鳥譜》）

【火老鴉】

即山啄木。此稱明代已行用。見該文。

【火鴉】

即山啄木。此稱清代已行用。見該文。

【火雞】

即山啄木。此稱清代已行用。見該文。

【山斲木】

即山啄木。此稱清代已行用。見該文。

【黑枕緑啄木鳥】

即山啄木。今之通稱。此稱行用於近現代。見該文。

【緑啄木鳥】

山啄木之俗稱。此稱行用於近現代。見該文。

第八節　鳴禽考

本節所考論之鳴禽，是禽鳥中最善鳴叫者。這些禽鳥鳴聲婉轉、悦耳動聽，特别爲人們所喜愛。其中一些種類是最常見的籠飼玩賞鳥類，如畫眉、百靈、百舌、雲雀、黄鶯、相思鳥、金絲雀等。這些禽鳥給人們的生活帶來了無窮的樂趣，陪伴先民走過了漫長的歷史，也爲今人生活增添了極大的歡樂。

關於禽鳥之鳴叫，在本卷的概論部分我們已有論述：鳥之鳴叫是其與生俱來的本能，同類禽鳥以氣相和，以聲相應，靠鳴叫聯絡同類，溝通信息，交流感情，以便適應環境，和諧相處。正如宋王楙《補禽經説》所云："鶯以喜囀，烏以悲啼，鳶以飢鳴，鶴（一本作'鴿'）以潔唳，梟以凶叫，鴟以愁嘯。"先民以爲禽鳥鳴叫顯然與其感情、情緒相關，喜悦、哀愁、驚恐、憤怒、痛楚、孤獨等都可使禽鳥發出鳴叫，傳出呼唤同類、聯絡同伴、招引异性、尋覓食物、恫嚇敵人、歡呼勝利等信息。雖然鳴叫是所有禽鳥共同的特點，但是不同禽鳥的鳴叫是不同的。有的禽鳥鳴聲悦耳，如歌如吟、流連婉轉、曼妙動聽，人們將其稱爲"鳴禽"，生態分類學將這類禽鳥呼爲鳴禽目，形態分類學稱其爲雀形目。因此，本節所論之鳴禽僅爲雀形目中所有的禽鳥，雖然其中不免包括一些不善鳴叫或鳴聲并不悦耳的禽鳥。這裏要説明的是，尚有一些禽鳥鳴叫頗有特色，常爲人們所樂道。如鸚鵡鳴聲粗唳，但經訓練後可效人語，被稱爲"能言鳥"，或曰"鸚鵡學舌"，其鳴不謂不妙。又如衆所周知的"關關雎鳩，在河之洲。窈窕淑女，君子好逑"（《詩·周南·關雎》），這是中國第一部詩歌總集《詩》中第一首詩之首句，詩中以雎鳩（即鶚，魚鷹）的關關鳴叫起興，引出遥遠古代青年男女的美好戀情。雎鳩之鳴叫與美麗的愛情故事相關聯，引起歷代文人墨客之關注，雎鳩之鳴頗值稱許。再有《詩·小雅·鶴鳴》："鶴鳴于九皋，聲聞于野。"鶴鳴於水邊高地，而聲播四野，比喻賢德之士身雖隱而令譽遠揚。鶴鳴不美，但其鳴聲却令人刮目……然而，這些禽鳥雖能鳴叫或"能言"，但均不屬鳴禽範疇。本節所考論者僅限於分類學上的雀形目禽鳥。

一、鳴禽名義訓

鳴禽以其善鳴而得名，這是現代動物分類學名稱。但是，"鳴禽"一詞至少在魏晋時期已行用，并沿稱於後世。如晋謝混《游西池》詩："景昃鳴禽集，水木湛清華。"又《藝文類聚》卷三一引晋張華《答何劭》詩："屬耳聽鳴禽，流目玩鯈魚。從容養餘日，取樂於桑榆。"此後，"鳴禽"一詞見於歷代詩文中：

——南朝梁蕭統《七契》："駕兩驂之如手，乘輕車之若流。爰自畿甸，徑造山周。傍瞻虹見，俯眺雲浮。鳴禽聒耳，零霧蔽眸。"

——唐白居易《玩新庭樹因咏所懷》："靄靄四月初，新樹葉成陰。動搖風景麗，蓋覆庭院深。下有無事人，竟日此幽尋。豈唯玩時物，亦可開煩襟。時與道人語，或聽詩客吟。度春足芳色，入夜多鳴禽。"

——宋蔡襄《陪諸君會史館園》詩："名園霽宿雨，春日正和柔。花香泛草際，竹影搖清流。鳴禽自往還，游魚時沈浮。出門市朝喧，愛此林亭幽。況陪君子讌，飛斝更相酬。"

——宋劉敞《公是集》卷四："《陳郎中竹園》：'蒼竿十餘畝，歲晚色更好。詰曲逗遠村，深沈象晴島。鳴禽自相應，風葉不待掃。何事主人心，白頭三署老。'"又《公是集》卷八："《鳴禽》：'朝日升屋梁，喧禽鳴樹巔。東風不相期，自與春意旋。振衣起前庭，天色綠窅然。非烟颺微和，目極相綿綿。行尋林間步，菶英已可攀。萬物在陽舒，胡爲慘不歡。幸有二三子，采芳玩華年。不及古之人，幽懷聊復彈。'"

——元刁震亨《偶題西藍》詩："雲幛霧幄翠陰濃，静蔭西藍百畝宮。冷透軒窗松竹影，香生池沼芰荷風。鳴禽隔葉數聲巧，流水穿莎一徑通。安得世間清净福，拂衣來作住菴翁。"

——元何弘佐《翠屏山》詩："俗山如俗人，過眼不相揖。踞鞍無好詩，羈愁拍胸臆。行行見翠屏，景意兩相適。烟蘿幕青黛，崖嶂剷蒼壁。雲霞油然生，杉檜森以立。鳴禽遞清響，飛泉散珠急。我疑有幽人，巖居喜深密。朝餐紫霞英，暮啗香松實。”

——元張養浩《中都道中》詩：“細草和烟展翠茵，雜花匀簇道旁春。鳴禽曠野棲無樹，破屋荒山住有人。”

——明朱謀垔《畫史會要》卷二：“〔北宋〕王曉，泗州人，善畫鳴禽藂棘鷹鶹。師郭乾暉，而精神骨力尤勝於郭，畫人物亦古拙。”

——清高宗《碧巘丹楓》詩：“錦樹經秋設色工，絕非畫裏碧兮紅。頓教絢爛雲霞上，却在尋常指顧中。愛聽鳴禽聲迥別，每看過鹿友相同。朝嵐夕靄山容幻，妙悟隨時景不窮。”

與鳴禽近義之詞稱“鳴鳥”，此稱南北朝時期已行用。如南朝宋謝惠連《代悲哉行》：“翩翩翔禽羅，關關鳴鳥列。”宋葉適《次王道夫舟中韻三首》之二：“鳴鳥不聞千仞遠，搏風鷹隼頓能高。”明夏完淳《李都尉從軍》詩：“流泉清在山，鳴鳥聲在林。”

上述“鳴禽”一詞之基本含義是鳴聲悦耳的鳥類，或指正在鳴叫的禽鳥；“鳴鳥”則指鳴啼之鳥。顯然，“鳴禽”“鳴鳥”與分類學上的鳴禽皆非完全同義語，本節所考論之“鳴禽”，特指善於鳴叫或鳴聲悦耳的鳥類，亦即現代動物分類學中的雀形目禽鳥。這些禽鳥嘴粗短或細長，脚短細，三趾向前，一趾向後，大多善於囀鳴，巧於營巢。它們是鳥類系統發育中的高等類群，種類最多（約占鳥類總數的 56.5%），分布最廣，適應能力最强，與人類的關係最爲密切，亦最爲人們所喜愛。

二、鳴禽的主要特徵

（一）鳴禽的形態特徵

鳴禽屬雀形目禽鳥，是鳥類進化史上出現較晚的種群，屬鳥類中的高等類群。除具有鳥綱所有禽鳥的共同特徵外，由於它們正處在劇烈的輻射進化階段，所以鳴禽又具有與其他禽鳥不同的特徵。

鳴禽大都爲陸栖小型禽鳥，體形似雀，多呈紡錘樣流綫型，但不同種類間形體差异頗大。我國最大的鳴禽渡鴉（*Corvus corax*，雀形目鴉科）體長 63～69 厘米，體重超過 600克；最小的鳴禽，如啄花鳥科的純色啄花鳥（*Dicaeum concolor*）體長僅 7.5 厘米，體重祇有數克。此科之中朱背啄花鳥（*D. cruentatum*）、紅胸啄花鳥（*D. ignipectus*）與此鳥大體相仿，體長都不足 8 厘米，重量也不過數克。

鳴禽兩性同色或异色。雌雄异色時，雄鳥羽色往往艷麗，而雌鳥羽色則較暗淡。

鳴禽之嘴大都小而强。嘴的形狀、粗細、長短因食性而有不同變化。常在樹幹及樹枝啄食昆蟲的鳴禽，其嘴多纖細尖長；啄食植物種實的鳴禽，其嘴如錐，粗壯有力；取食花蜜的鳴禽，嘴細長而下彎；在空中捕食昆蟲的鳴禽，嘴闊而有發達的嘴鬚；以針葉樹球果爲食的交嘴雀，其上下嘴交錯而生。凡此種種，都是進化發育過程中形成的特异性適應的結果。各科內的鳴禽嘴的特徵大致是相似的。如闊嘴鳥科禽鳥嘴形粗厚而寬闊，有的嘴角具嘴鬚；八色鶇科禽鳥嘴多粗長而側扁；百靈科禽鳥嘴較細小而呈圓錐狀，祇有個別種嘴長而彎曲，如長嘴百靈（*Melanocorypha maxima*）；燕科禽鳥嘴短闊而扁平，呈三角形；鶺鴒科禽鳥嘴細長但不呈錐形，上嘴先端微具缺刻；山椒鳥科禽鳥嘴短而基部較闊，上嘴先端下彎，具缺刻與鈎；鵯科禽鳥嘴多細長居中或短而粗厚，或具缺刻；和平鳥科禽鳥嘴較特殊，與頭等長，上嘴先端具缺刻；鶲科畫眉亞科禽鳥嘴直而側扁，硬而光滑；山雀科禽鳥嘴短而强，略呈錐狀，嘴鬚較弱或無嘴鬚；鳾科禽鳥嘴强而直，略較頭大，且呈錐狀；旋木雀科禽鳥最細長而下曲，嘴邊緣平滑無齒；攀雀科禽鳥嘴尖如錐；啄花鳥科禽鳥嘴短小，呈三角形，嘴緣前端具細鋸齒；太陽鳥科禽鳥嘴纖細尖長，直或下彎；綉眼鳥科禽鳥嘴細而短，僅爲頭長之半，嘴鋒全長稍向下曲；文鳥科禽鳥嘴粗短成圓錐形，嘴緣光滑無缺刻；雀科禽鳥嘴多粗短而近乎圓錐形……其餘諸科禽鳥之嘴皆有各自的特點。

鳴禽屬陸栖禽鳥，又被叫作"栖禽"。樹栖者多，地栖者少，地面活動時大都跳躍而不善行走。由於喜緣樹而生，故其足短而强。足生四趾，三趾向前，一趾向後，并處同一平面，中趾與後趾等長，後趾從不向前翻轉，適於攀握樹枝，自如活動。由於鳴禽從不游水，因此趾間無蹼。這些便是鳴禽之脚與其他衆鳥不同的特徵。

鳴叫是禽鳥與生俱來的本能。鳥類的發聲器官與其他陸栖動物不同，其發聲器官位於氣管與支氣管交界處，是由若干個擴大的軟骨環及其間的薄膜（稱鳴膜）組成鳴管，當氣流通過氣管衝出并使鳴管鼓動時便發出聲音。不同的鳥類其鳴管的構造各异，所發出的聲音千差萬別，人類的感覺器官便會感覺到不同的鳴聲。雀形目鳴禽的鳴管是所有禽鳥中最複雜、最發達的。鳴禽的絕大多數（雀形目二十八科中除闊嘴鳥、八色鶇外）都有五至七對鳴肌附着於鳴骨，并與鳴管相連，因此，鳴禽的鳴管能收放自如，鳴聲可以"隨心所欲"發出，清脆流利，婉轉動聽，自與其他禽類不同。這也是鳴禽區別於其他禽類的主要特徴。

（二）鳴禽的生物學特性

鳴禽爲陸栖鳥，并以樹栖活動爲主，種類多，數量大，分布幾遍全球。

鳴禽的壽命因種類不同而异，一般都在數年至數十年之間。由於缺乏資料，大多數鳴禽的確切壽命尚不清楚。一些野生鳴禽環志觀察表明，雲雀（*Alauda arvensis*）壽命約爲六年，家燕（*Hirundo rustica*）約爲十六年，松鴉（*Garrulus glandarius*）約爲十六年，禿鼻烏鴉（*Corvus frugilegus*）約爲二十年，紫翅椋鳥（*Sturnus vulgaris*）約爲十六年，家麻雀（*Passer domesticus*）約爲十年。飼養條件下的鳴禽壽命遠遠超過野生狀態。譬如，飼養雲雀壽命可達二十四年，烏鶫（*Turdus merula*）可達十八年，紅額金翅（*Carduelis carduelis*）可達二十七年。還有一些飼養鳴禽壽命可達數十年，如百靈鳥（*Melanocorypha mongolica*）飼養好時其壽命可超過四十年，足可與養鳥人相伴一生。這裏要指出的是，不管哪種鳴禽，它的一生都要經歷“卵—雛鳥—幼鳥—成鳥”這樣一個生命周期，但不同鳴禽生命周期各個環節的長短、變化却都有各自的特點。

鳴禽的栖息地因種類不同而异。一些中小型鳴禽常栖息於樹枝或灌草叢中，如闊嘴鳥類爲熱帶樹栖鳥，多見於林下陰暗潮濕的灌叢中；八色鶇類則栖息於常綠闊葉林下的灌草叢中；百靈類鳴禽常栖息於平坦開闊的環境，多見於草原、沼澤、湖濱、谷地；鶺鴒類多栖息於草地及河、湖等水邊或沼澤地，一般不栖於樹上；鶇類禽鳥多栖息於林中或林緣地帶，有的則栖息於疏林地或灌叢中；山雀類禽鳥常栖息於林内，穿梭於樹冠或灌叢中；燕類喜栖息於建築物或天然洞穴；有些和平鳥，如黑翅雀鵯（*Aegithina tiphia*），常栖息於開闊的次生闊葉林、雜木林，甚至村寨庭院、公路行道樹灌叢中；攀雀科禽鳥喜栖息於林内，常將頭向下倒懸於樹枝上……總之，不同的鳴禽栖息地各不相同。

鳴禽的食性多爲雜食性，既能食動物性食物，又能食植物性食物。但不同的種類或同一種鳴禽在不同的時期則常有所偏重。譬如，多數食植物性食物的禽鳥，在繁殖期往往都會增加動物性食物。至於不同種類的禽鳥其食物則各有偏重。如家燕、伯勞、黃鸝、捲尾、山雀及鶯類、鶇類等以攝食昆蟲爲主，文鳥科、雀科禽鳥則多以植物之種實、葉、芽爲主食，而啄花鳥、太陽鳥幾乎專以花蜜爲食，交嘴雀專食針葉樹球果，而星鴉最喜取食榛子。鳴禽食物多種多樣，這也是長期適應的結果。

鳴禽亦遵從“齘吞者八竅而卵生”的規律，經産卵孵化，繁育後代，壯大種群。我國的鳴禽均在每年春季進入繁殖期。一般鳴禽多爲單匹型，即一雄一雌相匹交配產卵，繁育後代。祇有個別種類（如某些織布鳥）爲一雄多雌匹配。交配前一般先由雄鳥在繁殖區内選占築巢區，然後築巢、交配、產卵、孵化、育雛。交配期雄鳥往往激烈啼鳴，并不斷炫耀自己的强壯、美貌，有的載歌載舞吸引雌鳥的注意，激發雌鳥的性欲，促進其成功交配。

鳴禽巧於築巢，是鳥類中的築巢高手，這也是鳴禽高於其他禽鳥的重要特點之一。巢的種類繁多，小型鳴禽善於築編織巢。如雲雀、伯勞、黃鸝、鶺鴒及鶯類、鶲類、雀類，皆善用草莖、樹皮、植物根等多纖維類材料編織成巢。巢内襯以苔蘚、鳥羽、獸毛或植物纖維。中、大型鳴禽常以樹枝編製鳥巢，巢底填以泥土，内襯嫩枝、草莖、毛羽之類柔軟之物。還有一些鳴禽，如攀雀、啄花鳥、長尾山雀等，能以苔蘚、植物花序、鳥獸毛羽編織成柔軟而又富有彈性的巢，其精巧美觀令人嘆爲觀止。除去編織巢外，有些鳴禽如寒鴉、鴉、椋鳥、麻雀以及鶺、鴝之類，能在樹洞内築巢；鶺鴒、河烏、紅嘴山鴉、寒鴉、磯鶇、紫嘯鶇及鶺、鴝之類可在岩隙間築巢；灰沙燕等鳴禽能在土崖壁上穿穴築巢；還有一些洞巢類鳴禽，尚可與其他一些鳥獸共用洞穴，有時還會形成“鳥鼠同穴”現象。燕科鳴禽如家燕、金腰燕、毛脚燕、岩燕等均會銜泥築巢。縫葉鶯、灰胸鷦鶯等還會用大型葉片縫製葉巢。它們將樹冠上部下垂大葉邊緣穿孔，再以植物纖維或蛛絲將葉緣縫合成袋狀鳥巢。

鳴禽築巢完成一兩天後即開始產卵，日產一枚，多產於清晨。卵具花紋或花斑，斑、紋常因種類不同而异。鳴禽多數每窩產卵四至六枚，大山雀等可多達十二枚。通常在產出最後一枚卵之後的半天到一天内，親鳥便開始孵卵。孵卵期一般爲十二天至十四天。孵卵工作由兩性親鳥承擔，但以雌鳥爲主。鳴禽雛鳥爲晚成性，出殼後雛鳥身體裸露或微具絨羽，眼不能睜開，四肢軟弱無力，需經親鳥在巢内喂飼纔能完成育雛期發育過程，育雛期大約爲十至十八天。

育雛期雛鳥體被絨羽，離巢時已將雛絨羽換成稚羽。秋後進行稚後換羽，所換新羽稱爲冬羽。翌春，進入繁殖期前還要進行一次換羽，此次所換之新羽稱爲婚羽或夏羽。這時幼鳥長成成鳥。自此之後成鳥每年秋季及春季各換羽一次，形成新的冬羽及夏羽。

我國的鳴禽除少數爲留鳥外，多數具有遷徙性。鳴禽的遷徙性十分複雜，人們正在進行深入研究。

三、鳴禽的主要種類

鳴禽屬雀形目鳥類。雀形目是鳥綱中最大的一目，其種類特別繁多。據報道，全世界鳥類有九千〇二十一種，雀形目鳥類約有五千一百種，約占鳥綱種數的 56.5%。迄今爲止，我國雀形目禽鳥已知者有六百五十六種，亦占已知鳥類總數的半數以上。它們隸屬於二十八科一百六十七屬。（以下參照鄭作新《中國鳥類分布名録》，科學出版社 1976 年版）

闊嘴鳥科禽鳥以頭寬頸粗嘴闊著名，體形中等，色彩絢麗。我國分布二屬二種：絲冠鳥屬銀胸絲冠鳥、闊嘴鳥屬長尾闊嘴鳥。

八色鶇科禽鳥體形較闊嘴鳥稍大，羽色絢麗多彩。我國分布一屬八種：藍枕八色鶇、藍背八色鶇、藍八色鶇、藍翅八色鶇、紫藍翅八色鶇、緑胸八色鶇、栗頭八色鶇、雙辮八色鶇。

百靈科以鳴聲優美著稱。我國有六屬十二種：歌百靈屬歌百靈，百靈屬二斑百靈、長嘴百靈、〔蒙古〕百靈、白翅百靈，沙百靈屬短趾沙百靈、細嘴沙百靈、小沙百靈，鳳頭百靈屬鳳頭百靈，雲雀屬雲雀、小雀，角百靈屬角百靈。

燕科禽鳥體小輕捷，嘴闊扁平。我國分布四屬十種：沙燕屬棕沙燕、灰沙燕，岩燕屬岩燕、純色岩燕，燕屬家燕、洋燕、金腰燕、斑腰燕，毛脚燕屬毛脚燕、黑喉毛脚燕。

鶺鴒科禽鳥體小羽柔，嘴鬚發達。我國分布三屬十五種：山鶺鴒屬山鶺鴒，鶺鴒屬黃鶺鴒、黃頭鶺鴒、灰鶺鴒、白鶺鴒，鷚屬田鷚、平原鷚、林鷚、樹鷚、北鷚、草原鷚、紅喉鷚、粉紅胸鷚、水鷚、山鷚。

山椒鳥科禽鳥形似伯勞，羽鬆而脚弱。我國分布四屬十種：鵑鵙屬大鵑鵙、灰暗鵑鵙，山椒鳥屬粉紅山椒鳥、灰山椒鳥、灰喉山椒鳥、長尾山椒鳥、短嘴山椒鳥、赤紅山椒鳥，鵙鵙屬褐背鵙鵙，林鵙屬林鵙。

鵯科體形中等，體羽柔軟，兩性體形、羽色相似。我國分布四屬十九種：鷹嘴鵯屬鳳頭鷹嘴鵯、緑鷹嘴鵯，鵯屬縱紋緑鵯、黑頭鵯、黑冠黃鵯、紅耳鵯、黃臀鵯、白頭鵯、臺灣鵯、紅臀鵯、紋喉鵯、圓尾緑鵯，冠鵯屬黃腹冠鵯、白喉冠鵯，短脚鵯屬灰眼短脚鵯、緑翅短脚鵯、栗背短脚鵯、栗耳短脚鵯、黑〔短脚〕鵯。

和平鳥科多爲中小型鳴禽，嘴與頭等長，上嘴先端具缺刻；樹栖性，鳴聲如哨而善變。我國分布三屬六種：雀鵯屬黑翅雀鵯、大緑雀鵯，葉鵯屬藍翅葉鵯、金額葉鵯、橙腹葉鵯，和平鳥屬和平鳥。

太平鳥科一屬二種：太平鳥屬太平鳥（十二黃）、小太平鳥（十二紅）。

伯勞科一屬九種：伯勞屬虎紋伯勞、牛頭伯勞、紅尾伯勞、栗背伯勞、棕背伯勞、灰背伯勞、黑額伯勞、灰伯勞、楔尾伯勞。

黃鸝科一屬五種：黃鸝屬金黃鸝、黑枕黃鸝、黑頭黃鸝、栗色黃鸝、鵲色黃鸝。

捲尾科一屬七種：捲尾屬黑捲尾、灰捲尾、鴨嘴捲尾、古銅色捲尾、髮冠捲尾、小盤尾、大盤尾。

椋鳥科四屬十六種：椋鳥屬灰頭椋鳥、灰背椋鳥、紫背椋鳥、北椋鳥、粉紅椋鳥、紫翅椋鳥、絲光椋鳥、灰椋鳥、黑頸椋鳥、斑椋鳥，八哥屬家八哥、八哥、林八哥、白領八哥，樹八哥屬金冠樹八哥，鷯哥屬鷯哥。

燕鵙科一屬一種：燕鵙屬灰燕鵙。

鴉科十屬二十七種：噪鴉屬黑頭噪鴉、北噪鴉，松鴉屬松鴉，藍鵲屬（綠鵲屬）短尾綠鵲、藍綠鵲、灰藍鵲、黃嘴藍鵲、紅嘴藍鵲、臺灣暗藍鵲，灰喜鵲屬灰喜鵲，鵲屬喜鵲，樹鵲屬黑額樹鵲、灰樹鵲、盤尾樹鵲，地鴉屬黑尾地鴉、白尾地鴉、褐背擬地鴉，星鴉屬星鴉，山鴉屬紅嘴山鴉、黃嘴山鴉，鴉屬家鴉、禿鼻烏鴉、寒鴉、大嘴烏鴉、小嘴烏鴉、白頸鴉、渡鴉。

河烏科一屬二種：河烏屬河烏、褐河烏。

鷦鶥科一屬一種：鷦鶥。

岩鷚科一屬九種：領岩鷚、高原岩鷚、鴝岩鷚、棕胸岩鷚、棕眉山岩鷚、褐岩鷚、黑喉岩鷚、賀蘭山岩鷚、褐紅背岩鷚。

鶲科鴝亞科十八屬八十種：短翅鴝屬栗背短翅鴝、銹腹短翅鴝、白喉短翅鴝、藍短翅鴝、白腹短翅鴝，歌鴝屬〔日本〕歌鴝、紅尾歌鴝、新疆歌鴝、紅點頦、藍點頦、黑胸歌鴝、金胸歌鴝、栗腹歌鴝、藍歌鴝，鴝屬紅脅藍尾鴝、金色林鴝、棕腹林鴝、栗背林鴝，鵲鴝屬鵲鴝、白腰鵲鴝，紅尾鴝屬賀蘭山紅尾鴝、紅背紅尾鴝、藍頭紅尾鴝、赭紅尾鴝、黑喉紅尾鴝、藍額紅尾鴝、白喉紅尾鴝、北紅尾鴝、紅腹紅尾鴝，水鴝屬紅尾水鴝，短翅鴝屬短翅鴝，地鴝屬白尾斑地鴝、藍額長腳地鴝，大翅鴝屬藍大翅鴝，燕尾屬小燕尾、灰背燕尾、黑背燕尾、斑背燕尾，寬嘴鶇屬紫寬嘴鶇、綠寬嘴鶇，石鵖屬白喉石、黑喉石鵖、白斑黑石鵖、黑白林鵖、灰林鵖，鵖屬沙鵖、穗鵖、鵖漠、白頂鵖，溪鴝屬白頂溪鴝，磯鶇屬白背磯鶇、藍頭磯鶇、栗背磯鶇、藍磯鶇，嘯鶇屬紫嘯鶇，地鶇屬橙頭地鶇、白眉地鶇、光背地鶇、長尾地鶇、虎斑地鶇，鶇屬黑胸鶇、灰背鶇、烏灰鶇、白頸鶇、灰翅鶇、烏鶇、島鶇、灰頭鶇、棕背鶇、褐頭鶇、白腹鶇、赤頸鶇、斑鶇、田鶇、寶興歌鶇、槲鶇。

畫眉亞科即噪鶥亞科，多屬中型鳴禽，善鳴叫，富韵律，極具觀賞性。本亞科有二十九屬一百三十一種：幽鶥屬棕頭幽鶥、白腹幽鶥，雅鶥屬棕胸雅鶥，鈎嘴鶥屬長嘴鈎嘴鶥、銹臉鈎嘴鶥、棕頸鈎嘴鶥、棕頭鈎嘴鶥、紅嘴鈎嘴鶥。劍嘴鶥屬劍嘴鶥，鶥鶥屬灰岩鷯鶥、短尾鷯鶥、紋胸鷯鶥，鷦鶥屬白腹鷦鶥、小鷦鶥，鶥鶥屬斑翅鶥鶥、麗星鷦鶥、長尾鷦鶥。穗鶥屬黃喉穗鶥、紅頭穗鶥、金頭穗鶥、黑頭穗鶥、斑頸穗鶥，紋胸鶥屬紋胸鶥，鶥屬紅頂鶥，鶥雀屬金眼鶥雀，寶興鶥雀屬寶興鶥雀。草鶥屬矛紋草鶥、大草鶥、棕草鶥，噪鶥屬黑臉噪鶥、白喉噪鶥、白冠噪鶥、小黑領噪鶥、黑領噪鶥、條紋噪鶥、褐喉噪鶥、褐胸噪鶥、黑喉噪鶥、黃腹噪鶥、雜色噪鶥、山噪鶥、黑額山噪鶥、灰翅噪鶥、斑背噪鶥、花背噪鶥、眼紋噪鶥、灰脅噪鶥、棕噪鶥、栗頸噪鶥、斑胸噪鶥、畫眉、白領噪鶥、細紋噪鶥、藍翅噪鶥、純色噪鶥、橙翅噪鶥、灰腹噪鶥、黑頂噪鶥、玉山噪鶥、麗色噪鶥、赤尾噪鶥，藪鶥屬紅翅藪鶥、灰胸藪鶥、黃胸藪鶥，相思鳥屬銀耳相思鳥、紅嘴相思鳥，緑鶥屬火尾緑鶥，姬鶥屬斑脅姬鶥，賻鶥屬棕腹賻鶥、紅翅賻鶥、淡緑賻鶥、栗喉賻鶥、栗額賻鶥，白頭賻鶥屬白頭賻鶥，斑翅鶥屬栗額斑翅鶥、白眶斑翅鶥紅頭斑翅鶥、紋胸斑翅鶥、灰頭斑翅鶥、栗頭斑翅鶥，希鶥屬藍翅希鶥、斑喉希鶥、火尾希鶥，雀鶥屬金胸雀鶥、金額雀鶥、黃喉雀鶥、栗頭雀鶥、白眉雀鶥、高山雀鶥、棕頭雀鶥、褐頭雀鶥、棕喉雀鶥、褐脅雀鶥、褐頂雀鶥、灰眼雀鶥、白眶雀鶥，奇鶥屬栗背奇鶥、黑頭奇鶥、灰奇鶥、鵲色奇鶥、白耳奇鶥、麗色奇鶥、長尾奇鶥，鳳鶥屬栗頭鳳鶥、黃頸鳳鶥、文喉鳳鶥、白領鳳鶥、棕肛鳳鶥、褐頭鳳鶥、黑頦鳳鶥、白腹鳳鶥，文鬚雀屬文鬚雀，紅嘴鴉雀屬紅嘴鴉雀，鴉雀屬三趾鴉雀、褐鴉雀、黃嘴鴉雀、白眶鴉雀、棕頭鴉雀、暗色鴉雀、灰冠鴉雀、黃額鴉雀、橙背鴉雀、挂墩鴉雀、黑眉鴉雀、紅頭鴉雀、灰頭鴉雀、震旦鴉雀，山鶥屬山鶥。

鶯亞科地鶯屬金冠地鶯、灰腹地鶯、栗頭地鶯，樹鶯屬鱗頭樹鶯、淡脚樹鶯、短翅樹鶯、山樹鶯、大樹鶯、异色樹鶯、黃腹樹鶯、棕頭樹鶯、寬尾樹鶯，短翅鶯屬斑胸短翅鶯、巨嘴短翅鶯、北短翅鶯、棕褐短翅鶯、高山短翅鶯，大尾鶯屬沼澤大尾鶯、斑背大尾鶯，蝗鶯屬小蝗鶯、北蝗鶯、黑斑蝗鶯、矛斑蝗鶯、蒼眉蝗鶯，葦鶯屬大葦鶯、南大葦鶯、蘆葦鶯、黑眉葦鶯、稻田葦鶯、水蒲葦鶯、細紋葦鶯，蘆鶯屬蘆鶯，靴籬鶯屬靴籬鶯，鶯屬橫斑鶯、灰〔白喉〕鶯、白喉鶯、沙白喉鶯、漠鶯，柳鶯屬棕柳鶯、黃腹柳鶯、棕腹柳鶯、灰柳鶯、褐柳鶯、棕眉柳鶯、巨嘴柳鶯、橙斑翅柳鶯、黃眉柳鶯、黃腰柳鶯、灰喉柳鶯、極北柳鶯、烏嘴柳鶯、暗綠柳鶯、灰脚柳鶯、冕柳鶯、冠紋柳鶯、白斑尾柳鶯、黃胸柳鶯，戴菊屬戴菊、火冠戴菊，鶲鶯屬栗頭鶲鶯、金眶鶲鶯、灰頭鶲鶯、白眶鶲鶯、短嘴鶲鶯、綠頭鶲鶯、灰臉鶲鶯、黃腹鶲鶯、黑臉鶲鶯、棕臉鶲鶯，寬嘴鶲鶯屬寬嘴鶲鶯，雀鶯屬花彩雀鶯，鳳頭雀鶯屬鳳頭雀鶯，縫葉鶯屬金頭縫葉鶯、火尾縫葉鶯、黑喉縫葉鶯，扇尾鶯屬棕扇尾鶯、黃頭扇尾鶯，草鶯屬草鶯，鷦鶯屬灰胸鷦鶯、暗冕鷦鶯、褐頭鷦鶯、灰頭鷦鶯、褐山鷦鶯、黑喉山鷦鶯。

鶲亞科林鶲屬橄欖背林鶲、白喉林鶲，姬鶲屬白眉〔姬〕鶲、黃眉〔姬〕鶲、鴝〔姬〕鶲、紅喉〔姬〕鶲、橙胸〔姬〕鶲、白喉〔姬〕鶲、棕胸藍〔姬〕鶲、銹胸藍〔姬〕鶲、小斑〔姬〕鶲、白眉藍〔姬〕鶲、灰藍〔姬〕鶲、玉頭〔姬〕鶲、白腹〔姬〕鶲，仙鶲屬大仙鶲、小仙鶲、棕腹大仙鶲、棕腹仙鶲、棕腹藍鶲、純藍鶲、白尾藍鶲、海南藍鶲、藍喉鶲、山藍鶲，鶲屬斑鶲、烏鶲、斑胸鶲、北灰鶲、褐胸鶲、紅褐鶲、銅藍鶲，方尾鶲屬方尾鶲，黑枕王鶲屬黑枕王鶲，壽帶屬壽帶（鳥）、紫壽帶（鳥），扁尾鶲屬白眉扁尾鶲、白喉扁尾鶲、黃腹扁尾鶲。

山雀科多爲小型鳴禽，嘴短而强，略呈錐狀，兩翅短圓，多數頭部具羽冠。山雀科有七屬五十五種，我國分布四屬二十一種：山雀屬大山雀、西域山雀、綠背山雀、臺灣山雀、黃頰山雀、黃腹山雀、灰藍山雀、煤山雀、黑冠山雀、褐冠山雀、沼澤山雀、褐頭山雀、白眉山雀、紅腹山雀、雜色山雀，林雀屬黃眉林雀，冕雀屬冕雀，長尾山雀屬銀喉長尾山雀、紅頭長尾山雀、黑頭長尾山雀、銀臉長尾山雀。

鳾科多爲小型鳴禽，體羽鬆軟，嘴强而直，略長於頭。鳾科有三屬二十五種，我國分布二屬十種：鳾屬白臉鳾、絨額鳾、巨鳾、麗鳾、黑頭鳾、滇鳾、白尾鳾、普通鳾、栗腹鳾，懸壁雀屬紅翅懸壁雀。

旋木雀科多爲小型鳴禽，嘴細長而下曲，喜栖山林，善攀緣，常在樹木枝幹上旋轉，因得此名。旋木雀科有二屬六種，我國僅一屬四種：旋木雀屬旋木雀、高山旋木雀、褐喉旋木雀、銹紅腹旋木雀。

攀雀科鳴禽體形纖小，嘴呈尖錐狀，善於攀緣，巢呈囊狀，懸挂於樹梢端。攀雀科有四屬十種，我國分布二屬二種：攀雀屬攀雀，火冠雀屬火冠雀。

啄花鳥科體小，嘴短，性活潑，喜集群，常活動於花朵上。啄花鳥科有七屬五十八種，我國分布一屬五種：啄花鳥屬黃肛啄花鳥、黃腹啄花鳥、純色啄花鳥、朱背啄花鳥、紅胸啄花鳥。

太陽鳥科多爲小型鳴禽，兩性常异色，部分羽衣具金屬光澤，多以花蜜爲食，多數色彩繽紛，鮮艷奪目，可供籠養觀賞。有五屬一百一十五種，我國分布四屬十二種：直嘴太陽鳥屬紫頰太陽鳥，花蜜鳥屬黃腹花蜜鳥、紫花蜜鳥、藍枕花蜜鳥，太陽鳥屬黑胸太陽鳥、黃腰太陽鳥、火尾太陽鳥、藍喉太陽鳥、綠喉太陽鳥、叉尾太陽鳥，捕蛛鳥屬長嘴捕蛛鳥、紋背捕蛛鳥。

綉眼鳥科多爲小型鳴禽，體羽幾純綠色，眼周有一圈白色絨狀短羽，因名綉眼鳥。有十二屬八十三種，我國分布一屬三種：綉眼鳥屬暗綠綉眼鳥、紅脅綉眼鳥、灰腹綉眼鳥。

文鳥科多爲小型鳴禽，喜集群，多樹栖。有六十九屬二百六十七種，我國分布七屬十九種：麻雀屬家麻雀、黑胸麻雀、黑頂麻雀、〔樹〕麻雀、山麻雀，石雀屬石雀，雪雀屬白斑翅雪雀、褐翅雪雀、白腰雪雀、棕頸雪雀、棕背雪雀、黑喉雪雀，織布鳥屬黑喉織布鳥、黃胸織布鳥，梅花雀屬紅梅花雀，禾雀屬禾雀，文鳥屬白腰文鳥、斑文鳥、栗腹文鳥。

雀科雀亞科爲小型鳴禽，多爲食穀鳥。我國分布十三屬五十種：燕雀屬燕雀、蒼頭燕雀，絲雀屬金額絲雀，金翅〔雀〕屬金翅〔雀〕、高山金翅〔雀〕、黑頭金翅〔雀〕、紅額金翅〔雀〕、黃雀、藏黃雀、白腰朱頂雀、極北朱頂雀、黃嘴朱頂雀、赤胸朱頂雀，嶺雀屬林嶺雀、高山嶺雀、桂紅嶺雀、粉紅腹嶺雀，沙雀屬巨嘴沙雀、赤翅沙雀、蒙古沙雀，朱雀屬大朱雀、擬大朱雀、紅胸朱雀、暗胸朱雀、赤朱雀、沙色朱雀、紅腰朱雀、點翅朱雀、棕朱雀、酒紅朱雀、玫紅眉朱雀、紅眉朱雀、曙紅朱雀、白眉朱雀、〔普通〕朱雀、北朱雀、斑翅朱雀，藏雀屬藏雀，松雀屬松雀、紅眉松雀，交嘴雀屬紅嘴交嘴雀、白翅交嘴雀，長尾雀屬長尾雀，血雀屬血雀，黑雀屬金枕黑雀，灰雀屬褐灰雀、灰頭灰雀、紅頭灰雀、灰腹灰雀、紅腹灰雀。

錫嘴亞科爲中型鳴禽，嘴大，其寬度與高度幾乎相當，嘴鬚粗疏，雌雄鳥幾乎同色。我國分布三屬六種：蠟嘴雀屬黑頭蠟嘴雀、黑尾蠟嘴雀，錫嘴雀屬錫嘴雀，擬蠟嘴雀屬斑翅擬蠟嘴雀、白翅擬蠟嘴雀、黑翅擬蠟嘴雀。

鵐亞科我國分布五屬三十種：朱鵐屬朱鵐，鵐屬黍鵐、白頭鵐、黑頭鵐、褐頭鵐、栗鵐、黃胸鵐、黃喉鵐、黃鵐、灰頭鵐、硫黃鵐、圃鵐、灰頸鵐、灰眉岩鵐、三道眉草鵐、栗斑腹鵐、赤胸鵐、田鵐、小鵐、黃眉鵐、灰鵐、白眉鵐、藏鵐、紅頸葦鵐、葦鵐、蘆鵐、藍鵐，鳳頭鵐屬鳳頭鵐，鐵爪鵐屬鐵爪鵐，雪鵐屬雪鵐。

四、鳴禽觀察研究史

雀形目鳴禽多爲陸栖小鳥，人們易於接觸，因此古人對其觀察研究歷史比較早。先民將鳴禽觀察研究之成果，通過文字記載流傳於後世。我們僅從歷代保存的古籍文獻中考釋先民對鳴禽觀察的歷史與成果。

殷墟出土的甲骨文中有許多動物象形文字，雀字便是其中之一。甲骨文　、　，象鳥形（側視），上像雀頭，中爲雀身，右出二筆爲翼，左下像脚與趾。小篆雀字從小與佳，佳本義爲“鳥之短尾總名也”，佳上加小字，義爲短尾禽之較小者。本作“依人小鳥也”解（見《説文》），乃常栖息於房屋附近，不甚避人而“節節足足”以鳴之小鳥，即今通稱之麻雀。可見先民早已注意到他們身邊的鳴禽。

《詩》是我國最早的詩歌總集，成書於西周至春秋中期。《詩》分風（二南與十三國風）、雅（小雅、大雅）、頌（周頌、魯頌、商頌）三部分，内中記有百餘種動物，其中就有黃鳥（又名倉庚、黃鶯，即黃鸝）、鵲（喜鵲）、雀（麻雀）、燕（家燕）、烏（烏鴉）、鵙（伯勞）、脊令（鶺鴒）等鳴禽。如《詩·周南·葛覃》：“黃鳥于飛，集于灌木，其鳴喈喈。”意思是黃鳥飛翩翩，群集灌木間，鳴叫聲婉轉。《豳風·七月》：“春日載陽，有鳴倉庚。”意思是春日暖陽陽，倉庚聲聲唱。上述黃鳥、倉庚皆指黃鸝。《召南·鵲巢》：“維鵲有巢，維鳩居之。”這就是“鵲巢鳩占”的典故來源，此“鵲”當爲喜鵲，其巢爲鳩鳥（布穀鳥）所占。《召南·行露》：“誰謂雀無角？何以穿我屋？”意思是誰説麻雀没嘴巴？爲何穿我屋上瓦？“雀”即今之麻雀。《國風·北風》：“莫赤匪狐，莫黑匪烏。”意思是難分狐狸一般紅，難辨烏鴉一般黑。此“烏”乃烏鴉之省稱。《豳風·七月》：“七月鳴鵙，八月載績。”意思是七月伯勞唱，八月把麻紡。“鵙”即今人所説的伯勞。《小雅·常棣》：“脊令在原，兄弟急難。”意思是鶺鴒落於郊原，兄弟急忙來解難。“脊令”實爲鶺鴒之古名。（以上俱見袁梅《詩經譯注》）早在數千年前，先民便熟知黃鸝、喜鵲、麻雀、烏鴉、伯勞、鶺鴒等鳴禽，并將它們寫入詩歌之中已屬難能可貴，而“春日載陽，有鳴倉庚”“七月鳴鵙”等，又將鳴禽物候節律記述得如此準確則更是令人刮目。

《爾雅》是一部解經之作，也是我國最早的百科全書。此書首次將禽鳥定義爲“二足而羽謂之禽”，突出了禽鳥與其他動物不同的特徵。兩千多年前有此概括，説明那時先民已有了動物分類學的初步知識。該書還記述鳥類幾近百種，其中鳴禽就有多種。如《爾雅·釋鳥》中有“鴗鳩，鶌鴗”，意思是鴗鳩又名鶌鴗，即今雀形目捲尾科黑捲尾；“鷚，天鸙”意思是鷚又名天鸙，即今百靈科之雲雀；“鸒，山鵲”意思是鸒又名山鵲，即今鴉科之紅嘴藍鵲；“桑鳸，竊脂”意思是桑鳸又名竊脂，即今雀科黑尾蠟嘴雀；“鳭鷯，剖葦”意思是鳭鷯又名剖葦，即今鶲科之大葦鶯；“桃蟲，鷦；其雌鴱”意思是桃蟲又名鷦，其雌鳥名鴱；“燕燕，鳦”意思是燕燕又名鳦，即今燕科之家燕；“鵬鴒，雝渠”意思是鵬鴒又名雝渠，即今鶺鴒科之白〔臉〕鶺鴒；“皇，黃鳥”意思是皇也叫黃鳥，即今雀科之黃雀；“鸀，山烏”意思是鸀又名山烏，即今鴉科紅嘴山鴉；“倉庚，商庚”意思是倉庚即商庚，即今之黃鸝；“鵙，伯勞”意思是鵙亦即伯勞，即今伯勞科之伯勞。《爾雅》記述的鴗鳩、鷚、鸒、桑鳸、鳭鷯、桃蟲、燕燕、鵬鴒、皇、鸀、倉庚、鵙等鳴禽，使我們對先民觀察鳥類、認識鳴禽有了更進一步瞭解。

《山海經》是我國最早的地理學專著，記述鳥類亦近百種，其中也有不少鳴禽。如《山海經·中山經》：“又西二十里曰又原之山，其陽多青䨼，其陰多鐵，其鳥多鸜鵒。”此處之“鸜鵒”即俗稱之八哥。又，《中山經》：“又西北一百里曰堇理之山……有鳥焉，其狀如鵲，青身，白喙，白目，白尾，名曰青耕，可以禦疫，其鳴自叫。”郭郛、李約瑟等《中國古代動物學史》以爲此“青耕”即雀形目鴉科灰喜鵲（*Cyanopica cyana*）。《山海經·北山經》：“又北三百里曰帶山……有鳥焉，其狀如烏。”此處之“烏”，即今雀形目鴉科之烏鴉。類似此種情况者尚有鵲（喜鵲）等鳴禽。

漢許慎《説文》是我國最早的漢字字書，僅鳥部便有字一百一十六個，大都爲鳥名。其中鳴禽有多種，如鵙（伯勞）、鷚（天鸙，雲雀）、鸒（山鵲）、鷯（刀鷯）、鴝（鴝鵒）、烏（烏鴉）等。

秦漢以後，歷經三國、兩晉、南北朝至隋唐諸代，我國先民對鳴禽之觀察研究以至家養馴化、籠飼觀賞都有了極大發展。上自宫廷下至黎庶，飼養鳴禽之風逐漸興起。到唐宋時期此風進一步蔓延，士大夫及文人墨客養鳥、賞鳥蔚然成風，後世將這種現象稱爲“鳥文化”。鳴禽最受人們歡迎，詩詞歌賦中咏唱鳴禽之作俯拾皆是。晉張華《鷦鷯賦》是其中之名篇，其賦曰："鷦鷯，小鳥也，生於蒿萊之間，長於藩籬之下，翔集尋常之內，而生生之理足矣。色淺體陋，不爲人用，形微處卑，物莫之害，繁滋族類，乘居匹游，翩翩然有以自樂也……飛不飄颺，翔不翕習。其居易容，其求易給。巢林不過一枝，每食不過數粒。棲無所滯，游無所盤。匪陋荊棘，匪榮苴蘭。動翼而逸，投足而安。委命順理，與物無患。"寥寥數語，把個鷦鷯小鳥的體態、生境以及"翩翩然有以自樂"，"其居易容，其求易給"，"委命順理，與物無患"的生存狀態描寫得極其貼切。尤其是以鷦鷯自處引發出世人應有的處世態度，在當時引起人們的極大關注，以至於阮籍讀過此賦後喟然嘆曰"此（指張華）王佐才也"。黃鸝是人們喜愛的鳴禽，唐代詩人李白有多篇詩中吟到黃鸝。如《秋思》詩："春陽如昨日，碧樹鳴黃鸝。"《携妓登梁王棲霞山孟氏桃園中》詩："梁王已去明月在，黃鸝愁醉啼春風。"《白田馬上聞鶯》詩："黃鸝啄紫椹，五月鳴桑枝。"《灞陵行送別》詩："正當今夕斷腸處，黃鸝愁絕不忍聽。"李白反復吟咏黃鸝，喜愛之情躍然紙上。畫眉也是極受喜愛的鳴禽。宋歐陽修《畫眉鳥》（一作《郡齋聞百舌》）詩："百囀千聲隨意移，山花紅紫樹高低。始知鎖向金籠聽，不及林間自在啼。"畫眉百囀千聲，曼妙鳴啼，生動有趣。鸜鵒（鴝鵒，即八哥）更受人們歡迎。宋蘇軾《戲咏子舟畫兩竹兩鸜鵒》："風晴日暖搖雙竹，竹間對語雙鸜鵒……未知筆下鸜鵒語，何似夢中蝴蝶飛。"鸜哥即秦吉了，唐白居易曾賦詩盛贊秦吉了："秦吉了出南中，彩毛青黑花頸紅。耳聰心慧舌端巧，鳥語人言無不通。"（見《秦吉了》詩）百舌又名烏鶇、反舌，被稱爲"春天的歌手"。唐杜甫有多首詩咏唱春天裏的百舌，如《百舌》詩序："〔王〕十朋曰：百舌者，反舌也。能反覆其舌，隨百鳥之音，春囀夏止。"詩曰："百舌來何處，重重祗報春。知音兼衆語，整翮豈多身。花密藏難見，枝高聽轉新。"《暮春題瀼西新賃草屋五首》之一："久嗟三峽客，再與暮春期。百舌欲無語，繁花能幾時。"《寄柏學士林居》詩："赤葉楓林百舌鳴，黃泥野岸天雞舞。"人們喜愛百舌由此可見一斑。

元明清三代鳴禽進入馴養玩賞的新階段。通過馴養、觀賞，人們對鳴禽觀察得更細緻，瞭解得更全面，認識得更深刻。

元朝是蒙古族統治者建立的統一王朝。元人世居北漠，尤喜白翎雀（百靈）。元人以爲："朔漠無他禽，惟鴻雁與白翎雀。鴻雁秋南春北，惟白翎雀雖窮冬沍寒，亦不易處。"（見明姜南《輟築記》）《元史·太祖紀》亦記有類似之事。人們把百靈（白翎雀）常年留居北方，不懼寒冷，不畏荒凉，看作與自己一樣熱愛故土，不畏艱難，具有高尚的品質。元世祖還命人以白翎雀爲名編制成曲，遂有《白翎雀》大曲問世，成爲元明及其以後極負盛名的宮廷樂曲，流傳至廣。元人喜愛百靈這樣的鳴禽令人感動至深。

明清兩季，禽鳥的玩賞超過以往任何時期。明清貴族，特別是清八旗子弟尤以養鳥、鬥鳥爲樂事。此時爲適應養鳥需要，出現了許多專著以供馴養禽鳥之需。較有代表性的有明蔣德璟《蓳（鸛）經》，清張萬鍾《鴿經》、程石鄰《鵪鶉譜》、金文錦《鵪鶉論》，還有郝懿行的《燕子春秋》等。金文錦的《畫眉譜》和《黃頭志》則是特爲鳴禽馴養而編寫的專書。《畫眉譜·序》曰："蓋黃鸝巧囀，金衣弄樂府之音；鸚鵡能言，丹嘴學詩歌之句。聽山邊之百舌，每見懷春；聞樹上之鷦鴣，有如度曲。然而雄風孰識，不欲争長；雌節自甘，誰知鬥勇。若夫玉瑎金距，陳王庚東道之雞；華羽翠英，蔡子賦紅波之鴨。縱能禦敵，已無巧語娱人；即會挑兵，自少嬌音入耳。惟兹畫眉者，身小如鶯，不名公子；眉横似黛，竊比佳人。非彩筆之輕描，何須京兆；喜新詩之特倡，已遇歐陽。既百囀而千音，作聲於山曉春明之候；亦雷奔而電合，對壘於花陰竹靄之場。"將黃鸝之巧囀、鸚鵡之能言、百舌懷春鳴叫、鷦鴣樹上度曲，與畫眉之百囀而千音、作聲於山曉春明、雷奔電合、對壘於花陰竹靄之場相比，皆不在話下。畫眉善鳴、好鬥躍然紙上。《畫眉譜》還就頭、搭、眼、搭皮、眉、鼻、嘴、嘴色、下（口叉）、胸膛、頸、背、翅、肘、脚、掌、尾、毛、身、膽毛、肩等各個部位的選擇提出明確標準。如挑選畫眉頭，"論頭須識大而方，削竹之形最爲良"。怎樣看畫眉肘部？"論毛肘，其中亦要辨出可與否……故要生來匾，又要看來短"。善於打鬥的畫眉腿脚是什麽樣？"自來腿脚屬牛筋，十籠打來九籠贏"。《畫眉譜·色樣》還爲養鳥人推薦了三十品可供選擇的品種。如上品有青毛、白肩、粉青、茶青、黑青、紫毛、鐵綫青、黃毛、滿架葡萄、千鍾粟、萬點金、青紅毛、檢椂毛、淡紫、葫蘆形、梭子形、紅毛、鴨兒形、蝦蟆形、虎形、純白、純黑、雙鈎、背劍、五長、五短、品毛、五花，下品有嫩青、嫩黃。《畫眉譜·養法》把飼養畫眉的食物、鳥籠、洗浴等都做了介紹。《雜録》還介紹了畫眉馴養、打鬥的十六條經驗。如："分頂、高脚、露肘、捧肚者，俱難熟。"再如："頭如削竹嘴如丁，身似葫蘆尾要輕。生就一雙牛筋脚，十籠打盡九籠贏。"人們對畫眉觀察研究之細、經驗積纍之豐富，已臻完善程度。《黃頭志》是金文錦專講黃頭（棕頭鴉雀）之選擇、搯品、鬥法、色樣、養法的著作。書中對黃頭的頭、臉、嘴、眼、眼色、嗉、頸、胸膛、背、翅、脚、尾、掌、後剥、毛、聲、色、身、形等都有觀察和標準。書中還有三十種色樣、十六種馴養技法等，也是一部極其完美的專書，對當時馴養、玩賞黃頭起了積極推動作用，也爲後世馴養鳴禽提供了極其寶貴的經驗。

今天，我們的國家進入了新的發展時期，十分重視自然生態環境的保護。鳥類是人類的朋友，鳴禽給我們的生活帶來無窮的樂趣。愛護鳥類是人類義不容辭的社會責任。鳴禽的馴養技術也在不斷發展，飼養方法不斷改進，調教技術不斷提高，科研成果、新的著述層出不窮，給馴養鳴禽帶來極大方便。

五、鳴禽的馴養與觀賞

（一）鳴禽的馴養

我國禽鳥家養馴化歷史悠久。家鷄馴養大約始於公元前 5500 年前，距今至少已有七八千年歷史，這可以說是中國人工馴養禽鳥之濫觴。由於社會的不斷發展，其他禽鳥也先後被先民馴養。譬如鸚鵡、黃雀、鸜鵒（八哥）、百靈、畫眉、文鳥等。鳴禽之中黃雀是馴養較早的一種。《戰國策・楚策》有“黃雀因是以俯噣白粒，仰棲茂樹，鼓翅奮翼，自以爲無患，與人無爭也。不知夫公子王孫左挾彈，右攝丸，將加己乎十仞之上，以其類爲招”文。郭郛、李約瑟等《中國古代動物學史》認爲此語說明，黃雀“可能在公元前 3 世紀爲人馴養”。在漫長的歷史中，人們從黃雀籠養中領悟出許多做人的道理，發人深省。如唐孟郊《黃雀吟》：“黃雀舞承塵，倚恃主人仁。主人忽不仁，買彈彈爾身。何不遠飛去，蓬蒿正（一作‘止’）繁新。蒿粒無人爭，食之足爲珍。莫覷翻車粟，覷翻罪有因。黃雀不知言，贈之徒慇懃。”八哥（鴝鵒、鸜鵒）之馴養最遲在公元 3 世紀已開始。唐李冗（一說李亢）《獨異志》：“晋桓豁鎮荊州，有一參軍五月五日採鴝鵒雛，剪其舌，令學人語，經年遂能言……豁出之令遍學座客話。有一人患齆鼻，鴝乃遽飛入甕中語，與患者無異，舉席皆笑。”此事清楚表明，在晋代（約公元 3 世紀）人們已用剪舌之法調教幼雛，使鸜鵒巧學人言，以至逐漸成爲舉世聞名的鳴禽。秦吉了（鷯哥）唐代已有人工畜養，《淵鑑類函》卷四二一引唐張鷟《朝野僉載》曰：“天后時，左衛兵曹劉景陽使嶺南，得秦吉了二隻，能解人語，至都進之，留其雌者，雄煩怨不食，天后問之曰：‘何乃無憀也？’鳥曰：‘配爲使者所得，頗憶之。’乃召景陽曰：‘何故藏一鳥不進？’景陽叩頭伏罪，仍進之。后亦不罪也。”此處之“天后”實指武則天，唐代已經畜養秦吉了肯定無疑。《淵鑑類函》卷四二一引《唐志》曰：“開元初，廣州獻秦吉了，言音雄重如丈夫，委曲識人情，慧於鸚鵡遠矣。"進一步證明唐代馴養秦吉了已極爲普遍。畫眉也是人們喜愛的鳴禽，最遲在宋代也已有人籠飼馴養。宋歐陽修《畫眉鳥》詩曰："百囀千聲隨意移，山花紅紫樹高低。始知鎖向金籠聽，不及林間自在啼。"又宋文同《畫眉禽》詩："盡日閑窗生好風，一聲初聽下高籠。公庭事簡人皆散，如在千岩萬壑中。"顯然，畫眉鳥早已"鎖向金籠"，爲人所豢養。後人一直沿襲此習，直至今日。其他鳴禽如百靈、文鳥等也早已被人們馴養，本文不再一一叙述。

先民馴養禽鳥最早是遵循"以鳥養養鳥"的原則，即模仿自然界中鳥類繁育、喂養親鳥的方法，實施人工畜養。如《莊子·至樂》："昔者海鳥止於魯郊，魯侯御而觴之於廟，奏九韶以爲樂，具太牢以爲膳。鳥乃眩視憂悲，不敢食一臠，不敢飲一杯，三日而死。此以己養養鳥也，非以鳥養養鳥也。夫以鳥養養鳥者，宜栖之深林，游之壇陸，浮之江湖，食之鰌鰍，隨行列而止，委蛇而處。彼唯人言之惡聞，奚以夫譊譊爲乎！咸池、九韶之樂，張之洞庭之野，鳥聞之而飛，獸聞之而走，魚聞之而下入，人卒聞之，相與還而觀之。魚處水而生，人處水而死，彼必相與異，其好惡故異也。故先聖不一其能，不同其事。"這裏是以"以己（人們自己）養養鳥"海鳥必死、"以鳥養養鳥"海鳥則活的道理，盛贊先哲的處世哲學，要求人們實事求是、各盡其能、各適其宜，否則一事無成。抛開其中的哲學説教，其"以鳥養養鳥"的方法符合自然規律，用力少而功多；假如任情反道，必然勞而無獲。這是無數先民馴養禽鳥的經驗總結。

當然，社會不斷發展，人們馴養禽鳥的原因不斷增多，馴養技術也在不斷發展。前面我們已經介紹了清代金文錦的《黄頭志》《畫眉譜》，他提出的是按"定向培育"的方法馴養鳴禽。他的這些馴養經驗，不僅對當時養鳥起到指導作用，也爲後世提供了足資藉鑒的豐富經驗。

（二）鳴禽的觀賞

鳴禽具有極高的觀賞價值。它們或以聲美，或以色艷，或以形奇，或以技高，或以藝絶而爲人們所喜愛，常被人們籠飼、馴養、觀玩，爲人們的生活平添了豐富的色彩。

鳴禽的觀賞價值首先在於其美妙的鳴叫。鳴禽的鳴叫可分爲啼鳴、争鳴、叙鳴及囀鳴等類。"啼鳴"是一種音節短促的鳴叫，通常有示警、告誡之意。譬如，雄鳥在其領域内急促啼鳴，表明自己對目前所處的領域享有占有權，告誡同類雄鳥不得隨意進入自己的領域。鳴禽在打鬥獲勝時也要啼鳴，以炫耀自己的"武威"，歡慶所取得之勝利。因此，啼鳴往往激越、高亢，甚至載歌載舞，亢奮而衝動。呼喚、就食、招呼同類亦需要啼鳴，此時啼鳴“言簡意賅”，可至一呼百應。“爭鳴”常用於打鬥、驅趕、威逼等活動時。鳴聲響亮清脆、簡潔急促。“叙鳴”是鳥類日常的交流“語言”，用於表示喜悦、悲愁、憤怒、驚恐、痛楚、孤獨等情緒。鳴聲舒緩，不急不躁，時而喃喃細語，呢呢噥噥；時而侃侃而談，口若懸河；時而喋喋不休，口角生風。喜悦時鳴聲怡然神迷，笑語喧嘩；悲愁時鳴聲凄凉，哀婉低沉；驚恐時鳴聲急促，惶恐不安；痛楚時鳴聲遲滯，哀婉悱惻，低沉悲愴；孤獨時鳴聲低沉，孤凄哀婉。“囀鳴”不同於啼鳴、爭鳴及叙鳴，是歌吟式的鳴叫，大多是鳴禽經訓練和學習之後得到的鳴聲。囀本作鳥吟解（見《廣韻》），乃指鳥作歌鳴而言。歌吟由口，故從口，又以囀本作“環”解，有圓轉曲折之意味，鳴禽歌吟時，其聲婉轉圓潤，故囀從轉聲。因此，囀鳴是如歌如吟一樣的鳴叫，音節舒緩流暢，悦耳動聽。禽鳥之中唯有鳴禽纔會囀鳴。通常雄性鳴禽在繁殖期爲求偶纔進行這樣的“歌唱”，目的是向雌鳥示愛，并通過囀鳴激發性腺發育，以利於交配產卵，繁育後代。此外，有些鳴禽勤於學習，模仿力極强，可效多種禽鳥鳴叫，亦可模仿周圍環境中的各種聲音，并能將其所學“編成套曲”，“譜成華麗樂章”，於“閑暇時”不時演練，其音動人，百聽不厭。人們欣賞的就是這種囀鳴。

　　善於囀鳴的禽鳥頗多，百靈是其中的佼佼者。百靈是雀形目百靈科百靈屬鳴禽，從廣義來説，百靈包括歌百靈屬、鳳頭百靈屬、沙百靈屬、百靈屬及角百靈屬各種鳴禽。狹義上則專指百靈屬中的各種鳴禽。其中最著名者爲〔蒙古〕百靈（*Melanocorypha mongolica*），體長約18厘米，頭、頸、翼羽栗色，上體褐色，雜有棕黄及灰白斑紋。常年留居我國遼寧、吉林、黑龍江與内蒙古一帶。百靈是最著名的鳴禽，它與畫眉、相思鳥齊名。百靈鳥鳴聲嘹亮，音域寬廣，音韵婉轉多變，清脆悦耳，被譽爲“草原歌手”“花腔男中音”，在國内外均享有極高盛譽，爲馳名中外的籠養鳥。百靈可模仿多種禽鳥鳴叫，尚能將各種鳴聲編成套曲，有人將其鳴法歸類，據説不少於十三套，如麻雀噪林、家燕送春、喜報三元、列隊吹哨等等。此鳥翼有灰白色斑，因名“白翎雀”。省稱“白雀”。亦稱“白翎鵲”。古代元人喜愛白翎雀，元世祖曾命人以白翎雀爲名編制成曲，遂有《白翎雀》大曲問世，成爲元明及其以後極負盛名的宮廷曲目，流傳至廣。明陶宗儀《輟耕録·白翎雀》：“《白翎雀》者，國朝教坊大曲也。始甚雍容和緩，終則急躁繁促，殊無有餘不盡之意。竊嘗病焉，後見陳雲嶠先生云：白翎雀，生於烏桓朔漠之地，雌雄和鳴，自得其樂，世皇因命伶人碩德閭製曲以名之。"

畫眉（*Garrulax canorus*）亦爲馳名鳴禽，與百靈齊名，爲雀形目鶲科畫眉亞科鳴禽。廣布於我國浙江、安徽、江西、江蘇、湖北、陝西、四川、雲南、貴州等地（留鳥）。畫眉善鳴，鳴聲婉轉多變，極富韵味，被稱爲"林中歌手""男高音歌唱家"。宋岳珂《聞畫眉鳥聲戲作》詩："木杪幽禽巧語新，何時曾記得名因。樣傳京兆成雙嫵，人指漁陽開小鬟。儘稱如篁啼白晝，未須對鏡學青春。山中有叟答無語，短褐龐眉更笑人。"舊傳漢代長安京兆尹張敞曾爲其妻畫眉，嫵媚可愛，而畫眉鳥兩眉羽如白粉畫成，人們以爲畫眉之名由此而來（又名京兆鳥），岳珂詩巧言畫眉得名十分貼切有趣。宋歐陽修《畫眉鳥》詩則把畫眉這一林中歌手的"演唱"描寫得淋漓盡致："百囀千聲隨意移，山花紅紫樹高低。始知鎖向金籠聽，不及林間自在啼。" 清金文錦《畫眉譜·序》則説："惟兹畫眉者，身小如鶯，不名公子；眉橫似黛，竊比佳人。非彩筆之輕描，何須京兆；喜新詩之特倡，已遇歐陽。既百囀而千音，作聲於山曉春明之候；亦雷奔而電合，對壘於花陰竹籟之場。"將畫眉鳥"眉橫似黛，竊比佳人"之美貌、"百囀而千音，作聲於山曉春明之候"之囀鳴以及"雷奔而電合，對壘於花陰竹籟之場"之善鬥，描寫得惟妙惟肖。尤其是畫眉之鳴叫描寫得更好："畫眉兒，嬌音叫出最稀奇。較他鸚鵡偏堪愛，比他鸊鷉更堪思。千聲萬聲叫不斷，養來窗外白相宜。音婉轉，韻高低。清晨當起後，久雨乍晴時。其聲百出叫畫眉，人須愛惜畫眉兒。"〔黑枕〕黃鸝（*Oriolus chinensis*）亦雀形目禽鳥，隸黃鸝科黃鸝屬，我國廣布於東北、華北、内蒙古、四川諸地。先秦時期始稱"黃鳥"，後世亦稱"黃鸝留""黃栗留""黃鷪""倉庚""商庚""鵹黃""楚雀""搏黍""黃袍""黃離留""倉鶊""夏蠶候""黃鶯""離黃"等，也是極其善鳴的禽鳥。不僅以華麗的羽毛被譽爲"金衣公子""金衣公主"，還被唐明皇譽爲"紅樹歌童"（見清厲荃《事物異名録·禽鳥部上·鶯》），今人則譽之爲"黑管演奏手"。其鳴聲婉轉，清脆悠揚，柔美動聽。先秦時人們已經記録過黃鸝（倉庚）的鳴叫。如《詩·豳風·七月》："春日載陽，有鳴倉庚。"此後，描述黃鸝鳴叫之作數不勝數。如唐杜甫《絶句四首》之三："兩個黃鸝鳴翠柳，一行白鷺上青天。"幾乎人盡皆知。白居易《聞早鶯》詩："日出眠未起，屋頭聞早鶯。忽如上林曉，萬年枝上鳴。"亦頗受人們喜愛。最值稱道的是元劉詵《聞鶯賦》，賦曰："惟太初之賦物兮，何萬類之殊能。草與木之多態兮，固塊然而無情；鱗與介之擾擾兮，或有情而無聲；蛙蚓濁而强聒兮，蛩蜩咽而悲鳴；雀喧夫朝日之暾兮，猿哀夫晨霜之清。夫固有厭而棄去兮，亦有感而難爲聽。咸機籟之不能自已兮，孰能概之以悦心。求衆聲之最和兮，竊獨喜夫倉庚。於時夏日逾永，楊陰彌堤，山園曖潤，椹熟麥齊，樂天宇之肇霽，雜野雊而群飛。長廊緑户，疎簾四垂，方書倦而進茶，乃據几而挂頤。忽有聲之喈喈，復緜緜而若隨，感流轉之如圜，使予衷之條怡。於是，思求友於周雅，懷好音於衛詩。顧謂童子曰：汝豈識之邪？其喜而揚者，宴賓之鼓簧也；其瀏而清者，升仙之吹笙也；其紆徐而有餘者，魏工之歌纍珠也；其足樂夫人之情者，韓娥之回曼聲也。凡厥有生罔，役於氣兹，豈離於羽族。獨其聲之迥異，豈中心之有加。故語言之清粹，將前身之麟鳳，長無憾於天地。幸及時而爲聲，資吾儕之諫戲。固前修之可憐，終見貸於俎味。諒翱翔於山林，誠焉識於淪棄，作斯文以爲賞，庶足表於儔類。”此賦將黄鸝與世間諸物如草、木、鱗、介、蛙、蚓、雀、猿等做了比較，以爲求衆聲之最和美者莫過於倉庚（黄鸝）。而黄鸝之鳴叫又千變萬化，如“宴賓之鼓簧”“升仙之吹笙”“魏工之歌”“韓娥之回曼聲”，比喻恰當，令人回想無窮。

　　八哥亦爲鳴禽中的佼佼者。八哥（*Acridotheres cristatellus*），俗稱“八哥兒”“八八兒”，亦稱“中國鳳頭”“華化”“寒皋”“咧咧鳥”。其古名“鴝鵒”，又作“鸜鵒”。宋人以爲五代時爲避南唐後主李煜之諱而將鴝鵒更名爲八哥。劉正埮等《漢語外來詞詞典》則以爲八哥之名或許是阿拉伯語“babgha”“babbagha”（皆謂八哥）的音譯名。八哥是雀形目椋鳥科禽鳥，分布於我國陝西、雲南、河南及長江流域以南各地（爲留鳥）。早在先秦時先民已熟知此鳥，并流傳“有鸜鵒來巢”之典，以爲鸜鵒來巢預示災禍將臨。如《左傳·昭公二十五年》：“‘有鸜鵒來巢’，書所無也。師己曰：‘異哉！吾聞文、武之世，童謠有之，曰：“鸜之鵒之，公出辱之。鸜鵒之羽，公在外野，往饋之馬。鸜鵒跦跦，公在乾侯，徵褰與襦。鸜鵒之巢，遠哉遥遥。稠父喪勞，宋父以驕。鸜鵒鸜鵒，往歌來哭。”童謠有是，今鸜鵒來巢，其將及乎！’”鴝鵒爲人所熟知，魏晉時還以鴝鵒之名創有“鴝鵒舞”，此舞隨心所欲、任情發揮，反映出當時一些士大夫蔑視禮教、不拘禮法、任情反道的任誕作風及放達的生活方式。如《晋書·謝尚傳》：“謝尚，字仁祖。豫章太守鯤之子也……善音樂，博綜衆藝。司徒王導深器之，比之王戎，常呼爲小安豐，辟爲掾，襲父爵咸亭侯。始到府通謁，導以其有勝會，謂曰：‘聞君能作鴝鵒舞，一坐傾想寧有此理不？’尚曰：‘佳。’便着衣幘而舞，導令坐者撫掌擊節，尚俯仰有中，傍若無人，其率詣如此。”八哥自古便是宫廷觀賞鳥，民間亦籠飼玩賞。八哥善鳴，鳴聲嘹亮多變；經捻舌後可效百鳥鳴叫，甚至可仿人語，能説簡單人言。除此之外，八哥還能訓練簡單技藝，如放飛、隨主人外出活動及各種翻飛動作，頗受人們青睞。人們喜愛八哥，古代詩畫之中時常見到。宋周敦頤《鸜鵒》詩：“舌調鸚鵡實堪誇，醉舞令人笑語譁。亂噪林頭朝日上，載歸牛背夕陽斜。鐵衣一色應無雜，星眼雙明自不花。學得巧言誰不愛，客來又喚僕傳茶。”寥寥數語，將鸜鵒（八哥）醉舞當衆、亂噪林頭、載歸牛背、巧學人言、客來喚茶等場面描寫得栩栩如生，喜愛之意發自内心。清鄭燮《八哥》詩：“類同乾鵲將毋小，族比慈烏未是多。借問人間何手足？相逢此鳥便稱哥。”此詩以乾鵲（喜鵲）、慈烏（寒鴉）與八哥相比，八哥體比乾鵲小，數無慈烏多，與人又無手足情，但人們祇要見到八哥便立即稱其爲“（八）哥”，人們喜愛八哥之情躍然紙上。

百舌（*Turdus merula*）或曰反舌，雀形目鶇科鶇亞科烏鶇，亦爲著名鳴禽。又稱“望春”“喚春”“喚起”“鵙鶭”“舍羅”。百舌春天鳴叫，入夏而止，被稱爲“春天的歌手”“口技專家”。唐杜甫《百舌》詩序曰：“〔王〕十朋曰：百舌者，反舌也。能反覆其舌，隨百鳥之音，春囀夏止。”其詩曰：“百舌來何處，重重祇報春。知音兼衆語，整翮豈多身。花密藏難見，枝高聽轉新。過時如發口，君側有讒人。”宋文同《百舌鳥》詩：“衆禽乘春喉吻生，滿林無限啼新晴。南園花木正繁盛，小小大大皆來鳴。藏枝映葉復誰使，不肯停住常嚶嚶。就中百舌最無謂，滿口學盡群鳥聲。自無一語出於己，徒爾嘲唶誇縱横。朝朝泊我高柳上，叫破一窗殘月明。幽人穩睡正酣美，無計可奈遭爾驚。少年挾彈彼誰者，安得爲我來五更。”其鳴嘹亮，極富韵律。正如劉禹錫《百舌吟》所云：“曉星寥落春雲低，初聞百舌間關啼。花樹滿空迷處所，搖動繁英墜紅雨。笙簧百囀音韻多，黄鸝吞聲燕無語……天生羽族爾何微，舌端萬變乘春輝。南方朱鳥一朝見，索漠無言蒿下飛。”其舌如簧，百囀多音，他鳥莫能比。

〔紅嘴〕相思鳥（*Leiothrix lutea*）爲雀形目，鶇科，畫眉亞科，相思鳥屬鳴禽。亦稱“雙雙”“十姊妹”“紅嘴相思鳥”“紅嘴玉”“紅嘴綠觀音”“五彩相思鳥”。我國分布於四川、湖北、湖南、貴州、雲南、安徽、浙江、福建、江西等地。其鳴聲圓潤流暢、清脆悦耳、好動而活潑，是極其珍貴的籠養鳥。更爲令人驚奇的是，雌、雄鳥情切切，意綿綿，相依相戀，不離不弃，難分難捨，人們將其視爲愛情鳥，自古就被人們籠養觀賞。明莫雲卿《相思鳥賦》：“何斯禽之微璅，亦靈慧而多仁。羽則飾而緑衿，的若染其朱唇。毳含金以雜紺，翅鈿碧而垂紳。體盈盈之媚態，舒咬咬之好音。偕伉儷而翔集，永顧利而同心。無蹇修以通辭，詎天作之良緣。”將相思鳥之體態、羽色、鳴叫、雌雄群居、顧利而同心等，描述得惟妙惟肖。

〔黃眉〕柳鶯（*Phylloscopus inornatus*）爲雀形目鶲科鳴禽，亦稱"流鶯""樹串兒""柳串兒""槐串兒"。我國各地有分布。柳鶯鳴聲嘹亮、清脆悠長、極富韻律，人們尤其喜愛。宋趙汝鐩《清明小飲》："草草清明飲，惠風天氣和。身輕梁燕舞，舌巧柳鶯歌。"宋陳亞之《賦得黃鵠》詩："神雀非靈異，流鶯媿彩章。"柳鶯之舌巧如簧，鳴囀如歌，輕靈可愛，一覽無餘。除此之外，秀眼鳥、金山珍珠鳥、靛頦鳥、藍歌鴝、白頭鵯、紅嘴藍鵲等皆爲著名鳴禽，鳴聲亦頗美妙，皆爲人們所喜愛。

學話亦鳴禽之觀賞內容。善學人言之禽鳥往往被稱爲"能言鳥"，八哥、秦吉了、烏鴉等便是其中之佼佼者。如前已述，八哥能仿人語，可説簡單人言，如"您好""歡迎""請坐""晚安""再見"等。宋周敦頤《鸜鵒》詩曰："舌調鸚鵡實堪誇，醉舞令人笑語譁……學得巧言誰不愛，客來又喚僕傳茶。"八哥巧學人言一目瞭然。鷯哥（*Gracula religiosa*）爲雀形目椋鳥科鳴禽，又名"秦吉了""吉了""結遼鳥""九官鳥""海南八哥"。爲熱帶、亞熱帶禽鳥，產於我國廣西西南部、雲南南部及海南島等地森林中。是兼學話、鳴叫、技藝於一身的名貴觀賞鳥，尤善學話。《格致鏡原》卷七八引《碧雞漫志》："嶺南有鳥似鸜鵒，能言，名吉了。"又引《桂海虞衡志》："秦吉了如鸚鵡，紺色，丹觜，黃距，目下連項有深黃文，項毛有縫如人分髮。能人言，比鸚鵡尤慧，大抵鸚聲如兒女，吉了聲如丈夫。"又引《唐會要》曰："林邑國有結遼鳥，能言，勝於鸚鵡。黑色，兩眉獨黃，即秦吉了也。一云形如鸚鵡而色白，頂微黃，心慧舌巧，人言無不通，又謂之了鴉，出杜箚州。唐白居易有《秦吉了》詞。"顯然先民早已熟知秦吉了善學人言。唐李白曾賦詩盛贊其學話本領："安得秦吉了，爲人道寸心。"白居易《秦吉了》詩進一步誇贊秦吉了耳聰、心慧、巧通人言的特點："耳聰心慧舌端巧，鳥與人言無不通。"明高啓《咏苑中秦吉了》則把秦吉了乖巧伶俐、能學鳥叫（雞鳴）、善通人言（遙呼萬歲）、巧於應對、超乎凡鳥的能力概括得極其精闢："不獨能言異凡鳥，最愛佳名呼吉了。雕籠幾度學雞鳴，驚起烟花六宮曉。駕來別院未知迎，先聽遙呼萬歲聲。願把春風一杯酒，從今莫聽上林鶯。"

學技類禽鳥亦有極高的觀賞性，同樣是鳴禽的特殊本領。黃雀（*Carduelis spinus*）又名"黃鳥""金雀""黃雀兒"，雀形目雀科鳴禽。體似麻雀，全身黃綠，因得此名。我國東北、華北、華東及華南均有分布。《詩·秦風·黃鳥》"交交黃鳥，止于棘"，便是寫黃雀在荊棘上啾啾鳴叫的場景。黃雀不僅善鳴，而且技藝高超，經訓練可掌握多種技藝。舊社會民間常見有占卜之人用"黃雀叼喜"爲人算命。如今人們訓練黃雀表演各種技藝，如戴面具、提吊桶、開抽屜、叼旗、銜紙、提燈等，凡此種種皆爲其他鳥類所無法比擬，給人們生活增添不少快樂。金翅雀（*C. sinica*）又名蘆花黃雀、黃彈雀、綠雀、黃楠雀，與黃雀爲同屬鳴禽。我國主要分布於内蒙古、河北、山東、山西、青海、甘肅、雲南、貴州、四川及兩廣等地。金翅雀活潑善鳴，常載飛載鳴，令人賞心悦目。金翅雀極易馴養，訓練後可銜珠、叼旗、接物、開車，表演各種技藝，頗爲中老年人所喜愛。太平鳥（*Bombycilla garrulus*），爲雀形目太平鳥科鳴禽，又名十二黃，近似種名小太平鳥，稱十二紅，皆爲著名鳴禽，且皆善各種技藝，常爲人們所架養。朱頂雀又名"朱頂""朱點兒""朱點雀"，爲雀形目雀科鳴禽。我國常見於新疆、遼寧、吉林、河北、山東及長江下游各地。體長約17厘米，體似麻雀，全身黑褐色，頭頂具朱紅色斑，因名朱頂雀。朱頂雀體態輕盈，温順活潑，經訓練可學會放飛、接物、戴面具等技藝，給養鳥人帶來樂趣。沼澤山雀又名"泥沼山雀""小山雀""小豆雀""紅仔""仔仔紅"，爲雀形目山雀科鳴禽。其頭呈藍黑色并具光澤，面頰潔白，故俗稱白臉山雀。分布於東北、華北、華東及雲南、四川等地。沼澤山雀鳴聲極好，常被作爲百靈、雲雀、黃雀等鳴禽的"教師鳥"，爲歌鳥"呷口"。此外，沼澤山雀經訓練可表演叼物（錢、籤、香烟等），還可表演翻空、鑽圈、吊水桶、開箱取寶等技藝。大山雀又名"白臉山雀""四喜""子黑""子規鳥"，亦雀形目山雀科鳴禽。大山雀羽色美麗，鳴聲婉轉，不僅可爲八哥、雲雀、黃雀等鳴禽校音，"呷口"，還可表演叼籤、叼錢等雜技，頗受人們喜愛。蠟嘴雀亦屬雀形目雀科鳴禽，其嘴特厚且呈蠟黃色，因得此名。我國自東北經中原到華東、華南均可見到。蠟嘴雀體形較大，嘴強有力，經調教可學會叼物、銜鈔及高空銜彈等高難動作，極爲人們所喜愛。白腰文鳥（*Lonchura striata*），俗名十姐妹，又名禾穀鳥、禾穀雀、尖尾文鳥，也是人們常説的算命鳥。白腰文鳥體小巧，色淡雅，可訓爲手擎玩鳥，讓其在養鳥人手、肩上自由玩耍，并可隨人飛舞、銜接抛物、拉小車、跳滑板等。此外，白腰文鳥還能對環境异常變化做出迅速反應，如果空氣中有害氣體濃度增加，文鳥會做出反應，利用這一特性可爲工廠和化驗室檢測環境污染。紅交嘴雀（*Loxia curvirostra*），又名紅交嘴、交喙雀、青交嘴，省稱交嘴雀、交嘴，亦屬雀形目雀科鳴禽。我國主要分布於東北南部及河北、江蘇、山東等地。經訓練能用嘴與脚表演攀爬、空中接物及遠距離銜核桃等動作，可爲養鳥人增添不少樂趣。麻雀（*Passer montanus*），又叫"家雀""樹麻雀"。麻雀常栖宿於人家堂宇，先秦時亦稱之爲"賓爵（音雀）"，如《吕氏春秋・季秋》："候鴈來，賓爵入大水爲蛤。"高誘注："賓爵者，老爵也。棲宿於人堂宇之間，有似賓客，故謂之賓爵。"爲雀形目文鳥科鳴禽，全國各地均有分布。麻雀其貌不揚，鳴聲不美，但其大腦是鳥類之中最發達的，而且還能通過學習掌握不少技能，尤其是"麻雀銜旗"頗爲著名。《紅樓夢》中就有關於麻雀銜彩旗串戲臺的描寫。

打鬥也是一些鳴禽擅長之特技，也給人們帶來諸多樂趣。畫眉鳥極善打鬥，古人常籠養調訓用於鬥玩。清金文錦《畫眉譜》："畫眉兒，山頭相奪互相欺。鬥時自爾分高下，看時尤要識雄雌。遇勁敵，每爭持，其中强者得便宜。强者生來相貌奇，相貌分别要先知。鬥敗百籠盡披靡，人須珍重畫眉兒。"玩賞畫眉，觀看打鬥，要查貌相，選最强者。何者爲强？金文錦説："頭如削竹嘴如丁，身似葫蘆尾要輕。生就一雙牛筋脚，十籠打盡九籠赢。"金文錦極其推崇將軍鬥法："畫眉鬥法實不同，箍頭劈頂最爲凶。箍頭頓見毛撏落，劈頂從教血流紅。鬥法百般有，最巧打毛肘。毛肘不禁打，何消四五口。扯脚手段未爲高，糞門鑿透難禁熬。交鋒凶狠盡皆逃，將軍鬥法不輕饒。"黄頭，即棕頭鴉雀（*Paradoxornis webbianus*），又名黄騰、烏形山雀，俗稱紅頭仔、驢糞球兒。爲雀形目鶲科畫眉亞科鳴禽。分布於河北、江蘇、浙江、湖南、雲南、四川、貴州、臺灣及東北各地。黄頭體小玲瓏，活潑可愛；喙小而鋭，爪利善鬥；鳴聲如簫，婉轉如歌。既可賞形，亦可聽鳴，尚可觀鬥，是品鳴、賞形、觀鬥俱佳的禽鳥，因此豢養玩賞不絶於史。宋王質《紹陶録》卷下："黄頭兒，身全黄，足白或黑，腹白。夏多鬥，秋稍息，麈戰至死不聲，以作聲爲負。"明文震亨《長物志・禽魚》："更有小鳥名黄頭，好鬥，形既不雅，尤屬無謂。"明清時民間傳有專著，供養黄頭者參考。清金文錦《黄頭志》即是其一。書序曰："黄頭之爲物也，古今未見品題。所可異者，畜之樊籠，遇敵善鬥。忽鼓翅以奮足，旋挺胸而交咮。勝者得功，敗者得咎。"畜養打鬥，躍然紙上，栩栩如生，生動有趣。金文錦以爲"彈頭鷹嘴鯽魚鰓，背似蝦弓起緑苔。生就一雙蕎麥眼，籠籠打盡由誰來"。馴養這樣的黄頭，會打遍天下無敵手。鷦鷯（*Troglodytes troglodytes*），又名桃蟲、桃雀、蒙鳩、巧婦、巧雀、女匠、黄脰雀、桑飛等。主要分布於華北地區各地，大多爲留鳥，部分鷦鷯也遷徙到華南越冬。鷦鷯性喜爭鬥，舊時人們常用鷦鷯爭鬥做賭注，養鳥人之間相互爭賭。徐珂《清稗類鈔・賭博類》曾記述鷦鷯之打鬥："羽族有俗呼黄脰者。即鷦鷯……江浙人多愛籠養以供清玩，每當春夏之交，各出所養者，隔籠搏鬥，藉以比賽優劣。"今人則藉鶹鶒爭鬥以爲玩賞。四喜兒，即鵲鴝（ *Copsychus saularis* ），又名信鳥、進鳥、屎坑雀、屎坑鴝，雀形目鶲科鳴禽。四喜兒一年四季不分晨昏啼鳴不止，故名。又因常在屎坑或垃圾附近覓食，故也被稱爲屎坑雀、屎坑鴝。四喜活潑好動，喜鳴善鬥，常踞高處昂首鳴囀，并展翅擺尾，姿態極其優雅。人們尤愛觀其打鬥，爲生活增添不少樂趣。

　　鳴禽的觀賞價值絶非僅籠養觀玩，正如宋歐陽修《畫眉鳥》詩所云："百囀千聲隨意移，山花紅紫樹高低。始知鎖向金籠聽，不及林間自在啼。"在自然界中欣賞鳴禽的聲、色、形、技、藝，纔是人們最大的享受。近年來，隨着經濟社會的不斷發展，我們的生存環境有了極大改善。在科學發展觀指引下我們正在構建和諧社會，天人合一、人鳥共處、無山不緑、有水皆清、四時花香、萬壑鳥鳴的美好景象，將逐漸展現在我們面前。届時，在自然界中諦聽禽鳥的婉轉鳴叫，欣賞它們的絢麗色彩，觀賞它們的奇特姿態和天才的技藝表演，這纔是鳴禽觀賞的最高境界。

　　本節所考論的習見鳴禽凡三十七種，皆屬古有記載而今又存世者。其他鳴禽凡屬珍稀禽鳥，皆收録於第三章第一節《珍稀禽鳥考》，瀕危禽鳥收於第二節《瀕危禽鳥考》，凡列入"三有名録"者，則收入第三節《"三有"禽鳥考》中。餘不另述。

百靈

　　習見鳴禽名。雀形目，百靈科，蒙古百靈（ *Melanocorypha mongolica* Pallas ）。小型鳴禽，體長約 18 厘米。頭、後頸及兩翼覆羽皆栗色，上體以褐色爲主，雜有棕黄及灰白色斑紋；外側尾羽黑褐色，具白緣及白端。眉紋白色，耳羽棕紅。飛羽黑褐并有白斑。下體近白色，胸部左右具明顯白斑，中央有細紋相連。我國主要分布於内蒙古以西至青海草原一帶（留鳥），亦見於北方其他地區（均爲留鳥）。栖息於開闊草原，築巢於草叢之中。雜食性，但以植物種實爲主。

　　此鳥翼有灰白色斑，因名"白翎雀"。省稱"白雀"。亦稱"白翎鵲"。此稱至遲元代已行用。《元史·太祖紀》："札木合言於汪罕曰："我於君是白翎雀，他人是鴻鴈耳。白翎雀寒暑常在北方，鴻鴈遇寒則南飛就暖耳。'意謂帝心不可保也。汪罕聞之疑，遂移部衆於别所。"由是元人尤重白翎雀，常有人賦詩贊其堅守北地，不言南歸。如元揭傒斯《題李安中白翎雀》詩："白翎雀白翎雀，每見灤河河上飛。平生未識百禽性，不敢籠向江南歸。"白翎雀雌雄相隨，鳴囀唱和，亦爲人所樂道。元虞集《白翎雀歌》："烏桓城下白翎雀，雌雄相呼以爲樂。平沙無樹托營巢，八月雪深黄草薄。君不見，舊時飛燕在昭陽，沈沈宫殿鎖鴛鴦。芙蓉露冷秋宵永，芍藥風暄春晝長。”元薩都剌《雁門集》卷四：“《白翎雀》：淒淒幽雀雙白翎，飛飛只傍烏桓城。平沙無樹巢弗營，雌雄爲樂相和鳴。君不見，舊日輕盈舞紫燕，鴛鴦鎖老昭陽殿。風暄芍藥春可憐，露冷芙蓉秋莫怨。”元納延《塞上曲》之五：“烏桓城下雨初晴，紫菊金蓮漫地生。最愛多情白翎雀，一雙飛近馬邊鳴。”元人喜愛白翎雀，元世祖命人以白翎雀爲名編制成曲，遂有《白翎雀》大曲問世，成爲元明以後極其有名的宮廷曲目，流傳至廣。明陶宗儀《輟耕錄·白翎雀》：“《白翎雀》者，國朝教坊大曲也。始其雍容和緩，終則急躁繁促，殊無有餘不盡之意。竊嘗病焉，後見陳雲嶠先生云：白翎雀，生於烏桓朔漠之地，雌雄和鳴，自得其樂，世皇因命伶人碩德閭製曲以名之。”元代以後，人們亦不忘荒漠草原尚有極其可愛的白翎雀。明張昱《白翎雀歌》：“烏桓城下白翎雀，雄鳴雌隨求飲啄。有時決起天上飛。告訴生來毛羽弱。”明王偁《題畫白翎雀》詩：“塞花原草度交河，往日曾隨鳳輦過。一自翠華消息斷，空將遺恨寄雲和。”《山堂肆考》卷七七：

百靈
（馬駘《馬駘畫寶》）

“〔白雀青鹿之祥〕宋吳在木，咸平中知餘干縣，興利除害，邑中稱治，有白雀青鹿之祥。民歌曰：吳公木政嚴肅，惡者憂羈囚，善者樂化育，鳥有白翎雀，獸有青毛鹿，不見犬聲急人走，昔日屢空今皆足。”《聖祖仁皇帝親征平定朔漠方略》卷二二：“上諭皇太子曰：自出喀倫，見水草尤佳，地方形勢無平原曠野，盡皆低山，處處有沙岡。凡喀倫內所常見之走獸飛禽皆無，惟黃羊、野騾、大烏鳥、白翎雀耳。此地除牧養牲畜外並無佳處，我軍重車所經無有阻悮。”《盛京通志·禽類》：“〔白翎雀〕雀類不一，青黃色，翎白。鴈春北秋南，白翎雀窮冬沍寒不易其處，元人重之，故元世祖樂有《白翎雀歌》。”白翎雀極善鳴囀，能效百鳥之音，據傳此鳥最善鳴者，可有十三種鳴法：曰麻雀噪林，曰家燕送春，曰喜報三元，曰紅殿金榜樂，曰吹哨列隊，曰山喜鵲叫，曰推小車聲，曰母雞抱蛋，曰貓叫，曰鷹叫，曰畫眉叫，曰蟈蟈叫，曰黃雀叫。白翎雀鳴聲婉轉，悅耳動聽，故有“百靈鳥”之名。省稱“百靈”。

百靈鳥壽命極長，籠飼壽命可達五六十年，堪與主人相伴一生，是著名的籠養鳥，自古有籠飼百靈之傳統。籠飼時，籠具頗有講究，籠要高大，中間設臺，百靈鳥鳴叫時站立臺上，振翅高歌，鳴聲流利，婉轉動聽，令人陶醉不已。百靈今通稱“蒙古百靈”“蒙古鷚”。我國分布其兩個亞種：指名亞種（*M. m. mongolica*），見於東北西部呼倫貝爾、西南部林西、内蒙古中部伊克昭盟、河北張家口（留鳥），河北平原（偶見，冬候鳥）；青海亞種（*M. m. emancipata*），見於青海東北、東南部（留鳥）。

【白翎雀】

即百靈。此稱至遲元代已行用。見該文。

【白雀】

即百靈。名見明彭大翼《山堂肆考》。此稱明代已行用。見該文。

【白翎鵲】

即百靈。名見明楊慎《升庵集》。此稱明代已行用。見該文。

【百靈鳥】

“百靈”之俗稱。此稱行用於近現代。見該文。

【蒙古百靈】

即百靈。今之通稱。此稱行用於近現代。見該文。

【蒙古鷚】

即百靈。名見祁天錫等《中國鳥類目録試編》。見該文。

雲雀

習見鳴禽名。雀形目，百靈科，雲雀（*Alauda arvensis* Linnaeus）。小型鳴禽，體長約18厘米。上體黑褐色，具黑褐色縱紋及淡色羽緣。後頭部有一簇羽毛稍長，形成不明顯羽冠。耳羽棕色。外側尾羽具淡色羽緣及白端，最外一對尾羽幾純白色。胸部有密集黑褐色紋斑，其餘下體白色。虹膜暗褐色。嘴角褐色。脚肉褐色。我國主要分布於除西南以外的大部分地區，其中繁殖區爲以新疆、青海、西藏、河北、山東以及東北的黑龍江、吉林等地爲主的北部地方。冬季遷徙時可至東北南部和東南部、長江中下游以及江蘇、廣東北部等地越冬。性喜開闊環境，常栖息於草原及開闊農田地帶，尤喜於沙質土壤地帶活動。多集群於地面奔跑。雜食性，但以植物種實爲主要食物。

雲雀鳴聲嘹亮柔美，常一飛衝天，載歌載鳴，悠然動聽。我國先民十分熟悉雲雀，秦漢時期始稱“鷚”“天鷚”，魏晋時期稱“天鷚”。《爾雅·釋鳥》：

天鷚
（馬駘《馬駘畫寶》）

“鷚，天鷚。”晋郭璞注：“大如鷃雀，色似鶉，好高飛作聲，今江東名之曰天鷚。”上述諸稱沿稱於後世。亦偶訛作“天籥”“天龠”。《太平御覽》卷九二八：“《爾雅》曰：鷚，天籥也。”《集韻·去宥》：“鷚，鳥名。《説文》：天龠也，好高飛作聲。”金韓道昭《五音集韻·尤韻》：“鷚，天鷚。鳥名，江東語也。”《通志·禽類》：“鷚，《爾雅》曰天鷚。郭云大如鷃雀，色似鶉，好高飛作聲，江東名之曰天鷚（音綢繆之繆）。按，此雀類似鶉而尾小長，以其能鳴故人多養之，俗呼告天。所在寒月多有之。”《駢字類編·天地門四》：“天鷚，《爾雅》：‘鷚，天鷚。’注：‘大如鷃雀，色似鶉，好高飛作聲，今江東名之曰天鷚。’”《佩文韻府·下巢》引劉基詩：“天鷚巢蒿草，形軀纖且微。”清杭世駿《續方言》卷下：“鷚大如鷃雀，色似鶉，好高飛作聲，今江東名之曰天鷚。”“雲雀”爲此鳥今之通稱。管樺《故鄉》：“路邊新埋的樹秧已抽出樹芽。雲雀在藍空中唱着歌。”雲雀鳴聲婉轉，頗受人們喜愛，常飼爲籠鳥。今亦稱“阿蘭”“阿鷚”“朝天柱”。

按，鷚亦鶺鴒科鷚屬所有鳥之通稱，有"小野鷄"或"鷄雛"之別稱，宜辨之。又，雲雀亞種分化頗多，見於我國者有六種：新疆亞種（*A. a. dulcivox*）多見於新疆西部喀什、北部準噶爾盆地，北方亞種（*A. a. kiborti*）多見於東北地區，東北亞種（*A. a. intermedia*）多見於東北各地，北京亞種（*A. a. pekinensis*）見於東北北部滿洲里、大興安嶺地區至華北一帶，日本亞種（*A. a. japonica*）見於江蘇沿海地帶（旅鳥），薩哈林亞種（*A. a. lonnbergi*）偶見於江蘇鎮江。

【鷚】

即雲雀。此稱秦漢時期已行用。見該文。

【天鷚】

即雲雀。此稱秦漢時期已行用。見該文。

【天鸙】

即雲雀。此稱魏晋時期已行用。見該文。

【天𪄳】

即雲雀。此稱秦漢時期已行用。見該文。

【天䴏】

即雲雀。此稱漢代已行用。見該文。

【阿蘭】

雲雀之俗稱。此稱行用於近現代。見該文。

【阿鷚】

即雲雀。今之俗稱。此稱現代行用。見該文。

【朝天柱】

即雲雀。今之俗稱。此稱現代行用。見該文。

【告天鳥】

亦稱"天雀"。省稱"告天"。即雲雀。此鳥常驟然直飛衝天，高唱入雲，絮絮如告訴狀，故得此名。此稱至遲明代已行用。明劉嵩《告天鳥》詩："江南有小鳥，群飛上天入天杪。黄茆嶺頭拾蟲蟻，聲聲告天鳴不了。山前山後春雨晴，啾啾千聲連萬聲。"明周是修《告天鳥賦》："告天鳥，大如寒雀。常以四五月清明高蜚霄漢，嚚嚚如訴言，故名。江南最多而中原未之見，及至塞外復有之，感賦其意以爲近君得言者之戒云：爰有小鳥兮其名告天，高翔雲漢兮嚚嚚有言，厥言伊何兮世路風波，人心不古兮直少曲多……"《爾雅·釋鳥》："鷚，天鸙。"清郝懿行義疏："今此鳥俗謂之天雀，毛色全似阿鸊而形差小，高飛直上，鳴聲相屬，有如告訴，或謂之告天鳥即此也。"參見本卷《習見禽鳥説·鳴禽考》"雲雀"文。

【告天】

"告天鳥"之省稱。此稱明代已行用。見該文。

【天雀】

即告天鳥。此稱多行用於清代。見該文。

【叫天子】

亦稱"告天子"。即雲雀。此稱明代已行用。《山堂肆考》卷二三七："告天子，此鳥褐色，似鶉而小，生海上叢草中。黎明時，遇天晴霽則且飛且鳴，直上雲端，其聲連綿不已，

告天子
（清余省等《鳥譜》）

一云叫天子。"《格致鏡原·諸鳥》引明田藝蘅《留青日札》："有小鳥飛鳴，直入雲際，翻身徑落，其聲啁唧，名告天子。"參見本卷《習見禽鳥説·鳴禽考》"雲雀"文。

【告天子】

即叫天子。此稱至遲明代已行用。見該文。

柳鶯

習見鳴禽名。雀形目，鶲科，黃眉柳鶯（*Phylloscopus inornatus* Blyth）。小型鳴禽，體長約 10 厘米。上體橄欖綠色，頭部色澤較深，頭頂有一不明顯的黃綠色冠紋；兩翼及尾羽暗褐色，大覆羽與中覆羽先端淡黃綠色，形成兩道明顯的翼斑；下體白色，胸、脅、尾下覆羽略沾黃綠色。我國主要分布於東北、西北、西南等地。爲北方之夏候鳥。常栖息於針葉林、針闊葉混交林及林緣灌叢、河谷柳叢中。喜結小群活動。主要取食昆蟲，爲農林益鳥。偶爾取食小型無脊椎動物。

柳鶯體態嬌小，活潑可愛，鳴聲嘹亮，清脆悠長，極富韵律，是十分可愛的鳴禽。柳鶯喜栖於柳林，故得此名。又因其常在林間飛騰跳躍，且鳴且舞，流轉不息，故亦名"流鶯"。亦與其他鶯類統稱"鶯"。此稱唐宋時期已行用，且沿稱至今。唐岑參《西亭子送李司馬》詩："坐來一望無端倪，紅花綠柳鶯亂啼。"柳鶯舌巧如簧，鳴囀如歌，輕靈可愛。宋趙汝鐩《野谷詩稿》卷五："《清明小飲》：'草草清明飲，惠風天氣和。身輕梁燕舞，舌巧柳鶯歌。'"宋楊萬里《癸亥上巳即事》詩："怪底風光好，還當上巳辰。柳鶯攀素口，梁燕趙家身。"宋陳亞之《賦得黃鵠》詩："神雀非靈異，流鶯媿彩章。"元王惲《秋澗集·序·宮禽小譜序》："柳

鶯，純綠色，甚嬌，可愛，性靈如黃鶯，其狀差小。"明朱元璋《鶯囀皇州二首》詩之一："嫩柳鶯啼三月天，園林簪錦綠陰鮮。乾坤氣集皇州處，景盛人繁勢自然。"明孫繼皋《送禹江徐丈還海虞分得生字》詩："伏闕聽殘御柳鶯，望鄉愁見白雲生。""柳鶯"似亦指黃鶯，如清高宗《柳鶯紅杏》詩："囀喉恰恰如聞語，斂翼依依似忘飛。幾縷綠楊輕暎處，金衣公子尚緋衣。"此處"金衣公子"指黃鶯，詩題爲"柳鶯"，故"柳鶯"代指黃鶯顯而易見，今附此以供詳考。

柳鶯今通稱"黃眉柳鶯"。俗稱"樹串兒""柳串兒"。我國分布三個亞種：指名亞種（*P. i. inornatus*），見於東北各地及西南、華南，偶見於臺灣等地；新疆亞種（*P. i. humei*），見於新疆北部及中部；西北亞種（*P. i. mandellii*），見於陝、甘、青以西各地。

【流鶯】

即柳鶯。此稱宋代已行用。見該文。

【黃眉柳鶯】

即柳鶯。今之通稱。此稱行用於近現代。見該文。

【樹串兒】

柳鶯之俗稱。此稱行用於近現代。見該文。

【柳串兒】

柳鶯之俗稱。此稱行用於近現代。見該文。

鶪

習見鳴禽名。雀形目，鶲科，冕柳鶯（*Phylloscopus coronatus* Temminck et Schlegel）。小型鳴禽。體長 10～13 厘米。形體似鶪而小。上體橄欖綠色；頭頂色澤深暗，中央有一淡黃色冠紋；眉紋前端黃色；飛羽暗褐色；大覆羽黃綠色或輝黃色。下體白色，微雜檸檬

黃色。虹膜暗褐；嘴較寬大，口鬚發達，上嘴黑褐，下嘴黃褐；跗蹠及趾淡灰褐色。我國主要分布於東北東部、河北北部、四川中部及雲南等地，遷徙時見於東部各省市。多栖息於稀疏闊葉林及混交林間。此鳥善鳴叫。主要取食昆蟲，爲農林益鳥。

此稱南北朝時期已行用。亦作"鷸""鷭""鷦"。《玉篇·鳥部》："鷸，鳥名。鷭，同上，鳥如鵲。"又："鷦……繼鷱。"《集韻·入質》："鷭、鷦、鷸……鳥名。或省，亦作'鷸'。通作'密'。"又《集韻·入屑》："鷭、鷦，鳥名。繼英也。或从宓。"《篇海類編·鳥獸類·鳥部》："鷦，同鷸，鳥名。"今通稱"冕柳鶯"。《辭海·鳥部·鷭》："鷭（miè），鳥綱，鶯科，冕柳鶯（Phylloscopus coronatus）的舊稱。"

按，"鷭"本南方對栖息於林緣、草叢及水邊多種小鳥之俗稱。舊時某些鶯類禽鳥常稱作"某某鷭"，如褐頭鷦鶯舊稱"竿鷭"。此附供考。今亦俗稱"蟲喰"。我國僅見其指名亞種（P. c. coronatus）。

【鷸】
　　同"鷭"。此體南北朝時期已行用。見該文。
【鷦】
　　同"鷭"。此體南北朝時期已行用。見該文。
【鷦】
　　同"鷭"。此體宋代已行用。見該文。
【冕柳鶯】
　　即鷭。今之通稱。此稱現代行用。見該文。
【蟲喰】
　　"鷭"之俗稱，此稱多行用於今臺灣各地。見該文。

【繼鷱】
　　亦作"繼英"。亦稱"鷦肌"。省稱"鷱"。即鷱。此稱南北朝時期已行用。《玉篇·鳥部》："鷱，鳥名。"又："鷦，鷦肌，繼鷱。"《類篇·鳥部》："鷱，繼鷱，鳥名。"又："鷦、鷦、鷸……鳥名，或省。亦作……'繼英'。"又："鷭……鳥名，繼英也。參見本卷《習見禽鳥説·鳴禽考》"鷭"文。

【鷱】
　　"繼鷱"之省稱。此稱南北朝時期已行用。見該文。
【鷦肌】
　　即繼鷱。此稱南北朝時期已行用。見該文。
【繼英】
　　同"繼鷱"。此體宋代已行用。見該文。

百舌

習見鳴禽名。雀形目，鶇科，烏鶇（Turdus merula Linnaeus）。中型鳴禽，體長可達28厘米。雄鳥上體包括兩翼與尾均黑色，下體黑褐色，頦部綴以棕褐色羽緣，喉部亦渲染棕褐色。雌鳥上體黑褐色，背部較淺，頦、喉均淺栗褐色，綴以黑褐色縱紋，下體餘部亦黑褐色，但略沾栗色。我國除東北、華北以外，大部分地區有分布。多栖息於平原樹林或田圃間。營巢於喬木上。主要取食昆蟲

百舌
（明刊《食物本草》）

及植物種子。

極善鳴叫，其音多變，猶如百舌齊鳴，故稱。此稱漢代已行用。亦稱"反舌""百舌鳥"。諸稱多沿稱於後世。《淮南子·説山訓》："人有多言者，猶百舌之聲。"高誘注："百舌，鳥名，能易其舌效百鳥之聲，故曰百舌。以喻人雖事多言無益於事。"《禮記·月令》："〔仲夏之月〕反舌無聲。"漢鄭玄注："反舌，百舌鳥。"唐陸翬《送胡八弟》詩："孤帆影入江煙盡，百舌聲流浦樹新。"百舌能變其舌效百鳥之鳴，故古人多畜養之。《爾雅翼·釋鳥》："反舌，春始鳴，至五月止。能變其舌，反易其聲以效百鳥之鳴，故名反舌，又名百舌……反舌今人多畜養者。"先民對其物候、食性早已熟知。《太平御覽》卷二三引《雜記》曰："百舌鳥，一名反舌。春則囀，夏至則止。唯食蚯蚓，正月以後凍開則來，蚯蚓出故也。十月以後則藏，蚯蚓蟄故也。物之相感不知所由。"宋黃震《黃氏日抄》卷一六："反舌，百舌鳥，以能反覆其舌爲百鳥語，故謂之反舌。"多種資料廣有記載。如明何宇度《益部談資》卷上："宋祁有《益部方物贊》：曰海棕，曰楠，曰橙，曰竹柏……曰百舌鳥，曰狨，曰龙羊，曰玃，曰魶魚，曰嘉魚，

反舌
（明王圻等《三才圖會》）

曰鮢魚，曰黑頭魚，曰沙緑魚，曰石鱉魚，曰金蟲，凡六十五種。"《授時通考·天時》："小滿後十五日斗柄指丙，爲芒種，五月節，言有芒之穀可播種也……三候，反舌無聲。諸書謂反舌爲百舌鳥，能反覆其舌，感陽而鳴，遇微陰而無聲也。"

按，宋人宋祁《益部方物略記·百舌鳥》亦記有百舌鳥，文曰："百舌鳥，出中蜀山谷間。毛采翠碧，蜀人多畜之。一云翠碧鳥，善效他禽語。凡數十種，非東方所謂反舌無聲者。往往亦矜鬭，至死不解，然捕者告罕故惜之。不使極其擊云。"贊曰："緑衣紺尾，一啼百轉。可樊而蓄，爲世嘉玩。"此處之"百舌鳥"又名翠碧鳥，宋祁稱此鳥"非東方所謂反舌無聲者"，未詳所指何物，今附此以供詳考。又，百舌亞種分化較多，我國分布有四種：新疆亞種（*T. m. intermedia*），見於新疆西部及青海柴達木盆地；西藏亞種（*T. m. maximus*），見於西藏南部日喀則、昌都地區西南部；普通亞種（*T. m. mandarinus*），見於甘肅西南部、陝西南部、河南南部、雲南西部及四川中部以東之大陸地區，亦見於海南（冬候鳥）；四川亞種（*T. m. sowerbyi*），僅見於四川中部（留鳥）。百舌今通稱"烏鶇"。

【反舌】

即百舌。此稱先秦時期已行用。見該文。

【百舌鳥】

即百舌。此稱漢代已行用。見該文。

【烏鶇】

即百舌。今之通稱。此稱行用於近現代。見該文。

【百舌兒】

亦稱"百舌子"。即百舌。此稱唐宋時期

已行用。唐盧全《悲新年》詩：“新年何事最堪悲，病客遥聽百舌兒。”宋蘇軾《如夢令·春思》詞：“簾外百舌兒，驚起五更春睡。”宋歐陽修《啼鳥》詩：“百舌子，百舌子，莫道泥滑滑，宮花正好愁雨來，暖日方催花亂發。”參見本卷《習見禽鳥説·鳴禽考》“百舌”文。

【百舌子】

即百舌兒。此稱宋代已行用。見該文。

【望春】

亦稱“唤春”“唤起”。即百舌。此稱明代已行用。《山堂肆考》卷二一三：“百舌，又名反舌者，謂能反覆其舌以隨百鳥之音也。蒼毛，尖嘴，形小於鸜鵒。二三月鳴，至五月無聲，亦候鳥也。一名望春，一名唤起。江南人謂之唤春，聲圓轉如絡絲。”《佩文韻府·上春》：“《冷齋夜話》：唤起鳥，江南謂之唤春。”《淵鑑類函》卷四二七：“反舌，蒼毛尖嘴，形小於鸜鵒，二三月鳴至五月無聲，亦候鳥也。一名望春，一名唤起，江南人謂之唤春，聲圓轉如絡絲。”參見本卷《習見禽鳥説·鳴禽考》“百舌”文。

【唤春】

即望春。此稱宋代已行用。見該文。

【唤起】[1]

即望春。此稱宋代已行用。見該文。

【鶷鸏】[1]

亦稱“鶷鸏”“牛屎咧哥”“舍羅”。即百舌。此稱晋代已行用。舊題周師曠《禽經》：“題鳭鳴而草衰。”晋張華注：“《爾雅》謂之鴨。鴨，伯勞也。狀似鶷鸏而大。”宋羅願《爾雅翼·釋鳥》：“鴨，似鶷鸏而大。”明李時珍《本草綱目·禽三·百舌》：“［釋名］反舌，鶷鸏（音轄軋）。時珍曰：按《易通》云，能反復如百鳥之

音故名。鶷鳥亦象聲，今俗呼爲牛屎咧哥，爲其形似鸜鵒而氣臭也。梵書名舍羅。”明方以智《通雅·動物》：“鶷鸏，反舌也。”參見本卷《習見禽鳥説·鳴禽考》“百舌”文。

【鶷鸏】

即鶷鸏[1]。此稱宋代已行用。見該文。

【牛屎咧哥】

“鶷鸏[1]”之俗稱。其形似鸜鵒而氣臭，故名。此稱明代已行用。見該文。

【舍羅】

“鶷鸏[1]”之古梵語名。此稱明代已行用。見該文。

相思鳥

習見鳴禽名。雀形目，鶲科，紅嘴相思鳥（*Leiothrix lutea* Scopoli）。小型鳴禽，體長約 15 厘米。額、頭頂橄欖綠色而微沾黃色。眼先與眼周淡黃色，頰、頸暗灰綠色。背、腰與尾上覆羽暗橄欖綠色。飛羽黑褐色，所有初級飛羽外翈均具黃色緣，第三飛羽羽基赤紅色，形成明顯翅斑。尾羽暗橄欖綠色，中央尾羽具藍黑色亮斑；尾呈叉狀。嘴珊瑚紅色。我國主要分布於西南南部及南方各地。喜集群活動，常栖息於海拔 900 ～ 3300 米山地常綠闊葉林、混交林及成片竹林中。冬季可栖息於平原、河谷或村舍、庭園間。主要取食昆蟲與植物果實。

相思鳥
（馬駘《馬駘畫寶》）

體態玲瓏，鳴聲美妙，爲著名觀賞鳥。尤其是雌雄鳥感情篤深，白日如影隨形，夜晚交頸而眠，終生不離不弃，被人們視爲純潔愛情之象徵，備受人們的喜愛，因此賦予"相思鳥"之名，省稱"相思"。此稱宋元時期依然行用。不少詩詞歌賦咏唱此鳥，贊其可貴品質。元黄玠《采蓮女》詩："川日出已高，江霏散如霧。但聞采蓮曲，不知采蓮處。雙雙相思鳥，飛上相思樹。幽人空爾懷，欲往畏多露。"明謝榛《長相思》詩："鬱鬱相思樹，上有相思鳥。相思人不來，風雨愁多少。"明葉憲祖《相思鳥賦·序》："鳥大如爵，朱味褐色，雌雄並棲，捕必雙得，如縱其一，百里尋赴，名曰相思，職是之故。戊辰冬集龍山，殆以千數，偶有籠致一雙者戲爲賦之。"明謝承舉《題相思鳥》詩："俱飛並逐綺園春，互語相思字字真。啼到苦心聲莫放，緑窻驚起病春人。"清姚之駰《元明事類鈔·飛鳥門》引《閩小紀》："過浦城得相思鳥，合雌雄一籠，閉一縱一，縱者必歸，宿則以首互没翼中，各屈其中距立，予嘗夜視之，驚失其一，久之覺距，故二而羽則加縱。"相思鳥分布極廣，畜養玩賞者不計其數。浙江天台等地又形象地稱之爲"雙雙"，以喻此鳥成雙成對，終生相伴。《浙江通志·物産·台州府》："相思鳥，《天台勝紀》：似雀而長，緑背黄胸，翼五色，嘴距皆朱。豢之者籠一放一，雖遠必歸，此羽族中匹配之最摯者。一名雙雙，黄岩最多。"《陝西通志·物産二·禽屬》："相思鳥。按今長安咸寧皆有之，小而灰色。置雌雄各一於籠中或放其一，雄鳴則雌歸，雌鳴則雄歸，俱放則皆飛去。"《廣西通志·物産·太平府》："相思鳥，各州縣出。紅喙緑衣，

顔色鮮好。雌雄不相離，籠其一放其一，飛翔左右，無遠去者。"

今通稱"紅嘴相思鳥"。我國分布四個亞種：昌都亞種（*L. l. calipyga*），僅見於西藏昌都地區通麥（留鳥）；雲南亞種（*L. l. yunnanensis*），見於雲南西部（留鳥）；指名亞種（*L. l. lutea*），遍布於甘肅南部、陝西秦嶺、四川東部及中部、湖北、貴州、雲南、湖南、江西、浙江、福建等地（留鳥）；廣東亞種（*L. l. kwangtungensis*），見於雲南東南部及兩廣諸地（留鳥）。

【相思】

"相思鳥"之省稱。此稱元明時期已行用。見該文。

【雙雙】

即相思鳥。此鳥成雙相伴，終生不弃，因名。此稱明清時期已行用。見該文。

【紅嘴相思鳥】

即相思鳥。今之通稱。此稱行用於近現代。見該文。

【十姊妹】

亦稱"游香"。即相思鳥。《格致鏡原》卷八一引《雲間郡志》："十姊妹，名游香，俗呼相思鳥。性狎，其侣飛鳴不散。"參見本卷《習見禽鳥説·鳴禽考》"相思鳥"文。

【游香】

即十姊妹。此稱清代已行用。見該文。

黄頭

習見鳴禽名。雀形目，鶲科，棕頭鴉雀（*Paradoxornis webbianus* G. R. Gray）。小型鳴禽，體長約 12 厘米。頭頂至上背棕紅色，背、腰及尾上覆羽棕褐色。尾羽暗褐色，具隱色斑

紋。飛羽暗褐色，各羽具栗紅色外緣。眼先、眼周、頰、耳羽及頸側均烏灰色。頦、喉及上胸粉紅或玫瑰棕色，腹部淡皮黃色。廣布於我國東北大部分地區。常棲息於草叢、灌叢中，偶然亦在田邊高草中活動。性喜集群，時常千百隻結群飛行，遮天蔽日，蔚爲壯觀。主要以昆蟲及植物種子爲食，爲農林益鳥。

此稱宋代已行用。亦稱"黃頭兒"。黃頭體小玲瓏，活潑可愛；喙小而銳，爪利善鬥；鳴聲如簫，婉轉如歌。既可賞形，亦可聽鳴，尚可觀鬥，是品鳴、賞形、觀鬥俱佳的禽鳥，因此豢養玩賞者不絕於史。宋王質《紹陶錄》卷下："黃頭兒，身全黃，足白或黑，腹白。夏多鬥，秋稍息，鏖戰至死不聲，以作聲爲負。"宋陳耆卿《赤城志・風土門・禽之屬》："黃頭，褐色，喜鬥。"方志往往收入其中。宋潛説友《咸淳臨安志・風土・禽之品》："雀、鵽、雞、鴨、烏、鵲、鴿、鵰、雉、鶉、鷗、鷺、鸛、鳩、鷸、鷹、鷃、鷗、燕、鶯⋯⋯黃頭、青頭、烏頭白鵐、蠟嘴、告天。"玩賞黃頭者多爲官宦豪紳，且有專人供養，這些人被稱爲"閑漢"。宋吳自牧《夢粱錄・閑人》："閑人本食客人。孟嘗君門下有三千人，皆客矣。姑以今時府第宅舍言之，食客者有訓導蒙童子弟者，謂之館客；又有講古論今，吟詩和曲，圍棋撫琴，投壺打馬，撇竹寫蘭，名曰食客。此之謂閑人也⋯⋯又有專爲棚頭鬥黃頭，養百蟲蟻促織兒，又謂之閑漢。"元馮福京等《昌國州圖志・叙物產・禽類》："頻伽（佛書著名，補陀有之）、鵲、鴿、鳩、山鵲、雀、鷹、鶴、鷗、鷺、鶯、燕、鸕鷀、姑惡、婆餅焦、野鴨、畫眉、鴝鵒、白頭翁、綉眼、黃頭、山鵲、百舌、雪姑、紅鶴、

蠟嘴。"明文震亨《長物志・禽魚》："〔百舌畫眉鴝鵒〕飼養馴熟，縣蠻軟語，百種雜出，俱極可聽。然亦非幽齋所宜，或於曲廊之下，雕籠畫檻，點綴景色則可，吳中最尚此鳥。余謂有禽癖者，當覓茂林高樹，聽其自然弄聲，尤覺可愛。更有小鳥名黃頭，好鬥，形既不雅，尤屬無謂。"明清時期民間傳有專著，供養黃頭者參考。清金文錦《黃頭志》即是其一。書序曰："黃頭之爲物也，古今未見品題。所可異者，畜之樊籠，遇敵善鬥。忽鼓翅以奮足，旋挺胸而交咮。勝者得功，敗者得咎。"畜養打鬥，躍然紙上，栩栩如生，生動有趣。

黃頭今通稱"棕頭鴉雀"。其亞種極多，我國分布多達十二種，其中紅翅緣亞種組有：東北亞種（ *P. w. mantschuricus* ），分布於東北中南部；河北亞種（ *P. w. fulvicauda* ），分布於河北北部、河南北部及北京等地；四川亞種（ *P. w. alphonsianus* ），見於四川各地；甘洛亞種（ *P. w. ganluoensis* ），僅見於四川甘洛縣；貴州亞種（ *P. w. stresemanni* ），見於貴州南部、西北部，亦見於雲南昆明等地；滇東亞種（ *P. w. yunnanensis* ），分布於雲南東南部；長江亞種（ *P. w. suffusus* ），見於長江流域各地；指名亞種（ *P. w. webbianus* ），僅見於上海、浙江東北部；臺灣亞種（ *P. w. bulomachus* ），僅見於臺灣，爲平地及山地留鳥。褐翅緣亞種組有：金沙江亞種（ *P. w. ricketti* ），見於四川西南部及雲南北部金沙江一帶；大理亞種（ *P. w. styani* ），見於雲南大理一帶；滇西亞種（ *P. w. brunneus* ）見於雲南西北部各地。

【黃頭兒】

"黃頭"俗稱。此稱宋代已行用。見該文。

【棕頭鴉雀】

即黃頭。今之通稱。此稱行用於近現代。見該文。

畫眉

習見鳴禽名。雀形目，鶲科，畫眉（*Garrulax canorus* Linnaeus）。中小型鳴禽，體長約24厘米。額棕色。頭頂至上背橄欖褐色，各羽具較寬的黑褐色羽幹紋；腰、尾上覆羽與背同色，但無羽幹紋。尾羽濃褐色，具黑色横斑，羽端暗褐。眼先、耳羽暗棕褐色，眼周白色，并向後延伸作眉狀。頦、喉、上胸及胸側棕黃色，下體除腹部中央烏灰色外，餘部爲棕黃色。我國主要分布於西北、華北、東北以外的大部分地區。尤以長江以南爲多。常栖息於山地灌叢、平原田野村落及城鎮附近樹林中。喜單獨或集小群活動。主要取食昆蟲與植物種實。

畫眉善鳴喜鬥，鳴聲嘹亮清脆，被譽爲"鳥中歌王"，爲極其名貴之籠鳥。昔傳其眉如畫成，故得此名。此稱宋代已行用，并沿稱至今。亦稱"畫眉鳥""畫眉兒"。人們喜愛畫眉，歌咏之聲不絕於耳。宋歐陽修《畫眉鳥》詩："百囀千聲隨意移，山花紅紫樹高低。始知鎖向金籠聽，不及林間自在啼。"宋高翥《春日北山二首》詩之一："人緣白石溯清溪，手剥蒼苔認舊題。春色

畫眉
（馬駘《馬駘畫寳》）

滿山歸不去，刺桐花裏畫眉啼。"宋范成大《山徑》詩："行到竹深啼鳥鬧，鵓鳩老怨畫眉嬌。"世人喜愛畫眉，畜養調馴，能歌能言，偶亦示警防盜，傳爲佳話。如宋洪邁《夷堅志戊·黃主簿畫眉鳥》："黟縣黃祝紹，先爲鄱陽主簿。慶元二年四月，有偷兒入其室，收拾衣衾分實兩囊。臨欲去，黃氏育畫眉禽一，頗馴黠，解人語，是夜一家熟睡，禽忽躑躅雕籠中鳴呼不輟，聞者以爲遭猫搏噬，遽起視之，盜望見驚懼急走，出遺其一囊。黃亦覺，遣僕追躡已失之矣。一禽之微懷哺養之恩，而知所報如此，蓋有愧焉。"畫眉鳥姿態亦美，時入畫卷，頗耐尋味，亦增情趣。明徐伯齡《蟫精雋》卷一四："題畫眉鳥云：'野性從來不受羈，隨聲百囀任高低。'"鳥之鳴叫與舌極有關係，清康熙皇帝便有詳細總結。《康熙幾暇格物編·鳥舌》："凡鳥舌皆附着下喙，有短如粒者，有及嘴之半者，有長與味齊者。其短者聲濁而促，稍長者聲亦轉長，與味齊者其聲圓轉流麗，鳴亦能久，如黃鸝、百舌、畫眉、阿鸝之屬是也。"人們喜愛畫眉，玩賞之餘，又爲之著書作譜，所涉内容極其豐富。如清陳均《畫眉筆談》："雄者最善鳴，雌者否。性尤嗜鬥，居山中必獨踞一地，不使他雄或過，過即力鬥。"清金文錦《畫眉譜》："惟兹畫眉者，身小如鶯，不名公子；眉横似黛，竊比佳人。非彩筆之輕描，何須京兆；喜新詩之特倡，已遇歐陽。既百囀而千音，作聲於山曉春明之候；亦雷奔而電合，對壘於花陰竹靄之場。"又曰："畫眉兒，嬌音叫出最稀奇……畫眉兒，山頭相奪互相欺。"我國畫眉之亞種有三：指名亞種（*G. c. canorus*），見於陝西、甘肅、河南、湖北、安徽、江蘇

以南及四川、雲南部分地區；臺灣亞種（ *G. c. taewanus* ），見於臺灣各地；海南亞種（ *G. c. owstoni* ），僅見於海南各地。

【畫眉鳥】

即畫眉。此稱宋代已行用。見該文。

【畫眉兒】

即畫眉。此稱明清時期已行用。見該文。

【京兆鳥】

即畫眉。此稱唐宋時期已行用。昔傳漢長安京兆尹張敞曾爲其妻畫眉，嫵媚可愛，此舉恰含“京兆尹畫眉”之意，故得“京兆鳥”之名。清厲荃《事物異名録・禽鳥・畫眉》：“《金陵瑣事》：畫眉鳥，一友人名之曰京兆鳥，乃取張敞故事。”參見本卷《習見禽鳥説・鳴禽考》“畫眉”文。

靛頦

習見鳴禽名。雀形目，鶇科，藍喉歌鴝（ *Luscinia svecica* Linnaeus ）。小型鳴禽，體長約 14 厘米。雄鳥上體自額部至最長的尾上覆羽均土褐色，居中的尾上覆羽栗紅色。中央一對尾羽黑褐色。眉紋白色，眼先黑褐色，頰與耳羽暗褐色。頦與喉輝藍色，喉部中央有一栗色斑塊，斑後藍色部分形成橫帶狀。腹部蒼白色。雌鳥上體似雄鳥，但褐色較淡，頦與喉棕白色。喉與胸兩側黑褐色。下體餘部與雄鳥略同，淡棕色較淺。我國分布幾遍全國。性怯，喜隱蔽，常栖息於蘆葦及低矮灌叢下，時見其在地面做短距離奔馳，稍停，舉尾略展，旋即向前疾走。飛行低且距離短。以昆蟲爲主要食物，偶亦取食植物種子。靛頦鳴聲婉轉悦耳，常被籠飼以爲觀賞鳥，老人尤喜玩賞。其頦部有輝藍色斑塊，因名“藍靛頦”“藍點頦”。省稱“靛頦”“點頦”。俗稱“藍蛋殼”。靛頦今通稱“藍喉歌鴝”。又，“靛頦”之名亦指歌鴝屬其他禽鳥，如紅點頦（ *L. calliope* ）。

【藍喉歌鴝】

即靛頦。今之通稱。此稱行用於近現代。見該文。

【藍靛頦】

即靛頦。其頦、喉輝藍，因名。此稱行用於近現代。見該文。

【藍點頦】

即靛頦。其頦、喉輝藍，因名。此稱行用於近現代。見該文。

【點頦】

即靛頦。此稱行用於近現代。見該文。

【藍蛋殼】

“靛頦”之俗稱。實爲“藍靛頦”之音訛。此稱行用於近現代。見該文。

練鵲

習見鳴禽名。雀形目，鶇科，壽帶鳥（ *Terpsiphone paradisi* Linnaeus ）。練鵲雌雄鳥體長差异頗大，尾部較長。一般雄鳥體長約 50 厘米，尾羽幾達體之五分之四；雌鳥體長約 17 厘米，尾羽不足體長之二分之一。練鵲有栗型與白型兩種。栗型鳥頭、冠、頸具藍黑色金屬光澤，上體及尾部栗紅色，并呈紫亮金屬光澤，翼羽黑褐色。白色型頭、冠與栗色型略同，上體白色，各羽具黑色羽幹紋。下體自胸部以下純白色。我國主要分布於東北、河北、陝西南部、甘肅、雲南、四川、貴州、廣西、廣東、福建、海南等地。常栖息於山區、平原林地喬木林及灌叢中，偶亦出没於竹林内。以昆蟲爲主要食物。

練鵲以其尾長如練，故名。此稱宋代已行用。亦作"練雀"。亦稱"帶鳥""拖白練""拖尾練"。《埤雅·釋鳥》："帶鳥，若練鵲是也；纓鳥，若綬鳥是也。"宋張淏《會稽續志·禽獸蟲魚》："拖白練，剡玉岑山最多，尤可玩愛。"清陳大章《詩傳名物集覽·鳥·維鵲有巢》："朱傳：鵲、鳩皆鳥名。……又練鵲，白毛如練，俗謂之拖白練。"練鵲分布極廣，各地方志多有記載。《畿輔通志·土産·禽屬》："拖白練……即練雀。"《陝西通志·物産二·禽屬》："練雀，禹錫曰似鴝鵒而小，黑褐色。時珍曰其尾長，白毛如練帶，今俗呼爲拖白練（《本草綱目》）。咸寧有之（《咸寧縣志》：按，《臨潼志》：鳥有名托白者，托即拖，音之訛也）。"《盛京通志·禽類》："練鵲，似鵲而小，黑褐色，頂上披一帶，一名帶鳥，長尾白羽，今呼拖尾練。"《浙江通志·物産·溫州府》："練鵲，《雁山志》：形似鵲而小，尾長而色白。"《福建通志·物産·邵武府》："羽之屬：喜鵲、烏、斑鳩、青鳩、鴝鵒、山鵲、燕、鶯、百舌、啄木、畫眉、白頭公……練鵲、鷹、鳶、鵒、鶡、鸛、鷺鷥、鸕鷀、鸂鶒、鴛鴦、鳧鷖。"一說"帶鳥"之名始自晉代。如《續通志·禽類》："練鵲，一名帶鳥，一名拖白練。似山鵲而小，頭上披一帶。尾長，色白。雌者短尾，雄者長尾。《禽經》曰：'冠鳥性勇，纓鳥

練鵲
（明文俶《金石昆蟲草木狀》）

性樂，帶鳥性仁。'張華云：'帶鳥，練鵲之類是也。'"練鵲極受先民喜愛，宮室亦常以其形態繪於衣飾，以爲官階標志。宋徐兢《宣和奉使高麗圖經·仗衛二》："左

練雀
（明王圻等《三才圖會》）

右衛牽攏軍，服紫窄衣，練鵲文錦絡，縫烏紗軟帶，布襦革履，以馭衆馬。惟使副上節官有之，餘皆以龍虎超軍代之。"明俞汝楫《禮部志稿》卷一八："六品七品冠二梁，御史加獬豸，革帶用銀佩，用藥玉綬，用黃綠赤三色絲織成練鵲花錦，下結青絲網綬環，二用銀笏用槐木。"又："六品霞帔用雲霞練鵲文，鈒花銀墜子；褙子用雲霞練鵲文。"

練鵲我國分布三個亞種：滇西亞種（*T. p. saturatior*），見於雲南西部騰衝地區；滇南亞種（*T. p. indochinensis*），見於雲南西部、南部西雙版納及東南部；普通亞種（*T. p. incei*），主要見於東北地區及陝西、甘肅、四川、雲南、廣西、廣東諸地。

【練雀】

同"練鵲"。此體明清時期已行用。見該文。

【帶鳥】

即練鵲。此稱宋代已行用。一說此稱始見於晉代。見該文。

【拖白練】

即練鵲。此稱宋代已行用。拖，亦作"托"。見該文。

【拖尾練】

即練鵲。此稱清代已行用。見該文。

【綬帶鳥】

即練鵲。此稱明清時期已行用。清弘曆《柏枝綬帶鳥》詩:"丞相祠堂種,孫枝亦鬱森。猶然依老榦,翩爾集佳禽。廿幅寫生動(穀祥畫本廿三幅舉成數也),一時寓抱襟。如將擬夏綺,綬帶那縈心。"又《呂紀岩壑翎毛》詩:"傍壑一雙白鶴翁,崇岩綬帶集林同。高卑位置殊失當,畫者知其定熱中。"自注:"畫署呂紀,審觀不似其筆意,且置雙鶴於下,而棲綬帶鳥於林端,蓋以贈達官者,故詩以嘲之。"參見本卷《習見禽鳥説·鳴禽考》"練鵲"文。

【長尾三娘】

即練鵲。此稱明清時期多行用於臺灣各地。清范咸等《重修臺灣府志·物產二·鳥獸》:"長尾三娘,鵰之屬,色青,光彩照人,一名練鵲。"附考引《臺海采風圖》:"長尾三娘,朱喙,翠翼,褐背,彩耀相間,尾長盈尺,臺人因而名之。生於諸羅深山中,土罕有見者。"參見本卷《習見禽鳥説·鳴禽考》"練鵲"文。

鳭鷯

習見鳴禽名。雀形目,鶯科,大葦鶯(*Acrocephalus arundinaceus* Linnaeus)。小型鳴禽,體長約 19 厘米。似雀,上體棕褐,眉紋淡黄;下體白沾黄,胸具灰褐縱紋。尾羽長。廣布於我國大部分省區。栖匿於葦叢間。

此稱秦漢時期已行用。亦作"刀鷯"。省稱"鷯"。好剖葦皮,食其中蟲。故亦稱"剖葦""蘆虎"。《爾雅·釋鳥》:"鳭鷯,剖葦。"晋郭璞注:"好剖葦皮,食其中蟲,因名云。江東呼蘆虎。似雀,青斑,長尾。"宋邢昺疏:"鳭鷯,一名剖葦。"《説文·鳥部》:"鷯,刀鷯,剖葦,食其中蟲。"《太平御覽》卷九二三引《爾雅》曰:"鳭鷯,剖葦。郭璞注曰:剖葦皮食其中蟲,因名之。鳭,音刁。"《山堂肆考》卷二三七:"《爾雅》:'鳭鷯,剖葦。'注云:'好剖葦皮食其中蟲,江東呼爲蘆虎。似雀,青斑,長尾。'"明李時珍《本草綱目·禽二·巧婦鳥》:"又一種鷦鷯,《爾雅》謂之剖葦,似雀而青灰斑色,長尾。好食葦蠹,亦鷦類也。"清嚴元照《爾雅匡名·釋鳥》:"鳭鷯,剖葦。……《石經》作'鳭'。"

按,《玉篇·鳥部》有"鷦鷯",認爲亦作"鳭鷯":"鷦,巧婦也。又,鷦鷯亦作鳭鷯。"而清人段玉裁認爲《玉篇》之説"尤誤":"鷦鷯爲小鳥,鳭鷯則不甚小。觀郭云'似雀,青斑,長尾',則大於鷦鷯可知也。"此説或是。

本種今通稱"大葦鶯",爲鶯亞科中體形最大的禽鳥。我國分布兩個亞種:新疆亞種(*A. a. zarudnyi*),見於新疆喀什、天山至中部尉犁(繁殖鳥);普通亞種(*A. a. orientalis*),見於東北以南、寧夏以東的廣大地區,直至福建、廣東等地。

【剖葦】

即鳭鷯。此稱秦漢時期已行用。見該文。

【蘆虎】

即鳭鷯。此稱晋代已行用。見該文。

【刀鷯】

通"鳭鷯"。此體漢代已行用。見該文。

【鷯】[2]

"鳭鷯"之省稱。此稱漢代已行用。見該文。

【大葦鶯】

即鳭鷯。今之通稱。見該文。

伯勞

習見鳴禽名。雀形目，伯勞科，紅尾伯勞（*Lanius cristatus* Linnaeus）。小型鳴禽，體長約 19 厘米。雄鳥上體栗褐色，外側尾羽較短，呈凸尾形。額淡灰，背、肩、兩翅褐色，腰尾大部棕褐色。貫眼黑紋伸至頸側，眉紋白色，頦、喉純白，下體餘部棕白。嘴短，强硬而銳利，尖端鈎曲如猛禽狀。翅形短圓。凸尾。跗蹠强勁，具盾狀鱗。雌鳥背、腹均有不規則鱗紋。我國主要分布於中東部地區。栖息於平原、丘陵地之森林、疏林地、灌叢及農田開闊地帶。性凶猛。常從其栖止的樹枝上急飛而下，攫取地面上的甲蟲、蝗蟲、夜蛾及天蛾幼蟲，也能捕食晰蜴、小型鼠類及小鳥，有時兼吃植物性食物。常將捕獲物穿刺於枝頭。幼鳥鳴聲輕快柔和，非常動聽，也是著名的籠鳥，常被架養。該鳥夏季居長江以北地區繁殖，冬季遷至我國南部越冬。

此稱先秦時期已行用。亦稱"鵙"。又稱"伯趙""鴂""博勞""百勞""百鷯""伯鷯"。《爾雅·釋鳥》："鵙，伯勞也。"舊題周師曠《禽經》："題鴂鳴而草衰。"晋張華注："《爾雅》謂之鵙。鵙，伯勞也。"《詩·豳風·七月》："七月鳴鵙，八月載績。"毛傳："鵙，伯勞也。"《禮

伯勞
（［日］岡元鳳《毛詩品物圖考》）

記·月令》："小暑至，螳螂生，鵙始鳴。"伯勞其羽皂色，"皂"訛作"趙"，故亦稱"伯趙"。《左傳·昭公十七年》："伯趙氏，司至者也。"杜預注："伯趙，伯勞也。以夏至鳴，冬至止。"《孟子·滕文公上》："今也，南蠻鴂舌之人，非先王之道。"漢趙岐注："鴂，博勞鳥也。"《大戴禮記·夏小正》："〔五月〕鳩則鳴。鳩者，百鷯也。"南朝陳徐陵《玉臺新咏》卷九載梁武帝歌辭一首："東飛伯勞西飛燕，黃姑織女時相見。誰家女兒對門居，開華發色照里閭。"唐段成式《酉陽雜俎·廣動植·羽篇》："百勞，博勞也。相傳伯奇所化。取其所踏枝鞭小兒，能令速語。"宋蘇軾《和子由寒食》詩："忽聞啼鵙驚羈旅，江上何人治廢田。"伯勞之名頗多，多因音轉或色像而成。明李時珍《本草綱目·禽三·伯勞》："〔釋名〕伯鷯（夏小正注）、博勞、伯趙、鵙、鳩。時珍曰：……伯勞象其聲也，伯趙其色皂也，'趙'乃'皂'訛。"明楊慎《丹鉛餘録》卷一："《月令》：'鵙始鳴鵙。'即博勞也。《左傳》謂之伯趙，《樂府》謂之百勞，今不識爲何鳥。按《禽經》注云：伯勞飛不能翱翔，

（明王圻等《三才圖會》）

鵙
（明王圻等《三才圖會》）

鴂
（馬駘《馬駘畫寶》）

直刺而已，形似鶪鶬，但鶪鶬喙黃，伯勞啄黑，以此別之。"清姚炳《詩識名解·鳥部》："伯勞名頗不一。《左傳》作'伯趙'，舊注：趙者疾也。《夏小正》作'伯鶪'，《通卦驗》又作'博勞'，或云趙勞之轉，'鶪勞'之訛，'博百'之近。"

百勞
（明文俶《金石昆蟲草木狀》）

按，伯勞亦該科禽鳥之統稱。伯勞科我國有近百種，常見的有虎紋伯勞（*L.tigrinus*）、牛頭伯勞（*L. bucephalus*）和楔尾伯勞（*L. sphenocercus*）等。本種爲紅尾伯勞的普通亞種（*L. c. lucionensis*）。除本種之外，我國尚分布其他八個亞種：疆西亞種（*L. c. isabellinus*），見於新疆西部至中部吐魯番及甘肅、寧夏各地；北疆亞種（*L. c. phoenicuroides*），見於新疆西部天山特克斯山谷及北部準噶爾盆地；疆東亞種（*L. c. pallidifrons*），見於新疆東北部青河一帶；內蒙亞種（*L. c. speculigerus*），分布於東北西部、內蒙古中部、寧夏賀蘭山及新疆北部阿勒泰一帶；青海亞種（*L. c. tsaidamensis*），分布於青海柴達木至新疆塔里木盆地與羅布泊一帶；指名亞種（*L. c. cristatus*），分布於東北、內蒙古、陝西、甘肅、青海、山西、河北、山東、江蘇、福建、湖北、四川、廣西、廣東、雲南諸地；東北亞種（*L. c. confusus*），分布於東北至東南各地；日本亞種（*L. c. superciliosus*），分布於我國東北、河北、山東、河南、江蘇、福建、四川、廣西、廣東及海南等地。

【鵙】

即伯勞。此稱先秦時期已行用。見該文。

【伯趙】

即伯勞。此稱先秦時期已行用。見該文。

【鴃】

即伯勞。此稱先秦時期已行用。見該文。

【博勞】

即伯勞。此稱漢代已行用。見該文。

【百鷯】

即伯勞。此稱漢代已行用。見該文。

【百勞】

即伯勞。"伯勞"一聲之轉。此稱唐代已行用。見該文。

【伯鶪】

即伯勞。"伯勞"一聲之轉。宋傅崧卿《夏小正戴氏傳》"鶪者，百鷯也"，"百鷯"作"伯鶪"，故此稱至遲宋代已行用。見該文。

【紅尾伯勞】

即伯勞。今之通稱。見該文。

【搏勞】

即伯勞。亦"博勞"形訛名。此稱至遲明清時期已行用。明楊慎《古音駢字·平豪》："博勞（《爾雅》）、搏勞（《易通卦驗》）、伯勞（《琴操》）、伯趙（《左傳》，四同）。"明馮復京《六家詩名物疏·國風·豳一》："時訓解云：芒種之日螳螂生，又五日鵙始鳴，鵙不始鳴號令壅偪。《易通卦驗》云：搏勞性好單棲。"[日]山井鼎、物觀《七經孟子考文補遺》卷一二八："古本注：'鵙，搏勞也。'搏，作'博'。謹按，惟崇禎本作'搏'。"參見本卷《習見禽鳥說·鳴禽考》"伯勞"文。

山烏

習見鳴禽名。雀形目，鴉科，紅嘴山鴉（*Pyrrhocorax pyrrhocorax* Linnaeus）。大型鳴禽，體長可達 47 厘米。體似烏鴉，但嘴較纖細，先端微向下彎；通體輝黑色，翼與尾具綠色金屬光澤。嘴鮮紅。脚淡紅，爪黑色。我國主要分布於長江以北大部地區。常栖息於海拔 600～5000 米的多岩石裸露山地。營巢於石窟或土穴中。主要取食大型昆蟲，亦取食花生、高粱等農作物。喜集群活動，成群高飛。

鳴聲清脆嘹亮。其體似烏鴉，通體輝黑，又生山地，故名“山烏”。此稱秦漢時期已行用，沿稱於後世。亦稱“䳥”“雛烏”“赤觜烏”“阿雛烏”。《爾雅·釋鳥》：“䳥，山烏。”郭璞注：“似烏而小，赤觜，穴乳，出西方。”郝懿行義疏：“《水經·灢水注》云：‘其山出雛烏，形類雅烏，純黑而姣好，音與之同，續采紺發，觜若丹砂，性馴良而易附，卝童幼子捕而執之，曰赤觜烏，亦曰阿雛烏。’”《初學記》卷三〇：“䳥，山烏。䳥，似烏而小。赤觜，穴乳，出西方。”《藝文類聚》卷九二：“《爾雅》曰：‘鳶，烏醜，其飛也翔。’又曰：‘䳥，山烏。’又曰：‘燕，白脰烏。’”《通志·禽類》：“䳥，《爾雅》曰山烏。郭云：似烏而小，赤觜，穴乳，出西方。”按，“鳥”當作“烏”。清高士奇《扈從西巡日録》：“其禽有山烏、寒號蟲。山烏，似烏而小，赤觜，穴乳，《爾雅》所謂䳥也。”清王士禎《池北偶談·神女廟神鴉》：“《通雅》云：嘉陵漾江之口下至巴東皆有神烏。所謂嘉陵之鳶指此，或謂山烏穴乳，即《爾雅》之䳥。”

山烏嘴色紅，又似烏鴉，故今通稱“紅嘴山鴉”。我國分布其兩個亞種：青藏亞種（*P. p. himalayanus*），見於我國西部地區；北方亞種（*P. p. brachypus*），見於新疆、甘肅、内蒙古、寧夏、陝西、山西、山東等地。按，穴乳，謂在洞中産卵。山烏栖息於洞中，并營巢産卵於洞内，先民早在二千多年前觀察到此現象，實屬難能可貴。

【䳥】

即山烏。此稱秦漢時期已行用。見該文。

【雛烏】

即山烏。此稱南北朝時期已行用。見該文。

【赤觜烏】

即山烏。此稱南北朝時期已行用。見該文。

【阿雛烏】

即山烏。此稱南北朝時期已行用。見該文。

【紅嘴山鴉】

即山烏。今之通稱。見該文。

木客鳥

習見鳴禽名。雀形目，鴉科，松鴉（*Garrulus glandarius* Linnaeus）。中型鳴禽。體長約 33 厘米。嘴黑色，跗跖和爪肉色。體羽近紅紫褐色，腰部及肛周白色。翅及尾黑色，翅外緣具輝亮的藍、黑相間的塊狀斑。廣布於我國大部分省區。栖於多灌叢的森林中，營巢於松樹等喬木上。主食昆蟲，冬季亦取食林木種子。

此稱漢代已行用，沿稱於後世。省稱“木客”。《太平御覽》卷九二七引漢

松鴉
（馬駘《馬駘畫寶》）

楊孚《異物志》：“木客鳥，大如鵲。數千百頭爲群，飛集有度，不與衆鳥相厠，人俗云‘木客’。”南朝梁任昉《述異記》卷下：“廬陵有木客鳥，大如鵲。千百爲群，不與衆鳥相厠，俗云是古之木客化作。”明李時珍《本草綱目・禽四・治鳥》：“〔附録〕時珍曰：按《異物志》云：木客鳥，大如鵲。千百爲群，飛集有度。俗呼黄白色，有翼有綬，飛獨高者爲君長，居前正赤者爲五伯，正黑者爲鈴下，紺色雜赤者爲功曹。”《續通志・禽類》：“木客鳥，大如雀，數千百頭爲群，飛集有度，不與衆鳥相厠。見廣陵《異物志》。”今通稱“松鴉”，別稱“山和尚”。

【木客】

“木客鳥”之省稱。此稱漢代已行用。見該文。

【松鴉】

即木客鳥。今之通稱。見該文。

【山和尚】[2]

“木客鳥”之俗稱。此稱行用於近現代。見該文。

烏鴉

習見鳴禽名。雀形目，鴉科，大嘴烏鴉（*Corvus macrorhynchos* Wagler）。大型鳴禽，體長達 54 厘米。通體黑色，具紫綠色金屬光澤。嘴粗大，嘴峰彎曲，嘴基有長羽，伸至鼻孔處。尾長，呈楔狀。後頸羽毛柔軟鬆散如髮狀，羽幹不明顯。廣布於全國各地。主要栖息於低山、平原和林中，常在農田附近活動，在高大喬木上營巢。喜結群活動。以昆蟲爲食，亦食雛鳥、鳥卵、鼠類、腐肉以及植物葉、芽、果實、種子。

先秦時期始稱“鸒斯”。秦漢時期稱“鸒”“卑居”“鵯鶋”“楚烏”。“鸒”指烏鴉，“斯”本語氣詞，後二者合爲一詞，特指烏鴉。《詩・小雅・小弁》：“弁彼鸒斯，歸飛提提。”毛傳：“鸒，卑居。卑居，雅烏也。”《爾雅・釋鳥》：“鸒斯，鵯鶋。”漢張衡《東京賦》：“鵯鶋秋棲，鶻鶘春鳴。”漢晋時期亦稱“雅”“雅烏”。《説文・佳部》：“雅，楚烏也。一名鸒，一名卑居，秦謂之雅。”段玉裁注：“按《小爾雅》：‘純黑返哺，謂之慈烏；小而腹下白，不返哺者，謂之雅烏。’”北魏酈道元《水經注・灅水》：“孫炎曰：卑居，楚烏。犍爲舍人以爲壁居。”“鸒”亦作“䳒”，南北朝時期亦稱“䳒斯鳥”。《玉篇・佳部》：“䳒，䳒斯鳥。或作‘鸒’。”唐宋時期始稱“烏鴉”。亦作“烏雅”“烏鵶”。亦稱“鴉烏”“老雅”“大嘴烏”。人們已取烏鴉以爲藥用。唐王燾《外臺秘要方》卷二九：“〔肘後療卒從高墮下瘀血脹心面青短氣欲死方〕又方：烏鴉翅羽二七枚，燒末，酒和服之，即當吐血也。如得左羽尤佳。”《説郛》卷一二〇引宋陶穀《清異録・禽》：“禮部郎康凝畏妻甚有聲，妻嘗病，求烏雅爲藥，而積雪未消，難以網捕，妻大怒。”宋鄭俠《次韻張老見贈》：“烏鴉螻蟻有君臣，此義如何易世塵。”宋范成大《欲雪》詩：“烏鴉撩亂舞黄雲，樓上飛花已唾人。”明王世貞《過長平作長平行》詩：“烏鴉飽宿鬼

烏鴉
（馬駘《馬駘畫寶》）

車痛，至今此地多愁雲。”明李時珍《本草綱目·禽三·烏鴉》：“［釋名］鴉烏、老雅、鸒、鵯鶋、楚烏、大嘴烏。”今通稱“大嘴烏鴉”。

按，鴉科鳥類，體形都較大，嘴、脚均較粗壯，嘴呈圓錐形，嘴緣光滑，無缺刻，或缺刻不明顯。嘴長幾與頭等長。鼻孔圓形，通常爲羽所掩蓋。翼圓，初級飛羽十枚，尾羽十二枚，長短不一，或爲平尾、圓尾和凸尾。脚粗壯而强健，前緣被盾狀鱗，四趾，前三後一，中趾和側趾在基部并合。雌雄羽色相似。主要栖息於山地、森林和平原等各類生境中，喜集群。營巢於樹上、樹洞或岩石洞穴中。雜食性，以昆蟲、小型動物爲食，也吃植物性食物。

鴉科常見的種類還有：松鴉（*Garrulus glandarius*）、灰喜鵲（*Cyanopica cyana*）、喜鵲（*Pica pica*）、禿鼻烏鴉（*Corvus frugilegus*）等。大嘴烏鴉我國分布四個亞種：西藏亞種（*C. m. intermedius*），見於西藏南部亞東以至西部各地；青藏亞種（*C. m. tibetosinensis*），見於青海、西藏、雲南諸地；東北亞種（*C. m.mandschuricus*），見於東北小興安嶺、長白山、草河口及河北北部等地；普通亞種（*C. m. colonorum*），見於河北、山東、河南、甘肅、雲南及海南、臺灣諸地。

【鸒斯】

即烏鴉。此稱先秦時期已行用。見該文。

【鸒】

即烏鴉。此稱秦漢時期已行用。見該文。

【卑居】

即烏鴉。此稱秦漢時期已行用。見該文。

【鵯鶋】

即烏鴉。此稱秦漢時期已行用。見該文。

【楚烏】

即烏鴉。此稱漢代已行用。見該文。

【雅】

即烏鴉。此稱漢代已行用。見該文。

【雅烏】

即烏鴉。此稱漢代已行用。見該文。

【䲧】

即烏鴉。此稱南北朝時期已行用。見該文。

【䲧斯鳥】

即烏鴉。此稱南北朝時期已行用。見該文。

【烏鵶】

同“烏鴉”。此體唐代已行用。見該文。

【烏雅】

同“烏鴉”。此體宋代已行用。見該文。

【鴉烏】

即烏鴉。此稱明代已行用。見該文。

【老雅】

“烏鴉”之俗稱。此稱明代已行用。見該文。

【大嘴烏】

即烏鴉。此稱明代已行用。見該文。

【大嘴烏鴉】

即烏鴉。今之通稱。見該文。

【老鴉】

即烏鴉。亦作“老鵶”。亦稱“鬼雀”“割鴟”“鵯烏”。此稱唐代已行用。唐李賀《美人梳頭歌》：“纖手却盤老鴉色，翠滑寶釵簪不得。”宋梅堯臣《直宿廣文舍下》詩：“亦嘗苦老鴉，鳴噪每切切。”《通雅·動物》：“鵯鶋，鸒也。今曰老鴉。《爾雅》曰：‘鸒斯，鵯鶋。’《字林》曰楚烏也。郭璞曰：‘鴉烏也，小而多群，腹下白，江東呼鵯烏。’”明王圻等《三才圖會·鳥獸》：“鴉，亦烏屬。《格物論》云："大喙及白頸而不能反哺者，南人謂之鬼雀，又謂之割鵐，又謂之老鴉。'"參見本卷《習見禽鳥説·鳴禽考》"烏鴉"文。

【老鵐】

同"老鴉"。此體宋代已行用。見該文。

【鬼雀】[1]

即老鴉。此稱宋明時期已行用。見該文。

【割鵐】[1]

即老鴉。名見《格物論》。此稱明代已行用。見該文。

【鵯烏】

即老鴉。此稱晋代已行用。見該文。

【黑鳳凰】

"烏鴉"之謔稱。此稱宋代已行用。宋陶穀《清異録·禽》："禮部郎康凝畏妻甚有聲，妻嘗病，求烏鴉爲藥，而積雪未消……凝畏懼，涉泥出郊用粒食引致之，僅獲一枚。同省劉尚賢戲之曰：'聖人以鳳凰來儀爲瑞，君獲此免禍，可謂黑鳳凰矣。'"後人遂以"黑鳳凰"名烏鴉。按，"烏鴉"一作"烏雅"，參閱明陶宗儀《説郛》卷一二〇、明顧起元《説略》卷二四、《格致鏡原》卷七九"黑鳳凰"文。參見本卷《習見禽鳥説·鳴禽考》"烏鴉"文。

【雛】[2]

即烏鴉。亦作"鵶"。本作"鴉（雌）（鶵）"解，亦指烏鴉。此稱宋代已行用。《集韻·去寘》："雛，鵶。鳥名。《説文》：雌也。一曰雅烏，或从鳥。"參見本卷《習見禽鳥説·鳴禽考》"烏鴉"文。

【鵶】

同"雛[2]"。此體宋代已行用。見該文。

【老鴰】

"烏鴉"之俗稱。此稱清代已行用。《紅樓夢》第五七回："衆人笑道：'這又獃了！天下老鴰一般黑，豈有兩樣的。'"秦兆陽《幸福》："全身乾瘦，背有點彎，頭髮像老鴰窩，手像鷹爪子。"參見本卷《習見禽鳥説·鳴禽考》"烏鴉"文。

朝夕烏

習見鳴禽名。雀形目，鴉科，秃鼻烏鴉（*Corvus frugilegus* Linnaeus）。大型鳴禽，體長約43厘米。全身黑色，有紫色金屬光澤，翼和尾羽略帶銅緑色。成鳥嘴基部裸出，呈灰白色。故名秃鼻烏鴉。我國各地多有分布。常栖息於村落及寺廟附近高樹或林區内高大喬木上。集體築巢，巢用枯枝構成，内墊棉絮、草根等物。常爲争奪築巢的樹枝而發生争鬥。成小群活動，春耕時跟在牛馬之後啄食翻出土壤的蠕蟲、昆蟲。亦在居民區覓食，食性雜。昆蟲、雜草種子、人類丢弃的食物殘渣及動物尸體都可以成爲其食物，也盗食部分農作物的種子。不甚受人歡迎。但它是大自然的"清道夫"，也消滅部分害蟲，在維持自然界的生態平衡方面有着重要作用。

此稱漢代已行用。一説"烏"乃"鳥"之訛字。故亦稱"朝夕烏"。《漢書·朱博傳》："又其府中列柏樹，常有野烏數千棲宿其上。晨去暮來，號曰'朝夕烏'。"北齊顔之推《顔氏家訓·文章》："《漢書》御史府中列柏樹，常有野鳥數千棲宿其上，晨去暮來，號'朝夕烏'。而文士往往誤作'烏'。"唐駱賓王《憲臺出縶寒夜有懷》詩："獨坐懷明發，長謡苦未安。自應迷北叟，誰肯問南冠。生死交情異，殷憂歲序

闌。空餘朝夕烏，相伴夜啼寒。"宋宋敏求《長
安志·宮室三》:"《漢書》曰:哀帝時，御史府
舍百餘區倒塌，井水皆竭。府内柏樹百餘株，
有野烏數千栖宿其上，晨去暮來，號曰朝夕烏。
烏去數月不來，父老異之。"宋宋祁《北歸》
詩:"一水清波駛，還將檜檝歸。纓緌成素濫，
猿鶴恐長違。斗外城隅出，雲端闕影微。定知
朝夕烏，却望漢臺飛。"

　　按，朝夕烏我國分布兩個亞種:指名亞種
(*C. f. frugilegus*)，見於新疆西北部塔城、西部喀
什及天山 (旅鳥、冬候鳥，偶有繁殖鳥);普通
亞種 (*C. f. pastinator*)，見於長江以北四川、
陝西、寧夏、内蒙古以東直至東部沿海的廣大
地區 (留鳥、旅鳥或冬候鳥)。今通稱"禿鼻烏
鴉"。

【禿鼻烏鴉】

　　即朝夕烏。今之通稱。以其嘴基裸出呈灰
白色而得名。此稱行用於近現代。見該文。

【朝夕烏】

　　"朝夕烏"之本稱。傳訛"烏"爲"烏"，
始有"朝夕烏"之稱。見該文。

慈烏

　　習見鳴禽名。雀形目，鴉科，寒鴉
(*Corvus monedula* Linnaeus)。中型鳴禽，體長
約 33 厘米，似烏鴉而小。領項與胸腹蒼白，餘
部黑具藍綠亮輝。分布於全國各地。群栖於山
區、平原。營巢於岩洞、樹洞。雜食性。喜結
小群，常十餘隻成群活動。夜間宿於高樹枝端，
清晨群出覓食，邊飛邊鳴，聲音嘈雜。春秋主
食植物種子及農作物;夏季以各種昆蟲、甲蟲、
蜥蝪等小動物爲食;也捕食幼鳥，啄食人類遺
弃在公路、港口等處的穀粒、動物尸體及各種

鴉
(明王圻等《三才圖會》)

腐物。雖對農林作物有部分危害，但作爲大自
然的"清道夫"有着不可替代的重要作用。

　　相傳此鳥初生，母哺六十日，長則反哺
六十日，故稱"慈烏"。此稱先秦時期已行用。
舊題周師曠《禽經》:"慈烏反哺。"晉張華注:
"慈烏，曰孝鳥。長則反哺其母，大觜烏否。"
唐白居易《慈烏夜啼》詩:"慈烏失其母，啞啞
吐哀音……聲中如告訴，未盡反哺心。"亦稱
"慈鴉"。唐杜甫《題桃樹》詩:"簾户每宜通
乳燕，兒童莫信打慈鴉。"宋孫奕《示兒編·雜
記·人物通稱》:"烏反哺亦名慈烏，雞反哺亦
名孝雉。(出《倦游雜録》)"《册府元龜·帝王
部·旌表第三》:"十四年，宋州奏單父人劉九
江三代同居，有慈
烏巢於庭户，鄉里
榮之，名其鄉曰邕
睦鄉，里曰同居
里，請旌表其門，
許之。"明代亦稱
"鴉""慈鴉""寒
鴉"。明王圻等
《三才圖會·鳥獸》:
"慈烏，烏，孝烏
也。一名鴉，其

慈鴉
(明文俶《金石昆蟲草木狀》)

寒鴉
（清余省等《鳥譜》）

鳴自呼。"明李時珍《本草綱目·禽三·慈烏》：
"〔釋名〕慈鴉（嘉祐），孝烏（《說文》），寒
鴉。時珍曰：……北人謂之寒鴉，冬月尤甚也。
〔集解〕〔掌〕禹錫曰：'慈鴉北土極多，似烏
鴉而小，多群飛，作鴉鴉聲。'"明方以智《通
雅·動物》："寒鴉，慈烏也……反哺曰慈烏。"

慈烏我國有二個亞種：指名亞種（*C. m.
monedula*），見於新疆西部地區及西藏西部；普
通亞種（*C. m. dauuricus*），分布於東北、華北、
華中、華東、西南各地。

【慈鴉】

即慈鴉。此稱唐代已行用。見該文。

【鴉】

即慈烏。此稱明清時期已行用。見該文。

【慈鴉】

即慈烏。此稱明代已行用。見該文。

【寒鴉】

即慈烏。此稱明代已行用。亦今之通稱。
見該文。

【仁鳥】

即慈烏。此稱晋代已行用。"仁鳥"本指鳳
凰，是一種祥瑞之鳥。如《藝文類聚》卷九九
引南朝梁孫柔之《瑞應圖》曰："鳳皇者，仁鳥

也。雄曰鳳，雌曰皇。王者不刳胎剖卵則至。"
因晋文公焚林以求介子推，有白鴉（一說烏）
繞烟而噪，或集介子推之側，使火不能驅介子
推外出，後人遂以"仁鳥"稱此慈烏（白臆
者），故有此名。語本晋王嘉《拾遺記》，後世
廣有傳錄。

如《太平廣記》卷四六三引晋王嘉《拾遺
記》："晋文公焚林以求介推，有白鴉繞烟而噪，
或集介子之側，火不能焚。晋人嘉之，起一高
臺名曰思烟臺。種仁壽之木，木似柏而枝長軟，
其花堪食，故《吕氏春秋》云：'木之美者有壽
木之華'即此是，或云此鴉有識於焚介之山，
數百里不復識羅網，呼之曰仁鳥，俗亦謂仁鳥
白臆爲慈烏，則此類也。"宋葉廷珪《海錄碎
事·鳥獸草木部·飛鳥門》："晋文公焚林求介子
推，有白鴉遶烟而噪，呼曰仁鳥，俗謂烏白臆
者爲慈烏，亦其類也。"此處之"白臆者"即白
胸者，故以仁鳥謂慈烏可信。參見本卷《習見
禽鳥説·鳴禽考》"慈烏"文。

【孝烏】

即慈烏。古人以爲烏鴉長大後，能銜食哺
養其母，故稱。此稱漢代已行用。省稱"烏"。
亦稱"孝鳥"。《說文·烏部》："烏，孝鳥也。"
《晋書·文苑傳·成公綏》："成公綏字子安，東
郡白馬人也……時有孝烏每集其廬舍，綏謂有
反哺之德，以爲祥禽，乃作賦美之。"宋吳淑
《事類賦·鳥獸》："伊莫黑之孝烏，實至陽之純
精。"明唐順之《朝謁長陵》詩："寢園馴象守，
松柏孝烏翔。"《續通志·禽類》："慈烏，一名慈
鴉，一名孝烏，一名寒鴉。烏字篆文象形，鴉
亦作鵶。《禽經》云：鵶鳴啞啞，故謂之鵶。色
純黑，小喙。初生母哺六十日，長則反哺六十

日。”清毛奇齡《續詩傳鳥名·邶風·北風》：“烏本鵲屬，但鵲非一色，而烏專以黑爲名，烏即黑也。……況純黑能反哺則孝烏也。孝烏何惡乎！”參見本卷《習見禽鳥說·鳴禽考》“慈烏”文。

【烏】

“孝烏”之省稱。此稱漢代已行用。見該文。

【孝烏】

即孝烏。此稱漢代已行用。見該文。

【哺公】

即慈烏。昔傳此鳥可反哺其母，故稱。宋羅願《爾雅翼·釋鳥》：“烏，孝鳥也。始生，母哺之六十日，至子稍長，則母處而子反哺，其日如母哺之數。故烏一名哺公。”《說郛》卷五上引《春秋運斗樞》：“飛翔，羽翮爲陽，陽氣仁。故烏，哺公也。”明陳耀文《天中記·烏》：“返哺，飛翔，羽翮爲陽，陽氣仁。故烏，哺公也（《運斗樞》）。”參見本卷《習見禽鳥說·鳴禽考》“慈烏”文。

【活羅】

即慈烏。古女真語音譯。《金史·世紀·景祖》：“活羅，漢語慈烏也。北方有之，狀如大雞，善啄物。見馬牛橐駝脊間有瘡，啄其脊間食之，馬牛輒死。若飢不得食，雖砂石亦食之。”《熱河志·物產四·禽之屬》：“烏，元周伯琦《上京途中紀事》詩曰：‘鳴鴉大似鷹。’《金史》曰：‘活羅，漢語慈烏也。北方有之，狀如大雞，善啄物。見牛馬駱駝背間有瘡啄食之，若飢不得食，雖沙石亦食之。’”參見本卷《習見禽鳥說·鳴禽考》“慈烏”文。

燕烏

習見鳴禽名。雀形目，鴉科，白頸鴉（Corvus torquatus Lesson）。大型鳴禽，體長約48厘米，似慈烏而稍大，後頸、頸側、上背與上胸均白，成一白色項圈，餘部黑色。上體及翼羽具紫色金屬光澤，下體少光澤且微染褐色。遍布於我國東南部近海各省區。爲當地之留鳥，四季可見。多栖息於開闊的灘塗、農田、河灘和村旁。單獨或結群生活，性極機警。食性雜，常取食昆蟲、動物尸體、人類丟弃的食物殘渣，也取食農作物種子。繁殖期間以昆蟲爲主食。四月份繁殖。用樹枝築巢在高大常綠樹或竹林上，內墊柔軟的乾草和羽毛。燕烏取食害蟲，對保護農林業生產有一定的作用。

此稱秦漢時期已行用。亦稱“白脰烏”“白頸燕”“白頸烏”“白頸”“鬼雀”“白頸鴉”“鸅鷉”“割鷉”。舊題周師曠《禽經》：“白脰烏不祥。”晋張華注：“烏之白脰者，西南人謂之鬼雀，鳴則凶咎。”《爾雅·釋鳥》：“燕，白脰烏。”郭璞注：“脰，頸。”邢昺疏：“《小爾雅》云：白項而群飛者謂之燕烏，燕烏，白脰烏是也。”宋鄭樵注：“即今白頸燕也。”《漢書·五行志》：“景帝三年十一月，有白頸烏與黑烏群鬥楚國吕縣，白頸不勝，墮泗水中死者數千。”先民區分各種燕烏屬烏類頗具心得。《孔叢子》卷上：“純黑而反哺者謂之烏；小而腹下白不反哺者謂之鴉烏；白項而群飛者謂之燕烏，白脰烏也；鴉烏，鸞也。”宋嚴粲《詩緝》卷二一：“烏有三種，《廣雅》云：純黑而反哺者，謂之烏；小而腹下白不反哺者，謂之鴉烏；白項而群飛者，謂之燕烏。《爾雅》所謂‘白脰烏’也。脰，音豆，項也。”宋洪邁《夷堅甲志·包氏僕》：“鄱陽包氏居蟆洲門內，買一馬付其僕程三養視，日浴之於放馬渚，常爲白頸鴉登背抛糞，深患之，逐去復來。”《埤雅·釋鳥》：“燕烏，《釋鳥》曰：‘燕，白脰烏。’《廣雅》云：‘純黑而反哺者謂之烏；小而腹下白不反哺者謂之雅烏；白項而群飛者謂之燕烏。’燕烏，白脰烏也；雅烏，鸒也。”明李時珍《本草綱目·禽三·慈烏》：“似雅烏而大，白項者，燕烏也……燕烏一名白脰，一名鬼雀，一名鸀鸀。”明彭大翼《山堂肆考》卷二一四：“〔烏鴉〕種類亦繁……大喙及白頸，而不能反哺者，南人謂之鬼雀，又謂之割鸀，鳴則有凶咎。”明王圻等《三才圖會·鳥獸》：“〔慈烏〕白項而群飛者謂之燕烏，白脰烏也。”

【白脰烏】

即燕烏。此稱先秦時期已行用。見該文。

【白頸燕】

即燕烏。此稱至遲宋代已行用。見該文。

【白頸烏】

即燕烏。此稱漢代已行用。見該文。

【白頸】

即燕烏。此稱漢代已行用。見該文。

【鬼雀】[2]

即燕烏。此稱魏晉時期已行用，流行於西南地區。見該文。

【白頸鴉】

即燕烏。此稱宋代已行用。見該文。

【鸀鸀】[2]

即燕烏。此稱明代已行用，流行於西南地區。百舌亦有此稱。實同名异物。見該文。

【割鸀】[2]

即燕烏。此稱明代已行用，流行於西南地區。百舌亦有此稱。實同名异物。見該文。

鵲

習見鳴禽名。雀形目，鴉科，喜鵲（*Pica*

pica Linnaeus）。大型鳴禽，體長45厘米左右。肩羽、兩脅及腹部純白色，其餘體羽均爲黑色。初級飛羽外翈及羽端黑色而顯藍綠色亮輝。尾羽黑有深綠色反光，末段有紅紫色及深藍綠色寬帶。眼睛褐色，嘴、脚黑色。遍布於我國東部各省。栖於原野、山區及居民區附近，爲東部地區留鳥。不甚怕人，性凶猛，喜結群。巢築於高樹上，用乾枝搭成，有蓋頂和入口的巢架，内墊乾草、纖維、羽毛等。雜食。早春繁殖。繁殖期主要取食農林害蟲。秋冬也盜食部分農作物種子。

鵲
（明刊《食物本草》）

因其鳴聲“喳喳”，故稱。此稱先秦時期已行用。《詩·鄘風·鶉之奔奔》：“鶉之奔奔，鵲之彊彊。”又《召南·鵲巢》：“維鵲有巢，維鳩居之。”馬瑞辰通釋：“鵲即乾鵲，今之喜鵲也……鵲性喜晴，故名乾鵲。”亦作“誰”。“誰”與“鵲”通，此體先秦時期已行用。如《墨子·魯問》：“公輸子削竹木以爲誰，成而飛之，三日不下。”唐宋時期稱“喜鵲”，并沿稱至今。唐韓愈《晚秋郾城夜會聯句》：“室婦嘆鳴鵲，家人祝喜鵲。”宋彭乘《墨客揮犀》卷二：“北人喜鴉聲而惡鵲聲，南人喜鵲聲而惡鴉聲。鴉聲吉凶不常，鵲聲吉多而凶少，故俗呼喜鵲，古所謂乾鵲是也。”宋羅泌《路史·禪通紀》：

“狼犽齒雀，雈矢中彙。”《集韻·入藥》：“雈，鵲，鳥名。《説文》：雈也。”《續通志·禽類》：“鵲，一名飛駮鳥，一名喜鵲，一名乾鵲。李時珍曰：鵲古文作舄，象形。鵲鳴唶唶，故謂之鵲；鵲色駮雜，故謂之駮靈。能報喜，故謂之喜。性最惡濕，故謂之乾。大如鴉而長尾、尖喙、黑爪、緑背、白腹，尾翮黑白駮雜，上下飛鳴。”《福建通志·物産·羽之屬》：“喜鵲，《禽經》云：鵲，俯鳴則陰，仰鳴則晴，人聞其聲則喜，故云喜鵲。《埤雅》云：鵲知人喜，皆傳枝受卵，故一曰乾鵲。《西京雜記》云：乾鵲噪，而行人至。”

喜鵲
（馬駘《馬駘畫寶》）

一説鸑即鵲，如《通志·禽類》：“鸑，《爾雅》曰山鵲，今喜鵲也。郭氏謂似鵲而有文形，長尾，觜脚赤。鸑音握。”恐誤。參見本卷《習見禽鳥説·鳴禽考》“鸑”文。

又，喜鵲亞種頗多，我國分布四個亞種：新疆亞種（*P. p. bactriana*），見於新疆中部以西以北各地及西藏西部；東北亞種（*P. p. leucoptera*），見於東北西部；青藏亞種（*P. p. bottanensis*），主要分布於西藏東部及甘肅西北部、青海東部、青海東南部、四川康定一帶；普通亞種（*P. p. serica*），見於我國東北、中部以東至東南沿海一帶大部分地區。

【雈】

同“鵲”。此體先秦時期已行用。見該文。

【喜鵲】

即鵲。俗言其能報喜（喜鵲登枝），故稱。此稱唐代已行用。見該文。

【乾鵲】

即鵲。亦稱“鳱鵲”“鳱鵠”“鳱鵠”“乾鵠”。因其喜晴惡濕，故有是稱。此稱晋代已行用。舊題周師曠《禽經》：“鵲以音感而孕。”晋張華注：“鵲，乾鵲也。”《淮南子·汜論訓》：“乾鵠知來而不知往。”高誘注：“乾鵠，鵲也。人將有來事憂喜之徵則鳴，知歲多風多，巢於木枝，人皆探其卵也。”《廣雅·釋鳥》：“鳱鵠，鵲也。”清王念孫疏證：“《淮南子》曰：‘鳱鵠知來。’‘鳱’與‘鳱’同。今《淮南·汜論訓》作‘乾’，云：‘乾鵠知來而不知往。’高誘注云：‘乾鵠，鵲也。人將有來事憂喜之徵則鳴，此知來也。’……又謂之乾鵲。《西京雜記》陸賈曰：‘乾鵲噪而行人至。’今人則通呼喜鵲。”清毛奇齡《續詩傳鳥名·召南·鵲巢》：“‘維鵲有巢，惟鳩居之。’……此鵲是鳱鵲，亦作‘乾鵲’。《説文》《玉篇》皆作‘雈’，即俗所謂喜鵲者。”

按，一説乾鵲之“乾”當讀“虔”（音qián）。鵲爲陽鳥，先事物而動應，故名。宋吴曾《能改齋漫録·辨誤》：“前輩多以乾鵲爲‘乾’，音‘干’，或以對‘濕螢’者有之。唯王荆公以爲‘虔’字意，見於‘鵲之彊彊’，此甚爲得理。余嘗廣之曰，乾（音qián），陽物也。乾有剛健之意。而《易統卦》有云：‘鵲者，陽鳥，先物而動，先事而應。’《淮南子》曰：‘乾鵲知來而不知往’，此修短之分也。以是知音‘干’爲無義。”此説或是，乾鵲當讀作“虔鵲”（音qián què），今附供考。參見本卷《習見禽

鳥説·鳴禽考》"鵲"文。

【鳱鵲】

　　即乾鵲。此稱漢代已行用。見該文。

【鳱鵲】

　　即乾鵲。此稱漢代已行用。見該文。

【鵗鵲】

　　即乾鵲。此稱漢代已行用。見該文。

【乾鵲】

　　即乾鵲。此稱漢代已行用。見該文。

【野鵲】

　　即鵲。《漢書·外戚傳》："昔之月，鼠巢於樹，野鵲變色。"唐元稹《有鳥》詩之一二："山鴞野鵲閑受肉，鳳皇不得聞罪辜。"《舊唐書·五行志》："開成二年六月，真興門外野鵲巢於古冢。"參見本卷《習見禽鳥説·鳴禽考》"鵲"文。

【靈鵲】

　　即鵲。俗説鵲有靈，能報喜，故稱。此稱先秦時期已行用。舊題周師曠《禽經》："靈鵲兆喜。"張華注："鵲噪則喜生。"五代王仁裕《開元天寶遺事》卷四："靈鵲報喜，時人之家聞鵲聲者皆爲喜兆，所謂靈鵲報喜。"元王實甫《呂蒙正風雪破窰記》第二折："今日個靈鵲兒叮叮的報喜，甚風兒吹來到俺這裏。"參見本卷《習見禽鳥説·鳴禽考》"鵲"文。

【鳰鵲】

　　即鵲。亦作"枝鵲"。此稱漢代已行用。《漢書·考證·枝鵲露寒》："按，枝鵲應作'鳰鵲'，《司馬相如傳》可證也。"晉王嘉《拾遺記·後漢》："有鳥名鳰鵲，形高七尺，解人語，其國太平，則鳰鵲群翔。"清厲荃《事物異名録·禽鳥》："《格物總論》：鵲聲吉多而凶少，故

俗呼喜鵲，古所謂乾鵲，一名鳰鵲。"參閲《通雅·動物》。參見本卷《習見禽鳥説·鳴禽考》"鵲"文。

【枝鵲】

　　同"鳰鵲"。此稱漢代已行用。見該文。

【神女】[1]

　　即鵲。此稱晉代已行用，并沿稱於後世。晉崔豹《古今注·鳥獸》："鵲，一名神女。"昔傳每至七夕，衆鵲填河成橋，故名。宋葉廷珪《海録碎事·鳥獸草木部·飛鳥門》："鵲，一名神女，七月填河成橋。"明陶宗儀《説郛》卷三一下引《奚囊橘柚》："袁伯文七月六日過高唐遇雨，宿於山家。夜夢女子甚都，自稱神女。伯文欲留之，神女曰：'明日當爲織女造橋，違命之辱。'伯文驚覺，天已辨色。啓窗視之，有群鵲東飛，有一稍小者從窗中飛去。是以名鵲爲神女也。"參見本卷《習見禽鳥説·鳴禽考》"鵲"文。

【飛駁鳥】

　　即鵲。因其飛羽色駁雜，故稱。此稱南北朝時期已行用。亦有作"飛駮鳥"者。宋唐慎微《證類本草·禽部三品·雄鵲》："雄鵲肉味甘，寒，無毒。主石淋，消結熱。……陶隱居云：五月五日，鵲腦入術家用。一名飛駁鳥，鳥之雌雄難別。"《通雅·動物》："喜鵲，曰乾鵲，一曰飛駁鳥。張茂先、陶貞白皆謂鵲爲飛駁，以其色雜也。"《續通志·禽類》："鵲，一名飛駁鳥，一名喜鵲，一名乾鵲。"清陳大章《詩傳名物集覽·鳥·維鵲有巢》："朱傳：鵲、鳩皆鳥名。鵲善爲巢，其巢最爲完固……陸賈云：'乾鵲噪，行人至。'陶貞白云：'一名飛駁鳥，以其色雜也。'"

按，"飛駮鳥"之"鳥"，今本《本草綱目》已據《唐本草》卷一五及《政和本草》卷一九"雄鵲"條改爲"烏"。今附供考。參見本卷《習見禽鳥説·鳴禽考》"鵲"文。

【飛駮】

"飛駮鳥"之省稱。亦"鵲"之古稱。此稱宋明時期已行用。《山堂肆考》卷二一四："鵲，一名飛駮，一名神女。"參見本卷《習見禽鳥説·鳴禽考》"鵲"文。

【芻尼】

即鵲。梵語音譯。《景德傳燈録·祖婆修盤頭》："昔如來在雪山修道，芻尼巢於頂上。"宋許顗《彦周詩話》："記人作《七夕詩》，押潘尼字……僕時不曾賦。後因讀藏經，呼喜鵲爲芻尼。乃知讀書不厭多。"宋葉廷珪《海録碎事·鳥獸草木部·飛鳥門》："作《七夕詩》押潘尼字，衆人竟和亦成詩者，僕時不曾賦，後因讀藏經呼喜鵲爲'芻尼'（許彦周《詩話》）。"明陶宗儀《説郛》卷八二下："作詩押韻是一巧，中秋夜月詩押尖字，數首之後一婦人詩云：'蚌胎光透殼，犀角暈盈尖。'又記人作《七夕詩》押江尼字，衆人竟和無成詩者。僕時不曾賦，後因讀藏經呼喜鵲爲'芻尼'，乃知讀書不厭多。"《通雅·動物》："《淮南》曰乾鵲知來而不知往，《説文》則以鷽爲知來鳥，陳後山《詩話》謂人必欲押芻尼字，亦甚無味。芻尼，梵語鵲也。"清王士禛《居易録》卷六："《佛書》：烏鵲爲芻尼。"清曹寅《鴉鳴歌》："東門鸒鴿還飛逐，枝上芻尼不出城。"參見本卷《習見禽鳥説·鳴禽考》"鵲"文。

鷽

習見鳴禽名。雀形目，鴉科，紅嘴藍鵲（ *Urocissa erythrorhyncha* Boddaert）。大型鳴禽，長可達 62 厘米。體形似鵲而較大。頭、頸至胸黑色，上體青灰色，腹面灰白。尾特長，尾羽有黑白相間横斑。嘴脚呈珊瑚紅色。我國分布於華北至西南各地的山地、丘陵及海灘。爲當地之留鳥。常成小群活動。多栖息於闊葉林或針葉林。營巢於高樹。常摇曳長尾穿飛於樹叢之間，姿態優雅可愛。雜食，以昆蟲爲主，也偶然盗食他鳥之卵與雛鳥。可籠飼觀賞。

此稱先秦時期已行用。亦作"翟"。亦稱"山鵲""䳊""䳊鷽""山鷓""赤嘴烏"等。舊題周師曠《禽經》："雞鷽惡其類。"晋張華注："雞與山鵲惡其類，相值則相搏。鷽狀類鵲，長尾丹觜。"《爾雅·釋鳥》："鷽，山鵲。"郭璞注："似鵲而有文彩，長尾，觜脚赤。"《説文·鳥部》："鷽，䳊鷽，山鵲，知來事鳥也。"《爾雅翼·釋鳥》："鷽，山鵲也。似鵲而有文彩，長尾，觜脚赤。又謂之䳊。"《字彙·隹部》："翟，同'鷽'。"明李時珍《本草綱目·禽三·山鵲》："[釋名]鷽、䳊、山鷓、赤嘴烏。[集解]時珍曰：山鵲，處處山林有之。狀如鵲而烏色，有文采，赤嘴赤足，尾長，不能遠飛，亦能食雞、雀。"

按，古人以爲此鳥遇晴雨或喜憂事則鳴，無科學依據。又，古時尚有

山鷓
（明刊《食物本草》）

人以爲鷽即喜鵲，如《通雅·動物》："羅願以烏白爲祝雞更誤……鄭樵以鷽爲喜鵲。"恐誤。參見本卷《習見禽鳥説·鳴禽考》"鵲"文。

另，鷽我國分布三個亞種：雲南亞種（*U. e. alticola*），見於雲南西部怒江、龍川江間山脉及騰衝一帶，亦見於雲南西北部德欽、麗江一帶；華北亞種（*U. e. brevivexilla*），見於東北西部、河北、甘肅、山西等地；指名亞種（*U. e. erythrorhyncha*），分布於長江流域以南各地。

【山鵲】

即鷽。此稱漢代已行用。見該文。

【雗鷽】

即鷽。此稱漢代已行用。見該文。

【雗】

即鷽。此稱宋代已行用。見該文。

【山鷽】

即鷽。此稱明代已行用。見該文。

【赤嘴烏】

"鷽"之俗稱。此稱明代已行用。見該文。

【鸒】

同"鷽"。此體明代已行用。見該文。

八哥

習見鳴禽名。雀形目，椋鳥科，八哥（*Acridotheres cristatellus* Linnaeus）。中型鳴禽，體長可達26厘米。通體黑色，額部有一簇長羽。嘴、腿、脚黄色，額羽發達延長而高聳，具綠色金屬光澤，上體染褐色。翅具白色翼斑，除中央兩對尾羽全黑外，其餘尾羽黑色而具白斑。我國主要分布於長江以南各地。栖於平原村落、園田和山林邊緣、竹林等處。常集群活動。主食昆蟲，亦食植物種子。爲農林益鳥。

八哥經調馴能仿人言，常作籠鳥飼養，爲

籠鳥之佳品，歷來爲人所青睐。先秦時期始稱"鸜鵒"。亦稱"鴝鵒""雛鸛""寒皋""慧鳥""唧唧鳥"。《周禮·冬官·考工記》："鸜鵒不逾濟，貉逾汶則死，此地氣然也。"《山海經·中山經》："〔又原之山〕其鳥多鸜鵒。"晉郭璞注："鴝鵒也。"《爾雅翼·釋鳥》："鸜鵒，似鴝而有幘，飛輒成群多聲。字書謂之唧唧鳥，一作'雛鸛'。"其翼下具白斑若八字，南人謂鳥爲"哥"，故亦稱"八哥"。一説爲避南唐後主李煜諱而改"鸜鵒"爲"八哥"。此稱唐宋時期已行用。宋顧文薦《負暄雜録·物以諱易》："南唐李主諱煜，改鸜鵒爲'八哥'。"《太平御覽》卷九二三引《淮南子·萬畢術》："寒皋斷舌使語。"注："寒皋，一名鴝鵒也。"《山堂肆考》卷二一三："〔鸜鵒〕一名寒皋，斷舌可使言語。又《山海經》謂之慧鳥。"明李時珍《本草綱目·禽三·鸜鵒》："〔釋名〕鴝鵒，唧唧鳥、八哥、寒皋。〔集解〕時珍曰：鸜鵒巢於鵲巢、樹穴及人家屋脊中。身首俱黑，兩翼下各有白點，其舌如人舌，剪剔能作人言。嫩則口黄，老則口白。頭上有幘者，亦有無幘者。"《續通志·禽類》："鸜鵒，一名鴝鵒，一名唧唧鳥，一名八哥，一名寒皋。李時珍曰：'此鳥好浴水，其睛

鸜鵒
（明王圻等《三才圖會》）

瞿瞿然故名。唧唧其聲也，天寒欲雪則群飛如告，故曰寒皋，皋者告也。似鶪而有幘，色純黑，金眼，穴居。'"《陝西通志·物産二·禽屬》："鸜鵒，身首俱黑，兩翼下各有白點，頭上有幘，亦有無幘者（《本草綱目》），

鸜鵒
（馬駘《馬駘畫寶》）

俗名八哥。翦舌尖能效人言（《洵陽縣志》）。"

按，一説八哥之名源於阿拉伯語鸜鵒鳥名"babgha""babbagha"之音譯。參閲劉正埮等《漢語外來詞詞典》"八哥"文。

【鸜鵒】

即八哥。此稱先秦時期已行用。見該文。

【鴝鵒】

即八哥。此稱晋代已行用。見該文。

【雛雞】

即八哥。此稱宋代已行用。見該文。

【寒皋】

即八哥。此稱漢代已行用。見該文。

【慧鳥】

即八哥。此稱秦漢時期已行用。見該文。

【唧唧鳥】

即八哥。因其鳴聲唧唧，故稱。此稱宋代已行用。見該文。

今鸜

習見鳴禽名。雀形目，椋鳥科，紫翅椋鳥（ *Sturnus vulgaris* Linnaeus）。中小型鳴禽，體長約 22 厘米。夏羽通體黑色，頭、頸及前胸具銅綠色金屬光澤，肩背及下胸具紫色光澤，飛羽暗褐具黑緣。嘴夏季黄綠色，冬季黑褐色。冬羽上體滿布淡棕色斑點，下體滿布白點。我國主要分布於新疆西北部（夏候鳥），遷徙時見於西部至西南部各地，偶見於東部沿海地區。常栖息於半荒漠草原、灌叢草原、平原樹叢間。主食昆蟲，爲農林益鳥。常集群飛翔、栖息。

此稱漢代已行用。單稱"鸜"。亦作"䳍"。亦稱"含鸜""含鸜鳥"。《説文·佳部》："鸜，今鸜，似鴝鵒而黄，从佳，鬥省聲。"段玉裁注："今鸜，鳥名。《玉篇》作'含鸜'。"《玉篇·佳部》："鸜，含鸜。鳥似鸜鵒而黄。"《類篇·佳部》："鸜、䳍，鳥名。《説文》：'今鸜，似鴝鵒而黄。从䳍省。'"《格致鏡原》卷八一引《庶物異名疏》："含鸜鳥，似鴝鵒而色黄。"今通稱"紫翅椋鳥"。

今鸜我國分布兩個亞種：北疆亞種（ *S. v. poltaratskyi* ），見於新疆北部準噶爾盆地（繁殖鳥），遷徙時普遍見於新疆西部喀什，青海東部及柴達木盆地，祁連山，甘肅西部、西北部，西藏南部（旅鳥），偶見於河北、山東、福建、廣東等地（迷鳥）；疆西亞種（ *S. v. porphyronotus* ），見於新疆西部莎車、喀什至中部若羌、烏魯木齊（夏候鳥）。

【鸜】

"今鸜"之單稱。此稱漢代已行用。見該文。

【䳍】

即今鸜。此稱漢代已行用。見該文。

【含鸜】

即今鸜。此稱南北朝時期已行用。見該文。

【含鸜鳥】

即今鸜。此稱明代已行用。見該文。

【紫翅椋鳥】

即今鸆。今之通稱。此稱行用於近現代。見該文。

秦吉了

習見鳴禽名。雀形目，椋鳥科，鷯哥（ *Gracula religiosa* Linnaeus）。中型鳴禽，體長可達 28 厘米。通體黑色，具紫色金屬光澤。眼下後方有黃色裸皮，頭後有兩片黃色肉垂。初級飛羽基部白色，形成翼斑。喙及足橙色。我國主要分布於雲南、海南等地（爲留鳥）。常栖息於海拔 1500 米附近闊葉林林緣地帶。雜食性，以昆蟲爲主要食物，亦取食植物果實。

秦吉了善鳴叫，能仿多種禽鳥鳴聲，能效人言，爲著名的觀賞鳥。此稱唐代已行用。亦稱"吉了""結遼鳥""結了鳥""吉了鳥""結遼"等。唐張籍《崑崙兒》詩："崑崙家住海中州，蠻客將來漢地游。言語解教秦吉了，波濤初過鬱林洲。"唐白居易《雙鸚鵡》詩："綠衣整頓雙棲起，紅嘴分明對語時。始覺琵琶絃莽鹵，方知吉了舌參差"。《舊唐書・音樂志二》："今案嶺南有鳥，似鸚鵒而稍大，乍視之，不相分辨，籠養久，則能言，無不通。南人謂之吉了，亦云料。"《唐會要・林邑國》："林邑國，漢日南象郡之地……有結遼鳥，能解人語。"舊注："亦謂之結了鳥。"《爾雅翼・釋鳥》："今秦中有吉了鳥，毛羽黑，大抵如鸚鵒，然有兩耳如人耳而紅……其音聲差，重濁如秦人語，不若鸚鵡之輕清云。"宋范成大《桂海虞衡志・志禽》："秦吉了如鸚鵒，紺黑色，丹味，黃距，目上連頂有深黃文，頂毛有縫如人分髮。能人言，比鸚鵡尤慧，大抵鸚鵡聲如兒女，吉了聲則如丈夫，出邕州溪洞中。《唐書》：'林邑出結遼鳥。'林邑今占城，去邕欽州但隔交趾，疑即吉了也。"《通雅・動物》："結遼，即吉了。鸚鵡之大者也，今曰了哥。"

秦吉了
（馬駘《馬駘畫寶》）

秦吉了是鳥類中效仿人言之佼佼者，可發七言短句，最爲人所喜愛，今通稱"鷯哥"。目前野外極爲罕見，已列入《中國瀕危動物紅皮書・鳥類》，專家建議列爲國家二級重點保護野生動物。又，秦吉了我國僅存一個亞種，即華南亞種（ *G. r. intermedia*），見於雲南西部及南部、廣西西南部與海南島（留鳥）。

【吉了】

即秦吉了。此稱唐代已行用。見該文。

【結遼鳥】

即秦吉了。番語音譯。此稱唐代已行用。見該文。

【結了鳥】

即秦吉了。此稱唐代已行用。見該文。

【吉了鳥】

即秦吉了。此稱宋代已行用。見該文。

【結遼】

即秦吉了。此稱明代已行用。見該文。

【鷯哥】

即秦吉了。今之通稱。此稱行用於近現代。見該文。

【了哥】

即秦吉了。亦作"了歌"。文房四寶之端

硯，以端石有眼者爲佳，其眼如了哥眼者頗爲有名。宋張世南《游宦紀聞》卷五："硯品中，端石人皆貴重之。載於譜記凡數家，取予各異，或佳其有眼爲端，或以無眼爲貴，然石之青脉者必有眼，嫩則多眼，堅則少眼，石嫩則細潤而發墨，所以貴有眼，不特爲石之驗也，眼之品類不一：曰鸚哥眼，曰鸜鵒眼，曰了哥眼。（謂秦吉了也）"明徐渭《題畫》詩："雷雨垂垂翠色繁，古松陰裏了哥喧。"《山堂肆考》卷二三七引《格物論》："秦吉了似鸚鵡而白色，腦有黄肉冠，能人言，一名了歌。"明李時珍《本草綱目·禽三·鸚鵡》："[附録] 秦吉了。時珍曰：即了哥也。《唐書》作'結遼鳥'，番音也。出嶺南容、管、廉、邕諸州峒中。大如鸜鵒，紺黑色，夾腦有黄肉冠，如人耳，丹味黄距，人舌人目，目下連頸有深黄文，頂尾有分縫。能效人言，音頗雄重。用熟雞子和飯飼之。亦有白色者。"亦稱"漢鳥"。《通雅·動物》："結遼，即吉了，鸚鵡之大者也，今曰了哥。《續文獻義物考》曰：瀘南人蓄秦吉了，外國買之。吉了曰：'我漢鳥也。'不願入異方，遂不食死。"清吴玉搢《別雅》卷三："《續文獻義物考》曰：瀘南人蓄秦吉了，外國買之，吉了曰：'我漢鳥也。'不願入異方，遂不食死。"後世遂以"漢鳥"謂了哥。參見本卷《習見禽鳥説·鳴禽考》"秦吉了"文。

【了歌】

同"了哥"。此體明代已行用。見該文。

【漢鳥】

即了哥。此稱明清時期已行用。見該文。

雀

習見鳴禽名。雀形目，文鳥科，樹麻雀（ *Passer montanus* Linnaeus ）。小型鳴禽，體長約 14 厘米。嘴圓錐狀，黑色。跗跖、趾污黄褐色。上體暗沙褐色。耳羽和喉部具黑斑，胸和腹淡灰近白色。雀群中偶見灰白色者，當屬個體白化現象，非异種也。古人常以此爲祥瑞，實際并無科學根據。廣布於我國大部分省區，均爲留鳥。常栖息於平原、山地、丘陵和人類活動之處。營巢於屋檐、樹洞、墻壁縫隙等處。以昆蟲、穀物及草籽爲食，也啄食人類遺弃的食物殘渣。春季繁殖期雌、雄鳥成對活動，雌、雄鳥共同築巢，巢呈杯碗狀，内墊乾草、羽毛及碎繩頭等。雌、雄鳥共同育雛。秋季喜結大群活動，數百乃至數千隻群起群落，很是壯觀。麻雀兩翅與體形相對比較短小，不能遠飛，往往僅在短距離間活動，飛行不能持續到四分鐘。

此稱先秦時期已行用。亦作"爵"。亦稱"老爵""賓爵"。《詩·召南·行露》："誰謂雀無角，何以穿我屋？"《孟子·離婁上》："爲叢敺爵者，鸇也。"朱熹注："'爵'與'雀'同。"《吕氏春秋·季秋》："候鴈來，賓爵入大水爲蛤。"漢高誘注："賓爵者，老爵也。棲宿於人堂宇之間，有似賓客，故謂之賓爵。"《説文·隹部》："雀，依人小鳥也。"段玉裁注："今俗云麻雀者是也，其色褐。"明清時期稱"瓦雀""嘉賓""麻雀""黄雀"。明李時珍《本草綱目·禽二·雀》："雀，短尾小鳥也……栖宿簷瓦之間，馴近階除

雀

（馬駘《馬駘畫寶》）

之際，如賓客然，故曰瓦雀、賓雀，又謂之嘉賓也。俗呼老而斑者爲麻雀，小而黃口者爲黃雀。”又：“［發明］腦氣味平，主治綿裹塞耳治聾，又塗凍瘡。”麻雀腦，塗之可治凍瘡。明陳耀文《天中記·雀》：“季秋之月，候鴈來，賓雀入大水爲蛤（呂淮）。賓雀者，老雀也。棲宿人家堂宇之間，有似賓客，故謂之賓雀（許高注）。雀，一名嘉賓（《古今注》）。”明高濂《遵生八牋·燕間清賞牋下·捕蟲法》：“四月，麻雀作窠，啄枝唧葉，宜防。”清弘曆《王淵鸜鵒梅雀》詩：“鸜鵒噪枝頭，麻雀爲驚起。由來小畏大，物情詮易理。”

按，“雀”爲雀形目文鳥科及雀科中一些小型禽鳥之統稱。亦特指本種樹麻雀。麻雀曾被誤認爲害鳥，被列入“四害”而加以滅除。其實，麻雀亦捕食昆蟲，僅在不同地區與季節取食穀物籽粒，其益大於害，應視爲益鳥加以保護。

又，有人以爲以“賓雀”稱雀誤，進而稱“嘉賓”則更誤也。如《通雅·動物》：“雀古作‘爵’，曰“賓雀”者誤也……雀古作‘爵’（即略切），今人混之，非也。雀性淫，酒器一升曰爵，戒淫泆也。俗曰瓦雀在堂簷間也，老而斑曰麻雀，小者黃口曰黃雀。其曰賓雀者誤，讀《月令》也。崔豹曰雀名嘉賓，又因誤耳。後遂有客化爲雀之説。《月令》：正月鴻雁來自南而北也，九月鴻雁來，賓爵入大水爲蛤，因八月鴻雁來自北而南也，此乃別之。曰來賓，陳澔注曰：以仲秋先至者爲主，季秋後至者爲賓，言漸多也。今讀者以賓爵入大水爲蛤，則八月、九月複言鴻雁來矣。”今附此供考。

樹麻雀我國分布六個亞種：指名亞種（*P. m. montanus*），見於東北各地；新疆亞種（*P.*

m. dilutus），見於新疆及甘肅、青海等地；甘肅亞種（*P. m. kansuensis*），見於甘肅西北部、青海東部、内蒙古中部；青藏亞種（*P. m. tibetanus*），見於西藏東南部，向東至四川甘孜、理塘、泥頭，北抵青海南部；普通亞種（*P. m. saturatus*），主要分布於我國中東部地區；雲南亞種（*P. m. malaccensis*），見於雲南西部至東南部及海南島（留鳥）。本種今通稱“樹麻雀”。

【爵】

通“雀”。“雀”之古稱。此體先秦時期已行用。見該文。

【賓爵】

即雀。“爵”通“雀”。此稱先秦時期已行用。見該文。

【老爵】

即雀。此稱漢代已行用。見該文。

【瓦雀】

“雀”之俗稱。以其常在房檐瓦下築巢，且經常在屋瓦上活動，故名。此稱明代已行用。見該文。

【嘉賓】

即雀。此稱明代已行用。見該文。

【麻雀】

“雀”之俗稱。此稱明代已行用。見該文。

【黃雀】[1]

即雀，特指小而黃口之雀。此稱明代已行用。見該文。

【樹麻雀】

即雀。今之通稱。此稱行用於近現代。見該文。

【青喜】

即雀。宋陶穀《清異録·禽》:"李正已被囚執,夢云:青雀噪即報喜也。是旦果有群雀喇啾,色皆青蒼。至今李族居淄、青者呼雀爲青喜。"參閲明顧起元《説略》卷二四、清陳元龍《格致鏡原》卷七八"鳥類"。參見本卷《習見禽鳥説·鳴禽考》"雀"文。

祝頂紅

習見鳴禽名。雀形目,雀科,〔普通〕朱雀(*Carpodacus erythrinus* Pallas)。小型鳴禽,體長約 14 厘米。雄鳥頭部至後頸亮紅色,下嘴至腰暗紅色,頦、喉、腹暗紅色。雄鳥頭頂、頦、喉以至上胸爲有光亮的深洋紅色。後頸、肩、背及翼上内側覆羽橄欖褐色,并沾土紅色。腰以下暗洋紅色。下腹中部及尾下覆羽白而沾染粉紅色。雌鳥上體橄欖褐色,各羽中央較暗。翼、尾與雄鳥同。該鳥廣布於我國大部分省區,多栖息於山地或河流附近的森林或灌叢,營巢於矮樹或灌叢的密枝上。該鳥爲北方的夏候鳥,東北、華北爲其繁殖區。在黄河流域以南爲旅鳥,每年春秋兩次過境。平時單獨或成對活動,遷徙時集成大群。飛行呈波浪形。春季主食楊、榆、白樺樹花萼、葉芽等;夏秋主食昆蟲,也食漿果、穀物等。

該鳥爲《中日候鳥保護協定》中的保護鳥類。因其鳥羽艷麗,常被飼爲籠鳥。此稱清代已行用。清富察敦崇《燕京歲時記·祝頂紅》:"京師十月以後,則有梧桐鳥等……祝頂紅者,小於家雀而紅其頂。技如交嘴,而靈巧過之。"以其頭頂鮮紅,今亦稱"朱頂紅""朱頂雀""朱雀"。

朱雀我國分布兩個亞種:東北亞種(*C. e. grebnitskii*),見於東北各地及河北、山西等地;普通亞種(*C. e. roseatus*),見於新疆及中原至西南各地。

【朱頂紅】

即祝頂紅。以其頭部朱紅色,故稱。此稱行用於近現代。見該文。

【朱頂雀】

即祝頂紅。以其頭部朱紅色,故稱。此稱行用於近現代。見該文。

【朱雀】

即祝頂紅。今之通稱。以雄鳥體羽大部爲朱紅色,故稱。此稱行用於近現代。見該文。

桑扈

習見鳴禽名。雀形目,雀科,黑尾蠟嘴雀(*Eophona migratoria* Hartert)。小型鳴禽,體長約 18 厘米。嘴粗大而黄,跗跖肉色。雄鳥頭尾黑,翼黑有白斑,餘部近灰,腹側有黄斑。雌鳥通體大致灰色,尾灰褐具黑端。遍布於我國大部分省區,栖於平原、低山林地。小群活動,取食植物種子及昆蟲。易馴養爲觀賞鳥。

古爲農桑候鳥,亦可爲蠶驅雀。先秦時期稱"桑扈"。秦漢時期始作"桑扈"。亦作"桑雇"。亦稱"竊脂""青雀"。《詩·小雅·小宛》:"交交桑扈,率場啄粟。"《爾雅·釋鳥》:"桑扈,竊脂。"郭璞注:"俗

桑扈
（明刊《食物本草》）

蠟嘴
（明王圻等《三才圖會》）

謂之青雀，觜曲，食肉，好盜脂膏，因名云。”《淮南子·說林訓》：“馬不食脂，桑扈不啄粟，非廉也。”漢高誘注：“桑扈，青雀。一名竊脂。”《說文·隹部》：“雇、九雇，農桑候鳥……桑雇，竊脂。”段玉裁注：“桑扈，竊脂，爲蠶驅雀者也。”唐李商隱《漢宮詞》：“青雀西飛竟未回，君王長在集靈台。”宋楊簡《先聖大訓》卷三：“《爾雅》：‘春扈，鳻鶞；夏扈，竊玄；秋扈，竊藍；冬扈，竊黃；桑扈，竊脂；棘扈，竊丹；行扈，唶唶；宵扈，嘖嘖。’郭云：諸扈皆因其毛、聲、色以爲名。……賈逵云：春扈分五相五土之宜趣民耕種者也；夏扈，竊玄，趣民耘苗者也；……桑扈，竊脂，爲蠶驅雀者也。”

按，桑扈亦爲蠟嘴雀類禽鳥之統稱，亦特指黑頭蠟嘴雀（*E. personata*）。又，鳥之名竊脂者非桑扈一種，如《通雅·動物》：“竊脂自以色名，然別有肉雀，別有竊脂也。”

另，桑扈通稱“黑尾蠟嘴雀”，我國分布兩個亞種：長江亞種（*E. m. sowerbyi*），見於長江流域各地；指名亞種（*E. m. migratoria*），見於東北經華北、華中至華南、西南、華東除長江亞種分布區以外的廣大地區。今附供考。

【桑扈】

同“桑扈”。此體先秦時期已行用。見該文。

【竊脂】

即桑扈。此稱漢代已行用。見該文。

【青雀】

即桑扈。此稱漢代已行用。見該文。

【桑雇】

同“桑扈”。此體漢代已行用。見該文。

【黑尾蠟嘴雀】

即桑扈。今之通稱。此稱行用於近現代。見該文。

【蠟嘴】

即桑扈。其嘴淡白如脂，又凝黃似蠟，故名。此稱明清時期多行用。明李時珍《本草綱目·禽三·桑扈》：“桑扈乃扈之在桑間者，其嘴或淡白如脂，或凝黃如蠟，故古名竊脂，俗名蠟嘴。”明王圻等《三才圖會·鳥獸》：“蠟嘴生于象山，似雀而大，嘴如黃蠟色，故名。”清弘曆《蠟嘴》詩：“黃嘴烏毛羽，翽翔階杏紅。禽經傳畫本，桑扈佐蠶功。活脫出形色，飄颻謝雨風。不因能戲舞，安得入樊籠。”清蒲松齡《日用俗字·禽鳥章》：“蠟嘴更比皂花妙，麻鷯真似畫眉良。”參見本卷《習見禽鳥說·鳴禽

梧桐
（清余省等《鳥譜》）

考》"桑鳸" 文。

【梧桐鳥】

即桑鳸。省稱 "梧桐"。清富察敦崇《燕京歲時記·梧桐》:"禽鳥之來,最關時令。京師十月以後,則有梧桐鳥等。梧桐者,長六七寸,灰身黑翅,黃嘴短尾。市兒買而調之,能於空中接彈丸,謂之打彈兒。" 參見本卷《習見禽鳥説·鳴禽考》"桑鳸" 文。

【梧桐】

"梧桐鳥" 之省稱。此稱清代已行用。見該文。

黃雀 ²

習見鳴禽名。雀形目,雀科,黃雀(*Carduelis spinus* Linnaeus)。小型鳴禽,體長約 11 厘米。嘴短,圓錐形,暗褐色。跗蹠、趾暗褐色,爪黑褐色。雌雄羽色稍异:雄鳥頭頂、喉部黑色,有黃色眉紋,上體淺黃綠色;雌鳥上體暗綠色,雜以棕色縱紋,喉部灰色。雌雄腹部均灰白色。我國大部分省區均有分布。常群栖於山區針葉林中,以各種野生植物種子和昆蟲爲食。爲北方之夏候鳥,在我國東北、内蒙古等地繁殖。遷徙時常經東部沿海一帶,抵東南沿海數省越冬。爲著名籠鳥。

其性活潑,常在樹冠邊飛邊鳴,飛翔旋轉輕靈,鳴聲響亮動聽。經籠養訓練可叼物表演。舊時算命先生訓其抽籤打卦,增加了神秘性。此稱先秦時期已行用。亦稱 "黃鳥"。秦漢時期單稱 "皇"。《詩·秦風·黃鳥》:"交交黃鳥,止于棘。" 袁梅譯注:"黃鳥,黃雀。"《戰國策·楚策四》:"黃雀因是以俯噣白粒,仰棲茂樹,鼓翅奮翼,自以爲無患,與人無争也。"《爾雅·釋鳥》:"皇,黃鳥。" 邢昺疏:"舍人曰:皇,名

黃鳥。" 郝懿行義疏:"即今之黃雀。其形如雀而黃,故名黃鳥。" 三國魏曹植《野田黃雀行》:"拔劍捎羅綱,黃雀得飛飛。" 三國魏阮籍《咏懷》:"一爲黃雀哀,涕下誰能禁。"《南史·顧歡傳》:"顧歡,字景怡,一字玄平,吳興鹽官人也。家世寒賤,父祖並爲農夫。歡獨好學,年六七歲知推六甲。家貧,父使田中驅雀,歡作《黃雀賦》而歸,雀食稻過半,父怒欲撻之,見賦乃止。" 唐儲光羲《上長史王公責躬》詩:"靈鳥酬德輝,黃雀報仁慈。" 宋蘇軾《送牛尾狸與徐使君》詩:"通印子魚猶帶骨,披綿黃雀漫多脂。" 元郭鈺《狂客行》詩:"美人當窗捲珠箔,狂客花陰彈黃雀。黃雀低回嬌不飛,金丸偏著搔頭落。" 明張著《秋興》詩:"霜寒秔稻肥黃雀,水净芙蓉映白鷗。"

按,黑枕黃鸝亦稱黃鳥,然與此殊异,宜辨之。參見本卷《習見禽鳥説·鳴禽考》"黃鸝" 文。

【黃鳥】 ¹

即黃雀 ²。此稱先秦時期已行用。見該文。

【皇】 ¹

即黃雀 ²。此稱秦漢時期已行用。見該文。

蒿雀

習見鳴禽名。雀形目,雀科,灰頭鵐(*Emberiza spodocephala* Pallas)。小型鳴禽,體長約 14 厘米。雌雄鳥羽色略有差异:雄鳥額、眼先、眼周、眼下額角均炭黑色。頭餘部及後頸、喉與上胸橄欖綠色,上體餘部橄欖褐色。下體餘部檸檬黃色。兩脅具有黑褐色縱紋。雌鳥羽色僅頸頂與後頸橄欖褐色,喉與胸均橄欖黃,而具褐色斑點。嘴基部褐色,下嘴、跗蹠淡黃色。分布於我國大部分省區。栖於山地、林緣、河谷、草甸、灌叢等處。雜食性。常取

食昆蟲及植物種子。喜三五成群或十多隻集成小群，很少成大群或單獨活動。繁殖期多配對成雙活動。善於鳴叫。是我國東北部及內蒙古等地的夏候鳥，深秋向南遷徙，在我國南方越冬。

此稱唐代已見行用，并沿稱於後世。唐釋齊已《赴鄭谷郎中招游龍興觀讀題詩板謁七真儀像因有十八韻》："風鵬心不小，蒿雀志徒卑。"蒿雀常入藥療疾，其肉甘温補陽，以腦塗敷可醫凍瘡，并使手足不皴。宋唐慎微《證類本草·禽部三品·蒿雀》："蒿雀，味甘，温，無毒。食之益陽道。取其腦塗凍瘡，手足不皴。似雀，青黑，在蒿間。塞外彌多，食之美於諸雀。"明朱橚《普濟方》卷三〇〇："取蒿雀腦塗凍瘡上，手足不皴，其雀肉極熱，能補益人也。"明李時珍《本草綱目·禽二·蒿雀》[集解]引陳藏器曰："蒿雀似雀，青黑色，在蒿間，塞外彌多。食之，美於諸雀。"

古籍中以"雀"名鳥頗多，宋明時期人們已掌握許多分類知識。如《山堂肆考》卷二一五引《格物總論》："雀，小鳥也，常依人。嘴、頜皆黑，通身毛羽褐色，尾長二寸許，爪、趾黃白色。四時有子。其種類不一，有神雀、蒿雀、突厥雀、瓦雀。瓦雀出浙東，其雌雄相

蒿雀
（明刊《食物本草》）

感，必一俯一仰。舊説雀目夕昏，人有至夕昏不見物者，謂之雀瞀。"蒿雀因常在沿海灘頭蒿叢中活動，故名。今通稱"灰頭鵐"。俗稱"青頭鬼"。亦可籠養觀玩。

我國蒿雀有三個亞種：指名亞種（*E. s. spodocephala*），見於東北西部、東北部（繁殖鳥，旅鳥），亦見於內蒙古、河北、河南、山東至長江流域（旅鳥），尚見於臺灣、海南等地（冬候鳥）；東方亞種（*E. s. sordida*），見於青海東部、甘肅西北部、陝西南部、四川東北部、雲南北部及貴州、湖北（繁殖鳥）、江蘇、安徽（旅鳥）、兩廣、臺灣（冬候鳥）；日本亞種（*E. s. personata*），見於江蘇沙衛山島（旅鳥）、福建（旅鳥、冬候鳥）、臺灣（冬候鳥）。

【灰頭鵐】

即蒿雀。今之通稱。此稱行用於近現代。見該文。

【青頭鬼】

"蒿雀"之俗稱。此稱行用於近現代。見該文。

交嘴雀

習見鳴禽名。雀形目，雀科，紅交嘴雀（*Loxia curvirostra* Linnaeus）。小型鳴禽，體長約16厘米。嘴、跗跖和趾黑褐色。雌雄鳥异色：雄鳥通體朱紅色，翅及叉狀尾近黑色，下腹白色；雌鳥體羽以暗綠色爲主。故稱雄者爲紅交嘴，雌者爲青交嘴。其雄者上喙向右，下喙向左；雌者反之。因其上下喙反曲交叉，故名"交嘴"。我國廣布於華南以外的其他大部分省區。栖息於針葉林中。主食松、柏、杉類種子，也食草籽、樹芽、花等。常在針葉樹多葉高枝上營巢。冬季繁殖是其與大多數鳥所不同

的特點。夏季常遷徙到平原闊葉林中。集結成群，過着游蕩生活。飛翔快，微呈波浪式。鳴聲尖，帶有顫音。其性較温順，易馴養。一般架養，經訓練可以打彈子、放飛等。

此稱清代已行用。省稱"交嘴"。清富察敦崇《燕京歲時記·交嘴》："交嘴者，長四五寸，嘴左右交，以別雌雄。有紅黃二色，馴而優者能開鎖銜旗。"

按，"交嘴雀"亦交嘴雀屬鳥類之統稱。本種特指"紅交嘴雀"。另有白翅交嘴雀（ *L.leucoptera* ）。紅交嘴雀我國分布四個亞種：指名亞種（ *L. c. curvirostra* ），偶見於青海西寧（冬候鳥）；新疆亞種（ *L. c. tinaschanica* ），見於新疆西部、青海東北部、河北及東北南部；東北亞種（ *L. c. japonica* ），見於東北、河北東北部山地（留鳥）、陝西南部、河南、山東（青島、泰山）、江蘇（旅鳥、冬候鳥）；青藏亞種（ *L. c. himalayensis* ），見於青海東北部、四川北部、雲南北部、西藏南部及昌都地區西南部（留鳥）、雲南南部（冬候鳥）。此附供考。今亦稱"交喙雀"。

【交嘴】

"交嘴雀"之省稱。此稱清代已行用。見該文。

【紅交嘴雀】

即交嘴雀。今之通稱。此稱行用於近現代。見該文。

【交喙雀】

即交嘴雀。此稱行用於近現代。見該文。

黃鸝

習見鳴禽名。雀形目，黃鸝科，黑枕黃鸝（ *Oriolus chinensis* Linnaeus）。中小型鳴禽，體長約 25 厘米。通體黃色，自眼先過眼達枕部有黑色寬帶，於枕後匯合成環；翼羽具明顯黃緣，翼斑不明顯。尾羽雜有黑色。雌鳥體羽染有綠色，胸羽與脅羽具暗褐色縱紋。嘴淡紅色。跗跖褐色。我國主要分布於東北地區，爲夏候鳥，冬季遷徙至印度、斯里蘭卡及馬來半島越冬。遷飛時，我國大部分地區可以見到。常栖息於平原至海拔 1200 米山地附近闊葉林中。於喬木近梢部水平枝上築籃狀巢。主要以昆蟲爲食。

黃鸝羽色艷麗，鳴囀圓潤動聽，爲著名觀賞鳥。歷來爲人所喜愛，常被籠養觀賞。先秦時期始稱"黃鳥"，後世亦稱"黃鸝留""黃栗留""黃鶯""倉庚""商庚""鶯黃""楚雀""搏黍""黃袍""黃離留""倉鶊""鸒黃""夏鼀候""黃鶯""離黃""犂黃"。《詩·周南·葛覃》："黃鳥于飛，集于灌木，其鳴喈喈。"毛傳："黃鳥，搏黍也。"三國吳陸璣疏："黃鳥，黃鸝留也，或謂之黃栗留。幽州人謂之黃鶯，或謂之黃鳥，一名倉庚，一名商庚，一名鶯黃，一名楚雀。齊人謂之搏黍，關西謂之黃鳥。當甚熟時來在桑間，故里語曰：'黃栗留，看我麥黃甚熟。'亦是應節趨時之鳥。或謂之黃袍。"毛晉廣要："《爾雅》：'皇，黃鳥。'又云：'倉庚，商庚。'又云：'鶯黃，楚雀。'又云：'倉庚，鶯黃

黃鳥
（［日］岡元鳳《毛詩品物圖考》）

也。'郭注云：'俗呼黃離留，亦名搏黍。其色鶯黑而黃，因以名云。'鄭注云：'黃鸝也，一名倉庚，一名商庚，一名鶯黃，一名楚雀，一名搏黍，一名黃離留。'陸璣云：'常以甚熟時來，故里語曰：黃栗留，看我麥栗黃椹不。故又名黃栗留。'《禽經》：'倉鶊，鶯黃，黃鳥也。亦曰楚雀，亦曰商庚，夏鸙候也。'張注：'今謂之黃鶯，黃鸝是也。'野民曰：'黃栗留，語聲轉耳，其色鶯黑而黃，故名鶯黃。'詩云：黃鳥以色呼也，北人呼爲楚雀，此鳥鳴時蠶事方興，蠶婦以爲候。《説文》：'離黃，倉庚也。鳴則蠶生。'《禮記》曰：'仲春之月，倉庚鳴。'《格物總論》云：'鶯黑尾，嘴尖紅，脚青，遍身甘草黃色，羽及尾有黑毛相間。三四月鳴，聲音圓滑。'……《爾雅翼》：'倉庚，黃鳥而黑，章齊人謂之搏黍，秦人謂之黃流離，幽冀謂之黃鳥，一名黃鸝留，或謂之黃栗流，一名黃鶯。二月而鳴。'"《詩・豳風・七月》："有鳴倉庚。"毛傳："倉庚，離黃也。"舊題周師曠《禽經》："倉鶊，鶯黃。黃鳥也。"晋張華注："今謂之黃鶯，黃鸝是也。野民曰：黃栗留，語聲轉耳，其色鶯黑而黃，故名鶯黃。詩云：黃鳥以色呼也。"南北朝時期已稱"黃鸝"，并沿稱至今。南朝梁何遜《石頭答庾郎丹》詩："黃鸝隱葉飛，蛺蝶縈空戲。"唐杜甫《絕句四首》之三："兩個黃鸝鳴翠柳，一行白鷺上青天。"宋李樗、黃櫄《毛詩集解》卷二："李曰：葛者，所以爲絺爲綌覃延也。萋萋者，言叢盛也。黃鳥者，黃鸝也。灌木者，叢生之木也。喈喈者，聲之和也。"宋張處《月令解・仲春之月》："始雨水，桃始華，倉庚鳴，鷹化爲鳩：此記二月時候也。漢初，以雨水爲二月節，劉歆改雨水

爲正月中，驚蟄爲二月節，雨水則不復冰矣。'桃始華'，春華之盛莫如桃。倉庚，黃鸝也，出於幽谷，遷於喬木，故鳴也。詩人取其嚶嚶之聲，當春之時，物有化，此造物之一妙也。"宋王安石《懷舒州山水呈昌叔》詩："山下飛鳴黃栗留，溪邊飲啄白符鳩。"明胡廣等《詩傳大全》卷八："'七月流火，九月授衣，春日載陽，有鳴倉庚。'……賦也：載，始也；陽，温和也；倉庚，黃鸝也。"明季本《詩説解頤・字義》："黃鳥，一名黃鸝，一名黃鶯，一名倉庚，一名搏黍。當甚熟時，來在桑間。"黃鸝一鳥而多名，得名由來歷代考釋頗多，明清時期已有詳細注釋。清毛奇齡《續詩傳鳥名・周南・葛覃》："'黃鳥于飛。'黃鳥，黃鸝也。原作鶯黃，以鳥本黃色而間以黑色爲緣飾，因兩舉其色而統名之曰鶯黃。舊注所云鶯黃，以色名是也。乃作字書者每遇鳥部必加以鳥文，因之有鶯黃、鵹黃諸名，而古字通見。《説文》遂通作離黃。《文選・東京賦》又通作麗黃，乃麗又加鳥則直作鸝字。顧野王《玉篇》始出鸝字，注鸝黃而俗亦呼之曰黃鸝，則是鸝者其色黃鸝兼兩色，安得單以鸝字稱之，且字書無兩文，故出一字，黃鸝非一字鳥也，集注非也。"

　　按，"黃鳥"之名時見於古籍，泛指一些羽色蒼黃而形如小雀之類的鳥，如黃鸝、黃雀等。明清時期亦有明確分析。清陳啓源《毛詩稽古編・禽蟲類》："黃鳥四。見《爾雅》。一皇、黃鳥，二倉庚、商庚，三鶯黃、楚雀，四倉庚、鶯黃也。爲名凡六焉，其名又曰黃鸝留，曰黃栗留，曰黃鶯（鶯同），曰長股，曰搏黍，曰黃袍。見《夏小正》《毛詩傳》、陸璣《詩疏》諸書。其咏於詩止黃鳥、倉庚兩名。"

又，本種今通稱"黑枕黃鸝"。我國分布其兩個亞種：普通亞種（*O. c. diffusus*），分布於自東北經河北、陝西、甘肅、寧夏至貴州、雲南一綫以東直至沿海的廣大地區；雲南亞種（*O. c. tenuirostris*），見於雲南西部騰衝、西北部麗江、南部西雙版納、東北昆明附近（留鳥）。

【黃鳥】[2]

即黃鸝。此稱先秦時期已行用。見該文。

【倉鶊】

即黃鸝。名見《禽經》。此稱先秦時期已行用。見該文。

【鶙黃】

即黃鸝。名見《禽經》。此稱先秦時期已行用。見該文。

【夏鸎候】

即黃鸝。此稱先秦時期已行用。見該文。

【搏黍】

即黃鸝。名見《詩》毛傳。此稱漢代已行用。見該文。

【離黃】

即黃鸝。名見《詩》毛傳。此稱漢代已行用。見該文。

【鶯黃】

即黃鸝。名見《爾雅》。此稱漢代已行用。見該文。

【黃鸝留】

即黃鸝。此稱三國時期已行用。見該文。

【黃栗留】

即黃鸝。此稱三國時期已行用。見該文。

【黃鸎】

即黃鸝。此稱三國時期已行用。見該文。

【黃袍】

即黃鸝。此稱三國時期已行用。見該文。

【倉庚】

即黃鸝。此稱三國時期已行用。見該文。

【商庚】

即黃鸝。此稱三國時期已行用。見該文。

【楚雀】

即黃鸝。此稱三國時期已行用。見該文。

【黃鶯】

即黃鸝。此稱晋代已行用。見該文。

【黃離留】

即黃鸝。此稱晋代已行用。見該文。

【犁黃】

即黃鸝。此稱明清時期已行用。見該文。

【長股】

即黃鸝。古人以其股長，因名之。此稱先秦時期已行用。《夏小正》："有鳴倉庚。倉庚者，商庚也；商庚者，長股也。"戴德傳："倉庚，黃鸝也。亦作鶙黃，見《月令》注。商庚見《爾雅》。長股，以其股之長也。"《大戴禮記·夏小正》："〔二月〕有鳴倉庚。倉庚者，商庚也；商庚者，長股也。"清孔廣森補注："長股者，黃鸝也。"參見本卷《習見禽鳥説·鳴禽考》"黃鸝"文。

【蒼庚】

通"倉庚"。以其羽色蒼黃，故名。此體先秦時期已行用，亦沿稱於後世。《吕氏春秋·仲春》："蒼庚鳴，鷹化爲鳩。"高誘注："蒼庚，《爾雅》曰：'商庚、鶯黃。'楚雀也。齊人謂之搏黍，秦人謂之黃離，幽冀謂之黃鳥。《詩》云'黃鳥于飛，集于灌木'是也。至是月而鳴。"《淮南子·時則訓》："仲春之月……桃李始華，蒼庚鳴，鷹化爲鳩。"高誘注："蒼庚，黃鸝也。鷹化爲鳩，喙正直不鷙搏也。鳩，布穀也。"唐張九齡《使還都湘東作》詩："蒼庚昨歸候，陽鳥今去時。感物遽如此，勞生安可思。"參見本卷《習見禽鳥説·鳴禽考》"黃鸝"文。

【金衣公子】

即黃鸝。乃唐明皇爲"黃鸝"命名之擬人化譽稱。其全身被黃色羽毛，因名。此稱唐代已行用，并沿稱於後世。亦稱"金陵郡公"。俗稱"鶯兒"。宋王質《詩總聞·周南·葛覃》："聞物曰黃鳥，黃栗留也。俗稱金衣公子，故又曰倉庚、搏黍，自是郭公、毛氏恐誤。"元王惲《錢舜舉桃花黃鶯圖》詩："金衣公子絳桃芳，飛下喬林過錦江。細按玉琴能巧囀，絳紗高捲薛濤窗。"亦稱"黃伯勞"。明李時珍《本草綱目·禽三·鸎》："〔釋名〕黃鳥、黃鸝、鸝黃……黃伯勞。時珍曰：《禽經》云：鸎鳴嚶嚶，故名。……陸機（璣）云：齊人謂之搏黍，周人謂之楚雀，幽州謂之黃鸝……淮人謂之黃伯勞。唐玄宗呼爲金衣公子，或謂之黃袍。"明顧起元《説略》卷四："'倉庚鳴'，'庚'亦作'鶊'，黃鸝也。《詩》所謂'有鳴倉庚'是也。《章龜經》曰：倉清也，庚新也，感春陽清新之氣而初出，故名。其名最多，《詩》云黃鳥，齊人謂之搏黍，又謂之黃袍，僧家謂之金衣公子。其色鵹黑而黃，又名鸝黃。諺曰：黃栗留、黃鶯、鶯兒皆一種也。"清姚之駰《元明事類鈔·飛鳥門》："《楊慎集》：郗后妒武帝，令敕中庖以倉庚爲宮膳。倉庚中有老而慧者，鼓翅作人語，郗后聞之幡然爲逮下。帝乃放倉庚，封爲金陵郡公，唐世金衣公子其後也。"《陝西通志·物産二·禽屬》："黃鸝，'黃鳥于飛'（《詩

經·周南》），'交交黃鳥'（《秦風》），'有鳴倉庚'（《豳風》），黃鳥，黃鸝留也，或謂之黃栗留，一名倉庚，一名商庚，一名鵹黃，一名楚雀，關西謂之黃鳥，當甚熟時來在桑間（《陸疏》）。自關而西，謂之鸝黃或謂之黃鳥（《方言》）。明皇每於禁院中見黃鶯，常呼之爲金衣公子（《開元天寶遺事》）。黃鸝，關中謂之楚雀（趙德麟《侯鯖録》）。"亦稱"金衣公主"。董潤民等《各國國鳥與中國名鳥·黃鸝》："黃鸝又名黃鶯。古人稱它黃鳥，也叫黑枕黃鸝、黃栗留、黃伯勞、鶬鶊、倉庚等，因羽毛金黃鮮麗，曾被唐明皇譽爲'金衣公子''金衣公主'。"參見本卷《習見禽鳥説·鳴禽考》"黃鸝"文。

【金陵郡公】

即金衣公子。此稱唐代已行用。見該文。

【黃伯勞】

即金衣公子。此稱先秦時期已行用。見該文。

【金衣公主】

即金衣公子。此稱唐代已行用。見該文。

【鶯兒】

即金衣公子。此稱唐代已行用。見該文。

【黃公】

即黃鸝。擬人化譽稱。以其身被黃羽，故名。此稱宋代已行用。宋蘇軾撰，施元之原注《施注蘇詩》卷八："《書普慈長老壁》（公自注志誠）：'普慈寺後千竿竹，醉裏曾看碧玉椽。倦客再游行老矣，高僧一笑故依然。久參白足知禪味，苦厭黃公聒晝眠。惟有兩株紅百葉，晚來猶得向人妍。'"清邵長蘅删補："黃公，黃鸝也。又，江浙間有花，謂之百葉紅。"宋王十朋《東坡詩集注》卷二一："'苦厭黃公聒晝

眠。'師:'黄公,黄鸝也。'"參見本卷《習見禽鳥説·鳴禽考》"黄鸝"文。

【黄鶯】

即黄鸝。此稱宋代已行用。宋任廣《書叙指南·羽族衆鳥》:"黄鳥,曰黄鶯(《詩義疏》,幽州音)。"明邊貢《人日喜晴次蒲汀韻》:"即起户簾通紫燕,早聞宫樹囀黄鶯。"《淵鑑類函》卷四二六引《詩義疏》曰:"黄鳥,鸝鶹也。或謂黄栗留,幽州謂之黄鶯,或謂之黄鳥,一名倉庚,一名商庚,一名鴛黄,一名楚雀。齊人謂之搏黍,關西謂之黄鳥。常椹熟時來在桑樹間,皆應節趨時之鳥,或謂之黄袍。"《駢字類編·采色門二》:"黄鶯,《詩義疏》:黄鳥,鸝鶹。或謂黄栗留,幽州謂之黄鶯。"清吳綺《菩薩蠻·乍遇(咏青溪遺事畫册和程邨韻)》詞:"臉兒纔半見,恨煞齊紈扇。紺蝶與黄鶯,輸他春一雙。"清吳焯等《南宋襍事詩》卷二:"黄鶯枝上盡情啼,何處西陵路欲迷。款款朱輿繞湖去,相君心愛白沙隄。"參見本卷《習見禽鳥説·鳴禽考》"黄鸝"文。

【紅樹歌童】

即黄鸝。此稱唐代已行用。清陳元龍《格致鏡原》卷七八"鶯"引《開元遺事》:"明皇每於禁苑中見黄鶯,呼之爲金衣公子,又呼爲紅樹歌童。"清厲荃《事物異名録·禽鳥·鶯》:"明皇禁苑中,黄鶯呼爲金衣公子,又呼爲紅樹歌童。"參見本卷《習見禽鳥説·鳴禽考》"黄鸝"文。

燕

習見鳴禽名。雀形目,燕科,家燕(*Hirundo rustica* Linnaeus)。小型鳴禽,體長約17厘米,嘴黑褐色,跗跖及趾黑色。上體金屬藍黑色,頦、喉、上胸栗色,腹部白色或淡棕色,無斑。尾羽亦黑褐色,外側尾羽的内側羽片具近端白斑,最外側兩枚尾羽延長,飛行時展開呈剪形。其尾上白斑連成"V"字形。雌鳥最外側兩枚尾羽稍短。此鳥兩翅狹長,飛行時呈鐮刀狀。飛行迅捷如矢,忽上忽下,時東時西。常結群穿飛於田野、灘塗、空中,或從水面掠過,或栖息於電綫上。飛行時張口捕食蠅、蚊等飛蟲。鳴聲短促而尖鋭。廣布於全國各省區。栖於村落附近,喜營巢於屋梁或廊檐下。巢用泥壘築,内墊草、絮等。每年繁殖兩次。該鳥在我國大部分地區是夏候鳥。春季飛來,在我國繁殖度夏。秋季遷徙到海南、南洋諸島及馬來半島、澳大利亞等地越冬。

先秦時期始稱"燕燕""鳦"。亦稱"燕子"。《詩·邶風·燕燕》:"燕燕于飛,差池其羽。"袁梅譯注:"燕燕,燕子。大概是因爲燕子常雙飛往來,則以雙聲名之,重言'燕燕'。古童謠亦見'燕燕尾涎涎'句。"《韓非子·喻老》:"甲胄生蟣虱,鳦雀處帷幄。"秦漢時期亦稱"鳦"。《爾雅·釋鳥》:"燕燕,鳦。"邢昺疏:"此燕燕即今之燕,古人重言之。"此稱漢代已行用,并沿稱至今。《説文·燕部》:"燕,玄鳥也。籋(音niè,鑷子)口,布翄,枝尾,象形。"北周庚信《入彭城館》詩:"夏餘花欲盡,秋近鶯將稀。"唐駱賓王《代女道士王靈妃贈道士李榮》

鶯
(明文俶《金石昆蟲草木狀》)

詩之一二：“春時物色無端緒，雙枕孤眠誰分許。分念嬌鶯一種啼，生憎燕子千般語。”南唐劉崇遠《金華子雜編》卷下：“楊琢常說，在淄青日見一百姓家燕巢，纍年添接竟逾三尺，其燕哺雛既飛。一旦有諸野禽飛集，俄而漸衆，梁棟之上棲息無空隙，不復畏人。”宋趙長卿《浪淘沙》詞：“綠樹轉鳴禽，已是春深。楊花庭院日陰陰。簾外飛來雙語燕，不寄歸音。”明徐光啓《農政全書》卷六〇：“《燕子不來香》：燕子不來香，燕子來時便不香。我願今年燕不來，常與吾民充饞糧。”按，燕子不來香，草名。荒年可救饑。

　　燕亦燕科鳥類總稱，遍布於我國各地，常見的有金腰燕（*Hirundo daurica*）、〔白腹〕毛脚燕（*Delichon urbica*）、岩燕（*Ptyonoprogne rupestris*）、灰沙燕（*Riparia riparia*）等。家燕我國有四個亞種：指名亞種（*H. r. rustica*），見於新疆各地；普通亞種（*H. r. gutturalis*），分布於我國中東部地區；北方亞種（*H. r. tytleri*），見於東北、內蒙古、東南沿海一帶；東北亞種（*H. r. mandschurica*），見於東北北部、中部及臺灣等地。

鷰
（明刊《食物本草》）

【燕燕】

　　即燕。此稱先秦時期已行用。見該文。

【鷰】

　　同“燕”。此體戰國時期已行用。見該文。

【鳦】

　　即燕。古代齊地對燕之稱謂。此稱秦漢時期已行用。見該文。

【燕子】

　　即燕。此稱唐代已行用。亦今之俗稱。見該文。

【玄鳥】

　　即燕。亦作“鳦鳥”。亦稱“玄鷰”“游波”“鷾鳦”“乙鳥”“鳦”“鷿”等。此稱先秦時期已行用。《詩·商頌·玄鳥》：“天命玄鳥，降而生商，宅殷土芒芒。”毛傳：“玄鳥，鳦也。”《禮記·月令》：“〔仲春之月〕是月也，玄鳥至。”晋潘岳《西征賦》：“危素卵之纍殼，甚玄鷰之巢幕。”五代馬縞《中華古今注·信幡》：“書信幡用鳥書，取其飛騰輕疾也。一曰以鴻鴈鷾鳦，有去來之信也。”明宋濂《篇海類編》：“鳦，鳦鳥，鷾名。或作‘鷿’。”明李時珍《本草綱目·禽二·燕》：“〔釋名〕乙鳥（《説文》）、玄鳥、鷾鳥、鷿鵵、游波、天女。時珍曰：燕字篆文象形。乙者，其鳴自呼也。玄，其色也。鷹鸇食之則死，能制海東青、鶻，故有鷾鳥之稱。能興波祈雨，故有游波之號。雷斅云：海竭江枯，投游波而立汛是矣。”參見本卷《習見禽鳥説·鳴禽考》“燕”文。

【鳦鳥】

　　同“玄鳥”。此體明代已行用。見該文。

【玄鷰】

　　即玄鳥。此稱晋代已行用。見該文。

【游波】

即玄鳥。名見《炮炙論》。此稱南北朝時期已行用。見該文。

【鷰觐】

即玄鳥。此稱五代時期已行用。見該文。

【乙鳥】

即玄鳥。此稱漢代已行用。見該文。

【鳷】

即玄鳥。此稱明代已行用。見該文。

【鷾】

即玄鳥。此稱明代已行用。見該文。

【鷾鴯】

即燕。亦作"意而"。此稱先秦時期已行用。《莊子·山木》："鳥莫知於鷾鴯，目之所不宜處不給視，雖落其實，棄之而走。"陸德明釋文："鷾鴯，燕也。"元伊世珍《瑯嬛記》卷上引《玄虛子仙志》："周穆王迎意而子，居靈卑之宮，訪以至道，後欲以爲司徒，意而子愀然不悦，奮身化作玄鳥，飛入雲中。故後人呼玄鳥爲意而。"參閲明董斯張《廣博物志》卷四五、《淵鑑類函》卷四二四"雀燕"文。參見本卷《習見禽鳥説·鳴禽考》"燕"文。

【意而】

同"鷾鴯"。此體金元時期已行用。見該文。

【意怠】

即燕。此稱先秦時期已行用。《莊子·山木》："任曰：'予嘗言不死之道。東海有鳥焉，名曰意怠。其爲鳥也，翂翂翐翐，而似無能；引援而飛，迫脅而棲；進不敢爲前，退不敢爲後；食不敢先嘗，必取其緒。是故其行列不斥，而外人卒不得害，是以免於患。'"明陳懋仁《庶物異名疏·羽部上》："意怠，玄鳥也。"參見

本卷《習見禽鳥説·鳴禽考》"燕"文。

【越鷰】

即燕。亦作"越燕"。亦稱"紫鷰""紫燕""漢燕""舍鴰兒"。此稱漢代已行用。《吴越春秋·闔閭内傳》："胡馬望北風而立，越鷰向日而熙。"北周庾信《謝滕王賚馬啓》："柳谷未開，翻逢紫鷰。"宋羅願《爾雅翼·釋鳥》："越燕小而多聲，頷下紫，巢於門楣上，謂之紫燕，亦謂之漢燕。"清厲荃《事物異名録·禽鳥·紫燕》："婁元禮《田家雜占》：'紫燕名曰舍鴰兒。'"參見本卷《習見禽鳥説·鳴禽考》"燕"文。

【越燕】

同"越鷰"。此體宋代已行用。見該文。

越燕
（清余省等《鳥譜》）

【紫鷰】

即越鷰。此稱南北朝時期已行用。見該文。

【紫燕】

即越鷰。此稱宋代已行用。見該文。

【漢燕】

即越鷰。此稱宋代已行用。見該文。

【舍鴰兒】

即越燕。此稱清代已行用。見該文。

【社燕】

即燕。春社之日飛來，秋社之日飛去，故

紫燕
（清余省等《鳥譜》）

稱。此稱唐代已行用。唐韓偓《玩水禽》詩：
"依倚雕梁輕社燕，抑揚金距笑晨雞。"唐薛能
《桃花》詩："風光新社燕，時節舊春鴻。"亦作
"社鷰"。宋林逋《春日齋中》詩："空階重疊上
垣衣，白晝初長社鷰歸。落盡海棠人臥病，春
風時復動柴扉。"宋朱翌《猗覺寮雜記》卷上：
"《唐本草》注，雁與燕相反，燕來則雁往，燕
往則雁來，故坡云：秋鴻社燕巧相違。"《山堂
肆考》卷二一五："《埤雅》：燕，玄鳥也，一名
鷙鴯。齊曰燕，梁曰乙。大如雀而長，籋口，
布翅，岐尾。春社來秋社去，故謂社燕。"參見
本卷《習見禽鳥説·鳴禽考》"燕"文。

【社鷰】
　　同"社燕"。此體宋代已行用。見該文。

【天女】
　　即燕。亦稱"摯鳥""神女""鷙鳥""蟄鳥"。
此稱唐宋時期已行用。唐蘇鶚《蘇氏演義》卷
下："燕，一名天女，又名摯鳥。"宋葉廷珪
《海録碎事·鳥獸草木部·燕門》："燕，一名天
女，一名神女，一名鷙鳥。"宋曾慥《類説·炙
轂子》："鷰，一名天女、蟄鳥。又曰玄鳥，又
曰乙。"明李時珍《本草綱目·禽二·燕》："人
見白燕，主生貴女，故燕名天女。"一説"神

女"出自晋崔豹《古今注》，今本無此文，但
見於五代馬縞《中華古今注》，此附。參見本
卷《習見禽鳥説·鳴禽考》"燕"文。

【摯鳥】
　　即天女。此稱唐代已行用。見該文。

【神女】[2]
　　即天女。此稱唐宋時期已行用。見該文。

【鷙鳥】
　　即天女。此稱宋代已行用。見該文。

【蟄鳥】
　　即天女。此稱宋代已行用。見該文。

【青衣童子】
　　即燕。此稱唐代已行用。事見《太平廣
記》卷四六一引唐牛肅《紀聞》："後魏元道康，
字景怡。居林廬山雲棲幽谷，静掩衡茅，不下
人間逾二十載，服餌芝术以娱其志……是夕秋
月朗然，清風颯至，道康向月微思。忽聞燕呼
康字云：'景怡卿本澹然爲樂，今何愁思之深
耶？'道康驚異乃知是燕。又曰景怡：'景怡樂
以終身。'康曰：'爾爲禽而語，何巢我屋？'
燕曰：'我爲上帝所罪，暫爲禽耳，以卿盛德，
故來相依。'道康曰：'我忘利不售人間，所以
閉關服道，寧昌其德，爲卿所謂。'燕曰：'海
内棲隱盡名譽耳，獨卿知道卓然囂外，所以神
祇（祇）敬屬，萬靈歸德。'燕曰：'我來日晝
時往前溪相報。'道康乃策杖南溪以伺其至。及
晝，見二燕自北嶺飛來而投澗下，一化爲青衣
童子，一化爲青衣女子，前來謂道康曰：'今
我便歸，以卿相命故來此化然，無以留別，卿
有隱志，幽陰見嘉，卿之壽更四十歲，以此相
報。'言訖復爲雙燕飛去，不知所往。時道康已
年四十，後果終八十云。"後世遂以"青衣童

子""青衣女子"名燕。諸多文獻競相轉引。清高士奇《續編珠·鳥獸部》:"《太平廣記》曰:後魏,元道康齋前常有雙燕爲巢,忽一日一化爲青衣童子,一化爲青衣女子。語道康曰:'今我便歸,無以留别,壽卿更四十歲,以此相報。'言訖復爲雙燕飛去。"清厲荃《事物異名録·禽鳥·燕》:"《太平廣記》:後魏元道康齋前,有雙燕爲巢。一日化爲青衣童子語曰:'今我便歸,無以留别。'言訖復爲雙燕飛去。"參見本卷《習見禽鳥説·鳴禽考》"燕"文。

【青衣女子】

即燕。此稱唐代已行用。見該文。

鶺鴒

習見鳴禽名。雀形目,鶺鴒科,白〔臉〕鶺鴒(*Motacilla alba* Linnaeus)。小型鳴禽,體長約 18 厘米。本種我國有十八個亞種,體色以及頭、胸部的黑色斑紋變异較大。上體黑色至深灰色,尾羽細長,黑色,外側尾羽具明顯白斑。翼上覆羽及飛羽亦具白斑。下體白色,胸部具寬窄不等的黑色胸帶。前頭、臉、頦、喉白色,有黑色過眼紋(西北、西南及東北亞種)。全國各省區均有分布。我國東部、中部、西南及西北地區爲夏候鳥,越冬於華南及海南

鶺鴒
(清余省等《鳥譜》)

等地,臺灣爲留鳥。常栖於草地、河湖邊及沼澤地。營巢於洞穴、墙縫等處。以多種昆蟲爲食,屬益鳥。體形嬌小,步態優美,飛行時呈大波浪式前進,常邊飛邊鳴,停栖時尾部有不停擺動的習性(外文名字就是擺尾之意)。遷徙時成群活動。

先秦時期始稱"脊令"。"鶺鴒"漢代始行用,亦稱"鷏鴒""雝渠""雍渠"。《詩·小雅·常棣》:"脊令在原,兄弟急難。"毛傳:"脊令,雝渠也。飛則鳴,行則摇,不能自舍耳。"袁梅譯注:"脊令,又作'鶺鴒'。或叫雝渠。"《爾雅·釋鳥》:"鷏鴒,雝渠。"漢王符《潛夫論·贊學》:"詩云:題彼鶺鴒,載飛載鳴。"《漢書·東方朔傳》:"辟若鷏鴒,飛且鳴矣。"唐顔師古注:"鷏鴒,雍渠。小青雀也。飛則鳴,行則摇,言其勤苦也。"晋葛洪《抱朴子·守塉》:"鷗鵬戾赤霄以高翔,鶺鴒傲蓬林以鼓翼。"南朝梁劉孝綽《校書秘書省對雪咏懷》:"鶺鴒摇羽至,鶺鷗拂翅歸。"此鳥飛則鳴,行則摇,常用於比喻兄弟情誼。宋蔡卞《毛詩名物解·釋鳥·鶺鴒》:"鶺鴒者,有所就有所招者也。彼可即,而即之則無不親;彼可令,而令之則無不從,如鶺鴒之尾應首也。親則有雝雝之能和,從則有渠渠之能容,故謂之雝渠。作詩者以喻兄弟之無不親無不和也。兄弟之道天性也,動其鶺脊而首尾應者,雖有强誠亦自然而已,故字或以爲鶺鴒。"清陳啓源《毛詩稽古編·正字·字形》:"脊令當作'鷏鴒'。"

按,鶺鴒亦鶺鴒科鳥類之統稱。本科有五十四種,國内有三屬十八種,分别是山鶺鴒(*Dendronanthus indicus*)、黄鶺鴒(*Motacilla flava*)、黄頭鶺鴒(*M. citreola*)、灰鶺

鴒（*M. cinerea*）、白鶺鴒（*M. alba*）、日本鶺鴒（*M. grandis*）、印度鶺鴒（*M. maderaspatensis*）、紅喉鷚（*Anthus cervinus*）、田鷚（*A. novaeseelandiae*）、布萊氏鷚（*A. godlewstil*）、平原鷚（*A. campestris*）、粉紅胸鷚（*A. roseatus*）、水鷚（*A. spinoletta*）、林鷚（*A. trivialis*）、樹鷚（*A. hodgsoni*）、草地鷚（*A. pratenis*）、北鷚（*A. gustavi*）、山鷚（*A. sylvanus*）。鶺鴒科的"鷚"類，體色多爲麻色；"鶺鴒"類，體色多爲黑、白、黃三色。

又，本種名白鶺鴒，我國有九個亞種：西部亞種（*M. a. dukhunensis*），見於新疆天山、青海門源、川西地區（旅鳥）及東北哈爾濱（迷鳥）；新疆亞種（*M. a. personata*），見於新疆北部準噶爾盆地、西部喀什與天山、中部吐魯番、塔里木盆地南部山脉，亦見於甘肅西部若水、湖北西部與西藏南部地區；西南亞種（*M. a. alboides*），見於西南各地；印度亞種（*M. a. maderaspatensis*），僅見於雲南西部；東北亞種（*M. a. baicalensis*），主要分布於東北西部（繁殖鳥），遷徙時見於東北至西南的廣大地區（旅鳥），冬候鳥則主要分布於四川、雲南、貴州、廣東、廣西等地；灰背眼紋亞種（*M. a. ocularis*），見於東北地區及青海、陝西、寧夏、

四川以東各地；普通亞種（*M. a. leucopsis*），見於東北、華北、西北至東南各地；黑背眼紋亞種（*M.a. lugens*），見於東北至東部沿海一帶；日本亞種（*M. a. grandis*），僅見於河北東陵及臺灣，均爲迷鳥。

【脊令】

同"鶺鴒"。此體先秦時期已行用。見該文。

【鶺鴒】

同"鶺鴒"。此體秦漢時期已行用。見該文。

【離渠】

即鶺鴒。此稱秦漢時期已行用。見該文。

【雍渠】

即鶺鴒。此稱至遲唐代已行用。見該文。

【鴒】

"鶺鴒"之單稱。此稱至遲南北朝時期已行用。《北齊書·李渾傳》："鴒有六翮，飛則冲天；麋有四足，走便入海。"唐李商隱《爲裴懿無私祭薛郎中袞文》："原鴒奕奕，沼雁馴馴。"清毛奇齡《續詩傳鳥名·周頌·小毖》："一字者以字書不兼出，遂成單名。猶鶺鴒稱鴒，鳲鳩稱鳩也。"

【雅】

即鶺鴒。亦作"鴉"。亦稱"石鳥""鴣鵖"。此稱漢代已行用。《説文·隹部》："雅，石鳥，一名雝䳕，一曰精列。从隹牙聲。"徐鍇繫傳："石鳥，一名離渠，一曰精列。從隹，牙聲。《春秋傳》：'秦有士雅。'臣鍇曰：'《爾雅》：即離渠，雀屬。飛則鳴，行則摇。'"《集韻·平先》："雅，鴉。《説文》：'石鳥，一名雝䳕，一曰精列。'"按，"雅""鴉"亦作"雅""鴉"。清姚炳《詩識名解·鳥部·脊令》："脊令（《小雅·常棣》篇），《釋鳥》以鶺鴒爲離渠；而《廣雅》

脊令
（［日］岡元鳳《毛詩品物圖考》）

別作'鸜鵒'，一名雅。按，雅從隹，音牽。《説文》：石鳥，一名雕渠，一名精列。"按，"鶽"（"鶽"）亦讀作"jiān"，指鶬鶄，俗稱池鷺。

【鶽】

同"雅"。此體宋代已行用。見該文。

【石鳥】

即雅。此稱漢代已行用。見該文。

【鸜鵒】

即雅。此稱三國時期已行用。見該文。

【精列】

即鶺鴒。此稱漢代已行用。《周禮·冬官·考工記》："注鳴精列。"清姚炳《詩識名解·鳥部·脊令》："《説文》：石鳥，一名雕渠，一名精列。"按，一説"精列"亦鶺鴒之別名。《太平御覽》卷九二五引《説文》："鶽，鶬鶄也。曰鶬，一曰石鳥也。一名雕渠，一名精列。"此附。參見本卷《習見禽鳥説·鳴禽考》"鶺鴒"文。

【錢母】

即鶺鴒。亦稱"連錢""鷃鴒""雕鶄""鸎鴒"。此稱唐宋時期已行用。《廣韻·入昔》："鸎鴒，一名雕鶄，又名錢母。大於燕，頸下有錢文。"金韓道昭《五音集韻·四昔》："鶺，鷃鴒，一名雕鶄，又名錢母。大於燕，頸有錢文。"清毛奇齡《續詩傳鳥名·小雅·常棣》："脊令即鶺鴒。……陸璣謂鶺鴒大於鸊雀，背青赤色，腹下白，頭下有黑如連錢。《廣韻》亦云頸下有錢文，名爲錢母。"《分類字錦·鳥獸》："錢母，《埤雅義訓》曰：鷃鴒，錢母。其頸如錢文。"《格致鏡原》卷八〇引《埤雅》："鶺鴒，雕渠。蓋雀之屬，飛則鳴，行則搖，大於鶺，長脚，尾腹下白，頸下黑如連錢，故杜陽人謂之連錢。《義訓》曰：'鶺鴒，錢母。其頸如錢文。'"

【連錢】

即錢母。此稱宋代已行用。見該文。

【鷃鴒】

即錢母。此稱宋代已行用。見該文。

【雕鶄】

即錢母。此稱金元時期已行用。見該文。

【鸎鴒】

即錢母。此稱明清時期已行用。見該文。

【雪姑】

即鶺鴒。此稱唐宋時期已行用。昔傳鶺鴒色蒼白如雪，鳴則天降大雪，因名"雪姑"。明毛晉《陸氏詩疏廣要·釋鳥·脊令在原》："《埤雅》云：《義訓》曰鶺鴒，錢母，其頸如錢文，其鳴自呼，或曰首尾相應飛且鳴者，故謂之雕渠，渠之言勤也。《物類相感志》曰：俗呼雪姑，其色蒼白似雪，鳴則天當大雪，極爲驗矣。"宋嚴粲《詩緝》卷一七："小宛取義在於飛則鳴，故曰：'題彼脊令，載飛載鳴。'此詩取義在於行則搖，故曰脊令在原。程子以爲脊令首尾相應是也。鄭氏以爲水鳥宜在水中，在原則失其常處，故飛鳴以求其類，非也。今雪姑非水中之鳥，若失其常處而飛鳴以求其類，凡鳥皆然，何獨脊令哉？"元許謙《詩集傳名物鈔》卷五："脊令，雀屬，大如鸊雀，長脚，長尾，尖喙，背上青灰色，腹下白，頸下黑如連錢，故杜陽人謂之連錢。《詩緝》：雪姑也。"明馮復京《六家詩名物疏·常棣篇·脊令》："《爾雅》云：'鶺鴒，雕渠。'郭云：'雀屬也，飛則鳴，行則搖。'陸璣云：'大如鸊雀，長脚，長尾，尖喙，背上青灰色，腹下白，頸下黑如連錢，故杜陽人謂之連錢。'《物類相感志》云：'俗呼雪姑，其色蒼白如雪，鳴則天當大雪。'"參見本卷《習見禽鳥説·鳴禽考》"鷤鴂"文。

【連點七】

即鷤鴂。此稱明代已行用。明曹學佺《蜀中廣記·方物記》:"蜀人呼鷤鴂爲連點七。五代時有問洪杲禪師曰:'如何是連點七?'師云:'屈指數不及,地上無踪迹。'"參見本卷《習見禽鳥説·鳴禽考》"鷤鴂"文。

鵊鳩

習見鳴禽名。雀形目,捲尾科,黑捲尾(*Dicrurus macrocercus* Vieillot)。中型鳴禽,體長可達 29 厘米。通體黑色,有藍色金屬光澤。尾長,呈叉狀,外側尾羽先端向上捲曲。跗蹠短而健。嘴、跗蹠、趾均黑色。眼睛褐色。我國大部分地區有分布。常栖於山麓平原開闊林地,尤喜栖於溪旁樹頂,見昆蟲即飛捕之,并復落原處。多單個、成對或結小群活動。常跟隨農人犁後啄食翻耕出土的蠕蟲、昆蟲。不甚怕人。鳴聲嘹亮如金屬撞擊聲,還能模仿他鳥鳴叫。飛翔力强,速度快。該鳥在我國是夏候鳥,冬季遷徙到南洋諸島越冬。

此稱秦漢時期已行用,亦稱"鵊鴂""烏鵙""烏鶪""批頰""雛札"。《爾雅·釋鳥》:"鵊鳩,鵊鴂。"晋郭璞注:"小黑鳥,鳴自呼,江東名爲烏鶪。"清郝懿行義疏:"鵊鴂聲轉爲批頰。即批頰鳥也。又名雛札。"《通志·禽類》:"鵊鳩,《爾雅》曰鵊鴂。郭云小黑鳥,鳴自呼。江東名爲烏鶪。按,此似鵙鴂,無冠而長尾,多在山寺厨櫺間,今謂之烏鶪。"今通稱"黑捲尾"。《漢語大字典·鳥部》:"烏鶪,又名鵊鳩、鵊鴂、批頰、雛札、雅鶪。即今雀形目之黑捲尾。俗名鐵連甲。"一説鵊鳩即隼類。如《爾雅翼·釋鳥》:"鵊鳩者,隼也。見隼章。"此附供

考。黑捲尾我國有兩個亞種:普通亞種(*D. m. cathoecus*),見於東北、華北、西部南部及西南各地(夏候鳥),長江流域與西南地區(夏候鳥、旅鳥),雲南東南部、海南(留鳥);臺灣亞種(*D. m. harterti*),見於臺灣(留鳥)。

【鵊鴂】

即鵊鳩。名見《爾雅·釋鳥》。此稱秦漢時期已行用。見該文。

【烏鵙】

即鵊鳩。此稱晋代已行用。《通志·禽類》作"烏鶪",似誤。見該文。

【烏鶪】

即鵊鳩。名見《通志·禽類》。此稱宋代已行用。見該文。

【批頰】

即鵊鳩。名見《爾雅·釋鳥》郝懿行義疏。此稱清代已行用。見該文。

【雛札】

即鵊鳩。名見《爾雅·釋鳥》郝懿行義疏。此稱清代已行用。見該文。

【黑捲尾】

即鵊鳩。今之通稱。此稱行用於近現代。見該文。

【榨油郎】

即鵊鳩。此稱明代已行用。亦稱"鐵鸚鵡""鳳凰皂隸""夏雞""唤起"。明李時珍《本草綱目·禽三·伯勞》:"[附録]鵊鳩……滇人呼爲榨油郎,亦曰鐵鸚鵡。……南人呼爲鳳凰皂隸,汴人呼爲夏雞。古有催明之鳥,名唤起者,蓋即此也。其鳥大如燕,黑色長尾有岐。"參見本卷《習見禽鳥説·鳴禽考》"鵊鳩"文。

【喚起】[2]

即榨油郎。見該文。

【鐵鸚鵡】

即榨油郎。此稱明清時期已行用。見該文。

【鳳凰皂隸】

即榨油郎。明代南部地區對鶌鳩的別稱。見該文。

【夏雞】

即榨油郎。明代中原地區對鶌鳩的別稱。見該文。

【架犁】

即鶌鳩。鶌鳩五更即鳴，鳴聲“架架格格”，似催人耕作，故名。《太平御覽》卷九一四引《荊楚歲時記》：“春分日……屋上有鳥如烏先雞而鳴‘架架格格’。民候此鳥則入田，以爲候人‘架犁’。”亦作“駕犁”。此稱多行用於宋明時期。明李時珍《本草綱目·禽三·伯勞》：“［附錄］鶌鳩……小於烏。能逐烏。三月即鳴，今俗謂之駕犁，農人以爲候。五更輒鳴，曰‘架架格格’，至曙乃止。”參見本卷《習見禽鳥説·鳴禽考》“鶌鳩”文。

【駕犁】

同“架犁”。此體明代已行用。見該文。

鷦鷯

習見鳴禽名。雀形目，鷦鷯科，鷦鷯（ *Troglodytes troglodytes* Linnaeus）。小型鳴禽，體長約 10 厘米。上體栗褐色，上背至尾均布滿黑褐色密橫斑。嘴長直而窄，近先端稍曲，鼻孔裸露，無嘴鬚。嘴、跗跖、趾均爲褐色。頭部淡棕，眉紋及頭側淡棕色，頭側羽具棕黑色小點與棕白色細紋。翼尖白色。下體羽色栗褐但較上體略淡，胸以下具黑褐色橫斑，雜以白色。翼短圓，尾短小，常翹於背上。全國大部分省區均有分布，夏季栖於叢林，冬季則移到山泉流動的礫石堆、平原樹叢、竹林等處越冬。營巢於岩石縫隙、灌叢等處。用細枝、苔蘚等交錯構成圓屋頂狀巢，小巧精緻。主食昆蟲，爲農林益鳥。該鳥在華北及東南沿海各省越冬，爲冬候鳥。夏季在西部及北部各省區繁殖，爲夏候鳥。

此稱秦漢時期已行用。省稱“鷦”，亦稱“桃蟲”“鴉”“鷦鷯”“蒙鳩”“蟭鳩”“巧婦”“巧婦鳥”。《爾雅·釋鳥》：“桃蟲，鷦。其雌鴱。”晉郭璞注：“鷦鷯，桃雀也，俗呼爲巧婦。”陸璣《詩疏》：“桃蟲，今鷦鷯是也。”《莊子·逍遥游》：“鷦鷯巢於深林，不過一枝。”《荀子·勸學》：“南方有鳥焉，名曰蒙鳩，以羽爲巢，而編之以髮，繫之葦苕。風至苕折，卵破子死。巢非不完也，所繫者然也。”唐楊倞注：“蒙鳩，鷦鷯也……今巧婦鳥之巢至精密，多繫於葦竹之上是也。”王先謙集解：“盧文弨曰：‘蒙鳩，《大戴禮》作蟭鳩。’”南北朝時期亦稱“鴜婦”“鴜”。以其窠精巧，故稱。《玉篇·鳥部》：“鴜，鴜婦，本作巧。”北齊劉晝《劉子·托附》：“鷦鷯巢葦之莖，紩之以絲髮，珠圓羅緻，雖女子運巧不能爲之，可謂固矣。”唐白居易《履道池上作》詩：“樹暗小巢藏巧婦，渠荒新葉長慈姑。”宋蘇軾《雷州八首》之三：“下居近流水，小巢依

鷦鷯
（馬駘《馬駘畫寶》）

嶺岑。終日數椽間，但聞鳥遺音。爐香入幽夢，海月明孤斟。鷦鷯一枝足，所恨非故林。"《類篇·鳥部》："鷯，鳥名。""鷯"一本作"鷔"。宋郭祥正《將至歷陽先寄王純父賢守》詩："鷦鷯信微物，聊假一枝寬。"明李時珍《本草綱目·禽二·巧婦鳥》："〔釋名〕鷦鷯、桃蟲、蒙鳩、女匠、黃脰雀。時珍曰：按，《爾雅》云：'桃蟲，鷦。其雌曰鴱。'揚雄《方言》云：'自關而東謂之巧雀，或謂之女匠；自關而西謂之襪雀，或謂之巧女，燕人謂之巧婦。'"

按，鷦鷯科鳥類約十三屬五十九種，亞種分化甚多。本種有七個亞種：天山亞種（ *T. t. tianschanicus* ）、西藏亞種（ *T.t. nipalensis* ）、四川亞種（ *T.t. szetschuanus* ）、雲南亞種（ *T.t. talifuensis* ）、東北亞種（ *T. t. dauricus* ）、普通亞種（ *T. t.idius* ）、臺灣亞種（ *T. t. taivanus* ）。其中普通亞種爲我國特有亞種，分布範圍較其他亞種爲廣。今俗稱"山蟈蟈"。

鵝
（明王圻等《三才圖會》）

桃蟲
（〔日〕岡元鳳《毛詩品物圖考》）

又，三國吳陸璣《毛詩草木鳥獸蟲魚疏》："鴟鴞，似黃雀而小……幽州人謂之鸋鴂，或曰巧婦，或曰女匠。"明毛晉廣要："先儒皆以爲今之巧婦。郭〔璞〕注此云鴟類，又注《方言》云：'鸋鴂，鴟鴞，鴟屬。非此小雀明矣。'是與先儒意異也。今《爾雅》以郭氏爲宗，且依郭氏。"今各類《詩》注譯類書籍亦多宗郭璞之説，以爲"鴟鴞"即鴟類（貓頭鷹），而非鷦鷯類。此附供考。參見本卷《習見禽鳥説·猛禽考》。

【鷯】

"鷦鷯"之省稱。此稱秦漢時期已行用。見該文。

【桃蟲】

即鷦鷯。此稱秦漢時期已行用。見該文。

【鴱】

即鷦鷯。特指其雌鳥。此稱秦漢時期已行用。見該文。

【鷦鷔】

即鷦鷯。此稱晋代已行用。見該文。

【蒙鳩】

"鷦鷯"之貶稱。鷦鷯築窠於葦上，葦折則窠毀，古人以其蒙愚，故名。此稱先秦時期已行用。見該文。

【蛱鳩】

即鷦鷯。亦"鷦鷯"之貶稱。此稱漢代已行用。見該文。

【鴟婦】

即鷦鷯。此稱南北朝時期已行用。見該文。

【鴟】

即鷦鷯。此稱南北朝時期已行用。見該文。

【巧婦鳥】

即鷦鷯。此稱唐代已行用。見該文。

【巧婦】

即鷦鷯。此稱漢代已行用。見該文。

【巧雀】

即鷦鷯。此稱漢代已行用。見該文。

【巧女】

即鷦鷯。此稱漢代已行用。見該文。

【黄脰雀】

即鷦鷯。此稱明代已行用。見該文。

【雛𪃠】

即鷦鷯。此稱漢代已行用。亦單稱"𪃠"，或作"𪃠"。《類篇·鳥部》："𪃠，鳥名。《説文》：雛𪃠也。一曰桃雀，即巧婦，或書作'𪃠'。"

【𪃠】

即雛𪃠。此稱宋代已行用。參見本卷《習見禽鳥説·鳴禽考》"鷦鷯"文。

【𪃠】

即雛𪃠。此稱宋代已行用。參見本卷《習見禽鳥説·鳴禽考》"鷦鷯"文。

【懀爵】

即鷦鷯。亦作"轞爵""襪雀"。"爵"通"雀"。此鳥似黄雀而小，其喙如錐，取茅莠築巢，以麻紩之，如刺襪然，故有諸名。此稱漢代已行用。《方言》第八："桑飛……自關而西謂之桑飛，或謂之懀爵。"《爾雅·釋鳥》："桃蟲，鷦。其雌鴱。"宋邢昺疏："《方言》：……自關而西謂之桑飛，或謂之轞爵是也。"明李時珍《本草綱目·禽二·巧婦鳥》[釋名]引《方言》："自關而東謂之巧雀，或謂之女匠。自關而西謂之襪雀，或謂之巧女。"一説"懀爵"（訛作"襪雀"）、"桑飛""巧女"實指鴟鴞，

即猫頭鷹類禽鳥。如三國吳陸璣《毛詩草木鳥獸蟲魚疏·鴟鴞》："鴟鴞，似黄雀而小，其喙尖如錐，取茅莠爲巢，以麻紩之如刺襪然，縣著樹枝，或一房或二房，幽州人謂之鸋鳩，或曰巧婦，或曰女匠，關東謂之工雀，或謂之過羸，關西謂之桑飛，或謂之襪雀，或曰巧女。"此説對後世影響頗大。然亦有歧義者。如宋楊簡《慈湖詩傳》卷一八："郭璞注云：桑飛即鷦鷯也，又名鷦鸎，亦名巧婦，江東呼布母。按《爾雅》云：鸋鳩，鴟鴞屬。非此小雀明矣。《説文》云：鷦鷯，桃蟲也。"今人則認爲懀爵即鷦鷯。參閲《漢語大詞典·心部·懀爵》文。參見本卷《習見禽鳥説·鳴禽考》"鷦鷯"文。

【轞爵】

同"懀爵"。轞，同"襪"，以其喙尖築巢如刺襪然，故名。此體宋代已行用。見該文。

【襪雀】

同"懀爵"。此體三國前已行用。見該文。

【桑飛】

即鷦鷯。此稱漢代已行用。亦稱"工爵""過羸""女鴟""女匠""鷦鸎""布母"。《方言》第八："桑飛，自關而東謂之工爵，或謂之過羸，或謂之女匠……自關而西謂之桑飛，或謂之懀爵。"晋郭璞注："即鷦鷯也，又名鷦鸎……今亦名爲巧婦，江東呼布母。"舊題周師曠《禽經》："鷦巧而危。"晋張華注："鷦𪃠，桃雀也。狀類黄雀而小。燕人謂之巧婦，亦謂之女鴟。"明李時珍《本草綱目·禽二·巧婦鳥》："按，《爾雅》云：桃蟲，鷦。其雌曰鴱。揚雄《方言》云：自關而東謂之巧雀，或謂之女匠。自關而西謂之襪雀，或

謂之巧女。燕人謂之巧婦。……鷦性巧，故
得諸名。”參見本卷《習見禽鳥説・鳴禽考》
“鷦鷯”文。

【工爵】

即桑飛。此稱漢代已行用。見該文。

【過嬴】

即桑飛。此稱漢代已行用。見該文。

【女匠】

即桑飛。此稱漢代已行用。見該文。

【女鷗】

即桑飛。此稱晋代已行用。見該文。

【鷦鸎】

即桑飛。此稱晋代已行用。見該文。

【布母】

即桑飛。此稱晋代已行用。見該文。

【柳串】

即鷦鷯。亦稱“屢事稽留”。《爾雅・釋鳥》：
“桃蟲，鷦。其雌鴱。”清郝懿行義疏：“今東齊
人謂之屢事稽留，揚州人謂之柳串。”清王念
孫疏證：“案，鷦鷯之鳥，今揚州謂之柳串。毛
色青黄，目間有白色如銀。數編麻爲巢於竹樹
枝間，條理緻密，莫能尋其端緒。時則雌雄交
鳴，聲小而清徹。”參見本卷《習見禽鳥説・鳴
禽考》“鷦鷯”文。

【屢事稽留】

即柳串。山東半島地區對鷦鷯之別稱。此
稱清代已行用。見該文。

十二紅

習見鳴禽名。雀形目，太平鳥科，小太平
鳥（Bombycilla japonica Siebold）。小型鳴禽，
體長約 18 厘米。體形類似太平鳥，然尾短而
圓，尾羽十二枚，先端紅色。嘴、跗蹠黑色。

頭具灰色帶赤褐色羽冠。兩翅尖長，翅上有紅
色斑。我國大部分地區均有分布，多爲冬候鳥。
在西伯利亞等地度夏繁殖。常栖於低山疏林或
雜木林。喜集小群，一二十隻活躍在樹冠上。
性活潑好動，常彼此不停地追逐嬉戲。覓食或
遷徙時，一鳥飛動，他鳥隨之。鳴聲輕細，立
於枝頭常彼此輕聲呼唤。以植物種子、漿果爲
主食，亦取吃昆蟲。

此稱宋元時期已行用。宋陳耆卿《赤城
志・禽之屬》：“十二紅，羽毛紅褐、碧緑相間。”
元楊載《題十二紅卷子》：“碧桃枝上有珍禽，
調舌交交聽好音。畫出江南春意思，明年携酒
共追尋。”明徐賁《題冬青十二紅圖》詩：“秋
風吹老萬年枝，山鳥飛來啄子時。却憶題詩畫
中客，一成没後一分離。”明丘濬《爲林學士
題十二紅畫》詩：“丹杏香邊翠竹中，幽禽兩兩
立東風。不知毛羽紅多少，却得人呼十二紅。”
明楊基《十二紅圖》詩：“何處飛來十二紅，萬
年枝上立東風。”清姚之駰《元明事類鈔・飛鳥
門》：“楊基詩：‘何處飛來十二紅，萬年枝上立
東風。’注：十二紅，鳥名。”清陳元龍《格致
鏡原》卷八一引《事物紺珠》：“十二紅，小於
鷯。蒼背，花翅，紅腹。”

按，太平鳥科的另一種是太平鳥（B.
garrulus），又名“十二黄”，亦稱“黄連雀”“連
雀”“大太平鳥”。其體長約 19 厘米，外形與
十二紅近似，祇是兩翼斜貫一道白紋，尾羽先
端黄色。分布和習性與十二紅相似。太平鳥之
“太平”，有“吉祥如意、五谷豐登、安居樂業”
之意；又因它們活潑可愛、羽色絢麗，故而常
被人們飼爲籠鳥。十二紅亦稱“緋連雀”“朱連
雀”，通稱“小太平鳥”。

【小太平鳥】

　　即十二紅。今之通稱。見該文。

【緋連雀】

　　即十二紅。此稱多行用於近現代。見該文。

【朱連雀】

　　即十二紅。此稱多行用於近現代。見該文。

桐花鳳

　　習見鳴禽名。雀形目，太陽鳥科，藍喉太陽鳥（*Aethopyga gouldiae* Vigors）。小型鳴禽，體長約 15 厘米。瘦小靈活。嘴細長而微拱曲，舌呈管狀，先端分叉富伸張力。圓翼，頭頂與喉部紫藍色，有紫色金屬光澤。背胸暗紅，腰腹鮮黃，中央尾羽紫藍色，其餘黑褐間雜。我國主要分布於陝西以南，兩湖、西南及東南沿海亞熱帶地區。多栖居於高山茂林或園圃。有時集群，尤喜穿梭於開花樹叢之間。性活潑，雄性好鬥。飛行快，鳴聲尖鋭。以長嘴探入花朵内用舌吮吸花蜜。亦兼食昆蟲、蜘蛛、植物果實等。此鳥既可協助植物完成傳花授粉，又可消滅農林害蟲，爲園林益鳥。因其羽色艷麗，飛行姿態奇特，爲著名的觀賞鳥。

　　此稱唐代已行用。唐李德裕《畫桐花鳳扇賦序》：“成都夾岷江，磯岸多植紫桐。每至暮春，有靈禽五色，小於玄鳥，來集桐華，以飲朝露。及華落則烟飛雨散，不知其所往。”宋宋祁《益部方物略記·桐花鳳》：“金花之露，俗曰鳳類，緑羽纖爪，藻背翠尾，花落則隱，以是見貴。”自注：“桐花鳳，二月桐花始開，是鳥翺翔其間，丹碧成文，纖嘴長尾，仰露以飲，至花落輒去，蜀人珍之，故號爲鳳。或爲人捕置樊間，飲以蜜漿，哺以炊粟，可以閲歲。蜀士以繪扇，唐李衛公嘗爲賦。”宋蘇軾《東坡志林》卷二：“又有桐花鳳，四五日翔集其間，此鳥羽毛至爲珍異難見。”有人以爲此鳥花落不食他物，遂漸死亡。如宋樂史《太平寰宇記·劍南西道·元領縣》：“桐花色白，至大，有小鳥燋紅翠碧相間，毛羽可愛。生於花中，唯飲其汁，不食他物，花落遂死。人以蜜水飲之或得三四日。性亂跳躑，多抵觸便死。士人畫桐花鳳扇即此類也。”其實此説并非如此。花落鳥去是因爲花落後無蜜可食，因而去他地覓食，并非花落即死，更非性亂跳躑，抵觸而亡。元代亦稱“收香倒裓”“探花使”。元伊世珍《瑯嬛記》卷中引《林下詩談》：“桐花鳳小於玄鳥，春暮來集桐花。一名收香倒裓。又名探花使。”明王世貞《紅倒掛鳥賦》：“丁丑之春，余棲弇園。有自郡來者言客携紅鸚鵡求售，其直爲六金，余殺其五鐶得之，至則非鸚鵡也。其體量小十之六，首尾紅色如猩血，而兩翅各一二莖如翡翠，腹毛隱隱作鵝黃，嘴差類鸚鵡而小，色亦黃，其音婉麗輕細，極馴擾，出入人懷袖間，竟不能辨爲何鳥，而時時掛一足於架，倒懸移晷尺不動，則意其爲倒掛鳥也。居一歲死，葬之先月亭後土岡叢條下。考蘇子瞻詞有所謂倒掛緑毛么鳳，劉續《霏雪録》謂即李贊皇所賦扇中五色桐花鳳也。成都大岷江磯多植紫桐，每至春暮來集桐花，以飲朝露，花落散去，不知所嚮。又李之儀有詞云：‘朱唇玉羽下蓬萊，佳時近早梅。’自注云：此鳥以十二月來，一名收香倒掛，又名探花使。性極馴，好集美人釵上，宴客終席不去，人愛之，無所害。”今通稱“藍喉太陽鳥”。

　　桐花鳳我國分布兩個亞種：指名亞種（*A. g. gouldiae*），見於西藏南部偏東地區及昌都地區南部（留鳥）；西南亞種（*A. g. dabryii*），見於四川北部、中部，陝西南部，雲南北部、西部、南部，貴州南部，廣西瑤山，湖北西部，湖南南部（留鳥）。

【收香倒褂】

即桐花鳳。此稱元代已行用。見該文。

【探花使】

即桐花鳳。此稱元代已行用。見該文。

【藍喉太陽鳥】

即桐花鳳。今通稱。此稱行用於近現代。見該文。

【么鳳】

即桐花鳳。么，小。因其體小，毛羽絢麗似鳳，故稱。此稱宋代已行用。宋蘇軾《異鵲詩韻》：“家有五畝園，么鳳集桐花。”又《次韻李公擇梅花》：“故山亦何有？桐花集么鳳。”參見本卷《習見禽鳥説・鳴禽考》“桐花鳳”文。

【收香鳥】

即桐花鳳。此稱元代已行用。元虞集《東家四時詞四首》之四：“海南新送收香鳥，轉覺清寒入翠帷。”明王世貞《惹香徑》詩：“花氣無不薰，偏與紅粧嬈。夜分乍解衣，宛是收香鳥。”元萬石《退宮人引》詩：“金蓮斜抱捧珠龍，玉籠倒掛收香鳥。”《韻府拾遺・上鳥》：“收香鳥：虞集詩：‘海南新送收香鳥，轉覺清寒入翠帷。’”參見本卷《習見禽鳥説・鳴禽考》“桐花鳳”文。

【倒掛雀】

“桐花鳳”之俗稱。因常倒懸其身過夜，故名。此稱宋代已行用。省稱“倒掛”。亦稱“倒掛子”“倒掛鳥”“倒垂蓮”“收香倒掛”。宋朱彧《萍洲可談》卷二：“海南諸國有倒掛雀，尾

羽備五色，狀似鸚鵡，形小如雀，夜則倒懸其身。”宋蘇軾《十一月二十六日松風亭下梅花盛開》詩之二自注：“嶺南珍禽有倒掛子，綠毛紅喙，如鸚鵡而小，自海東來。”明王濟《君子堂日詢手鏡》：“倒掛小巧可愛，形色皆如綠鸚鵡而小，略大於瓦雀，好香。故名收香倒掛。”《明史・外國傳・百花》：“百花，居西南海中。洪武十一年，其王……貢白鹿、紅猴、龜筒、玳瑁、孔雀、鸚鵡、哇哇、倒掛鳥及胡椒、香蠟諸物。”清陳尚古《簪雲樓雜説・倒垂蓮》：“閩中有鳥名倒垂蓮，形似鷫鷞，其羽毛殊類孔雀，恬粹可愛，因睡必倒掛，故名。”清范咸等《重修臺灣府志・物產・鳥獸》：“倒掛，自内地來。”附考引《臺海采風圖》：“倒掛鳥，似鸚鵡而小，翎羽鮮明，紅綠相間，緣枝循行，喙如鈎，足短爪長，性好倒掛，夜睡亦然。種出東洋呂宋。”參見本卷《習見禽鳥説・鳴禽考》“桐花鳳”文。

【倒掛】

“倒掛雀”之省稱。此稱宋明時期已行用。見該文。

【倒掛子】

即倒掛雀。此稱宋代已行用。見該文。

【倒掛鳥】

即倒掛雀。此稱明代已行用。見該文。

【倒垂蓮】

即倒掛雀。因此鳥倒懸而眠，羽色艷美，故名。此稱清代已行用。見該文。

【收香倒掛】

即倒掛雀。此稱明代已行用。見該文。

【桐花鳥】

即桐花鳳。此稱唐代已行用。亦稱“綠毛

么鳳"。《格致鏡原》卷七八引唐張鷟《朝野僉載》："劍南彭蜀間有鳥，大如指，五色畢具，有冠，似鳳。食桐花，每桐結花即來，桐花落即去，不知何之，俗謂之桐花鳥。極馴善，止於婦人釵上，客終席不飛，人愛之無所害也。"又引《名物通》："倒掛鳥，即綠毛么鳳。性極馴，好集美人釵上，惟飲桐花汁，不食他物，身形如雀，而羽五色，日間聞好香則收藏尾翼間，夜則張尾翼以放香。出成都。"參閲明曹學佺《蜀中廣記·方物記·鳥》、徐應秋《玉芝堂談薈》卷三三。參見本卷《習見禽鳥説·鳴禽考》"桐花鳳"文。

【綠毛么鳳】

即桐花鳥。此稱清代已行用。見該文。

白頭翁

習見鳴禽名。雀形目，鵯科，白頭鵯（Pycnonotus sinensis Gmelin）。體長可達19厘米。鼻孔橢圓形，被膜。枕部具髮狀羽。頸短，翅短圓，尾較長，呈長方形。跗蹠短小。嘴、脚、頭均黑色。眉及枕羽白色。老鳥枕羽尤白，故稱。背及腰羽灰綠，腹白，胸具灰褐帶斑，翅羽黑褐。廣布於我國東北、内蒙古之外的大部分省區。爲我國東部及南部的留鳥。常栖於丘陵及平原疏林、灌叢、庭園等處。營巢於闊葉樹枝上。雜食，冬季以植物果實、種子爲主，春夏以昆蟲爲主。該鳥性活潑，不甚怕人。喜群集，繁殖季節多成對活動。因其羽色美麗，鳴聲悦耳，爲著名籠鳥。

該鳥三至八月爲繁殖期，雌雄雙飛雙栖，形影不離。加之其富有象徵意義的名字，故常用於喻夫婦好和、白頭偕老之意。此稱晋代已見行用，并沿稱至今。省稱"白頭"。《三國志·吳書·諸葛恪傳》："恪之才捷，皆此類也。"裴松之注引晋虞溥《江表傳》："曾有白頭鳥集殿前，〔孫〕權曰：'此何鳥也？'恪曰：'白頭翁也。'"宋曾慥《高齋漫録》："禽鳥之名，多不可紀，白頭稱公，黄頭稱子，群飛且鳴，是將鬥矣。"《太平御覽》卷九一九引《潯陽記》："周昉與商人共入宫亭廟宿，明起如厠，見一白頭翁。昉逐之，化爲雄鴨，還船欲煮之，商人争著，遂飛去。"元何景福《禽名》詩："水紅裙淡畫眉濃，婆餅焦香唤郭公。姑惡久嗔烏面妾，姊歸深恨白頭翁。上村百箔蠶登簇，半籃千錢葉價穹。快活有聲麰麥熟，豈辭脱袴過溪東。"清鄭方坤《五代詩話·南唐》："金昌宗，鍾隱天台人。少清悟不嬰俗事，嘗卜居閑曠結茆室，好畫花竹禽鳥以自娱。凡舉筆寫像，必致精絶，時無擬者，又善畫鷄子、白頭翁、鷂鳥、斑鳩，皆有生態。"《續通志·禽類》："白頭翁，形似鸜鵒，其飛似燕之頡頑，頭上有白毛，身蒼色。"今通稱"白頭鵯""白頭鷯""鷯"。

【白頭】

"白頭翁"之省稱。此稱宋代已行用。見該文。

【白頭鵯】

即白頭翁。今之通稱。此稱行用於近現代。見該文。

【白頭鷯】

即白頭翁。今之通稱。此稱行用於近現代。見該文。

【鷯】

即白頭翁。今之通稱。此稱行用於近現代。見該文。

第三章　珍稀瀕危禽鳥説

第一節　珍稀禽鳥考

一、珍禽名義訓

　　珍稀禽鳥是指特別珍貴而稀有之禽鳥，省稱"珍禽"。"珍禽"之稱始見於先秦典籍，并沿稱於今世。《書·旅獒》："珍禽奇獸，不育于國。" 唐李白《送史司馬赴崔相公幕》詩："珍禽在羅網，微命若游絲。"宋林希逸《孔雀賦》："狗珍禽之何來，粲五色之華郁。" 清納蘭性德《茅齋》詩："檐樹吐新花，枝頭語珍禽。"珍禽偶亦稱"奇鳥""異鳥"。晋郭璞《〈山海經〉序》："乃取其嘉木艷草，奇鳥怪獸，玉石形瑰之器，金膏燭銀之寶，歸而殖養之於中國。"《清朝野史大觀》卷二："宣武坊前雀市停，嬉春無事閱《禽經》。翻嫌鸚鵡能饒舌，乞取金錢買百靈。" 注曰："京師宣武門有雀兒市，珍禽異鳥咸集。北人多養百靈，以其能作各種鳥獸聲。"

　　我國地域遼闊，資源豐富，鳥類繁多，其中有些禽鳥爲我國所特有，有些數量極其稀少，有些形异，有些色殊，有些鳴奇，有些技絶（如打鬥等），都爲人們所珍惜，視之爲珍禽。

值得注意的是，隨着人口的增長，自然資源的過度開發與破壞，環境污染，自然界生物物種的生存受到種種威脅，以致許多物種正瀕臨滅絶的危險境地。物種及其栖息地的變化，最終可能威脅到人類的生存，所以這一現象受到有關方面的關注。爲了引起世人的注意，世界自然保護聯盟（IUCN）於 1966 年出版了《哺乳動物紅皮書》，繼之又出版了鳥類、兩栖類和爬行類、魚類、植物、無脊椎動物分册。其後又出版了所有瀕危動物的《紅色名録》。瀕危物種《紅皮書》與《紅色名録》，封面爲醒目紅色，目的是引起社會公衆的關注。我國於 1988 年頒布了《國家重點保護野生動物名録》，1998 年又出版了《中國瀕危動物紅皮書》，將珍稀瀕危禽鳥盡收於其中。本節所收之"珍禽"是特指《中國瀕危動物紅皮書·鳥類》已收録，但尚未被國家確定爲重點保護野生動物的那些珍貴而稀有的禽鳥。它們之中不少屬於特有、稀少，也有些是屬於形异、色殊、鳴奇、技絶之類，總之是特别爲人們所珍愛而被視爲珍禽。

二、珍禽的生存狀况

鳥類幾乎分布於世界各地，能生活在各種不同的環境中。但是，由于種種原因，鳥類的生存正受到種種威脅，野生種群數量在不斷减少。危害鳥類生存，造成其資源减少的主要原因有兩方面：一是直接殺害，二是繁殖與栖息環境遭到破壞。從影響的廣泛程度看，後者之危害性更甚於前者。

我們知道森林是鳥類主要的栖息環境與取食場所，也是它們休養生息、繁殖後代的地方，因此森林環境的好壞、林木生長之優劣，將影響鳥類的生存，當然也包括珍禽的生存。據研究，地球上的生物已經存活了三十多億年，經歷了無數次地史與氣候變遷，至新生代晚期，生物進化進入關鍵時期，古生物開始向現代生物演變，逐漸形成現代生物類群，我們今日所見到的多數生物種此時多已出現。到第四紀，地球上溫度普遍下降，并屢遭冰川侵襲，極度嚴寒使許多生物種慘遭滅絶之灾。冰川過後，劫後餘生的各種生物再度繁衍，自然植被的分布奠定了與今日基本相似的面貌。此後大約六七千年乃至近萬年内再未遭受類似的灾害，那時形成的植被特徵一直延續到今天。比如我國植被從東到西分布森林、草原、荒漠三個區域；而東南地區由北向南分布着寒溫帶、溫帶、暖溫帶、亞熱帶和熱帶五個森林植物帶。各區、帶内分布着源自第四紀冰川劫後餘生的各種森林、植物以及與其相適應的各種禽鳥。人類初興，過着采獵生活，自然界的森林植物在自然與人爲干擾（采集）的雙重影響下延續、發展。人類進入農業文明後，隨着人口增加，城市擴大，人們對森林的利用愈加廣泛和多樣，促使人們由有限的利用走向無節制的開發，以致自覺或不自覺地對森林實施掠奪與破壞。早在農耕初期，爲驅獸保民，拓展農田，先民曾大舉焚林；"焚林而田""刀耕火種"等落後的生産方式曾被廣泛采用，甚至沿襲到近代；統治階級爲鞏固其專制統治，不惜刀兵之害，屢屢興兵彈壓人民的反抗，兵燹毁林，屢見不鮮；他們爲了炫耀武威，還常行"火獵"，"藉芿燔林，扇赫百里"（《列子·黄帝》），屢有發生；爲滿足窮奢極欲的生活，統治者還大興土木，"蜀山兀，阿房出"（唐杜牧《阿房宫賦》）之類，層出不窮，大肆采伐山林，致使難以計數之山林樹木蕩然湮滅。進入現代社會，隨着科學技術的發展，人們對地球表面的改造更加迅速廣泛，使森林面積再度鋭減，以致鳥類的生息環境進一步惡化。許多禽鳥因此而瀕危、絶迹。

　　濕地是分布於陸地與水域間的過渡性生態系統，是生物多樣性摇籃，也是鳥類生息的重要場所，對珍稀水禽之生存具有重要意義。因此，濕地被稱爲水禽賴以生存的重要場所、栖息地、越冬地、遷徙途經的"中轉站"。我國濕地類型多，面積大，居亞洲之首位，從寒溫帶到熱帶各地，自東南沿海至西部内陸，乃至青藏高原都分布有各種各樣的沼澤、泥炭地、鹽沼，淺水湖泊、河灘、沼澤地河流、紅樹林濕地、海草濕地等多種類型的濕地。此外，沿海還有18000多千米海岸綫，分布着5000多個島嶼，這些都是水禽理想的栖息地。我國古代對濕地極其重視，《書·禹貢》曾記述雷夏、大野、彭蠡、震澤、菏澤、孟猪、猪野、雲夢諸澤之地理形成及其利用情况，特别指出："淮、海惟揚州。彭蠡既豬（瀦），陽鳥攸居；三江既入，震澤厎定。篠簜既敷，厥草惟夭，厥木惟喬……厥貢惟金三品，瑶琨篠簜，齒革羽毛，惟木。"這是説揚州有彭蠡、震澤二澤（濕地），適合於篠竹（箭竹）、簜竹（大竹）生長，青草繁茂，樹木高大，適合於鴻雁類禽鳥（陽鳥）居住。此地向君主所貢物品有金、銀、銅等三金，瑶、琨等美玉，箭竹、簜竹等竹類以及動物齒、革與孔雀、翡翠等禽鳥之羽毛。但是，隨着歷史進程的發展，由於森林破壞、水土流失、土地沙化，加之圍湖造田、灘塗養殖等不合理的人爲活動，致使濕地面積鋭減，有些已不復存在。濕地鳥類的生境亦日益惡化。

環境污染也對珍禽之生存造成威脅，特別是昆蟲、水生動物的農藥與重金屬殘毒，通過食物鏈途徑在鳥類體内富集，造成鳥類大量死亡或不能正常繁殖，已屢見於報道。譬如浙江杭州市西湖周圍園林多次發生刺蛾、大袋蛾危害，不得已而使用化學農藥殺蟲，而鳥類食用中毒昆蟲引起二次中毒死亡，致使其數量減少。風景區聞名的"柳浪聞鶯"景點已不聞鶯鳴之聲了。明代詩人萬達甫所描繪的"柳陰深靄玉壺清，碧浪摇空舞袖輕，林外鶯聲聽不盡，畫船何處又吹笙"之景象，今柳陰、碧浪、畫船仍可尋到，而"林外鶯聲"則已銷聲匿迹，不復存在了。

此外，城市及其工業、交通等設施的發展也往往給禽鳥生息造成危害。空氣污染、噪聲、燈光、人爲活動都對鳥類生存産生不利影響。尤其是濫捕亂獵是人類對鳥類的直接殘害。

上述情況表明，鳥類的生存環境在急劇惡化，珍禽的生存處於極其不利的狀態，不少珍禽瀕臨滅絕境地。保護珍禽已迫在眉睫。

三、珍禽的保護

（一）古代先民的自然保護思想

我國是文明的國度，珍惜生命，愛鳥護鳥是我中華民族的傳統美德。

愛鳥護鳥首先要熟悉禽鳥。"子曰：小子何莫學夫《詩》，《詩》可以興，可以觀，可以群，可以怨；邇之事父，遠之事君，多識於鳥獸草木之名。"（《論語·陽貨》）孔子作爲思想家、教育家，極力教導人們學習《詩》。因爲《詩》可以啓發人的想象力，提高觀察能力，培養人的集體精神，學會正常的怨與恨。近，可學到侍奉父母的道理；遠，可掌握效忠君主的本領。還可以學習一些鳥、獸、草、木、蟲、魚等生物知識。據統計，《詩》中記載的動物多達一百多種，其中哺乳類二十七種，禽鳥四十二種，兩棲類七種，魚類四種，多足類二種，昆蟲類二十一種，軟體類一種。此外，還有各種植物一百三十二種。僅就禽鳥而言，《詩》不僅記述了這四十二種禽鳥之名稱，還描述了其分布、生活習性、物候節律、鳴叫、遷飛、食性等各種特徵與知識。

先民不僅注意對生物種類的辨識，而且非常重視對生物種群整體性瞭解，常常以"類""群""疇""族"予以表示。如《荀子·勸學》："物類之起，必有所始。""草木疇生，禽獸群焉。物各從其類也。”《莊子·馬蹄》:“至德之世,同與禽獸居,族與萬物並。”這種整體性概念,與現代生態學的“種類”與“群落”等概念極其相似。

先民還十分關注生物之生存環境,以爲“魚不可脫於淵”(《老子》第三十六章),“山林茂而禽獸歸之……山林險則鳥獸去之”(《荀子·致士》),“樹成蔭而衆鳥息焉”(《荀子·勸學》)。古代人們雖然不懂得“生態”與“生態系統”的概念,但人們早已認識到生物體與環境相統一的辯證關係,有了生態學的基本意識。更爲可貴的是,早在兩千多年前人們已對生物圈的食物鏈關係有了清晰的認識。譬如,《荀子·王制》:“故養長時,則六畜育;殺生時,則草木殖。”指出食草動物與草類生長的關係。《莊子·山木》所描繪的“螳螂捕蟬,異鵲在後”的故事,極其深刻形象地闡述了食物鏈關係:“莊周游乎雕陵之樊,睹一異鵲自南方來者,翼廣七尺,目大運寸,感周之顙而集於栗林。莊周曰:‘此何鳥哉?翼殷不逝,目大不睹。’蹇裳躩步,執彈而留之。睹一蟬,方得美蔭而忘其身;螳蜋(螂)執翳而搏之,見得而忘其形;異鵲從而利之,見利而忘其真。”蟬食樹,螳螂攝蟬,又爲“異鵲”所搏,人再彈鵲……生物之間食與被食之食物鏈關係描繪得栩栩如生。

積纍了豐富生物學與生態學知識的先民,在長期的思考過程中,形成了具有鮮明辯證思維特徵的自然觀。比如儒家“天人合一”的自然觀,孔子指出,“天何言哉,四時行焉,百物生焉”(《論語·陽貨》)。荀子進一步闡明天的物質性,“列星隨旋,日月遞炤,四時代御,陰陽大化,風雨博施,萬物各得其和以生,各得其養以成,不見其事而見其功,夫是之謂神。皆知其所以成,莫知其無形,夫是之謂天”(《荀子·天論》),并以“天地合而萬物生,陰陽接而變化起”(《荀子·禮論》)解釋自然現象之起源,還指出,“天有其時,地有其財,人有其治,夫是之謂能參”(《荀子·天論》),表達了人與自然和諧與協調的理念。道家則建立起了“人法地,地法天,天法道,道法自然”(《老子》第二十五章)的自然主義的自然觀,要求人們“順之以天理,行之以五德,應之以自然”(《莊子·天運》)。

在上述生態自然觀的影響下,先民還建立起了自己的生態道德觀。比如儒家以“仁義”爲其學說之核心。“子曰:弟子入則孝,出則悌,謹而信,汎愛衆,而親仁”(《論語·學而》),“樊遲問仁,子曰愛人”(《論語·顏淵》)。說明“仁”的基本含義是愛人,“仁”成了社會行爲的準則。作爲社會準則之“仁”通過“能近取譬”的心理機制得以實現,“夫仁者,己欲立而立人,己欲達而達人。能近取譬,可謂仁之方也已”(《論語·雍也》)。孔子還指出了“知(智)者樂水,仁者樂山”(同上)。這樣,本義爲“愛人”之“仁”,由於"能近取譬"，設身處地，推己及人，便將道德之心擴展到自然萬物之中，具有了"生態道德"之含義。義即是理，"義，理也"（《荀子·大略》），而理是人類行爲標準，"凡事行，有益於理者，立之；無益於理者，廢之"（《荀子·儒效》）。義又作"禮"解，是人類行爲之準則，"行義以禮，然後義也"（《荀子·大略》）。荀子進一步指出，"夫義者，內節於人，而外節於萬物者也，上安於主而下調於民者也。內外上下節者，義之情也"（《荀子·强國》）。此處之"節"就是以禮來規範和評價人類的行爲；"萬物"是指世界上所有的存在物，當然也包括所有的動植物。孔子從包容萬物之"仁"出發，提出了"釣而不網，弋不射宿"（《論語·述而》）的否定性生態價值判斷。人們還特別指出"不麛不卵，以成鳥獸之長"（《逸周書·文傳》）的主張，這樣便爲禽鳥的保護提供了倫理學支持。道家以"慈"爲第一德目，將"慈"作爲價值之最終來源與內在根據的"道"的首要品德。如《老子》第六十七章："我有三寶……一曰慈，二曰儉，三曰不敢爲天下先。慈，故能勇；儉，故能廣；不敢爲天下先，故能成器長。""慈"的本質是"寬容"，要有海納百川的胸懷，"江海所以能爲百谷王者，以其善下之，故能爲百谷王"（《老子》第六十六章），所以至高無上的道德境界就是寬容。"上德若谷"（《老子》第四十章），將"慈"引向了人與自然關係領域，特別指出"上善若水，水善利萬物而不争，處衆人之所惡，故幾於道，居善地，心善淵，與善仁，言善信，正善治，事善能，動善時，夫唯不争故無尤"（《老子》第八章）的道法自然的觀點。莊子進一步提出了"以天合天"，"以鳥養養鳥"的"道法自然"的具體方法（見《莊子·達生》），這種"唯自然是從"的觀點，也爲自然保護提供了思想支持。

（二）歷代環境保護機構

我國古代不僅有極高的環境保護意識，而且還有較爲完整的環境管理機構。如歷史上許多朝代都設有虞、虞部、虞衡清吏司等機構（見清黄本驥《歷代職官表》），還配備專門的官員進行管理。"虞"的稱謂既代表機構名稱，又是官銜名稱。

我國歷史上最早的虞是帝舜時的伯益，而最完善的管理機構則是周代的虞衡。

周代官制極其複雜，歷代學者説法不一。據《周禮》記載，國家設天官冢宰總理天下事，立地官大司徒職掌建邦土地事宜，理山、林、川、澤諸事。下設"山虞"掌國家湖沼政令，"川衡"負責巡視川澤，設"封人"主管邊境造林，"載師"及"閭師"管理林木貢賦，"場人"管理皇家場圃，"囿人"管理皇家苑囿等。

秦漢兩季，官制大體相同。秦設九卿，由少府兼管山林政令。漢興之後，祚承秦制而稍有變化，景帝改將作少府爲“將作大匠”，武帝設水衡都尉掌上林苑，由大司農管理農林生產，掌穀貨，供給養，并設東園主章主管材木（用材林）。

三國兩晉南北朝時期，歷三百餘年，多數於戰亂中度過，但仍有設虞衡管理山林之記載。如三國魏曾設虞曹郎；晋亦設虞曹郎，并設農部與水部。南朝之宋、齊、梁、陳均設有虞曹郎。北朝之北魏設虞曹郎中，孝文帝太和十五年（491）十二月置虞曹少卿官（見《魏書》）；北齊設虞曹郎中與虞曹主事；北周設虞曹部下大夫，小虞部上士，山虞、澤虞、林衡、川衡中士和下士管理山林。

隋唐至宋遼金元時期。隋設三省理天下事，尚書省設吏、戶、禮、兵、刑、工六部，虞部轄於其內，虞部長官爲虞部郎，次官爲虞部員外郎或虞部承務郎，并配有下士級虞部主事。唐代仍依隋制，尚書省內設工部，掌各項工程、工匠、屯田、水利、交通諸事，其中亦設虞部理山林川澤政令。宋代仍設六部，虞部郎中、員外郎掌山澤、苑囿、場冶之事。遼代曾設監養鳥獸之官，主要管理苑囿內之鳥獸。金朝之工部亦分管山林川澤之禁令，但未見設有虞部，而由少府都水監管理川澤、津梁諸事。

明清仍設六部，官長仍爲尚書。據《明史·職官志》載，虞衡清吏司職責是主管山林川澤禁令，草木鳥獸魚鱉之采捕與陶冶事宜。清代沿用明制，設六部，虞衡清吏司之職同於明代，亦管理“山澤採捕、陶冶器用”等。

（三）我國古代環境保護之法令及愛鳥護鳥措施

法是體現統治階級意志，由國家制定或認可，受國家強力保證執行的行爲規則之總稱。包括法律、法令、條例、命令、決定、規程、判例等。古代帝王享有至高無上的權力，他們的詔令也往往列入法的範疇。

先秦時專門講野生生物資源保護及合理開發利用的法律、法令、政策多出自古籍輯錄，如《逸周書》記載，夏禹時設定禁令，大力保護山林、川澤，春季不得帶斧頭上山砍伐初生樹木；夏季不得用漁網撈取魚鱉，此可以看作世界上最早的環境保護法。公元前11世紀，西周頒布的《伐崇令》，其中規定：“毋壞室，毋填井，毋伐樹，毋動六畜。有不如令者，死無赦。”其中還有禁止采集鳥卵和禁止用毒箭狩獵的規定。有關法規還體現在一個“禮”字上，“禮”本作“履”解，謂事神致福（見《說文》），後由於風俗習慣漸漸成了社會生活的行爲準則、道德規範與各種禮節，於是“禮”便有了法的性質。如《左傳·隱公十一年》：“禮，經國家，定社稷，序民人，利後嗣者也。”《禮記·曲禮上》：“夫禮者，所以定親疏，決嫌疑，別同異，明是非也。"《漢書·公孫弘傳》："進退有度，尊卑有分，謂之禮。"所以《周禮》中關於山虞、澤虞、林衡、川衡職責之規定，實際就是周代治理山、川、林、澤的法令。《禮記·王制》以禮（法）的形式規定了四季行獵的辦法："天子不合圍，諸侯不掩群。"還規定："不麛不卵，不殺胎，不殀夭，不覆巢。"《禮記·月令》還逐月講述了對自然環境保護的要求，特別是春夏之季，正值禽鳥生殖養長之際，尤要加以保護。如："孟春之月（一月）……命祀山林川澤，犧牲毋用牝（雌性）。禁止伐木。毋覆巢，毋殺孩蟲，胎夭飛鳥，毋麛毋卵"；"仲春之月（二月）……安萌牙（芽），養幼少，存諸孤"；"季春之月（三月）……田獵罝罦，羅罔畢翳，餧獸之藥，毋出九門"；"孟夏之月（四月）……驅獸毋害五穀，毋大田獵"。唯至季秋（九月）之後"天子乃教於田獵，以習五戎，班馬政"。至仲冬之月（十一月），"山林藪澤，有能取蔬食田獵禽獸者，野虞教道之"，方可在野虞指導下進行畋獵，捕獲禽鳥等。《呂氏春秋》之"上農"等四篇文章中所謂"四時之禁"，以及"山不敢伐材下木，澤人不敢灰僇，繯網罝罦不敢出於門，罛罜不敢入於淵，澤非舟虞不敢緣名，爲害其時也"，也是環境保護及野生自然資源之保護法規。《淮南子·時則訓》亦闡述了同樣的規則，如："孟春之月……禁伐木，毋覆巢，殺胎夭，毋麛毋卵"；"仲春之月……養幼少，存孤獨，以通句萌"；"季春之月……田獵畢弋，罝罦羅罔，餧毒之藥，毋出九門"。

秦代以"嚴刑峻法"著稱，而秦律多出自商鞅之手。戰國時，魏人李悝曾制定《盜》《賊》《囚》《捕》《雜》《具》等律六篇，商鞅相秦後，將其加以完善。秦律十八種，以前從未見其全文，1975 年在湖北雲夢睡虎地發掘的秦墓中出土的秦簡中，首次發現《秦律十八種》，始見其真貌。其中一種原題爲《田律》者，部分簡文如下："春二月，毋敢伐材木山林及雍隄水。不夏月，毋敢夜草爲灰，取生荔麛卵鷇，毋……毒魚鱉，置井罔，到七月而縱之。唯不幸死而伐縮享者，是不用時。邑之紤皂及它禁苑者，麛時毋敢將之以田。百姓犬入禁苑中不追獸及捕獸者，勿敢殺；其追獸及捕獸者，殺之。河禁所殺犬，皆完入公；其他禁苑殺者，食其肉而入皮。"（據《文物》1976 年第 5、6、7 期）可見秦代對環境及自然保護是比較重視的。同時，可以看出秦律在法學史上具有劃時代意義。

漢代沿用秦律，并將其加以補充完善，"漢承秦制，蕭何定律，益事律《興》《厩》《户》三篇，合爲九篇"。蕭何將商鞅所定六篇增爲九篇。漢代各帝還根據不同需要又時有加廣，如宣帝元康三年（前 63）夏六月，詔曰："令三輔毋得以春夏摘巢探卵，彈射飛鳥,具爲令。"其意是命令京城附近不得於春、夏之季掏鳥巢,取鳥卵,也不許彈射飛鳥,這要成爲一項法令。

嗣後,歷代均有類似之詔令。如唐高祖武德元年(618),曾詔令禁獻奇禽异獸;宋代諸國君多次下詔,申明法度或制止濫捕亂獵行爲。據《宋大詔令集》記載,宋太祖建隆二年(961)二月下禁采捕詔,規定春天二月一切捕捉鳥獸魚蟲之工具不得携帶出城,不得傷害獸胎鳥卵,不得捕蟲捉魚及彈射飛鳥,以此永爲定式。宋太宗太平興國三年(978)四月詔云:春天捕食鳥獸爲違法,二月至九月皆禁獵殺鳥獸;還要求州縣嚴令鄉里偵緝違令者,從嚴懲治。宋真宗天禧三年(1019)二月下禁捕山鷂之詔:"山藪之廣,羽族實繁……致嬰羈紲之患,以爲玩好之資,悦目則多,違性斯甚……屬以陽春戒時,動植葉序,特申科禁。""自今諸色人,不得采捕山鷂,所在長吏,常加禁察。"遼代道宗清寧二年(1056),發布詔令,在鳥獸繁殖季節,禁止在郊外縱火,以免危害禽獸。元代還專門有"嚴禁狩獵天鵝、隼鷹"的具體規定。至明清二季,亦有"冬春之交,罝罘不施川澤;春夏之交,毒藥不施原野"等規定。由此可見歷朝各代都有詔令保護環境與禽獸的政令。這些保護環境的法律、法令與規定,不管是出於合理利用生物資源的目的,還是爲了發展農業生產或者是爲了滿足統治階級享樂需要,客觀上都起到了保護自然資源與環境的作用。正是由於先民數千年來不懈地珍惜保護,所以衆多的珍稀禽鳥纔能够在我國生存、繁衍、發展。至今在我國遼闊疆域内生存有各種禽鳥多達一千二百四十四種,另有亞種九百四十四種,合計二千一百八十八種。這個數目超過了整個歐洲、北美洲或大洋洲。我國成爲世界上鳥類種數最多的國家。這些禽鳥曾經伴隨我中華民族走向現代文明,保護着我們的環境,美化着我們的生活,還將同我們一道邁向美好的明天。

毋庸諱言,雖然先民們爲保護珍禽异獸做了大量工作,但如本節已述,禽鳥之生存環境已發生極大變化,鳥類的生存正受到嚴重的威脅,保護禽鳥,特別是珍稀、瀕危禽鳥已迫在眉睫。我們要采取積極措施,加强宣傳,樹立愛鳥護鳥的風尚,嚴格執行有關的法律、法規,保護好珍稀鳥類,爲保持生物多樣性、促進我國經濟社會的持續發展做出貢獻。

本節所考論之珍禽,如前已述係指《中國瀕危動物紅皮書·鳥類》已收録,但尚未列入《國家重點保護野生動物名録》之中的那些禽鳥,至於其他珍禽,則不再收録。

斑頭鸕鷀

珍禽名。鵜形目，鸕鷀科，斑頭鸕鷀（*Phalacrocorax capillatus* Temminck et Schlegel）。大型游禽。體長約 84 厘米。雌雄成鳥相似。體羽黑色。頭頂、後頭、背黑色，有藍綠色金屬反光，肩羽銅綠色。喉白色，散布綠褐色小斑點。胸、腹部黑色，亦有藍綠色金屬反光。我國分布於東北南部之旅順、河北、山東半島，爲旅鳥或夏候鳥；冬季則南遷至浙江、福建、臺灣、雲南等地。斑頭鸕鷀係沿海鳥類，多栖息於沿海島嶼及海岸附近之岩礁、石壁之上。喜集成小群活動。以捕魚爲食。本種爲大型海鳥，數量較少，特别珍貴，應在開展研究之基礎上加強保護。

黑冠鳽

珍禽名。鵜形目，鷺科，黑冠鳽（*Gorsachius melanolophus* Raffles）。中型涉禽。體長約 46 厘米。額、頭頂及冠羽黑色，冠羽長可 10 厘米。眉紋、頰、頸及上體均呈栗紅色并有密集的黑色橫斑。下體棕黃色，具白色縱斑。尾黑色。我國主要分布於雲南南部西雙版納、廣西瑶山等地（爲夏候鳥），海南及臺灣爲留鳥。國外則分布於印度及馬來諸島。多見於山區林間之河川、溪澗、水庫及竹林内或單獨活動於稻田、池塘旁。常以魚、蝦、水生昆蟲爲食。因栖息地破壞及水域污染、水質惡化，黑冠鳽數量極其稀少，國内僅采到 6 號標本。應列入國家重點保護動物名録中，采取積極措施加以保護。本種亦稱“黑冠虎斑鳽”“黑冠麻鷺”。

樹鴨

珍禽名。雁形目，鴨科，〔栗〕樹鴨（*Dendrocygna javanica* Horsfield）。小型游禽。體長約 40 厘米。雌雄鳥基本相似。頭頂暗褐色，額淺棕色，頭側及頸側淡黃褐色。背、肩黑褐色，羽端棕色。飛羽及大覆羽黑褐色，中、小覆羽栗紅色。頦、喉白色。上胸棕黃色，下體餘部淺栗色。我國原記録長江中下游有分布。20 世紀六七十年代以來，樹鴨分布區漸向西南縮小，廣東沿海諸島嶼、海南、福建亦有分布之記録。常栖息於丘陵河谷間小盆地或小面積淺水水域及水庫庫岸多草濕地。該種飛翔力弱，但潛水能力強。常以植物種子、嫩莖葉爲食。目前數量極少，勢成易危，應儘快采取措施加以保護。今亦稱“尼鴨”“嘯鴨”。

棉鳧

珍禽名。雁形目，鴨科，棉鳧（*Nettapus coromandelianus* Gmelin）。小型游禽。體長約 30 厘米。雄鳥前額白色，額的餘部及頭頂黑褐色，頭頂兩側各有一黑紋，頸基有一寬的黑色領環，頭、頸餘部均爲白色。背、肩、腰黑褐色。尾上覆羽白色，尾羽暗褐，羽緣灰褐，翅大多黑褐，且具綠色金屬閃光，翼鏡白色；下體大多白色，脅部有黑褐色蟲蠹狀細斑，尾下覆羽白色，羽端褐色。雌鳥上體褐色；眉紋白色或不顯，貫眼紋褐色；下體自頦、上胸、兩脅至下覆羽均白色，且均具褐色橫斑，前額及胸部橫斑粗短。嘴褐色，脚黃色。雄鳥虹膜紅色，雌鳥棕色。我國主要分布於四川、湖南、湖北、安徽、江蘇、雲南等地。常栖息於植被豐茂之湖泊、水庫、沼澤、水田等處，成群或單獨活動。雜食性，喜食稻穀、水生植物、小魚、小蝦及昆蟲等。棉鳧在我國數量稀少，加之分布區狹窄，生存環境遭到破壞，已近瀕危。應采取措施，加強濕地管理，嚴禁獵捕、拾卵，保護其生存環境，促進其種群發展。本種今亦稱"棉鴨""八鴨""小白鴨子""棉花小鴨""棉花鴨子"。

白頭硬尾鴨

珍禽名。雁形目，鴨科，白頭硬尾鴨（*Oxyura leucocephala* Scopoli）。小型游禽。體長約 46 厘米。額、頭、枕之兩側與頰、喉俱白色，頭頂黑褐色。上體皮黃色，密布黑褐色波紋。尾羽黃褐色，甚硬。下體乳黃色，具黑褐色橫斑。我國新疆北部阿拉套山脉爲其繁殖地，冬季偶見於湖北洪湖。栖息於内陸河、湖、池塘、沼澤等地。常與其他鴨類混群活動，膽小懼人，善泳，能潜水。以魚、蛙、軟體動物、甲殼類及蠕蟲爲食。本種數量稀少，獵捕過度致其瀕危，應積極開展調查研究，并采取必要措施加以保護，促進其繁衍發展。

四川雉鶉

珍禽名。鷄形目，雉科，四川雉鶉（*Tetraophasis szechenyii* Madarasz）。中型鶉鷄類。體長約 50 厘米。雄鳥上體以灰褐爲主。頭羽深灰，頭頂及枕部羽毛中央有黑褐色縱紋。腰、尾上覆羽與中央尾羽灰色。頰、喉與前頸棕黃色。後胸、腹及兩脅栗色。翼羽暗褐色，具淡色端緣。雌鳥羽色與雄鳥相似，而雄鳥有趾。我國主要分布於四川西部的康定、巴塘，青海省的玉樹以南至雲南西部及西藏芒康、察雅、江達、左貢、波密、林芝、米林、朗縣等地。四川雉鶉爲典型高山地栖鶉類，常年生活於海拔 2800～4000 米的針闊葉混交林、針葉林、杜鵑灌叢及林緣以上的高山草甸地帶。喜結小群活動。主要取食植物根、莖、葉，亦食花序、漿果、草籽、貝母等，偶亦兼食小昆蟲。本種

爲我國特産種，適生區内樹木采伐過量，當地居民撿拾鳥卵，捕殺成鳥，加之猛禽、野獸等天敵危害，影響其種群發展。應將其增列爲國家重點保護動物，采取積極措施保護其生存、發展。

藍胸鶉

珍禽名。鷄形目，雉科，藍胸鶉（*Coturnix chinensis* Linnaeus）。小型鶉鷄類。體長約 12 厘米。雄鳥頭頂及全背羽毛棕褐色，散布亮黃色縱紋、黑色橫紋及橫斑。前額、頭頂兩側及胸、脅部均灰藍色，腹部、尾下覆羽深栗紅色。喉黑色，顎紋白色，下喉至上胸部具寬闊白色領環。雌鳥與幼鳥上體淡棕褐色，并布滿淡棕白色縱紋及黑色斑紋。下體淡棕白色，胸部及兩脅具黑色波狀橫紋。我國主要分布於雲南、廣東、廣西、福建、臺灣等地，爲留鳥或夏候鳥。栖息於山川河溪水域邊緣之草叢中，亦見於稀疏矮樹叢及竹林中。取食草籽、穀粒，亦食昆蟲、蜘蛛，尤嗜食白蟻。藍胸鶉雄鳥羽色優美典雅，可供觀賞。其種群數量稀少，應注意保護并開展人工養殖，促進其繁衍發展。藍胸鶉以其胸羽色藍得名。今亦稱"藍胸鷁鶉"。本種有九個亞種，我國僅分布其指名亞種（*C.c.chinensis*）。

紅胸山鷓鴣

珍禽名。鷄形目，雉科，紅胸山鷓鴣（*Arborophila mandellii* Hume）。小型鶉鷄類。體長約 24 厘米。額、頭頂、眼先暗栗色，頭頂與後頸褐色。眼前部下面一狹淡黃條紋，向後延伸與暗灰色眉紋相遇於後頸。後頸下部與上背淡紅栗色并有黑斑。頸側棕色雜以黑點。腰、背、尾及尾上覆羽橄欖褐色并具黑羽緣或斑。頰、

喉淡橄欖栗色。上胸栗色，下胸至肛門周圍灰色，兩脅具栗色及白色斑點。我國主要分布於西藏東南部丹巴江、米許尼山一帶，爲留鳥。栖息於海拔 1300 ～ 2000 米山地常綠闊葉林中。本種爲罕見鳥類，極其稀有珍貴，目前極難尋覓，其種群數量、習性等均不詳。應在認真考察的基礎上，制定措施，加以保護，促進其繁衍發展。

綠脚山鷓鴣

珍禽名。鷄形目，雉科，綠脚山鷓鴣（*Arborophila chloropus* Blyth）。小型鵪鷄類。體長約 27 厘米。上體及胸大部棕褐色，雜以黑紋。頦、喉及頭側白色并具黑點。頸部具銹黄色項圈。腹部深銹黄色，向後逐漸變淡。腋羽簇白色。脚綠色。我國分布於雲南南部西雙版納的橄欖坝、普文、勐養等地。栖息於海拔 900 ～ 1500 米山地熱帶雨林之稠密常綠灌叢中，常見於燕麥地、稀疏落葉林中。極怯懦，常隱匿於林下，極難發現。喜成對或結小群覓食。主要取食灌叢中落入土壤的種子及昆蟲。有三個亞種，我國境内僅分布其指名亞種（*A.c.chloropus*）。本種極爲稀少，由於熱帶雨林開發，自然景觀發生巨大變化，栖息地環境遭毀滅性破壞，已極難覓其踪迹。應采取措施加以保護，促進其繁衍發展。

紅喉山鷓鴣

珍禽名。鷄形目，雉科，紅喉山鷓鴣（*Arborophila rufogularis* Blyth）。小型鵪鷄類。體長約 28 厘米。額深灰色。頭頂橄欖褐色，具黑斑。眉紋灰白色，有黑點。頰白而微沾棕色。頦、上喉幾全黑色，下喉紅棕色。胸灰色，背幾純橄欖色。我國主要分布於西藏墨脱、雲南西部與南部。常栖息於海拔 600 ～ 2400 米之茂密常綠林、針葉林、灌木林及雜草叢中，尤喜被岩石、山谷隔開的低矮常綠林。主要取食種子、漿果、嫩枝以及白蟻卵、昆蟲、小軟體動物等。本種數量特少，極爲罕見。20 世紀 50 年代後，僅在西藏墨脱采到一隻雄鳥。雲南盈江 1965 年亦僅采到六號標本。應加大措施加以保護，使其種群數量恢復，不斷發展。本種共六個亞種，我國境内分布其兩個亞種，即滇西亞種（*A.r.intermedia*）及滇南亞種（*A.r. euroa*）。

白頰山鷓鴣

珍禽名。鷄形目，雉科，白頰山鷓鴣（*Arborophila atrogularis* Blyth）。小型鵪鷄類。體長約 27 厘米。額灰褐色。頰乳白色，因以得名。耳羽亦乳白色并與頰連成一條寬闊的縱帶。上胸灰色，有大型滴狀黑點。脅灰色，渲染橄欖褐色并有白色羽幹紋，紋之末端擴成滴狀。雌、雄鳥羽色相似。我國主要分布於雲南盈江地區，爲留鳥。常栖息於海拔 900 米以下山地，最高不超過 1500 米。喜於稀疏常綠林中潮濕下木或竹林中生活。群居性，常 5 ～ 8 隻結群於隱蔽處。取食植物種子、漿果、嫩枝以及昆蟲、小軟體動物。本種極其罕見，僅於 1965 年在雲南盈江地區采得唯一雌鳥。應采取措施加以保護，使其種群數量恢復并不斷發展。

褐胸山鷓鴣

珍禽名。鷄形目，雉科，褐胸山鷓鴣（*Arborophila brunneopectus* Blyth）。小型鵪鷄類。體長約 27 厘米。眉紋皮黄色；眼周具黑紋。頭頂深橄欖褐色，各羽具大斑點。背橄欖褐色且具黑斑。胸棕褐色。脅羽棕褐并具白色圓斑及較寬的黑色羽端。我國主要分布於雲南之橄欖壩、勐養、勐拉、勐臘、永德、思茅及廣西、貴州等地。多栖息於海拔 1000 ～ 1500 米之常綠林、灌木叢、竹林及開闊的林間空地。取食各種昆蟲及堅硬的種子。本種數量極其稀少，應采取積極措施加以保護，促進其種群發展。褐胸山鷓鴣以其胸褐色得名。

白額山鷓鴣

珍禽名。鷄形目，雉科，白額山鷓鴣（ *Arborophila gingica* Gmelin ）。小型鷓鷄。體形似鷓鴣，長約 30 厘米。雄鳥上體橄欖褐色，腰到尾上覆羽具黑點斑。額、前頭部白色，故名。頭頂後部棕色，有白色眉紋。翼羽暗褐色，尾羽與背同色。頦、喉銹紅色，下喉有黑橫帶間以白、栗色。胸以下近灰色。嘴黑色。脚紅色。雌鳥羽色與雄鳥相似，唯頭頂、頸、喉之羽色稍暗淡。我國主要分布於浙江西南部、福建西北部、廣東北部及廣西中、東部地區。常栖息於海拔 500 ～ 1700 米的山地闊葉林、針闊混交林、竹林及灌木叢，尤以溪邊潮濕陰鬱叢林內，最宜白額山鷓鴣栖息。以植物性食物爲主，兼食某些昆蟲或小動物。由於濫捕，加之天敵危害，白額山鷓鴣種群數量日漸減少。應采取措施加以保護，促其種群繁衍發展。白額山鷓鴣體似鷓鴣，額部色白，因以得名。亦俗稱"山鷓鴣"。

臺灣山鷓鴣

珍禽名。鷄形目，雉科，臺灣山鷓鴣（ *Arborophila crudigularis* Swinhoe ）。小型鷓鷄類。體長約 24 厘米。雌雄鳥體色相似，頗似海南山鷓鴣。唯其喉鮮紅色，散布稀疏黑羽。頦、頰及耳羽連成一條黃白色寬帶。下頸亦有一條黃白色帶斑。嘴黑色。脚淡紅色。該種爲我國特産鳥類，僅見於臺灣山地。栖息於海拔 700 ～ 2200 米山地温帶林底層及海拔 800 ～ 2200 米之開曠地區草叢中。性怯懦，不易尋覓，可憑其顫抖般的鳴叫尋踪識別。其肉可食，而遭亂捕。應將其列爲國家或地方保護動物，采取措施加以保護，促進其種群發展。

林三趾鶉

珍禽名。鶴形目，三趾鶉科，林三趾鶉（ *Turnix sylvatica* Desfontaines ）。小型涉禽。體長約 14 厘米。體形、羽色略似鵪鶉，足具三趾，因此得名。雌鳥較雄鳥體大而羽色鮮艷。頭頂暗褐色，具一淡色中央冠紋，背羽栗褐色，具黑、淡黃條紋與羽端；翼覆羽似背羽而沾淺棕，飛羽褐色；尾羽栗棕色。頦、喉污白色；胸橙色而帶褐色條斑；脅部有大型紅褐色 "V" 形斑；腹至尾下覆羽白色。嘴鉛色。脚灰綠色。我國主要分布於廣東中部、海南及臺灣等地。爲留鳥。栖息於平原與丘陵地區疏林、草地、田野。取食雜草種子等。本種數量極其稀少，應列入地方保護名録，采取得力措施加以保護，促進其種群發展。

棕三趾鶉

珍禽名。鶴形目，三趾鶉科，棕三趾鶉（ *Turnix suscitator* Gmelin ）。小型鷄鶉類。體長約 16 厘米。體形、羽色略似鵪鶉，足具三趾，體色淡棕，故得是名。雌鳥略大於雄鳥且羽色鮮艷。雄鳥頭頂、頸、背及肩淡棕栗色，雜以黑色橫斑或塊斑。腰至尾上覆羽近黑色而具棕栗色雜斑。飛羽黑褐色。尾上覆羽似背羽。頦、喉近白色。頭側及胸、脅淡棕色，頸側及脅具黑橫斑。腹淡白而略帶棕色。嘴尖淡褐，基部灰藍色。脚灰綠色。我國主要分布於滇西、黔南及桂、粵、閩、臺與海南等地。爲留鳥。栖息於平原至低山地帶之疏林、草地、田野及竹林内。常以雜草種子爲食物。本種數量稀少，應列入地方保護名録，采取積極措施，保護其生存環境及食物資源，促進其繁衍發展。

藍胸秧鷄

珍禽名。鶴形目，秧鷄科，藍胸秧鷄（*Rallus striatus* Linnaeus）。小型涉禽。體長約 27 厘米。額及後頸栗紅色，上體及翅、尾表面暗褐色，羽緣橄欖褐色，并有白色細横斑與點斑。頦、喉白色，頭側、頸及胸部淡藍灰色，腹及兩脅暗褐色，綴以稍寬的白色横斑，尾下覆羽沾棕色。雌鳥似雄鳥，而頭有黑色縱紋。虹膜棕紅色。嘴角褐色，下嘴基部橙紅。脚灰綠色。我國分布於廣東、海南、雲南、臺灣及香港，爲留鳥；亦見於廣西、貴州、四川、福建、浙江、安徽、江西等地，爲夏候鳥。常栖息於水田、水邊草叢及灌木叢中。多於晨昏單獨活動，性隱匿，善奔跑。多以水生動物（蝦、蟹、螺等）及昆蟲、螞蟻等爲食。本種分布較廣，但野外種群數量較稀少，應采取措施加以保護。藍胸秧鷄以其胸部淡藍灰色而得名。亦稱“灰胸秧鷄”。省稱“秧鷄”。

紅腿斑秧鷄

珍禽名。鶴形目，秧鷄科，紅腿斑秧鷄（*Rallina fasciata* Raffles）。小型涉禽。體長約 23 厘米。頭頂、頸項、背及内側飛羽俱棕褐色，并具白色横斑。初級飛羽及次級飛羽亦具白色横斑。喉白色，胸棕褐色，下胸及腹以下黑色，并有白色粗横斑。嘴淺黑色，基部紅色。腿紅色，脚亮紅色。我國見於臺灣中部之雲林、

蘭嶼等地。栖息於稻田、水域及河流等地。性羞怯、善隱匿，好奔跑。嗜食水生動物。本種野外種群數量極稀少，近年來，由於稻田使用殺蟲劑，對其生存産生威脅。應采取措施加以保護，使其種群恢復并發展。本種因腿脚色紅而得名。今亦稱“紅脚斑秧鷄”。

白喉斑秧鷄

珍禽名。鶴形目，秧鷄科，白喉斑秧鷄（*Rallina eurizonoides* Lafresnaye）。小型涉禽。體長約 25 厘米。體羽頗似紅腿斑秧鷄，但翼之覆羽無横斑，頭頂及頸項棕栗色。整體背面與胸側橄欖褐色，頦、喉白色，前頸至上胸紅褐色，下胸以下有粗大黑褐與白色相間之横斑。嘴綠色。脚暗灰綠或石板黑色。我國分布於廣西西南部、海南吊羅山及臺灣的臺中、南投、嘉義平原、阿里山、高雄、蘭嶼等地。栖息於稻田及潮濕沼澤地。性怯，懼人。多於晨昏及夜間活動。取食昆蟲、軟體動物及植物嫩葉、種子等。本種野外種群數量稀少，隨着農藥對稻田的污染，此種秧鷄生存受到威脅。應采取措施加以保護，以促進其發展。白喉斑秧鷄，以其喉白而得名。今亦稱“灰脚秧鷄”。

黑尾塍鷸

珍禽名。鶴形目，鷸科，黑尾塍鷸（*Limosa limosa* Linnaeus）。小型涉禽。體長約 35~43 厘米。雄鳥夏羽頭頂銹紅色，有黑色細斑紋；貫眼紋黑色，眉紋淡黄褐色。後頸銹紅色；肩、背、腰黑褐色，羽緣銹色。尾羽黑色，基部爲白色。飛羽黑色，大、中覆羽灰褐色。前胸銹紅色，腹白色，胸及兩脅有黑色寬横斑。冬羽銹紅色部分消失。上體灰褐，眉紋白，頰、頸、脅皆淡灰褐色；下體餘部白色。虹膜暗褐

色。其繁殖地在我國新疆天山西部，東北西北部，呼倫貝爾湖東北及達賚湖東南；遷徙途經黑龍江、吉林、遼寧、江蘇、安徽、浙江，西部至甘肅、青海、西藏、雲南，南抵海南、臺灣。多棲息於河口、沼澤地、水域周圍潮濕草甸與濱海鹽田。遷徙時，常結小群或數百隻大群活動，并與其他鷸類混群。亦偶見於沿海稻田中單行覓食。主要取食昆蟲、蠕蟲、軟體動物，環節動物、蜘蛛及各種植物種子及穀粒。本種尾羽色黑，故得是名。亦稱"黑尾鷸"。其數量較稀少，又加棲息及遷徙地環境破壞，食物受農藥污染，以及非法獵殺，致使其數量減少，應采取積極措施加以保護，促進其不斷繁衍發展。

半蹼鷸

珍禽名。鷸形目，鷸科，半蹼鷸（ *Limnodromus semipalmatus* Blyth）。小型涉禽。體長約 35 厘米。嘴直長，端部膨大，上有許多細孔，嘴長超過尾長。夏羽通體赤褐色。下背、腰、尾上覆羽及下腹、尾下覆羽、尾羽無赤褐色渲染。頭頂具黑色羽幹斑；貫眼紋黑褐色；背、肩、翼上覆羽具黑褐色軸斑及淡色羽緣，胸側具白色細橫紋，脅及腹側具黑褐色橫斑；下背、腰、尾上覆羽與尾羽白色而具黑褐色橫紋；飛羽基部白色；下腹及尾下覆羽白色。冬羽赤褐色消失，通體以灰褐色爲主。上體略帶淡黃褐色，下體白色；頸側、胸側具灰褐色斑紋。腳黑色；趾間基部具蹼（半蹼）。本種於我國東北北部繁殖；遷徙途經東北西部、河北、河南、湖北、上海、福建、臺灣，至東南亞地區越冬。棲息於淺水沼澤、海濱、河湖岸畔濕地。其野外種群稀少，是當今世界上數量甚少之瀕危鷸類。應采取措施加以保護，使其不斷繁衍發展。半蹼鷸因其僅於趾間基部具蹼而得名。今亦稱"水札子""水鷄子"。

林沙錐

珍禽名。鷸形目，鷸科，林沙錐（ *Gallinago nemoricola* Hodgson）。小型涉禽。體長約 27 厘米。上體暗褐色，具黑及皮黃色條紋。胸部有棕色橫斑，下體餘部白色，亦具棕色橫斑紋。嘴基橄欖褐色，先端淡黑色。腳橄欖灰色。我國主要分布於西藏林芝及雲南南部與西部地區。棲息於水域岸邊。以取食昆蟲爲主，兼食植物種子等。本種分布區域狹窄，適應能力較弱，加之濫捕亂獵，其野外種群變得極其稀少，應當對其加以認真保護，使其種群不斷繁衍發展。

黑嘴鷗

珍禽名。鷗形目，鷗科，黑嘴鷗（ *Larus saundersi* Swinhoe）。小型游禽。體長約 35 厘米。雌、雄鳥夏羽基本相似。頭部及上頸黑色，眼下具白色小斑；背、肩羽及腰淡青灰色；下頸、胸、腹白色，尾亦白色。虹膜暗褐色。嘴黑色。腳棕黃色；爪黑褐色。我國分布於東部沿海一帶，如遼寧、河北、山東、江蘇、浙江、福建、廣東、海南以至臺灣，均有分布。其繁殖地在遼寧、河北、山東、江蘇等省之大河入海口處，越冬地則在江蘇以南至臺灣等省之沿海地帶。棲息於沿海灘塗、港灣及湖泊沼澤地。取食魚、蝦、甲殼類及水生昆蟲等動物。本種野生種群不多，由於沿海棲息地水質污染及巢卵破壞，其數量尚在減少中。應采取措施加以保護，促進其種群繁衍發展。黑嘴鷗因其嘴黑而得名。今亦稱"桑氏鷗"。

扁嘴海雀

珍禽名。鷗形目，海雀科，扁嘴海雀（*Synthliboramphus antiquus* Gmelin）。小型游禽。體長約 25 厘米。雌、雄鳥羽色相似，但夏羽與冬羽略有不同。夏羽額、頭頂、頰、耳、後頸皆黑色，頸之二側色白，眼與頸項上有白色條紋；背及翼羽暗灰色，有白色縱紋，尾色與背同；喉黑色，頸以下大部爲白色，而僅脅部具長黑羽。冬羽大致與夏羽一致，但喉白色，後頭二側無白紋。虹膜暗褐色。嘴短而厚，黃色。脚鉛黑色；蹼、爪黑色。本種爲小型海鳥，我國繁殖於山東青島至上海沿海各島嶼，遷徙時見於黑龍江、松花江流域及旅順沿海；閩、臺各地則爲冬候鳥。栖息於北太平洋沿岸及附近海域。性活潑，極善泳，亦善翔。喜白晝活動，水中停息時常結群。本種數量極少，由於近海水域污染及漁民拾卵等活動，致使其生存受到威脅，應積極加以保護，促進其繁衍發展。

西藏毛腿沙鷄

珍禽名。鴿形目，沙鷄科，西藏毛腿沙鷄（*Syrrhaptes tibetanus* Gould）。大型鳩鴿類。體長約 45 厘米。額至後頸白色，具明顯黑斑，頭側、頸及頦、喉桂黃略沾紫色，背以後上體灰白沾皮黃色，具逐漸變細又不甚明顯的蠹狀紋，中央尾羽與腰同色，端中黑灰色，其餘尾羽栗色，并具黑色橫斑與白端，肩、次級飛羽上覆羽及内側飛羽表面大部棕黃，且具黑色蠹狀紋與塊斑，其餘翅羽表面黑色，飛羽端部沾灰；下體餘部棕白色，而胸有橫斑。本種在西藏羌塘及南部、四川西北部石渠等地繁殖，北可達新疆西部阿克陶，青海南部玉樹，東部柴達木盆地、青海湖、天峻等地；冬季則遷至海拔 4000 米以下地帶越冬。栖息於海拔 3500～5100 米之荒漠、草原、半荒漠、高山草甸草原及湖畔草地等地區。喜結群，善低飛。多以豆科植物之花、葉、嫩芽、種子及其他植物種子爲食，兼食鞘翅目類小昆蟲。本種栖息地條件惡劣，野生種群數量較少，加之大面積開荒、土地沙化，植被破壞，使西藏毛腿沙鷄數量更趨減少，已被列爲省級重點保護動物，應予認真保護。今亦稱"沙鷄"。

紫林鴿

珍禽名。鴿形目，鳩鴿科，紫林鴿（*Columba punicea* Blyth）。中型鳩鴿。體長約 35 厘米。頭頂灰白色，後頸淺棕而具紫紅色光澤。上體栗紅色，肩、内側覆羽等呈深紅栗色。尾上覆羽暗灰色，尾羽黑褐色。下體暗棕色，胸部具金屬光澤。尾下覆羽灰黑色。國内分布於西藏南部及海南省，爲留鳥。栖息於山林及次生林林緣。喜單行。取食漿果等。本種分布區狹窄，數量極少，應采取措施加以保護，促進其種群繁衍發展。

棕斑鳩

珍禽名。鴿形目，鳩鴿科，棕斑鳩（*Streptopelia senegalensis* Linnaeus）。小型鳩鴿。體長約 26 厘米。頭、頸紫紅色，冠與前額稍暗，頰及喉略淺，頸之二側各有一塊黑斑。背、肩、飛羽、腰及尾上覆羽土棕色，渲染赤褐色。下體栗色，并染酒紅色。我國主要分布於新疆喀什、天山、英吉沙等地，爲留鳥。栖息於荒漠、半荒漠地區之緑洲樹叢中，亦見於村落間。多在地面覓食植物種子、果實、嫩芽，亦嗜穀物等。本種極其稀少，由於生境惡劣，加之亂捕、毀巢及猛禽危害等，野外種群已極罕見。據報道，喀什地區自 1934 年後，近半個世紀未見到棕斑鳩之踪迹。應積極普查其生存現狀，并采取措施加以保護，促進其繁衍和發展。

黑頂蟆口鴟

珍禽名。夜鷹目，蟆口鴟科，黑頂蟆口鴟（ *Batrachostomus hodgsoni* G.R.Gray ）。小型攀禽。體長約 24 厘米。體形頗似夜鷹，唯嘴形寬大，上嘴甚曲而具鈎端。前額、頭部羽鬚發達，并將鼻孔掩蓋。全身體羽滿布黑褐、棕及白色相雜之蟲蠹狀斑紋。頭頂黑褐，後頸有一不完整白色領斑。飛羽黑色，先端雜有棕色點斑。頦棕白色。胸有大型白斑；下體餘部白色而沾紅棕。虹膜淡黃色。嘴粉紅色。脚粉紅色。我國僅分布於雲南西部之潞西三臺山。栖息於亞熱帶低山丘陵帶。常單行。白晝隱於灌叢或草被中，黃昏時低空飛行捕食。主要取食各種昆蟲。本種分布區域狹窄，野外種群極其稀少，急需加以保護，以保證其順利繁衍發展。黑頂蟆口鴟因其頭頂黑褐，口寬有鈎，故名。今亦稱 "黑頂蛙嘴夜鷹"。

紅頭咬鵑

珍禽名。咬鵑目，咬鵑科，紅頭咬鵑（ *Harpactes erythrocephalus* Gould ）。中型攀禽。體長約 35 厘米。雄鳥頭紅色。上體棕栗紅；中央尾羽栗色，具黑端，其餘尾羽黑色，最外三對尾羽黑色并具白端或外緣。飛羽黑色，翼覆羽褐色，具黑、白相雜之細橫紋。頦、喉黑褐沾紅，其餘下體大都赤紅色。嘴黑色。脚淡褐色。雌鳥體色略异於雄鳥。頭頂、胸爲橄欖褐色，頸、肩、背、腰及尾上覆羽轉爲棕褐色，翅羽黑褐色。頦黑色，喉、胸、脅暗棕色，腹紅色。我國主要分布於四川、雲南、貴州、廣西、江

西、福建、海南等省區，爲留鳥。多栖息於熱帶雨林及次生常綠闊葉林内。取食野果，并可在飛行中捕食蝗蟲、螳螂等昆蟲。本種數量極其稀少，應采取措施加以保護，以促進其繁衍發展。

牛頭伯勞

珍禽名。雀形目，伯勞科，牛頭伯勞（ *Lanius bucephalus* Temminck et Schlegel ）。小型鳴禽。體長約 20 厘米。雄鳥前額、頭頂至上背暗栗褐色，背至尾上覆羽灰褐色。翼覆羽及飛羽黑褐，白眉較窄，過眼紋黑色，耳羽部位雜有褐羽。下體污白色，胸、脅稍染橙色，頸側、下喉、脅羽滿布黑褐色鱗紋。嘴、脚黑色。雌鳥上體大都栗棕色，無翼斑及過眼紋，下體自頦、喉至尾下覆羽暗灰色，滿布黑色密鱗紋。我國主要分布於甘肅南部卓尼、洮河、文縣、天水及河北東陵、靈山、小五臺山、百花山等地。多爲留鳥。部分種群秋季小範圍南移，冬季見於四川北部地區。栖息於山地稀疏闊葉林或針闊混交林林緣地帶，遷徙時，見於平原地區。主要取食昆蟲。本種有二亞種，我國僅分布中國亞種（ *L.b.sicarius* ）。其數量極稀少，分布區又狹窄，應采取措施加以保護，特別是在已知分布區内，保護好栖息地，爲其繁衍發展創造良好的栖息環境。本種今亦稱 "紅頭伯勞"。

鵲鸝

珍禽名。雀形目，黃鸝科，鵲鸝（ *Oriolus mellianus* Stresemann ）。中型鳴禽。體長約 25 厘米。雄鳥頭部輝黑色。背羽銀白色，各羽中段有大型三角形紫紅色斑。肩羽與背羽同色，具白色羽緣。翼覆羽、飛羽均輝黑色。尾羽淡

紫紅或紅褐色，各羽均具白緣，胸以下之下體與背同色，羽緣具白緣。雌鳥大致與雄鳥相同，但頭黑褐色，背羽灰褐并具暗色縱紋。中央一對尾羽暗紫紅色。頦、喉黑褐色，具白紋。胸以下白色具褐色細紋。我國主要分布於廣東北部，廣西瑶山，四川馬邊、雷波，雲南西盟山，爲夏候鳥。本種種群數量極其稀少，珍貴而罕見，人們對其生態習性所知甚少，應采取措施積極保護，并應組織力量開展調查研究，儘快弄清其特性，爲促進其繁衍發展提供科學依據。本種亦稱"鵲色鸝"。

鴉嘴捲尾

珍禽名。雀形目，捲尾科，鴉嘴捲尾（*Dicrurus annectans* Hodgson）。中型鳴禽。體長約27厘米。通體輝黑色。嘴粗壯側扁如烏鴉嘴。尾羽暗黑色，最外側一對尾羽末端向外上方捲曲。雌鳥酷似雄鳥，唯體羽光澤稍差爲异。虹膜暗紅褐色。嘴黑色。跗跖、趾、爪均黑色。我國主要分布於雲南西部、南部西雙版納及東南部，廣西三防、海南島，爲夏候鳥；海南南半部，爲留鳥。鴉嘴捲尾是熱帶森林鳥類，栖息於熱帶、亞熱帶闊葉與常綠林中。常久停於高大喬木上，偶爾突然飛起襲擊空中過往昆蟲，亦翱翔林間空地并取食飛蟲。本種因嘴似烏鴉得名。今數量極少，加之濫施農藥殺蟲及非法獵捕，致其數量更趨減少，應采取措施加以保護，使之不斷繁衍發展。

小盤尾

珍禽名。雀形目，捲尾科，小盤尾（*Dicrurus remifer* Temminck）。小型鳴禽。全長約54厘米，而尾長達42厘米。體形較小，通體黑色，具金屬光澤。嘴基部前額簇生絨羽，鼻鬚較發達，覆蓋鼻孔之上。中央尾羽與外側尾羽等長，最外側一對尾羽之軸延長，端部着生小羽片，其内外翈呈彼此相對稱之"盤狀尾"。虹膜栗紅色。嘴黑色。跗跖、趾及爪均黑色。我國主要分布於雲南、廣西。本種爲熱帶闊葉雨林鳥類，栖息於海拔890～1010米之山地熱帶雨林及季雨林中。常單獨或成對於林間空曠草地，或山間開闊河畔、濕地活動。以捕食森林昆蟲爲生。小盤尾因其體小，且具"盤狀尾"而得名。共四個亞種，我國僅有西南亞種（*D.r. tectirostris*）。其分布範圍狹窄，數量稀少，目前僅見於自然保護區及林木保護較好的地段，應采取措施加以保護，以促進其種群不斷繁衍發展。

大盤尾

珍禽名。雀形目，捲尾科，大盤尾（*Dicrurus paradiseus* Linnaeus）。小型鳴禽。全長約55厘米，而尾長達40厘米。通體黑色，具紫藍色金屬光澤。頭頂額羽發達，成簇狀羽冠。最外側一對尾羽之羽軸延長，中部羽幹裸出，其末端外翈較内翈顯著增大，使尾羽端部向内捲曲呈盤纏狀。虹膜暗紫紅褐色。嘴黑色。脚及爪黑色。我國主要分布於海南，爲留鳥；雲南西部及南部西雙版納，爲夏候鳥、留鳥。栖息於熱帶雨林及季雨林中。常單獨或成雙活動於原始密林中。善於捕食空中飛蟲，偶亦啄食植物花蕾等。大盤尾爲珍稀鳥類，有14個亞種，我國僅兩亞種，即海南亞種（*D.p.johni*）及雲南亞種（*D.p.grandis*）。本種因栖息地面積縮小，導致種群數量減少，目前僅見於自然保護區中。應積極采取措施加以保護，促進其種群繁衍發展。本種因最外側一對尾羽捲曲若盤狀，故得是名，今亦稱"大拍捲尾""長尾姑""帶箭鳥"。

黑額山噪鹛

珍禽名。雀形目，鶲科，黑額山噪鹛（*Garrulax sukatschewi* Berezovski et Bianchi）。中型鳴禽。體長約 28 厘米。上體橄欖褐色。鼻鬚黑褐，遮於前額。額至眼、耳羽上另有一清晰淡棕色縱紋。腰及尾上覆羽赤褐色。外側初級飛羽之外翈石板藍色，次級飛羽内翈有一白色端斑塊。下體葡萄褐色。腹與尾下覆羽淡橙赤褐色。虹膜暗棕褐色。上嘴暗角色，下嘴基部、嘴緣綠黃色。腳棕褐色。我國主要分布於甘肅西南部、南部及東南部。栖息於高山杉木林中。尤喜在林下矮竹、灌叢中活動。多取食昆蟲及植物種子。本種爲我國特產種，僅見於我國國内，數量極其稀少，目前又尚無人工馴養繁殖，已近瀕危狀態，應加強保護，促進其繁衍發展。黑額山噪鹛因其鼻鬚黑褐，遮於前額而得名。

震旦鴉雀

珍禽名。雀形目，鶲科，震旦鴉雀（*Paradoxornis heudei* David）。小型鳴禽。體長約 18 厘米。耳羽灰白色。頭頂灰色。眉紋黑色，從眼上方延伸至後頸。上背赭色，雜有灰色粗紋。下背、肩、腰淺赭色。翼褐色。喉灰白色。胸淡葡萄紅色。下體餘部暗黃色，下胸尤濃。本種爲我國特產，主要分布於長江下游及東北黑龍江齊齊哈爾、興凱湖、牡丹江，亦見於内蒙古輝河地區。多栖息於河邊蘆蕩中，常結小群活動。冬季主要取食蘆葦葉鞘中之昆蟲。本種爲我國珍稀鳥類，有兩個亞種，即黑龍江亞種（*P. h. polivanovi*）及指名亞種（*P. h. heudei*）。其種群數量稀少，由於近年來大面積蘆葦被收割用於造紙，使其栖息地環境遭到破壞，食物資源減少，導致其步向瀕危狀態。應采取措施加以保護，特別是儘可能保存更多的蘆葦資源，提供良好的生存環境，促進震旦鴉雀的繁衍發展。

暗色鴉雀

珍禽名。雀形目，鶲科，暗色鴉雀（*Paradoxornis zappeyi* Thayer et Bangs）。小型鳴禽。體長約 12 厘米。雌、雄鳥同色。頭頂及後頸濃灰色，微具暗色羽幹紋。眼、耳羽、頸側灰色，具白色眼圈。背及兩翼棕褐色。尾羽灰褐色。頷灰白色。下體餘部淡灰色。脅及尾下覆羽淡棕褐色。嘴黃色，基部帶褐色。腳黑褐色。我國特產鳥。迄今僅見於四川中部瀘定、峨眉、峨邊、甘洛及貴州威寧、赫章等地。栖息於海拔 2500 ～ 3200 米高山竹叢及灌木叢間。主要啄食各種昆蟲，兼食植物種子。暗色鴉雀因其體色灰暗而得名。亦省稱"鴉雀"。有二亞種，即指名亞種（*P. z. zappeyi*）及二郎山亞種（*P. z. erlangshanicus*）。本種分布範圍狹窄，又由於森林、灌叢被過量采伐，使其栖息地面積逐漸減少，環境惡化，危及其生存，故應采取措施，加強保護，促進其繁衍發展。

灰冠鴉雀

珍禽名。雀形目，鶲科，灰冠鴉雀（*Paradoxornis przewalskii* Berezovski et Bianchi）。小型鳴禽。體長約 17 厘米。頭頂及枕部灰色。鼻羽、眼先及額部黑色。由額基向後頸延伸生有黑色寬眉紋。上體橄欖黃色。尾羽灰橄欖色。顎紋白色，自下嘴基部向後延至頸側。喉黑色，上胸栗褐色，下胸較淡，腹部淡黃色。虹膜磚紅色（老年雌鳥）或赭黃色（青年雌鳥）。嘴形如鸚鵡，上嘴端白色，下嘴略帶黃色。跗跖藍灰色。迄今僅見於我國甘肅南部舟曲、卓尼一帶。栖息於林緣稀疏草地及灌叢地帶。以昆蟲爲主要食物。灰冠鴉雀以其冠部色灰而得名。爲珍稀鳥類，自1892年在甘南采到標本後，迄今一直未再采到標本。據此，可以認爲本種已達瀕危狀態，應即刻開展有關此鳥的研究，在弄清其現狀的基礎上，采取措施，儘快挽救這一瀕危鳥種。

挂墩鴉雀

珍禽名。雀形目，鶲科，挂墩鴉雀（*Paradoxornis davidianus* Slater）。小型鳴禽。體長約9厘米。形似小山雀。雌、雄鳥羽色相同。頭與頸濃栗紅色。背、腰棕灰色。頦、喉黑色，具白色斑點。翼褐色，外翈淺棕色，向外更淡而近於黃白色。尾上覆羽淡棕黃色，尾羽棕褐，邊緣栗紅色，中央尾羽棕色。胸及腹黃灰色。脅部、脛部、尾下覆羽暗栗色。虹膜褐色。嘴淡橙黃色。脚、趾灰褐色。國内僅見於福建挂墩一帶。多栖息於江邊竹林或草叢間。主要取食植物及少量昆蟲之幼蟲。本種因産福建挂墩而得是名，亦省稱"鴉雀"。有三個亞種，國内僅此指名亞種（*P. d.davidianus*），分布於福建西北部。因分布範圍小，種群數量少，應加以保護，促進其繁衍發展。

藏雀

珍禽名。雀形目，雀科，藏雀（*Kozlowia roborowskii* Przevalski）。小型鳴禽。體長約18厘米。雄鳥頭深紅色，具光澤，喉暗紅而具白點斑。背灰白色，各羽具玫瑰紅色羽端，形成紅斑紋。腰部淡玫瑰紅色。翼暗褐色略帶灰白，羽端沾玫瑰紅或灰白色。尾暗棕色，具玫瑰紅端緣。胸、腹玫瑰紅色，具淺黃色斑紋，下腹及尾下覆羽與脅部灰白色，亦沾玫瑰紅色。雌鳥較小，形似雄鳥。全身褐色，具暗褐色條紋或斑紋，而不沾紅色。爲我國特産種。僅分布於青海省，見於黃河源頭附近之布爾汗布達山脉、扎陵湖以北的布青山及楚瑪河流域。栖息於海拔4700～5100米人迹罕至的岩石、草原地帶。其分布區狹窄，栖息地條件惡劣，種群數量不多，人們對其尚缺乏瞭解。應加以認真保護與研究。

栗斑腹鹀

珍禽名。雀形目，雀科，栗斑腹鹀（*Emberiza jankowskii* Taczanovski）。小型鳴禽。體長約16厘米。額、頭頂及整個上體淡棕栗色。眉紋及頰部污白色，眼先、顴紋深栗色。頦、喉及胸灰白色，腹部淡棕色，中央有一心形大斑，爲栗色。雌鳥腹斑較小，色亦稍淡。額與頭頂縱紋暗褐色，前胸具灰黑色斑點形成不明顯之半月環。上嘴黑色，下嘴基部黃白色。跗跖肉青色，爪黑色。我國主要分布於吉林、黑龍江、内蒙古等地，遷徙時見於吉林、黑龍江、遼寧、河北等地。栖息於山麓平原地帶，多見於疏林草地、乾旱草原，灌木林及農田附近之叢林中。取食草籽、穀物，兼食部分昆蟲。本種數量稀少，森林砍伐，草地破壞，生息環境惡化，又加亂捕濫獵，導致其種群數量下降。應將其列入重點保護名録，采取積極措施加以保護，并開展有關科學研究，爲促進其繁衍發展提供依據。

藏鹀

珍禽名。雀形目，雀科，藏鹀（*Emberiza koslowi* Bianchi）。小型鳴禽。體長約16厘米。

頭頂、後頸、耳羽及頸側黑色，眉紋白色。眼先及前頰紅褐色。上體及兩肩鮮紅栗色。後頸有一藍灰色橫帶，下延至胸部。翼黑褐，羽緣淡。尾黑褐，外側兩對尾羽除羽基及部分外翈外純白色。頦、喉白色，上胸有一較寬黑帶，與頸側黑羽相連，下胸及腹部、兩脅藍灰色，尾下覆羽肉桂紅色。爲我國特産種。分布於青藏高原青海南部之紮多、曲麻萊，東南部河南縣及西藏昌都地區北部之瀾滄江上游。栖息於海拔 4000 米以上之山柳灌叢帶。主要取食鱗翅目幼蟲。本種數目特別稀少，極其罕見，應列入保護動物名録，開展調查研究，促進其繁衍發展。

第二節　瀕危禽鳥考

一、瀕危禽鳥名義訓

所謂瀕危禽鳥是指野生動物野外種群已經減少到瀕臨滅絶或絶迹之禽鳥，一些致危因素仍然存在，一些野生種類的種群數量下降，已經或者接近滅絶的臨界綫，故被稱爲"瀕危禽鳥"。

隨着人口增加，科技進步，人類正以前所未有的規模和速度改變地球的面貌，從而導致環境大規模改變，出現各種各樣的生態和環境問題。其中生物多樣性喪失，特別是一些物種的滅絶，引起了世人的廣泛注意。世界自然保護聯盟（IUCN）於 1966 年首先出版了《哺乳動物紅皮書》，繼而出版了鳥類、兩栖類和爬行類、魚類、植物、無脊椎動物等分册，其後又出版了所有瀕危動物的《紅色名録》。不少國家也參照世界自然保護聯盟的做法，相繼編輯出版了各自相應的《紅皮書》。在我國經過長時間的醖釀，原國家環境保護局發起編制我國《紅皮書》的倡議，先後編纂出版了《中國植物紅皮書》《中國瀕危動物紅皮書》。紅皮書或紅色名録，皆以矚目的紅色爲封面，具有告誡、警示之意，目的是從生物多樣性角度提示所列物種已處瀕危狀態，應引起社會各界的關注。紅皮書依照各物種瀕危程度將它們劃分爲若干等級，以便於采取相應的保護措施。20 世紀 60 年代，世界自然保護聯盟的瀕危物種《紅皮書》和《紅色名録》中瀕危物種等級是：絶滅（Ex）、瀕危（E）、易危（V）、稀有（R）、未定（I）、數據缺乏（K）、受威脅（T）、貿易致危（CT）等。

我國動物紅皮書編纂時，考慮到中國的具體情況與保護自然資源的實際需要，將"絶滅"删去，采用"野生絶迹"這一概念，并增加"國内絶迹"一級，目前采用的物種瀕危標準等級是：

野生絶迹（Ex）：指野生種群已經消失，但人工放養或飼養的尚有殘存；

國内絶迹（Et）：指國内野生種群已經消失，但國外尚有野生種群；

瀕危（E）：指野生種群已經降低到瀕臨滅絶或絶迹的臨界程度，且致危因素仍在繼續；

易危（V）：指野生種群已明顯下降，如不采取有效保護措施，勢必成爲"瀕危"物種，或因近似某"瀕危"物種必須予以保護以確保該"瀕危"物種的生存；

稀有（R）：指從分類定名以來，迄今總共祇有爲數有限的發現記録，其數量稀少的原因主要不是人爲因素造成的；

未定（I）：指情況不甚明瞭，但有迹象表明可能已屬於或疑爲"瀕危"或"易危"物種。

本節所考論的瀕危禽鳥是指《中國瀕危動物紅皮書·鳥類》已收録，同時又被列入《國家重點保護野生動物名録》的那些禽鳥。包括國家重點保護的野生絶迹（Ex）、國内絶迹（Et）、瀕危（E）、易危（V）、稀有（R）及情況不甚明瞭，但有迹象表明可能已屬於或疑爲"瀕危"或"易危"的未定（I）種。凡《紅皮書》已收録，而目前尚未列入《國家重點保護野生動物名録》者，視爲珍禽，於"珍稀禽鳥考"中收列。

二、禽鳥致危原因分析

地球上有生命以來，生物始終處於不停的進化和演變之中，動物也由簡單趨於複雜，由一個細胞到多個細胞不停地發展，從而使地球上出現了形體各异、結構紛繁、成千纍萬的動物種。時至今日，地球上的生物仍然在繼續發展進化，一些生物絶迹、消亡，另一些新的種類誕生、發展，這是生物界永恒不變的規律。但這種變化是極其緩慢的，所需時間也是極其漫長的。然而有些生物在較短的時間内迅速瀕危、絶迹、消亡，這必然是一些特殊因素造成的。比如 20 世紀 60 年代，我國中原地區每至秋冬，白日天空行雁南飛，夜晚水畔宿雁栖息；原野上烏鴉遍地覓食，黃昏時群集村頭樹上噪鳴。然而如今，這些禽鳥已極少見其踪迹。這種急劇變化絶非正常現象，已經引起人們的普遍注意。

鳥類生存需要一定的條件，除鳥類自身有較强的生存能力外，還要有理想的生存環境，譬如要有充足的食物、乾净的水源和僻静的隱蔽場所。上述基本生存條件一旦出現問題，便會影響其生存：輕者危及其生存，重者會導致其滅絶。由此可知危害鳥類生存的致危因素是多方面的，概括起來可以分爲鳥類自身的原因、生存環境惡化、人類不合理的活動及亂捕濫獵等幾個方面。

有些禽鳥數量極少，分布區域特别狹窄，加之食性過於單一，繁殖極其困難，還有的生性怯懦，懼人怕獸，生存適應性較差，極易遭到淘汰而易於致危。如鸛形目鷺科之海南虎斑鳽（*Gorsachius magnificus*），數量極少，至今全國僅采到三號標本，現僅知廣西南部有少量分布，已被列爲國家二級重點保護野生動物；鵜形目鵜鶘科之白鵜鶘（*Pelecanus onocrotalus*），19世紀與大天鵝混群，在青海湖越冬，可時常見到，由於繁殖區極狹小，食物亦較單純，而今極少見到；鷄形目松鷄科之黑嘴松鷄（*Tetrao parvirostris*），繁殖期極早，五月初大興安嶺冰雪剛剛融化，它已開始築巢産卵，由於極度嚴寒，卵的受精率與孵化率都較低，繁殖受到影響，致使數量極少，極易致危，已被列爲國家一級重點保護野生動物；鸛形目鷺科之黄嘴白鷺（*Egretta eulophotes*），常與池鷺、夜鷺、牛背鷺混群共栖，同域繁殖，由於種間競争能力較差，使其種群恢復受到影響，以致數量下降而致瀕危，現已被列爲國家二級重點保護動物；鸛形目鶚科之朱鹮（*Nipponia nippon*），食性較窄，主要取食泥鰍、蛙類，此類水生動物减少，影響了朱鹮的取食和繁殖，所以數量鋭減，已列爲國家一級重點保護野生動物；鷄形目雉科之緑脚山鷓鴣（*Arborophila chloropus*），性怯易驚，環境稍變或稍有人爲活動便驟然飛逝，長此以往，其生息、繁衍都受到干擾，以致數量減少，漸臨瀕危狀態。

生存環境的改變是造成鳥類瀕危的另一重要原因。特别是由於森林破壞，林地面積減小，森林生態環境惡化，加之水土流失，土地沙化，使鳥類之生存空間變小，生息環境惡化，食物來源減少，營巢環境破壞等，都會造成禽鳥種群萎縮，面臨瀕危處境。譬如鷄形目雉科之藍馬鷄（*Crossoptilon auritum*），栖息環境主要是四川王朗等地海拔 2000 ~ 3600 米山地陽坡的雲杉林與山楊、樺木混交林，海拔 3000 ~ 4000 米山地陽坡的杜鵑灌叢，以及海拔 3000 ~ 3600 米山地陽坡之小蒿草草甸，由於栖息地杉木林大規模采伐，加以亂捕濫獵，致使藍馬鷄野外存活數量下降，極易致危，被國家列爲二級重點保護野生動物；同科之藏馬鷄（*C. crossoptilon*），主要栖息於四川馬爾康海拔 3500 ~ 3900 米亞高山針葉林中，杉木林是當地主要伐木場，由於采伐而使杉木林地成爲光禿山崗，造成嚴重水土流失或成爲泥石流帶，嚴重破壞了藏馬鷄賴以生存的自然環境，使其數量急劇減少，已呈易危之勢，被列爲國家二級重點保護野生動物；同科之褐馬鷄（ *C. mantchuricum* ），爲我國特產鳥，主要分布於山西寧武、吕梁一帶，河北省蔚縣、涿鹿小五臺山及河北靈山、小龍門林場等地，栖息於海拔 1600 ～ 1800 米山坡針闊葉混交林内，由於森林過度采伐，栖息地面積越來越小，以致褐馬鷄數量鋭減，面臨瀕危境地，已被國家列爲一級重點保護動物；朱鸛，是鸛形目鸛科禽鳥，20 世紀 30 年代從東北到華北在十五個省有朱鸛分布的記録，它們常在水田、沼澤、山溪覓食，而在周圍樹上栖息營巢，60 年代後已極少見其踪迹，曾一度被認爲已在國内絶迹，其數量之所以急劇減少是與森林面積與水田面積急劇減小分不開的；雁形目鴨科之中華秋沙鴨（ *Mergus squamatus* ），在東北各地栖息於闊葉林或針闊葉混交林的溪谷、草甸、水塘、草地等處，由於其繁殖地大量砍伐森林，失去營巢環境，加之林區開發，毒魚炸魚造成河湖污染，食物減少，以致數量鋭減，已被列爲國家一級重點保護野生動物；隼形目鷹科之鳳頭蜂鷹（ *Pernis ptilorhynchus* ），主要在東北小興安嶺、丹東、朝陽等地繁殖，由於森林砍伐使營巢場所遭到破壞，加之遷徙途中又屢遭亂捕濫獵，使種群數量大大減少，已成易危種，已被列爲國家二級重點保護野生動物；同科之白背兀鷲（ *Gyps bengalensis* ），爲雲南西部及西南部西雙版納罕見留鳥，栖息於熱帶雨林、季雨林之林緣開闊地、田埂或河灘地帶，常單獨活動，嗜食死尸爛肉。由於雲南西部及西南部熱帶雨林、季雨林於 20 世紀 50 年代大量砍伐，白背兀鷲生境破壞，食物減少，以致面臨瀕危境地，被列爲國家一級重點保護野生動物。類似上述情况的，數不勝數。

　　濕地是禽鳥特別是水禽類的主要栖息地。20 世紀七八十年代後，由於氣候乾旱，降水少而變率大且分布不均，濕地範圍不斷萎縮。又由於森林植被破壞，水土流失，土地沙化，往往造成河道阻塞，湖塘、水庫淤積，水域面積減小，加上圍湖造田，灘塗開發，水質污染等，致使濕地面積鋭減，水禽生存空間縮小，生活環境惡化，食物來源減少并遭污染，營巢環境破壞，生息繁衍受到影響，造成鳥類種群減少，面臨瀕危困境。鶴形目禽鳥大多受此危害，不少已成瀕危鳥類，如鶴科之白頭鶴（ *Grus monacha* ）、黑頸鶴（ *G. nigricollis* ）、丹頂鶴（ *G. japonensis* ）、白枕鶴（ *G. vipio* ）、白鶴（ *G. leucogeranus* ）、赤頸鶴（ *G. antigone* ）、蓑羽鶴（ *Anthropoides virgo* ）等皆因濕地圍墾，植被破壞（如蘆葦被割光），營巢受限，加上放牧、捕撈、行舟等，濕地環境破壞而使種群數量鋭減，多數已列爲國家一級重點保護動物（白枕鶴、蓑羽鶴爲國家二級重點保護野生動物）。

　　人爲不合理活動是造成禽鳥瀕危最爲重要的原因。獵殺、取卵、覆巢，是人類對禽鳥的直接威脅。鵜形目鰹鳥科之紅脚鰹鳥（*Sula sula*），爲海洋鳥類，生息於我國西沙群島，由於濫捕與毀巢取卵，致使該種在西沙群島絕迹。鴛鴦（*Aix galericulata*），是人們極爲熟悉的游禽，被稱爲官鴨、匹鳥。常被人們捕捉或掏取幼鳥，并將其殺死食肉，且留羽毛以爲裝飾，其數量日漸减少，已被列爲國家二級保護野生動物。鷄形目松鷄科之鐮翅鷄（*Falcipennis falcipennis*），是典型的針葉林鳥類，外形與榛鷄相似，往往被混淆爲榛鷄而被捕殺，致其數量减少而瀕臨滅絶。雉科之藍胸鶉（*Coturnix chinensis*），因其羽色典雅美麗，常被捕捉作爲籠鳥飼養，致使數量减少。鸚形目鸚鵡科之緋胸鸚鵡（*Psittacula alexandri*），性情温順，能仿人語，常被捕來馴養，以致形成易危種。似此類者尚有大紫胸鸚鵡（*P. derbiana*）以及雉科的灰孔雀雉（*Polyplectron bicalcaratum*）、緑孔雀（*Pavo muticus*）等觀賞鳥類。鵑形目杜鵑科之褐翅鴉鵑（*Centropus sinensis*）、小鴉鵑（*C. toulou*）爲傳統毛鷄酒原料，可醫婦科疾病。近年來，由於各地組織專業隊伍獵捕，致使種群數量鋭减，已處瀕危狀態，被列爲國家二級重點保護野生動物。鴞形目之倉鴞（*Tyto alba*）栖息於熱帶、亞熱帶地區，夜間於農田或居民點附近捕食鼠類，當地居民誤傳可爲藥用而被濫捕，致其處於稀有狀態，被列爲國家二級重點保護野生動物。隼形目許多猛禽常被捕來作商品出售，一些不法分子大肆獵捕鷹隼類猛禽，致使游隼（*Falco peregrinus*）、獵隼（*F. cherrug*）、黑翅鳶（*Elanus caeruleus*）、褐耳鷹（*Accipiter badius*）、鳳頭鷹（*A. trivirgatus*）、灰臉鵟鷹（*Butastur indicus*）、棕翅鵟鷹（*B. liventer*）、草原雕（*Aquila nipalensis*）等鷹隼類猛禽數量急劇下降，已全部被列爲國家一、二級重點保護野生動物。

　　除去人爲直接獵捕之外，一些不合理的活動也可能間接造成禽鳥數量下降，以致瀕危、絕迹。譬如，上面已提及由於人們砍伐森林、破壞濕地都造成禽鳥瀕危。此外，海塗開發，水域污染，人工捕撈，沙地及草原滅鼠，農藥施用等活動都可能引起禽鳥種群數量下降。鸌形目信天翁科之短尾信天翁（*Diomedea albatrus*）爲海洋鳥類，由於海水污染，數量鋭减，以致現狀不詳，被列爲國家一級重點保護動物。鸕鷀科之斑頭鸕鷀（*Phalacrocorax capillatus*）屬沿海大型鳥類，由於海塗開發，近海水域污染，再加人爲活動干擾，使種群數量迅速下降。黑頸鸕鷀（*Ph. niger*）則因農田用藥，水質污染，河沼魚蝦數量减少，食物不足而致種群數量下降已近瀕危，被列爲國家二級重點保護動物。鸛形目鸛科之東方白鸛（*Ciconia boyciana*）爲大型涉禽，由於繁殖地過度開發，圍墾濕地，工業廢水及石油污物造成水質污染，又加人類毀巢取卵及非法濫獵，致使東方白鸛生存受到威脅，已達瀕危境地，被列爲國家一級重點保護動物。而本屬之黑鸛（*C. nigra*）亦屬大型涉禽，則由於人們開山炸石、築路、興建旅游與療養設施、石油污物污染等，使其數量急減而達瀕危程度，被列爲國家一級重點保護動物。

生息於草原、沙地的禽類，由於人類滅鼠活動往往造成食肉禽類二次中毒死亡，使草原禽類數量下降，近年來極其普遍。比如草原雕（*Aquila nipalensis*）、玉帶海雕（*Haliaeetus leucoryphus*）、禿鷲（*Aegypius monachus*）、高山兀鷲（*Gyps himalayensis*）、胡兀鷲（*Cypaetus barbatus*）等，由於多年來草原大面積毒藥滅鼠，草原鳥類取食中毒殘鼠造成這些禽鳥二次中毒死亡。人類的捕撈活動使魚蝦減少，水禽因食物不足也往往影響其種群發展，至於毒魚活動則對水禽更是毀滅性灾害。比如安徽升金湖爲越冬水禽栖息地，一度因捕魚之網箱（迷魂陣）遍布，致使鶴形目鶴科之白頭鶴無處栖身，又加魚、蝦等食物被撈走，食物減少，生息極其艱難，數量銳減，已致瀕危，被列爲國家一級重點保護野生動物。白鶴、蓑羽鶴、丹頂鶴等皆有類似之遭遇。除此之外，城市建築、交通、高壓電綫、夜間燈光等皆可成爲禽鳥栖息障礙因素而影響鳥類的生存、繁衍，造成其種群數下降，面臨瀕危、絶迹的威脅。

除去上述因素外，天敵危害也是鳥類致危的重要因素。如雁形目鴨科之大天鵝（*Cygnus cygnus*）爲大型水禽，狼（*Canis lupus*）、赤狐（*Vulpes vulpes*）是大天鵝的天敵，常常獵食大天鵝。再如大嘴烏鴉、蒼鷹、大鵟、香鼬等爲斑尾榛鷄（*Tetrastes sewerzowi*）之天敵，青鼬（*Charronia flavigula*）與猛禽等爲海南山鷓鴣（*Arborophila ardens*）之天敵，青鼬、豹猫（*Felis bengalensis*）、松鴉（*Garrulus glandarius*）是黄腹角雉（*Tragopan caboti*）的天敵，青鼬、猛禽還是灰孔雀、緑孔雀之天敵，猛禽還是遺鷗（*Larus relictus*）等鷗類的天敵。天敵不僅可獵食成鳥，還捕食幼雛及卵，也威脅鳥類的生存繁衍。

總之，引起禽鳥瀕危的因素極多，這些因素又不是單獨起作用，往往是相互影響，共同作用於禽鳥，造成其種群數量減少，以致瀕危、絶迹。這裏我們要强調的是，在諸多致危因素中，人爲不合理活動這一因素是主要的、起決定性作用的。因此，人類應該珍惜大自然賜予我們這些美麗、可愛的朋友，保護好它們的生存環境，杜絶亂捕濫獵的行爲，使鳥類正常地生息發展。

三、瀕危禽鳥的保護與管理

　　禽鳥是陸地生態系統的重要組成成分，是大自然賦予人類的珍貴自然遺産。人類初興靠采獵爲生，禽鳥成爲人類取食之主要來源之一。時至今日，人類之發展也離不開禽鳥，許多科學技術，如飛機製造、控制飛機與導彈航嚮，飛機空中停留和穩定震動陀螺以及電子鷹眼的研製，都受到禽鳥之啓示。特別是科學技術飛速發展的今天，由於資源、環境等問題，影響了人類自身的生存發展，人類對鳥類價值的認識，已經從簡單的經濟價值擴展到了它們對生物多樣性及對環境和人類精神文化生活所産生的巨大影響和更爲深層的作用。人們還注意到禽鳥很可能還有許多目前未知的潜在價值與作用，有待於我們進一步認識和開發。因此，保護鳥類，尤其是已處瀕危狀態的鳥類具有極其重要的意義。因爲某種鳥類的滅絶意味着從地球上絶對消失，且不可能再生，隨之還可能使數十種其他生物相伴消失。可以毫不誇張地説，保護鳥類在一定程度上説就是保護人類自己。

　　我國自古十分重視鳥類保護工作。本卷《珍稀禽鳥考》已對古代鳥類保護做了詳述。到了近現代人們亦很重視鳥類的保護。譬如北洋政府與國民政府及當時之農商部、農林部先後頒布了《森林法》《狩獵法》及《實施細則》，并陸續發布了《東三省國有林發放規則》《造林獎勵條例》《林業公會規則》《各省植樹暫行條例》及《造林運動實施方案》《管理國有林公有林暫行細則》《國有林區管理規則》等。1915 年北洋政府曾規定清明節爲我國植樹節。上述政策法令、規定雖因戰亂多未能認真實施，但在一定時期與範圍內也産生了一定的影響，對保護森林環境及鳥類生存發展起到了積極的作用。

　　值得提出的是，早在第二次國內革命戰爭時期，中國共産黨領導的革命根據地便把植樹造林視爲重要任務。1932 年 3 月 16 日，中華蘇維埃人民委員會第十次常委會通過了《對於植樹運動的決議案》。抗日戰爭與解放戰爭時期，隨着戰爭與生産形勢的發展，各邊區人民政府陸續頒布了相關的政策、法令，以保護森林環境，爲鳥類生息繁衍創造良好環境。1949 年中華人民共和國成立後，《中國人民政治協商會議共同綱領》規定了國家發展林業的指導方針與基本政策：“保護森林并有計劃地發展林業。”1950 年第一次全國林業會議確定“普遍護林，重點造林，合理采伐和利用”的林業建設方針，這些對於保護野生動物打下了良好的基礎。1956 年林業部頒布了《天然森林禁伐區（自然保護區）劃定方案》，要求各地在結合禁獵區的區劃時，對一些珍稀野生動物的栖息地，要劃出禁獵禁伐區（自然保護區）。1959 年林業部發布了《關於積極開展狩獵事業的指示》，首次提出了保護大熊猫、金絲猴、東北虎等珍稀野生動物。1962 年國務院發布了《關於積極保護和合理利用野生動物資源的指示》，制定了"加强資源保護，積極飼養繁殖，合理獵取"的方針，還明確規定了包括丹頂鶴、褐馬鷄在内的 83 種野生動物爲保護動物。上述各指示、方案爲野生動物保護指明了方嚮和提供了政策依據。在這些指示精神指導下，一些地區先後成立了野生動物保護機構或指派專人進行管理，野生動物的保護管理逐步走上了正軌。"文化大革命"期間，野生動物保護工作受到干擾，致使自然生態惡化，瀕危動物越來越多。農林部 1972 年草擬了《野生動物保護管理條例（草案）》（後修改爲《野生動物保護法》），1982 年國家頒布了《中華人民共和國憲法》，第九條明確規定："國家保障自然資源的合理利用，保護珍貴的動物和植物。禁止任何組織或者個人用任何手段侵占或者破壞自然資源。"1983 年國務院頒布了《關於嚴格保護珍貴稀有野生動物的通令》，指出"保護珍貴稀有野生動物是建設社會主義精神文明和物質文明的一項重要内容，是每個公民應盡的職責"，重申"要嚴格執行國家和省、市、自治區關於保護珍貴稀有野生動物的規定。對違反這些規定，私自獵捕珍貴稀有野生動物，買賣、走私、出口這些動物及其産品的違法犯罪活動，必須徹底追查，依法懲辦"。1984 年 9 月，第六届全國人民代表大會常務委員會第七次會議通過了《中華人民共和國森林法》，1988 年 11 月第七届全國人民代表大會常務委員會第四次會議通過了《中華人民共和國野生動物保護法》，同年 12 月公布了《國家重點保護野生動物名録》，1992 年 3 月又頒布了《中華人民共和國陸生野生動物保護實施條例》，相應地還制定并頒發了一系列相關的法律、法令、政策、規定等。與此同時，各省、市、自治區結合各地的特點也制定了相應的法規、條例、實施細則和辦法，使野生動物及珍稀瀕危禽鳥保護納入了法治的軌道。僅以東北地區爲例，1978 年吉林省頒布了《關於加强野生動物保護管理辦法》，1982 年頒發了《關於加强保護珍貴稀有野生動植物的布告》，規定了保護的二十九種珍稀禽鳥名録，并規定每年 4 月 22 日—4 月 28 日爲吉林"愛鳥周"，1984 年又將丹頂鶴定爲吉林的省鳥。遼寧省人民政府 1982 年頒布了《遼寧省野生動物保護條例》，并確定 4 月 22 日—4 月 28 日爲遼寧省"愛鳥周"。黑龍江省 1982 年發布了《加强保護鳥類資源的布告》，確定 4 月 22 日—4 月 30 日爲該省"愛鳥周"，1984 年將天鵝定爲本省省鳥。上述各省都明確規定鳥類爲國家寶貴財富，保護、發展與合理利用鳥類資源，對開展科學研究、改善自然環境，豐富人民文化生活，支援國家建設具有重要意義。與此同時，各省還對珍稀禽鳥進行劃類，制定保護措施，對鳥類主要栖息地、繁殖地及候鳥重要停歇地，劃出了自然保護區與禁獵區，規定了珍稀鳥類不得出口貿易，并規定了相應的獎懲辦法，從而加強了法治，做到了有法可依，依法護鳥，促進鳥類資源的保護管理工作。其他地區亦有類似的政策、條例出臺，此不贅述。

爲了廣泛發動群衆參與野生動物與禽鳥保護，各地還成立了一些野生動物保護群衆組織，如野生動物保護協會等。大多省、市、自治區都開展了"愛鳥周"活動。通過深入宣傳和愛鳥活動，大大提高了群衆保護野生動物和愛鳥護鳥的自覺性，珍惜自然資源，保護野生動物，愛鳥護鳥逐漸成爲人們的自覺行動。

2001 年，在"愛鳥周"活動開展二十周年之際，適逢北京正在積極申辦 2008 年奧林匹克運動會。鑒於國際奧委會將自然生態狀況列入評選奧運會舉辦城市的重要條件之一，4 月 22 日國家林業局與北京市人民政府共同舉辦了"愛鳥護鳥，支持申奧"的大型宣傳活動。通過這次活動，不僅表明了我國在新世紀全面加強自然生態保護的立場和決心，還宣傳了我國在新時期環境建設的戰略方嚮，展示了五十年來我國野生動物保護取得的重大成果，還着重介紹了當時即將啓動的全國野生動植物保護和自然保護區建設工程的目標，建設內容與措施，呼吁公民從愛鳥護鳥開始，積極支援和參與到國家自然生態保護這一造福子孫的偉大事業中來，爲再造秀美山川做出積極貢獻。這次活動在全國引起強烈反響，各地紛紛掀起愛鳥護鳥、保護野生動植物的宣傳熱潮。

毋庸諱言，儘管我們制定了許多政策、法律、法規，也做了大量宣傳教育工作，開展了一系列的愛鳥護鳥活動，但是，珍稀瀕危禽鳥的生存狀況仍然令人擔憂。對於珍稀瀕危禽鳥的保護工作仍待進一步加強。

首先，應進一步完善法律、法規，尤其是儘快完善各項法律、法規的實施細則與實施辦法，制定科學、合理的政策、法律界限，以便易於掌握，容易操作。在此基礎上進一步建立健全各級管理機構，要特別注意縣與鄉、場等基層機構的建設，要配備懂業務、有責任心的管理人員，儘快形成一個健全而高效的管理體系。還應大力加強法治教育與科普宣傳，不斷提高全民法治觀念和生態倫理意識，增加環境意識和鳥類學知識，使愛鳥護鳥成爲衡量人們行爲的道德標準，成爲他們發自內心的自覺行動。保護珍稀瀕危禽鳥還應注意導致禽鳥瀕危因素的改善，要特別注意對鳥類賴以生存的栖息環境加以保護和改善，如保護和經營好現有森林，并不斷擴大森林面積，尤其注意多營造混交林，爲禽鳥提供更多更好的森林環境。要保護好濕地，使其面積不再萎縮，下大力治理濕地污染，儘可能地防止濕地植被退化、土壤沙化、鹽碱化，爲水禽之栖息發展創造良好條件。要搞好野生動物自然保護區，使珍禽奇獸在保護區內安然生息繁衍，儘快恢復其種群，迅速脱危。對於遷徙禽鳥要保護好其越冬地、繁殖地及遷飛中的停歇地（中轉站），使其順利完成遷飛過程。那些數量稀少，已近瀕危、絶迹或野外絶迹的禽鳥，以及野外繁殖機遇極小的種類，應在條件許可的情況下，采取有效措施進行人工飼養，儘快恢復、壯大其種群，以便其重返大自然。

　　總之，保護野生動物，最終目的是增加物種的多樣性，維持自然界的生態平衡，保障人類經濟、社會的可持續發展，不斷提高人們的物質與精神生活的品質。

角鸊鷉

　　瀕危禽鳥名。鸊鷉目，鸊鷉科，角鸊鷉（*Podiceps auritus* Linnaeus）。小型游禽。體長約 37 厘米。體形略與鴨相似，唯小而扁，且翼小尾短。成鳥（夏羽）上體灰黑色。額、頭頂及後頸均黑色；頭之二側各有一簇棕色羽毛，聳之若二角樣，因名。後頸上部二側具延長黑羽，形成皺領；上胸及兩脅均栗紅色；背部暗灰褐色；内側飛羽大部白色；下胸及腹亦白色。我國主要分布於新疆天山西部（繁殖鳥）；亦見於黑龍江之哈爾濱、東北南部、河北、河南、山東等地，爲旅鳥；冬季則遷於長江下游及閩、臺等地。常栖息於低山丘陵與山脚平原之溪流、湖泊、水庫、池塘及沼澤地等水域。取食水中小型無脊椎動物，亦取食幼嫩水生植物。鸊鷉目僅一科，全球共二十一種，我國有五種，包括小鸊鷉屬之小鸊鷉及鸊鷉屬之四種：黑頸鸊鷉（*P.nigricollis*）、鳳頭鸊鷉（*P. cristatus*）、赤頸鸊鷉（*P. grisegena*）及本種。其中赤頸鸊鷉與角鸊鷉因數量稀少，已近瀕危，且又具較高學術研究價值，已被列爲國家二級重點保護野生動物；黑頸鸊鷉、鳳頭鸊鷉亦被列爲地方重點保護動物。角鸊鷉有二亞種，我國境内僅分布指名亞種（*P.auritus auritus*）。

赤頸鸊鷉

　　瀕危禽鳥名。鸊鷉目，鸊鷉科，赤頸鸊鷉（*Podiceps grisegena* Boddaert）。中型游禽。體長約 47 厘米。體形似鴨，雌雄略同。成鳥（夏羽）頭頂黑色，其二側各有羽簇，形稍延長而向外突出；頸部二側及喉均白色；前頸與上胸赤棕色，因以得名。後頸、背及二翅俱灰褐色；下胸、腹以及二翅内側飛羽悉爲白色。嘴黑色，嘴基黄色。我國主要分布於黑龍江之哈爾濱、綏化、泰來、齊齊哈爾、佳木斯等地。遷徙經吉林、遼寧以至河北，亦偶遷抵福建中部，甚至達廣東珠江口等地越冬。常栖於低山丘陵、平原地區的各種水域。善泳，可潛水；受驚時，常潛入水中，能隱匿較長時間。主要食物爲各種水生動物及水生植物。本種數量稀少，較爲珍貴，并具較高學術研究價值，已被列爲國家二級重點保護野生動物。今亦稱"王八鴨子""赤襟鸊鷉"。

短尾信天翁

瀕危禽鳥名。由於海洋環境污染，短尾信天翁數量銳減，以致目前狀況不詳，已被列爲國家一級重點保護野生動物。詳本卷《習見禽鳥説·游禽考》"信天翁"文。

白鵜鶘

瀕危禽鳥名。因我國繁殖區狹小，越冬環境嚴酷，食物亦較單純，其野生種群數量急劇減少，已近瀕危狀態，被列爲國家二級重點保護野生動物。詳本卷《習見禽鳥説·游禽考》"鵜鶘"文。

斑嘴鵜鶘

瀕危禽鳥名。鵜形目，鵜鶘科，斑嘴鵜鶘（*Pelecanus philippensis* Gmelin）。大型游禽。體長約 150 厘米。成鳥頭、頸白色，枕羽延長成羽冠，略帶粉紅色；後頸有一條長粉紅色翎領；上背、肩及翅上之三級飛羽與中、小覆羽等均淡黃褐色，肩與上背較淺，羽緣白或褐白；初級與次級飛羽及初級覆羽均黑褐色；下背及腰白而微紅；尾羽銀灰，尖端蒼白，羽幹末端黑褐色，基部淺黃。胸、腹均白色，胸羽呈矛狀。虹膜淡紅黃色。嘴淺紅黃色，上嘴邊緣具藍黑色斑點，嘴甲及上、下嘴先端橙黃色，下嘴中部邊緣亦有藍黑色斑點，基部具藍黑色縱紋。喉囊暗紫色，具藍黑色斑點。脚棕黑色；爪角黃色。我國僅見於河北省以南之東部地區，

偶見於新疆羅布泊及雲南東南部蒙自一帶，爲旅鳥。斑嘴鵜鶘我國有二亞種，即指名亞種（*P.philippensis philippensis*）及新疆亞種（*P. philippensis crispus*）。本種與白鵜鶘體形近似，唯嘴常有藍黑色斑點而得名斑嘴鵜鶘。今亦稱"花嘴鵜鶘"，其餘別名均與白鵜鶘同。本種已列爲國家二級重點保護野生動物。

紅脚鰹鳥

瀕危禽鳥名。鵜形目，鰹鳥科，紅脚鰹鳥（*Sula sula* Linnaeus）。中等游禽。體長約 70 厘米。近白色，兩翅狹長，略帶黑褐色；尾短，呈楔形。嘴粗壯，圓錐形，灰藍色，嘴緣鋸齒狀；眼周裸露部藍色；喉囊裸露部呈石板灰或黑色；脚紅色或朱紅色，四趾向前，趾間蹼發達。我國主要分布於西沙群島，爲繁殖鳥。營海洋性生活，兩翅尖長，善翔，常飛於近海面低空中，一旦發現獵物，立即收翅，迅速插入水中捕食獵物，而後再飛回空中。主要捕食海洋魚類，尤嗜食馬鮫及鰹魚，故名鰹鳥，其脚紅色，因名紅脚鰹鳥。20 世紀 50 年代西沙群島尚存數千隻，70 年代偶或可見，80 年代後幾乎絕迹。故已被列爲國家二級重點保護野生動物。

褐鰹鳥

瀕危禽鳥名。鵜形目，鰹鳥科，褐鰹鳥（*Sula leucogaster* Boddaert）。中等游禽。體長約 70 厘米。體似紅脚鰹鳥，但嘴緣不具鋸齒。頭、頸、上胸部、背部、飛羽及尾羽均呈棕褐色。腰部、尾下覆羽及體側白色。嘴淡黃綠色，眼周有黃綠色裸皮。脚黃綠色。我國分布於浙江洞頭及西沙群島、臺灣蘭嶼島等地，爲繁殖鳥。栖息於海洋島嶼上。善翔，時見於近岸海

面上，常結群在海面上低飛，極少着落於陸地上，夜宿海島岩石或灌叢中。以魚類及各種水生動物爲食。褐鰹鳥數量極少，1972 年後尚未見有報道。已被列爲國家二級重點保護動物。鰹鳥以嗜食鰹魚而得名，鰹鳥共九種，我國僅紅脚鰹鳥與本種，今均被列爲國家二級重點保護野生動物。褐鰹鳥今亦稱"白腹鰹鳥""棕色鰹鳥"。

海鸕鶿

瀕危禽鳥名。鵜形目，鸕鶿科，海鸕鶿（*Phalacrocorax pelagicus* Pallas）。中型游禽。體長約 70 厘米。體羽黑色，頭、頸帶紫色金屬反光，其餘部分帶綠色金屬反光。眼區及嘴周裸出，呈橘紅色。頸藍黑色，有紫色金屬反光。體背主要爲黑色，有綠、紫色金屬反光。下體黑色，有綠色金屬反光。繁殖期腰兩側有大型白色斑紋。飛羽黑色，有紫色金屬反光。尾黑色。虹膜黑色。嘴黑褐色。脚黑色。我國沿海各地有分布，自東北黑龍江之牡丹江、遼寧遼河口至福建、廣東均有分布。爲習見海鳥。喜群集於河口地帶及沿海島嶼上。主要以魚、蝦爲食物。今海鸕鶿數量較少，已近瀕危，被列爲國家二級重點保護野生動物。

黑頸鸕鶿

瀕危禽鳥名。鵜形目，鸕鶿科，黑頸鸕鶿（*Phalacrocorax niger* Vieillot）。中型游禽。體長約 50 厘米。形似鸕鶿，稍小。雄鳥全身羽毛亮黑色，繁殖期頭頂、頰部斑雜有白色絲羽；肩羽、翅上覆羽及内側次級飛羽呈銀灰色，羽緣黑色。雌鳥羽色與雄鳥略似，頭部渲染棕褐色。幼鳥通體褐色，下體近白。喉囊綠黃色。嘴形側扁而細長，端部下曲呈鈎形，嘴角褐色。

趾間具蹼，呈黑褐色。我國分布於雲南西部之德宏、臨滄、保山、怒江等地，爲留鳥；雲南東南之蒙自爲夏候鳥。栖息於滇西高原海拔 500 ～ 1500 米河谷地帶。常五、六隻小群在沼澤地、水庫、壩塘及河灘活動。主要以魚、蝦及昆蟲爲食。由於栖息地農藥施用過量，水域污染，魚蝦等數量減少，導致分布區種群數量銳減，已被列爲國家二級重點保護野生動物。本種今亦稱"魚鷹""小鸕鶿"。

白腹軍艦鳥

瀕危禽鳥名。鵜形目，軍艦鳥科，白腹軍艦鳥（*Fregata andrewsi* Mathews）。大型游禽。體長約 95 厘米。上體黑色，具綠色光澤。喉、頸、胸黑色，具紫色光澤；喉部有喉囊，用以暫時貯藏所捕之魚類；嘴黑色，喉囊紅色。腹白色。雌鳥與雄鳥體形相似，唯胸、腹色白，嘴玫瑰色。我國偶見於廣東沿海島嶼。白腹軍艦鳥爲熱帶海洋鳥，飛翔極爲迅捷、靈巧，不善陸行，亦不善泳。主要在空中啄擊鰹鳥、鷗類，迫其張口吐出所獲魚類食物，然後再將待落之魚在半空中啄食。由於人類活動及環境污染，加之大量捕魚、獵殺食魚鳥類，致使白腹軍艦鳥數量銳減以致瀕危。已被列爲國家一級重點保護野生動物。

黃嘴白鷺

瀕危禽鳥名。鸛形目，鷺科，黃嘴白鷺（*Egretta eulophotes* Swinhoe）。中型涉禽。體長約 60 厘米。體羽白色，雌雄羽色相似。眼先裸出呈黃綠色。白色冠羽，長 8 ～ 10 厘米。胸前披有矛狀飾羽，長達 10 厘米。虹膜淡黃色。嘴鮮黃色。脚黑色，趾基褐色；爪黃或黃綠色。我國分布於東北南部及山東、江蘇、福建、臺灣、廣東、海南等地，均爲旅鳥。近年發現遼寧、河南、江蘇、廣西部分地區亦有分布，爲夏候鳥；浙江、內蒙古等地爲旅鳥。栖息於海岸峭壁、潮間帶、鹽田及內陸林地、河岸、稻田等地。以魚、蝦、蛙等爲食。有結群營巢及與池鷺、夜鷺、牛背鷺混群共栖，同域繁殖之習性。由於栖息地被干擾、破壞，繁殖濕地過度開墾及越冬海岸開發，使種群數量減少，以致瀕危。已被列爲國家二級重點保護野生動物。本種嘴鮮黃，故得是名。今亦稱"塘白鷺""白老等"。

岩鷺

瀕危禽鳥名。鸛形目，鷺科，岩鷺（ *Egretta sacra* Gmelin）。中型涉禽。體長約 55 厘米。本種有白型與灰型二種。白型者全身白色，與白鷺相似。背部羽毛延伸至尾之基部，并不像其他白鷺那樣呈蓑羽狀。嘴綠黃色。脚淡綠色。白型岩鷺數量極少。灰型者全部灰色，從頦、喉至前頸有一白綫。嘴灰褐色，亦有喉部白色個體。灰型岩鷺居多。我國主要分布於海南白沙、臺灣恒春半島、離島礁岸及澎湖列島、綠島、蘭嶼等地。此外，浙江寧波、樂清，廣東上川島、陸豐亦見有岩鷺。常栖於海岸帶之岩岸段，因以得名。多停立於海邊岩石上或飛躍於浪花間。喜單行。因環境污染與生境破壞，致使岩鷺數量減少，已被列爲國家二級重點保護野生動物。本種今亦稱"黑鷺"。

海南鳽

瀕危禽鳥名。鸛形目，鷺科，海南鳽（ *Gorsachius magnificus* Oglivie-Grant）。中型涉禽。體長約 65 厘米。頭及頰暗褐色，冠羽黑色。眼後有一白色條紋向後延伸至耳羽上方。上體餘部、飛羽及尾羽均呈暗褐色。頦、喉部白色，中央有一黑色條紋由前向後加寬；體側及胸、腹部爲白色與棕色相雜之花斑。我國過去主要分布於浙江、安徽、福建、廣西、海南等地，現僅知廣西南部隆安與武鳴等地尚有分布。常栖息於山地河谷及其他水域附近。晨昏活動，以取食魚、蛙、各種昆蟲及其他小動物爲生。海南鳽爲我國特產鳥類，數量極其稀少，至今國內僅采到三號標本。現僅知廣西南部地區有少量分布，已達瀕危狀態且目前尚無人工馴養繁殖。我國已將其列爲國家二級重點保護野生動物。世界自然保護聯盟亦將其列爲瀕危動物。本種亦稱"海南虎斑鳽""白耳夜鷺"。

小葦鳽

瀕危禽鳥名。鸛形目，鷺科，小葦鳽（ *Ixobrychus minutus* Linnaeus）。小型涉禽。體長約 30 厘米。雄性成鳥額暗褐色，具黑條紋，頭頂及羽冠墨色，喉白色，中央具棕黃色縱條斑，頭側至後頸栗棕色；上體棕褐色沾綠色金屬閃光，羽緣白色。下體棕黃色，腹羽具黑色羽幹紋；尾短，黑色，尾下覆羽白色。雌鳥形態與雄鳥相近，但後頸更顯棕紅，背部及三級飛羽棕褐色，并具少量棕白色羽緣。腰羽暗灰色，大覆羽棕黃色，胸部具深棕色縱條紋，喉部縱條紋亦較雄鳥更深。我國主要分布於新疆，爲旅鳥或冬候鳥。栖息於沼澤、湖邊、水庫等附近之稻田、蘆葦叢、草地及灘塗中。以魚、蝦、蛙類及水生昆蟲爲食。因其數量稀少，已列爲國家二級重點保護野生動物。

白頭鸛鸛

瀕危禽鳥名。鸛形目，鸛科，白頭鸛鸛（ *Mycteria leucocephala* Pannant）。大型涉禽。體長約 100 厘米。兩性相似，體羽皆白色。背部具帶金屬綠色的緻密黑紋，覆羽及尾羽綠黑色，羽緣白色，最内側之次級飛羽粉紅色，中小覆羽綠黑色，端部具白色橫斑。胸部有黑色寬橫帶。腿紅色，偶爲棕色。虹膜淡黃色。嘴橙黃色，基部紅色。脚、趾褐色。白頭鸛鸛曾於川東、長江中下游、閩、粵、海南沿海地帶繁殖，再於雲南蒙自等地越冬。常栖息於沿海或内陸沼澤地、洪泛區。主要取食魚類、爬行類、蛙、甲殼類動物及昆蟲。目前國内已經絶迹，已列爲國家二級重點保護野生動物。應組織力量在重點分布區開展調查，以期重新發現，加以保護，避免滅絶。白頭鸛鸛今亦稱 "彩鸛" "鸛鸛" "癩頭鸛" "塗彩鸛"。

東方白鸛

瀕危禽鳥名。鸛形目，鸛科，東方白鸛（*Ciconia boyciana* Swinhoe）。大型涉禽。爲白鸛之亞種。體長約 120 厘米，雌鳥略小。體羽白色，翼上大覆羽，初級覆羽及飛羽均黑色并有紫色與綠色金屬光澤。尾羽白色，常爲内側飛羽所遮蓋。下頸羽毛細長，略飄散呈蓑狀。虹膜淡黃色，外圈黑色。眼周、眼先及頦囊裸出皮膚爲玫瑰色。嘴尖端角色稍黃。脚暗紅色。我國主要分布於黑龍江與烏蘇里江以及長江中下游地區。常栖息於河流、湖畔等濕草地帶，於人爲活動較少之大樹及高壓輸電綫鐵塔上營巢。以魚類、鼠類、蛙及昆蟲爲食。因繁殖地（濕地）過度開發，工業廢水、油田排污等，致使水質污染，加之人類毀巢、取卵、以及伐樹、圍湖造田等活動，使營巢或栖息地受干擾，其數量急驟減少，世界自然保護聯盟已將其列爲瀕危動物，我國亦將其列爲國家一級重點保護野生動物。東方白鸛今亦稱 "白鸛" "老鸛" "水老鸛"。

白鶴

瀕危禽鳥名。因其種群數量相當稀少，已列爲國家一級重點保護野生動物。詳本卷《習見禽鳥説·游禽考》"白鶴" 文。

黑鸛

瀕危禽鳥名。因生境惡化，野生種群數量極少，已被列爲國家一級重點保護野生動物。詳本卷《習見禽鳥説·游禽考》"烏鸛" 文。

白䴉

瀕危禽鳥名。䴉形目，䴉科，白䴉（*Threskiornis melanocephalus* Latham）。大型涉禽。體長約 75 厘米。體羽白色。頭與頸部裸出，裸部皮膚黑色。翼下覆羽有一條棕紅色帶斑。腰及尾上覆羽具淡灰色絲狀飾羽。虹膜紅褐色或紅色。嘴長而下彎，黑色。脚黑色。我國主要分布於東北東部各地，遷徙經遼河三角洲、秦皇島、天津、青島、江蘇省至海南省；在福建、廣東爲冬候鳥；在臺灣爲罕見旅鳥或冬候鳥。白䴉多栖於樹上，并於沼澤濕地、河邊、湖泊岸畔、海岸帶等淺水域活動。具群聚性，常與白鷺等混群活動。因過度捕撈、刈葦，影響白䴉食物資源、築巢、産卵及育雛，加之拾卵、毀巢、獵捕，致使數量鋭減。世界自然保護聯盟已將其列爲稀有動物。我國亦將其列爲國家二級重點保護野生動物。今亦稱 "黑頭白䴉" "白油老罐子"。

黑䴉

瀕危禽鳥名。䴉形目，䴉科，黑䴉（*Pseudibis papillosa* Temminck）。中型涉禽。體長約 60 厘米。灰褐色。内側小覆羽白色。飛羽與尾羽暗色，具金屬藍綠色光澤。頭裸出，黑色。喉紅色。嘴石板黑色。腿珊瑚紅色。我國僅見於雲南省西南部，至今尚未采獲標本。國外亦僅見於印度。栖息於乾燥平原耕地、殘茬地、乾旱河堤等地，亦偶見於沼澤地。通常成對或以家族成群活動，偶或單獨行動。我國習見者爲其緬甸亞種（ *P.papillosa davisoni* ）。以食昆蟲爲主，兼食蛇、蛙，亦啄食成熟農作物種子。因栖息地生態環境破壞，種群數量已極稀少，野外幾近滅絕，且尚無人工馴養，故已被列爲國家二級重點保護野生動物。黑鸛亦稱 "東方黑鸛"。

朱鸛

瀕危禽鳥名。因生境惡化，朱鸛已瀕臨滅絕，已列爲國家一級重點保護野生動物。詳本卷《習見禽鳥説·涉禽考》"鸛目" 文。

彩鹮

瀕危禽鳥名。鸛形目，鹮科，彩鹮（ *Plegadis falcinellus* Linnaeus ）。中型涉禽。體長約 60 厘米。成鳥體羽大部紅褐色。頭頂、頭側、頦、前喉等均具紫綠光澤；面部裸露，裸皮及眼圈鉛色；頸、上背、肩等羽色深，富有栗色；下背、腰尾上覆羽具紫綠色光澤；飛羽黑色；尾羽黑色，基部有綠色光澤，其餘部具紫色光澤；腋羽、尾下覆羽深紫色，體下餘部羽毛栗色。虹膜灰、褐或斑灰。嘴鉛色。脚、趾黃褐色。我國偶見於上海、寧波間的湖泊及福州地區，亦見於廣東沿海島嶼。栖息於湖沼濕地間。常結群活動。彩鹮數量極其稀少、罕見，已列爲國家二級重點保護野生動物。

白琵鷺

瀕危禽鳥名。因濕地破壞，人類毀巢，白琵鷺野外生存數量不超過二三千隻。已列爲國家二級重點保護野生動物。詳本卷《習見禽鳥説·涉禽考》"漫畫" 文。

黑臉琵鷺

瀕危禽鳥名。鸛形目，鹮科，黑臉琵鷺（ *Platalea minor* Temminck et Schlegel ）。中等涉禽。體長約 78 厘米。體全白，與白琵鷺相似。眼先、眼周、頰部裸出并與嘴相連，裸區黑色，喉黃色，冠羽黃色。繁殖期胸羽黃色，非繁殖期爲白色。飛羽之羽軸黑褐色。虹膜暗褐色。嘴黑褐色，端部呈匙狀。脚黑色。我國主要分布於東南沿海各地，但尚未發現其繁殖基地。近年有報道稱其遷徙途經地有鴨綠江、青島沿海、鹽城與崇明島東部灘塗區；越冬地爲江西鄱陽湖、貴州草海、福建金門、廣東福田、廣西、海南東港寨及臺灣曾文河河口、香港米浦沼澤濕地等。黑臉琵鷺常栖於沿海灘塗、河口、沼澤及内陸湖泊之淺水湖灘區。常以魚、蝦、蛙、昆蟲等爲食。由於生息地過度開發，濕地水質污染，以及人類毀巢取卵等，致使其數量減少已近瀕危狀態，故世界自然保護聯盟已將其列爲瀕危動物，我國將其列爲國家二級重點保護野生動物，有關專家建議將其列爲一級重點保護動物，加强濕地保護及漁業管理，積極開展科學研究，爲黑臉琵鷺繁衍創造良好條件。本種今又稱 "黑面琵鷺" "小琵鷺" "匙嘴鷺"。

紅胸黑雁

瀕危禽鳥名。已被列爲國家二級重點保護野生動物。詳本卷《習見禽鳥説·游禽考》"五色雁" 文。

白額雁

瀕危禽鳥名。雁形目，鴨科，白額雁（ *Anser*

albifrons Scopoli）。中型游禽。體長約 70 厘米。雌雄體色相似。額、上嘴基部有一白色寬闊帶斑，白斑後緣黑色。頭頂與後頸暗褐色，背、肩、腰暗灰褐色，各羽邊緣較淡，以至近於白色；翅上覆羽與三級覆羽與背羽色相同；尾黑褐色，尾尖白色，尾上覆羽純白色。頦暗褐色，其前端有一小白斑；頭側、前頸及上胸灰色，向後漸淡，腹部污白色，雜以不規則塊斑；兩脅灰褐，羽端近白；肛周及尾下覆羽白色。虹膜褐色。嘴肉色或玫瑰肉色。脚橄欖黄；爪白色。我國分布於黑龍江、遼寧、新疆、西藏及東部沿海各省直至臺灣，西至湖北、湖南。爲旅鳥或冬候鳥。栖息於江河、湖泊等水域區。遷徙時，結群夜間飛行，抵達越冬地後再分小群活動。主要取食各種湖草，亦食穀類、種子、茭白根莖及各種小秋作物幼葉、嫩芽。白額雁體肉多，可供食用，過去曾是主要狩獵禽。其羽、絨可爲填充品。由於生境惡化及亂捕濫獵，數量已有限，已列爲國家二級重點保護野生動物。白額雁因額有寬闊白色帶斑而得名，今亦稱“大雁”“花斑”“明斑”。

大天鵝

瀕危禽鳥名。因草場退化，栖息地環境破壞以及天敵危害，加之亂捕濫獵，種群數量鋭減，已被列爲國家二級重點保護野生動物。詳本卷《習見禽鳥説·游禽考》“大天鵝”文。

小天鵝

瀕危禽鳥名。因濕地面積縮小，生境惡化及偷獵、毒魚等活動，其種群數量鋭減，已被列爲國家二級重點保護野生動物。詳本卷《習見禽鳥説·游禽考》“小天鵝”文。

疣鼻天鵝

瀕危禽鳥名。因其繁殖條件惡化，野生種群數量低，全國已不足三千隻，處於瀕危狀態，已被列爲國家二級重點保護野生動物。詳本卷《習見禽鳥説·游禽考》“疣鼻天鵝”文。

鴛鴦

瀕危禽鳥名。因繁殖環境遭破壞，加之亂捕濫獵，其野生種群數量鋭減，已被列爲國家二級重點保護野生動物。詳本卷《習見禽鳥説·游禽考》“鴛鴦”文。

中華秋沙鴨

瀕危禽鳥名。雁形目，鴨科，中華秋沙鴨（*Mergus squamatus* Gould）。中型游禽。體長約 60 厘米。冠羽長而成雙冠。雄鳥頭、上背均黑色，具亮緑色閃光，上背與内側肩羽黑色，下背、腰、尾上覆羽均白色，具弧形黑色橫斑，尾羽灰色，兩翅灰黑，具白色翼鏡；下體乳白沾黄色，兩脅具顯著黑色鱗狀斑。雌鳥頭、羽冠、頸爲褐色；上體灰褐，羽端淡藍色，尾羽黑褐色，兩翅大多黑褐色，具白色翼鏡；下體白色，兩脅具黑色鱗狀斑。本種於我國東北小興安嶺、長白山、大興安嶺繁殖，遷徙途經河北，至長江流域以南廣大地區越冬。多栖息於闊葉林或針闊葉混交林内的溪流、河谷、草甸、水塘、草地等處。性甚機警。常以魚類爲食，亦取食石蠶科蛾類及甲蟲等。本種數量稀少，又加大量砍伐森林，致使營巢環境破壞，加之河流污染，食物減少，非法獵捕等活動，致其漸臨瀕危。我國已將其列爲國家一級重點保護野生動物。本種今亦稱“鱗脅秋沙鴨”“秋沙鴨”。

黑翅鳶

瀕危禽鳥名。隼形目，鷹科，黑翅鳶（*Elanus*

caeruleus Desfontaines）。小型猛禽。體長約 32 厘米。通體以灰色爲主。頭頂、背部、尾上覆羽及中央一對尾羽之表面呈銀灰色；翼小覆羽與中覆羽呈亮黑色，初級飛羽端部渲染灰褐色。眼先羽鬚及眉紋黑色；前額、頭部兩側及全腹羽毛均白色。虹膜紅色。嘴黑色，嘴基蠟膜黃色。脚黃色。我國主要分布於雲南西雙版納、思茅、元江、保山、大理、曲靖、玉溪等地，爲留鳥。廣西南部、浙江等地爲夏候鳥。常栖於海拔 600～2200 米之開闊地及低山丘陵之稀樹草地、林緣等處。多取食昆蟲、小型鼠類、蛙等，亦捕食小鳥。本種數量原就稀少，加之亂捕濫獵，已至易危狀態，已列入國家二級重點保護野生動物。黑翅鳶因翅黑而得名。亦稱"黑翅鷹"。本種有五個亞種，我國僅有其南方亞種（*E. caeruleus vociferus*）。

褐冠鵑隼

　　瀕危禽鳥名。隼形目，鷹科，褐冠鵑隼（*Aviceda jerdoni* Blyth）。大型猛禽。體長約 74 厘米。頭頂淡紅褐色雜有黑紋；眼先、頭側灰或灰棕色；具冠羽，冠羽黑色，羽端白。上體褐色，背、肩羽緣棕色；飛羽具闊暗灰色及黑色橫斑；尾淡褐色，間以黑色橫斑，尾端橫斑寬而濃著。喉白色，正中有一黑色縱紋。下體餘部滿綴寬闊的淡紅褐色與白色相間的橫斑。雌鳥與雄鳥相似，但體色稍淡。我國主要分布於雲南及海南等地，俱爲留鳥。多栖息於丘陵、山地或平原林區，常在晨昏活動。以大型昆蟲爲食，偶亦取食蜥蜴、蛙類及蝙蝠等動物。本種種群數量極其稀少，已被列爲國家二級重點保護野生動物。今亦通稱"褐冠鵑雕"。

黑冠鵑隼

　　瀕危禽鳥名。隼形目，鷹科，黑冠鵑隼（*Aviceda leuphotes* Dumont）。小型猛禽。體長約 32 厘米。雄鳥頸項後部具較長冠羽。上體黑褐色，羽端黑色，有金屬光澤；眼先、煩、耳羽暗褐色；飛羽黑色，羽基白色較寬；肩羽白色，先端黑色，中間沾棕色；大覆羽近基部白色，近端棕紫色，端部黑色。頰、喉及頸部黑色。胸、腹部白色沾棕并具栗色橫斑，胸部較寬，腹部較窄；兩脅栗色橫斑同樣粗著，邊緣渲染灰棕色。虹膜藍灰色。嘴鉛灰色。脚鉛灰色，爪黑色。以蝗蟲、螳螂、金龜子、蜂等昆蟲爲食，亦食蛙、鼠類動物。我國主要分布於四川、雲南、貴州、廣東、廣西、海南等地。我國有三個亞種，即指名亞種（*A.leuphotes leuphotes*）、四川亞種（*A.leuphotes wolfei*）、南方亞種（*A. leuphotes syama*）。本種數量稀少，已列爲國家二級重點保護野生動物。今亦稱"蟲鷹""鳳頭鵑隼"。

蜂鷹

　　瀕危禽鳥名。隼形目，鷹科，鳳頭蜂鷹（*Pernis ptilorhynchus* Temminck）。中型猛禽。體長約 60 厘米。體栗褐色，個體變异較大，一般眼先灰褐，頭頂至後頸黑褐色，背及肩羽暗棕褐色；飛羽與尾羽黑褐色，并具雲霧狀橫斑；尾羽成平尾型；眼先、煩、喉部羽毛呈鱗片狀，眼先羽毛短小而緻密。頰、喉淡棕色。虹膜金黃色。嘴黑色。脚黃色。本種多在我國東北小興安嶺、丹東、朝陽等地繁殖；在新疆、河北、山東、江蘇、福建、青海、雲南、廣西、廣東爲旅鳥；四川峨眉山，滇西、西北等地爲夏候鳥；海南爲冬候鳥。此外，西藏、臺灣等地亦有分布。常栖息於山區、丘陵之稀疏針葉林、針闊葉混交林中。嗜食蜜蜂、蜂蛹、蝗蟲、蟒象等昆蟲。亦捕食鼠、蛙、蛇等動物。本種常分深色型和淺色型兩個類型，尚有東方亞種、西南亞種兩個亞種。由於生境破壞，非法獵捕，數量鋭減，歷次調查中遇見頻次漸少，已處易危狀態，故已被列爲國家二級重點保護野生動物。今亦稱"蜜鷹""鳳頭蜂鷹"。

栗鳶

瀕危禽鳥名。隼形目，鷹科，栗鳶（*Haliastur indus* Boddaert）。中型猛禽。體長約 45 厘米。通體栗紅色，具黑色細紋。頭、後頸至上背、頦、喉與胸至上腹部均白色，各羽具黑褐羽幹紋；飛羽大部呈黑色，覆羽端部渲染黑褐色；肩、背之栗紅色較暗，尾羽端部稍淺淡。嘴強大，黄色，基部藍色，嘴基蠟膜暗黄色。虹膜褐色。脚暗黄色或黄綠色，爪黑色。我國主要分布於湖北、江西、浙江（爲夏候鳥）；江蘇、廣東、西藏、雲南（爲旅鳥或冬候鳥）。適生於江河、湖泊及山溪附近。常成對或單獨活動於田間、村寨附近。以蛙、魚、昆蟲爲食，偶亦啄食動物尸體。本種數量稀少，極爲罕見，被世界自然保護聯盟列爲稀有動物，被我國列爲國家二級重點保護野生動物。今亦稱"紅鷹"。

褐耳鷹

瀕危禽鳥名。隼形目，鷹科，褐耳鷹（*Accipiter badius* Gmelin）。小型猛禽。體長 30 ~ 35 厘米。上體灰色，下體白色，具赤褐色橫斑。眼先有白色短羽，耳羽棕褐或灰褐色；第六枚初級飛羽外翈無缺刻，次外側四對尾羽具五道黑褐色橫斑。嘴黑褐色。脚棕黄色。爪黑褐色。我國主要分布於新疆喀什、阿勒泰及貴州、雲南、廣西、廣東、海南等地。多栖息於草原、平原及林緣空曠地帶，常單獨盤旋或翱翔於天空。取食大型昆蟲、蜥蜴、鼠類，偶亦攫食小鳥。本種有六個亞種，我國有二亞種，即新疆亞種（*A. badius cenchroides*）及南方亞種（*A. badius poliopsis*）。褐耳鷹數量稀少，屬罕見留鳥，加之非法獵捕致使數量更少。我國將其列爲國家二級重點保護野生動物。今亦稱"棕耳蒼鷹"。

鳳頭鷹

瀕危禽鳥名。隼形目，鷹科，鳳頭鷹（*Accipiter trivirgatus* Temminck）。小型猛禽。體長約 43 厘米。全體幾黑褐色。頭具顯著冠羽，因以得名。尾羽褐色，具四道寬闊暗褐色橫斑。喉白色，具寬闊黑縱紋。上胸有縱紋，下腹有橫斑。飛行時，雙翅短圓，後緣突起。嘴黑褐，下嘴基蠟黄，蠟膜綠黄。脚黄色。我國主要分布於四川、雲南、貴州、廣西、海南及臺灣等地。栖息於海拔 200 ~ 1600 米山區闊葉林中，亦見於次生林及竹林間與村寨周圍。以捕獵林中小動物，如鼠類、小鳥、蜥蜴、蚱蜢等爲食。由於生境破壞又兼獵捕而導致數量減少，世界自然保護聯盟已將其列入稀有動物與禁運動物名單，我國則將其列爲國家二級重點保護野生動物。

松雀鷹

瀕危禽鳥名。隼形目，鷹科，松雀鷹（*Accipiter virgatus* Temminck）。小型猛禽。體長約 38 厘米，比雀鷹略小。額、頭、後頸及背黑灰色，上體餘部灰褐色，尾灰褐而有四至五道暗褐色橫斑，飛羽黑褐色，内翈灰褐，并具暗褐色橫斑，翅上覆羽灰褐色；眼先及耳羽淺灰褐色；頦、喉棕白色，正中有一縱紋，可別於雀鷹。嘴長不及中趾之半。胸、腹灰白，有棕紅雜褐色橫斑，尾下覆羽棕白色，覆腿羽灰白，具栗褐色橫紋。虹膜金黃色。嘴黑色，基部藍灰色；蠟膜黃綠色。脚與趾淡黃色，爪黑色。我國大部地區有分布，其中東北大部及河北爲繁殖鳥、旅鳥；東北西部、山東、河南以南至廣西、臺灣爲冬候鳥；而西藏南部、雲南南部、廣西西南部以及陝西、四川、福建、廣東、海南、臺灣爲留鳥。是樹栖猛禽，常栖息於山地森林及平原闊葉樹林緣等地。多捕食小鳥、鼠類及昆蟲。松雀鷹分布範圍廣，又以害鼠、害蟲爲食，對保護農業生產，維持自然界的生態平衡具有重要意義，已被列爲國家二級重點保護野生動物。本種有七個亞種，我國有四亞種，即北方亞種（*A.virgatus gularis*）、南方亞種（*A.virgatus affinis*）、東南亞種（*A.virgatus nisoides*）及臺灣亞種（*A. virgatus fuscipectus*）。今亦稱"松子鷹""雀賊"。

毛脚鵟

瀕危禽鳥名。隼形目，鷹科，毛脚鵟（*Buteo lagopus* Pontoppidan）。中型猛禽。體長約55厘米。額、頭頂、後頸及頸側均爲白色，并雜褐色羽幹紋；背褐色，羽緣棕白，腰暗褐，尾上覆羽白色，具褐色縱紋，尾白灰，羽軸白色，近端有寬闊的黑褐色帶斑；前四枚初級飛羽基部褐黑色，其餘飛羽外翈褐灰，內翈白色，具褐色橫斑，翅上覆羽外翈褐色；頭側白色。下體白色，喉至腹部雜有褐色縱紋，兩脅及下腹羽暗褐，尾下覆羽純白色，跗跖至趾基被白色羽毛，後緣被網狀鱗。虹膜褐色，嘴黑褐色；

蠟膜淡黃色。脚與趾黃色；爪黑色。我國主要分布於新疆喀什、天山（冬候鳥）；東北大部、河北、山東、陝西、江蘇（旅鳥、冬候鳥）；福建、廣東、臺灣（冬候鳥）。栖息於低山丘陵、針闊葉混交林及農田。常單獨行動，時而直綫飛行，時而作圓圈狀翱翔，偶或停息於樹冠上部，尋覓獵物。以捕捉鼠類、鳥類爲食。毛脚鵟數量不多，以鼠類爲食，有益於農、林業生產，又被列爲國家二級重點保護野生動物。毛脚鵟有四個亞種，我國分布兩個，即指名亞種（*B.lagopus lagopus*）與北方亞種（*B.lagopus kamtschatkensis*）。本種因跗跖被毛而得名。今亦稱"雪白豹""毛足鵟"。

白眼鵟鷹

瀕危禽鳥名。隼形目，鷹科，白眼鵟鷹（*Butastur teesa* Franklin）。中型猛禽。眼白色，因此得名。上體褐色、棕褐色，具黑色羽幹紋；眼先、額兩側白色；翅上覆羽雜有白色，形成白色橫斑，羽根棕褐；內翈白色，具灰色羽緣；翅下覆羽白色；尾棕褐，有六七條黑色橫斑；尾上覆羽棕色；頦、喉白色，中央有黑色縱紋，兩側各有一條黑色縱紋；頭、頸、胸部側部均爲褐色，并具黑色羽幹紋。下胸褐色，具黃白橫斑。虹膜白色。嘴端黑色，基部黃色。脚橘黃色。我國分布於西藏江孜地區，爲迷鳥。栖息於丘陵、疏林及平原開闊地。常結對活動，但不集群。以昆蟲、蜥蜴、蛙類、小鳥爲食。白眼鵟鷹數量極少，我國分布區又極狹小，已被列爲國家二級重點保護野生動物。

棕翅鵟鷹

瀕危禽鳥名。隼形目，鷹科，棕翅鵟鷹（*Butastur liventer* Temminck）。小型猛禽。體長約 35 厘米。頭灰褐色。喉、胸部灰褐色；喉部無中央縱紋。翅棕色。虹膜黃色。脚橙黃色；爪黑色。我國分布於雲南景東及西雙版納的勐養等地。主要栖息於開闊平原及低山疏林中，喜栖歇於樹枝、電杆之上。性孤僻，常單行。多以鼠類、小鳥及爬蟲等爲食。因數量稀少，又常遭獵捕而致瀕危，已被列爲國家二級重點保護野生動物。

鷹雕

瀕危禽鳥名。隼形目，鷹科，鷹雕（ *Spizaetus nipalensis* Hodgson ）。大型猛禽。體長約 71 厘米。額黃色；頭頂、後頸黃褐，具暗褐色縱紋與黃白色端斑，冠羽明顯；上體餘部黃褐，有褐色縱紋與黃白羽端；尾暗褐，具細密黑暗橫斑；飛羽黑，翅上覆羽暗褐，具黑色縱紋及黃白羽端；眼先、耳羽黃褐，耳羽有黑褐色羽幹紋；頦、喉黃白，胸部淺黃褐，具暗褐色縱紋；腹部淺黃褐，被褐色橫紋；尾下覆羽灰白，具淺褐色橫紋。脚被淺黃褐色絨羽至趾基。虹膜黃綠色。嘴黑色，蠟膜黃色。趾黃色；爪黑色。我國分布於黑龍江、吉林、遼寧、安徽、浙江、福建、廣東、廣西、雲南、臺灣、海南等地，爲留鳥。常栖息於高山密林，亦停栖於平原高大喬木之枯枝上。主要獵捕野兔、雉類、野鴨、蜥蜴等爲食。鷹雕數量較少，已列爲國家二級重點保護野生動物。本種有五個亞種，我國有四種，即東方亞種（ *S.nipalensis orientalis* ）、福建亞種（ *S.nipalensis fokiensis* ）、指名亞種（ *S.nipalensis nipalensis* ）及海南亞種（ *S.nipalensis whiteheadi* ）。鷹雕今亦稱 "熊雕"。

白肩雕

瀕危禽鳥名。隼形目，鷹科，白肩雕（ *Aquila heliaca* Savigny ）。大型猛禽。體長約 78 厘米。全身大部分黑褐色，唯肩羽白色，因以得名。頭、頸部棕褐色，頸羽基部淡褐色。前額、頸部前面黑色。眼先、耳羽、喉黑褐色。背、腰、尾上覆羽均黑色。上背及尾上覆羽具光澤，近羽基部有雜斑，羽尖端具寬白斑。虹膜暗褐色。嘴基藍色，端部黑色；蠟膜黃或黃綠色。脚、趾黃色；爪黑色。我國主要分布於新疆天山（繁殖鳥）；東北南部旅順、河北、河南（旅鳥）；青海、甘肅、陝西、長江以南各地（冬候鳥）。栖息於森林草原地帶，多見於山地闊葉林與混交林、草原、丘陵地區。性機警，遇驚即飛翔遠遁。主要取食鼠類、旱獺、小鳥、家禽等，偶亦攫食動物尸體。本種數量極少，已被列爲國家一級重點保護野生動物。今亦稱 "禦雕"。

草原雕

瀕危禽鳥名。隼形目，鷹科，草原雕（ *Aquila nipalensis* Hodgson ）。大型猛禽。體長約 75 厘米。通體褐色，頭頂色較暗，背部散有濃褐色羽毛。飛羽大部呈暗褐色，并雜有褐色橫斑。內側飛羽之尖端具三角形棕白斑；最長之尾上覆羽棕白色，尾羽黑褐并雜以灰褐色橫斑。下體褐色。虹膜暗褐色。嘴黑色，蠟膜黃色。趾黃色；爪黑色。我國主要分布於新疆、青海、内蒙古、河北、東北及江蘇、湖南、福建、甘肅、四川、雲南、西藏、海南等地。栖息於海拔 2000 ~ 4000 米之開闊草原、山地。常栖停於地面、高崖、樹端。以鼠類、野兔、鳥、爬行類動物及尸體爲食物。本種數量稀少，加之濫捕及草原大面積毒藥滅鼠二次中毒致死，使其數量再次減少而致瀕危。已被列爲國家一級重點保護野生動物。今亦稱"大角雕""角鷹""草雕"。

烏雕

瀕危禽鳥名。隼形目，鷹科，烏雕（*Aquila clanga* Pallas）。大型猛禽。體長約 70 厘米。雌雄鳥相似，雌鳥稍大些。全身暗褐而近黑色，故名。背面稍具紫色金屬光澤，兩翅及尾黑褐色。下體胸以前黑褐色，腹羽黃褐色。幼鳥全身黑褐色，上背雜以棕黃色寬縱紋，亦具紫色金屬光澤。下體黑褐色。喉、胸、腹均黑褐色；腹羽具淡褐色縱紋。虹膜褐色。嘴暗褐色，蠟膜黃色。趾黃色；爪黑色。我國主要分布於新疆天山、東北大部（留鳥）；河北、河南（旅鳥）；浙江、福建、廣東、臺灣、西藏（冬候鳥）。常栖息於草原、平原、濕地附近之林地、草地。其食物主要有鼠類、蛙、蜥蜴、昆蟲等，偶亦取食水禽、家禽。其數量稀少，加之森林面積漸小，栖息地環境破壞，食物資源減少，使其種群數量下降以致瀕危。已被列爲國家一級重點保護野生動物。今亦稱"花雕""小花皂雕""烏斑"。

白腹山雕

瀕危禽鳥名。隼形目，鷹科，白腹山雕（*Aquila fasciata* Vieillot）。大型猛禽。全長約 70 厘米。上體暗褐色，各羽基部白色。眼先白，有黑色羽鬚，眼後上緣有一不明顯的白色眉紋。下體白色略沾棕黃，羽幹紋黑褐色。飛羽黑褐色，尾羽灰褐色，具黑褐色近端斑帶，端緣白色。未成年鳥下體棕栗色，腹部棕黃色。虹膜黃色。嘴藍灰色，尖端黑色。脚黃綠色。我國主要分布於長江及其以南地區，曾見於貴州（安順、望謨）、湖北、安徽（肥西）、浙江

（寧波、溫州、龍泉）、廣西、廣東、福建（福州）、海南（樂東）等地，均爲留鳥。常栖息於山區丘陵與水源豐富的地段。以鳥、獸爲食，不食腐肉。由於砍伐森林，破壞了營巢等生活環境，加之食物短缺，非法獵捕，使其數量減少，以致瀕危，已列爲國家二級重點保護野生動物。

小雕

瀕危禽鳥名。隼形目，鷹科，小雕（*Aquila pennata* Gmelin）。小型猛禽。體長 44 ~ 53 厘米。體色分淡型與暗型兩種。淡色型成鳥頭、頸白色略帶棕黃，貫以暗褐色縱紋；眼上方具細窄黑色眉紋；上體背部至尾上覆羽暗褐；肩羽淡棕色。尾羽褐色，羽端較淺。下體幾近純白色。自喉至上腹部有暗褐色縱紋。覆腿羽具棕色雜斑。暗色型成鳥上體黑褐，貫以黑色縱紋。翅上覆羽褐色。大覆羽與小覆羽羽緣較淡。尾羽暗褐色。下體暗褐色，貫以黑暗色羽幹紋。覆腿羽、尾下覆羽棕黃色。翅下覆羽白色。我國主要分布於新疆天山、庫爾勒，爲繁殖鳥；東北南部、河北，爲冬候鳥。栖息於針葉林或闊葉林中，亦時見於平原。飛行迅疾，喜在樹頂上空往復飛行盤旋或停息於高樹、岩石上，但以在高空翱翔爲主。食物以森林小鳥、鼠類、蜥蜴等爲主。小雕數量稀少，嗜食鼠類，對消滅鼠害有一定作用，已列爲國家二級重點保護野生動物。我國分布兩個亞種，即指名亞種（*A.pennata pennata*）及北方亞種（*A.pennata milvoides*）。

棕腹隼雕

瀕危禽鳥名。隼形目，鷹科，棕腹隼雕（*Aquila kienerii* E.Geoffroy）。中型猛禽。全長

55 厘米。頭具枕冠。上體黑色，尾羽暗褐色具淡灰褐色橫斑。喉、上胸白色，頦、喉、胸兩側具黑色細縱紋。下胸、腹部、尾下腹羽暗棕栗色，腹與兩脅具黑色縱紋。翅下覆羽、腋羽棕色，渲染黑色縱紋。趾較長。我國分布於海南，爲留鳥。栖息於低山常綠闊葉林內。以雉類、鳩鴿、翠鳥以及小鼠類爲食。棕腹隼雕我國迄今僅見其指名亞種（*A.kienerii kienerii*）。棕腹隼雕因數量稀少，全世界已近稀有，國內自 20 世紀 50 年代後再未見觀察報道，已被列爲國家一級重點保護野生動物。

林雕

瀕危禽鳥名。隼形目，鷹科，林雕（*Ictinaetus malayensis* Temminck）。大型猛禽。全長約 75 厘米。通體黑褐色。嘴小，上嘴緣直。鼻孔闊，半月形，斜狀。眼下及眼先具白斑。頭、翼、尾黑色，尾上覆羽淡褐色，具白色橫斑，尾內羽翈具灰色橫斑；尾下覆羽褐色且具白斑，尾上覆羽羽端白色。下體具棕色滴狀斑。虹膜暗黃色。脚黃色，爪黑色且具鈎。我國主要分布於福建、臺灣、海南等地（留鳥或旅鳥）。多栖息於海拔 1000 ～ 2500 米山地常見闊葉林中，偶亦飛翔於林外開闊地。以樹頂鳥類、雛鳥及地面小鳥、鼠類爲食。林雕分布區狹窄，數量十分稀少，已達瀕危狀態，故已被列爲國家二級重點保護野生動物。

白腹海雕

瀕危禽鳥名。隼形目，鷹科，白腹海雕（*Haliaeetus leucogaster* Gmelin）。大型猛禽。全長約 70 厘米。頭、頸、下體白色；背部、翅上覆羽與尾上覆羽俱灰褐色；初級飛羽灰黑色；尾羽基部灰褐，端部三分之一爲白色。虹膜褐色。嘴鉛黑色。脚黃色，爪褐色。我國主要分布於江蘇、廣東、福建一帶（爲留鳥），偶見於海南、臺灣等地。多栖息於沿海及附近島嶼之岩崖及河口地帶。平時，多在海洋與水域上空翱翔，偶停息於岩礁或孤立木上；常結對活動。以海洋魚類、海蛇爲食物。白腹海雕分布區狹小，數量稀少，國內自 20 世紀 50 年代後再未見有觀察報道，已達瀕危狀態，被列爲國家二級重點保護野生動物。今亦稱"白腹雕"。

玉帶海雕

瀕危禽鳥名。隼形目，鷹科，玉帶海雕（*Haliaeetus leucoryphus* Pallas）。大型猛禽，全長約 90 厘米。雌雄鳥體羽相似，唯雌鳥個體稍大些。上體暗褐色，頭頂赭褐色，羽毛呈矛狀并具淡棕色條紋。頸與肩部各羽具棕色條紋。下背與腰棕黃色。尾羽中間有一道寬闊白橫帶斑。下體棕褐色，各羽具淡棕色羽端。喉淡棕褐色，羽幹黑色，具白色條紋。下體餘部棕褐色。虹膜褐色。嘴黑色。跗跖、趾黃色，爪黑色。我國分布於新疆、青海、內蒙古、東北各地及西藏（繁殖鳥）；另外還見於甘肅、四川等地（旅鳥）；亦偶見於河北、山西、江蘇等地。常栖息於海拔 3200 ～ 4700 米之河谷、山岳、草原等開闊地；偶停息於樹梢、土丘之上，伺機捕食。主要食物是魚類、鼠類及雁鴨等鳥類，偶亦攫食羊羔、旱獺等。玉帶海雕數量極少，加之生存環境破壞，以及草原滅鼠殺蟲造成二次毒害，其數量愈加減少，故已被列爲國家一級重點保護野生動物。本種今亦稱"黑鷹""腰玉""角鷹"。

白尾海雕

瀕危禽鳥名。因其對滅鼠、保護環境有重

要意義，又加之種群數量下降，已被列爲國家一級重點保護野生動物。詳本卷《習見禽鳥説·猛禽考》"海東青"文。

虎頭海雕

瀕危禽鳥名。隼形目，鷹科，虎頭海雕（*Haliaeetus albicilla* Linnaeus）。大型猛禽。全長約 100 厘米。體羽黑褐色，具灰褐色縱紋；肩、額、腰、尾上覆羽及尾羽俱白色。尾楔形。下體濃褐色，胸羽具淡色縱紋。成鳥虹膜黃色，幼鳥褐色。嘴黃色，寬闊而向下彎曲。脚黃色；爪角灰色。我國主要分布於東北黑龍江、吉林、遼寧等地；遷徙時見於河北、山西等地；冬季偶見於臺灣。多栖息於海岸、江河沿岸。常停息於沿河附近高樹上。以魚類爲食，亦攫捕水禽、嚙齒類動物，偶亦食動物屍體。本種數量十分稀少，目前極其罕見。已列爲國家一級重點保護野生動物。今亦稱"虎頭雕""凍青"。

漁雕

瀕危禽鳥名。隼形目，鷹科，漁雕（*Icthyophaga humilis* Müller et Schlegel）。中型猛禽。體長 68 厘米。頭、頸灰褐色，具黑色羽幹紋；背部、翅上覆羽及尾部覆羽暗褐色，羽端淺淡，具寬闊次端橫斑；初級飛羽暗褐色，内翈基部渲染白色；胸、翅下覆羽褐色，下體餘部白色。尾基部褐色，端部暗褐；兩翅灰褐色，外側初級飛羽内翈渲染白色。我國僅分布於海南，爲罕見冬候鳥。栖息於熱帶、亞熱帶河川、湖泊及海岸附近。不常活動，大多數時間停栖樹上或岩礁上，矗立不動。完全以魚類爲食，因此而得名。漁雕數量極少，分布區特別狹窄，故被列爲國家二級重點保護野生動物。

黑兀鷲

瀕危禽鳥名。隼形目，鷹科，黑兀鷲（*Sarcogyps calvus* Scopoli）。大型猛禽。全長約 85 厘米。頭、頸裸露，裸皮深橙紅色，散布短而稀疏針毛；針毛在眼先、耳孔周圍較密集；頸部兩側各有一片紅色肉垂。下喉至上胸有一褐色短絨羽胸斑，胸斑下緣有一道白色絨羽領環。兩脅被白絨羽。背、腹、翅上覆羽亮黑色；飛羽、尾羽黑褐色。兩腿内側裸露，裸皮紅色；脚暗紅色。虹膜黃色、紅褐色或腥紅色。嘴暗褐色。我國僅見於雲南省西雙版納、騰衝、景東等地，爲留鳥。常栖息於熱帶或亞熱帶地區之森林或林緣開闊地帶。喜單獨在空中翱翔；嗜屍肉；當發現屍肉後，往往數隻聚集取食。黑兀鷲數量不多，由於興辦農場，開發橡膠林，熱帶雨林遭到破壞，加之農田化學污染及毒鼠等活動，致使黑兀鷲間接中毒受害，數量銳減，終致其呈瀕危狀態，現已列爲國家二級重點保護野生動物。

禿鷲

瀕危禽鳥名。隼形目，鷹科，禿鷲（*Aegypius monachus* Linnaeus）。大型猛禽。全長約 110 厘米。通體烏褐色。頭部被淡褐色絨羽；頸部裸出，有皺領，裸出部分爲鉛藍色，皺領淡褐近白色。胸前密被毛狀羽紋，兩側各有一束蓬鬆的矛狀長羽，頗明顯。胸部、腹部略帶淡色縱紋。虹膜褐色。嘴黑色；蠟膜鉛藍色。鼻孔圓或橢圓。跗跖、趾灰白色；爪黑色。廣布於全國大部地區。從新疆、青海、甘肅、寧夏、四川至東北、華北皆有，亦偶見於江蘇、浙江、福建、臺灣、廣東及雲南東部。常栖息於海拔 2500～5000 米之草原、高山、河谷地區；多單獨行動，可在海拔 5000 ~ 6000 米高空飛翔三至四小時，以大型動物屍體爲食；食物缺乏時，亦鶩擊病弱小獸與家畜。禿鶩嗜食屍肉，亦攻擊病弱動物，對維持自然界的生態平衡與動物種群進化具有重要意義。但目前禿鶩數量較少，又加人類爲取其飛羽、尾羽以爲飾品，致其種群數量鋭減，已近瀕危，故已被列爲國家二級重點保護野生動物。今亦稱"狗頭鶩""座山雕"。

高山兀鶩

瀕危禽鳥名。隼形目，鷹科，高山兀鶩（*Gyps himalayensis* Hume）。大型猛禽。體長約 110~120 厘米。頭裸出。頭與上頸被黄白色毛狀短羽，下頸爲白色絨頸羽；長形淡黄色矛狀羽組成翎領，上胸及頸基部具較長之矛狀羽，背、腰、肩羽呈褐白色，各羽均具白緣。飛羽黑褐色，内側飛羽具乳白色端。頦、喉白色。胸、脅部褐色，胸部中央暗褐色，腹部較淡。尾羽黑褐色。虹膜黄色或褐色。嘴土黄或暗綠；蠟膜褐色。脚綠褐色；跗蹠、趾灰綠或白色。我國主要分布於甘肅、青海、寧夏、四川、西藏、新疆等地，爲留鳥。多栖息於海拔 2500 ~ 4500 米之高山、草原、河谷地區。單獨或十數隻集群翱翔，亦時停息於較高之山岩、坡巔。性嗜屍肉，常以屍體、病弱大型動物、旱獺、嚙齒類動物及家畜爲食。高山兀鶩對保護自然環境衛生、維持生物種群的進化具有重要意義。其數量日漸減少，加之近年來草原大面積滅鼠及亂捕等人爲活動，致使其近於瀕危狀態。故我國已將其列爲國家二級重點保護野生動物。今亦稱"座山雕"，省稱"兀鶩"。

白背兀鶩

瀕危禽鳥名。隼形目，鷹科，白背兀鶩（*Gyps bengalensis* Gmelin）。大型猛禽。體長約 85 厘米。頭與頸部裸露，頭之裸出部分鉛黑色，頸部褐黑色。翎領白色或淡白色。背部白色（或淡黄色），故名。上體餘部爲淡黄褐色，各羽具深色斑。下體黄色，有縱紋。虹膜黄褐色。嘴灰綠色；蠟膜角黑色。脚灰綠色。我國主要分布於雲南西部與西南部西雙版納等地。栖息於熱帶雨林與季雨林之林緣開闊地及河灘地帶。喜單獨活動，亦常結小群翱翔。多停息於大樹上。嗜食死屍腐肉。本種數量原就不多，加之熱帶雨季及季雨林遭到破壞，栖息環境惡化，食物減少，其數量益愈下降，以致瀕危。故我國將其列爲國家一級重點保護野生動物。今亦稱"印度兀鶩""擬兀鶩"。

胡兀鶩

瀕危禽鳥名。由於生境惡化，其食物受毒藥污染，使其二次中毒死亡，近年來種群數量鋭減，已被列爲國家一級重點保護野生動物。詳本卷《習見禽鳥説·猛禽考》"鵰雀"文。

白尾鷂

瀕危禽鳥名。因其以鼠、鳥、蟲、蛙等爲食，對維持自然界生態平衡具有重要意義，已被列爲國家二級重點保護野生動物。詳本卷《習見禽鳥説·猛禽考》"鷂"文。

草原鷂

瀕危禽鳥名。隼形目，鷹科，草原鷂（*Circus macrourus* Gmelin）。中型猛禽。體長約 47 厘米。雄鳥上體深灰略帶褐色，尾上覆羽白色具灰色横斑，外側尾羽漸爲灰色且具白色横斑，頦至上胸珠灰色，下體餘部白色。雌鳥上體暗褐色，頭至後頸羽緣淡棕色，尾上覆羽白色，具棕色點斑，中央尾羽暗灰，外側尾羽棕白，有四道寬闊的黑褐或棕褐色橫斑。下體白色或棕白色，具褐色縱紋，尤以胸部較密。我國主要分布於新疆、河北、長江下游之江西、江蘇，以及廣西、海南與藏南等地。常栖息於草原及開闊平原，亦偶見於林緣。主要取食小型哺乳動物、小鳥（百靈、鷚）、蛙、蜥蜴及昆蟲等。多於地面捕捉。草原鷂嗜食鼠類，對草原滅鼠具重要意義，被列爲國家二級重點保護野生動物。今亦稱"草原鷹"。

烏灰鷂

瀕危禽鳥名。隼形目，鷹科，烏灰鷂（*Circus pygargus* Linnaeus）。中型猛禽。體長 48 厘米。雄鳥頭、頸項與背部上覆羽灰褐色。頭側淡白，微具翎領。頦、喉、上胸灰色，下體餘部白色；翅上覆羽具栗色條紋；尾下覆羽黃白，有棕褐色橫斑。雌鳥頭頂暗褐，有棕色羽緣；頸項白色；上體餘部暗褐色，均具棕色羽緣。尾羽灰褐，具黑色橫斑。我國主要分布於新疆天山地區，偶見於山東與長江流域及福建、廣東。常栖息於草原、平原及林緣地帶。主要取食蛙、蜥蜴、小鳥及鼠類。烏灰鷂捕食鼠類，有益於農林業生產，被列爲國家二級重點保護野生動物。

鵲鷂

瀕危禽鳥名。由於種群分布區域廣泛，對保護自然界的生態平衡具有重要意義，已被列爲國家二級重點保護野生動物。詳本卷《習見禽鳥説・猛禽考》"青鸉"文。

白頭鷂

瀕危禽鳥名。因其食物以鼠類、小鳥及蛙、魚、昆蟲等爲主，故可保護草原，并可控制鳥、

魚之數量平衡，還可促進鳥、魚種群的復壯，已被列爲國家二級重點保護野生動物。詳本卷《習見禽鳥説・猛禽考》"鷲"文。

白腹鷂

瀕危禽鳥名。隼形目，鷹科，白腹鷂（*Circus spilonotus* Kaup）。中型猛禽。體長 55 厘米左右。雄鳥頭頂、後頸黃白色。上體餘部暗褐色，尾上覆羽先端灰白，尾暗褐，略見黑褐色橫斑。頦、喉部淡黃，下體白色或皮黃色。雌鳥體色略暗一些。我國東北、西北、華北、長江中下游，以及福建、廣東、海南、臺灣、四川、雲南等地皆有分布。喜栖息於低山河谷、湖岸及沼澤地帶，常於河湖、沼澤上空盤旋飛翔，極少飛至高空。主要以鳥類、鼠類爲食，亦食蛙、蛇、昆蟲等。本種種群數量較多，分布普遍，又能捕殺鼠類，對控制鼠害有較大作用。故已被列爲國家二級重點保護野生動物。白腹鷂因鳥腹色白而得名。

短趾雕

瀕危禽鳥名。隼形目，鷹科，短趾雕（*Circaetus ferox* Gmelin）。中型猛禽。體長 60~70 厘米。頭頂羽長，但無羽冠。上體土褐色，羽緣略淡。翼長，初級飛羽暗褐色，内側羽片基部白色。下體、頦、喉部、胸部褐色，綴黑褐色纖細羽幹紋；下體餘部及翅下覆羽均白色并雜顯著褐色橫斑。脛下部裸出，具盾狀鱗。趾短，内外趾幾等長，不彎曲。我國主要分布於新疆、甘肅等地（繁殖鳥），偶見於遼寧及北京市門頭溝等地。常栖息於山地、丘陵、平原等開闊地或稀樹草地、低窪濕地沼澤，亦見於沙漠、半沙漠邊緣地帶。以蛇、蜥蜴、蛙及小型禽鳥及野鼠、野兔等爲食，亦食尸肉。因其

趾短，故名短趾雕。我國境内僅分布其天山亞種（*C.ferox heptneri*），主要分布於新疆天山、甘肅河西走廊，偶見於北京諸地。其數量稀少，又加濫捕，以致面臨瀕危，故已被列爲國家二級重點保護野生動物。

蛇雕

瀕危禽鳥名。隼形目，鷹科，蛇雕（*Spilornis cheela* Latham）。中型猛禽。體長約 70 厘米。頭頂、冠羽黑色，羽基白色，端緣淺棕色，羽冠具顯著花斑。上體暗褐色。下體、頦、喉灰色，餘部棕褐色，腹部及兩脅雜以白色點斑。尾黑色，中間有一寬頻斑。我國主要分布於雲南、貴州、廣東、廣西、安徽、福建、海南、臺灣（留鳥），以及遼寧（迷鳥）。常栖息於深山密林之中，善高翔。食物中以蛇爲主，因以得名。亦食鼠類、鳥類、蟹及其他甲殼動物。蛇雕約有三十一個亞種，我國有四個亞種，它們分别是東南亞種（*S.cheela ricketti*）、雲南亞種（*S.cheela burmanicus*）、海南亞種（*S.cheela rutherfordi*）及臺灣亞種（*S.cheela hoya*）。蛇雕在我國南方分布地區較爲普遍，但野外種群數量稀少，其嗜食動物中益害兼有，對整個生態系統具有重要意義。已列爲國家二級重點保護野生動物。今亦稱"大冠鷲""白腹蛇雕""鳳頭捕蛇雕"。

鶚

瀕危禽鳥名。雖分布區域遼闊，種群數量豐富，但可馴養獵魚，故近年來其數量鋭減，已列爲國家二級重點保護野生動物。詳本卷《習見禽鳥説·猛禽考》"鶚"文。

紅腿小隼

瀕危禽鳥名。隼形目，隼科，紅腿小隼（*Microhierax caerulescens* Linnaeus）。小型猛禽。體長約 15 厘米，如麻雀大小。額白色；側冠紋白色，頸部有一寬闊白色領圈；貫眼紋黑色；上體餘部、翅、尾羽皆黑色，并有金屬光澤；頦、喉部栗褐色；髭紋黑色；胸與翅下覆羽白色，渲染棕黃色；兩脅黑色；股及尾下覆羽栗色；尾黑并具四條白色橫斑。我國僅分布於雲南盈江一帶，爲留鳥。栖息於熱帶與亞熱帶林緣開闊地或林中。性膽怯。以昆蟲爲食物，善捕飛蟲。紅腿小隼數量稀少，十分珍貴，已列爲國家二級重點保護野生動物。

白腿小隼

瀕危禽鳥名。隼形目，隼科，白腿小隼（*Microhierax melanoleucos* Blyth）。小型猛禽。體長約 17 厘米，大於紅腿小隼。額白色；白色眉紋與額基相連，向後延伸至頸二側；上體餘部呈輝黑色；貫眼紋黑色，向後延至兩側；飛羽黑褐色，内翈有白色橫斑；外側尾羽内翈具白色斑，外翈稍綴白色點斑；眼眶黑色；耳羽黑褐；下體除兩脅爲黑色外，餘均純白色。尾羽具四條白色橫斑。虹膜褐色。嘴石板藍色，端部黑色。脚黑色。我國分布於江蘇、安徽、江西、福建、廣東、廣西、雲南等地。栖息於山林之間，尤喜於河畔低山帶活動，單獨或集群停息於樹上。主要以昆蟲爲食，偶亦捕捉蜥蜴或小鳥。白腿小隼嗜食昆蟲，有益於農林業生產，被列爲國家二級重點保護野生動物。亦省稱"小隼"。

獵隼

瀕危禽鳥名。隼形目，隼科，獵隼（*Falco cherrug* J.E.Gray）。中型猛禽。體長約 55 厘米。頭、頸、後背黃白色，具褐色縱紋。上體棕灰，雜以棕黄色點斑與橫斑，兩翅橫斑尤著；尾暗褐色，具棕黄色橫斑與端斑。下體前部純白，胸、腹具少數褐色點斑，下腹至尾下覆羽均沾棕色，雜有黑色橫斑。我國主要分布於新疆北部、青海東部、四川西北部、甘肅東北部、西藏、東北西部（繁殖鳥），以及東北南部、四川西北部、西藏南部（旅鳥、冬候鳥）。常栖息於山區、丘陵、河谷、草原地區之開闊地帶或未開墾之地段。勇鷙、善翔。常攫食各種禽鳥、小哺乳動物，亦取食蜥蜴等。獵隼可馴養用於獵捕，因此常遭獵人亂捕，加之其生境惡化，以致瀕危。我國已將其列爲國家二級重點保護野生動物。本種約四個亞種，我國僅存其北方亞種（F.cherrug milvipes）。今亦稱"獵鷹""兔鷹""兔虎""鶻子"。

矛隼

瀕危禽鳥名。隼形目，隼科，矛隼（Falco gyrfalco Linnaeus）。中等猛禽。體長 50～63 厘米。頭白色而略沾棕，具褐色細縱紋。上體灰褐色，具白色橫斑。尾白色，具褐色橫斑。下體白色，具暗褐色橫斑。覆腿羽白色，有暗褐色橫斑。虹膜褐或淡褐色。嘴鉛灰色或角藍色。腳淡黄色或黄褐色。我國主要分布於新疆（繁殖鳥），青海、黑龍江（冬候鳥）。喜栖息於開闊平原、草地、丘陵、河谷、海岸、湖沼等地。性猛鷙。以鼠、兔爲食物，亦捕食鳥類。由於種群數量稀少，已被列爲國家二級重點保護野生動物。

游隼

瀕危禽鳥名。因其數量銳減，已被列爲國家二級重點保護野生動物。詳本卷《習見禽鳥説·猛禽考》"鶻"文。

燕隼

瀕危禽鳥名。爲益、害兼有之鳥類。世界自然保護聯盟將其列爲保護與禁止貿易動物，我國亦列爲國家二級重點保護野生動物。詳本卷《習見禽鳥説·猛禽考》"晨風"文。

猛隼

瀕危禽鳥名。隼形目，隼科，猛隼（Falco severus Horsfield）。小型猛禽。體長約 29 厘米。頭、頸及上背烏黑，下背渲染石板灰色；肩與覆羽、腰以及尾上覆羽爲暗石板灰色。頦、喉、頸内側白色，渲染棕色，下體餘部深暗赤色，胸部二側具黑色縱紋。虹膜褐黑色。嘴石板藍，嘴端黑色；蠟膜、嘴裂黄色。腳橘黄色；爪黑色。我國主要分布於廣西、海南等地（旅鳥）。多栖息於林緣地帶。以昆蟲、蝙蝠、小鳥爲食。其數量極其稀少，已被列爲國家二級重點保護野生動物。

灰背隼

瀕危禽鳥名。隼形目，隼科，灰背隼（Falco columbarius Linnaeus）。小型猛禽。體長約 30 厘米。額、眼先、眉紋、頸兩側近棕白色；頭二側雜以細紋。頭頂藍灰色，具黑褐色羽幹紋。上體餘部暗灰藍色，具黑褐色羽幹紋；尾藍灰色，有寬闊的黑色近端斑，末端灰白色。頦、喉白色，胸腹白色沾棕黄，具暗褐色縱紋，尾上覆羽、覆腿羽棕黄色。我國主要分布於新疆（繁殖鳥）；東北大部（旅鳥）；越冬則在福建、雲南、青海、四川（冬候鳥）。常栖息於林緣、草甸草原、蘆葦沼澤及農田。取食小鳥、小型鼠類及昆蟲。由於分布不普遍，數量較少，已列爲國家二級重點保護野生動物。灰背隼有八個亞種，我國有四個亞種，即普通亞種（ *F. columbarius insignis* ）、太平洋亞種（ *F. columbarius pacificus* ）、新疆亞種（ *F. columbarius lymani* ）、西藏亞種（ *F. columbarius pallidus* ）。今亦稱“灰鷂子”“朵子”。

阿爾泰隼

瀕危禽鳥名。隼形目，隼科，阿爾泰隼（ *Falco cherrug altaicus* Menzbier ）。阿爾泰隼是獵隼的一個亞種。中型猛禽。體長 52～63 厘米。頭頂黑褐色，具磚紅色斑點。上體青石板色，雜以黑褐色點斑或橫斑，羽幹紋黑色。下體赤褐色，具點狀暗斑。尾青石板色，具暗橫斑。我國主要分布於新疆天山、內蒙古及青海青海湖等地。常栖息於高原、山地之林區。以鼠類及野兔爲食物，對保護農業生產有一定作用，加以其種群數量稀少，已列爲國家二級重點保護野生動物。

紅腳隼

瀕危禽鳥名。隼形目，隼科，紅腳隼（ *Falco vespertinus* Linnaeus ）。小型猛禽。體長 27～33 厘米。雄鳥近石板灰色；飛羽銀灰色；翅下覆羽白色；兩腿與尾下覆羽棕紅色；腳橘紅色。雌鳥背暗灰色，具淡黑色橫斑；胸、腹棕白色，具黑色斑紋；兩腿及尾下履羽棕黃色。腳橙黃色。我國主要分布於東北、內蒙古、華北、江蘇北部、河南、陝西（夏候鳥）；湖南、貴州、廣東、福建（旅鳥）；河北、福建（冬候鳥）。栖息於山地荒坡、平原、沼澤濕地。常結群停息於電纜上，亦於黃昏飛行捕食昆蟲，且邊飛邊叫。主要取食昆蟲，其中有螻蛄、蝗蟲、地老虎、金龜子等，偶亦取食蜘蛛、小鳥。紅腳隼嗜食蝗蟲、螻蛄等農業害蟲，特別是繁殖期捕食量很大，對農林害蟲有一定防治作用，

已列爲國家二級重點保護野生動物。本種以雄鳥腳橘紅色而得名。今亦稱“紅腿鷂子”“青鷹”“青燕子”。

黃爪隼

瀕危禽鳥名。因其可取食大量害蟲，對農、林業生產極爲有益，而且野外種群數量又少，已被列爲國家二級重點保護野生動物。詳本卷《習見禽鳥説·猛禽考》“黃鷲”文。

紅隼

瀕危禽鳥名。隼形目，隼科，紅隼（ *Falco tinnunculus* Linnaeus ）。小型猛禽。體長 31～35 厘米。上體磚紅色，具三角形黑色橫斑。下體棕黃色，具黑褐色羽幹紋與斑點。尾羽具寬闊次端斑。虹膜暗褐色。嘴灰褐色，尖端黑色，嘴基黃色。腳、趾黃色；爪黑色。除西藏西北部以外，全國各地有分布。栖息於草原、林緣、水域、田野等開闊地。單獨或成對活動。翅尖，飛行速度極快。鳴聲單調而尖鋭。主要食物有昆蟲、野鼠、小鳥等。紅隼能消滅害蟲、鼠類，有益農、林業生產。其數量較多，且分布廣，爲充分發揮其有益功能，已將其列爲國家二級重點保護野生動物。本種約十一個亞種。我國有兩個亞種，即普通亞種（ *F. tinnunculus interstinctus* ）與指名亞種（ *F. tinnunculus tinnunculus* ）。紅隼因其上體色紅而得名。今亦稱“紅鷹”“紅鷂子”“茶隼”。

雪鶉

瀕危禽鳥名。雞形目，雉科，雪鶉（ *Lerwa lerwa* Hodgson ）。中型鶉雞。體長 36～48 厘米。雌雄兩性鳥相似。頭、頸全部及上體、翅、尾具黑、白至棕色相間的窄橫斑，黑斑稍粗，頭、頸無棕斑。初級覆羽及初級飛羽黑褐色，

外緣多有白色斑點，大覆羽同次級飛羽與之相似而羽端變白色。胸、腹及脅部均栗色，各羽側緣有白斑，尾下覆羽栗色，其端白色。嘴珊瑚紅色。跗蹠上部被羽，腳橙紅至深紅色。我國分布於西藏、雲南、四川及甘肅南部。栖息於海拔 3000 ～ 5200 米之林綫至雪綫附近的高山草甸、開闊地及陡峭的岩石上。常見於生有杜鵑、蕨類、苔蘚、地衣等高山植物的多岩陡坡上。多取食苔蘚、地衣、漿果、嫩芽、種子，亦兼食各種昆蟲。常成群活動。目前數量極稀少，已列爲國家二級重點保護野生動物。本種因生雪綫附近而得名，今亦稱"岩包鷄""雪雷鳥"。雪鶉原定爲單型種，但尾羽斑紋有明顯不同，據此又分成三個亞種，即指名亞種（ *L. lerwa lerwa* ）、康定亞種（ *L. lerwa major* ）及甘南亞種（ *L. lerwa callipygia* ）。

黑嘴松鷄

瀕危禽鳥名。鷄形目，松鷄科，黑嘴松鷄（ *Tetrao parvirostris* Bonaparte ）。大型鶉鷄。體長 70（雌）～ 90（雄）厘米。雄鷄體羽黑褐色，頭、頸具青紫色光澤，頦、喉及胸部具綠色光澤；背部純黑褐色；肩羽黑褐色，外翈端部具白色中央紋；尾楔形，純黑褐色且帶綠色光澤；腹黑色，微具白斑；脅部具蠕蟲狀淡細紋。雌鷄上體棕銹色，具黑褐閃藍之橫斑。雌雄鷄之肩、翅上覆羽、尾上覆羽及尾下覆羽等均具顯著白端。虹膜棕色；嘴黑色；趾黑色。我國主要分布於東北地區之大興安嶺，爲留鳥。黑嘴松鷄爲典型針葉林鳥類，栖息於大興安嶺原始林內，無明顯垂直分布。多見於落葉松—白樺林、落葉松林內，亦偶見於樺樹林及其他針闊混交林中。以樺樹花序、芽苞及嫩枝爲主要食

物，亦取食落葉松、紅松、冷杉、柳樹等樹種之葉芽、種子及各類漿果；繁殖季節喜食蜘蛛、螞蟻、甲蟲等動物。黑嘴松鷄經濟價值極高，體大，肉多，爲重要的獵用禽類，對林業生產無明顯害處。目前由於森林采伐及大量獵捕，使其生境破壞，分布範圍迅速縮小，數量銳減，加之黑嘴松鷄繁殖期較早，孵化率低，數量恢復較慢，故被列爲國家一級重點保護野生動物。本種有二亞種，我國僅一種，即指名亞種（ *T. parvirostris parvirostris* ）。黑嘴松鷄因其嘴色黑而得名。今亦稱"細嘴松鷄"。

黑琴鷄

瀕危禽鳥名。鷄形目，松鷄科，黑琴鷄（ *Lyrurus tetrix* Linnaeus ）。大型鶉鷄。體長 45（雌）～ 60（雄）厘米。雄鳥通體幾爲黑色。頭、頸、喉及下背具淡藍綠色金屬光澤。翅上具白色翼鏡，尾呈叉狀，外側尾羽長而向外彎曲，呈鐮狀。雄鳥在繁殖期眉紋裸露之皮膚紅色腫脹，形成紅色肉冠。雌鷄體形稍小，體羽棕色，具褐色橫斑，翅上白色翼鏡不顯著，尾亦叉狀，但叉裂不大，尾羽亦不向外彎曲。我國主要分布於東北地區大興安嶺、小興安嶺、完達山、張廣才嶺、長白山及新疆、河北等地，均爲留鳥。黑琴鷄是落葉松與混交林栖息鳥，常栖息於落葉松—白樺林、山楊—白樺林、樟子松林，亦見於幼林及林間空地。夏季主要取食喬灌木之嫩枝葉及芽、花序、果實、漿果等；冬季則主要取食樺、柳、榛之嫩芽、幼枝。黑琴鷄個體較大，爲重要獵用禽類；其體色美麗，亦宜觀賞。近年來，由於亂捕濫獵，數量銳減，已被列爲國家二級重點保護野生動物。今亦稱"烏鷄""黑雷鳥""黑野鷄"。黑琴鷄亞

種很多，我國分布三種，即新疆亞種（*L.tetrix mongolicus*）、北方亞種（*L. tetrix baikalensis*）及東北亞種（*L. tetrix ussuriensis*）。

柳雷鳥

瀕危禽鳥名。鷄形目，松鷄科，柳雷鳥（*Lagopus lagopus* Linnaeus）。中型鶉鷄。體長約40厘米。柳雷鳥羽色隨季節變化很大，春、夏、秋、冬各有不同羽色。冬季除嘴、外側尾羽及飛羽之羽軸爲黑色外，雌雄全身皆爲白色。其他季節羽色變異雖大，但大都上體暗色，下體前部具各種暗色條紋。跗蹠被羽到趾。虹膜褐色。眼上裸皮及羽冠紅色。嘴黑色。我國主要分布於黑龍江流域，爲留鳥。柳雷鳥爲典型寒帶鳥類。栖息地隨季節不同而改變。夏季多栖息於樺樹幼林、有塊狀松林之苔蘚沼澤地、樺樹爲主的混交林或耕地附近的小片闊葉林，也見於灌木叢中。冬季栖息於柳叢及小片森林之沿河區域。典型植食鳥類，食物亦隨季節及栖息地而變化。冬季、早春取食植物芽苞、嫩枝；夏季取食綠葉；夏末及秋季常食草籽、漿果等。柳雷鳥肉味鮮美，絨羽價值很高，曾是重要獵用禽類。目前數量極少，極難尋覓，已被列爲國家二級重點保護野生動物。今亦稱"柳鷄"。柳雷鳥共十四個亞種，我國境内僅有東北亞種（*L. lagopus okadai*）。

岩雷鳥

瀕危禽鳥名。鷄形目，松鷄科，岩雷鳥（*Lagopus mutus* Montin）。中型鶉鷄。體長約35厘米。體羽隨四季而變化。冬季全身白色，嘴角至眼後有一條較寬之黑色過眼紋，尾羽黑色。夏羽之棕黃色橫斑淺而窄。我國主要分布於新疆阿勒泰地區，爲留鳥。栖息於高山針葉林、雪綫以下的矮樺灌叢、半灌木荒漠草原、亞高山草甸，以及具零散礫石的高山草甸。以樺葉爲食。本種數量極少，極難尋覓，已被列爲國家二級重點保護野生動物。今亦稱"雪鷄"。岩雷鳥有二十餘亞種，我國僅分布一亞種，即新疆亞種（*L.mutus nadezdae*）。

鐮翅鷄

瀕危禽鳥名。鷄形目，松鷄科，鐮翅鷄（*Falcipennis falcipennis* Hartlaub）。小型鶉鷄。體長約32厘米。雌雄鳥羽色相似。雄鳥上體大都黑色，具灰色與沙黃色橫斑；頭頂暗灰，微雜以黑色。頦、喉、兩頰黑色。眼後有一白斑。翅上飛羽呈鐮刀狀。尾羽及尾下覆羽黑，并有寬闊的白色羽端。雌鳥頭與頸具黑色和皮黃色相間的橫斑，羽端雜以沙黃色，頦、喉及兩頰雜以白色。虹膜黃褐色；眼上有一塊紅色裸出部。嘴黑色。脚、趾黃褐色。我國分布於東北之小興安嶺及黑龍江下游，爲留鳥。本種屬典型針葉林鳥類，常栖息於冷杉、雲杉及落葉松林中，尤喜停息於有越橘、懸鈎子、醋栗等漿果類植物和草類覆蓋的稠密林地中。爲植食性鳥，以植物枝芽、花蕾、種子、漿果爲食。冬季則取食雲杉、落葉松種子。秋季取食草籽和漿果。鐮翅鷄種群數量原本稀少，又加其外形頗似榛鷄，常被視爲榛鷄而遭獵殺，以致處於瀕臨滅絶境地。已被列爲國家二級重點保護野生動物。鐮翅鷄因其翅上飛羽呈鐮形而得名，今亦稱"鐮刀鳥"。

花尾榛鷄

瀕危禽鳥名。鷄形目，松鷄科，花尾榛鷄（*Tetrastes bonasia* Linnaeus）。小型鶉鷄。體長約38厘米。上體從頭至尾上覆羽皆棕灰色，具棕色和黑色大型橫斑。頭具短冠羽。從頰至肩有一白色寬頻。大覆羽淡褐色，表面具白斑。尾羽青灰色，中央二枚褐色并具黑色橫帶。喉黑色；下體餘部暗褐色，各羽緣白色。跗跖羽灰白色。雌鳥與雄鳥相似，但體羽稍暗，且頰及喉部大多棕白色。虹膜栗紅色。嘴黑色。腳黃色；趾褐色，各趾緣具櫛狀突起。我國主要留居於內蒙古東部及黑龍江、吉林、遼寧等省區；冬季偶見於河北東陵。爲典型森林鳥類。常栖息於針葉林、針闊混交林、闊葉林、林緣灌叢及楊、樺林內。極善奔走，巧於樹上藏身，常小群在道旁楊樺林或河溪岸畔之柳叢中活動。嗜食楊、樺的芽苞、嫩尖、花序及松子、橡子、榛子、草籽。花尾榛鷄有四個亞種，我國有兩個亞種，即北方亞種（ *T. b. sibiricus* ）及黑龍江亞種（ *T. b. amurensis* ）。由於生境破壞、濫獵，加之天敵（黃鼬）危害，目前數量大減，已達瀕危狀况，故已被列爲國家二級重點保護野生動物。花尾榛鷄因其尾呈花斑狀，故名。今亦稱"松鷄""飛龍"。

斑尾榛鷄

瀕危禽鳥名。鷄形目，松鷄科，斑尾榛鷄（ *Tetrastes sewerzowi* Przevalski ）。小型鶉鷄。體長約 37 厘米。雄鳥上體栗色，具明顯的黑色橫斑；頰、喉黑色，周緣圍以白色；胸栗色，向後近白色，均具黑色橫斑；雌鳥與雄羽色相似，但稍暗些。爲我國特有種。主要分布於甘肅、青海、四川、西藏、雲南等省區。常栖息於海拔 3400 ~ 3900 米高的山麓林緣稀疏灌木林中。隨着分布地域及季節變化，栖息地常有所改變。喜結群，常三五隻一起活動，有時多達二十餘隻成群活動。多以柳、樺之鱗芽、葉和雲杉種子以及其他植物之花、花序、葉、嫩枝梢等爲食。食性亦有明顯的季節變化。冬春季節以柳、樺的鱗及葉爲食，夏季除柳、樺芽葉外，還取食小檗、忍冬、構樹的花及嫩葉；秋季多以蓼的花序和問荊嫩枝梢爲食；晚秋後則以雲杉種子爲食。本種爲我國特有，種群數量稀少，由於杉林砍伐，破壞了其栖息地環境，再加人爲濫捕，天敵（蒼鷹、大鵟、大嘴烏鴉、狐、香鼬等）危害，已臨瀕危處境。故已被列爲國家一級重點保護野生動物。本種有兩個亞種，即指名亞種（ *T. s. sewerzowi* ）及四川亞種（ *T. s. secunda* ）。斑尾榛鷄因尾部有橫斑而得名。今亦稱"羊角鷄"。

藏雪鷄

瀕危禽鳥名。鷄形目，雉科，淡腹雪鷄（ *Tetraogallus tibetanus* Gould ）。中型鶉鷄，體長 46 ~ 53 厘米。上體土棕色，密布不規則黑褐色細斑。下體白色或乳白色；下胸與腹雜以黑色縱紋。頭、頸褐灰色，前額及上胸各有暗色環帶。虹膜褐色至紅色。嘴角紫色。跗跖、趾暗橙紅色。雌鳥與雄鳥體色酷似，唯跗跖無距。我國主要分布於新疆、西藏、青海、甘肅、四川北部之高山地區。常栖息於海拔 3000 ~ 6000 米的高山裸岩、灌叢與草甸地帶。多以植物根、莖、葉等爲食，亦取食雜草種子。藏雪鷄常年生活於高山雪綫附近，生活環境極其惡劣，繁衍亦較困難，野外種群數量銳減，已被列爲國家二級重點保護野生動物。藏雪鷄因産高山雪綫而得名。亦稱"雪鷄""西藏雪雷鳥""恐姆"。其腹色淡乳白，故又通稱"淡腹雪鷄"。藏雪鷄有五個亞種，均分布我國境內。它們是：指名亞種（ *T. t. tibetanus* ）、疆南亞種（*T. t.tschimenensis*）、藏南亞種（*T. t. aquilonifer*）、青海亞種（*T.t.przewalskii*）及四川亞種（*T.t. henrici*）。

暗腹雪鷄

瀕危禽鳥名。鷄形目，雉科，暗腹雪鷄（*Tetraogallus himalayensis* G.R.Gray）。中型鶉鷄。體長約 58 厘米。通體棕色，具黑色不規則細紋。頭頂至後頸灰褐色。初級飛羽白色，有暗色羽端，并雜以黑褐色斑紋；次級飛羽暗褐色，具灰褐色蟲蠹狀細斑。尾羽棕色，中央尾羽淡棕色，各羽均雜小暗褐色蟲蠹狀斑。頦、喉白色，胸部淺棕色，具黑褐斑，下腹及腹部暗灰而雜以磚紅色粗紋。我國分布於新疆、青海、西藏、甘肅等，均爲留鳥。典型高山鳥類，極耐嚴寒，常栖息於海拔 2500 ～ 5500 米之高山裸岩及高山草甸、稀疏灌叢附近。夏季可見於雪綫之上，冬季常遷至較低之灌叢附近或草坡活動，脚短健有力，善跑，喜結群活動。春季主要取食羊茅草、委陵菜、野葱；夏秋季節取食棘豆、羊茅草；冬季仍以羊茅草爲主要食物。本種有五個亞種，我國境内分布三個亞種，即指名亞種（*T.h. himalayensis*）、南疆亞種（*T.h. grombszewskii*）、青海亞種（*T.h. koslowi*）。暗腹雪鷄數量較少，由於生境惡劣，加之人們濫捕及天敵危害，現已處於瀕危狀態，已被列爲國家二級重點保護野生動物。本種因腹部暗灰而得名。又因生於高山雪綫附近，亦稱"高山雪鷄""喜馬拉雅雪鷄。"

雉鶉

瀕危禽鳥名。鷄形目，雉科，〔紅喉〕雉鶉（*Tetraophasis obscurus* J.Verreaux）。中型鶉鷄。體長約 48 厘米。雌雄兩性鳥相似。上體大都褐色，翅具白色和淡棕色端斑；頭背及兩側深灰褐，枕有黑紋；頦至前頸紅栗色；胸、腹褐灰，胸羽具黑色縱紋，腹羽則雜以淡黃和棕色。嘴黑色。脚褐色，我國主要分布於青海、甘肅、西藏、四川等省區，均爲留鳥。栖息於海拔 3500 ～ 4600 米高山杜鵑灌叢中，偶見於松林、櫟林及針闊葉混交林中，冬季則活動於海拔較低之處。取食野果、根、莖及嫩葉，偶亦啄食昆蟲。雉鶉爲我國特産鳥類，具有較高的學術研究價值。其種群數量稀少，又加近年來杜鵑林多被砍伐用作薪炭，使雉鶉賴以生存的自然環境遭到破壞，以致處於極危險、瀕臨滅絕的境地。已列爲國家一級重點保護野生動物。

四川山鷓鴣

瀕危禽鳥名。鷄形目，雉科，四川山鷓鴣（*Arborophila rufipectus* Boulton）。小型鶉鷄。體長約 30 厘米。雄鳥額白色，頭頂棕栗色，後頸及頸側赭橙色，均具黑紋。背至尾、中小覆羽與三級飛羽茶綠色，具蠹狀紋，後兩處有栗斑，其餘具橫斑。耳羽棕黃，頭側前半部分與眉紋黑色，眉紋上緣爲白色。頦黑色，上喉有黑紋，上胸和脅均爲灰色，具栗色斑，胸部之栗斑成片相連。下胸及腹均白色。雌鳥頭頂及枕橄欖褐色，具黑色羽幹紋，頦、喉皮黃色，有橢圓形黑斑；上胸棕灰色，具棕色寬緣。其餘似雄鳥。我國分布僅見於四川省之屏山、甘洛、峨邊、馬邊及沐川等地。多栖息於海拔 1200 ～ 1900 米之林下濃密竹叢、灌木叢中。白晝在地面覓食，黑夜停息於竹枝、灌叢上過夜。取食植物莖葉及果實，亦食蝸牛、蛞蝓、蜈蚣、螞蟻及鞘翅目、鱗翅目昆蟲。四川山鷓鴣是我國特産鳥類，數量稀少，且呈零散分布，其栖息地環境多被破壞，種群數量在不斷下降，已被列爲國家一級重點保護野生動物。本種今亦稱"砣砣鳥""笋鷄"。

海南山鷓鴣

瀕危禽鳥名。鷄形目，雉科，海南山鷓鴣（*Arborophila ardens* Styan）。小型鶉鷄。體長約24厘米。眼先、額、眉紋、頰、頭側以及頦、喉均黑色，且連成一片。耳羽白色。前頸、頸側基部淡橙紅色而有黑斑。黑色眉紋上方散生白點形成一條白紋，向後延伸至後頸。上體爲橄欖褐色且具黑色橫斑，雙翅栗棕色。上胸具橙紅色絲狀羽毛，下胸灰色，微沾棕白色。兩脅灰而具白色羽幹紋。腹羽棕白色。雌鳥與雄鳥相似，唯上胸絲狀羽橙紅色稍淡；腹羽微染淡紅色。我國僅分布於海南省。多栖息於海拔900～1200米山地雨林、溝谷雨林及山地常綠闊葉林中。常結對或四五成群活動。海南山鷓鴣爲我國特産鳥類，因僅産海南而得名。其數量稀少，由於熱帶原始森林面積不斷縮减，加之濫捕及天敵危害，已達瀕危狀態，被列爲國家一級重點保護野生動物。

血雉

瀕危禽鳥名。鷄形目，雉科，血雉（*Ithaginis crueutus* Hardwicke）。中型鶉鷄。體長36～46厘米。體形似家鷄。雄鳥上體褐灰色，各羽具白色羽幹紋。下胸、脅部羽草綠色。翼羽褐色，有黑色縱紋，尾下緋紅。雌鳥大都爲暗褐色。我國主要分布於秦嶺以西的西南各省區及其毗鄰地區（留鳥）。常栖息於海拔1700～3200米的針闊葉混交林內。多取食綠色植物及其種子。血雉肌肉細嫩，過去常被獵捕充作野味，致使數量下降，現已被列爲國家二級重點保護野生動

物。今亦稱"血鷄""太白鷄""藪鷄""琉璃鷄"。血雉屬僅此一種，但亞種頗多，約有十一個亞種，即南山亞種（*I. c. michaelis*）、西寧亞種（*I. c. beicki*）、甘肅亞種（*I. c. berezowskii*）、秦嶺亞種（*I. c. sinensis*）、指名亞種（*I. c. cruentus*）、西藏亞種（*I. c. tibetanus*）、增口亞種（*I. c. kuseri*）、滇西亞種（*I. c. marionae*）、瀾滄江亞種（*I. c. rocki*）、麗江亞種（*I. c. clarkei*）、四川亞種（*I. c. geoffroyi*）。

黑頭角雉

瀕危禽鳥名。鷄形目，雉科，黑頭角雉（*Tragopan melanocephalus* J.E.Gray）。大型鶉鷄。體長60（雌）～70（雄）厘米。雄鳥頭黑色并有長羽冠，頸部紅色，上體黑色雜以棕灰色，各羽端有帶黑邊的白色圓斑。尾棕色，具黑橫斑。飛羽褐色。上胸橙紅，腹以下黑色，具白斑。臉部有裸皮，紅色；頰、喉藍色，肉裾紅藍二色，肉角翠藍色。雌鳥體小，體色以灰褐爲主，布有白、棕、黑等雜斑。我國僅分布於西藏西南之森格藏布流域。但20世紀50年代後無觀察記録。栖息於海拔2400～3600米之針葉林或櫟林中，冬季下降至海拔2000米處。主要取食植物葉、芽、根、種子及果實，兼食少量昆蟲及其他小動物。黑頭角雉因頭部色黑又生肉角而得名。該種數量稀少，分布區極狹小，已被列爲國家一級重點保護野生動物。

紅胸角雉

瀕危禽鳥名。鷄形目，雉科，紅胸角雉（*Tragopan satyra* Linnaeus）。大型鶉鷄。體長58（雌）～75（雄）厘米。雄鳥頭部黑色，有羽冠。通體大都緋紅色，有白色圓斑。飛羽黑色，具淡棕色橫斑。尾羽黑色，有不規則棕

黄色横紋。臉部裸皮及喉部爲暗藍色，并有紅、藍二色肉裾，肉角翠藍色。嘴黑色。脚粉紅色。雌鳥以棕褐爲主，生有黑、白、淡棕色雜斑。我國主要分布於西藏南部春丕山谷及喜馬拉雅山麓之亞東、聶拉木、定日、吉隆等地，亦偶見於雲南貢山獨龍江。栖息於海拔2000～4000米之山地針闊混交林及灌叢地帶，冬季活動範圍常下降到海拔1700～2000米附近。主要食物有植物葉、芽、球莖、根、果實及種子。紅胸角雉因通體緋紅，頭生肉角而得名。本種生態學特性及種群數量不甚清楚，爲保護這一珍貴物種，我國已將其列爲國家一級重點保護野生動物。

灰腹角雉

　　瀕危禽鳥名。鷄形目，雉科，灰腹角雉（ *Tragopan blythii* Jerdon）。大型鶉鷄。體長58（雌）～68（雄）厘米。雄鳥額、頭頂、冠羽及頸側一部分爲黑色，後頭、頸、上背、肩及上胸橙紅色，上體餘部及翼覆羽黑色并布滿白、栗色圓斑。尾黑色，有不規則黄横斑。飛羽黑褐色，有黄斑。下胸至腹部烟灰色。臉有裸皮，黄色，肉裾紅、藍二色，肉角翠藍。雌鳥略小，上體黑褐，有棕白色雜斑；下體淡灰褐色，具斑。我國僅分布於西藏門隅、達旺、下察隅。近年在雲南貢山亦采到雌鳥標本。栖息於海拔1800～4000米潮濕森林下的灌叢中。灰腹角雉之藏南亞種（ *T. b.auolesworthi* ）見於西藏南部。本種因腹部色灰，頭生肉角而得名。其數量極其稀少而珍貴，但其諸多特性尚未見報道。已列爲國家一級重點保護野生動物。

紅腹角雉

　　瀕危禽鳥名。鷄形目，雉科，紅腹角雉（ *Tragopan temminckii* J.E.Gray）。大型鶉鷄。體長45（雌）～58（雄）厘米。雄鳥頭頂、冠羽、臉後側至頸環帶爲黑色，後頭部分羽冠、頸、上背至前胸俱橙紅色；上體餘部及翼覆羽栗紅色并布滿灰色圓斑，圓斑具黑緣。尾羽棕色，有黑横斑。飛羽略似尾羽之色。下胸及腹栗紅色，有灰色圓斑。臉部裸皮暗藍色，肉裾紅、藍二色，肉角翠藍色。雌鳥略小於雄鳥，體灰褐色，滿布棕、黑雜斑及白色斑、紋。我國主要分布於甘肅、陝西、四川、西藏、雲南、貴州、湖北等地。多栖息於海拔1000～3500米山地常綠—落葉闊葉林及針闊葉混交林中。以蕨類、草本及木本植物葉芽、根莖、花、果實、種子爲主要食物，亦兼食昆蟲及其他小動物。紅腹角雉爲我國五種角雉中分布最廣、種群數量相對較多的一種。但是，在分布邊緣區以及人爲活動干擾較大的地區，其數量明顯减少，已被列爲國家二級重點保護野生動物。紅腹角雉因其腹部栗紅色，頭生肉角而得名。今亦稱"娃娃鷄""黄連鷄""星星鷄""大紅鷄""露水鷄""壽鷄"。

黄腹角雉

　　瀕危禽鳥名。鷄形目，雉科，黄腹角雉（ *Tragopan caboti* Gould）。大型鶉鷄。體長50（雌）～65（雄）厘米。雄鳥頭頂黑色，有黑、栗紅色羽冠；臉裸皮米紅色，具翠藍及朱紅肉裾，肉角翠藍色。上體大都栗褐色，滿布淡黄色圓斑，斑具黑緣。飛羽褐色帶棕黄斑。尾羽黑褐，各羽均密布不規則棕黄斑及黑端帶，下體淡黄色。雌鳥體略小，棕褐色，密布黑、棕黄色斑紋及白色矢狀紋，下腹有大型三角形白斑。我國分布於浙江、江西、廣東、福建、廣西及湖南等地。黃腹角雉爲所有角雉中分布最廣、海拔最低的一種，常栖息於東部亞熱帶地區之海拔 600～1600 米的常綠闊葉林及常綠—落葉—針葉混交林内。以蕨類及草本植物之根、莖、葉、花、果實爲食，偶或兼食少量動物。黃腹角雉種群數量較稀少，又由於栖息地内闊葉林被人工針葉林所取代，使其栖息地條件惡化甚至喪失，再加天敵危害，已臨瀕危境地，故已被列爲國家一級重點保護野生動物。黃腹角雉因其生有肉角，腹部淡黃而得名。今亦稱"角雞"。

棕尾虹雉

　　瀕危禽鳥名。鷄形目，雉科，棕尾虹雉（*Lophophorus impejanus* Latham）。大型鶉鷄。體長約 76 厘米。雌雄兩性成鳥羽色不同，雄鳥頭頂及二側呈金屬綠色，頭頂中部有一同色長冠羽，羽幹裸露，并具杓狀羽端。後頸及頸側紅銅色。背銅綠色。腰白色。兩翅表面呈金屬紫色。尾上覆羽金屬藍綠色。尾羽棕色。頦、喉黑色，除中央部分外，均閃綠輝，其邊緣更着金屬紫色。下體餘部亦黑色。雌鳥體形稍小於雄鳥，通體棕褐并雜以白紋。飛羽紅棕色，有黑色橫斑。我國分布於西藏南部、東南部，見於樟木、吉隆、易貢、排龍、甘馬藏布河谷中下游及亞東、林芝、察隅、墨脱等地。栖息於海拔 3300～4750 米之高山草甸地帶，冬季栖息地稍低些，一般下降至海拔 2500 米附近的開闊森林、杜鵑灌叢帶。本種因雄鳥羽色鮮艷如虹，故名虹雉，其尾棕色，故得名棕尾虹雉。由於分布區狹窄，數量稀少，再加栖息地不斷擴大耕地面積與牦牛放牧區，致使棕尾虹雉之栖息地受到損害，數量鋭減，已被列爲國家一級重點保護野生動物。

白尾梢虹雉

　　瀕危禽鳥名。鷄形目，雉科，白尾梢虹雉（*Lophophorus sclateri* Jerdon）。大型鶉鷄。體長約 68 厘米。雌雄鳥羽色不同。雄鳥上體大都藍綠色，下背依次純白；尾棕色而有白端成爲白尾梢。下體純黑色。雌鳥上體黑褐色，具棕色斑紋；下背至尾上覆羽淡棕白色，布滿褐色橫斑；翅黑褐色；尾黑褐色，先端白色，亦呈白尾梢；下體俱雜以橙黃與褐色相間之蟲蠹狀斑紋。我國主要分布於西藏東南部丹巴江上游墨脱、察隅，以及雲南北部高黎貢山和西部騰衝一帶。栖息於海拔 2400～3600 米杉樹苔蘚林、竹林邊緣及山頂草甸上。常以野百合、蕨根、竹葉等爲食。本種有二亞種，即指名亞種（*L. s. sclateri*）及滇西亞種（*L. s. orientalis*）。由於數量稀少，分布區狹窄，栖息地環境惡化，已近瀕危，故被列爲國家一級重點保護野生動物。白尾梢虹雉以其體羽輝亮如虹，尾端色白而得名。今亦稱"雪鷄"。

緑尾虹雉

　　瀕危禽鳥名。鷄形目，雉科，緑尾虹雉（*Lophophorus lhuysii* Geoffroy st.Hilaire）。大型鶉鷄。體長約 80 厘米。雄鳥頭頂、臉下部及耳羽等均閃綠色虹光，向後轉爲金屬赤紅色，冠羽青銅色，由頭頂後部聳起并覆蓋頸部；後頸及頸側與背前部呈紅銅色；背中部、肩羽及翅上覆羽等爲紫銅色，并閃金屬綠藍光澤；背之後部及腰前部白色；尾羽藍綠色。雌鳥臉、頦及喉均乳白色；上體暗褐；背白色；尾淡褐色，具輝棕及褐色橫斑。爲我國特産種。主要分布於青海東南部、甘肅南部、四川及西藏芒康、察隅等地。栖息於海拔 3300 ～ 4000 米亞高山草甸及灌叢。取食植物根、莖、葉、花，兼食某些昆蟲。本種數量極少，據查，近十餘年寶興地區綠尾虹雉數量已減一半左右。已達瀕危境地。已列爲國家一級重點保護野生動物。綠尾虹雉因其體羽閃亮如虹，尾羽藍綠而得是名。今亦稱"貝母鷄"。

藏馬鷄

瀕危禽鳥名。鷄形目，雉科，藏馬鷄（*Crossoptilon crossoptilon* Hodgson）。大型鶉鷄。體長 75 ～ 85 厘米，甚至達 90 ～ 102 厘米。雌、雄鳥體色酷似，通體近白色，羽枝鬆散，尾端黑色，有紫色與鋼藍色反光。頭頂絨黑色。耳羽簇白色，呈短角狀，突向頭後。尾羽長，大都呈輝綠藍色，末端沾紫色光澤。面部裸出，具疣狀小突起，呈緋紅色。我國分布於西藏東南部、青海南部、四川西部及雲南的德欽、中甸。栖息於海拔 3500 ～ 3900 米的亞高山針葉林中。喜結群，常二三十隻結群在松、橡等密林或杜鵑叢中活動。冬季取食樹根及種子，春季則以植物嫩根、嫩葉爲主，夏秋季節多取食植物葉、花、果實。藏馬鷄爲馬鷄之一種，我國境内有五個亞種，即藏南亞種（*C. c.harmani*）、玉樹亞種（*C.c.dolani*）、指名亞種（*C.c.crossoptilon*）、麗江亞種（*C. c.lichiangensis*）及昌都亞種（*C. c.drouynii*）。藏馬鷄因尾羽長如馬尾又產藏地而得名。今亦稱"雪雉""白馬鷄"。因其數量稀少，栖息地杉木森林多被砍伐，栖息環境遭到破壞，加之人爲亂捕，天敵危害，致使其種群數量急劇下降，達到易危程度，已被列爲國家二級重點保護野生動物。

藍馬鷄

瀕危禽鳥名。鷄形目，雉科，藍馬鷄（*Crossoptilon auritum* Pallas）。大型鶉鷄。體長約 100 厘米。雌、雄鳥體色相似，通體藍灰色。額、頭頂、枕部密布黑色絨狀短羽。頭側裸出部分緋紅色，耳羽簇白色，明顯突出於頸項之上。中央尾羽長而上翹，羽枝鬆散下垂如馬尾狀，外側尾羽先端羽片完整，有綠與藍紫色閃光，基部白色。我國主要分布於青海東北及東部，甘肅西北部（祁連山一帶）和南部，亦見於寧夏賀蘭山，四川平武、阿壩、南坪、若爾蓋、松潘及西藏比如、昌都、那曲等地。常栖息於海拔 2000 ～ 4000 米之雲杉林、山楊林及頭花杜鵑灌叢及小蒿草草甸等地。食性極雜，主要取食植物之莖、葉、根等，兼食少量昆蟲。藍馬鷄是我國特產鳥，爲西北地方珍貴動物資源之一，可觀賞，亦供飾羽。其種群數量稀少，由於栖息地遭到破壞，加之亂捕，以致已近瀕危狀態，已列爲國家二級重點保護野生動物。本種尾長且鬆散下垂形若馬尾，體羽藍色，因以得名藍馬鷄。今亦稱"角鷄""松鷄""馬鷄"。

褐馬鷄

瀕危禽鳥名。因栖息地森林破壞，生境惡化，種群數量減少，已被列爲國家一級重點保護野生動物。詳本卷《習見禽鳥説·鶉鷄考》"鶡鷄"文。

白鷴

瀕危禽鳥名。因種群數量日漸減少，已列爲國家二級重點保護野生動物。詳本卷《習見禽鳥説·鶉鷄考》"白鷴"文。

黑鷴

瀕危禽鳥名。因砍伐森林使生境破壞，數

量銳減。已被列爲國家二級重點保護野生動物。詳本卷《習見禽鳥説·鶉鷄考》"黑鷳"文。

藍鷴

　　瀕危禽鳥名。鷄形目，雉科，藍鷴（*Lophura swinhoii* Gould）。大型鶉鷄。體長 50（雌）～ 80（雄）厘米。頭、頸黑色，羽冠白色，偶雜黑斑。後頸及頸側爲金屬暗藍色。上背及中央一對尾羽白色；下背、腰及較短的尾上覆羽黑色，各羽具金屬鮮藍色闊邊。肩羽赤紅色。翅上覆羽黑色，羽端帶緣。下體黑褐，胸及兩脅具金屬暗藍色輝亮。面部深紅色。額上肉冠及面部肉垂亦深紅色。我國特産鳥，僅分布於臺灣山地。栖息於海拔 300 ～ 2200 米之山地原始闊葉林及混交林的底層腐殖質緩坡地帶，偶亦見於次生林或人工林中。性機警、善隱蔽，懼人。以野生草莓及植物幼芽、嫩葉、根爲食，亦取食昆蟲、蚯蚓等。由於栖息地減少，過度狩獵，其數量趨於減少，已被列爲國家一級重點保護野生動物。臺灣地區已建立玉山公園及太魯閣公園，保護其栖息地。藍鷴因其腹部暗藍色而得名，今亦稱"藍腹鷴"。

原鷄

　　瀕危禽鳥名。因熱帶雨林大面積消失及無節制地狩獵，導致其種群數量下降，以致瀕危。已被列爲國家二級重點保護野生動物。詳本卷《習見禽鳥説·鶉鷄考》"鷄"文。

勺鷄

　　瀕危禽鳥名。鷄形目，雉科，勺鷄（*Pucrasia macrolopha* Lesson）。中型鶉鷄。體長 50 ～ 54 厘米。雄鳥頭與相連的一段頸亮黑色，頭頂至羽冠橄欖褐色，頸側有一大白斑，其後有半圈棕黃領環，領環之後的胸腹兩側均灰色，有

"八"形黑紋，外側尾羽具白端。胸、腹中央暗紅色，尾下覆羽具有白端，近端處有栗色斑。雌鳥體稍小，羽冠較短。領環粉紅沾灰色，雜有黑斑，其後爲灰色，具蟲蠹紋及軸紋。胸以後下體灰白而沾粉紅色，外側尾羽及尾下覆羽具白端。我國分布於西藏之東南部，雲南西部，向北抵東北之遼西，往東達江、浙、閩、粵諸地。栖息於海拔 1000 ～ 4000 米的針闊葉混交林，尤喜於高低不平的稠密灌叢中活動。多以植物莖葉及野果爲食物。由於生境破壞及亂捕，致使其數量銳減，已被列爲國家二級重點保護野生動物。本種約十個亞種，我國有五亞種，即東南亞種（*P. m. darwini*）、安徽亞種（*P. m. joretiana*）、雲南亞種（*P. m. meyeri*）、陝西亞種（*P. m. ruficollis*）及河北亞種（*P. m. xanthospila*）。今亦稱"角鷄""柳葉鷄""山鴨子"。

黑頸長尾雉

　　瀕危禽鳥名。鷄形目，雉科，黑頸長尾雉（*Syrmaticus humiae* Hume）。大型鶉鷄。體長 70（雌）～ 160（雄）厘米。體形似雉鷄而稍小。雄鳥頭頂橄欖褐色，頸至上胸藍黑色；上背、翅、腹部深栗紅色，肩羽與大覆羽端白色，形成翼斑；下背至尾上覆羽灰白色，具亮藍黑色三角形橫斑；尾羽修長，呈灰白色，有黑與栗紅相雜的橫斑。雌鳥體羽多部呈棕褐色，上背有黑白相間的橫斑，下背及兩翅有濃黑色塊斑及蟲蠹狀細紋；下體棕褐色，但色較淡；頦、喉、下腹純淡棕白色，胸及上腹、兩脅渲染棕色橫斑，并有黑色波狀橫紋；中央一對尾羽滿布灰褐色細紋，并有六、七道黑與栗紅相雜之橫斑。我國分布於雲南西部及南部

山地，以及廣西西林、隆林、田林、凌雲、樂業、天峨、百色等地。均爲留鳥。常栖息於海拔 1000～3800 米亞熱帶常綠闊葉林溝谷地帶。冬季常三五隻結群活動。主要取食殼斗科植物種子及其他漿果，以及植物嫩芽、葉、穀物等，兼食昆蟲等動物。其數量稀少，已近瀕危，被列爲國家一級重點保護野生動物。本種因頸部色黑并具修長尾羽而得名。黑頸長尾雉有二亞種，即指名亞種（*S.humiae humiae*）及雲南亞種（*S.humiae burmannicus*），我國僅有雲南亞種，分布於雲南南部及西部山地，亦見於廣西部分山區。

白冠長尾雉

瀕危禽鳥名。因生境惡化以及濫獵，致使種群數量下降。已被列爲國家二級重點保護野生動物。詳本卷《習見禽鳥説·鶉雞考》"鸐雉"文。

白頸長尾雉

瀕危禽鳥名。雞形目，雉科，白頸長尾雉（*Syrmaticus ellioti* Swinhoe）。大型鶉雞。體長 44（雌）～80（雄）厘米。體似雉雞。雄鳥額、頭頂及枕部橄欖褐色，後頸灰色，頸側灰白色；頦、喉及前頸黑色；上背、胸栗色，各羽有金黃色羽端及黑色次端斑；兩翅栗色而具白斑；腹部白色。雌鳥體形稍小，上體大都棕褐色，頭頂及枕部褐色，背部雜以黑色橫紋及白斑；下體棕色，但頦、喉黑色；胸部雜有暗褐色及棕白色斑。我國特產種。分布於安徽、浙江、江西等省及長江以南的部分地區。多栖息於海拔 300～1000 米的常綠林及灌叢中。雜食性，常取食植物果食、種子及樹葉、嫩芽、根、莖，還取食農作物種子，如穀粒、玉米、豆類，亦兼食昆蟲等。野外種群稀少，由於砍伐森林、

燒山、墾植等人爲活動，使栖息地環境惡化，又加無節制地亂捕，致使白頸長尾雉近於瀕危境地。已被列爲國家一級重點保護野生動物，以求使此特有珍禽得以有效保護，合理利用。本種頸部色白，尾羽特長，因得此名。今亦稱"橫紋背雉""花山雞"。

黑長尾雉

瀕危禽鳥名。雞形目，雉科，黑長尾雉（*Syrmaticus mikado* Ogilvie-Grant）。大型鶉雞。體長約 86 厘米。雄鳥頭、頸藍紫色。背、胸呈輝紫藍色而雜以黑斑，各羽污黑，有寬闊的鋼藍色羽緣及一閃黑色矢狀次端斑。下背及腰濃黑，有金屬藍色羽緣。尾上覆羽黑色而具白斑。腹污黑色；尾下覆羽黑色，有白色狹端。雌鳥大都橄欖褐色，尾羽多呈栗或棕色，有黑色橫斑。虹膜褐色。面裸出部輝紅。上嘴黑色，嘴端及下嘴淡角黃色。腳暗灰以至綠褐色。僅分布於我國臺灣中部及東部高山區。自北部拉拉山至南部大武山皆有分布，而以中央山脈最多，未見於海岸山脈。栖息於海拔 1600～3300 米之高山原始針闊葉混交林或針葉林的陡峻斜坡灌叢中，偶然見於人工林。主要取食野生草莓、蕨類及其他植物幼根與竹笋，兼食少量昆蟲。本種爲我國特產種，屬珍貴觀賞鳥類，種群數量亦不甚多，因其特別珍貴，已被列爲國家一級重點保護野生動物。今亦稱"帝雉"。

白腹錦雞

瀕危禽鳥名。雞形目，雉科，白腹錦雞（*Chrysolophus amherstiae* Leadbeater）。大型鶉雞。體長 60（雌）～140（雄）厘米。錦雞屬以羽色華美如錦而得名。本種雄鳥羽色華麗，頭頂、背、胸部翠綠色，閃耀金屬光彩；後枕

有一簇絲狀冠羽，紫紅色；後頸披肩羽片白色，而具黑色羽緣，呈鱗片狀花紋；下背、腰金黃色，渲染朱紅色；尾羽長而下彎，滿布黑白相間的白紋。腹部純白色。雌鳥體小，體羽及尾羽大部棕褐色，滿布黑色橫斑及細小蟲蠹狀斑紋；下腹中夾白色。我國分布於西藏東南部，四川中部及南部，貴州西部與雲南大部，亦見於廣西，爲留鳥。栖息於海拔 1200 ～ 3500 米山地闊葉林及針闊混交林。雜食性，以植物莖、葉、花、果實及種子爲主食，亦嗜穀物，兼食昆蟲等。白腹錦雞體羽美麗，可供觀賞及裝飾。目前，雖有一定的野生種群，但亂捕濫獵十分嚴重，極易至瀕危狀態，故已被列爲國家二級重點保護野生動物。本種以其腹部純白而得名。今亦稱"笋雞""衾雞""銅雞""銀雞"。

紅腹錦雞

瀕危禽鳥名。因其羽色艷麗而遭濫補，以致種群瀕危。已被列爲國家二級重點保護野生動物。詳本卷《習見禽鳥説·鶉雞考》"錦雞"文。

灰孔雀雉

瀕危禽鳥名。雞形目，雉科，灰孔雀雉（*Polyplectron bicalcaratum* Linnaeus）。中型鶉雞。體長 50（雌）～ 65（雄）厘米。雄鳥全身幾烏褐色，密布近白色細點及橫斑。頭上有蓬亂而延長之髮狀冠羽，雜以近白色細點。翅、背、尾等均具金屬綠藍帶紫色眼狀斑。頦、喉白色；胸、脅略同；下體餘部與背相似。雌鳥略小，羽色較暗，尾亦稍短，眼狀斑不甚顯耀。我國主要分布於雲南西部之盈江、西南部西雙版納及海南省，均爲留鳥。栖息於海拔 200 ～ 1200 米中、低山丘陵之熱帶溝谷雨林、季雨林與山地常綠闊葉林，以及次生稀樹灌叢草地、人工橡膠林、茶林等植物群落。喜單獨或成對活動，極少結群。以植物及昆蟲、蠕蟲等爲食物。由於熱帶雨林、季雨林等遭破壞，栖息地面積縮小，生境惡化，種群數量減至稀少，已被列爲國家一級重點保護野生動物。本種分爲五個亞種，我國有二個亞種，即指名亞種（*P.b.bicalcaratum*）及海南亞種（*P.b.katsumatae*）。灰孔雀雉因其身有眼斑，體色烏褐而得是名，今亦稱"孔雀雞"。

綠孔雀

瀕危禽鳥名。野外種群數量極少，已成瀕危狀態。已列爲國家一級重點保護野生動物。詳本卷《習見禽鳥説·鶉雞考》"孔雀"文。

灰鶴 [2]

瀕危禽鳥名。鶴形目，鶴科，灰鶴（*Grus grus* Linnaeus）。大型涉禽。體長 107 ～ 110 厘米。通體灰色，因以得名。頭裸出部分朱紅色，并生稀疏黑色短羽。喉、前頸及後頸灰黑色。初、次二級飛羽黑色，三級飛羽先端黑色并延長彎曲如弓形，羽端羽枝分離成毛髮狀。其餘體羽灰色。虹膜赤褐或黃褐。嘴青灰而先端淡黃。脛、跗跖、趾灰黑色。我國主要分布於新疆、内蒙古及東北三江平原等地（繁殖鳥）；在華南地區越冬。常栖息於開闊平原、草地、曠野、蘆葦沼澤、河灘、湖濱及附近農田。性怯而機警，常三五隻成小群活動，有時達數百隻集群活動。活動或覓食時，常有一隻司職警戒，一旦發現危險，立即長鳴并振翅示警，衆灰鶴會即刻效仿齊聲長鳴而展翅飛遁。食性雜，除食用植物芽、莖、葉、草籽外，亦取食軟體動物及魚、蛙、昆蟲等。因沼澤地開發利用，栖息地面積減少，生存環境質量下降，其野外種群數量明顯減少，已列爲國家二級重點保護野生動物。本種有二亞種，我國僅分布其普通亞種（*G.g.lilfordi*）。今亦稱“青鶴”“仔吟子”“灰鶿鶴”。

黑頸鶴

瀕危禽鳥名。因生境破壞，又加人工捕殺，其數量鋭減，已被列爲國家一級重點保護野生動物。詳本卷《習見禽鳥説·涉禽考》“黑頸鶴”文。

白頭鶴

瀕危禽鳥名。由於栖息地被破壞和干擾，野外種群數量急劇下降，已被列爲國家一級重點保護野生動物。詳本卷《習見禽鳥説·涉禽考》“白頭鶴”文。

丹頂鶴

瀕危禽鳥名。本種原本數量稀少，生存環境又遭破壞，加之食物被農藥污染，人類濫獵，使其生存受到嚴重威脅。已被列爲國家一級重點保護野生動物。詳本卷《習見禽鳥説·涉禽考》“丹頂鶴”文。

白枕鶴

瀕危禽鳥名。具較高的觀賞價值，數量本就稀少，加之濕地面積減小，生存環境又遭破壞，而且食物常被農藥污染，致使其野生種群日漸減少。已被列爲國家二級重點保護野生動物。詳本卷《習見禽鳥説·涉禽考》“白枕鶴”文。

白鶴

瀕危禽鳥名。具較高的觀賞價值。由於人類圍湖造田及放牧、捕魚等活動，使其栖息地面積縮小，生存環境破壞，不僅食物來源減少，而且還遭農藥污染，致使其野生種群日趨減少，已處瀕危狀態。已列爲國家一級重點保護野生動物。詳本卷《習見禽鳥説·涉禽考》“白鶴”文。

赤頸鶴

瀕危禽鳥名。本種數量稀少，由於栖息地多被墾爲農田，熱帶雨林、季雨林亦多遭砍伐或闢爲橡膠園或農田。加之濫捕亂獵，使其野外種群數量鋭減，目前已極難覓其踪迹，已被列爲國家一級重點保護野生動物。詳本卷《習見禽鳥説·涉禽考》“赤頸鶴”文。

蓑羽鶴

瀕危禽鳥名。由於栖息地環境惡化，加之天敵危害，人工捕殺，其數量日趨減少，已被列爲國家二級重點保護野生動物。詳本卷《習見禽鳥説·涉禽考》“蓑羽鶴”文。

長脚秧鷄

瀕危禽鳥名。鶴形目，秧鷄科，長脚秧鷄（*Crex crex* Linnaeus）。小型涉禽。體長約25厘米。上體淡黄或黄灰色，具栗色條紋。眼上方有一藍灰色條紋。下體之頦、喉沾白，胸淡灰色。脅部及尾下覆羽具寬紅棕色帶斑。我國主要分布於新疆西部地區。常栖息於沼澤、湖泊等濕地水域。主要取食昆蟲、蠕蟲和草籽。由於生境惡劣，濕地退化，其數量不斷減少，已列爲國家二級重點保護野生動物。

姬田鷄

瀕危禽鳥名。鶴形目，秧鷄科，姬田鷄（*Porzana parva* Scopoli）。小型涉禽。體長約20厘米。頭頂中央渲染棕色，眉紋、頭側、頸部暗灰色；上體餘部橄欖褐色，并有稀疏白色條紋；上背、肩有黑色條紋。頦、喉及下體餘部暗灰色，後部有白色橫斑。我國僅見於新疆西部地區，主要栖息於沼澤、湖泊等地。常單獨活動，有時亦成對活動。以水生昆蟲爲食。由於生境惡化，其數量不斷減少，已列爲國家二級重點保護野生動物。

棕背田鷄

瀕危禽鳥名。鶴形目，秧鷄科，棕背田鷄（*Porzana bicolor* Walden）。小型涉禽。體長約20厘米。上體自額至尾均暗橄欖色。尾上覆羽具白色斑。飛羽黑褐色。頦、喉白色。胸與腹中央暗灰，具暗橄欖褐色之橫斑。體側與背部羽色相同。尾下覆羽黑色，具白色橫斑。我國分布於西藏、四川、貴州、雲南等省區。爲留鳥。栖息於稻田及其附近雜草叢生之地。多取食水生動物。本種野生種群稀少，又加栖息地環境污染，食物資源減少，致使其數量愈加稀少。已被列爲國家二級重點保護野生動物。

花田鷄

瀕危禽鳥名。鶴形目，秧鷄科，花田鷄（*Coturnicops exquisitus* Swinhoe）。小型涉禽。體長12～13厘米，爲我國田鷄中最小的一種。上體褐色或黄褐色，具黑色條紋及白色窄橫斑。頦、喉白色。兩脅與尾下覆羽具褐色和白色橫斑。次級飛羽端部有三分之二爲白色。腹部中央呈白色。尾短而上翹。虹膜褐色。我國主要分布於吉林白城、延邊，遼寧丹東，内蒙古東北部（繁殖鳥）；越冬於福建、廣東等地；遷徙期亦見於河北、山東及長江流域各地。常栖息於小河岸畔、湖泊、沼澤附近之草叢中。白天喜藏匿於草叢中，黎明或傍晚時單獨活動、覓食。以水生昆蟲、軟體動物、甲殼類無脊椎動物爲食，偶爾亦取食藻類等水生植物。花田鷄繁殖於貝加爾湖及俄羅斯遠東地區南部和我國東北部分地區；越冬地區則在日本與我國東南部。其分布區狹窄，數量稀少，我國自20世紀五六十年代後，尚未見有觀察報告，顯然處於瀕危狀態，已列爲國家二級重點保護野生動物。

小鴇

瀕危禽鳥名。鶴形目，鴇科，小鴇（*Tetrax tetrax* Linnaeus）。小型涉禽。體長約45厘米。雌鳥額、頭頂及枕淡棕色，具黑色寬縱紋，後頸色漸轉淡，縱紋亦變細。背、肩、腰、三級飛羽及大部覆羽皆黑色，滿布栗棕色波狀橫斑；尾上覆羽具黑褐與白或淡棕色相間之橫紋；尾淺棕或白色，具黑褐色粗橫斑。初級飛羽黑色，次級飛羽幾白色，雜以黑褐色塊斑。眼先、頰、耳羽棕白色，具黑褐色縱紋。頦近白色，喉淡棕色，雜以黑褐色縱紋。上胸淡棕栗色，密布黑褐色彎紋。下胸、脅淺棕，亦有黑褐色橫紋，腹及尾下覆羽棕白色。嘴黑色。脚黄綠色。我國僅分布於新疆并在此繁殖。見於天山、準噶爾盆地、阿勒泰等地。偶見於四川南充，爲迷鳥。栖息於荒漠地帶，多見於梭梭荒漠，并見於廢弃農田邊緣地帶。性警覺，善奔走，冬季常結群而行。取食嫩草、穀物及禾苗。亦兼食昆蟲、蛙類及小魚等。本種數量稀少，加之生境惡劣，生息繁衍極其困難。已被列爲國家一級重點保護野生動物。今亦稱"地鵏"。

波斑鴇

瀕危禽鳥名。鶴形目，鴇科，波斑鴇（*Chlamydotis macqueeni* Jacquin）。中型涉禽。體長約70厘米。前額、羽冠及上體羽毛沙黄色，具明顯蟲蠹狀黑條紋。上背、肩及兩翼之内覆羽與肩羽具規則黑條紋。尾沙棕色，亦具黑色蟲蠹狀條紋，除中央尾羽外，其他尾羽先端并具四條灰色寬橫帶，尖端尤暗，中央尾羽幾全爲黑色。初級與次級飛羽黑色。喉白色，前頭沙黃色，頸側羽束延長爲粗毛狀，基部黑色，先端白色。尾下覆羽棕白色，有褐斑。下體餘部白色。雌雄鳥羽色相似。我國主要分布於新疆北部及西部之天山地區，爲繁殖鳥或旅鳥；内蒙古烏拉特後旗亦有少量分布。爲開闊荒漠帶鳥類。多栖息於荒漠草原，亦見於草原與荒漠帶。常結小群活動。其數量極少，已列爲國家一級重點保護野生動物。波斑鴇因身具波狀斑紋而得名，亦稱"地鵏"。

銅翅水雉

瀕危禽鳥名。鴴形目，雉鴴科，銅翅水雉（ *Metopidius indicus* Latham）。小型涉禽。體長約 30 厘米。成鳥頭、頸及整個下體呈黑色，并閃耀銅綠色光彩；前額有一鉛灰紅色額甲；眼後有一道寬闊白色眉紋伸達後枕兩側。背部與翅上覆羽淡銅綠色。腰部、尾上覆羽及尾羽栗紅色。虹膜褐色。嘴黃綠并染紅色。脚暗綠色。我國分布於雲南西南部之西雙版納地區。栖息於熱帶開闊田壩區。喜單獨或成對在沼澤地中活動、覓食。主要取食昆蟲、蝸牛、小魚及水生植物。本種分布區域狹窄，數量極稀少，加之自 20 世紀 60 年代後，栖息地田壩區沼澤地多闢爲農田，生境遭嚴重破壞，野外種群數量銳減，已極難尋覓，故被列爲國家二級重點保護野生動物。銅翅水雉因其翅上覆羽爲銅綠色而得名。今亦稱"秧雞"。

小杓鷸

瀕危禽鳥名。鴴形目，鷸科，小杓鷸（ *Numenius minutus* Gould）。小型涉禽。體長約 30 厘米。成鳥頭頂二側黑褐，中間具淡褐色縱貫紋。頸、背、胸部及翼覆羽淡褐色，具褐色條紋；尾上覆羽及尾羽色更淡，并布有不甚清晰的橫斑紋。頦、喉白色，腹亦白色。虹膜暗褐色。嘴前端黑色，向後漸爲淡褐色。脚基綠色；爪黑色。本種於西伯利亞繁殖，遷徙時經過我國東部地區，黑龍江曾於哈爾濱采到其標本。栖息於沼澤濕地、水田及濱水岸畔。早春、晚秋常沿河流濕地遷徙。喜結群活動。主要取食軟體動物、蠕蟲及鞘翅目類昆蟲；亦兼食一些漿果。本種數量稀少，較爲罕見，已列爲國家二級重點保護野生動物。今亦稱"油拉罐子""小油老罐子"。

小青脚鷸

瀕危禽鳥名。鴴形目，鷸科，小青脚鷸（ *Tringa guttifer* Nordmann）。小型涉禽。體長約 30 厘米。上體黑色，尾白色，中央尾羽灰褐色，有黑褐色橫斑。下體白色，而於前面、頸側、上體及胸側具顯著黑褐色縱斑。嘴黑色，略向上翹，稍粗厚，基部暗黃色。脚橄欖青色，因以得名。冬羽略有不同。上體灰色，羽毛具黑色羽幹紋及白色窄邊。額、頭側及下體皆爲白色。我國主要分布於長江以南各沿海省市。遷徙途經江蘇、上海。亦見於海南等地。栖息於海岸、沼澤、池塘、河口三角洲等地。常低頭奔跑，步伐快捷慌亂；善飛。主要取食小型無脊椎動物。本種數量稀少，全世界數量不足 1000 隻，極其罕見。由於環境污染，加之人們獵捕，使其數量更趨減少，故被列爲國家二級重點保護野生動物。今亦稱"諾氏鷸"。

灰燕鴴

瀕危禽鳥名。鴴形目，燕鴴科，灰燕鴴（ *Glareola lactea* Temminck）。小型涉禽。體長約 17 厘米。上體沙灰色。前頭褐色，眼至嘴有一帶斑。尾上覆羽、尾基白色，尾端黑色。下體灰褐色，下胸則白色。我國主要分布於雲南南部及東南部（繁殖鳥）。常結群栖息於水邊。以昆蟲爲主要食物。由於分布區狹窄，分布區水域環境惡化，已列爲國家二級重點保護野生動物。今亦稱"灰燕"。

遺鷗

瀕危禽鳥名。鷗形目，鷗科，遺鷗（*Larus relictus* Lonnberg）。小型游禽。體長約45厘米。頭與上頸黑色，近端基處棕褐色，眼上下各有顯著白斑。上背灰色，腰、尾白色；下體白色。翼灰白色。嘴紅色。腳紅色。遺鷗在我國内蒙古自治區繁殖，遷徙途經山西、河北之北戴河等地。於鄂爾多斯高原上常栖息於海拔1200～1500米之沙漠鹹水湖及鹹水湖中，水之pH值通常超過8.5。爲雜食性鳥類。本種爲沙漠鹹水湖與鹹水湖游禽，數量稀少，由於人爲拾取鳥卵及猛禽對雛鳥之攻擊，使其數量銳減以致瀕危。已被列爲國家一級重點保護野生動物。今亦稱"釣魚郎"。

小鷗

瀕危禽鳥名。鷗形目，鷗科，小鷗（*Larus minutus* Pallas）。小型游禽，體長約30厘米。爲鷗屬中最小的一種。頭黑色；上背灰白色；内側肩羽、翼覆羽上表面皆具珍珠光澤；翼下表面暗灰黑色。下體白，稍染粉紅光澤；尾羽白而稍沾灰色；冬羽頭爲白色，頭與枕部沾有黑色。我國境内見於東北西北部的額爾古納河流域，爲繁殖鳥；遷徙時見於新疆天山、河北北戴河及江蘇鎮江等地。本種數量極少，十分罕見，已列爲國家二級重點保護野生動物。

黑浮鷗

瀕危禽鳥名。鷗形目，鷗科，黑浮鷗（*Chlidonias niger* Linnaeus）。小型游禽。體長24~28厘米。額白色，頭頂及上體棕色，有黑色條紋。眼先與圍眼部白色。頰、喉餘部赭褐色。下體褐色，胸部沾白色。僅見於新疆天山一帶（繁殖鳥）。栖息於湖沼、河川地帶。以水生昆蟲、陸生昆蟲爲食，亦取食甲殼類、魚類、蛙等動物。黑浮鷗分布區域狹窄，生境惡劣，數量稀少，已被列爲國家二級重點保護野生動物。

黃嘴河燕鷗

瀕危禽鳥名。鷗形目，鷗科，黃嘴河燕鷗（*Sterna aurantia* J.E.Gray）。中型游禽。體長37～42厘米。額至枕、眼下白斑輝黑色，上體餘部灰色。飛羽外翈、外側覆羽銀白色，初級飛羽先端黑褐色。尾羽較背羽色淡，最外側兩對尾羽近於白色。下體白色而略沾灰。主要分布於雲南南部（爲留鳥）。常栖息於河流附近或河灘地。單獨或結群活動。以魚類、甲殼動物爲食物。本種已列爲國家二級重點保護野生動物。

黑嘴端鳳頭燕鷗

瀕危禽鳥名。鷗形目，鷗科，黑嘴端鳳頭燕鷗（*Thalasseus zimmermanni* Reichenow）。小型游禽。體長約42厘米。體似小鳳頭燕鷗，但嘴爲橙黃色，具黑色寬端。額白色，頭頂及枕部黑色，頸白色，上體灰色，尾羽灰褐色。我國分布於山東沿海，爲夏候鳥；福建、廣東沿海，爲旅鳥。本種數量極少，加之栖息地環境污染，生境破壞，其數量尚在減少，自1937年捕獲21號標本後，迄今尚未見有新記録。已被列爲國家二級重點保護野生動物。

黑腹沙雞

瀕危禽鳥名。鳩形目，沙雞科，黑腹沙雞（*Pterocles orientalis* Linnaeus）。中型鳩鴿。體長約 34 厘米。嘴似雞，小而弱，無蠟膜。頭頂暗灰褐色，眼先、耳羽灰褐色，後頸及上背灰褐色，羽端偏灰色；背、腰及尾上覆羽呈斑雜狀，具黑褐、棕及橘黃色雜斑；尾與背同色。翼黑褐，表面沾灰，并具黑褐色細斑點；頦及頸側栗褐色，喉部羽端黑褐色，羽基淡褐色，形成較大的黑褐色斑塊。胸及上腹灰褐色，腹部黑褐色并具褐白色斑點。跗蹠前緣被羽，趾裸露。我國僅分布於新疆，繁殖區爲北疆及阿勒泰、哈巴河、和豐、博樂、福海、托里等地，遷徙時見於新疆西部之喀什。栖息於海拔 500 ~ 900 米的荒漠、半荒漠草原區。多成對或結小群活動。取食草籽及植物嫩芽，兼食少量昆蟲。本種數量極少，又兼栖息地環境惡劣，對其生存構成較大威脅。已被列爲國家二級重點保護野生動物。

紅翅綠鳩

瀕危禽鳥名。鳩形目，鳩鴿科，紅翅綠鳩（*Treron sieboldii* Temminck）。中型鳩鴿。體長約 33 厘米。雄鳥額黃綠，頭前部橙棕，頭後部暗綠，而頭側、後頭淡綠。背、腰綠灰色。翼上中小覆羽栗赤色，大覆羽黑色沾橄欖綠。初級覆羽、初級飛羽及次級飛羽俱輝黑色。中央尾羽橄欖綠色。頦、喉黃綠色。胸棕色，呈橫帶狀。下胸及上腹黃綠。下腹白色。雌鳥頭頂及後頸橄欖綠色，上體餘部較之更暗。下腹白色，其餘羽色大致與雄鳥相同。我國分布於秦嶺至長江口以南各地，西可抵雲南西南部，東南達臺灣、海南，爲留鳥。栖息於海拔 2500 米以下山區森林及多樹地帶。其鳴聲怪异，類似嬰啼。主要取食各類漿果及其他野果、草籽等。本種數量稀少，由於栖息地森林砍伐，生境受干擾，其野生種群不斷减少。已被列爲國家二級重點保護野生動物。另，綠鳩屬我國尚有針尾綠鳩（*T. apicauda*）、楔尾綠鳩（*T. sphenura*）、紅頂綠鳩（*T. formosae*）、黃脚綠鳩（*T. phoenicoptera*）、厚嘴綠鳩（*T. curvirostra*）、灰頭綠鳩（*T. pompadora*）及橙胸綠鳩（*T. bicincta*）等種，亦均列爲國家二級重點保護野生動物，此附供考。

黑頦果鳩

瀕危禽鳥名。鳩形目，鳩鴿科，黑頦果鳩（*Ptilinopus leclancheri* Bonaparte）。中型鳩鴿。體長約 28 厘米。雄鳥頭、頸、上胸灰白色。後頭至後頸綠色。頦黑色。背部綠色，具淺黃光澤。尾羽末端灰橄欖綠色。下胸有一紫褐色橫帶，腹部淡灰綠色，尾下覆羽栗色。雌鳥頭至頸部及胸部略帶綠色，額至前頭灰綠色。偶見於臺灣地區（爲迷鳥）。常栖息於熱帶、亞熱帶森林。食植性，主要取食漿果及其他果食。本種數量稀有而罕見，已列爲國家二級重點保護野生動物。

山皇鳩

瀕危禽鳥名。鳩形目，鳩鴿科，山皇鳩（*Ducula badia* Raffles）。大型鳩鴿。體長約 43 厘米。頭頂花色。後頸、肩、背爲淺紫褐色；背部中央及翼上覆羽褐色而略帶紫紅；下背及尾上覆羽褐色而略沾灰色。尾羽中部黑色，末端灰褐。頦、喉白色。下體餘部紫灰色，略微帶黃色。尾下覆羽皮黃色。爲熱帶、亞熱帶高山鳥類，我國主要分布於雲南西南及南部西雙版納與海南省，爲留鳥。栖息於高山林區，偶爾亦至開闊平原地區。常三五隻小群活動，多有固定活動區。主要取食各種植物果實，尤嗜橄欖、烏欖、榕樹、瓊楠等樹林之果實。本種數量較稀少，加之栖息地原始森林砍伐破壞，野外種群數量顯著下降，已被列爲國家二級重點保護野生動物。山皇鳩栖於高山，故名。今亦稱"灰頭皇鳩""栗背皇鳩"。

綠皇鳩

瀕危禽鳥名。鴿形目，鳩鴿科，綠皇鳩（ *Ducula aenea* Linnaeus）。中型鳩鴿。體長約38厘米。額至頸灰色。肩至尾金綠色，并具銅綠色光澤。初級飛羽藍灰黑色。下體大致灰色；尾下覆羽暗栗灰色。國內主要分布於廣東、雲南、海南等地，爲留鳥。栖息於平原至丘陵之闊葉林內，亦見於河、溪岸畔次生雜木林及村落附近榕樹、橄欖樹等高大喬木上。常單獨活動，冬季則結小群，并與其他鳩鴿類混群活動。主要取食植物果實、種子及嫩芽，尤嗜食烏欖及榕樹果實。本種數量極少，加之森林過伐，栖息環境縮小，食物資源減少，致使其種群數量銳減，已呈瀕危之勢。故被列爲國家二級重點保護野生動物。綠皇鳩以其背部羽色金綠而得名。今亦稱"綠南鳩""大綠鳩"。

斑尾林鴿

瀕危禽鳥名。鴿形目，鳩鴿科，斑尾林鴿（ *Columba palumbus* Bonaparte）。大型鳩鴿。體長40～43厘米。體形似鴿。頭、頸暗灰色，頰與喉部稍淡。後頭下部具乳白色塊斑。翼有近白色寬橫斑。尾羽灰色，具寬黑端。胸部淡紫紅色。我國主要分布於新疆西部及天山地區。栖息於闊葉林內，常結群活動。食植性，主要取食穀粒、植物幼芽、漿果等。已被列爲國家二級重點保護野生動物。

斑尾鵑鳩

瀕危禽鳥名。鴿形目，鳩鴿科，斑尾鵑鳩（ *Macropygia unchall* Wagler）。中型鳩鴿。體長約37厘米。雄鳥前額、頭側粉紅而沾灰色，頭頂至上背紅銅色并閃耀翠綠色金屬光彩。背、翅上覆羽及中央尾羽布滿黑色與暗棕色相間之橫斑。飛羽純黑色。頦、喉淡皮黃色。胸紅銅色并散布少許黑色橫紋。腹及尾下覆羽皮黃色。雌鳥腹、尾下覆羽滿布淡皮黃色與黑色相間之橫紋，餘部與雄鳥類似。虹膜粉紅色。嘴黑色。腳紫紅色。我國主要分布於四川，爲夏候鳥；雲南、福建、廣東、海南，爲留鳥。栖息於海拔1800米以下熱帶雨林、季雨林中。單隻、成對或十數隻結小群活動。主要取食草籽、穀物，亦嗜榕樹果及野櫻桃等果實。本種分布狹窄，繁殖力低，種群稀少罕見，加之熱帶雨林破壞，生境惡化，數量尚在減少，已列爲國家二級重點保護野生動物。應嚴禁亂捕濫獵，促進其繁衍發展。另，本屬中尚有小鵑鳩（ *M. ruficeps* ），體形頗似斑尾鵑鳩而稍小些，主要分布於雲南之西雙版納勐臘，爲留鳥。栗褐鵑鳩（ *M. phasianella* ），分布於臺灣地區（爲留鳥）。多栖息於稠密樹林中，常二三隻結群活動，取食漿果及其他果實。均被列爲國家二級重點保護野生動物，今附供考。

厚嘴綠鳩

瀕危禽鳥名。因數量稀少，已被列爲國家二級重點保護野生動物。詳本卷《習見禽鳥説·鳩鴿考》"青鵻"文。

長尾鸚鵡

瀕危禽鳥名。由於栖息地遭破壞，使其生存受到威脅，野外種群日趨減少，已被列爲國家二級重點保護野生動物。詳本卷《習見禽鳥説·攀禽考》"綠鸚鵡"文。

緋胸鸚鵡

瀕危禽鳥名。由於過度獵捕，加之環境惡化，使其生存受到威脅，野外種群急劇減少。已列爲國家二級重點保護野生動物。詳本卷《習見禽鳥説·攀禽考》"紅鸚鵡"文。

大紫胸鸚鵡

瀕危禽鳥名。鸚形目，鸚鵡科，大紫胸鸚鵡（ *Psittacula derbiana* Fraser）。大型攀禽。體長 37～48 厘米。頭部亮紫藍色而略沾綠色，額基黑色狹紋後伸至眼，上體餘部概爲亮綠色并微具蠹狀斑。中央尾羽長而尖，呈天藍色，基部寬緣綠色。喉部二側具寬黑斑。胸與腹灰紫紅色，雄鳥濃艷，雌鳥淺淡。虹膜淡灰黄色。雄鳥嘴紅色，下嘴黑色；雌鳥上嘴黑色。脚灰綠色。我國主要分布於西藏、四川、雲南等地，爲留鳥。國外僅見於印度之阿薩姆東北部。栖息於海拔 2000～3700 米之温帶及寒温帶山地常綠闊葉林、針闊葉混交林及松杉林地帶。常十數隻結群於林間活動。取食松、杉、栗種子，尤嗜胡桃、栗類果實，亦偶食玉米等穀物。本種體大色艷，爲重要觀賞鳥類，野外種群數量雖多，但捕捉活鳥應市以供觀賞極其普遍，加之藏東南、川西、滇西北森林大量砍伐，其生存環境遭到破壞，致使其數量減少，極易導致瀕危，故國家已將其列爲二級重點保護野生動物。大紫胸鸚鵡因其胸部紫紅若緋，故名。另外，本屬中尚有緋胸鸚鵡（ *P. alexandri*）、紅領綠鸚鵡（ *P. krameri*）、花頭鸚鵡（ *P. cyanocephala*）、灰頭鸚鵡（ *P. himalayana*）、長尾鸚鵡（ *P. longicauda*）及短尾鸚鵡（ *Loriculus vernalis*）等，俱分布於我國西南各地，數量稀少，易於瀕危，有的如短尾鸚鵡業已絶迹，故均被列爲國家二級重點保護野生動物。

褐翅鴉鵑

瀕危禽鳥名。鵑形目，杜鵑科，褐翅鴉鵑（ *Centropus sinensis* Stephens）。大型攀禽。體長約 52 厘米。通體黑色并帶紫藍色金屬光澤。翼、肩均紅褐色。初級飛羽、外側次級飛羽之先端沾褐色。尾羽有綠色金屬反光。眼赤紅色。嘴黑色。脚、趾均黑色，後趾爪長而直。我國主要分布於浙江南部至福建、貴州、雲南、廣西、廣東、海南等地。爲留鳥。栖息於丘陵山地之草地、矮樹、灌叢、竹林中，尤喜於耕地邊緣或山塘周圍之灌木叢及溪邊蘆葦叢中活動。喜在地面馳行、跳躍，不善飛行。食性甚廣，常取食黄蜂、甲蟲、各種昆蟲、蛇、蜥蜴、田鼠、蚯蚓、蝦及其他小動物與鳥卵；亦兼食植物果實。本種爲兩廣地區傳統毛鷄酒原料，可醫治婦科疾病，由於各地組織專業隊伍亂捕濫獵，致使其野外種群數量鋭減，現已處瀕危狀態，國家已將其列爲二級重點保護野生動物。褐翅鴉鵑因其翅爲紅褐色而得名。今亦稱"黄蜂""大毛鷄"。

小鴉鵑

瀕危禽鳥名。鵑形目，杜鵑科，小鴉鵑（ *Centropus toulou* Müller）。中型攀禽。體長約 38 厘米。頭、頸、上背及下體全部純黑色，具藍色反光。尾羽黑而沾銅綠色光澤，隱約可見有濃橫斑。翅、肩及背部栗色，飛羽先端及内側飛羽均沾褐色。下背以至尾上覆羽呈黑與棕相間之橫斑相雜狀。我國主要分布於臺灣、福建以至雲南一帶，爲留鳥。栖息於山地草坡、灌叢等地。性喜走動及跳躍，不善飛行。雜食性。多以昆蟲等爲食。本種亦爲製造毛鷄酒原料，常被捕殺以爲藥用，故數量不斷減少，已被列爲國家二級重點保護野生動物。小鴉鵑因其體形小於褐翅鴉鵑，故得是名。今亦稱"小毛鷄""小黄蜂"。

倉鴞

瀕危禽鳥名。鴞形目，草鴞科，倉鴞（ *Tyto alba* Scopoli）。中型猛禽。體長約 35 厘米。體形似草鴞。面心形，銀灰白色，眼先棕褐色，兩側羽向前簇生，在嘴之上方形成鼻狀；面周環繞一圈棕色鱗狀羽，形成皺領狀。上體密布灰色蟲蠹狀細紋。我國主要分布於雲南西雙版納之勐海、景谷及昆明等地（爲留鳥）。栖息於熱帶、亞熱帶地區。夜行性，常單隻於夜間在農田或居民點附近捕食鼠類，白晝則停息於高大喬木之樹冠濃密處、樹洞或建築物洞隙中。本種數量稀少，因靠近居民點活動，居民毒鼠往往間接毒害倉鴞；另外，民間誤傳倉鴞可以入藥，常被亂捕，以致造成其數量銳減。已被列爲國家二級重點保護野生動物。倉鴞面似獼猴，故亦稱"猴面鷹"。

草鴞

瀕危禽鳥名。鴞形目，草鴞科，草鴞（ *Tyto capensis* Smith）。中型猛禽。體長約 38 厘米。面盤心形，棕灰色。翎領棕色而羽緣黑褐，上體及翼上覆羽及三級飛羽表面黑褐色，各羽近端部大多有棕或白色細點。下體淡棕色，下腹及尾下覆羽轉白色，胸、脅布有小黑點。

虹膜深褐色。嘴角黄色。脚、趾黑褐色。我國主要分布於雲南東南部、福建，北可抵安徽屯溪等地。多栖息於山麓草地。常取食小型鼠類、鳥類及蛇、蛙、昆蟲等。草鴞因常栖草地而得是名。其數量極少而罕見，已被列爲國家二級重點保護野生動物。

栗鴞

瀕危禽鳥名。鴞形目，草鴞科，栗鴞（ *Phodilus badius* Horsfield）。小型猛禽。體長約 28 厘米。前額與面盤淡酒紅色，周圍繞以白色羽圈，羽尖黑或栗色。眼周具顯著栗色塊斑。兩簇耳羽較短。上體栗紅色，具黑或皮黄色斑點，前兩枚初級飛羽具黑、白色橫斑。尾羽栗色并具黑色橫斑。下體除後頸、下腹中央至尾下覆羽外，均爲淡酒紅色并具黑、白斑點。脚上長滿羽毛。主要分布於雲南西雙版納之勐養，廣西西南部之靖西及海南樂東等地。爲留鳥。栖息於熱帶雨林及常綠闊葉林中。取食小哺乳動物、蜥蜴、蛙類、甲蟲及大型昆蟲等。本種因上體栗色而得名。其種群數量極少而罕見，已被列爲國家二級重點保護野生動物。

黄嘴角鴞

瀕危禽鳥名。目前本種極爲罕見，已被列爲國家二級重點保護野生動物。詳本卷《習見禽鳥説·猛禽考》"鴟"文。

縱紋角鴞

瀕危禽鳥名。鴞形目，鴟鴞科，縱紋角鴞（ *Otus brucei* Hume）。小型猛禽。體長約 20 厘米。上體近黄褐色而沾白，布滿蟲蠹紋及暗色橫斑。各羽均具黑色羽軸。下體淡黄褐色，亦生有蟲蠹紋。我國主要分布於新疆西部地區（留鳥）。此鳥數量稀少而罕見，一些習性尚不甚明瞭，已列爲國家二級重點保護野生動物。

紅角鴞

瀕危禽鳥名。爲捕食昆蟲、鼠類之益鳥，對保護生態環境及農林業生產具有重要意義。由於生存環境惡化，野外種群數量明顯下降，已被列爲國家二級重點保護野生動物。詳本卷《習見禽鳥説·猛禽考》"鴟鵂"文。

領角鴞

瀕危禽鳥名。爲捕食鼠類及昆蟲之益鳥，對農林業生產極爲有利，目前種群數量稀少，已被列爲國家二級重點保護野生動物。詳本卷《習見禽鳥説·猛禽考》"鸒"文。

雕鴞

瀕危禽鳥名。本種在滅鼠護糧及環境保護中具有重要意義，已被列爲國家二級重點保護野生動物。詳本卷《習見禽鳥説·猛禽考》"鵰"文。

林雕鴞

瀕危禽鳥名。鴞形目，鴟鴞科，林雕鴞（*Bubo nipalensis* Hodgson）。中型猛禽。體長約 63 厘米。上體黑褐，渲染皮黃色。下體黃白色。喉與胸具黑色橫斑，腹部橫斑被隔斷而呈"V"形斑點。耳羽黑、白相間，比較發達。虹膜褐色。脚被羽毛。我國主要分布於雲南東南部河口，四川會東、雅安等地。爲留鳥。栖息於海拔 900～3000 米熱帶雨林及常綠闊葉林中。白晝隱於森林深處之樹枝上，傍晚到開闊地或溪邊尋覓獵物。主要取食孔雀、原鷄等雉類，亦捕食豺、野兔、幼鹿、蜥蜴、蛇及魚類。本種極其稀有罕見，已列爲國家二級重點保護野生動物。

烏雕鴞

瀕危禽鳥名。鴞形目，鴟鴞科，烏雕鴞（*Bubo coromandus* Latham）。中型猛禽。體長約 53 厘米。上體羽灰色，具褐色鋸齒狀條紋。耳羽簇暗褐色，有灰色細紋。下體淡灰色，具條紋狀羽緣。尾羽褐色，端部具四條明顯淡色橫斑。我國主要分布於江西南昌、安徽合肥、浙江建德等地。爲森林鳥類，栖息於森林及灌草叢地帶。本種數量稀少而罕見，其習性等尚不甚詳知，已被列爲國家二級重點保護野生動物。應抓緊開展野外調查工作，儘快查明其分布、數量、習性，并於其主要產區建立自然保護區，爲其繁衍發展創造良好條件。

褐漁鴞

瀕危禽鳥名。鴞形目，鴟鴞科，褐漁鴞（*Ketupa zeylonensis* Gmelin）。中型猛禽。體長約 56 厘米。上體棕褐色，各羽具黑色中央條紋，上背之條紋尤粗著。尾羽黑褐色，具棕白色橫斑及先端。下體淺棕色，并具黑褐色羽幹紋。我國主要分布於雲南南部、廣西、廣東及海南等地（留鳥）。常栖息於河岸、溪畔之喬木上。以魚及小型動物爲食物。此禽稀有而罕見，已列爲國家二級重點保護野生動物。今亦作"褐魚鴞"。

黃脚漁鴞

瀕危禽鳥名。鴞形目，鴟鴞科，黃脚漁鴞（*Ketupa flavipes* Hodgson）。中型猛禽。體長約 60 厘米。面盤橙棕色，眉斑及盤緣白色，耳羽具橙棕色羽幹紋。上體橙棕色，具黑褐色縱紋。兩翼黑褐色，具橙棕色橫斑，飛羽及大覆羽末端棕白色。尾羽黑褐，具不規則橙棕色橫斑。喉部羽基白色，形成大形白斑。下體餘部橙棕色，具黑色羽幹紋。虹膜黃色。嘴角黑色。跗跖上半部被絨狀羽毛，其裸出部與趾黃色，爪黑色，爪下具缺刻緣，以便於捕魚。我國主要分布於東部、中部、南部各地。栖息於山林之間，常到河溪邊覓食。可晝夜活動，受驚後亦不輕易活動。嗜食魚類，亦食蟹、蛙、蜥蜴及雛類。其分布雖廣，但野外種群并不甚多，已被列爲國家二級重點保護野生動物。黃脚漁鴞因其脚色黃，嗜食魚類而得名，今亦稱"黃脚鴞""毛脚魚鴞"。

雪鴞

瀕危禽鳥名。其野外種群數量極爲稀少，已被列爲國家二級重點保護野生動物。詳本卷《習見禽鳥説·猛禽考》"鴞"文。

猛鴞

瀕危禽鳥名。本種以昆蟲、鼠類等爲主食，對保護農林業生産，維持生態平衡具有重要意義。被列爲國家二級重點保護野生動物。詳本卷《習見禽鳥説·猛禽考》"鵂鳥"文。

花頭鵂鶹

瀕危禽鳥名。鴞形目，鴟鴞科，花頭鵂鶹（ _Glaucidium passerinum_ Taczanowski）。小型猛禽。體長約 19 厘米。頭灰褐色，各羽雜以白色斑點。上體灰褐色，密被白色斑點及橫斑，後頸有不明顯之白色領環。下體白色，具褐色縱紋，胸、脅部之縱紋較粗著。虹膜黃色。嘴角黃色。爪黑色。我國主要見於黑龍江省的哈爾濱、牡丹江、綏化、伊春、五營、凉水、小興安嶺及内蒙古大興安嶺根河等地，爲留鳥。偶亦見於河北東陵等地。常栖息於混交林中，亦栖於林中開闊地。以鼠類爲食，亦取食蜥蜴、小鳥等。花頭鵂鶹有兩個亞種，我國僅分布其東北亞種（ _G. p. orientale_ ），此亞種數量極爲稀少，已列爲國家二級重點保護野生動物。今亦俗稱"猫頭鷹"。

領鵂鶹

瀕危禽鳥名。因其數量稀少，已被列爲國家二級重點保護野生動物。詳本卷《習見禽鳥説·猛禽考》"鷝鴞"文。

領鵂鶹指名亞種

瀕危禽鳥名。本種對保護農林業生産，維持自然界生態平衡有重要意義，已被列爲國家二級重點保護野生動物。詳本卷《習見禽鳥説·猛禽考》"鴷鳥"文。

斑頭鵂鶹

瀕危禽鳥名。本種雖分布區域較廣，但數量很少，已被列爲國家二級重點保護野生動物。詳本卷《習見禽鳥説·猛禽考》"鵂鶹"文。

鷹鴞

瀕危禽鳥名。鴞形目，鴟鴞科，鷹鴞（ _Ninox scutulata_ Raffles）。小型猛禽。體長 22 ~ 32 厘米。面盤、翎領不顯著，無耳羽簇。上體濃棕褐色，頭及上背較灰暗；尾淡褐色，橫貫五道黑褐色帶斑。胸以下白色，雜以水滴狀褐色斑點。虹膜黃色。嘴灰褐色。趾棕黃色或肉色，具淺黃色剛毛；爪黑色。我國主要分布於東北地區，亦見於河北、山東、上海，以及西南各地。常栖息於荒僻地區之樹林中，尤喜林中河谷地帶。夜行性。白晝隱匿於高大樹冠層，黃昏後開始活動、覓食。以鼠、蟲爲主要食物，亦取食小鳥。鷹鴞有十一個亞種，我國有三個亞種。由於野外種群數量原就稀少，再加森林被砍伐，其栖息地減少，生境惡化，近年來數量明顯下降，已列爲國家二級重點保護野生動物。今亦稱"小猫頭鷹"。

縱紋腹小鴞

瀕危禽鳥名。鴞形目，鴟鴞科，縱紋腹小鴞（*Athene noctua* Scopoli）。小型猛禽。體長22～24厘米。上體沙褐色，頭部顔色較深，并具白色軸斑。下體棕白色，腹部、兩脅綴以粗著的褐色縱紋，故此得名。面盤、皺領均不顯著，亦無耳羽突，跗蹠、趾均被羽。虹膜黄色。嘴黄綠色。爪黑褐色。我國主要分布於東北、華北及西南等地。常栖息於低山丘陵、林緣灌叢或平原農田、村落附近樹林中。以昆蟲、鼠類爲食。本種約十五個亞種，我國分布四亞種。由於數量稀少，生境惡化，加之其食鼠、蟲，有益於農林業生産，故已被列爲國家二級重點保護野生動物。今亦稱“小猫頭鷹”。

褐林鴞

瀕危禽鳥名。鴞形目，鴟鴞科，褐林鴞（*Strix leptogrammica* Temminck）。中型猛禽。體長48～56厘米。頭頂純褐色，面盤棕褐，羽端較淺淡。上體棕褐色，頭至頸部較暗，腰及尾上覆羽稍淺淡，并具栗白横斑。下體及腿覆羽淡棕色，密布褐色横斑，以胸部最暗。我國主要分布於雲南、廣西、廣東、江西、福建、浙江、海南、臺灣等地。常栖息於海拔1200米山地密林中。以鼠類、昆蟲爲主要食物。已列爲國家二級重點保護野生動物。

灰林鴞

瀕危禽鳥名。鴞形目，鴟鴞科，灰林鴞（*Strix aluco* Linnaeus）。中型猛禽。體長38～48厘米。頭圓形，面盤明顯，無耳羽突。上體褐灰至黑色，具黑褐色縱紋。飛羽暗褐色，外翈有淡棕色斑點。下體淡白色，具暗褐縱紋與淡褐色横斑。虹膜黄褐色。嘴淡黄或黄綠色。

爪灰褐色。我國主要分布於西藏南部、四川至甘肅南部、陝西南部、山西南部及河北以南的廣大地區，亦見於臺灣地區（留鳥）。喜栖息於山地密林地帶，尤喜森林河谷地帶。夜行性。黄昏後活動、覓食。主要取食昆蟲、鼠類、小鳥，偶爾亦捕食魚類。灰林鴞約十三個亞種。我國分布三個亞種。由於分布區狹窄，野外種群極其稀少。近年來，由於人口增加，森林大量砍伐，環境質量下降，種群數量更明顯減少，分布區内已難見到。已被列爲國家二級重點保護野生動物。

長尾林鴞

瀕危禽鳥名。鴞形目，鴟鴞科，長尾林鴞（*Strix uralensis* Pallas）。大型猛禽。體長約60厘米。頭較圓，面盤顯著，呈灰白色，雜以黑褐色羽幹紋。翎領顯著，羽端黑褐并雜有棕白色斑。上體餘部棕褐色，具污白點斑。中央尾羽棕褐色，外側尾羽較黑并具斑駁白横斑。下體污白沾絲黄，具粗著黑褐色縱紋。虹膜暗褐色。嘴角褐，端部黄。脚全被羽，爪角褐色。我國主要分布於東北各地、青海東南部及四川西部（留鳥）。常栖息於山地密林中。夜行性。以昆蟲、鼠類爲食。關於本種在我國的亞種分化尚有不同意見，有人認爲可分三個亞種，即北方亞種（*S. u. nikolskii*）、東北亞種（*S.u.coreensis*）及四川亞種（*S.u. davidi*）。由於森林被大面積砍伐，栖息地面積減小，又加誤傳此鳥可以治癌而致其被大量獵殺，致使野外種群數量鋭減，已達瀕危狀態，故已列爲國家二級重點保護野生動物。

烏林鴞

瀕危禽鳥名。鴞形目，鴟鴞科，烏林鴞

（*Strix nebulosa* Forster）。大型猛禽。體長約66厘米。頭大而圓，面盤顯著，具黑白相間的毛狀羽。上體暗灰色，具褐色羽幹紋及白色斑點。下體灰白色，具寬闊褐色縱紋。虹膜黃色。嘴黃色。跗蹠被羽，灰白色，具淡褐色橫斑；爪黑色。我國主要分布於黑龍江、吉林等地（留鳥）。喜栖息於針葉林或針闊葉混交林中。夜行性。白晝常單獨活動。以鼠類爲食物。烏林鴞有三個亞種，我國僅分布一種，即東北亞種（*S.n.lapponica*）。由於分布區狹小，環境惡化，數量稀少，已被列爲國家二級重點保護野生動物。

長耳鴞

瀕危禽鳥名。本種數量稀少，野外種群極爲罕見，已被列爲國家二級重點保護野生動物。詳本卷《習見禽鳥説·猛禽考》"老鴞"文。

短耳鴞

瀕危禽鳥名。本種分布區域較廣，但數量稀少，已被列爲國家二級重點保護野生動物。詳本卷《習見禽鳥説·猛禽考》"橐䲹"文。

鬼鴞

瀕危禽鳥名。以捕食鼠類及昆蟲爲主，對維持自然界生態平衡具有重要意義，已被列爲國家二級重點保護野生動物。詳本卷《習見禽鳥説·猛禽考》"跂踵鳥"文。

灰喉針尾雨燕

瀕危禽鳥名。雨燕目，雨燕科，灰喉針尾雨燕（*Hirundapus cochinchinensis* Oustalet）。小型攀禽。體長約20厘米。頦、喉烟灰色。額、頭頂、後頸、翼、尾上覆羽及尾羽黑色而閃藍輝，枕部烟灰色。肩、背至腰褐灰色。尾羽羽幹突出呈刺狀。我國主要分布於海南及南海諸島。常栖息於山地及山下村落。多在空中活動。以昆蟲爲食物。本種分布區狹窄，數量稀少，人們對其知之甚少，已被列爲國家二級重點保護野生動物。

鳳頭雨燕

瀕危禽鳥名。雨燕目，鳳頭雨燕科，鳳頭雨燕（*Hemiprocne longipennis* Rafinesque）。小型攀禽。體長約23厘米。雄鳥上體藍灰色，渲染綠色，下體、頦、喉及二側栗色；胸灰藍色，腹部白色。尾上覆羽白色。雌鳥與雄鳥相似，但頦、喉不呈栗色。我國主要分布於雲南西部、南部（留鳥）。常栖息於開闊落葉林地帶，喜結小群活動。以昆蟲爲主要食物。本種分布區特別狹小，種群數量亦極稀少，故已被列爲國家二級重點保護野生動物。

橙胸咬鵑

瀕危禽鳥名。咬鵑目，咬鵑科，橙胸咬鵑（*Harpactes oreskios* Temminck）。小型攀禽。體長約28厘米。雄鳥頭、頸橄欖綠色。上體栗色。中央尾羽亦爲栗色，具黑色羽端；其外側尾羽黑色，而最外三對尾羽具白端。翼覆羽有較密黑、白相間之橫斑；飛羽黑褐色。頦、喉橄欖色，胸橄欖黃色，下體餘部橙黃色。雌鳥羽色與雄鳥略似，但上體較暗，翼覆羽具黑、棕相間之橫斑。嘴鉛色。脚黃色。我國僅分布於雲南西雙版納，爲留鳥。栖息於低海拔常綠闊葉林中。多取食植物果實及昆蟲。本種十分稀少，已被列爲國家二級重點保護野生動物。

藍耳翠鳥

瀕危禽鳥名。佛法僧目，翠鳥科，藍耳翠鳥（*Alcedo meninting* Horsfield）。小型攀禽。體長約15厘米。頭頂、上頸黑色，有紫藍色橫斑。眼先皮黃色。耳羽紫藍色，因以得名。背亮鈷藍色。尾羽暗藍色。翼覆羽暗藍并具鈷藍色斑點。喉污白色略沾黃，下體餘部栗色。我國僅見於雲南省（留鳥）。常栖息於林間溪旁。以魚、蝦、軟體動物爲食。由於分布區特別狹小，數量稀少，已被列爲國家二級重點保護野生動物。

鸛嘴翠鳥

瀕危禽鳥名。佛法僧目，翠鳥科，鸛嘴翠鳥（*Pelargopsis capensis* Linnaeus）。中型攀禽。體長約 35 厘米。頭頂、上頸及頭側灰色。下體至上背的闊領爲亮赭紅色。背亮綠藍色。尾上覆羽及尾羽藍色。翼暗藍色。我國主要分布於雲南（迷鳥、留鳥）。常栖息於河畔高樹上。以小魚、蛙、蝦、蟹爲食。由於分布區狹小，生境惡化，種群數量稀少，已被列爲國家二級重點保護野生動物。

黑胸蜂虎

瀕危禽鳥名。佛法僧目，蜂虎科，黑胸蜂虎（*Merops leschenaulti* Vieillot）。小型攀禽。體長約 20 厘米。頭頂至上背栗棕色；下背、翼、尾均綠色，翼端褐黑色。頦淡黃色，至上胸漸爲淡栗棕色，其後爲一黑、黃色狹胸帶斑。下體餘部淺綠色。我國主要分布於雲南省（留鳥）。多栖息於稀樹草地。喜結群。以空中飛蟲爲食。由於分布區狹窄，生境惡化，已被列爲國家二級重點保護野生動物。

綠喉蜂虎

瀕危禽鳥名。佛法僧目，蜂虎科，綠喉蜂虎（*Merops orientalis* Latham）。小型攀禽。體長約 24 厘米。上體亮綠色。頭頂至上背銹色。初級飛羽、外側次級飛羽具黑色端斑。尾羽較背部稍暗，中央尾羽延長，爲黑色。下體胸部帶黑色，餘均淡草綠色或沾藍色。我國分布於雲南省（留鳥）。常栖息於坝區附近，尤喜在靠近山邊竹林、稀樹草地上活動。以昆蟲爲主要食物。由於分布區狹窄，生境惡化，數量減少，已被列爲國家二級重點保護野生動物。

白喉犀鳥

瀕危禽鳥名。佛法僧目，犀鳥科，白喉犀鳥（*Ptilolaemus tickelli* Jerdon）。大型攀禽。體長約 68 厘米。雄鳥前額基部至上嘴脊部前端有一小型盔突，長 83～85 毫米，約占嘴峰長度之三分之二。頭頂、後頸、背及翼上覆羽均呈淡棕黃色，飛羽及尾羽黑色，具翠綠色金屬閃光，羽端有白斑。頦、喉白色。胸、腹淡棕黃色。雌鳥盔突較小，頸側及背爲褐色。頦、喉棕褐色。胸、腹棕色，但稍暗淡。虹膜亮褐色。嘴象牙白色。脚灰黑色。我國分布於雲南西雙版納之勐臘，爲留鳥。栖息於熱帶雨林中。主要取食榕樹果及其他核果、漿果，兼食昆蟲等小動物。本種野外種群極其稀少，近年來，由於熱帶雨林大量砍伐，栖息地環境受到嚴重破壞，種群數量鋭減，僅可在保護中心地帶偶然見到，故已被列爲國家二級重點保護野生動物。本種因其喉部色白而得名。亦稱"小盔犀鳥"。

棕頸犀鳥

瀕危禽鳥名。佛法僧目，犀鳥科，棕頸犀鳥（*Aceros nipalensis* Hodgson）。大型攀禽。體長約 120 厘米。雌、雄鳥俱有强大的嘴，嘴上無盔突，上嘴基部呈黑白相間的帶斑狀。眼周及頰部皮膚裸出，裸出部天藍色。喉囊裸皮橙黃色。雄鳥頭頂、頸部及下體羽毛棕色，而頭頂及後頸更爲鮮亮，腹部栗紅色。背、翼及尾羽黑色，初級飛羽及尾羽端部亦具白斑。虹膜褐色。嘴象牙白色。脚黑色。我國主要分布於雲南西雙版納勐臘及西藏東南部之墨脱。爲留鳥。栖息於熱帶雨林中，常單獨行動，旱季亦常五六隻結群活動。嗜食榕樹果實。本種數量稀少，爲稀有鳥類。由於熱帶雨林遭砍伐，其栖息地範圍縮小，食物資源減少，加之濫捕等，致使其種群數量日減。故已被列爲國家二級重點保護野生動物。棕頸犀鳥因其雄鳥頸部羽毛呈棕色而得名。今亦稱“無盔犀鳥”。

冠斑犀鳥

瀕危禽鳥名。由於栖息地之熱帶雨林、季雨林大量砍伐，使其生存環境惡化，野外種群數量鋭減，以致瀕危。已列爲國家二級重點保護野生動物。詳本卷《習見禽鳥説·攀禽考》“鸛鶮”文。

雙角犀鳥

瀕危禽鳥名。佛法僧目，犀鳥科，雙角犀鳥（*Buceros bicornis* Linnaeus）。大型攀禽。體長約130厘米。嘴强大，嘴峰長達40厘米。盔突較大，長17厘米，寬8厘米，高4厘米，象牙黄色，雙角狀，着生於前額至嘴脊中部，其前端兩側與中央具三角形黑塊斑。盔突後緣、頭側及頦部羽毛黑色。頸部白色，稍染黄色。上背至腰及胸、腹各羽與翼上覆羽亮黑色，有黑白相間之帶斑。尾上覆羽、下腹部及尾下覆羽白色；尾羽亦白色，近端部有一黑色寬横斑。雌鳥與雄鳥相似，唯盔突稍小爲异。我國主要分布於雲南西南部西雙版納州之勐臘、景洪，臨滄地區之耿馬、滄源，德宏州之盈江那邦，均爲留鳥。栖息於海拔1000米以下之熱帶雨林及季雨林中。常成對或單獨栖於高大榕樹之上。主要取食榕樹果實，亦兼食其他植物果實及昆蟲、兩栖及嚙齒類動物。本種僅見於雲南西南部，該地爲其分布北界，已達瀕危狀態，被列爲國家二級重點保護野生動物。雙角犀鳥因其盔突呈雙角狀而得是名。今亦稱“大犀鳥”。

白腹黑啄木鳥

瀕危禽鳥名。鴷形目，啄木鳥科，白腹黑啄木鳥（*Dryocopus javensis* Horsfield）。中型攀禽。體長38～46厘米。雄鳥頭之背面及顴紋鮮紅色。下背至腰及部分尾上覆羽、胸側、腹脅均爲白色，全身餘部皆爲黑色。外側數飛羽、下胸及肛部各羽具白端。雌鳥與雄鳥相似，然僅枕部紅色。嘴鉛灰色，而嘴峰稍黑。

啄木鳥

（明文俶《金石昆蟲草木狀》）

脚黑灰。我國主要分布於四川西南部之鹽源、雲南西北之高黎貢山的貢山、麗江、瀘水、怒江、瀾滄江間山脉以及西雙版納之勐阿、勐海、勐養等地。常栖息於山地針葉林或常緑闊葉林内及有大樹的村落裏。取食樹幹害蟲。本種爲稀有鳥類，因森林被砍伐，栖息地遭到破壞，生存受到威脅，已列爲國家二級重點保護野生動物。

銀胸絲冠鳥

瀕危禽鳥名。雀形目，闊嘴鳥科，銀胸絲冠鳥（*Serilophus lunatus* Gould）。小型鳴禽。體長約17厘米。雄鳥頭頂灰棕，前額淡黄藍色，額基近白色。眉紋寬，黑色，直伸至頸項。

上體銹褐色或棕栗色，下體銀白色。兩翼具明顯藍色翼斑。尾羽黑色，外側尾羽具白色端斑。雌鳥上胸部羽毛先端亮銀白色，形成項圈狀。通體羽色光亮。虹膜暗褐色。嘴寬扁，亮藍色，嘴峰、下嘴脊部與嘴緣色較淡；嘴基及眼周皮裸露，裸皮橙色或綠黃色。跗蹠藍綠色；爪藍色。我國主要分布於雲南西南部、南部，廣西西南部及海南等地。栖息於海拔 90～1400 米熱帶、亞熱帶地區之林緣、溪邊之灌叢、小樹上，亦見於田壩區及村落附近樹木上。反應遲鈍，常結群靜栖。雜食性，但嗜食昆蟲。本種有九亞種，我國有二亞種，即海南亞種（*S.l.polionotus*）、滇南亞種（*S.l.elisabethae*），野外種群極其稀少，已列爲國家二級重點保護野生動物。

長尾闊嘴鳥

瀕危禽鳥名。雀形目，闊嘴鳥科，長尾闊嘴鳥（*Psarisomus dalhousiae* Jameson）。中型鳴禽。體長約 25 厘米。頭部及耳羽亮黑色，頭頂中央有一亮藍色塊斑，閃耀寶石光澤。後枕兩側各具一塊鮮黃斑，羽端綴亮黃綠色。前額基綫至眼先，喉部及頸側均亮黃色。上體皆草綠色。翼初級飛羽外翈基部亮鈷藍色，形成顯著翼鏡，尾長，表面亮藍色，餘部爲暗藍色與綠色。下體淺綠色，略渲染淡藍色。雌鳥與雄鳥羽色相似。虹膜褐色或紅褐色。嘴寬闊扁平，黃綠色。跗蹠與脚趾皆橄欖綠色。我國主要分布於雲南南部、東南及西南部，廣西西南部與貴州西南部。栖息於海拔 2000 米以下熱帶常綠闊葉林中，常十數隻或二三十隻結群活動覓食。多静栖林下陰濕灌木、低樹上，不喜囀鳴。取食昆蟲、節肢動物及小脊椎動物，亦兼食植物果實。長尾闊嘴鳥因其嘴寬闊扁平，尾長而得名。該種有五個亞種，我國僅見有指名亞種（*P. d. dalhousiae*）。本種極稀有珍貴，由於熱帶常綠闊葉林被砍伐，其栖息地環境破壞，數量不斷下降，已近瀕危狀態，故被列爲國家二級重點保護野生動物。

藍枕八色鶇

瀕危禽鳥名。雀形目，八色鶇科，藍枕八色鶇（*Pitta nipalensis* Hodgson）。中型鳴禽。體長約 22 厘米。雄鳥頭頂後部至後頸（包括枕部）輝藍色，背之餘部皆亮草綠色，渲染茶黃色。腹部茶黃色，渲染棕褐色。雌鳥頭頂部棕茶黃色，枕部至後頸暗綠色。背面餘部棕茶黃色，渲染草綠色。腹面與雄鳥相似，而喉至上胸具斑紋。虹膜淡褐或暗褐，眼瞼肉紅色。嘴峰角褐色。跗蹠肉紅色。我國主要分布於雲南南部、西南部及廣西西南部。栖息於海拔 700 米以下熱帶雨林中，多在林下地面活動。主要取食昆蟲等。本種因其枕部輝藍色而得名。該種有二個亞種，即指名亞種（*P. n.nipalensis*）與越北亞種（*P. n. hendeei*）。我國僅分布越北亞種。其野外種群數量稀少，已列爲國家二級重點保護野生動物。

藍背八色鶇

瀕危禽鳥名。雀形目，八色鶇科，藍背八色鶇（*Pitta soror* Ramsay）。中型鳴禽。體長約 23 厘米。雄鳥前額紅褐色，頭頂至背部及肩羽亮草綠色，渲染黃褐色，并具金屬光澤。下背至腰輝藍色。眼先、眼周及眉紋銹紅色。頰、耳羽、喉及胸部渲染粉紅色。下腹白而略沾棕色，尾上覆羽亮綠色。雌鳥羽色與雄鳥相似，但有的頭、胸無粉紅色渲染。虹膜褐色。嘴黃褐或深角褐色。脚、爪黃褐色。我國主要分布於雲南河口，廣西瑶山及海南等地。栖息於熱帶常綠闊葉林中。單獨或成雙在林下陰濕地活動。藍背八色鶇因其背腰輝藍色而得名。共四亞種，我國僅分布廣西亞種（ *P. s. tonkinensis* ）及海南亞種（ *P. s. douglasi* ）。其種群數量稀少，已被列爲國家二級重點保護野生動物。

藍八色鶇

瀕危禽鳥名。雀形目，八色鶇科，藍八色鶇（ *Pitta cyanea* Blyth ）。中型鳴禽。體長約 23 厘米。雄鳥頭頂棕灰色，中央冠紋黑色，額較窄，頭頂部較寬，自額基有黑色過眼紋達於耳區，枕與後頸栗紅色。背、肩及尾羽輝藍色，飛羽黑褐而具白色翼斑。頰、喉白色，喉側黑色羽緣粗著，形成明顯的黑色髭紋，并雜有白色細點斑。下體紫藍色，密布黑色斑點及橫斑，腹部白色。虹膜棕紅色。嘴暗鉛色。脚肉色。雌鳥羽色似雄鳥，然背羽沾橄欖褐色。我國分布於雲南西雙版納。栖息於海拔 800 米左右之熱帶雨林中，常在陰濕的林下灌木及草叢中覓食，喜單獨活動。取食地表或地下昆蟲及小動物。本種爲稀有鳥類，數量稀少罕見，已被列爲國家二級重點保護野生動物。藍八色鶇因其背、肩、尾羽輝藍色而得名。該鳥有三亞種，我國祇有其指名亞種（ *P. c. cyanea* ），偶見於西雙版納之景洪小勐養等地。

仙八色鶇

瀕危禽鳥名。雀形目，八色鶇科，仙八色鶇（ *Pitta nympha* Temminck et Schlegel ）。中型鳴禽。體長約 20 厘米，雄鳥頭部前額至枕部深栗色，有黑色中央冠紋，眉紋淺茶黃色，自額基有黑紋過眼并在後頸左右彙合。背、肩及內側飛羽輝綠色。翼小覆羽、腰、尾上覆羽輝藍色，尾羽黑色。飛羽黑而具白色翼斑。頦黑色。喉白色。下體淡黃褐色，腹中及尾下覆羽朱紅色。虹膜褐色。嘴黑色，先端角褐色。脚淡黃褐色。我國主要分布於豫、皖之間的大別山區及廣東、福建、廣西、雲南與臺灣等地，爲夏候鳥；遷徙時偶見於甘肅、河北、天津、山東沿海等地。栖息於平原至低山丘陵之次生闊葉林內。喜單行。嗜取食蚯蚓、蜈蚣及鱗翅目、鞘翅目昆蟲。本種爲稀有鳥類，其羽色艷麗多彩，是世界著名觀賞鳥類，極其珍貴，由於栖息地森林砍伐，以及殺蟲藥劑大量應用，對其生存構成威脅，故已被列爲國家二級重點保護野生動物。今亦稱“藍翅八色鶇”。

紫藍翅八色鶇

瀕危禽鳥名。雀形目，八色鶇科，紫藍翅八色鶇（ *Pitta moluccensis* Müller ）。小型鳴禽。體長約 18 厘米。雌雄鳥羽色相似。頭頂淡棕褐色，羽緣蒼淡。中央冠紋及頸側至後頸部俱爲亮黑色。背、肩羽及內側次級飛羽表面爲亮草綠色。翼上小覆羽及腰、尾上覆羽輝紫藍色。下體皮黃色，腹部中央至尾下覆羽猩紅色。二翼具白色寬斑。虹膜棕褐色。嘴峰黑色。跗跖與脚棕褐色。我國主要分布於雲南西雙版納，爲留鳥；偶見於甘肅夏河及上海（爲迷鳥）。栖息於熱帶雨林下層灌草叢中。常單獨在地面覓食或單飛於喬木上停息。紫藍翅八色鶇因其翅上覆羽輝紫藍色而得名。有二亞種，我國僅分布指名亞種（ *P. m. moluccensis* ）。其數量極其稀少，屬罕見珍禽，已被列爲國家二級重點保護野生動物。

緑胸八色鶇

瀕危禽鳥名。雀形目，八色鶇科，緑胸八色鶇（*Pitta sordida* Müller）。小型鳴禽。體長約 17 厘米。頭頂栗褐色，頭側及頦、喉、頸部絲絨樣黑色。背部鮮濃草緑色。翅上小覆羽及尾上覆羽粉藍色。并閃絲光色澤。初級飛羽及外側飛羽黑色，初級飛羽具大型白色翼斑，次級飛羽具藍緑色緣。胸部、腹部及兩脅淡草緑色，渲染藍色。腹部中央至尾下覆羽猩紅色，上腹中央羽毛具黑色塊斑。雌鳥羽色與雄鳥相似。虹膜茶褐色。嘴黑或黑褐色。脚灰褐色。國内僅見於雲南南部（爲留鳥）及寧夏雲盤山（爲迷鳥）。栖息於海拔 700 ～ 1300 米之熱帶雨林或季雨林中，多見於林下陰濕處及水邊活動。主要取食鞘翅目、鱗翅目昆蟲及螞蟻等。緑胸八色鶇因其胸腹淡草緑色而得名。有十三個亞種，我國僅一種，即雲南亞種（*P. s. cucullata*），僅見於西雙版納之勐臘、緑春大紅山、景東林街及東南部蒙自等地。其數量極其稀少，特别珍貴，已列爲國家二級重點保護野生動物。

栗頭八色鶇

瀕危禽鳥名。雀形目，八色鶇科，栗頭八色鶇（*Pitta oatesi* Hume）。中型鳴禽。體長約 24 厘米。頭部栗褐色。前額、兩頰、頸側，喉至上胸部略染粉紅色。上體及尾羽暗緑色，而腰部略帶藍色，上背染栗褐色。下體茶黄色，下腹中央較淺淡。虹膜棕紅或紅褐色。上嘴黑色，下嘴黄褐色。跗跖灰白或角褐色。我國主要分布於雲南西部及南部邊境地區，栖息於海拔 1800 米以下熱帶、亞熱帶地區常緑闊葉林區。常在茂密、陰濕處活動。性孤而善奔，多單隻奔跑跳躍，於枯落物中用脚翻找食物。嗜食昆蟲、蚯蚓、蟻類。栗頭八色鶇因頭部栗色而得名。今亦稱"鍋巴雀"。共四個亞種，我國有指名亞種（*P. o. oatesi*）及雲南亞種（*P. o. castaneiceps*）。本種數量極爲稀少，加之分布區域狹窄，且處邊界區，不易管理，其野外種群日趨減少，故已被列爲國家二級重點保護野生動物。今亦稱"鍋巴雀"。

雙瓣八色鶇

瀕危禽鳥名。雀形目，八色鶇科，雙瓣八色鶇（*Pitta phayrei* Blyth）。中型鳴禽。體長約 23 厘米。雄鳥頭頂至後頸之中央有黑色冠紋，額及頭二側淡棕色，具黑色鱗紋，嘴基至眼上有一眉紋，由土黄色漸變成白色，耳羽黑色且具淡棕斑。後枕兩側矛狀羽毛突出，呈雙瓣樣，并具黄、黑相間之横斑。上體純暗棕褐色。下體皮黄色，略具黑色斑點。雌鳥冠羽暗褐，喉白，下體黑斑較密。虹膜棕紅褐色。嘴峰黑褐，上嘴尖略向下彎。脚淡肉色。我國主要分布於雲南西雙版納（爲留鳥）。栖息於海拔 2000 米以下之闊葉林及竹林内，亦常在林間空地活動。取食昆蟲及小動物。本種因其後枕矛狀突出若瓣狀而得名，屬極其稀有之禽鳥。已被列爲國家二級重點保護野生動物。

第三節　"三有"禽鳥考

一、"三有禽鳥"名義訓

　　所謂"三有禽鳥"，是指"有益的或有經濟、科學研究價值的禽鳥"。《中華人民共和國野生動物保護法》第一章第二條規定："本法規定保護的野生動物，是指珍貴、瀕危的陸生、水生野生動物和有重要生態、科學、社會價值的陸生野生動物。"1992 年 3 月 1 日起施行的《中華人民共和國陸生野生動物保護實施條例》第一章第二條則指出："本條例所稱陸生野生動物，是指依法受保護的珍貴、瀕危、有益的和有重要經濟、科學研究價值的陸生野生動物。"據此，國家先後頒布了《國家重點保護野生動物名錄》《中國瀕危動物紅皮書》等文獻。對這些珍貴、瀕危動物，本卷已於第三章第一、二節作了考論，而對有益的或者有重要經濟、科學研究價值的陸生野生動物，尚未論及。2000 年，原國家林業局根據《中華人民共和國野生動物保護法》之規定，在基本摸清了我國野生動物資源的基礎上，經國內三十多位權威專家充分論證後，於 2000 年 8 月 1 日以國家林業局第七號令發布了《國家保護的有益的或者有重要經濟、科學研究價值的陸生野生動物名錄》，這個名錄被稱爲"三有名錄"。（見《中國林業年鑒·野生動物保護》，2000 年）凡列入"三有名錄"的禽鳥，我們稱爲"三有禽鳥"，亦即"有益的或有經濟、科學研究價值的禽鳥"。"三有名錄"是《中華人民共和國野生動物保護法》又一重要配套法規，它的制定和發布，使《國家重點保護野生動物名錄》以外的野生動物資源的依法保護和管理，具備了堅實的法律基礎，對我國野生動物保護，以及生態環境的保護與建設均將起到積極作用。

　　所謂"有益"，是指這些野生動物的存在，對人類生存，環境的穩定，經濟與社會的可持續發展，都具有較大的幫助或好處。如本卷概論中已論述，鳥類自古便是先民采獵的對象，是先民得到的最富營養的食物之一，與先民之生息繁衍息息相關。鳥類也是人類最早家化馴養的動物之一，鷄、鴨、鵝在農業、畜牧業發展中占有重要地位，曾經爲人類經濟社會發展做出過極大的貢獻。鳥類的肉、卵可供食用。肉、卵、骨、內臟亦可入藥。鳥羽可作飾物，亦可爲衣被。鳥之糞便可爲肥料。此外，多數禽鳥可供觀賞。還有一些禽鳥經訓練可供役使，助人狩獵。這些都是禽鳥的直接利用價值。鳥類還是多數農林害蟲、害鼠的天敵，因此，對消滅害蟲、害鼠，保護農林生産具有重要意義。還有一些禽鳥，如兀鷹、秃鷲、鴉類、烏鴉等，嗜食腐肉及動物死屍，因此被環境學家譽爲“環境衛士”“大自然的清道夫”，對清理環境，保護環境衛生，維持自然界的生態平衡，具有積極意義，這些是禽鳥的間接作用。不論是直接的還是間接的作用，都對人類有莫大的益處。隨着社會不斷發展，人們對鳥類的認識還在不斷提高，鳥類對人類的益處，還將不斷被發現，還要發揮更大的作用。鳥類是人類的朋友，將越來越受到人們的喜愛和關注，并應得到認真保護。

　　鳥類具有較大的經濟價值。野生鳥類是家禽的來源，家禽在人類的生活中的重要性是人所共知的。目前全世界家禽種類多達六十多種，爲人類提供了豐富而又優質的肉、蛋、羽絨和藥材。今後人們也許還會從野生禽鳥中篩選出新的、適合家養的種類，來滿足人們日益豐富和多樣化的需要，其價值一定是極其可觀的。一些傳統獵用禽鳥，譬如，鸊鷉類、鴨雁類、骨頂類（如白骨頂、紅骨頂）、鷸類（如白腰杓鷸、沙錐類）、鴰類（金鴰、鳳頭麥雞）、鶉雞類（如環頸雉、石雞、鷓鴣、榛雞、勺雞）、鳩鴿類（如斑鳩、岩鴿），曾爲人類提供肉食，并産生極高的經濟價值。有些禽鳥有較高的觀賞價值，可供玩賞，亦可得到相應的經濟收入。如善於鳴叫的禽鳥，有芙蓉鳥（又名金絲雀）、烏鶇、綉眼鳥、相思鳥、珍珠鳥、靛頦、藍歌鴝、柳鶯、白頭鵯（又名白頭翁）、紅嘴藍鵲；善學人言的八哥（又名鴝鵒）、鷯哥；善於打鬥的棕頭鴉雀、鶲鶇（又名桃蟲）、鵲鴝（又名四喜兒）、鵪鶉；善於競翔的鴿；善於表演技藝的黃雀、金翅雀、虎皮鸚鵡、太平鳥、朱頂雀、沼澤山雀、大山雀、麻雀、蠟嘴雀、紅交嘴雀、白腰文鳥（又名十姐妹）；可以役用，助人狩獵的有蒼鷹、雀鷹、鳶等，以及善於捕魚的鸕鷀，可助人捕魚。還有些猛禽，經過馴化可用於驅除飛機場上空的鳥群，以保證航行安全。除此之外，有些禽鳥姿態優雅、色澤美麗，如孔雀、壽帶鳥、戴勝、翠鳥、鷺、天鵝、鴻雁、鶴、褐馬雞等，都有極高的觀賞價值，有些已經成爲某些地區農民增收致富的幫手，有些還成爲對外貿易換取外匯的出口商品。這裏我們要特別指出的是，食用、飼養、經營鳥類或鳥類産品，要依法辦理相關手續，絶對不可擅自經營、非法獵食各種禽鳥。

　　禽鳥的科學研究價值，概論中亦有簡要介紹。近年來，鳥類的科學研究價值越來越受到人們的重視。特別是“非典”和禽流感在部分國家、地區發生并導致人類感染致病，更引起人們的深切關注。人們大大拓展了研究的思路，開始從單純直接開發利用逐步向外延伸，直至延伸到鳥類對維持生物多樣性，保持生態環境的穩定，促進人類和諧社會建設及經濟社會可持續發展方面。

"三有禽鳥"是鳥類中最有價值的一部分，它們對人類的益處，它們的經濟、科學研究價值也遠非一般禽鳥可比，因此需要特別注意加以保護。"三有禽鳥"及其保護就是在這樣的情況下提出的，這必將引起全社會的關注，也將使"有益的或有經濟、科學研究價值的禽鳥"依法得到最好的保護。

無須諱言，上述禽鳥對人類的意義，僅是傳統經驗之概述，禽鳥對人類的益處，以及它們在經濟和科學研究中的重要作用，人們還遠遠沒有認識清楚。諸多科學家預言，21 世紀是生命科學的世紀，人類將全面開展對生命現象的研究，并在此基礎上利用自然界中現存的各種各樣的生命資源，或美化人們的生活，或改造生存環境，或生產出形形色色的產品，以提高人們的生活水準。"三有禽鳥"是大自然賦予人類最美好的生物資源之一，是生命現象中極富特色的一類。因此，在研究生命現象，生產生物產品，保護生態環境，促進人類經濟社會可持續發展中都將發揮重要作用。

二、"三有禽鳥"的種類與生存狀況

（一）"三有禽鳥"的種類

原國家林業局 2000 年第七號令中"三有名録"包括獸綱中的六個目十四科八十八種，鳥綱有十八目六十一科七百○七種，兩栖綱有三目十科二百九十一種，爬行綱有二目二十科三百九十五種，昆蟲綱有三目七十二科一百二十屬一百一十種，總計達一千五百九十一種。這當中脊椎動物占我國脊椎動物總數的 59.96％。

鳥類動物是此次公布的"三有名録"中數量最多的一類，約占"三有名録"中野生動物總數的 44.4％，占全國鳥類總數的 59.5%。它們包括潛鳥目（Gaviiformes）二種，鸊鷉目（Podicipediformes）三種，鸌形目（Procellariiformes）七種，鵜形目（Pelecaniformes）六種，鸛形目（Ciconiiformes）十九種，雁形目（Anseriformes）三十九種，雞形目（Galliformes）二十二種，鶴形目（Gruiformes）十四種，鴴形目（Charadriiformes）七十種，鷗形目（Lariformes）三十四種，鴿形目（Columbiformes）十八種，鵑形目（Cuculiformes）十五種，夜鷹目（Caprimulgiformes）八種，雨燕目（Apodiformes）八種，咬鵑目（Trogoniformes）二種，佛法僧目（Coraciiformes）十一種，鴷形目（Piciformes）三十六種，雀形目（Passeriformes）三百九十三種。總計七百○七種。其中：

潛鳥目二種，分別是潛鳥科的紅喉潛鳥、黑喉潛鳥；

鸊鷉目三種，分別是鸊鷉科的小鸊鷉、黑頸鸊鷉、鳳頭鸊鷉；

鸌形目七種，分別是信天翁科的黑腳信天翁，鸌科的白額鸌、灰鸌、短尾鸌、純褐鸌，海燕科的白腰叉尾海燕、黑叉尾海燕；

鵜形目六種，分別是鵜科白尾鵜，鸕鷀科的普通鸕鷀、暗綠背鸕鷀、紅臉鸕鷀，軍艦鳥科的小軍艦鳥、白斑軍艦鳥；

鸛形目十九種，分別是鷺科的蒼鷺、草鷺、綠鷺、池鷺、牛背鷺、大白鷺、白鷺、中白鷺、夜鷺、栗鳽、黑冠鳽、黃葦鳽、紫背葦鳽、栗葦鳽、黑鳽、大麻鳽，鸛科的東方白鸛、禿鸛，紅鸛科的大紅鸛；

雁形目三十九種，分別是鴨科的黑雁、鴻雁、豆雁、小白額雁、灰雁、斑頭雁、雪雁、栗樹鴨、赤麻鴨、翹鼻麻鴨、針尾鴨、綠翅鴨、灰臉鴨、羅紋鴨、綠頭鴨、斑嘴鴨、赤膀鴨、赤頸鴨、白眉鴨、琵嘴鴨、雲石斑鴨、赤嘴潛鴨、紅頭潛鴨、白眼潛鴨、青頭潛鴨、鳳頭潛鴨、斑背潛鴨、棉鳧、瘤鴨、小絨鴨、黑海番鴨、斑臉海番鴨、醜鴨、長尾鴨、鵲鴨、白頭硬尾鴨、白秋沙鴨、紅胸秋沙鴨、普通秋沙鴨；

雞形目二十二種，分別是松雞科的松雞，雉科的雪雞、石雞、大石雞、中華鷓鴣、灰山鶉、斑翅山鶉、高原山鶉、鵪鶉、藍胸鶉、環頸山鷓鴣、紅胸山鷓鴣、綠腳山鷓鴣、紅喉山鷓鴣、白頰山鷓鴣、褐胸山鷓鴣、白額山鷓鴣、臺灣山鷓鴣、棕胸竹雞、灰胸竹雞、藏馬雞、雉雞；

鶴形目十四種，分別是秧雞科普通秧雞、藍胸秧雞、紅腿斑秧雞、白喉斑秧雞、小田雞、斑胸田雞、紅胸田雞、斑脅田雞、紅腳苦惡鳥、白胸苦惡鳥、董雞、黑水雞、紫水雞、骨頂雞；

鴴形目七十種，分別是雉鴴科的水雉，彩鷸科的彩鷸，蠣鷸科的蠣鷸，鴴科的鳳頭麥雞、灰頭麥雞、肉垂麥雞、距翅麥雞、灰斑鴴、金（斑）鴴、劍鴴、長嘴劍鴴、金眶鴴、環頸鴴、蒙古沙鴴、鐵嘴沙鴴、紅胸鴴、東方鴴、小嘴鴴，鷸科的中杓鷸、白腰杓鷸、大杓鷸、黑尾塍鷸、斑尾塍鷸、鶴鷸、紅腳鷸、澤鷸、青腳鷸、白腰草鷸、林鷸、小黃腳鷸、磯鷸、灰尾漂鷸、漂鷸、翹嘴鷸、翻石鷸、半蹼鷸、長嘴半蹼鷸、孤沙錐、澳南沙錐、林沙錐、針尾沙錐、大沙錐、扇尾沙錐、丘鷸、姬鷸、紅腹濱鷸、大濱鷸、紅頸濱鷸、西方濱鷸、長趾濱鷸、小濱鷸、青脚濱鷸、斑胸濱鷸、尖尾濱鷸、岩濱鷸、黑腹濱鷸、彎嘴濱鷸、三趾鷸、勺嘴鷸、闊嘴鷸、流蘇鷸，反嘴鷸科鹮嘴鷸、黑翅長脚鷸、反嘴鷸，瓣蹼鷸科的紅頸瓣蹼鷸、灰瓣蹼鷸，石鴴科的石鴴、大石鴴，雁鴴科的領雁鴴、普通雁鴴；

鷗形目三十四種，分别是賊鷗科的中賊鷗，鷗科的黑尾鷗、海鷗、銀鷗、灰背鷗、灰翅鷗、北極鷗、漁鷗、紅嘴鷗、棕頭鷗、細嘴鷗、黑嘴鷗、楔尾鷗、三趾鷗、鬚浮鷗、白翅浮鷗、鷗嘴噪鷗、紅嘴巨鷗、普通燕鷗、粉紅燕鷗、黑枕燕鷗、黑腹燕鷗、白腰燕鷗、褐翅燕鷗、烏燕鷗、白額燕鷗、大鳳頭燕鷗、小鳳頭燕鷗、白頂玄鷗、白玄鷗，海雀科的斑海雀、扁嘴海雀、冠海雀、角嘴海雀；

鴿形目十八種，分别是沙鷄科的毛脚沙鷄、西藏毛脚沙鷄，鳩鴿科的雪鴿、岩鴿、原鴿、歐鴿、中亞鴿、點斑林鴿、灰林鴿、紫林鴿、黑林鴿、歐斑鳩、山斑鳩、灰斑鳩、朱頸斑鳩、棕斑鳩、火斑鳩、緑翅斑鳩；

鵑形目十五種，分别是杜鵑科的紅翅鳳頭鵑、斑翅鳳頭鵑、鷹鵑、棕腹杜鵑、四聲杜鵑、大杜鵑、中杜鵑、小杜鵑、栗斑杜鵑、八聲杜鵑、翠金鵑、紫金鵑、烏鵑、噪鵑、緑嘴地鵑；

夜鷹目八種，分别是蟆口鴟科的黑頂蛙嘴夜鷹，夜鷹科的毛腿夜鷹、普通夜鷹、歐夜鷹、中亞夜鷹、埃及夜鷹、長尾夜鷹、林夜鷹；

雨燕目八種，分别是雨燕科的爪哇金絲燕、短嘴金絲燕、大金絲燕、白喉針尾雨燕、普通樓燕、白腰雨燕、小白腰雨燕、棕雨燕；

咬鵑目二種，分别是咬鵑科的紅頭咬鵑、紅腹咬鵑；

佛法僧目十一種，分别是翠鳥科的普通翠鳥、斑頭大翠鳥、藍翡翠，蜂虎科的黄喉蜂虎、栗喉蜂虎、藍喉蜂虎、藍鬚夜蜂虎，佛法僧科的藍胸佛法僧、棕胸佛法僧、三寶鳥，戴勝科的戴勝；

鴷形目三十六種，分别是鬚鴷科的大擬啄木鳥、斑頭緑擬啄木鳥、黄紋擬啄木鳥、金喉擬啄木鳥、黑眉擬啄木鳥、藍喉擬啄木鳥、藍耳擬啄木鳥、赤胸擬啄木鳥，啄木鳥科的蟻鴷、斑姬啄木鳥、白眉棕啄木鳥、栗啄木鳥、鱗腹啄木鳥、花腹啄木鳥、鱗喉啄木鳥、灰頭啄木鳥、紅頸啄木鳥、大黄冠啄木鳥、黄冠啄木鳥、金背三趾啄木鳥、竹啄木鳥、大灰啄木鳥、黑啄木鳥、大斑啄木鳥、白翅啄木鳥、黃頸啄木鳥、白背啄木鳥、赤胸啄木鳥、棕腹啄木鳥、紋胸啄木鳥、小斑啄木鳥、星頭啄木鳥、小星頭啄木鳥、三趾啄木鳥、黃嘴栗啄木鳥、大金背啄木鳥；

　　雀形目三百九十三種，分別是百靈科的歌百靈、蒙古百靈、雲雀、小雲雀、角百靈，燕科的褐喉沙燕、崖沙燕、岩燕、純色岩燕、家燕、洋斑燕、金腰燕、斑腰燕、白腹毛脚燕、烟腹毛脚燕、黑喉毛脚燕，鶺鴒科的山鶺鴒、黃鶺鴒、黃頭鶺鴒、灰鶺鴒、白鶺鴒、日本鶺鴒、印度鶺鴒、田鷚、平原鷚、布萊氏鷚、林鷚、樹鷚、北鷚、草地鷚、紅喉鷚、粉紅胸鷚、水鷚、山鷚，山椒鳥科的大鵑鵙、暗灰鵑鵙、粉紅山椒鳥、小灰山椒鳥、灰山椒鳥、灰喉山椒鳥、長尾山椒鳥、短嘴山椒鳥、赤紅山椒鳥、褐背鶺鵙、鈎嘴林鵙，鵯科的鳳頭雀嘴鵯、領雀嘴鵯、紅耳鵯、黃臀鵯、白頭鵯、臺灣鵯、白喉紅臀鵯、黑短脚鵯，太平鳥科的太平鳥、小太平鳥，伯勞科的虎紋伯勞、牛頭伯勞、紅背伯勞、紅尾伯勞、荒漠伯勞、栗背伯勞、棕背伯勞、灰背伯勞、黑額伯勞、灰伯勞、楔尾伯勞，黃鸝科的金黃鸝、黑枕黃鸝、朱鸝、鵲色鸝，捲尾科的黑捲尾、灰捲尾、鴉嘴捲尾、古銅色捲尾、髮冠捲尾、小盤尾、大盤尾，椋鳥科的灰頭椋鳥、灰背椋鳥、紫背椋鳥、北椋鳥、粉紅椋鳥、紫翅椋鳥、黑冠椋鳥、絲光椋鳥、灰椋鳥、黑領椋鳥、紅嘴椋鳥、斑椋鳥、家八哥、八哥、林八哥、白領八哥、金冠樹八哥、鷯哥，鴉科的黑頭噪鴉、短尾綠鵲、藍綠鵲、紅嘴藍鵲、臺灣藍鵲、灰喜鵲、喜鵲、灰樹鵲、白尾地鴉、禿鼻烏鴉、達烏里寒鴉、渡鴉，岩鷚科的棕眉山岩鷚、賀蘭山岩鷚，鶇科的栗背短翅鶇、銹腹短翅鶇、日本歌鴝、紅尾歌鴝、紅喉歌鴝、藍喉歌鴝、棕頭歌鴝、金胸歌鴝、黑喉歌鴝、藍歌鴝、紅脅藍尾鴝、棕腹林鴝、臺灣林鴝、鵲鴝、賀蘭山紅尾鴝、北紅尾鴝、藍額長脚地鴝、紫寬嘴鶇、綠寬嘴鶇、白喉石䳭、黑喉石䳭、黑白林鵖、臺灣紫嘯鶇、白眉地鶇、虎斑地鶇、黑胸鶇、灰背鶇、烏灰鶇、棕背黑頭鶇、褐頭鶇、白腹鶇、斑鶇、白眉歌鶇、寶興歌鶇、劍嘴鶥、麗星鷯鶥、楔頭鷯鶥、寶興鶥雀、矛紋草鶥、大草鶥、棕草鶥、黑臉噪鶥、白喉噪鶥、白冠噪鶥、小黑領噪鶥、黑領噪鶥、條紋噪鶥、白頸噪鶥、褐胸噪鶥、黑喉噪鶥、黃腹噪鶥、雜色噪鶥、山噪鶥、黑額山噪鶥、灰翅噪鶥、斑背噪鶥、白點噪鶥、大噪鶥、眼紋噪鶥、灰脅噪鶥、棕噪鶥、栗頸噪鶥、斑胸噪鶥、畫眉、白頰噪鶥、細紋噪鶥、藍翅噪鶥、純色噪鶥、橙翅噪鶥、灰腹噪鶥、黑頂噪鶥、玉山噪鶥、紅頭噪鶥、麗色噪鶥、赤尾噪鶥、紅翅藪鶥、灰胸藪鶥、黃痣藪鶥、銀耳相思鳥、紅嘴相思鳥、棕腹鵙鶥、灰頭斑翅鶥、臺灣斑翅鶥、金額雀鶥、黃喉雀鶥、棕頭雀鶥、棕喉雀鶥、褐頂雀鶥、白耳奇鶥、褐頭鳳鶥、紅嘴鴉雀、三趾鴉雀、褐鴉雀、斑胸鴉雀、點胸鴉雀、白眶鴉雀、棕翅緣鴉雀、褐翅緣鴉雀、暗色鴉雀、灰冠鴉雀、黃額鴉雀、黑喉鴉雀、短尾鴉雀、黑眉鴉雀、紅頭鴉雀、灰頭鴉雀、震旦鴉雀、山鶥，鱗頭樹鶯、巨嘴短翅鶯、斑背大尾鶯、北蝗鶯、矛斑蝗鶯、大葦鶯、黑眉葦鶯、細紋葦鶯、嘰咋柳鶯、東方嘰咋柳鶯、林柳鶯、黃腹柳鶯、棕腹柳鶯、灰柳鶯、褐柳鶯、烟柳鶯、棕眉柳鶯、巨嘴柳鶯、橙斑翅柳鶯、黃眉柳鶯、黃腰柳鶯、甘肅柳鶯、四川柳鶯、灰喉柳鶯、極北柳鶯、烏嘴柳鶯、暗綠柳鶯、雙斑綠柳鶯、灰脚柳鶯、冕柳鶯、冠紋柳鶯、峨眉柳鶯、海南柳鶯、白斑尾柳鶯、黑眉柳鶯、戴菊、臺灣戴菊、寬嘴鶲鶯、鳳頭雀鶯、白喉林鶲、白眉姬鶲、黃眉姬鶲、鴝姬鶲、紅喉姬鶲、棕腹大仙鶲、烏鶲、灰紋鶲、北灰鶲、褐胸鶲、壽帶、紫壽帶、大山雀、西域山雀、綠背山雀、臺灣黃山雀、黃頰山雀、黃腹山雀、灰藍山雀、煤山雀、黑冠山雀、褐冠山雀、沼澤山雀、褐頭山雀、白眉山雀、紅腹山雀、雜色山雀、黃眉林雀、冕雀、銀喉長尾山雀、紅頭長尾山雀、黑頭長尾山雀、銀臉長尾山雀，鳾科的淡紫鳾、巨鳾、麗鳾、滇鳾，太陽鳥科的紫頰直嘴太陽鳥、黃腹花蜜鳥、紫花蜜鳥、藍枕花蜜鳥、黑胸太陽鳥、黃腰太陽鳥、火尾太陽鳥、藍喉太陽鳥、綠喉太陽鳥、叉尾太陽鳥、長嘴捕蛛鳥、紋背捕蛛鳥，繡眼鳥科的暗綠繡眼鳥、紅脅繡眼鳥、灰腹繡眼鳥，文鳥科的樹麻雀、山麻雀、栗腹文鳥，雀科的燕雀、金翅雀、黃雀、白腰朱頂雀、極北朱頂雀、黃嘴朱頂雀、赤胸朱頂雀、桂紅頭嶺雀、粉紅腹嶺雀、大朱雀、擬大朱雀、紅胸朱雀、暗胸朱雀、赤朱雀、沙色朱雀、紅腰朱雀、點翅朱雀、棕朱雀、酒紅朱雀、玫紅眉朱雀、紅眉朱雀、曙紅朱雀、白眉朱雀、普通朱雀、北朱雀、斑翅朱雀、藏雀、松雀、紅交嘴雀、白翅交嘴雀、長尾雀、血雀、金枕黑雀、褐灰雀、灰頭灰雀、紅頭灰雀、灰腹灰雀、紅腹灰雀、黑頭蠟嘴雀、黑尾蠟嘴雀、錫嘴雀、朱鵐、黍鵐、白頭鵐、黑頭鵐、褐頭鵐、栗鵐、黃胸鵐、黃喉鵐、黃鵐、灰頭鵐、硫黃鵐、圃鵐、灰頸鵐、灰眉岩鵐、三道眉草鵐、栗斑腹鵐、栗耳鵐、田鵐、小鵐、黃眉鵐、灰鵐、白眉鵐、藏鵐、紅頸葦鵐、葦鵐、蘆鵐、藍鵐、鳳頭鵐、鐵爪鵐、雪鵐，等等。

（二）"三有禽鳥"的生存狀況

鳥類的生存和地球上所有生物一樣，面臨種種困難。工業革命後，人們盲目追求"經濟增長"，以滿足人們不斷膨脹的消費需求。於是，千方百計地發展生產，提高經濟增長速度，毫無節制地開發自然資源，致使森林面積減小，濕地萎縮，生態環境惡化。不僅給人類社會和經濟持續發展造成困難，也危及地球上所有生物的生存和發展。不少依賴森林與濕地生存的物種業已從地球上消失滅絕，還有不少生物種類，因生境惡化難以生存而在生死綫上掙扎，面臨瀕危、滅絕的危險。禽鳥是生物界極其活躍的物種，它們也難逃生物界共同面臨的生存困境。特別是“三有禽鳥”，它們的數量本就不多，又因爲它們有益、有重要經濟和科學研究價值，所以更容易受到傷害，生存狀態更不容樂觀。“三有禽鳥”由於種類不同，它們所面臨的困境與生存狀況是不一樣的。有些分布區域狹窄、零星分散，難以形成較大的種群，抗禦不利因素的影響，保持種群的生存發展；有的種類生存環境改變或惡化，它們難以適應，以致野外種群數量鋭減，從而幾近瀕危；有些禽鳥由於環境惡化，食物短缺，而使生存困難，面臨瀕危險境；還有一些禽鳥食用價值與經濟價值極高，歷來被當作獵用禽常遭獵捕，數量也在大幅度減少；另一些禽鳥，生性怯懦，性警懼人，極易受擾，終日惶惶，也難正常生長，種群極難壯大；還有少數禽鳥遷徙路途遥遠，生存環境變异過大，且路途遭險概率過高，極易受到傷害。除此之外，還有諸多無法預料的困難。凡此種種，都會給“三有禽鳥”的生存造成困難，使它們的生息發展受到威脅。

　　“三有禽鳥”種類頗多，總體分布亦較廣泛，但具體到某一種，則分布區相對比較零星分散，狹窄斷續，且生境不良，生存狀況堪憂。譬如，白尾鸏（*Phaethon lepturus*）爲鸏形目鸏科大型游禽，我國僅見於臺灣地區，分布範圍極其狹小，極類似於孤島式分布。小絨鴨（*Polysticta stelleri*）爲雁形目鴨科中型游禽，衹有黑龍江、烏蘇里江偶然可見到，分布範圍雖然連續但狹窄，不利於種群發展。醜鴨（*Histrionicus histrionicus*）亦雁形目鴨科中型游禽，僅在越冬期見於東北少數地區，分布地零星分散，同樣不利於種群發展。松鷄（*Tetrao urogallus*）是鷄形目松鷄科大型鶉鷄類禽鳥，爲新發現種，且僅見於新疆北部地區，分布區域極其狹窄，甚至極少有記載，種群狀況不甚明瞭，生存狀況令人擔憂。雪鶉指名亞種（*Lerwa lerwa lerwa*）爲鷄形目雉科大型鶉鷄類禽鳥，僅見於藏南，四川亞種（*L.l.major*）見於四川康定與雲南西北部少數地區，甘肅亞種（*L.l.callipygia*）分布於甘南與川北海拔 3000～5000 米的針葉林、針闊葉混交林以及高山灌木叢中，分布區狹窄且條件惡劣，對種群發展極其不利。白頂玄鷗福建亞種（*Anous stolidus pileatus*）爲鷗形目鷗科中型游禽，僅見於臺灣海峽及東部海島，棲息於海岸岩礁或遠海小島，分布亦極狹窄，種群發展空間過小，生存極其艱難。楔尾鷗（*Rhodostethia rosea*）爲鷗形目鷗科小型游禽，僅見於遼寧大連，分布地域狹小孤立，種群難以發展壯大。紫金鵑我國僅存其雲南亞種（*Chalcites xanthorhynchus limborgi*），爲鵑形目杜鵑科小型攀禽，此亞種僅見於滇西北及南部西雙版納地區（留鳥），且數量極少，分布零散，野外種群極難發展。黑頂蛙嘴夜鷹（*Batrachostomus hodgsoni*）爲夜鷹目蟆口鴟科中型攀禽，其雲南亞種祇分布於雲南西部溝壑邊緣之樹林中，分布地域狹小分散，不利於種群發展。短嘴金絲燕（*Collocalia brevirostris*）爲雨燕目雨燕科小型攀禽，其西藏亞種見於藏南部分地區，雲南亞種見於滇西南，四川亞種偶見於川東、鄂西北及黔北地區，各亞種在各自分布區内孤立分散生存，極難有較大發展。紅腹咬鵑（*Harpactes wardi*）爲咬鵑目咬鵑科中型攀禽，零星分布於雲南西北部，分散分布，十分不利於野外種群發展。黄喉蜂虎（*Merops apiaster*）爲佛法僧目蜂虎科中小型攀禽，常年栖息於新疆北部及西部天山地區，分布區過於狹小，且生存條件惡劣，種群數量不斷減少。蟻鴷（*Jynx torquilla*）是鴷形目啄木鳥科小型攀禽，其西藏亞種見於藏南地區極其高寒惡劣的環境，生存條件嚴酷，野外種群極難發展。寶興鶥雀（*Moupinia poecilotis*）爲雀形目鶲科小型鳴禽，屬我國特産鳥，因産四川寶興而得名，分布於川西、川北地區，亦偶見於麗江山區，分布極狹窄而分散，野外種群數量極難有較大發展。紫頰直嘴太陽鳥（*Anthreptes singalensis*）爲雀形目太陽鳥科小型鳴禽，僅分布於雲南西部和南部西雙版納地區，分布區過於狹小孤立，野外種群勢難有較大發展。黍鵐（*Emberiza calandra*）爲雀形目雀科鵐屬小型鳴禽，僅分布於新疆天山地區，偶見於喀什地區，極其稀少罕見，幾近瀕危，野外種群之恢復、發展均面臨極大困難。僅從上述幾種鳥類分布狀況看來，"三有禽鳥"的分布有着致命的危險。由於分布區域狹窄、分散呈斑塊狀，加之生境惡化，食物短缺，更使其生存難度加大，種群發展困難，以致數量逐漸減少，面臨瀕危甚至滅絕之困境。

　　還有一些禽鳥栖息地面積減小，生境惡化，生存困難，以致野外種群數量銳減，也面臨瀕危或絶迹的危險。如灰斑鴴（*Pluvialis squatarola*）爲鴴形目鴴科小型涉禽，由於濕地萎縮，生境惡化，食物減少，野外種群數量迅速下降。同科的劍鴴（*Charadrius hiaticulia*）亦屬小型涉禽，分布雖幾遍全國，但其常栖息的河湖、海濱、水田、沼澤、水庫、河漫灘等濕地環境面積縮小，污染嚴重，生境惡化，目前野外種群數量大幅度下降。黑尾塍鷸（*Limosa limosa*）爲鴴形目鷸科小型涉禽，分布於新疆、内蒙古等地，栖息於沼澤濕地及水域周圍草甸地帶，近年來亦因上述原因而使種群數量連年下降。大鳳頭燕鷗（*Thalasseus bergii*）爲鷗形目鷗科中型涉禽，我國分布其東南亞種，見於福建、廣東、浙江、海南、臺灣等地，栖息於河口、港灣以及沿海島嶼周圍，由於港灣水域污染，生境惡化，食物短缺且已被污染，大鳳頭燕鷗食後往往中毒而死，野外種群數量明顯下降。毛腿沙雞（*Syrrhaptes paradoxus*）爲鴿形目沙雞科中型鳩鴿類禽鳥，主要分布區爲西北、東北等地，由於土地沙化，植被破壞，加之亂捕濫獵，致使其種群數量急劇下降。緑翅金鳩（*Chalcophaps indica*）是鴿形目鳩鴿科小型禽鳥，其指名亞種分布於雲南、兩廣及海南、臺灣等地，由於環境惡化，食物難覓，正面臨種群數量下降，逐漸步入瀕危境地。巨嘴短翅鶯（*Bradypterus major*）爲雀形目鶯科小型鳴禽，僅見於新疆西部英吉沙南部山區，其栖息地域環境十分嚴酷，嚴寒乾旱，食物不足，生存極其艱難，野外種群已極難尋覓。雪鵐（*Plectrophenax nivalis*）爲雀形目雀科小型鳴禽，我國分布其北方亞種，見於新疆天山、東北北部博克圖、呼瑪、興凱湖，栖息於海濱樹林、懸崖及溪流沿岸懸岩上，生境本就惡劣，又加環境破壞，其野外種群數量已大幅下降。生境惡化已嚴重影響到“三有禽鳥”的生存。

如前所述，一些禽鳥因肉質肥美可食，而成了人們獵捕的對象。如鸊鷉類（*Podiceps ssp.*）、鴨雁類（*Anas ssp.*，*Anser ssp.*）、骨頂雞（*Fulica atra*）、鷸類（如白腰杓鷸 *Numenius arquata*）、沙錐類（*Gallinago ssp.*）、鴴類（如金鴴 *Pluvialis fulva*，鳳頭麥雞 *Vanellus vanellus*）、鶉雞類（如環頸雉 *Phasianus colchicus*，石雞 *Alectoris chukar*，中華鷓鴣 *Francolinus pintadeanus*，花尾榛雞 *Tetrastes bonasia*，勺雞 *Pucrasia macrolopha*）、鳩鴿類（珠頸斑鳩 *Streptopelia chinensis*，岩鴿 *Columba rupestris*）。這些禽類有些原來數量并不稀少，但隨着獵捕數量增加，逐漸變得稀少難見，而那些原本數量不多的禽鳥，則更是稀缺難覓。

多數禽鳥都有各自的生存空間和領域範圍，不願其他生物入侵自己的領域，這是極其普遍的現象。更有一些禽鳥生性怯懦，性警懼人，或惶惶終日，或步步畏縮，生活在極度緊張之中，給它們覓食、交配、築巢、産卵、孵化、撫育幼禽等活動，都帶來許多麻煩，致使生息繁衍不能正常進行，以致影響其野外種群發展，數量不斷下降。比如鴴形目彩鷸科的彩鷸（*Rostratula benghalensis*）常栖息於各類水域附近草叢、蘆葦叢、稻田或灌木林中。由於性怯，常單獨或結小群於晨昏或夜間活動，而又時常遭遇人爲干擾及天敵危害，覓食、繁殖都受到不利影響，致使野外種群數量不斷下降。鴴形目反嘴鷸科鷸嘴鷸（*Ibidorhyncha struthersii*）喜栖息於河流沿岸沙石灘地、草叢中，性怯而機敏，終日在尋覓躲藏中度日，緊張而焦慮，加之人類社會發展，人口膨脹，活動頻繁，使鵗嘴鷸正常生活受到干擾，對其生長與繁衍都有不利影響，致使其野外種群數量也在不斷下降。雀形目鶺鴒科小型鳴禽田鷚（*Anthus novaeseelandiae*）分布廣，數量多，但也性警懼人，生活并非無慮。雀形目和平鳥科小型鳴禽和平鳥（*Irena puella*），其指名亞種僅見於雲南南部及東南部，性怯畏人，常躲避於海拔 1100 米以下針闊葉混交林附近，極少敢於外出活動，故其野外種群數量也在不斷下降。

再有一些禽鳥數量不少，亦不懼人，還常常生活在人口稠密處，如雀形目山雀科大山雀（*Parus major*），爲山雀屬小型鳴禽，經常見於山地林內、林緣耕地及村舍或城市庭院內，常以松毛蟲、刺蛾、金龜子、蝽象、瓢甲等昆蟲爲食。由於人們常在農田、林地及村舍附近使用農藥殺蟲，而大山雀又常誤食受毒昆蟲，因二次中毒而被傷害，這是經常發生的現象。特別是使用農藥在草原大面積滅鼠或用飛機噴灑農藥防治草原害蟲時，生活在草原上的禽鳥，不可避免地會受到農藥傷害，也會出現鳥類因誤食受毒害鼠、害蟲或飲用污染河水而中毒死亡現象，草原禽鳥生存也同樣受到威脅。

候鳥是隨季節不同定時遷徙而改變其栖息地區的鳥類。我國候鳥極多，人們會經常看到各類禽鳥匆忙來去往返於天空。不同的鳥類遷徙的路徑、時間、所經地域環境各不相同，但遷徙的過程并不輕鬆安全，它們會遇到來自自然界或人類造成的多種麻煩。尤其是那些遷徙路徑特別長的禽鳥，所面臨的困難就愈多。鴴形目鷸科小型涉禽闊嘴鷸（*Limicola falcinellus*），其指名亞種繁殖於東西伯利亞地區，遷徙時見於我國新疆和東北全境，再經河北、山東、江蘇、福建，而達於廣東、海南、臺灣等地越冬。遥遥上萬里路程，途經寒溫帶、溫帶、亞熱帶、熱帶等不同地帶，各地環境千差萬別，路途風險可想而知。鐵爪鵐（*Calcarius lapponicus*）是雀形目雀科小型鳴禽，分布於東北大、小興安嶺一帶，遷徙時游蕩於東北、華北及黃淮等地。途經之處不僅環境惡劣，還常遭人們張網獵捕，生存亦受威脅。闊嘴鷸、鐵爪鵐雖是比較典型的個例，但多數候鳥遷徙時所經遇的困難和面臨的危險基本是相同的，遷徙所帶來的危害同樣也給禽鳥生存帶來威脅。

總之，"三有禽鳥"的生存環境并不理想，對它們的生存、發展構成威脅的因素又是多種多樣的。因此，我們必須采取積極措施，全民總動員，全社會齊努力，保護好"三有禽鳥"和所有的生物種類。

三、保護"三有禽鳥"的意義與主要措施

　　鳥類是地球生物大家庭的重要成員之一，與人類的生息發展息息相關。"三有禽鳥"又是禽鳥大家族中最有價值的部分。因此，保護好這些禽鳥具有特別重要的意義。

　　如前所述，"三有禽鳥"是指"有益的或有經濟、科學研究價值的禽鳥"。保護好這些禽鳥，自然會有較高的經濟效益，這是顯而易見的，無須再作詳細説明。我們要説的是，保護"三有禽鳥"還具有重要的社會效益，而且社會效益要遠遠大於經濟效益。因爲保護動物早已被世界人民看作經濟發達、民族昌盛、社會文明的標志。一個愛鳥、護鳥的國度，將受到各國人民的尊敬，這種褒獎是無法用經濟價值考量的。另外保護"三有禽鳥"和所有動物，還有助於形成良好的社會風氣，培養人們的仁愛之心，增强人們的社會責任感。尤其是可以通過愛鳥、護鳥的具體活動，使兒童青少年從小樹立起人與自然和諧相處的信念，正確認識人與自然的關係，擺正人類在自然界的位置，明確人類在地球大家庭中的責任。這不僅有利於恢復和發展我們中華民族的優良傳統，推進我們民族的偉大復興，也必將促進我們民族的持續發展。保護小小的禽鳥看似是微不足道的小事，却關係到國家、民族的興衰與發展，它的意義是無法估量的。

　　這裏我們要特別提出的是，自然界中生物多樣性的問題。人們都知道，自然界中生物體與生存環境是統一的和相互制約的，生物體與非生物環境共同組成了生態系統。這個生態系統包含兩個主要組成部分：一是非生物環境（如土壤、岩石、水體等基質，太陽能、水、二氧化碳、氧、氮、無機鹽等代謝材料，此外還有其他許多理化因素）；二是生命物質——生物群落。生物群落又因其取得營養與能量的方式及其在系統能量流動與物質循環中所發揮的作用不同，可分成三大類：第一類是有機物質的生產者（包括緑色植物與化能合成細菌）；第二類是消費者（包括各種動物，其中含食草動物與食肉動物）；第三類是分解者與轉化者（包括各種微生物，某些原生動物，小型土壤動物等）。有機物質的生產者又稱第一性生產者，通常指緑色植物，它們通過緑葉（葉緑素），將從空氣中吸收的二氧化碳和從土壤中吸收的水分合成有機質，形成植物體，從而把太陽能轉化并固定爲化學能，貯存於植物體内。消費者也稱爲第二性生產者，即常説的食草動物和人。他們以第一性生產者的產品（植物體）爲食物，通過體内轉化，把植物營養轉化成動物體（或人）有機質儲存於動物體（也包括人）内。因此，他們既是第一性生產者的消費者，又是動物

有機質的生產者。而分解者或轉化者，則是將有機物的生產者（包括第一性和第二性生產者）所生產的有機物加以分解、轉化，最終把所有的有機質再分解成二氧化碳和水，重新歸還自然界，并釋放出所貯存的全部能量，從而完成由無機物—有機物—無機物的轉化。這當中綠色植物、食草動物、食肉動物以及將它們最終分解爲無機物的分解者（微生物），就構成了一種被叫作“食物鏈”的關係。“三有禽鳥”就是其中極其重要的環節。不難理解，生態系統是一個開放系統，能量與物質不斷地輸入、輸出。當物質與能量的消長在較長的時間內趨於相當時，系統的結構與功能便可長時期處於穩定狀態。此時，系統的生產力最高，功能最完善，而且，對於外來的干擾，系統能够通過自身調節（或人爲控制）恢復到系統原初的穩定狀態，這就是人們常説的生態系統的平衡。研究表明，生態系統中生物種群越多，由於物種間的相互影響、相互制約，系統就越穩定。所以生態系統中生物多樣性是維持生態系統平衡最重要的條件。“三有禽鳥”是大自然億萬年進化的結果，它們是鳥類中的佼佼者，也是生態系統中重要的生物組成成分。它們既是消費者，不停地消費綠色植物生產的有機質；同時又是生產者，不斷地爲更高級的消費者生產肉類食品。所以“三有禽鳥”在生態系統中占有重要地位。從目前的情况看，多數“三有禽鳥”野外種群數量極少，生存環境極差，并在不斷惡化之中。一旦它們在生態系統中消失，生態系統的食物鏈環節將被迫中斷或改變原先的形式，從而危及整個生態系統的穩定，造成無法挽回的損失。因此，保護“三有禽鳥”就是維持生態系統的生物多樣性，也就是保持生態系統的穩定，這是我們面臨的極其緊迫的任務。

　　新中國成立後，特別是改革開放後，國家在野生動物保護工作中，做了大量工作。1988 年 11 月 8 日第七屆全國人民代表大會常務委員會第四次會議討論通過了《中華人民共和國野生動物保護法》。1992 年 3 月 1 日，國務院批准實施《中華人民共和國陸生野生動物保護實施條例》。1994 年 6 月 28 日，國家工商行政管理局發布了《關於授予縣級以上陸生野生動物行政主管部門行政處罰權的函》。1998 年 4 月 29 日，第九屆全國人民代表大會常務委員會第二次會議修改通過了《中華人民共和國森林法》。1988 年 12 月 10 日，國務院批准并頒布了《國家重點保護野生動物名錄》。2000 年 8 月 1 日，國家林業局第七號令發布了《國家保護的有益的或者有重要經濟、科學研究價值的陸生野生動物名錄》（即“三有名錄”）。2000 年 11 月 17 日，最高人民法院審判委員會第 1141 次會議通過了《最高人民法院關於審理破壞野生動物資源刑事案件具體應用法律若干問題的解釋》。全國各省、市、自治區也都頒布了各地方《實施中華人民共和國野生動物保護法辦法》，擬定了各地方"野生動物保護名録"和相應的"實施辦法"等。此外，《中華人民共和國刑法》《中華人民共和國海關法》《中華人民共和國對外貿易法》等，也都就保護野生動物作了相關規定。此間國家環境保護局和中華人民共和國瀕危物種科學委員會，還編輯出版了《中國瀕危動物紅皮書》。這些都促進了野生動物保護工作逐步納入法治化軌道，對野生動物保護工作都起到推動作用。中央和地方多次開展"愛鳥周"活動，印發、出版各種普及愛鳥知識的圖書資料，在社會上起到了良好的作用，引起了社會廣泛的注意。愛鳥、護鳥正在成爲人們的自覺行爲，成爲全社會的良好風氣。

雖然國家做了大量野生動物保護工作，但是我們今後面臨的任務還相當艱巨複雜，還需要做更加具體細緻的工作。因爲今後的野生動物保護工作，不全等同於以往常識上的動物保護，這是一項全新的工作，也是一門正在發展中的新興科學學科，它涉及動物學、畜牧學、動物行爲學、生態學、環境學、公共衛生學等多個學科，同時還與法學、倫理學、社會學相關聯，涉及社會生活的方方面面，還將要相沿於世世代代。

首先，還要大力開展宣傳工作，把保護野生動物的目的、意義，保護的物種、種類，保護野生動物的法律、法規、實施辦法等，采取一切可以利用的手段，大力宣傳，在全社會營造出一種保護野生動物的氛圍，逐漸把愛鳥、護鳥培養成人們發自内心的自覺意識，形成自覺行爲。"三有禽鳥"這個概念，目前知之者甚少，對於保護它們的意義，它們目前的種群數量、生存狀況要加以宣傳，把它們是"有益的或有經濟、科學研究價值的禽鳥"，對我們的經濟社會發展有重要意義的情況，如實宣傳清楚，調動起人們愛護"三有禽鳥"的積極性。

其次，還應該進一步完善"三有禽鳥"保護的相關法律、法規，以及與之配套的實施細則，使依法保護"三有禽鳥"的工作真正落到實處。

除此之外，就是針對"三有禽鳥"目前的生存狀況，有的放矢地開展具體保護工作。

第一要儘快建立一批"三有禽鳥"保護區，這是目前國際上普遍采取的保護手段，也是我們保護工作的當務之急。其目的是保護好"三有禽鳥"的栖息地，嚴禁采伐森林樹木，禁止水域、濕地隨意開發，杜絶捕獵和違法開發利用鳥類資源，使"三有禽鳥"有一個適宜的生存環境，改善其目前的生存狀況，使野外種群儘快得以恢復。

第二要做好"三有禽鳥"生境保護和改善。所謂"生境（habitat）"是指野生動物分布地域内的栖息、活動、生長、發育、築巢、繁衍所處的生態環境。它和林學中的"立地"一詞含義相當。我們知道，所有的野生動物原始時期都有一個最適宜、最完整的生境，在這種生境中野生動物正常地生存，健康地發展，野生種群龐大而又穩定。由於人類的活動，特別是人類爲了自身的需要，無節制地開發自然資源，破壞生態環境，使野生動物的原始生存環境遭到嚴重破壞，以致野生動物的生境退化，生境斷裂，甚至生境喪失，致使野生動物的生存受到嚴重威脅。人們都知道，森林是禽鳥主要的栖息地，廣袤的林地是野生動物美麗的家園，是各種鳥類的天堂。隨着人類社會發展，森林遭大面積砍伐，許多野生動物失去了家園，無數的禽鳥再也没有了天堂。以華北爲例，史前期山西、河北、京津等地，森林覆蓋率爲 60% ～ 70%，内蒙古的森林覆蓋率也在 40% 以上。至中華人民共和國成立前夕，這裏的森林覆蓋率已下降到 5% 左右。即便這僅存的 5% 林地，也衹是一些殘次天然次生林，生長環境極度惡化，野生動物難以生存，鳥類瀕臨絶境。華東地區歷來是我國經濟最發達、人口最稠密的地區。五千年前這裏的森林資源亦極豐富，山東的森林覆蓋率約爲 46%，福建、浙江、江西、安徽四省的森林覆蓋率爲 60% ～ 70%，臺灣森林最多，覆蓋率高達 80% 以上，江蘇略少些，覆蓋率爲 30% ～ 40%。1949 年中華人民共和國成立前，上述各省森林覆蓋率分别降到：山東約 2%，江蘇約 26%，浙江約 39%，福建約 48%，江西約 35%，臺灣約 55%。中南地區，除河南外均屬亞熱帶季風氣候區，氣温高，雨量豐沛，適合各種植物生長。原始社會前，中原大地覆蓋着蓊鬱的森林，覆蓋率約在 80% 以上，海南和兩廣地區可達 80% ～ 90%，即便是河南森林覆蓋率也在 63% 左右。到 1949 年前，廣西的森林覆蓋率已由公元前 2700 年的 91%，降到了 8.1%，海南降到了 26%，湖南降到了 22%，湖北降到了 27%，河南降到了 3%。再如西南地區，在公元前 4000 年左右，四川、雲南的森林覆蓋率都在 80% 以上，貴州也不少於 45% ～ 50%，至 1949 年時，上述各地的森林覆蓋率都有不同程度的下降：四川下降到 20%，雲南下降到 40%，貴州下降到 9%，西藏也衹保留到 5.1%。至於東北地區森林覆蓋率則由 5000 年前的 90% 以上，至 1949 年降到 45%，而西北地方則由史前期的 20% 降到不足 2%。數千年來，森林不僅是數量上的演變，而且品質也發生了巨大變化：原始森林變成了天然次生林，複層混交林變成了單層純林，森林環境也發生了難以恢復的改變，許多地方的森林環境，已不再適合森林動物的生長，鳥類生存的三大基本條件——食物、水、隱蔽場所都無法充分滿足。即便有些鳥類生存下來，由於森林面積變小，分布又不均匀，也使依賴森林生存的禽鳥的分布變得孤立、分散，野外種群數量難以有較大的發展。中華人民共和國成立後，開展了大規模植樹造林活動，取得了巨大的成績，使森林覆蓋率恢復到 13% 以上。（以上數據見於中國林學會主編《中國森林的變遷》，中國林業出版社 1997 年版）但這仍然無法滿足鳥類進一步發展的需要。因此，要保護好"三有禽鳥"，我們還要不斷擴大森林面積，提高森林品質，改善森林結構，爲鳥類創造更好的生存環境。濕地是鳥類又一集中生存栖息地，濕地的變遷大體類似於森林的變遷，特別是 20 世紀曾經廣泛開展圍湖造田，海岸帶開發，使濕地面積萎縮，水域污染，生物資源受到破壞，使水禽、候鳥生息繁衍都受到嚴重影響。爲此，要保護"三有禽鳥"，還要保護好目前所有的濕地，要嚴格貫徹相關法律法規，嚴禁隨意開發濕地，不使其面積繼續萎縮，還要杜絕濕地和水域污染，保護好各種水生生物資源，爲"三有禽鳥"提供最適宜的生存環境和充足的、優質的食物。此外，城市、鄉鎮、村落、山地、草原等鳥類栖息地環境也要有所改善。

　　第三要做好"三有禽鳥"的種群保護，這項措施與生境保護有密切關係。因爲"三有禽鳥"的原始生存環境早已不復存在，目前它們栖息的生境多是斑塊狀分布的。於是，"三有禽鳥"不由自主地被分割成許多小種群，這些小種群在空間上被隔離，形成了不連續的"异質種群"。這種"异質種群"，有可能以"個體占據新的斑塊生境建立新局部種群"，從而繼續生存發展；但也有可能以"個體從某個局部種群滅絕"的形式，逐步使小"异質種群"變得更小，甚至逐漸滅絕消失。這兩種發展趨勢，主要取決於斑塊生境被隔離的程度和斑塊生境面積的大小（亦即局部種群數量大小）。當斑塊生境隔離程度越小，斑塊面積越大，種群數量越多時，建群率越高，野生種群恢復的機會就越大。反之，斑塊生境隔離越遠，斑塊面積越小，種群數量越少，建群率就越低，野生種群的恢復就越難，甚至無法恢復而不得不走向瀕危滅絕。因此，爲了保護"三有禽鳥"，應對其野外種群開展全面細緻調查，摸清"三有禽鳥"斑塊生境面積、斑塊生境間距、野外種群數量及鳥類生存狀況，采取有效措施，儘量保持或擴大斑塊面積，逐步縮小斑塊間距，還要保護生境內環境與所有的禽鳥，使種群不斷擴大。這些措施對於處於瀕危狀態的"三有禽鳥"尤其重要。

　　第四要做好個體保護與野外救助工作。野生種群是由個體組成的，要使種群得到恢復，就一定要做好個體保護。"三有禽鳥"中有些禽鳥性怯懼人，喜單獨活動，人們應避免對其干擾，保證它的安全。有些禽鳥築巢困難或不善築巢，人們應該在其栖息地挂設人工鳥巢，爲小鳥築起一個安全的"家"。有的禽鳥受傷，或親鳥已死而幼鳥尚小，應將其送往有關部門，進行救治或人工照料、飼養；一旦傷鳥康復，幼鳥長大，要及時將它們放生，使之回歸大自然。還要將因各種原因遠離其原栖息地的禽鳥放飛，使之回歸自然界，飛還其原來的栖息地。也要注意對鳥類天敵加以防備，設法驅散可能危及鳥類生命安全的各類天敵。把保護、救治一個小鳥，看作拯救整個種群或全體鳥類，從點滴做起，不斷積纍經驗。

第五是要堅決杜絕亂捕濫獵活動。“三有禽鳥”業已列入保護名録，屬於禁獵範圍，應嚴格保護，嚴禁一切獵捕活動。對於非法偷獵者要加强教育，依法嚴格處理，杜絕一切非法的捕獵活動。

第六是要加强科學研究工作，把“三有禽鳥”的保護工作納入依靠科技進步的軌道。目前“三有禽鳥”名録雖已列出，但“三有禽鳥”中許多種類的基本情况人們并非瞭如指掌。譬如，有些禽鳥分布情况還有待調查，有些禽鳥生境尚不十分清楚，還有的禽鳥種群情况人們還知之甚少。要保護“三有禽鳥”，就必須對上述情况廣泛開展調查研究，在此基礎上制定出科學有效的配套措施，使“三有禽鳥”的保護真正落到實處，取得實效。此外，“三有禽鳥”對人類的益處、它們的經濟價值和科學研究價值，對這些問題的研究還有待深入。隨着社會發展，科技進步，以及人類對鳥類及其産品需要的不斷增加，鳥類生物産品的研究開發還有很多工作要做。再有就是要加强國際交流，搞好與周邊國家的銜接，把“三有禽鳥”保護工作與國際環境保護、野生動物保護工作連接在一起，提高我們保護工作的水準。

需要説明的是，影響禽鳥生存發展的因素極多，社會的、生態環境的、鳥類自身的遺傳因素等，涉及方方面面。從純科學角度看，“三有禽鳥”保護也涉及諸如動物學、畜牧學、動物行爲學、獸醫學、植物學、森林學、生態學、環境衛生學，以及社會學、倫理學、法學、行政管理學等學科。所以，“三有禽鳥”保護工作是一項複雜的系統工程，不可能一蹴而就，也不可能單靠哪一項工作獨立搞好鳥類的保護。需要的是統籌安排，合理布局，更需要全民總動員，全社會齊努力，長時間不懈地堅持，纔能取得理想的效果。

本節對“三有禽鳥”的考論，完全是按照 2000 年國家林業局第七號令所公布的“三有名録”進行的。基本按原文順序，以原來的目、科、屬排列。由於篇幅所限，“三有名録”中七百〇七種禽鳥并未全選入本考之中逐一加以考釋。而在“三有名録”中所有的目、科中，以屬爲單元，每屬之中至少選一個或數個代表種加以詳考，該屬中其他種僅於該屬的代表種中作簡單介紹，詳細内容不再多作叙述。本考每種禽鳥依然先後介紹種名、分類歸屬、形態特徵、分布、栖息地環境、生活習性、目前生存狀況、種群特徵、瀕危現狀等。由於作者才疏學淺，叙述中肯定存在不足或疏漏，誠望前輩專家、學者不吝賜教。

紅喉潛鳥

"三有"鳥名。潛鳥目，潛鳥科，紅喉潛鳥（*Gavia stellata* Pontoppidan）。爲潛鳥屬中型游禽。其夏羽自喉至上胸有一栗棕色三角形斑，遠望如紅喉，故得此稱。其野外種群數量極其稀少，遼寧已將其列爲省級重點保護野生動物。原國家林業局已將其列入"三有名録"。另，該屬尚有黑喉潛鳥，又名緑喉潛鳥（*G. arctica* Linnaeus），亦被列入"三有名録"。

小鸊鷉

"三有"鳥名。鸊鷉目，鸊鷉科，小鸊鷉（*Tachybaptus ruficollis* Pallas）。爲鸊鷉屬小型游禽。有較高的經濟價值，并對研究海洋生物環境有一定意義，已列入"三有名録"。詳本卷《習見禽鳥説·游禽考》"鸊鷉"文。

黑頸鸊鷉

"三有"鳥名。鸊鷉目，鸊鷉科，黑頸鸊鷉（*Podiceps nigricollis* Brehm）。爲鸊鷉屬小型游禽。全長25～34厘米。因頭、頸黑色故名。爲著名獵用禽，有較高經濟價值。因環境惡化，加之濫捕，其種群數量下降，吉林、遼寧等地已將其列入省級重點保護野生動物。原國家林業局已將其列入"三有名録"。

黑脚信天翁

"三有"鳥名。鸌形目，信天翁科，黑脚信天翁（*Diomedea nigripes* Audubon）。爲信天翁屬大型游禽。全長76～79厘米。上體暗褐，前額、嘴基周圍白色，眼下、喉灰白色，眼後具白色斑塊；下體灰褐；尾上及尾下覆羽有時均爲白色。嘴、脚均黑色。我國主要分布於浙江、福建、臺灣等地。爲海洋鳥類。以海洋魚類、軟體動物爲食物。對研究海洋生物與環境有重要價值。已列入"三有名録"。詳本卷《習見禽鳥説·游禽考》"信天翁"文。

白額鸌

"三有"鳥名。鸌形目，鸌科，白額鸌（*Puffinus leucomelas* Temminck）。中型游禽。體長42～49厘米。前額、頭頂及頸側白色，具褐色縱紋。上體餘部暗褐色，羽緣灰白色。翅黑褐色。下體純白色。海洋性鳥類。主要分布於太平洋，尤以南太平洋多見；我國海區亦可普遍見到，遼寧、山東、江蘇、浙江、福建、臺灣都有分布。多栖息海濱地帶，能泳、善翔，常於晨昏活動。常在水面作圈狀疾飛，見有魚餌，速潛入水捕食。結群於海岸岩穴中産卵繁殖。本種在學術研究中具有一定價值。已被列入"三有名録"。今亦稱"大水薙鳥""大灰鸌"。另，該屬尚有灰鸌（*P. griseus* Gmelin），分布於臺灣附近洋面；短尾鸌（*P. tenuirostris* Temminck），分布於浙江、臺灣等地。均已列入"三有名録"。

純褐鸌

"三有"鳥名。鸌形目，鸌科，純褐鸌（*Bulweria bulwerii* Jardine et Selby）。小型游禽。爲純褐鸌屬禽鳥。全長不足 30 厘米。全體近黑褐色，翅上有一淡色帶斑；下體色淡，略呈棕褐色。尾楔形，飛行時并呈尖長狀。爲遠海性海鳥，常栖息於熱帶海島峭壁或山麓石屑堆成的沙灘上。喜結群活動。繁殖時亦常結群掘穴產卵，故又名"穴鳥"。亦名"卜威氏海燕"。純褐鸌屬有二種，純褐鸌亦僅偶見於我國，數量稀少，彌足珍貴，亦有一定科學研究價值，故已列入"三有名録"。

白腰叉尾海燕

"三有"鳥名。鸌形目，海燕科，白腰叉尾海燕（*Oceanodroma leucorhoa* Vieillot）。爲叉尾海燕屬小型游禽。全長約 20 厘米。全身暗褐，頭部具黑褐色縱紋。飛羽灰褐，三級飛羽羽緣及大、中覆羽皆黃褐色，而小覆羽爲黑褐色。腰、兩脅、尾上覆羽白色，尾端分成兩叉，故得此名。爲海洋鳥類。我國主要分布於東北黑龍江流域（佳木斯，迷鳥）。栖息於海洋。以水生動物爲食物。其數量稀少，罕見，已被列入"三有名録"。另，同屬尚有黑叉尾海燕（*O.monorhis* Swinhoe），分布於山東、福建、廣東等地海域。栖息於深海。以水生動物爲食物。也被列入"三有名録"。

白尾鸏

"三有"鳥名。鸏形目，鸏科，白尾鸏（*Phaethon lepturus* Daudin）。爲鸏屬大型游禽。體長約 81 厘米。全身大都白色。眼周黑色并向後延伸。翅上有黑色斑，初級飛羽外翈黑色。中央一對尾羽全白色，很長。嘴黃或橙黃色。腳與趾基部亦黃色。主要分布於印度洋、太平洋及大西洋之熱帶與亞熱帶地區。栖息於海洋。我國僅見於臺灣省。據王嘉雄報道（1991 年），1912 年臺灣山區曾捕獲此鳥，另在澎湖、屏東龍鑾潭等處亦曾發現，顯係迷鳥。因其數量極其稀少，已被列入"三有名録"。應予特別保護。本種今亦稱"白尾熱帶鳥""長尾熱帶鳥"。該種共有五個亞種，見於我國臺灣者一個亞種（*Ph.l.dorotheae* Mathews）。

紅臉鸕鷀

"三有"鳥名。鵜形目，鸕鷀科，紅臉鸕鷀（*Phalacrocorax urile* Gmelin）。爲鸕鷀屬大型游禽。全長約 76 厘米。夏羽通體黑色，具綠色光澤。頭頂、後頭各有一冠羽。額、眼周紅色。下體體側具白色斑塊。冬羽則頭無冠羽，下體體側亦無白斑。我國主要分布於遼寧（冬候鳥），亦見於臺灣沿海。栖息於沿海海岸及其鄰近島嶼與附近海洋中。常成小群活動。善泳，善潛水，善飛翔。以魚類爲食物，亦食甲殼類動物。本種我國分布極其稀少，其種群情況尚不甚詳細，很有研究價值，已列入"三有名録"。另，該屬尚有普通鸕鷀（*Ph. carbo* Linnaeus），古省稱"鸕鷀"，亦列入"三有名録"，詳見本卷《習見禽鳥説·游禽考》"鸕鷀"文。又，暗綠背鸕鷀（*Ph. capillatus* Temminck et Schlegel），亦稱"斑頭鸕鷀"。其全身黑而有光澤，背、翼上覆羽銅綠，故得是名。分布於遼寧、河北、山東（夏候鳥）；在福建、浙江越冬；亦見於臺灣（旅鳥）。其數量極其稀少，吉林、遼寧、內蒙古已將其列入省級重點保護野生動物名録。今亦列入"三有名録"。

小軍艦鳥

"三有"鳥名。鵜形目，軍艦鳥科，小軍艦鳥（*Fregata minor* Gmelin）。爲軍艦鳥屬大型游禽。全長約 90 厘米。體羽幾近全黑并具藍色光澤。具顯著紅色喉囊。雌鳥頸部有棕色環帶；喉灰色，胸、腹白色。我國分布其兩個亞種：指名亞種（*F. m.minor*），見於江蘇、浙江、福建、廣東及西沙群島，亦偶見於河北秦皇島、北戴河（夏候鳥）；太平洋亞種（*F. m.palmerstoni*）見於臺灣蘭嶼等地（旅鳥）。栖息於各地沿海及海島。以水生生物爲食物。爲珍稀海洋鳥，野外種群數量稀少，已列入"三有名錄"。另，該屬尚有白斑軍艦鳥（*F. ariel* G.R. Cray），亦大型游禽，長達 80 厘米。雄鳥近於全黑而具光澤，喉囊紅色，脅部白。雌鳥上體黑色，胸、腹白色。分布於福建、西沙群島（夏候鳥），亦見於臺灣海域。其數量極其稀少，對研究海洋環境具有重要意義，亦被列入"三有名錄"。

蒼鷺

"三有"鳥名。鸛形目，鷺科，蒼鷺（*Ardea cinerea* Linnaeus）。爲鷺屬大型涉禽。全長約 100 厘米。頭頂白色，頭二側之黑色羽毛延長成冠羽。上體灰色。下體白色，而前頸下部有數條黑色縱紋（或大斑）。我國分布其二亞種：指名亞種（*A. c.cinerea*），見於新疆西部、北部；普通亞種（*A.c.rectriostris*），幾乎遍布全國。栖息於水田、河邊、沼澤、海灘等地。以水生生物和昆蟲爲食物。蒼鷺爲鷺中最大的鳥，經濟價值極高，除供觀賞外，還有多種用途，并對維持濕地環境的生態平衡具有重要意義。已被列入"三有名錄"。詳本卷《習見禽鳥說·涉禽考》"青鴰"文。另，該屬中的草鷺（*A.purpurea* Linnaeus），亦大型涉禽，體長達 76 ～ 100 厘米。頭藍黑，上體大都暗褐，腰部披黃栗色垂羽，腹部中央藍黑而兩側紅栗色。我國僅分布其普通亞種（*A.p.manilensis*），見於黑龍江、河北、陝西、甘肅、四川（繁殖鳥）；雲南（留鳥）以東各省；亦見於廣東、海南、臺灣（冬候鳥）。其野外種群稀少，已極罕見，亦被列入"三有名錄"。

綠鷺

"三有"鳥名。鸛形目，鷺科，綠鷺（*Butorides striatus* Linnaeus）。爲綠鷺屬中型涉禽。全長 44 ～ 52 厘米。額、頭頂、枕、冠羽綠黑色，頸、上體灰綠色，腰、尾下覆羽黑灰色。背、肩披有長而窄的青銅色矛狀羽。頦、喉白色，胸、脅灰色。我國分布其三亞種。黑龍江亞種（*B.s.amurensis*），見於黑龍江、河北，遷徙時見於山東、江蘇、安徽、福建而達南方各地越冬；瑤山亞種（*B.s.connectens*），見於長江以南各省，西達四川、雲南，北抵陝西南部（夏候鳥），亦見於廣東（留鳥）；海南亞種（*B.s.javanicus*），見於海南、臺灣等地（留鳥）。常栖息於河畔、塘邊。性孤獨，喜單獨或成對活動，往往見其長時間佇立於淺水之中。以水生生物、昆蟲爲食物。由於環境惡化，加之濫捕，其種群數量下降，且無改善之狀。目前遼寧、吉林等地已將其列入省級重點保護野生動物名錄。今亦列入"三有名錄"，要求各地予以認真保護。

池鷺

"三有"鳥名。鸛形目，鷺科，池鷺（*Ardeola bacchus* Bonaparte）。爲池鷺屬中等涉禽。有較高的經濟價值。由於環境污染，生境惡化，其分布範圍逐漸萎縮，種群數量下降，已極少覓見。吉林已將其列入省級重點保護野生動物名録。今亦列入“三有名録”。詳本卷《習見禽鳥説·涉禽考》“鵁鶄”文。

牛背鷺

“三有”鳥名。鸛形目，鷺科，牛背鷺（*Bubulcus ibis* Linnaeus）。爲牛背鷺屬中型涉禽。全長 50 ~ 52 厘米。夏羽大都通體乳白色，頭、頸、喉及背部中央橙黄而呈蓑羽狀。冬羽全身蓑羽脱落而成白色，僅頭頂部保留一些橙黄。該種因喜停息於耕牛或其他家畜脊背覓食家畜體毛間虱類而得名。我國分布於陝西、四川、西藏以南各地（夏候鳥），亦見於臺灣（冬候鳥）。常栖息於稻田、沼澤、荒地上。成對或結小群活動。以水生動物、昆蟲爲食物。牛背鷺經濟價值極高，肉、卵可食；羽毛可供飾物；它嗜食家畜體上寄生蟲與農業害蟲，對保護牲畜健康，消滅農作物害蟲具有重要意義，而其數量日漸稀少，故已被列入“三有名録”。

中白鷺

“三有”鳥名。鸛形目，鷺科，中白鷺（*Egretta intermedia* Wagler）。爲白鷺屬中型涉禽。全長 62 ~ 70 厘米。通體白色。背上蓑羽向後延伸超過尾端。前胸簇生短蓑羽，非繁殖季節蓑羽全部脱落。眼先黄色、嘴黑色。我國分布其二亞種：指名亞種（*E. i.intermedia*），見於四川以東，長江中下游以南地區，向北可抵河南信陽（旅鳥，夏候鳥）；亦罕見於豫北、北京、甘肅蘭州；冬季有少數留居廣東、海南。雲南亞種（*E.i.palleuca*），僅見於雲南西雙版納及蒙自（留鳥）。常栖息於稻田、河灘、沼澤、海岸帶。喜結小群活動，甚至與牛背鷺混合成群活動。以小型動物、昆蟲爲食物。中白鷺羽色美麗，形態優雅，是著名觀賞鳥，其蓑羽亦名貴飾品，經濟價值極高。由於環境惡化，又加長期遭受濫捕，致使其種群數量下降，已近罕見。故已被列入“三有名録”。另，該屬尚有大白鷺（*E. alba* Linnaeus）、小白鷺（*E. garzetta* Linnaeus），亦均爲著名觀賞鳥，種群數量亦極稀少，均已列入“三有名録”，并被録入《中國瀕危動物紅皮書·鳥類》。詳本卷《習見禽鳥説·涉禽考》“鷺鳿”“白鷺²”文。

夜鷺

“三有”鳥名。鸛形目，鷺科，夜鷺（*Nycticorax nycticorax* Linnaeus）。爲夜鷺屬中型涉禽。全長 50 ~ 62 厘米。額、眼先、眉紋、冠羽白色，頭、枕、後頸至背墨緑而有光澤，上體餘部、頸側灰色。下體白色。分布於新疆南部、東北各地及河北、陝西、四川、雲南以東各省（夏候鳥、留鳥）；亦見於海南（留鳥、冬候鳥）及臺灣（留鳥、旅鳥）。常栖息於平原、低山丘陵之河溪、水塘、稻田、湖沼等處。白晝藏匿於樹林、葦叢中，晨昏、夜晚外出活動，因此得名夜鷺。以小魚、蝦、蛙及昆蟲爲食物。本種有四個亞種，我國僅見其指名亞種（*N. n.nycticorax*），分布雖廣但種群數量不多且情况不詳，東北三省已將其列入重點保護野生動物名録，今亦列入“三有名録”。

栗〔頭〕鳽

“三有”鳥名。鸛形目，鷺科，又名栗頭虎斑鳽（*Gorsachius goisagi* Temminck）。爲虎斑鳽屬中型涉禽。全長 50 厘米。眼先黄緑，額、頭頂黑栗色。枕、後頸、頭、頸之二側栗紅色。

背至尾、翼上覆羽均棕栗色并具黑栗色横紋。下體自喉以下淡黄褐色，具褐色縱紋。我國主要分布於廣東（冬候鳥）及臺灣（旅鳥）。常栖息於海岸、沿江樹叢。由於栖息地環境惡化、水域污染，其種群數量下降，已被列入"三有名録"。另，該屬尚有黑冠鳽（*G.melanolophus* Raffles），亦因生境惡化數量鋭减被録入《中國瀕危動物紅皮書·鳥類》，今亦將其列入"三有名録"。詳本卷《珍稀瀕危禽鳥説·珍稀禽鳥考》"黑冠鳽"文。

黄葦鳽

"三有"鳥名。鸛形目，鷺科，黄葦鳽（*Ixobrychus sinensis* Gmelin）。爲葦鳽屬小型涉禽。全長 35 厘米左右。雄鳥：額至枕及冠羽黑色。頸、背棕紅色。腰及尾上覆羽灰色。尾與外側飛羽黑色。頭側淡棕。頷、喉黄白，頸基有大塊黑斑，下體餘部黄白，而胸側羽緑沾栗色。雌鳥：頭頂栗褐，喉有黄白色中綫，背、胸有暗褐色縱紋。其餘與雄鳥相同。我國主要分布於黑龍江、陝西、甘肅、四川、雲南以東各省及海南、臺灣（留鳥、夏候鳥）。栖息於開闊平原地帶的蘆葦沼澤叢、蒲草叢，以及有開闊水面和大片葦草的湖泊、水庫、水塘、沼澤地帶。喜單獨或成對活動，亦結小群飛翔於沼澤上空。以魚、蝦、兩栖類及水生昆蟲爲食物。鳽類有一定的經濟價值，又對保持濕地生物多樣性，維持自然界生態平衡具有重要意義。由於濕地不合理開發，環境質量下降，致使其數量減少，東北各省及四川已將其列入省級重點保護野生動物名録。今亦列入"三有名録"。另，該屬尚有紫背葦鳽（*I. eurhythmus* Swinhoe）、栗葦鳽（*I. cinnamomeus* Gmelin），亦被四川等省列入重點保護野生動物名録，今亦列入"三有名録"。

黑鳽

"三有"鳥名。鸛形目，鷺科，黑鳽（*Dupetor flavicollis* Latham）。爲黑鳽屬中型涉禽。全長 53 ~ 58 厘米。上體黑而具紫色光輝。頸側橙黄。頷白色，具棕色端斑。胸以下黑褐色。雌鳥背面黑褐而無紫色光澤。腹淡褐，白羽較多。我國分布其二個亞種：指名亞種（*D.f. flavicollis*），見於我國南北，北抵長江中下游（夏候鳥），偶見於河南南部、陝西南部，廣東、海南則爲留鳥；臺灣亞種（*D.f. major*），見於臺灣（留鳥）。常栖息於稻田、溪邊、湖塘、沼澤等地。以水生動物爲食物。黑鳽有一定經濟價值，又對維持濕地生物多樣性和生態環境的穩定性具有重要意義。其數量日益稀少，四川等地已將其列入省級重點保護野生動物名録。今亦列入"三有名録"。

大麻鳽

"三有"鳥名。鸛形目，鷺科，大麻鳽（*Botaurus stellaris* Linnaeus）。爲麻鳽屬中型涉禽。全長約 65 厘米。額、頭枕黑褐色，上背黑色，各羽羽緣棕色，先端黑色，腰棕黄色，具褐色横斑，尾上覆羽灰色而略沾棕色。下體棕黄色而具褐色縱紋。我國主要分布於新疆、黑龍江、遼寧、河北（夏候鳥），而在長江流域及其以南地區越冬，臺灣地區可見其旅鳥。栖息於河灘、沼澤、水邊葦叢中。喜單獨夜出活動。以魚、蛙、水生昆蟲爲食物。對保持濕地生物多樣性和自然界的生態平衡具有重要意義。已被四川等地列入省級重點保護野生動物名録。今亦被列入"三有名録"。

東方白鸛

"三有"鳥名。鸛形目，鸛科，東方白鸛（*Ciconia boyciana* Swinhoe）。爲鸛屬大型涉禽。爲國家一級重點保護野生動物，今亦列入"三有名錄"。詳本卷《珍稀瀕危禽鳥説・瀕危禽鳥考》"東方白鸛"文。

禿鸛

"三有"鳥名。鸛形目，鸛科，禿鸛（*Leptoptilos javanicus* Horsfield）。爲禿鸛屬大型涉禽。對保護環境，維持濕地生態系統的平衡具有重要意義，加之其種群數量稀少，已被列入"三有名錄"。古稱"禿鶖"，詳本卷《習見禽鳥説・涉禽考》"禿鶖"文。

大紅鸛

"三有"鳥名。鸛形目，紅鸛科，大紅鸛（*Phoenicopterus roseus* Pallas）。爲紅鸛屬大型涉禽。全長約 150 厘米。喙側扁而高，上部白色，先端黑色，自中部起向下彎曲，喙邊緣有濾食用的櫛板。頸長，粉紅色，胸、腹紅色，因得此稱。分布於各大洲及大西洋含碱淺水水域。我國於 1997 年在新疆發現大紅鸛，其種群情況尚不甚明瞭。已被列入"三有名錄"。

黑雁

"三有"鳥名。雁形目，鴨科，黑雁（*Branta bernicla* Linnaeus）。爲黑雁屬中型游禽。全長約 62 厘米。上體灰褐色，頭、胸、上腹近於黑褐，喉下有一白色橫斑并達頸側。翼上小覆羽灰色，翼尖黑色。尾羽黑褐，其兩側及尾下覆羽白色。上腹灰褐，後腹白色。本種有四亞種，見於我國者僅其東方亞種（*B. b. orientalis*），分布於吉林、遼寧（冬候鳥），亦見於山西北部、山東沿海，向南可抵福建、臺灣。栖息於沿海、湖泊、河口、沼澤地帶。喜結群活動，善翔，善泳，善奔。以海藻、水生植物及無脊椎動物爲食。黑雁在我國種群數量極其稀少，珍貴罕見，吉林、遼寧已將其列入省級重點保護野生動物名錄。今亦列入"三有名錄"。

斑頭雁

"三有"鳥名。雁形目，雁科，斑頭雁（*Anser indicus* Latham）。爲雁屬大型游禽。全長 67 ~ 85 厘米。頭、頸側白色，後頸有兩道黑色帶斑。背灰褐而略沾棕紅色，羽緣淡色。腰側及最長的尾上覆羽白色。尾羽灰褐色，先端白色，羽緣棕黃。頦、喉污白色，前頸棕褐，胸、上腹灰棕，下腹、尾下覆羽污白，脅暗灰，羽端淺棕。我國分布於新疆、青海、西藏、甘肅、内蒙古（繁殖鳥），遷徙時可見於河北、陝西、四川、雲南等地，越冬地則在貴州、湖南等地。栖息於高原湖泊及其附近草灘上，遷徙時群栖河漫灘。以植物與小型動物爲食物。斑頭雁爲我國青藏高原地區特産鳥，青藏各地均曾有馴養此鳥習慣，其形體優美，可用於觀賞，具有較高的經濟價值。目前其野生種群數量稀少，已列入"三有名錄"。另，同屬中尚有鴻雁（*A. cygnoides* Linnaeus）、豆雁（*A. fabalis* Latham）、灰雁（*A. anser* Linnaeus）、雪雁（*A. caerulescens* Linnaeus），亦列入"三有名錄"，詳本卷《習見禽鳥説・游禽考》"鴻雁""豆雁""灰雁""雪雁"文。此外，尚有小白額雁（*A. erythropus* Linnaeus），分布於長江中下游以南沿海各省及臺灣等地，亦列入"三有名錄"。

栗樹鴨

"三有"鳥名。雁形目，鴨科，栗樹鴨（ *Dendrocygna javanica* Horsfield ）。爲樹鴨屬小型游禽。該屬全世界約八種，見於我國者僅此一種，其野外種群狀況尚不甚明瞭，有待進一步研究。作爲易危種已被收録於《中國瀕危動物紅皮書·鳥類》，今亦列入"三有名録"。詳本卷《珍稀瀕危禽鳥説·珍稀禽鳥考》"樹鴨"文。

赤麻鴨

"三有"鳥名。雁形目，鴨科，赤麻鴨（ *Tadorna ferruginea* Pallas ）。爲麻鴨屬中型游禽。全長 51 ~ 68 厘米。通體黃褐。頭頂棕白。頦、喉、前頸、頸側均棕黃。胸、上背、兩肩亦黃褐色。腰羽棕色，并具暗褐色蟲樣斑紋。小翼羽及初級飛羽黑褐，次級飛羽外翈輝緑。尾與尾上覆羽黑色。雌雄兩性相似，但雄鳥頸有黑環。我國主要分布於新疆、西藏、青海、甘肅、内蒙古、黑龍江、陝西、四川、雲南（留鳥、夏候鳥），越冬於長江以南各地，亦見於臺灣地區（旅鳥）。栖息於湖泊、水塘及近緑洲之戈壁灘。常營内陸淡水生活。雜食性，以各種穀物、水生植物、昆蟲、甲殻動物、軟體動物爲食物。偶爾亦取食魚、蝦、蛙類。赤麻鴨過去是著名狩獵鳥，亦用作家鴨配種雜交，改良家鴨品種，偶爾還混同家鴨放養，彩色羽毛可作裝飾品，有較高的經濟價值。已被列入"三有名録"。另，同屬中尚有翹鼻麻鴨（ *T. tadorna* Linnaeus ），體羽白色，頭、翼黑色、嘴上翹。分布於新疆、青海、内蒙古、黑龍江（夏候鳥），而在長江以南各地越冬，偶見於臺灣各地（旅鳥）。此鳥亦爲傳統狩獵對象，由於環境污染、圍湖造田、開墾濕地，加之過量捕獵，種群數量已極稀少，遼寧、吉林等地已列入省級重點保護野生動物名録，今亦列入"三有名録"。

斑嘴鴨

"三有"鳥名。雁形目，鴨科。斑嘴鴨（ *Anas poecilorhyncha* Forster ）。爲鴨屬中型游禽。全長 53 ~ 64 厘米。爲鴨類大型者。雌雄羽色相似。嘴黑色，上嘴具黃斑，故稱斑嘴鴨。眉紋、眼先、頦、喉黃白色。上體暗褐色，羽緣淡色。三級飛羽白色，翼鏡呈金屬藍緑色光澤，并閃紫輝。斑嘴鴉有三亞種，我國分布二亞種：普通亞種（ *A.p.zonorhyncha* ），見於東北、内蒙古、河北，向西到寧夏、甘肅、青海、四川、雲南，南抵廣東、廣西（繁殖鳥，旅鳥），終年留居長江中下游及華東地區，亦見於臺灣（旅鳥）及西藏南部和昌都地區西南部（冬候鳥）；雲南亞種（ *A.p.haringtoni* ），見於雲南西北部麗江（旅鳥），西部景東與南部思茅（留鳥）。栖息於内陸湖泊、河流、水庫及溝渠水面上。善泳、能潛水，喜結小群活動，晨昏時飛往附近稻田、溝渠、泥塘中覓食。雜食性，但以植物性食物爲主。斑嘴鴨爲重要狩獵動物，其羽可爲飾物，具有較高的經濟價值。其種群數量雖多，但因環境惡化，加之濫獵影響，野外種群數量不斷下降，東北各地已將其列入省級重點保護野生動物名録，原國家林業局亦將其列入"三有名録"。另，該屬尚有赤膀鴨（ *A.strepera* Linnaeus ），繁殖於新疆、内蒙古及東北各地，在西藏、長江以南越冬，偶見於臺灣（旅鳥）；赤頸鴨 （ *A.penelope* Linnaeus ），繁殖於内蒙古、黑龍江，在黃河以南越冬，亦見於海南、臺灣等地（冬候鳥）；白眉鴨（*A.querquedula* Linnaeus），眉有白色寬紋而得名，見於新疆、内蒙古、黑龍江（繁殖鳥），越冬於黄河以南地區，亦見於海南、臺灣等省（冬候鳥）；琵嘴鴨（*A.clypeata* Linnaeus），其嘴前部特别寬闊如琵琶狀，故名，繁殖於新疆、内蒙古、黑龍江，在西藏、四川及長江以南越冬，亦見於臺灣（冬候鳥）。上述各種均列入"三有名録"。此外，針尾鴨（*A.acuta* Linnaeus）、緑翅鴨（*A.crecca* Linnaeus）、花臉鴨（*A.formosa* Georgi）、羅紋鴨（*A.falcata* Georgi）、緑頭鴨（*A.platyrhynchos* Linnaeus）等亦已列入"三有名録"，詳本卷《習見禽鳥説・游禽考》"針尾鴨""羅紋鴨""緑頭鴨"文。

赤嘴潛鴨

"三有"鳥名。雁形目，鴨科，赤嘴潛鴨（*Netta rufina* Pallas）。爲赤嘴潛鴨屬中型游禽。全長45～55厘米。雄鳥嘴鮮紅，故得此名。頭與上頸栗紅色，頭頂至枕部具長絲狀棕色羽冠。上體大都褐色。翼鏡白色。下體黑褐色，而兩脅白色。我國主要分布於新疆、青海、内蒙古（繁殖鳥）。遷徙時見於南方各省。栖息於江河、湖泊、水庫、沙洲。喜結小群活動。以水生動、植物爲食物。爲傳統狩獵動物，有較高的經濟價值。近因過量捕殺與環境惡化，其野外種群數量下降，已列入"三有名録"。

紅頭潛鴨

"三有"鳥名。雁形目，鴨科，紅頭潛鴨（*Aythya ferina* Linnaeus）。爲潛鴨屬中型游禽。全長47～48厘米。雄鳥：頭、頸栗紅色，因得此名。上背、胸黑色，下背、肩灰色，綴以黑色波狀紋，腰、尾上覆羽黑褐，尾羽灰褐，羽端灰白，翼多爲灰色，綴黑色波狀細紋，翼鏡灰色。雌鳥：頭、頸棕褐色，上背褐色，羽端灰白，腰、尾上覆羽黑褐，具灰色細點。毛羽灰褐，翼亦灰褐，而翼鏡灰色。前頸、胸栗褐，腹、尾下覆羽沙黄并具褐色横斑，尾羽灰褐。我國分布於新疆（繁殖鳥），越冬於長江以南各地，偶見於臺灣（迷鳥）。栖息於湖沼、江河、水庫等地，尤喜有葦叢之水域。常結大群活動。以水生動、植物爲食物。本種在世界各地種群數量豐富，屬安全種群。而我國分布數量不多，由於環境惡化，生境破壞，加之濫捕，數量下降，已成低危種。目前吉林等地已將其列入省級重點保護野生動物名録。今亦列入"三有名録"。另，同屬中尚有白眼潛鴨（*A.nyroca* Güldenstädt），其虹膜銀白色，因而得此名，分布繁殖於新疆、内蒙古、西藏，在長江以南越冬；青頭潛鴨（*A.baeri* Radde），其頭、頸黑而具緑色光澤，故得此名，分布於東北地區及内蒙古、河北等地，越冬時遷往江南各地，偶爾見於臺灣（迷鳥）；鳳頭潛鴨（*A.fuligula* Linnaeus），頭有紫色冠羽如鳳，故名，繁殖於内蒙古、黑龍江、吉林，遷徙時見於全國各地，越冬則見於長江以南廣大地區，亦見於臺灣（冬候鳥）；斑背潛鴨（*A.marila* Linnaeus），肩與下背有白色點斑和蟲蠹狀紋，故得此名，見於長江以南、東南沿海及兩廣、臺灣等地（冬候鳥），遷徙時見於東北、河北、山東等地。上述各種均有較高的經濟價值，但目前種群數量稀少，俱已列入"三有名録"。

棉鳬

"三有"鳥名。雁形目，鴨科，棉鳬（*Nettapus coromandelianus* Gmelin）。爲棉鳬屬小型游禽。

爲著名狩獵動物，有較高的經濟價值和科學研究價值，目前數量稀少，極爲稀有珍貴，已收入《中國瀕危動物紅皮書·鳥類》，今亦列入"三有名録"。詳本卷《珍稀瀕危禽鳥説·珍稀禽鳥考》"棉鳧"文。

瘤鴨

"三有"鳥名。雁形目，鴨科，瘤鴨（*Sarkidiornis melanotos* Pennant）。爲瘤鴨屬中型游禽。體形略大於緑頭鴨（約60厘米）。雄鳥上嘴基部具膨大的黑色肉瘤，因以得名。頭頂黑色，至頸部成一縱紋延伸至後頸，具紫色金屬光澤。頭與頸之餘部白色并雜以紫色金屬閃光的黑斑。下背灰色，上體餘部均具紫藍色金屬光澤。下體白色。雌鳥與雄鳥相似，但形體爲小，上體亦泛金屬光澤。下體生有褐色小斑。嘴無肉瘤。國内僅見於福建省。常栖息於森林附近的湖沼内，亦見於河流，但不見於密林與開闊平原。善游泳、潛水。多在白天取食植物種子及蠕蟲、水生昆蟲、甲殼類及蛙類，亦取食小魚。爲重要狩獵動物，具有較高的經濟價值。由於本屬僅此一種，且國内分布區域狹窄，種群數量極其稀少，故已被列入"三有名録"。

小絨鴨

"三有"鳥名。雁形目，鴨科，小絨鴨（*Polysticta stelleri* Pallas）。爲小絨鴨屬中型游禽。全長43～47厘米。雄鴨：頭、上頸白色。額、眼先、枕淺橄欖緑色。眼周黑色。背、腰、尾上覆羽黑色，有紫藍色金屬閃光。肩、翅上覆羽白色。下體深茶褐色，腹部中央至尾下覆羽轉爲栗褐色。胸側有一小黑斑。雌鴨：通體暗褐，翼鏡藍色。本屬僅此一種。我國僅見於黑龍江、烏蘇里江（偶見）。數量極其稀少。在全球亦因數量稀少成爲易危種，已被列入世界瀕危鳥類目録。我國現已將其列入"三有名録"。

黑海番鴨

"三有"鳥名。雁形目，鴨科，黑海番鴨（*Melanitta nigra* Linnaeus）。爲海番鴨屬中型游禽。全長約48厘米。非繁殖期通體羽毛大都黑色（雌鳥暗褐），又爲海鳥，因得此名。頭頂、後頸絨黑色特濃，上背、胸側之羽端稍淡，隱約如斑狀。翅無翼鏡。腹部黑褐。雌鳥色澤略淡。黑海番鴨爲海洋鳥，平時結大群栖於海面或潛入深水。以水生生物爲食。越冬時偶見於我國東南部沿海一帶（僅見於江蘇鎮江、福建連江附近）海港或河口處。此鳥數量稀少罕見，對研究海洋鳥類分布、習性及海洋環境有一定意義，已被列入"三有名録"。另，該屬尚有斑臉海番鴨（*M. fusca* Linnaeus），又名奇嘴鴨，通體黑色，而眼後有一新月形白斑。亦被列入"三有名録"。

醜鴨

"三有"鳥名。雁形目，鴨科，醜鴨（*Histrionicus histrionicus* Linnaeus）。爲醜鴨屬中型游禽。全長38～51厘米。雄鳥：通體石板藍色。脅栗紅色。頭二側有一大白斑，耳後有一圓形白斑，其後又有一白色條紋，頸部有一白色領環，兩肩各有一白色長條紋。雌鳥：羽色暗褐，耳部有一圓形白斑，臉部有兩個白斑。體形略小於雄鳥。我國分布於黑龍江、遼寧、山東（旅鳥）。栖息於山溪流水處。以水生生物爲食物。本屬祇此一種，亦不在我國繁殖，僅冬季旅居我國，并無重要經濟價值，但對研究鳥類種群分布有一定意義，且其分布區狹窄，數量不多，故亦被列入"三有名録"。

長尾鴨

"三有"鳥名。雁形目，鴨科，長尾鴨（ *Clangula hyemalis* Linnaeus）。爲長尾鴨屬中型游禽。全長 38 ～ 58 厘米。雄鳥：冬季頭頂、喉、頸、腹白色。肩羽灰白色而延長，其餘體羽均褐色。中央一對尾羽特長。夏季除眼周、腹部爲白色，餘均爲褐色。雌鳥：上體淡褐，下體純白。我國分布於黑龍江、遼寧、河北、天津、湖南、福建等省市。長尾鴨屬僅此一種，常年栖息於海洋，極善泳，善潛水。以水生動物爲食物。在全球長尾鴨種群數量豐富，屬安全種，在我國越冬數量少且極不穩定，遼寧等地已將其列爲省級重點保護野生動物，今亦被列入"三有名録"。

鵲鴨

"三有"鳥名。雁形目，鴨科，鵲鴨（ *Bucephala clangula* Linnaeus）。爲鵲鴨屬中型游禽。全長 41 ～ 50 厘米。雄鳥：頭黑色，頰前部有一圓形大白斑。上體黑色，外側肩羽白色。下體白色。雌鳥：頭、頸褐色，頰無白斑，頸具污白色圓環。上體淡黑褐色，羽端灰白。下體白色。我國分布於内蒙古（繁殖鳥），越冬則在南方各地，亦見於臺灣（迷鳥）。栖息於海洋，寒冬季節在我國沿海海域越冬。常成群浮游於海面上。以水生生物爲食物。鵲鴨在我國種群數量曾經比較豐富，是常見野鴨。但目前數量已明顯減少，據調查目前僅見有數百隻。吉林、遼寧等已將其列入省級重點保護野生動物名録。今亦列入"三有名録"。

白頭硬尾鴨

"三有"鳥名。雁形目，鴨科，白頭硬尾鴨（ *Oxyura leucocephala* Scopoli）。爲硬尾鴨屬中型游禽。全長約 46 厘米。在我國爲罕見迷鳥，數量極其稀少，已收録於《中國瀕危動物紅皮書·鳥類》，今亦列入"三有名録"。詳本卷《珍稀瀕危禽鳥説·珍稀禽鳥考》"白頭硬尾鴨"文。

白秋沙鴨

"三有"鳥名。雁形目，鴨科，白秋沙鴨（ *Mergus albellus* Linnaeus）。爲秋沙鴨屬小型游禽。全長 36 ～ 46 厘米。雄鳥：頭、頸、下體白色，因名白秋沙鴨。眼周和眼先黑色，在頭頂兩側形成顯著黑斑，故又稱"斑頭秋沙鴨"。頭後有白色冠羽，冠下黑色。背中央黑色，兩側白色，體側有一黑色縱綫，胸側有兩條黑紋，胸下白色。脅部有灰色波紋。雌鳥：額至後頸栗褐色，頰、頸側、頦、喉白色，上體黑褐色，胸、脅灰褐，腹灰白色。我國分布於内蒙古（繁殖鳥），在新疆、黄河流域、長江流域及雲南東南沿海各省越冬，偶見於臺灣（迷鳥）。繁殖期多栖息於森林附近的湖沼、河流、水塘；冬季栖息於大而開闊的湖泊、江河、水庫、水塘、河口、海灣及沿海沼澤地帶。善泳，善潛水，常邊泳邊潛水覓食。食物以小魚及其他水生動物爲主，亦取食少量植物性食物。白秋沙鴨姿態優雅美麗，可用於觀賞。在我國其種群數量曾經較爲豐富，但近年數量明顯下降，甚至難以覓見，遼寧、吉林等地已將其列爲省級重點保護動物。今已列入"三有名録"。另，同屬中尚有紅胸秋沙鴨（ *M.serrator* Linnaeus），雄鳥前胸銹色因得此稱。分布於黑龍江（繁殖鳥），在長江以南沿海各省越冬；偶見於臺灣（迷鳥），亦列入"三有名録"。此外還有普通秋沙鴨（ *M. merganser* Linnaeus），爲秋沙鴨屬之最大者，體長達 54 ～ 68 厘米，體重有 2000 克。分布於新疆、青海、西藏、黑龍江、吉林（繁殖鳥），在黄河以南各省越冬，偶爾見於臺灣（迷鳥）。亦已列入"三有名録"。詳本卷《習見禽鳥説·游禽考》"秋沙鴨"文。

松鷄

"三有"鳥名。鷄形目，松鷄科，松鷄（*Tetrao urogallus* Linnaeus）。爲松鷄屬大型鶉鷄。全長 57 ～ 94 厘米。上體石板灰色，由頭向後逐漸轉淡，各羽具暗黑色雲霧斑。尾上覆

松鷄
（清余省等《鳥譜》）

羽先端白色，中央尾羽石灰灰色而略沾褐色，并具不規則寬白斑與白色雲霧狀斑，其餘尾羽黑色，亦有不規則白斑。雌鳥略小，上體皮黄，下背石板灰色，并具暗黑色横斑。尾羽黄褐。我國僅見於新疆北部地方。栖息於林間草地。以植物爲食物。松鷄極其稀少罕見，又爲新見種，過去極少記載，有較高的研究價值。已被列入"三有名録"。應開展廣泛的調查研究，儘早弄清其種群狀況、生活習性，制定有效措施加以保護。

雪鷄

"三有"鳥名。鷄形目，雉科，雪鷄（*Lerwa lerwa* Hodgson）。爲雪鷄屬中型鶉鷄。全長 36 ～ 48 厘米。頭、頸、上體、尾、翼表面布滿黑、白、棕黄相雜的不規則細横斑紋。初級飛羽和翼上覆羽黑褐色。胸、腹、兩脅栗色，各羽兩緣白色而具細黑斑。其跗蹠上部被羽。我國分布其三個亞種：指名亞種（*L. l.lerwa*），見於西藏南部；四川亞種，又名康定亞種（*L.l.major*），見於四川西部康定及雲南西北部；甘南亞種（*L.l.callipygia*），見於甘肅南部、四川北部。栖息於海拔 3000 ～ 5000 米之針葉林、針闊葉混交林以及高山灌木叢中。冬季可下移至海拔 2000 米以下地帶越冬。喜結群活動。以苔蘚、植物嫩芽、種子爲主要食物，亦取食少量小昆蟲。雪鷄分布於海拔很高的雪域高原，環境惡劣，種群數量稀少，具有較高的科學研究價值，已被列入"三有名録"。

石鷄

"三有"鳥名。鷄形目，雉科，石鷄（*Alectoris chukar* Gray）。爲石鷄屬中型鶉鷄。全長 27 ～ 37 厘米。頭頂、枕、後頸至上背紫紅色，下背至尾上覆羽爲灰橄欖色。額深灰。自額基有一黑色過眼紋圍繞頭側與喉部而構成黑項圈，最寬可達 10 毫米。頦黑色。上胸灰褐，自下胸至腹部轉爲淡棕色，脅羽亦爲淡棕色，并具十四至十五條黑紋。我國分布其六亞種：北疆亞種（*A.c.dzungarica*），見於新疆北部，又名準噶爾亞種；新疆亞種（*A.c.falki*），見於新疆天山、中部至哈密；南疆亞種（*A.c.pallida*），見於新疆西部、西南部，向東經博斯騰湖至青海薰河南山；疆西亞種（*A.c.pallescens*），見於新疆西南各地；賀蘭山亞種（*A.c.potanini*），見於甘肅阿拉善，向西抵新疆天山東部及烏魯木

齊；華北亞種（*A.c.pubescens*），見於東北西部、内蒙古、河北、河南、山東、江蘇、山西、陝西、甘肅等地（以上俱爲留鳥）。常栖息於岩石較多的低山丘陵地帶、乾旱山谷，不喜歡森林與空曠原野。常遭人獵捕，數量迅速减少。遼寧等地已將其列爲省級重點保護野生動物。今亦被列入"三有名録"。另，同屬中尚有大石鷄（*A.magna* Przevalski），原屬石鷄的青海亞種，分布於甘肅、青海等地。亦被列入"三有名録"。詳本卷《習見禽鳥説・鶉鷄考》"英鷄"文。

中華鷓鴣

"三有"鳥名。鷄形目，雉科，中華鷓鴣（*Francolinus pintadeanus* Scopoli）。爲鷓鴣屬小型鶉鷄。是著名的肉用禽，亦用於入藥醫病，故屢遭獵捕，種群數量下降，已被列入"三有名録"。詳本卷《習見禽鳥説・鶉鷄考》"鷓鴣"文。

灰山鶉

"三有"鳥名。鷄形目，雉科，灰山鶉（*Perdix perdix* Linnaeus）。爲山鶉屬小型鶉鷄。全長約30厘米。雄鳥：頭頂、枕羽黑褐色，具棕黄羽幹紋，上體灰褐，雜以黑褐色不規則密紋與淡栗色橫斑。中央尾羽棕黄色，具黑褐色橫斑及波狀細斑。下體近白色，下胸有馬蹄形栗色塊斑。脅棕黄并雜有不規則黑色橫紋。雌鳥：羽色近似雄鳥，唯胸部無栗色斑。該種有八個亞種。我國僅分布其北疆亞種（*P.p.robusta*），見於新疆北部準噶爾盆地。栖息於自山脚至高山不同地帶的裸岩、雜草及灌木叢生地。成對或結小群活動。以植物爲食物。灰山鶉可供食用，有一定經濟價值，其生存環境惡劣，對保持當地自然界的生物多樣性具有重要意義，故被列入"三有名録"。另，該屬尚有

高原山鶉（*P.hodgsoniae* Hodgson），我國分布其三個亞種：青海亞種（*P.h.koslowi*）、四川亞種（*P.h. sifanica* Przevalski）及指名亞種（*P.h. hodgsoniae*），亦被列入"三有名録"。還有斑翅山鶉（*P.dauuricae* Pallas），亦名鬚山鶉，因其喉側羽毛變得長尖如鬚而得名。本種有三個亞種，均見於我國：指名亞種（*P.d.dauuricae* Pallas）、青海亞種（*P. d.przewalskii* Sushkin）、華北亞種（*P.d. suschkini* Poljakov），亦均列入"三有名録"。詳本卷《習見禽鳥説・鶉鷄考》"鶉[1]"文。

鵪鶉

"三有"鳥名。鷄形目，雉科，鵪鶉（*Coturnix coturnix* Linnaeus）。爲鵪鶉屬小型鶉鷄。鵪鶉是著名肉、卵用禽，亦可籠飼供打鬥觀玩，有較高的價值。其野外數量已較稀少。已列入"三有名録"。詳本卷《習見禽鳥説・鶉鷄考》"鵪鶉"文。同屬之中尚有藍胸鶉（*C.chinensis* Linnaeus），因雄鳥胸部藍而得名。因羽色典雅，常被捕作籠鳥觀賞，以致野外種群數量極其稀少，已被視爲珍禽收入《中國瀕危動物紅皮書・鳥類》之中，今亦列入"三有名録"。詳本卷《珍稀瀕危禽鳥説・珍稀禽鳥考》"藍胸鶉"文。

環頸山鷓鴣

"三有"鳥名。鷄形目，雉科，環頸山鷓鴣（*Arborophila torqueola* Valenciennes）。爲山鷓鴣屬中型鶉鷄。全長26～39厘米。額、頭頂至後頸深栗色。上體橄欖褐色，具黑色橫斑或點斑。翼上覆羽與背羽同色，具大型栗黑色斑。飛羽褐色，羽緣亦有黑或栗斑。頦、喉黑色而綴白紋，胸部橄欖灰色，腹白色。本

種有四個亞種，我國分布其中之二：指名亞種（*A. t. torqueola*），見於西藏南部和昌都地區西南部（留鳥）；滇西亞種（*A. t. batemani*），見於雲南西部、西南部（留鳥）。栖息於海拔1500～3500米（最高可達4200米）地帶之常綠林、竹林、灌叢中。成對或三五隻結成小群隱蔽活動。以植物種實、昆蟲爲食物。環頸山鷓鴣在我國爲罕見鳥類，具有一定學術研究價值，已列入"三有名録"。此外，該屬中有紅胸山鷓鴣（*A. mandellii* Hume）、綠脚山鷓鴣（*A. chloropus* Blyth）、紅喉山鷓鴣（*A. rufogularis* Blyth）、白頰山鷓鴣（*A. atrogularis* Blyth）、褐胸山鷓鴣（*A. brunneopectus* Blyth）、白額山鷓鴣（*A. gingica* Gmelin）、臺灣山鷓鴣（*A. crudigularis* Swinhoe）等，對豐富生物多樣性，維護自然界生態平衡具有重要意義，均已收入《中國瀕危動物紅皮書·鳥類》中，今亦列入"三有名録"。詳本卷《珍稀瀕危禽鳥説·珍稀禽鳥考》"紅胸山鷓鴣""綠脚山鷓鴣""紅喉山鷓鴣""白頰山鷓鴣""褐胸山鷓鴣""白額山鷓鴣""臺灣山鷓鴣"文。

棕胸竹鷄

"三有"鳥名。鷄形目，雉科，棕胸竹鷄（*Bambusicola fytchii* Anderson）。爲竹鷄屬中型鶉鷄。全長32～35厘米。雄鳥：額至枕棕褐。眼後有一明顯黑紋，其上方爲棕白色眉紋。上體以灰棕爲主，有深淺、大小不等的暗褐色紋。尾羽、飛羽及初級覆羽均棕紅色。頦、喉、頭側、頸側淡棕黄色，前胸深栗色，後胸以下淡黄而有黑斑。兩脅密布黑色橫斑。雌鳥：羽色與雄鳥相似，但眼後紋棕色，下體黑斑較小。棕胸竹鷄有二亞種，我國僅分布其指名亞種，

見於四川西南、雲南南部及西部。栖息於海拔500～3000米之山坡灌叢、竹林、草坡地帶。棕胸竹鷄爲獵用禽類，數量稀少，已近瀕危，四川等地已列爲省級重點保護野生動物。今亦列入"三有名録"。該屬中尚有灰胸竹鷄（*B. thoracica* Temminck），亦列入"三有名録"。詳本卷《習見禽鳥説·鶉鷄考》"竹鷄"文。

藏馬鷄

"三有"鳥名。鷄形目，雉科，藏馬鷄（*Crossoptilon crossoptilon* Hodgson）。爲馬鷄屬大型鶉鷄。姿態優美，可供觀賞，羽毛亦爲飾物。數量極其稀少，已列爲國家二級重點保護野生動物。今亦列入"三有名録"。詳本卷《珍稀瀕危禽鳥説·瀕危禽鳥考》"藏馬鷄"文。

雉鷄

"三有"鳥名。鷄形目，雉科，雉鷄（*Phasianus colchicus* Linnaeus）。爲雉鷄屬大型鶉鷄。爲著名獵用禽，可供食用、羽飾、觀賞，有較高的經濟價值，故已列入"三有名録"。詳本卷《習見禽鳥説·鶉鷄考》"雉"文。

普通秧鷄

"三有"鳥名。鶴形目，秧鷄科，普通秧鷄（*Rallus aquaticus* Linnaeus）。爲秧鷄屬小型涉禽。全長25～30厘米。雄鳥：額、頭頂至後頸黑色。上體、肩、腰、三級飛羽與翼上覆羽橄欖褐色，各羽具黑色縱斑。眉紋灰白，貫眼紋黑褐。雌鳥：體色稍暗，頦、喉近白色。我國分布二亞種：新疆亞種（*R.a. korejewi*），見於新疆、青海、四川（留鳥）；東北亞種（*R.a.indicus*），見於東北、河北（繁殖鳥旅鳥），遷徙時亦見於内蒙古、甘肅、陝西、河南、山東、湖北、江蘇、浙江，而於福建、廣

東越冬，偶爾見於臺灣，有時留居於蘭嶼及長江下游地區。栖息於河湖岸畔、沼澤濕地葦叢及水草叢中。喜單獨或成對活動，以小魚、甲殼類、軟體類動物及昆蟲爲食物。對維持濕地生態系統之穩定具有重要意義。已被列入"三有名録"。另，該屬中尚有藍胸秧雞（*R.striatus* Linnaeus），亦列入"三有名録"。詳本卷《珍稀瀕危禽鳥説·珍稀禽鳥考》"藍胸秧雞"文。

小田雞

"三有"鳥名。鶴形目，秧雞科，小田雞（*Porzana pusilla* Pallas）。爲田雞屬小型涉禽。全長 15 ～ 18 厘米。前額、頭頂、枕、後頸、背、肩、腰、尾上覆羽均橄欖褐色，具黑色縱斑與銀白色斑。尾羽黑褐色。頸側灰藍。兩翼褐色，第一枚初級飛羽外翈有白緣，次級飛羽羽端有白色小斑點。頦、喉、上胸淺灰色，胸、腹淡黃褐色并具白色橫斑。兩脅與尾下覆羽黑褐色，亦具白色橫斑。小田雞有七個亞種，我國僅分布其指名亞種，見於東北、新疆、河北、河南、陝西、山東（繁殖鳥），亦見於廣東（越冬鳥）、臺灣（迷鳥）。栖息於湖泊、河流、沼澤、水塘等濕地附近灌叢、草地、蘆葦叢。喜單獨或成對活動。性怯，善藏匿，多在晨昏及夜晚覓食。主要取食各種昆蟲（尤喜水生昆蟲）、蠕蟲、蝸牛、甲殼類、軟體類動物，偶爾亦取食水藻及岸邊植物嫩芽、種子。爲濕地益鳥，對保持濕地生物多樣性，維持水域生態平衡具有重要意義。已被列入"三有名録"。另，同屬中尚有斑胸田雞（*P. porzana* Linnaeus）、紅胸田雞（*P.fusca* Linnaeus）、斑脅田雞（*P. paykullii* Ljungh），亦皆列入"三有名録"。

紅脚苦惡鳥

"三有"鳥名。鶴形目，秧雞科，紅脚苦惡鳥（*Amaurornis akool* Sykes）。爲苦惡鳥屬小型涉禽。頭頂、後頸、上體、兩脅、尾下覆羽均爲橄欖褐色。頦、喉白色。頭、頸側與下體餘部均藍灰色。我國分布其華南亞種（*A.a.coccineipes* Slater）。見於貴州、湖南、安徽、江蘇、浙江（夏候鳥，旅鳥），亦見於廣東、廣西、福建（留鳥）。栖息於山村、溪流附近草叢、農田等地段。單獨或結小群活動。以昆蟲爲食物。爲農林益鳥，對保護農作物與林木免遭蟲害有一定意義。已被列入"三有名録"。該屬中尚有白胸苦惡鳥（*A.phoenicurus* Pennant），亦小型涉禽，體似紅脚苦惡鳥而略小，上體大都石板灰色，其額、兩頰、頦、喉、胸至上腹均白色，因得是名。分布於雲南、四川、河南、陝西、江蘇以南地區及海南、臺灣（留鳥）。以昆蟲爲主要食物，亦屬農林益鳥，也被列入"三有名録"。

董雞

"三有"鳥名。鶴形目，秧雞科，董雞（*Gallicrex cinerea* Gmelin）。爲董雞屬中型涉禽。全長 36 ～ 40 厘米。晨昏時間鳴叫頻繁，鳴聲低沉略似"董董"，因得此名。雄鳥：頭頂、背、肩灰黑色，頭側、後頸稍淺淡。背、肩及翼上覆羽暗褐，羽緣灰藍。腰至尾黑褐，羽緣棕白或黃褐。飛羽表面褐色，三級飛羽邊緣棕白，其餘羽緣略染灰棕。下體灰黑，下腹中央及尾下覆羽較淺。下體各羽羽端蒼白。雌鳥：頭、頸灰褐，上體餘部黃褐色，下體淡黃，具明顯橫斑。我國分布其指名亞種，見於我國沿海一帶及南部各省，向南可抵海南與臺灣

（夏候鳥）。常栖息於河流、湖泊、沼澤濕地。以昆蟲、蝦、螺及植物種子、嫩芽爲食物。爲農林益鳥，其野外種群數量連年下降，四川等地已將其列爲省級重點保護野生動物。今又列入"三有名録"。

黑水鷄

"三有"鳥名。鶴形目，秧鷄科，黑水鷄（*Gallinula chloropus* Linnaeus）。爲黑水鷄屬小型涉禽。全長 30～35 厘米。通體黑褐，故得此名。其嘴基與額甲紅色，亦稱"紅骨頂"。脚黄緑色，上部有一鮮紅環帶。我國主要分布於新疆、黑龍江至西南、西藏一綫以東各省，亦見於海南、臺灣等省（留鳥、繁殖鳥）。栖息於蘆葦沼澤、葦塘及富有水生植物的湖泊、水庫、水塘等及稻田、近水灌叢中。喜單獨或成對活動。以水生生物及昆蟲爲食物。黑水鷄分布廣泛，數量亦多，但近年來由於濕地開發，環境污染，生境惡化，栖息地萎縮，加之亂捕濫獵致使其種群數量明顯下降。四川、吉林等地已將其列爲省級重點保護野生動物。今亦列入"三有名録"。詳本卷《習見禽鳥説·涉禽考》"鷭鷉"文。

黑水鷄
（馬駘《馬駘畫寶》）

紫水鷄

"三有"鳥名。鶴形目，秧鷄科，紫水鷄（*Porphyrio porphyrio* Linnaeus）。爲紫水鷄屬中型涉禽。全長 45～48 厘米。通體大都顯紫色，故名。頭頂灰褐沾紫，向頸側、上體漸轉爲紫藍色。肩、翼上覆羽，二翼之表面均呈景泰藍色。尾黑褐而略顯藍色。頭側、頦、喉淡灰白沾藍色，至胸轉爲粉藍色。腹、脅紫色。尾下覆羽白色。我國分布其雲南亞種（*P. p.poliocephalus*），見於雲南西南部（留鳥），偶爾見於廣西西南部。栖息於湖沼濕地及稻田中。雜食性。其數量極少，已列入"三有名録"。

骨頂鷄

"三有"鳥名。鶴形目，秧鷄科，骨頂鷄（*Fulica atra* Linnaeus）。爲骨頂鷄屬中型涉禽。全長約 42 厘米。通體黑色，嘴、額部甲板白色，亦稱"白骨頂"。脚緑色。次級飛羽端部白色。骨頂鷄有五個亞種，我國僅分布其指名亞種（*F.a. atra*），見於新疆、甘肅、寧夏、内蒙古、黑龍江、吉林、遼寧、山西（繁殖鳥），越冬則在長江以南及海南、臺灣等地。常栖息於河流、湖沼附近地帶。喜結群活動。雜食性。骨頂鷄原爲獵用禽鳥，具有較高的經濟價值。由於獵捕過量，現野外種群數量急劇下降，東北各地已將其列爲省級重點保護野生動物。今亦列入"三有名録"。

水雉

"三有"鳥名。鴴形目，雉鴴科，水雉（*Hydrophasianus chirurgus* Scopoli）。爲水雉屬中型涉禽。全長 35～42 厘米。額、頭頂白色，枕部黑斑向頸側延伸成一條黑綫，直達頸基，後頸金黄而具光澤，肩、背棕褐，具古銅色金屬光澤，腰及尾上覆羽黑色，尾特別長。頦、喉、頭側白色，下體自喉以下均棕褐色。我國主要分布於長江流域及其以南的廣大地區。栖息於平原地區的湖泊、沼澤、水庫、水田、池塘。以水生昆蟲、軟體動物爲食物。爲水域益鳥，對保護濕地環境具有重要意義。四川等地已將其列爲重點保護野生動物，今亦被列入"三有名録"。

彩鷸

"三有"鳥名。鷸形目，彩鷸科，彩鷸（*Rostratula benghalensis* Linnaeus）。爲彩鷸屬小型涉禽。全長 24 ～ 28 厘米。嘴先端膨大并下彎。雄鳥：頭部綠褐，中央有一淡黄色縱帶，帶之二側黑綠色，眼圈乳白色。頸、肩、背橄欖綠色，具白色橫斑，還間雜暗綠、黄褐色斑紋。喉白色，上胸淡褐，其餘下體白色。雌鳥：前頸、頸側棕紅而外鑲以黑色環帶。頭頂中央及背之二側亦有金黄色縱帶。彩鷸有二亞種，我國僅分布其指名亞種，見於四川中部、雲南，東至長江下游、臺灣、海南等省（留鳥）；亦見於華北東部各省，向北可抵東北地區南部（夏候鳥）；偶爾見於西藏南部（迷鳥）。常栖息於各類水域之草叢、灌木林、葦叢、稻田中。常單獨或結鬆散小群活動。性怯，多於晨昏及夜間活動，而白晝則隱匿於草叢中。以昆蟲、蠕蟲、螺、蟹等爲主要食物，亦取食植物葉、芽、果實等。彩鷸以昆蟲爲食，是農林益鳥，過去其分布普遍，數量很多。近二十年來，由於環境污染，獵捕過多，致其數量明顯下降。遼寧、四川等地已將其列爲省級重點保護野生動物。今亦列入"三有名録"。

蠣鷸

"三有"鳥名。鷸形目，蠣鷸科，蠣鷸（*Haematopus ostralegus* Linnaeus）。爲蠣鷸屬中型涉禽。全長 34 ～ 50 厘米。頭、頸、背黑色。腰與下體白色。嘴直長，紅色。分布於我國沿海一帶。其種群數量極少，俄羅斯、日本等國已將其列入珍稀瀕危保護動物紅皮書。我國亦將其列入"三有名録"。詳本卷《習見禽鳥説・涉禽考》"蠣鷸"文。

鳳頭麥鷄

"三有"鳥名。鷸形目，鴴科，鳳頭麥鷄（*Vanellus vanellus* Linnaeus）。爲鳳頭麥鷄屬小型涉禽。全長 29 ～ 34 厘米。頭有冠羽，且在枕部後延上翹如鳳冠，故名。頭頂、額黑色。臉污白，眉紋白，貫眼紋黑色延至嘴基，又向下延至頸側。喉、頸側白色，上胸具黑色橫帶。背、肩、翼上覆羽綠褐色，具淡紅色光澤，腰白色，尾羽黑色，飛羽黑褐。脅、腹白色。雌鳥與雄鳥相似，但頭頂棕褐或暗褐，尾下覆羽淺栗色。我國主要分布於新疆、内蒙古、甘肅、青海、東北（繁殖鳥）；在長江以南、四川、雲南、臺灣等地越冬。栖息於河湖岸邊、沼澤濕地及其他積水地。常結小群活動和營巢。以昆蟲、軟體動物、蠕蟲等爲食物，亦取食植物根、莖之類。爲農林益鳥，亦供觀賞。已被列入"三有名録"。另，該屬尚有灰頭麥鷄（*V. cinereus* Blyth），其頂、頸、胸灰色，因得此名，分布於内蒙古及東北各地（繁殖鳥），而在雲南越冬；肉垂麥鷄（*V. indicus* Boddaert），因眼前有一紅色肉垂而得名，分布於雲南（留鳥）；距翅麥鷄（*V. duvaucelii* Lesson），亦分布於雲南（留鳥）。亦俱列入"三有名録"。

灰斑鴴

"三有"鳥名。鷸形目，鴴科，灰斑鴴（*Pluvialis squatarola* Linnaeus）。爲斑鴴屬小型涉禽。全長 28 厘米左右。冬羽頭頂黑色而有小白斑，後頸灰色，上體灰褐或黑褐，雜以灰白沾棕色點斑，尾上覆羽、尾羽白色，具黑褐色橫斑。頦、喉白色，頰、頸側、上胸、脅灰白或淡棕，有暗褐色縱紋，腹、尾下覆羽白色。夏羽頭側、頦至腹變黑，并在頭側至胸側綴有一條白紋。我國主要分布於湖南、江蘇以及海南、臺灣（冬候鳥）；亦見於北方（旅鳥）。常栖息於海濱、河川、沼澤等地。單獨或結小群活動，遷徙時可結數百隻大群遷飛。以水生昆蟲、軟體動物、甲殼類、蠕蟲爲食物。灰斑鴴爲農林益鳥，并對維持分布地區的濕地環境的生態平衡具有重要意義，且近年來由於環境破壞，生境惡化，栖息地減少，加之亂捕濫獵，其種群數量銳減，故已被列入"三有名錄"。另，該屬中尚有金斑鴴（*P.fulva* Gmelin），省稱"金鴴"，其夏羽自頭頂至腰密布金黃色斑點而得名。亦以昆蟲等爲主要食物，爲農林益鳥，且數量日漸稀少，亦被列入"三有名錄"。

劍鴴

"三有"鳥名。鴴形目，鴴科，劍鴴（*Charadrius hiaticula* Linnaeus）。爲鴴屬小型涉禽。全長 19 ～ 24 厘米。頭頂、上體褐色。額、眉紋白色。頦、喉、頰及後枕白色相連形成環帶，其下爲一黑色環帶。下體白色。飛羽暗褐而基部色白。分布幾遍全國。見於北方者爲夏候鳥，見於江南及西藏、雲南者爲冬候鳥。常栖息於河湖岸畔、海濱沙灘及礫石灘地，亦栖於開闊水田、沼澤、水庫、河漫灘等處。喜單獨或成小群活動。以昆蟲、甲殼類、螺類、蠕蟲等爲食物。爲農林益鳥，對維持濕地環境的生態平衡具有重要意義。近年來，隨着濕地環境破壞，栖息地面積縮小，生境惡化，其野外種群數量下降，已被列入"三有名錄"。另，同屬中尚有長嘴劍鴴（*Ch. placidus* J. E. et G. R.Gray）、金眶鴴（*Ch.dubius* Scopoli）、環頸鴴（*Ch.*

alexandrinus Linnaeus）、蒙古沙鴴（*Ch.mongolus* Pallas）、鐵嘴沙鴴（*Ch. leschenaultii* Lesson）、紅胸鴴（*Ch.asiaticus* Pallas）、東方鴴（*Ch.veredus* Gould）、小嘴鴴（*Ch. morinellus* Linnaeus），亦均農林益鳥，且數量明顯下降，俱已列入"三有名錄"。

中杓鷸

"三有"鳥名。鴴形目，鷸科，中杓鷸（*Numenius phaeopus* Linnaeus）。爲杓鷸屬中型涉禽。全長 38 ～ 46 厘米。嘴細長而向下彎曲呈弧狀，黑色。頭、頸淡褐而具黑色縱紋。中央冠紋白色或乳黃色。頭側冠紋黑色。背、肩、翼上覆羽黑褐，具灰褐色羽緣及暗色羽幹紋。下背、腰白色。下體淡褐色，腹中部白色，胸部具黑褐色縱紋，兩脅具黑褐色橫斑。雌鳥略似雄鳥，而羽色有些差別。中杓鷸有三個亞種，我國分布其中二亞種：指名亞種（*N.p. phaeopus*），見於西藏南部與香港地區；華東亞種（*N. p.variegatus*），見於東部沿海地區，自東北中部至西藏南部、四川，向南抵廣東、海南、臺灣（旅鳥，冬候鳥）。栖息於濱海淺灘、岩礁、濕地、草原及湖沼、河流岸邊等地。單獨或成小群活動。常沿水邊淺水或潮間帶涉水覓食。以軟體動物、甲殼類、環節動物、魚、昆蟲爲食物。中杓鷸對研究濕地環境具有一定意義，其數量極其稀少，吉林等地已將其列爲省級重點保護野生動物。今亦列入"三有名錄"。該屬中尚有白腰杓鷸（*N.arquata* Linnaeus），分布於西藏南部、長江下游、福建、廣東、海南、臺灣等地。大杓鷸（*N. madagascariensis* Linnaeus）分布於自內蒙古東部至黑龍江以南各省（旅鳥），亦見於臺灣（冬候鳥）。亦均列入“三有名録”。

黑尾塍鷸

　　“三有”鳥名。鴴形目，鷸科，黑尾塍鷸（ *Limosa limosa* Linnaeus）。爲塍鷸屬小型涉禽。全長約 38 厘米。夏羽頭、頸、上胸紅棕色，頭頂具黑褐色羽幹紋，眉紋白色。背羽、肩羽紅棕色，具黑色軸斑與白色羽緣。翼上覆羽灰色，飛羽灰褐。尾羽黑色，基部白色。腹部白色，脅與腹側有較粗著之黑色橫斑。冬羽則紅棕色全部消失。分布於新疆西部、内蒙古（繁殖鳥），亦見於其他各地及臺灣（旅鳥）。栖息於沼澤濕地及水域周圍草甸地帶。喜結群（有時達數百隻）活動。以昆蟲、蠕蟲、軟體動物爲食物。本種爲濕地益鳥，其數量稀少，已被列入“三有名録”。同屬中尚有斑尾塍鷸（ *L. lapponica* Linnaeus），亦小型涉禽。全長約 33 厘米。通體赤褐，而尾羽具黑褐色橫紋，故名。分布於福建、廣東、海南（冬候鳥）及臺灣（旅鳥），亦被列入“三有名録”。

鶴鷸

　　“三有”鳥名。鴴形目，鷸科，鶴鷸（ *Tringa erythropus* Pallas）。爲鷸屬小型涉禽。全長約 32 厘米。夏羽通體黑色。上體具白色羽緣。喉、頸前、胸、腹有橫紋，後腹及尾下覆羽具淡色橫斑。下背、腰及尾上覆羽白色，尾羽白色，具黑褐色細橫紋。但眉紋、貫眼紋不明顯。冬羽額、頭頂、頸與肩、上背皆灰褐色，肩背羽緣具小白斑。下背、腰純白。眉紋白，貫眼紋灰褐色。自頦至腹均白色，胸腹二側皆具灰褐色橫斑。繁殖於新疆各地，而於長江以南各省、海南、臺灣等地越冬。栖息於海濱沙灘、河湖岸邊淺水處及河漫灘、水田等

地。單獨或結群活動。以昆蟲、甲殼類、蠕蟲、小魚類爲食物。鶴鷸爲農林益鳥，對保護濕地環境頗有益處。四川、吉林等地已將其列爲重點保護野生動物。今亦列入“三有名録”。同屬中尚有澤鷸（ *T. stagnatilis* Bechstein）、青脚鷸（ *T. nebularia* Cunnerus）、白腰草鷸（ *T. ochropus* Linnaeus）、林鷸（ *T. glareola* Linnaeus）、小黄脚鷸（ *T. flavipes* Gmelin）、磯鷸（ *T. hypoleucos* Linnaeus），皆已列入“三有名録”。此外，還有紅脚鷸（ *T. totanus* Linnaeus），今亦列入“三有名録”。詳本卷《習見禽鳥説・涉禽考》“鷸[2]”文。

翹嘴鷸

　　“三有”鳥名。鴴形目，鷸科，翹嘴鷸（ *Xenus cinereus* Güldenstädt）。爲翹嘴鷸屬小型涉禽。夏羽頭頂、背灰色而沾褐，有黑色細羽幹斑。眉紋闊，白色，貫眼紋黑褐。腰、尾覆羽及尾羽灰色。下體白色。冬羽頭頂及上體灰色。背部黑色縱帶消失。我國主要分布於沿海各省，自東北南部的遼河口，南抵海南、臺灣等地（旅鳥）。栖息於沼澤濕地、河湖沿岸。以昆蟲、甲殼類動物及蠕蟲爲食物。爲昆蟲天敵，對保護濕地生態環境有一定意義。已被列入“三有名録”。

翻石鷸

　　“三有”鳥名。鴴形目，鷸科，翻石鷸（ *Arenaria interpres* Linnaeus）。爲翻石鷸屬小型涉禽。因常在礫石淺灘涉行翻石覓食而得名。全長 21 ~ 24 厘米。雄鳥夏羽頭污白色，頭頂與枕具黑色細縱紋。臉、喉後頸白色。上背、肩赤褐，有四條黑點形成之斑帶。下背白色，腰黑色，尾上覆羽白色，中央尾羽黑色。腹、脅、尾下覆羽白色。雌鳥頭頂、背、肩及翼上

覆羽暗褐色，具黑色縱紋。額、喉白色。我國僅分布其指名亞種，見於東部各省（旅鳥），而福建、廣東、海南、臺灣爲其越冬地；偶見於四川省。常栖息於海濱、河湖岸畔及沼澤濕地。喜結小群活動，遷徙時常集數百隻大群遷飛。以昆蟲、甲殼類、軟體動物等爲食物，亦取食少量植物性食物。爲農林益鳥，對保護濕地環境亦有重要意義，故已被列入"三有名録"。

半蹼鷸

"三有"鳥名。鴴形目，鷸科，半蹼鷸（ *Limnodromus semipalmatus* Blyth ）。爲半蹼鷸屬小型涉禽。全長 31 ～ 36 厘米。其脚、趾黑色，前三趾基部具蹼，故名半蹼鷸。以昆蟲、蠕蟲等爲食物。爲濕地益鳥，野外種群數量極其稀少，已被世界自然保護聯盟列入《世界瀕危動物紅皮書》，國際鳥類保護聯盟將其列入《世界受脅鳥類名録》。我國將其收入《中國瀕危動物紅皮書·鳥類》，今亦列入"三有名録"。詳本卷《珍稀瀕危禽鳥説·珍稀禽鳥考》"半蹼鷸"文。另，該屬尚有長嘴半蹼鷸（ *L.scolopaceus* ），亦被列入"三有名録"。

孤沙錐

"三有"鳥名。鴴形目，鷸科，孤沙錐（ *Gallinago solitaria* Hodgson ）。爲沙錐（田鷸）屬小型涉禽。全長約 30 厘米。嘴長直而尖，兩眼位於頭稍後部。頭具明顯的縱斑帶，中央冠紋、眉紋、頰黃白色。上體赤褐，肩、背具四條黃白色縱帶，尾羽淡黃褐色，有黑色橫紋，羽端黃白。頦、喉、腹白色，胸淡黃褐色，兩脅具黑褐色橫斑。孤沙錐有二亞種：指名亞種（ *G.s.solitaria* ），見於新疆、青海（夏候鳥），而於四川、雲南、西藏等地越冬；東北亞種

（ *G. s.japonica* ），分布於黑龍江、吉林、内蒙古（夏候鳥），遷徙時見於遼寧、河北、山東、山西、陝西、湖南、江蘇、廣東及香港，越冬於長江中下游與東南沿海部分地區。栖息於山地森林地帶的河流、湖泊、沼澤、濕地或海濱、稻田間。喜單獨活動，罕與其他鷸類爲伍。常於夜間或晨昏活動。以昆蟲、蠕蟲、甲殼類及軟體動物爲食，偶爾亦取食植物類種實。孤沙錐爲農林益鳥，尤於濕地環境保護有良好作用。其野外種群數量稀少，吉林等地已列爲重點保護野生動物。今亦列入"三有名録"。同屬中尚有澳南沙錐（ *G.hardwickii* J. E. Gray ）、針尾沙錐（ *G.stenura* Bonaparte ）、大沙錐（ *G.megala* Swinhoe ）、扇尾沙錐（ *G.gallinago* Linnaeus ）等，亦均列入"三有名録"。本屬還有林沙錐（ *G.nemoricola* Hodgson ），亦列入"三有名録"，詳本卷《珍稀瀕危禽鳥説·珍稀禽鳥考》"林沙錐"文。

丘鷸

"三有"鳥名。鴴形目，鷸科，丘鷸（ *Scolopax rusticola* Linnaeus ）。爲丘鷸屬小型涉禽。全長 32 ～ 34 厘米。體肥胖。嘴長粗而直，頸、脚較短。額淡灰，頭頂至後枕具四條黑褐色橫斑。眉紋、頰黃白色。背、肩及雙翼紅褐色，雜有斑紋。腰與尾上覆羽銹紅色，具黑色細橫紋。下體淡黃褐色，下頸、胸、腹具褐色橫斑。尾羽黃褐，有暗紅褐橫斑。我國主要分布於新疆、甘肅、黑龍江（繁殖鳥），於藏南、長江以南、海南、臺灣等地越冬。栖息於水域沼澤地帶，亦見於陰暗潮濕、林下植被豐富、枯枝落葉層厚的闊葉林或混交林内。以各種昆蟲及其幼蟲、蠕蟲、軟體動物、甲殼類

動物爲食物，亦取食植物性食物。丘鷸爲森林益鳥，亦屬獵用禽類，并對維持濕地生態平衡具有重要意義。該種主要繁殖於新疆與東北地區，種群數量本就不多，近年來由於砍伐森林，開墾濕地，加之濫獵，致使種群數量明顯下降，現已處於近危（LR）狀態。吉林、遼寧等已將其列爲省級重點保護野生動物。今亦列入“三有名錄”。

姬鷸

“三有”鳥名。鴴形目，鷸科，姬鷸（*Lymnocryptes minimus* Brünnich）。爲姬鷸屬小型涉禽。全長約 21 厘米。上體紫綠色，具金屬光澤，雜有暗褐條紋。尾羽楔狀。我國分布於新疆西部之喀什、天山及東北西部、河北、江蘇、福建（旅鳥），亦見於廣東（冬候鳥）、臺灣（迷鳥）。栖息於苔原沼澤與泰加林河湖沼澤。喜單獨活動。以蠕蟲、軟體動物、昆蟲爲食物，偶爾取食植物種實。姬鷸爲森林益鳥，并對保護苔原沼澤濕地和泰加林河湖濕地環境有重要意義。其數量稀少，生境嚴酷，已列入“三有名錄”。

紅頸濱鷸

“三有”鳥名。鴴形目，鷸科，紅頸濱鷸（*Calidris ruficollis* Pallas）。爲濱鷸屬小型涉禽。全長約 15 厘米。頭、頸、背紅褐色，頭頂有黑褐色細紋。頰、前頸紅褐色。飛羽黑褐，羽幹白色。腰黑褐色，具灰色與紅色羽緣。上胸、胸側赤褐，下體餘部白色。中央尾羽黑褐。我國主要分布於甘肅、內蒙古、東北及華南各地（旅鳥），亦見於廣東、海南、臺灣（冬候鳥）。栖息於淺水草甸、河湖岸地及沼澤地。常結群活動。以水生動物爲食物。此鳥在西伯利亞北部繁殖，遷徙時途經我國東北地區及西北東部，而至華南越冬，此間時常遭到捕殺，數量急速下降。今已列入“三有名錄”。此外，同屬之中尚有紅腹濱鷸（*C.canutus* Linnaeus）、大濱鷸（*C.tenuirostris* Horsfield）、西方濱鷸（*C.mauri* Cabanis）、長趾濱鷸（*C. subminuta* Middendorff）、小濱鷸（*C. minuta* Leisler）、青脚濱鷸（*C.temminckii* Leisler）、斑胸濱鷸（*C. melanotos* Vieillot）、尖尾濱鷸（*C.acuminata* Horsfield）、岩濱鷸（*C.ptilocnemis* Coues）、黑腹濱鷸（*C.alpina* Linnaeus）、彎嘴濱鷸（*C.ferruginea* Pontoppidan）等，亦皆列入“三有名錄”。

三趾鷸

“三有”鳥名。鴴形目，鷸科，三趾鷸（*Crocethia alba* Pallas）。爲三趾鷸屬小型涉禽。全長約 20 厘米。趾間無蹼，亦無後趾爲其特徵。夏羽頭、頸、上胸棕紅色，頭部密布黑色細軸紋。額、頦、喉白色。背、肩及內側三級飛羽棕紅而具黑色軸斑與白色羽緣。肩羽黑色，赤褐與白色斑駁鮮明。冬羽頭頂、後頸淡灰色，額、頦、頰、喉、頸側與下體均白色。三趾鷸繁殖於北極地區濱海苔原帶，遷徙時途經我國新疆、東北、河北、山東、福建，飛抵廣東、臺灣等地越冬。常栖息於海濱、河湖岸邊、沼澤濕地。常結群活動，於水邊或淺水中涉行覓食。以軟體動物、甲殼類及昆蟲爲食物。三趾鷸對保護濕地生物多樣性具有一定意義，其種群數量極少，已列入“三有名錄”。

勺嘴鷸

“三有”鳥名。鴴形目，鷸科，勺嘴鷸（*Eurynorhynchus pygmeus* Linnaeus）。爲勺嘴鷸屬小

型涉禽。全長約 18 厘米。其嘴先端膨大如勺狀，故名。體羽大都白色，具淡灰褐羽幹紋。腰、尾上覆羽暗褐色，兩側白色。中央尾羽暗褐，有白色羽緣。我國主要分布於長江以南各沿海省份（旅鳥），於廣東各地越冬。栖息於沿海海岸及港灣地帶。喜單獨活動。以昆蟲、草籽爲食物。對保護濱海林木及濕地環境有一定意義。故已列入"三有名録"。

闊嘴鷸

"三有"鳥名。鴴形目，鷸科，闊嘴鷸（ *Limicola falcinellus* Pontoppidan）。爲闊嘴鷸屬小型涉禽。全長 16 ～ 18 厘米。嘴黑色長闊而微向下彎，因得此名。頭頂黑色，具雙道白色眉紋，并在前端聯合。夏羽上體紅褐，具黑色中央斑與白色羽緣。下體白色，頰至胸雜有褐色斑點與斑紋。冬羽上體灰褐，有白色羽緣。下體白色，胸部斑紋不甚明顯。闊嘴鷸有二亞種，我國僅分布其指名亞種，繁殖於東西柏利亞，遷徙時見於新疆、東北全境、河北、山東、江蘇、福建（旅鳥），而於廣東、海南、臺灣越冬。常栖息於沼澤濕地、河湖沿岸，東北地區則栖息於凍原及其附近之河流、湖泊、水塘、蘆葦沼澤及草地上。以昆蟲、軟體動物、甲殼類爲食物，偶爾亦取食植物種實。爲昆蟲天敵，有益於農林業生産，也有助於維持濕地生態環境的穩定。故已被列入"三有名録"。

流蘇鷸

"三有"鳥名。鴴形目，鷸科，流蘇鷸（ *Philomachus pugnax* Linnaeus）。爲流蘇鷸屬小型涉禽。全長 28 ～ 29 厘米。頭頂暗褐，具淡棕色羽緣。後頸淺褐。背、肩、三級飛羽褐黑色，羽緣棕白。初級飛羽暗褐。腰、尾上覆羽及尾羽均爲褐色。頦、喉白色。前頸、上胸棕黃，下胸、脅部褐色。下體餘部白色。此鳥在境外繁殖，在福建、廣東、臺灣越冬；遷飛時見於新疆、西藏南部，偶見於山東青島。栖息於湖邊沼澤地帶。以軟體動物、甲殼類、蠕蟲、昆蟲及水生植物爲食物。其頸羽婆娑如流蘇，可供觀賞，亦爲昆蟲天敵，對保護濕地環境有一定意義。已被列入"三有名録"。

鶚嘴鷸

"三有"鳥名。鴴形目，反嘴鷸科，鶚嘴鷸（ *Ibidorhyncha struthersii* Vigors）。爲鶚嘴鷸屬中型涉禽。全長 35 ～ 42 厘米。嘴紅色，細長而不彎成弧形。脚紅色，短而無後趾。夏羽額、頭頂、臉、頦、喉均黑色，四周圍以白色窄邊。後頸、前頸、頸側及胸藍灰色，胸部藍灰色下方有一白色窄胸帶，其下則有一黑色寬橫帶，黑帶之下皆白色。背、肩、腰等上體灰褐色，飛羽黑褐，尾羽烟灰色，具灰黑色細波形橫斑及黑色寬次斑。冬羽前額灰白，臉微綴白色，其餘大致與夏羽相似。單型種，無亞種分化。我國分布於新疆、甘肅、青海、陝西、山西、河南、内蒙古、四川、雲南、西藏（留鳥）。栖息於河流沿岸沙石灘地、草叢。單獨或結小群活動。性怯，機敏。喜在淺水沙石灘涉水覓食。以昆蟲、蠕蟲、泥土中小型動物爲食物。鶚嘴鷸爲昆蟲天敵，對保護河流沿岸植被有一定意義，是有益鳥類。由於環境惡化，加之亂捕，其野外種群數量明顯減少，已呈瀕危之勢。今已列入"三有名録"。

黑翅長脚鷸

"三有"鳥名。鴴形目，反嘴鷸科，黑翅長脚鷸（ *Himantopus himantopus* Linnaeus）。爲長

脚鷸屬中型涉禽。全長38～42厘米。雄鳥頭頂、後頸、背、肩、翼上覆羽黑色，脚特別細長，紅色，因此得名黑翅長脚鷸，亦稱"高蹺腿子"。前額白色。肩、背、翅具綠色金屬光澤。頰、前頸及下體白色。雌鳥與雄鳥大致相似，但頭、頸多爲白色。黑翅長脚鷸曾有人分爲七個亞種，亦有人分爲五個亞種，近來多將其五亞種分別獨立爲新種而不再分化亞種。該種分布於我國東北、内蒙古、河北、山東、河南、山西、甘肅、青海、新疆（繁殖鳥）；在長江流域、福建、廣東等地越冬；偶爾見於臺灣（旅鳥）。栖息於開闊草原地帶的湖濱、水塘及蘆葦沼澤，亦見於河流淺灘、水田、沿海沼澤地帶。喜結小群活動，涉行於淺水覓食。以水生動物、昆蟲爲主要食物。爲濕地益鳥，對保護濕地植被，維持濕地生態環境的穩定有一定意義。其野外種群數量日益稀少。吉林等地已將其列爲省級重點保護野生動物。今已列入"三有名録"。

反嘴鷸

"三有"鳥名。鴴形目，反嘴鷸科，反嘴鷸（*Recurvirostra avosetta* Linnaeus）。爲反嘴鷸屬中型涉禽。全長42～45厘米。嘴黑色，細長而向上翹曲，故得此名。亦稱"翹嘴娘子"。脚較長，青灰色，亦稱"黑脚高蹺"。頭部眼以上部分黑色，餘部白色。枕、後頸黑色。背、腰與尾上覆羽、尾羽均爲白色。初級飛羽黑色，次級飛羽、三級飛羽及小翼羽亦均白色。中覆羽、大覆羽黑色。頰、耳羽、頸前及下體均白色。單型種，無亞種分化。我國分布於内蒙古、東北、青海、新疆（繁殖鳥），越冬於長江流域、福建、廣東等地；亦見於臺灣（旅鳥）。栖

息於開闊平原與半荒漠地區湖泊、水塘、沼澤等水域附近。喜單獨或成對活動，遷飛或休息時，尤其越冬期間常集結成群。常在水域淺水處涉行覓食。以甲殼類、水生昆蟲、蠕蟲、軟體動物爲食物。其形體優美，行動舒緩典雅，可供觀賞，亦對維護濕地生態環境具有一定作用。但近年來，由於濕地開發和獵捕，種群數量明顯減少，已處於低危（LR）狀態。吉林等地已將其列爲省級重點保護野生動物。原國家林業局將其列入"三有名録"。

灰瓣蹼鷸

"三有"鳥名。鴴形目，瓣蹼鷸科，灰瓣蹼鷸（*Phalaropus fulicarius* Linnaeus）。爲瓣蹼鷸屬小型涉禽。全長20～23厘米。冬羽大都灰色，脚褐色，趾具黄色瓣蹼，故得此稱。亦稱"瓣足鷸"。夏羽雄鳥額、嘴基頭頂、貫眼紋灰黑色。眉紋、頰、頷白色。背、肩、翼上覆羽黑褐色，具棕黄色羽緣。腰灰色，兩側綴有棕色。尾灰色，中央一對尾羽黑色。下體栗紅色。雌鳥體形稍大，體色亦較深暗，下體僅腹部有不甚明顯的淡色橫紋。冬羽雌雄鳥相似。頭、頸、下體白色，頭頂後部有一黑斑。後頸、背、肩、翼上覆羽淡灰色，具白色細羽緣。腰部中間灰而兩側白，尾灰色，胸側、兩脅亦綴有灰色。單型種，無亞種分化。國内分布於新疆、東北中部地區（繁殖鳥），亦見於河北、天津、上海、臺灣（旅鳥）。繁殖期栖息於北極苔原湖沼地帶，非繁殖期則主要栖息於富有浮游生物的海洋上，遷徙時亦出現於内陸河流或大湖泊中。極善泳，除繁殖季節外，幾乎終日游弋於海洋洋面上。喜單獨或結小群活動，偶爾亦結成大群活動。以水生昆蟲、甲殼類、軟體動物

與浮游生物爲食物。由於數量極其稀少，其種群狀況尚不甚詳細，有待進一步調查研究，已被列入"三有名錄"。另外，同屬中尚有紅頸瓣蹼鷸（*P.lobatus* Linnaeus），亦小型涉禽，全長僅20厘米。分布於東北全境、山東、江蘇、福建、廣東、臺灣（旅鳥），亦見於海南省（冬候鳥）。亦被列入"三有名錄"。

石鴴

"三有"鳥名。鴴形目，石鴴科，石鴴（*Burhinus oedicnemus* Linnaeus）。爲石鴴屬中型涉禽。全長49～54厘米。自頭至尾及內側三級飛羽灰褐色，外側尾羽具黑色端斑與白色次端斑。翼上小覆羽自前至後依次爲灰褐、黑褐、白色及灰色相連接，形成翅上數道長帶斑。上胸灰白，下體餘部純白色。我國分布於雲南西部（留鳥）及海南（冬候鳥）。栖息於河湖岸邊及海邊沙灘上。單獨或結小群活動。以昆蟲、蛙類爲食物。爲農林害蟲天敵，種群數量稀少，已列入"三有名錄"。

普通燕鴴

"三有"鳥名。鴴形目，燕鴴科，普通燕鴴（*Glareola maldivarum* Forster）。爲燕鴴屬小型涉禽。全長22～24厘米。夏羽額、頭頂、後頸、背、腰橄欖灰褐，尾上覆羽、尾羽基部白色，尾羽端部暗褐色。頷、喉黃白色，自眼向下繞喉有一黑圈，黑圈與黃喉間有一條白綫。胸脅黃褐色，腹及尾下覆羽白色。飛羽黑褐。冬羽喉部淡褐，其周圍黑圈內無白綫相間隔。我國主要分布於東北全境、河北、雲南、廣東、福建、臺灣、海南（夏候鳥）。栖息於開闊草原中的沼澤濕地、河湖岸邊及農田附近水域。喜結群活動。以昆蟲、甲殼動物爲食物。爲農林害蟲天敵，對保護農林業生產、維護濕地自然環境有一定意義。其野外種群數量稀少，已被列入"三有名錄"。同屬之中尚有領燕鴴（*G. pratincola*），爲近年新見種，其種群特徵尚待進一步研究，亦被列入"三有名錄"。

中賊鷗

"三有"鳥名。鷗形目，賊鷗科，中賊鷗（*Stercorarius pomarinus* Temminck）。爲賊鷗屬中型游禽。全長50～55厘米。上嘴有蠟膜。額基污白，頭頂至頸黑褐色，下頸至頸側略染絲黃色，上體餘部及翼表面暗褐。中央一對尾羽最長、黑褐色。頷、喉白色，胸、腹、脅亦白色，下腹暗褐色。我國分布於山西、江蘇、四川、廣東沿海（旅鳥）。栖息於海岸或較大面積水域。喜單獨或結小群活動。以魚類、甲殼類及動物尸體爲食物。中賊鷗我國僅存旅鳥，數量有限，喜食動物尸體，對清潔環境有一定意義，故已被列入"三有名錄"。

黑尾鷗

"三有"鳥名。鷗形目，鷗科，黑尾鷗（*Larus crassirostris* Vieillot）。爲鷗屬中型游禽。42～50厘米。嘴粗長。臉緣朱紅。頭、頸白色。背、腰、肩、三級飛羽與次級翼上覆羽暗灰色。尾上覆羽、尾羽均白色。尾羽端部具寬闊黑橫斑，外側尾羽外緣亦爲黑色，故稱"黑尾鷗"。我國分布於沿海一帶（夏候鳥或冬候鳥），冬季亦見於四川等地。栖於有礁石之海濱及內陸大面積水域地帶。以魚類、水生昆蟲或動物尸體爲食物。黑尾鷗能清理動物尸體，對保持環境衛生具有重要意義。已列入"三有名錄"。同屬中尚有灰背鷗（*L.schistisagus* Stejneger）、灰翅鷗（*L.*

glaucescens Naumann）、北極鷗（*L.hyperboreus* Gunnerus）、漁鷗（*L.ichthyaetus* Pallas）、紅嘴鷗（*L.ridibundus* Linnaeus）、棕頭鷗（*L. brunnicephalus* Jerdon）、細嘴鷗（*L.genei* Breme）等，大都爲益鳥，均已列入"三有名録"。此外，還有海鷗（*L. canus* Linnaeus）、銀鷗（*L. argentatus* Pontoppidan），亦列入"三有名録"，詳本卷《習見禽鳥説·游禽考》"海鷗""銀鷗"文。還有黑嘴鷗（*L.saundersi* Swinhoe），亦列入"三有名録"。詳本卷《珍稀瀕危禽鳥説·珍稀禽鳥考》"黑嘴鷗"文。

楔尾鷗

"三有"鳥名。鷗形目，鷗科，楔尾鷗（*Rhodostethia rosea* Mcgillivray）。爲楔尾鷗屬小型游禽。全長32～36厘米。嘴黑色，脚紅色，頭、頸白色，頸基有一黑色窄項圈，背、翅淡珠灰色。腰與下體白色，并綴玫瑰色。尾白色，楔形，因得此名。楔尾鷗爲單型種，無亞種分化。我國僅見於遼寧大連。該種爲典型海洋鳥，繁殖期栖息於北極苔原與苔原森林地帶之湖泊、水塘；非繁殖期則主要栖於海洋，長時間浮游在海面上。亦善飛翔，且極其輕快敏捷。以甲殼動物、小魚爲主要食物。楔尾鷗僅在遼寧大連偶見，種群數量極其稀少，其種群情況尚待研究，已列入"三有名録"。

三趾鷗

"三有"鳥名。鷗形目，鷗科，三趾鷗（*Rissa tridactyla* Linnaeus）。爲三趾鷗屬中型游禽。全長40～47厘米。脚黑色，後趾退化，僅存三趾，故得此名。嘴黄色，額、頭、頸、上背純白色，下背、肩、腰銀灰色。尾上覆羽基部銀灰。尾羽純白。飛羽灰色，先端黑色。下體自頦至尾下覆羽與兩脅均爲白色。

三趾鷗有二亞種，見於我國者僅其北方亞種（*R.t.pollicaris*），分布於遼寧、河北、江蘇、浙江（冬候鳥）。典型海洋鳥，主要栖息於沿海海岸及海島上。喜結群活動，或在海面上空飛翔，或在洋面上漂浮蕩漾，休息時成群停息海邊岩石或懸崖之上，亦常跟隨海上航行船隻飛行覓食。以小魚、甲殼動物、軟體動物爲食物。本種在我國數量極少，爲稀有動物，目前其種群狀況不甚詳細，有待進一步研究。已被列入"三有名録"。

鬚浮鷗

"三有"鳥名。鷗形目，鷗科，鬚浮鷗（*Chlidonias hybrida* Pallas）。爲浮鷗屬小型游禽。全長約29厘米。額、頭頂、枕、後上頸均黑色或雜有白點。其餘上體與尾上覆羽表面均爲灰色。頰、頸側、頦、喉白色，胸與上脅灰色，下脅與腹轉爲褐灰。尾下覆羽白色。冬羽，眼上方有白色眉紋，額亦白色。我國主要分布於內蒙古、吉林、河北、山西、寧夏以南，四川、雲南以東各省（繁殖鳥）；亦見於新疆、臺灣（旅鳥）。栖息於各種水域地帶，但以河流、湖泊、沼澤等淡水水域較爲常見。以魚、蝦、水生昆蟲爲食物。鬚浮鷗對維持濕地環境穩定有重要意義，同時也有一定研究價值，故已被列入"三有名録"。同屬之中白翅浮鷗（*Ch. leucoptera* Temminck），因小覆羽白色而得名。我國主要分布於新疆、內蒙古、東北全境（繁殖鳥）；而於長江以南沿海地區及海南越冬；亦見於臺灣（旅鳥）。栖息於港灣、江河、湖泊及近水農田。喜結大群活動。以空中飛行捕捉昆蟲爲食物。爲農業益鳥，對保護農作物生長有重要意義。亦被列入"三有名録"。

鷗嘴噪鷗

"三有"鳥名。鷗形目，鷗科，鷗嘴噪鷗（*Gelochelidon nilotica* Gmelin）。爲噪鷗屬中型游禽。全長約 39 厘米。額、頭頂、後頸黑色。肩、背灰褐色。腰、尾上覆羽、尾羽灰白色。翼灰褐，羽幹白，内翈基段灰白色。下體純白色。我國主要分布於新疆、内蒙古（繁殖鳥）；在福建、廣州等地越冬；遷徙時可見於河北、河南、山東等地。常栖息於沿海港灣、江河、湖泊等水域。以魚類爲食。雖然鷗嘴噪鷗以魚爲食，對漁業不利，但其數量稀少，危害并不很大，而卻有一定學術研究價值，故已被列入"三有名録"。

紅嘴巨鷗

"三有"鳥名。鷗形目，鷗科，紅嘴巨鷗（*Hydroprogne caspia* Pallas）。爲巨鷗屬中型游禽。全長約 45 厘米。嘴紅色，因得此稱。額、頭頂、枕部白色，并雜有細密黑色縱紋。後頸純白。上體餘部灰白色，而羽上覆羽白色，尾羽黑褐色。初級飛羽灰黑色，羽幹粗壯浮白。大、中覆羽灰黑色。下體均白色。分布於我國沿海各地（夏候鳥）。常栖息於港灣、海岸帶。喜單獨或三五成小群活動。以魚類、甲殼動物爲食物。其數量稀少，野外種群狀況尚待研究，已被列入"三有名録"。

白額燕鷗

"三有"鳥名。鷗形目，鷗科，白額燕鷗（*Sterna albifrons* Pallas）。爲燕鷗屬小型游禽。全長約 23 厘米。其額白色，尾叉形如燕，故得此名。夏羽前額與頭頂二側白色。頭頂中央至上頸、眼先至後頸黑色。背、肩、翼上覆羽灰色。頭、頸餘部及下體白色。我國主要分布於東部各省及海南、臺灣（繁殖鳥）。常栖息於江河、湖泊附近蘆葦沼澤及沿海、島嶼。喜結群活動和在淺水帶覓食。以魚、蝦、水生昆蟲等爲食物。此種雖食魚、蝦，對水産養殖有一定影響，但近年來，由於江河污染、濕地墾殖，再如亂捕濫獵，致使其數量明顯下降。故已被列入"三有名録"。另，同屬之中尚有粉紅燕鷗（*S. dougallii* Montagu）、黑枕燕鷗（*S.sumatrana* Raffles）、黑腹燕鷗（*S.melanogaster* Temminck）、褐翅燕鷗（*S.anaethetus* Scopoli）、烏燕鷗（*S. fuscata* Linnaeus）、白腰燕鷗（*S. aleutica* Baird），均已列入"三有名録"。此外，普通燕鷗（*S.hirundo* Linnaeus），亦列入"三有名録"，詳本卷《習見禽鳥説·游禽考》"燕鷗"文。

大鳳頭燕鷗

"三有"鳥名。鷗形目，鷗科，大鳳頭燕鷗（*Thalasseus bergii* Lichtenstein）。爲鳳頭燕鷗屬中型游禽。全長約 45 厘米。其頭具黑色羽冠，故得此名。額白色，頭頂、枕黑色。頸部白色。肩、背、腰、尾上覆羽至尾羽皆灰褐色，尾羽之羽幹白色。翼與上體相同。類、眼下、頸側與下體均爲純白色。我國僅分布其東南亞種（*T. b.cristatus*），見於福建、廣東、浙江、海南、臺灣（留鳥）。栖息於河口、港灣以及沿海島嶼周圍。以魚、蝦、昆蟲爲食物。取食昆蟲，爲害蟲天敵，有益於農業生産，但對漁業養殖卻有一定影響，然而近年來由於港灣污染，生境惡化，其野外種群數量明顯下降，已被列入"三有名録"。同屬中尚有小鳳頭燕鷗（*T. bengalensis* Lesson），全長約 43 厘米，亦生有黑色羽冠。今亦列入"三有名録"。

白頂玄鷗

"三有"鳥名。鷗形目，鷗科，白頂玄鷗（*Anous stolidus* Linnaeus）。爲黑燕鷗屬中型游禽。全長約 40 厘米。其額純白，上體餘部黑色（或朱古力褐色），尾羽灰黑，故得此名（玄，作黑解，頂爲白色）。亦稱"白頂黑燕鷗"。我國僅分布其福建亞種（*A. s.pileatus*），見於臺灣海峽及東部海島（夏候鳥）。常栖息海岸岩礁或遠海小島上。以魚類爲食物。白頂玄鷗對研究海峽與遠海島嶼生態環境有一定意義，已被列入"三有名錄"。

白玄鷗

"三有"鳥名。鷗形目，鷗科，白玄鷗（*Gygis alba* Sparrman）。爲白燕鷗屬小型游禽。全長約 30 厘米。通體雪白。初級飛羽羽軸、尾羽羽軸烏暗色。眼周有黑羽圈。我國分布其廣東亞種（*G. a.candida*），見於西沙群島、澳門等地（迷鳥）。栖息於熱帶、亞熱帶島嶼。以小魚等爲食物。白玄鷗對研究和開發遠洋島嶼具有重要意義。已被列入"三有名錄"。又稱"白燕鷗"。

斑海雀

"三有"鳥名。鷗形目，海雀科，斑海雀（*Brachyramphus marmoratus* Gmelin）。爲斑海雀屬小型游禽。全長 25 ～ 29 厘米。夏羽頭、後頸黑褐，頭頂具綠灰色光澤。上體暗褐，具淡黃色橫斑。下體白色，密雜黑褐色斑。冬羽上體黑灰色，具褐色橫斑。下體白色。有白色眼圈。斑海雀有二亞種，我國分布其東北亞種（*B.m.perdis*），見於東北各地及山東沿海（旅鳥）。爲小型海鳥，多栖息於沿海地區、海洋及海島上。以小魚、蝦、甲殼類、軟體動物爲食。

斑海雀對研究沿海地區及海島環境具重要意義，其數量極其稀少，已達易危（Ⅴ）狀態。吉林等地已將其列爲省級重點保護野生動物。今亦列入"三有名錄"。

扁嘴海雀

"三有"鳥名。鷗形目，海雀科，扁嘴海雀（*Synthliboramphus antiquus* Gmelin）。爲扁嘴海雀屬小型游禽。全長 21~27 厘米。嘴短粗，呈圓錐形。夏羽前額至後頸黑色，眼之後上方有一白色帶斑，向後延伸至枕部。背灰色。兩翼灰褐而具淡白色縱紋。尾羽黑色。下體白色，而頰、喉黑色。冬羽與夏羽相似，但上體略顯褐色，眼後上方及背部兩側均無白色縱紋。頰、頦灰色，喉、頸側白色。單型種，目前尚未見有亞種分化。在山東繁殖，於廣東、臺灣越冬；遷徙時見於黑龍江往南沿海各省。小型海鳥，常栖息於沿海海岸與近海島嶼之岩石上，冬季則在海域生活。喜單獨或小群活動。性活潑，善泳、善潛水，亦善飛行。以小魚、海洋無脊椎動物爲食物。扁嘴海雀對研究沿海海岸帶、近海島嶼生態環境及開發利用有重要意義，其分布雖較廣泛，但種群數量少，已呈低危（LR）之勢。今已列入"三有名錄"。詳本卷《珍稀瀕危禽鳥說・珍稀禽鳥考》"扁嘴海雀"文。另，同屬之冠海雀（*S. wumizusume*），亦列入"三有名錄"。

角嘴海雀

"三有"鳥名。鷗形目，海雀科，角嘴海雀（*Cerorhinca monocerata* Pallas）。爲角嘴海雀屬中型游禽。全長 32~41 厘米。嘴橙黃，長而側扁。夏季上嘴基部有一三角形肉垂突出於頭前，其狀如角，因得此名。頭與上體黑褐色，頭之二側各有兩條白色縱紋，胸灰褐。腹灰白色。冬季嘴基三角形突出物消失，頭側飾羽亦消失，餘與夏羽相似。單型種，目前尚未見有亞種分化。分布於遼寧省大連市。栖息於沿海海岸、洋面及附近島嶼上。善泳、善潛水，喜結小群活動。以小魚、甲殼類動物爲食物。本種對研究海岸環境有一定意義，但數量稀少，且種群情况尚待進一步研究，故被列入“三有名錄”。

毛腿沙鷄

“三有”鳥名。鴿形目，沙鷄科，毛腿沙鷄（ *Syrrhaptes paradoxus* Pallas）。爲毛腿沙鷄屬中型鳩鴿。全長 35~40 厘米。我國主要分布於西北、東北及河北、山東等地。過去爲重要獵用禽。肉可食，羽可爲飾物，亦可供觀賞。但目前屢遭濫捕，種群數量急劇下降，已成易危（V）種類。吉林等地已將其列爲省級重點保護野生動物。今亦列入“三有名錄”。詳本卷《習見禽鳥説·鳩鴿考》“沙鷄”文。另，同屬尚有西藏毛腿沙鷄（ *S.tibetanus* Gould），爲大型鳩鴿，全長約 45 厘米。由於分布區土地沙化，植被破壞，加之亂捕濫獵，致使種群數量下降，已成易危（V）種，已被收入《中國瀕危動物紅皮書·鳥類》中，今亦列入“三有名錄”。詳本卷《珍稀瀕危禽鳥説·珍稀禽鳥考》“西藏毛腿沙鷄”文。

雪鴿

“三有”鳥名。鴿形目，鳩鴿科，雪鴿（ *Columba leuconota* Vigors）。爲鴿屬中型鳩鴿。全長 30~36 厘米。頭與其相連的一部分頸灰黑色，其餘頸部及下體白色。上背、肩、三級覆羽棕褐色。尾上覆羽及尾羽端部黑色，黑端之上方有一道白色寬橫斑。翅尖暗褐色，摺合時表面形成翅斑。我國分布其二亞種：指名亞種（ *C.l.leuconota* Vigors），見於西藏南部春丕山谷（留鳥）；華西亞種（ *C.l. gradaris* Hartert），見於甘肅、青海、四川、西藏、雲南等地（留鳥）。於海拔 3000 米以上之山地與河谷裸岩、岩穴營巢栖息，於地面覓食。以草籽、漿果及農作物種子爲食物。雪鴿爲高原獵用鳥，近年數量急劇下降，已被列入“三有名錄”。同屬之中尚有岩鴿（ *C. rupestris* Pallas）、歐鴿（ *C. oenas* Linnaeus）、 中 亞 鴿（ *C. eversmanni* Bonaparte）、點斑林鴿（ *C. hodgsonii* Vigors）、灰林鴿（ *C.pulchricollis* Blyth）、黑林鴿（ *C.janthina* Temminck）及原鴿（ *C. livia* Gmelin）、紫林鴿（ *C. punicea* Blyth）等，亦皆列入“三有名錄”。其中原鴿詳本卷《習見禽鳥説·鳩鴿考》“鴿”文；紫林鴿已收入《中國瀕危動物紅皮書·鳥類》，詳本卷《珍稀瀕危禽鳥説·珍稀禽鳥考》“紫林鴿”文。

山斑鳩

“三有”鳥名。鴿形目，鳩鴿科，山斑鳩（ *Streptopelia orientalis* Latham）。爲斑鳩屬中型鳩鴿。全長 31 ～ 35 厘米。雌雄體色相同。頭、頸灰褐而略帶紅色。上體以褐色爲主，後頸基處兩側具雜有藍灰色的黑斑。肩羽羽緣爲顯著之紅褐色。尾羽褐色，羽端具灰色寬頻。喉白色，下體紅褐色。我國分布很廣，有四個亞種：新疆亞種（ *S.o.meena* ），見於新疆、喜馬拉雅山脉西部；指名亞種（ *S.o.orientalis* ），見於新疆以東之全國各地；雲南亞種（ *S.o. agricola* ），見於雲南西部以南至西雙版納（留鳥）；臺灣亞種（ *S. o.orii* ），見於臺灣（留鳥）。常栖息於多樹地帶或平原、山丘地區。喜結群活動。以草籽、農作物種子爲食物。山斑鳩肉美可食，過去爲狩獵對象。現因捕獵過度及毀巢取卵，種群數量已極稀少，已列入"三有名録"。同屬之中尚有歐斑鳩（*S. turtur*），分布於新疆、青海、甘肅（繁殖鳥）；灰斑鳩（*S.decaocto*），分布於東北南部、河北、山東、山西、陝西及青海、新疆、安徽、福建（留鳥）；珠頸斑鳩（*S.chinensis* Scopoli），分布於雲南、四川、陝西、山西、河北以南地區及海南、臺灣（留鳥）；棕斑鳩（*S.senegalensis* Linnaeus），分布於新疆西部喀什、天山（留鳥）。以上各種亦均列入"三有名録"。其中棕斑鳩已被收入《中國瀕危動物紅皮書·鳥類》之中。詳本卷《珍稀瀕危禽鳥説·珍稀禽鳥考》"棕斑鳩"文。

火斑鳩

"三有"鳥名。鴿形目，鳩鴿科，火斑鳩（*Oenopopelia tranquebarica* Hermann）。爲火斑鳩屬小型鳩鴿。已列入"三有名録"。詳本卷《習見禽鳥説·鳩鴿考》"火斑鳩"文。

緑翅金鳩

"三有"鳥名。鴿形目，鳩鴿科，緑翅金鳩（*Chalcophaps indica* Linnaeus）。爲金鳩屬小型鳩鴿。全長23~25厘米。額、眉紋前部白色，其後至枕藍灰，頭側、頸側及胸、腹、脅均爲棕褐，背、肩、翼上內側覆羽與內側飛羽顯青銅色，并具金屬緑色光澤。腰黑褐，下背、腰後緣各有一道灰色帶斑。尾黑褐、尾下覆羽暗灰色。腹部灰棕。此鳥因背、翅顯緑色因名"緑翅金鳩"，亦稱"緑背金鳩"。我國僅分布其指名亞種，見於雲南、廣西、廣東、海南、臺灣等省區（留鳥）。常栖息於山丘地帶。喜單獨或成對活動。以野果、草籽、穀物等爲食物。由於

環境惡化，加之濫獵，其野外種群數量下降，故已列入"三有名録"。今亦稱"緑背金鳩"。

紅翅鳳頭鵑

"三有"鳥名。鵑形目，杜鵑科，紅翅鳳頭鵑（*Clamator coromandus* Linnaeus）。爲鳳頭鵑屬中型攀禽。全長35~38厘米。頭具輝黑色羽冠若鳳頭，飛羽多栗紅色。頦、喉、上胸、翼下覆羽橙紅色，故得是名。其額、頭側黑色，後頸具白色半環帶，下背及尾上覆羽藍黑色。下胸、上腹白色。尾長，尾下覆羽黑色，具橙色窄邊。我國主要分布於雲南、四川、甘南、陝南及江蘇以南與海南等地（繁殖鳥），偶見於臺灣（爲罕見旅鳥）。常栖息於平原、丘陵之矮林和灌叢中，多單獨活動。主要取食白蟻、毛蟲之類的農林害蟲。故爲農林益鳥，已列入"三有名録"。另，同屬尚有斑翅鳳頭鵑（*C.jacobinus* Boddaert），體似紅翅鳳頭鵑，長35厘米，頭亦具羽冠，其翅、尾黑色而翅生一大白斑，故名。以白蟻及昆蟲爲主要食物。均被列入"三有名録"，都是珍禽之類。

棕腹杜鵑

"三有"鳥名。鵑形目，杜鵑科，棕腹杜鵑（*Cuculus fugax* Horsfield）。爲杜鵑屬小型攀禽。全長25~31厘米。額、頭及上體灰黑或黑灰色。尾羽暗灰，有五條灰褐色斑紋。腹、脅棕黃色，因以得名。本種有二亞種：東北亞種（*C.f. hyperythrus* Gould），分布於東北地區中南部、河北（夏候鳥，旅鳥），山東以南沿海地帶（旅鳥、冬候鳥）亦有分布；華南亞種（*C.f. nisicolor* Blyth）則主要分布於長江以南，東起江蘇鎮江，西至四川雅安，南到雲南南部、廣西、廣東、海南等地。常栖喬

木之上，喜單獨或成雙活動。以各種昆蟲爲食物。爲農林益鳥，已列入"三有名録"。又，本屬中尚有鷹鵑（*C. sparverioides*）、四聲杜鵑（*C. micropterus*，詳《習見禽鳥説·攀禽考》）、大杜鵑（*C. canorus*，詳《習見禽鳥説·攀禽考》）、中杜鵑（*C. saturatus*）、小杜鵑（*C. poliocephalus*）、栗斑杜鵑（*C.sonneratii*）及八聲杜鵑（*C.merulinus*）等，大都以農林害蟲或白蟻爲食，均屬農林益鳥，俱已列入"三有名録"。

紫金鵑

"三有"鳥名。鵑形目，杜鵑科，紫金鵑（*Chalcites xanthorhynchus* Horsfield）。爲金鵑屬小型攀禽，全長約 18 厘米。雄鳥頭、頸、上胸、翅、尾均輝紫色，故以得名。下體自下胸以次白色，具藍紫色或綠色橫帶斑。雌鳥上體淡銅綠色，散布有銅樣反光。我國僅存其雲南亞種（*Ch.x. limborgi* Tweeddale），分布於雲南西北部至南部西雙版納地區（留鳥）。多栖息於山丘、平原樹林中。以昆蟲爲主要食物。本種分布區狹窄，具有一定的科學研究價值，且又爲農林益鳥，已被列入"三有名録"。另，同屬之翠金鵑（*Ch. maculatus* Gmelin），亦小型攀禽，長約 16 厘米，頭、上體、胸均銅綠色，胸部以下之下體白色，具金屬綠色橫斑。分布於川、鄂、滇、黔及海南諸地，亦以昆蟲爲主要食物，屬農林益鳥，亦被列入"三有名録"。

烏鵑

"三有"鳥名。鵑形目，杜鵑科，烏鵑（*Surniculus lugubris* Horsfield）。爲烏鵑屬小型攀禽。全長 23 ～ 25 厘米。通體烏黑并具藍色金屬光澤，故得是名。其尾端凹形，尾下覆羽與最外側尾羽有白色斑。我國僅存其華南亞種

（*S.I. dicruroides*）。主要分布於四川、雲南、廣東、廣西、福建及海南各省區。常栖息於平原、丘陵之樹林中。喜單獨或成雙活動，以昆蟲爲主要食物。爲農林益鳥，已列入"三有名録"。

噪鵑

"三有"鳥名。鵑形目，杜鵑科，噪鵑（*Eudynamys scolopacea* Linnaeus）。爲噪鵑屬中型攀禽。全長 38~43 厘米。雄鳥通體黑色，具藍綠色輝亮。雌鳥頭部棕色，呈小條紋狀；上體與翅暗褐色并布滿白點，翅、尾具白色橫斑。下體白色，自下胸具黑褐色橫斑。噪鵑雄鳥鳴聲洪亮，雌鳥鳴聲急促尖噪，故得是名。主要分布於四川、甘肅、河南及長江下游以南各省（繁殖鳥），亦見於海南（留鳥）及臺灣（迷鳥）等地。食物以野果、昆蟲爲主。本屬我國僅存此種之華南亞種（*E. s.chinensis*）及海南亞種（*E.s.harterti*），爲農林益鳥并有一定研究價值，故已列入"三有名録"。

綠嘴地鵑

"三有"鳥名。鵑形目，杜鵑科，綠嘴地鵑（*Phaenicophaeus tristis* Lesson）。爲地鵑屬中型攀禽。全長 43 ～ 58 厘米。額、頭頂、頸部灰綠色，具黑軸紋，翼、尾有銅綠色金屬光澤。頦、喉、前胸烟灰色，腹、尾下覆羽黑色，并有白斑。其嘴翠綠，因得是名。我國有其二亞種：雲南亞種（*Ph.t.saliens*），分布於雲南大部及廣西南部諸地；海南亞種（*Ph. t.hainanus*），分布於廣東及海南各地。常栖息於山地雨林與混交林中。以昆蟲及蜘蛛爲食物。本種爲農林益鳥，已列入"三有名録"。

黑頂蛙嘴夜鷹

"三有"鳥名。夜鷹目，蟆口鴟科，黑頂蛙

嘴夜鷹（*Batrachostomus hodgsoni* G.R. Gray）。爲蛙嘴夜鷹屬小型攀禽。全長 24 厘米。上體棕紅色，具黑褐色蟲蠹狀斑點。胸部與上體大致相同而有小型白斑，餘部白而沾紅棕色。頭、喉側及耳羽羽幹特別長。頭頂色黑，口形如蛙，又喜夜行活動，故得是名。亦稱"黑頂蟆口鴟"。本屬我國僅見此種之指名亞種（*B.h.hodgsoni*）。分布於雲南西部（迷鳥）。常栖息於溝岩之喬木上。喜單獨活動。以昆蟲爲主要食物。本種分布區狹窄，數量稀少，又以農林害蟲爲食，不僅具有一定科學研究價值，而且還是農林益鳥，故已列入"三有名録"。

毛腿夜鷹

　　"三有"鳥名。夜鷹目，夜鷹科，毛腿夜鷹（*Eurostopodus macrotis* Vigors）。爲毛腿夜鷹屬小型攀禽。全長約 28 厘米。上體灰褐色，密雜以黑褐色蟲蠹狀斑與條紋。飛羽黑褐。中央尾羽灰褐雜以黑褐色雲石狀細斑并間黑色橫斑。喉部中央純白，其周黑褐并綴棕色細斑。胸褐色，密布淺棕色點與橫斑。腿具毛，善夜行，故得是名。本屬我國僅見此種之雲南亞種（*E.m.cerviniceps*），分布於雲南西部山地。常栖息於灌木林或草叢中，黃昏時喜飛至村寨附近低空覓食。以昆蟲爲主要食物，爲農林益鳥，已列入"三有名録"。

長尾夜鷹

　　"三有"鳥名。夜鷹目，夜鷹科，長尾夜鷹（*Caprimulgus macrurus* Horsfield）。爲夜鷹屬小型攀禽。全長 28~29 厘米。上體暗褐色，雜以灰白及棕紅羽斑，翼黑褐色，翼上覆羽亦雜以灰白及棕紅色斑。喉部有一白色半環狀塊斑。中央尾羽淡棕灰色，綴以較粗之黑褐色橫斑。本種善夜行，其尾爲夜鷹中之較長者，故得是名。我國所見者有此種之雲南亞種（*C.m.ambiguus*）及海南亞種（*C.m.hainanus*）。雲南亞種分布於雲南南部及東南部（留鳥），而海南亞種僅見於海南（留鳥）。長尾夜鷹常栖息於山丘叢林中。喜夜間或黃昏活動。以昆蟲爲主要食物。因本種分布區狹窄，具有一定科學研究價值，又兼食農林害蟲，爲有益鳥類，故已收入"三有名録"。另，夜鷹屬尚有普通夜鷹（*C.indicus* Latham，詳本卷《習見禽鳥説・攀禽考》"蟁母"文）、歐夜鷹（*C.europaeus* Linnaeus，見於新疆及甘肅北部）、中亞夜鷹（*C.centralasicus* Vaurie，見於新疆西南部）、埃及夜鷹（*C.aegyptius* Lichtenstein，見於新疆西部）、林夜鷹（*C.affinis* Horsfield，分布於閩、滇、桂、粵、臺等地），均以昆蟲爲食，爲農林益鳥，且因分布區狹窄，又有一定科學研究價值，故俱已列入"三有名録"。

短嘴金絲燕

　　"三有"鳥名。雨燕目，雨燕科，短嘴金絲燕（*Collocalia brevirostris* McClelland）。爲金絲燕屬小型攀禽。全長約 13 厘米。上體烟褐色，腰部略淺淡，頭、翼、尾較暗，渲染輝藍色。下體灰褐色。嘴黑而短小，因得是名。我國分布其三個亞種：西藏亞種（*C.b.brevirostris*，爲指名亞種，見於藏南地區）、雲南亞種（*C.b.rogersi*，見於雲南西南部）、四川亞種（*C.b.innominata*，見於四川中東部，湖北西部及貴州北部）。常栖息於岩洞石壁上。以涎液膠結蘚株築成環狀巢。喜結群飛翔，以捕食空中飛行之小昆蟲。爲農林益鳥，且其築巢特别，有一定研究價值，已收入"三有名録"。

金絲燕屬尚有爪哇金絲燕（*C.fuciphaga*），其上體黑褐，頭、翼、尾稍暗，而腰部淺淡有斑。下體灰褐。分布於海南東南海岸帶。栖息於岩洞外。常在沿海紅樹林、橡膠林等上空飛翔。以昆蟲爲食，爲農林益鳥，已列入"三有名録"。另有大金絲燕（*C. maximus*），亦以昆蟲爲食，爲農林益鳥，且其分布區狹小，爲近年所新見，具有一定學術研究價值，亦被列入"三有名録"。

白喉針尾雨燕

"三有"鳥名。雨燕目，雨燕科，白喉針尾雨燕（*Hirundapus caudacutus* Latham）。爲針尾雨燕屬小型攀禽。全長約20厘米。上體灰褐色；翼上覆羽、扇羽藍綠色，背部灰色，中央部位漸近淡白色。其喉部白色，尾羽羽軸堅硬如針而突出，故得是名。多栖息於闊葉林或針闊葉混交林帶。喜結群於低空捕食飛蟲。我國分布其三個亞種：指名亞種，見於東北地區及河北、山東、安徽、湖北與東南沿海各地；西南亞種，見於西藏東南部、雲南、四川諸地；臺灣亞種，見於臺灣阿里山區。皆爲農林益鳥，俱列入"三有名録"。

白腰雨燕

"三有"鳥名。雨燕目，雨燕科，白腰雨燕（*Apus pacificus* Latham）。爲雨燕屬小型攀禽。全長約18厘米。上體、翼、尾大都黑褐色；喉、頦、腰至雙腿均白色并綴以黑色羽幹紋。因其腰白色，故名。常栖息於高山、草原、荒漠及農田等地。喜結群活動。以金龜子、蠅、蚊及其他昆蟲爲食物。我國分布其兩個亞種：指名亞種（*A.p.pacificus*），見於東北、西北及河北、山西、河南、山東、江蘇、廣東、海南、

臺灣等地；華南亞種（*A. p.kanoi*），見於藏南、陝南、雲、貴、川、桂、粵及臺灣蘭嶼等地。白腰雨燕爲捕食多種害蟲之益鳥，已被列入"三有名録"。雨燕屬尚有普通樓燕（*A. apus* Linnaeus）、小白腰雨燕（*A.affinis* J. E.Gray）。均爲捕食害蟲能手，俱屬有益鳥類而被列入"三有名録"。

棕雨燕

"三有"鳥名。雨燕目，雨燕科，棕雨燕（*Cypsiurus parvus* Lichtenstein）。爲棕雨燕屬小型攀禽。全長11~14厘米。上體黑褐色，頭、翼、尾部羽色暗濃而略帶光澤，翼特尖長。下體灰褐色，喉與前頸羽色稍淡。我國僅見其華南亞種（*C. p.infumatus*）。分布於雲南南部、東南部及海南各地（留鳥）。常栖息於岩壁、洞穴及建築物。喜於開闊曠野上空飛行。主要捕食蚊、蚋等害蟲，爲有益鳥類。已被列入"三有名録"。

紅腹咬鵑

"三有"鳥名。咬鵑目，咬鵑科，紅腹咬鵑（*Harpactes wardi* Kinnear）。爲咬鵑屬中型攀禽。又稱"瓦氏咬鵑"。全長38厘米。雄鳥上體暗葡萄紅色，中央尾羽黑色；喉、胸亦暗葡萄紅色，腹部等深紅色，因以得名。雌鳥頭部及喉、胸均橄欖褐色，下體餘部橘黃色。僅見於我國雲南西北部（留鳥）。常栖息於闊葉林中。喜單獨或成雙活動。以昆蟲爲主要食物，偶亦取食漿果。本種爲新見種，又捕食昆蟲，不僅有一定研究價值，且有益農林業生産，故已列入"三有名録"。另，本屬中尚有紅頭咬鵑（*H. erythrocephalus* Gould），已收入《中國瀕危動物紅皮書·鳥類》，亦列入"三有名録"，

詳本卷《珍稀瀕危禽鳥説・珍稀禽鳥考》"紅頭咬鵑"文。

斑頭大翠鳥

"三有"鳥名。佛法僧目，翠鳥科，斑頭大翠鳥（*Alcedo hercules* Laubmann）。爲翠鳥屬小型攀禽。全長約 23 厘米，較普通翠鳥爲大。頭頂、頸、頭側均淺黑色，各羽皆具亮藍色橫斑，因以得名。其背、腰具淺藍色彩；尾淺黑，沾藍綠色；翼淺黑，内側飛羽亦沾藍綠色。喉白色，下體餘部棕栗色。我國主要分布於雲南及海南等地（留鳥）。常栖息於溪旁樹枝上。以魚、蝦、軟體動物爲食。本種在科學研究中具有一定價值，已列入"三有名録"。另，本屬尚有普通翠鳥（*A.atthis* Linnaeus）。亦列入"三有名録"。詳本卷《習見禽鳥説・攀禽考》"翠鳥"文。

藍翡翠

"三有"鳥名。佛法僧目，翠鳥科，藍翡翠（*Halcyon pileata* Boddaert）。爲翡翠屬中型攀禽。我國主要分布於自東北南部以南至山西西北、甘肅、四川、雲南以南的大部地區（留鳥），亦偶見於臺灣（迷鳥）。常栖息於較開闊之平原、山麓地帶。以魚、蛙爲食。繁殖期兼食大量昆蟲，能捕食農林害蟲，且具有一定科學研究價值，故被列入"三有名録"。詳見本卷《習見禽鳥説・攀禽考》之"翡翠"文。

黄喉蜂虎

"三有"鳥名。佛法僧目，蜂虎科，黄喉蜂虎（*Merops apiaster* Linnaeus）。爲蜂虎屬小型攀禽。全長約 28 厘米。其額白色至藍、綠色；頭頂至上背栗色；下背淡黃栗色。尾藍綠色，具狹長尾羽端。翼之小覆羽綠色，中、大覆羽栗色。下體餘部淡藍綠色。頰、頦、喉黃色，又喜食黃蜂等，因得是名。分布於新疆北部及西部天山地區（留鳥），常栖息於開闊地帶之山脚、農田、湖沼等地周圍。以昆蟲爲食，尤喜捕食黃蜂。因分布區狹窄，又能捕殺農林害蟲，故已列入"三有名録"。蜂虎屬我國有五種，除本種外，尚有栗喉蜂虎（*M. philippinus*）、藍喉蜂虎（*M. viridis*），亦列入"三有名録"。

〔藍鬚〕夜蜂虎

"三有"鳥名。佛法僧目，蜂虎科，〔藍鬚〕夜蜂虎（*Nyctyornis athertoni* Jardine et Selby）。爲夜蜂虎屬中型攀禽。體長約 33 厘米。額、頭頂前部淡藍色。整個上體草綠而沾藍色。喉部中央淡藍，下體餘部赭黃色，除尾下覆羽外，大多具綠褐色條紋。我國主要分布於雲南及海南省（留鳥）。常栖息於海拔 1300 米以下之乾、濕性季雨林中。喜單獨或成雙活動。主要取食蜂類及甲殼類昆蟲。爲森林益鳥，已列入"三有名録"。

棕胸佛法僧

"三有"鳥名。佛法僧目，佛法僧科，棕胸佛法僧（*Coracias benghalensis* Linnaeus）。爲佛法僧屬中型攀禽。全長約 33 厘米。頭頂及枕藍綠色，後頸、頸側、背、肩、内側飛羽褐色。頦棕白色，其餘頭側及喉至上腹俱爲葡萄褐色，因得是名。我國主要分布於西藏、四川及雲南等地（留鳥）。栖息於壩區稻田區，喜停息於枯樹枝、電杆及其他喬木上。常單獨活動。食昆蟲，偶食植物種子。我國僅見其西南亞種（*C. b.affinis*），爲農林益鳥，已列入"三有名録"。另本屬中尚有藍胸佛法僧（*C.garrulus* Linnaeus），體似棕胸佛法僧，唯其頭、頰、腰、胸等爲緑藍色。分布於新疆北部、西部及天山地區（留鳥）。亦以昆蟲爲食，爲農林益鳥，已列入"三有名録"。

三寶鳥

"三有"鳥名。佛法僧目，佛法僧科，三寶鳥（*Eurystomus orientalis* Linnaeus）。爲三寶鳥屬小型攀禽。全長約25厘米。頭、頸黑褐色，背、翼幾爲純橄欖緑色。飛羽黑色，初級飛羽近羽基處有一天藍色闊横斑，尾黑色。頰、喉中部黑色而沾藍，頦尖有一小白斑。下體餘部純藍緑色。我國分布其普通亞種（*E.o.calonyx*），自東北小興安嶺至雲南東部地區均有分布（留鳥）；亦見於臺灣（旅鳥）。常栖息於林間開闊地。以昆蟲爲主要食物。爲農林益鳥，已列入"三有名録"。

戴勝[1]

"三有"鳥名。佛法僧目，戴勝科，戴勝（*Upupa epops* Linnaeus）。小型攀禽。爲戴勝屬禽鳥。分布幾遍全國，以多種昆蟲爲食，爲農林益鳥，已列入"三有名録"。詳本卷《習見禽鳥説·攀禽考》"戴勝[1]"文。

大擬啄木鳥

"三有"鳥名。鴷形目，鬚鴷科，大擬啄木鳥（*Megalaima virens* Boddaert）。爲擬啄木鳥屬中型攀禽。全長約30厘米。口闊厚，嘴鬚發達。頭、頸暗褐色，雜以緑藍色縱紋。背、肩棕栗色而沾草緑；下背至尾羽表面亮草緑色。飛羽褐黑色，次級覆羽微染紅褐。胸棕褐，而下胸、腹部中央藍緑色，并雜乳黄色。尾下覆羽赤紅色。本種爲擬啄木鳥屬之最大者，故得是名。我國分布四個亞種：滇西亞種（*M.v.clamator*），見於雲南怒江與龍川江間山地；滇南亞種（*M. v.magnifica*），見於雲南西南部永德、鳳慶等地；指名亞種（*M. v. virens*），見於四川及長江以南地區（留鳥）；西藏亞種（*M. v.marshallorum*）。常栖息於闊葉喬木林中。喜單獨活動。以甲殼昆蟲爲主要食物，亦取食榕果。爲森林益鳥，亦有一定學術研究價值，已列入"三有名録"。另，鬚鴷科我國僅擬啄木鳥一屬，均具發達嘴鬚。本屬尚有〔斑頭〕緑擬啄木鳥（*M. zeylanica* Gmelin），亦見於雲南；黄紋擬啄木鳥（*M.faiostricta* Temminck），見於廣東、廣西（留鳥）；金喉擬啄木鳥（*M. franklinii* Blyth），見於雲南、廣西；黑眉擬啄木鳥（*M. oorti* Müiller），亦稱山擬啄木鳥，見於廣西、海南、臺灣諸地；藍喉擬啄木鳥（*M. asiatica* Latham），見於雲南、廣西各地（留鳥）；藍耳擬啄木鳥（*M. australis* Horsfield），僅見於雲南（留鳥）；赤胸擬啄木鳥（*M.haemacephala* Müller），僅見於雲南西部至南部西雙版納等地（留鳥）。上述諸種或以昆蟲，或以榕果爲食，或二者兼食，對减輕森林蟲害，傳播榕樹種子等均有益處，并有一定研究價值，俱列入"三有名録"。

蟻鴷

"三有"鳥名。鴷形目，啄木鳥科，蟻鴷（*Jynx torquilla* Lnnaeus）。爲蟻鴷屬小型攀禽。全長16.5~18厘米。上體大都銀灰色，密雜以黑褐色蟲蠱狀細斑，頦近白色，頰、喉、胸呈淡棕黄色，亦密雜以黑褐色細横斑。腹部布滿矢狀黑褐色細斑。分布幾遍全國。常栖息於闊葉林地樹木上。喜單獨活動。嘴尖細，常在樹上或地面覓食螞蟻，因此得名"蟻鴷"。蟻鴷屬我國僅此一種，分布其三個亞種：指名亞種

（*J. t.torquilla*），見於新疆天山地區（旅鳥）；普通亞種（*J.t.chinensis*），各地有分布；西藏亞種（*J.t. himalayana*），見於藏南等地。蟻鴷取食蟻類，爲益鳥，有些分布偏遠、高寒，對研究鳥類分布有一定價值，已列入"三有名錄"。

斑姬啄木鳥

"三有"鳥名。鴷形目，啄木鳥科，斑姬啄木鳥（*Picumnus innominatus* Burton）。爲姬啄木鳥屬小型攀禽。全長約10厘米。頭至後頸烟褐色，頭頂前部綴以橙紅色。上體餘部橄欖黃色。翼暗褐色。尾羽黑色。下體淡綠白色而沾黃，頷、喉較白，布滿褐黑色圓形斑，因此得名。我國分布其二個亞種：雲南亞種（*P. i.malayorum*），見於雲南西南部、南部及東南部；華南亞種（*P. i.chinensis*），見於長江以南各省區，西至西藏、四川，北抵甘肅、陝西、河南諸地（留鳥）。常栖息於竹林及喬木林中的亞喬木上。以蟻類爲食。本種具有一定科學研究價值，已列入"三有名錄"。

棕啄木鳥

"三有"鳥名。鴷形目，啄木鳥科，棕啄木鳥（*Sasia ochracea* Hodgson）。爲棕啄木鳥屬小型攀禽。全長約10厘米。額、腰棕色，下體銹棕色，而頭、枕與上體橄欖綠而亦沾棕色，眉白色，故得是名。我國分布其二個亞種：雲南亞種（*S.o.reichenowi*），見於雲南西南部及南部西雙版納（留鳥）；廣西亞種（*S.o.kinneari*），見於廣西及雲南東南部（留鳥）。常栖息於竹林、河灘及山邊蘆葦上。多以蠕蟲爲食。棕啄木屬我國僅此一種，屬益鳥并有一定研究價值，故已列入"三有名錄"。亦稱"白眉棕啄木鳥"。

栗啄木鳥

"三有"鳥名。鴷形目，啄木鳥科，栗啄木鳥（*Micropternus brachyurus* Vieillot）。爲栗啄木鳥屬小型攀禽。體長21~26厘米。通體棕栗色，故得是名。頭略沾褐色，上體布有黑色橫斑。眼下方及頰羽端綴紅色。下體較上體稍暗，兩脅具橫斑。雌鳥眼下與頰無紅色。栗啄木屬我國僅分布此一種，共三個亞種：雲南亞種（*M. b.phaioceps*），見於雲南西部、南部及東南部（留鳥），因此得名；福建亞種（*M.b.fokiensis*），見於貴州、廣西、廣東及福建之中部、西北部；海南亞種（*M. b.holroydi*），見於海南，故名。常栖息於闊葉喬木林、竹林，亦栖息於農田樹木上。以蟻類爲主要食物。爲有益鳥類，亦有一定研究價值，已被列入"三有名錄"。

黃冠啄木鳥

"三有"鳥名。鴷形目，啄木鳥科，黃冠啄木鳥（*Picus chlorolophus* Vieillot）。爲綠啄木鳥屬小型攀禽。體長23~26厘米。雄鳥上體綠色，枕部具鮮黃色羽冠，故又名"黃冠綠啄木鳥"。其肩、背至尾上覆羽、翼上覆羽、內側飛羽外翈綠色更輝亮。額、頭雜以鮮紅色而形成一鮮紅色環。雌鳥，額、前頭不具此鮮紅，僅眼後、枕部鮮紅，故衹在頭部成紅色半環。黃冠啄木鳥我國有三個亞種：雲南亞種（*P.ch.chlorolophoides*），見於雲南西部、南部等地（留鳥）；福建亞種（*P.ch. citrinocristatus*），見於福建中部（留鳥）；海南亞種（*P.ch.longipennis*），見於海南省（留鳥）。常栖息於地勢較高之樹林中。以螞蟻及其他昆蟲爲食物，偶亦食植物漿果。爲有益鳥類，已列入"三有名錄"。另，綠啄木鳥屬中尚有花腹緑啄木鳥（*P. vittatus* Vieillot）、鱗喉緑啄木鳥（*P.xanthopygaeus* J. E. et G. R. Gray）、灰頭緑啄木鳥（*P.canus* Gmelin）（又稱黑枕緑啄木鳥，詳本卷《習見禽鳥説・攀禽考》"山啄木"文）、紅頸緑啄木鳥（*P. rabieri* Oustalet）、大黄冠緑啄木鳥（*P. flavinucha* Gould）等，大都以森林害蟲爲主要食物，爲林業益鳥，俱已列入"三有名録"。

金背三趾啄木鳥

"三有"鳥名。鴷形目，啄木鳥科，金背三趾啄木鳥（*Dinopium javanense* Ljunhu）。爲金背三趾啄木鳥屬小型攀禽。體長約 28 厘米。雄鳥除上背黑色外，餘爲金黄、銹紅色。翼覆羽金橄欖色，羽緣金黄色，内側飛羽亦金橄欖色，羽緣金黄色，其足三趾，故稱"金背三趾啄木鳥"。此鳥頭、頸冠猩紅耀眼，喉頭二側白；眉紋，從眼下至頸側羽紋及喉部中央紋均黑色。胸、腹白色，具黑貝殼斑。雌鳥，頭頂、頸冠黑色，具白色條紋。金背三趾啄木屬我國僅此一種，常見者爲其雲南亞種（*D.j.intermedium*），分布於雲南南部西雙版納等地（留鳥），常栖息於海拔 1500 米以下常緑闊葉林或混交林内。以昆蟲與蠕蟲爲主要食物，爲森林益鳥，已列入"三有名録"。

竹啄木鳥

"三有"鳥名。鴷形目，啄木鳥科，竹啄木鳥（*Gecinulus grantia* McClelland）。爲竹啄木鳥屬小型攀禽。體長約 23 厘米。雄鳥，頭頂、頭側橄欖黄色，頭頂前部有粉紅色塊斑，上體餘部栗紅色。翼黑色，初級飛羽具棕黄色斑。尾羽暗褐色，具淺色橫斑及栗紅色羽緣。其餘下體橄欖褐色。雌鳥，頭頂、上頸淡緑黄色。

本種因喜栖息於竹林或山地雜有竹木之次生林，故得是名。竹啄木鳥屬我國僅此一種，其亞種有二：雲南亞種（*G.g.indochineensis*），見於雲南西部及南部之西雙版納（留鳥）；東南亞種（*G. g. viridanus*），分布於福建中部、西北部及廣東北部（留鳥）。竹啄木鳥喜單獨活動。以甲殼類昆蟲及螞蟻爲食物，屬竹林益鳥，已列入"三有名録"。

大灰啄木鳥

"三有"鳥名。鴷形目，啄木鳥科，大灰啄木鳥（*Mulleripicus pulverulentus* Temminck）。爲灰啄木鳥屬小型攀禽。體長 51 厘米。雄鳥全身幾爲灰色，因得是名。無羽冠；喉、前額皮黄色，沾染深紅色，頰紅色。雌鳥無頰紋，前額皮純黄色。灰啄木鳥屬我國已知僅此一種，且僅分布其雲南亞種（*M.p.harterti*），見於雲南南部之西雙版納地區（留鳥）。常栖息於海拔 1200 米以下之熱帶雨林。喜結小群活動。以蟻類爲主要食物。大灰啄木鳥爲森林益鳥并具一定科學研究價值，已列入"三有名録"。

黑啄木鳥

"三有"鳥名。鴷形目，啄木鳥科，黑啄木鳥（*Dryocopus martius* Linnaeus）。爲黑啄木鳥屬中大型攀禽。體長約 46 厘米。雄鳥除前額、頭頂至枕爲紅色，頭側亮黑色，其餘體羽全部純黑色。雌鳥僅於枕部有紅色，餘部均純黑色。黑啄木鳥屬我國僅分布此一種，其亞種有二：指名亞種（*D.m. martius*），見於新疆北部，東北地區之大興安嶺及長白山區，河北，山西北部與南部中條山地區（留鳥）；西南亞種（*D.m.khamensis*），見於青海東部、南部，甘肅西北部，四川北部、西部、雲南西部及西藏昌都地區南部（留鳥）。常栖息於針葉林或針、闊葉混交林中。喜單獨或成雙活動。以各類昆蟲爲主要食物。爲森林益鳥，亦有一定科學研究價值，已被列入"三有名録"，係需重點保護的野生動物。

黃頸啄木鳥

"三有"鳥名。鴷形目，啄木鳥科，黃頸啄木鳥（*Picoides darjellensis* Blyth）。爲啄木鳥屬小型攀禽。體長 22 ～ 25 厘米。雄鳥額白，枕紅，上體、肩、尾均黑色，自胸部以下暗黃色，密布黑色條紋。尾下覆羽鮮紅色。此鳥，枕側至頸側有一大型金黃色塊斑，因得是名。我國僅見其西南亞種（*P. d.desmursi*），分布於四川、雲南、西藏諸地區（留鳥）。常栖息於海拔 2000 米以上苔蘚林中。多單獨活動。主要取食蠕蟲類。爲森林益鳥，亦有一定科學研究價值，已被列入"三有名録"。另，啄木鳥屬尚有大斑啄木鳥（*P.major* Linnaeus）、白翅啄木鳥（*P.leucopterus* Salvadori）、白背啄木鳥（*P.leucotos* Bechstein）、赤胸啄木鳥（*P.cathpharius* Blyth）、棕腹啄木鳥（*P. hyperythrus* Vigors）、紋胸啄木鳥（*P.atratus* Blyth）、小斑啄木鳥（*P.minor* Linnaeus）、星頭啄木鳥（*P.canicapillus* Blyth）、小星頭啄木鳥（*P.kizuki* Temminck）及三趾啄木鳥（*P.tridactylus* Linnaeus）等，大多以各類昆蟲爲主要食物，均爲農林益鳥。且都有一定的科學研究價值，俱已列入"三有名録"。應作爲重點保護野生動物加以保護。

黃嘴栗啄木鳥

"三有"鳥名。鴷形目，啄木鳥科，黃嘴栗啄木鳥（*Blythipicus pyrrhotis* Hodgson）。爲噪啄木鳥屬小型攀禽。體長 27~29 厘米。雄鳥通體近栗色（棕褐），嘴尖而黃，故得是名。此鳥枕部赤紅色，枕部以下均具黑或黑褐色橫斑，而以翼上黑斑爲粗著。下體黃褐或暗褐，胸沾栗色。雌鳥與雄鳥相似，而頸側、後頸無紅斑。黃嘴栗啄木鳥原名"黃嘴噪啄木鳥"。噪啄木鳥屬我國僅此一種，有三個亞種：雲南亞種（*B.p.annamensis* Kinnear），見於四川康定、貴州綏陽及廣西、湖南、廣東、福建等地（留鳥）；海南亞種（*B.p.hainanus* Ogilvie-Grant），僅見於海南各地（留鳥）。常栖息於闊葉喬木林中。喜單個或成雙活動。以蠕蟲爲主要食物，爲森林益鳥，已列入"三有名録"。

大金背啄木鳥

"三有"鳥名。鴷形目，啄木鳥科，大金背啄木鳥（*Chrysocolaptes lucidus* Scopoli）。爲金背啄木鳥屬中型攀禽。體長約 31 厘米。雄鳥上背、肩、翼內側爲輝金橄欖色，故得是名。額、眼先上方褐色；頭頂、羽冠、下背、腰赤紅色；尾上覆羽、尾羽褐黑色。下喉至上胸黑色，綴以污棕白色黑斑，下胸以下污白色并雜以褐斑。雌鳥頭頂黑色，周圍無白斑。金背啄木鳥屬我國僅分布此一種，并僅見其雲南亞種（*C.l.guttacristatus*），分布於雲南西部及南部西雙版納地區（留鳥）。常栖息於海拔 1400 米左右的乾、濕雨林或常緑闊葉林中。以蠕蟲爲主要食物，兼食樹木果實。爲森林益鳥，亦有一定科學研究價值，已列入"三有名録"。

歌百靈

"三有"鳥名。雀形目，百靈科，歌百靈（*Mirafa javanica* Horsfield）。爲歌百靈屬小型鳴禽。體長約 15 厘米。上體砂棕色而略帶褐、白羽端。尾羽褐色而具淡棕色羽緣。外側尾羽具白或棕色。翼褐色，具棕緣。頷、喉白色，下體餘部淡棕色，胸、脅處有黑褐色縱紋。其鳴聲婉轉如歌，因得是名。尤其繁殖期雄鳥且飛且鳴，酷似雲雀。歌百靈屬我國僅分布此種之兩廣亞種（*M.j. williamsoni*），且僅見於廣東湛江及廣西南部地區（留鳥），常栖息於曠野與草地。單獨、成雙或結小群活動，極其活躍。雜食性，除食雜草種子外，亦取食蚊、象鼻蟲等害蟲。本亞種僅見於中國，而不分布他國，且對滅草、除蟲具有一定意義，故已列入"三有名録"。

百靈

"三有"鳥名。雀形目，百靈科，〔蒙古〕百靈（*Melanocorypha mongolica* Pallas）。爲百靈屬小型鳴禽。是著名籠飼觀賞鳥。飼養歷史悠久。其鳴聲嘹亮持久，音調圓滑婉轉動聽，可與畫眉相媲美，具有較高的經濟價值。已列入"三有名録"。詳本卷《習見禽鳥説·鳴禽考》"百靈"文。

小雲雀

"三有"鳥名。雀形目，百靈科，小雲雀（*Alauda gulgula* Franklin）。爲雲雀屬小型鳴禽。全長約15厘米。小於雲雀，故名。上體棕褐色，具黑褐色縱紋及淡棕色羽緣。後頭部有明顯棕褐色羽冠。下體淡棕色，胸部色濃而密布黑紋與斑。本種我國分布有六個亞種：長江亞種（*A.g.Weigoldi*），見於自四川瓦山、成都，東至淮北、魯南微山湖及長江口一帶（留鳥）；西北亞種（*A.g.inopinata*），見於藏南、川西南、青海全境，亦見於甘、陝等地；西南亞種（*A. g.vernayi*），見於黔北，川西南，滇中以南及藏南等地；華南亞種（*A.g.coelivox*），見於滇東南及黔、桂、粵、湘南、贛中及閩南等地（留鳥）；臺灣亞種（*A.g. wattersi*），見於臺灣各地（留鳥）；海南亞種（*A. g. sala*），見於廣東湛江及海南（留鳥）。常栖息於草原、河床及農田地帶。雜食性，然以雜草種子爲主要食物，亦啄食農田害蟲，如小甲蟲、地老虎、蝗蟲及鱗翅目害蟲等。此鳥既可籠飼玩賞，亦爲農業益鳥，故已列入"三有名録"。另，雲雀屬尚有雲雀（*A.arvensis* Linnaeus），爲著名鳴禽，又是農林益鳥，有較高經濟價值，已列入"三有名録"。詳本卷《習見禽鳥説·鳴禽考》"雲雀"文。

角百靈

"三有"鳥名。雀形目，百靈科，角百靈（*Eremophila alpestris* Linnaeus）。爲角百靈屬小型鳴禽。全長16~18厘米。體似百靈，唯前額白色而生黑色角狀羽簇如羊角狀，故得是名。雄鳥上體褐色，羽緣淺棕色。下體白沾染棕色，胸部有黑色寬橫帶。雌鳥上體羽色較雄鳥稍淺，頭、臉不具黑斑，亦無角羽；下體胸斑亦較小。角百靈屬我國僅此一種，有八個亞種：北方亞種（*E.a. flava*），見於東北及河北中、北部地方；東北亞種（*E. a.brandti*），見於東北、内蒙古、山西、甘肅、青海、新疆（夏候鳥）及河北（冬候鳥）；新疆亞種（*E. a.albigula*），見於新疆喀什、天山與中部和静等地（留鳥）；昆侖亞種（*E. a.argalea*），見於新疆喀喇昆侖山區；青藏亞種（*E. a.elwesi*），見於甘肅、青海、新疆、四川、西藏等地；南疆亞種（*E. a.teleschowi*），見於新疆南部昆侖山脉、阿爾金山脉及羅布泊以南地區（留鳥）；柴達木亞種（*E.a.przewalskii*），見於青海柴達木西、南部（留鳥）；四川亞種（*E.a. insularis*），見於四川西部、西北部及北部等地（留鳥）。常栖息於高原草地，荒漠或高山草甸及岩石上。大多喜結群活動，有的則成對或三五成小群活動，不能高飛，極善短距離奔跑。雜食性，但以雜草等植物性食物爲主。本種分布偏遠，又耐高寒及荒漠等惡劣環境，對維持高寒山區、荒漠、草原的生態平衡有一定作用，已列入"三有名録"。

褐喉沙燕

"三有"鳥名。雀形目，燕科，褐喉沙燕（*Riparia paludicola* Vieillolt）。爲沙燕屬小型鳴禽。全長約 11 厘米。外形似家燕，通體沙褐色，上體略灰而有淺斑，飛羽黑褐，尾羽深褐；下體淡棕黄色而胸部略深；尾叉較淺而呈凹尾狀。其喉褐色，故得是名。又因體色沾棕，又名"棕沙燕"。此種已知七大亞種，我國僅分布其中華亞種（*R.p.chinensis*），見於雲南西南部及臺灣（留鳥）。栖息於近水河畔及岩崖附近。常在沼澤、草地等地低空飛行捕食昆蟲。爲農林益鳥，已列入"三有名録"。另，沙燕屬尚有崖沙燕（*R.riparia* Linnaeus），亦稱"灰沙燕"。我國分布其四個亞種：東北亞種（*R.r.ijimae* Lonnberg），見於東北、内蒙古、河北、山西、山東、江蘇、廣東、廣西等地；新疆亞種（*R. r. diluta* Sharpe et Wyatt），見於新疆喀什、天山、阿爾金山脉及準噶爾盆地；青藏亞種（*R.r. tibetana* Stegmann），見於青海柴達木盆地，青海湖、扎陵湖、西藏南部昌都地區及四川北部若爾蓋等地（留鳥）；福建亞種（*R. r.fokienensis* La Touche），見於甘肅蘭州、四川都江堰以東、黔北、陝南及湖北、江蘇、

浙江、福建（留鳥），亦見於廣東北部（冬候鳥）。均以昆蟲爲食物，爲農林益鳥，亦列入"三有名録"。

岩燕

"三有"鳥名。雀形目，燕科，岩燕（*Ptyonoprogne rupestris* Scopoli）。爲岩燕屬小型鳴禽。全長約 15 厘米。體似家燕，但翅長尾短，尾叉較淺而近乎平片。上體灰褐，胸部污白，下胸腹部砂棕色。本種有二亞種，我國僅分布其指名亞種（*P. r. rupestris*），見於自河北北部至西北、西南地區各地（留鳥或夏候鳥）。栖息於海拔 1500~5000 米之高山峽谷，常於岩壁洞穴中隱蔽。喜單獨活動，善於在空中飛行覓食，食物以蚊、蜂、蠅、虻類等昆蟲爲主。爲農林及牧業益鳥，亦具衛生保健價值，故已列入"三有名録"。另，岩燕屬尚有純色岩燕（*P. concolor* Sykes），分布於雲南中部，栖息地與岩燕相似，亦捕食多種昆蟲，對人烟稀少之偏僻地區消滅害蟲，保護農業、牧業生産及人民健康頗爲有益，故亦列入"三有名録"。

金腰燕

"三有"鳥名。雀形目，燕科，金腰燕（*Hirundo daurica* Linnaeus）。爲燕屬小型鳴禽。全長約 18 厘米。體似家燕，上體藍黑色，具金屬光澤；腰部具寬闊的栗黄色横帶，故名金腰燕。尾黑褐，外側尾羽特長而呈深叉狀尾。下體白而渲染棕色，具黑褐色縱紋。金腰燕已知十二個亞種，我國分布四個亞種：指名亞種（*H. d.daurica*），見於東北北部及西北部；青藏亞種（*H.d. gephrya*），見於青海、寧夏、甘肅、四川、雲南、西藏（夏候鳥），亦偶見於江蘇、福建等地（旅鳥）；西南亞種（*H.*

d.nipalensis），見於西藏、雲南諸地；普通亞種（*H. d.japonica*），見於我國自東北北部至福建、廣東的廣大東部地區。金腰燕常栖息於山間村鎮附近之樹枝、電綫上。喜結群活動，全天大部分時間都在原野飛行，捕食空中飛蟲，其食物多爲半翅目、鞘翅目、膜翅目、鱗翅目及雙翅目等農林害蟲，對農林業生產及衛生防疫有極爲重要的意義，故已列入"三有名錄"。另，燕屬中尚有家燕（*H. rustica* Linnaeus，詳本卷《習見禽鳥說·鳴禽考》"燕"文）、洋斑燕（*H. tahitica* Gmelin）、斑腰燕（*H. striolata* Temminck et Schlegel）等，亦都以有害昆蟲爲食物，對農林業生產及衛生防疫有重要意義，俱已被列入"三有名錄"。

白腹毛脚燕

"三有"鳥名。雀形目，燕科，白腹毛脚燕（*Delichon urbica* Linnaeas）。爲毛脚燕屬小型鳴禽。全長11~15厘米。體似家燕，但尾短，尾叉不明顯。上體黑色并具藍色光澤，腰部具白色横帶，尾及飛羽黑褐色。下體白色。跗跖、足趾全部被白羽，故得此稱。本種已知有六個亞種，我國分布五個亞種：指名亞種（*D.u. urbica*），見於新疆阿勒泰、西部天山與喀喇昆侖山，中部吐魯番及東部哈密（繁殖鳥）；東北亞種（*D.u.lagopoda*），見於内蒙古、黑龍江（繁殖鳥，旅鳥），河北及東南沿海一帶；南方亞種（*D.u.dasypus*），見於江蘇、福建；西南亞種（*D.u.cashmeriensis*），見於雲南、貴州、四川、湖北及陝西、甘肅、山西、西藏等地；福建亞種（*D.u. nigrimentalis*），見於福建、廣東、廣西及臺灣（繁殖鳥）。本種多栖息於高山峽谷、岩崖及山區古建築物之廊廡上。喜結

小群活動，常在海拔4000~4700米開闊地或荒原上空飛翔。以雙翅目、半翅目、鞘翅目昆蟲爲食物。爲農林業及衛生防疫益鳥，已被列入"三有名錄"。毛脚燕屬已知有三種，我國均有分布，烟腹毛脚燕（*D.dasypus*）、黑喉毛脚燕（*D.nipalensis*），亦列入"三有名錄"。

山鶺鴒

"三有"鳥名。雀形目，鶺鴒科，山鶺鴒（*Dendronanthus indicus* Gmelin）。爲山鶺鴒屬小型鳴禽。全長約16厘米。上體橄欖褐色，翼黑褐色，翼側有兩條明顯淡黄色横斑，外側尾羽黑褐色，先端具白斑。下體白色，胸部有兩條黑色横帶，中央以黑斑連接。我國分布於自東北至華南的大部分地區（夏候鳥），遷徙時遍及東部各省，偶或見於兩廣、雲南、海南諸地越冬。常栖息於低山闊葉林間，亦見於林間空地、林緣、溪邊及村落附近。主要取食鱗翅目、鞘翅目、直翅目（蝗蟲）等昆蟲，亦捕食蝸牛、蛞蝓等。爲農、林、牧益鳥，已被列入"三有名錄"。

黄鶺鴒

"三有"鳥名。雀形目，鶺鴒科，黄鶺鴒（*Motacilla flava* Linnaeus）。爲鶺鴒屬小型鳴禽。全長15~18厘米。頭灰色至黑色，上體橄欖綠色，腰部稍淡，尾羽黑褐色。下體鮮黄或淡黄，因以得名。本種已知有十八個亞種，我國分布其中之九個亞種：準噶爾亞種（*M.f. leucocephala*），頭頂白色，見於新疆準噶爾盆地；極北亞種（*M. f. plexa*），見於東北滿洲里、哈爾濱及川、鄂諸地；天山亞種（*M.f. melanogrisea*），其頭頂黑色，上體黄綠。見於新疆伊犁及天山等地（繁殖鳥）；北方西部亞

種（*M. f. beema*），見於新疆北部及四川西部、北部地方；北方東部亞種（*M. f. angarensis*），見於京、津、冀及雲、貴、川等地；東北亞種（*M. f. macronyx*），見於東北地區及内蒙古、甘肅、河北、陝西、山東、湖北、江蘇、浙江、福建、廣東、廣西、四川、雲南、西藏等地；堪察加亞種（*M.f.simillima*），見於東北地區及河北、山西、山東、江蘇、浙江、江西、福建、廣東、雲南及臺灣等地；臺灣亞種（*M. f. taivana*），見於臺灣、廣東、海南（冬候鳥）及東北各地與河北、山西、陝西、山東、江蘇、浙江、廣西、四川等地（旅鳥）；阿拉斯加亞種（*M. f. tschutschensis*），見於我國東部各地。本種常栖息於自平原至海拔 4000 米高原之溪谷、河川、沼澤地帶，亦見於林緣、居民點附近。以昆蟲爲主要食物，爲農、林、牧害蟲天敵，有益於農林牧業生産。已列入"三有名録"。另，鶺鴒屬尚有黃頭鶺鴒（*M. citreola* Pallas）、灰鶺鴒（*M. cinerea* Tunstall）、白鶺鴒（*M. alba* Linnaeus）、日本鶺鴒（*M. grandis* Sharpe）、印度鶺鴒（*M.maderaspatensis* Gmelin）等，均以昆蟲爲主要食物，屬農、林、牧及衛生防疫益鳥，俱已列入"三有名録"。白鶺鴒詳本卷《習見禽鳥説·鳴禽考》"鶺鴒"文。

田鷚

"三有"鳥名。雀形目，鶺鴒科，田鷚（*Anthus novaeseelandiae* Gmelin）。爲鷚屬小型鳴禽。全長 16~19 厘米。上體棕黃色，具明顯的黑褐色縱紋；尾羽暗褐色，外側尾羽具白斑，而最外一對尾羽則全白色。下體淡棕色，胸部有褐色縱紋。田鷚已知有二十七個亞種。我國分布四個亞種：東北亞種（*A.n.dauricus*），見於東北各地及華北、西北東部、華北北部、西南與兩廣諸地；新疆亞種（*A.n. centralasiae*），見於新疆、内蒙古、青海等地；華南亞種（*A.n.sinensis*），見於江蘇南部、安徽南部、湖南、江西、福建（夏候鳥）；亦見於四川中部、廣西、廣東、海南及西沙群島（旅鳥）；雲南亞種（*A.n.rufulus*），見於雲南西部至南部（留鳥）及廣西、廣東（旅鳥）。田鷚常栖息於較開闊的林間空地、河灘、沼澤、草地、農田及灌木叢中。性警懼人，喜結小群活動。以昆蟲爲食物。田鷚數量多，分布廣，除西藏外幾乎遍布全國各地，又專以農、林、牧害蟲爲食，對保護農、林、牧業生産極爲有益，故已列入"三有名録"。另外，除田鷚外，該屬尚有平原鷚（*A.campestris* Linnaeus）、林鷚（*A.trivialis* Linnaeus）、樹鷚（*A.hodgsoni* Richmond）、北鷚（*A.gustavi* Swinhoe）、草地鷚（*A.pratensis* Linnaeus）、紅喉鷚（*A.cervinus* Pallas）、粉紅胸鷚（*A.roseatus* Blyth）、水鷚（*A.spinoletta* Linnaeus）、山鷚（*A. sylvanus* Hodgson）等。它們分布於全國各地，又都以昆蟲爲食，均屬農林益鳥，俱已被列入"三有名録"。

大鵑鵙

"三有"鳥名。雀形目，山椒鳥科，大鵑鵙（*Coracina novaehollandiae* Gmelin）。爲鵑鵙屬中型鳴禽。全長約 31 厘米。雄鳥上體青灰，翼上覆羽及飛羽黑褐色并具淺色邊緣。下體較上體稍淺淡，腹以下轉爲白色。雌鳥羽似雄鳥但稍淡，胸、脅具不甚清晰的暗橫斑。大鵑鵙全球有十九個亞種，我國分布其中之三：雲南亞種（*C. n.siamensis* Stuart Baker），見於雲南北部麗江，西部騰衝以至南部西雙版納（留鳥）；

海南亞種（*C.n.larvivora* Hartert），見於海南各地（留鳥）；華南亞種（*C.n.rexpineti* Swinhoe），見於廣西平南、廣東、福建中部及臺灣（留鳥）。大鵑鵙常栖息平原至海拔 2000 米的常綠闊葉林或針闊葉混交林中。喜單獨或結小群在樹冠部位活動。主要取食鞘翅目、鱗翅目、膜翅目類昆蟲，偶亦取食榕果、漿果類。爲農林害蟲天敵，有益於農林業生産，已列入"三有名錄"。本屬尚有暗灰鵑鵙（*C. melaschistos* Hodgson），分布於河北以南廣大地區，亦以昆蟲爲主要食物，爲農林益鳥，亦被列入"三有名錄"。

粉紅山椒鳥

"三有"鳥名。雀形目，山椒鳥科，粉紅山椒鳥（*Pericrocotus roseus* Vieillot）。爲山椒鳥屬小型鳴禽。全長約 19 厘米。雄鳥頭、上體灰褐，翼亦灰褐而具朱紅色翼斑，尾羽黑色，尾上覆羽紅色；下體褐粉紅色，因以得名。雌鳥體形及羽色大致如雄鳥，唯紅色部分代之以黃色。此鳥有兩個亞種，均見於我國：指名亞種（*P. r. roseus*），見於四川南部，雲南西部至南部、東南部，廣西，貴州及廣東南部（夏候鳥）；華南亞種（*P. r. cantonensis*），見於華中以南地區（夏候鳥）。粉紅山椒鳥常栖息於海拔 2000 米開闊次生闊葉林、針闊葉混交林内，以及農田、稀疏灌木叢或雨林林緣地帶。喜結群活動於高大喬木上。雜食性，但以昆蟲爲主要食物，爲農林益鳥，已列入"三有名錄"。另，山椒鳥屬尚有小灰山椒鳥（*P.cantonensis* Swinhoe）、灰山椒鳥（*P. divaricatus* Raffles）、灰喉山椒鳥（*P. solaris* Blyth）、長尾山椒鳥（*P. ethologus* Bangs et Phillips）、短嘴山椒鳥（*P.brevirostris* Vigors）、赤紅山椒鳥（*P. flammeus* Forster）等，均以農林害蟲爲主要食物。皆屬農林益鳥，俱已列入"三有名錄"。

褐背鵲鵙

"三有"鳥名。雀形目，山椒鳥科，褐背鵲鵙（*Hemipus picatus* Sykes）。爲鵲鵙屬小型鳴禽。全長約 14 厘米。雄鳥頭至上背黑色，上體褐色，背腰雜以白羽，尾羽黑色，外側尾羽具白端。翼黑色，翼上覆羽有白斑；下體粉褐色。雌鳥頭至上背褐色，餘部與雄鳥相似。本屬有兩種，我國僅分布此種，今亦稱"褐背花伯勞"。褐背鵲鵙有四個亞種，我國僅分布其西南亞種（*H. p. capitalis*），見於雲南、貴州、廣西等地（留鳥）。常栖息於海拔 2100 米以下開闊次生林、針闊葉混交林内，亦見於林緣、路邊或堤壩附近樹叢中。以昆蟲爲食物，爲農林業益鳥，已列入"三有名錄"。

鈎嘴林鵙

"三有"鳥名。雀形目，山椒鳥科，鈎嘴林鵙（*Tephrodornis gularis* Raffles）。爲林鵙屬小型鳴禽。全長 19~22 厘米。雄鳥頭頂灰色，上體褐色，尾上覆羽白色。尾、翼褐色。下體白色，胸部染有灰褐色。雌鳥與雄鳥大體相似，唯頭頂灰褐，并具褐色過眼紋。林鵙屬有二種，我國分布此種。鈎嘴林鵙已見十一個亞種，我國分布其中二個亞種：華南亞種（*T. g.latouchei*），見於雲南、廣西、廣東、福建等地（留鳥）；海南亞種（*T. g.hainanus*），我國僅見於海南省（留鳥）。常栖息於海拔 1500 米以下之闊葉林或混交林内。以昆蟲爲食物，爲農林業益鳥，已列入"三有名錄"。

鳳頭雀嘴鵯

"三有"鳥名。雀形目，鵯科，鳳頭雀嘴鵯（*Spizixos canifrons* Blyth）。爲雀（鸚）嘴鵯屬小型鳴禽。全長約 21 厘米。嘴粗似鸚鵡，前額及耳羽灰色若鳳頭，故得此稱。亦稱"鳳頭鸚嘴鵯"。頭頂黑色，上體橄欖綠色，尾端具黑色橫帶。喉黑色，下體黃綠色。我國主要分布於四川、雲南山地（留鳥）。常栖息於海拔 1200~2800 米之林間灌叢或疏林地内。雜食性，除取食懸鈎子、草莓、鎖莓、黃泡子等漿果外，亦取食鞘翅目、鱗翅目及其他昆蟲。爲農林業益鳥，且體形優美，可籠飼供觀賞，具有一定經濟價值，故已列入"三有名録"。本屬尚有領雀嘴鵯，又名綠鸚嘴鵯（*S.semitorques* Swinhoe），亦屬農林益鳥并可籠飼觀賞，亦列入"三有名録"。

紅耳鵯

"三有"鳥名。雀形目，鵯科，紅耳鵯（*Pycnonotus jocosus* Linnaeas）。爲鵯屬小型鳴禽。全長約 20 厘米。雄鳥額、頭頂黑色，具竪立之黑羽冠，眼後有鮮紅色羽斑；上體棕褐色，尾羽黑褐；下體白色，胸、脅沾染褐色，尾下覆羽鮮紅。雌鳥羽色與雄鳥相似，但黑羽部分均呈黑褐色。紅耳鵯約八個亞種，我國分布二個亞種：雲南亞種（*P. j.monticola*），見於雲南西部、南部西雙版納及東南部（留鳥）；指名亞種（*P. j. jocosus*），見於貴州、廣西、廣東等地（留鳥）。常栖息於海拔 1500 米以下雨林、季雨林中。雜食性。所食昆蟲多爲農林害蟲，屬農林益鳥。此鳥羽冠高聳，眼後紅斑及紅色肛羽鮮麗可愛，又善鳴叫，可作籠飼觀賞，故有一定經濟價值。已列入"三有名録"。另，本屬中尚有黃臀鵯（*P.xanthorrhous* Anderson）、白頭鵯（*P. sinensis* Gmelin，詳本卷《習見禽鳥説・鳴禽考》"白頭翁"文）、臺灣鵯（*P. taivanus* Styan）、白喉紅臀鵯（*P. aurigaster* Vieillot）等，均屬雜食性，大都以有害昆蟲爲主要食物，對農、林、牧業及人類防疫都有一定益處，且黃臀鵯等多善鳴叫，可供籠飼觀賞，具有一定經濟價值，均已列入"三有名録"。

黑〔短脚〕鵯

"三有"鳥名。雀形目，鵯科，黑〔短脚〕鵯（*Hypsipetes madagascariensis* Müller）。爲短脚鵯屬小型鳴禽。全長 23 ~ 25 厘米。嘴、脚紅色。體色各亞種變異極大，頭羽輝黑或純白，上體輝黑或暗灰；喉羽黑或白色；下體暗灰至灰白。雌雄羽色相似，但雄鳥體羽缺少輝亮色澤。本種已知十四個亞種，我國分布其中之七種：西藏亞種（*H. m. psaroides*），見於西藏南部；滇南亞種（*H. m.concolor*），見於雲南西部、西南部、南部地區；四川亞種（*H. m. leucothorax*），見於四川、陝西南部及雲南西部；滇西亞種（*H. m.sinensis*），見於雲南西部（繁殖鳥）及雲南東南部（冬候鳥）；東南亞種（*H. m.leucocephalus*），見於安徽、江蘇、浙江、福建、湖南、廣東、廣西、貴州等地；臺灣亞種（*H.m.nigerrimus*），僅見於臺灣臺北、嘉義、南投、雲林（斗六）等地；海南亞種（*H. m.perniger*），見於海南、廣西各地。黑〔短脚〕鵯多栖息於海拔 500~3000 米山地闊葉林附近。冬季常集大群活動。雜食性，但以植物性食物爲主。本種亞種分化較多，亞種羽色變异較大，具有一定科學研究價值，亦可用於籠飼觀賞，故已列入"三有名録"。

黑翅雀鵯

"三有"鳥名。雀形目,和平鳥科,黑翅雀鵯(*Aegithina tiphia* Linnaeus)。爲雀鵯屬小型鳴禽。全長約 14 厘米。雄鳥上體黄緑,前額及頭側鮮黄,尾黑色。翼上覆羽輝黑,具兩條白色翼斑;飛羽黑色,外緣淡黄。頷至前胸鮮黄,下體餘部漸淡。雌鳥羽色與雄鳥相似,唯黑色部分代之以暗褐色。本種已知十一個亞種,我國僅分布其雲南亞種(*A.t.philipi*),見於雲南南部地區。栖息於海拔 1600 米以下次生闊葉林及灌叢中,常結小群活動。雜食性,但以膜翅目、鱗翅目昆蟲,特别是白蟻、蚊、蠅類爲主要食物,爲農林及防疫保健益鳥,已列入"三有名錄"。本屬中尚有大緑雀鵯(*A. lafresnayei* Hartlaub),見於雲南南部,亦以農林害蟲爲主要食物,爲農林業益鳥,也被列入"三有名錄"。

藍翅葉鵯

"三有"鳥名。雀形目,和平鳥科,藍翅葉鵯(*Chloropsis cochinchinensis* Gmelin)。爲葉鵯屬小型鳴禽。全長約 17 厘米。雄鳥頭頂橄欖緑色,上體黄緑色,尾部輕暗緑。翼覆羽翠藍色并具金屬光澤,故此得名。胸黄色,下體淺緑。雌鳥羽色較暗。本種已知十一個亞種,我國僅分布其雲南亞種(*C.c.kinneari*),見於雲南南部(留鳥)。栖息於海拔 1600 米以下開闊常緑次生闊葉林内。喜結小群活動。雜食性,但以甲蟲及鱗翅目昆蟲爲主要食物。爲森林益鳥,且鳴聲婉轉悦耳,可以籠飼供觀賞,已列入"三有名錄"。另,本屬中尚有金額葉鵯(*C.aurifrons* Temminck),見於雲南西南部(留鳥);橙腹葉鵯(*C. hardwickii* Jardine et Selby),見於華南至西南山區(留鳥)。均已列入"三有名錄"。

和平鳥

"三有"鳥名。雀形目,和平鳥科,和平鳥(*Irena puella* Latham)。爲和平鳥屬小型鳴禽。全長約 20 厘米,上體灰褐色,至腰部轉灰;尾羽灰褐,近端部有一黑色寬横帶,尾端黄色。頷、喉黑色,胸似背羽,餘部近灰色,尾下覆羽栗紅色。和平鳥已知五個亞種,我國僅分布其指名亞種(*I. p.puella*),見於雲南南部及東南部。栖息於海拔 1100 米以下針闊葉混交林附近。性怯畏人。雜食性,而以植物果食及種子爲主要食物。本種分布區域狹窄,具有一定科學研究價值,已列入"三有名錄"。

太平鳥

"三有"鳥名。雀形目,太平鳥科,太平鳥(*Bombycilla garrulus* Linnaeus)。爲太平鳥屬小型鳴禽。全長約 20 厘米。通體褐色,頭具羽冠;頷喉黑色,尾羽先端黄色。翼上覆羽黑色而具白端,形成明顯白紋。腹下近灰色,尾下覆羽栗紅色。本種已知有二亞種,我國分布其普通亞種(*B. g. centralasiae*)。多見於東北地區,偶亦見於西北及西南地區。常栖息於海拔 1100 米以下之針闊葉混交林附近。喜結群活動。以植物果實、種子爲主要食物。太平鳥數量衆多,分布亦廣,其體態優美,鳴聲清柔,爲著名觀賞鳥,尤宜冬季園飼觀賞;此鳥取食多種植物果實、種子,且多未經消化即隨

太平鳥
(馬駘《馬駘畫寶》)

糞便排出體外，可爲植物散布種子，對林木傳播、擴大森林植物覆被具有特殊意義，已被列入"三有名錄"。另，太平鳥屬尚有小太平鳥，亦稱"十二紅"，亦爲著名觀賞鳥，也已列入"三有名錄"，詳本卷《習見禽鳥説・鳴禽考》"十二紅"文。太平鳥因尾端色黄，亦稱"十二黄"。

虎紋伯勞

"三有"鳥名。雀形目，伯勞科，虎紋伯勞（*Lanius tigrinus* Drapiez）。爲伯勞屬小型鳴禽。全長約17厘米。雄鳥額至上背藍灰色，上體棕栗色，尾羽棕褐色。背、腰有黑色不規則斑紋與棕栗背形成虎紋狀，故得是名。下體純白色。雌鳥頭頂灰色染褐，脅部具有黑褐色斑紋。我國分布於東部、中部至長江流域以南附近地區。栖息於自平原至低山丘陵之闊葉林林緣地帶。以昆蟲爲主要食物，係農林益鳥，已列入"三有名錄"。另，伯勞屬我國分布十一種，除虎紋伯勞外，尚有牛頭伯勞（*L. bucephalus* Temminck et Schlegel，詳本卷《珍稀瀕危禽鳥説・珍稀禽鳥考》"牛頭伯勞"文）、紅背伯勞（*L. collurio* Linnaeus）、紅尾伯勞（*L.cristatus* Linnaeus，詳本卷《習見禽鳥説・鳴禽考》"伯勞"文）、荒漠伯勞（*L.isabellinus* Hempfich et Fhrenberg）、栗背伯勞（*L. collurioides* Lesson）、棕背伯勞（*L. schach* Linnaeus）、灰背伯勞（*L. tephronotus* Vigors）、黑額伯勞（*L.minor* Gmelin）、灰伯勞（*L. excubitor* Linnaeus）、楔尾伯勞（*L. sphenocercus* Cabanis）。這些伯勞屬鳥類不僅食蟲，還捉食鼠類，都是農、林、牧益鳥，俱已列入"三有名錄"。

金黄鸝

"三有"鳥名。雀形目，黄鸝科，金黄鸝（*Oriolus oriolus* Linnaeus）。爲黄鸝屬小型鳴禽。全長約24厘米。雄鳥體羽輝黄色，因得是名。其嘴紅色，眼先、翼及尾羽黑色。翼具鮮黄翼斑。中央尾羽黑色，外側尾羽具黄色端斑。雌鳥體羽羽色略同於雄鳥，但染暗綠色，胸、脅具暗褐色縱紋。金黄鸝有二個亞種：指名亞種（*O.o.oriolus*），見於新疆天山北坡特克斯山谷高海拔處及中部吐魯番地區（繁殖鳥）；新疆亞種（*O.o.kundoo*），見於新疆西部、西南部及西藏普蘭等地（夏候鳥）。栖息於平原至低山闊葉林，尤喜於綠洲內村落附近大樹上栖停。以鞘翅目、半翅目、鱗翅目昆蟲爲主要食物。爲農、林、牧業益鳥，又具較高觀賞價值，故已被列入"三有名錄"。另，本屬中尚有黑枕黄鸝（*O.chinensis* Linnaeus，詳本卷《習見禽鳥説・鳴禽考》"黄鸝"文）、黑頭黄鸝（*O.xanthornus* Linnaeus）、朱鸝（*O.traillii* Vigors）、鵲色鸝（*O.mellianus* Stresemann）。鵲色鸝大多體色美麗，鳴聲悦耳，是著名觀賞鳥，詳本卷《珍稀瀕危禽鳥説・珍稀禽鳥考》"鵲鸝"文。而黄鸝類大都以昆蟲爲食，均爲農林益鳥，故俱已列入"三有名錄"，應加大力保護。

灰捲尾

"三有"鳥名。雀形目，捲尾科，灰捲尾（*Dicrurus leucophaeus* Vieillot）。爲捲尾屬小型鳴禽。全長約26厘米。通體青灰色。尾長而呈叉狀，故得是名。頭側羽色不同亞種存在變異：西部種群眼先至耳區爲白色，形成白頰；東部種群頰部無白斑。灰捲尾已知有十四個亞種，我國分布四個亞種：普通亞種（*D.l.leucogenis*），見於東北南部至河北、山西、陝西、甘肅南部，抵長江流域，西至四川都江堰，東至安微、江蘇、福建、廣東東北部；華南亞種（*D.l.salangensis*），見於湖南至福建與廣東交界以南地區，西抵貴州東部（夏候鳥），亦見於海南（旅鳥）；西南亞種（*D.l.hopwoodi*），見於西藏昌都地區南部，四川西南部、雲南、貴州、廣東西部（夏候鳥）；海南亞種（*D.l innexus*），僅見於海南省。灰捲尾栖息於平原地區、低山丘陵區的闊葉林内。喜成雙或單獨停息於高大喬木冠頂部。以鞘翅目、膜翅目、鱗翅目昆蟲爲主要食物。爲農林益鳥，已列入"三有名録"。另，捲尾屬已知有十九種，我國分布七種，除本種外，尚有黑捲尾（*D.macrocercus* Vieillot，詳本卷《習見禽鳥説·鳴禽考》"鶏鳩"文）、鴉嘴捲尾（*D.annectans* Hodgson，詳本卷《珍稀瀕危禽鳥説·珍稀禽鳥考》"鴉嘴捲尾"文）、古銅色捲尾（*D.aeneus* Vieillot）、髮冠捲尾（*D.hottentottus* Linnaeus）、小盤尾（*D. remifer* Temminck，詳本卷《珍稀瀕危禽鳥説·珍稀禽鳥考》"小盤尾"文）、大盤尾（*D.paradiseus* Linnaeus，詳本卷《珍稀瀕危禽鳥説·珍稀禽鳥考》"大盤尾"文），均爲農林益鳥，又具觀賞價值，皆已列入"三有名録"，應予認真保護。

灰頭椋鳥

"三有"鳥名。雀形目，椋鳥科，灰頭椋鳥（*Sturnus malabaricus* Gmelin）。爲椋鳥屬中型鳴禽。全長 18～19 厘米。頭部、耳羽、喉灰白色；頭頂黑褐，各羽具白色細紋；上體灰褐，下體棕黄色。本種已知有三個亞種，我國分布二個亞種：指名亞種（*S.m. malabaricus* Gmelin），見於西藏珠穆朗瑪地區；西南亞種（*S.m.nemoricolus* Jerdon），見於四川西南部，雲南西部、西北部、南部及廣西南部（留鳥）。常栖息於海拔 2000~5400 米高山闊葉林内。雜食性，以漿果及昆蟲爲食物。爲農林益鳥，已列入"三有名録"。另，本屬已知有十六種，中國分布其中十二種；除本種外尚有灰背椋鳥（*S.sinensis* Gmelin）、紫背椋鳥（*S. philippensis* Forster）、北椋鳥（*S. sturninus* Pallas）、粉紅椋鳥（*S. roseus* Linnaeus）、紫翅椋鳥（*S.vulgaris* Linnaeus，詳本卷《習見禽鳥説·鳴禽考》"今鶥"文）、黑冠椋鳥（*S.pagodarum* Gmelin）、絲光椋鳥（*S.sericeus* Gmelin）、灰椋鳥（*S.cineraceus* Temminck）、黑領椋鳥（*S.nigricollis* PayKull）、紅嘴椋鳥（*S.burmannicus* Jerdon）、斑椋鳥（*S.contra* Linnaeus）等，以昆蟲爲主要食物，爲農林益鳥，俱已列入"三有名録"，應予認真保護。

家八哥

"三有"鳥名。雀形目，椋鳥科，家八哥（Acridotheres tristis Linnaeus）。爲八哥屬中型鳴禽。全長約 25 厘米。頭、頸及耳羽輝黑色，具紫色光澤；後頸至上胸灰棕色，上體褐色，尾黑色而具白端。胸、脅淡褐，腹以下白色。家八哥已知有二亞種，我國僅見其指名亞種（*A.t.tristis*），我國分布於西南地區南部及海南省（留鳥）。栖息於村落附近高大喬木上。雜食性，而以昆蟲爲主要食物，亦取食植物果實、種子。家八哥爲農林益鳥，已列入"三有名録"。另，八哥屬有六種，我國分布四種，除家八哥外，尚有八哥（*A.cristatellus* Linnaeus，詳本卷《習見禽鳥説·鳴禽考》"八哥"文）、林八哥（*A.grandis* Moore）、白領八哥（*A.albocinctus* Godwin Austen et Walden），亦爲農林益鳥，并具一定觀賞價值，均已列入"三有名録"，應予認真保護。

金冠樹八哥

"三有"鳥名。雀形目，椋鳥科，金冠樹八哥（*Ampeliceps coronatus* Blyth）。爲樹八哥屬中型鳴禽。全長約 20 厘米。體羽烏黑色，具藍色金屬光澤。頭頂金黄色，故稱"金冠樹八哥"。本屬僅此一種，我國分布於雲南、廣東等地。栖息於海拔 1000 米以下闊葉林中。雜食性。爲農林益鳥，且本屬衹此一種，分布區較小，有一定科學研究價值，故已列入"三有名録"。

鷯哥

"三有"鳥名。雀形目，椋鳥科，鷯哥（*Gracula religiosa* Linnaeus）。爲鷯哥屬中型鳴禽。全長約 28 厘米。通體黑色，并具紫色金屬光澤。眼下後方有兩片橘黄色肉垂。初級飛羽基部白色，形成翼斑。鷯哥有十個亞種，我國僅分布華南亞種（*G.r.intermedia* Hay），既爲益鳥，又可供籠飼觀賞，已列入"三有名録"。詳本卷《習見禽鳥説・鳴禽考》"秦吉了"文。

黑頭噪鴉

"三有"鳥名。雀形目，鴉科，黑頭噪鴉（*Perisoreus internigrans* Thayer et Bangs）。爲噪鴉屬中型鳴禽。全長約 32 厘米。體似烏鴉但稍小。上體灰色而染褐。翼羽及尾羽黑褐。頦、喉烟灰色，下體餘部灰色染褐。其頭部黑色，因得是名。噪鴉屬凡三種，我國分布二種，黑頭噪鴉爲我國特産，主要分布於西北與西南相毗鄰的高山地區（留鳥）。栖息於海拔 2000~4000 米山地針葉林内。雜食性，以鞘翅目昆蟲及植物種子等爲食物。本種具有一定科研價值且爲農林益鳥，故已列入"三有名録"。

短尾緑鵲

"三有"鳥名。雀形目，鴉科，短尾緑鵲（*Cissa thalassina* Temminck）。爲緑鵲屬中型鳴禽。全長 32~34 厘米。雄鳥枕羽延長成羽冠。上體藍緑色，中央尾羽顯著長於外側尾羽。飛羽棕褐色。下體淡藍緑色，而胸羽較深。雌鳥較雄鳥色淡而偏藍。本種有二亞種：西南亞種（*C.t.jim*），見於四川、廣西；海南亞種（*C.t.katsumatae*），見於海南省（留鳥）。常栖息於海拔 2000 米左右之闊葉林内。雜食性，但以甲蟲類昆蟲爲主要食物。爲森林益鳥。已列入"三有名録"。本屬尚有藍緑鵲（*C.chinensis* Boddaert），今亦稱"緑鵲"，體羽緑色，翅紅色，有黑色貫眼紋。見於西藏、雲南、廣西等地。此鳥極其美麗，可供觀賞，亦爲森林益鳥，且分布數量稀少，故亦列入"三有名録"。

紅嘴藍鵲

"三有"鳥名。雀形目，鴉科，紅嘴藍鵲（*Urocissa erythrorhyncha* Boddaert）。爲藍鵲屬大型鳴禽。全長 56~62 厘米。頭、頸至胸黑色，上體青灰，尾長，中央尾羽具白端。飛羽褐色，外緣灰藍，内側飛羽具白端緣。頦、喉、胸黑色，下體餘部白色染棕。其嘴紅色，又具藍羽，因得是名。本種已知五個亞種，我國分布三個亞種：指名亞種（*U.e. erythrorhyncha*），見於陝西南部及長江下游，西抵川東，南達雲南西雙版納及海南（留鳥）；華北亞種（*U.e.brevivexilla*），見於東北地區西部、河北、山西、甘肅等地；雲南亞種（*U.e. alticola*），見於雲南西部及西北部。東部種群多栖息於海拔 1400 米以下山區，西部種群多栖息於海拔 1000 ～ 2500 米地帶。常成對或結小群於闊葉林或果園内活動。雜食性。此鳥紅嘴、藍翅、長尾，飛翔時飄逸瀟灑，鳴叫時噪雜多變，頗耐觀玩；其食物中雖有植物果實及少量玉米、小麥類農作物，但主要是鞘翅目、直翅目、鱗翅目昆蟲，實是森林益鳥，故已列入"三有名録"。另，本屬尚有臺灣藍鵲（*U. caerulea* Gould），僅見於我國臺灣，亦列入"三有名録"。

灰喜鵲

"三有"鳥名。雀形目，鴉科，灰喜鵲（*Cyanopica cyana* Pallas）。爲灰喜鵲屬中型鳴禽。全長約 37 ～ 40 厘米。頭頂至後頸黑色，具藍色金屬光澤，上體青灰色。尾羽青藍色，中央一對尾羽長而有白端。飛羽青藍色。頦、喉白色，胸以下青灰。灰喜鵲已知十個亞種，我國分布六個亞種：指名亞種（*C. c. cyana*），見於東北地區北部海拉爾，北抵黑龍江流域（冬候鳥）；興安亞種（*C. c. pallescens*），見於東北北部小興安嶺一帶（留鳥）；東北亞種（*C. c. stegmanni*），見於東北西北部呼倫貝爾、中部長白山及南部遼寧鳳城（留鳥）；華北亞種（*C. c. interposita*），見於東北西南部赤峰，内蒙古伊克昭盟及河北、河南、山西、山東、陝西、甘肅等地（留鳥）；甘肅亞種（*C. c. kansuensis*），見於青海西北部及甘肅西北部（留鳥）；長江亞種（*C. c. swinhoei*），見於長江上游之甘肅西部、四川北部，長江中下游及浙江（留鳥）、福建（罕見）。常息於海拔 800 米以下針闊葉混交林内。雜食性，但以農林害蟲爲主要食物。20 世紀中後期山東、安徽等地人

工飼養灰喜鵲用以防治松毛蟲、大袋蛾等農林害蟲取得成功，故已列入"三有名録"，應予認真保護。

喜鵲

"三有"鳥名。雀形目，鴉科，喜鵲（*Pica pica* Linnaeus）。爲鵲屬大型鳴禽。因其主要食物爲農林害蟲，屬農林益鳥，故已列入"三有名録"。詳本卷《習見禽鳥説·鳴禽考》"鵲"文。

灰樹鵲

"三有"鳥名。雀形目，鴉科，灰樹鵲（*Dendrocitta formosae* Swinhoe）。爲樹鵲屬中型鳴禽。全長 32 ～ 37 厘米。額至眼先黑色，頦、頰、喉至上胸暗褐。頭頂至枕灰色，背、肩棕褐，腰至尾上覆羽灰白色。尾楔形，黑色。翼黑色。胸以下由暗褐漸轉棕白色。灰樹鵲在我國分布較廣，包括四川、貴州、雲南等地，東抵江蘇、浙江、福建，南達廣東、海南、臺灣。常栖息於海拔 1200 ～ 2000 米之闊葉林内。雜食性，所食昆蟲多爲森林害蟲，故爲益鳥，已列入"三有名録"。

白尾地鴉

"三有"鳥名。雀形目，鴉科，白尾地鴉（*Podoces biddulphi* Hume）。爲地鴉屬中型鳴禽。全長 27 ～ 29 厘米。頭頂黑色而具藍色金屬光澤。上體沙褐色。飛羽黑色而具白基。尾白色。下體乳黃。嘴長，微曲。分布於新疆南部各地（留鳥）。栖息於半荒漠地帶疏林中。喜在白刺灌叢中奔走而極少飛行。以鞘翅目昆蟲爲主要食物，九月間呈雜食性，除鞘翅目、雙翅目昆蟲外，亦食植物種子、果實。對消滅沙地植物害蟲，傳播植物種子，恢復、擴大沙地植被具有重要意義，故已列入"三有名録"。

渡鴉

"三有"鳥名。雀形目，鴉科，渡鴉（*Corvus corax* Linnaeus）。爲鴉屬大型鳴禽。全長 63~69 厘米，爲雀形目之最大型鳥。通體黑色，并閃紫藍色光澤，尤以兩翅最爲顯著。渡鴉已知八個亞種，我國分布二個亞種：東北亞種（*C.c.kamtschaticus*），見於東北西部、甘肅西北部、新疆中部、河北北部及青海湖南部等地；青藏亞種（*C.c.tibetanus*），見於新疆西部、青海東部、内蒙古西部、甘肅蘭州、四川北部、西北部、西部及西藏南部與昌都地區（繁殖鳥、旅鳥）。栖息於自平原至海拔 5000 米之地區，而以高山牧區較爲常見，并多集中分布於有人活動和放牧牲畜的地帶。食腐性，常以動物尸體及人類剩食、腐肉爲食，對清除牧區腐尸、維持環境衛生有重要意義，常被稱爲"大自然的衛士"，已列入"三有名録"。另，本屬尚有禿鼻烏鴉（*C. frugilegus* Linnaeus，詳本卷《習見禽鳥説·鳴禽考》"朝夕烏"文）及達烏里寒鴉（*C.dauuricus* Pallas），食性多隨即發生變化，繁殖期大都以啄食有害昆蟲爲主，亦爲有益鳥類，俱已列入"三有名録"，應予認真保護。

棕眉山岩鷚

"三有"鳥名。雀形目，岩鷚科，棕眉山岩鷚（*Prunella montanella* Pallas）。爲岩鷚屬小型鳴禽。全長 13~15 厘米。頭頂黑褐色，背羽棕褐，具暗褐色縱紋，尾羽灰褐而具淡棕緣。頦、喉至上腹棕色，下腹至尾下覆羽棕黄色。眉紋棕色，因以得名。分布於東北地區（旅鳥）、河北、山東、陝西、寧夏、青海、甘肅（冬候鳥），亦見於上海（迷鳥）。栖息於海拔 600 米以下闊葉林疏林地帶及附近灌叢中。雜食性，

其取食的動物性食物主要是鞘翅目類害蟲，所食植物果實等，其未消化者隨糞排出體外，起到自然播種作用，故實爲林業益鳥，已被列入"三有名録"。另，本屬中尚有賀蘭山岩鷚（*P.koslowi* Przevalski），亦爲沙地益鳥，被列入"三有名録"，應加悉心保護。

栗背短翅鶇

"三有"鳥名。雀形目，鶇科，栗背短翅鶇（*Brachypteryx stellata* Gould）。爲短翅鶇屬小型鳴禽。全長約 13 厘米。上體、兩翼覆羽、尾均亮栗色。眉紋、喉及胸部灰色，具黑色細蟲蠹斑，下胸暗灰色，兩脅、下腹有棕褐色，胸、兩脅皆有黑色蟲蠹斑及白色斑點。尾下覆羽棕褐色，并具淡棕色橫斑和白色斑點。我國主要分布於西藏、雲南等地。栖息於常緑闊葉林、竹林及其他灌叢中。以昆蟲爲主要食物，爲林木益鳥，已列入"三有名録"。另，本屬尚有銹腹短翅鶇（*B.hyperythra* Jerdon et Blyth），其頭、頸、上體、翼呈深藍色。頦、喉、胸及兩脅銹黄色。亦以昆蟲爲主要食物，爲農林益鳥，也被列入"三有名録"。

紅尾歌鴝

"三有"鳥名。雀形目，鶇科，紅尾歌鴝（*Luscinia sibilans* Swinhoe）。爲歌鴝屬小型鳴禽。全長約 13 厘米。上體橄欖褐色。尾羽棕栗色。頦、喉污灰白色而微沾皮黄，胸部皮黄白色，兩脅灰褐色。我國主要分布於東北地區，自大、小興安嶺向南至廣東、雲南、海南等地均可見到。在北部爲繁殖鳥，中部地區爲旅鳥，南部則爲旅鳥或冬候鳥。常栖息於低山丘陵之疏林、常緑闊葉林及河流兩岸之灌叢中。喜單獨或成對活動，極少結群。以捲葉蛾

等多種害蟲爲食物，爲農林益鳥，已列入"三有名録"。另，歌鴝屬尚有〔日本〕歌鴝（*L. akahige* Temminck），見於我國東南沿海一帶；新疆歌鴝（*L. megarhynchos* Bremh），見於新疆各地；紅點頦（*L. calliope* Pallas，又名紅喉歌鴝），見於我國東部地區；藍喉歌鴝（*L. svecica* Linnaeus，詳本卷《習見禽鳥説·鳴禽考》"靛頦"文），見於全國各地；棕頭歌鴝（*L.ruficeps* Hartert），見於陝西各地；黑喉歌鴝（*L.obscura* Berezowski et Bianchi），見於甘肅、陝西、雲南等地；藍歌鴝（*L. cyane* Pallas），見於全國各地。均爲農林益鳥，有些還是著名觀賞鳥，俱已列入"三有名録"。

紅脅藍尾鴝

"三有"鳥名。雀形目，鶲科，紅脅藍尾鴝（*Tarsiger cyanurus* Pallas）。爲鴝屬小型鳴禽。全長約 14 厘米。雄鳥上體灰藍色。飛羽黑褐色。尾羽黑褐色，外緣深藍色。眼先、頰黑色。頦、喉、胸棕白色。下體灰白，脅部橙紅。雌鳥上體褐色。尾上覆羽灰藍，飛羽黑褐。下體頗似雄鳥，但胸部渲染橄欖褐色。餘部與雄鳥同。我國分布其二個亞種：指名亞種（*T.c. cyanurus*），見於東北、華北、西北及長江以南各地；西南亞種（*T. c. rufilatus*），見於西北南部、西南及華南各地。常栖息於丘陵、平原開闊林地或園圃樹叢隱蔽處。以昆蟲爲主要食物，亦兼食植物果實、種子及其他動物。爲林果益鳥，已列入"三有名録"。另，本屬尚有棕腹林鴝（*T. hyperythrus* Blyth），見於西藏東南部、雲南北部等地；臺灣林鴝（*T. johnstoniae* Ogilvie-Grant），見於臺灣各地（留鳥）。均以昆蟲爲主要食物，爲森林益鳥，俱已列入"三有名録"。

鵲鴝

"三有"鳥名。雀形目，鶲科，鵲鴝（*Copsychus saularis* Linnaeus）。爲鵲鴝屬中型鳴禽。全長約 20 厘米。雄鳥自額至尾上覆羽皆亮藍黑色，中央尾羽亮黑，其餘尾羽純白。兩翼黑褐，其中部有一寬闊白斑。下體自頦至胸藍黑色，胸以下純白，兩脅略沾灰色。雌鳥上體黑灰色，背稍帶藍彩。翼、尾略同於雄鳥，但較蒼淡。腹白色，兩脅微轉棕色。我國分布兩個亞種：雲南亞種（*C. s.erimelas*），見於雲南西部與西南部；華南亞種（*C.s.prosthopellus*），見於長江流域及其以南各地，四川東部、西南部，雲南、廣西、廣東、海南亦有分布（留鳥）。常栖息於有樹林的開闊地、農田、村舍及園圃。以鞘翅目、鱗翅目、膜翅目昆蟲爲主要食物。對農、林、衛生防疫頗有益處，已列入"三有名録"。

北紅尾鴝

"三有"鳥名。雀形目，鶲科，北紅尾鴝（*Phoenicurus auroreus* Pallas）。爲紅尾鴝屬小型鳴禽。全長約 15 厘米。雄鳥頭、頸背面至上背石板灰色。背之餘部黑色。腰、尾上覆羽及下體自胸以下爲橙棕色。前額基部、頭與之二側、頦、喉及上胸黑色。飛羽暗褐色。雌鳥上體自額至背及兩翼之內側覆羽橄欖褐色。翼上有白斑，但較雄鳥狹小。我國分布其二個亞種：指名亞種（*P.a.auroreus*）、青藏亞種（*P. a. leucopterus*）。此二亞種除新疆外，分布幾遍全國。常栖息於園圃藩籬及低矮灌木叢内。以各種昆蟲爲主要食物，兼食雜草種子、小漿果。爲園圃益鳥，已被列入"三有名録"。

另，本屬尚有賀蘭山紅尾鴝（*P.alaschanicus* Przevalski），見於青海、寧夏、甘肅，偶見於陝西、山西、河北、北京等地。常栖息於山地灌叢或疏林中。以昆蟲爲食物，爲農林益鳥，亦被列入"三有名録"。

藍額長脚地鴝

"三有"鳥名。雀形目，鶇科，藍額長脚地鴝（*Cinclidium frontale* Blyth）。爲地鴝屬小型鳴禽。全長約 19 厘米。雄鳥體羽近於純暗灰藍色，僅額、短尾紋及小覆羽鈷藍色，眼先轉爲黑色，兩翼黑褐色，尾羽純黑色。中央尾羽顯著長於外側尾羽。雌鳥體羽棕褐色。眼周具皮黄色圈。本種以長脚、藍額而得名。我國僅分布其四川亞種（*C.f.orientale*），見於四川石棉等地。栖息於山地疏林或灌叢中。以昆蟲爲主要食物，爲農林益鳥，分布區狹窄，數量稀少，已列入"三有名録"。

紫寬嘴鶇

"三有"鳥名。雀形目，鶇科，紫寬嘴鶇（*Cochoa purpurea* Hodgson）。爲寬嘴鶇屬中型鳴禽。全長約 28 厘米。嘴扁闊，通體基本爲紫色，因以得名。分布於四川、雲南等地。常栖於常綠闊葉林内之岩石上。喜單獨活動。多以各種昆蟲爲食物，亦取食核桃類果實。爲農林益鳥，已被列入"三有名録"。另，寬嘴鶇屬尚有綠寬嘴鶇（*C. viridis*），雄鳥多爲鮮綠色，雌鳥次級飛羽及翼上飛羽爲黄褐色。分布於雲南、福建等地。栖息於常綠闊葉林内。以昆蟲爲食物，爲農林益鳥，亦列入"三有名録"。

黑白林鴝

"三有"鳥名。雀形目，鶇科，黑白林鴝（*Saxicola jerdoni* Blyth）。爲石鴝屬小型鳴禽。

全長約 13 厘米。背面概呈輝藍黑色。兩翼與尾羽褐黑色，外緣輝亮。下體純白色。分布於雲南西南部及南部之西雙版納等地。常栖息於生有蘆葦叢處。常二三隻成小群活動。以昆蟲爲食物，爲農林益鳥，已列入"三有名録"。另，石鴝屬尚有白喉石鴝（*S.insignis* G.R.Gray），見於内蒙古、青海等地；黑喉石鴝（*S.torquata* Linnaeus），分布幾遍全國，皆以昆蟲爲食物，爲農林益鳥，俱已列入"三有名録"。

臺灣紫嘯鶇

"三有"鳥名。雀形目，鶇科，臺灣紫嘯鶇（*Myiophoneus insularis* Gould）。爲嘯鶇屬中型鳴禽。全長約 28 厘米。通體紫藍色，胸、腹、翼具藍色光澤。我國分布僅限臺灣（繁殖鳥）。常栖息於海拔 2000 米以上之河溪附近。以昆蟲、兩栖類動物和魚類爲食物。本種紫藍靚麗可供觀賞，又有一定科學研究價值，且對殺滅農林害蟲有一定作用，故已列入"三有名録"。

白眉地鶇

"三有"鳥名。雀形目，鶇科，白眉地鶇（*Zoothera sibirica* Pallas）。爲地鶇屬小型鳴禽。全長約 20 厘米。通體深灰藍色而下體較淺淡，各羽均具藍色羽緣。眉紋、腹部中央、尾下覆羽末端、外側尾羽端部及翼下覆羽端部皆爲白色。雌鳥各羽多顯橄欖褐色，腹部中央白色。亦具顯著白色眉紋，因得是名。本種已知兩個亞種，我國皆有分布：指名亞種（*Z.s.sibirica*），見於東北各地（繁殖鳥），亦見於河北、河南、山東、陝西、甘肅、湖南、江蘇、福建、廣東、廣西、貴州、雲南諸地；華南亞種（*Z.s.davisoni*），見於江蘇、福建、貴州、廣西等地。常栖息於山地針闊葉混交林或闊葉林中，亦見於林緣、疏林地、灌木叢及農田、村落附近之叢林內。性隱蔽，頗機警，善跳躍。以昆蟲爲主要食物，亦取食藍澱果等植物果實。白眉地鶇數量稀少，又爲農林益鳥，亦有一定學術研究價值，故已列入"三有名錄"。另外，本屬尚有虎斑地鶇（*Z.dauma* Latham），有四個亞種，在東北及西南地區繁殖，在浙江向西至雲南南部以南越冬，亦見於臺灣（旅鳥、留鳥）。常栖息於山丘林區及農區與低窪潮濕林地内。以昆蟲、野果爲食。亦列入"三有名錄"。

黑胸鶇

"三有"鳥名。雀形目，鶇科，黑胸鶇（*Turdus dissimilis* Blyth）。爲鶇屬中型鳴禽。全長約 23 厘米。雄鳥除額外，頭、頸至上胸均黑色，上體餘部及翼、尾表面轉暗石板灰色。兩翼黑褐，下胸、兩脅與翼下覆羽亮棕色。腹部中央至尾下覆羽白色。雌鳥上體暗橄欖褐色，頭側、耳羽灰褐。頦、喉白而具黑色軸紋。上胸赭色，具黑而沾棕之縱斑。下體餘部與雄鳥相似。分布於雲南、廣西等地。常栖息於坝區及低矮丘陵地帶喬木頂端或灌木林上。單獨或結小群活動。以昆蟲或野果爲食物。爲農林益鳥，對消滅農林害蟲，傳播植物種子具有重要作用，已被列入"三有名錄"。另，鶇屬禽鳥較多，見於我國的至少有十六種，除本種外，尚有灰背鶇（*T. hortulorum* Sclater）、烏灰鶇（*T. cardis* Temminck）、棕背黑頭鶇（*T. kessleri* Przevalski）、褐頭鶇（*T. feae* Salvadori）、白腹鶇（T. pallidus Gmelin）、斑鶇（*T. naumanni* Temminck）、白眉歌鶇（*T. iliacus* Linnaeus）及寶興歌鶇（*T.mupinensis* Laubmann）等，大都

爲農林益鳥，亦具科學研究價值，俱已被列入"三有名錄"。

劍嘴鶥

"三有"鳥名。雀形目，鶥科，劍嘴鶥（*Xiphirhynchus superciliaris* Blyth）。爲劍嘴鶥屬中型鳴禽。全長約 22 厘米。嘴長彎如劍，因以得名。眼先黑色。頦、喉白色并雜有縱紋。眉紋白色。頭之餘部灰色。上體輝棕褐色，尾與翼暗褐至黑色。胸、腹銹紅，而體餘部呈棕褐色。我國主要分布於雲南西部地區。成雙活動。栖息於長滿蕨類的下木間，常見其往來穿梭跳躍。4 至 7 月在海拔 1500 米或更高處繁殖。以昆蟲、漿果及花蜜爲食。爲農林益鳥，數量稀少，分布區狹窄，已列入"三有名錄"。

麗星鷦鶥

"三有"鳥名。雀形目，鶥科，麗星鷦鶥（*Spelaeornis formosus* Walden）。爲鷦鶥屬小型鳴禽。全長約 10 厘米。通體褐色，腰及尾上覆羽略沾棕色，各羽皆具白色次端斑，白斑前後又有黑色緣。飛羽外翈具棕褐與黑色橫斑。下體暗黃；喉、胸具白色點斑，腹部具黑色點斑。我國主要分布於雲南東部、浙江及福建西北部挂墩等地（留鳥）。以昆蟲、植物種實爲食物。已列入"三有名錄"。另，本屬中尚有楔頭鷦鶥（*S.humei*），爲近年新見種，具有一定研究價值，亦已列入"三有名錄"，應予認真保護。

寶興鶥雀

"三有"鳥名。雀形目，鶥科，寶興鶥雀（*Moupinia poecilotis* Verreaux）。爲鶥雀屬小型鳴禽。全長 13~15 厘米。額、頭、背、腰橄欖綠色，尾上覆羽棕綠色，尾羽近純棕色，飛羽暗褐色。眉紋灰，微綴淡褐；頰、耳羽褐色，

具白色羽幹紋，頸側淺橄欖褐色；頦、喉、胸灰白色，腹灰白沾綠，胸側、脅、尾下覆羽淡棕綠色。本種爲我國特産鳥，因見於四川寶興而得名。分布於四川北部及西部，亦見於雲南麗江山脉。栖息於海拔 1500~3700 米高山針闊葉混交林或灌叢中。常成雙或集小群活動，以昆蟲及植物種實爲食物。爲農林益鳥，且本屬僅此一種，具有一定經濟與科學研究價值，故被列入"三有名録"。

矛紋草鶥

"三有"鳥名。雀形目，鶥科，矛紋草鶥（ *Babax lanceolatus* Verreaux）。爲草鶥屬中型鳴禽。全長 25~29 厘米。額、頭頂及枕部暗栗褐并具棕色羽緣。後頸與背亦暗栗褐色，腰羽之羽緣轉爲橄欖褐色，尾上覆羽皆橄欖褐色。頭、頸側棕白色，雜以栗褐色縱紋。下體棕白，胸部具黑色羽幹紋，近羽端擴大呈矢狀，胸兩側及兩脅布滿暗栗色縱紋。我國分布其三個亞種：西南亞種（ *B.l.bonvaloti* ），見於四川北部及西部各地，雲南西北部（留鳥）；指名亞種（ *B.l.lanceolatus* ），見於甘肅西南部、陝西西南部、湖北、四川、雲南等地；華南亞種（ *B.l.latouchei* ），見於貴州、廣西、湖南、廣東、福建等地。栖息於自平原至海拔 3700 米之高山地帶。常結群活動於各種森林、灌叢及高原草叢中。雜食性，除取食植物種實外，亦食用各種昆蟲。爲農林益鳥，已列入"三有名録"。矛紋草鶥今亦稱"麻啄""喳啦"。另，本屬尚有大草鶥（ *B.waddelli* Dresser），見於藏南各地（有兩個亞種，均爲留鳥）；棕草鶥（ *B.koslowi* Bianchi），見於青海、西藏等地（留鳥）。均以昆蟲類爲主要食物，爲森林益鳥，俱

已列入"三有名録"。

黑臉噪鶥

"三有"鳥名。雀形目，鶥科，黑臉噪鶥（ *Garrulax perspicillatus* Gmelin）。爲噪鶥屬中型鳴禽。全長約 30 厘米。前額、眼先、眼周、頰均黑色，因名"黑臉噪鶥"。頭頂、後頸褐灰色，上背褐而綴灰，其餘上體包括翼上覆羽與内側飛羽皆黃褐色，中央尾羽褐色，外緣黃褐色，各羽均具黑色羽端。頦、喉、上胸褐灰色。其餘下體棕白，尾下覆羽棕黃。我國分布於雲南、四川、陝西、山西、河南、江蘇，以及南部各省（留鳥）。喜結小群，偶亦結大群活動，常栖息於丘陵、平原之竹林、林下灌叢間。以昆蟲、植物種實爲食物。爲農林益鳥，已列入"三有名録"。另，本屬中尚有白喉噪鶥（ *G.albogularis* Gould），我國分布二亞種，見於甘肅、青海、陝西、四川、雲南、西藏、湖北、臺灣等地；白冠噪鶥（ *G.leucolophus* Hardwicke），我國分布二亞種，見於西藏東南部及雲南西部、南部；小黑領噪鶥（ *G. monileger* Hodgson），我國分布四亞種，見於雲南、廣西、湖南、廣東、福建、海南等地；黑領噪鶥（ *G.pectoralis* Gould），我國分布五亞種，見於雲南、四川、甘肅、陝西、河南、安徽、江蘇及南部各省；條紋噪鶥（ *G. striatus* Vigors），分布於藏南、滇西等地；白頸（褐喉或栗喉）噪鶥（ *G. strepitans* Blyth），分布於雲南西部各地；褐胸噪鶥（ *G.maesi* Oustalet），我國分布三個亞種，見於西藏、雲南、四川、貴州、廣西、海南等地；黑喉噪鶥（ *G.chinensis* Scopoli），我國分布三個亞種，見於雲南、廣西、廣東、浙江、海南等

地；黃喉噪鶥（*G.galbanus* Godwin-Austen），我國分布於江西、雲南等地；雜色噪鶥（*G. variegatus* Vigors），分布於西藏南部各地；山噪鶥（*G.davidi* Swinhoe），我國分布三個亞種，見於內蒙古、甘肅、青海、寧夏、陝西、山西、河北、河南、四川等地；黑額山噪鶥（*G.sukatschewi* Berezovski et Bianehi），分布於甘肅東南部；灰翅噪鶥（*G.cineraceus* Godwin-Austen），我國分布二亞種，見於甘肅、陝西、山西、湖北、安徽、江蘇及四川、雲南、西藏東部以南的廣大地區；斑背噪鶥（*G.lunulatus* Verreaux），分布於甘肅、陝西、四川、雲南等地；白點噪鶥（*G.bieti* Oustalet），分布於雲南、四川等地；大噪鶥（*G. maximus* Verreaux），分布於甘肅、青海、四川、雲南、西藏等地；眼紋噪鶥（*G.ocellatus* Vigors），我國分布三個亞種，見於甘肅、四川、雲南、西藏、湖北等地；灰脅噪鶥（*G.caerulatus* Hodgson），分布於西藏東南部及雲南西部；棕噪鶥（*G. poecilorhynchus* Gould），分布三亞種，見於雲南、四川、貴州及安徽、浙江、福建、臺灣等地；栗頸噪鶥（*G.ruficollis* Jardine et selby），分布於西藏南部及雲南西南部；斑胸噪鶥（*G.merulinus* Blyth），我國分布二亞種，見於雲南各地；畫眉（*G.canorus* Linnaeus），詳本卷《習見禽鳥説·鳴禽考》"畫眉"文；白頰噪鶥（*G. sannio* Swinhoe），我國分布三亞種，見於甘肅、陝西、四川、西藏、雲南、河南、湖北、江西、福建及以南各省；細紋噪鶥（*G.lineatus* Vigors），我國分布二亞種，僅見於西藏南部；藍翅噪鶥（*G.squamatus* Gould），分布於雲南省；純色噪鶥（*G.subunicolor* Blyth），我國

分布二亞種，見於西藏、雲南等地；橙翅噪鶥（*G.elliotii* Verreaux），分布於甘肅、青海、陝西、四川、貴州、湖北、西藏、雲南等地；灰腹噪鶥（*G. henrici* Oustalet），分布於西藏南部地區；黑頂噪鶥（*G. affinis* Blyth），我國分布五亞種，見於甘肅、四川、雲南及西藏地區；玉山噪鶥（*G.morrisonianus* Ogilvie-Grant），僅見於我國臺灣；紅頭噪鶥（*G.erythrocephalus* Vigors），我國分布三亞種，見於西藏、雲南等地；麗色噪鶥（*G. formosus* Verreaux），分布於四川、雲南等地；赤尾噪鶥（*G. milnei* David），我國分布三亞種，見於雲南、四川、貴州、廣西、福建等地。這些噪鶥多爲農林益鳥，具有一定的經濟價值和研究價值，俱已列入"三有名錄"，均需認真加以保護。

紅翅藪鶥

"三有"鳥名。雀形目，鶥科，紅翅藪鶥（*Liocichla phoenicea* Gould）。爲藪鶥屬中型鳴禽。全長20～25厘米。上體與翼上覆羽橄欖褐色；眼先、頭側、頸側深紅，眉紋黑色；尾黑色，具橙紅色寬端斑。翼暗褐，初級飛羽外翻邊緣基部紅色，因得是名。頦淡紅色，下體餘部棕橄欖褐色，尾下覆羽黑色而具紅色端斑，我國分布三個亞種：滇北亞種（*L. p.bakeri*），見於雲南西部貢山（留鳥）；滇西亞種（*L.p.ripponi*），見於雲南西南部永德等地；滇東亞種（*L. p.wellsi*），見於雲南東南部。栖息於海拔900~2000米山地密林、灌叢中，常結小群（4~5隻）活動，以昆蟲、植物種實爲食物。爲農林益鳥，亦有一定研究價值，已被列入"三有名錄"。另，本屬中尚有灰胸藪鶥（*L.omeiensis* Riley），見於四川二郎山、峨眉山

等地；黃痣藪鶥（*L. steerii* Swinhoe，又名黃胸藪鶥），我國僅見於臺灣，俱已列入"三有名錄"，應予認真保護。

銀耳相思鳥

"三有"鳥名。雀形目，鶥科，銀耳相思鳥（*Leiothrix argentauris* Hodgson）。爲相思鳥屬小型鳴禽。全長 15~17 厘米。嘴黃赭色，額橙黃色；頭頂、枕、眼先、頰黑色，眼後有一銀灰色塊斑；上體、兩翼覆羽橄欖灰色，腰部沾綠，尾上覆羽緋紅，尾羽黑色。頦、喉、胸深黃色，喉側與上胸沾紅色，下體餘部橄欖黃色，尾下覆羽深黃色。我國分布其三亞種：滇西亞種（*L. a.vernayi*），見於雲南西部；滇南亞種（*L.a.ricketti*），見於雲南西南部西雙版納；西南亞種（*L.a. rubrogularis*），見於雲南東南部及廣西西南部（留鳥）。常栖息於平原及海拔 1000 米左右山地、丘陵的常綠闊葉林灌叢、竹林中。喜單獨或成對活動。以昆蟲、植物種實爲食物。爲農林益鳥，已被列入"三有名錄"。另，本屬尚有紅嘴相思鳥（*L. lutea* Scopoli），亦列入"三有名錄"，詳本卷《習見禽鳥説・鳴禽考》"相思鳥"文。

棕腹鵙鶥

"三有"鳥名。雀形目，鶥科，棕腹鵙鶥（*Pteruthius rufiventer* Blyth）。鵙鶥屬小型鳴禽。全長 18～20 厘米。雄鳥頭、翼、尾黑色；上體栗色，胸側有黃斑。喉、胸灰色，腹部棕色，因此得名。雌鳥頭部灰色，具黑色斑塊；背、腰橄欖綠色，翼黑色，尾上覆羽栗色；下體與雄鳥同但胸側黃斑不顯。我國分布於雲南西部。栖息山林間。常結小群活動。以昆蟲爲食物。是林木害蟲天敵，對保護林木有一定價值，已

被列入"三有名錄"。需認真加以保護。

灰頭斑翅鶥

"三有"鳥名。雀形目，鶥科，灰頭斑翅鶥（*Actinodura souliei* Oustalet）。斑翅鶥屬中型鳴禽。全長約 23 厘米。額、頭頂棕色，具深色條紋，羽緣淺棕色，後頸灰色，羽緣黑色。背部沙黃向尾部逐漸轉爲紅棕色，各羽皆具褐色條紋，尾羽紅棕而有白端。翼紅棕色，具黑色橫斑。下體棕褐至棕紅色，羽緣淺棕色。本種因頭灰而翅紅棕而具黑橫斑得名。我國分布二亞種：指名亞種（*A.s.souliei*），見於四川峨眉山及雲南西部地區；雲南亞種（*A.s.griseinucha*），見於雲南東部地區。常栖息於海拔 1700 米左右地帶。以昆蟲、植物種實爲食物。爲農林益鳥，已被列入"三有名錄"。另，本屬尚有臺灣斑翅鶥，又名栗頭斑翅鶥（*A.morrisoniana* Ogilvie-Grant），見於臺灣玉山等地，亦被列入"三有名錄"。

金額雀鶥

"三有"鳥名。雀形目，鶥科，金額雀鶥（*Alcippe variegaticeps* Yen）。爲雀鶥屬小型鳴禽。全長約 11 厘米。此鳥額部橄欖金黃色，故得此名。枕、頸至上背暗栗色并具白色軸紋，上體餘部褐灰而沾橄欖綠色，尾羽暗褐，具黃色邊緣。大、中覆羽絨黑色，飛羽暗褐。上喉微黃，下體近白色而微沾皮黃。我國分布於四川峨眉山、廣西瑶山（留鳥）。常栖息於海拔 1500~1600 米之山地竹林、混交林中。以昆蟲爲食物。爲林木害蟲天敵，是林木益鳥，已被列入"三有名錄"。另，本屬中尚有黃喉雀鶥（*A.cinerea* Blyth），分布於雲南西部貢山地區；棕頭雀鶥（*A.ruficapilla* Verreaux），我國分布三

亞種，見於甘肅、陝西、四川、雲南、貴州等地；棕喉雀鶥（*A.rufogularis* Gould），我國分布其滇南亞種，見於雲南之西雙版納；褐頂雀鶥（*A.brunnea* Gould），我國分布其四川亞種、湖北亞種、華南亞種、臺灣亞種及海南亞種等五亞種，見於陝西、四川、湖北、雲南、貴州、湖南、廣西、江西、廣東、安徽、福建、海南、臺灣諸省區。上述各種均爲農林業益鳥，并有一定學術研究價值，俱已列入"三有名録"。

灰奇鶥

"三有"鳥名。雀形目，鶥科，灰奇鶥（*Heterophasia gracilis* Horsfield）。爲奇鶥屬中型鳴禽。全長約 23 厘米。自頸、肩至腰、尾基灰色，因此得名灰奇鶥。而額、頭頂、眼先、眼下黑色，耳羽暗灰。頦、喉白色，上胸淡紫而下胸略沾灰色。腹部中央白色，尾下覆羽淡黃色。分布於雲南騰衝地區。栖息於山坡闊葉林中。喜結小群活動。多以昆蟲和植物種實爲食物。分布區狹窄，數量稀少，亦農林益鳥，已被列入"三有名録"。本屬尚有白耳奇鶥（*H. auricularis* Swinhoe），見於臺灣，亦已列入"三有名録"。

褐頭鳳鶥

"三有"鳥名。雀形目，鶥科，褐頭鳳鶥（*Yuhina brunneiceps* Ogilvie-Grant）。爲鳳鶥屬小型鳴禽。全長 11 ~ 13 厘米。頭生冠羽，冠羽褐色（其下部白色），故名。上體橄欖灰色，飛羽暗褐色。頦灰白而略黃，腹面黃白色，胸以下略沾黃色。我國僅見於臺灣。常栖息於海拔 700 ~ 2800 米之山地常緑闊葉林或針闊葉混交林中。喜結群活動。以昆蟲、植物花蕊、花蜜爲主要食物。已被列入"三有名録"。

紅嘴鴉雀

"三有"鳥名。雀形目，鶥科，紅嘴鴉雀（*Conostoma aemodium* Hodgson）。爲紅嘴鴉雀屬中型鳴禽。全長 15~29 厘米。通體橄欖灰褐色，上體、頭側及頦、喉各部色澤較濃，而下體稍淡。眼先、眼下棕褐，前額棕白。嘴橙黃，脚緑灰。我國分布於西藏南部、雲南西部、四川、甘肅南部及陝西南部（留鳥）。常栖息於山地蘆草或竹林間，亦栖於海拔 3600 米附近之杜鵑林中。單種或結小群活動，以植物種實或昆蟲爲食物。本種爲單獨屬禽鳥，我國僅此一種，亦爲農林益鳥，已被列入"三有名録"。

三趾鴉雀

"三有"鳥名。雀形目，鶥科，三趾鴉雀（*Paradoxornis paradoxus* Verreaux）。爲鴉雀屬小型鳴禽。全長 10 ~ 13 厘米。頭頂、後頸灰褐色，前額微白。背、腰至尾上覆羽橄欖灰褐色，飛羽與尾羽轉灰色。頦、喉棕褐色，下體餘部淡棕色。我國分布其二亞種：指名亞種（*P.p.paradoxus*），見於甘肅南部，四川北部、中部；太白亞種（*P.p. taipaiensis*），見於陝西南部之太白、漢陰等地。常栖息於海拔 1500~2300 米之高山密林、竹林或灌叢中。喜成雙或結小群活動。以昆蟲、植物種實爲主要食物。三趾鴉雀爲我國特産鳥，亦爲農林益鳥，已列入"三有名録"。另，本屬中尚有褐鴉雀（*P.unicolor* Hodgson），分布於西藏、四川、雲南等地；斑胸鴉雀，又名黃嘴鴉雀（*P. flavirostris* Gould），分布於甘肅、陝西、四川、雲南、貴州、廣西、廣東、福建等地；白眶鴉雀（*P.conspicillatus* David），我國分布其指名亞種及湖北亞種，見於青海、甘肅、陝西、寧夏、四川、湖北等地；棕頭鴉雀（又名"黃頭"，詳本卷《習見禽鳥説・鳴禽考》"黃頭"文）（P. webbianus）；褐翅緣鴉雀（P. brunneus Anderson），見於雲南西部騰衝地區；黃額鴉雀（P. fulvifrons Hodgson），我國分布其藏南、西南、秦嶺三亞種，見於西藏東南部、雲南西北部、四川、陝西南部等地（留鳥）；黑喉鴉雀（P.nipalensis Hodgson），又名橙背鴉雀，我國分布其藏南、滇西、四川、瑶山、挂墩、臺灣等六個亞種，多見於西藏、四川、陝西、雲南、湖北、廣西、福建、臺灣等地；黑眉鴉雀（P.atrosuperciliaris Godwin-Austen），分布於雲南西部；紅頂鴉雀（P. ruficeps Blyth），分布於西藏東南部及雲南西部；灰頭鴉雀（P. gularis G. R. Gray），我國分布其華南、海南二亞種，見於雲南、四川、貴州、湖南、廣西、廣東、安徽、浙江、福建、海南等地；暗色鴉雀（P. zappeyi Thayer et Bangs），分布於四川、貴州等地；灰冠鴉雀（P. przewalskii Berezovski et Bianchi），見於甘肅南部；短尾鴉雀（P. davidianus Slater），又名挂墩鴉雀，因分布於福建挂墩而得名，見於福建、浙江等地；震旦鴉雀（P.heudei David），我國分布其指名、黑龍江二亞種，見於黑龍江、江西、江蘇、浙江等地。上述禽鳥皆農林益鳥，均有一定經濟和科學研究價值，俱已被列入"三有名録"。詳本卷《珍稀瀕危禽鳥説・珍稀禽鳥考》之"震旦鴉雀""暗色鴉雀""灰冠鴉雀""挂墩鴉雀"文。

山鶥

"三有"鳥名。雀形目，鶥科，山鶥（Rhopophilus pekinensis Swinhoe）。爲山鶥屬小型鳴禽。全長16～19厘米。上體呈沙色，各羽均具黑褐色羽幹斑，且越向後斑紋越粗著、模糊而形成斑塊狀。下體白色，喉部及兩脅有栗色羽幹紋；尾下覆羽沙色。我國分布其三個亞種；新疆亞種（R.p.albosuperciliaris），見於新疆、青海、甘肅等地；甘肅亞種（R.p.leptorhynchus），見於青海、甘肅、陝西等地；指名亞種（R.p.pekinensis），見於山西、河南、北京、河北、寧夏、内蒙古及東北地區南部。常栖息於荒漠草叢、平原灌叢及山地林叢間。以昆蟲爲食物。屬農林益鳥，對保護荒漠、半荒漠等生態脆弱地區綠色植被免於害蟲危害，維持自然界的生態平衡具有重要意義，被列入"三有名録"。

鱗頭樹鶯

"三有"鳥名。雀形目，鶲科，鱗頭樹鶯（Cettia squameiceps Swinhoe）。樹鶯屬小型鳴禽。全長8~10厘米。上體茶色；頭頂棕褐色，綴有狹窄之褐色鱗狀斑紋，故得此名。下體白色而微沾淡棕黃色；胸、腹色較濃；兩脅赤褐，尾下覆羽棕黃。我國分布於東部沿海各省。東北長白山區爲夏候鳥；在廣東、海南及臺灣等地越冬。栖息於混交林、闊葉林及茂密而低矮的樹叢中。以昆蟲爲食物。爲農林益鳥，已被列入"三有名録"。

巨嘴短翅鶯

"三有"鳥名。雀形目，鶲科，巨嘴短翅鶯（Bradypterus major Brooks）。爲短翅鶯屬小型鳴禽。上體褐色；眼紋灰白色，頦、上喉白色，下喉及喉兩側具暗褐色楔形斑。下體餘部白色。我國分布其二亞種：指名亞種（B.m.major），見於新疆西部英吉沙南部山區（繁殖鳥）；新疆亞種（B.m.innae），見於新疆南部山區（亦爲繁殖鳥）。本種分布地域環境嚴酷，對保護當地環境具有重要意義。另外，目前對此鳥之形態、習性認識尚少，有一定研究價值，故已列入"三有名録"。

斑背大尾鶯

"三有"鳥名。雀形目，鶲科，斑背大尾鶯（*Megalurus pryeri* Seebohm）。爲大尾鶯屬小型鳴禽。全長約 13 厘米。上體皮黄色，具黑色縱紋與斑點。眉紋白色，尾長，楔形；下體白色，兩脅及尾下覆羽淡皮黄色。本種因背有黑斑且尾長而得名。有兩個亞種，指名亞種分布於日本，我國僅見其漢口亞種（*M. p.sinensis*），分布於遼寧西南部（夏候鳥），在長江中游之湖北漢口、江西鄱陽湖等地越冬，而遷徙時途經河北等地（爲旅鳥）。栖息於平原、湖泊、河谷、灌叢、草地及蘆葦沼澤地帶。常單獨活動。以昆蟲爲食物。是農林益鳥，亦爲我國特有鳥。數量稀少，極其罕見。已引起世界動物界極大關注，世界自然保護聯盟與國際鳥類保護聯盟已分別將其列入《世界瀕危動物紅皮書》及《世界受脅鳥類名録》，我國已將其列入"三有名録"。

北蝗鶯

"三有"鳥名。雀形目，鶲科，北蝗鶯（*Locustella ochotensis* Middendorff）。爲蝗鶯屬小型鳴禽。全長約 15 厘米。上體黄褐色，頭頂、頸橄欖褐色，具黑褐色羽幹紋，背部具黑色細縱紋。下體白色，胸部微沾淡橄欖色或淡皮黄色。尾褐色而具白端斑。我國分布其二亞種：指名亞種（*L. o.ochotensis*），見於遼寧旅順、山東青島、江蘇沙衛山島及福建、廣東（旅鳥），亦偶見於臺灣；東南亞種（*L.*

o.pleskei），見於江蘇、福建、廣東（旅鳥）。栖息於低山丘陵、山麓平原、沼澤濕地、葦塘岸畔。性怯，喜隱蔽，常在茂密灌叢或草叢中活動。以鞘翅目、鱗翅目等昆蟲爲主要食物。爲農林益鳥，且數量日趨減少。故吉林省已將其列入重點保護野生動物名録，原國家林業局亦將其列入"三有名録"。另，同屬之中尚有矛斑蝗鶯（*L. lanceolata* Temminck），主要分布於東北地區，遷徙時亦見於新疆、湖北及沿海各地；蒼眉蝗鶯（*L.fasciolata* G.R. Gray），其眉紋淡灰白色，故名，分布於東北地區北部（繁殖鳥），遷徙時見於沿海各省。以上二種吉林省已列入重點保護野生動物名録，原國家林業局亦將其列入"三有名録"。要求各地認真加以保護。

黑眉葦鶯

"三有"鳥名。雀形目，鶲科，黑眉葦鶯（*Acrocephalus bistrigiceps* Swinhoe）。爲葦鶯屬小型鳴禽。全長 13 厘米。上體暗棕橄欖褐色，至腰後漸轉暗棕色。頭頂兩側各具黑褐色縱紋直達枕部。兩翼及尾黑褐色，各羽具淡棕色外緣。下體棕白，兩脅深棕。我國主要分布於東部地區，北起東北、河北、陝西南部、河南、安徽、江蘇（繁殖鳥）；遷徙時南方各地及臺灣均可見到。栖息於水域濕地附近之灌叢或葦塘中，尤喜在近水草地、葦叢中活動。主要取食昆蟲及無脊椎動物。爲農林益鳥，已被列入"三有名録"。另，該屬中尚有大葦鶯（*A.arundinaceus* Linnaeus），又名鴜鷡，亦被列入"三有名録"，詳本卷《習見禽鳥説·鳴禽考》"鴜鷡"文。又，細紋葦鶯（*A. sorghophilus* Swinhoe），體長僅 13 厘米，上體茶黄褐色，頭頂、肩、背皆有褐色細縱紋。下體淡皮黄色或皮黄白色。見於東北西部、河北北部（繁殖鳥），遷徙時亦見於南方沿海各省，以昆蟲爲食，屬農林益鳥，亦我國特産鳥類，數量稀少，已處瀕危狀態，世界自然保護聯盟和國際鳥類保護聯盟已分別將其列入《世界瀕危動物紅皮書》與《瀕危鳥類名録》。我國亦將其列入"三有名録"，要求各地認真加以保護。

嘰咋柳鶯

"三有"鳥名。雀形目，鶲科，嘰咋柳鶯（*Phylloscopus collybita* Vieillot）。爲柳鶯屬小型鳴禽。全長約 10 厘米。上體褐色，飛羽及尾羽暗褐。下體棕黃白色，胸、兩脅濃棕黃色；腋羽鮮黃。我國分布於新疆西部地區。栖息於水邊灌叢中。喜單獨活動。以昆蟲爲食，爲農林益鳥，且野外種群數量稀少，近於瀕危狀態，已被列入"三有名録"。本種今亦稱"棕柳鶯"。另，該屬尚有東方嘰咋柳鶯（*Ph. sindianus* Brooks），見於新疆西部之喀什、天山及南部山脉（繁殖鳥）；林柳鶯（*Ph. sibilatrix*），分布於西藏當雄等地；黃腹柳鶯（*Ph. affinis* Tickell），因下體黃緑而得名，分布於甘肅、青海、四川、西藏、雲南、陝西、貴州等地；棕腹柳鶯（*Ph. subaffinis* Ogilvie-Grant），因下體棕黃而得名，分布於青海、陝西、四川、雲南、貴州、廣西、湖北、安徽、福建等地，在雲南南部，以及福建以南、廣東、廣西等地越冬；灰柳鶯（*Ph. griseolus* Blyth），因上體灰褐而得名，分布於新疆西部及天山地區（繁殖鳥）；褐柳鶯（*Ph. fuscatus* Blyth），因上體褐色而得名，分布於西藏、青海、四川、雲南、内蒙古及東北各地，遷徙時亦見於東部各地，在南方各省越冬；烟柳鶯（*Ph. fuligiventer* Hodgson），分布於西藏南部江孜以南及珠穆朗瑪峰鄰近地區；棕眉柳鶯（*Ph. armandii* Milne-Edwards），因眉紋棕而得名，分布於西藏、青海、甘肅、内蒙古、東北、河北、山西、陝西、四川、雲南、湖北等地；巨嘴柳鶯（*Ph. schwarzi* Radde），因其嘴厚而得名，分布於東北各地、内蒙古中部，遷徙時見於東部各省；橙斑翅柳鶯（*Ph. pulcher* Blyth），因其大、中覆羽末端橙黃，形成兩道明顯翅斑而得名，分布於西藏、四川、青海、甘肅、陝西、雲南等地；黃眉柳鶯（*Ph. inornatus* Blyth），因具寬而明顯的黃緑眉紋而得名，詳本卷《習見禽鳥説·鳴禽考》"柳鶯"文；黃腰柳鶯（*Ph. proregulus* Pallas），其腰黃色，形成明顯腰帶，故名，分布於東北各地、甘肅、青海、陝西、四川、西藏、雲南等地，在長江以南越冬，遷徙時亦見於江北各省；甘肅柳鶯（*Ph. kansuensis*），因産於甘肅而得名；四川柳鶯（*Ph. sichuanensis* Olsson et Colston），因産於四川而得名；灰喉柳鶯（*Ph. maculipennis* Blyth），因其頦、喉以下色灰而得名，分布於西藏、四川、雲南等地；烏嘴柳鶯（*Ph. magnirostris* Blyth），因其嘴黑褐而得名，分布於青海、甘肅、四川、西藏、雲南等地；極北柳鶯（*Ph. borealis* Blasius），其北方亞種分布於東北各地，指名亞種分布於東北、華北、西北、西南等地，而堪察加亞種則分布於東部沿海地區（旅鳥）；暗緑柳鶯（*Ph. trochiloides* Sundevall），因其上體均橄欖緑色而得名，新疆亞種、青藏亞種分布於新疆、甘肅、青海、陝西、西藏、四川、雲南等地；雙斑緑柳鶯（*Ph. plumbeitarsus* Swinhoe），分布於東北地區及河北、山東、山西與西北、西南各地（旅鳥）；灰脚柳鶯（*Ph. tenellipes* Swinhoe），分佈於東北長白山地區；冕柳鶯（*Ph.coronatus* Temminck et Schlegel），分佈於東北、河北、四川及雲南等地，遷徙時亦見於東部各省，詳本卷《習見禽鳥説・鳴禽考》之"鶲"文；冠紋柳鶯（*Ph. reguloides* Blyth），因頭有淡黄色冠紋而得名，分佈於西藏、雲南、四川、甘肅、陝西、湖北、貴州、廣西、河北、福建等地（繁殖鳥）；峨眉柳鶯（*Ph. emeiensis*），分佈於峨眉山區；海南柳鶯（*Ph.hainanus*），分佈於海南諸地；白斑尾柳鶯（*Ph.davisoni* Oates），分佈於雲南、四川、貴州、福建等地；黑眉柳鶯（*Ph.ricketti* Slater），分佈於四川、貴州、湖北、湖南、廣西、廣東、福建、雲南等地。上述各種大多爲農林益鳥，或分佈數量稀少，已處瀕危狀態，或爲新近發現，極其珍貴，并有較高的學術研究價值，俱已列入"三有名録"，應予認真保護。

戴菊

"三有"鳥名。雀形目，鶲科，戴菊（*Regulus regulus* Linnaeus）。爲戴菊屬小型鳴禽。全長約 10 厘米。頭頂中央有一前窄後寬的橙色斑，先端及兩側黄色，兩側又有一黑紋；額、頭側及背灰橄欖綠色，尾上覆羽轉爲黄綠色，飛羽黑褐色。下體白色而沾黄色。我國分佈其四個亞種；新疆亞種（*R.r.tristis*），見於新疆天山（繁殖鳥），新疆西部、中部；青藏亞種（*R.r. sikkimensis*），見於青海、甘肅、西藏等地；西南亞種（*R.r yunnanensis*），見於甘肅、陝西、四川、雲南等地；東北亞種（*R.r.japonensis*），見於東北各地及河北、河南以至甘肅、青海（旅鳥，或冬候鳥），亦見於山東、江蘇（旅鳥），與浙江、福建（冬候鳥），偶見於臺灣（七月偶見）。常栖息於針葉林、疏林、灌叢中。喜結小群活動。主要取食昆蟲、無脊椎動物，冬季亦取食植物種實。爲農林益鳥。已被列入"三有名録"。另，本屬尚有臺灣戴菊（*R.goodfellowi* Ogilvie-Grant），又名"火冠戴菊"，僅見於臺灣（留鳥），其頭頂橙紅如火冠，故名。亦農林益鳥，也被列入"三有名録"。

寬嘴鶲鶯

"三有"鳥名。雀形目，鶲科，寬嘴鶲鶯（*Tickellia hodgsoni* Horsfield et Moore）。爲寬嘴鶲鶯屬小型鳴禽。全長約 10 厘米。眼先、頭側暗蒼灰色，額、頭頂栗色。上體橄欖綠色，腰部微沾黄色。尾暗褐色。頦、喉、上胸灰色，下體餘部鮮黄色。我國分佈於雲南東南部（夏候鳥）。常栖息於海拔 2500 米左右之茂密常綠林間。以昆蟲等爲食物。爲森林益鳥，且數量稀少，近於瀕危狀態。已被列入"三有名録"。

鳳頭雀鶯

"三有"鳥名。雀形目，鶲科，鳳頭雀鶯（*Lophobasileus elegans* Przevalski）。爲鳳頭雀鶯屬小型鳴禽。全長約 13 厘米。羽冠白色，飄逸如鳳頭，故名。額至上背栗紅色；下背、兩肩、腰暗藍褐色，尾上覆羽淡藍色，翼與尾皆黑褐色而具淡藍色羽緣。頦、喉、胸棕紅色，腹及兩脅葡萄紫紅色，羽下覆羽梭栗色。該屬我國僅見此一種，分佈於甘肅、青海、寧夏、四川、西藏等地。栖息於海拔 2000 米左右山地針葉林及灌叢中。喜單獨或三五成群活動。以昆蟲爲食。爲農林益鳥，已被列入"三有名録"。

白喉林鶲

"三有"鳥名。雀形目，鶲科，白喉林鶲（ *Rhinomyias brunneata* Slater）。爲林鶲屬小型鳴禽。全長約 16 厘米。上體、頭側、頸部銹褐色，而頂較暗，眼眶淡黄。頦、喉白色，而具淡褐斑紋，故得此名。下胸、腹及尾下覆羽白色。我國僅分布其指名亞種（ *Rh.b.brunneata* Slater），見於江蘇、江西、浙江、福建、廣東、廣西（繁殖鳥），曾偶見於四川南坪。栖息於山地樹林、竹林間。以昆蟲爲食物。爲農林益鳥，其野外種群數量稀少，已被列入"三有名録"。

白眉姬鶲

"三有"鳥名。雀形目，鶲科，白眉姬鶲（ *Ficedula zanthopygia* Hay）。爲姬鶲屬小型鳴禽。全長 11 ～ 14 厘米。除下背、腰鮮黄外，上體餘部、頭頸兩側、肩、尾皆爲黑色。翼亦黑色，然三級飛羽外翈、内側大中覆羽白色；形成翅斑。下體鮮黄色，尾下覆羽白色。因其眉紋白色故得此名。我國分布於東北、内蒙古、河北、山西、陝西、河南、四川、湖北、安徽、江蘇、貴州等地（繁殖鳥），遷徙時亦見於南方各省，偶亦見於臺灣（迷鳥）。栖息於山地密林中，亦出没於園林中。以昆蟲爲食物。爲農林益鳥，對保護森林、果園及庭院樹木有重要意義，但其野外種群數量稀少，已被列入"三有名録"。另，該屬尚有黄眉〔姬〕鶲（ *F. narcissina* Temminck），我國分布其二亞種，其指名亞種（ *F. n.narcissina* Temminck），見於山東、江蘇、浙江、福建、廣東、廣西等地；東陵亞種（ *F. n. elisae* ），見於河北東陵、山西中條山等地。鴝〔姬〕鶲（ *F. mugimaki* Temminck），分布於東北地區、内蒙古東部（繁殖鳥），在廣西、廣東、海南等地越冬，遷徙時見於東部各省。栖息於各種混交林、小叢林或灌叢。以昆蟲爲食物。是森林益鳥，其種群數量稀少，吉林省已將其列入省級重點保護野生動物名録。紅喉〔姬〕鶲（ *F.parva* Bechstein），我國僅分布其普通亞種（ *F. p.albicilla* Pallas），見於東北、内蒙古等地，在廣東、海南等地越冬，遷徙時見於甘肅、青海、四川、雲南以東各省。爲重要食蟲鳥，其數量較少，亦被吉林省列入省級重點保護野生動物名録。以上數種均被列入"三有名録"。

棕腹大仙鶲

"三有"鳥名。雀形目，鶲科，棕腹大仙鶲（ *Niltava davidi* La Touche）。爲仙鶲屬小型鳴禽。全長約 16 厘米。額、眼先、頰、頦、喉黑色。頭頂、腰及尾上覆羽輝青藍色。背、肩、翼上覆羽藍黑色。下體自胸以下爲橙棕色，因此而得名。我國分布於四川、雲南、福建、海南等地。栖息於山區林地。爲重要食蟲鳥，已被列入"三有名録"。

烏鶲

"三有"鳥名。雀形目，鶲科，烏鶲（ *Muscicapa sibirica* Gmelin）。爲鶲屬小型鳴禽。全長約 14 厘米。上體、頭側、肩烏褐色，故得此名。下體灰白，胸、脅具灰褐色縱紋，其縱紋甚密，以致顯現爲暗灰褐色。我國分布其三亞種：指名亞種（ *M.s.sibirica* Gmelin），見於東北、内蒙古等地，遷徙時見於東北南部、河北以南，西至四川以東的大部分地區，偶見於臺灣（旅鳥），亦見於海南各地（越冬鳥）；藏南亞種（ *M. s.cacabata* Penard），分布於西藏南部各地；西南亞種（ *M. s.rothschildi* Stuart

Baker），分布於青海、甘肅、西藏、四川、雲南、貴州及廣東等地。常栖息於山地稀疏闊葉林及灌叢中。喜單獨或三五成群活動。以昆蟲爲食物，偶亦取食植物種實。爲重要食蟲鳥，對保護森林資源有重要意義，且其野外種群數量漸少，已被列入"三有名録"。另，該屬中尚有灰紋鶲（*M. griseisticta* Swinhoe），又名"斑胸鶲""灰斑鶲"，分布於内蒙古、東北地區；北灰鶲（*M. latirostris* Raffles），分布於東北各地及内蒙古（繁殖鳥），於雲南、廣東、海南等地越冬，遷徙時見於東部各省，亦偶見於臺灣（旅鳥）；褐胸鶲（*M.muttui* Layard），其胸栗褐，因而得名，分布於四川、貴州、雲南等地（留鳥、繁殖鳥）。上述數種皆爲森林益鳥，且種群數量稀少，亟待加以保護，故均被列入"三有名録"。

紫壽帶

"三有"鳥名。雀形目，鶲科，紫壽帶（*Terpsiphone atrocaudata* Eyton）。爲壽帶屬中型鳴禽。全長約 21 厘米。體大如雀，但頭有羽冠，腹有長尾，飄然如壽帶，因而得名。其頭、羽冠、後頸、前胸呈藍黑色而帶金屬光澤，背、肩、中覆羽及小覆羽深紫栗色，翼、尾羽暗栗色。胸、上腹與兩脅暗灰，下腹、尾下覆羽白色。我國分布其二亞種：指名亞種（*T. a.atrocaudata*），見於東北、山東、江蘇、湖南、福建、廣東、海南等地，亦見於臺灣（留鳥）、廣西（旅鳥）；蘭嶼亞種（*T. a.periophthalmica*），僅見於臺灣蘭嶼。常栖息於疏林地或林緣。以昆蟲爲食物，亦取食植物嫩葉。此鳥我國數量稀少，且多過境旅鳥，遼寧已將其列爲省級重點保護野生動物，原國家

林業局亦將其列入"三有名録"。另，該屬尚有壽帶〔鳥〕（*T. paradisi* Linnaeus），又名練鵲，爲著名鳴禽，亦列入"三有名録"，詳本卷《習見禽鳥説·鳴禽考》"練鵲"文。

大山雀

"三有"鳥名。雀形目，山雀科，大山雀（*Parus major* Linnaeus）。爲山雀屬小型鳴禽。全長約 14 厘米。頭、頸均亮藍黑色，兩側有顯著的大型白斑，上背黃綠，與黑色後頸間有白色橫帶相隔，其餘上體包括雙翼表面均爲藍灰色。中央尾羽藍灰，其餘尾羽黑色而外緣仍舊藍灰，最外側一對尾羽大都白色。飛羽黑褐，外緣藍灰。頦至上胸黑色，腹白色而沿中央貫穿一道黑色縱紋達於下腹。我國分布其六個亞種：北方亞種（*P.m.kapustini*），見於新疆北部塔城、阿拉套山，東經蒙古北部及俄羅斯西伯利亞南部而至東北西北部呼倫池、大興安嶺（留鳥）；青藏亞種（*P. m.tibetanus*），見於四川、青海、西藏等地；西南亞種（*P.m. subtibetanus*），見於四川峨眉山、康定至西南部及雲南全境；華北亞種（*P.m. artatus*），見於東北地區及河北、山西，向西至青海、甘肅、四川，向南可抵長江流域及浙江等地；華南亞種（*P. m.commixtus*），見於長江與浙江以南，雲南以東之大陸地區（留鳥），亦見於臺灣（冬季迷鳥）；海南亞種（*P. m.hainanus*），見於海南省。栖息於山地林内、林緣耕地及村舍或城市庭園，而以針葉林比較常見。以松毛蟲、刺蛾、金龜子、蝽象、瓢甲等昆蟲爲食。爲農林益鳥與觀賞鳥，具有較高的經濟價值，常被作爲"教師鳥"籠飼用爲黃雀、雲雀、百靈等鳴禽"呷口"，并可訓爲技藝鳥用

以表演叼籤、叼錢等雜耍技藝。由於數量日漸稀少，已被列入"三有名錄"。另，該屬中尚有西域山雀（*P.bokharensis* Lichtenstein）、綠背山雀（*P. monticolus* Vigors）、臺灣黃山雀（*P. holsti* Seebohm）、黃頰山雀（*P.xanthogenys* Vigors）、黃腹山雀（*P. venustulus* Swinhoe）、灰藍山雀（*P. cyanus* Pallas）、煤山雀（*P. ater* Linnaeus）、黑冠山雀（*P.rubidiventris* Blyth）、褐冠山雀（*P. dichrous* Blyth）、沼澤山雀（*P.palustris* Linnaeus）、褐頭山雀（*P.montanus* Baldenstein）、白眉山雀（*P.superciliosus* Przevalski）、紅腹山雀（*P.davidi* Berezovski et Bianchi）、雜色山雀（*P.varius* Temminck et Schlegel）等，均爲農林益鳥，亦具較高觀賞價值，有些還是我國特産鳥（如黃腹山雀等），俱已被列入"三有名錄"，要求各地認真加以保護。

黃眉林雀

"三有"鳥名。雀形目，山雀科，黃眉林雀（*Sylviparus modestus* Burton）。爲林雀屬小型鳴禽。全長約 9 厘米。上體暗橄欖綠色，頭部尤暗，具明顯黃色眉紋，故得此稱。飛羽、尾羽灰褐色，各羽外翈具淡黃綠色羽緣。下體淡橄欖綠色。我國主要分布於西藏、四川、雲南、福建（留鳥）。常栖息於海拔 2000 米左右的針闊葉混交林或竹林中，冬季可見於平原地區。以昆蟲、植物種實爲食物。爲農林益鳥。已被列入"三有名錄"。

冕雀

"三有"鳥名。雀形目，山雀科，冕雀（*Melanochlora sultanea* Hodgson）。爲冕雀屬小型鳴禽。全長約 19 厘米。雄鳥頭生輝黃色羽冠，故名。頭頂輝黃，頭之餘部、頸、背以至上覆羽黑色，各羽具金屬反光寬緣。尾、翼、頦、喉及胸均黑色。腹、尾下覆羽輝黃。雌鳥額、羽冠、腹部黃色較雄鳥稍暗淡。其餘頭部、頸、背、腰和尾上腹羽呈亮橄欖綠色。頦、喉、胸暗黃褐色。翼、尾羽黑而微沾綠色。我國分布其三亞種：指名亞種（*M. s. sultanea*），見於雲南西部及西南部西雙版納（留鳥）；華南亞種（*M.s.seorsa*），見於福建中部，廣西西南部；海南亞種（*M.s.flavocristata*），見於海南省（留鳥）。常栖息於海拔 1000 米以下之熱帶雨林中，尤喜栖居喬木或灌叢中。以昆蟲爲主要食物，兼食其他小動物及植物。農林益鳥，亦爲觀賞鳥，其野外種群數量銳減，已處瀕危狀態，已被列入"三有名錄"。

銀喉長尾山雀

"三有"鳥名。雀形目，山雀科，銀喉長尾山雀（*Aegithalos caudatus* Linnaeus）。爲長尾山雀屬小型鳴禽。全長約 14 厘米。頭頂、枕側灰黑色，頭頂中央貫以黃灰縱紋。額、頭側與頸側淡葡萄棕色。背至尾上覆羽石板灰色，飛羽黑褐，内側飛羽轉爲灰褐，羽緣略淡，尾長而呈黑色。頦、喉葡萄棕色，喉部中央有一銀灰色塊斑，下體餘部淡葡萄紅色。我國分布其三個亞種：指名亞種（*A.c.caudatus*），見於東北地區、河北等地；華北亞種（*A.c.vinaceus*），見於東北南部、内蒙古、河北、山東、甘肅、青海、四川、雲南等地；長江亞種（*A. c. glaucogularis*），見於長江流域自湖北宜昌至浙江北部，北抵陝西與河南南部各地。栖息於山地針葉林或針闊葉混交林中。秋冬季喜結小群活動。以昆蟲爲主要食物。爲森林益鳥，且數量稀少，已列入"三有名録"。另，該屬尚有紅頭長尾山雀（*A.concinnus* Gould），分布於長江與黃河之間及其以南地區，西可至西藏東南部；黑頭長尾山雀（*A.iouschistos* Hodgson），分布於西藏、四川、雲南等地；銀臉長尾山雀（*A.fuliginosus* Verreaux），因面部有銀灰色塊斑而得名，分布於甘肅、陝西、四川、湖北等地（留鳥）。上述各種均爲農林益鳥，是農林害蟲之天敵，均已列入"三有名録"。

巨鳾

"三有"鳥名。雀形目，鳾科，巨鳾（*Sitta magna* Ramsay）。爲鳾屬小型鳴禽。全長約 18 厘米。頭頂至後頸亮石板灰色，上體包括兩翼表面皆石板藍色，中央尾羽石板藍色，次兩對尾羽黑色而外翈端灰，内翈端白，最外側尾羽亦黑色，而内翈具灰黑色端和大型白色次端斑，外翈中段白色，飛羽黑褐色。自嘴基經眼至肩有一道黑色寬紋，頰、頸側、頦、喉灰白，下體餘部灰色，中央微染淺皮黄色，尾下覆羽深栗而具白端。分布於四川、雲南、貴州等地。常栖息於海拔 1000 ～ 2000 米之針闊葉混交林中。以昆蟲爲主要食物，亦取食植物果實。爲森林益鳥，數量極其稀少，已列入"三有名録"。另，該屬尚有淡紫鳾（*S.solangiae* Delacour et Jabouille）、麗鳾（*S.formosa* Blyth）、滇鳾（*S. yunnanensis* Ogilvie-Grant）等，俱列入"三有名録"。

攀雀

"三有"鳥名。雀形目，攀雀科，攀雀（*Remiz pendulinus* Linnaeus）。爲攀雀屬小型鳴禽。全長約 11 厘米。雄鳥頭頂灰色，上背棕褐色，下背至尾上覆羽沙褐色；額基、眼先、頰上部、耳羽黑色。眉紋與嘴至頰的下部白色。翼上小、中覆羽棕褐，大覆羽栗褐。下體皮黄色，頦、喉稍淡。雌鳥額基、頰、耳羽暗棕栗色。上體近於純沙褐色。其餘與雄鳥略似。我國分布其三個亞種：東北亞種（*R.p.consobrinus*），見於東北、甘肅東北部（繁殖鳥，旅鳥），而於長江中下游、雲南怒江一帶越冬，遷徙時見於遼寧、河北、山東等地；疆西亞種（*R.p.coronatus*），見於新疆北部之準噶爾盆地、伊犁河流域（繁殖鳥）；新疆亞種（*R.p.stoliczkae*），見於新疆西部莎車、喀什至巴楚、南部阿爾金山脈、中部烏魯木齊、北部準噶爾盆地與寧夏賀蘭山區。常栖息於近水葦叢，及柳、樺、楊等闊葉樹間，喜結群活動，善倒懸於樹枝上翻上跳下。以昆蟲和植物種實爲食物。爲農林益鳥，其野外種群數量因生境惡化而逐漸減少，故被列入"三有名録"。

紫頰直嘴太陽鳥

"三有"鳥名。雀形目，太陽鳥科，紫頰直嘴太陽鳥（*Anthreptes singalensis* Gmelin）。直嘴太陽鳥屬小型鳴禽。全長約 10 厘米。雄鳥上體及兩翼中、小覆羽均金屬綠色。尾羽黑褐，具金屬綠羽緣。眼先黑色。頰與耳羽銅紫色，因得此名。頦、喉、胸均呈銹色。腹部以下檸檬黄色。雌鳥上體暗橄欖綠色，翼、尾暗褐，自頦至胸淡銹色，下體緑黄色，不如雄鳥鮮亮。分布於雲南西部、南部西雙版納及東南部（留鳥）。栖息於海拔 800 米以下平壩常緑闊葉林中，或江畔寨邊叢林間。吸取花中蜜汁爲食，亦捕食昆蟲。爲森林益鳥，對傳播花粉，促進林木結實和樹木更新以及消滅森林害蟲具有重要意義，已被列入"三有名録"。

黃腹花蜜鳥

　　"三有"鳥名。雀形目，太陽鳥科，黃腹花蜜鳥（*Nectarinia jugularis* Linnaeus）。花蜜鳥屬小型鳴禽。雄鳥頭頂橄欖褐色，肩、頸至眉上覆羽橄欖綠而略顯淡褐。尾黑色，多數羽毛具寬窄不同的白色端斑。翼褐色。胸部中央黑褐，兩側具鮮艷的黃羽簇。腹與尾下覆羽淺黃色，因得此名。雌鳥上體淺褐，腰部微綴綠色。下體淡黃。我國主要分布於雲南西雙版納、廣西、廣東、海南等地。栖息於海拔 700 米以下的開闊山林，亦見於居民點附近喬木上。喜單獨活動。以花蜜爲食。對樹林傳花授粉，增加結實具有重要意義。其分布區域狹窄，種群數量下降，已被列入"三有名錄"。另，該屬尚有紫花蜜鳥（*N. asiatica* Latham），因其雄鳥上體紫藍而得名，分布於雲南西部地區（留鳥）；藍枕花蜜鳥（*N. hypogrammica* Müller），其後頸有一紫藍色領圈，故得此名，分布於雲南西雙版納地區（留鳥）。此二種亦皆列入"三有名錄"。

黑胸太陽鳥

　　"三有"鳥名。雀形目，太陽鳥科，黑胸太陽鳥（*Aethopyga saturata* Hodgson）。爲太陽鳥屬小型鳴禽。全長約 14 厘米。雄鳥色彩斑斕，其頭部至上背金屬紫藍色，背、頸側暗紅色。翼黑褐。腰部有一黃色狹帶斑。尾金屬紫藍色，中央一對尾羽特別延長。喉、胸純黑，下體餘部沾橄欖綠色。雌鳥較雄鳥灰暗，其頭部灰褐，背及翼覆羽橄欖色。飛羽暗褐，腰部鮮黃，尾暗褐。我國分布其三個亞種：指名亞種（*A.s.saturata*），見於西藏南部（留鳥）；滇西亞種（*A.s.assamensis*），見於雲南西部之騰衝（留鳥）；西南亞種（*A.s.petersi*），見於雲南、廣西諸地（留鳥）。栖息於林緣、林間空地及灌叢中。以昆蟲爲主要食物，兼食植物種實、嫩葉等。爲農林益鳥，亦極佳之觀賞鳥，已被列入"三有名錄"。另，該屬尚有黃腰太陽鳥（*A.siparaja* Raffles）、火尾太陽鳥（*A.ignicauda* Hodgson）、綠喉太陽鳥（*A.nipalensis* Hodgson）、藍喉太陽鳥（*A.gouldiae* Vigors，古稱"桐花鳳"，詳本卷《習見禽鳥説・鳴禽考》"桐花鳳"文）、叉尾太陽鳥（*A.christinae* Swinhoe）等，俱列入"三有名錄"。

長嘴捕蛛鳥

　　"三有"鳥名。雀形目，太陽鳥科，長嘴捕蛛鳥（*Arachnothera longirostris* Latham）。捕蛛鳥屬小型鳴禽。全長約 14 厘米。雄鳥上體及翼橄欖綠，飛羽、各種覆羽及尾羽暗褐色，并具橄欖綠外緣與灰褐色羽端。頦、喉灰白。下體鮮黃，胸簇羽橘黃。雌鳥與雄鳥略似，但無鮮艷胸簇羽。以其嘴長粗鈍下彎善捕蜘蛛而得名。本種共十二個亞種，我國分布其二亞種：指名亞種（*A.l.longirostris*）、滇東亞種（*A.l.sordida*）。均分布於雲南省，常栖息於村落附近闊葉樹叢之小喬木上。喜單獨或成雙活動。以昆蟲、花蜜、花蕊、植物種實爲食物。爲農林益鳥。已列入"三有名錄"。另，該屬共十種，見於我國者除本種外，尚有紋背捕蛛鳥（*A.magna* Blyth），分布於雲南、廣西等地，亦被列入"三有名錄"。

暗綠綉眼鳥

　　"三有"鳥名。雀形目，綉眼鳥科，暗綠綉眼鳥（*Zosterops japonica* Temminck et Schlegel）。爲綉眼鳥屬小型鳴禽。全長約 11 厘米。上體及兩翼内側覆羽暗緑色，因此而得名。頭、尾上覆羽略沾黄色，額部尤著。翼上外側覆羽及初級、次級飛羽均暗褐或黑褐色。尾羽暗褐；外緣緑色。頦、喉、前胸鮮檸檬黄色。下胸、脅部蒼灰，腰部中央白色。我國分布其三個亞種：普通亞種（Z.j. simplex），見於華南各省及四川、雲南、陝西、河南、山東、河北、海南等地；海南亞種（Z.j. hainana），見於海南（留鳥）；蘭嶼亞種（Z. j.batanis），見於臺灣蘭嶼等地。栖息山林、竹林、果園及庭園喬木樹冠上。常單獨或成對活動，冬季則喜結群活動。以鞘翅目、鱗翅目昆蟲爲食物，亦取食蜘蛛及植物種實。爲農林與園林益鳥，并有一定觀賞價值，已被列入“三有名録”。另，該屬尚有紅脅繡眼鳥（Z.erythropleura Swinhoe）、灰腹繡眼鳥（Z.palpebrosa Temminck），亦被列入“三有名録”。

山麻雀

“三有”鳥名。雀形目，文鳥科，山麻雀（Passer rutilans Temminck）。爲麻雀屬小型鳴禽。全長約 13 厘米。雄鳥上體紅色，上背雜以黑縱紋，尾上覆羽之長形羽片灰色，尾羽暗褐而外緣棕白，初級飛羽具兩道明顯的白色翼斑。眼先、頦、喉之中央黑色，頸側淡黄。下體餘部淡灰黄色。雌鳥上體暗褐，而腹部栗紅色，背部雜以棕褐色縱紋。眼先、耳羽褐色，眉紋、頰、頦、喉均皮黄色。我國分布其四個亞種：西藏亞種（P. r. cinnamomeus），見於西藏、青海（留鳥）；巴塘亞種（P. r.batangensis），見於四川巴塘（留鳥），冬季遷徙時亦見於雲南西部；西南亞種（P. r. intensior），見於四川、雲南（留鳥）；指名亞種（P. r. rutilans），見於青

海、甘肅、陝西、四川、山西、河南、山東、湖北、湖南、貴州、廣西、安徽、江蘇、浙江、福建、廣東、臺灣等地。栖息於山丘地帶林間、林緣與灌叢，冬季則移居草坡或農田。喜結群活動，但群集不甚大，并可單獨活動。多以禾本科（Gramineae）、莎草科（Cyperaceae）植物種子及昆蟲爲食物。爲農林益鳥，已被列入“三有名録”。另，該屬尚有〔樹〕麻雀（P. montanus Linnaeus），古省稱“雀”，亦列入“三有名録”。詳本卷《習見禽鳥説·鳴禽考》“雀”文。

〔紅〕梅花雀

“三有”鳥名。雀形目，文鳥科，〔紅〕梅花雀（Estrilda amandava Linnaeus）。爲梅花雀屬小型鳴禽。全長約 9 厘米。雄鳥通體顯紅色，除頦、上喉外皆具白色細點斑，故稱紅梅花雀，亦稱“梅花雀”。其上體淺褐，兩翼暗褐，尾黑色。腹部中央淡橙黄，亦綴以白點斑。雌鳥上體淡褐。肩、翼上覆羽、最内側飛羽具白色細端斑。尾羽暗褐。頭側灰褐，喉、胸灰，下體餘部淡橘黄色。我國分布其二亞種：西南亞種（E. a. flavidiventris），見於雲南西部至東部、貴州（留鳥）；海南亞種（E. a. punicea），見於海南省（留鳥）。常栖息於田埂、地邊灌叢、草叢中。喜結群活動。以穀粒、草籽爲食物。本種具有一定觀賞價值，其野外種群數量日漸稀少，已列入“三有名録”。

栗腹文鳥

“三有”鳥名。雀形目，文鳥科，栗腹文鳥（Lonchura malacca Linnaeus）。爲文鳥屬小型鳴禽。全長約 10 厘米。雄鳥頭、頸、喉、上胸黑色。背、翼栗色。腰、尾上覆羽深栗褐色

并具閃光。最長尾上覆羽與中央尾羽暗橙黃色。下胸中央、腹、尾下覆羽黑色。體側栗色。雌鳥與雄鳥略同，然上體無黑色，尾下覆羽褐黑色。我國分布其二個亞種：華南亞種（*L.m.atricapilla*），見於雲南、廣東（留鳥）；臺灣亞種（*L.m. taiwanensis*），見於臺灣（留鳥）。栖息於平原、山丘稻田、草叢中。喜結群活動，或與其他文鳥混雜活動。以植物性食物爲主。其數量稀少，已被列入"三有名録"。

燕雀

"三有"鳥名。雀形目，雀科，燕雀（*Fringilla montifringilla* Linnaeus）。爲燕雀屬小型鳴禽。全長約 15 厘米。雄鳥：自額至背及頭頸兩側亮藍黑色。下背、腰及尾上覆羽白色。翼黑色。頦、喉、胸、兩脅橙棕色。下體餘部白色。雌鳥：與雄鳥相似，然羽色不及雄鳥鮮亮，雄鳥之黑色部分雌鳥則爲黑褐色。頭部幾呈土黃。下體爲暗淡的橙棕色。分布幾遍全國。栖息於荒山、田野、林緣、次生林、疏闊葉林。以植物種實、昆蟲爲食物。對消滅田間雜草和害蟲有一定作用。其數量日漸減少，已被列入"三有名録"。

金翅〔雀〕

"三有"鳥名。雀形目，雀科，金翅〔雀〕（*Carduelis sinica* Linnaeus）。爲金翅雀屬小型鳴禽。全長約 14 厘米。雄鳥額、眉、頰、頦黃綠色。耳羽、頭頂、後頸灰色。背、肩及內側覆羽橄欖褐色。腰黃綠。尾羽黑褐，中央尾羽基部沾黃，外側尾羽基段鮮黃。兩翼大部黑色，外側飛羽基段鮮黃，形成顯著金色翅斑，故得"金翅"之名。頦、喉黃綠色，胸、上腹、兩脅暗棕黃色，下腹黃白，尾下覆羽黃

色。雌鳥上體羽色淺於雄鳥，下體黃色亦少於雄鳥。我國分布其四個亞種：東北北部亞種（*C.s.chaborovi*），見於東北地區之北部（留鳥）；東北南部亞種（*C. s.ussuriensis*），見於東北地區中部以南及河北等地（留鳥）；指名亞種（*C.s.sinica*），見於華北、西北東部及西南、華南各地（留鳥）；臺灣亞種（*C.s.kawarahiba*），冬季見於該省（冬候鳥）。栖息於平原至海拔 2400 米之高山地帶，而以平原較普遍，常見於低矮灌木叢或平原高大喬木上。以雜草種子及昆蟲爲食物。屬農林益鳥，亦用於觀賞，其數量日漸減少，已被列入"三有名録"。該屬尚有黃雀（*C. spinus* Linnaeus，詳本卷《習見禽鳥説·鳴禽考》"黃雀²"文）、白腰朱頂雀（*C. flammea* Linnaeus）、極北朱頂雀（*C.hornemanni* Holböll）、黃嘴朱頂雀（*C. flavirostris* Linnaeus）、赤胸朱頂雀（*C. cannabina* Linnaeus）等，皆爲農林益鳥，又具一定觀賞價值和科學研究價值，俱已列入"三有名録"。

粉紅腹嶺雀

"三有"鳥名。雀形目，雀科，粉紅腹嶺雀（*Leucosticte arctoa* Pallas）。爲嶺雀屬小型鳴禽。全長 15~17 厘米。上體暗褐色，背部具粗著暗色縱紋，腰、尾上覆羽黑褐，具玫瑰紅色次端斑，在黑色與玫瑰紅色間雜以銀灰色。尾羽黑褐色。翼黑褐，初級飛羽外翈羽緣玫瑰紅色，小覆羽次端亦玫瑰紅色。頦、喉鼠灰色，前頸、胸黑褐而具銀灰端斑。腹灰褐色，具銀灰色次端斑與淡玫瑰紅色端斑，從而使腹部顯粉紅色，故得此名。其實本種實由北嶺雀之東北亞種（*L.a.brunneonucha*

Brandt）獨立而成，它又分十四亞種，我國分布其指名亞種（*L.a.arctoa*）及粉紅腹亞種（*L.a.brunneonucha*）。分布於東北地區及河北、內蒙古等地。栖息於山地針葉林、針闊葉混交林，亦栖息於低山丘陵、山麓平原之灌叢草坡中。冬季喜結群活動。以植物種子爲食物。其野外種群數量稀少，國内已不常見，吉林省已將其列入重點保護野生動物名録，原國家林業局也將其列入"三有名録"。另，該屬尚有桂紅頭嶺雀（*L. sillemi* Fu et Song），亦列入"三有名録"。

大朱雀

"三有"鳥名。雀形目，雀科，大朱雀（*Carpodacus rubicilla* Güldenstädt）。爲朱雀屬小型鳴禽。全長約 18 厘米。雄鳥額、頭頂、頰深洋紅色，具光澤白斑。腰粉紅，上體餘部灰褐，染以粉紅色。下體粉紅色，頦、喉、上胸亦具光澤白斑。雌鳥上體灰褐，下體白而沾黄，自頦至胸具暗褐色羽幹紋。我國分布其二亞種：青藏亞種（*C.r. severtzovi*），見於新疆、青海、西藏等地（留鳥）；新疆亞種（*C.r.kobdensis*），見於新疆中部之吐魯番、和静等地（留鳥）。栖息於河谷、溪岸、泉邊沼澤地附近之灌叢中。以各種植物爲食物。大朱雀數量極其稀少，已被列入"三有名録"。另，該屬中尚有擬大朱雀（*C.rubicilloides* Przevalski）、紅胸朱雀（*C.puniceus* Blyth）、暗胸朱雀（*C.nipalensis* Hodgson）、赤朱雀（*C.rubescens* Blanford）、沙色朱雀（*C.synoicus* Temminck）、紅腰朱雀（*C.rhodochlamys* Brandt）、點翅朱雀（*C.rhodopeplus* Vigors）、棕朱雀（*C. edwardsii* Verreaux）、酒紅朱雀（*C.vinaceus* Verreaux）、

玫紅眉朱雀（*C. rodochrous* Vigors）、紅眉朱雀（*C.pulcherrimus* Moore）、曙紅朱雀（*C. eos* Stresemann）、白眉朱雀（*C. thura* Bonaparte et Schlegel）、普通朱雀（*C. erythrinus* Pallas，通稱"朱雀"，古稱"祝頂紅"，詳本卷《習見禽鳥説·鳴禽考》"祝頂紅"文）、北朱雀（*C.roseus* Pallas）、斑翅朱雀（*C.trifasciatus* Verreaux）等。大都羽色艷麗，具較高觀賞性，易於籠飼而常遭獵捕，以致數量鋭減，有些已列入省級重點保護野生動物名録。上述各種今均已被列入"三有名録"，要求各地加以認真保護。

藏雀

"三有"鳥名。雀形目，雀科，藏雀（*Kozlowia roborowskii* Przevalski）。爲藏雀屬小型鳴禽。已列入"三有名録"。詳本卷《珍稀瀕危禽鳥説·珍稀禽鳥考》"藏雀"文。

松雀

"三有"鳥名。雀形目，雀科，松雀（*Pinicola enucleator* Linnaeus）。爲松雀屬中型鳴禽。全長約 20 厘米。雄鳥頭、頸淡玫瑰色。背羽暗灰，各羽具淡色羽軸斑，并綴以紅色羽緣。胸、脅淡玫瑰紅色。雌鳥體羽大都鼠灰色，微沾橄欖黄色，腰沾橙黄色。頭、頸、上背具橄欖色羽端，并具橙黄色羽緣。我國分布其二亞種：北方亞種（*P.e. pacata*），見於黑龍江流域；堪察加亞種（*P. e.kamtschathensis*），見於東北北部小興安嶺（冬候鳥），東北南部及四川東部（偶見，迷鳥）。常栖息針闊葉混交林。以樹木種子爲食物，尤喜松樹種子，亦取食草籽等。松雀爲珍稀鳥類，可供觀賞，然其數量極爲稀少，實少見到，吉林等地已將其列入省級重點保護野生動物名録，今亦列入"三有名

録"。亦稱"鷹悶兒"。

白翅交嘴雀

　　"三有"鳥名。雀形目，雀科，白翅交嘴雀（*Loxia leucoptera* Gmelin）。爲交嘴雀屬小型鳴禽。全長約 15 厘米。雄鳥通體朱紅。翼、尾近黑色，而翼上有道白斑，因此得名白翅。下腹白。臉暗褐。嘴暗褐而上下交錯，故名交嘴。雌鳥自頭頂至背、肩暗綠色，具粗著之暗色縱紋。臉灰色。翼有兩道白斑。我國主要分布於東北、河北等地。栖息於山地針葉林與針闊葉混交林中。常與紅交嘴雀結成小群或單結小群活動。以松子爲主要食物，亦取食昆蟲。爲森林益鳥，亦有一定觀賞價值。其數量稀少，已極罕見。吉林等地已將其列入省級重點保護野生動物名録，今亦列入"三有名録"。另，該屬尚有紅交嘴雀（*L.curvirostra* Linnaeus），亦爲觀賞鳥，常被捕獵以爲籠飼，數量鋭减，已難尋覓，吉林等省已將其列入重點保護野生動物名録，今亦被列入"三有名録"。詳本卷《習見禽鳥説·鳴禽考》"交嘴雀"文。

長尾雀

　　"三有"鳥名。雀形目，雀科，長尾雀（*Uragus sibiricus* Pallas）。爲長尾雀屬小型鳴禽。全長約 14 厘米。雄鳥額基、眼先、眼後暗紅色，頭頂前部與兩側珠白，餘部褐色。背黄褐略沾紅色，并具黑色縱紋。腰玫瑰紅色，尾上覆羽、尾黑褐色。翼赤褐。頦、喉粉紅色。胸脅玫瑰紅色，下體餘部白色，尾下覆羽染紅色。雌鳥頭頂至頸沙棕色，具黑褐色軸紋，上體餘部黑褐色，下體灰白，具黑褐縱紋。我國分布其四亞種：指名亞種（*U. s.sibiricus*），見於新疆、東北地區（留鳥）及天山地區（旅鳥，

冬候鳥）；東北亞種（*U. s.ussuriensis*），見於東北地區和河北、甘肅等地；秦嶺亞種（*U. s. lepidus*），見於甘肅、陝西、山西等地；西南亞種（*U. s. henrici*），見於四川、西藏、雲南等地。常栖息於河谷耕地旁灌叢帶。喜單獨或成雙活動。以雜草種子及昆蟲爲食物。爲農林益鳥。對消滅雜草有一定作用。其數量稀少，已不多見，被列入"三有名録"。

血雀

　　"三有"鳥名。雀形目，雀科，血雀（*Haematospiza sipahi* Hodgson）。血雀屬小型鳴禽。全長約 19 厘米。雄鳥全身輝血紅色，因得是名。翼上覆羽黑褐，其外翈具紅色寬羽緣。翼尾黑褐色，各羽外翈亦有紅色羽緣。雌鳥上體暗褐，而具橄欖黄色羽緣，成鱗斑狀。腰及尾上覆羽橘黄色。翼、尾羽黑褐，外翈有黄綠緣。下體羽色較淡，腹部具灰白沾黄之羽緣。我國主要分布於西藏、雲南等地（繁殖）。栖息於海拔 2000 米以下之針闊葉混交林區。喜成對活動，以野生植物果實爲食物。此鳥極其稀少，又具較高觀賞和研究價值。已被列入"三有名録"。

金枕黑雀

　　"三有"鳥名。雀形目，雀科，金枕黑雀（*Pyrrhoplectes epauletta* Hodgson）。爲黑雀屬小型鳴禽。全長約 15 厘米。雄鳥全身黑色，後頭、枕爲金屬橘黄色，因得此名。其内側次級飛羽内翈具大型白斑。雌鳥頭頂及上背暗褐色，後頭及枕部具橄欖黄綠色羽端，下背、腰、尾上覆羽棕褐色。翼、尾黑褐色。下體棕褐。尾下覆羽黄褐色。我國主要分布於西藏、雲南等地。栖息於海拔 2000 米闊葉林緣及居

民點附近。以雜草種子爲食物。本種分布區狹窄，生境惡化，野外種群速減，已被列入"三有名録"。

褐灰雀

"三有"鳥名。雀形目，雀科，褐灰雀（*Pyrrhula nipalensis* Hodgson）。爲灰雀屬小型鳴禽。全長 15~17 厘米。頭頂、枕暗褐色，羽緣灰白。背、肩灰褐，腰羽前灰後白。尾黑色，外緣與端部及尾上覆羽均輝紫黑色，中央尾羽沾紫銅色。兩翼黑褐。下體灰褐，腹部中央稍淺淡，尾下覆羽白色。雌鳥與雄鳥相似，而最外一枚飛羽外緣棕白色。我國分布其三個亞種：指名亞種（*P.n.nipalensis*），見於西藏南部；華南亞種（*P. n.ricketti*），見於西藏昌都東部、雲南、廣東、福建等地（留鳥）；臺灣亞種（*P. n. uchidai*），見於臺灣。栖息於山地針闊葉混交林中。喜單獨或成對活動。以雜草種子、植物果實與各種昆蟲爲食物。該鳥分布數量稀少，又爲農林益鳥，故已被列入"三有名録"。另，該屬尚有灰頭灰雀（*P. erythaca* Blyth）、紅頭灰雀（*P. erythrocephala* Vigors）、灰腹灰雀（*P.griseiventris* Lafresnaye）、紅腹灰雀（*P. pyrrhula* Linnaeus）等，亦皆列入"三有名録"。

黑頭蠟嘴雀

"三有"鳥名。雀形目，雀科，黑頭蠟嘴雀（*Eophona personata* Temminck et Schlegel）。爲蠟嘴雀屬小型鳴禽。全長約 22 厘米。雄鳥額、頭頂、眼先、頰基、頦、喉輝藍黑色。後頸、頸側、背、肩葡萄灰色。腰蒼灰色。尾上覆羽、尾黑色，具藍紫色光澤。翼黑色。下體大都粉紅色。下腹中央至尾下覆羽白色。雌鳥頭頂、後頸黑色，無光澤。上體暗灰，下背灰棕。下體葡萄紅沾灰。其餘與雄鳥略同。我國分布其二亞種：東北亞種（*E.p.magnirostris*），見於東北地區（繁殖鳥，旅鳥），河南、陝西、山東、江蘇、四川、河北（旅鳥），而於湖南、福建、廣東等地越冬；指名亞種（*E. p.personata*），見於福建西北部，亦見於臺灣（迷鳥）。常栖息於海拔 1300 米以下之針闊葉混交林或針葉林中，亦見於常緑落葉闊葉混交林中。春夏季分散成對活動，以昆蟲爲主要食物；秋冬季則往往結成大群活動，多以植物種子爲食物。蠟嘴雀爲技藝型觀賞鳥，經馴化可做叨物、銜鈔等多種技藝表演，故捕獵者日多，其數量日益減少。遼寧、吉林等地已將其列入重點保護野生動物名録。今亦被列入"三有名録"。另，該屬尚有黑尾蠟嘴雀（*E.migratoria* Hartert），亦被列入"三有名録"。詳本卷《習見禽鳥説·鳴禽考》"桑鳸"文。

錫嘴雀

"三有"鳥名。雀形目，雀科，錫嘴雀（*Coccothraustes coccothraustes* Linnaeus）。爲錫嘴雀屬小型鳴禽。全長約 17 厘米。雄鳥眼先、嘴基、頦、喉均黑色。額、頭頂淡橙黄，枕、上頸棕褐，其下有一灰色領環。背、肩茶褐色。腰淡皮黄色，中央尾羽基段黑栗色，其餘尾羽外翈黑栗色，內翈黑色和白色，下體、體側淡灰紅色。雌鳥頭頂灰褐，背、肩較雄鳥色淡，胸部灰黄，兩脅灰黄而稍映紅色。腹部多白色。我國分布其二亞種：指名亞種（*C. c.coccothraustes*），全國各地幾均可見；日本亞種（*C.c.japonicus*），僅見於福建（迷鳥）。常栖息於平原、山地之喬木樹冠之上。尤喜在中齡或高大而光照充足的樹木上活動。以植物種實和昆蟲爲食物。爲觀賞鳥，亦農林益鳥。其數量稀少。已被列入“三有名録”。

朱鵐

“三有”鳥名。雀形目，雀科，朱鵐（*Urocynchramus pylzowi* Przevalski）。爲朱鵐屬小型鳴禽。全長約 15.5 厘米。尾凸形，較翅長。雄鳥整個頭體背面均黄褐色，背、肩沾紅，皆具黑褐色縱紋，中央二對尾羽暗褐色而外緣淡紅白色，其餘尾羽淡粉紅色。翼暗褐，外側覆羽外緣淡棕紅色，飛羽外緣淡棕。下體羽色較淡。雌鳥全身淡褐，下體稍淡，背腹各羽具暗色羽幹紋。我國主要分布於青海、甘肅、四川等地。栖息於海拔 2300~4500 米之高山草原、河谷、林緣、山坡地帶。喜成對活動，冬季則常結成小群。以各種野生植物種子爲食物，亦兼食一些昆蟲。本種爲罕見高山鳥類，亦我國特産鳥，具有較高的科學研究價值，已被列入“三有名録”，應予認真研究和保護。

黍鵐

“三有”鳥名。雀形目，雀科，黍鵐（*Emberiza calandra* Linnaeus）。爲鵐屬小型鳴禽。全長約 19 厘米。頭頂、上頸、上背灰褐色，具顯黑色紋。腰淡灰，尾暗褐而具較窄的淡白色緣，最外側尾羽有淡灰色楔狀斑。翼暗褐色，初級飛羽有白色窄羽緣，次級飛羽有較寬的沙色邊緣。下體白色，下喉部有褐黑色點斑，胸部有黑點組成的横斑，下胸及兩側具暗褐色窄紋。我國主要分布於新疆西部天山地區（繁殖鳥），亦見於新疆喀什（冬候鳥）。常栖息於草地、灌叢、林中空地、農田（尤其收割後的農田）等處。以草籽、昆蟲爲食物。爲農林益鳥，其野外種群數量極其稀少，幾近瀕危，已列入“三有名録”。另，該屬尚有白頭鵐（*E. leucocephalos* Gmelin）、黑頭鵐（*E. melanocephala* Scopoli）、褐頭鵐（*E. bruniceps* Brandt）、栗鵐（*E. rutila* Pallas）、黄胸鵐（*E. aureola* Pallas）、黄喉鵐（*E. elegans* Temminck）、黄鵐（*E. citrinella* Linnaeus）、灰頭鵐（*E.spodocephala* Pallas）、硫黄鵐（*E.sulphurata* Temminck et Schlegel）、圃鵐（*E.hortulana* Linnaeus）、灰頸鵐（*E. buchanani* Blyth）、灰眉岩鵐（*E. cia* Linnaeus）、三道眉草鵐（*E.cioides* Brandt）、栗斑腹鵐（*E. jankowskii* Taczanovski）、栗耳鵐（又名赤胸鵐，*E. fucata* Pallas）、田鵐（*E.rustica* Pallas）、小鵐（*E. pusilla* Pallas）、黄眉鵐（*E. chrysophrys* Pallas）、灰鵐（*E. variabilis* Temminck）、白眉鵐（*E. tristrami* Swinhoe）、藏鵐（*E.koslowi* Bianchi）、紅頸葦鵐（*E.yessoensis* Swinhoe）、葦鵐（*E.pallasi* Cabanis）、蘆鵐（*E.schoeniclus* Linnaeus）等，俱已列入“三有名録”。其中灰頭鵐古稱蒿雀，詳本卷《習見禽鳥説·鳴禽考》“蒿雀”文，而栗斑腹鵐、藏鵐極其稀少，已被收入《中國瀕危動物紅皮書·鳥類》，詳本卷《珍稀瀕危禽鳥説·珍稀禽鳥考》之“栗斑腹鵐”“藏鵐”文。

藍鵐

“三有”鳥名。雀形目，雀科，藍鵐（*Latoucheornis siemsseni* Martens）。爲鵐屬小型鳴禽。全長約 15.5 厘米。雄鳥通體石板灰藍，因此得名。其脅、下腹、尾下覆羽白色。飛羽黑而有藍灰色羽緣。尾羽黑，具灰藍色羽緣，最側尾羽有一大型白色楔狀斑。雌鳥頭頸、上胸棕黄。上背棕褐。下背、腰、尾上覆羽石板灰色，羽緣棕褐。翼黑褐而有棕褐緣。尾灰褐。下胸、兩脅棕褐。腹及尾下覆羽白色。我國主要分布於甘肅、陝西、四川、湖北、安徽、福建、廣東等地（冬候鳥，留鳥）。栖息於海拔1000 米以下山地森林灌叢中。喜結群活動。以鱗翅目、鞘翅目昆蟲和雜草種子爲食物。爲我國特産鳥，極其珍貴，亦爲農林益鳥，其野外種群數量日益減少，已被列入"三有名録"。

鳳頭鵐

"三有"鳥名。雀形目，雀科，鳳頭鵐（ *Melophus lathami* J.E.Gray）。鳳頭鵐屬小型鳴禽。全長約 16 厘米。雄鳥頭頂具黑色羽冠，整個上體、下體均金屬藍黑色。尾之上、下覆羽皆栗紅色，羽緣暗褐。翼、尾栗紅。雌鳥上體暗褐，雜以黑褐色縱紋。尾羽暗褐，羽緣沾棕，最外一對具栗褐色楔形斑。翼褐色，羽緣亦沾棕色。頦、喉淡黃，胸腹淺棕黃并雜褐色縱紋。因頭具羽冠如傳説中的鳳凰，故得此名，亦稱"鳳凰雀""鳳頭雀"。我國主要分布於西藏、四川及長江以南諸省。栖息於海拔 800 米以下之熱帶常緑闊葉林緣、山坡農田、灌木叢中。喜成對或結群活動。以草籽、膜翅目昆蟲、蟻類爲食物。爲農林益鳥。近年來，由於生境惡化，加之濫捕，其數量鋭減，已列入"三有名録"。

鐵爪鵐

"三有"鳥名。雀形目，雀科，鐵爪鵐（ *Calcarius lapponicus* Linnaeus）。爲鐵爪鵐屬小型鳴禽。全長約 16 厘米。其後爪黑且長，因得此稱。雄鳥頭頂羽基黑色，羽端皮黃，頸栗色。上體餘部黑褐，羽緣棕黃，尾羽黑色。下喉、胸黑色，羽端白色，下體餘部黃白，兩脅具黑色縱紋。雌鳥頭部具黑色縱紋，而頸無栗色。喉、胸棕白色。我國分布於東北地區之大、小興安嶺，向南至長江流域之東部沿海各省。常栖息於山麓平原、低山灌叢、草地及農田地頭。喜成對或結群在地面覓食。以草籽、昆蟲爲食物。該種於西伯利亞北部冬繁殖，而於我國長江流域東部越冬，遷徙時常大群游蕩於東北、華北、黃淮等地，往往被人類張網沾捕，致使種群遭受破壞。吉林、遼寧已將其列入省級重點保護野生動物名録，今亦被列入"三有名録"。今俗稱"鐵雀兒"。

雪鵐

"三有"鳥名。雀形目，雀科，雪鵐（ *Plectrophenax nivalis* Linnaeus）。爲雪鵐屬小型鳴禽。全長 16~18 厘米。體羽大都白色爲主，故得此名。雄鳥頭、頸、下體白色。背、腰、尾上覆羽黑色。翼之覆羽及内側飛羽白色，外側飛羽和内側三級飛羽黑色。中央尾羽黑色而外側三對飛羽白色，具黑色窄羽尖。雌鳥頗似雄鳥，但頭黑色，具白羽緣，後頸渲染栗色。外側尾羽有較多黑色。我國分布其北方亞種（ *P. n.vlasowae*），見於新疆天山、東北北部博克圖、呼瑪、興凱湖（冬候鳥），冬時亦偶見於河北。栖息於海濱樹林、懸崖及溪流沿岸懸岩上。遷徙和越冬時則栖息於開闊的山腳平原、低山丘陵地帶。常在林緣、路邊灌叢和草地上活動覓食。以昆蟲、雜草種子爲食物。由於環境破壞，生境惡化，其野外種群數量下降，目前已不多見，吉林省已將其列入省級重點保護野生動物名録，現已列入"三有名録"。

附　録

第一節　神話傳説鳥

　　神話是人類童年時期的産物，是反映古代人們對世界起源、自然現象及社會生活的原始理解的故事與傳説。神話并非現實生活的科學反映，而是由於古代生産力較低，人們不能科學地解釋世界起源、自然現象與社會生活中存在的矛盾與發生的變化，而藉助於想象和幻想把自然力擬人化的産物。神話雖然不是現實，但它表現了古代人民對自然力的鬥争和對理想的追求，從而真實地反映了人們當時的生存狀態和對美好生活的嚮往。神話靠口傳筆録，自上古流傳到今天，是我中華民族極其寶貴的精神財富。

　　神話傳説往往與某些自然物相關聯。如世界上幾乎每個角落都有禽鳥的踪迹。禽鳥是脊椎動物中形態最美麗，鳴聲最悦耳，最爲人所喜愛，也最受古人崇拜的一種。所以古代許多神話傳説常常與禽鳥相關聯——禽鳥有翅善翔，常被想象爲自由、威力的象徵；禽鳥華美，又被神化爲瑞鳥，象徵吉祥富貴；一些禽鳥終生守一，性不雙侣，被想象爲親善、忠貞的化身；等等。禽鳥神話表達了古代先民對力量、自由和美好生活的嚮往，也寄托着人們的美好願望。

今據古代典籍記載，舉證如下：

鯤鵬是人們最爲熟悉的神話傳說中的神鳥。鵬鳥體形巨大，威力無比，是先民所嚮往威力的象徵。《莊子·逍遥游》描述了鵬鳥的無比威力："北冥有魚，其名爲鯤。鯤之大，不知其幾千里也。化而爲鳥，其名爲鵬。鵬之背，不知其幾千里也，怒而飛，其翼若垂天之雲……《齊諧》者，志怪者也。《諧》之言曰：鵬之徙於南冥也，水擊三千里，摶扶摇而上者九萬里，去以六月息者也。"此處之冥作大海解。意思是北海有魚名鯤，鯤很大，不知有幾千里長，化而爲鳥叫作鵬，鵬亦不知有幾千里大。怒而奮飛，翼若垂天之雲，遮天蔽日。鵬轉邁向南海，奮擊狂濤飛翔三千里，然後盤旋直上雲天九萬里，一去半歲而至天池。人的能力是有限的，古代科技不發達，交通工具落後，要去南海是遥不可及之事。於是，人們想象出鯤化爲鵬，鵬鳥大而有神威，可一衝直上三千里，扶摇盤旋九萬里，高舉遠飛轉瞬即到南海。由此，鯤鵬被神化成了具有無比威力的神鳥，并成爲志嚮遠大的象徵。後人亦往往以"鵬力"形容力强無比，以"鵬術"比喻杰出才能，以"鵬張"比喻顯揚才能，以"鵬程"比喻遠大前程，以"鵬游""鵬運"比喻高飛遠行，以"鵬圖"喻壯志，以"鵬舉"謂奮發有爲，以"鯤鵬""鵬鯤"或"鵬鶠"比喻具有雄才大略之人，又以"鵬迹""鵬衢"等比喻榮耀仕途，等等。

鳳凰是古代傳說中的鳥中之王。其雄名鳳，其雌曰凰。舊題周師曠《禽經》："子野曰：鳥之屬三百六十，鳳爲之長，故始於此。鳳雄凰雌。亦曰瑞鷁，亦曰鷺鷥，羽族之君長也。"鳳凰生性高潔，不與燕雀爲群，是人們心目中的祥瑞之鳥。鳳凰食必擇物，非練實（竹實）不食；栖必擇枝，非梧桐不栖；飲必擇泉，非醴泉不飲。如《莊子·秋水》："莊子往見之，曰：南方有鳥，其名鵷鶵，子知之乎？夫鵷鶵，發於南海而飛於北海，非梧桐不止，非練實不食，非醴泉不飲。"疏曰："鵷鶵，鸞鳳之屬，亦言鳳子也。練實，竹實也。醴泉，泉甘味如醴也。"意思是説鳳凰是南方之鳥，來儀應瑞之物，非梧桐不止，非溟海不停，非竹實不食，非醴泉不飲，具有高潔本性。人們將鳳視爲聖者、仁鳥、瑞應鳥。如王充《論衡》："鳳皇（凰），鳥之聖者也。"南朝梁孫柔之《瑞應圖》："鳳皇者，仁鳥也。……王者不刻胎剖卵則至。"《格物總論》："鳳，瑞應鳥。太平之世則見，是以不常有也。"神話傳說中的鳳凰極其美麗，《山海經·南山經》則更將鳳凰加以誇張描述："〔丹穴之山〕有鳥焉，其狀如鷄，五采而文，名曰鳳皇。首文曰德，翼文曰義，背文曰禮，膺文曰仁，腹文曰信。是鳥也，飲食自然，自歌自舞，見則天下安寧。"郭璞注：《廣雅》云：

鳳，鷄頭、燕頷、蛇頸、龜背、魚尾。雌曰皇，雄曰鳳。"由此可知鳳凰集中了多種動物的形態特徵，其羽紋美麗華貴。其實，鳳凰這種神鳥是不存在的，依今時之說法，鳳凰其實是先民融合了人們所喜愛的若干動物之特點，加以綜合而創造出來的一種"吉祥物"，它象徵着平安、吉祥、聖德、華貴等。所以古代將有德之人比喻爲鳳。如《論語·微子》："鳳兮鳳兮，何德之衰？"邢昺疏："知孔子有聖德，故比孔子於鳳。"古代帝王府第稱爲"鳳邸"，皇宮名"鳳闈""鳳闕"，皇后與皇子之宮室稱"鳳掖"，宮內樓閣稱"鳳閣"，宮殿的臺階稱"鳳墀"，帝王之床榻稱"鳳榻"，宮室內繪有鳳凰圖案的屏風稱"鳳扆"，帝后所乘之車名"鳳駕""鳳輦""鳳輿"，帝王之儀仗稱"鳳翣""鳳蓋"，帝王之詔書名"鳳凰詔""鳳詔""鳳書"，后妃及貴婦所戴之帽稱"鳳冕""鳳冠"等。鳳是美好的象徵，所以人們還以"鳳表龍姿"比喻人之英俊儀表，以"鳳采"喻人之才華、風采，以"鳳質"比喻美好品德，以"鳳德"比喻人的德行名望俱佳；又以"鳳鳴鶴唳"比喻樂聲優美，以"鳳鳴"比喻夫妻和洽，以"鳳鳴麟出"比喻賢才出現，以"鳳鳴朝陽"比喻賢才遇時而起。總之，鳳凰是古代先民編織的神話鳥，它伴隨先民走過了漫長的歷史，今天人們仍然將鳳凰記在心裏，依然將它看作美好祥瑞的象徵。

鸞，又名青鸞，亦傳說中鳳類禽鳥。舊題周師曠《禽經》："鸞，瑞鳥，一曰鷄趣。"晋張華注："鸞者，鳳鳥之亞……鸞鳳翔止，百鳥皆從也，以類化。"鸞鳳相隨，百鳥從之。鸞亦太平祥瑞之鳥。《漢書·息夫躬傳》："鷹隼橫厲，鸞徘徊兮。"顏師古注："鸞，神鳥也。"《舊唐書·楊炯傳》："鸞者，太平之瑞也，非三公之德也。"鸞亦吉祥美好之象徵。鸞亦情鳥，是夫妻忠貞、和美之象徵。人們常以"鸞交"比喻夫妻，以"鸞交鳳友"比喻情侶，以"鸞鳳和鳴，珠聯璧合"比喻男女婚合。

比翼鳥，也是一種神話傳說鳥。《爾雅·釋地》："南方有比翼鳥焉，不比不飛，其名謂之鶼鶼。"郭璞注："似鳧，青赤色，一目一翼，相得乃飛。"《山海經·海外南經》："比翼鳥在其東，其爲鳥青、赤，兩鳥比翼。"傳說比翼鳥雌雄比翼，生死不離，是人們想象出來的愛情鳥。三國魏曹植《釋思賦》："樂駕鴦之同池，羨比翼之共林。"晋張華《博物志·異鳥》進一步說了比翼鳥之特性："崇丘（一作'吾'）山有鳥，一足，一翼，一目，相得而飛，名曰䖝，見則吉良，乘之壽千歲。比翼鳥一青一赤，在參嵎山。"這種叫䖝的鳥，祇有當一青一赤雌雄兩鳥雙飛雙宿時，才能稱作比翼鳥，所以往往以此象徵神聖的愛情。因此，唐明皇李隆基如此羨慕它們，發誓"在天願作比翼鳥"。而白居易在《長恨歌》中唱道：“在天願作比翼鳥，在地願爲連理枝。”用比翼鳥比喻夫妻同心和美，海枯石爛不變心的忠貞愛情。人們無不嚮往忠貞愛情，所以特别喜愛傳説中的比翼鳥，也常用“比翼雙飛”比喻男女情投意合，伉儷齊飛。還常以比翼鳥比喻要親善友人，曹植《送應氏二首》詩之二：“山川阻且遠，別促會日長。願爲比翼鳥，施翮起高翔。”還以此鳥勸勉他人，如清孫枝蔚《田家雜興次儲光義韻》之三：“教子不求官，百年樂比翼。”

精衛鳥也是一種神話傳説鳥。昔傳炎帝之小女名女娃，在東海游玩，不幸溺水而亡，其靈魂化作小鳥，名曰精衛，常銜西山石子、樹枝，要把奪去她年輕生命并可能繼續奪去千千萬萬年輕生命的大海填平。故事始見於《山海經·北山經》：“又北二百里曰發鳩之山，其上多柘木。有鳥焉，其狀如烏，文首，白喙，赤足，名曰精衛，其鳴自詨。是炎帝之少女，名曰女娃。女娃游於東海，溺而不返，故爲精衛，常銜西山之木石，以堙於東海。”精衛鳥又名“鳥誓”“冤禽”“志鳥”，因爲炎帝女變化而來，故又稱“帝女雀”。南朝梁任昉《述異記》卷上：“昔炎帝女溺死東海中，化爲精衛，其名自呼。每銜西山木石填東海。偶海燕而生子，生雌狀如精衛，生雄如海燕。今東海精衛誓水處，曾溺於此川，誓不飲其水。一名鳥誓，一名冤禽，又名志鳥，俗呼帝女雀。”晋陶潛《讀〈山海經〉》詩十三首之十，對精衛填海之精神給予褒揚：“精衛銜微木，將以填滄海。”寥寥數字，傳達出一種悲壯之感。波濤洶涌的海面上空，飛行着小小的精衛鳥，口銜細木、微石，“將以填滄海”。她去而復來，年復一年地重複着這一艱巨而單調的工作，立志要填平吞噬她生命的大海，以報仇雪恨。雖然她的努力可能是徒勞的，但她堅忍不拔的精神是極其悲壯和值得贊美的。所以後人常以“精衛填海”“精衛塞海”“精禽填海”“禽填海”“精衛銜石”“精衛銜木”“冤禽銜石”等贊美自强不息、申冤報仇或奮鬥不懈、獻身大業的精神。

如此之類尚有多種，下有詳述，不複列舉。

神話傳説禽鳥雖非實有其物，從未存世，然而它們確實久存於人們心目中，活在人們想象的空間，還不時走進人們的生活。商代青銅鳳、漢武帝墓丹鳳紋空心磚即是此類神話傳説之體現。（見鄭光美等《愛鳥知識手册》）各時期雕繪家、畫家、文人墨客筆下的鳳凰不時映入我們的視野，神話傳説鳥已經成爲不可忽視的“客觀事實”。

本卷收録見諸各種典籍的神話傳説鳥凡五十四種，每種略作簡釋，以備熱愛禽鳥的讀者參考。

九色鳥

神話傳說鳥名。一種傳說中身有九色之鳥，相傳爲西王母所豢養。此稱宋代已行用。亦稱"錦鳳""九尾鳥"。其青多紅少者謂之"綉鸞"。宋葉廷珪《海録碎事・鳥獸草木部・飛鳥門》："錦鳳，軒渠國有九色鳥，青口，緑頸，紫翼，紅膺，丹足，紺頂，碧毛，緗背，玄尾，名曰錦鳳。其青多紅少謂之綉鸞，常從弱水西來，或云是西王母之禽也。"明徐應秋《玉芝堂談薈》卷三三："《通典》：'軒渠國多九色鳥，青口，緑頸，紫翼，紅膺，絳質，丹足，碧身，緗背，玄尾，亦名九尾鳥，亦名錦鳳。其青多紅少謂之綉鸞，常從弱水西來，或云是西王母之禽。'"清宮夢仁《讀書紀數略・物部・鳥獸類》："九色鳥，《海録碎事》：出軒渠國。一名九尾鳥，亦名錦鳳。青多紅少謂之綉鸞，或云西王母鳥也。"《淵鑑類函》卷二三八："《文獻通考》曰：'軒渠其國多九色鳥，青口，緑頸，紫翼，紅膺，紺頂，丹足，碧身，緗背，元（玄）尾，亦名九尾鳥，亦名錦鳳。其青多紅少謂之綉鸞，常從弱水而來，或云是西王母之禽也。'"

【錦鳳】

即九色鳥。此稱宋代已行用。見該文。

【九尾鳥】

即九色鳥。此稱宋代已行用。見該文。

【綉鸞】

即九色鳥。顏色青多紅少。此稱宋代已行用。見該文。

王母使者

神話傳說鳥名。昔傳是爲王母守護藥匣之鳥。此稱唐代已行用。唐段成式《酉陽雜俎・廣動植》："王母使者，齊郡函山有鳥，足青，嘴赤黃，素翼，絳額，名王母使者。昔漢武登此山得玉函，長五寸，帝下山玉函忽化爲白鳥飛去。世傳山上有王母藥函，常令鳥守之。"後世遂以"王母使者"稱此鳥。《太平廣記》卷四六三："齊郡函山有鳥，足青，嘴赤，素翼，絳額，名王母使者。"按，一說王母使者即黃鳥。如《分門古今類事・祥兆門・楊震黃雀》："震字伯起，華陰人，父寶。年九歲時至華陰山北，見一黃雀爲鴟梟所搏，墜於林下，爲螻蟻所困。寶取之以歸，置巾箱中，唯食黃花，百餘日毛羽成乃飛去。其夜，有黃衣童子向寶再拜，曰：'我西王母使者。'"又說，王母使者乃安南取食金絲棗之鳥。如清吳寶芝《花木鳥獸集類・棗子》："《新圃閑評》載：安南金絲棗最奇，相傳樹垂黃金色絲，懸棗千餘，殷紅搖曳，緑葉紛披，狀如葡萄。亦有好鳥如么鳳，大如鵲，飛鳴其上，果熟則銜去，土人不能嘗也，因名此鳥爲王母使者。"今俱附供考。

天鷄

神話傳說鳥名。神話傳說中天上之鷄。昔傳每日初出，此鷄先鳴，而後天下鷄隨之。魏晉南北朝時期已行用此稱。晋郭璞《江賦》："其羽族也，則有晨鵠天鷄，鵁鸃鷗獻……千類萬聲，自相喧聒。"南朝梁任昉《述異記》卷下："東南有桃都山，上有大樹，名曰'桃都'，枝相去三千里。上有天鷄，日初出照此木，天鷄則鳴，天下鷄皆隨之鳴。"唐李白《夢游天姥吟留別》詩："半壁見海日，空中聞天鷄。"唐溫庭筠《春江花月夜詞》："漏轉霞高滄海西，玻璃枕上聞天鷄。"宋高似孫《緯略・日觀》："又唐人《日觀賦》曰：'泰嶽東南，峰開一室。

旁接天路，低臨曉日。陰埋玉兔，動霄漢之微明。曉報天鷄，越氛埃之迥出。"

比翼鳥

神話傳説鳥名。昔傳此鳥一目一翼，相比乃飛，故名。單稱"鶼"。亦稱"鶼鶼""蠻蠻"。此稱秦漢時已行用。《爾雅·釋地》："南方有比翼鳥焉，不比不飛，其名謂之鶼鶼。"郭璞注："似鳧，青赤色，一目一翼，相得乃飛。"《山海經·西山經》："西次三經之首曰崇吾之山……有

比翼鳥
（明王圻等《三才圖會》）

鳥焉，其狀如鳧，而一翼一目，相得乃飛，名曰蠻蠻。"郭璞注："比翼鳥也，色青赤，不比不能飛。"三國魏曹植《送應氏二首》詩之二："願爲比翼鳥，施翮起高翔。"《玉篇·鳥部》："鶼，音兼，比翼鳥。"唐白居易《長恨歌》："在天願作比翼鳥，在地願爲連理枝。"宋劉宰《石翁姥》詩："比翼鳥，連理枝，年多物化徒爾爲，長生殿裏知不知？"元舒頔《織婦吟五首次知縣許由衷》詩之五："天邊比翼鳥，庭下連理枝。高枝接尤偶，孤鳥鳴何悲。"明王廷陳《歲暮雜興十首》詩之七："周周尚慮危，鶼鶼猶慕匹。"清龔自珍《己亥雜詩三百十五首》之三十："事事相同古所難，如鶼如鰈在長安。"

【蠻蠻】

即比翼鳥。此稱先秦時期已行用。見該文。

【鶼鶼】

即比翼鳥。此稱秦漢時期已行用。見該文。

【鶼】

即比翼鳥。此稱南北朝時期已行用。見該文。

比翼鳳

神話傳説鳥名。昔傳此鳥雌雄相匹，飛止啄飲不相離弃，故稱。此稱元代已行用。亦稱"野君""觀諱""長離"。元伊世珍《瑯嬛記》卷上："南方有比翼鳳，飛止飲啄不相分離。雄曰野君，雌曰觀諱。"明徐應秋《玉芝堂談薈》卷三三："〔兩頭鹿〕又南方有比翼鳳，飛止啄飲不相分離。雄曰野君，雌曰觀諱，總名曰長離，言長相麗也。"

【野君】

即比翼鳳。特指其雄鳥。此稱元代已行用。見該文。

【觀諱】

即比翼鳳。特指其雌鳥。此稱元代已行用。見該文。

【長離】[1]

即比翼鳳。雌雄比翼鳳之總名。此稱明代已行用。見該文。

甘蟲

神話傳説鳥名。昔傳此鳥人面，緑毛，爪、喙皆紺。此稱唐代已行用。《舊唐書·宣宗紀》："〔大中十一年〕舒州吳塘堰，有衆禽成巢，闊七尺，高七丈，而水禽、山鳥、鷹隼、燕雀之類無不馴狎。又有鳥人面緑毛，爪喙皆紺色，其聲曰甘，人呼爲甘蟲。"唐蘇鶚《杜陽雜編》卷下："大中末，舒州奏衆鳥成巢，闊七尺，高一丈，而燕雀、鷹鸇、水禽、山鳥無不親狎如一。又有鳥人面緑毛，嘴爪悉紺，其聲曰甘蟲，因謂之曰甘蟲。時人畫圖鬻於市肆焉。"清徐文

靖《管城碩記》卷三〇引《新唐書·五行志》："大中十年，舒州吳塘堰有衆禽成巢，闊七尺，高一尺，水禽山鳥無不馴狎，中有如人面綠毛紺爪嘴者，其聲曰甘，人謂之甘蟲。"

同心鳥

神話傳說鳥名。兩鳥兩心盡同，生死與共。象徵堅貞愛情。昔傳王者德被四夷八方，此鳥則至。此稱晉代已行用。晉傅玄《擬四愁詩》四首之二："佳人貽我蘭蕙草，何以要之同心鳥。"唐蔣洌《古意》詩："冉冉紅羅帳，開君玉樓上。畫作同心鳥，銜花兩相向。"明董斯張《廣博物志》卷四八："同心鳥，王者德及遐方，四夷合同則至。"清高士奇《續編珠·鳥獸部》："《宋書》曰：'同心鳥，王者德及遐方則至。'"

希有

神話傳說鳥名。昔傳此鳥極大，目黃如金，其肉苦鹹，仙人喜之。《太平御覽》卷九二七引漢東方朔《神異經》曰："昆侖銅柱有屋壁，方百丈，上有一鳥名希有，張左翼覆東王公，右翼覆西王母，一歲再登翼之東王公也。其啄赤，目黃如金，其肉苦鹹，仙人甘之。"《駢雅·釋鳥》："希有，大鳥也。"

青耕

神話傳說鳥名。一種青身、白喙之鳥。昔傳食此鳥可禦癘。亦稱"紅裙鳥"。《山海經·中山經》："又西北一百里曰菫理之山……有鳥焉，其狀如鵲，青身，白喙，白目，白尾，名曰青耕，可以禦疫，其鳴自叫。"《太平御覽》

青耕

（明王圻等《三才圖會》）

卷九二八："又曰：鳥名青耕，可以禦疫。"《駢雅·釋鳥》："青耕、肥遺，禦癘鳥也。"明徐應秋《玉芝堂談薈》卷三三："青耕，出菫理之山。如鵲，青身，白喙，白目，白尾。可以禦疫。其鳴自叫，一名紅裙鳥。"明賀復徵《文章辨體彙選·山海經圖贊》："青耕禦疫，跂踵降災。物之相反，各以氣來。見則民咨，實爲病媒。"

【紅裙鳥】

即青耕。此稱明代已行用。見該文。

青鳥

神話傳說鳥名。名見《山海經》，昔傳是爲西王母取食傳信之神鳥。此稱先秦時期已行用。其同類曰"大鵹""少鵹"，合稱"三青鳥"。《山海經·西山經》："又西二百二十里曰三危之山，三青鳥居之。"郭璞注："三青鳥主爲西王母取食者，別自栖息於此山也。"又《大荒西經》："西有王母之山壑山海山……有三青鳥，赤首，黑目，一名曰大鵹，一名少鵹，一名曰青鳥。"郭璞注："皆西王母所使也。"唐瞿曇悉達《唐開元占經》卷一一三："《帝王世紀》曰：舜時，群瑞畢臻。昆崙之北玉山之神，人身，虎首，豹尾，蓬頭，戴勝，執几杖，皓然。白石城金室而居南，有青鳥常爲取食，名曰西王母，慕舜之德，來獻白環及貢益地圖。"明朱存理《珊瑚木難·山村詩》："《閻氏園地》：'真妃已返鳳臺仙，獨立池亭思愴然。海岳不傳青鳥信，石房獨抱白雲眠。'"又《珊瑚木難·胡虛白詩》："《題雲林畫》：'……雪色寒驢臨水閣，翠毛青鳥隔林呼。'"倉庚亦名青鳥，然於此殊別，宜辨之。

【大鵹】

"青鳥"之一。此稱先秦時期已行用。見該文。

【少鵹】

"青鳥"之一。此稱先秦時期已行用。見該文。

【三青鳥】

青鳥、大鵹、少鵹之合稱。此稱先秦時期已行用。見該文。

青鸑

神話傳説鳥名。爲祥瑞之鳥。毛色如雉，人面、鳥喙、八翼、一足，善鳴。昔傳盛明之世常翔鳴藪澤，其所集之地往往出聖人。此稱晋代已行用。晋王嘉《拾遺記》卷一："帝堯在位，聖德光洽河洛之濱……幽州之墟，羽山之北，有善鳴之禽，人面、鳥喙、八翼、一足，毛色如雉，行不踐地，名曰青鸑。其聲似鐘磬笙竽也，《世語》曰：'青鸑鳴，時太平。'故盛明之世翔鳴藪澤。"唐馮贄《雲仙雜記·青鸑》："羽山之北有鳥曰青鸑，聲如鐘磬。《世語》曰青鸑鳴時太平。"《太平廣記》卷四六三："《世語》曰：青鸑鳴，時太平，乃盛明之世，翔鳴藪澤。音中律呂，飛而不行。禹平水土，栖於川岳，所集之地必有聖人出焉。"《淵鑑類函》卷二六八："青鸑栖於川岳，朱草蔓乎街衢。"

金吾

神話傳説鳥名。傳説中可禦不祥，能禦非常之鳥。《漢書·百官公卿表》："武帝太初元年，更名執金吾。"唐顔師古注："金吾，鳥名也，主辟不祥。天子出行，職主先導以禦非常，故執此鳥之象，因以名官。"宋葉廷珪《海録碎事·鳥獸草木部·飛鳥門》："金吾鳥：漢武帝更中尉爲執金吾。師古曰：金吾，鳥名也，主辟不祥。"《歷代職官表·漢》："師古曰：金吾，鳥名。主辟不祥。"按，金吾亦銅製棒名。清王士禛《居易録》卷二一："執金吾，金吾，鳥名。《古今注》云：金吾，棒也，以銅爲之，黄金塗兩末謂爲金吾，二説不同。"此附供考。

肥遺

神話傳説鳥名。昔傳食此鳥可已癘、殺蟲。此稱先秦時期已行用。《山海經·西山經》："又西七十里曰英山……有鳥焉，其狀如鶉，黄身而赤喙，其名曰肥遺。食之已癘，可以殺蟲。"郭璞注："癘，疫病也，或曰惡瘡。"《駢雅·釋鳥》："青耕、肥遺，禦癘鳥也。"明徐應秋《玉芝堂談薈》卷三二："物類同名：木筆名辛夷，芍藥亦一名辛夷；太華山蛇名肥遺，英山有鳥亦名肥遺。"

乳母鳥

神話傳説鳥名。傳此鳥係産婦死後變成，胸有兩乳，能取人之子以爲己子，故名。此稱晋代已行用。亦稱"姑獲""姑獲鳥""夜行游女""天帝女""天帝少女""無辜鳥""隱飛鳥""鬼鳥""譩譆""鈎星"。清人輯《郭氏玄中記·女雀》："姑獲鳥……衣毛爲飛鳥，脱毛爲女人，名爲天帝少女，一名夜行游女，一名鈎星，一名隱飛鳥。"宋陳元靚《歲時廣記》卷一引《荆楚歲時記》："正月夜多鬼鳥……《玄中記》云：此鳥名姑獲，一名天帝女，一名隱飛鳥。"宋唐慎微《證類本草·禽部三品·姑獲》："姑獲，能收人魂魄。今人一云乳母鳥，言産婦死變化作之。能取人之子以爲己子，胸前有兩乳。"明李時珍《本草綱目·禽三·姑獲鳥》："[釋名]乳母鳥（《玄中記》）……無辜鳥（同）……譩譆（杜預《左傳》注）……此鳥産婦所化，陰慝爲妖，故有諸名。"

【姑獲】

即乳母鳥。此稱晋代已行用。見該文。

【夜行游女】

即乳母鳥。此稱晋代已行用。見該文。

【天帝女】

即乳母鳥。此稱晋代已行用。見該文。

【無辜鳥】

即乳母鳥。此稱晋代已行用。見該文。

【隱飛鳥】

即乳母鳥。此稱晋代已行用。見該文。

【譩譆】

即乳母鳥。此稱晋代已行用。見該文。

【鈎星】

即乳母鳥。此稱晋代已行用。見該文。

【姑獲鳥】

即乳母鳥。此稱晋代已行用。見該文。

【天帝少女】

即乳母鳥。此稱晋代已行用。見該文。

【鬼鳥】

即乳母鳥。此稱南北朝時期已行用。見該文。

姑惡

神話傳説鳥名。一種水鳥。昔傳此鳥乃悍婦怨姑惡，精魂幻化而成。此稱宋代已行用。又稱“姑惡鳥”。宋蘇軾《五禽言》詩之五：“姑惡，姑惡。姑不惡，妾命薄。”自注：“姑惡，水鳥也。俗云婦以姑虐死，故其聲云。”明周是修《姑惡鳥》詩：“有鳥有鳥終日啼，萬口千聲如一詞。云是悍婦怨姑惡，精魂幻化之所爲。”

【姑惡鳥】

即姑惡。此稱明代已行用。見該文。

邦

神話傳説鳥名。傳説中生而食其翼之禽鳥，生南方。此稱宋代已行用。《太平御覽》卷九二八：“魯連子曰：南方有鳥，名曰邦。生而食其翼。”

思婦鳥

神話傳説鳥名。昔傳有人思婦鬱結而死，變化成鳥，因名。此稱宋代已行用。宋葉廷珪《海録碎事·鳥獸草木部·飛鳥門》：“思婦，鳥名也。”《山堂肆考》卷二三七：“思婦，鳥名。昔有人思婦，登北山絶望愁忿而死，故名。”《格致鏡原》卷八一：“《彙苑詳注》：‘思婦，鳥名。昔有人思婦，登此山絶望愁忿而死，故以爲名。’”

重明鳥

神話傳説鳥名。昔傳此鳥目皆雙瞳，故稱。此稱始見於晋代。亦稱“雙睛”“重睛”。晋王嘉《拾遺記》卷一：“有祇支之國，獻重明之鳥，一名雙睛，言雙睛在目，狀如鷄，鳴似鳳。”《太平廣記》卷四六〇引《拾遺記》：“堯在位七年，有鸞鵲歲歲來集，麒麟游於澤藪，鴟梟逃於絶漠。有折支之國獻重明之鳥，一名重睛，言雙睛在目，狀如鷄，鳴似鳳。”亦作“重精”“雙精”。《太平御覽》卷二九：“王子年《拾遺記》曰：堯在位七年……有祇支之國獻重明之鳥，一名重精，雙睛在目，狀如鷄，鳴似鳳。”明徐應秋《玉芝堂談薈》卷三三：“《拾遺記》：‘氐支之國，獻重明之鳥，一名雙精。’”

【雙睛】

即重明鳥。此稱晋代已行用。見該文。

【重睛】

即重明鳥。此稱晋代已行用。見該文。

鳧徯

神話傳説鳥名。傳説中的不祥怪鳥，見則有兵燹之災。形如雄鷄而人面。此稱先秦時期已行用。《山海經·西山經》："又西二百里曰鹿臺之山……有鳥焉，其狀如雄鷄而人面，名曰鳧徯，其名自叫也，見則有兵。"明顧起元《説略·蟲注上》："鹿臺山有鳧徯，狀如雄鷄而人面，其名自叫也，見則有兵。"

帝江

神話傳説鳥名。爲天山之神，六足四翼，能識歌舞。此稱先秦時期已行用。《山海經·西山經》："又西三百五十里曰天山……有神焉，其狀如黄囊，赤如丹火，六足四翼，渾敦無面目，是識歌舞，實惟帝江也。"《山堂肆考》卷二三八："天山之神鳥名帝江，其性能諳歌舞之妙。"明董斯張《廣博物志》卷一四："天山有神焉，其狀如黄囊，赤如丹火，六足四翼，渾敦無面目，是識歌舞，實唯帝江也。"《淵鑑類函》卷三三三："天山識樂之帝江，哈烈弄球之狻猊。"《格致鏡原》卷八一："王融《曲水序注》：天山有神鳥也，識歌舞，名曰帝江。"

飛廉

神話傳説鳥名。昔傳此鳥爲可致風之神禽。此稱先秦時期已行用。亦稱"風伯""飛龍""龍雀"。《楚辭·離騷》："前望舒使先驅兮，後飛廉使奔屬。"王逸注："飛廉，風伯也。"洪興祖補注："《吕氏春秋》曰：'風伯曰飛廉。'應劭曰：'飛廉，神禽，能致風氣。'"《文選·張衡〈西京賦〉》："挂白鵠，聯飛龍。"李周翰注："飛龍，鳥名。"元薩都剌《中秋月夜泛舟於金陵石頭城》詩："秦淮流水西復東，倒涵天影磨青銅。飛廉掃空出海月，明珠飛入琉璃宫。"《通雅·動

物》："《焦氏筆乘》云：'飛龍，鳥名。鳳頭龍尾，其文五色，以象五方。一名飛廉，一名龍雀。'"明徐應秋《玉芝堂談薈》卷三二："物類同名：木筆，名辛夷；芍藥，亦一名辛夷……風伯，名飛廉；龍雀，鳳頭龍尾，其文五色，亦名飛廉。"清吴偉業《八風詩·東北風》："飛廉熛怒向人間，徐福求仙恨未還。"

【風伯】[2]

即飛廉。此稱漢代已行用。見該文。

【飛龍】

即飛廉。此稱漢代已行用。見該文。

【龍雀】

即飛廉。此稱明代已行用。見該文。

海鳧

神話傳説鳥名。昔傳此鳥毛長三丈，此鳥一現，天下則亂。此稱晉代已行用。《晉書·張華傳》："《博物洽聞》：世無與比，惠帝中，人有得鳥毛三丈以示〔張〕華，華見慘然曰：'此謂海鳧毛也，出則天下亂矣。'"宋王楙《野客叢書·古人博識》："《晉説》曰：時人有得鳥，毛長三丈，以示張華，華慘然曰：'此海鳧毛也，出則天下亂。'"明徐應秋《玉芝堂談薈》卷三三："《晉説》：人有得鳥，毛長三丈，以問張華，〔張華〕慘然曰：'此海鳧毛也，出則天下亂矣。'"

浪鳥

神話傳説鳥名。昔傳此鳥狀似老鴟，大如駱駝，可食人。此稱唐代已行用。《太平廣記》卷四六三引唐張鷟《朝野僉載》："真臘國有葛浪山，高萬丈，半腹有洞，先有浪鳥，狀似老鴟，大如駱駝，人過即攫而食之，騰空而去，百姓苦之。"明陳耀文《天中記·總禽·攫

食人》："真臘國有葛浪山，高萬丈，半腹有洞，先有浪鳥，狀似老鴟，大如駱駝，人過即攫而食之。"《格致鏡原》卷八一引唐張鷟《朝野僉載》曰："真臘國有葛浪山，高萬丈，半腹有洞，先有浪鳥，狀似老鴟，大如駱駝，人過即攫而食之。"

黃鵡

神話傳説鳥名。此稱南北朝時期已行用。《太平御覽》卷七四三引南朝宋佚名《録異傳》曰："弘公患瘴，經年後，獨至田舍，瘴發，有數小兒持公首脚，公見因陽瞑忽起，捉得一兒，化成黃鵡，餘者皆走。"唐陸龜蒙《幽居賦·序》："窮年學劍，不遇白猿；隔日伏疨，未擒黃鵡。"

黃鶴

神話傳説鳥名。神話傳説中仙人所乘之鶴。此稱南北朝時期已行用。南朝宋鮑照《與荀中書別》詩："慚無黃鶴翅，安得久相從。"唐陳子昂《春晦餞陶七於江南同用風字》詩："黃鶴烟雲去，青江琴酒同。"唐崔顥《黃鶴樓》詩："昔人已乘黃鶴去，此地空餘黃鶴樓。"唐李白《古風五十九首》詩之十五："方知黃鶴舉，千里獨裴回。"

商羊

神話傳説鳥名。此鳥僅生一足，將雨則起舞、囀鳴。三國時期已行用此稱。亦稱"獨足鳥""山蕭鳥""獨脚鳥""鸛鵒""獨足"。宋樂史《太平寰宇記·嶺南道八·梧州》："又新寧縣，西接臨賀富川二縣，有獨足鳥，喙脚皆赤，藻繢相輝。"元耶律楚材《贈高善長一百韻》："年年旱作魃，未識舞鸛鵒。決水溉田圃，無歲無豐穰。"明李時珍《本草綱目·禽四·治鳥》：

"獨足鳥，一名山蕭鳥。《廣州志》云：'獨足鳥，閩廣有之。大如鴝，其色蒼，其聲自呼。'《臨海志》云：'獨足，文身，赤口，晝伏夜飛，或時晝出，群鳥噪之。惟食蟲豸，不食稻粱。聲如人嘯，將雨轉鳴。即孔子所謂一足之鳥商羊者也。'"明王世貞《弇山堂別集·史乘考誤九》："太宗朝，又有西域貢商羊、獨脚鳥，以問公，公對曰：'臣能識之。'乃語來使曰：'此鳥名商羊，左肋下有肉鼓，右肋下有肉鐘。發鼓則舞，撞鐘則鳴。'上試之，果然。"《續通志·禽類》："商羊（一作鸛鵒），一名山蕭，一名獨足鳥。閩廣有之，大如鴝，文身，赤口，晝伏夜飛。其色蒼，其聲自呼如人嘯，將雨則飛鳴。即孔子所謂一足之鳥商羊是也。"《浙江通志·物産·台州府》："獨足鳥，《臨海異物志》：東隅有鳥，文身，赤口，而一足。惟食蟲豸，不害稻粱，其鳴如嘯聲，俗名獨足。"

【獨足鳥】

即商羊。此稱宋代已行用。見該文。

【鸛鵒】

即商羊。此稱元代已行用。見該文。

【山蕭鳥】

即商羊。此稱明代已行用。見該文。

【獨脚鳥】

即商羊。此稱明代已行用。見該文。

【獨足】

即商羊。此稱三國時期已行用。見該文。

象蛇

神話傳説鳥名。一種怪鳥。狀如雌雉而身被五彩文飾，自爲牝牡，其鳴自詨。此稱先秦時期已行用。《山海經·北山經》："又東三百里曰陽山……有鳥焉，其狀如雌雉，而五彩以文是，自爲牝牡，名曰象蛇，其鳴自詨。”《太平御覽》卷九二八：“又曰陽山有鳥，自爲牝牡，名曰象蛇。”明徐應秋《玉芝堂談薈》卷三三：“象蛇出陽山，鳥狀如雌雉，而五采以文是，自爲牝牡。”

絜鈎

神話傳説鳥名。昔傳此鳥如鳧而鼠尾，見則其國多疫。爲不祥鳥。此稱先秦時期已行用。《山海經·東山經》：“又南五百里曰硬山……有鳥焉，其狀如鳧而鼠尾，善登木。其名曰絜鈎，見則其國多疫。”《山堂肆考》卷二三七：“〔見則大疫〕《山海經》：‘硬山有鳥，狀如鳧而鼠尾，善登木，其名曰絜鈎，見則大疫。’”《格致鏡原》卷八一：“有鳥狀如鳧而鼠尾，善登木。其名曰絜鈎，見則其國多疫。”

欽䲹

神話傳説鳥名。此稱先秦時期已行用。《山海經·西山經》：“又西北四百二十里曰鍾山……鍾山之東曰瑶崖，欽䲹化爲大鶚。”晋阮籍《東平賦》：“欽䲹游於陵顛兮，舉斯群而競飛。”唐李德裕《白猿賦》：“變欽䲹於瑶席，鳴杜魄於巴岷。”明顧起元《説略·蟲注上》：“鍾山有欽䲹，狀如鵰而黑文，白首，赤喙，虎爪，其音如晨鵠，見則有大兵。”

竦斯

神話傳説鳥名。傳説中的怪鳥，狀如雌雉而人面，見人則躍。此稱先秦時期已行用。《山海經·北山經》：“又北三百二十里曰灌題之山……有鳥焉，其狀如雌雉而人面，見人則躍，名曰竦斯，其鳴自呼也。”《山堂肆考》卷二三七：“《山海經》：灌題山有鳥名竦斯，如雌雉。反面，見人則躍。”

嗽金鳥

神話傳説鳥名。據傳此神鳥出昆明國，可吐金屑如粟，故名。此稱晋代已行用。晋王嘉《拾遺記》卷七：“明帝即位二年，起靈禽之園。遠方國所獻異鳥珍獸皆畜此園也。昆明國貢嗽金鳥。人云其地去燃洲九千里出此鳥，形如雀而色黄，羽毛柔密，常翶翔海上，羅者得之以爲至祥……帝得此鳥畜於靈禽之園，飴以真珠，飲以龜腦，鳥常吐金屑如粟。”唐段公路《北户録·紅蝙蝠》：“又媚藥載嗽金鳥、辟寒金。”注：“三國時，昆明國貢魏嗽金鳥，鳥形如雀，色黄，常翶翔海上，吹金屑如粟。”宋陳元靚《歲時廣記·冬》：“《古今詩話》：嗽金鳥，出昆明國。形如雀，色黄。魏明帝時其國來獻，飼以真珠及兔腦，常吐金屑如粟。”明謝肇淛《滇略·雜略》：“魏明帝時，昆明國貢嗽金鳥，常吐金屑如粟。此鳥畏寒，乃處以辟寒臺。”明董斯張《廣博物志》卷四八：“昆明國貢嗽金鳥，其國人云：燃洲九千里出此鳥，形如雀而色黄，羽毛柔密，常翔翔海上，羅者得之以爲至祥。”

搗藥鳥

神話傳説鳥名。昔傳葛玄嘗於西峰石壁上石臼中搗藥，因遺一粟，有一飛禽遇而食之不死，此後其鳴常作叮噹杵臼之聲，因稱。此稱宋代已行用。宋葉廷珪《海録碎事·鳥獸草木部·飛鳥門》：“搗藥鳥，不見其形，但聞其聲如杵臼敲磕，人謂之葛仙翁搗藥鳥。”宋陸游《搗藥鳥》詩序：“霧中有此鳥，鳴聲清絶，正如杵藥。”明徐應秋《玉芝堂談薈》卷三三：“搗藥鳥，月夜獨鳴於深巖幽谷中，啼曰：‘克丁當。’宛如杵臼敲戛聲。王梅溪詩：‘聞説仙翁搗藥處，鳥聲依舊克丁當。’”明董斯張《廣博物志》

卷四八："葛仙公嘗於西峰石壁上石臼中搗藥，因遺一粟，許有飛禽遇而食之遂得不死，至今夜静月白風清之時，其禽猶作丁當杵臼之聲，名之曰搗藥鳥。"參閲明陳槤《羅浮志》。

揺光

神話傳説鳥名。昔傳此鳥千歲一孕，其形如龜。此稱宋代已行用。明徐應秋《玉芝堂談薈》卷三三："有鳥曰揺光，感日之精，千歲一孕，其形如龜。"清宫夢仁《讀書紀數略·物部·鳥獸類》："扶桑之野，有鳥曰揺光。"注："感日之精於嶽一孕，其形如龜。"按，揺光本北斗星之第七星。昔傳此星散可爲燕、雀。如《太平御覽》卷九二二："《春秋運斗樞》曰：'揺光星散爲燕。'"一説"揺光星散爲雀"。今附供考。

萬春鳥

神話傳説鳥名。傳説中群飛之吉鳥。此稱三國時期已行用。《隋書·五行志》："天統三年九月，萬春鳥集仙都苑。京房《易飛候》曰：'非常之鳥。'"《太平御覽》卷九二四引三國魏魚豢《典略》曰："北齊高緯時，有萬春鳥見齊仙都苑，上爲造萬春堂，以應嘉瑞。"明董斯張《廣博物志》卷四八："大統三年，萬春鳥集仙都苑，京房《易飛候》曰：'非常之鳥來宿邑中，邑有兵，周師入鄴之應。'"

傷魂

神話傳説鳥名。昔傳此鳥爲黄帝戰蚩尤時，貙虎誤噬一婦人，婦人死後其靈魂所化。名見《拾遺記》。此稱晋代已行用。亦稱"傷魂鳥""相弘"。晋王嘉《拾遺記》卷九："惠帝永熙二年，改爲永平元年。常山郡獻傷魂鳥，狀如鷄，毛色似鳳。帝惡其名，棄而不納，復愛

其毛羽。當時博物者云：黄帝殺蚩尤，有貙虎誤噬一婦人，七日氣不絶，黄帝哀之，葬以重棺石椁。有鳥翔其塚上，其聲自呼爲傷魂，則此婦人之靈也……至漢哀平之末，王莽多殺伐賢良，其鳥亟來哀鳴，時人疾此鳥名，使常山郡國彈射驅之。至晋初干戈始戢，四海攸歸，山野間時見此鳥，憎其名改傷魂爲相弘，及封孫皓爲歸命侯相弘之義。"唐皮日休《追和幽獨君詩次韻》："念爾風雅魄，幽咽猶能文。空令傷魂鳥，啼破山邊墳。"《格致鏡原》卷八一："《拾遺記》：'永平元年，常山郡獻傷魂鳥，狀如鷄，毛色似鳳。'"

【傷魂鳥】

即傷魂。此稱晋代已行用。見該文。

【相弘】

即傷魂。此稱晋代已行用。見該文。

酸與

神話傳説鳥名。爲不祥禽鳥，有四翼、六目、三足，見則邑里有恐。此稱先秦時期已行用。《山海經·北山經》："又南三百里曰景山……有鳥焉，其狀如蛇，而四翼、六目、三足，名曰酸與。其鳴自詨，見則其邑有恐（或曰食之不醉）。"明董斯張《廣博物志》卷四八："景山有鳥焉，其狀如蛇，而四翼、六目、三足，名曰酸與。其鳴自詨，見則其邑有恐。"

精衛

神話傳説鳥名。昔傳炎帝之小女名女娃，在東海溺水而亡，其靈魂化爲小鳥，名曰"精衛"。常從西山銜石子、樹枝，立志填平奪去其生命之大海。事見《山海經》。此稱先秦時期已行用。後世亦稱"鳥誓""冤禽""志鳥""帝女雀""精禽"。《山海經·北山經》："又北二百里

曰發鳩之山……有鳥焉，其狀如烏，文首，白喙，赤足，名曰精衛，其鳴自詨。是炎帝之少女，名曰女娃。女娃游於東海，溺而不返，故爲精衛，常銜西山之木石，以堙於東海。”晋陶潛《讀〈山海經〉》詩十三首之十：“精衛銜微木，將以填滄海。”南朝梁任昉《述異記》卷上：“昔炎帝女溺死東海中，化爲精衛，其名自呼……今東海精衛誓水處，曾溺於此川，誓不飲其水。一名鳥誓，一名冤禽，又名志鳥，俗呼帝女雀。”北周庾信《哀江南賦》：“豈冤禽之能塞海，非愚叟之可移山。”倪璠纂注：“《山海經》云：‘赤帝之女，嬉游東海，溺而死不返，化爲冤禽，名曰精衛。常取西山木石以填東海。’”宋胡宿《咏蟬》詩：“莫道齊姬無伴侶，海邊精衛亦冤禽。”元楊維楨《鐵崖古樂府補·月氏王頭飲器歌》：“精禽飛來作人語，黄雲壓日日欲頹。”後世遂有“精衛塞海”“精禽填海”“冤禽銜石”等以贊美自强不息、頑强奮鬥、獻身大業的精神。

【鳥誓】

即精衛。此稱南北朝時期已行用。見該文。

【冤禽】

即精衛。此稱南北朝時期已行用。見該文。

【志鳥】

即精衛。此稱南北朝時期已行用。見該文。

【帝女雀】

即精衛。此稱南北朝時期已行用。見該文。

【精禽】

即精衛。此稱元代已行用。見該文。

數斯

神話傳説鳥名。傳説中的怪鳥，如鷗而人足，食之已瘻，或可醫癭。先秦時已行用此稱。

《山海經·西山經》：“西南三百八十里曰皋塗之山……有鳥焉，其狀如鷗而人足，名曰數斯，食之已瘻（或作癭）。”

數斯

明董斯張《廣博物志》（明王圻等《三才圖會》）卷四八：“有鳥焉，其狀如鷗而人足，名曰數斯，食之已瘻。”

鳳凰

神話傳説鳥名。亦爲圖騰鳥。爲百鳥之王。其雄名鳳，其雌曰凰。單稱“鳳”“凰”。亦稱“瑞鶠”“鷟鸑”“鵷鶵”“鸞鳳”。羽毛五色，聲如簫樂。爲古代東夷族之圖騰鳥。亦傳説中的瑞鳥。此稱先秦時期已行用。舊題周師曠《禽經》：“子野曰：鳥之屬三百六十，鳳爲之長，故始於此。鳳雄凰雌。亦曰瑞鶠，亦曰鷟鸑，羽族之君長也。”鳳性高潔，不與燕雀爲群，是人們心目中的祥瑞之鳥。如《莊子·秋水》：“莊子往見之，曰：南方有鳥，其名鵷鶵，子知之乎？夫鵷鶵，發於南海而飛於北海，非梧桐不止，非練實不食，非醴泉不飲。”成玄英疏：“鵷鶵，鸞鳳之屬，亦言鳳子也。練實，竹實也。醴泉，泉甘味如醴也。”漢賈誼《吊屈原賦》：“逢時不祥，鸞鳳伏竄兮，鴟梟翱翔。”唐杜甫《述古》詩之一：“鳳凰從東來，何意復高飛。竹花不結實，念子忍朝飢。”宋吴曾《能改齋漫録·辨

鳳

（馬駘《馬駘畫寶》）

誤》："喧啾百鳥群，忽見孤鳳凰。"宋宋庠《次韻和吴侍郎答汝州劉從事》詩："仙禁巢阿思瑞鶠，野場收弋看冥鴻。"元劉澓《春日郊行書與鄧善之別五首》詩之五："文鷄照水影，五彩何繽紛。鳳凰靈且瑞，在德不在文。"

【鳳】

"鳳凰"之單稱。亦指雄性者。此稱先秦時期已行用。見該文。

【凰】

"鳳凰"之單稱。亦指雌性者。此稱先秦時期已行用。見該文。

【瑞鶠】

即鳳凰。此稱先秦時期已行用。見該文。

【鷟鸑】 2

即鳳凰。此稱先秦時期已行用。見該文。

【鶵鷇】

即鳳凰。特指其幼鳥。此稱先秦時期已行用。見該文。

【鷟鳳】

即鳳凰。此稱漢代已行用。見該文。

【鳳鳥】

即鳳凰。此稱先秦時期已行用。《左傳・昭公十七年》："我高祖少皞摯之立也，鳳鳥適至，故紀於鳥，爲鳥師而鳥名。鳳鳥氏，歷正也。"杜預注："鳳鳥知天時，故以名歷正之官。"孔穎達疏："《釋鳥》云：'鶠，鳳，其雌皇，則此鳥雄曰鳳，雌曰皇。'"晋陶潛《飲酒》詩之二十："鳳鳥雖不至，禮樂暫得新。"唐陳子昂《陳拾遺集・雜著・上大周受命頌表》："今者，鳳鳥來，赤雀至，慶雲見，休氣升，大周受命之珍符也。"元趙孟頫《古風十首》之一："鳳鳥久不至，楚狂乃知音。"見"鳳凰"文。

【鳳皇】

同"鳳凰"。雌鳥單稱"皇"。此稱先秦時期已行用。《詩・大雅・卷阿》："鳳皇鳴矣，于彼高岡。"《書・益稷》："《簫韶》九成，鳳皇來儀。"漢孔安國傳："韶，舜樂名。言簫見細器之備。雄曰鳳，雌曰皇，靈鳥也。"見"鳳凰"文。

【皇】 2

"鳳皇"之單稱。特指雌鳥。此稱秦漢時期已行用。見該文。

【鳳字】

即鳳凰。特指雌鳳。亦喻皇后。《宋史・樂志十二》："〔熙寧皇太后册寶〕煌煌鳳字，玉氣宛延。"見"鳳凰"文。

【鷟】 4

"鳳凰"之別稱。此稱先秦時期已行用。《楚辭・離騷》："駟玉虬以乘鷖兮，溘埃風余上征。"王逸注："鷖，鳳皇別名也。"見"鳳凰"文。

【百禽長】

"鳳凰"之譽稱。此稱明代已行用。明陶宗儀《南村輟耕録・鵬傳》："傳曰：昔黄帝少皞氏之世，鳳鳥適至，故爲鳥師而鳥名，命鳳凰爲百禽長。"參閱明賀復徵《文章辨體彙選》卷五四六"鵬傳"文。見"鳳凰"文。

【百鳥尊】

"鳳凰"之譽稱。古代以爲鳳凰是百鳥之最尊貴者，故稱。此稱唐代已行用。唐韋應物《鳶奪巢》詩："鳳凰五色百鳥尊，知鳶爲害何不言。"唐李商隱《越燕二首》之二："記取丹山鳳，今爲百鳥尊。"明王世貞《夜黄》詩："鳳皇一雙飛，百鳥尊爲王。"見"鳳凰"文。

【鳥王】

“鳳凰”之譽稱。昔傳鳳凰爲百鳥之王，故稱。此稱宋代已行用。《埤雅·釋鳥》：“鳳，神鳥也，俗呼鳥王。羽蟲三百六十而鳳爲之長。”《南齊書·高逸傳·顧歡》：“爰及異物，鳥王兽長，往往是佛無窮世界。”見“鳳凰”文。

【丹鳥】[2]

即鳳凰。昔傳鳳凰生於丹穴之山，如《山海經·南山經》：“又東五百里曰丹穴之山……有鳥焉，其狀如鶏，五采而文，名曰鳳皇。”後世遂有此稱。此稱三國時期已行用。《三國志·魏書·管輅傳》：“來殺我婿。”南朝宋裴松之注引《輅別傳》：“文王受命，丹鳥銜書，此乃聖人之靈祥，周室之休祚。”南朝陳徐陵《丹陽上庸路碑》：“天降丹鳥，既序《孝經》；河出應龍，乃弘《周易》。”宋朱長文《墨池編·唐韋績纂五十六種書》：“周文王赤雀銜書集户，武王丹鳥入室，以紀祥瑞，故作《鳥書》。”見“鳳凰”文。

【丹穴鳥】

即鳳凰。丹穴本《山海經》中之山名（見“丹鳥”文），此山有鳳凰，後世以山名鳥，故鳳凰曰丹穴鳥。省稱“丹穴”。此稱唐代已行用。唐歐陽詹《元日陪早朝》詩：“儀簫不唯丹穴鳥，稱觴半是越裳人。”宋梅堯臣《送知和州杜駕部》詩：“桐花欲開時，群喙争哺兒。但求黄口飫，焉問丹穴饑。”宋劉敞《雜詩二十二首》之二十二：“翩翩丹穴鳥，志在萬里外。”清卞永譽《書畫彙考·沈石田虎丘送客圖並題》：“鳴之則驚人，何異丹穴鳥。”見“鳳凰”文。

【丹穴】

“丹穴鳥”之省稱。此稱宋代已行用。見該文。

【朱鳥】

即鳳凰。古人以爲鳳凰於五行爲火，於五色爲赤，屬南方七宿朱鳥之象，因稱“朱鳥”。此稱漢代已行用。漢張衡《思玄賦》：“前祝融使舉麾兮，纚朱鳥以承旗。”李善注：“《楚辭》曰：‘飛朱鳥使先驅。’又曰：‘鳳皇翼其承旗。’”北周庾信《楊柳歌》：“鳳凰新管簫史吹，朱鳥春窗玉女窺。”唐李白《草創大還贈柳官迪》詩：“朱鳥張炎威，白虎守本宅。”明李時珍《本草綱目·禽四·鳳凰》：“鳳，南方朱鳥也。”見“鳳凰”文。

【來儀】

“鳳凰”之譽稱。語本《書·益稷》：“《簫韶》九成，鳳皇來儀。”古人以鳳凰來儀爲瑞兆，故稱鳳凰爲“來儀”。此稱漢代已行用。《文選·班固〈典引〉》：“是以來儀集羽族於觀魏，肉角馴毛宗於外囿。”張銑注：“來儀，鳳也。”又稱“儀禽”。南朝梁張率《舞馬賦》：“均儀禽於唐序，同舞獸於虞廷。”見“鳳凰”文。

【儀禽】

即來儀。此稱南北朝時期已行用。見該文。

【皇鳥】

即鳳凰。皇乃凰之古字。此稱先秦時期已行用。亦稱“鸑鳥”。《逸周書·王會》：“巴人以比翼鳥，方揚以皇鳥。”《廣雅·釋鳥》：“鸑鳥……鳳皇屬也。”明陳耀文《天中記·鳳》：“北狄之國有桂山，有五彩鳥三名，一曰皇鳥，一曰鸑鳥，一曰鳳鳥。”清陳啓源《毛詩稽古編·卷阿》：“‘鳳凰於飛’……又《周書·王會》解云：‘西申以鳳鳥，方揚以皇鳥解。’”見“鳳凰”文。

【鸞鳥】

即皇鳥。此稱三國時期已行用。見該文。

【神鳥】[1]

即鳳凰。亦稱“神雀”。此稱漢代已行用。《急就篇》卷四：“鳳爵鴻鵠鴈鶩雉。”顏師古注：“鳳，神鳥也。其狀麟前而鹿後，蛇頸，魚尾，龍文，龜背，燕頷，鷄喙，鶴立，鴛思，五采備舉。一名鶠，其雌曰皇。”漢焦贛《易林·井之賁》：“神鳥五色，鳳凰爲主。”《後漢書·馮衍傳》：“神雀翔於鴻崖兮，玄武潛於嬰冥。”李賢注：“神雀，謂鳳也。”《南齊書·宗室傳》：“明帝建武元年，贈侍中驃騎將軍，開府儀……改華林鳳莊門爲望賢門；太極東堂，書鳳鳥題爲神鳥；而改鸞鳥爲神雀。”見“鳳凰”文。

【神雀】[1]

即神鳥[1]。此稱漢代已行用。見該文。

【鶠】

即鳳凰。此稱秦漢時期已行用。《爾雅·釋鳥》：“鶠，鳳。其雌皇。”郭璞注：“瑞應鳥，鷄頭，蛇頸，燕頷，龜背，魚尾，五彩色，高六尺許。”元歐陽玄《曾秀才墓志銘》：“秀才曾氏子一漢，既没於江南……銘曰：‘麟之不角，麏不如犢；鶠之不翰，鷇不如鴠。’”明方孝孺《送樓君士連謁選入京序》：“貴玉之國多珉，好鳳之國多鶠。名之所在，僞之所趨也。然良工不以多珉而訾玉，君子不以多鶠而嘲鳳，務識其真而已。”見“鳳凰”文。

【德牧】

“鳳凰”之別稱。古人將鳳凰腹下之紋稱德，背上之紋名牧，故以“德牧”稱鳳凰。《文選·枚乘〈七發〉》：“螭龍德牧，邕邕群鳴。”呂向注：“鳳背上文曰牧，腹下文曰德。”見“鳳凰”文。

【長離】[2]

即鳳凰。此稱漢代已行用。《急就篇》卷二：“錦繡縵紵離雲爵。”顏師古注：“一曰離，謂長離也……長離，靈鳥名也。”《漢書·司馬相如傳》：“左玄冥而右黔雷兮，前長離而後矞皇。”顏師古注：“長離，靈鳥也。”《後漢書·張衡傳》：“前長離使拂羽兮，委水衡乎玄冥。”李賢注：“長離，即鳳也。”《駢雅·釋鳥》：“長離、瑞鶠、鸞鷟，鳳也。”清莊履豐等《古音駢字續編·平江》：“長離，鳳名。”見“鳳凰”文。

【九苞禽】

即鳳凰。《初學記》卷三〇引漢佚名《論語摘衰聖》：“鳳有六像九苞……九包者，一曰口包命，二曰心合度，三曰耳聽達，四曰舌詘伸，五曰彩色光，六曰冠矩州，七曰距銳鈎，八曰音激揚，九曰腹文户。”後世因以“九苞（通‘包’）禽”代稱鳳凰。宋歐陽修《贈杜默》詩：“何必九苞禽，始能瑞堯庭。”宋宋庠《故歲東園植竹喜今春方芳》詩：“何時殊實老，留遺九苞禽。”明李夢陽《空同集·述憤》：“《弘治乙丑年四月坐劾壽寧侯逮詔獄》：‘天門鬱岧嶤，虎豹守其隅。番番九苞禽，頡頏舞雲衢。’”省稱“九苞”。明張居正《書羅醫師鳳岡卷》詩：“九苞有靈允，還見羽儀舒。”見“鳳凰”文。

【九苞】

“九苞禽”之省稱。此稱漢代已行用。見該文。

【火精】

即鳳凰。陰陽五行説以爲鳳凰色赤屬火，故名“火精”。此稱漢代已行用。亦稱“火禽”“鶠毛”。《初學記》卷三〇引漢佚名《春秋孔演圖》曰：“鳳，火精。”《藝文類聚》卷九〇：“鶡冠子曰：鳳、鶤，火禽。陽之精也。”《太平御覽》卷九一五：“《春秋孔演圖》曰：‘鳳，火精。’”明陳子龍《簫史曲》：“珠簾爲君開，火禽雙徘徊。”明陳耀文《天中記·鳳》：“鳳，火精也。雄曰鳳，雌曰凰。其雛爲鸑鷟，或曰鳳凰。一名鸑鷟，一名鶠毛（《毛詩草蟲經》）。”見“鳳凰”文。

【火禽】

即火精。此稱秦漢時期已行用。見該文。

【鶠毛】

即火精。此稱明代已行用。見該文。

【足足】

即鳳凰。本爲雌鳳鳴聲，如漢王充《論衡·講瑞》：“《禮記·瑞命篇》云：雄曰鳳，雌曰皇。雄鳴曰即即，雌鳴足足。”後世因以“足足”代稱鳳凰。《隋書·許善心傳》：“足足懷仁，般般擾義。”明鄺露《赤雅·鳥獸蟲魚·邕州鳳》：“南漢時，邕州有六鳳凰，高五尺，金冠五彩，飛入城中，衆鳥朝之，文若布錦，其鳴節節足足，許善心文：‘足足懷仁，般般擾義。’般般，麒麟。足狀二語之奇，亦文筆之鳴鳳也。”《山堂肆考》卷二三八：“‘足足懷仁，般般擾義。’足足，鳳也；般般，麟也。”見“鳳凰”文。

【鶤鷄】[1]

即鳳凰。此稱漢代已行用。《淮南子·覽冥訓》：“過歸雁於碣石，軼鶤鷄於姑餘。”高誘注：“鶤鷄，鳳凰之別名。”《爾雅翼·釋鳥》：“許叔重謂鶤鷄鳳皇之別名。”元成廷珪《謝馮仁伯惠雙鷄》詩：“可人送我雙鶤鷄，五色毛羽生方齊。”見“鳳凰”文。

鴆

神話傳説鳥名。傳説中的毒鳥。其羽有劇毒，漬酒飲之立死。似鷹而大，紫黑色，赤喙黑目，食蛇與橡實。此稱先秦時期已行用。亦稱“鴆”“鴆日”“運日”“雲白”“鴆鷄”“同力鳥”。《楚辭·離騷》：“吾令鴆爲媒兮，鴆告余以不好。”漢王逸注：“鴆，運日也。羽有毒，可殺人。”《山海經·中山經》：“〔女几之山〕其鳥多白鷸，多翟，多鴆。”郭璞注：“鴆，大如鵰，紫綠色，長頸赤喙，食蝮蛇頭。”《國語·魯語上》“使醫鴆之不死”三國吳韋昭注：“鴆，鳥名也。一名運日，其羽有毒，漬之酒而飲之，立死。”《文選·左思〈吳都賦〉》：“白雉落，黑鴆零。”李善注

鴆
（明王圻等《三才圖會》）

引晉劉淵林注：“鴆鳥，一名雲白，黑色長頸，赤喙。食蝮蛇，體有毒，古人謂之鴆毒，江東諸大山中皆有之。”北齊劉晝《劉子·類感》：“天將風也，纖塵不動而鴆自鳴。”又《殊好》：“鴆日嗜蛇（自注：鳥似鷄，高三尺，亦曰鴆鷄。”明劉基《郁離子·千里馬》：“是鵲而奇其音，不祥，使鴆日逐之。”明李時珍《本草綱目·禽四·鴆》：“〔釋名〕鴆日（與運日同，《別錄》）、同力鳥（陶弘景）。”又，“〔集解〕時珍曰：按《爾雅翼》云：鴆似鷹而大，狀如鵰，紫黑色，赤喙黑目，頸長七八寸……食蛇及橡實”。

【鴆】

即鴆。此稱南北朝時期已行用。見該文。

【鴆日】

即鴆。一説，雄鴆。此稱南北朝時期已行用。見該文。

【運日】

同“鴆日”。此體漢代已行用。《淮南子·繆稱訓》訛作“暉日”。參見本卷《附録·名實難定鳥》“陰諧”文。見該文。

【雲白】

即鴆。此稱晋代已行用。見該文。

【鴆鷄】

即鴆。此稱南北朝時期已行用。見該文。

【同力鳥】

即鴆。此稱南北朝時期已行用。見該文。

【曇】

即鴆。亦稱“曇鳥”。此稱晋代已行用。晋葛洪《抱朴子·登涉》：“曇是鴆鳥之别名也。”亦稱“同力鳥”“同力”。明陳耀文《天中記·鴆》：“鴆，一名曇鳥，亦曰同力。鳥尾有綷文，背上連綴不斷，足生距。雄者其鳴先顧（《寰宇記》）。”明董斯張《廣博物志》卷四五：“鴆，一名曇鳥，亦曰同力。”清厲荃《事物異名録·禽鳥》引宋樂史《太平寰宇記》曰：“鴆，一名曇鳥，亦曰同力鳥。”見“鴆”文。

【曇鳥】

即曇。此稱宋代已行用。見該文。

【同力】

即曇。此稱宋代已行用。見該文。

【頃刻蟲】

“鴆”之别稱。亦稱“一拂鳥”。此稱宋代已行用。宋陶穀《清異録·禽》：“後周武帝，置官於瀘川，釀毒藥爲酒，年以供進，所用材品不一……鴆爲一拂鳥、頃刻蟲。”見

“鴆”文。

【一拂鳥】

即頃刻蟲。此稱宋代已行用。見該文。

鴒鸎

神話傳説鳥名。昔傳此鳥狀如山鷄而長尾，赤如丹火而青喙。此稱先秦時期已行用。《山海經·中山經》：“又西十里曰厬山……其中有鳥焉，狀如山鷄而長尾，赤如丹火而青喙，名曰鴒鸎，其鳴自呼，服之不眯。”《太平御覽》卷九二八：“又曰厬山有鳥，名曰鴒鸎，其鳴自呼。”《格致鏡原》卷八一：“厬山有鳥，狀如山鷄而長尾，赤如丹火而青喙，名曰鴒鸎，服之不眯。”

鴸

神話傳説鳥名。傳説中的不祥怪鳥，見則縣多放士。此稱先秦時期已行用。《山海經·南山經》：“南次二經之首曰柜山……有鳥焉，其狀如鴟而人手，其音如痺，其名曰鴸，其鳴自號也，見則其縣多放士。”明楊慎《戎旅賦》：“詠清人之介駟兮，感放士之鳴鴸。”清全祖望《浮山大禹廟山海經塑像詩序》：“鴸鳥見於杭城東。”

鴻鵝

神話傳説鳥名。昔傳此鳥色似鴻，形如秃鶖，腹内無腸，羽翮附骨而生，雌雄相眲即可生産。此稱晋代已行用。晋王嘉《拾遺記》卷一〇：“蓬萊山，亦名防丘，亦名雲來……有鳥名鴻鵝，色似鴻，形如秃鶖，腹内無腸，羽翮附骨而生，無皮肉也，雌雄相眲則生産。”明顧起元《説略·蟲注上》：“含明國有鴻鵝，色似鴻，形如秃鶖，腹内無腸，羽翮附骨而生，無皮肉也，雌雄相眲則生産。”清王夫之《練鵲

賦》：“防丘鴻鵝，影娥黄鵠。”《格致鏡原》卷八〇：“《物類相感志》：‘鴻鵝生鬱夷國。鵝色似鴻，形又似秃鶖，腹無腸，羽翮附骨而生，無皮肉，若雌雄相盼則孕産也。’”

藏珠

神話傳説鳥名。昔傳此鳥腹内藏珠，并可吐珠，故稱。此稱漢代已行用，名見《三輔黄圖》。亦稱“藏珠鳥”。《山堂肆考》卷二三八：“藏珠鳥，《三輔黄圖》：有鳥如鳳，名藏珠。鳴翔則吐珠。”明徐應秋《玉芝堂談薈》卷三三：“瀛洲有藏珠鳥，如鳳，身紺，翼丹，每翔鳴而吐珠纍斛。”

【藏珠鳥】

即藏珠。此稱明代已行用。見該文。

瞿如

神話傳説鳥名。傳説中的怪鳥。三足而人面。《山海經·南山經》：“又東五百里曰禱過之山……有鳥焉，其狀如鳥鶏，而白首，三足，人面，其名曰瞿如。其鳴，自號也。”《格致鏡原》卷八一：“禱過之山有鳥焉，其狀如鶏，而白首，三尺，人面，其名曰瞿如。”

瞿如
（明王圻等《三才圖會》）

鶺鶺

神話傳説鳥名。傳説中的吉祥鳥。其狀如鳥，三首、六尾而善笑，自爲牝牡，食之不疽，佩之亦可以禦兵。此稱先秦時期已行用。《山海經·西山經》：“西水行百里，至於翼望之山……有鳥焉，其狀如鳥，三首、六尾而善笑，名曰鶺鶺。服之使人不厭，又可以禦凶。”明王世貞《弇州四部稿·説部》：“諸鳥食之有益人者：黄鳥，不妒；鶬，宜子……鶺鶺，不魘；當扈，不眴（目眩也）。”《山堂肆考》卷二三七：“《山海經》：翼望山有鳥如鳥，三首六尾，自爲牝牡，善笑，名曰鶺鶺。佩之可以禦兵。”《格致鏡原》卷八一：“《山海經》：有鳥焉，其狀如鳥，五彩而赤文，名曰鶺鶺。是自爲牝牡，食之不疽。”

鶺鶺
（明王圻等《三才圖會》）

鷦鵬

神話傳説鳥名。傳説中的神鳥。亦鳳類。漢代稱“鷦明”“焦朋”。《史記·司馬相如列傳》：“觀者未睹指，聽者未聞音。猶鷦明已翔乎寥廓，而羅者猶視乎藪澤。”《漢書·司馬相如傳》：“猶焦朋已翔乎寥廓，而羅者猶視乎藪澤。”《陳書·傅縡傳》：“鷦鵬已翔於寥廓，而虞者猶窺藪澤而求之。”《藝文類聚》卷六一引晋庾闡《揚都賦》曰：“鳥則鷦鵬、孔翠、丹穴之羽。”宋潘自牧《記纂淵海·論議部·愛適爲害》：“鷦鵬冲天不在六翮乎。”明王志慶《古儷府·居處部》：“魏繁欽《建章鳳闕賦》：‘築雙鳳之重闕，表大路以遐通……鷦鵬振而不及，豈歸雁之能翔抗。’”

【鷦明】

即鷦鵬。此稱漢代已行用。見該文。

【焦朋】

同“鷦鵬”。此體漢代已行用。見該文。

鯤鵬

神話傳說鳥名。神話傳說中此鳥爲由鯤魚變成之大鳥。鯤鵬體形巨大，威力無比，是先民所嚮往威力的象徵。此稱先秦時已見行用。省稱“鵬”。《莊子·逍遥游》：“北冥有魚，其名爲鯤。鯤之大，不知其幾千里也。化而爲鳥，其名爲鵬，鵬之背，不知其幾千里也。怒而飛，其翼若垂天之雲。是鳥也，海運則將徙於南冥，南冥者，天池也。《齊諧》者，志怪者也。《諧》之言曰：鵬之徙於南冥也，水擊三千里，搏扶摇而上者九萬里。”南朝梁武帝《孝思賦》：“察蟭螟於蚊睫，觀鯤鵬於北溟。”唐韓愈《海水》詩：“海有吞舟鯨，鄧有垂天鵬。”唐杜甫《泊岳陽城下》詩：“圖南未可料，變化有鯤鵬。”宋蘇軾《催試官考較戲作》詩：“鯤鵬水擊三千里，組練長驅十萬夫。”明吕柟《涇野子内篇·雲槐精舍語》：“故曰鶯鳩斥鷃笑鯤鵬，朝菌蟪蛄笑靈椿，其忿嫉孰甚焉。”清高士

（明王圻等《三才圖會》）

奇《江村銷夏録·元仇山邨詩卷》：“鯤鵬何必羨一官，蠛虻不如無葛巾。”鯤鵬體大無比，威力無窮。於是鯤鵬便被神化爲具有無比威力的神鳥，并成爲志嚮遠大的象徵。世人往往以“鵬力”形容力强無比，以“鵬術”比喻才能出衆，以“鵬程”比喻遠大前程，以“鵬游”“鵬運”比喻遠走高飛，以“鵬圖”喻壯志，以“鵬舉”謂奮發有爲。鯤鵬在人們心目中占有極高位置。

【鵬】

“鯤鵬”之省稱。此稱先秦時期已行用。見該文。

鷗鶋

神話傳說鳥名。傳說此鳥白首，青身，黄足。此稱先秦時期已行用。亦作“鷗居”。《山海經·北山經》：“又東北二百里曰馬成之山……有鳥焉，其狀如烏，首白而身青足黄，是名曰鷗鶋。其鳴自詨，食之不飢，可以已寓。”晋郭璞《山海經圖贊·北山經》：“鷗居如烏，青身黄足。食之不飢，可以辟穀。”明董斯張《廣博物志》卷四八：“有鳥焉，其狀如烏，首白而身青足黄，是名曰鷗鶋。其鳴自詨，食之不饑。”

【鷗屈】

同“鷗鶋”。此體晋代已行用。見該文。

灌灌

神話傳說鳥名。昔傳此鳥狀如鳩，鳴若呵，佩之不惑。此稱先秦時期已行用。亦稱“濩濩”。《山海經·南山經》：“又東三百里曰青邱之山……有鳥焉，其狀如鳩，其音若呵（如人相呵呼聲），名曰灌灌（或作濩濩）。”明鄧伯羔《藝彀·魚雙名》：“《宛委餘編》魚雙名者：剛山蠻蠻，洛水庸庸，見《山海經》……鳥雙名者：嘉陵鷜鷜，青丘灌灌，又鶼鶼；崇吾蠻蠻；

藥山羅羅。”明徐應秋《玉芝堂談薈》卷三五：“青丘之山……有鳥如鳩，名曰灌灌，佩之不惑，即翼之澤有赤鱬，如魚而人面，其音如鴛鴦。”

【濩濩】

即灌灌。此稱先秦時期已行用。見該文。

鶴鶉

神話傳説鳥名。昔傳人射此鳥，其可銜矢反射人。此稱秦漢時期已行用。亦稱“鶌鵃”“嫷羿”“墮羿”“嫷羿”“嚲羿”。《爾雅·釋鳥》：“鶴鶉，鶌鵃。如鵲，短尾。射之，銜矢射人。”晋郭璞注：“或説曰鶴鶉、鶌鵃，一名嫷羿。”唐段成式《酉陽雜俎·廣動植》：“鶴鶉，一名嫷羿。形似鵲，人射之則銜矢反射人。”《太平廣記》卷四六三：“鶴鶉，一名墮羿。形似鵲，人射之則銜矢反射人。”《通志·禽類》：“鶴鶉，鶌鵃。音歡團、福柔。此鳥一名嫷羿，言雖羿亦懈惰不敢射之。”《駢雅·釋鳥》：“鶌鵃，嚲羿，鶴鶉也。”

【鶌鵃】

即鶴鶉。此稱秦漢時期已行用。見該文。

【嫷羿】

即鶴鶉。此稱晋代已行用。見該文。

【墮羿】

即鶴鶉。此稱宋代已行用。見該文。

【嫷羿】

即鶴鶉。此稱唐宋時期已行用。見該文。

【嚲羿】

即鶴鶉。此稱明代已行用。見該文。

鸞

神話傳説鳥名。鳳類。昔傳爲祥瑞之鳥，天下太平安寧則見此鳥。此稱先秦時期已行用。亦稱“瑞鳥”“鷄趣”“神鳥”。舊題周師曠《禽經》：“鸞，瑞鳥。一曰鷄趣。”晋張華注：“鸞者，鳳鳥之亞。始生類鳳，久則五彩變易，故字從變省。《禮斗儀》曰：‘天下太平安寧則見，其音如鈴，戀戀然也。’……顧野王《符瑞圖》曰：‘鷄趣，王者有德則見。’”《漢書·息夫躬傳》：“鷹隼橫厲，鸞徘徊兮。”唐顔師古注：“鸞，神鳥也。赤靈之精，赤色，五采鷄形，鳴中五音徘徊。”三國魏曹植《神龜賦》：“時鸞回而鶴顧，忽萬載而不恤。”晋陶潛《讀〈山海經〉》詩之七：

鸞
（明王圻等《三才圖會》）

“靈鳳撫雲舞，神鸞調玉音。”《藝文類聚》卷六一引晋庾闡《揚都賦》曰：“鳴鳳自歌，翔鸞自舞。”《舊唐書·楊炯傳》：“鸞者，太平之瑞也。”清李慈銘《星秋夢》：“看那錦標競渡，鶂舞鸞迴，魚飛浪織，好不熱鬧也。”

【瑞鳥】

“鸞”之美稱。此稱先秦時期已行用。見該文。

【鷄趣】

“鸞”之別稱。此稱先秦時期已行用。見該文。

【神鳥】 [2]

“鸞”之譽稱。此稱唐代已行用。見該文。

【丹鳳】

即鸞。特指其首翼皆赤者。此稱先秦時期已行用。舊題周師曠《禽經》：“鸞，瑞鳥。一曰鷄趣。首翼赤曰丹鳳，青曰羽翔，白曰化翼，玄曰陰翥，黄曰土符。”見“鸞”文。

【羽翔】

即鸞。特指其首翼皆青者。此稱先秦時期已行用。見"丹鳳"文。

【化翼】

即鸞。特指其首翼皆白者。此稱先秦時期已行用。見"丹鳳"文。

【陰翥】

即鸞。特指其首翼皆玄者。此稱先秦時期已行用。見"丹鳳"文。

【土符】

即鸞。特指其首翼皆黃者。此稱先秦時期已行用。見"丹鳳"文。

【俊鳥】

"鸞"之譽稱。此稱漢代已行用。《楚辭·離騷》："鸞皇爲余前戒兮。"漢王逸注："鸞，俊鳥也；皇，雌鳳也。以喻仁智之士也。"漢劉向《九嘆·遠游》："駕鸞鳳以上游兮，從玄鶴與鷦朋。"明徐元太《喻林·臣術門·擇主》："鸞、鳳，俊鳥也。有聖德君則來，無德則去，以興賢臣難進易退也（王逸注《楚辭·九章》）。"見"鸞"文。

【神雀】[2]

即鸞。此稱南北朝時期已行用。《南齊書·宗室傳》："太極東堂，書鳳鳥題爲神鳥；而改鸞鳥爲神雀。"見"鸞"文。

【紅鳥】

即鸞。此稱南北朝時期已行用。《南史·梁武帝紀》："帝方捨身時，其使適至，云：'此草常有紅鳥居下，故以爲名。'觀其圖狀則鸞鳥也。"明陳耀文《天中記·鸞》："紅鳥：梁武帝，太清元年捨身光嚴重雲殿……帝方捨身時，其使適至，云此草嘗有紅鳥居下，故其爲名，觀其圖狀則鸞鳥也。"見"鸞"文。

鵺鵃

神話傳說鳥名。昔傳此鳥狀如鷄，而三首、六目、六足、三翼。此稱先秦時期已行用。《山海經·南山經》："又東三百里曰基山……有鳥焉，其狀如鷄而三首、六目、六足、三翼，其名曰鵺鵃。食之無臥（使人少眠）。"郭璞注："鵺鵃，性急，敞孚二音。"《太平御覽》卷五〇："《山海經》曰：基山，其陽多玉，其陰多金，多怪木……有鳥焉，其狀如鷄而三首、六目、六足、三翼，其名曰鵺鵃。"明董斯張《廣博物志》卷四八："〔異鳥〕有鳥焉，其狀如鷄而三首、六目、六足、三翼，其名曰鵺鵃，食之無臥。"

鵹

神話傳說鳥名。古代傳說中的怪鳥。其形如鵲，白身、赤尾、六足。此稱先秦時期已行用。《山海經·北山經》："北次三經之首曰太行之山……有鳥焉，其狀如鵲，白身、赤尾、六足，其名曰鵹。"吳任臣廣注："郭曰音犇，任臣案《玄覽》云：'鸇四足，鵹六足。'顧起元《帝京賦》曰：'三目之鵹，五工之鶵，蓋謂此也。'"《太平御覽》卷九二八："又曰，太行山有鳥焉，其狀如鵲，白身、赤尾、六足，其名鵹，音奔。"《山西通志·山川·澤州府》："《元和志》：太行山在晉城縣南四十里。《山海經》：太行之山其首曰歸山……有鳥焉，其狀如鵲，白身、赤尾、六足，其名曰鵹。是善警，其鳴自詨。"

第二節　宗教傳説鳥

如前所述，禽鳥是生物界最爲活躍的一種。它們羽色美麗，形態俊俏，能飛善泳，鳴聲婉轉，悦耳動聽，往往被視爲神奇、力量、美好的象徵。在一定歷史時期内，禽鳥被視爲聯繫人與神靈的紐帶，溝通人與自然的橋梁。我們將這類禽鳥稱爲宗教傳説鳥。

無須諱言，宗教傳説鳥亦非真實禽鳥，而是人們想象中的虛擬之神鳥。它們雖非存世、可望可見，却也豐富了人們的精神世界。

本節收録見諸各類典籍的宗教傳説鳥九種，并略作考釋。

吉祥鳥

宗教傳説鳥名。佛教傳説之祥鳥，飛翔時有四黄鳥導引，四鵲隨從。此稱宋代已行用。宋贊寧《宋高僧傳》卷一四：“第三七日質明，有吉祥鳥鳴曰：‘菩薩來也。’乃見白雲若浸粉然。”明徐應秋《玉芝堂談薈》卷三三：“宋祥符六年，吉祥鳥見代州。”《續通志·禽類》：“吉祥鳥，出五臺山，形翅甚大，其飛也有四黄鳥導之，四鵲從之。”《山西通志·祥異·宋》：“〔天禧六年〕五臺山吉祥鳥見形，翅甚大。其飛也，四黄鳥導之，四鵲從之。”

拘翅羅鳥

宗教傳説鳥名。佛書中稱其是形醜而鳴聲較好之禽鳥。此稱唐代已行用。唐釋道世《法苑珠林·違法部》：“有鳥聲好而形醜，謂拘翅羅鳥是也。”明陳耀文《天中記·總禽》：“鳥有四種：聲好而形醜，拘翅羅鳥是也；形好而聲醜，鷿鳥是也；聲形俱醜，土梟是也；聲形俱好，孔雀是也。”《格致鏡原》卷七七：“《僧一阿含經》：鳥有四種，聲好而形醜，拘翅羅鳥是也；形好而聲醜，鷿鳥是也。”

佛現鳥

宗教傳説鳥名。亦神异鳥類。其鳴聲婉轉，音如“佛現”，因稱。省稱“佛現”。此稱明代已行用。《山堂肆考》卷二三七：“佛現，《峨眉志》：‘蜀大峨峰普光殿有佛現鳥，狀如鵁鶄，飛鳴近人，其聲圓轉，山僧名爲佛現鳥。’”明楊慎《升庵集·長短句》：“佛現，鳥名，峨眉山有之。聲呼類佛現，每叫必有金光。”明廖大亨《佛現鳥賦》：“杜宇化蜀，靈鷲開山。物無小而可忽，機有動而先傳……爰有神鳥，狀類伯勞。衣浣玹冰，喙啄赤霄。紺緣豐領，羽點文苞。載飛載止，倏近倏遥。”清姚之駰《元明事類鈔·飛鳥門》：“佛現鳥，明廖大亨《佛現鳥賦》：‘七寶臺高，三生業重。灝養鴻濛，碧傾空洞。爰有神鳥，狀類伯勞。衣浣玹冰，喙啄赤霄。紺緣豐領，羽點文苞。載飛載止，倏近倏遥。’”

【佛現】

“佛現鳥”之省稱。此稱明代已行用。見該文。

金翅鳥

宗教傳説鳥名。佛教傳説中的大鳥。此稱

南北朝時期已行用。《南齊書·南郡王子夏傳》：
"世祖夢金翅鳥下殿庭，搏食小龍無數，乃飛上
天。"唐釋道世《法苑珠林·慈悲篇》："〔須彌
山〕道徑叢林下有金翅鳥巢，多有金翅鳥子。"
《太平御覽》卷九二七："〔金翅鳥〕晏嬰曰：臣
聞琬琰之外有鳥焉，曰金翅，民謂爲羽豪。"宋
樂史《太平寰宇記·四夷·大秦國》："金翅鳥口
中結沫所成碧色珠也，土人珍之。"明曹學佺
《蜀中廣記·高僧記·峨眉歷代耆宿》："問黃龍
出世，金翅鳥滿空飛時如何？"

念佛子

宗教傳說鳥名。一種音韵清滑如誦佛聲之
鳥。亦稱"念佛鳥"。此稱明代已行用。明徐應
秋《玉芝堂談薈》卷三三："《華山志》：'念佛
鳥，大如鳩，羽色黃褐翠碧相間而成文，音韵
清滑如誦佛聲，一名念佛子。'"參閱《格致鏡
原》卷八一"諸鳥"文。

【念佛鳥】

即念佛子。此稱明代已行用。見該文。

迦旃鄰提

宗教傳說鳥名。一種海鳥之梵語名。昔傳
有輪王出，此鳥則現。此稱南北朝時期已行用。
亦作"迦真鄰陀"。亦稱"迦旃鄰提鳥"。北魏
般若流支《正法念處經·觀天品》："迦旃鄰提，
海中之鳥，觸之大樂。有輪王出，此鳥則現。"
唐釋道世《法苑珠林·六道篇·人道部》："迦真
鄰陀之鳥，生於海中，王抱觸之，身心猗適，
勝過六欲。"唐段成式《酉陽雜俎·貝編》："蓮
出摩偷，美飲也。修一千二百善業者，生此天。
上妙之觸，如觸迦旃鄰提鳥，此鳥輪王出世方
見。"明董斯張《廣博物志》卷四八："迦真鄰
陀之鳥，生於海中，王抱觸之，身心猗適，勝

過六欲。"

【迦真鄰陀】

同"迦旃鄰提"。此體唐代已行用。見該文。

【迦旃鄰提鳥】

即迦旃鄰提。此稱唐代已行用。見該文。

迦羅頻伽

宗教傳說鳥名。佛教傳說中的仙禽，常居
極樂净土，鳴聲極其美妙。此稱唐代已行用。
亦稱"迦陵""頻伽鳥"。《楞嚴經》第一："迦
陵仙音，遍十方界。"注："迦陵，在卵殼中，
鳴聲已壓衆鳥，佛法音似之。"唐釋道世《法
苑珠林·草坐》："已隨菩薩行，又有五百拘翅
羅鳥，又有五百孔雀……又有五百迦羅頻伽之
鳥。"《舊唐書·憲宗紀》："訶陵國遣使獻僧祇僮
及五色鸚鵡、頻伽鳥並異香名寶。"唐元積《度
門寺》詩："佛語迦陵説，僧行猛虎從。"

按，迦羅頻伽乃梵語"kalavinka"之音譯
名。譯音有多種：迦陵毗迦、迦陵、嬪伽、加
藍伽、羯羅頻迦、羯陵伽、羯毗迦羅、羯毗、
哥羅頻伽、歌羅毗迦、哥羅頻迦等。今俱附此
以供詳考。

【迦陵】

即迦羅頻伽。此稱唐代已行用。見該文。

【頻伽鳥】

即迦羅頻伽。此稱唐代已行用。見該文。

耆婆鳥

宗教傳說鳥名。佛教所謂共命鳥。産古尼
波羅國，一身二首，鳴聲極佳。此稱唐代已見
行用。亦稱"共命鳥""命命""生生"。唐玄奘
《大唐西域記·尼波羅國》："尼波羅國，周四千
餘里，在雪山中。國大都城周二十餘里，山川
連屬，宜穀稼，多花果，出赤銅、牦牛、共命

鳥。”宋葉廷珪《海録碎事·鳥獸草木部·飛鳥門》：“共命鳥，老杜《道林寺行》云：‘蓮花交響共命鳥。’釋氏書有共命鳥，二首而一身。”明徐應秋《玉芝堂談薈》卷三三：“又頻迦共命鳥，一頭兩身。”《格致鏡原》卷八一：“釋氏書：‘極樂國有迦陵頻伽共命之鳥。晝夜六時出和雅音。’注：‘頻伽此云妙音，未出殼時已有音，聲超衆鳥，故共命。亦云命命，亦云生生。梵語耆婆耆婆迦。二首一身。’”按，耆婆鳥，梵語名“耆婆耆婆迦”，本梵語“jīvajīvaka”“jīvamjīvaka”之音譯名。

【共命鳥】

即耆婆鳥。此稱唐代已行用。見該文。

【命命】

即耆婆鳥。此稱約行用於唐代。見該文。

【生生】

即耆婆鳥。此稱約行用於唐代。見該文。

【耆婆耆婆迦】

即耆婆鳥。梵語音譯。此稱約行用於唐代。見該文。

教放逸鳥

宗教傳説鳥名。此稱唐代已行用。唐釋道世《法苑珠林·三界篇第二》：“自炎摩天已上，悉無象馬四足衆生，唯有教放逸鳥、實語鳥、赤水鳥等。”明董斯張《廣博物志》卷一：“自炎摩天已上，悉無象馬四足衆生，惟有教放逸鳥、寔語鳥、赤水鳥等。”

第三節　名實難定鳥

本節所考論的“名實難定鳥”，是指古籍有記載而目前尚不知其確指的一些“鳥類”。這些鳥名屢見於各類典籍，然而至今人們尚不知其究爲何鳥，今將其列入“名實難定鳥”加以考釋。

所謂“名實難定”并非有名而無實，或一概不可知。譬如，“丁髻娘”是一種頭生冠羽而有紅尾的小鳥，古代廣東肇慶小兒多有馴養者，清吳綺《嶺南風物記》對此叙述頗詳。如果此鳥并不存世，《嶺南風物記》何來如此詳細之記述？又“朱來鳥”，昔傳唐德宗建中二年（781），南方貢朱來鳥，“形有類於戴勝，而紅嘴、紺尾，尾長於身。巧解人語，善別人意，其音清響，聞於庭外數百步，宮中多所憐愛。”（唐蘇鶚《杜陽雜編》卷上）番邦貢獻不當有假，唯今人不知其所指。又“柴蒿鳥”是一種形似野鷄、頭有冠羽、宛如戴勝之鳥。唐段成式《酉陽雜俎·廣動植》早有記載。段氏《酉陽雜俎》記述草木鳥獸蟲魚頗多，少有虛假，故柴蒿鳥亦似非虛指。又“碧鷄”是一種會報更的林鳥，一説碧鷄乃毛彩如孔雀之鳥。明劉基《絕句漫興七首》之七：“永夜西風嫋嫋來，露華如玉委蒼苔。碧雞啼落山頭月，腸斷槐根夢不回。”明徐應秋《玉芝堂談薈》卷三三：“羅浮山有鳥名碧雞，毛彩如孔雀而五距。”此鳥有名有實，亦非空穴來風。然究係何鳥，今人仍不得而知。凡此種種，不一而足。

　　名實難定鳥見於典籍是個事實，之所以難定是非，原因複雜。我國歷史悠久，地域遼闊，又是鳥類大國，鳥類的記述古往今來已歷數千載，文獻記載本就過簡，又加記述不詳，或錯，或訛，并不鮮見，出現“名不副實”絕非偶然。因此一味將暫時無法核準名實之禽鳥忽視不見，實屬不妥，故本節將此類禽鳥列爲一節，予以簡釋，以期有識之士合力考證，儘早澄清事實，使其名實相副。

　　本節收録“名實難定鳥”計七十八種，并略作考釋。

丁髻娘

　　名實難定鳥名。一種似燕而有冠羽、紅尾之小鳥。此稱清代已行用。亦稱“鳳頭雀”“登竿鳥”。清吳綺《嶺南風物記》：“丁髻娘出肇慶府，一名鳳頭雀、登竿鳥。大小毛片皆如燕子。惟頭作鳳冠而尾紅。小兒養之甚馴。不用籠畜，每放之一二日復來，以飯粒飼之，飽則復去，去則復來，率以爲常。”

【鳳頭雀】

　　即丁髻娘。此稱清代已行用。見該文。

【登竿鳥】

　　即丁髻娘。此稱清代已行用。見該文。

山胡

　　名實難定鳥名。一種黔中、嶺南皆有而善鳴之鳥。此稱宋代已行用。亦稱“山呼”“珊瑚”。宋蘇軾《涪州得山胡》詩：“終日鎖筠籠，回頭惜翠茸。誰知聲嘯嘯，亦自意重重。”題下自注：“善鳴，出黔中。”明徐應秋《玉芝堂談薈》卷三三：“《泉郡志》：‘山胡鳥，大如鳩，蒼色，兩腮圓點，黑白相映，清調如鶯。’”《山堂肆考》卷二三七：“山胡，一名山呼，一名珊瑚。出嶺南，巧聲之鳥。”

【山呼】

　　即山胡。此稱明代已行用。見該文。

【珊瑚】

　　即山胡。此稱明代已行用。見該文。

山樂官

　　名實難定鳥名。此鳥鳴聲如簫管，或群鳴而聲相抑揚如作樂音聲。此稱宋代已行用。宋王質《紹陶録》卷下：“〔山樂官〕身全褐，能作歌音，又能作拍，彈音如喤囉者，聲清軟，性極從容。”宋王安石《信陵坊有籠山樂官》詩：“萬里山林姿，羽毛何璀璨。鳴聲應律呂，唯有知者愛。”又，《送李屯田守桂陽二首》其二：“倉黃離家問南北，中路思歸歸不得。風濤何處不驚人，雨雪前村更欺客。舊交旌旃此盤桓，見我即令兒解鞍。荒山樂官歌舞拙，提壺沽酒聊一歡。行藏欲話眉不展，互嘆別離心繾綣。行年半百勞如此，南畝催耕未宜晚。”自注：“黃離、思歸、淘河子、鷄鵙、鵬鴒、山樂官、提壺、畫眉、伯勞、催耕，皆鳥名。詩逐句藏鳥名，亦是藥名體。"宋薛季宣《浪語集》卷三："記有禽黃色而差小者，謂之金雀；禽有群鳴而聲相抑揚者，謂之山樂官。"《浙江通志·物産七·溫州府》："山樂官，《雁山志》：'形似金雀，群鳴而聲相抑揚如作樂音，土人謂之山樂官。'"

五色鵲

名實難定鳥名。此稱明代已行用。明徐應秋《玉芝堂談薈》卷三三："博羅縣羅浮山，出五色鵲，貴人至則先翔集。"明章潢《圖書編·貢物總叙·廣州府》："五色鵲，羅浮有。貴人至，則先翔集。"

水勃公

名實難定鳥名。傳説中水禽名。此稱唐代已行用。唐陸龜蒙《和松江早春》詩："一生無事烟波足，唯有沙邊水勃公。"宋張鎡《客舍夜聞吳謳有懷南湖》詩："歌聽魚蠻子，盟寒水勃公。"清田雯《湖堤後十絶句》之三："朝朝暮暮浪花中，閑立沙頭水勃公。"

白鷸

名實難定鳥名。似雉，而文首白翼黃足，昔傳可治痴呆症。此稱先秦時期已行用。單稱"鷸"。《山海經·北山經》："又北百八十里曰單張之山……有鳥焉，其狀如雉，而文首白翼黃足，名曰白鷸，食之已嗌痛，可以已癪。"《廣韻·去禡》："鷸，鳥名，似雉。"《太平御覽》卷九二八："又曰單張山有鳥，狀如雉，而文首白翼黃足，其名曰白鷸，食之已嗌。"明董斯張《廣博物志》卷四八："有鳥焉，其狀如雉，而文首白翼黃足，名曰白鷸。食之已嗌痛，可以已癪。"注："癪，癡病也。"

鵁
（明王圻等《三才圖會》）

【鵁】

"白鵁"之單稱。此稱宋代已行用。見該文。

白鶂

名實難定鳥名。傳説中一種雄雌相視而孕之禽鳥。此稱先秦時期已行用。亦作"白鷁"。舊題周師曠《禽經》："白鶂相眂而孕。"張華注："雄雌相視而孕。"《莊子·天運》："夫白鶂之相視，眸子不運而風化。"晉張華《博物志》卷四："白鶂，雄雌相視則孕，或曰雄鳴上風則雌孕。"唐段公路《北户録·孔雀媒》："一説孔雀不匹偶，但音影相接便有孕。如白鶂雄雌相視則孕。或曰雄鳴上風，雌鳴下風亦孕。"清馬驌《繹史·名物訓詁·鳥獸》："鵲以音感而孕，白鶂相眂而孕。"

鶂
（明王圻等《三才圖會》）

【白鷁】

同"白鶂"。此體先秦時期已行用。見該文。

【鶂】

"白鶂"之單稱。此稱先秦時期已見行用。亦作"鷊""鷁"。《左傳·僖公十六年》："是月

（正月），六鶂退飛，過宋都。”杜預注：“鶂，水鳥。高飛遇風而退，宋人以爲災，告於諸侯。”孔穎達疏：“《春秋考異郵》云：‘鶂者，毛羽之蟲，生陰而屬於陽。’《洪範五行傳》曰：‘鶂者，陽禽。鶂字或作鶂。’”《廣韻·入錫》：“鶂，水鳥也……鷁，上同。《説文》又作鶃、鵝。”按，“鵝”，《莊子·天運》篇已見此字。見“白鶂”文。

【鷊】

同“鶂”。此體先秦時期已行用。見該文。

【鶃】[2]

同“鶂”。此體漢代已行用。見該文。

朱來鳥

名實難定鳥名。昔傳唐建中二年（781）南方貢朱來鳥，形有類戴勝，鳴聲清響，巧解人語，善別人意。此稱唐代已行用。唐蘇鶚《杜陽雜編》卷上：“〔唐〕代宗朝，異國所獻奇禽馴獸，自上即位多放棄之。建中二年，南方貢朱來鳥，形有類於戴勝，而紅嘴、紺尾，尾長於身。巧解人語，善別人意，其音清響，聞於庭外數百步，宮中多所憐愛。”明陳耀文《天中記·紙》：“德宗朝有朱來鳥，常噉玉屑，聲甚清暢，及爲鷿鳥所搏，宮人皆以金花牋寫多心經薦其冥福。”

竹林鳥

名實難定鳥名。一種色青如雀而善啼之鳥。此稱宋代已行用。省稱“竹林”。宋孫奕《示兒編·雜記·人物通稱》：“《西清詩話》云：崇寧間有貢士自同谷來，籠一禽，大如雀，色青，善鳴，曰竹林鳥也。”宋曾慥《類説·西清詩話·竹林鳥》：“少陵七歌云：‘嗚呼四歌兮歌四奏，竹林爲我啼清晝。’後注詩者更作林猿。崇

寧間，有客自同州籠一禽，大如雀，色正青，善鳴。問其名曰竹林鳥也。”宋葉廷珪《海録碎事·鳥獸草木部·飛鳥門》：“竹林静啼青竹笋，竹林，鳥名

竹林鳥
（馬駘《馬駘畫寶》）

也。”《山堂肆考》卷二三七：“蔡絛曰：同州有一禽，大如雀，色正青，善鳴，名曰竹林鳥。”《續通志·禽類》：“竹林鳥，出同州，色正青，如雀，善啼。見《紫桃軒雜綴》。杜詩‘竹林爲我啼青晝’句，本此。”

【竹林】

“竹林鳥”之省稱。此稱宋代已行用。見該文。

江猫

名實難定鳥名。一種水鳥，曲嘴，高脚，丹頂，頭上有披帶，鳴聲如猫叫，故稱。此稱明代已行用。亦稱“紅鶪鳥”。《山堂肆考》卷二三七：“紅鶪鳥，曲嘴高脚，丹頂如鶴，毛白赤色，頭上有披帶。食於水，而宿於木，聲如猫，故又名江猫。”

【紅鶪鳥】

即江猫。此稱明代已行用。見該文。

杉鷄

名實難定鳥名。閩越諸地生於杉樹下之黄冠青綏鷄。此稱三國時已行用。《佩文韻府·八齊》引三國吴沈瑩《臨海異物志》：“杉鷄，黄冠，青綏。常在杉樹下。”唐杜甫《王兵馬使

二角鷹》詩："杉鷄竹兔不自惜，溪虎野羊俱辟易。"宋樂史《太平寰宇記·江南東道十二·福州》："《都員浦郡國志》云：'閩越之地多杉鷄，長栖止於杉樹。'"明李時珍《本草綱目·禽二·竹鷄》："杉鷄，時珍曰：按，《臨海異物志》云：'閩越有杉鷄，常居杉樹下。頭上有長黃毛，冠煩正青色，如垂縷。亦可食，如竹鷄。'"《續通志·禽類》："杉鷄，出閩越，常居杉樹下。頭有長黃毛，冠煩正青色，如垂縷。見《臨海異物志》。"

青首

名實難定鳥名。一種青頭小鴨。此稱漢代已行用。《史記·楚世家》："齊、魯、韓、衞者，青首也。"司馬貞索隱："小鳬，有青首者。"《太平御覽》卷九一四："齊魯韓衞者，青首也。"注："青首，小鳬有青首。"宋真德秀《文章正宗·楚人以弋説頃襄王》："三王以弋道德，五霸以弋戰國。故秦、魏、燕、趙者，騏雁也；齊、魯、韓、衞者，青首也。"

雨道士

名實難定鳥名。古嘉定州所出一種禽鳥。此稱明代已行用。亦稱"山和尚"。明陸深《儼山外集·蜀都雜抄》："嘉定州有鳥，一名山和尚，一名雨道士，堪作對偶。"《通雅·動物》："陸文裕曰：嘉定州有鳥，一名山和尚，一名雨道士，堪作對偶。"《山堂肆考》卷二三七："雨道士，此鳥亦出嘉定州。"

【山和尚】[3]

即雨道士。此稱明代已行用。見該文。

芙蓉鷗

名實難定鳥名。此稱隋代已行用。亦稱"碧海舍人"。宋陶穀《清異錄·禽》："隋宦者劉繼詮得芙蓉鷗二十四隻以獻，毛色如芙蓉，帝甚喜，置北海中。曰：鷗字三品，鳥宜封碧海舍人。"明王世貞《弇州四部稿·説部》："隋煬帝封芙蓉鷗碧海舍人。"明徐應秋《玉芝堂談薈》卷三三："《清異錄》：隋宦者劉繼詮（詮）獻芙蓉鷗二十四隻，毛色如芙蓉。"

【碧海舍人】

即芙蓉鷗。此稱隋代已行用。見該文。

昆鷄

名實難定鳥名。一種似鶴而黃白色之鳥。此稱漢代已行用。漢司馬相如《上林賦》："蹴玄鶴，亂昆鷄。"郭璞注引張揖曰："昆鷄似鶴，黃白色。"《爾雅翼·釋鳥》："昆鷄，似鶴（《説文》作鶤），黃白色，長頸赤喙。《九辯》曰：'鶤鷄啁哳而悲鳴。'公孫《乘月賦》：'鶤鷄舞於蘭渚。'"宋吳淑《事類賦·獸部》："軼昆鷄於姑餘，過歸鴻於碣石。"明徐應秋《玉芝堂談薈》卷三三："昆鷄，似鶴，黃白色，見《子虛賦》。"

【鶤鷄】

同"昆鷄"。此體先秦時期已行用。《管子·輕重甲》："管子對曰：鵝鶩之舍近，鶤鷄鵠鴇之通遠。"《楚辭·九辯》："雁癰癰而南游兮，鶤鷄啁哳而悲鳴。"洪興祖補注："鶤鷄，似鶴，黃白色。"亦單稱"鶤"。亦作"鵾鷄"。漢揚雄《太玄經》卷三："次四鵾鷄，朝飛踔于北，嘤嘤相和不輟食。"《文選·張衡〈西京賦〉》："鳥則鸐鵝鵠鴇，駕鵝鴻鶤。"唐李善注："鶤鷄，黃白色，長頸赤喙。"唐杜甫《絕句六首》之一："竹高鳴翡翠，沙僻舞鵾鷄。"唐楊炯《盂蘭盆賦》曰："鳴鸐鵝與鷺鷥，舞鵾鷄與翡翠。"元成廷珪《謝馮仁伯惠雙鷄》詩："可人送我雙鶤鷄，五色毛羽生方齊。”一説鶤鷄即鳳凰。如《分類字錦·祥瑞·鳳》：“鶤鷄，《淮南子》：‘軼鶤鷄于姑餘。’注：‘鶤鷄，鳳凰之別名。’”又，鶤鷄亦作“大鷄”解。如明李時珍《本草綱目·禽二·鷄》：“蜀中一種鶤鷄，楚中一種偆鷄，並高三四尺。”今俱附以供詳考。見“昆鷄”文。

鶤鷄
（馬駘《馬駘畫寶》）

【鶤鷄】[2]

同“鶤鷄”。此體漢代已行用。見該文。

【鶤】

即鶤鷄。此稱漢代已行用。見該文。

治鳥

名實難定鳥名。一種如鳩之青色禽鳥。名見晋干寶《搜神記》。此稱晋代已行用。晋干寶《搜神記》曰：“越地深山中有鳥大如鳩，青色，名曰治鳥（一作‘冶鳥’）。穿大樹作巢如五六升器，户口徑數寸，周飾以埞，赤白相分，狀如射侯。伐木者見此樹即避之。”明李時珍《本草綱目·禽四·治鳥》：“時珍曰：按，干寶《搜神記》云：越地深山有治鳥，大如鳩，青色，穿樹作巢，大如五六升器，口徑數寸……伐木者見此樹即避之，犯之則能役虎害人，燒人廬舍，白日見之，鳥形也。”

【冶鳥】

即治鳥。此稱晋代已行用。或以爲治、冶二字形似，故相訛亂，遂有二名，當是。晋張華《博物志》卷三：“越地深山有鳥如鳩，青色，名曰冶鳥。穿大樹作巢如升器，其户口徑

數寸，周飾以土塈，赤白相次，狀如射侯。伐木見此樹即避之。”明董斯張《廣博物志》卷四八：“越地深山中有鳥，大如鳩，青色，名曰冶鳥。穿大樹作巢如五六升器，户口徑數寸，周飾以土塈，赤白相分，狀如射侯，伐木者見此樹即避之去。”《格致鏡原》卷八一：“《法苑珠林》：‘越地深山中有鳥，大如鳩，青色，名曰冶鳥。’”見“治鳥”文。

阿鶻

名實難定鳥名。此稱唐代已行用。亦稱“鶻鳥”“赤嘴鳥”“阿鶻鳥”“鷽鳩”。唐段成式《酉陽雜俎·廣動植》：“鶻鳥，武州縣合火山，山上有鶻鳥，形類烏，嘴赤如丹，一名赤嘴鳥，亦曰阿鶻鳥。”《通雅·動物》：“鷽鳩，阿鶻也。”《格致鏡原》卷八一：“《事物紺珠》：‘阿鶻鳥，似烏，嘴赤，出合火山。’”

【鶻鳥】

即阿鶻。此稱唐代已行用。見該文。

【赤嘴鳥】

即阿鶻。此稱唐代已行用。見該文。

【阿鶻鳥】

即阿鶻。此稱唐代已行用。見該文。

【鷽鳩】

即阿鶻。此稱明代已行用。見該文。

柑撫鳥

名實難定鳥名。亦稱“緑鳩”。其五彩者名“採鳩”。一種類似鸚鵡而不能人言之小鳥。此稱見於明代典籍。明徐應秋《玉芝堂談薈》卷三三：“訶陵國出緑鳩，似鸚鵡而小，不能人言，俗名柑撫鳥，其五彩者名採鳩。”

【緑鳩】

即柑撫鳥。此稱明代已行用。見該文。

【採鳩】

即柑撫鳥。特指其五彩者。此稱明代已行
用。見該文。

苦姑鳥

名實難定鳥名。一種鳴如人音，聲懷凄
愴之禽鳥。此稱三國時期已行用。亦稱“苦
姑”“苦鳥”。宋樂史《太平寰宇記·嶺南道
九·象州》：“武仙縣……苦姑鳥聲如人音，多懷
愴悽。《異物志》云：‘謂苦姑鳥。’”宋葉廷珪
《海録碎事·鳥獸草木部·飛鳥門》：“苦姑，南
海有苦姑鳥，聲如人音，多懷悽愴。《異物志》
謂之苦鳥。”《駢雅·釋鳥》：“鸕鷀、苦姑、意
怠，皆海鳥也。”

【苦鳥】

即苦姑鳥。此稱三國時期已行用。見該文。

【苦姑】

即苦姑鳥。此稱宋代已行用。見該文。

背明鳥

名實難定鳥名。此稱晋代已行用。晋王嘉
《拾遺記》卷八：“黃龍元年，始都武昌。時越
嶲之南獻背明鳥，形如鶴，止不向明，巢常對
北，多肉少毛，聲音百變。聞鐘磬笙竽之聲則
奮翅搖頭，時人以爲吉祥。是歲遷都建業，殊
方多貢珍奇，吳人語訛呼背明，爲背亡鳥。”
唐段成式《酉陽雜俎·廣動植》：“背明鳥，吳時
越嶲之南獻背明鳥，形如鶴，止不向明，巢必
對北，其聲百變。”《太平廣記》卷一三九：“黃
龍元年，吳始都武昌。時越嶲之南獻背明鳥，
形如鶴狀，止不向明，巢常對北，多肉少毛，
其聲百變。聞鐘磬笙竽之聲則奮翅搖頭，時人
以爲吉瑞。”

垂露鴨

名實難定鳥名。每栖芙蕖不食五穀，僅
咂垂露之鳥。此稱漢代已行用。亦稱“升渠
鴨”“丹毛鳧”。漢郭憲《洞冥記》卷三：“有升
渠鴨，赤色，每止於芙蕖上，不食五穀，惟咂
葉上垂露，因名垂露鴨，一名丹毛鳧。”亦作
“升蕖鴨”。明董斯張《廣博物志》卷四八：“有
升蕖鴨，赤色，每止於芙蕖上，不食五穀，惟
咂葉上垂露，因名垂露鴨，一名丹毛鳧。”

【升渠鴨】

即垂露鴨。此稱漢代已行用。見該文。

【丹毛鳧】

即垂露鴨。此稱漢代已行用。見該文。

【升蕖鴨】

即垂露鴨。此稱明代已行用。見該文。

秋風鳥

名實難定鳥名。傳説中嶺南一種從風而起
之鳥，肥美可食。此稱清代已行用。清吳綺
《嶺南風物記》：“秋風鳥出雷州，至八月中秋前
五日水中魚化爲鳥，從風而起，土人網得，肥
美可食，中秋後則無之，故曰秋風鳥。”

鳧徯

名實難定鳥名。傳説中一種形如鷄而人面、
見則有兵燹之災的禽鳥。此稱先秦時期已行用。
《山堂肆考》卷二三七引《山海經》：“鹿臺之山
有鳥，狀如鷄，人面，名曰鳧徯。其鳴自呼，
見則有兵。”明董斯張《廣博物志》卷四八：
“鹿臺之山有鳥焉，其狀如雄鷄而人面，名曰鳧
徯，其鳴自叫也，見則有兵。”

音聲鳥

名實難定鳥名。一種羽毛五色，喙紅，形
如練鵲之鳥。此稱宋代已行用。亦稱“雲韶

部"。雲韶部者本古代音樂黃門樂名，見《文獻通考·俗部樂》。此鳥於暮春早秋，風輕烟煖時，聲響互發，如聆簫韶。故名。宋樂史《太平寰宇記·山南西道六·渠州》："岳安山在〔岳池〕縣東三十五里，高六百丈，岳池水出焉。上有音聲鳥。"宋葉廷珪《海錄碎事·鳥獸草木部·飛鳥門》："雲韶部有二種，亦謂之音聲鳥。"明曹學佺《蜀中廣記·名勝記·岳池縣》："《寰宇記》云：岳安山在縣東三十五里，高六百丈，岳池之水出焉。上有音聲鳥也。"明徐應秋《玉芝堂談薈》卷三三："《九華山志》：'音聲鳥，一名雲韶部。形如練鵲，毛具五色，喙紅，足碧。'"《江南通志·食貨志·池州府》："雲韶部，即音聲鳥。出九華山，其鳴響互答如簫韶。"

【雲韶部】

即音聲鳥。此稱宋代已行用。見該文。

紅桐嘴

名實難定鳥名。傳說中紅嘴絳體禽鳥，生古永康軍山谷。此稱宋代已行用。宋宋祁《益部方物略記·紅桐嘴》："紅桐嘴，出永康軍山谷中，絳體若赭，惟羽間差黑，人亦畜之，然不能久也。"明何宇度《益部談資》卷上："宋祁有《益部方物贊》，曰海棕，曰楠，曰橙，曰竹柏，曰海芋……曰紅桐嘴，曰荏雀，曰護花鳥，曰百舌鳥。"

紅翠

名實難定鳥名。一種山鳥。唐皮日休《寄題羅浮軒轅先生所居》詩："紅翠數聲瑤室響，真檀一炷石樓深。"自注："山鳥名。"

馬鷄

名實難定鳥名。一種綠羽，紅嘴、紅脚鳥。此稱明代已行用。明徐應秋《玉芝堂談薈》卷三三："又，馬鷄出洮州衛，嘴脚紅，羽毛綠。"明章潢《圖書編·貢物總叙·陝西行都司》："馬鷄，嘴脚紅，羽毛青綠。"《駢字類編·鳥獸門》："馬鷄，《明一統志》：'西寧衛土產馬鷄，嘴脚紅，羽毛青絲。'"《格致鏡原》卷八〇引《事物紺珠》："馬鷄，嘴脚紅，羽青綠。"

柴蒿鳥

名實難定鳥名。一種形似野鷄，又頭有冠羽，宛如戴勝之鳥。此稱唐代已行用。省稱"柴蒿"。唐段成式《酉陽雜俎·廣動植》："柴蒿，京之近山有柴蒿鳥，頭有冠如戴勝，大若野鷄。"《山堂肆考》卷二三七："柴蒿，《雜俎》：柴蒿鳥，頭有冠如戴勝，大如野鷄。"

【柴蒿】

"柴蒿鳥"之省稱。此稱唐代已行用。見該文。

候日蟲

名實難定鳥名。亦稱"細鳥"。昔傳此鳥形大於蠅，國人以此候時，故得此名。此稱漢代已行用。《佩文韻府·平蟲》："候日蟲，《洞冥記》：漢元封間，勒畢國貢細鳥，大如蠅，狀如鸚鵡，以方尺玉籠盛百隻。善鳴，聲聞數里，國人以此候時，故名候日蟲。"唐段公路《北户錄》卷三："郭子橫記勒畢國獻細鳥，以方赤玉籠盛數百，形大於蠅，狀如鸚鵡，聲聞數百里之間，如黃鵠鳴也。國人以此鳥候日晷，亦曰候日蟲。"唐段成式《酉陽雜俎·廣動植》："細鳥，漢武時畢勒國獻細鳥，以方尺玉爲籠數百頭，狀如蠅，聲如鴻鵠。此國以候日，因名候日蟲。"《山堂肆考》卷一五二："細鳥，元封中，畢勒國貢細鳥，以方尺之玉籠盛數百頭，形如大蠅，狀似鸚鵡，聲聞數里，如黃鵠之音也。

國人以此鳥候時，亦名候日蟲。”

【細鳥】

即候日蟲。此稱漢代已行用。見該文。

皋鷄

名實難定鳥名。一種似鳧又有文彩之禽鳥。此稱先秦時期已行用。亦稱“澤特”。《逸周書·王會解》：“蜀人以文翰，文翰者若皋鷄。”晋孔晁注：“鳥有文彩者。皋鷄似鳧，翼州謂之澤特也。”明曹學佺《蜀中廣記·方物記·鳥》：“王會云：‘巴人以比翼鳥，蜀人以文翰。文翰者，若皋鷄。’”《通雅·動物》：“《王會篇》：‘蜀人以文翰，若皋鷄。’注：‘鳥有文彩者，皋鷄似鳧，翼州謂之澤特。’”明馮時可《雨航雜録》卷下：“《周書·王會》：‘赤奕陰羽之前馬有母，兒有乘黄……鳥有皋鷄，異獸有尊耳等類，皆奇物。’”

【澤特】

即皋鷄。此稱晋代已行用。見該文。

除溪鳥

名實難定鳥名。一種形如鴟鴞之黑色小鳥，天欲陰雨即鳴。此稱三國時期已行用。《太平御覽》卷九二八引《臨海異物志》曰：“又曰除溪鳥，小如鴟鴞，甚黑，天欲陰雨即鳴，自言溪瀆。”《駢雅·釋鳥》：“除溪、賓師，鴟鴞屬也。”

琅鳥

名實難定鳥名。此稱先秦已行用。《山海經·大荒北經》：“東北海之外，大荒之中，河水之間附禺之山……有青鳥、琅鳥、玄鳥、黄鳥、虎、豹、熊、羆、黄蛇、視肉、璿、瑰、瑶、碧，皆出衛於山。”郭璞注：“在其山邊也。”

帶箭鳥

名實難定鳥名。此鳥形如野鵲，翅羽黄緑間錯，尾羽兩枚，長二尺餘，且尾有毛，頗似箭羽，因名。此稱唐代已行用。唐劉恂《嶺表録異》卷中：“有鳥形如野鵲，翅羽黄緑間錯，尾生兩枝，長二尺餘，直而不曲，唯尾稍有毛，宛如箭羽，因目之爲帶箭鳥。”《太平廣記》卷四六三：“帶箭鳥，鳴如野鵲，翅羽黄緑間錯，尾生兩枝，長二尺餘，直而不梟，唯尾稍有毛，宛如箭羽，因目之爲帶箭鳥。”

焉

名實難定鳥名。此稱漢代已行用。亦稱“焉鳥”。《説文·鳥部》：“焉，焉鳥。黄色，出於江淮。象形。”段玉裁注：“今未審何鳥也。自借爲助詞，而本義廢矣。”

【焉鳥】

即焉。此稱漢代已行用。見該文。

乾吉

名實難定鳥名。南方一種食子之鳥。此稱漢代已行用。漢劉向《古列女傳·晋羊叔姬》：“南方有鳥名曰乾吉，食其子不擇肉，子常不遂。”明董斯張《廣博物志》卷四八：“骨托之鳥食鐡，乾吉之鳥食其子。”

乾餘骨

名實難定鳥名。昔傳此鳥由鴝掇（蟲名）變化而成。此稱先秦時期已行用。《列子·天瑞》：“鴝掇千日，化而爲鳥，其名曰乾餘骨。”《莊子·至樂》：“鴝掇千日爲鳥，其名爲乾餘骨。”明王世貞《弇州四部稿·説部》：“蝴蝶化而爲鴝掇（蟲名），鴝掇千日爲乾餘骨（鳥名），乾餘骨之沫爲斯彌（蟲名）。”

黄匡鳥

名實難定鳥名。一種首尾色黑而翅黄之禽鳥。此稱見於明代典籍。明徐應秋《玉芝堂談薈》卷三三："又有黄匡鳥似鳥略小，首尾黑而翅黄。"

黄鵙

名實難定鳥名。形似百舌，灰黑色，雀行，天將雨而鳴之鳥。此稱明代已行用。亦稱"漱糠鳥"。《山堂肆考》卷二三七："黄鵙形似百舌，灰黑色，雀行，性躁，好鳴叢林間。又名漱糠鳥，天將雨則鳴。"參閱《格致鏡原》卷八一。

【漱糠鳥】

即黄鵙。此稱明代已行用。見該文。

兜兜鳥

名實難定鳥名。一種形似鶌鳩，其鳴自號，五月節後不知所終之鳥。此稱唐代已行用。唐段成式《酉陽雜俎・廣動植》："兜兜鳥，其聲自號，正月以後作聲，至五月節不知所在，其形似鶌鳩。"省稱"兜兜"。《山堂肆考》卷二三七："兜兜，《雜俎》：'兜兜鳥，其聲自號，正月以後作聲，至五月節不知所在，其形似鶌鳩。'"參閱明董斯張《廣博物志》卷四八"兜兜鳥"文。

【兜兜】

"兜兜鳥"之省稱。此稱明代已行用。見該文。

庸渠鳥

名實難定鳥名。鳥羽灰色，體似鳧而鷄脚。此稱明代已行用。亦稱"章渠"。明徐應秋《玉芝堂談薈》卷三三："庸渠鳥，似鳧，灰色而鷄脚，一名章渠。"

【章渠】

即庸渠鳥。此稱明代已行用。見該文。

惜春鳥

名實難定鳥名。一種小於燕之禽鳥。其鳴如"莫摘花果"，因名。亦稱"護山鳥""護山鷄"。此稱宋代已行用。宋葉廷珪《海録碎事・鳥獸草木部・飛鳥門》："惜春鳥，大不逾燕，其聲曰'莫摘花果'，人謂之護山鳥。"《續通志・禽類》："惜春鳥，大不逾燕，其聲曰'莫摘花果'，人謂之護山鳥，見《海録碎事》。"《江南通志・食貨志・池州府》："惜春鳥，出九華山。"《淵鑑類函》卷四二八："《海録碎事》曰：惜春鳥，大不逾燕，其聲曰'莫摘花果'，人謂之護山鷄。"

【護山鳥】

即惜春鳥。此稱宋代已行用。見該文。

【護山鷄】

即惜春鳥。此稱宋代已行用。見該文。

陰鳥

名實難定鳥名。一種天陰將雨則鳴之禽鳥。此稱三國時期已行用。名見《管輅別傳》。宋高似孫《緯略・少女風》引《管輅別傳》曰："今夕當雨時，樹中已有少女微風，又有陰鳥和鳴。"《南齊書・張融傳》："陰鳥陽禽，春毛秋羽。"清黃生《義府・少女風》："近閱《典籍便覽》：'少女風。'注：'將雨初，來微風也。'又，'少男風'注：'將雨至，急風也。'考《〔管〕輅傳》，輅言：'樹上已有少女微風，樹間又有陰鳥和鳴。'"按，一說鸛、鶴亦名陰鳥。如，宋朱震《漢上易傳・說卦傳》："巽爲鸛，陰鳥也。"又，明王逵《蠡海集・庶物類》："飛禽皆屬陽，故晝飛鳴而夜栖宿。然烏獨夜飛鳴者，色黑屬陰，從其類也。鸛、鶴夜飛鳴者，水鳥含陰，從其性也。然雁之爲鳥古稱爲陽，實陰鳥也。"今附此以供詳考。

陰諧

名實難定鳥名。昔傳此鳥遇陰雨則鳴，故稱。此稱漢代已行用。《淮南子·繆稱訓》：“暉目知晏，陰諧知雨。”高誘注：“陰諧，暉目雌也，天將陰雨則鳴。”莊達吉校：“暉目疑當作暉日。《説文》：鴆，運日也。”宋吳曾《能改齋漫録·方物·辨鴆鳥》：“按，《説文》曰：‘鴆，毒鳥也。一名運日。’《廣雅》曰：‘雄曰運日，雌曰陰諧。’又曰：‘形似鷹，大如鴞，毛黑，喙長七八寸，黃赤如金，食蛇及橡實，嘗居高山巔。’”明李時珍《本草綱目·禽一·鴆》：“雄名運日，雌名陰諧。運日鳴則晴，陰諧鳴則雨。”《通雅·動物》：“羅願曰：‘鴆狀如鴞，紫黑色，雄名運日，雌名陰諧。’”

喜日鵝

名實難定鳥名。一種日出時銜翅而舞之鳥。此稱漢代已行用。亦稱“舞日鵝”。漢郭憲《洞冥記》卷三：“有喜日鵝，至日出時銜翅而舞，又名曰舞日鵝。”明陳禹謨《駢志·喜日鵝》：“《洞冥記》：有喜日鵝，至日出時銜翅而舞。又名曰舞日鵝。”

【舞日鵝】

即喜日鵝。此稱漢代已行用。見該文。

朝烏

名實難定鳥名。此稱晉代已行用。晉傅玄《走狗賦》：“邀朝烏之輕機兮，絶奔獸之逸軌。”《梁書·諸夷傳》：“有朝烏者，旦旦集王殿前，爲行列，不畏人，日出然後散去。”元黎崱《大別山咏禹柏》詩：“摩挲擬問胼胝事，遺廟朝烏去不還。”

善芳

名實難定鳥名。鳥産北狄，頭若雄鷄，佩之令人不昧。此稱先秦時期已行用。《駢雅·釋鳥》：“善芳，奇幹鳥也。”《逸周書·王會解》：“奇幹善芳，善芳者頭若雄鷄，佩之令人不昧。”晉孔晁注：“奇幹，亦北狄。善芳，鳥名。”明王志長《周禮注疏删翼》卷二四：“奇幹善芳，善芳頭若雄鷄，佩之令人不昧。”明謝肇淛《滇略·文略》：“奇幹善芳，各修貢職；條支若木，咸順指令。”

寒將

名實難定鳥名。傳説中的水鳥。此稱漢代已行用。《淮南子·説林訓》：“鳥飛反鄉，兔走歸窟，狐死首邱，寒將翔水，各哀其所生。”高誘注：“寒將，水鳥。”《格致鏡原》卷八一：“《淮南子》：寒將，水禽也。”

楚魂鳥

名實難定鳥名。傳説楚懷王靈魂所化之禽鳥。名見晉崔豹《古今注》。此稱晉代已行用。省稱“楚魂”。亦稱“亡魂”。唐來鵠《寒食山館書情》詩：“蜀魄啼來春寂寞，楚魂吟後月朦朧。”《格致鏡原》卷八一：“《古今注》：楚魂鳥，一名亡魂。或云楚懷王與秦昭王會於武關，爲秦所執，囚咸陽不得歸，卒死於秦後，於寒食月夜人見於楚，化而爲鳥，名楚魂。”

【楚魂】

“楚魂鳥”之省稱。此稱唐代已行用。見該文。

【亡魂】

即楚魂鳥。此稱晉代已行用。見該文。

楚鷄

名實難定鳥名。此稱宋代已行用。亦稱“鵫鳥”。宋羅願《新安志·叙物産·羽族》：“鵫鳥，一名楚鷄。尤愛其羽，中矰弋則守死不動。”

【䳱鳥】

即楚鷄。此稱宋代已行用。見該文。

蜜母鳥

名實難定鳥名。一種蜜蜂隨其行止之鳥。此稱三國時期已行用。省稱"蜜母"。《格致鏡原》卷八一引三國吳沈瑩《臨海異物志》："蜜母鳥，凡一飛舉蜜蜂輒群隨之。正月旦，爲蜜蜂周行諸山求可安處。蜜母入蜂中宿也。"

【蜜母】

"蜜母鳥"之省稱。此稱三國時期已行用。見該文。

【零雀】

即蜜母鳥。此稱晋代已行用。《太平御覽》卷九二八引晋郭璞《蜜蜂賦》曰："大君以總群氏，又協氣於零雀，每先馳而葺宇，番巖穴之經略。"注："蜜母，一名零雀。"見"蜜母鳥"文。

碧鷄

名實難定鳥名。一種會報更的林鳥。此稱明代已行用。明劉基《絶句漫興七首》之七："永夜西風嫋嫋來，露華如玉委蒼苔。碧鷄啼落山頭月，腸斷槐根夢不回。"明張佳胤《游太華山記》："每鼓林鳥叫號，互移栖所，夜凡五起，山僧視爲更候。是夕，余不能寐，驗之果爾。枕上口占四詩内云：'山中無玉漏，自有碧鷄啼。'蓋謂是也。"一說碧鷄乃毛彩如孔雀之鳥。明徐應秋《玉芝堂談薈》卷三三："羅浮山有鳥名碧鷄，毛彩如孔雀而五距。"

翾翾

名實難定鳥名。一種自銜其羽而飲之禽鳥。此稱先秦時期已行用。亦作"周周"。《韓非子・説林下》："鳥有翾翾者，重首而屈尾，將欲飲於河，則必顛，乃銜其羽而飲之。"《文選・阮籍〈咏懷〉詩之十四》："周周尚銜羽，蛩蛩亦念飢。"李善注："韓子曰：鳥有周周者，首重而屈尾。"明董斯張《廣博物志》卷四四："鶬鷗之信不如雁，周周之知不如鴻。"清惠士奇《禮説・秋官二》："翾翾銜羽飲河，顧其後也。"

【周周】

同"翾翾"。此體先秦時期已行用。見該文。

端琦

名實難定鳥名。此稱漢代已行用，語本漢劉向《説苑》。亦稱"諫珂"。《太平御覽》卷九二七引《説苑》曰："晋平公出朝，其鳥環平公不去，平公顧謂師曠曰：'是鳳邪？'曠對曰：'東方有鳥，名爲端琦，憎鳥而愛狐。'"《駢雅・釋鳥》："端琦，諫珂也。"

【諫珂】

即端奇。此稱明代已行用。見該文。

遮吒迦鳥

名實難定鳥名。一種僅食魚的禽鳥。此稱唐代已行用。唐段成式《酉陽雜俎・貝編》："遮吒迦鳥，惟得食魚。"參閲《佩文韻府・平歌》"遮吒迦"文。

餔䚢

名實難定鳥名。亦稱"鵖"。此稱秦漢時期已行用。《爾雅・釋鳥》："鵖，餔䚢。"郭璞注："音義未詳。"邢昺疏："《釋文》：鵖，作鴔；䚢，作鼓。"《駢雅・釋鳥》："餔䚢，鵖也。"一說此即鶻鳩。《續通志・禽類》："《爾雅》云：'鵖，餔䚢。'郭注：'未詳。'《通雅》曰：'即鶻鳩，俗呼鶻姑子。'"

【鵖】

即餔䚢。此稱秦漢時期已行用。見該文。

篏疵

名實難定鳥名。一種黑色水鳥。此稱漢代已行用。亦稱“篏疵鳥”“鱢雌”。《漢書·司馬相如傳》：“煩鶩庸渠，篏疵鴻盧。”顏師古注：“張揖曰：篏疵，似魚虎而蒼黑色。”《陝西通志·藝文四·上林賦》：“煩鶩鸍渠，鱢雌鴻鸍。”注：“《漢書》作篏疵。”明徐應秋《玉芝堂談薈》卷三三：“篏疵鳥，似魚虎而蒼黑色。”《格致鏡原》卷八一：“《庶物異名疏》：篏疵鳥也，見《上林賦》張楫（揖）注云：篏疵，似魚虎，而蒼黑色。”

【篏疵鳥】

即篏疵。此稱明代已行用。見該文。

【鱢雌】

同“篏疵”。此稱漢代已行用。見該文。

潮鷄

名實難定鳥名。一種短頸小鷄，每潮至則鳴，故稱。此稱南北朝時期已行用。亦稱“鳴鷄”“林鷄”。宋樂史《太平寰宇記·嶺南道十五·愛州》引南朝梁顧野王《地輿志》云：“愛州移風縣有潮鷄，鳴旦，清如吹角，潮至則鳴，一名林鷄，其冠四開宛如芙蓉。”明李賢等《明一統志·廣東布政司》：“潮鷄，似鷄而小，頸短，潮至則鳴。”《浙江通志·物產·台州府五》：“又有潮鷄，遇潮長則鳴。孟浩然《天台詩》所謂‘鳴鷄信早潮’是也。”《廣東通志·物產志·鳥》：“移風縣有潮鷄，鳴長且清，其聲如吹角，每潮至則鳴，故呼爲潮鷄。沈約《袖中記》、《輿地志》云：‘一名林鷄。’”

【鳴鷄】

即潮鷄。此稱唐代已行用。見該文。

【林鷄】

即潮鷄。此稱南北朝時期已行用。見該文。

潛鵠

名實難定鳥名。傳說中一種似鵠而體大之禽鳥。此稱晉代已行用。《文選·郭璞〈江賦〉》：“爾其水物怪錯，則有潛鵠魚牛，虎蛟鈎蛇。”李善注：“舊說曰：潛鶴（鵠），似鵠而大。”明王世貞《弇州四部稿·說部》：“潛鵠，似鵠而大。”清沈堡《浙江觀潮歌》：“潛鵠揚迅波磅礴，老蛟泣神雨不愁。”

鶴

名實難定鳥名。一種青身、朱目、赤尾，近似鴨類之禽鳥。其脚近尾，略不能行。此稱先秦時期已行用。亦稱“鶴頭”“鷄”。《山海經·中山經》：“又東十里曰青要之山……有鳥焉，名曰鶴，其狀如鳧，青身而朱目赤尾，食之宜子。”《爾雅·釋鳥》：“鶴頭，鷄。”郭璞注：“似鳧，脚近尾，略不能行。江東謂之魚鷄。”郭璞《江賦》：“其羽族也，則有晨鵠天鷄，鶴鶩鷗獻……千類萬聲，自相喧聒。”《通志·禽類》：“鶴頭，《爾雅》曰：鷄，鶴……郭云似鳧，脚近尾，略不能行。江東謂之鷄……按，此鳥類野鴨而文彩，不能行，多溷野鴨群中浮游。”明董斯張《廣博物志》卷四八：“有鳥焉，名曰

鶴
（明王圻等《三才圖會》）

鵒，其狀如鳧，青身而赤目赤尾，食之宜子。”

【鵊頭】

即鵒。此稱秦漢時期已行用。見該文。

【䳩】

即鵒。此稱秦漢時期已行用。見該文。

鵒䳢

名實難定鳥名。此稱宋代已行用。《集韻·平肴》：“鵒，鵒䳢，鳥名。曲喙。”

鴖鵋

名實難定鳥名。一種如烏而有白文之禽鳥。此稱先秦時期已行用。《山海經·北山經》：“又東百八十里曰小侯之山……有鳥焉，其狀如烏而白文，名曰鴖鵋，食之不灂。”

獨足鶴

名實難定鳥名。此稱漢代已行用。亦稱“畢方鳥”“畢鸞”。唐李綽《尚書故實》：“漢武帝時，嘗有外域獻獨足鶴，人皆不知，以爲怪異。東方朔奏曰：‘此《山海經》所謂畢方鳥也。’驗之果是。因敕廷臣皆習《山海經》。”宋葉廷珪《海錄碎事·鳥獸草木部·飛鳥門》：“漢武時有獻獨足鶴，東方朔曰：‘此《山海經》所謂畢鸞。’”元陰勁弦等《韻府群玉》卷一九：“獨足鶴，漢武時有獻獨足鶴，東方朔曰此《山海經》所謂畢鸞也（《尚書故實》）。”明徐應秋《玉芝堂談薈》卷三三：“武帝時有獨足鶴人皆不知，以爲怪異，東方朔奏曰：此《山海經》所謂畢方鳥也。”

【畢方鳥】

即獨足鶴。此稱先秦時期已行用。見該文。

【畢鸞】

即獨足鶴。此稱先秦時期已行用。見該文。

鴿鵙

名實難定鳥名。一種狀如山鷄而長尾，赤身青喙之鳥，服之不眯。此稱先秦時期已行用。《山海經·中山經》：“又西十里曰厤山……有鳥焉，狀如山鷄而長尾，赤如丹火而青喙，名曰鴿鵙。其鳴自呼，服之不眯。”《太平御覽》卷九二八：“又曰厤山有鳥，名曰鴿鵙，其鳴自呼，服之不眯。”《駢雅·釋鳥》：“鴿鵙，山鷄屬也。”

鴖

名實難定鳥名。據傳此鳥是一種似翠而赤喙，可以禦火之鳥。此稱先秦時期已行用。《山海經·西山經》：“又西八十里曰符禺之山……其鳥多鴖，其狀如翠而赤喙，可以禦火。”明李日華《六研齋二筆》卷三：“《山海經》曰：‘符禺之山有鳥焉，其狀如翠而赤喙，其名曰鴖，可以衛火。’”

翳鳥

名實難定鳥名。一種鳳類禽鳥。此稱先秦時期已行用。《山海經·海內經》：“北海之內有蛇山者……有五彩之鳥，飛蔽一鄉，名曰翳鳥。”漢司馬相如《上林賦》：“促鶬鵝，拂翳鳥，捎鳳凰，捷鵷鶵。”

嬰勺

名實難定鳥名。昔傳乃身似鵲，赤目，赤喙，白身，尾若酒勺形之禽鳥。此稱先秦時期已行用。《山海經·中山經》：“又東四十里曰支離之山……有鳥焉，其名曰嬰勺，其狀如鵲，赤目，赤喙，白身，其尾若勺（似酒勺形），其鳴自呼。”《太平御覽》卷九二八：“又曰攻離山有鳥，名曰嬰勺，其狀如鵲，赤喙白身，其尾若勺（似頂勺形），其鳴自呼。”《駢雅·釋鳥》：

"嬰勺，鶚屬也。"

鵁²

名實難定鳥名。一種似鶃而短頸，腹翅紫白，背上綠色之水鳥。此稱秦漢時期已行用。亦稱"烏鶚。"《爾雅·釋鳥》："鵁，烏鶚。"郭璞注："水鳥也，似鶃而短頸，腹翅紫白，背上綠色，江東呼烏鶚。"《説文·鳥部》："鵁，烏鶚也。"《集韻·入鐸》："鵁，鳥名。《説文》：'烏鶚也。'"清杭世駿《續方言》卷下："鵁，水鳥也。似鶃而短頸，腹翅紫白，背上綠色。"按，《集韻》引《説文》"烏鶚"應爲"烏鶚"。

【烏鶚】

即鵁²。此稱秦漢時期已行用。見該文。

麝香鳥

名實難定鳥名。其香可與麝相類比，故名。此稱宋代已行用。《爾雅翼·釋獸》："麝，獸之香者，故物之香者比之，今有麝香鳥，又有麝香木。"明盧之頤《本草乘雅半偈·本經上品·麝臍香》："麝爲獸之香者，故物之香比之，有麝香鳥、麝香木。"

歸飛

名實難定鳥名。一種鳴聲自呼之鳥。此稱南北朝時期已行用，亦沿稱於後世。北魏酈道元《水經注·溫水》："時禽異羽，翔集間關。兼比翼鳥，不比不飛。鳥名'歸飛'，鳴聲自呼。"明徐應秋《玉芝堂談薈》卷三三："《水經注》：林邑城外香桂成林，異羽翔集，有鳥名歸飛，鳴聲自呼。"

羅羅

名實難定鳥名。此稱先秦時期已行用。《山海經·西山經》："又西三百五十里曰萊山。其木多檀楮，其鳥多羅羅。"郭璞注："羅羅之鳥，

所未詳也。"清宮夢仁《讀書紀數略·物部·鳥獸類》："鳥雙名：青丘灌灌、鶼鶼；崇吾蠻蠻；藥山羅羅、鸓鸓、周周（見《禽經》）；行扈唶唶；宵扈嘖嘖（見《獨斷》）。"一說羅羅亦獸名，其狀似虎。如《山海經·海外北經》："北海內有獸……有青獸焉，狀如虎，名曰羅羅。"

蘄州鬼

名實難定鳥名。傳説中一種不祥之禽鳥，身黑，嘴白，鳴聲清急。此稱宋代已行用。宋王質《紹陶錄》卷下："蘄州鬼，身黑，嘴足俱白，聲清急，別一聲。"宋蘇軾《五禽言》詩之一："使君向蘄州，更唱蘄州鬼。我不識使君，寧知使君死。"自注："王元之自黃移蘄州，聞啼鳥，問其名，或對曰：'此名蘄州鬼。'元之大惡之，果卒於蘄。"《山堂肆考》卷二三七："宋王元之自黃移蘄州，聞啼鳥，問其名，對曰'蘄州鬼'，王大惡之，果卒於蘄州。"

護花鳥

名實難定鳥名。傳説中一種鳴聲如"無偷花果"或"莫損花"之禽鳥，因稱。此稱宋代已行用。宋宋祁《益部方物略記·護花鳥》："護花鳥，青城、峨眉間往往有之。至春則啼，其音若云'無偷花果'，仿佛人言云。"明曹學佺《蜀中廣記·方物記》："又云護花鳥，青城、峨眉間，往往有之。"《格致鏡原》卷八一引明李翊《戒菴漫筆》："池州九華山，江南勝地。山中有奇花，歲發則有護花鳥鳴焉。游人欲折者，鳥則盤旋其上，鳴聲云：'莫損花，莫損花。'"

鶴頂鳥

名實難定鳥名。出舊港國，長脛、黑毛之禽鳥。此稱明代已行用。《佩文韻府·上鳥》引《瀛涯勝覽》："舊港鶴頂鳥大於鴨，毛黑，脛

長，腦骨厚寸餘，内黄外紅，俱鮮麗可愛。"《格致鏡原》卷八一："《瀛涯勝覽》：舊港國有鶴頂鳥，大於鴨，毛黑，脛長，腦骨厚寸餘，内黄外紅，俱鮮麗可愛。"

驚心鳥

名實難定鳥名。此稱南北朝時期已行用。南朝梁聞人蒨《春日二首》詩之二："緑葵向光轉，翠柳逐風斜。林有驚心鳥，園多奪目花。"《錦繡萬花谷後集》卷三："林有驚心鳥，園多奪目花。"《山堂肆考》卷二三七："《初學記》：'林有驚心鳥。'"

玃玃

名實難定鳥名。傳説中一種美味珍禽，其肉可烤炙。先秦時期已行用此稱。亦作"玃玃"《吕氏春秋・本味》："肉之美者，猩猩之脣，玃玃之炙。"漢高誘注："玃玃，鳥名，其形未聞。"清馬驌《繹史》卷一四引《吕氏春秋》："肉之美者，猩猩之脣，玃玃之炙。"

【玃玃】

同"玃玃"。此體清代已行用。見該文。

蟲渠

名實難定鳥名。一種狀如山鷄，黑身赤足之鳥，可醫皮膚皺起。此稱先秦時期已行用。《山海經・西山經》："西四十五里曰松果之山……有鳥焉，其名曰蟲渠，其狀如山鷄，黑身赤足，可以已皪。"郭璞注"皪"："謂皮皺起

也。"宋樂史《太平寰宇記・關西道五・華州》："《山海經》云：華山首曰錢來山，其上多銅。有鳥名曰蟲渠，狀如山鷄，黑身赤足。"明孫瑴《古微書・雒書緯》："蟲渠已皪（皮皺起也）。"《駢雅・釋鳥》："蟲渠、鴗鷈，山鷄屬也。"

躬䲹

名實難定鳥名。一種如烏而赤足之禽鳥。此稱先秦時期已行用。《山海經・中山經》："又東二百里曰丑陽之山……有鳥焉，其狀如烏而赤足，名曰躬䲹，可以禦火。"

鶬鷄

名實難定鳥名。單稱"鶬"。亦稱"鶬渠""水鷄"。似鷺而金頂紅嘴，肉味香脆可啖。《廣韻・平陽》："鶬，吳人呼水鷄爲鶬渠。"《格致鏡原》卷八一："鶬鷄，水鷄。《五侯鯖》：鶬鷄，形似鷺，金頂紅嘴，肉味香脆柔美，甲於水陸之鳥，須骨可啖，食品之珍奇。每來於三月三日前，去於九月九日前，來則夜至，群飛之聲如雷。"

【鶬】

"鶬鷄"之單稱。此稱宋代已行用。見該文。

【鶬渠】

即鶬鷄。此稱宋代已行用。見該文。

【水鷄】

即鶬鷄。此稱宋代已行用。見該文。

第四節　鳥體形態結構與巢穴

受我國傳統"道器觀"及傳統"探賾方式"的影響，數千年來，先民多重對鳥類外部形態及習性的觀察與研究，而缺乏對其内部器官深入細密的解剖學、生理學的觀察與研

究。以上特點，鮮明地反映在中國古代典籍中，或曰在中國古代典籍中鳥類、獸類，乃至一切動物，難見解剖學、生理學的探索成果。在一些古代文學作品中關涉鳥獸之類器官者，無非是一些詞藻性用語。如鳳毛麟角、虎頭蛇尾、薄如蟬翼、輕如鴻毛等。這些用語，或虛或實，旨在狀物寫意而已。而關涉外部形態的命名時，則常以人的衣飾爲喻，如鳥之頂部，或稱爲"毛冠"，或稱爲"肉冠"，或稱爲"戴勝"（以古代婦女首飾爲喻），或稱爲"肉綏"（吐綏類禽鳥繁殖期所生的肉狀彩囊，因形似古代之綏帶，故稱）。諸如此類的人性化命名，頗具民族色彩，但禽鳥作爲活體動物，有其特殊的外部形態與內部結構，不可以比喻或形象化的命名取代之。

《爾雅·釋鳥》："二足而羽謂之禽，四足而毛謂之獸。"邢昺疏："別禽獸之異也。凡語有通別，別而言之，羽則曰禽，毛則曰獸。"言簡意賅，禽鳥的外部形態一言以蔽之，同時也指出了禽鳥與獸畜的區別。不過，這祇是以禽鳥與獸畜的整體形態或外部形態加以區別的。

禽鳥的外部形態是指人的視覺器官可見的特徵。今人常將其分爲頭部、頸部、軀幹部、翅翼、腿脚、尾臀諸部。各個部位的形態、特徵，是區分不同禽鳥的重要依據。我國古代雖無此規範劃分，但對各部分之觀察却極其詳細，并有專稱。本節分頭冠部、嘴喙部、胸腹部、翅翼部、尾臀部、脛足部、羽毛等七部加以考釋。

禽鳥的內部構造亦有其特徵，本節分器官部、丸卵部兩部予以考釋。

禽鳥的巢穴雖非禽鳥自身的形態與結構，但是在禽鳥生活中占有極其重要的地位，亦附於本卷略作考釋。

一、頭冠部

冠羽

頭冠示意圖

頭冠名。謂鳥頭頂上之冠狀羽毛，即今稱之羽冠。此稱宋代已行用。宋王應麟《玉海·祥瑞·動物》："賈逵傳：永平中，神爵集宮殿官府，冠羽有采色者，帝異之。"《山堂肆考》卷一二五："東漢顯宗時，有神雀集宮殿官府，冠羽有五色，帝以問臨邑侯劉復，不能對。"

毛冠

頭冠名。指禽鳥頭上之冠羽。此稱晋代已行用。《晋書·慕容儁載記》："鷫者，燕鳥也，首有毛冠者言大燕。"《爾雅翼·釋鳥》："鴉似梟而脛高，有毛冠，江東人養之，以厭火灾。"宋樂史《太平寰宇記·嶺南道十五·愛州》："鳥王，如鵲，頭上有毛冠，尾長一尺五寸，純黑色。"

戴勝²

頭冠名。謂禽鳥頭上之冠羽。勝，本指古代婦人之首飾。如《漢書·司馬相如傳下》："〔西王母〕暠然白首戴勝而穴處兮，亦幸有三足鳥爲之使。"顔師古注："勝，婦人首飾也。"《山堂肆考》卷八："〔花勝〕《荆楚歲時記》：人日剪綵爲花勝，或鏤金簿爲人勝……李商隱詩：'鏤金作勝傳荆俗，剪綵爲人起晋風。'"清沈自南《藝林彙考·服飾篇·簪髻類》："雋言《大人賦》：'西王母，白首戴勝而穴處。'師古曰：'勝，婦人首飾也，漢代謂之華勝。'"一些禽鳥頭有冠羽，其形若勝，如古代婦人頭戴華勝，因名。此稱先秦時期已行用。單稱"勝"。亦稱"戴鵀"。舊題周師曠《禽經》："鳲鳩、戴勝，布穀也。"張華注："《爾雅》曰：鳲鳩，戴鵀。鵀即首上勝也，頭上尾起，故曰戴勝。"《通雅·動物》："又曰鳳皇皂隸，汴人呼爲夏舌，如燕黑色，長尾有歧，頭上戴勝，是即《爾雅》之'鳲鳩戴鵀'矣……《爾雅》：'鷿，山鵲，頭上戴勝，赤味足，長尾。'鄭樵以鷿爲喜鵲。"明徐應秋《玉芝堂談薈》卷三二："鵀，有勝。"戴勝亦攀禽名。參見本卷《習見禽鳥説·攀禽考》"戴勝¹"文。

【戴鵀】²

即戴勝²。此稱秦漢時期已行用。見該文。

【勝】

"戴勝²"之單稱。此稱秦漢時期已行用。見該文。

鷄冠

頭冠名。鷄禽類頭頂部突起之赤色肉狀物。雌鷄稍小，雄鷄最爲顯著，此爲鷄類雌雄之標志，尤以赤紅爲最佳。此稱秦漢時期已行用。亦稱"鷄幘""花冠""赤幘"。《黄帝内經·素問·五藏生成論》："〔五藏之氣〕青如翠羽者生，赤如鷄冠者生。"漢張機《金匱要略方論》卷二三："〔救卒死方〕又方，雄鷄冠割取血，管吹，内鼻中。"三國魏曹丕《與鍾繇謝玉玦書》："赤擬鷄冠，黄侔蒸栗。"北魏楊衒之《洛陽伽藍記·凝圓寺》："于闐國王，頭著金冠似鷄幘。"《藝文類聚》卷九一引南朝陳徐陵《鬥鷄》詩曰："季子聊爲戲，陳王欲騁才。花冠已衝力，金爪復驚媒。"宋梅堯臣《和通判太博鷄冠花十韻》："乃有秋花實，全如鷄幘丹。"宋陸游《新買啼鷄》詩："峨峨赤幘聲甚雄，意氣不與其曹同。我求長鳴久未獲，一見便覺千群空。"

【鷄幘】

即鷄冠。此稱南北朝時期已行用。見該文。

【花冠】

即鷄冠。此稱南北朝時期已行用。見該文。

【赤幘】

即鷄冠。此稱宋代已行用。見該文。

丹頂

頭冠名。指丹頂鶴之頭頂，以其皮膚裸露色呈朱紅，故稱。此稱唐代已行用。唐劉禹錫《鶴嘆二首》詩之二："丹頂宜承日，霜翎不染泥。"宋胡宿《咏鶴》詩："獨立青田刷羽儀，朱研丹頂雪裁衣。"明宋詡《竹嶼山房雜部·樹畜部·畜獸法》:“鶴，穀食，畜之亦卵生。常宜佐以魚鮮，其雛能保護，其首起丹頂，乃得長壽。”清倪濤《六藝之一録》卷二五三:“鶴，鳥似鵠，長喙，丹頂。”清王士禛《居易録》卷一二:“粤東洋舶有携小鶴來自海外者，高三寸，長二寸許。素羽，丹頂，喙脛皆緑，與鶴無異。”

幘

頭冠名。禽鳥頭上之冠，亦特指鸜鵒嘴基上之額羽。亦類似於鷄冠。《埤雅·釋鳥》:“〔鸜鵒〕鳥似鵙，而有幘。”《爾雅翼·釋鳥》:“鸜鵒，似鵙而有幘。飛輒成群多聲，字書謂之哵哵鳥。”明徐應秋《玉芝堂談薈》卷三二:“鴝鵒，有幘。”《陝西通志·物産二·禽屬》:“鸜鵒，身首俱黑，兩翼下各有白點，頭上有幘，亦有無幘者(《本草綱目》)，俗名八哥，翦舌尖能效人言。”

肉角

頭冠名。吐綬類禽鳥頭上兩側所生之肉狀突出物，其狀如角，故稱。此稱宋代已行用，名見宋張師正《倦游雜録》。明周祈《名義考·物部·鷊》:“《倦游録》:吐綬，一名真珠鷄。遇晴日先出兩肉角，然後徐舒其綬，逾時斂於嗉下。”明徐應秋《玉芝堂談薈》卷三二:“吐綬，有肉角。”

肉冠

頭冠名。禽鳥頭上所生之肉狀突出物，上有叢毛，狀如冠冕。故名。此稱三國時期已行用。元許謙《詩集傳名物鈔》卷六:“陸璣疏:微小於翟，走而且鳴，音鷮鷮然。色如雌雉，尾如雉尾而長，頭上有肉冠，冠上叢毛，長數寸，如雄雉尾角。”明毛晋《陸氏詩疏廣要·釋鳥·有集維鷮》:“鷮，是雉中之別名。陸璣曰:微小於翟，走而且鳴，音鷮鷮然。其色如雌雉，尾如雉尾而長，其頭上有肉冠，冠上藂毛，長數寸，如雄雉尾角也。”

肉綬

頭冠名。吐綬類禽鳥繁殖期項部所生肉狀彩囊。亦稱“彩囊”。綬長闊近尺，紅碧相間，彩色焕爛，繁殖期後，逾時悉斂。舊題周師曠《禽經》:“頸有彩囊，曰避株。”宋祝穆《古今事文類聚後集·羽蟲類》引《倦游雜録》:“巴峽中有吐綬鷄，以其羽毛有白圓點，又名真珠鷄。嗉藏肉綬長闊數寸，紅碧相間，極焕爛。常時不見，須遇晴日則向陽擺之，頂首先出兩角肉，亦二寸許。”明李時珍《本草綱目·禽二·鷩雉》:“吐綬鷄，時珍曰:出巴峽及閩廣山中，人多畜玩……嗉囊内藏肉綬。”清姚炳《詩識名解·鳥部·鷊》:“李時珍云:吐綬鷄，項有嗉囊，内藏肉綬，常時不見，春夏清明則向日擺之。”

【彩囊】

即肉綬。此稱先秦時期已行用。見該文。

翠角

頭冠名。吐綬類禽鳥繁殖期雄鳥頭上所生之肉狀突出物。此稱宋代已行用。宋祝穆《古今事文類聚後集·羽蟲類》:“巴峽中有吐綬鷄，以其羽毛有白圓點，又名真珠鷄。嗉藏肉綬長闊數寸，紅碧相間，極焕爛。常時不見，須遇晴日則向陽擺之，頂首先出兩角肉，亦二寸許。”明曹學佺《蜀中廣記·方物記·鳥》:“《禽經》云吐綬鷄，出巴峽山中，人多蓄玩……頂上先出兩翠角，二寸許。”清姚炳《詩識名解·鳥部·鷊》:“李時珍云:吐綬鷄，項有嗉囊，內藏肉綬，常時不見，春夏清明則向日擺之。頂上先出兩翠角，二寸許，乃徐舒項下。"《陝西通志·物産二·禽屬》："吐綬鷄，羽色多黑，雜以黃白圓點，如真珠斑。頂（項）有嗉囊，內藏肉綬，常時不見，每春夏清明則向日擺之。頂上先出兩翠角。"

鳥喉

頭冠名。位在頰下方。《山堂肆考》卷二三九："上音，剪鳥喉下肥肉也。"明倪元璐《飲臨清馬太學園亭自午至月上始散得游字》詩："籤抅掔松肘，風尖錯鳥喉。"清高宗《阿穆呼朗圖行宮作》詩："蚤脅報寒鼓，鳥喉話別啼。"

鳥鼻

頭冠名。指禽鳥之鼻。位於臉的前部，喙之上方，雙孔，屬呼吸系統。明徐應秋《玉芝堂談薈》卷六："靈曜姬文，鳥鼻日角。"

二、嘴喙部

嘴

嘴喙名。禽鳥之嘴。鳥嘴多爲角質而堅硬，其形狀、大小、顏色因種類不同差异極大。鳥嘴主要用於取食、啄物、築巢、鳴叫、打鬥。亦稱"鳥喙""鳥噣""鳥嘴"。《史記·趙世家》："中衍人面鳥噣。"漢劉向《說苑·復恩》："中衍人面鳥喙。"亦作"觜"。《廣雅·釋親》："觜、噣、喙，口也。"唐杜甫《杜鵑行》："穿皮啄朽嘴欲禿，苦飢始得食一蟲。"金元德明《仙鷄詩》："毷毛散灑尚可養，利嘴一哆何由張。"《通雅·動物》："鳥獸之身多名，各以意稱之，或方言也：鳥嘴曰咮，曰喙。"

【觜】

同"嘴"。此體三國時期已行用。見該文。

【鳥喙】

即嘴。此稱漢代已行用。見該文。

【鳥噣】

即嘴。此稱漢代已行用。見該文。

【鳥嘴】

即嘴。此稱明代已行用。見該文。

【咮】

即嘴。此稱先秦時期已行用。亦作"噣""注""啄"。亦稱"鳥口"。《詩·曹風·候人》："維鵜在梁，不濡其咮。"《周禮·冬官·梓人》："以注鳴者……謂之小蟲之屬。"孫詒讓正義："《公羊》釋文云：'注與咮同。'案《說文·口部》云：'咮，鳥口也。'"《漢書·東方朔傳》："尻益高者鶴俯啄也。"顏師古注："啄，鳥嘴也。"《文選·潘岳〈射雉賦〉》："當咮值胸，裂膆破嘴。"徐爰注："嘴，喙也……《字書》曰：咮，鳥口也。"《玉篇·口部》："噣……喙也。《詩》曰'不濡其噣'，亦作'咮'。"唐陸龜蒙《鴝鵒》詩序："黑襟青脛，碧爪丹噣（張救反，鳥嘴也。）。"清魏源《題林少穆制府飼鶴圖》詩："千年長羽翮，千年調素咮。"

【注】

同"咮"。此體先秦時期已行用。見該文。

【啄】

同“咮”。此體漢代已行用。見該文。

【鳥口】

即咮。此稱漢代已行用。見該文。

【噣】

同“咮”。此體先秦時期已行用。見該文。

【喙】

即嘴。泛指鳥獸之嘴，亦特指禽鳥之嘴。此稱先秦時期已行用。《周易·説卦》：“艮……爲黔喙之屬。”《戰國策·燕策二》：“蚌方出曝，而鷸啄其肉，蚌合而拑其喙。”南朝梁蕭統《鸚鵡賦》：“喙前鈎而趨步，翼高舞而翩翩。”宋朱熹《楚辭後語》卷五：“求合喙而隱志兮，幽默以待盡。”

丹嘴

嘴喙名。謂色丹之嘴。此稱南北朝時期已見行用。《梁書·侯景傳》：“忽有野鳥翔於（侯）景上，赤足，丹嘴，形似山鵲，賊徒悉駭，競射之，不能中（侯）景。”唐段公路《北户録》卷一：“廣之南新勤春十州，呼爲南道，多鸚鵡，翠衿丹嘴，巧解人言。”元郝經《續後漢書·文藝·禰衡》：“惟西域之靈鳥兮，挺自然之奇姿……紺趾丹嘴，綠衣翠衿，采采麗容，咬咬好音，雖同族於羽毛，固殊智而異心。”《續通志·禽類》：“秦吉了，一名了哥……《桂海虞衡志》云：似鸚鵡紺色，丹嘴黃距，目下連項有深黃文，項毛有縫如人分髮，能人言，比鸚鵡尤慧。”

鳳嘴

嘴喙名。特指鳳鳥之嘴。此稱唐代已行用。宋吳曾《能改齋漫録·事實》：“〔集絃膠〕杜子美《病後過王倚飲歌》云：麟角鳳嘴世莫識，煎膠續絃奇自見。”明葉子奇《草木子·觀物篇》：“凡物得氣之盛者，必有異於物：龍之異以骨，故能吸氣精；龜之異以殼，故可卜而先知……鳳嘴也，其異以膠，可以續斷絃。”清何焯《義門讀書記·李義山詩集》：“内苑秖知含鳳嘴（指畋獵）。”

爪嘴

嘴喙名。謂雀鳥之爪喙。此稱唐代已行用。宋董逌《廣川畫跋·書程文簡公所收鶻圖》：“石門山獲巨鶻，臆腹之毛純白，而桃花色橫理間之；翅以淺白，其周緣以朱色，狀如烏腦；爪嘴本白末紫，脛黃如金色，豈此圖得於是邪？”明楊士奇等《歷代名臣奏議·征伐》：“晁補之上言曰……攫鳥逸獸，雖角牙爪嘴輕利足奮，而不知人能以機械罔罟獲之。”《淵鑑類函》卷四二八引唐蕭穎士《白鷴賦序》曰：“白鷴，羽族之幽奇也，素質黑章，爪嘴純丹，體備冠距，頗類夫雊翟。神貌清閑，不雜於衆禽。栖止遐深，與人境罕接，固莫得而馴狎也。”

利嘴

嘴喙名。强力戰鬥之嘴。此稱先秦時期已行用。舊題周師曠《禽經》：“搏則利嘴。”張華注：“鳥善搏鬥者利嘴。”南唐譚峭《化書·異心》：“麟有利角，衆獸不伏；鳳有利嘴，衆鳥不賓；君有奇智，天下不臣。”明周嬰《卮林》卷二：“黃雀之利嘴，不知童子之挾彈也。”

赤嘴

嘴喙名。赤色之嘴。此稱晋代已行用。《爾雅·釋鳥》：“鸀，山烏。”晋郭璞注：“似烏而小，赤嘴，穴乳，出西方。”《隋書·五行志下》：“侯景在梁將受錫命，陳備物於庭，有野鳥如山鵲，赤嘴，集於册書之上。”明劉基《誠意伯文集·活水源記》："有鳥大如鸜鵒，黑色而赤嘴，恒鳴其上。"

紅嘴

嘴喙名。謂紅色鳥嘴。亦特指鸚鵡嘴。此稱唐代已行用。唐杜甫《鸚鵡》詩："鸚鵡含愁思，聰明憶別離。翠衿渾短盡，紅嘴漫多知。"唐白居易《雙鸚鵡》詩："綠衣整頓雙栖起，紅嘴分明對語時。"元王惲《五色鸚鵡歌》："一鈎紅嘴儘多知，兩葉翠衿真聚鷞。"《山堂肆考》卷二三七："〔鷺形鴉色〕鶄鸏，金頂紅嘴，其形類鷺，其色類鴉。"

纖嘴

嘴喙名。特指桐花鳳之嘴。其嘴纖細，便於伸入花冠内部吸食花蜜。此稱宋代已行用。宋宋祁《益部方物略記·桐花鳳》："二月桐花始開，是鳥翱翔其間，丹碧成文，纖嘴長尾，仰露以飲，至花落輒去，蜀人珍之，故號爲鳳。"明陶宗儀《説郛》卷六七下："桐花鳳，三月桐花始開，是鳥翱翔其間，丹碧成文，纖嘴長尾，仰露以飲，至花落輒去。"

雉嘴

嘴喙名。特指雉類之嘴。昔傳可以醫蟻瘻。《駢字類編·鳥獸門·雉》："雉嘴，《千金方》：'雉嘴，治蟻瘻。'"《佩文韻府·上紙》："雉嘴，《千金方》：'雉嘴，治蟻瘻。'"

曲嘴

嘴喙名。謂鈎曲之鳥嘴。亦特指鷹隼之嘴。宋胡知柔《再作十絶寄胡伯員兵侍仲方尚書》詩之六："朝行多少氣英英，不怕霜朝曲嘴鷹。一網而今都打盡，廬陵人且説廬陵。"《山堂肆考》卷二三七："竊脂者，所謂素質、曲嘴，好盜脂膏者是也。"又"紅鸚鳥，曲嘴高脚，丹頂如鶴。"

曲喙

嘴喙名。謂鳥喙之鈎曲者。此稱至遲南北朝時期已行用。北齊劉晝《劉子·傷讒》："物故有四畏，不可不慎：鳥之曲喙鋭距者，羽類畏之；獸之方喙鈎爪者，毛群畏之；魚之哆唇鋸齒者，鱗族畏之；人之利口讒諂者，人共畏之。"

燕嘴

嘴喙名。特指燕鳥之嘴。燕嘴功能頗多，特色突出。燕常於飛行中取食昆蟲，嘴多較闊；又用於銜泥築巢，嘴多纖巧。此稱唐代已行用。唐杜甫《徐步》詩："整履步青蕪，荒庭日欲晡。芹泥隨燕嘴，花蕊上蜂鬚。"宋韋驤《上巳日贛川憶東湖》詩："曉風吹雨過溪南，春色晴光三月三。燕嘴啄泥方汲汲，杏梢欹水正酣酣。"宋梅堯臣《十五日雪三首》詩之一："寒令奪春令，六花侵百花。塘冰膠燕嘴，野水澀芹牙。"宋陸游《倚欄》詩："閑岸紗巾小倚欄，吳中三月尚春寒。蜂脾蜜滿花初過，燕嘴泥新雨未乾。"元方瀾《春日遣懷》詩："泥香燕嘴草，路煖馬蹄塵。"

猛嘴

嘴喙名。特指鴷禽之嘴。鴷即啄木鳥類禽鳥，其嘴猛健，極適於斫木取蟲，故稱。此稱宋代已行用。宋梅堯臣《彼鴷吟》："斷木喙雖長，不啄柏與松……臃腫質性虛，朽蝎招猛嘴。"

鶯嘴

嘴喙名。特指鶯鳥之嘴，善啄花。此稱宋代已行用。宋秦觀《如夢令》詞："鶯嘴啄花紅溜，燕尾點波綠皺。"明湯胤勣《游琅邪寺》詩："馬蹄翻樹綠雲卷，鶯嘴啄花紅雨香。"

鸚鵡嘴

嘴喙名。特指鸚鵡之嘴，可巧學人言。此稱唐代已行用。唐劉禹錫《和樂天鸚鵡》詩："養來鸚鵡嘴初紅，宜在朱樓綉户中。頻學唤人緣性慧，偏能識主爲情通。"《佩文韻府·上嘴》："章孝標詩：'畫檻倒懸鸚鵡嘴，花衫對舞鳳凰文。'"

青玉嘴

嘴喙名。特指鶴鷺類禽鳥之嘴，白如碧玉，因名。此稱唐代已行用。唐杜牧《鷺鷥》詩："雪衣雪髮青玉嘴，群捕魚兒溪影中。驚飛遠映碧山去，一樹梨花落晚風。"宋歐陽修《戲答聖俞》詩："鶴行而啄，青玉嘴，枯松脚。"

栀黄嘴

嘴喙名。特指雛鵝嘴，其色栀黄，故稱。此稱唐代已行用。唐韓偓《深院》詩："鵝兒唼喋栀黄嘴，鳳子輕盈膩粉腰。"

三、胸腹部

臆

胸腹名。臆本指胸、胸骨。如《説文·肉部》："肊，胸骨也……臆，肊，或从意。"《文選·王粲〈登樓賦〉》："循階除而下降兮，氣交憤於胸臆。"李善注："《説文》曰：臆，臆（胸）也。"後世亦特指禽鳥之胸部。唐段成式《酉陽雜俎·肉攫部》："鶏爛堆黄，一變之鷇，色如鷩毛，鷇轉之後乃至累變横理轉細，臆前漸漸微白。"《埤雅·釋鳥》："短脚者多伏，長脚者多立；脚近尾者好步，脚近臆者好躑。"清陳大章《詩傳名物集覽·鳥·翩翩者雕》："鵰巧而危，雛拙而安，雅翼似斑鳩，而臆無綉采。"《格致鏡原》卷七八："《嶺南録異》：鵁鶄，吴楚之野悉有，嶺南偏多。此鳥肉白而脆，遠勝鷄雉，臆前有白圓點，背上間紫赤毛，其大如野鷄，多對啼。"

臆腹

胸腹名。特指禽鳥之胸腹。此稱宋代已行用。宋董逌《廣川畫跋·書程文簡公所收鶂圖》："石門山獲巨鶂，臆腹之毛純白，而桃花色横理間之。"

四、翅翼部

羽翼

翅翼名。即鳥類之翅膀。鳥類屬脊椎動物，其前肢特化爲翼，翼上有覆羽，故禽鳥輕而善翔。覆羽因種類不同而异。此稱先秦時期已行用。亦單稱"羽"。《詩·豳風·七月》："六月莎鷄振羽。"《管子·霸形》："寡人之有仲父也，猶飛鴻之有羽翼也。"《孔子家語·顔回》："回聞桓山之鳥，生四子焉，羽翼既成，將分于四海。"《禮記·月令》："〔季春之月〕鳴鳩拂其羽。"鄭玄注："鳴鳩飛且翼相擊。"漢嚴忌《哀時命》："勢不能凌波以徑度兮，又無羽翼而高翔。"三國魏曹植《仙人篇》："潜光養羽翼，進趨且徐徐。"唐杜甫《收京三首》之二:"羽翼懷商老,文思憶帝堯。"唐李德裕《述夢詩四十韻》:"目睇烟霄闊,心驚羽翼高。"宋蘇軾《謝秋賦試官啓》:"翻然如界之羽翼,追逸翮以並游。沛然如假之舟航,臨長川而獲濟。"

【羽】[1]

即羽翼。此稱先秦時期已行用。見該文。

羽翰

翅翼名。羽與翰皆謂鳥羽,亦指翅翼。此稱南北朝時期已行用。南朝宋鮑照《咏雙燕》二首之一:"雙燕戲雲崖,羽翰始差池。"唐孟郊《出門行》之二:"參辰出没不相待,我欲橫天無羽翰。"宋趙汝愚《宋名臣奏議·王巖叟〈上神宗論王安石〉》:"臣謹按,王安石性非忠良,心不造道,徒能著空文而欺世,談高致以要君,可謂借鳳羽翰,以文梟音者矣。"宋程大昌《演繁露·鴻毛》:"如鴻鵠得風而順其羽翰,既大風又借便,故以爲賢臣遇主之喻也。"明張志淳《南園漫録·仙之詩》:"朱子感興詩深信仙,歐公感事詩深非仙。朱詩曰:'飄飄學仙侶,遺世在雲山……刀圭一入口,白日生羽翰。'"《日下舊聞考·物産》:"御制《鷹詩》:'鷙鳥鳥中杰,羽翰利且便。其在山林中,食肉而飲泉。'"

羽翅

翅翼名。此稱南北朝時期已行用。南朝宋鮑照《咏雙燕》:"自知羽翅弱,不與鵠争飛。"唐杜甫《大麥行》:"安得如鳥有羽翅,托身白雲還故鄉。"唐馬總《意林·淮南子》:"鴻鵠在卵也,一指蔑之則破。及其羽翅成也,背負青天,膺磨赤霄,噍且予不能得也。"《太平御覽》卷七三八引《南史》曰:"今取蒜一升煮服,仍

吐一物如升,涎裏之動,開看是鷄雛,羽翅爪距具足,能行走。"

羽儀

翅翼名。此稱漢代已行用。《藝文類聚》卷五六引後漢孔融《離合郡姓名詩》曰:"六翮將奮,羽儀未彰。"晋左思《吳都賦》:"湛淡羽儀,隨波參差。理翮整翰,容與自玩。"南朝梁江淹《雜體詩效嵇康言志》:"靈鳳振羽儀,戢景西海濱。"明謝遷《送鄭司訓被召北上》詩:"棟樑次第收才俊,鸑鷟從容簉羽儀。"

羽翎

翅翼名。此稱唐代已行用。唐邵謁《送徐群宰望江詩》:"好去立高節,重來振羽翎。"宋釋覺範《會福嚴慈覺大師》詩:"竭來湘西塢,倦鶴整羽翎。祇待秋風健,祝融期再登。"明王逵《蠡海集·庶物類》:"鳥得陽氣多,故羽翎皆空管,是以能高飛。"

翅

翅翼名。羽翼之俗稱。此稱先秦時期已行用。《韓非子·喻老》:"有鳥止南方之阜,三年不翅,不飛,不鳴,嘿然無聲。"《楚辭·嚴忌〈哀時命〉》:"爲鳳皇作鶉籠兮,雖翕翅其不容。"王逸注:"翅,一作翼。"南朝宋鮑照《舞鶴賦》:"聳身蓬集,矯翅雪飛。"北魏賈思勰《齊民要術·擣炙》:"上黄,用鷄鴨翅毛刷之。"

【翄】[1]

同"翅"。《字彙·羽部》:"翄,與翅同。"此稱先秦時期已行用。《周禮·秋官·序官》:"翄氏下士二人。"漢鄭玄注引鄭司農曰:"翄讀爲翅翼之翅。"清龔自珍《説彛》:"先言彛之象雀也何如?曰:前有流,咮也……腹旁有柄,可容手,翄也。"見"翅"文。

【羧】

同"翅"。此體漢代已行用。《漢書·禮樂志》:"幡比羧回集,貳雙飛常羊。"顏師古注引文穎曰:"舞者骨騰肉飛,如鳥之回翅而雙集也。"清龔自珍《說衛公虎大敦》:"龔子望南中幽幽,有小羽琤之山,他日欲以華其山,龔子是以求得衛公之大敦。卧而思之,急起著錄之,奚羧其有之?"見"翅"文。

翼

翅翼名。此稱先秦時期已行用。亦作"翼""翎""羧"。《說文·飛部》:"翼,羧也。"《集韻·入職》:"翼、翼、羧、翎,《說文》:羧也。篆作翼,或作羧、翎。"《周易·明夷》:"明夷於飛,垂其翼。"《逸周書·王會解》:"巴人以比翼鳥,方煬以皇鳥。"《爾雅·釋地》:"南方有比翼鳥焉,不比不飛,其名謂之鶼鶼。"郭璞注:"似鳬,青赤色,一目一翼,相得乃飛。"漢王粲《登樓賦》:"獸狂顧以求群兮,鳥相鳴而舉翼。"晉陸機《擬西北有高樓》詩:"思駕歸鴻羽,比翼雙飛翰。"唐李端《下第上薛侍郎》詩:"幸得皮存矣,須勞翼長之。"《鏡花緣》第九一回:"凡花有色者往往無香,即如有翼者皆兩其足,天下之事,那能萬全。"

【翼】

同"翼"。此體漢代已行用。見該文。

【羧】

同"翼"。此體漢代已行用。見該文。

【翎】

同"翼"。此體漢代已行用。見該文。

【翊】

同"翼"。翼之假借字。此稱先秦時期已行用。《晏子春秋·雜下四》:"鴲當陛,布翊,伏

地而死。"吳則虞集釋引孫星衍曰:"翊,《說苑》作'翼',此假音字。"見"翼"文。

翅羽

翅翼名。此稱漢代已行用。漢禰衡《鸚鵡賦》:"閉以彫籠,翦其翅羽。"宋曾慥《類說·東齋記事二·鶻擲卵》:"〔鶻〕又翅羽未成,躍出巢穴,往往墜崖下死,其天性俊爽,是亦躁進也。"明陶宗儀《說郛》卷四五下:"忽茂草中一雌雉飛起丈餘,翅羽零落,復入草中,數次不絕,久而不出。"明朱橚《普濟方》卷七一:"唐相李恭扈從在蜀患眼,或澀或痛,或生翳膜,或見黑花如豆大,累累數十不斷,或如飛蟲翅羽,百方不效。"

翅翎

翅翼名。此稱唐代已行用。唐韓愈《南山有高樹行贈李宗閔》詩:"路遠翅翎短,不能持汝歸。"唐元稹《別毅郎》詩:"傷心自比籠中鶴,翦盡翅翎愁到身。"清蒲松齡《聊齋志異·姬生》:"牆雖高,一躍上下,如有翅翎。"

翅膀

翅翼名。鳥翼之俗稱。此稱清代已行用。《兒女英雄傳》第五回:"那夜貓子白日裏又不出窩,忽然聽得人聲,衹道有人掏他的崽兒來了,便橫衝了出來,一翅膀正扇在那騾子的眼睛上。"

翅翰

翅翼名。此稱金代已行用。金李俊民《送史邦直入洛》詩:"若問鶴鳴近消息,翅翰飛不到揚州。"元查德卿《寄生草·問別》曲:"姻緣簿做了鞋樣,比翼鳥搏了翅翰。"

翅翮

翅翼名。此稱晉代已行用。晉趙至《與嵇

茂齊書》："時不我與，垂翼遠逝；鋒距靡加，翅翮摧屈。"《北齊書·盧文偉傳》："見未能高飛者，借其羽毛；知逸勢冲天者，剪其翅翮。"明陳耀文《天中記·鬼車》："亦有所向不同，更相争拗，用力競進而翅翮有傷折者。"《廣東通志·物産志·鳥》："又有山鳳，喙首如鶴，頂足率七八尺，翅翮過之，能吞衆鳥。"

翅翼

翅翼名。此稱漢代已行用。《漢書·翟方進傳》："見不善者誅之，若鷹鸇之逐鳥爵也，翅翼雖傷不避也。"《三國志·魏書·管輅傳》："雄雌以形，翅翼舒張。"晉郭璞《玉照定真經》："雀逢天后，翅翼中道難安。"宋江少虞《事實類苑·廣知博識·蛇雉遺卵千年而爲蛟龍》："少時嘗游杭州西城之伊山目擊此事。日晚忽茂草中，一雌雉飛起丈餘，翅翼零亂，又復入草中數四不絶，久而不出。余竊怪之，薙草往觀，果一巨蛇。"

翮 [1]

翅翼名。翮本鳥羽之莖，見"翮 [3]"，亦代指鳥羽翼。此稱先秦時期已行用。亦稱"六翮""翎"。《戰國策·楚策四》："奮其六翮而凌清風，飄摇乎高翔。"三國魏曹植《送應氏詩》之二："願爲比翼鳥，施翮起高翔。"晉左思《咏史》詩之八："習習籠中鳥，舉翮觸四隅。"《文選·潘岳〈射雉賦〉》："綠柏參差，文翮鱗次。"李翰注："插以柏葉使參差，文如鳥翮，又似魚鱗之相次。"宋王安石《送子思兄參惠州軍》詩："驥摧千里蹄，鵬墮九霄翮。"清陳大章《詩傳名物集覽·鳥·鳥鳴嚶嚶》："翅，曰翮，曰翎。"清龔自珍《紀游》詩："離離梅綻蕊，皎皎鶴梳翮。"

【六翮】 [1]

即翮 [1]。指鳥翅。此稱先秦時期已行用。見該文。

【翎】 [1]

即翮 [1]。此稱南北朝時期已行用。見該文。

五、尾臎部

尾

尾臎名。動物軀幹末端突起部分。此稱先秦時期已行用。《周易·覆》："覆虎尾，不咥人，亨。"亦特指禽鳥之尾。俗稱"尾巴"。《廣雅·釋地》："東方有魚焉，如鯉，六足，鳥尾，其名曰鮯。"《新唐書·地理志》："愛州九真郡下，土貢紗絁、孔雀尾。"《埤雅·釋鳥》："《博物志》云：'孔雀尾多變色，或紅或黄，喻如雲霞，其色無定，人拍其尾則舞。'"清姚炳《詩識名解·鳥部·燕燕》："此當專以尾言燕尾，雙岐如剪。"《二十年目睹之怪現狀》第四三回："〔我〕覺得那鴿子尾巴上有異，仔細一看，果是縛着一張紙。"

【尾巴】

"尾"之俗稱。此稱清代已行用。見該文。

帑

尾臎名。指鳥尾。帑本作"後"解。鳥尾，亦鳥之後，故稱。此稱先秦時期已行用。亦稱"鳥尾""鳥帑"。《左傳·襄公二十八年》："以害鳥帑，周楚惡之。"晉杜預注："鳥尾曰帑。"

孔穎達疏：“帑者，細弱之名。於人則妻子爲帑，於鳥則鳥尾曰帑。妻子爲人之後，鳥尾亦鳥之後，故俱以帑爲言也。”清程大中《四書逸箋·大學》：“帑，《尚書傳》《毛詩箋》並云子也，杜預注《左傳》云妻子也，《中庸》鄭氏注：帑，子孫也。孔疏：古者謂子孫爲帑。今《集注》從鄭氏。按，帑本借字，《左傳》：‘以害鳥帑。’注：‘鳥尾爲帑。’蓋帑爲鳥後，子孫爲人後，義相通也。”清吳偉業《綏寇紀略·火異》：“崇禎元年五月，西安有火，大如碾，如斗，色青，光焰尺許……火出而妖火入，秦鶉首先灾，害及鳥帑，豫楚亦將有咎。”

【鳥帑】

即帑。此稱先秦時期已行用。見該文。

【鳥尾】

即帑。此稱晉代已行用。見該文。

脂瓶

尾臎名。禽鳥尾部儲脂之穴。其內存有脂肪，禽鳥以喙啄此脂，以含脂之喙梳理羽毛，使羽毛光亮潤澤，不使水浸濡。此稱南北朝時已行用。亦作“脂鉼”。北魏賈思勰《齊民要術·脯腊》：“五味脯法（臘月初作）：用鵝、雁、雞、鴨、鶬、鴰、鳧、鴐鵝、鴿、鶉、生魚皆得作，乃净治去腥竅及翠上脂瓶（留脂瓶則臊也）……”《埤雅·釋鳥》：“舊說，鳥雀尾翠上有肉高有穴者，名脂鉼。鳥雀每引嘴取脂以塗翅，毛衣則悅澤。”明徐應秋《玉芝堂談薈》卷三二：“鳥雀尾翼上有肉穴，名脂瓶。每引嘴取脂以塗翅毛羽，露澤雨露不能濡。”清陳大章《詩傳名物集覽·鳥·誰謂雀無角》：“舊說，鳥雀尾翠上有肉高有穴者名脂瓶，每引嘴取脂以塗翅，毛衣悅澤，雨露不濡。”

【脂鉼】

同“脂瓶”。此稱宋代已行用。見該文。

珠尾

尾臎名。指孔雀尾端一寸處。此稱宋代已行用。《淵鑑類函》卷四二一引宋葉廷珪《海録碎事》曰：“孔雀尾端一寸名曰珠尾。”明徐應秋《玉芝堂談薈》卷三二：“孔雀尾端一寸名珠尾。”

膵[1]

尾臎名。指鳥尾上肉。亦作“翠”。《玉篇·鳥部》：“膵，鳥尾上肉也。”《禮記·內則》：“舒雁翠，鵠鴞胖，舒鳧翠。”鄭玄注：“翠，尾肉也。”《吕氏春秋·本味》：“肉之美者，猩猩之唇，獾獾之炙，雟燽之翠。”畢沅校注：“翠亦作膵……《玉篇》：‘膵，鳥尾上肉也。’”《通雅·動物》：“凡鳥之尾，皆曰翠，故俗作膵字。”

【翠】[3]

同“膵[1]”。此體先秦時期已行用。見該文。

膵[2]

尾臎名。鳥尾或曰鳥臀。此稱三國時期已行用。《廣雅·釋親》：“膵（翠）髁，臀也。”《爾雅翼·釋鳥》：“《禽經》曰：邵（脚）近翠者能步，邵（脚）近莆（脯）者能擲。邵，脚也。鵝鶩脚皆近翠，故相人者以鵝鶩之步宜貴也。”《禽經·四庫提要》：“邵（脚）近翠者皆步，却近蒲（脯）者能擲。”《淵鑑類函》卷四二六：“師曠《禽經》云：‘脚近膵者能步，鵝鶩是也。’”《格致鏡原》卷七八：“凡鳥之尾，皆曰翠，俗曰膵。”

【翠】[4]

同“膵[2]”。此體先秦時期已行用。見該文。

【尾罌】

即膤[2]。此稱明代已行用。《通雅·動物》："鳥獸之身多名，各以意稱之，或方言也：鳥嘴曰味，曰喙；爪曰距；尾曰翠，一作膤，一名尾罌。"清陳大章《詩傳名物集覽·鳥·鳥鳴嚶嚶》："《禽經》：鳥嘴曰味，曰喙；爪曰距；尾曰翠，一作膤，一名尾罌。"見"膤[2]"文。

鷄翹

尾膤名。即鷄尾着生尾羽之翹曲處。内生鷄膜，脂肪較多，常弃之不食。《急就篇》卷二："春草鷄翹鳬翁濯。"顏師古注："鷄翹，鷄尾之曲垂也。"按，鷄翹一説即古代帝王儀仗之鸞旗，見《後漢書·輿服志》；又説鷄翹乃色彩名，見《急就篇》卷二"鷄翹"顏師古注。

六、脛足部

脛

脛足名。泛指人與禽獸之腿。如《書·泰誓下》："今商王受狎侮五常，荒怠弗敬，自絕於天，結怨於民，斮朝涉之脛，剖賢人之心。"亦特指禽鳥之腿。《莊子·駢拇》："是故鳧脛雖短，續之則憂；鶴脛雖長，斷之則悲。"《周易·損卦》："彖曰：損，損下益上，其道上行……損益盈虚。"唐孔穎達疏："盈虚者鳧，鳧足短而任性，鶴脛長而自然。"《佩文韻府·平悲》："《史通》：鳧脛雖短，續之則悲。"

足

脛足名。本指各種動物之脚、腿。如《書·説命上》："若跣弗視地，厥足用傷。"孔傳："跣必視地，足乃無害。"亦指鳥脚。《埤雅·釋鳥》："舊説衆鳥足，趾前三後一。"《太平廣記》卷四六〇："鷹足一臂上繫三聯，透身而下。"

爪

脛足名。本指鳥獸趾端有尖甲之脚。如《周禮·冬官·梓人》："凡攫閷援簭之類，必深其爪，出其目，作其鱗之而。"亦指禽鳥之足。南朝梁元帝《洛陽道》詩："玉珂鳴戰馬，金爪鬥場鷄。"唐杜甫《見王監兵馬使説近山有白黑二鷹》詩之二："萬里寒空祗一日，金眸玉爪不凡材。"宋陸游《夜汲》詩："上有獨栖鵲，細爪握高枝。"

兵爪

脛足名。指鶴類足内側第一趾。此稱唐代已見行用，亦沿稱於後世。唐段成式《酉陽雜俎·廣動植》："鶴左右脚裏第一指名兵爪。"宋葉廷珪《海録碎事·鳥獸草木部·飛鳥門》："兵爪：鶴左右脚裏第一指名曰兵爪。"《山堂肆考》卷二一一："〔指名兵爪〕《禩俎》：'鶴左右脚裏第一指名兵爪。'"

距

脛足名。雄鷄、雉類禽鳥腿後面突出如脚趾者。古代鬥鷄時常以此攻擊對方。亦作"駏""鮔"。《説文·足部》："距，鷄距也。"《玉篇·角部》："鮔，鷄鮔，或作距。駏，同上（指鮔）。"此稱先秦時期已行用。《左傳·昭公二十五年》："季、郈之鷄鬥，季氏介其鷄，郈氏爲之金距。〔季〕平子怒。"《漢書·五行志中之上》："宣帝黄龍元年，未央殿輅軨中雌鷄化爲雄，毛衣變化而不鳴，不將，無距。"顏師古注："距，鷄附足骨，鬥時所用刺之。”唐羅隱《説天鷄》：“狙氏子，不得父術而得鷄之性焉。其畜養者冠距不舉，毛羽不彰。”《通雅·動物》：“鳥獸之身多名，各以意稱之，或方言也：鳥嘴曰味，曰喙；爪曰距；尾曰翠，一作翼，一名尾罽。”清陳大章《詩傳名物集覽·鳥·弋鳧與雁》：“《廣志》野鴨，雄者赤頭有距。”

【駏】

同“距”。此體南北朝時期已行用。見該文。

【觟】

同“距”。此體南北朝時期已行用。見該文。

鷄足

脛足名。指鷄脚。此稱漢代已行用，亦沿稱於後世。亦稱“鷄爪”“鷄距”。《淮南子·人間訓》：“郈昭伯不勝而死，魯昭公出奔齊，故禍之所從生者始於鷄足。”晋傅玄《傅子·附録》：“鴨足何以販，鷄足何以斯。”唐李筌《太白陰經·戰具類·火攻具篇》：“火禽：以胡桃剖令空，開兩空，實艾以繫鷄足，舉其尾而縱之，奔入草中，器敗火發。”宋袁文《甕牖閑評》卷五：“黃太史《謝送宣城筆》詩云：‘宣城變樣蹲鷄距，諸葛名家捋鼠鬚。’”宋戴侗《六書故·人九·足之諧聲》：“距，鷄爪也。”清倪濤《六藝之一録·歷代書論》：“《白樂天鷄距筆賦》：‘足之健兮有鷄足，毛之勁兮有兔毛……故不得兔毫，無以成起草之用；不名鷄距，無以表入木之功。’”

【鷄爪】

即鷄足。此稱宋代已行用。見該文。

【鷄距】

即鷄足。此稱宋代已行用。見該文。

蹼

脛足名。本兩栖、爬行、禽鳥與哺乳類動物趾間之薄膜，鳧水時用於撥水。水禽趾間多具此蹼。此稱秦漢時已行用，亦沿稱於後世。《爾雅·釋鳥》：“鳧雁醜，其足蹼。”郝懿行義疏：“鳧雁之類，其足指有幕肉相連屬也。”宋戴侗《六書故·人九·足之諧聲》：“蹼，鳧、雁駢跖爲蹼。”《續通志·禽類》：“鳧雁醜，其足蹼，其踵企。脚指間有幕蹼屬相著，故曰其足蹼。”清馬驌《繹史·名物訓詁·鳥獸》：“翬、鳧、雁醜，其足蹼，其踵企。”

踵

脛足名。即脚後跟。含禽鳥之脚後跟。亦泛指禽鳥之脚。《佩文韻府·上腫》：“重踵，皇甫松《大隱賦》：‘龍章鳳彩之異，鵾化鵬立之姿，重踵胼脅，黿背虎眉。’”清馬驌《繹史·名物訓詁·鳥獸》：“翬、鳧、雁醜，其足蹼，其踵企。”

鶴脛

脛足名。猶鶴腿。此稱先秦時期已行用，亦沿稱於後世。《莊子·駢拇》：“是故鳧脛雖短，續之則憂；鶴脛雖長，斷之則悲。”唐陸龜蒙《華頂杖》：“萬古陰崖雪，靈根不爲枯。瘦於霜鶴脛，奇似黑龍鬚。”宋宋庠《寓宿南宫言懷》詩：“自許鷗機息，誰矜鶴脛長。”明方以智《物理小識·鳥獸類》：“《夷門廣牘》曰：‘鶴脛脆易折，折者截青竹三四寸，手劈兩片，掘白頸蚯蚓數條鋪管中夾而縛定，仍取數條與啖之，候飯頃即如故。’”

鷹爪

脛足名。鷹鳥之趾爪。《通志·南蠻下》：“羅刹，隋時通焉。在婆利之東，其人極陋，朱髮、黑身、獸牙、鷹爪。”

鴨掌

脛足名。特指鴨之足掌。有蹼，可助泳。剝去外皮，肉可製肴。此稱至遲南北朝時期已行用，亦沿稱於後世。南朝宋鮑照《園葵賦》：“白莖紫蔕，豚耳鴨掌。”唐羅隱《秋日懷賈隨進士》詩：“曉匣魚腸冷，春園鴨掌肥。”

七、羽毛

羽 2

羽毛名。泛指禽鳥之羽毛。禽鳥是脊椎動物中特殊類群，全身被羽而善翔，羽毛既可保持體温，又可減輕體重，以利於飛翔。禽鳥的羽毛可分爲體羽、翼羽、尾羽等部分。各部又細分爲若干細目。羽毛顏色、形狀、斑紋、光澤、特異羽毛着生部位等，都是劃分禽鳥種類的重要依據。此稱先秦時期已行用。《書・禹貢》：“厥貢惟金三品……齒、革、羽、毛。”孔傳：“羽，鳥羽毛。”《左傳・僖公二十三年》：“羽、毛、齒、革，則君地生焉。”《孟子・梁惠王上》：“吾力足以舉百鈞，而不足以舉一羽。”唐杜甫《大麥行》：“安得如鳥有羽翅，托身白雲還故鄉。”

【毛】

即羽 2。泛指人體及動植物表皮所生之絲狀物。如《禮記・禮運》：“未有火化，食草木之實，鳥獸之肉，飲其血，茹其毛。”亦特指禽鳥之羽毛。《三國志・魏書・管輅傳》：“平原太守劉邠，取印囊及山雞毛著器中，使筮。”《晋書・張華傳》：“惠帝中，人有得鳥毛三丈以示華，華見慘然曰：‘此謂海鳧毛也。’”唐杜甫《崔駙馬山亭宴集》詩：“林間踏鳥毛，澨流何處入。”唐元稹《有鳥二十章》詩之二：“有鳥有鳥毛似鶴，行步雖遲性靈惡。”見“羽 2”文。

【羽毛】

即羽 2。本指鳥獸之毛。如《墨子・非樂上》：“今之禽獸麋鹿蜚鳥貞蟲，因其羽毛，以爲衣裘。”亦特指禽鳥羽毛。唐羅隱《繡》詩：“花隨玉指添春色，鳥逐金針長羽毛。”宋陸游《黃鴉吟》：“羽毛不足辱彈射，滋味不足登俎豆。”清吳偉業《題二禽圖》詩：“却笑雪衣貪玉粒，羽毛憔悴閉雕籠。”見“羽 2”文。

【毛羽】

即羽 2。本指獸毛、鳥羽。如《左傳・隱公五年》：“皮革、齒牙、骨角、毛羽，不登於器。”亦特指禽鳥之羽毛。此稱漢代已行用。《史記・蘇秦列傳》：“毛羽未成，不可以高蜚。”《東觀漢記・光武帝紀》：“鳳凰五，高八尺九寸，毛羽五采。”唐元稹《大嘴烏》詩：“群烏飽粱肉，毛羽色澤滋。”明呂震等《宣德鼎彝譜》卷六：“大明之神供奉三足金烏鼎，仿唐朝天寶年局鑄，鼎高一尺九寸七分……毛羽翅足妙具翔集，生動之致。”清曹寅《孔雀》詩：“風烟一照燭，毛羽何新鮮。”見“羽 2”文。

【毛衣】

即羽 2。禽鳥被羽，如人之衣衫，故名。此稱漢代已行用。《漢書・五行志中之上》：“黃龍元年，未央殿輅軨中雌雞化爲雄，毛衣變化而不鳴，不將，無距。”《晋書・五行志中》：“孝武帝太元末，京口謡：黄雌鷄莫作雄父啼，一旦去毛衣，衣被拉颯栖。"《江南餘載》卷上："高越爲書生，游河朔，有牧伯欲妻之，爲鷗子詩而去，詩曰："毛骨英靈志性奇，摩雲專待整毛衣。'"《埤雅·釋鳥》："鳥雀尾翠上有肉高有穴者，名脂鉼。鳥雀每引嘴取脂以塗翅，毛衣則悦澤，雨露不能濡。"見"羽²"文。

【飛翮】

即羽²。亦鳥羽別稱。此稱漢代已行用。《漢書·江充傳》："〔江充〕冠禪纚步摇，冠飛翮之纓。"顔師古注引服虔曰："冠禪纚，故行步則摇，以鳥羽作纓也。"《通志·江充傳》："冠禪纚步摇，冠飛翮之纓。"注："鳥羽作纓。"按，飛翮亦指禽鳥。如《文選·曹植〈七啓〉》："素水盈沼，叢木成林，飛翮陵高，鱗甲隱深。"張銑注："飛翮，鳥也。"此附。見"羽²"文。

【翎】²

即羽²。亦鳥羽別稱。《説文新附·羽部》："翎，羽也。"《相鶴經·翎膺》："四翎亞膺則體輕。"唐李縠《和皮日休悼鶴》："道林曾放雪翎飛，應悔庭除閉羽衣。"唐温庭筠《游南塘寄王知白》詩："白鳥梳翎立岸莎，藻花菱刺泛微波。"宋蘇軾《芙蓉城》詩："夢中同躡鳳皇翎，徑度萬里如奔霆。"見"羽²"文。

毳

羽毛名。禽鳥腹部之絨毛。亦稱"腹毛"。《正字通·毛部》："毳，鳥腹毛曰毳。"此稱漢代已行用。漢劉向《説苑·尊賢》："鴻鵠高飛遠翔，其所恃者六翮也。背上之毛，腹下之毳，無尺寸之數，去之滿把，飛不能爲之益卑。"北齊劉晝《劉子·慎隟》："鴻毳性輕，積之沈舟；魯縞質薄，叠之折軸。"唐崔珏《和友人鴛鴦之什》之三："紅絲毳落眠汀處，白雪花成蹙浪時。"宋蘇軾《和陶還舊居夢歸惠州白鶴山居作》："鵝城亦何有，偶拾鶴毳遺。"

【腹毛】

即毳。此稱明代已行用。見該文。

霜毳

羽毛名。特指禽鳥身上之白色細毛。此稱唐代已行用。唐孟簡《白烏呈瑞賦》："驗白烏之祥牒，告皇家之寶祚……觀其皎皎奇狀，明明麗質。霜毳潔朗，玉姿閑逸。"明劉克正《越裳獻白雉賦》："叠霜毳以連翮兮，迥玉立而綽約。"

翟²

羽毛名。謂禽鳥强硬之羽。此稱漢代已行用。《説文·羽部》："翟，鳥之强羽猛者。"桂馥義證："'鳥之强羽猛者'者，疑云鳥羽之强猛者。"

翹

羽毛名。特指鳥尾上之長羽。《説文·羽部》："翹，尾長毛也。"此稱先秦時期已行用。《楚辭·招魂》："砥室翠翹，挂曲瓊些。"王逸注："翹，羽也。"漢劉向《九嘆·遠游》："摇翹奮羽，馳風騁雨。"三國魏曹植《鬥鷄》詩："群雄正翕赫，雙翅自飛揚。"黄節注："翹，尾長毛也。"亦作鳥尾解。《文選·郭璞〈江賦〉》："踸蟩森衰以垂翹，玄蠣魂磈而碨砎。"李善注："翹，尾也。"

尾花

羽毛名。指禽鳥色彩艷麗之尾羽。此稱唐代已行用。唐白居易《和武相公感韋令公舊池孔雀》詩："索寞少顔色，池邊無主禽。難收帶泥翅，易結著人心。頂毳落殘碧，尾花銷暗金。

放歸飛不得，雲海故巢深。"

青鞦

羽毛名。謂夾在雉尾羽間之青羽。此稱晉代已行用。《文選·潘岳〈射雉賦〉》："青鞦莎靡，丹臆蘭綷。"李善注："鞦，夾尾間也……言雉尾間青毛如莎草之靡也。"明王世貞《弇州四部稿·說部·青鞦》："鞦，雉夾尾間也。"

六翮 [2]

羽毛名。謂禽鳥身上六根健羽。即雙翅中的正羽。亦用指鳥翼。此稱先秦時期已行用。《戰國策·楚策四》："奮其六翮而凌清風，飄搖乎高翔。"漢揚雄《寡見篇》："鷦明沖天，不在六翮乎！"《韓詩外傳》卷六："夫鴻鵠一舉千里，所恃者六翮爾。"亦稱"六羽"。晉葛洪《抱朴子·用刑》："奮六羽以凌朝霞，則雖智勇不能制也。"宋蘇軾《與胡祠部游法華山》詩："君猶鸞鶴偶飄墮，六翮如雲豈長鎩。"元王結《咏史》詩："收彼腹背羽，六翮反棄捐。"

【六羽】

即六翮[2]。此稱晉代已行用。見該文。

羽皮

羽毛名。鳥獸皮毛之統稱。古人以之製衣、士冠。此稱漢代已行用。《禮記·禮運》："昔者，先王未有宮室，冬則居營窟，夏則居橧巢。未有火化，食草木之實，鳥獸之肉，飲其血，茹其毛。未有麻絲，衣其羽皮。"宋衛湜《禮記集說·冠義》："黃帝以前則以羽皮爲之冠。"宋高承《事物紀原·布帛》："《禮運》曰：昔先王食鳥獸之肉，茹其毛，未有絲麻，衣其羽皮。後聖有作，然後治其絲麻，以爲布帛。"《宋史·樂志十二》："衣不羽皮，利及萬方。"清盛世佐《儀禮集編·士冠禮》："黃帝以前則以羽皮爲之

冠，黃帝以後乃用布帛。"

翽

羽毛名。亦作"𦑣"。特指六翮之末端。《玉篇·羽部》："翽，六翮之末。𦑣，同上。"遼釋行均《龍龕手鑑·羽部》："𦑣或作翽，六翮之末。"此稱漢代已行用。《淮南子·人間訓》："夫鴻鵠之未孚於卵也，一指蔑之則糜而無形矣。及至其筋骨之已就，而羽翮之既成也，則奮翼揮翽。凌乎浮雲，背負青天。"高誘注："翽，音慧，六翮之末也。"

【𦑣】

同"翽"。此體南北朝時期已行用。見該文。

弱羽

羽毛名。亦稱"翂"。禽鳥翮下之柔毛。此稱南北朝時期已行用。《玉篇·羽部》："翂，翮下弱羽也。"唐駱賓王《蓬萊鎮》詩："將飛憐弱羽，欲濟乏輕舠。"《唐書·經籍志》："孤舟泳海，弱羽憑天。"明汪砢玉《珊瑚網·名畫題跋三·宣和雙鵲圖》："校書郎賦詩二章曰：'君王妙畫出神機，弱羽爭巢並占時。'"

【翂】

即弱羽。此稱南北朝時期已行用。見該文。

翮 [2]

羽毛名。特指大鳥之羽。此稱先秦時期已行用。《荀子·王制》："南海則有羽翮、齒革、曾青、丹干焉，然而中國得而財之。"唐楊倞注："翮，大鳥羽。"《通典·食貨八》："荀卿曰……南海則有羽翮齒革焉，然而中國得而賦之。"

翮 [3]

羽毛名。特指羽莖。乃羽毛中央之細柱，故從羽。又鬲與隔同，翮居羽毛之中，使其兩

邊羽毛各有倫次而不相混亂者，故又從咼聲。翮堅硬而透明。此稱先秦時期已行用。亦稱"羽本""羽莖""羽管"。《周禮·地官·羽人》："掌以時徵，羽翮之政。"漢鄭玄注："翮，羽本。"《漢書·王莽傳》："取大鳥翮爲兩翼。"顏師古注："羽本曰翮。"宋戴侗《六書故·動物·羽之諧聲》："翮，羽莖也。"《浙江通志·物産·湖州府·毛扇》："稽含《羽扇賦序》：'吳楚之士，多執鶴翅以爲扇。'"注："今湖城人製鵝毛扇頗可却暑，其柄即將羽管劈絲編織，大抵皆用鵝羽，其貴重者用鶴羽。"

【羽本】[1]

即翮[3]。此稱漢代已行用。見該文。

【羽莖】

即翮[3]。此稱宋代已行用。見該文。

【羽管】

即翮[3]。此稱明清時期已行用。見該文。

翈

羽毛名。着生於翮兩側的羽支連合而成之瓣狀物，或曰即翮兩側之短羽。此稱南北朝時期已行用。亦稱"羽翈"。《玉篇·羽部》："翈，羽翈也。"《廣韻·入翈》："翈，翮上短羽。"《龍龕手鑑·甲部》："翈，音匣，翮上短毛也。"一説翈即㩅。《類篇·羽部》："翈，《博雅》：'翈，㩅羽也。'"

【羽翈】

即翈。此稱南北朝時期已行用。見該文。

㩅

羽毛名。羽毛着生於禽鳥皮肉中的部分。此稱漢代已行用。亦作"猴"。亦稱"羽本""羽根"。《爾雅·釋器》："羽本謂之翮。"晉郭璞注："鳥羽根也。"《方言》第一三："㩅，本也。"郭

璞注："今以鳥羽本爲㩅。"《説文·羽部》："㩅，羽本也。"段玉裁注："謂入於皮肉者也。"《字彙補·羽部》："猴，與㩅同。"

【猴】

同"㩅"。此體漢代已行用。見該文。

【羽本】[2]

即㩅。此稱秦漢時期已行用。見該文。

【羽根】

即㩅。此稱晉代已行用。見該文。

翁

羽毛名。指禽鳥頸項之毛羽。此稱先秦時期已行用。《山海經·西山經》："又西三百五十里曰天帝之山……有鳥焉，其狀如鶉，黑文而赤翁。"郭璞注："翁，頸下毛。"《急就篇》卷二："春草鷄翹鳧翁濯。"顏師古注："翁，頸上毛也。"《漢書·禮樂志》："赤雁集，六紛員，殊翁雜，五采文。"顏師古注："孟康曰：翁，雁頸也。言其文采殊異也。"亦作"頜"。《廣韻·平東》："頜，頸毛也。"宋賈昌朝《群經音辨·辨字同音異》："翁，頸毛也。"清陳大章《詩傳名物集覽》卷二："頸毛曰翁。"

【頜】

同"翁"。此稱宋代已行用。見該文。

頂絲

羽毛名。特指白鷺類繁殖期頭頂所生細長羽毛。此稱唐代已行用。唐雍陶《咏雙白鷺》詩："雙鷺應憐水滿池，風飄不動頂絲垂。"宋歐陽修《漁家傲》詞之八："葉有清風花有露，葉籠花罩鴛鴦侶。白錦頂絲紅錦羽。蓮女妒，鷺飛不許長相聚。"元馬臻《鷺雛》詩："頂絲未長雪毿毿，第一橋邊買得來。已覺今朝籠不住，見人側腦却相猜。"明胡奎《題枯荷鷺鷥

圖》詩:"嫋嫋頂絲長,枯荷倚夕陽。窺魚高蓋下,不怕夜來霜。"

白羽

羽毛名。特指白色羽毛。此稱先秦時期已行用。亦稱"霜毛""玉羽"。《孟子·告子上》:"白羽之白也,猶白雪之白;白雪之白,猶白玉之白。"南朝宋鮑照《舞鶴賦》:"叠霜毛而弄影,振玉羽而臨霞。"唐李白《江夏送友人》詩:"黃鶴振玉羽,西飛帝王州。"唐盧綸《和太常王卿秋日即事》:"絳紗垂簟净,白羽拂衣輕。鴻雁悲天遠,黿魚覺水清。"

【霜毛】

即白羽。此稱南北朝時期已行用。見該文。

【玉羽】

即白羽。此稱南北朝時期已行用。見該文。

【皓羽】

即白羽。此稱漢代已行用。漢班固《白雉》詩:"發皓羽兮奮翹英,容潔朗兮於淳精。"宋吳淑《事類賦·禽部·雀》:"呈藻翰乎永安,翔皓羽於東園。"明黎民表《鵝群閣》詩:"清池浴皓羽,亂此罨畫影。"明王世貞《弇州四部稿·賦部·哀梁有譽》:"疑托迹於皓羽兮,唳玄夜之廩霜。"清高宗《白海青歌》:"鷙鳥飛來自海東,以青得名青率同。翹英皓羽乃罕覯,是何意態杰且雄?"見"白羽"文。

丹羽

羽毛名。特指紅色羽毛。此稱南北朝時期已行用。南朝齊王融《從武帝琅邪城講武應詔》詩:"白日映丹羽,頹霞文翠斿。"亦特指赤鳥之羽毛。此說亦見於南北朝時期。南朝梁何遜《窮鳥賦》:"豈能瑞周德而丹羽,感燕悲而素暉。雖有知於理會,終失悟於心機。"《晉書·孝友傳序》:"烏馴丹羽,巢叔和之室;鹿呈白麑,擾功文之廬。"唐孟簡《白烏呈瑞賦》:"何常日浴,翻皓體以來儀;曾異火流,奚丹羽之可慕?"

翹英

羽毛名。特指禽鳥華麗的尾羽。此稱漢代已行用。《文選·班固〈白雉詩〉》:"嘉祥阜兮集皇都,發皓羽兮奮翹英。"呂延濟注:"翹英,羽也。"《宋史·樂志九》:"又玉烏:素烏爰止,淳精允臧。名符瑞牒,色應金方。潔白容與,翹英奮揚。孝思攸感,皇德逾張。"另指香茶,見唐劉禹錫《西山蘭若試茶歌》。

翠翰

羽毛名。謂翠鳥之羽毛。翠鳥爲佛法僧目,翠鳥科小型攀禽。體長約15厘米。頭藍褐色,具翠蘭色橫斑,背部翠藍色而具綠色閃光,極其美麗。翠翰特指靚麗羽毛。此稱三國時期已行用。三國魏曹丕《大墻上蒿行》:"冠青雲之崔嵬,纖羅爲纓,飾以翠翰,既美且輕。"《文選·陸機〈日出東南隅行〉》:"美目揚玉澤,蛾眉象翠翰。"李周翰注:"眉象翡翠之羽翰也。"唐陸龜蒙《翠碧》詩:"紅襟翠翰兩參差,徑拂烟華上細枝。"

【翠翹】

即翠翰。此稱先秦時期已行用。《楚辭·招魂》:"砥室翠翹,挂曲瓊些。"王逸注:"翠,鳥名也;翹,羽也。"按,後世多以此爲婦人頭飾物。唐劉禹錫《樂天寄憶舊游因作報白君以答》詩:"丫頭小兒蕩畫槳,長袂女郎簪翠翹。"清李漁《蜃中樓·訓女》:"終朝阿母梳雲鬢,甚日檀郎整翠翹。"見"翠翰"文。

翠翎

羽毛名。指孔雀等禽鳥之尾毛。此稱唐代已行用。唐皮日休《病孔雀》詩：“烟花雖媚思沈冥，猶自抬頭護翠翎。”宋彭乘《墨客揮犀》卷一〇：“有野客馬道爲《啄木鳥》詩云：‘翠翎迎日動，紅嘴響烟蘿。不顧泥丸及，惟貪得食多。’”宋孫覿《有客生致兩雉不忍殺開籠縱之》詩之二：“翠翎低摧少顔色，奇禍非汝能遮防。”元馬祖常《雜咏三首》之三：“步出汀洲拾翠翎，仙家幢節樹亭亭。”

珠毛

羽毛名。特指孔雀尾端之毛羽。此稱唐代已行用。唐段成式《酉陽雜俎·廣動植》：“孔雀尾端一寸名珠毛。”《白孔六帖·孔雀》：“尾端一寸名珠毛。”注：“孔雀尾端一寸名珠毛。”明袁宏道《陝西鄉試録序》：“珠毛繡縠之飾，玩好茗錯之供。”清高宗《孔雀開屏》詩：“西域職貢昭咸賓，畜籠常見非奇珎。珠毛翠角固可愛，孚卵成雛曾罕聞。”

䳒

羽毛名。特指彩羽、五色彩羽。此稱南北朝時期已行用。《玉篇·羽部》：“䳒，五采羽。”《廣韻·上晧》：“䳒，彩羽。”《龍龕手鑑·羽部》：“䳒，音保，彩羽也。”一説謂矢羽。如《洪武正韻·巧韻》：“䳒，矢羽。”今附。

藻翰

羽毛名。謂色彩華麗之羽毛。此稱晉代已見行用。亦稱“藻翹”“綉羽”。《文選·潘岳〈射雉賦〉》：“摛朱冠之艷赫，敷藻翰之陪鰓。”李善注：“藻翰，翰有華藻也。”晉陸機《日出東南隅行》詩：“金雀垂藻翹，瓊珮結瑶璠。”宋高似孫《緯略·詩用六經字》：“又用《月令》中字，如賀朝清詩：‘流鶯拂綉羽，二月上林期。’”明汪砢玉《珊瑚網·名畫題跋十六·荷池》：“上看綉羽亂，下睨文魚逐。”

【藻翹】

即藻翰。此稱晉代已行用。見該文。

【綉羽】

即藻翰。此稱宋代已行用。見該文。

撩風

羽毛名。謂鷹鶻左翼之複翎。此稱唐代已行用。唐段成式《酉陽雜俎續集·支動》：“鶻子兩翅各有複翎，左名撩風，右名掠草，帶兩翎出獵，必多獲。”《通雅·動物》：“鶻子兩翅各有複翎，左名撩風，右名掠草。”

掠草

羽毛名。謂鷹鶻右翼之複翎。此稱唐代已行用。唐段成式《酉陽雜俎續集·支動》：“鶻子兩翅各有複翎，左名撩風，右名掠草，帶兩翎出獵，必多獲。”宋潘自牧《記纂淵海·禽部·鶻》：“鶻子兩翅各有復（複）翎，左名撩風，右名掠草。”

氅

羽毛名。謂禽鳥之羽毛。特指鷩羽。此稱南北朝時期已行用。《玉篇·毛部》：“氅，鷩毛。”唐段成式《酉陽雜俎·肉攫部》：“鸇爛堆黃，一變之鶻，色如鷩氅。”亦作“鶿”。《集韻·上養》：“氅、鶿，鷩羽，或从鳥。”明陶宗儀《説郛》卷一〇七引段成式《肉攫部》：“〔鸇爛堆黃〕鸇爛堆黃，一變爲鶻，色如鷩氅。”

【鶿】

同“氅”。此體宋代已行用。見該文。

八、器官部

亢

　　器官名。指禽鳥之咽喉。此稱秦漢時期已行用，亦沿稱於後世。亦稱"鳥嚨""喉嚨""咽""頏""吭"。省稱"嚨"。《爾雅・釋鳥》："亢，鳥嚨。"晋郭璞注："嚨，謂喉嚨；亢，即咽。"清姚炳《詩識名解・鳥部・燕燕》："頏，同亢。《釋鳥》云：'鳥嚨也。'又與吭通。"清陳大章《詩傳名物集覽・鳥・鳥鳴嚶嚶》："又曰亢，鳥嚨。"

【鳥嚨】

　　即亢。此稱秦漢時期已行用。見該文。

【喉嚨】

　　即亢。此稱晋代已行用。見該文。

【咽】

　　即亢。此稱晋代已行用。見該文。

【頏】

　　同"亢"。此體清代已行用。見該文。

【吭】

　　同"亢"。此體清代已行用。見該文。

【嚨】

　　即亢。此稱晋代已行用。見該文。

【員官項】

　　即亢。"員官"本二十八星宿中南方朱雀七宿之第四星宿名。亦作"頸"或"朱鳥頸"解，如《史記・天官書》："七星，頸，爲員官，主急事。"司馬貞索隱引宋均曰："頸，朱鳥頸也。員官，嚨喉也。物在嚨喉，終不久留，故主急事也。"後世遂以"員官項"謂禽鳥之咽喉。《康熙字典・鳥部》："《正字通》：二足而羽謂之禽……脆脛曰奧嚨，曰亢，曰員官項。"清

陳大章《詩傳名物集覽・鳥・鳥鳴嚶嚶》："《禽經》：鳥嘴曰咮，曰喙；爪曰距；尾曰翠，一作膵，一名尾翳；脆脛曰奧嚨，曰亢，曰員官項，畜食處曰嗉。"

嗉

　　器官名。禽鳥喉下受食之囊。此稱秦漢時期已行用。亦作"膆"。亦稱"粻""嗉囊"。《爾雅・釋鳥》："亢，鳥嚨。其粻嗉。"晋郭璞注："嗉者，受食之處，別名嗉，今江東呼粻。"《玉篇・鳥部》："膆，亦與嗉同。"宋鄭樵《爾雅注・釋獸》："鳥曰嗉，咽中包食處。"《埤雅・釋鳥》："或剖其嗉，不復有綏綵矣。"《爾雅翼・釋鳥》："嗉，音素，鳥吭容食處。"明曹學佺《蜀中廣記・方物記・鳥》："項有嗉囊，內藏肉綏。"清杭世駿《續方言》卷下："鳥受食之處，別名嗉，今江東呼粻。"

【膆】

　　同"嗉"。此體南北朝時期已行用。見該文。

【粻】

　　即嗉。此稱晋代已行用。見該文。

【嗉囊】

　　即嗉。此稱明代已行用。見該文。

脆

　　器官名。本指牛胃。如《莊子・庚桑楚》："臘者之有脆胲，可散而不可散也。"成玄英疏："脆，牛百葉也。"亦指鳥胃。此稱漢代已行用。亦稱"脆脛""肶""脛""肶"。俗稱"鳥胃"。《説文・肉部》："脆，牛百葉也……一曰鳥脆脛。肶，脆，或從比。脛，鳥胃也。"《南齊書・江祐傳》："妃索煮肶。"《廣韻・平齊》："脆，脆臍。

《說文》曰：'牛百葉也。'一曰鳥膍胵也，亦作肶，又音毗。"宋戴侗《六書故·人五·肉之諧聲》："胵，膍胵，鳥胃也。"

【膍胵】

即膍。此稱漢代已行用。見該文。

【肶】

同"膍"。此稱漢代已行用。見該文。

【胵】

即膍。此稱漢代已行用。見該文。

【肫】

即膍。此稱南北朝時期已行用。見該文。

【鳥胃】

"膍"之俗稱。此稱漢代已行用。見該文。

【腜】

即膍。亦謂鳥胃。亦作"奧"。奧本指屋內深處，腜作儲肉解。如漢劉熙《釋名·釋飲食》："腜，奧也。藏肉於奧內，稍出用之也。"後世用以代指鳥胃。此稱南北朝時期已行用。《玉篇·鳥部》："腜，鳥胃也。"南朝梁簡文帝《六根懺文》："鵃（鴰）腜鹿胃，猶不稱甘；鳳肺龍胎，更云不美。"見"膍"文。

【奧】

同"腜"。此體漢代已行用。見該文。

膊

器官名。即鳥胃。此稱宋代已行用。《廣韻·平仙》："膊，鳥胃也。"

鷄內金

器官名。爲鷄胃裏面之黃皮。可入藥。此稱至遲宋代已行用。宋王袞《博濟方》卷二："〔救生丹〕治遠年日近肺氣喘急坐臥不能：鷄

內金三七枚（鷄肫內兩片黃皮是也），旋取去却穀食，净洗陰乾。"宋陳言《三因極一病證方論·遺尿失禁證治》："〔鷄內金散〕治溺床失禁：鷄胵胵一具，並腸洗净燒爲灰，男用雌者，女用雄者，以瓦上炙脆研細，酒調服。"明李時珍《本草綱目·禽一·鷄》："膍胵裏黃皮，一名鷄內金。"

花腸

器官名。禽鳥之輸卵管。此稱明代已行用。明王逵《蠡海集·庶物類》："凡鳥之卵生者，莫不繫著於脊，蓋本乎天者親上也。脊繫卵處，下生一腸，上口連屬於繫卵，卵既長足而產，則入於此腸，俗謂之花腸也。"

糞腸

器官名。禽鳥之腸道。此稱明代已見行用。明王逵《蠡海集·庶物類》："凡鳥之卵生者，莫不繫著於脊，蓋本乎天者親上也。脊繫卵處，下生一腸，上口連屬於繫卵，卵既長足而產，則入於此腸，俗謂之花腸也。下口乃並於糞腸，以通於後竅出焉。"

後竅

器官名。禽鳥之肛門。此稱唐代已行用。唐段成式《酉陽雜俎·羽篇》："訓狐，惡鳥也。鳴則後竅應之。"《山堂肆考》卷二三七："〔貓目〕北土有訓狐，聲自呼其名，兩目如貓，大於鴟鴞，作笑聲，當有人死。《雜俎》：訓狐，惡鳥也，鳴則後竅應之。"清姚炳《詩識名解·鳥部·鴟》："按，《本草》亦謂鵂鶹，大如雛鴟，毛色似鴟，頭目似貓，鳴則後竅應之。"

九、丸卵部

鳥卵

丸卵名。禽鳥所産之卵，其内有卵黄、卵清，外被硬殼，橢圓形，但一端稍大，另端稍尖，經孵化可成爲新生禽鳥個體。鳥卵營養豐富，可供食用，亦可用於醫療。鳥之種類不同，鳥卵形狀、大小、色澤各异，其所含營養不一，孵化條件亦有所差异。先秦時始稱"卵"。《孫子・勢》："兵之所加，如以碬投卵者，虛實是也。"此稱漢代已行用。《淮南子・原道訓》："獸胎不贕，鳥卵不毈。"《漢書・西域傳上・安息國》："以大鳥卵及犛軒眩人獻於漢。"《太平御覽》卷七八八："《唐書》曰：多摩國、長居國，長居於海島東……其王之先龍子也，名骨利，骨利得大鳥卵，剖之得一女子，容色殊妙。"元史伯璿《管窺外篇・雜輯》："渾天説曰：天之形狀似鳥卵，地居其中，天包地外，猶卵之裹黄，圓如彈丸，故曰渾天，言其形體渾渾然也。"明方以智《物理小識・鳥獸類》："家禽卵多黄，野禽卵多白。"明清後俗稱"鳥蛋"，亦音訛作"裸"。明焦竑《俗書刊誤・俗用雜字》："鳥蛋曰卵，轉音爲裸。"

【卵】

即鳥卵。此稱先秦時期已行用。見該文。

【鳥蛋】

即鳥卵。此稱明代已行用。見該文。

【裸】

即鳥卵。"卵"之音訛稱。此稱明代已行用。見該文。

【禽卵】

即鳥卵。此稱宋代已行用。宋張行成《皇極經世觀物外篇衍義・觀物外篇中之下》："禽卵類果，蟲卵類穀。動植不同，氣數相似，大者數少，小者數多，愈大則愈寡，愈細則愈繁，理之自然，數生於理也。"明李日華《六研齋筆記》卷一："今人食禽卵而棄其殼，以其無滋也。"見"鳥卵"文。

【觳】

即鳥卵。《廣韻・入覺》："觳，鳥卵。"此稱晋代已行用。《藝文類聚》卷六四引晋束皙《近游賦》曰："貫鷄觳於歲首，收緩纙於切牙。"前秦道安《二教論・歸宗顯本一》："此所謂匿摩尼於胎觳，掩大明於重夜。"唐韓愈等《納凉聯句》："筐實摘林珍，盤肴饋禽觳。"見"鳥卵"文。

【蛋】

即鳥卵。亦指龜蛇之卵。此稱明代已行用。《西游記》第三二回："想必這裏是他的窩巢，生蛋布雛，怕我占了，故此這般打攪。"清胡鳴玉《訂訛雜録》卷三："以禽卵爲蛋，不知誤自何時，且變文作蛋尤非，字書無蛋字。"見"鳥卵"文。

【丸卵】

即鳥卵。本指蛋，亦可代稱鳥卵。此稱漢代已行用。漢王充《論衡・別通》："以心如丸卵，爲體内藏；眸子如豆，爲身光明。"見"鳥卵"文。

【丸】

"鳥卵"之古稱。鳥卵（如鷄之卵）形如彈丸，故名。此稱先秦時期已行用。亦稱"欒"。《吕氏春秋・本味》："流沙之西，丹山之南，有鳳之丸。”高誘注：“丸，古卵字也。”清吳景旭《歷代詩話·丸》：“建木，其葉如羅，其實如欒。欒即卵也，古字丸、卵、欒皆通。何也？彈丸之形，如雞之卵，故卵可借丸。”見“鳥卵”文。

【欒】

即丸。此稱清代已行用。見該文。

【春】

“鳥卵”之別稱。粵語方言謂禽魚之卵爲春。清屈大均《廣東新語·蟲語·蝦》：“粵方言，凡禽魚卵皆曰春。魚卵亦曰魚春子。唐時吳郡貢魚春子。”見“鳥卵”文。

蜑

丸卵名。特指雞鴨之卵。此稱清代已行用。清吳振棫《黔語》卷下：“獨六洞苗則以花麻布、蜑抵錢爲正供。”亦稱“彈”。清胡鳴玉《訂訛雜錄》卷三：“以禽卵爲蜑，不知誤自何時，且變文作蛋尤非，字書無蛋字……海内名鳥卵曰彈。何也？案，此當作彈丸之彈，因其形似而名之，是亦一説。”

【彈】

即蜑。亦鳥卵之別稱。此稱明清時期已行用。見該文。

雞卵

丸卵名。特指雞所生之卵。較鴿卵大而小於鴨卵，營養豐富，爲人們日常重要食品。孵化後可成雞雛。此稱先秦時期已見行用。俗稱“雞子”。《呂氏春秋·明理》：“雞卵多假。”北魏賈思勰《齊民要術·五穀果蓏菜茹非中國物産者·桶》：“《南方草木狀》曰：‘桶子，大如雞卵，三月花色，仍連著實，八九月熟。’”唐顔真卿《晋紫虛元君領上真司命南嶽夫人魏夫

人仙壇碑銘》：“霆雷震擊，紗上有孔，大如雞卵。”宋司馬光《傳家集·章奏·上皇帝疏》：“夫以君相之重，何啻泰山；賤臣之輕，何啻雞卵。”宋林之奇《拙齋文集·記聞下》：“又如龍脊灘頭‘雞子卜’，乃其地有灘石如龍脊狀，上有小凹，每以水退則其凹中有餘水存焉，土人以雞卵就其凹中擊破，觀其雞子入水之狀，可以卜蠶之熟否。”

【雞子】

“雞卵”之俗稱。此稱宋代已行用。見該文。

【雞蛋】

“雞卵”之俗稱。此稱唐代已行用。舊題唐孫思邈《銀海精微》卷上：“〔除熱飲〕右水煎食，後服三貼，用雞蛋一個，史君子仁三個，輕粉二分，同研末入蛋内，煨熟空心服。”清李光地《榕村語録·上孟》：“聖賢學問如雞子，一時不出殼，到底是雞蛋。”見“雞卵”文。

【白團】

“雞卵”之代稱。此稱南北朝時期已行用。唐釋道世《法苑珠林·酒肉篇》：“使者令儀同拜王，王問曰：‘汝爲帝作食，前後進白團幾枚？’儀同不識白團，顧左右，左右教曰：‘名雞卵爲白團也。’”明陳耀文《天中記·白團》：“周武帝好食雞卵，拔虎爲監膳，儀同開皇中死而復蘇，云被攝證武帝白團事，儀同不識，左右告曰：‘名雞卵爲白團也。’”見“雞卵”文。

鵠卵

丸卵名。指天鵝卵。此稱先秦時期已行用。《莊子·庚桑楚》：“奔蜂不能化藿蠋，越雞不能伏鵠卵，魯雞固能矣。”北齊劉晝《劉子·妄瑕》：“牛蹢之窪，不生魴鱮；巢幕之窠，不容鵠卵。”宋蘇轍《郭祥正國博醉吟庵》詩：“團團鵠

卵中自明，窗前月出夜更清。"宋黃庭堅《衆人觀俳優》詩："鵠卵待啄菢，自憐非荊雞。"

鶴卵

丸卵名。鶴禽所生之卵。形如常卵。此稱南北朝時期已行用。南朝梁沈約《咏竹火籠》："安能偶狐白，鶴卵織成文。"唐元稹《何滿子歌》："翠蛾轉盼搖雀釵，碧袖歌垂翻鶴卵。"金元好問《宋周臣生子三首》詩之三："雛鳳來時鶴卵成，兩兒前後不多爭。"明陶宗儀《說郛》卷一七下："宋文帝爲宜都王，臨川人獻王萍實六子，大者如升，小者如鶴卵，圓而赤。初莫有識者，以問長史，王華曰：'此萍實也。'"

燕卵

丸卵名。燕所生之卵。形如常卵而小。此稱三國時期已行用。《三國志·魏書·管輅傳》："館陶令諸葛原遷新興，太守〔管〕輅往祖餞之，賓客並會，〔諸葛〕原自起，取燕卵、蜂窠、蠶蟲著器中。"《爾雅翼·釋獸》："契母簡狄，吞燕卵而生契，副背而出。"《駢雅·釋木》："娑羅之子若椒，都諦之子若榴，石南之子如燕卵。"《續通志·禽類》："石楠樹，野生，二月花實，如燕卵，七八月熟。出九真。"

雀卵

丸卵名。指麻雀卵。此稱晋代已行用。晋葛洪《肘後備急方》卷四："又方，雀卵白和天雄末、菟絲子末爲丸，空心酒下五丸。"唐張祜《華清宮和杜舍人》詩："雀卵遺雕栱，蟲絲冒畫梁。"明陶望齡《山水影爲韻十首》詩之二："林間起步餘睡清，青梅滿盤雀卵大。"

鵲卵

丸卵名。指鵲鳥之卵。《淵鑑類函》卷三〇〇："《晋中興書》曰：'王澄嘗之荊州，送者傾邑。

所別處樹上有鵲巢，澄便脱衣著犢鼻上樹探鵲卵，弄之傍若無人。'"清魏之琇《續名醫類案·疝》："喻嘉言：治胡翁常苦脾氣不旺，邇年少腹有疝，形如鵲卵，數發後其形漸大。"

鴨卵

丸卵名。鴨之卵。此稱晋代已行用。俗呼"鴨蛋"。晋嵇含《南方草木狀》卷中："楓香，樹似白楊，葉圓而歧分，有脂而香，其子大如鴨卵。"《晋書·天文志中》："〔日蝕〕三年三月庚寅，日中有黑子二枚，大如鴨卵。"《南齊書·禮志上》："永明九年正月，詔太廟四時祭薦。宣帝麵起餅、鴨臛；孝皇后筍、鴨卵脯、醬炙白肉。"宋楊士瀛《仁齋直指》卷一六："〔針砂圓治黄病助脾去濕〕用陳粳米半升，隔夜以水浸，次日漉起於臼内搗爲粉，就作成塊如鴨蛋大，入釜中煮如粉劑。"《元史·五行志一》："〔中統〕十九年八月，雨雹大如鴨卵。"清孫奇逢《中州人物考·清直·張知府鵬飛》："鵬飛唐縣人……一日入朝，有同里人餽鴨卵者，强其家人受之。及鵬飛歸，笞其家人，詣朝自劾，上笑曰：'張郎中何乃至此？'"

【鴨蛋】

"鴨卵"之俗稱。此稱宋代已行用。見該文。

鷇

丸卵名。謂孵不出幼禽之鳥卵。未受精者俗稱之白蛋。發育不完善、孵化條件不當，皆可導致禽卵不孵化或中途終止孵化，形成毛蛋。鷇雖不能成鳥，然仍可食用。此稱漢代已行用。《淮南子·原道訓》："獸胎不贕，鳥卵不鷇。"高誘注："胎不成獸曰贕；卵不成鳥曰鷇。贕，音瀆；鷇音段。"明徐元太《喻林·政治門十·至治》："獸胎不贕，鳥卵不鷇。"

十、巢穴部（附坊舍）

巢

巢穴名。禽鳥在樹木上搭建的窩。如《説文·巢部》：“巢，鳥在木上曰巢。”此稱先秦時期已行用。《周易·旅》：“鳥焚其巢。”《詩·召南·鵲巢》：“維鵲有巢，維鳩居之。”毛傳：“鳲鳩不自爲巢，居鵲之成巢。”《荀子·勸學》：“南方有鳥焉，名曰蒙鳩，以羽爲巢，而編之以髮，繫之葦苕。”《孝經衍義》卷八一：“蕭祇子放，居喪以孝聞，所居廬室前有二慈烏來集，各據一樹爲巢。”

菆

巢穴名。特指鷹巢。此稱唐代已行用。唐段成式《酉陽雜俎·肉攫部》：“鷹巢一名菆，鷹呼菆子者，雛鷹也。”

鳥穴

巢穴名。亦稱“窠”“鳥窠”。禽鳥在土中所築之巢穴。《説文·巢部》：“鳥在木上曰巢，在穴曰窠。”《爾雅·釋鳥》：“鳥鼠同穴。其鳥爲鵌，其鼠爲鼵。”郭璞注：“鼵如人家鼠而短尾，鵌似鵽而小，黃黑色。穴入地三四尺，鼠在內，鳥在外。今在隴西首陽縣鳥鼠同穴山中。”《左傳·僖公二十四年》：“有鸜鵒來巢。”晋杜預注：“此鳥穴，居不在魯界，故曰來巢非常故書。”南朝梁元帝《職貢圖贊》：“遐哉鳥穴，永矣雞田。”唐顏真卿《七言重聯句》：“熒熒遠火分漁浦，歷歷寒枝露鳥窠。”明楊慎《出塞》詩：“烽火照甘泉，刁斗出祁連。錦車衝鳥穴，翠眊度雞田。”

【窠】

即鳥穴。此稱漢代已行用。見該文。

【鳥窠】

即鳥穴。此稱唐代已行用。見該文。

鳥窩

巢穴名。禽鳥巢穴之俗稱。此稱明代已行用。明程敏政《都城道中憩永明寺次壁上留題韻》：“個個僧房密，真如百鳥窩。經翻梵語亂，詩掩壁塵多。”清汪琬《贈鳳巢及禪師》詩：“結巢層石上，絕似鳥窩禪。”

窩子

巢穴名。此稱宋代已行用。宋朱熹《二程遺書》卷一九：“萬物皆有良能，如每常禽鳥中，做得窩子極有巧妙處，是他良能，不待學也。”

榛巢

巢穴名。禽鳥於叢木中所築之巢穴。榛本作叢木解。如《文選·左思〈招隱詩〉之二》：“經始東山廬，果下自成榛。”李善注：“高誘《淮南子》注曰：‘叢木曰榛。’”故榛巢即禽鳥在叢木中所築之巢穴。此稱漢代已行用。亦省稱“榛”。《淮南子·原道訓》：“木處榛巢，水居窟穴。”漢高誘注：“聚木曰榛。”明徐元太《喻林·物宜門三·居處》：“榛巢者，處林茂安也；窟穴者，托埵防便也。”清王念孫《讀書雜志·淮南子一》引王引之曰：“榛巢連文，則榛即是巢，猶窟穴連文，則窟即是穴。”

【榛】

“榛巢”之省稱。此稱漢代已行用。見該文。

本枝

巢穴名。指老巢、舊巢。亦即禽鳥最初所居之巢菆。此稱唐代已行用。唐杜甫《無家別》

詩：“宿鳥戀本枝，安辭且窮栖。”

塒

巢穴名。特指在牆壁上鑿洞所成之雞窩。此稱先秦時期已行用。《詩·王風·君子于役》：“雞栖于塒，日之夕矣，羊牛下來。”毛傳：“鑿牆而栖曰塒。”《爾雅·釋宮》：“雞栖於弋爲榤，鑿垣而栖爲塒。”郭璞注：“今寒鄉穿牆栖雞。”邢昺疏：“李巡曰：別雞所栖之名也。弋橜也。鑿牆爲雞作栖曰塒。郭云‘今寒鄉穿牆栖雞’者，謂苦寒之鄉也，避寒，故穿牆以栖雞云。”唐元稹《感夢》詩：“閃閃燈背壁，膠膠雞去塒。”宋王安石《歌元豐五首》詩之五：“豚栅雞塒晻靄間，暮林搖落獻南山。”

榤

巢穴名。家雞所栖之木椿。此稱先秦時期已行用。《詩·王風·君子于役》：“雞栖于榤，日之夕矣，羊牛下括。”毛傳：“雞栖于杙爲榤。”元馬祖常《石田山居》詩之七：“田父分雞榤，鄰僧與鶴籠。”榤亦作“樑”。《正字通·木部》：“樑，俗榤字。”

【樑】

同“榤”。此體明代已行用。見該文。

燕巢

巢穴名。謂燕之巢穴。此稱三國時期已行用。亦稱“燕窩”。《三國志·魏書·高堂隆傳》：“異類之鳥，育長燕巢，口爪胸赤，此魏室之大異也。”《埤雅·釋鳥》：“又云，雀爭燕巢，銜艾置巢中，燕不復顧也。”《畿輔通志·山·大名府》：“黑峪，赤城縣東龍門所南十里，有仙鶴峪最深，常有鶴栖宿。又有燕窩石，形如燕窩，可容數十人。”

【燕窩】[1]

即燕巢。此稱清代已行用。見該文。

燕窩[2]

巢穴名。特指金絲燕之巢，以唾液與藻類混合築成，可食，爲極其名貴的山珍。《廣東通志·物産志·鳥》：“燕窩有數種，日本以爲蔬菜供僧。此乃海燕食海邊蟲，蟲背有筋不化，復吐出而爲窩，綴於海山石壁之上，土人攀援取之。春取者白，夏取者黃，秋冬不可取。”

雞坊

坊舍名。古代專爲鬥雞設置的養雞場。此稱唐代已行用。唐陳鴻祖《東城老父傳》：“〔賈〕昌弄木雞於雲龍門道旁，召入爲雞坊小兒。”明徐伯齡《蟫精雋·唐宮詞》：“天寶雞坊寵賈昌，宮中蝴蝶滿釵梁。”《陝西通志·人物十·隱逸》：“玄宗在藩時，樂民間清明節鬥雞戲。及即位，治雞坊兩宮間，索長安雄雞、金毫、鐵距、高冠、昂尾，千數養於雞坊。”

鷹坊

坊舍名。古代專用於飼養鷹鳥之場所，特有專官管理，以供王室狩獵之用。此稱唐代已行用。《新唐書·百官志·殿中省》：“厩使押五坊以供時狩，一曰鵰坊，二曰鶻坊，三曰鷂坊，四曰鷹坊，五曰狗坊。”《舊五代史·唐書·明宗紀》：“天成元年，大赦天下，後宮內職量留一百人，內官三十人，教坊一百人，鷹坊二十人。”元姚燧《牧庵集·神道碑·湖廣行省左丞相神道碑》：“又明年，轉廉訪使虎符領鷹坊，凡鳥獸皮角筋羽悉徵。”

鵰坊

坊舍名。參見本卷《附錄·鳥體形態結構與巢穴》“鷹坊”文。

鶻坊

坊舍名。參見本卷《附録·鳥體形態結構與巢穴》“鷹坊”文。

鶻坊

坊舍名。參見本卷《附録·鳥體形態結構與巢穴》“鷹坊”文。

鬥鴨欄

坊舍名。古代專用於飼養鬥鴨之欄舍。此稱三國時期已行用。《三國志·吴書·陸遜傳》：“〔陸〕遜輔太子，並掌荆州及豫章三郡事，董督軍國。時建昌侯慮於堂前作鬥鴨欄，頗施小巧。遜正色曰：‘君侯宜勤覽經典以自新益，用此何爲？’”宋祝穆《方輿勝覽·岳州》：“鴨欄磯，即建昌侯孫慮，作鬥鴨欄於此。”《江南通志·輿地志·古迹二》：“鬥鴨欄，在吴江縣長橋北，相傳陸龜蒙養鴨於此，一名鴨漪亭。”

第五節 化石鳥

我國大地上尚存有許多化石鳥類。這些鳥類之活體雖不存世，但却是我神州大地上曾經生存過的珍貴物種資源，且有些與現生鳥類有着密切的親緣關係，對於研究鳥類起源、進化與分類等有極其重要的意義。

化石是保存於地層中的古生物遺體、遺物或其遺迹。遠古時代，鳥類死後，遺體被冲入湖底或低窪沼澤地，并被泥沙迅速掩埋而與空氣隔絶，在無氧狀態下，經過長時間（通常以百萬年計）的礦物質填充與交替作用，體内有機質被礦物質所替代，逐漸形成了能保持遺體原來形狀、結構的“岩石化”的遺體。這就是鳥類化石。

由於鳥類骨骼壁薄而中空，又極纖細，且多生活於森林、湖沼地帶，加之歷史時期常有地層運動，所以鳥類化石極難保存，完整化石更不多見。我國鳥類化石的發現，已經證明我國是世界新生代鳥類最豐富的國家之一，同時也是擁有早期鳥類化石最多的國家。因爲篇幅所限，本卷僅作簡述，以使讀者瞭解化石鳥類的概況，并認識到化石鳥類也是我中華民族不可忽視的瑰麗珍寶，是中華浩博實物不可或缺的組成部分。同時可以瞭解，鳥卵化石也是鳥類存在的客觀證據，我國先後發現了多種鳥卵化石，尤其是下面提到的鴕鳥卵化石，足以證明鴕鳥類曾廣泛分布於我國北部地區。今天，它們雖無存世者，但當年却遍布於我國遼闊的疆域之内。

中國鳥類化石的研究緣起於西方，我國的古生物學家與時俱進，相繼進行了一系列的實地考察，取得了可喜的成果。

　　中國鳥類化石的研究，大約始於 19 世紀末葉。依士特曼（Eastman）於 1895 年首次發表了《中國北部巨鴕鳥化石》一文。隨後安特生（Andersson，1923）、舒羅塞（Schlosser，1924）、步林（Boulin，1928）及魯維（Lowe，1931）相繼來華進行古生物考察，并發表了關於鳥類化石的報道。先後介紹了我國北部發掘的上新世鳥化石約十種，更新世鳥化石九種，魯維還撰寫了《中國鴕鳥化石》一書。1932 年，我國著名古生物學家楊鍾健報道了北京周口店發掘的白肩雕頭骨化石，隨後又多次報道了其他鳥類及鴕鳥卵化石的研究，掀開了我國古生物化石研究的序幕。20 世紀 50 至 80 年代，我國鳥類化石的研究有了長足進步，取得了一批重大研究成果。隨着研究工作的深入，近年又有了更大的進展。

　　1960 年，楊鍾健等發表了《中國鴕鳥蛋化石的新發現和其在地層上的意義》一文。作者估計至 1960 年，我國已知并保存完整或比較完整之鴕鳥蛋化石至少有七十一枚，可證我國北方曾生存過多種鴕鳥，如更新世已有安氏鴕鳥（*Struthio anderssoni*）存世，中上新世有蒙古鴕鳥（*S. mongolicus*）生存，下上新世則有維氏鴕鳥（*S. wimani*）分布。

　　20 世紀 80 年代，葉祥奎與孫博自 1977 至 1991 年先後五次報道了山東臨朐山旺硅藻土頁岩中探集的六種鳥類化石，分別隸屬於三目三科四屬。具有代表性的是雞形目雉科山東鳥屬的山旺山東鳥（*Shandongornis shanwanensis* gen. et sp. nov.）、雉科臨朐鳥屬之碩大臨朐鳥（*Linquornis gigantis* sp. nov.），鶴形目秧雞科楊氏鳥屬的齊魯楊氏鳥（*Youngornis qiluensis* sp. nov.）、秀麗楊氏鳥（*Youngornis gracilis* sp. nov.）以及雁形目鴨科中華河鴨屬之硅藻中華河鴨（*Sinanas diatomas* sp. nov.）。此後侯連海先後於 1984、1985、1987 年報道了於江蘇泗洪和雲南禄豐發現的中新世鳥類化石。其中江蘇泗洪計七種，分屬四目六科六屬，最有代表性的是顧氏中新鷲（*Mioaegypius gui* sp. nov.）、天崗琵鷺（*Platalea tiangangeisis* sp. nov.）。隨後還有許多鳥類化石被發現，如在遼寧北票發現的中生代侏羅紀的長趾遼寧鳥（*Liaoningornis longiditris* sp. nov.），在遼寧朝陽發現的中生代燕都華夏鳥（*Cathayornis yandica* sp. nov.），以及玉門甘肅鳥（*Gansus yumenensis* Hou and Liu）、三塔中國鳥（*Sinornis santensis* Sereno and Rao）、北山朝陽鳥（*Chaoyangia beishanensis* sp. nov.）等。值得特別提起的是 1994 年，在遼寧北票發現的晚侏羅紀義縣組岩層底部的孔子鳥（*Confuciusornis sanctus* Hou et al.）。其特徵與德國索倫霍芬地區發現的始祖鳥（*Archaeopteryx lithographica*）基本一致。我國孔子鳥的發現，打破了學術界百年來認爲地球上僅在德國有最原始鳥類化石分布的説法，爲鳥類起源、地理分布及鳥類與爬行動物的關係等疑難問題，提供了新的證據。

　　除去上述鳥化石外，我國還發現了其他多種鳥化石，如河南淅川的淅川中原鳥（*Zhongyuanus xichuanensis* gen. et sp. nov.）、河南明港始新世的張沟明港鵑（*Minggangia changgouensis* Hou，1982）、新疆三個泉中始新世三個泉始鸛（*Eociconia sangequanensis* sp. nov.）、湖北松滋發現的早始新世黑檔口松滋鳥（*Songzia heidangkouensis* sp. nov.）、陝西洛南石門盆地發現的早古新世古新秦鳥（*Qinornis paleocenica* Xue，1995）、安徽潛山古新世李氏皖水鷄（*Wanshuinalii* gen. et sp. nov.），還有記於侯連海《周口店更新世鳥類》（共十三目三十一科七十八屬一百二十二種鳥類）內的三十九種首次記錄之化石鳥，其中許多更新世鳥類已滅絕，如周氏隼（*Falco chowi*）、裴氏石鷄（*Alectoris peii*）、賈氏馬鷄（*Crossoptilon jiai*）、劉氏更新鴇（*Pleotis liui*）與叢氏原鷄（*Columba congi*）等等。

索　引

索引凡例

一、本索引爲詞條索引，凡正文詞條欄目出現的主詞條均用"*"標示，副詞條則無特殊標識。

二、本索引諸詞條收錄順序以漢語拼音音序爲基礎，兼顧古音、方言等差异，然爲方便檢索，又與音序排列法則有异，原則如下：

首先，以詞條首字所對應的拼音字母爲序排列，詞條首字相同（讀音亦同）者爲同一單元；詞條首字不同但讀音相同的各個單元，一般按照各單元詞條首字的筆畫，由簡至繁依次排列。例如以huáng爲首字的詞條，則按首字筆畫依次分作"皇""黄"等不同單元；又如以diāo爲首字的詞條，則按首字筆畫依次分作"虭""蛁""貂"等不同單元。此外，爲方便查閱和比較，在對幾個同音且各祇有一個詞條的單元排序時，一般將兩個或幾個含義相同或相近的單元鄰近排列。如"埋頭蛇""貍蟲""蕹頭蛇"都屬於mái爲首字的單元，且"埋頭蛇"與"蕹頭蛇"含義相同，因此這三個單元的排列順序是"貍蟲""埋頭蛇""蕹頭蛇"。

其次，同一單元内按各詞條第二字讀音之音序排列，第二字讀音相同者則按第三字讀音之音序排列，以此類推。例如以"皇"爲首字的單元各詞條的排列依次爲"皇成、皇帝鹵簿金節……皇貴妃儀仗金節……皇史宬……皇太后儀駕卧瓜……皇庭"。

三、本索引中詞條右側的數字爲該詞條在正文位置的起始頁碼。

四、本索引所收詞條僅限於正文、附錄中明確按主、副詞條格式撰寫的詞條，而在其他行文中涉及的詞條不收錄。

五、多音字、古音字或方言字詞條按其讀音分屬相應的序列或單元，如"大常"古音爲tàicháng，因此歸入音序T序列；又如"葛上亭長"，"葛"是多音字，此處讀gé，因此歸入音序G序列之ge的二聲單元；互爲通假的詞條，字雖异然而讀音同者，如"解食""解倉"皆爲芍藥別稱，因"食"與"倉"通，故"解食"讀音與"解倉"同；等等。

六、某些詞條多次出現，在正文中以詞條右上標記數字爲標志，如"朝[1]""朝[2]""百足[1]""百足[2]"等，索引中亦按照其右上標記數字的順序排列。詞條相同但讀音不同的則按照其讀音分屬相應的音序序列和單元。如"蟒[1]"（měng）、"蟒[2]"（mǎng），"蟒[1]"歸入音序M序列之meng的三聲單元，"蟒[2]"則歸入音序M序列之mang的三聲單元。

七、某些特殊詞條，如數字詞條、外文字母詞條等，則收入《索引附錄》。

A

B

C

G

H

J

M

O

P

Q

R

S

T

Z